中华人民共和国地方志·福建省

明溪县志

（1991～2005）

明溪县地方志编纂委员会　编

方志出版社
Publishing House of Local Records

图书在版编目（CIP）数据

明溪县志：1991~2005 / 明溪县地方志编纂委员会编. -- 北京：方志出版社，2018.8
ISBN 978-7-5144-2314-3

Ⅰ. ①明… Ⅱ. ①明… Ⅲ. ①明溪县—地方志— Ⅳ. ① K295.74
中国版本图书馆 CIP 数据核字（2016）第320603号

明溪县志（1991~2005）

编　　者：明溪县地方志编纂委员会
责任编辑：章　瑾

出 版 人：冀祥德
出 版 者：方志出版社
地址　北京市朝阳区潘家园东里9号（国家方志馆4层）
邮编　100021
网址　http://www.fzph.org
发　　行：方志出版社图书经销中心
电话（010）67110500
经　　销：各地新华书店
印　　刷：福建二新华印刷有限公司

开　　本：889×1194　1/16
印　　张：45.25
字　　数：1273千字
版　　次：2018年8月第1版　2018年8月第1次印刷
印　　数：0001~1500册

ISBN 978-7-5144-2314-3　定价：300.00元

明溪县志（1991~2005）编纂人员名单

现任明溪县地方志工作领导小组成员

顾　　　问：林　斌
组　　　长：颜虎成
常务副组长：谢丽华
副　组　长：肖建宁　郭　伟　曾钦文
成　　　员：冯向东　魏　坚　张永清　陈建华　聂志辉　冯志刚
罗艳娟　任建设　李耀辉　王忠和　郑治安　黄晓玲
陈　伟　王德礼　汤成荣　汤炳龙　曾荣华　严　峰

曾任明溪县地方志工作领导小组成员（一）

组　　　长：王　政
常务副组长：王　丛
副　组　长：张金华　黄夏莺
成　　　员：温欣传　黄夏鹏　傅建平　黄苏明　陈爱国　许柏林
周建国　吴跃华　吴添成　陈文庆　雷祖泉　吴福生
冯　晨　罗永辉　王远辉　赖福兴　张　兰　黄云明
陈旭明　王显林　钟必涵　陈永洋　连庆党　黄根明
郭　伟　罗玉华　罗鑫娣　罗建章　俞炳光　余深和
陈孟标　冯志强　廖善明　王土根　叶忠明　吴永根
张建明　张增义　魏建群　李福生　池　冰　郑志成
陈秀恒　潘楚成　陈友土　张　健　陈仁权　游火龙
张天争　郑长龙　张卫明　叶首友　许　健　詹长乐
郑荣鼎　林　季　林纪明　柳秋林　肖长宁　黄草堂
陈子镇　严明清　黄星荣　廖康标　唐福华　黄庆福
温佳木　张祖禄　曾晓青　张运华　谢世平　余　舜
肖　强　李书仁　晏连荣　陈显卿　李　斌　康国庆
杨文清　王远根　王远松

曾任明溪县地方志工作领导小组成员（二）

顾　　问：王　政　冯新婷
组　　长：厉　云
常务副组长：张金华
副 组 长：温欣传　王远辉　朱发远
成　　员：黄夏鹏　黄国强　张　华　许柏林　雷祖泉　吴碧明
罗玉华　冯志刚　严明清　罗建章　张　兰　王远松
肖　强　吴光备　李书仁　吴　洲　叶冬华　李　毅
康国庆　谢治贤　巫河清

曾任明溪县地方志工作领导小组成员（三）

顾　　问：林　斌
组　　长：颜虎成
常务副组长：郑丽萍
副 组 长：聂建兴　郭　伟　曾钦文
成　　员：冯向东　魏　坚　雷祖泉　徐小华　罗玉华　冯志刚
张永清　罗艳娟　李耀辉　黄泽湜　郑治安　汤炳龙
黄晓玲　王德礼　汤成荣　巫河清　严　峰　曾荣华

《明溪县志（1991~2005）》审查小组名单

组　　长：施正立
副 组 长：谢丽华
成　　员：温水木　李凤英　曾钦文　傅松茂
任建设　郑　晔　江兴发　李亚清

现任明溪县地方志编纂委员会成员

主　任：曾钦文
成　员：罗兴东　温国彪　李桂花　付伟业

曾任明溪县地方志编纂委员会成员

主　任：黄夏莺　吴天雨
副主任：朱发远　王远松

《明溪县志（1991~2005）》编纂人员名单

主　　编：罗兴东
副 主 编：温国彪
编　　辑：朱发远　李桂花　郑朝春　王必金　戴梅生　林义飞　张其书
摄　　影：唐毅峰　黄秋荣　傅立三　温国彪　张　诚　肖书平　张　峰
　　　　　江月兰　谢玉庭　王履端　邹　曦　李慧兰　王益生　黄和平
编　　务：付伟业
曾任主编：黄夏莺　王远松

三明市地方志编纂委员会
《明溪县志（1991~2005）》审查验收组人员名单

组　长：黄荣发
副组长：巫少鹏　谢　凌
成　员：陈声华　何团元　邓长华　阳崇欣

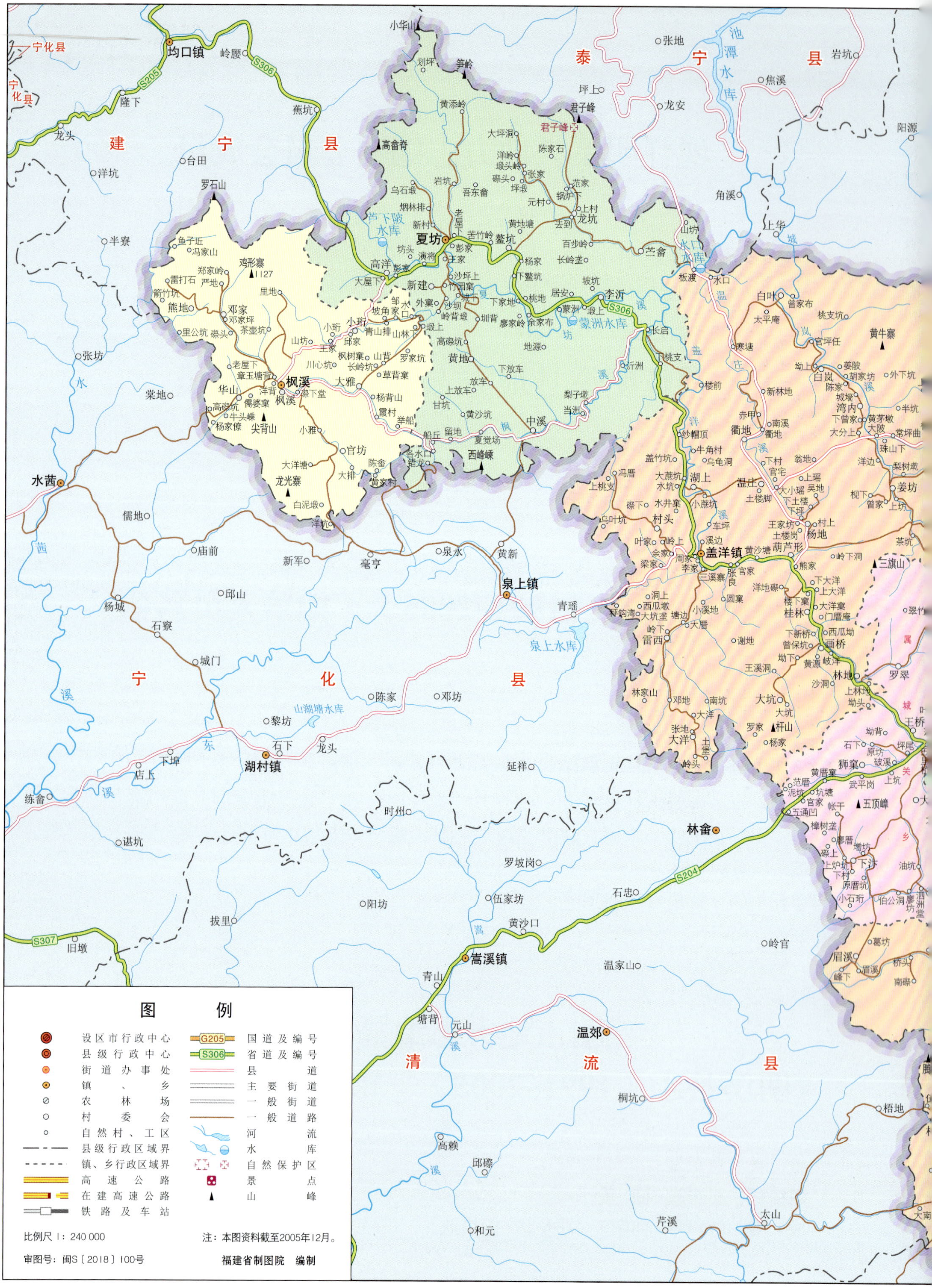
建宁县
泰宁县
宁化县
清流县
宁化县
均口镇
岭腰
隆下
龙头
台田
洋坑
罗石山
半寮
张坊
棠地
水茜
儒地
庙前
新军
毫亭
泉永
黄新
泉上镇
青瑶
邱山
杨城
石寮
城门
泉上水库
陈家
邓坊
黎坊
山湖塘水库
石下
龙头
湖村镇
下埠
店上
练畲
湛坑
时州
延祥
林畲
罗坡岗
伍家坊
阳坊
拔里
石忠
黄沙口
岭官
嵩溪镇
温家山
旧墩
青山
塘背
元山
温郊
桐坑
高赖
邱礤
和元
芹溪
太山
梧地
小华山
划坪
笋岭
黄添岭
君子峰
大坪洞
陈家石
高畲脊
乌石坳
烟林排
岩坑
吾东畲
新村
芦下陂水库
夏坊
彭家
苦竹岭
鳌坑
黄地塘
龙坑
百步岭
芒畲
长岭垄
杨家
坊头
高洋
大屋下
新建
竹园窠
沙坪上
下鳌坑
居安
李沂
蒙洲水库
坡坑
长启
外窠
沙坝
岭背坳
圳背
廖家岭
余家布
桃地
地源
下放车
放车
上放车
甘坑
黄沙坑
中溪
梨子垄
当洲
沂洲
桃支
楼前
船丘
留地
夏觉坊
西峰嶂
錯龙
鸡形寨
1127
鱼子垇
冯家山
郑家岭
雷打石
严地
箭竹坑
熊地
邓家
邓家坪
茶壶坑
里地
里公坑
磜头
小珩
青山排
山林下
邱家
王家
川心坑
枫树窠
长岭坑
山背
罗家坑
草背窠
老屋下
章玉塘背
枫溪
洋背
磜下堂
大雅
杨背山
华山
高磜坑
儒婆窠
牛头嶂
杨家僚
尖背山
震村
举船
小雅
官坊
大洋塘
陈畲
大排
龙光寨
白泥坳
洋坑
张地
坪上
龙安
焦溪
岩坑
阳源
角溪
上华
水口水库
板渡
白叶
曾家布
桃支坑
太平庵
官坪任
黄牛寨
寒塘
坳上
白岚
姜陂
胡家坊
外下坑
陈家
新林地
城墙
湾内
半坑
黄茅墩
赤甲
衢地
南溪
下曾家
大陂
大分上
常坪曲
纱帽顶
牛角村
乌龟洞
下村
翁地
洋边
梨树垅
盖竹坑
冯厝
大蔗坑
湖上
上桃支
温庄
上瑶
吴地
姜坊
水坑
磜下
水井窠
小蔗坑
土楼脚
下土楼
视下
曾家
上坑
乌叶坑
村头
车坪
王家坊
土楼岗
村上
杨地
葫芦形
叶家
岭上
溪边
盖洋镇
黄沙岭
岭下洞
三旗山
梁家
余家
周家
李家
三溪寨
张良
官家
熊家
下大洋
上大洋
洋地磜
大洋窠
门厝庵
翠竹
洞上
西瓜墩
圆窠
楼下窠
桂林
坪钧湾
大坑垄
塘边
小溪地
岭下
大厝
下新桥
西瓜坳
雷西
谢地
曾保坑
画桥
坳下
黄源
岐洋
罗翠
王溪洞
沙洞
林地
上林地
林家山
邓地
南坑
大坑
坳头
大洋
王桥
张地
罗家
杆山
坳背
大洋
土堡
杨家
石下
原坊
坪尾
岭头
黄厝窠
狮窠
破溪
范厝
泥坑
坑塘
武平岗
上坑
五通凹
官家
帐干
五顶嶂
樟树垄
廖厝
增坑
下沙
磜上
上炉坑
下村
原厝坑
油坑
小石珩
伯公洞
廖坊
西洲堂
葛坊
眉溪
眉溪
桥头
峰下
南磜
大南
S205
S306
S307
S204
图例
设区市行政中心
县级行政中心
街道办事处
镇、乡
农林场
村委会
自然村、工区
县级行政区域界
镇、乡行政区域界
高速公路
在建高速公路
铁路及车站
G205 国道及编号
S306 省道及编号
县道
主要街道
一般街道
一般道路
河流
水库
自然保护区
景点
山峰
比例尺 1：240 000
注：本图资料截至2005年12月。
审图号：闽S〔2018〕100号
福建省制图院 编制

明溪县地图

将
乐
县
沙
县
梅
列
区
三
元
区
永
安
市
明溪县
三明市
梅列区
三元区
列东街道
城关街道
富兴堡街道
城东
三明站
三明东站
陈大镇
荆西街道
莘口镇
岩前镇
夏阳
白莲镇
沙溪
瀚仙镇
胡坊镇
雪峰镇
南口
龙栖山自然保护区
小王水库
洋邦水库
仙水岩
1561
七姑山
烧香岐
五虎寨
五云峰
云屏寨
大芜山
九天山
莲花山
千年山
雾西山
均峰山
岩头庵山
雪峰山
肖家山
龟山
南山遗址
均峰山
福田寨伐木场
雪峰农场
红旗工区
鹰厦铁路
泉三高速
福银高速
S204
S304
S306
S307
G205
蛟湖
将溪
大吉
谢地
松岭
温坊
井垄
高坪
大坪
舍坑
南胜
里坊
陈厝
上仰
大拔
小拔
天许
大里
小王
古楼
三溪
铜岭
村头
御岭
墈厚
吴地
长兴
佑坊
腾岭干
中吴坊
俞云坂
后洋
凹丘
杏村
翻身垄
上吾坊
小溪
下吴坊
谢坑
御帘
上地垄
黄坊
黄地
旦上
杨坑
笠寨
陈坊
儒州
石陂
肖布
水尾
际头
士周仔
岭头
曹地坂
洋际
下坂
团石
大头垄
东坑
白坑
虎坑
山居洋
长圳头
黄连地
龙西
台岭头
东坑头
紫云
扬坊
张坊
罗坊
牛角坑
太平山
骆驼坑
白马坪
洪水坑
神边
赤岭干
岭下
阁地
梓口坊
永溪
碧州
大来坑
王力
墩上
杨坑
岭后
吕源
建明寨
横坑
下磜
上磜
六合
益树坑
沙坪
黄沙坑
布上
局上
横坑
林地坑
切坑
大际坂
俞云际
霄霁
三珩
石溪
朱厝坑
溪边
底岭后
前岭后
倒马岭
大林垄
地美
新坊
居洋口
居洋
土岭
陈厝边
罗坊坂
梗桥头
廖坊
天文地
东坑坂
大洋坑
五圳岭
居洋村头
岭头
良村
良坂
峰下
扬厝坂
紫竹溪
倪地
瓦溪
翁坑
水尾
叶地
小瓦
主洋
新建
松林
长阜
洋邦
岩坑
车溪
荷山
堆积坑
郭墩
山余
盖竹
碧溪
长溪
渔溪
砂蕉
棕南
台溪
台江
村头
回瑶
荆东
黄砂
沙阳
南坑
蓬坑
乌龙
下寨
增坊
横坑
星桥
欧坑
曹源
白叶坑
眉山
富源
忠山
楼源
新洋
南山后
溪源
墙坑
李坊
吉口
官洞
瑶奢
棉布
黄沙坑
无力坑
下元寨
谢厝山
国母磜
仙磜
坂坑
岩济
龙湖
连厝
花园
铁岭脚下
铁岭隘
九龟洞
坪济
下地堀
沙洲坑
石东坑
罗厝坊
久耐
古斗坪
马头寨
常垄
大垄上
坪地
苦竹林
洞岭
下龙坑
洞上
西岩
洋龙
觉林堂
洋坊
上阮坑
石灰磨
黄土洞
东边墙
新厝
郎溪坑
元明堂
下坑塘
上尚庵
十里铺
岩里
大富
城东
上坊
下黄洞
田丰垄
王陂
石珩
东坑
曹厝
大坪头
大焦
余厝寨
磜头
黄泥洞
魏坊
石基坪岗
坪尾
小眉溪
牛坑
新岭
赖家山
牛福岭
岭下
罗汉
芹菜垄
东坑际
瑶寨肚
大地
半坑
秋竹岭
危厝
洋地
南坑
箭竹坪
福西
福西洋
廖家
熊厝坑
岩济
当兴坳
沙地坑
塘窠
曾地坑
石东坑
奋发
新华坊
下村坑
马山
黄厝坑
黄土坪
柿树坂
石溪
马铃桥
叶坊
上坪
孙坊
茜坑
下茜坑
上丰洋
黄坑垄
黄坑头
朱南
下株
王背
瓦口
邱坊
北湖
根竹坑
南山下
陈坑尾
南坑
庵坑垄
大坑
下坑垄
左坡
金
溪
乐
黄
沙
源
渔
夏
胡
贡

明溪城区图

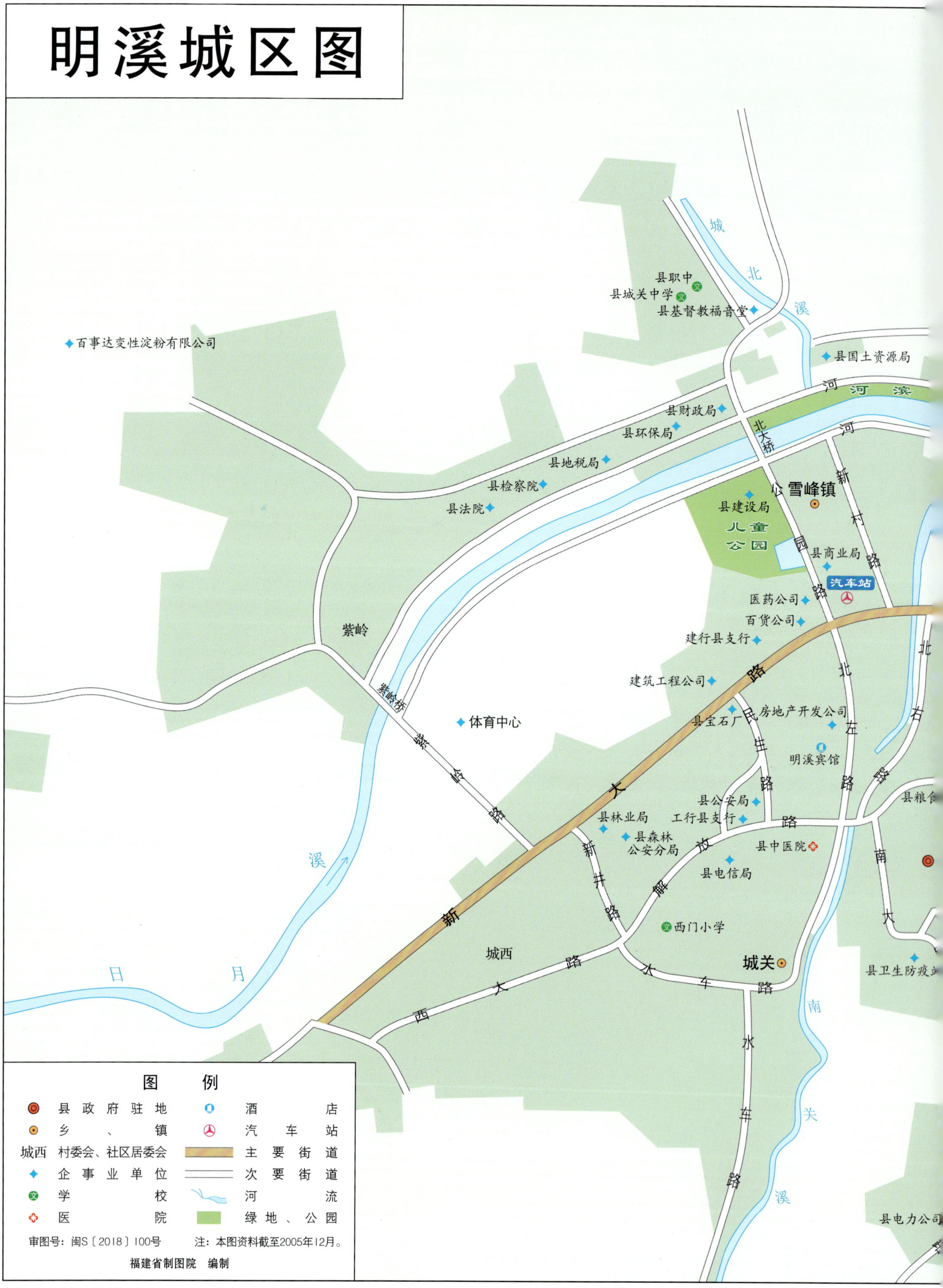
百事达变性淀粉有限公司
县职中
县城关中学
县基督教福音堂
城北溪
县国土资源局
河滨
县财政局
县环保局
县地税局
县检察院
县法院
北大桥
河
雪峰镇
县建设局
儿童公园
公园路
新村路
县商业局
汽车站
医药公司
百货公司
建行县支行
紫岭
紫岭桥
紫岭路
建筑工程公司
新大路
体育中心
房地产开发公司
县宝石厂
民生路
北左路
北右路
明溪宾馆
县公安局
县林业局
工行县支行
县森林公安分局
县粮食
县中医院
解放路
县电信局
新井路
南大
西门小学
城西
西大路
城关
水车路
县卫生防疫
南关溪
日月溪
县电力公司
图例
县政府驻地
酒店
乡、镇
汽车站
城西 村委会、社区居委会
主要街道
企事业单位
次要街道
学校
河流
医院
绿地、公园
审图号：闽S〔2018〕100号
注：本图资料截至2005年12月。
福建省制图院 编制

往将乐县
坪埠
大富
北大路
县气象局
金家路
县化工厂
县医保中心
县宝剑厂
中国人保明溪支公司
北路
明溪公路稽征所
岭干路
滨南路
飞龙娱乐有限公司
东横路
县民政局
县农业局
白沙桥
日月溪
白沙路
县劳动局
县农业科学研究所
新民路
县交通局
县一中
中山路
中山
县影剧院
农村信用合作社联社
民主路
县邮政局
县实验小学
东新路
县烟草专卖局
(烟草公司)
城东
水电局
青年路
县广电局
县医院
进修学校
城南
城东新村
青珩林场有限责任公司
县林业总公司
往三明市区
县珠宝厂
国有林经营管理站
县交警大队
国有林场
县委党校

生态环境

明溪县城全景（1999年摄）

明溪县城新貌（2014年摄）

滴水岩风景区（2011年摄）

滴水岩玉虚洞（2016年摄）

君子峰国家级自然保护区（2011年摄）

明溪红菇（2011年摄）

明溪铜脚菇（2008年摄）

夏坊乡苎畲原生珍稀药用植物喜树群落（2012年摄）

夏阳乡沙洲坑国家二级珍稀渐危种闽楠保护小区（2015年摄）

夏阳乡地美千年红豆杉（2012年摄）

明溪红豆杉果实（2013年摄）

国家一级保护野生动物白颈长尾雉（2015年摄）

国家一级保护野生动物黄腹角雉（2015年摄）

国家二级保护野生动物白鹇（2015年摄）

国家二级保护野生动物天鹅（2015年摄）

河滨公园夜景（2015年摄）

河滨公园（2012年摄）

历史文化名村、省级生态村——夏阳乡御帘村（2013年摄）

国家级生态乡镇
——盖洋镇
（2014年摄）

省级生态村——夏阳乡紫云村
（2013年摄）

省级生态乡镇——胡坊镇
（2014年摄）

省级生态村——夏坊乡李沂村（2013年摄）

省级生态村——盖洋镇村头村（2013年摄）

政务

2003年3月，省委书记宋德福（右一）、副省长刘德章（中）到明溪农业生态园区视察

2004年12月，省委书记卢展工（右一）到明溪县沙溪乡慰问五老人员

1996年6月18日，省长贺国强（中）参观福建“6.18”成果交易会明溪展馆（1996摄）

交流

2004年，省长黄小晶（左二）到明溪南山农业生态园视察

2001年8月17日，国家林业局局长周生贤（右二）、三明市委书记叶继革（左二）、县委书记朱昌贤（右一）、县长王政（左一）在明溪国家级现代农业园区考察

2001年春节，明溪县县委、县政府首次召开旅外返乡人士春节座谈会

2002年，复旦大学陈建民等教授在明溪举办学术报告会

2003年2月，县长王政与复旦大学副校长在明溪签订全面县校合作协议

2003年4月，明溪与复旦大学签订共建博士后工作站协议

2004年7月，明溪（丰泽）项目推介暨签约仪式

2004年9月，“院士八闽行”明溪考察活动座谈会

2005年11月，明溪县政府与三明市人民政府联合举办中国红豆杉产业可持续发展国际论坛

2005年11月，美国、加拿大等国外专家参加红豆杉论坛，到明溪考察红豆杉种植基地

经济发展

2011年，建成明溪县迎宾大道（2012年摄）

2011年，永宁高速公路明溪段建成通车，明溪结束无高速公路历史（2011年摄）

2012年，明将公路建成通车
（2012年摄）

2015年，莆炎高速三明至明溪段建成通车
（2015年摄）

2003年，明溪县十里埠生态经济区剪彩仪式
（2003年摄）

十里埠生态经济园区（2008年摄）

首届中国（福建）气动工具产业发展论坛暨产品展示会（2015年摄）

海峡科化烽林分公司办公大楼（2009年摄）

福建南方生物技术有限公司厂区
（2013年摄）

海斯福化工有限责任公司异甲醚生产车间
（2013年摄）

福建斯特力气动工具有限公司厂区一角
（2009年摄）

明狮水泥成品车间（2015年摄）

福建信明橡塑生产车间（2010年摄）

福建紫杉园生物有限公司（2009年摄）

三明百事达淀粉有限公司（2009年摄）

海天蓝波生物技术有限公司（2009年摄）

福建红豆杉喜果产业园一隅（2013年摄）

福建美士邦精细陶瓷科技有限公司（2014年摄）

归化红生产车间（2013年摄）

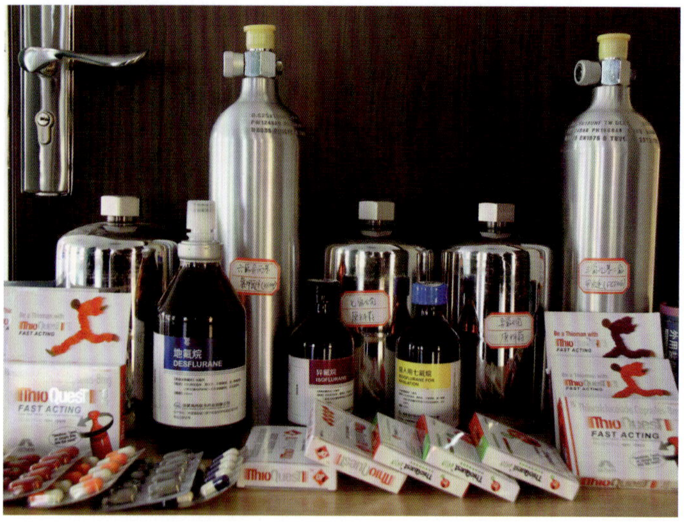

海西药业部分产品（2015年摄）

明溪宝石（2000年摄）

明溪特产——肉脯干（2011年摄）

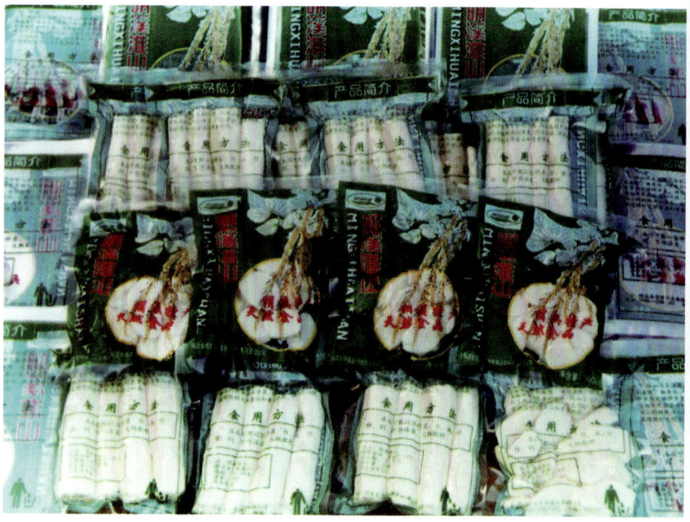

明溪淮山产品（2012年摄）

明溪南山现代化农业园区（2009年摄）

淮山新法栽种（2013年摄）

金线莲工厂化种植（2013年摄）

鲟鱼养殖（2007年摄）

明溪红豆杉种植基地（2007年摄）

夏坊乡千亩锥栗种植基地（2009年摄）

明溪淮山种植基地（2009年摄）

生态茶园（2010年摄）

无公害蔬菜种植（2005年摄）

厚朴种植（2009年摄）

明溪红豆杉育苗基地（2005年摄）

明溪千亩烟叶基地（2007年摄）

明溪葡萄种植园（2005年摄）

明溪油桃（2005年摄）

明溪弥猴桃（2005年摄）

明溪紫李（2005年摄）

明溪黄花梨（2005年摄）

明溪脐橙（2005年摄）

明溪柑橘（2005年摄）

文化 社会

2003年，明溪县体育中心建成投入使用（2005年摄）

明溪县宣传文化中心大楼
建成投入使用（2007年摄）

2010年8月，明溪体育中心举行全民健身运动启动仪式（2010年摄）

明溪县城关中学教学楼（2013年摄）

2000年，明溪一中科学楼建成投入使用（2005年摄）

明溪县职业中学学生实训（2005年摄）

明溪县第二实验小学
（2011年摄）

2010年，明溪县盖洋中学学生公寓建成投入使用
（2012年摄）

2012年，重建的明溪县沙溪中心小学教学楼
（2012年摄）

2009年，明溪县医院新门诊楼建成投入使用
（2012年摄）

明溪县卫生局组织医生下村巡诊（2005年摄）

明溪县中医院（2014年摄）

2009年，明溪县枫溪慈心医院建成投入使用（2009年摄）

2013年，明溪县敬老院落成（2013年摄）

毛泽东调查会旧址——城关乡坪埠村万春桥（2013年摄）

夏阳乡御帘村东方军司令部（2000年摄）

滴水岩红军战地医院
（2000年摄）

归化之役纪念碑
（2008年摄）

胡坊镇胡坊村红四军团部旧址（2012年摄）

明溪县博物馆馆藏革命文物（2000年摄）

明溪县南山古人类遗址（2012年摄）

有300多年历史的夏坊乡芦畲村回龙桥（2012年摄）

杨时故里——瀚仙镇龙湖村（2015年摄）

古人类遗址4号洞发掘现场（2003年摄）

河滨公园明溪八杰石像之一——陈有定
（2012年摄）

瀚仙镇龙湖村杨时公园杨时塑像
（2015年摄）

枫溪乡聚龙寺外景（2014年摄）

明溪惠利夫人庙（2010年摄）

城关乡女子舞龙队（2014年摄）

明溪民间戏剧（2014年摄）

枫溪乡木偶戏（2014年摄）

胡坊镇茶花灯（2006年摄）

明溪宝剑
（2012年摄）

毛新华微雕作品
（2005年摄）

毛新华微雕作品（2009年摄）

明溪县方志委编纂的部分县志和年鉴（2013年摄）

永远跟党走文艺演出（2011年摄）

中国红豆杉之乡艺术节（2009年摄）

序　一

修志问道，以启未来。《明溪县志(1991—2005)》一书，几经寒暑、数易其稿、反复磨砺，在各方面大力支持和修志工作者的辛勤努力下，即将付梓出版。它客观、翔实记载了1991—2005年明溪自然、政治、经济、文化、社会、生态文明和党的建设情况，重彩浓墨地反映了县情特色和时代特征。这段时期，是明溪经济建设和改革开放取得突出成绩的十五年，社会主义市场经济开始蓬勃发展，曾经跻身全省县域经济发展潜力十佳县，荣获“县域经济发展特别奖”；是城乡面貌实现突破的十五年，城区面积由2.7平方公里扩大至3.64平方公里；是社会文化发生重要变迁的十五年，明溪乡亲掀起了漂洋过海、出国创业的热潮，日渐形成今天独特的侨乡文化；是产业格局开始形成、产业结构加快完善的十五年，通过培育生物医药等特色产业，探索走出了一条山区县份特色发展、绿色发展之路；是党的建设全面加强的十五年，深入开展了“三讲”、先进性教育等活动，党的基层基础不断夯实。

历史是现实的累进，现实是历史的发展。当前，明溪正紧紧围绕中央“四个全面”战略布局，加快推动科学发展跨越发展。随着莆炎高速公路三明至明溪段年内建成通车，特色产业的日益壮大，美丽新侨乡建设加快推进，我们的潜力和优势正在持续释放和激活，明溪迎来了新一轮的发展机遇。

该书的编纂出版，将为大家进一步了解明溪、认识明溪、宣传明溪开辟了一扇新的窗口，也为更好地推动经济社会发展提供有益借鉴。在此，诚望全县上下继往开来、乘势而上，共同谱写明溪改革发展的新篇章！

故乐为之序。

县委书记：林斌

2015年6月

序　二

《明溪县志(1991—2005)》经全体编纂人员笔耕不辍,终于问世。它是继1997年版的《明溪县志》之后,又一部展现当代明溪人民智慧筹谋、勤劳创业、继往开来,取得丰硕果实的新奋斗史,可喜可贺。

文明在于创造,同样在于积累。修志记录创造,清点积累,昭彰得失,承上启下。本志全面记载了明溪县1991年至2005年期间的历史与变迁,反映了15年间明溪经济社会各方面的发展历程和改革成果,续志体例完善,门类齐全,资料翔实,观点正确,图文并茂,表达新颖,注重经济,关注民生,是一部难得的"一县百科全书,一方资治通鉴",这部志书将对今后我县在开展县情教育、进行决策参考、科学研究、文化积累和持续推进经济建设和社会发展等方面具有重要的借鉴意义,功在当代,利在后人。

多年来,志书全体编纂人员为修志辛勤笔耕、认真审改、字斟句酌、数易其稿,严谨求实之风实为钦佩;各级领导、专家以及社会各界人士对修志工作给予了大力支持和热心指导,热忱关爱之心深表敬意。

忆往昔,创业艰苦;望未来,任重道远。坚信明溪人民将以史为鉴,继往开来,开拓创新,为明溪的现代化建设谱写出更加绚丽的篇章。

中共明溪县委副书记
明溪县人民政府县长
2015年6月

凡　例

一、本志以马列主义、毛泽东思想、邓小平理论、“三个代表”重要思想、科学发展观和党的十八大精神为指导，坚持正确唯物史观和辩证法，全面记载明溪县1991—2005年的历史与现状，突出时代特点，体现地方特色，力求做到思想性、科学性、资料性、著述性统一。

二、本志为续志，上限为1991年，下限为2005年，为保持事件的完整，部分内容适当上溯。某些断限内变化不大的事物则简记或适当归并记述。建置沿革、民俗等择要记述。

三、本志按类立卷，卷下设章、节，部分节下设目、子目。采用述、记、志、传、图、表、录等综合体裁，以志为主，共设22卷。

四、本志以文字记述为主，辅以地图、照片和统计表。文体采用现代汉语语体文、记述体。行文力求严谨、朴实、简明、流畅。

五、本志人物卷设人物传和人物表。人物传坚持生不立传原则，收录本籍或在县工作期间，对本县有影响的已故人物，以生年为序排列。人物表收录在县内工作获高级职称以上专业人才和省级以上劳动模范，兼收本籍或本地出生在县外工作的县团级以上领导干部、高级职称、硕士及以上学位专业人才。

六、中华民国以前的纪年采用历史纪年，标示朝代、年号、年份，括注公元纪年；中华民国纪年采用阿拉伯数字书写，同一节内首次出现括注公元纪年；1949年10月1日以后采用公元纪年。

七、本志记述各种机构、会议、文件等专有名称使用全称，如多次出现需用简称的，在适当位置括注之后使用。

八、本志统计数据一般以统计局公布的为准，统计局没有的统计数据由各有关部门、单位提供。产值按1990年不变价计算，现价计算加注。

九、资料来源于档案、志鉴、图书、报纸杂志、历史文献、调查材料及有关口碑资料的考证和实物，一般不注明出处。

总 目

GENERAL CONTENTS

目　录

概　述

大事记

卷一　建　置

卷二　环境与人口

卷三 城乡建设

卷四 交通与邮电信息业

卷五 农业与农村经济

卷六　林　业

卷七　水利水电

卷八 工业与乡镇企业

卷九 商贸 服务 旅游

卷十 财政 税务

卷十一 金融 保险

卷十二 经济管理

卷十三 中共明溪县地方组织

卷十四 政权 政协

卷十五 群众团体

卷十六 法 治

卷十七 民政 武装

卷十八 人事 劳动和社会保障

卷十九 教育 科技

卷二十 文化 体育

卷二十一　医药卫生

卷二十二　民俗　宗教　语言

人　物

专 记

补 遗

附 录

索 引

后 记

CONTENTS

概　述

一

明溪，位于福建省西北部腹地，地理坐标为北纬26°08′—26°39′，东经116°47′—117°25′之间，东邻三明市三元、梅列区和沙县，南毗永安，西接清流、宁化，北界将乐、泰宁、建宁，东西长78公里，南北宽58公里，总面积1729.85平方公里。县政府驻地在县境中部的雪峰镇，距三明市区67公里。

明溪建县迄今已有530余载，明成化六年（1470年）析清流县的归上、归下里，宁化县的柳杨、下觉里（含泰宁县沂州的一带村庄），将乐县的兴善、中和里，沙县的沙阳里合置归化县，隶属福建布政司汀州府。清代至民国初，明溪属汀州府、汀漳道。民国20年（1931年），为苏维埃福建省归化县革委会，列入中央苏区版图；民国23年成立福建省归化县苏维埃政府，后又隶属闽赣省苏维埃政府。民国22年，归化县更名明溪县。抗日战争时期先后属福建第七、九行政督察区（长汀、永安），解放战争时期属福建永安行政督察区，1949年10月24日明溪和平解放后属永安专区。1956年明溪县与三元县合并为三明县，1961年原三元县域设三明市，原明溪县域改称三明县，三明县隶属三明市。1964年，三明县复更名为明溪县，隶属三明行政专员公署。1983年5月，三明专员公署改为三明市人民政府，实行市带县新体制，明溪县隶属三明市。1995年，瀚仙、胡坊撤乡建镇。2005年，全县有4个镇5个乡1个国有农场、88个村委会、7个社区居委会、758个村民小组，总人口11.6万人，有汉族、回族、畲族、苗族、土家族等13个民族，以汉族人口占绝大多数，其次为回族和畲族。

境内峰峦叠嶂，白石顶、龙西山、雪峰山等山脉绵延入境。西北部和东北部崇山峻岭，海拔700~1000米；南部稍低，东南部最低的渔塘溪出境处瑶奢平原海拔160~180米。境内有海拔1000米以上高山25座，最高山峰圣水岩位于县北盖洋常坪焦溪，海拔1561.4米。山地和丘陵面积占全县总面积的91.91%，小平原面积占6.98%，水面占1.11%。全县大小溪流密布，流域面积在50平方公里以上的河流16条，溪流分属东部的沙溪水系和西部的金溪水系，角溪、渔塘溪为境内两大主要支流。水电资源相对丰富，理论蕴藏量10.64万千瓦，至2005年，全县有水电站59处，安装发电机组110台，装机容量3.62万千瓦，设计年发电量1.5亿千瓦时。地表水多年平均水资源总量16.26亿立方米，地下水总量3.41亿立方米/年，无污染的溪流和库塘被水产专家誉为天然养殖场。明溪属中亚热带季风气候区，年平均气温18.4℃，年平均降雨量1887.5毫米，年平均无霜期267天，气候温和雨量充沛，年平均日照射时数1573.3小时，极端最高气温39.6℃，极端最低气温零下8.5℃。

境内资源丰富，是国家和省商品粮基地县、中国南方重点林区县。2005年，全县耕地面积1.18万公顷，粮食总产9.39万吨，主要经济作物有烤烟、淮山、茶果、木薯、中药材等；全县林业用地面积14.58万公顷，林木总蓄积量1147.86万立方米，有以阔叶树为主的生态公益林3.48万公顷和以杉木、马尾松为主的商品用材林4万公顷，森林覆盖率达81.2%，名列全省前茅，明溪是国家生态示范区建设试点县，设有君子峰和均峰山省级自然保护区，生态系统复杂多样。全县有野生和可栽培的药用植物资源1380种，41变种，有国家级保护植物24种，是发展生物产业的重要基础。境内已探明储量并被开采利用的地下矿藏以非金属矿为主，金属矿小矿化点为次。有储量丰富的石灰石、重晶石、萤石、大理石、透闪石、钾长石、玄武岩、石英石、稀土和褐煤。尤以宝石资源最为独特，已探明的宝石储量达10亿克拉，是“中国四大蓝宝石产地”之一，明溪蓝宝石与福州寿山石、华安玉并称“八闽名石”。滴水岩、君子峰国家级自然保护区、雪峰山森林公园等独特的自然景观和龟山杨时故里、御帘东方军司令部、归化之役遗址、南山古人类文化遗址、枫溪聚龙寺等人文景观，构成丰富的旅游资源。

明溪是革命老区县。中国共产党成立后，明溪人民的革命斗争如火如荼。第一次国共合作时期，闽西共产党员创办汀属八县社会运动人员养成所，归化籍学员20人从闽西回县后，秘密组织农民协会，进行抗租减息斗争，成为闽西北农民运动的先声。民国19年初，毛泽东、朱德率领中国工农红军由闽西转战赣南，途经明溪，写下《如梦令·元旦》的光辉辞章，描绘了闽西北宁、清、归“风展红旗如画”的革命情景，鼓舞了明溪人民开展土地革命的斗志。同年秋，建立了中国共产党明溪地方组织。民国20年7月，毛泽东、朱德率领中国工农红军进驻明溪城，建立苏维埃归化县工农革命委员会及区、乡苏维埃政权，明溪成为中央苏区21个县之一。自此，在苏区中央局、福建省委及中共宁清归中心县委领导下，中共归化县委和县工农革命委员会积极发动劳苦大众参加红军和支援前线，壮大地方武装和群众团体，打击地主豪绅反动势力，不断扩大红色区域，开展分田分地，巩固县苏维埃政权。民国23年初，成立归化县苏维埃政府及区乡苏维埃政府。同年春，宁清归军分区驻明溪，地方军民积极配合主力红军围歼敌人，取得归化战役的胜利。同年冬，中央红军开始长征，国民党军队围攻革命根据地，11月初重占明溪，县乡苏维埃党政机关人员和地方武装转入游击活动，坚持斗争。1986年，经福建省革命老区老根据地建设委员会确定，明溪革命老区乡镇6个、老区分布乡镇3个、老区村（居）68个。

明溪是内陆新侨乡。明溪人迁移欧洲务工经商谋生，始于1989年沙溪乡一村民前往意大利探亲并取得居留权。中国山村与欧洲发达国家之间劳动力价格上的巨大差异，拉动了明溪劳动力的跨境流动。明溪移民的“雪球”开始滚动，明溪新侨乡开始起步。明溪县委、县政府适时把握侨情脉搏，成立了境外资料翻译处，开办出国劳务培训班，出台农民保留责任田、企业职工劳动关系转入县劳动服务公司统一管理等鼓励和扶持出国劳务、经商系列措施。2005年，全县有近2万人办理出国护照，实际在外8643人，占全县总人口的7.5%，出国人员分布在匈牙利、意大利、俄罗斯等46个国家，并在匈牙利、意大利成立“明溪商会”，出国人员每年汇回数千万美元的外汇，明溪成为福建的“旅欧第一县”。延续十多年的出国潮，明溪人开创了一条条境外就业发展的成功之路，在欧洲创办的具有一定规模的贸易企业100多家，大量国产服装、鞋帽等轻工产品由此打入欧洲市场。明溪出国人员在匈牙利办起华文报纸《欧洲导报》，牵头成立“旅匈福建同乡会”，为三明市与匈牙利布达佩斯13个区建立友好城市关系起到积极作用。新侨乡的兴起，使出国劳务收入成为明溪经济的一个重要来源，仅2005年出国人员汇回的外汇就达3600万美元。明溪农民人均纯收入中，对外劳务收入占20%以上，县城区建设中的雪峰新村、红岗新村、白莲新村、阳光新城等居住小区，80%的兴建资金来源于外汇。许多新移民陆续回乡投资城镇建设、旅游开发、农业综合开发等经济发展项目，有力地推动明溪经济的发展，2005年侨资投资较大的企业就有7家，投资总额5043万元。一些侨眷把闲散资金投入厚朴中药材种植、肉牛养殖、速丰林基地建设等生产领域，促进了明溪农业的发展。随着明溪人与外界紧密的联系，新移民开放意识、创业意识和文明素质有了很大提高，捐资助学、捐赠公益事业、文明用语，已蔚然成风。侨乡居民的审美观念也在悄然改变，欧式建筑模式遍布城乡，牛奶、咖啡为生活必需，外出旅游度假成为新风尚。

二

中共十一届三中全会后，全县上下解放思想，以经济建设为中心，团结实干，抢抓机遇，开拓进取。农村经济全面发展，工业生产势头强劲，乡镇企业遍地开花，林竹、畜牧业、绿色食品、生物医药等特色经济持续健康发展，改革开放和社会各项事业不断向前稳步推进。1991 年全县国内生产总值完成 3.5 亿元，1995 年为 6.6 亿元，2000 年为 9.2 亿元，2005 年达 14.0 亿元，人均国内生产总值为 12042 元。第一、第二、第三产业比重从 1991 年的 48.3:30.6:21.1 调整为 2005 年的 36.0:24.3:39.7。15 年间，全县累计实际利用外资 4750.9 万美元，引进区外资金 13.62 亿元，外贸出口总值 4561 万美元。

*农业和农村经济发展进入新阶段。*20 世纪 90 年代开始，全县从巩固和完善家庭联产承包责任制，到延长土地承包期，土地承包经营纳入法制化、规范化轨道。农业结构的调整、科教兴农的实施、扶贫开发、小康建设、农业综合开发，有力促进农业增产和农民增收。1998 年后，以市场为导向，实施农业产业化项目，扶持发展农业产业化龙头企业，发展生态农业、订单农业、高优农业、创汇农业，全县农业生产持续、稳定、快速发展，形成茶果、优质稻、食用菌、烟叶、蔬菜、红豆杉、肉牛养殖、水产特种养殖等主导产业。而以山、水、田、林、路综合治理为主要内容的国家和省级商品粮基地建设的实施，改造了中低产田和加速了吨粮田的建设，至 2005 年全县累计投入基地建设资金 1917 万元，农田受益面积 3000 公顷。2000 年开始，县实施五项重点水利工程（即保安工程、放心工程、农水工程、民心工程、生态工程）、三个突破（即水资源利用率有新突破、水利工程管理体制改革有新突破、民营水利建设有新突破）和两项改革（即小型水利设施产权制度改革、水利管理体制改革），推进水利基础设施建设，使县水利工程跃上新台阶，至 2005 年全县有效灌溉面积达 8207 公顷，占全县耕地面积 71.2%，比 1991 年增 16%；保证灌溉面积达 7547 公顷，比 1991 年增 17.34%。集体林经营体制改革也于 2000 年全面铺开，至 2005 年 9 月主体改革完成，全县共完成区划宗地 2.17 万宗，区划面积 14.15 万公顷，完成林权登记面积 13.98 万公顷，初步形成了灵活经营的集体林经营机制。2005 年，全县农林牧渔总产值 77451 万元，比 1991 年增长 3.37 倍，农林牧渔产值比例由 1991 年的 44.73:29.75:23.42:2.1 调整为 2005 年的 61.51:23.78:9.78:4.93；农民人均纯收入 4218.34 元，比 1991 年增长 2.93 倍；全县有农业产业化龙头企业 18 家，订单农业面积 5020 公顷。

*工业持续稳定发展。*明溪森林和非金属矿资源丰富，20 世纪 90 年代初的工业企业多为小水泥、小三板、小结晶硅等资源型或高耗能型粗加工小企业，产值低而不稳。1991 年，全县村办以上工业企业 138 家，总产值 28545 万元，其中木材、建材、非金属冶炼企业 62 家，产值占 19915 万元。1996 年始，分类整体推进国有、集体工业企业改革，积极引进项目，加大工业企业资产重组和技术改造力度，关停、淘汰了一批高能耗、粗加工、低效益的小企业，至 2002 年改制基本完成 。2002 年，开始培育壮大生物医药、畜牧业、绿色食品、林竹四个产业，优化工业经济结构，小水泥、小“三板”（胶合板、木地板、刨花板）、小结晶硅等高消耗、低效益、粗放型产业的产值占全县工业经济总量的比重降低，逐步形成以红豆杉公司、利科公司为主的生物工程，以百事达公司、明溪超大公司为主的绿色食品加工，以瑞海木业、德辉木业、明建木业为主的林产品深加工和宏宇牧业有限公司为主的肉联加工的生态型工业体系。此后，随着大焦生态工业园区、十里埠生态经济区和一批乡（镇）工业园区的建设，初步形成了工业发展平台。2005 年，全县工业总产值 8.7 亿元，其中规模以上工业企业 30 个，产值 5.9 亿元，四大产业集群实现产值占规模以上工业产值 36.1%，工业经济效益综合指数为 129.73%，累计实现利税总额 4710.5 万元（不含省属）。

*特色产业生机勃勃。*明溪得天独厚的自然环境，生长着许多珍稀濒危植物，天然野生的国家 I 级保护植物南方红豆杉就有约 50 万株，分布在全县 8 个乡镇，百年以上的红豆杉有数千株，树龄最高的有 900 余

年。1992年始，明溪林业部门对南方红豆杉开展育苗研究工作。1995年，在南方红豆杉育苗上取得重大突破，使南方红豆杉种子发芽率达80%以上，1年生苗木即可移栽造林。2000年，县委、县政府决定开发南方红豆杉产业。2001年，在复旦大学的技术支持下，创建全国首家利用人工种植红豆杉加工生产紫杉醇的合法企业明溪南方红豆杉生物有限公司，对人工栽培红豆杉枝叶、根、树皮等进行全身提取，实现工业化生产，生产技术达到国际先进水平。公司通过“公司+基地+农户”的形式，引导农户大量种植南方红豆杉，当年育南方红豆杉苗1公顷8万余株，山地种植63公顷。2004年，明溪与复旦大学联合成立博士后科研工作站，就红豆杉人工培植、调整植物的代谢，促进紫杉醇含量的提高，降低成本以及新品种开发等进行研发。12月，明溪县被国家林业局授予“中国红豆杉之乡”称号。2005年，县加大南方红豆杉特色产业经济的发展，除生物质利用外，开发南方红豆杉景观苗木及盆景，建成景观苗木及盆景基地100公顷，通过市场化运作，推向全国各地。当年，福建南方生物有限公司收购人工种植南方红豆杉枝叶5000吨，生产50%含量紫杉醇200公斤，高纯度紫杉醇10公斤，产值8575.8万元，创利税1524.4万元。至2005年，共培育南方红豆杉实生苗、扦插苗3650万株，种植南方红豆杉1391公顷，城区和乡镇，随处可见成片高密度人工种植于大田或山间的南方红豆杉。

城乡市场繁荣活跃。1991年开始，明溪商业贸易流通体制实施改革，从计划经济逐步走向市场经济。1993年，把发展个体私营经济作为“小康工程”的一项重要工作，县政府先后下发《明溪县关于加快发展第三产业的实施意见》等文件，实行税费优惠等13项具体措施，同年新登记个私经济1367户，新增从业人员2072人。此后，随着改革的深入，城乡市场形成国营、集体、私营个体共存多元化格局，商品流通多渠道、经营方式多样化，民营、个体商业快速发展，服务网点遍布县域城乡，专卖店、便利店、超级市场和特许经营、连锁经营、物流配送等新型商贸流通业应运而生。随着商业行业多元化，商业网点布局经过市场调整，逐渐合理，经营设施日渐完善，社会商品品种多样、数量充足，城乡市场繁荣活跃，逐步形成了现代流通市场。2005年，全县社会消费品零售总额3.63亿元，是1991年的4.13倍，其中，批发、零售贸易业营业额3.03亿元，是1991年的3.56倍；餐饮业营业额0.47亿元，是1991年的14.9倍。接待旅游人数5.84万人次，旅游收入1789万元。

财政金融业平稳运行。按照构筑公共财政体系的要求，努力培植财源，加大支出结构的调整，压缩一般性支出，重点保证工资发放、社会保障等支出的需要，并支持科研成果转化、义务教育、中小学危房改造、学校布局调整、农业基础设施建设等，促进了全县各项事业发展。金融保险业平稳运行，金融电子信息化程度不断提高，存款贷款跳跃式增长，保险种类日益丰富贴近生活，保费收入稳步提高。2005年，全县财政总收入和一般预算收入分别为7050万元、3839万元，是1991年2.4倍和1.75倍，财政收入结构中税性收入比重逐年提高，2005年达到3855万元；一般预算内支出12582万元，其中：经济建设支出173万元，城市维护支出237万元，农林水等支出1181万元，科教文卫支出5494万元，抚恤救济社保支出1123万元，行政管理支出2236万元，公检法支出1021万元，其他支出1117万元。人民币存款12.63亿元，是1991年7.28倍；金融机构贷款4.32亿万元，是1991年3.63倍。保费总收入3011万元，理赔支出1007万元。

城乡建设日新月异。实施“小县大城关”的发展战略，统一规划、合理布局、综合开发、配套建设，15年来城乡建设迅速发展。在城市发展建设方面，先后实施了综合市场、绿色家园广场、垃圾无害化处理场、城北水厂、燃气工程等一批公益性基础设施建设项目，进一步完善城市功能；新建和改造街道8条，开发建设了企业新村、溪明新村、雪峰新村、绿缘新村等15个住宅新区，进一步拓展了城市空间。在乡镇和新农村建设方面，基础设施逐步完善，村容镇貌极大改观，呈现稳步、健康、和谐发展的态势，城镇化水平达31.6%。瀚仙镇被列入省级“百镇试点”；夏阳乡紫云村被评为市级小康示范村，受到中共中央组织

部表彰；沙溪乡梓口坊村被列入省村镇住宅小区建设试点。至2005年，全县有主、次干道21条，硬化道路面积47万平方米，道路硬化率达97%；建有垃圾转运站12个、垃圾填埋场1处，清扫保洁面积达到48万平方米，日处理垃圾40吨，城市垃圾无害化处理率达96%；铺设给水管网41公里，日供水1万吨，自来水普及率达99%，燃气普及率达98.92%。城区绿化覆盖面积达139.5公顷，其中城区公共绿地面积达24.54公顷，人均公共绿地达8.52平方米，绿化覆盖率达36.34%。城区面积由1991年的2.7平方公里扩大至3.64平方公里，基本形成了“一轴、两片、五组团”的城市布局结构框架。城区面貌日新月异，成为布局合理、建筑群体新颖、区域环境优美、富有现代气息和山区特色的政治、经济、文化、商贸中心的县城。

交通、邮电事业飞速发展。1994年开始实施的公路“先行工程”建设，结束明溪无高等级公路和水泥路面的历史。此后，明溪至建宁公路、明溪大鹅嘴经胡坊至永安界公路的改建和改造、农村公路网络的建设，使明溪交通状况有质的飞跃。15年间，全县总投资2.7亿元新建、改建县乡村公路107条（段），新建公路大桥2座、中桥8座、小桥10座，实现村村通公路。公路总里程由1991年的772公里增加到1103公里，形成以县城为中心、干线公路为依托、县道为骨架，四通八达的交通运输网络。客运量和货运量也由1991年的30.2万人次、48.9万吨，增加到179万人次、289.62万吨。随着城乡建设步伐的加快、物质文明的需求，邮电通信发展步入现代化。全县市内电话交换机容量2.8万门，电话接通所有建制村；有公路邮路216公里，乡村邮路558公里，邮政业务总量1046万元是1991年3.8倍，邮政业务拓展为函件、包件、汇兑、集邮、报刊发行、邮政储蓄、邮政邮购等。全县建有数字基站43个、直放站17个、CDMA基站21个，无线通信信号覆盖所有乡镇及95%的行政村。建成数字移动通信、数据通信、无线寻呼系统、无绳电话（小灵通）、宽带等网络，实现城乡通信现代化。

科教兴县稳步推进。全力组织实施九年制义务教育，确保义务教育工作依法实施、健康发展，不断加大教育投入，深化教育改革，改善办学条件，优化师资队伍，全面提高基础教育、职业教育和成人教育水平。基本普及九年义务教育和基本扫除青壮年文盲工作通过省政府评估验收，被国家教育委员会表彰，并获全省“实施义务教育工作先进县”称号。2002年，县第一中学通过省二级达标学校验收，2004年学校高考成绩创历史最好水平，考生本科第一批万人上线率居全市第一名。至2005年，全县共投入教育资金2.97亿元，其中投入3835.8万元新建校舍5.1万平方米；全县拥有普通高中2所，职业高中1所，初级中学9所，小学57所，幼儿园47所；有中学专任教师596人，小学专任教师780人，幼儿园专任教师195人。学前教育形成以国家办园为主，个人办园为辅的格局。职业技术教育在优化调整中迅速发展。成人教育向多形式、多层次、多元化发展。所有乡镇均建立起农村乡镇中心成人学校，教育教学手段进入现代化进程，开展“校校通”和“远教工程”，中心小学以上学校接入高速光纤上网，城镇中小学普及计算机教育和计算机辅助教学。科技工作以实施“生态立县、科教兴县”战略为重点，增加科技经费投入，鼓励科技创新，开展县校合作，建立健全科技信息网络，全县各项科技事业获得较大发展。15年间，全县共投入科技经费998.7万元，实施各级科技计划项目157个，其中国家级科技项目5个，省级科技项目16个，市级科技项目27个，县级科技计划项目109个；获国家专利25项；拥有省级科技示范乡（镇）5个，县级示范村16个，示范户90户；建有植物组培中心、企业技术中心、复旦大学科学技术转移中心等公共研发机构3个；拥有专业科技人员4200名。先后与复旦大学、南京林业大学、中国药科大学、江苏中科院植物研究所等建立密切协作关系，并吸引近400名外地各类人才为经济发展服务。天然药物产业被列入省一县一业重大科技项目，南山农业园区成为三明市唯一国家级示范园区，建立南方生物公司博士后科研工作站。生态立县有效实施，成为全国生态示范区建设试点县，实施23个生态示范项目，建立2个国家级自然保护区，被命名为“中国红豆杉之乡”。

文化体育事业蓬勃发展。15年间，不断加大对文化体育事业的投入，累计投入资金1.5亿元，文化体育事业基础设施建设逐步完善，县图书馆、老干部活动中心、体育中心、全民健身路等项目相继建成并投入使用。艺术创作累结硕果，对外文化交流实现新突破，全县累计创作各类艺术作品 2575 个，国画《梅花》《收获季节》，刻字《中国心》，舞蹈《京韵》等一批艺术精品走出国门，多次在国际上展出和获奖。组织开展“文化春节”、广场文化、文化下乡、艺术精品创作演出等系列活动，群众文化生活质量不断改善。全县开展各类文化活动 1000 余场次，组织“文化下乡”活动 152 次；每年不间断开展政策法规宣传、集中开展“扫黄打非”和文化市场专项整治行动，文化市场出现繁荣发展、规范管理的良好局面。全县发展文化娱乐、艺术演出、新闻出版、印刷与图书、音像与文物等各类经营场所 118 家，从业人员 2000 多人。广播电视实现“村村通”。新编《明溪县志》出版发行，续修工作开始启动。档案工作实现信息化管理。不断完善全民健身网络体系，使群众体育与竞技体育协调发展，全县经常参加体育活动的人口超过总人口的三分之一。

*卫生事业不断取得新成就。*15 年间，大力开展爱国卫生运动，认真贯彻预防为主的方针，建立健全三级卫生服务网络。深化医药卫生改革，加强卫生人才培养，努力完善医疗设施。2005 年，全县卫生专业技术人员高级职称 13 人，是 1991 年的 4.33 倍；中级职称 76 人，是 1991 年的 1.95 倍；先后建成县医院医技楼等 8 幢医疗卫生用房，全县医疗卫生业务用房 13942 平方米，是 1991 年的 2.05 倍；对乡镇卫生院的产儿科和预防接种门诊进行规范化建设，盖洋、夏阳、胡坊等卫生院添置了心电图、B 超、X 光机等设备，县医院添置了 CT、彩超、电子胃镜、全自动生化分析仪等大型先进医疗设备，县中医院、妇幼保健所、防疫站也分别添置业务所需的专业设备，医疗卫生服务能力得到明显提升。通过强化疾病预防控制工作，各种危害人民群众身体健康的传染性疾病得到有效控制，基本消灭麻风病、血丝虫病和疟疾，基本消除碘缺乏病。通过广泛开展爱国卫生运动，城乡环境卫生和公民的健康意识得到较大提升，被省爱卫会授予省级“卫生县城”称号，胡坊镇、夏坊乡获省爱卫会颁发的“卫生乡镇”荣誉称号。

*人民生活水平和质量不断提高。*城乡居民收入稳步增加，全县城镇居民人均可支配收入 2005 年达到 7859 元，是 1997 年（正式纳入统计）的 1.53 倍；农民人均年收入 4218 元，是 1991 年的 4.18 倍。社会保障体系进一步健全，劳动就业渠道逐步拓宽，2005 年城镇登记失业率为 5%，全县 684 户 1537 名城镇居民、1826 户 4407 名农村群众纳入城乡低保。社会保险面不断扩大，企业离退休人员社会化管理达 93%。

三

15 年巨变，永载史册。回顾过去成就辉煌，展望未来任重道远。由凝结的历史可以看出，明溪县经济总量较小，农业基础薄弱，农业经济结构不够合理，农业产业化、规模化程度低；工业经济总量小，产品科技含量低，企业整体素质和市场竞争力不强；第三产业不发达，在国民生产总值中所占比重偏低；财政收入水平低，缺乏支柱财源，收支矛盾突出；城市化水平低，基础设施建设还需要进一步加大投入，经济发展环境有待进一步优化；城乡还有部分群众生活比较困难，社会保障水平还不高等，这些都是制约明溪进一步发展的因素。

明溪有着优良的革命传统、良好的生态环境、可利用的矿产及新兴的侨乡资源，民间资本雄厚，承载能力强，在竞争激烈的发展年代，优势、机遇、挑战并存。全县人民将在县委、县政府的领导下，全面落实科学发展观，主动融入海峡西岸经济区建设大局，以“生态立县、工业富县、商贸兴县、科教强县”为战略，不断加快新型工业化、农业现代化和城镇化进程，培育壮大生物、新材料、机械零部件、食品加工、林产加工等 5 个特色产业，努力构建海西药都、海西新侨乡和生态经济强县的发展思路，使明溪的实力更强、产业更优、环境更美、人民幸福感更高。

大 事 记

1991 年

1 月 15—17 日，县政协四届一次会议召开，出席会议委员 71 人，会议选举邱兴发为政协主席。

1 月 16—18 日，县人大十一届一次会议召开，出席会议代表 177 人，会议选举周章四为人大常委会主任，张阳春为县长。

3 月 7 日，县委从县直机关抽调一批工作队下乡开展农村社会主义思想教育活动。

3 月 27 日和 3 月 28 日，枫溪、夏坊境内分别突降冰雹，时间持续 2—10 分钟，147 公顷烟叶、果树、再生稻严重受损。灾后，县、乡两级政府积极组织抗灾救灾，全县向灾区捐款 49044.65 元。

3 月 30 日，副省长陈明义到县检查指导工作。

5 月 20 日，县首例居民林永年、林永多获准赴台探亲。

同月，雪峰镇聘请省农学院教授作技术指导，试种 1700 平方米竹荪，7 月开始采摘，产量为每平方米 0.15 公斤。

6 月，《中国共产党明溪县组织史资料》第一版由厦门大学出版社出版，全书 32 万字。

7 月，县各级党组织开展“忆传统、讲党性、学先进、作奉献”活动。

8 月，《中国民间歌谣集成福建卷·明溪分卷》出版发行。全书分劳动歌、时政歌、仪式歌、情歌、生活歌、历史传说歌、儿歌、杂歌、曲调名及曲谱 9 个部分，共收录歌曲 340 首。

9 月 19 日，县人大常委会通过明溪县标以“日月同辉”为图案的决定。

10 月 25 日，县红十字会成立。

同月，县林业《马尾松扦插育苗造林技术研究》的科研成果，经省内外专家鉴定，确认 5 项技术填补了国内马尾松育苗造林科研的空白。

12 月 16—22 日，县实施义务教育“六项督导”工作经省教委评估检查团复评验收，达到省定优级指标。

是年，城关乡经省科技示范厅验收合格，成为全县第一个省级科技示范乡。

1992 年

3 月，县 5000 门程控电话正式开通。

3 月中旬，县委召开扩大会议，学习邓小平南方讲话。

5 月 12—14 日，闽赣两省 13 个县、市（江西省赣州市、石城县、瑞金县、宁都县、广昌县，福建省宁化县、清流县、明溪县、建宁县、永安市、沙县、长汀县、连城县）政协工作横向联系会议在明溪县召开。

十三县、市政协主席、统战部部长、政协秘书长或办公室主任共59人出席会议。

6月21日，盖洋镇大洋村发生滑坡，毁坏房屋1座，死亡1人，瀚仙镇岩里村发生泥石流灾害，冲毁房屋100间，土方量达1500立方米。

7月4日19时至6日20时，县境内连降大到暴雨，发生特大洪涝灾害，全县88个行政村有8600多农户受重灾，部分桥梁被毁、通讯中断、房屋倒塌、农田被淹、人员伤亡，给县工农业生产和人民生命财产造成严重损失。是年，全县粮食减产。

7月12日17时，沙溪乡、夏阳乡遭到9级龙卷风和冰雹袭击，526户农户房屋、烤房受损。

7月18—19日，美、英、孟加拉、印尼四国的5位学者组成考察组，在国家和省、市民政部门有关人员陪同下，到县考察村民自治情况。

8月1—2日，江苏省武进县党政代表团到县考察，捐助救灾慰问款15万元。

12月6—7日，省第三护林联防区第二届十次会议在县召开。

是年，省人民政府授予明溪县“实施义务教育工作先进县”称号。

是年，县基本实现宜林荒山绿化任务，森林覆盖率达73.8%。县林业科研项目《马尾松扦插育苗、造林技术》被列为国家级科技成果重点推广计划项目。

是年，对雪峰镇农化路的1宗面积75.02平方米的国有土地使用权实行公开拍卖，获取出让金3.09万元，率先在全市实行国有土地有偿转让。

是年，县建成十公羌微波通讯工程。

是年，县新建城北大桥竣工。

是年，县国营商业推行“国合民营”“社有自营”的经营模式，一批国有企业和商店实行租赁、合股、兼并或出售。

1993年

1月4日，省政府授予明溪县“卫生县城”称号，授予胡坊、夏坊“卫生乡（镇）”称号。

1月，县老区办、县委党史研究室联合编纂的《明溪革命故事》印刷发行，全书收录土地革命战争时期发生在明溪县苏区的革命故事40篇。

3月，县实施蚕桑工程，全县种桑240公顷。

4月2日，成立县造纸厂技术改造项目领导小组，对造纸厂废水污染城区河流问题进行专题研究。10月20日，县造纸厂停止生产纸浆，转为生产纸袋及玻璃纤维复合袋，年废水排放减少近90万吨。

4月15日，召开县“先行工程”动员大会。“先行工程”将省道福五线明溪县城关至荆西方向境内共35公里公路改建成2级以上标准公路。

4月17日，蒙州电站和沙溪乡水泥厂分别举行开工仪式。蒙州电站设计装机容量4000千瓦，沙溪水泥厂设计年产6万吨水泥。

4月18日至5月15日，暂停全县行政事业性收费。县委、县政府组织人大、政协、宣传、物价、财政等有关部门领导、干部共17人分6个小组深入行政事业性收费单位进行调查。对有关收费文件进行清理，重新确定收费的项目和标准，张榜公布，接受监督。

8月，省委、省政府授予明溪县“1991—1992年度创建文明县城竞赛活动先进县城”称号。

是月，经省人大常委会财经委、农经委、省政府发展研究中心室、省农委等6家单位共同评选，胡坊乡名列“93福建省百强乡镇”第100位。全市共有7个乡镇入选，胡坊乡为明溪县唯一入选乡镇。

9月9日，县各级党政机关开展纪念毛泽东诞辰100周年活动。

9月11日，西门小学教师薛真真被国家教委、人事部授予“全国优秀教师”称号。

10月27日，成立县河滨路建设（第一期）工程指挥部，县委常委、副县长李细求为总指挥。由此，开始调整县城区布局，实施“五纵贯五横，新区促旧城，开发河滨路，繁荣明溪城”的总体方案。

12月，夏坊乡“夏松”牌和夏阳乡“金峰”牌胶合板分别荣获1993年省优质产品奖和“消费者信得过商品”称号。

是年，县水口水电站建成，投入试运行。电站装机容量为5000千瓦。

是年，省政府授予明溪县“实验教学普及县”称号。

是年，县文化馆被文化部授予“标准文化馆”称号。

1994年

1月10—12日，中共明溪县第七次代表大会召开，出席会议代表174名。大会选举产生中共明溪县第七届委员会委员25名，候补委员3名，邹运恒当选书记，吴俊慰、林起锦、杨颂东当选副书记。

1月14—18日，县政协五届一次会议召开，出席会议委员67名，会议选举周章四为政协主席。

1月16—19日，县第十二届人民代表大会第一次会议召开，出席会议代表177名。会议选举邹运恒为人大常委会主任，吴俊慰为县长。

2月，县推广“公司+农户”发展乡镇企业经验，大力发展第三产业和个体私营经济。

3月3日，县“先行工程”全线动工，大焦口至瑶奢路段的路基施工任务分解到9个乡镇。1996年3月，省道102线明溪县城关至瑶奢路段长30.4公里、宽9米的水泥路全线贯通。该公路累计完成投资6840万元，完成土石方221.2万立方米，拦土墙28座，新建独立大桥2座230米，新建、改建中小桥8座297米，涵洞121道1282米，铺设水泥路面30.4公里。整个改建工程消除弯道52个，过垭口穿山8处1.66公里，新改路线4.5公里，全路段累计缩短营运里程2.45公里。

6月1日，县执行《关于对大宗产品、矿产品、机动车辆征收车辆公路建设附加费的决定》，筹集公路建设资金，用于“先行工程”公路建设。

6月15日，继4月24日和5月2日又发生第三次特大风灾和洪涝灾害，经济损失严重。县委召开县、乡有关人员紧急会议，部署抗灾救灾工作。县、乡（镇）两级财政拨出救灾款103.63万元。全县单位和个人捐款10.2万元。

8月，县委、县政府筹建城北水厂，工程总投资为706.53万元，日供水1万吨，供水高程为海拔高程400米。1997年8月，城北水厂竣工，9月开始供水，城区日供水能力达1.5万吨。

9月23日，省政府授予明溪县“农村改水先进县”称号。

11月上旬，瀚仙莲藕汁饮料生产开发技术被列入省科技“星火”开发计划。该产品荣获1994年福建名特优新产品展销会和1994年中国国际饮品技术博览会金奖。

11月19—20日，县顺利通过全国第二批农村水电初级电气化县验收。

12月13日，夏阳乡发生一起特大持刀抢劫案，经1000余名民兵设卡布哨和围追，擒获犯罪嫌疑人6人。

12月，实现全县乡（镇）电话交换程控化。市话普及达每百人18.6门。

是年，全县兴办城东、城西、瀚仙、夏坊、胡坊5个总面积20公顷的甲鱼、鳗鱼特种水产养殖基地。

是年，全县新办城关、沙溪、雪峰和瀚仙等乡（镇）水泥厂，使全县水泥（熟料）生产能力达65万吨。

是年，开通夏坊、夏阳、枫溪3个乡无线特高频电路和建成无线寻呼系统。

是年，县荣获三明市完成1994年度环保目标责任一等奖和“县城环境综合整治先进县”称号。

1995年

1月20日，省委、省政府、省军区联合授予瀚仙乡“拥军优属模范镇”称号。

2月25日，县委召开全县领导干部会议，传达贯彻江泽民总书记关于台湾问题的重要讲话和李鹏总理视察福建重要讲话及省、市委领导的讲话精神，围绕“全省发展重在闽东南，明溪怎么办”进行大讨论。

2月，县罗翠水库坝区主体工程竣工，封堵蓄水，库容量512万立方米。

同月，县纪委开始建立副科级以上领导干部党风廉政登记卡。

3月18日，县“3·18”赴港招商共签订合同6项，总投资642.2万美元，合同利用外资491.5万美元，签订意向2项，总投资额253万美元，利用外资137.6万美元，完成出口创汇26.5万美元。

3月中旬，胡坊乡、瀚仙乡经省政府批准撤乡建镇，实行镇管村体制。

3月25—28日，省初级卫生保健目标评审小组到县检查。评审组先后深入3个乡（镇）的9个行政村，通过听汇报、看资料、入户调查、问卷考试等方法，对明溪县开展农村初级卫生保健情况进行全面复核评审，认为明溪县符合小康标准，经济类型基本合格。评审组提出：在财政许可条件下，逐年增加投入，摆脱低水平运转现状；加强山村医药建设，提高甲级所普及率；加强卫生、妇幼保健人才的培养，改善条件，提高技术水平。

3—7月，全县开始对企业开展清产核资工作，按照“见物就点、见账就清、不打埋伏、不留死角、不重不漏”的原则，对58家国有企业的各项资产进行全面彻底的清查。清查结果，58家企业的资产总额27327万元，负债总额19989万元，所有者权益7338万元，各项资产损失和资金挂账3221万元。

4月8—16日，县委、县政府组成10人招商团，参加1995年中国福州国际招商月活动，共签订内联合同5项，总投资5490万元，引进资金1840万元。

4月29日，1994年度市劳动模范县工商银行行长王月儿、县无线电三厂厂长金昌荣到北京参加全国总工会举办的庆“五一”观礼活动。

4月30日，盖洋、枫溪、瀚仙3个乡（镇）遭受龙卷风、冰雹袭击，造成直接经济损失70多万元。

5月28日，省委常委、纪委书记林兆枢到县调研、检查工作。

6月3日20时至4日17时，全县城乡遭受大雨、暴雨袭击，降雨量达105.5毫米，直接经济损失293.7万元。

7月29—31日，省著名果树专家邱武凌研究员等专家一行10人在雪峰农场进行由省果树所与市科委、县科委合作研究的猕猴桃品种选择、修剪、疏果及贮藏技术课题现场验收。

7月下旬，县纪检监察机关对全县6个国有企业实行第一批挂牌保护服务工作。

7月，全县农村开展种粮、制种、养殖、种烟、蚕桑、毛竹、茶果、食用菌、猕猴桃等种养“十大户”社会主义劳动竞赛活动。

同月，县民办培英学校（单独班）创办，招收城区小学应届毕业生入学。

8月1—2日，县反腐败工作小组组织有关部门分5个小组对各乡（镇）、县直各大委开展反腐败工作情况进行检查。

8月18日，省林业厅党组书记、副厅长包应林到县调研“三五七”造林绿化工程等课题。

8月28日，枫溪乡中心小学教学楼“恩美楼”竣工投入使用。该教学楼由香港实业家沈炳麟捐资9.9万元兴建，共有8间教室，面积485.83平方米。

8月，县委、县政协、县委统战部召开纪念抗日战争胜利50周年报告会，并开展一系列活动。

9月5—12日，县委组织有关部门人员分4组深入乡村、机关、事业、企业单位进行党建调研。对各基层党组织贯彻落实中共十四届四中全会《中共中央关于加强党的建设几个重大问题的决定》、班子建设、党员领导干部贯彻民主集中制、党员队伍状况以及党风廉政建设等情况采取问卷调查、召开座谈会等形式进行调研。全县共召开座谈会63场，14个党委、53个支部的289名书记、副书记、委员及普通党员参加座谈。

9月中旬，在全县城乡广泛开展文明好公民的评选活动，共评出文明好公民10名。

10月1日，开始征收城区公共消防设施配套费，缴纳标准为一般工业生产用房每平方米1元计征，其他用房按每平方米3元计征。教育、医疗、民政福利事业、社会公共事业、部队军事用房、市政公用设施可申请免征，配套费实行专户储存，专款专用，主要用于购置消防车辆和其他消防设施。

10月7—16日，省政府委托省林业厅对县“三五七”造林绿化责任目标进行全面检查。省检查组按照省绿化达标检查验收方案，随机抽取了胡坊镇胡坊村、夏阳乡溪边村、瀚仙镇石珩村、盖洋镇常坪村、福田寨林业采育场团石工区、国有林管理站城关工区等6个受检点，进行检查验收。检查结果表明，明溪县1989—1992年造林更新保存面积，1989—1991年封育成林面积，1994—1995年种植的茶、果、竹面积合格率均达100%，全县有林地面积达11.69万公顷，比省定责任目标超1.6%，顺利通过省政府检查验收，确认为福建省造林绿化达标单位。

10月上旬，由省科委、林业厅，四川、贵州林学院、农业大学等省内外专家、教授组成的课题鉴定组鉴定通过明溪县《短周期工业用材林定向培育技术研究》《角信引种与选优技术研究》等两项林业科研项目。《短周期工业用材林定向培育技术研究》成果达到国内同类研究的先进水平，其中去梢促萌扩大繁殖系数居国内领先。《角信引种与选优技术研究》中的信树优、角信蚜新的生活史型及新的冬寄主密齿提灯藓等研究内容填补了国内外角信蚜及角信丰产研究的空白，其成果在我国五信子产结边缘地区属首次，具有领先水平。

10月，明溪县被确定为落实福建省1991—1995年社会治安综合治理工作规划合格县。

同月，县清车工作协调小组对使用军警、外籍车号牌和领导干部参加驾驶培训做出规定。

11月4日，县委、县政府发出《关于命名县级爱国主义教育基地的通知》，命名县博物馆、归化战役遗址、玉虚洞、河滨路新区、杨龟山诞生地遗址、夏坊（鳌龙）乡苏维埃政府旧址、城关乡赖水金烈士墓、枫溪乡红军烈士墓、林业科技中心、人武部国防教育基地为县爱国主义教育基地。

11月，明溪县被评为全省创建文明县城竞赛活动先进县城。

12月7日，省委、省政府授予明溪县宾馆、实验小学、雪峰镇城东村“福建省第五届精神文明单位”称号。

是年，夏坊胶合板厂、瀚仙水泥厂、夏阳茂阳公司被列入1995年福建省300家最大经营规模的乡镇企业。

是年，全县11所中心小学达到市“合格小学标准”。24所小学被省、市、县授予“文明学校”称号。

是年，城关乡和瀚仙镇获“省科技示范建设先进单位”称号。

是年，县委提出把明溪县建成“人口小县，农林大县，乡镇强县，农民小康，财政富县”的目标任务。

是年，明溪县被评为全国森林防火达标示范县、全国水土保持先进单位、全省粮食生产先进县。

1996年

1月24日，县卫生防疫、工商部门密切配合，捣毁一处地下非法加工、销售非碘盐窝点，查获非加碘盐约3吨。

3月21日，明溪县、宁化县、清流县联合在明溪县集中销毁非法枪支480支，其中明溪县收缴的非法枪支330支。

3月24日，县人武部收归军队建制。县委举行县人武部收归中国人民解放军交接仪式。中共明溪县委书记邹运恒兼任县人武部第一书记。4月2日上午正式挂牌。

3月25日—4月5日，市教委督查“两基”前期工作检查组一行7人到县检查工作。检查组先后深入8个乡（镇）的8个财政所、8个派出所、31所完全小学、8所中心小学和8所中学，采取查看资料、走访群众、召开座谈会、实地考核等方法，对明溪县乡（镇）“两基”工作中资金投入、普九程度、办学条件和扫盲等4个项目进行全面检查。

4月23日至月底，全县开展第二次“严打”斗争，共破获刑事案件38起，摧毁犯罪团伙6个22人，打击犯罪嫌疑人44人，缴获赃款赃物价值7.98万元。

5月6日，省委常委、省纪委书记梁绮萍在市委书记黄贤模等人陪同下到县检查纪检监察工作。

5月14—15日，三明市市长何团经到明溪县调研。

5月15—16日，全省幼林抚育间伐工作会议在明溪县召开。三明市和明溪、建瓯、漳平、南靖等县（市）在会上作典型发言。与会代表参观雪峰林场和瀚仙村、沙溪村的中幼林抚育间伐现场。

6月18—22日，县基本普及九年义务教育，基本扫除青壮年文盲的“两基”工作，经省政府评估验收达标。

6月25日，县公安局110报警服务台正式开通。

6月26日，县“全球通”数字移动电话开通。

7月24—28日，法国远东学院研究员劳格文博士在省社科院人员陪同下，到县雪峰、城关、胡坊、瀚仙等乡（镇）进行客家民俗文化调查。

8月上旬，县委组织部、县广播电视局联合摄制专题片《紫云之路》。该片集中反映了夏阳乡紫云村在村党支部带领下，艰苦创业，依靠科技致富，壮大集体经济，铁心拼搏奔小康的先进事迹。该村先后被评为全国绿化千佳村、省级明星村、省级文明单位、实施《福建省村级组织建设纲要》先进集体。村党支部4次被福建省委评为先进基层党组织。1996年被列入三明市级小康示范村，1997年被列为福建省创建文明户活动示范点，1998年6月，中组部授予该村党支部“全国农村基层组织建设工作先进村党支部”称号。

8月27日，县委、县政府下发《关于实行农村“奔小康、建新村”优惠政策和扶持措施的决定》。

9月11日，全市农村妇女学用科技暨奔小康经验交流会在县召开。

10月上旬，县人大常委会、法院、土地局、监察局、农业局等组成12人的土地执法检查小组，对全县9个乡镇进行土地执法检查。检查组肯定各乡镇土地执法中所取得的成绩，同时对某些地方存在的未批先用、占耕地建新村、执法力度不够、用地审批件不规范等问题提出整改意见。

10月17日，市委、市政府批准《明溪县党政机构改革方案》。改革后的县级党政机构共设29个，减少27个，精简48.2%。

10月，蒙州电站（县投资2400万元）第一台机组试运行发电。

11月8日，县委制定《明溪县乡（镇）领导班子建设五年（1996—2000年）规划》和《明溪县干部教育培训五年（1996—2000年）规划》。

11月11日，县委、县政府确定紫云村、夏坊村、城东村3个村为1995年基本实现小康村。12月4日，又确认梓口坊、福西、城西、官坊、盖洋、余坊和王陂村7个村为1995年基本实现小康村。

11月30日至12月1日，全市1996年度烟叶生产总结表彰暨1997年度烟叶生产现场会在明溪县召开。

12月13日，“’96福日扶贫助教”到明溪县活动，捐赠福日彩电10台。

12月17—20日，明溪县医院创“二等乙级”医院通过市等级医院评审团评审。

12月26—28日，市教委组织检查评估组对明溪县实验幼儿园进行“省标准实验幼儿园”评估验收。检查组根据省教委颁发的《福建省各级实验幼儿园评定标准》的要求，按办园条件、幼儿园管理、教育成效3个部分的27项指标、107项内容进行全面检查，确定明溪县实验幼儿园达到“省标准园”要求，顺利通过验收。

1997年

1月1日，县政府决定当日起集中统筹15%的农村教育事业费附加，用于发展基础教育、改善办学条件，重点用于改善职业中学办学条件及基础教育的薄弱环节。集中的教育费附加实行专项管理，专款专用。

1月9日，省委、省政府授予夏阳乡政府 “全省社会治安综合治理先进单位”称号。

2月4日，县政府发出《关于实施小县大城关发展战略的暂行规定》。

3月6日，县委、县政府发出《关于对计划生育“三户”实行优惠政策的通知》，决定在全县开展计划生育“三结合”奔小康工作，制定落实对计生“三户” （独生子女户、二女户、符合政策生育的一女一男户）帮富扶持的优惠优先政策措施。

4月11—12日，省委副书记习近平带领省委办、农办、民政厅、公路局等部门领导到明溪县河滨路、大焦岗果场、瀚仙镇、爱斯柯孟宗竹制品公司、碧州村等乡村、企业调研。习近平提出要切实抓好粮食生产，大力推进农业产业化进程，加快脱贫致富奔小康步伐，应统一思想，加强领导，总结经验，找出差距，选准工作着力点，因地制宜，分类指导，选准经济增长点，培育支柱，大力发展农村经济，搞好新村建设，坚持“两手抓”，加强农村社会主义建设。

6月8—9日，全县普降特大暴雨，造成山体滑坡，压死3人，伤3人，大量农田受淹，道路塌方，水利设施冲毁，直接经济损失5104万元。

6月10日，市长何团经带领市民政、交通等有关部门深入盖洋镇桂林村、湖上村慰问受灾群众。

6月22日，省民政厅副厅长兰致和一行4人到县检查指导抗灾自救工作。

6月，胡坊镇中心小学学生叶晓筱获1996年全国青少年中华正气读书教育活动二等奖。

8月25日，经省、市丝虫病专家审评组的严格审评，明溪县已达到卫生部门颁布的《消灭丝虫病标准》。

10月13—14日，省教委组织检查组对明溪县实验小学创建省级示范小学工作进行检查验收。检查组通过观看演出、听汇报、查看软硬件等方式进行检查评定，县实验小学达到了省级示范小学标准，成为全省第17所省级示范小学。

10月17日，县宝玉石协会成立。该协会为全省第一个、全国第二个县级宝玉石协会。

11月25日15时50分，全县遭受百年不遇的冬季特大冰雹和雷阵雨、大风袭击，持续时间10~15分钟，阵风达10~11级。冰雹袭击最严重的城关乡狮窠村，地面积雹深度达30~50厘米。全县受灾户7362户，受灾企业56个，因灾造成直接经济损失8100多万元。

11月30日至12月1日，由市交通局、公路局、省质检站三明分站等部门专家组成的交工验收组对省道206线明溪县城关至五通凹路段改建工程进行勘察，听取汇报。该工程全长11.08公里，总投资2100万元，1996年11月开工，1997年5月底完成。

12月8日，河滨路日月桥奠基及开工仪式举行。该桥总投资118.9万元，县党政领导和社会各界人士踊跃捐款9.7万元。

12月31日，中国农工民主党三明市委员会二届三次委员大会在明溪县召开。县政协主席周章四陪同与会人员参观县城区建设。

12月，《马尾松切根育苗技术》通过省、市专家评审和验收，该项目研究成果达到国内同类研究的先进水平，具有较高的生态效益和经济效益。

同月，新中国成立后明溪县首部《明溪县志》出版发行。

是年，对32名处级领导干部收入申报进行监督，对离任的33名科级干部进行离任审计。

是年，明溪县被列为省级“速生产林示范县”。

1998年

1月24—26日，县政协文教卫生委员会和县中医院联合邀请浙江省中医院附属医院皮肤科教授、主任医师胡永仙（明溪籍）到县中医院义诊，诊治患者200多人。

2月17日，“走遍中国第一人”、旅行家、探险家、摄影家宋小南到县参观滴水岩和明溪县宝石厂。

3月11日，由香港实业家沈炳麟资助11.04万元的夏坊乡龙坑小学“恩美楼”顺利竣工。“恩美楼”共9间教室、1间办公室，建筑面积579.42平方米，总投资25.9万元。这是沈炳麟在明溪县资助捐建的第二座教学楼。

4月11日，美国加州鲈鱼在县城关大焦口综合试验场自然繁殖成功。当日亲鱼产出约1.5万粒卵，13日卵化出鱼苗1万余尾。

4月28日，县林业局被省委、省政府授予“全省农村脱贫致富奔小康先进单位”称号。

6月30日，夏阳乡紫云村被市委作为全市先进党支部的典型，全市开展“远学美岭、近学紫云”活动。

6月，县西门小学雏鹰假日小队、枫溪乡小珩小学雏鹰假日义务送报队被全国少工委授予“全国文明雏鹰假日小队”先进集体称号。

7月18日，香港特别行政区行政会议成员、明天更好基金会执行主席方黄吉雯，全国政协委员、香港润海集团有限公司董事长周安达源，香港杰泰企业发展公司总经理陈忠治到明溪县看望白内障手术患者赖桃芳一家。赖桃芳父子3人于6月底成功做了手术，“健康快车”已为明溪县35名患者实施免费手术。

8月14日，县委办、县政府办下发《关于在全县开展支援长江灾后抗洪救灾紧急通知》。至20日，全县共收到支持长江流域抗洪救灾款项21.03万元，衣物3000件。

8月19日，110社会服务联合行动动员大会召开。县公安、邮电、卫生等10个部门及下属15个单位负责人参加会议。会议讨论制定《明溪县关于建立110报警社会求助服务体系工作方案》，参加联动的部门、单位负责人签订了110社会联动协议书。

9月1日，致公党省委会一行4人到县调研内陆侨务工作。

9月9—10日，全国政协港澳台侨委员会副主任林开钦、省侨办副主任罗开洪在市领导苍震华、吕少郎陪同下到县调研和指导工作。

9月28日起，全县实行对70岁以上老人发放“敬老优待证”制度。

10月10日，省委原书记、省政协主席伍洪祥到明溪县调研。

10月13日，省政协副主席陈家骅到明溪县视察。

10月28日—11月2日，省卫生厅组织有关专家组成的考核验收组对明溪县进行消除碘缺乏病评估考核验收。考核组深入抽样点紫云、瑶奢、奋发、中溪、实验5所小学，对8~10岁学生的甲状腺肿大率、尿碘水平、食盐盐碘水平和有关卫生知识等考核指标进行全面评估，确认均达到卫生部颁布的“消除碘缺乏病标准”。

11月，闽发证券三明支公司明溪县信息联系点投入营运。

12月1—2日，县委召开中共明溪县第八次党代会，201名代表出席大会。朱昌贤当选书记，王政、朱金芳（挂职）、陈宗标、严明清当选副书记。

12月6—7日，省委常委、副省长张家坤带领省财政厅、国税局、地税局等省直部门领导到明溪县国税局、地税局及财税基层所对财税工作进行调研。

12月16日，开展群众性无偿献血活动。县委常委、宣传部部长李群秀、副县长魏景纹等县领导率先参与无偿献血。此次无偿献血285人次，献血量57200毫升。

是年，明溪县建成福建省最大的生态科技蛇园。蛇园首期工程占地2.7公顷，以养殖五步蛇为主的种蛇达6万条。

是年，县投资50万元在王桥粮库新建粮仓1座，新增仓容100万公斤。

1999年

1月5—8日，政协明溪县第六届委员会第一次会议召开，出席会议委员77名。会议选举陈奋志为政协主席。

1月6—9日，召开明溪县十三届人大代表大会第一次会议，出席会议代表148名，列席258名。会议选举陈全北为人大常委会主任，王政为县长。

2月11日，夏阳乡紫云村至杉坂坑公路通车。该公路是市委为紫云村办实事项目。工程总造价160万多元，全长27公里，新建路段长3.8公里，路面拓宽改建路段2.1公里。该公路缩短紫云村至三明市区的距离，比从梓口坊村经省道102线至三明市区缩短58公里。

3月7日，县政府在瀚仙镇小眉溪村召开春播现场会，现场学习推广再生稻抛秧栽培技术。

4月29日，明溪县与厦门海沧开发区正式缔结为友好区县。5月29日，厦门海沧台商投资开发区管委会考察团到明溪县进行考察，并举办海沧—明溪山海协作座谈会。县经济局与海沧区社会事务局签订关于实施对口帮扶联络工作的协议。

5月9日，县委召开紧急会议传达中共中央办公厅、国务院办公厅《关于强烈谴责以美国为首的北约对我国驻南使馆进行导弹袭击的通报》和中央政法委《关于组织引导广大干群对北约暴行抗议活动》。

6月6—7日，国务院学位委员会学科评审组成员、博士生导师、国家级有突出贡献专家张建国教授一行3人到县调研林业工作，深入有关乡镇实地考察，并就县林业可持续发展、集体林经营体制改革和山地开发等问题提出建议。

6月10日，明溪、建宁两县勘界工作领导小组第一次联席会议在县召开。

6月24日，省委授予夏阳乡紫云村党支部、瀚仙镇石珩村党支部“先进基层党组织”荣誉称号。

6月27日，县政协为庆祝中华人民共和国成立50周年、人民政协成立50周年、迎接澳门回归祖国及《龙栖山下》诗社成立10周年，召开诗词文史专辑组稿会。

7月5日，福建烽林机器厂（9384厂）发生意外爆炸事故。上午10时，该厂民工在厂区修理围墙时，围墙倒塌，碰到易爆物品，引发爆炸事故，死亡7人伤1人。事故发生后，县委、县政府领导立即赶赴现场处理有关事宜。三明军分区参谋长杨庆斌等人也赶往现场，协助处理事件。

9月20—30日，全县举办系列活动庆祝中华人民共和国50周年华诞。

10月26日，县运动员在参加三明市第二届运动会团体比赛中获田径第三名、女篮第三名、男篮第五名、游泳第五名，在单项比赛中，共获8枚金牌、8枚银牌、7枚铜牌。

10月，县人民政府被省政府评为征兵工作先进单位。

同月，原夏阳乡知青港商陈麟麟回乡恳亲，捐赠6万元改善地美村电视网络，捐赠1万元给村民。

11月22日，县委召开全县“找差距、摆问题、理思路”活动动员大会。2000年1月7日，召开全县“找差距、摆问题、理思路”总结大会。

12月10—20日，全县开展丰富多彩的迎接澳门回归系列活动。

是年，马尾松建筑材林优化栽培模式研究获国家林业局科技进步二等奖。

2000年

1月10日，夏阳乡紫云村和城关河滨北路小区经省“双百”项目检查验收组检查验收，分别获省级文明新村“精品”和省级高标准文明安全小区荣誉称号。

1月14日，参加上海烟草集团会议的全体代表到明溪县参观烟草高新技术园区的漂浮育苗新技术。

2月上旬，省考古队到夏阳乡紫云考察紫云古岩画。

3月9日，按照《中共中央关于在县级以上党政领导班子、领导干部中深入开展以“讲学习、讲政治、讲正气”为主要内容的党性党风教育的意见》和省、市委的部署和要求，明溪县“三讲”教育活动于3月9日开始，用8周时间分4个阶段集中进行。

3月20日，广东东莞泰特玻璃制品有限公司董事长邱侦文捐资10万元兴建的盖洋镇画桥小学“侦文楼”竣工并投入使用。

4月13日，香港宝莲禅寺捐资40万元支持兴建城关中学教学大楼。

4月29日，县“公推直选”村党支部班子试点工作在城关乡王桥村获得成功。

4月下旬，盖洋镇桂林村千亩全国义务植树示范基地建设项目获得批准，成为全省第一个全国义务植树基地。

6月7日，国家烟草协会理事长金茂先、副理事长赵元宽等一行10人到明溪县指导烟叶生产。

6月14日，成立县机关效能建设办公室，并设立投诉中心。

7月上旬，县夏阳乡、盖洋镇中心卫生院被列为省委、省政府“救两条生命，还一家幸福”生命救助行动为民办实事项目单位。由省卫生厅，省红十字会分别向每个卫生院提供3万元经费用于增添设备、改善设施，以提高产科、新生儿科医疗保健服务水平和急救能力。

7月13日，全县电网调度实现自动化。

7月16日，县举办首次政府采购招标会。采购的商品为计算机网络设备及其他办公设备。

7月21日，县人大常委会首次对提请任命的国家机关工作人员进行法律知识考试。

8月3日22时至8月4日24时，县组织公安、工商、文化、监察等部门共80余人对娱乐服务场所进行地毯式集中清查，共检查娱乐服务场所142家，查处不符合要求场所22家，取缔无经营执照9家，吊销证照7家，停业整顿3家，限期整改9家，查处赌博案件1起。

8月7日，国家林业局将明溪县确定为全国6个森林经营工作示范县，成为福建省唯一、全国六个示范点之一。批准《明溪县森林经营（珍稀树种）示范县建设实施方案》，计划在2年内建立占地33公顷年产苗木1000万株的全国南方最大的珍稀树种种苗繁育基地。

8月13—14日，市委书记苍震华到盖洋镇老区基点村村头村驻村夜访，宣讲实践“三个代表”重要思想。

9月10日，县万隆食品有限公司莲藕汁生产线正式投产。

9月中旬，胡坊镇被省政府授予“福建省第三批科技示范乡镇”荣誉称号。

9月20日，全县对城区内的算命、卜卦摊点进行清查，没收其迷信用品，并对他们进行教育。同时，举办图片展，开展咨询活动，宣传崇尚科学、反对迷信的思想。

10月27日，城关派出所民警黄达等3人擒获1名公安部挂牌的特大杀人抢劫在逃案犯。

11月1日零点，进行全国人口普查登记。全县135名普查登记指导员、518名普查员分头深入城区及各乡镇、村、企业普查点、调查小区，对全县3万多户家庭进行现场入户登记。普查结果，全县共有32014户、115851人。

11月21日，县综合市场建成并投入使用。市场占地面积2.3万平方米，总建筑面积3.65万平方米，总投资3500万元，是当年全市最大的县级综合市场。

12月2日，团县委组织城区各中小学校学生和城区各基层团委团员近千人开展保护母亲河行动宣传日——“小事做起来，绿色助申奥”活动。

是年，农村全面实行提留统筹费预算审批制度，实行定项限额、凭卡收费，全年共发放农民负担监督卡2.1万份；开展农民负担专项审计，全年审计金额280万元。

2001年

1月1日起，明溪县失业保险费和基本养老保险费，改由地税部门征收、财政监督、社保发放的新体制。

1月20日，总投资360万元的县广播电视光纤二级网开通，试传省台8套有线电视节目。

2月5日，县政协办、统战部、侨联、工商银行联合举办旅欧人士回乡省亲代表庆元宵晚会，100多名旅欧人士代表参加晚会。

3月下旬，中央电视台记者偕同三明电视台记者在明溪县进行农业题材的采访活动，《南江黄羊和波尔山羊落户明溪》《养一亩美蛙、轻松致富有方》《野生茶秆竹、致富好路子》《明溪蓝宝石畅销海内外》《厚朴药材市场前景看好》《明溪淮山待销》《明溪人工培育南方红豆杉技术取得重大突破》等新闻稿件在中央电视台七套节目中陆续播出。

3月30日，胡坊镇被市委、市政府授予“全市文化先进镇”荣誉称号。

4月10日，城关工商所查获来自美国等国家的走私冷冻食品（有鸡爪、猪肚、牛肚、猪舌、鸡翅等）121件，案值2万余元。

4月22日，召开“严打”整治斗争公捕公判大会，公开宣布逮捕和宣判一批严重危害社会治安的刑事犯罪分子。

5月6日，胡坊镇柏亨村遭受百年不遇冰雹、暴雨和龙卷风袭击，受灾农户211户，造成直接经济损失100多万元。

5月15—30日，明溪蓝宝石参加“省石及八闽名石”评选。经福建省省石推荐委员会审定，明溪蓝宝石被授予“八闽名石”牌匾。

5月18日，明溪县与青山纸业股份公司共同投资组建的青珩林场有限责任公司正式成立。

5月24日，台北爱心行善协会会长肖金诗代表该协会向城关乡、瀚仙镇学区捐赠500套学生校服及大量文具，向县福利院捐款1800元。

5月26日，县城郊农业现代化示范园区建设规划通过由教授、博士生导师陈启锋为组长的专家组的规划论证。

5月下旬，县南山史前人类居住洞穴遗址被国家文物局列入“十五”期间重点考古发掘项目。

6月13日3时至17时，全县境内普降大雨，部分乡镇降雨量超过140毫米，粮食作物受淹1600余公顷，烟叶受淹667公顷，鱼塘过水近133公顷，堤防决口40处9000多米，小水坝被冲毁20座，倒塌房屋7座，2人失踪，造成直接经济损失2300多万元。

6月27日，县生态公益林区划界定通过市级验收。全县14.67万公顷林业用地中，界定生态公益面积3.77万公顷，占全县林地面积的25.7%。

7月6日，沙溪乡梓口坊村一小吃店发生一起人为投毒案件，造成17人食物中毒，经抢救全部脱离危险。7月10日，该案告破，4名涉案人员被抓捕归案。

7月13日，县农业“155”服务中心电话正式开通。

7月23日，县委书记朱昌贤、县长王政等看望刚刚入迁的三峡库区移民，并送去棉被等生活用品和慰问金。

7月，大焦岗生活垃圾卫生填埋场建设项目获市计委批准。该项目计划投资1081万元，占地5.3公顷，总库容28.6万立方米，日处理生活垃圾50吨。

8月17日，国家林业局局长周生贤及有关司负责人在省林业厅厅长何团经、市长叶继革等人的陪同下，到县调研珍稀树种森林经营示范县项目建设情况。周生贤对明溪在珍稀树种培育和经营方式上进行大胆探索并取得的成绩给予肯定。至2001年底，县已建立珍稀树种种苗繁育基地10公顷，扦插大棚5000平方米，培育国家一级保护树种南方红豆杉苗木150万株，秃杉、三尖杉、观光树等100万株。

8月29日，县总工会举行“金秋扶困助学”捐赠活动，向当年考入大学的5名困难职工子女进行资助。县总工会自2000年开展“金秋扶困助学”活动以来，共资助10名考入大学的困难职工子女上学。

9月14日，明溪县中港合资企业南方红豆杉产业有限公司及天然药用植物研究所正式开业。在开业仪式上，县委书记朱昌贤分别向国家医药总局教授林瑞超和上海复旦大学教授陈建明授予“明溪县荣誉市民”证书；县长王政分别向林瑞超和陈建明颁发“明溪县人民政府顾问”证书。

9月27—28日，县城区防洪堤工程通过市水电专家验收。城区防洪堤总建设长度为8.144公里，可保护耕地197公顷，人口3.2万人。

9月29日，投资近300万元的城区夜景亮化工程竣工。完成东大路（从上坊收费站至党校路口）路灯建设106盏，转盘13米高架灯建设，东大路和河滨公园灯箱广告46个，中心花园夜景灯光配置，沿街建筑轮廓灯 建设。

9月，省计委批复明溪县经建宁县城关至甘家隘战备公路可行性研究报告。明溪县经建宁县至甘家隘战备公路是一条重要的入闽公路，该公路起于明溪县城关，经五里桥、盖洋、夏坊、建宁县均口、城关、终于甘家隘，全长145.4公里（明溪县境内64.23公里），全线路面采用砼路面，按部颁二级公路标准建设，工程投资2.5亿元，于2003年8月竣工。

同月，香港电视广播有限公司主席邵逸夫捐赠15万港元，重建明溪县城关乡坪埠小学教学楼。

10月18日，县委、县政府发出《关于鼓励党政机关事业单位工作人员参加农业综合开发生产经营活动的暂行规定》。规定机关、事业单位工作人员可以以辞职、请长假脱岗、离岗待退、提前退休等形式参与农业综合开发生产经营活动，并规定相应的优惠政策。

10月23日，举办“退休职工夕阳红健步行”活动，1000多名退休职工参与活动。

11月2日，县跨世纪青年农民科技培训工程师资格培训班在农业局开班，县跨世纪青年农民科技培训工程全面启动。

11月上旬，夏坊乡商品粮基地农业综合开发土地治理项目获省农业厅、省农业综合开发办立项。该项目是2001年全市5个省级商品粮基地农业综合开发项目之一，总投资149万元，改造中低产田360公顷。

11月10—13日，县政协副主席、县宝玉石协会常务副会长饶克新到武汉市参加21世纪全国首届珠宝研讨会，并在会上作题为《明溪蓝宝石储量及开发情况》的报告。

11月27日，省政府重点扶贫项目明溪县夏阳乡水厂扩建工程竣工，工程总投资120万元，日供水量2000吨。

12月1日，全县城乡居民用电实现同网同价，农民生活用电从原来每千瓦时0.64元降至0.4元，此一项每年可减轻农民电费负担近150万元。

12月4日全国第一个法制宣传日，县政法机关、行政执法机关组织有关人员在城区开展大型法制宣传活动，对群众进行普法宣传教育，为群众解答有关法律问题。

12月31日，明溪县第一个光纤下传节目点城关至烽林厂光缆传输电视节目信号网正式开通。

12月下旬，由团县委、县气象局联合举行“气象杯”为中国喝彩青年环城跑活动，来自全县各界近500名青年参加。

12月，全县开展以树立勤政为民形象为重点的“结对子”“再就业援助”等活动，县领导、县直部门、乡镇共400多名干部驻村入户，为贫困人口提供16.7万元的生产资金，办好实事270多件。三明市投入明溪县挂钩村的扶持生产资金达13万元。

2002年

1月13日，一辆载有近10吨柴油的油罐车翻入距路面近20米沙溪河中。事故发生后，县公安局、交警大队等有关部门人员赶到现场进行抢救处理，市公安局、市消防大队特勤、市环保局等部门也组织人员赶赴现场协助施救。至16日，油罐车内的全部存油安全抽取并转移，油罐车打捞上岸，险情排除。

1月24日，召开机构改革动员大会，对县、乡机构改革进行动员部署。全县机关现有行政编制由795名核定为573名，精减22%。

2月26日，战备公路明溪县城区过境段建成通车。该路段总投资1200万元，路基宽12米，总长2.46

公里。

3月24—26日，台湾省“台北市爱心行善会”理事长刘玉燕一行5人到县参观考察，向沙溪学区捐赠校服1000套，价值4万余元。

4月18日，召开县私营企业协会成立暨第一次大会。

5月5日，明溪县对2002年度坪尾片省级商品粮基地实施国家农业综合开发项目进行公开招标。

5月7日，美国天然药物制药公司首席执行官罗兰德一行4人到县对红豆杉及产品生产加工情况进行商务考察并洽谈合作事宜。经过洽谈，双方就某些项目达成合作意向。

5月13日，县司法局、教育局、共青团县委在县灯光球场联合组织举办未成年人法律知识竞赛，全县有10支代表队参加竞赛。

5月17日，召开县级互联网有害信息专项清理工作会议，专题部署互联网有害信息专项清理工作。

5月22日，县委举办“五月的交响”文艺晚会，纪念毛泽东《在延安文艺座谈会上的讲话》发表60周年。

5月25日，由著名华侨陈香梅与山西璞真灵芝酒业有限公司共同创办的“陈香梅—璞真老人安养中心”在明溪县成立。第一批接收的18名老人，食宿全部免费。

6月8—9日，县举重代表队在全市中小学生运动举重比赛中，获得6个单项第一，10个单项第二，9个单项第三，团体总分名列第三的好成绩。

6月9日，日本青木畜产株式会社到县考察解县畜产养殖和牧草种植基地，表达与明溪县合作发展畜产的意向。

6月9—10日，明溪县第一中学顺利通过省二级达标学校定级验收。8月，被省教委确认为二级达标学校。

6月13—17日，出现历史罕见的连续暴雨，为1968年以来降雨量最大的一次。全县降雨量达486.3毫米。由于降雨时间集中，降雨强度大，造成山洪暴发，农田被淹，道路塌方，水、电、通信中断，山体滑坡，房屋倒塌，直接经济损失达1.5亿元。

6月17日，夏阳乡紫云水库大坝出现管涌现象，严重威胁下游紫云村180多户村民的生命安全。夏阳乡政府和县水利部门迅速组织技术人员和施工抢险人员对大坝管涌处进行临时紧急处理。

6月19日，县机关企事业干部职工向夏坊灾区捐款20多万元。

6月24日，省长习近平、副省长陈芸带领省直有关部门领导，在市长叶继革陪同下到明溪县调研，了解“6·16”抗洪救灾情况。省长习近平观看了“6·16”洪灾情况的录像专题片，听取县委书记朱昌贤关于抗洪救灾情况的汇报，提出要把困难群众的生活安置好，让每个受灾群众“有饭吃，有衣穿，有房住，有药医，有水喝”，让学生有学上；抓好受损基础设施的修复工作；做好卫生防疫工作；做好重建家园工作；做好灾后生产恢复。省长习近平一行还深入南山现代化示范园区、县珠宝厂和县红豆杉产业有限公司实地调研，对明溪县经济发展呈现的良好势头给予肯定。

同日，县委、县政府组织机关干部、基层民兵和政法部门干警100余人到夏坊乡帮助清理街道和乡政府所在地的淤泥。

6月28日，县委、县政府召开抗灾赈灾动员大会，动员各部门为灾区捐款，帮助灾区重建工作。全县收到社会各界捐款50.4万元、大米13吨、衣物3000多件、化肥50吨及大量的药品和生活用品。

6月底，县广播电视台制作的新闻《武警官兵洪水救困》在中央电视台《新闻联播》中播出，这是该台自创建以来首条被中央电视台《新闻联播》节目采用的新闻。

7月1日，召开县世行贷款英国赠款中国结核病控制项目启动会议。

7月8日，香港客商何捷向夏坊乡捐款1万元，用于夏坊中学灾后重建，并捐赠大米2750公斤给夏坊村100位倒房户每人25公斤大米，衣物300多袋，捐赠的钱物价值达2.3万多元。

7月上旬，曾在夏坊乡插队的知青香港企业家郭卿芳为夏坊乡捐款2万元，用于灾区修路建桥，恢复交通。

7月16—18日，明溪县第一中学女子篮球队在沙县举行的全市中小学生运动会篮球赛中，荣获第一名。

7月17日，由省委宣传部、省社科院联合举办“福建省百场社会科学报告会”在明溪县举行分场专题报告。报告团成员、福建师大党委副书记、经济学博士、教授郑传芳作《“三个代表”与中国共产党执政规律》的专题报告。

8月上旬，明溪县至三明市入闽公路开始改造，总长28公里，实际改造14.8公里，总投资2800万元。

8月18日，瀚仙镇云台生态旅游开发项目第一期工程顺利完工，首期投入资金11万美元。渔塘溪垂钓、烧烤、天然游泳场等项目正式启动。

8月28日，台北爱心行善会会长肖金诗为夏坊中学捐赠135套课桌椅。

8月29日，县总工会、县工商联联合举办“金秋助学”活动捐赠仪式，对9位即将走入大学校门的特困职工子女进行捐助，资助金由社会各界捐献，金额近3万元。

8月31日至9月1日，福建超大现代农业集团专家智囊团一行9人到县考察投资环境。

8月，在省农业厅、省农林大学组织开展的全省优质早熟梨鉴评活动中，胡坊镇马铃桥梨园采样选送的丰产梨品种荣获第二名。

9月5日，县文蕾服装厂向夏坊中心小学捐赠340多套服装，价值1.3万元。

9月19日，县委召开全县农村“三个代表”重要思想学习教育活动总结表彰大会。表彰全县农村“三个代表”重要思想学习教育活动先进集体42个、先进工作者20名。

9月25日，胡坊镇胡坊村被省老龄委办公室、省民政厅、省文明办评为全省首批“敬老模范村”。
同月，福建师大生命科学院院长、教授朱锦茂一行3人到夏阳乡紫云村实地考察当地的野生动植物资源。

10月8日，县公安局城关派出所组织警力捣毁以王某为首的“六合彩”赌博窝点，当场抓获参赌人员4名，缴获赌资1200余元和一批“六合彩”资料。

10月30日，全县首家村级片区警务室在沙溪乡梓口坊村挂牌成立。

11月25—26日，全县9个乡镇76649名选民（参选率96.3%）在272个选区参加投票选举，选出新一届乡级人大代表450名。其中，中共党员282名，占代表总数的62.6%；妇女代表108名，占总数的24%。

11月30日，全省冷水性鱼类养殖工作现场会与会人员100多人到明溪县参观冷水性鱼类养殖情况。

12月26日，县境内普降小到大雪，部分地区积雪达12厘米，寒潮和冰雪造成直接经济损失达784.1万元。

12月27日，君子峰、均峰山自然保护区通过省级评审。君子峰保护区位于县西北部，总面积13848公顷，其中核心区6809公顷，主要保护常绿阔叶林、南方红豆杉。均峰山保护区位于县东部，总面积1710公顷，其中核心区688公顷。主要保护常绿阔叶林、黄腹角雉、南方红豆杉。

是年，绿色家园广场共铺设草皮4740平方米，种植树木200余棵，种植花卉3万多棵，花园中心的高21米的日月阁、二十四节气墙和1058平方米的康乐场及1544平方米的喷水池等配套设施完成主体施工。白沙豪庭、碧湖苑、畔溪花园3个商住区的主体工程全部封顶。

2003 年

1 月 15 日，旅居俄罗斯的明溪县乡亲捐赠 1 万美元给受洪水灾害的夏坊中学，夏坊中学此次受灾共收到旅居俄罗斯、匈牙利、意大利等国家的明溪县乡亲各项捐款 15 万元。

2 月 10—11 日，省委书记宋德福到明溪县调研。宋德福对明溪县在探索内陆山区发展新路子，加快发展县域经济的做法及所取得的成绩予以肯定。

2 月 15—16 日，复旦大学副校长徐忠教授率领复旦大学代表团到明溪县考察，并与明溪县签订复旦大学有史以来第一份校县全面合作协议。

2 月 26—27 日，全省设区市老区办主任会议在县召开。

2 月，经省人民政府批准，君子峰、均峰山列入省级自然保护区。

同月，县患舌癌的下岗工人黄某顺利申请到医疗保险救助，成为县医疗保险救助的第一位受益者。

3 月 12 日，夏阳小学庆恩楼正式落成，这是香港大业织造厂有限公司董事长沈炳麟在县捐资兴建的第三处教学楼。

4 月 8 日，明溪县与泉州市丰泽区结成精神文明建设共建友好县区。

4 月，下发《关于印发传染性非典型肺炎防治管理工作暂行规定的通知》，成立明溪县防治非典型肺炎指挥部，防治工作有序开展。5 月 19 日，在县农贸市场前举办 “依靠科学，战胜非典” 大型宣传活动。

5 月 16 日 2 时起，县境内普降大暴雨，降雨量达 231.8 毫米，全县 9 个乡镇均有不同程度受灾，受灾人口 5.8 万人，成灾人口 3.3 万人，紧急转移安置 1236 人，道路、水利设施破坏严重，房屋倒塌 76 间，全县直接经济损失达 9842 万元。

6 月 4—5 日，省委“四个专题”（开展研究和解决增强福建经济发展后劲问题、增进福建精神文明建设实效问题、提高为人民服务质量问题、增强党的建设活力问题）调研组到县调研。2004 年 6 月 4 日，省委副书记王三运带队到县开展“四个专题”调研。2005 年 8 月 9 日，省委落实“四个专题”决策第三调研组到县调研。

6 月 6 日，县肉牛产业协会成立，为三明市第一家肉牛产业协会。

6 月，经国家环保总局批准，县列入第八批全国生态示范区建设试点地区。

7 月，县一中 499 名考生中，本科一批上线 72 人，本科二批上线 239 人，万人上线率居全市第三名，是 1976 年恢复高考后该校历史最好成绩。

9 月 13 日，省政协主席陈明义、副主席苍震华到县调研。

9 月 19—20 日，复旦大学访问团到县开展县校合作交流，复旦大学环境科学与工程系副主任、天然药物研究中心副主任、教授、博士生导师陈建民出任县科技副县长，县委书记朱昌贤向复旦大学张平健、陈建民、王德耀、郑志坚等颁发“荣誉市民”证书。

10 月 30 日，副省长黄小晶到县调研。

11 月 27—28 日，中共明溪县第九次代表大会召开，出席会议代表 209 名。大会选举产生中共明溪县第九届委员会委员 26 名，候补委员 4 名，朱昌贤当选书记，王政、王丛（挂职）、厉云、颜虎成当选副书记。

2004 年

2 月 27 日，县委召开全县农村公路建设工作会议，启动全县农村公路硬化改造工程。

3 月 6—10 日，市政府张健市长带领市有关部门领导到明溪开展“贯彻中央‘一号文件’、推动县域经济发展、促进农民增加收入”调研督查活动。

5 月 25 日，市委书记叶继革到县开展调研活动、

5—12 月，来自厦门大学、福建农林大学、三明真菌研究所等高等院校、科研单位的 30 多名专家学者与县林业局有关人员联合组成的“福建君子峰自然保护区综合科学考察队”，对县自然保护区内的自然概况、植被、植物、动物、昆虫、大型真菌和微生物资源进行综合科考。

7 月 21 日，泉州市丰泽区委书记林伯前率团到县开展结对共建访问。

8 月 18 日，在县绿色家园绿化地发现恶性杂草日本菟丝子，县农业局会同县绿化办、园林管理处等单位对恶性杂草进行无害化处理。

10 月 14 日，省政府副省长刘德章在市委书记叶继革的陪同下到县调研。

10 月 15 日，县公安局破获赎金高达 500 万台币的厦门绑架案，在明溪县成功解救被绑架台商，抓获 3 名犯罪嫌疑人。

12 月 16 日，复旦大学技术转移中心明溪县工作站、复旦大学与南方生物技术股份有限公司博士后工作站在县正式挂牌成立。

12 月 23 日，全省首家规模化肉牛屠宰加工企业明溪县宏宇牧业有限公司开始生产。

12 月 24 日，福建省第三护林联防区三届十次会议在县召开。

同日，由日本友人深见东州捐资 20 万元兴建的夏坊乡东州春蕾小学落成。

12 月，明溪县国家林业局被命名为“中国红豆杉之乡”。

是年，县委、县政府下发《关于建设“平安明溪”工作实施意见》，开展建设“平安明溪”活动。

是年，县第一中学高考成绩创历史最好水平，考生本科第一批万人上线率居全市第一名。

2005 年

1 月 6 日，县开展支援印度洋海啸灾区民间捐赠活动，当日收到捐款 4 万多元。

1 月 10 日，中国老促会会长、中将王作义到县调研。

1 月，县被省政府发展研究中心评为 2004 年度福建省 10 个发展成绩突出、发展潜力较大的县（市）之一，并被授予“县域经济发展特别奖”。

1 月至 2006 年 6 月，全县开展共产党员先进性教育活动。全县 137 个单位、318 个基层党组织、5809 名党员按照“务求实效、群众满意”的要求，完成先进性教育活动的各项工作任务。

2 月 1 日，省委书记卢展工，省委常委、组织部部长李宏，副省长陈芸带领省直有关部门负责同志到县走访慰问困难群众并开展调研。

5 月中旬，境内持续降雨，过程雨量 529.7 毫米，比常年偏多 393 毫米，强降雨造成河水泛滥、山体滑

波、公路塌方，交通、水利、电力等基础设施损毁严重，给全县工农业生产和群众的生活带来严重损失。

5月24日，胡坊镇肖家山发生山体滑坡，8户农户受灾，受灾人口37人，毁坏房屋28间。

7月30日，城区连续发生3起飞车抢夺案，经公安干警20小时奋战，成功抓获2名飞车抢夺团伙成员，连带破获该月在大田、永安等县市系列飞车抢夺案。

8月7日，省长黄小晶带领省直有关部门负责人在市委书记叶继革、市长张健的陪同下到明溪县利科公司调研。

8月8日，县农业局首次举行农业行政处罚听证会，对1起涉嫌经营违法种子的案件进行公开听证。

8月12日，县举办《激情夏日》少儿舞蹈专场晚会，拉开县举办首届暑期艺术周活动序幕。艺术周期间，还举办少儿现场作画、器乐演奏会等少儿展示活动。

9月，县宾馆被评为三星级旅游饭店，为县内唯一有“星”级的旅游饭店。全县有旅馆34家，从业人员246人。

10月12日，中国中共党史学会常务副会长石仲泉到县调研苏区党史工作。

10月1—7日，省观鸟会科学考察队到县均峰山自然保护区开展观鸟考察和宣传活动。其间，举办了中小学生观鸟知识讲座、开展鸟类知识宣传等活动。

11月17—18日，由国家濒危险物种进出口管理办公室、国家林业局对外合作项目中心、省林业厅协办，三明市政府、明溪县政府、福建南方生物技术股份有限公司承办的中国红豆杉产业可持续发展国际论坛在三明召开。会后，与会人员参观考察了县红豆杉种植基地。

11月19日，美国、加拿大等国外专家在县考察红豆杉种植基地。

12月26日，县养猪协会成立，并通过养猪协会章程。

是年，县政府投入450多万元，实施城乡有线电视光纤联网工程，将城区有线电视信号下传至所有乡镇和41个行政村。

是年，县广电局建成标准化新闻演播制作机房，实现新闻、采写，编辑、播出的全数字化。

是年，县生物产业紫杉醇等产品参加省“6·18”科技对接交流会。

卷一　建　置

明溪县位于福建省西北部，武夷山东南侧，东和沙县、三元区、梅列区毗邻，西与清流、宁化县交界，南和永安市接壤，北同将乐、泰宁、建宁相连。东西长 78 公里，南北宽 58 公里，总面积 1729.85 平方公里。县政府驻地雪峰镇，距三明市区 67 公里。

第一章　隶属沿革

第一节　建置沿革

秦属闽中郡，西汉属闽越地，东汉为会稽南郡。三国属吴建安郡，晋属晋安郡，隋代属邵武、绥城地域，唐、五代至宋代属汀州和南剑州及邵武地，宋设清流县明溪镇（驿）。

建县前，疆域分属清流、宁化、将乐、沙县。

明成化六年（1470 年）析清流县的归上、归下里，宁化县的柳杨、下觉里（含泰宁县沂州的一带村庄），将乐县的兴善、中和里，沙县的沙阳里合置归化县。隶属福建布政司汀州府。

清归化县隶属漳南道汀州府。

民国 3 年（1914 年）6 月，实行省、道、县三级地方政制。归化县隶属汀漳道。

民国 14 年，国民政府废道，福建省实行省、县二级地方政制。归化县直属福建省。

民国 20 年，工农红军解放归化县，归化成为中央苏区 21 个县之一。1931—1934 年，先后隶属闽粤赣省、福建省、闽赣省。

民国 22 年 4 月，因与绥远省归化城同名，奉民国政府令改名明溪县。

同年 11 月，以陈铭枢、蒋光鼐、蔡廷锴为核心在福州成立中华共和国人民革命政府。12 月 11 日人民政府第十一次中委会决议将福建划为闽海、延津、兴泉、龙汀 4 个省及福州、厦门 2 个特别市。明溪县划属龙汀省。次年 1 月“闽变”失败，复属福建省。

民国 23 年 7 月，南昌行营训令，省以下实行行政督察专员制度，设置行政督察专员公署，为省政府的辅助机关，受省政府指挥监督。福建省划为 10 个行政督察区，明溪县隶属第八行政督察区，区治在长汀。

民国 24—38 年，明溪县分别隶属第七、九、六行政督察区。

1949 年 10 月 24 日，明溪县成立自动解放委员会，宣布起义。隶属永安专员公署（专署驻永安）。

1956 年 10 月，明溪和三元 2 个县合并为三明县，隶属南平专员公署（专署设南平）。

1958年7月，三明重工业建设委员会成立，三明县属三明重工业建设委员会及南平专员公署双重领导。

1961年10月，原三元县域设三明市，原明溪县域改称三明县（包括原三元县的岩前、吉口）。三明县隶属三明市。

1964年4月，将三明县改名为明溪县，隶属三明行政专员公署。

1983年5月，三明专员公署改为三明市人民政府，实行市带县新体制。明溪县隶属三明市。

2005年，隶属不变。

第二节 行政区划

一、明至清代区划

全县划为7里31都43图。7里为归上里、归下里、柳杨里、下觉里、兴善里、中和里、沙阳里。

二、民国时期区划

（一）民国政府区划

民国初期与清制同。民国18年将村里改为乡镇。民国22年，全县划为6个区。民国24年上半年，6个区缩编为4个区（共16联保108保）。民国25年8月，全县又缩为3个区（30联保90保800甲）。民国27年，区数、保甲数与民国25年同，原30个联保缩编为15个联保。民国28年，撤销联保。民国30年1月，全县改划为9乡85保791甲。民国37年，增设南安（今余坊）、画桥2个乡。全县为1镇10乡84保791甲。

（二）苏维埃政府区划

民国21年，全县成立5个区：雪峰（区）城市革命委员会、东南办事处、西北办事处、华枫区苏维埃政府、鳌龙区苏维埃政府。

三、中华人民共和国成立后区划

1950年，全县设3个区9个乡。第一区城关，辖雪峰、胡坊、龟山乡；第二区夏阳，辖溪口、夏阳、地美乡；第三区盖洋，辖画盖、常杨、鳌枫乡。1951年，乡增为31个。1952年8月，全县设4个区36个乡。1953年5月，雪峰乡改称雪峰镇。1954年1月，全县划为6个区69个乡。区名由数码改为地名，分别为雪峰区、沙溪区、盖洋区、夏坊区、胡坊区、夏阳区。1956年10月，明溪和三元2个县合并为三明县。1961年11月，三明市、三明县（明溪县）分设。三明县辖雪峰、胡坊、盖洋、夏阳、岩前（含沙溪）5个人民公社。1962年9月，从雪峰公社划出城西、城东大队，恢复城关镇建制。12月，原划给宁化县的夏坊、枫溪2个公社，复划回三明县。全县辖城关镇及雪峰、胡坊、盖洋、夏阳、岩前、夏坊、枫溪、沙溪等1镇8个公社。1963年，岩前公社复划还三明市三元区。1964年4月，三明县改名为明溪县。1968年10月，撤销城关镇，并入雪峰公社。1969年9月，雪峰公社分为雪峰、城关2个公社，全县辖8个公社。1982年4月，雪峰公社复名雪峰镇。1983年8月，公社改称区公所，原生产大队改称乡政府。全县划为8个区1个镇87个乡及1个农场。1987年10月，区公所改为乡人民政府，原来的乡政府改称村民委员会。盖洋乡升为盖洋镇。1995年3月，瀚仙乡、胡坊乡升为瀚仙镇、胡坊镇。2005年，全县辖4个镇5个乡、雪峰国有农场、88个村委会、7个社区居委会、758个村民小组。

雪峰镇辖2个村6个居委会，即城西、城东村；中山、城东、城西、城南、城北、紫岭居委会。

盖洋镇辖18个村1个居委会，即盖洋、湖上、村头、雷西、葫芦形、温庄、湾内、衢地、白叶、白岚、桂林、画桥、大坑、常坪、姜坊、大洋、杨地、林地等村及柳里居委会（1996年盖洋居委会更名为柳里居委会)。

城关乡辖9个村，即上坊、坪埠、王桥、狮窠、罗翠、余坊、下汴、大坪、大富。

胡坊镇辖10个村，即胡坊、瓦口、柏亨、朱南、眉溪、奋发、福西、洋地、冯厝、肖家山。

瀚仙镇辖11个村，即瀚仙、王陂、大焦、石珩、龙湖、连厝、岩里、坪地、洋龙、花园、小眉溪。

沙溪乡辖6个村，即沙溪、永溪、六合、梓口坊、瑶奢、碧州。

夏阳乡辖16个村，即夏阳、杏村、御帘、长兴、陈坊、旦上、紫云、后洋、良村、新坊、地美、岭头、下坂、瓦溪、溪边、俞云坂。

夏坊乡辖9个村，即夏坊、高洋、鳌坑、龙坑、新建、中溪、李沂、苎畲、黄地。

枫溪乡辖7个村，即枫溪、小珩、官坊、大雅、华山、邓家、熊地。

第二章　乡镇概况

第一节　建置镇

一、雪峰镇

雪峰镇位于县中心，是明溪县政府所在地，也是全县经济文化中心。四面与县城关乡接壤。辖中山、城东、城西、城南、城北、紫岭6个社区居委会，城东、城西2个村委会。2005年，全镇有9584户27357人，其中男性14051人、女性13306人。镇域内本地籍人口少，外籍迁入人口比重大，姓氏复杂，少数民族人口34人（回族19人，畲族12人，苗族3人）。人口密度每平方公里1715人。传统土特产品有肉脯干、淮山等。

自然资源　镇区总面积15.86平方公里，城区面积3.6平方公里。有耕地112.87公顷，林地289.2公顷，森林覆盖率54.69%。探明地下矿藏7种，其中金属矿4种，包括黑钨矿、白钨矿、辉铋矿、锡石；非金属矿3种，包括石灰石、砖瓦土、褐煤。日月溪（俗称渔塘溪）由西而东，穿越城区入瀚仙镇，境内河道长2.5公里。

经济建设　1991年镇耕地面积194公顷，总产量1689吨，每公顷产量4830公斤，农民人均纯收入1200元；同年，镇属工业企业6家，工业产值1050万元（不含城区县属工业企业）。因城市建设需要，耕地面积减少，2005年粮食播种面积106公顷，总产量540吨，每公顷产量5115公斤，农业经济依托城区发展无公害蔬菜、水产养殖等高效农业，农业总产值1501万元；工业发展重点培育绿色食品加工、鞋服加工、生物工程等类型企业，工业总产值7930万元。2005年，农民人均纯收入4494元，城镇居民人均收入8688元。

社会事业　1991年，镇内有小学2所，49个班级，学生2109人，教职工100人；中学2所，班级43个，学生2211人，教职工215人。2005年，镇内有小学2所，班级53个，学生2211人，教职工109人；中学2所，班级48个，学生2625人，教职工178人。1991年，镇域内有各级各类医疗卫生机构12个，门诊部（所）9个，人员274人，医疗卫生技术人员209人，病床180张；2005年，镇域内有各级各类医疗卫生机构13个，门诊部（所）5个，人员267人，医疗卫生技术人员239人，病床200张。镇内文化体育机构均为县属，文化体育活动依托县级文化体育机构开展。

镇村建设　因镇区为县政治、经济和文化中心，镇区内各项基础设施建设得以长足发展。1991年，继续实施县委、县政府城区建设编制总体规划。1993年确立“小县大城关”的城区建设发展战略，提出“五纵贯五横、新城促旧城，开发河滨路、繁荣明溪城”的总体实施方案。1998年对总体规划进行修改完善，2004年编制的《明溪县县域城镇体系规划》对城镇建设发展方向作调整充实。1992—2005年，新修建河滨南路、河滨北路、北大路、农化路、公园路、南环过境路、康乐路，改建东新路、新大路、西大路；新建或改建洞上车桥、北门桥、日月桥、白沙桥；结合水利引水工程、蓄水工程、堤防工程的建设，改造渔塘溪和夹龙溪，城区内建防洪堤8.14公里，蓄水坝9座；新建河滨公园，并实施城区园林绿化、夜景、综合市场建设、体育活动场馆建设、环境卫生治理等工程；先后新建余厝新村、雪峰新村、下白莲新村、红岗新村、金峰小区、溪明小区、化工厂小区、绿缘新村、金家路小区、北大街小区、西山小区等居民区，城区面貌和生活环境不断改善。

二、瀚仙镇

瀚仙镇地处县东部，306省道旁的珩溪河畔，东毗沙溪，南邻胡坊，西连城关、盖洋，北与将乐县接壤，距三明市60公里，离明溪县城9公里。1995年，撤乡建镇，辖11个村委会，89个村民小组，镇政府驻石珩村。2005年，全镇总户数2857户，总人口10854人，其中男性5541人、女性5313人，有回族、畲族2个少数民族共17人，人口密度每平方公里77人。

自然人文资源　全镇面积141.7平方公里，林地11560公顷，耕地1175公顷，森林覆盖率74.5%。矿产资源主要有石灰石和大理石。主要溪流有瀚溪和珩溪，总长度70公里。境内有“龟山挺秀”“觉林梵地”，是明溪县旧称八景中的二景。尤为“龟山挺秀”，是北宋大理学家“闽学鼻祖”杨时（号龟山）的出生地和读书故址，蜚声海内外。

基础建设　省道岭文线和秀里线分别贯穿境内。2005年，乡、村道路55公里全部硬化,实现村村铺筑水泥路。全镇安装固定电话2123部，办理宽带用户100余户，烽林厂、石珩村、镇政府、龙湖村、王陂村、瀚溪村小灵通基站开通。农村居民人均住房面积达32平方米，电视网络覆盖全镇。岩里村、王陂村、石珩村分别进行规划，实施新村建设，共建新房116幢。

农业经济　1991年，粮食播种面积2208公顷，总产量10035吨，每公顷产量4545公斤，农民人均纯收入1170元。1992—2005年，瀚仙镇不断对农业产业结构进行调整，种植烟叶、木薯、淮山等经济作物，饲养肉牛和养殖史氏鲟、虹鳟鱼等珍稀鱼类。2005年，粮食播种面积1651公顷，总产量9114吨，每公顷产量5520公斤；全镇农业总产值8193万元，是1991年农业总产值2170万元的3.78倍，农民人均纯收入4196元。

乡镇企业和私营经济　1991年起，瀚仙镇对全镇企业的发展规划进行布局调整，从原来的十几家个体手工业组成的综合社，逐步发展形成拥有较大规模的工业、农业、建材、建筑、交通、商业五大行业。1995年，全镇工业总产值2720万元，比1991年的448万元，增长6倍多。全镇有工业企业40余家，是全市42个工业重点乡镇之一，主要以矿产加工、林产化工、竹林制品、建材等4个系列产品开发为主。2005年，全镇企业总产值达8161万元，有工业企业25家，其中年产值500万元以上的企业有10家，安排农村富余劳力1303人。

社会事业　1992年，全镇开始实施九年义务教育，人口覆盖率达100%。1996年6月通过省政府“两基”评估验收。2005年，全镇有初中1所，11个班，学生479人，教职员工56人；中心小学1所，完小3所，初小6所，共38个班，学生531人，教师80人；中心幼儿园1所，村小附设幼儿班7所，共10个班，幼儿135人，教师14人。文盲脱盲率达99.4%。全镇有中心卫生院1所，医生6人，护士2人，10个床位。11个行政村均设有村级卫生所。

省级生态示范镇 2002年12月，瀚仙镇被福建省环保局批准确定为省级生态示范区建设试点镇，同年试点工作开始实施。至2005年，共投资2743.5万元，完成生态果园、生态农业、生态旅游、土地垦复、城乡环境基础建设、水土保持建设、农村饮水改厕、森林资源保护等一系列生态工程。2006年1月通过省环保局、省农业厅专家组验收，成为全省第一个通过验收的省级生态示范镇。

三、胡坊镇

胡坊镇地处县南部，东与三明市三元区毗邻,南与永安市接壤，西与清流县交界，北与瀚仙镇、城关乡交界。1995年，撤乡建镇，辖10个村委会，85个自然村，镇政府驻胡坊村，距县城25公里。2005年，全镇总户数3001户，总人口10320人，其中男性5381人、女性4939人，有回族、苗族、土族、畲族、侗族、彝族等少数民族共26人，人口密度每平方公里45人。

自然资源 全镇总面积231.2平方公里，林地1.87万公顷，耕地1507.4公顷。最大溪流胡贡溪长26.25公里，流域面积162.2平方公里。矿产资源较丰富，已探明储量的有重晶石、萤石、石英石、钼、铁、钨、铌等多种矿物质，已开采利用的有重晶石、萤石、石英石。胡坊镇是国家南方杉木、马尾松的重要产区之一，全镇森林覆盖率80.6%，森林蓄积141万立方米，年出材量在2万立方米以上，竹林面积5000公顷左右。境内属木类树种有近1000种，属竹类树种有10余种，银杏、三尖杉、金毛枸、南方红豆杉等古老植物保存较多。

基础设施 镇内县道明永线大虹路贯穿全境，是闽西北腹地往永安市连接鹰厦铁路线的重要通道。全镇改造和硬化乡村公路18条，通车里程共计103公里，实现村村铺筑水泥路。开通程控电话1700门，移动电话2300多部，移动电话普及率达75%。农村居民人均住房面积达31平方米，电视网络覆盖全镇。

经济建设 1991年，粮食播种面积2608公顷，总产量12010吨，每公顷产量4605公斤，农民人均纯收入1101元。此后，胡坊镇抓住优势和机遇，加快发展，加强农业产业结构调整，建立速生丰产林基地、厚朴中药材基地、笋竹两用林基地、烤烟基地和肉牛、仔猪、菜鸭养殖基地等生产基地。引导扶持农林开发公司、厚朴专业合作社，扩大厚朴种植规模，建立厚朴GAP种植示范基地333公顷；成立厚朴学会，组织申报“厚朴之乡”。开发工业带，有腾达纺织有限公司，金山、华莹、荣和3家萤石选矿厂和新源、双丰2家林木加工厂等多家龙头企业，带动全镇农业产业化生产。2005年，粮食播种面积2433公顷，总产量13394吨，每公顷产量5505公斤；全镇工农业总产值完成13075万元，其中工业产值完成6252万元，年产值在300万元以上的企业有5家，农民人均纯收入4108元。

社会事业 2005年，全镇有初级中学1所，中心小学1所，初级小学7所，幼儿园设6个班。中小学教师共124名，接受九年义务教育的在校学生1013人。全镇有文化服务中心1个，村级文化室10个。1994年，镇文化站被省文化厅评为全省“百强文化站”。2001年，胡坊镇被市政府评为“全市文化先进乡镇”。胡坊村的茶花灯、柏亭村的舞龙、肖家山村的肥肥舞，独具浓郁的客家民间风情，是胡坊民间客家的传统文化活动项目。镇有1所中心卫生院，村村有卫生所。1997年，胡坊中心卫生院被评为一级甲等卫生院。

四、盖洋镇

盖洋镇位于武夷山脉东南麓，县西北部，与清流林畲、宁化泉上、将乐白莲、泰宁龙安接壤，同时也是明溪通往夏坊、枫溪的必经之路。镇机关所在地距县城22公里，省道306线贯穿全境，交通便捷。2005年，镇辖18个村委会1个居委会，有139个自然村182个村民小组；有5877户、21202人，其中男性10902人、女性10300人，有畲族、苗族、壮族、土家族、布依族、回族、彝族7个少数民族共101人，全镇人口密度每平方公里59.7人。每年农历八月十九至二十一日为传统牛会，闽、浙、赣、粤各路商贾云集于此。

自然资源　全境总面积355平方公里，林地2.75万公顷，耕地3347公顷，其中耕地占全县耕地总面积四分之一多，素有“明溪粮仓”之美誉。主要山峰有圣水岩、莲花山、黄牛寨、杆山、三旗山等；主要溪流有盖洋溪、温庄溪、城岚溪，均流入金溪。已探明的矿产主要有蓝宝石、红宝石、钾长石、白云母、石英石、褐铁矿、瓷土等，是全国四大蓝宝石富矿区之一。

经济建设　1991年，粮食播种面积4786公顷，总产量22314吨，每公顷产量4665公斤，农民人均纯收入990元，农业总产值4401万元；工业总产值4051万元。1992年后，通过土地流转、调整农业结构，农业经济中烟叶、木薯、林竹、肉牛养殖等多种经济成分共同发展；工业利用自然资源优势，并实施镇办企业产权改制，企业效益稳步发展。2005年，粮食播种面积4556公顷，总产量25029吨，每公顷产量5475公斤，农业总产值15161万元，农民人均纯收入4066元，工业总产值5142万元，主要企业有汇林木业有限公司、晶鑫化工原料厂、明兴木业有限公司、木地砖厂、木器厂和金溪三级电站等。

社会事业　1991年，有小学18所126个班级，学生2129人，教职工166人；中学2所，22个班级，学生869人，教职工113人；中心卫生院有医务人员16人，建筑面积1888平方米，分设门诊部、住院部。1996年起，电视开始在镇区普及，广播、电影队等宣传媒体逐渐退出。2004年，镇文化中心改造完成，增设活动室、健身中心和添置电视、电脑、VCD播放机及体育健身器材等设施设备。2005年，有小学15所55个班级，学生979人，教职工151人；中学1所，22个班级，学生1101人，教职工70人；中心卫生院有医务人员14人，病床24张，设有内科、外科、妇产科、儿科、口腔科、防保科等科室，并兼有X线室、化验室、心电B超室、理疗室等辅助科室。

镇村建设　1991年5月，对镇政府所在地进行全面规划，随后对各行政村也进行规划，规定凡在规划区内新建房的，一律按规划要求施工，并对旧房、危房进行改建。2001年4月，建成5200平方米盖洋新农贸市场。2002年4月，投资180万元建成盖洋自来水厂，同年起实施通村公路硬化。2004年10月，改造完成镇区主街道240米，同年建村级水泥路23.9公里。至2005年，镇区有三条水泥路面街道：南大街宽13米，长700米；西街宽7米，长120米；北大街宽12米，长1200米。

第二节　建置乡

一、城关乡

城关乡地处县中部，东、南、北面分别与瀚仙镇、胡坊镇、盖洋镇相连，西面与清流县林畲乡接壤。辖9个村委会80个村民小组，乡政府驻地在雪峰镇内。2005年，全乡总户数2857户，总人口10751人，其中，男性5566人、女性5185人，有畲族、苗族、回族、布依族、侗族、壮族、彝族、瑶族、土家族、满族等少数民族共40人，人口密度每平方公里92人。

自然人文资源　全乡面积115.84平方公里，林地9535公顷，耕地1203公顷，森林覆盖率达80.2%。乡内生态旅游资源丰富，南山狮山溶洞为史前人类洞穴居住遗址；罗汉庵（又名月峰寺）具有900年历史；翠竹洋古火山口是明溪蓝宝石的发源地；玉虚洞天被明代旅行家徐霞客誉为“武夷三绝”之一。第二次国内革命战争时期，是中央苏区的一部分，毛泽东、朱德、彭德怀等老一辈无产阶级革命家曾在此留下战斗的足迹。

基础设施　1991年后，全乡以服务“三农”为中心，加强农田基本建设、土地平整、改水、改田、改路和商品粮基地建设。2000年起，实施新村建设，先后完成坪埠、王桥、狮窠、上坊、翠坪等新村建设。2003年后，进行大规模土地开发，整理，先后完成余坊、下汴等村的吨粮田水渠系统建设，坪埠、上坊与岩里的5760公顷的大片土地整理，下汴、余坊、罗翠的冷浸田改造项目、石砌水沟，形成田成块、地成方、沟纵横的适合机械化耕作的耕地灌溉系统。至2005年，全乡先后完成投资600多万元的农村公路建设、投资360多万元的土地开发整理项目、投资418.5万元的国家农业综合开发罗翠中低产田改造与水利捆绑项目和一批烟田改造、竹山道路、农村有线电视联网、改水、沼气等基础设施建设项目。全乡实现村村通公路、广播电视，80%以上农户安装电话并普遍使用手机，55%以上农户新建砖混结构楼房。

经济建设 1991年，粮食播种面积1991公顷，总产量9228吨，每公顷产量4635公斤，农民人均纯收入988元。1998年，完成第二轮土地联产承包。此后，随着土地流转和农业结构调整，建立起一批优质烤烟、优质稻、优质果蔬、红豆杉、绿色食品、林竹、肉牛养殖基地，并引进宏宇牧业等一批龙头企业和工矿企业。2005年，粮食播种面积1699公顷，总产量9098吨，每公顷产量5355公斤，农民人均纯收入4312元；全乡工农业总产值19214万元，优势产业有优质烤烟、优质稻、优质果蔬、红豆杉、绿色食品、林竹、矿产等；龙头企业和工矿企业有宏宇牧业、鸿晟丰牧业、泰峰木业、钢明矿业等。

社会事业 1998年起，全乡开展精神文明“创十星、评十户”活动。至2005年，全乡共评出“十星户”418户，占总户数15%；一星级以上2376户，占总数户90%，参评率达95%。其中上坊村荣获省“十星级文明村”、市“精品村”、县“三五普法先进单位”等称号。全乡9个行政村都设有文化活动室（中心），其中上坊村文化活动中心拥有电脑、广播室、图书室等，图书室拥有各类图书、期刊近5000册。

2005年，乡内有初中1所（城关中学），小学7所，幼儿园1所，小学适龄儿童入学率100%，十五周岁完成六年义务教育率100%，三类残疾儿入学率75.5%，业余教育居全县前列。其中城关中学学生数与教师数均居全县第二，有在校生1414人，教师112人；城关中心小学办学规模居全县同类学校第三，并拥有比较先进的教学设施，设有电脑多媒体室。乡内中心卫生院由县中医院承担相应职责，村村有卫生所。

二、沙溪乡

沙溪乡位于明溪县东部，东与三元区岩前镇接壤，西与瀚仙镇相邻，南与胡坊乡交界，北同夏阳乡毗邻，乡政府所在地沙溪村，距县城22公里。辖6个村委会48个村民小组。2005年，有1861户、6211人，全部为汉族，其中男性3216人、女性2995人，人口密度每平方公里45.4人。全乡有出国人员2307人，主要分布在意大利等欧洲国家，年创外汇数百万欧元。

自然资源 乡域总面积141平方公里，其中耕地706.6公顷、森林面积12585.6公顷，森林覆盖率84.7%，有林地12158.3公顷，木材蓄积量140万立方米；毛竹林2000公顷，年产毛竹20万根；茶果园708.33公顷。全乡种植红豆杉400公顷，桉树133.33公顷。渔塘溪穿境而过，并建有3个梯级水电站（布上、碧州、马坪），总装机容量4290千瓦，总发电量为1810万千瓦时。境内还蕴藏着钨、石灰岩矿、石英矿、稀土矿、无烟煤等矿产资源，厚朴、茯苓、雷公藤、金线莲、铁脚威灵仙、何首乌、九节楠、白术等药材资源。

基础设施 沙溪交通便捷，306省道秀里线贯穿全境。1992年，出台优惠政策，规划沙溪村新村建设。1993年，对全长0.46公里沙溪街道进行拓宽和水泥路面改造，并规划梓口坊村新村建设，建成长260米宽9米商业街。同年3月，沙溪实现电话交换程控化。2004年，全乡实现通行政村公路硬化，公路总长73公里。2005年，投资60多万元实现与县有线电视光纤联网，可接收30多个频道，有线电视入户达99%。1992—2005年，全乡共建新房500幢，总建筑面积为102074平方米；至2005年，全乡电话装机容量1600门，电话普及率达94%。

经济建设 1991年，粮食播种面积1465公顷，总产量6248吨，每公顷产量4260公斤，农民人均纯收入1064元。沙溪乡农业以种植业、养殖业为主，粮食以水稻为主，随着烟叶、大豆、甘蔗、木薯、淮山、花生等经济作物大量发展，粮经比例调整至5：5。2005年，粮食播种面积1333公顷，总产量6698吨，每公顷产量5025公斤，全乡农民人均收入4000元，工农业产值10210万元。拥有竹编厂、稀土矿物、人造板厂、制材厂、塑胶工业公司、水泥厂、永榕公司三级电站、梓口坊二级电站、阁溪电站、恒翔木业、金阳矿业等企业。

社会事业 1991—2005年，乡政府为沙溪中心小学添置了投影仪、电视机、计算机等教学设备，设立专用实验室、仪器室、多媒体教室、图书阅览室等；投资78万元进行危房改造，新建1座1172平方米的教学楼；投资18万元为沙溪中学建成电脑室，物理、生物、化学试验室，配电脑26台，彩电2台，多媒体设备1套；投资85万元为沙溪中学新建1座1141平方米综合教学楼等。沙溪、梓口坊村分别建固定垃圾场10个，组建保洁服务队每天清理卫生2次，有效保持环境卫生；沙溪、梓口坊村通过自筹和上级补助等方式各建成高档一体化净化过滤池，完成了自来水工程，解决了群众晴天喝混浊水，雨天喝黄泥水问题，饮水卫生得到有效保障。沙溪乡先后被评为省侨联基层组织建设先进乡镇、市文明乡镇、市民兵基层建设先进单位、市卫生保健福利事业贡献先进单位等荣誉称号。

内陆侨乡 沙溪人民不仅勤劳、朴实，而且有胆有识，敢闯、敢冒、敢拼，随着青年农民胡志明于1989年第一个跨出国门到意大利务工经商。至2005年，全乡出国劳务经商的有1800多人，平均每4人中就有1人出国，全乡共有1649人在意大利、荷兰、德国、匈牙利、希腊、俄罗斯和奥地利等国家获得居留权，每年为家乡寄回外汇达400多万欧元，被誉为新兴内陆侨乡。

三、夏阳乡

夏阳乡，位于明溪县东北部，东与沙县交界，西与沙溪乡、瀚仙镇毗邻，南与三明市交界，北与将乐县相连。乡政府驻地夏阳村，距县城47公里。辖16个村委会81个自然村128个村民小组，2005年，有4033户，人口15775人，其中男性8452人、女性7323人，有畲族、苗族、彝族、壮族、回族、布依族、侗族、土家族、瑶族、白族等10个少数民族共30人，人口密度每平方公里46人。

自然人文资源 全乡总面积343平方公里，林地25596公顷，耕地2070公顷。夏阳乡资源丰富，蕴藏着丰富的稀土矿、钨矿、萤石、煤矿、瓷土等矿石，境内森林覆盖率为98%，是县内重点林区。2005年林木蓄积量达232.4立方米。地美村与沙县交界的萝卜岩楠木林，生长着天然珍贵的黄楠、桢楠、虎皮楠、拉氏栲、苦枥木等珍贵树种。境内紫云龙虎豹三瀑布、紫云睡美人、摩崖石刻、御帘书社，清代肖登仕尚书墓分布于夏阳、福田寨、肖布三处，其中福田寨尚书墓被县列为重点保护文物。2002年紫云龙虎豹三瀑布等景区被列入三明市区周边旅游圈资源整合重点项目，2003年均峰山被列为省级自然保护区，2005年编制了紫云森林公园总体规划，同年被列为省级森林公园。同年末在运行的水电站有9处，装机容量4685万千瓦，年发电量2172万千瓦时。

基础设施 20世纪90代后，乡境内公路建设发展迅速，1995年全乡实现村村通公路，2000年梓夏柏油路（段）夏阳至梓口坊柏油路建成通车，2003—2005年，完成夏阳至俞去坂、夏阳至长兴、地美至岭头、瓦溪至半坡、陈坊口至陈坊等公路硬化工程。至2005年，全乡通车里程达224.8公里，村村可通自动电话，全乡电话普及率15部/百人。乡政府对各行政村进行全面规划与建设，相继新建了供销社、粮站、水厂、供电站、银行、派出所、卫生院、农贸市场、邮电大楼、农技站、加油站等大楼。对老圩坪旧街进行拓宽，拆旧建新商业街。夏阳、地美、新坊、瓦溪、紫云、御帘等行政村新村建设取得较好成绩。

经济建设 1991年，粮食播种面积3309公顷，总产量13514吨，每公顷产量4080公斤，农民人均纯收入 1196 元，农业总产值 3186 万元，工业总产值 4637 万元。2005 年，粮食播种面积 3393 公顷，总产量 16051 吨，每公顷产量 4725 公斤，农民人均纯收入 4298 元，农业总产值 10882 万元，建立旦上、瓦溪、良村等毛竹生产基地，全乡毛竹 3475 公顷，茶园面积 84 公顷，年产茶叶 91 吨，林果茶产值 4280 万元；工业总产值 13559 万元，利用山区资源相继建有森工、化工、食品、纸制品、水电等企业。1991—2005 年，全乡共种植烟叶 3180 公顷，销售烟叶 5063 吨，农民增收 4431.44 万元，为地方增税 576 万元。

社会事业　1992 年通过"全省实验普及验收和六督检查"，1996 年通过"两基验收"，2004 年通过省级"普实"验收，中小学的入学率、巩固率、毕业率"四率"达到省颁一类标准，成为九年义务教育普及初等教育乡。广播、电视事业发展迅速，全乡开设闭路电视和有线广播，2005 年全乡有线电视达 500 多户，无线电视达 2500 多户，电视覆盖率达 95%以上，实现村村通工程。各行政村均建有村部、影剧院、老年活动中心，紫云、地美等村有图书室、老年活动室、文化活动中心等结合体，群众文化活动丰富多彩。乡村两级医疗网络健全，有村卫生所 19 个。1991 年夏阳卫生院为预防、保健、医疗综合性一级甲等卫生院，2005 年全院职工 10 人，其中师级以上 3 人，士级 3 人，并有 X 光机、化验室、心电、B 超、全数字超声诊断仪等。全面推行计划生育，独生子女户、二女结扎户逐年增加，人口自然增长率由 1991 年的 0.98%，下降至 2005 年 0.15%。

四、枫溪乡

枫溪乡位于县西北部，平均海拔 606.5 米，乡政府所在地距县城 72 公里，是县海拔最高、距县城最远的乡。辖 7 个村委会 70 个村民小组，分散于 90 个自然村。2005 年，有 1547 户，人口 5903 人，其中男性 2988 人、女性 1915 人，人口密度每平方公里 47.9 人。有汉族、回族、畲族、壮族和高山族，汉族占 96.95%，回族 149 人占 2.53%。乡为省定革命老区基点乡，所辖 7 个行政村均为革命老区基点村。

自然人文资源　土地总面积 123.2 平方公里，其中山地面积 1.06 万公顷、耕地面积 733 公顷。年平均气温 15.7℃。主要山脉有尖背山、鸡形寨、罗石山，主峰海拔都在千米以上，主要溪流有枫溪、小珩溪和官坊溪。境内有红豆杉、楠木、花梨木等珍稀树种，传统的土特产品有魔芋、笋干、红菇、香菇、腊味、稻田鲤鱼干等。聚龙寺建筑宏伟，为曹洞宗福建早期的四大古刹之一，民国时期寺庙规模曾为全省第二。

经济建设　以农业经济为主。1991 年，粮食播种面积 904 公顷，总产量 4555 吨，每公顷产量 5040 公斤，农民人均纯收入 920 元，农业总产值 1230 万元，工业总产值 2204.5 万元，有乡办企业 7 个，产值 771 万元。2005 年，粮食播种面积 1149 公顷，总产量 5466 吨，每公顷产量 4757 公斤，农民人均纯收入 4018 元，农业总产值 4703 万元，农业形成以烟叶、红豆杉、木薯、林竹多种经济成分共同发展模式；工业总产值 3881 万元，主要企业有台板厂、造漆厂、木器厂、松香厂、乌油厂、活性炭厂、竹席厂、竹帘厂、笋干厂、水电站等。

社会事业　1991 年，有小学 7 所，班级 48 个，在校学生 631 人，教职工 68 人；中学 1 所，班级 4 个，在校生 109 人，教职工 18 人。卫生院设内科、外科、儿科、妇产科，有医务人员 9 人。2005 年，有小学 3 所，班级 12 个，在校学生 285 人，教职工 40 人；中学 1 所，班级 5 个，在校生 256 人，教职工 19 人。卫生院有医务人员 8 人；传统的群众文化活动有闹元宵、赛灯会等。

镇村建设　1996 年起，实施集镇建设，该年在乡政府所在地规划新村，鼓励部分私人在街道两旁建房，形成一条宽 10 米、长 500 余米的主街道；同时对 7 个中心村、农村居民点进行治理，改善农业生产条件和生态环境。2000 年，筹资 30 余万元，在乡政府所在地枫溪村建成自来水工程。2001 年，小珩、邓家、华山等村扩展路面，铺筑水泥路面 7 公里。2002—2005 年，以老区五通工程为重点，改建通乡公路、实施通村公路硬化、行政村闭路电视与县城联网等，加强乡村基础设施建设，改善发展条件。

五、夏坊乡

夏坊乡位于明溪县的西北部，地处4个县5个乡结合部，东与盖洋镇毗邻，北和泰宁县大龙乡、建宁县均口乡交界，西与枫溪乡相连，南和宁化县泉上镇相接，是苏区乡、革命老区乡、移民库区、生态保护区重点乡，辖9个村委会83个自然村63村民小组。2005年，有1883户，总人口7102人，其中男性3642人、女性3460人，有畲族、回族、土家族、壮族4个民族共20人，人口密度每平方公里32.1人。

自然人文资源 全乡总面积221平方公里，有林地面积25400公顷，耕地面积2071公顷。夏坊乡资源丰富，蕴藏着丰富的瓷土、钾长石、花岗岩、辉绿岩、云石、绢云母等矿石，境内森林覆盖率为95%，是县内重点林区，林木蓄积量达885676立方米。山中有南方红豆杉、三尖杉、闽楠、花榈木、罗汉松、红豆树、福建青岗、卷毛石栎、闽半枫荷、福建樱桃、黄杞等珍稀树种等。每年8、9月盛产红菇、铜脚菇、梨菇等野外真菌菇。境内的回龙桥、徐家老宅、玉皇楼被县列为重点保护文物。君子峰自然保护区被国家自然保护区评审委员会正式列入国家级自然保护区。水域资源丰富，面积725公顷，建有大、中、小型电站11个，年发电量约9000万千瓦小时。

基础设施 306省道途经全乡4个村，全长32公里。1991—2005年，乡政府对各行政村进行全面规划与建设，相继新建了供销社、粮站、水厂、供电站、信用社、派出所、卫生院、邮电大楼、农技站、加油站、中小学、客运站等大楼；完成主街道延伸，对夏利街、中学街进行道路硬化，形成一纵两横的商业大街；夏坊村本点新建了老屋下、君峰、新屋下、墟上住宅小区。2005年，实现行政村村村通水泥路，全乡通车里程57.5公里，村村可通移动电话，全乡电话普及率35部/百人。

经济建设 1991年，粮食播种面积2208公顷，总产量10035吨，每公顷产量4545公斤，农民人均纯收入1042元。此后，立足林竹资源优势，发展工农业经济，较早在全县实现无荒山乡（镇）。2005年，粮食播种面积1178公顷，总产量7756吨，每公顷产量6585公斤，农民人均纯收入6637元；农业总产值5386万元，全乡实现林改面积910.4公顷，累积造林2101公顷，生产木材33.6万立方米，建立了洋岭、黄添岭、划坪、圳背等毛竹生产基地，全乡毛竹1049公顷，锥栗面积207公顷，年产锥栗65吨，库区养殖近万亩；工业总产值13559万元，有森工、化工、食品、纸制品、水电等26家企业，规模以上有新夏松木业有限公司、健富竹业有限公司、夏益装饰材料厂、兆丰木业有限公司等企业。

社会事业 15年间，全乡教育工作发展迅速，中小学的入学率、巩固率、毕业率“四率”达到省颁一类标准，成为九年义务教育普及初等教育乡，“双高普九”工作通过验收。广播、电视事业发展迅速，全乡开设闭路电视和有线广播，有线电视达357户，无线电视达1530户，电视覆盖率100%。文化事业繁荣，文化基础设施建设日臻完善。鳌坑、李沂、高洋、新建、夏坊等村建立老年活动室、农家书屋、篮球场、健身长廊等文体活动场所，各行政村均建有村部、老年活动中心。医疗卫生事业逐步发展，乡村两级医疗网络健全。村卫生所有9个。2005年，夏坊卫生院建成集预防、保健、医疗综合性一级甲等卫生院，拥有X光机、化验室、心电、B超、全数字超声诊断仪等。全面推行计划生育，全乡出生率得到有效地控制，人口再生产逐步走上低出生率、低死亡率、低自然增长率、优生优育优教、高素质的轨道，独生子女户、二女结扎户逐年增加，计划生育率98%。

卷二　环境与人口

明溪地处中国东南大陆武夷山脉东南坡，西北部和东北部崇山峻岭，海拔 700~800 米，山地和丘陵面积占全县总面积的 91.91%。境内非金属矿产资源较丰富，是中国四大蓝宝石产地之一。县域地处中亚热带季风气候区，气候温和雨量充沛，动植物资源丰富。

1991—2005 年，明溪县人口实现有计划增长，人口出生率、自然增长率逐年下降，人口的文化素质和身体素质均有较大提高。全县土地继续实行规范化、法制化管理，先后建立用地审批、用地管理、矿产资源管理等一系列的规章制度，在科学管理、利用土地资源的同时，合理开发整理土地，保护耕地资源。环境保护实施"生态立县、科技兴县"战略。2001 年，建立 1 个省级自然生态示范区建设试点镇。2003 年，明溪成为全国生态示范区建设试点县，环境空气质量达到国家一级标准，县境内溪流水质均优于国家二类标准，县城区域环境噪声和交通干线噪声均达到环境功能区划标准。

第一章　自然环境

第一节　自然地理

一、地质

（一）地层

1991 年，明溪境域地层与 1990 年基本相同。

位于华南后加里东准地台华夏古隆的两个Ⅲ级构造单元的接合处，福建省西部新生代基性火山岩喷发带的西南段。县境内地层发育较全。出露有上元古界地槽早期泥质复理式夹火山复理式沉积建造，总厚度大于 2000 米；下古生界槽型类复理式砂页岩、砂岩夹变质中酸性火山碎屑岩和火山熔岩沉积建造，构成境内的基底，总厚度大于 15000 米；盖层为上古生界台型浅海–滨海相的碎屑岩、碳酸岩建造，以及海陆交互相的砂岩、砾岩、粉砂岩、泥岩夹煤层建造，总厚度约 5000 米；中生界沿断陷盆地喷发堆积陆相碎屑岩类和中酸性火山岩类岩石，总厚度大于 1400 米；新生界时期，尤其是第三系晚期，沿深断裂带的复合部位有较强烈的火山活动，喷溢并堆积一套碱性玄武岩、火山碎屑岩、砂砾岩和泥岩等组成的福建省著名的佛昙群地层，厚度大于 200 米；第四系堆积物不发育，仅在山间盆地、阶地及现代河床堆积厚度不等的砂卵砾层，厚度一般 1~3 米，最厚 53 米。

上元古界距分布于枫溪北西和姜坊北东侧，以枫溪出露较全。岩性主要为变质凝灰质细（粉）砂岩、二云片岩、黑云斜长片岩和流纹岩等。下部岩性坚硬，常组成高山陡坡地形，底部出露不全，厚度约 2600 米。震旦系分为上统和下统两部分，大面积分布于县内北西部盖洋、夏坊、枫溪等地，北东侧夏阳也有零星分布。寒武系以泥砂质为主的浅海相地槽型复理石建造，分布于县内西北部与震旦系相伴出露，但面积较小。按岩性组合可进一步分为中下统林田群及上统东坑口群。奥陶系仅分布于枫溪乡东南方官坊—各水口一带，岩性为灰、灰黑色薄层千枚状泥岩、硅质岩夹石英砂岩等。在泥岩中产对笔石，厚度大于 700 米，与下伏地层呈整合接触。泥盆系呈北东向分布于塘垄—范厝向斜两翼，为一套浅海-滨海相沉积的石英砂砾岩、砾岩、砂页岩等组成，沉积旋回较明显，大旋回由若干明显的韵律组成，以砾岩、砂砾岩与沙页岩交替出现为特征，厚度大于 1600 米，与下伏寒武系呈角度不整合接触。产植物化石亚鳞木等。石炭系分为下统林地组和上统船山组。二叠系分布于县内中部城关—塘垄一带，组成向斜的轴部。此外，牛角坑地区也有零星分布，境内仅有二叠系下统。下统按岩性组合分为下部栖霞组、中部文笔山组、上部童子岩组组成。三叠系仅见上统文宾山组，中下统缺失。分布于东南侧谢厝山—陈坊和梓口坊—棉布一带。下部为灰白色、灰黑色中厚层长石石英砂岩、含砾砂岩、细砾岩、细砂岩、泥岩夹煤层或煤线。产瓣鳃类动物化石；上部为灰白色、深灰色砂砾岩、含砾粗砂岩、粉砂岩、泥岩夹煤层或煤线。化石有瓣鳃类叶肢介和昆虫等，厚度大于 95 米。侏罗系距分上、中、下三部分，分布于县西北白叶—桃枝坑，中部城关—瀚仙，东南方沙溪—黄沙坑一带。总厚度大于 1000 米，不整合覆于老地层之上。上第三系分布广泛，但面积不大，计有盖洋、大洋窠、雪峰、罗地、下洋、石珩等地。按其岩性组合分为下部火山岩和上部沉积岩。第四系较发育，全新统残积坡积层遍布全县山坡；中上更新统冲洪积层分散于山间河谷盆地。

至 2005 年，尚无变化。

（二）构造

1991 年，明溪境域地质构造与 1990 年基本相同。

县域地质构造，位于遂（昌）建（瓯）上古台拱和永（安）梅（县）上古台陷的接合处及松溪—明溪—长汀深大断裂带中。变质岩、岩浆岩发育，沉积岩分布较少。多旋回的构造变动，使褶皱断裂交错叠加，地质构造复杂。根据县境内地层的沉积间断、沉积建造、构造形式及岩浆活动等特点，划分为杨子和加里东、华力西和印支、燕山、喜马拉雅 4 个旋回构造层。

至 2005 年，尚无变化。

（三）岩浆岩

1991 年，明溪境域岩浆岩与 1990 年基本相同。

境内颇发育，有侵入岩和喷出岩两种类型，分布面积约占全县的 50%。侵入岩以燕山早期花岗岩为主，呈北东向展布；次为华力西—印支期二长花岗岩及燕山—喜马拉雅期正长岩；脉岩主要有花岗斑岩、花岗伟晶岩、石英斑岩和少量辉绿岩等。脉幅小分布零星；喷出岩有燕山晚期酸性喷出岩和喜马拉雅期上新世基性—超基性喷出岩。

至 2005 年，尚无变化。

二、地貌

1991 年，明溪境域地貌与 1990 年基本相同。

境内峰峦叠嶂，山岭耸峙，山高谷深，低山丘陵起伏，山间河谷盆地错落相间。总的地貌景观是西部、北部及东北部地势较高，南部稍低，东南部最低。最低处为日月溪出境处，海拔 180~160 米。在复杂的自然环境和漫长的岁月里，由于地球的内外营力作用，县境内地貌较复杂。按成因可分为构造侵蚀中低山陡坡地貌、构造侵蚀低山地貌、侵蚀剥蚀丘陵地貌、侵蚀岩溶地貌、火山地貌、侵蚀堆积地貌等。境内可划分为山地、低山—丘陵和山间河谷盆地 3 种地貌类型。山地由于燕山期强烈造山运动的结果，围绕县境的西北、东北、西南、南及中部渔塘溪与盖洋溪分水岭形成海拔700~1000米以上的山地。邻近各县基本上以山地中的山峰或山脉为天然分界线。辖属乡镇枫溪、胡坊、夏阳的大部分及盖洋、瀚仙、沙溪的部分地域，面积约878.6平方公里，占全县面积的51.6%。低山—丘陵分布于西北部盖洋、夏坊，东南部沙溪、夏阳，中部瀚仙、城关和南部胡坊等乡镇地域，面积约783.5平方公里，占全县面积的46%，海拔标高400~700米。组成岩石为细砂岩、粉砂岩、变质砂岩、花岗岩和石灰岩等。地质构造发育及地层岩性抗风化弱，在同等侵蚀剥蚀条件下，造成地形的差异，低山丘陵相伴展布。山间河谷盆地面积在1平方公里以上的有17处，0.2~1平方公里的有29处，分布于各水系流域中。其中，最大的有城关—坪埠盆地，面积6平方公里。其次湾内、梓口坊等。盆地总面积41.9平方公里，占全县面积的2.4%，是居民点的分布地域。

至2005年，明溪境域除个别低山与丘陵因城镇、道路和经济园区建设被推为平地外，总体地质地貌尚无变化。

三、气候

（一）气候特征

明溪属中亚热带季风气候，气候温暖湿润，四季分明，雨量充沛。夏半年多偏东风，炎热多雨，冬半年多偏西风，寒冷干燥。受地形影响，特别是垂直分布的差异，县境内形成复杂多变的小气候，有“十里不同天，百里不同风”的说法。平地与高山年平均温差2.9℃，季节差10~20天。

3月至5月中旬为春季，5月下旬至9月中旬为夏季，9月下旬至11月中旬为秋季，冬季从11月下旬到次年2月为冬季。春、秋季持续时间较短，约80天；夏、冬季时间较长，为100~120天。4—8月盛行东南风，11月至次年2月盛行西北风，3月和9—10月东南和东北风交替出现。

（二）气候要素

1.温度

1991—2005年，全县年平均气温18.4℃，高海拔与山谷平地温差在2℃-3℃之间。最低气温达零下8.8℃，出现在1999年12月。最高气温39.6℃，出现在2003年8月。气温1月最低，平均温度8.5℃；7月最高，平均温度27℃；春季趋向上升，秋季下降。气温日变化以日出前最低，午后最高。

全年无霜期在230~303天之间变化，平均无霜期为267天，初霜一般出现在11月上、中旬，终霜期一般在2月下旬至3月上旬，热量资源较为丰富。农作物可利用的热量资源，日均气温稳定通过5℃的活动积温平均为13412.6℃，日均气温≥10℃的活动积温和有效积温分别为12627.9℃和6535℃。

2.降水

1991—2005年，全县年降水量平均在1887.5毫米，降水量一般随海拔高度增高而增加。县境内年际、季际、月际的降水差异甚大。年雨量最多的1997年为2582.6毫米，最少的2003年只有1203.8毫米；月雨量最多的2005年5月为823.1毫米，最少的2003年7月只有2.3毫米。雨多则涝，雨少则旱，降水年际变化大，涝旱时有发生。

3—4月为春雨季，降水日数较多，强度弱，一般占全年降水量25%左右。5—6月为雨季，降水量多，强度大，占全年降水量的35%左右；月平均降水日数为15~20天，连续性暴雨一般出现在雨季；日最大降水量也出现在雨季，如2003年5月16日，日降水量为228.2毫米。7—9月为台风、雷雨季，不同地区变化较大，一般占全年降水量的22%，月平均降水日数为8~15天；10—11月为旱季，是全年的干旱季节，降水量占全年的6%；月平均降水日数为5~10天，最长连续无降水日一般在冬季，偶尔也会出现连绵阴雨的短冬，给冬耕、冬种带来不便。12月至次年2月受大陆冷高压控制，晴霜日数多，降水一般比较少。

3.日照

1991—2005年，全县年平均日照时数1573.3小时，年日照百分率36%，各月日照时数以7月最高，可达 206.3 小时，3 月最少，为 78.7 小时，太阳总辐射量比较充足。年日照时数最多为 1953.6 小时，出现在 2003 年，年日照时数最少为 1304.5 小时，出现在 1997 年。

4.湿度

1991—2005 年，全县多年平均水汽压 18.2 百帕。年际变化幅度不大，最小为 2004 年的 17.3 百帕，最大为 2000 年的 19.5 百帕。其年内变化与气温变化基本一致，月平均水汽压以 7 月最大为 27.6 百帕，1 月最小为 9.1 百帕。

全县多年平均相对湿度 82%。各月平均相对湿度变化不大，在 79%~85%之间。最大相对湿度出现于降水或有雾的日子，最大值 100%；最小相对湿度出现于严冬，最小值 12%，出现在 1992 年 1 月 17 日。

5.蒸发

1991—2005 年，全县多年平均蒸发量为 1257.8 毫米；年最大蒸发量 1637.9 毫米，出现在 2003 年；年最小蒸发量 1084.6 毫米，出现在 1997 年；多年月平均蒸发量最大值出现在 7 月份，为 185.4 毫米；多年月平均蒸发量最小值出现在 1 月份，为 48 毫米；月最大蒸发量 298.9 毫米，出现在 2003 年 7 月；月最小蒸发量 30.3 毫米，出现在 2000 年 2 月。

6.气压

1991—2005 年，县内平均气压在 973.1~974.6 百帕之间，年际变化很小，平均值为 973.7 百帕。一年中 8 月最低，月平均 966.4 百帕；12 月最高，月平均 981.3 百帕。历年瞬时最高气压 993.9 百帕（1993 年 12 月 17 日），最低气压 943.6 百帕（1996 年 8 月 1 日）。各月气压变化趋势与气温相反，3—4 月降压达 3.4 百帕，8—9 月升压达 4.3 百帕。一日中气压有两峰两谷，日最高气压一般在上午 10 时和夜间 23 时前后，日最低气压在凌晨 5 时和午后 16 时前后。

7.风

1991—2005 年，全县境内处于季风区，冬半年受大陆冷高压控制，以偏北风为主，夏半年受海拔湿气流制约，多偏南风，累年平均以西风频率最大。年平均风速 0.7~1.2 米/秒，8 月份平均风速最大为 1.1 米/秒，其余各月差异甚小。全年各风向中，年平均风速最大为 14 米/秒，为西北风，最小值 5 米/秒，为偏南风。

四、水文

（一）地表水

1.水系

（1）沙溪水系

黄沙溪为县内第二大河流，发源于沙溪乡梓口坊村，河口以上流域总面积 556.18 平方公里（境内面积 538.16 平方公里），干流段河长 6 公里，坡降较缓约 1‰，在沙溪乡瑶奢村出境进入三明市三元区内吉口村，在三明三元区莘口镇注入沙溪。其上流境内主要支流有日月溪、夏阳溪。出境以上多年平均流量 16.75 立方米/秒，年径流总量 5.28 亿立方米。

日月溪为县内第三大河流，发源于城关乡狮窠村的五通坰附近，流经城区、瀚仙镇，在沙溪乡梓口坊村与夏阳溪汇合后，形成黄沙溪干流段，是黄沙溪主河道。河口以上集水面积 311.1 平方公里，主河道长 38 公里，平均坡降 6.7‰，多年平均流量 9.37 立方米/秒，年径流总量 2.96 亿立方米。日月溪上游是县城所在地，为政治、经济、文化中心，也是县重点开发区和旱灾区。

夏阳溪发源于夏阳乡后洋村的大际坂，流经夏阳乡后，在沙溪乡梓口坊注入黄沙溪，河口以上集水面积 206.3 平方公里（境内 195.8 平方公里），主河道长 32.0 公里，平均坡降 18.9‰，多年平均流量 6.21 立方米/秒，年径流总量 1.96 亿立方米。

胡贡溪发源于胡坊乡肖家山大地村附近，流经奋发、胡坊、瓦口等地，于溪源村下游 500 米处流入永安县境。流域面积162.2平方公里（境内133.83平方公里）。河长26.25公里。境内平均坡降27.1‰，自然落差410米，利用落差160米。多年平均流量4.5521立方米/秒，多年平均径流量1.16亿立方米。

富口溪发源于夏阳乡良村之叶地七姑山，流经瓦溪、紫竹溪、溪边、天文地一级站等地，于天文地二级站流入沙县境内。流域面积93平方公里。河长19.5公里。境内平均坡降23.6‰，多年平均流量2.64立方米/秒，多年平均径流量0.83235亿立方米。

（2）富屯溪水系

角溪由夏坊溪、中溪、盖洋溪等河流在夏坊乡李沂村的沙坪附近汇成，在盖洋镇水口村出境，经泰宁县龙安乡角溪村后注入池潭水库。为全县最大河流，河口以上流域总面积671.4平方公里（境内543.61平方公里），干流段河长6.6公里，坡降较缓，约3‰，其上游分支流有盖洋、中溪、夏坊、温庄、龙坑5条。出境以上多年平均流量20.22立方米/秒，年径流总量6.38亿立方米。

夏坊溪发源于建宁县均口乡旱树坑，进入境内，经夏坊乡在砂坪与盖洋溪汇合后形成角溪。河口以上集水面积208.32平方公里（境内146.15平方公里），主河道长45公里（境内30公里），境内平均坡降4.8‰，多年平均流量6.30立方米/秒，年径流总量1.98亿立方米（境内1.39亿立方米）。

盖洋溪发源于城关罗翠村的沙坑寨，贯穿盖洋镇中部，在砂坪自然村汇入中溪、夏坊溪后形成角溪干流段，是角溪上游的主河道，河长41.75公里，流域面积221.61平方公里（境内175.95平方公里），上游坡降较陡，中下游坡降平稳，沿岸河谷盆地较多较平，平均坡降6‰，多年平均流量6.7立方米/秒，多年平均径流总量2.11亿立方米。

城岚溪同属于角溪，在泰宁县角溪村注入角溪，发源于瀚仙镇九龟洞，途经将乐县后折入盖洋镇姜坊、湾内、白岚、白叶村，又折入将乐县再进入泰宁境内。出境口以上流域集水面积206.21平方公里（境内152.42平方公里），主河道总长26公里（境内20公里），平均坡降（境内）8‰，多年平均流量6.20立方米/秒，年径流总量1.96亿立方米（境内1.45亿立方米）。

雷西溪发源于盖洋镇大坑村罗家附近，流经王溪洞、百丈磜、雷西、小溪地，于三溪寨汇入盖洋溪。流域面积57.93平方公里（境内52.42平方公里）。河长15.5公里（境内14.2公里）。境内平均坡降27.5‰，多年平均流量1.33立方米/秒，多年平均径流量0.51376亿立方米。

中溪发源于枫溪乡邓家村的严地鸡形寨，流经邓家、枫溪、大雅、各水口、中溪、沂州，于沙坪与盖洋溪汇合，注入角溪。流域面积137.48平方公里（境内123.48平方公里）。境内平均坡降19.3‰，多年平均流量4.7立方米/秒，多年平均径流量1.48355亿立方米。

（二）地下水

1.类型

基岩裂隙水分布于县内海拔400米以上的绝大部分地区，分布面积1605.8平方公里，约占全县总土地面积的94.3%。地下水径流量达32189.54万吨/年，占全县地下水总量的94.2%。一般单泉流量都小于0.1升/秒。基岩裂隙水按地层岩性不同和含水性差异又分为红层裂隙水、层状岩类裂隙水、块状岩类裂隙水。

松散岩类孔隙水主要分布于县内河谷盆地的城关、坪埠、岩里、雪峰农场、湾内、湖上、梓口坊、瑶奢等地。总面积为18.2平方公里，占全县总面积的1.1%。地下水径流量158.02万吨/年，约占全县地下水总量的0.5%。含水层结构松散，孔隙率高，孔隙度大，含水层稳定，富水性较强。含水层厚1.5~11.6米，埋深0.6~14.4米，单位涌水量0.18~0.29升/秒平方米，换算单井涌水量为79.68~151.9吨。

碎屑岩类孔隙水主要分布在县内海拔400米以上的局部地区沙溪乡的瑶奢、梓口坊；夏阳乡的陈坊；盖洋镇的白叶，其他地段仅小面积分布，面积约63.1平方公里，占全县总面积3.7%。地下水径流量为每年905.41万吨，占全县地下水总量的2.6%。岩性主要是细砂岩、中细粒砂岩、粉砂岩及砂砾岩。砂砾岩含水性好，一般为承压水。泉流量 0.01~0.54 升/秒，每天单井涌水量 3.02~23.33 吨。

碳酸盐岩类裂隙溶洞水分布在花园、连厝、龙湖、雪峰农场、南山、坪地、洋龙、滴水岩、叶厝坑、狮坑、范厝等地。可分裸露与埋藏两类型，面积分别为 16 平方公里和 41.67 平方公里。其中裸露型面积占全县总面积的 0.9%。地下水径流量 908.31 万吨/年，占全县地下水总量的 2.7%。由于地形和构造条件的不同，各地含水性也不同。泉流量 0.08~88.2 升/秒，平均达 9.74 升/秒。每天单井涌水量 309.66~534.30 吨，个别每天达 1495.2 吨。

2.分区

根据县内的地形特征，全县划为 4 个地下水文区。

山间盆地水文区主要有城关、坪埠、岩里、雪峰农场、湾内、湖上、梓口坊、瑶奢等。地貌属侵蚀堆积地形，含水岩组为第四系全新统、中—上更新统冲积、冲洪积砂卵砾石层。地下水以孔隙潜水为主，具微承压。水位埋深小，一般 0.5~6 米。含水层稳定，含水性较均匀，利于浅井开采利用，适宜灌溉和饮用。面积 8.2 平方公里，占全县总面积的 1.1%，没年地下径流量 158.02 万吨，占全县地下水总量的 0.5%。每平方公里每天产水量 237.88 吨。

岩溶地下水文区主要分布于明溪盆地及其边缘地带，地貌为侵蚀岩溶地形，含水岩组为石炭系船山灰岩、二迭系栖霞灰岩。地下水蕴藏量丰富，埋深不大，多为承压水，水质良好，利于集中开采，且水量有保证，适宜饮用和灌溉。岩溶地下水文区按出露条件分为裸露与埋藏两类型，其中裸露面积 16 平方公里，占全县总土地面积 0.9%，每年地下径流量 908.31 万吨，占全县地下水总量的 2.7%，平均每平方公里每天产水 432.04 吨，埋藏型面积大于 41.6 平方公里。

高丘陵低山地下水文区有县中部、西北部、东南部、中北部，包括城关、夏坊、盖洋、瀚仙、沙溪等乡镇的大部分，胡坊、夏阳乡的少部分地区。海拔标高一般 400~700 米。地貌类型属侵蚀剥蚀高丘陵—低山地形。地下水埋深小，径流较分散。具承压性质，水质类型简单，属低矿化淡水，适宜饮用和灌溉。面积 790.3 平方公里，占全县总面积 46.4%。没年地下径流量 14144.96 万吨，占全县地下水总量的 41.3%，平均每平方公里每天产水量 490.36 吨。

中山—中低山地下水文区范围广，分布于县中部、南部、东北部和西北部的中低山地带，海拔标高在 700~1000 米以上，包括枫溪、胡坊、夏阳乡的大部份及盖洋、瀚仙、沙溪乡镇的部份地域。地貌属侵蚀构造地形，山体完整，气势磅礴，山脉走向与构造线基本一致，呈北东—南西向展布。地形切割强烈，高差大。地下水为基岩裂隙水，径流分散，地下水资源丰富，且水质简单，多为低矿化淡水。面积 878.6 平方公里，占全县土地总面积的 51.6%。没年地下径流 18959.99 万吨，占全县地下水总量的 55.5%，平均每平方公里每天产水量 591.23 吨。

3.地下热水

沙溪温泉，位于沙溪乡梓口坊村，水温 36℃，有 3 个泉口，单口涌水量 0.5 升/秒。

4.水质

明溪基岩裂隙水水质类型以碳酸氢根 HCO3－（K+Na）和碳酸氢根 HCO3－Cl－（K+Na）为主，矿化度 0.02~0.06 克/升，pH 值 5.5~6.75，属淡水；松散岩类孔隙水水质类型以碳酸氢根 HCO3－C1－（K+Na）－Ca 为主，矿化度 0.04~0.05 克/升，pH 值 5.57~6.52，属淡水；碎屑岩类孔隙水水质类型以碳酸氢根 HCO3－C1－（K+Na）为主，矿化度 0.03~0.17 克/升，pH 值 5.5~7.68，属淡水；碳酸盐岩类裂隙溶洞水水质类型以碳酸氢根 HCO3－Ca 为主，矿化度 0.11~0.18 克/升，pH 值 5.5~7.75，属淡水。

五、土壤、植被

（一）土壤

1.水田土壤

1991 年，明溪境域水田土壤性态、类型与 1991 年基本相同。

水稻土是县内主要的耕地土壤，全县水稻土分为 1 个土类 4 个亚类 12 个土属 31 个土种。

渗育型水稻土多数分布在丘陵山地的岗背或坡地上，多系梯田，属于地表水型。成土母质以黄红壤、红壤及紫色的坡积物，砂质田则由水流冲积沙土而成。主要的土属有黄泥田、黄泥砂田、紫泥田、砂质田、红土田等，熟化程度低，耕层浅薄，耕性差，易漏水漏肥，有效养分缺乏，存在“浅、砂、黏、贫”等低产因素。

潴育型水稻土多分布在冲积开阔、村庄附近、垄口及河流两岸的平缓坡地，成土母质为冲积性母质或坡地母质。该类水稻土地下水位适中，熟化程度较高，有机质含量较丰富，是明溪面积最大，产量最高，肥力中上的良田。土属有灰泥田、潮泥田、乌泥田等。

潜育型水稻土主要分布在水网山垄峡谷。该水稻土地下水位高，土体长期浸渍，缺氧，土质糜烂，结构破坏，是“冷、烂、锈、毒、酸”田。土属有烂泥田、青泥田、冷浸田等，是县内主要的低产田。

漂洗型水稻土主要分布在坡地梯田下部低丘缓坡地带，土属有白鳝泥田。由于黏粒和层块被间歇水或下渗水淋失漂洗，下层肥力供不上，施肥后被淋溶流失，也是主要低产田。

至 2005 年，明溪境域水田土壤除因人为耕作影响有所变化外，土壤类型尚无变化。

2.山地及茶果园土壤

1991 年，明溪境域山地及茶果园土壤性态、类型与 1991 年基本相同。

全县林地土壤有红壤、黄壤、紫色土 3 个土类 8 个亚类 25 个属。

红壤土类分红壤、粗骨性红壤、黄红壤、暗红壤、水化红壤等 5 个亚类。红壤亚类居 5 个亚类之首，遍布境内海拔 700 米以下的低山丘陵，是一种土层深厚，肥力较高，适宜种植多种经济作物，能被开发利用，而且价值较高的土类；粗骨性红壤亚类分布在低山丘陵的山背和山顶，地形陡峭，土层浅薄，水土冲刷严重，不宜开垦利用；黄红壤亚类能开发，利用价值仅次于红壤亚类；暗红壤和水化红壤两个亚类腐殖质层厚，适宜种植浅根性作物。

黄壤土类分黄壤、粗骨性黄壤 2 个亚类 5 个土属。分布在海拔 800 米以上，能利用的价值较低。

紫色土类只有酸性紫色土 1 个亚类 2 个土属。分布在 300~700 米之间，土壤中含钾量高，适宜根茎类作物和柑橘类、仁果类果树生长，也是利用价值较高的土类。

茶果园大部分是从林地中开垦的，开垦年限短，在很大程度上还保持着林地土壤的特点。但受到人为的影响，又比林地土壤更为熟化。茶果园土壤有 4 个土类，大部分是红壤土类，少部分是黄壤土类、紫色土类及极少部分水稻土类。

至 2005 年，明溪境域山地及茶果园土壤除因人为耕作影响有所变化外，土壤类型尚无变化。

（二）植被

1991—2005 年，根据福建植被区划，明溪县隶属南岭东部山地常绿槠类照叶林区，闽西博平岭山地常绿槠类照叶林小区地带性典型植被。

1.阔叶林

常绿阔叶林，主要分布于境内地势较高的东部、西部、中部等偏僻中山地带，此外，村庄、后龙山、水口风水林等处也有零星分布。占优势的以壳斗科常绿种属为建辟种，其次为细柄丁枫、木荷、杜英、樟、拟赤杨等树种组成上层林冠，分布在海拔 300~600 米之间。

落叶阔叶林，在县境内无成片或连续分布，只以小块零星状态混生于常绿阔叶林中，以及溪边、林缘。主要有枫香、酸枣、拟赤杨、野柿、茅栗、板栗、锥栗等树种。

2.常绿针叶林

主要是杉木、马尾松以及柳杉、湿地松等。马尾松极大部分为天然林，杉木人工林占较大优势，柳杉人工林分布在夏阳乡，常绿针叶林遍布全县。

3.竹林

毛竹居多，在夏阳乡良村、瓦溪、旦上、紫云，瀚仙镇花园、连厝均有成片分布。其他各乡也有零星分布在海拔400~900米之间。溪边、村边有苦竹、淡竹、桂竹、河竹等零星分布。

4.针阔混交林

成片或零星分布在山坡中部、中上部。有马尾松、丝栗混交林，马尾松、木荷混交林，杉木、马尾松、毛竹混交林，杉檫混交林以及杉木、毛竹、拟赤杨混交林等。

5.灌丛草坡

有两个类型，分别为原生森林植被由于人为破坏和烧山等逆行演替而成的灌丛草坡和中山灌丛草坡，分布在海拔800~1500米之间的山脊山顶，主要有漫头果、映山红、芒萁、五节芒、胡栀子、细齿松木、山矾。顶部开阔地也有矮林出现，有马尾松矮林、石栎、枫香、野柿、黄山松等。

第二节 自然资源

一、土地资源

1991年，全县土地总面积170400公顷，耕地面积11895.47公顷，园地1985.46公顷，林地144623.73公顷，居民点及工矿用地1469.36公顷，交通用地289.56公顷，水域面积为482.34公顷，未利用土地4568.85公顷，其他土地5085.23公顷。2005年，全县土地总面积170857.86公顷，耕地面积11776.6公顷，园地2012.79公顷，林地146010.21公顷，居民点及工矿用地1768.42公顷，交通用地499.33公顷，水域面积为461.24公顷，未利用土地2487.23公顷，其他土地5842.04公顷。

二、矿产资源

1991—2005年，县内已发现矿产23种。其中金属矿有铁、钨、铅锌、铀、钍5种，以铁矿最多。非金属矿有稀土、煤、萤石、重晶石、滑石、透闪石、钾长石、灰岩、白云岩、高岭土、砖用黏土、宝石、大理石、方解石、玄武岩、辉绿岩、花岗岩、建筑用石18种，其中优势矿种有煤、萤石、石灰石、宝石、稀土等，特别是蓝宝石是中国四大蓝宝石产地之一。全县有矿产地94处，其中小型矿床8处，矿点75处，矿化点11处，在采43处，占总数45.74%。

表2-1

2005年明溪县主要矿产资源情况

矿种	等级	储量	矿点(处)	产地
铁	—	3.9万吨	1	铁岭
稀土	C:301.85,D:1214.58	1516.43吨	2	后洋、下吴坊
无烟煤	—	352万吨	1	牛角坑
褐煤	B级:51.61	79.99万吨	1	城关
泥煤	—	450万吨	2	大焦、柏亨(草煤)
萤石	—	53万吨	5	长兴、原坊、下汴、胡坊反修桥、朱南

续表 2-1

矿种	等级	储量	矿点(处)	产地
透闪石	D 级:62.12,E 级:34.86	96.98 万吨	1	连厝
钾长石	D 级:28.4	28.4 万吨	1	洋龙
白云岩	C 级:10.77	59.43 万吨	1	洋龙
石灰岩	—	2.06 亿吨	4	滴水岩、狮坑、叶厝坑、坑甲
蓝宝石	—	9630.8 万克拉	3	林地—葫芦形、盖洋、五里桥
大理石	D 级:0.0403	1.74 亿立方米	4	狮坑、上龙坑、叶厝坑、洋龙
玄武岩	—	2.19 亿吨	4	石珩、大洋窠、盖洋
重晶石	—	72 万吨	2	南山后、大溪丰
方解石	—	362 万吨	2	瀚仙洋龙

三、水资源

1991—2005 年，全县年水资源总量多年平均为 17.82 亿立方米，人均水资源拥有量 1.57 万立方米。其中：地表水境内 16.27 亿立方米，占 91.3%；境外容流入境 1.47 亿立方米，占 8.3%；地下水 0.08 亿立方米，占 0.4%。

四、植物资源

1991—2005 年，全县有 9 个植被型 32 个群系 60 个群丛，闽楠林、苦槠林、甜槠林、米槠林、吊皮锥林、钩栲林等中亚热带基带原生性的常绿阔叶林保存较完好。

全县有维管束植物 115 目 219 科 1692 种，其中蕨类植物 6 目 39 科 180 种，裸子植物 2 目 7 科 14 种，被子植物 107 目 173 科 1498 种。在区系成分上，各类热带成分有 355 属，占本区总属数的 55.56%；各类温带成分计有 284 属，占本区总属数的 44.44%。

全县有丰富的珍稀濒危植物。其中国家一级保护的植物有南方红豆杉、钟萼木及历史栽培的银杏等 3 种；国家二级保护植物有粗齿桫椤、金毛狗、福建柏、香榧、鹅掌楸、凹叶厚朴、香樟树、天竺桂、闽楠、浙江楠、金荞麦、莲、短萼黄连、半枫荷、绞股蓝、榉树、伞花木、野大豆、花榈木、喜树、香果树等 21 种及花叶开唇兰、浙江金线兰、钩距虾脊兰、铁皮石斛、长苞羊耳蒜、细叶石仙桃、小舌唇兰、苞舌兰等 35 种兰科植物。

县内经济植物资源比较丰富，有金线莲、厚朴、芳香樟等药用植物 776 种，其中具有抗肿瘤作用的种质资源植物 43 种，具有增强免疫活性作用的种质资源植物 11 种，具有重要经济价值的材用植物有 133 种。另外有食用植物 102 种、园林绿化植物 173 种、鞣料植物 37 种、油脂植物 115 余种、芳香植物 47 种、蜜源植物 119 种、纤维植物 84 种。

五、动物资源

1991—2005 年，县境内有脊椎动物有 34 目 100 科 384 种，其中鱼类资源有 5 目 13 科 49 种，占福建省鱼类总种数的 25.24%；两栖类 2 目 7 科 26 种，占福建省两栖类总种数的 54.52%；爬行类 3 目 12 科 63 种，占福建省爬行类总种数的 58.33%；鸟类 17 目 47 科 197 种，占福建省鸟类总种数的 35.9%；兽类 8 目 21 科 49 种，占福建省兽类总种数的 46.66%。昆虫有 33 目 300 科 2412 种，其中昆虫纲 29 目 280 科 2317 种，蛛形纲 4 目 20 科 96 种，已定名的物种数与物种丰富度仅次于福建省武夷山国家级自然保护区和湖南八大公山自然保护区。

在鱼类中，花鳗鲡属于国家二级保护动物；在两栖动物中有16种为中国特有种，虎纹蛙被列入CITES（2003）附录Ⅱ（CITES即濒临绝种野生动植物国际贸易公约），且属于国家二级保护动物（1988）；在爬行纲动物中有12种为中国特有种，蟒蛇是中国生物多样性的高度濒危类群。平胸龟、蟒蛇、滑鼠蛇、眼镜蛇、眼镜王蛇被列入CITES（2000）附录Ⅱ。蟒蛇属于国家一级保护动物；在鸟类中，列入CITES（2000）附录Ⅰ的有3种（游隼、黄腹角雉和白颈长尾雉），列入附录Ⅱ的有23种（隼形目12种、鸮形目9种、画眉、红嘴相思鸟）；属于IUCN（2003）（IUCN即世界自然保护联盟）名单中的易危种（VU）有2种（黄腹角雉、白颈长尾雉）；属于国家一级保护动物2种（黄腹角雉和白颈长尾雉），国家二级保护动物25种；在双边国际性协定保护的候鸟中，属于中日协定保护候鸟54种，中澳协定保护候鸟11种；在哺乳动物中，小麂属于中国特有种。区内有IUCN（2003）名单中的濒危物种（EN）1种（豹<历史记录>）、易危种（VU）2种（黑熊和鬣羚）；属于CITES（2000）附录Ⅰ的有4种（黑熊、金猫、豹和鬣羚）属于附录Ⅱ的有4种（猕猴、穿山甲、豺、豹猫）；国家一级保护动物1种（豹），国家二级保护动物7种，猕猴为具有重大科学价值的类群。

第三节 自然灾害

一、水灾

暴雨洪涝多发生在3—8月间，5—6月概率更高，局部洪涝灾害几乎每年都有不同程度发生。1992年7月4—6日，全县连降大雨到暴雨，发生特大洪涝灾害，全县88个行政村有8600多农户受重灾。1995年6月3—4日，全县降雨量达105.5毫米，直接经济损失293.7万元。2001年6月13日，全县普降大雨，部分乡镇降雨量超过140毫米，粮食作物受淹1600公顷，烟叶受淹666.67公顷，堤防决口40处9000多米，小水坝被冲毁20座，倒塌房屋7座，2人失踪，造成直接经济损失2300多万元。2002年6月13日8时至19日8时，县境内持续普降大暴雨，降雨量累计达492.2毫米，其中24小时最大降雨量达174毫米，夏坊乡降雨量超过500毫米，是全县1959年气象站建站以来的最大降雨，接近百年一遇。全县有9个乡（镇）66个行政村6.42万人受灾，成灾人口3.41万人，无家可归2406人，因灾死亡6人，失踪1人，受伤100余人，紧急转移安置2719人，农作物受淹4141.33公顷，房屋倒塌621户2132间，受损813户3092间，水利水电设施被毁297处，公路塌方1676处，水毁路面327公里，其中夏坊乡因黄天岭泥石流受灾尤其严重，蒙州电站紧急开闸泄洪，造成蒙州电站发电厂房被淹。全县直接经济损失达1.73亿元，其中水利设施直接经济损失3992万元。2003年5月16日，全县降雨量达231.8毫米，受灾人口5.8万人，紧急转移安置1236人，道路、水利设施破坏严重，房屋倒塌76间，全县直接经济损失达9842万元。

二、旱灾

全县每处均有不同程度的旱灾，根据出现时间的前后可分为春旱、夏旱、秋冬旱3种，以秋冬旱为多。由于春雨迟且少，春耕无水灌田，造成较严重的春旱有两年，分别出现在1997年、2004年，均旱13天。夏旱则出现在7—9月，天气炎热台风少，雷阵雨少，影响夏收夏种，出现概率为57%，较严重的年份为2003年，自6月29日至7月26日，连续28天滴雨未下。秋冬旱年年均有发生。秋冬是少雨季节，影响作物较少，但如果持续时间长，到秋、冬、春连旱则影响春耕及植树造林，较严重的有1992年、2003、2004年。特别是2003、2004年，连续两年全年降水均偏少约35%左右。

三、冰雹与大风

冰雹灾害多发生于3—4月间，7—8月也有发生，其余时间发生较少。每年一般发生1—2次。大风出现的次数很少。1991—2005年，全县共出现大风2次，冰雹11次，造成损失近亿元。大风最严重的一次出现于 1992 年 7 月 12 日，沙溪乡、夏阳乡遭到 10 级龙卷风袭击，526 户农户房屋、烤房受损，直接经济损失达 67.3 万元。冰雹最严重的一次出现于 1997 年 11 月 25 日，全县 9 个乡镇均遭受冰雹袭击，大部分地区持续降雹 10~15 分钟，冰雹最大直径达 30 多毫米，阵风达 10~11 级，其中城关乡狮窠村地面雹厚度达 30~50 厘米，全县直接经济损失达 8100 多万元。

四、寒害

寒害主要有倒春寒（3 月下旬至 4 月上旬）、五月寒（5 月下旬至 6 月中旬），秋寒（9 月下旬至 10 月上旬）。倒春寒出现频率为 28%；5 月寒出现频率 14%；早秋寒出现频率为 14%。霜冻及冰雪可造成局部地区灾害。2002 年 12 月 26 日，全县境内普降小到大雪，部分地区积雪达 12 厘米，寒潮和冰雪造成直接经济损失达 784.1 万元，为县内 1991—2005 年间最严重的一次灾害。

五、地质灾害

县域内地质环境条件复杂，地质灾害点多面广，常见的地质灾害类型有滑坡、崩塌和泥石流。1992 年，盖洋镇大洋村发生滑坡，毁坏房屋 1 座，死亡 1 人。同年，瀚仙镇岩里村发生泥石流灾害，冲毁房屋 100 间，土方量达 1500 立方米。1998 年，沙溪乡六合村发生土质崩塌，毁坏房屋 2 间，死亡 1 人，受伤 1 人。1998 年起，县政府每年组织编制《年度地质灾害防灾预案》，发放地质灾害防灾明白卡和地质灾害防灾避险卡，在全县重要地质灾害隐患点设置危险警示标识牌，并落实县、乡（镇）、村的防灾责任人和具体灾害点的监测人。县、乡（镇）分别成立地质灾害防治领导小组，建立完善地质灾害灾（险）情报告、巡查、汛期值班和建设用地地质灾害危险性评估等制度，结合村镇建设与造福工程对地质灾害点进行综合治理。2002 年，县政府制定《明溪县地质灾害防灾方案》，在全县开展地质灾害防治宣传和治理工作。2003 年，福建省地质调查研究院在明溪县开展地质灾害调查与区划工作，2004 年 9 月完成《明溪县地质灾害调查与区划报告》。报告指出，县域内有地质灾害隐患点 77 处，其中滑坡 68 处（含潜在不稳定斜坡 1 处）、崩塌 8 处、泥石流 1 处。同年，县政府制定《明溪县突发性地质灾害应急预案》，并建立县、乡（镇）、村、灾害户四级地质灾害群测群防网络。2005 年，胡坊镇肖家山发生山体滑坡，8 户农户受灾，受灾人口 37 人，毁坏房屋 28 间。同年，县政府组织专家编制《明溪县地质灾害防治规划（2005—2015 年）》，规划定于 2006 年 2 月 8 日公布实施。

至 2005 年，全县共发生地质灾害 23 次，死亡 3 人，受伤 1 人，毁坏房屋 234 间，全县地质灾害隐患点减少至 42 处。

第二章　环境保护

第一节　环境监测

一、大气环境监测

（一）城区环境空气质量监测

1989 年，市环境监测站开始对明溪城区进行环境空气质量监测。1990—1997 年未进行监测。1998—2001 年，每年监测 1 次。2002 年，县环境监测站在县城区布设电力公司（对照点）、公安局、坪埠小学等 3 个环境空气质量监测点位，监测项目为大气总悬浮微粒、二氧化硫、二氧化氮，并改为每季度对城区环境空气质量监测 1 次。

（二）乡镇环境空气质量监测

1999 年起，县内开始对农村环境进行综合整治。先在试点乡镇瀚仙镇进行环境空气质量监测，此后陆续对全县 9 个乡（镇）政府所在地的环境空气质量进行监测。

二、水环境监测

（一）地表水

日月溪是县内的重要河流，是沙溪干流的一级支流之一。1991 年，市环境监测站开始对日月溪水质进行监测。采样点位有王桥、白沙桥、石珩桥 3 个，执行《地面水环境质量标准》Ⅲ类；监测项目有水温、酸碱值、悬浮物、化学需氧量、五日生物需氧量、硝酸盐氮、亚硝酸盐氮、氨氮、非离子氨、挥发酚、铅、镉等。1992 年起，停止监测。1999 年起，市环境监测站又开始每年都对日月溪水质进行监测，但监测频次并不固定。2000 年，采样点位有王桥、公园桥、石珩桥 3 个，执行《地表水环境质量标准》Ⅲ类；监测项目有水温、酸碱值、溶解氧、五日生物需氧量、高锰酸盐指数、氨氮含量指标、非离子氨等。2002 年起，由县环境监测站监测。同年 6 月 1 日起，执行《地面水环境质量标准》Ⅲ类。2003 年起，每年监测 6 次，逢单月进行。2005 年，采样点位有王桥、雪峰桥、瀚仙桥 3 个，监测项目有水温、酸碱值、溶解氧、高锰酸盐指数、氨氮、石油类等。

（二）城区饮用水

1991—1998 年，县城区饮用水源为日月溪水库，南山机井为备用水源。市环境监测站每年对日月溪水库和南山机井水源地进行水质监测，执行《地面水环境质量标准》Ⅲ类，监测频次不固定；监测项目为酸碱值、氟化物、氨氮、总硬度、硝酸盐氮、氰化物、挥发酚、总砷、总汞、总镉、六价铬、总铅、总大肠菌群。1999 年起，日月溪水库停用，饮用水源改为罗翠水库，市环境监测站只对罗翠水库进行监测。2000 年执行《地面水环境质量标准》Ⅲ类，监测的项目有酸碱值、氟化物、氨氮、总硬度、非离子氨、硝酸盐氮、高锰酸盐指数、氰化物、挥发酚、总砷、总汞、总镉、六价铬、总铅、总大肠菌群等。2002 年起，由县环境监测站监测。同年 6 月 1 日起，执行《地面水环境质量标准》Ⅲ类。2003 年起，每年监测 6 次，逢单月进行。

三、声环境监测

1989 年起，县环境监测站每年对城区交通噪声和城区区域环境噪声进行测量。2000—2005 年，在城区 13 条主次交通干线上布设 13 个监测点位，并设置监测城区区域环境噪声的 170×170 米的有效网格 101 个，每年监测 1 次。

四、监测能力及队伍

1989 年 1 月，县环境保护监测站成立，核定事业编制 3 名。2003 年，编制增加至 5 名。2005 年有人员 4 名，其中技术员 2 名，工程师 1 名，助理工程师 1 名。

1989—2002 年，由于县环境监测站成立时间较晚，监测设施不完善，县内的环境监测工作主要由市环境监测站完成。

2000 年起，县环保局开展环境监测站三级站创建工作，陆续投资 25 万元，购买可见分光光度计、电子分析天平、大气污染物采样器、噪声统计分析仪等监测仪器，同时进行实验室改造。2002 年起，县环境监测站开始独立开展全县的环境监测工作。2004 年，县环保局争取省环境监测体系二期工程配套资金 55 万元，购买紫外可见分光光度计、红外三波数测油仪、离子计等监测仪器设备。同年 8 月，县环境监测站通过省级计量认证，具备对水、气、声等 40 项指标的监测能力。至 2005 年，县环境监测站已拥有可见分光光度计、溶解氧测定仪、酸度计、离子计、大气污染物采样器、烟尘测试仪、二氧化硫测定仪、噪声统计分析仪等仪器设备，能够进行水、废水、空气、废气、噪声等的监测。

第二节 环境质量

一、水环境质量

（一）地表水质量

明溪仅对日月溪进行监测。1991 年，日月溪布设 3 个监测断面，监测日期为 10 月 26 日，监测指标为 pH 值、化学需氧量、五日生化需氧量、氨氮等 12 项。2000 年，监测日期分别为 11 月 21 日和 23 日，监测指标为 pH 值、溶解氧、化学需氧量、五日生化需氧量、氨氮等 7 项。2005 年，监测日期分别为 1 月 5 日、3 月 2 日、5 月 9 日、7 月 6 日、9 月 7 日和 11 月 2 日，监测指标为水温、pH 值、溶解氧、化学需氧量、氨氮、石油尖 6 项。历次监测结果均显示日月溪水质稳定，优于国家地表水Ⅲ类标准。

（二）饮用水

1991 年，明溪水库和南山机井的水质均优于地表水Ⅲ类标准。1999 开始只对罗翠水库进行监测，历年监测结果表明，明溪县各饮用水水源的水质稳定，均优于地表水Ⅲ类标准，达标率均为 100%。

二、大气环境质量

1998 年，明溪城区环境空气质量执行国家《环境空气质量标准》GB 3095—1996 中二级标准。二氧化硫（SO_2）、氧氮化物（NO_2）、总悬浮颗粒物（TSP）年平均值分别为 0.009 毫克/立方米、0.02 毫克/立方米、0.188 毫克/立方米，城区环境空气质量均优于 GB 3095—1996《环境空气质量标准》二级标准。2000 年后，氧氮化物改测二氧化氮。至 2005 年，城区环境空气质量均达到环境空气质量一级标准。

1998—2005 年明溪县城区空气环境质量监测情况

表 2—2　　单位：毫克/立方米

年份	二氧化硫(SO_2)	二氧化氮(NO_2)	总悬浮微粒(TSP)
1998	0.009	0.020	0.188
1999	0.007	0.024	0.085
2000	0.006	0.014	0.070
2001	0.008	0.012	0.152
2002	0.007	0.013	0.059
2003	0.003	0.012	0.138
2004	0.004	0.009	0.116
2005	0.004	0.007	0.086

注：1991—1997 年，未对明溪县城区环境空气质量进行监测

三、声环境质量

城区环境噪声主要监测区域环境噪声和交通噪声。1991 年，城区区域噪声为 56 分贝，交通噪声为 74 分贝。1993 年达到最高，城区区域噪声为 56.2 分贝，交通噪声为 74.2 分贝，以后逐年下降。2005 年降到

最低，城区区域噪声为 55.1 分贝，交通噪声为 67.8 分贝。15 年间均为较好质量等级。

第三节 环境综合整治

一、大气污染源治理

1991 年，全县工业废气排放量为 32756 万标立方米，二氧化硫排放量为 173.7 吨，烟尘排放量为 130.6 吨，粉尘排放量为 1334.3 吨，用煤量为 16277.98 吨。县内工业企业以水泥生产、胶合板制造、结晶硅冶炼、火工等行业为主，属资源消耗型企业，布局不合理，污染源分散。1994—1996 年，县内相继建成雪峰水泥厂、沙溪水泥厂等水泥企业，工业废气排放量和工业粉尘排放量大幅增加。1996 年，全县工业废气排放量为 161391 万标立方米，二氧化硫排放量为 298.01 吨，烟尘排放量为 2712.62 吨，粉尘排放量为 9766.28 吨，用煤量为 72200 吨。全县工业企业虽然在更新改造的同时也进行废气治理，但治理进度缓慢，成效不明显。2000 年开展“一控双达标”（污染物排放总量控制，环境空气、地面水环境质量达到国家规定的标准）工作后，90%以上的企业安装锅炉麻石水膜除尘器，水泥企业安装除尘器 16 台（套），全县废气处理量达到 55408 万标立方米，但仍有大量废气未经处理直接排放。2004 年起，县政府将水泥业立窑“无烟无尘”治理列入为民办实事重点项目，5 家水泥企业均安装除尘效率更高的布袋除尘器，进一步减少工业烟（粉）尘的排放量。2005 年，全县工业废气排放总量为 30.43 亿标立方米，二氧化硫排放量为 881.25 吨，烟尘排放量为 180.76 吨，粉尘排放量为 2946.41 吨。全县所有水泥企业完成“无烟无尘”治理。

二、水污染源治理

1991 年，县内的厂矿企业多将大量的冶金、化工、造纸和生活废水直接排放到日月溪中，严重污染水体。特别是福建烽林机器厂产生的工业废水已成为日月溪主要的污染源。全县工业废水排放量为 142.11 万吨；废水中主要污染物是悬浮物和化学需氧量，排放量分别为 142.11 吨、761.04 吨。1993 年，县环保局依法关停县造纸厂，搬迁雪峰人造板厂、城东铸造厂、城关铸造厂和城关电镀厂，日月溪水污染治理取得较大进展。1995 年，县成立闽江流域明溪辖区水环境综合整治领导小组，开展闽江流域明溪辖区水环境整治工作。1999 年，根据国务院《关于环境保护若干问题的决定》提出所有工业污染源排放污染物必须在 2000 年 12 月 31 日前达标排放的“一控双达标”工作要求，全县共有“一控双达标”限期治理企业 29 家。县委、县政府先后召开 3 次环保专题会议，成立“一控双达标”工作领导小组,将“一控双达标”工作列入行政领导环保目标责任书，层层分解，落实目标任务。同时，县投资 30 万元，建成 2 条长 400 米、高 2.94~4.3 米、基础为 60 厘米、厚 100 厘米埋石的混凝土河堤，完成日月溪河道治理，极大改善日月溪河道环境质量。至 2000 年 12 月 31 日，县内全面完成“一控双达标”工作任务，全县“一控双达标”企业共完成污染治理项目 31 个，新增废水处理能力 0.16 万吨/日，废水 COD 排放量从治理前的 188 吨削减到 45 吨；日月溪主要水污染源福建烽林机器厂共投入 98 万元，采用锅炉蒸发 DDNP 工艺废水的方法，实现工艺废水零排放，彻底解决该厂长期污染日月溪的问题。同年，经市环境监测站监测日月溪地表水环境质量达到《地表水环境质量标准》Ⅲ类。2005 年，全县工业企业废水排放量为 100.69 万吨，化学需氧量排放量为 73.67 吨，氨氮排放量为 4.11 吨，日月溪地表水环境质量各项指标均符合国家地表水Ⅲ类标准。

三、固体废弃物污染治理

（一）一般固体废弃物治理

县内工业固体废物主要是煤矸石、炉渣和尾矿。1991 年工业固体废弃物产生量为 21843 吨，综合利用处置率 11.3%，排放量 17 吨。全县 2 家煤炭开采行业均设有专门煤矸石集中处置场所，全县固体废弃物综合利用处置率仅为 11.3%。1992 年起，煤矸石被综合利用通过煅烧后运往水泥厂做水泥配料，用于铺路。1995 年，全县木材加工制品业的锅炉均安装麻石水磨除尘器和多级沉淀池，木材边角料被利用作为锅炉的燃料，锅炉渣基本上用作铺路或供给机砖厂综合利用。1997 年起，全县水泥企业均采用静电除尘，所产生的工业粉尘都被综合利用。2004 年，全县投资 3015.5 万元，在瀚仙镇大焦岗，开工建设总库容量达 70 万立方米，日处理垃圾量达 100 吨，使用年限为 18 年的城市垃圾无害化处理场。2005 年，全县工业固体废弃物产生量 2.08 万吨，综合利用量为 1.48 万吨，综合利用率提高至 64.79%。

（二）危险固体废弃物治理

县内危险固体废弃物主要是交通运输设备制造业、居民服务业、化学原料和化学制品制造业、电力供应业和卫生行业产生的。1991 年，全县交通运输设备制造业产生的废矿物油大多销往外地用于制砖，居民服务业产生的感光材料废物中的定（显）影液销售给外地用于提炼银，化学原料和化学制品制造业产生的农药废物由农业局执法大队指定收贮后还给厂家，爆炸性废物由福建烽林机器厂在本厂内进行销爆，电力供应业产生的含多氯联苯废物由县电力公司用变压器油过滤机循环过滤后再利用。全县医疗机构除县医院有 1 台简易焚烧炉和 1 套污水处理设施外，其他医疗部门均未配备相应的废物处理设施，医疗废物处置很不规范。医疗临床废物和废药物、药品基本采用简易焚烧后填埋或直接填埋的方式进行处置。2000 年起，县医院、县中医院及各乡（镇）卫生院与市绿洲有限公司签订协议，将医疗机构产生的医疗废物运到市绿洲有限公司进行处理，实现危险废弃物零排放。至 2005 年，全县 52 家主要的危险固体废弃物企业共投资 1254.1 万元用于环保治理。

四、环境噪声治理

县内环境噪声，主要来源于交通噪声、工业噪声和社会生活噪声，其中以交通噪声最为严重。1991 年，城区区域噪声为 56 分贝，交通噪声为 74 分贝。1993 年城区区域噪声为 56.2 分贝，交通噪声为 74.2 分贝，以后逐年下降。2002 年，县修建 1 条过境公路减轻了城区交通噪声的干扰，城区交通噪声下降至 68 分贝。2005 年，东福娱乐城、欢乐迪娱乐城、飞龙娱乐城、县宾馆娱乐城等卡拉 OK 厅投入 20 万元，安装消声装置。同年，经监测全县城区区域噪声下降至 55.1 分贝，交通噪声下降至 67.8 分贝。

五、放射性污染治理

2004 年，根据《中华人民共和国放射性污染防治法》规定和上级部署，明溪县对放射性污染现状进行详细调查。全县共申报登记 12 家，其中水泥业有 5 家 13 枚 3 类密封放射源，医疗卫生行业有 7 家属 X 射线类放射源使用单位。全县有 4 枚属 3 类密封放射源废弃闲置，分别为县闽基水泥有限公司 1 枚、县瀚仙水泥有限公司 2 枚、三明闽新集团沙溪水泥有限公司 1 枚，均闲置在仓库。同年 10 月 19 日，省辐射环境监督站和市环境监理所的专家将 4 枚闲置的放射源进行强制收贮，消除潜在放射性污染危害。

第四节 机构与管理

一、机构

1991 年 2 月，县环境保护局（以下简称县环保局）成立，为一级局行政机构，有行政编制 3 名。下设环境保护监测站和排污收费监理所 2 个股级事业单位，有事业编制 6 名。1997 年，县环保局降为二级局，隶属县政府办公室。2000 年，县排污收费监理所更名为县环境监理所。2002 年，县环保局又恢复为一级局机构，内设办公室和建设项目环境管理股，有行政编制 4 名；下设环境保护监测站和环境监理所 2 个股级事业单位，有事业编制 6 名。

二、环保宣传教育

1991 年起，县环境保护局每年都在“4·22”地球日、“6·5”世界环境日和科技宣传周等节日期间，组织人员利用图片、宣传栏、宣传单、广播电视等载体开展形式多样的宣传活动。至 2005 年，县环境保护局共开展上街宣传 18 次、发放宣传单 2 万余张、张贴宣传标语 145 条、在县广播电台开设环境法律法规专题宣传 10 次、出环保专刊 26 期、提供环保咨询 1.2 万多人次、举办环境新闻图片展 5 次（展出图片 620 幅）。

县环境保护局每年还与县委宣传部、团县委、县妇联、教育局、林业局等部门联合开展形式多样的环保宣传活动。1991—2005 年，与教育局共同开展和举办了环保作文竞赛、环保知识竞赛 5 次，参加的学生达 850 人次，参赛作品 450 篇；在小学开展环保教学试点 2 个；举办环保夏令营 1 期；组织观看治污影片 1 次，观看人数达 2000 多人次；举办环保法律培训班 2 次，参加培训人数达 105 名；举办环保文艺晚会专场 5 次，观看群众达 1 万多人次。

三、环保规划、区划

2002 年，委托市环境科学研究所编制《明溪县城市环境规划》。2003 年 1 月 20 日，市政府批准实施《明溪县 2003—2020 年城市环境规划》。2003 年 6 月，委托复旦大学编制《福建省明溪县国家级生态示范区建设总体规划》。2004 年 9 月 14 日，县人大常委会通过《关于批准〈福建省明溪县国家级生态示范区建设总体规划〉的决议》，总体规划正式实施。

2002 年，市人民政府下发《三明市人民政府关于同意三明市地表水环境和环境空气质量功能类别区划分方案及达标工作方案的批复》，明溪县的地表水环境和环境空气质量功能按该文件执行。地表水环境功能为 GB 3838—2002《地表水环境质量标准》Ⅲ类，大气环境功能区为 GB 3095—1996《环境空气质量标准》II 类区。同年，县政府分别下发《批转县环保局关于畜禽养殖场禁建区划分实施方案的通知》《明溪县人民政府关于明溪县城区域环境噪声功能类别区划分案的批复》，划定畜禽养殖场禁建区和环境噪声功能类别区。2003 年，省政府下发《福建省人民政府关于明溪县等 8 县生活饮用水地表水水源保护区划定方案的批复》，建立县罗翠水库水源保护区。2004 年，县政府下发《关于批转〈明溪县生态功能区划〉的通知》，完成《明溪县生态功能区划》。

四、建设项目环境管理

1998 年起，县环保局开始实施环保“第一审批权”，与部门协调工作，对建设项目进行环境管理。所有未经环保审批的项目，计划部门不予立项，工商部门不予核发营业执照。在项目选址上，对每个新上项目的厂址进行踏勘，对不符合规划的厂址予以否定。在建设项目申报立项或设立时，按照产业政策名录进行严格审查，对不符合产业政策的项目，特别是“十五小”（年产 5000 吨以下的小造纸厂；年产折牛皮 3 万张以下的小制革厂；年产 500 吨以下的染料厂；采用“坑式”和“萍乡式”、“天地罐”和“敞开式”等落后方式炼焦、炼硫、土法炼砷、炼汞、炼铅锌、炼油、选金、漂染、电镀、生产农药、石棉制品、放射性制品等企业）企业，不予审批。在项目审批时，执行国家总量控制精神，把好总量关，减少污染物排放总量。2000 年，县环保局简化办理手续，缩短审批时间，实行一次性告知制度，提高审批效率。并对县重点项目进行全程跟踪服务，参与项目前期环保治理有关工作，提供环保产业政策及污染治理技术，筛选治理设施方案，要求环评单位尽量就低收取环评费用、降低业主经济负担。

1998—2005 年，全县共审批建设项目 744 个，项目总投资 72080.204 万元，其中环保投资 1951.37 万元，为 159 家企业发放排污许可证，环保“三同时”（建设项目中的污染防治、生态保护等环境保护设施，必须与主体工程同时设计、同时施工、同时投产使用）竣工验收 147 个，建设项目环境影响评价执行率达 100%。

五、污染源管理

（一）污染源调查

1989 年，县成立乡镇工业污染源调查领导小组，对纳入乡镇工业统计年报并在生产活动中产生排放污染物的 197 家工业企业进行调查。1994 年，开展放射性污染源调查，对全县水泥企业、医院等 16 家涉及放射源的单位进行调查，调查结果显示，县放射源管理较规范、安全，未发生有电磁辐射泄漏或丢失、被盗的现象。1997 年，开展全县第二次乡镇工业企业污染源调查，对有排放污染物（废水、废气、固体废物、噪声、放射性、电磁辐射等）的乡镇工业，包括乡、镇、村以下及“三资”企业共 284 家单位进行调查。1998 年，开展电磁辐射环境污染源调查。调查结果显示，县电磁辐射管理较规范、安全，未发生有电磁辐射泄漏或丢失、被盗的现象。

（二）排污申报登记

2000 年起，开始实行排污申报登记年审工作，全县共有 29 家“一控双达标”（其中市重点申报单位 3 家）进行申报。2001 年，全县 40 家（其中市重点申报单位 3 家）污染物排放单位进行排污申报。2004 年，申报登记单位数达 83 家（其中市重点申报单位 3 家）。2004 年起，县环保局向 56 家企业发放排污许可证。2005 年向 103 家企业发放排污许可证。

（三）环保专项检查

2000 年起，县环保局根据国家、省、市环保部门要求，先后开展清理整顿不法排污企业保障群众健康环保、工业企业污染源达标排放、查处环境违法行为等专项行动。至 2003 年，共检查工业企业 207 家，关闭企业 1 家，依法处罚企业 9 家，检查中没有发现“十五小”企业回潮现象，新建项目基本能够执行建设项目环评和“三同时”，无违法开发建设而造成重大污染或人为生态破坏事故，无新建污染严重项目，无新上、转移、生产和采用国家《淘汰落后生产能力、工艺和产品的目录》所列的行为。

2004—2005 年，县环保局根据国家部署和市环保局、发展计划局等 9 个部门联合下发的《关于印发〈三明市整治违法排污企业及清查放射源保障群众健康环保专项行动实施方案〉的通知》文件要求，再次开展整治违法排污企业保障群众健康环保专项行动。全县共出动 708 人次，现场检查各类企业 180 家，发现违反环境保护法律、法规的企业 9 家，依法责令停产 1 家，共处罚金 2.46 万元，查处县级挂牌督办环境问题 3 起，省辐射环境监督站和市环境监理所强制收贮全县闲置和废弃的 4 枚放射源。

（四）排污费征收

1991 年，县排污收费执行《福建省征收排污费实施办法》，对全县所有排放废水、废气、固体废物及排放超标噪声的企业、事业单位进行征收。至 2003 年 6 月，全县共征收排污费 523.99 万元。

2003 年 7 月，开始执行国务院新颁布的《排污费征收使用管理条例》，全县排污收费征收范围从重点污染企业扩大到乡镇企业，征收行业从工业企业的“三废”、城市娱乐场所生活噪声和饮服行业的生活废水扩大到矿山固体废弃物，全县征收单位 285 个，征收金额达 77.34 万元。2005 年，征收单位 248 个，征收金额达 80.4 万元。2003—2005 年，全县共征收排污费 235.08 万元，全部用于企业污染专项治理。

（五）污染事故与纠纷处理

1994 年 3 月 9 日，县农机化技术学校油污流入自来水厂，居民饮用水被污染。县环保局责令农机化技术学校立即对废水排污口进行规范化处理，禁止废水排入自来水厂，县自来水厂停止供水 24 小时后恢复正常供水。1996 年 5 月 21 日，县供销社车队排放废油污染城东村农田，烧焦秧苗 1.13 公顷，县环保局责令供销社车队停止排放废油，并向村民赔偿损失 2500 元。2002 年 1 月 13 日，市公路局一辆满载 4.4 吨汽油、5 吨柴油的油罐车，在县沙溪乡布上村附近坠入日月溪，县环保局会同有关部门开展紧急施救工作，防止了油泄漏，未造成污染事故。2003年，县新破店酒家油烟废气向居民区排放严重影响附近居民生活环境。县环保局责令新破店酒家在15日内将油烟净化装置的排放口用烟管接到下水道。县异威人造板有限公司排放烟尘、废水影响沙溪乡梓口坊村民生活，县环保局执法人员当场责令该公司增大麻石水膜除尘器水压，确保除尘器正常运行，对废水排污口进行规范化处理，禁止废水排入农田。2004年，县人大代表提出“关于雪峰水泥厂与县职中、城中相邻对广大师生学习和生活造成一定影响”的议案，县环保局根据市政府《三明市人民政府关于下达水泥业粉尘污染限期治理计划（第一批）的通知》要求，将明溪县闽基水泥有限公司（即雪峰水泥厂）的粉尘污染治理列入市政府的限期治理计划，要求于2004年6月30日前完成立窑的“无烟无尘”治理。2004年6月30日前，该公司按期完成立窑“无烟无尘”治理，并通过三明市环境监测站监测实现“无烟无尘”排放。县政协委员提出“加强对胡贡溪流域环保治理”的提案，要求对污染胡贡溪的明溪县华莹选矿有限公司和明溪县荣和选矿有限责任公司进行治理。县环保局组织调查人员到2个企业进行现场调查，要求明溪县华莹选矿有限公司和明溪县荣和选矿有限责任公司立即停止生产，限期完成环保设施的建设，在未经环保验收合格前不得恢复生产。

至2005年，全县环保系统共受理环境污染投诉185件，处理率与结案率均达100%；办理人大议案4件、政协提案12件。

（六）行政执法

1998年起，县环保局开始对违反环保法律法规的单位进行行政处罚。至2005年，县环保局共处罚违反环保法律法规的行为51起，其中违反《中华人民共和国大气污染防治法》14起、违反《中华人民共和国水污染防治法》6起、违反《中华人民共和国环境噪声污染防治法》5起、违反《建设项目环境保护管理条例》14起、违反《福建省环境保护条例》10起、违反《福建省征收排污费实施办法》2起，处罚金额达17.23万元。

第三章　国土资源管理

第一节　地籍管理

一、土地调查

明溪土地调查工作主要是开展土地利用现状调查、土地利用现状变更调查和土地权属调查。1990年2月至1992年9月，开展全县土地利用现状调查。经调查，全县土地总面积174964公顷，其中耕地13175公顷，园地1855公顷，林地150871公顷，居民点及工矿用地1645公顷，交通用地665公顷，水域1330公顷，未利用土地5424公顷；全县乡、村土地权属界线共288条，其中有争议的32条，通过实地调解解决26条，签订土地权属界线协议书282份，土地权属界线争议原由书6份，划清政界和权属界。同时，在调查的基础上编制出县级土地利用现状图和乡（镇）级土地利用现状图，标有乡（镇）土地行政界线的县级边界结合图表，土地权属界线图及面积量算工作底图、图斑编号图、图幅和航片落位图符专题图件，以及起草《土地利用现状调查报告》。

1995年9月至1996年10月，开展全县土地利用现状变更调查，取得1993—1996年全县土地利用现状变动的成果。经调查，1997 年，全县土地总面积 170857.86 公顷，耕地 12952.93 公顷，园地 1947.06 公顷，林地 146723.77 公顷，居民点工矿用地 1729.29 公顷，交通用地 685.28 公顷，水域用地 1401.24 公顷，未利用土地 5418.29 公顷。1998 年后，每年在 10 月 1—31 日开展土地利用现状变更调查。2005 年，全县土地总面积 170857.86 公顷，耕地 11776.6 公顷，园地 2012.79 公顷，林地 146010.21 公顷，居民点工矿用地 1768.42 公顷，交通用地 499.33 公顷，水域用地 461.24 公顷，未利用土地 2487.23 公顷，其他土地 5842.04 公顷。

二、土地登记

1988 年 6 月，根据省土地管理局下发的《关于加快开展城镇土地申报登记的通知》和市政府下发的《关于城市土地所有权、使用权申报登记发证的通知》要求，明溪开始开展城镇地籍调查、登记发证工作。同年 9 月，县政府成立领导小组，制定下发《明溪县城镇土地登记发证实施细则》，首先在县城规划区范围内进行地籍调查、登记工作。1991 年，完成县城区土地调查发证 1230 宗，占应发证 1830 宗的 67.21%。同年，在盖洋村开展集体土地发证试点工作，当年发证 441 宗，占总数 473 宗的 93.23%。1992 年，对全县集体土地进行发证，共发证18814 宗。至 1993 年，全县土地使用权的登记发证工作基本完成，全县共登记发证 21292 宗，占应发证的 92%，其中国有土地 1605 宗、集体土地 19687 宗。2001 年起，全县开展房改房登记、发证工作。2004 年全县旧宅基地土地登记、发证工作基本结束。1991—2005 年，全县土地使用权共登记发证 25350 宗，其中国有土地 8364 宗、集体土地 16986 宗。

2002 年，在城关乡、盖洋镇、瀚仙镇开展集体土地所有权登记发证试点工作。2003 年后在全县所有行政村开展。至 2005 年，全县 88 个行政村集体土地共登记发证 286 宗，占应发证数的 100%。

三、土地使用权变更与抵押登记

1996 年，开始土地使用权变更与抵押登记工作。当年办理土地使用权变更登记 173 宗，抵押登记 2 宗。2001 年，因全县房改房办理数量增多，土地使用权变更登记数为历年之最，达到 1163 宗，抵押登记 104 宗。2005 年，全县办理土地使用权变更登记 451 宗，抵押登记 201 宗。至 2005 年底，全县共办理土地使用权变更登记 3216 宗，抵押登记 820 宗。

四、土地使用证年检

1999 年，根据国土资源部通知，县土地管理局在县城区开展土地证书年检工作。至 2000 年底完成，共对县城区 3065 宗土地证书进行年检，年检率 96.5%。2001—2005 年，未开展年检。

五、基础测绘与地籍测量

1995—1996 年，县委托省测绘局外业大队完成城区 5 平方公里 1:500 共 80 幅地形图测绘工作。1997 年，县土地管理局成立县土地测绘队。同年，县土地测绘队和省闽西地质大队三明测绘所共同完成盖洋镇本点 1:500 共 31 幅地形地籍图、胡坊镇本点 1:500 共 26 幅地形地籍图、夏阳乡本点 1:500 共 19 幅地形地籍图的测绘。1998 年，省测绘局批准县土地测绘队为丁级资质测绘单位，并核发资质证书。2005 年，县委托厦门闽矿测绘院对县城区 6.48 平方公里进行数字化 1:500 地形图测绘。

六、土地分等定级与评估

1992 年，县政府根据《关于福建省城镇土地分等（试行）的通知》，对全县城区 4 平方公里土地进行分等定级，共划分为 5 个土地级别。1997 年，首次公布《明溪县城区基准地价》。11 月，成立县土地评估所。1998 年起，县土地评估所开始办理土地评估，共办理 12 宗，面积 6.26 公顷，确定土地资产量 2724.4832 万元。2001 年，对城镇土地基准地价进行调整，并下发《明溪县城镇基准地价表》。2002 年，完成全县乡镇农用地分等定级与估价工作，全县耕地分为 8 个级别。2005 年，对县城镇面积进行丈量核实，第三次调整公布县城镇面积 25.68 公顷。并对 12 个单位 39 宗地、11.46 公顷面积进行核产评估，评估土地资产值 1138.44 万元。2002 年机构改革，撤销县土地评估所，全县土地评估由有资质的评估机构承担。

1998—2005 年，全县共办理土地评估 843 宗，评估面积 84.64 公顷，贷款金额为 19776.44 万元。

第二节 用地管理

一、用地规划

1994 年，县政府第一次开展以县辖区内全部土地为规划对象，综合性、跨行业的全县土地利用总体规划工作。1995 年 3 月，完成《明溪县土地利用总体规划》，规划期限为 1993—2010 年。1997 年 10 月至 1998 年 3 月，《明溪县土地利用总体规划》进行重新修编。

二、建设用地管理

1986 年，县土地管理局成立后，根据《中华人民共和国土地管理法》和《福建省土地管理实施办法》的规定，统一审批全县建设用地。1989 年，县土地管理局下发《关于加强建设用地管理的通知》，全县建设用地管理实行中央、省、地（市）、县、乡（镇）五级限额审批制度。1990 年后，县土地管理局加强建设用地管理，并严格控制用地指标，国家、集体建设用地由县政府统一安排，个人建房用地指标由县土地管理局和县计划局分解下达至各乡（镇）。1991 年，全县共审批用地 596 宗，供地 11.08 公顷，其中国家用地 34 宗、面积 4.62 公顷，集体用地 12 宗、面积 1.16 公顷，个人用地 550 宗、面积 5.3 公顷。1999 年后，新修订的《中华人民共和国土地管理法》实施后，全县建设用地由限额审批制转变为用途管理制度，将土地分为农用地、建设用地和未利用地，并分开管理。各类建设用地占用农用地必须办理农用地转用手续，占用耕地的实行“占一补一”管理方式。建设用地审批，优先保证国家重点项目建设和基础设施建设。1991—1999 年，全县共审批建设用地 3973 宗，供地 380.83 公顷，其中国家用地 212 宗、面积 215.92 公顷，集体用地 83 宗、面积 100.24 公顷，个人用地 3678 宗、面积 64.67 公顷。

2000 年后，建设用地统计不再分国家用地、集体用地和个人用地（统计口径按供地方式分类）。2000—2005 年，全县共审批建设用地 1184 宗，面积 46.42 公顷。

三、土地使用权管理

1991 年，县土地使用方式有行政划拨与有偿使用 2 种。1992 年，实行统一规划、统一用地、统一开发、统一出让、统一管理的土地使用制度，单位用地不再自行协商、随意征地，而由县土地管理局统一征用、承包服务，同时有偿用地范围逐步扩大。10 月，明溪第一次公开拍卖位于雪峰镇农化路的 1 宗面积 75.02 平方米的国有土地使用权，获取出让金 3.09 万元。全年协议出让国有土地使用权 112 宗，面积 42635.91 平方米，获取出让金 1355.28 万元。1994 年，县政府下发《明溪县划拨土地使用权管理暂行规定》，对行政划拨用地进入土地市场进行转让、出租、抵押等行为，属个人用地的采取补交出让金等形式进行管理。至 2005 年，全县共公开拍卖 81 宗面积 95531.04 平方米的国有土地使用权，获取出让金 5150.76 万元；协议出让 648 宗 265513.61 平方米的国有土地使用权，获取出让金 6380.07 万元；划拨土地办理转让、出租、抵押手续 35 宗，面积 4.36 公顷，获取出让金 138.95 万元。

第三节 土地保护与开发

一、基本农田保护

1994年8月，根据国务院颁布的《基本农田保护条例》，县成立基本农田保护划定工作领导小组，制定《明溪县划定基本农田保护区技术方案》，开展基本农田保护工作。至1994年底，全县共划定9个保护区，833个保护片，面积10179.9公顷，占全县耕地面积的85.56%。同时，为加强基本农田保护工作，县、乡(镇)、村层层签订责任状，设立保护牌87块，实行分片建卡保护管理。1996年，县土地管理局被省政府授予“基本农田保护先进单位”。1999年，开展全县基本农田保护核查。2002年，对基本农田保护区进行补划和调整。调整后，全县基本农田保护区共894片，面积11263.45公顷，其中耕地11180.76公顷，园地82.69公顷，保护率达87%，设立保护区牌87块。至2005年不变。

二、土地开发与整理

1991年，县政府鼓励开发耕地，对经县土地管理部门审批的新垦种粮耕地，除县政府给予财政补贴外，发给耕地使用证，优先供应种子、化肥等农资。同时，根据省政府下发的《关于开发库区造田计划》精神，县政府规定对以集体为单位连片开发的库区耕地，另给予开发补贴。当年新开发耕地71.33公顷，其中库区开发耕地49.07公顷。1993年，县土地管理局被省政府授予“造田先进单位”。2001年，开始实施耕地开发项目，对新开发的水田每亩补助4000元，土地整理每亩补助1600元，当年全县开发耕地97.35公顷，新增耕地83.1公顷。2003年后，开始实施土地开发整理项目，开发补助资金由省、县分级承担，补助经费调整为每亩2000元。2003—2005年，全县共实施土地整理项目4个，整理土地面积725.39公顷，新增耕地65.6公顷。

1991—2005年，全县共投入2969.8万元，开发整理土地面积1058.24公顷，新增耕地349.8公顷。

第四节 土地执法监察

一、法规宣传

1991年，县土地管理局以“土地与国情”为主题，开展形式多样的法规宣传教育活动。当年全县举办土地法规教育培训班108期、培训人数达7280人，利用广播宣传215次，放映幻灯片360次，设立乡镇土地宣传栏9个。1996年，为庆祝《中华人民共和国土地管理法》颁布十周年，以“土地与发展——保护我们的生命线”为主题，在县电视台开设“国土之声”专题栏目，在全县干部中开展土地法规千人答卷活动，在中、小学开设国土教育课。1999年，县领导带头学习宣传新《土地管理法》。2001—2005年，在“四五”普法宣传教育活动中，积极宣传土地法规。1991—2005年，全县共举办土地法规培训班65期、培训人数达2400人次，提供土地法律咨询800人次，接待群众1500人次，书写大幅标语12条，悬挂横幅40条，发放宣传资料3万份。

二、执法监察

1987年，县土地管理局设立土地监察股，制定土地执法监察人员办案制度、土地管理公开办事和社会承诺制度，聘请行风监督员，设立举报电话和举报箱。同时在县、乡（镇）、村选配专职和兼职土地监督员，不定期进行巡查监察。1991年，县土地管理局与县人大、纪委、法院、监察局、公安局、司法局等单位联合开展土地工作大检查。查出少批多占违法用户58户、面积0.104公顷，补收土地补偿费7056元，处罚款888元。1992年，配齐县、乡（镇）、村三级专兼职土地监察员，在行政村中建立以村主任、村土地管理员、民兵专干组成的村土地监察小组，并建立巡逻制度，加强动态监察与执法检查。1997年，与县监察局建立执法联络室，成立土地监察大队。

2005年，县土地监察实行责权划分，区域等级划分为县城规划区、省道两侧及工矿企业用地、基本农田保护区和矿产资源禁采区、村庄及周边县道两侧、非农田保护区耕地、在建项目用地区及工矿企业区等，采取经常性与突击性相结合的动态巡查方式，及时发现和制止违法行为。

1987—2005年，全县共制止土地违法行为119起，立案查处39件。

三、土地信访件受理

1991年，全县受理群众来信8件，办结率达100%。1992年后，不断完善健全土地信访制度，先后建立首问责任制、信访接待制、局领导接待日等制度，并在所有国土资源所设立举报箱，公布举报电话，及时受理群众来信来访。至2005年，共收到群众来信262件，接待来访群众364人次，办结率达100%。

第五节　矿产开发与管理

一、矿产资源开发和保护规划

1991年，县内已发现的矿床、矿（化）点有94处，已开采54处，有矿山企业54家。矿产开发利用程度较低，只进行开发原矿与出售原矿。开采利用的矿种主要有无烟煤、石灰石、透闪石、重晶石、黏土矿、钾长石等15种，其他矿种因受到地质资料不全、没有市场、缺少开发资金等原因，未得到开发。当年开采重晶石4万吨、萤石5000吨、无烟煤17550吨、石灰石20万吨、砖瓦和水泥配料黏土2.3万吨，产值403万元。

1996年，开展1：50000区域地质矿产调查，调查范围由县域中部至北部，面积约650平方公里。2001年，县政府编制《明溪县矿产资源开发利用和保护规划》。2004年编制《明溪县普通建筑石料矿区开发总体规划》《明溪县普通建筑用黏土矿区开发总体规划》，在规划中界定禁采区、限采区和可采区。

2005年，全县矿山企业有45家，开采的矿种仍以无烟煤、萤石、石灰石与建筑用沙、石和砖瓦黏土为主，当年开采无烟煤6.5万吨、萤石6.34万吨、石灰石42.36万吨、河沙3.6万吨、黏土2.52万吨、建筑用石料1.13万吨，总产值3138.7万元。

1991—2005年，全县共开采无烟煤54万吨、萤石41万吨、石灰石382万吨、黏土53万吨、建筑用石料55万吨，总产值29300万元。

二、采矿权许可管理

1991年，全县54家矿山企业均办理采矿许可证，办证率达100%。1998年，在全县范围内开展采矿许可证的换证工作，对存在问题、整改不达标的企业，采取不予换发新证的措施，加强矿山的监管。至2005年，全县发放采矿许可证45本，办证率为100%。

三、矿山企业年检

1991年起，开始实施矿山年检制度。通过现场检查，对越界开采、无后续资源、安全生产条件差、未缴补偿费、达不到最小开采规模的矿山企业与擅自将采矿权转让给他人或将采矿权用作抵押的矿山企业限期整改，对经整改仍达不到相关规定的矿山，依法注销采矿许可证。当年对应参加年检的41家企业进行年检，年检合格54家。2005年，对全县45家矿山企业中的42家企业进行年检（其他3家矿山企业为2004年下半年新发证），提交年检年度报告38份，年检率达92%，其中通过年检32家、要求整顿7家、未缴清补偿费暂缓年检 3 家，年检合格率达 76%。

四、矿业规费征收管理

1989 年，明溪开始征收乡（镇）集体和个体矿产资源开发管理费，当年征收 8 万元。1993 年，取消该项规费。1989—1993 年，共征收矿业规费 12 万元。1994 年开始征收矿产资源补偿费。由于县内采矿企业规模较小及市场疲软等原因，补偿费征收额很少，当年征收 20 万元。此后逐年增多。2005 年征收 61.47 万元。1994—2005 年，全县共征收矿业资源补偿费 400 万元。

五、矿业秩序整顿

1991 年，县矿产资源管理站对全县无证违法小煤窑进行清理，共清理出无证开采小煤窑 10 个。1996 年，对不符合办矿条件、不符合安全生产条件和越界开采的采矿企业，进行限期整改和行政处罚、取缔炸封，当年取缔无证采矿点 12 个。2001 年，县政府下发《明溪县矿产资源管理秩序专项治理整顿工作方案》和《明溪县小矿关闭、淘汰、联合改造工作方案》，当年关闭矿山企业 6 家、联合 1 家、改造 20 家，推进全县矿业向规模化、集约化、科学化发展。2004 年后，县政府又先后下发《关于明溪县矿产资源管理全面到位实施方案的通知》和《明溪县查处无证非法采矿工作实施方案》。2005 年，全县取缔无证非法开采矿点 3 个，注销采矿许可证 2 本，限期整改 3 家，收罚没款 300 元，追缴补偿费 20.3 万元。

第六节 机 构

1986 年 9 月，县土地管理局成立，有行政编制 3 名。全县 9 个乡镇相应设立土地管理所，88 个建置村配备 1 名兼职土地管理员。1997 年 3 月，乡（镇）土地管理所收归县土地管理局管理，作为县局派出机构。2002 年，机构改革，撤销县土地管理局、矿产资源管理办公室，组建县国土资源局。2005 年，县国土资源局内设办公室（加挂法规监察股、监察室牌子）、地籍与测绘管理股（加挂规划与耕地保护股牌子）、建设用地管理股、矿产开发管理股（加挂地质环境股牌子），有行政编制 7 名，工勤事业编制 1 名。下设土地登记站、土地收购储备中心、土地整理中心、矿产资源管理站、国土资源监察大队、国土资源规划勘测队和 9 个乡（镇）国土资源所等事业单位，共有事业编制 46 名。

第四章 人口与计划生育

第一节 人口规模

一、人口总量

1991 年，全县户籍人口 111662 人，其中男性 57741 人、女性 53921 人。1995 年，全县户籍人口 114855 人；其中男性 59470 人，女性 55385 人。2000 年，全县户籍人口 115851 人，其中男性 59748 人、女性 56103 人。至 2005 年，全县户籍人口 115475 人，其中男性 59739 人、女性 55736 人。1991—2005 年，明溪迁入人口 25194 人，迁出人口 31417 人，净迁出人口 6223 人。全县户籍人口由 111662 人增至 115475 人。

1991—2005年明溪县户籍人口情况

表 2-3

单位：户、人

年份	总户数(户)	总人口(人)		
		合计	男	女
1991	22784	111662	57741	53921
1992	22767	111873	58005	53868
1993	23911	113458	58708	54750
1994	24071	114626	59254	55372
1995	26441	114855	59470	55385
1996	27878	115412	59714	55698
1997	29112	115978	59963	56015
1998	30704	115428	59653	55775
1999	32004	115226	59557	55669
2000	32014	115851	59748	56103
2001	32376	115575	59660	55915
2002	32517	115598	59770	55828
2003	32819	115409	59694	55715
2004	33164	115320	59670	55650
2005	33500	115475	59739	55736

二、人口变动

（一）自然变动

1991年，全县出生1443人、出生率为13‰，死亡517人、死亡率为4.6‰，人口自然增长率为8.4‰。1992后，人口发展速度下降。1993年，出生718人、出生率为6.4‰，死亡538人、死亡率为4.8‰，人口自然增长率降至1.6‰，为1991—2005年间人口出生率最低的一年。2000年，出生889人，出生率为7.1‰，死亡781人，死亡率为6.7‰，人口自然增长率为0.9‰，为1991—2005年间人口自然增长率最低的一年。2001年起，随着人民生活水平和医疗保健水平的提高，人口死亡率下降，人口自然增长率开始逐年提高。2005年，出生1203人，出生率为10.4‰，死亡441人，死亡率为3.8‰，人口自然增长率为6.6‰。

（二）机械变动

每年都有因工作调动、考取大中专院校、大中专生毕业分配、军人入伍退伍转业、婚姻、离退休、企事业单位和政府部门招工、出国定居等原因，造成人口变动。

1991年，全县迁入1152人。1995年迁入1187人。1997年起，根据省政府《关于批转省公安厅〈小城镇户籍管理制度改革方案加强和完善农村户籍管理工作意见〉的通知》，对符合通知精神的干部、职工的父母、子女、配偶等可申请小城镇常住户口；以及根据国务院下发的《农村地区新生婴儿可以随父或随母登记常住户口》精神，办理户口迁入手续。1998年，迁入人口增至1921人。2000年迁入3462人。2005年，迁入2359人。1991—2005年，全县共迁入25194人。

1991 年，全县迁出 1610 人。1995 年迁出 1420 人。2000 年迁出 3752 人。2005 年迁出 2969 人。1991—2005 年，全县共迁出 31417 人。

三、人口分布

县城乡人口分布差异较大，城镇、溪河流域地带和地势宽平的盆谷地带人口相对集中，而偏远高寒地区人口较少。除县城雪峰镇外，各乡（镇）所在地人口相对较集中。1991 年，全县总人口 111662 人、22784 户，其中居住在乡村的人口 91830 人、17282 户，人口密度为 65.5 人/平方公里。县城所在地雪峰镇人口 19832 人、5502 户，人口密度为 1250 人/平方公里，人口密度居全县各乡镇之首。夏坊乡人口 7139 人、1290 户，人口密度为 32 人/平方公里，人口密度为全县最低的乡镇。

随着城镇化步伐的加快，农村人口逐步往县城和乡（镇）所在地迁移。2000 年，雪峰镇人口增至 24314 人、8486 户，人口密度为 1533 人/平方公里。

2005 年，全县总人口 115475 人、33500 户，其中居住在乡村的人口 88118 人，23916 户，人口密度为 67.8 人/平方公里。县城所在地雪峰镇人口 27357 人、9584 户，人口密度为 1725 人/平方公里，人口密度仍居全县之首。夏坊乡人口 7102 人、1883 户，人口密度为 32.1 人/平方公里，人口密度仍为全县最低。

若干年份明溪县人口分布情况

表 2-4　　　　单位:人、人/平方公里

乡镇	1991 年		1995 年		2000 年		2005 年	
	人口数	人口密度	人口数	人口密度	人口数	人口密度	人口数	人口密度
全县	111662	65.5	114855	67.4	115851	68	115475	67.8
雪峰镇	19832	1250.4	21755	1371.7	24314	1533	27357	1724.9
盖洋镇	22176	62.5	22330	62.9	22274	62.7	21202	59.7
瀚仙镇	11684	77.9	11790	78.6	11425	76.2	10854	72.4
胡坊镇	11344	49.1	11303	48.9	10958	47.4	10320	44.6
城关乡	11028	95.2	11257	97.2	10855	93.7	10751	92.8
沙溪乡	6689	48.9	6780	49.5	6566	48	6211	45.4
夏阳乡	15615	45.5	16024	46.7	16041	46.8	15775	46
枫溪乡	6155	50	6275	50.9	6174	50.1	5903	47.9
夏坊乡	7139	32.3	7341	33.2	7244	32.8	7102	32.1

第二节　人口结构

一、民族构成

1990 年第四次全国人口普查统计，全县有汉族、回族、藏族、苗族、彝族、壮族、布依族、侗族、瑶族、土家族、畲族、黎族、土族、高山族、仫佬族等 15 个民族。汉族人口 117874 人，占总人口 99.51%；少数民族 577 人，占总人口 0.49%。少数民族人口中回族 276 人，畲族 218 人，藏族 5 人，苗族 45 人，彝族 7 人，壮族 4 人，布依族 2 人，土家族 11 人，黎族 4 人，侗族、瑶族、高山族、土族、仫佬族各 1 人。根据国家少数民族委员会和公安部《关于恢复或改正民族成份的处理原则的通知》，经省民族事务局确认，定居县境中的 91 名莆仙籍郭氏为回族成份。

各民族的分布是：汉族人口遍布全县各地。少数民族为散居，以雪峰镇和枫溪乡最多。雪峰镇居住有

回族、苗族、彝族、布依族、畲族、高山族6个少数民族。枫溪乡居住有回族、畲族、藏族等少数民族。回族还分布在瀚仙、胡坊、城关和夏坊。畲族还分布在盖洋、瀚仙、夏坊、夏阳和城关。其他少数民族多数定居乡镇机关、企事业单位，少数定居乡村。

县境内还有汉族与少数民族混合的家庭户共216户。其中，2人户的15户，3人户的43户，4人户的53户，5人户的48户，6人户的26户，7人户的20户，8人户以上的有11户。

2000年第五次全国人口普查资料显示，全县有13个民族，其中汉族108626人，少数民族475人（回族207人、畲族145人、苗族52人、壮族16人、土家族16人、侗族13人、彝族10人、布依族10人、瑶族2人、哈尼族2人、傣族1人、黎族1人）。1990—2000年，由于工作调动、通婚迁入、自然死亡等原因，少数民族人口减少102人，减少藏族、高山族、土族、仫佬族4个民族人口，增加哈尼族、傣族2个民族人口。

二、性别构成

据全县人口统计资料显示，绝大部分年份男性比女性多。1991年全县男性57741人，女性53921人，男女性别比例为107.08：100。2000年第五次全国人口普查，全县总人口109102人，其中男性56641人，女性52461人，男女性别比为107.97。2005年，全县男性59739人，女性55736人，男女性别比为107.18。

三、年龄构成

1990年第四次全国人口普查统计，全县人口中，0~14岁人口36578人，占30.88%；15~64岁人口76849人，占64.88%；65岁以上人口5023人，占4.24%。全县70岁以上的老人2906人，其中男性1332人，占45.8%，女性1575人，占54.2%。古稀老人中，80岁以上有509人，男性178人，占34.97%，女性331人，占65.03%。95岁以上3人，其中，邱连仔，女性，100岁，夏阳乡下坂村人。

2000年第五次全国人口普查显示，全县人口中，0~14岁人口26074人，占23.9%；15~64岁人口75244人，占68.97%；65岁以上人口7784人，占7.13%。全县70岁以上的老人4659人，其中男性2140人，占45.93%，女性2519人，占54.07%。古稀老人中，80岁以上有1057人，男性449人，占42.48%，女性608人，占57.52%。95岁以上11人，男性4人，女性7人。100岁及100岁以上2人，男性、女性各1人。明溪县人口类型已从成年型逐步向老年型过渡。

四、职业构成

1990年第四次全国人口普查统计，全县在业人口48547人，占15岁及以上人口的58.47%。从职业构成看，农林牧渔劳动者最多，为36832人，占就业人口的75.87%。工业4193人，占在业总人口8.6%。地质普查和勘探业890人，占在业总人口1.8%。建筑业621人，占总人口1.30%。交通运输、邮电通讯业455人，占在业总人口0.9%。商业、饮食、物资供应业1817人，占在业总人口3.7%。房地产、公用事业、居民服务和咨询业108人，占在业总人口0.2%。卫生、体育和社会福利378人，占在业总人口0.78%。教育、文化、艺术和广播、电视业1249人，占在业总人口2.6%。科学研究和综合技术服务业12人，占在业0.02%。金融、保险业306人，占在业总人口0.6%。党政机关和社会团体1686人，占在业总人口3.5%。

根据2000年第五次全国人口普查资料推算，2000年明溪县在业人口45493人，占15岁及以上人口的50.67%。其中，男性在业人口25502人，占56.06%；女性19991人，占43.94%。从职业构成看，农林牧渔劳动者最多，为36258人，占就业人口的79.7%。其次是生产、运输设备操作人员及有关人员，为4745人，占10.43%；商业、服务业人员，为2178人，占4.79%；各类专业技术人员1736人，占3.82%；办事人员和有关人员216人，占0.47%；国家机关、党群组织、企业、事业单位负责人361人，占0.79%。与1990年相比，除农林牧渔劳动者减少3054人外，其他职业人口均增加，增加最多的为商业、服务业人员，增加了361人。

五、素质构成

残疾人口　2004年5月，县开展残疾人基本状况普查。全县有各类残疾人5338人，占总人口的4.6%。其中视力残疾845人，占15.8%；听力语言残疾1089人，占20.4%；智力残疾810人，占15.2%；肢体残疾1510人，占28.3%；精神残疾322人，占6%；综合残疾762人，占14.3%。办理和领取“中华人民共和国残疾人证”的残疾人有3586人，占应办证残疾人数的67.2%。贫特困残疾人1768户1910人；享受最低生活保障的残疾人1801人，其中农村1041人、城镇760人；参加农村养老保险的残疾人353人；在机关、企事业就业的残疾人115人，在福利企业就业的残疾人132人；个体开业的残疾人270人；参加职业培训的残疾人1627人，其中农函大学员360人。残疾人男性3149人，占59%，女性2189人，占41%；0~6周岁残疾儿童84人，占1.6%；7~16周岁残疾少年452人，占8.5%；17~40周岁1940人，占36.3%；41~50周岁694人，占13%；51~60周岁以上1683人，占31.5%；61周岁以上485人，占9.1%。已婚2486人，未婚1897人，未达婚龄的955人；大专以上56人，高中以上295人，初中以上1286人，小学毕业1879人，文盲1822人；农村4472人、占83.8%，城镇866人、占16.2%。

人口寿命　据2000年全国第五次人口普查显示，全县百岁老人有2人，比1990年第四次人口普查增加1人。第五次人口普查百岁老人中，女性1人，男性1人，实现男性百岁老人零的突破。

六、文化构成

据1990年第四次人口普查，全县6岁以上受过各种教育的达81464人，占总人口的68.78%。在受过各种教育的人口中，具有大学（含大专）文化程度的989人，占总人口的0.83%；具有高中（含中专）文化程度的8599人，占总人口的7.26%；具有初中文化程度的22428人，占总人口的18.93%；具有小学文化程度的49448人，占总人口的41.75%。15岁以上的文盲17819人，占总人口的15.04%。

2000年，第五次人口普查统计显示，全县人口中，接受大学（指大专以上）教育1992人，占总人口比重为1.72%；接受高中（含中专、职高）教育10734人，占总人口比重为9.27%，接受初中教育的为32630人，占总人口比重为28.17%，接受小学教育的为43817人，占总人口比重为37.82%，文盲人口（15岁及15岁以上不识字或识字很少的人）为11056人，占总人口的比重为9.54%。

第三节　人口控制

一、晚婚晚育

1991年，全县提倡晚婚晚育，规定男女双方达到法定婚龄后，双方年龄合计达到或超过50岁后结婚者为晚婚，并在福利方面给予照顾。当年晚婚385人，晚婚率50.26%；晚育624人，晚育率55.66%。1992年后，全县晚婚晚育率略有下降。1997年《福建省计划生育条例》第二次修改颁布，出台一系列晚婚晚育的福利优惠和奖励政策，全县晚婚晚育率开始逐年上升。2003年晚婚晚育率达到1991—2005年间的最高，分别为57.66%、63.53%。2005年，全县晚婚418人，晚婚率52.18%；晚育436人，晚育率61.58%。

二、节育

1991年，在全县倡导节制生育，建立计划生育技术服务制度，要求有生育能力的夫妻落实节育措施。全县9个乡（镇）成立计生服务所，90%的节育手术由县计生服务站和各乡镇计生服务所承担。每年对已婚妇女开展4次“双查”（查环、查孕）。当年全县计生系统共有卫生技术人员80人，其中医师以上43人；完成四术9069例；设立免费发放避孕药具供应点127个；综合避孕率94.2%，长效节育率92.38%，政策符合率82.98%；领取独生子女证2909本，领证率13.44%。1995年，引进药物皮下埋植节育服务项目，全县完成四术 2235 例，综合避孕率 90.51%，长效节育率 87.3%。1997 年，实行避孕药具规范管理，药具发放从领发转变为送药具上门。2003 年起，全县实行节育环免费供应。2005 年，全县计生系统共有卫生技术人员 41 人，其中医师以上 21 人；完成四术 1351 例，其中上环 1006 例；综合避孕率 89.34%，长效节育率 87.07%，政策符合率 93.75%。1991—2005 年，全县共完成四术 33509 例，领取独生子女证 6278 本，领证率 25.17%。

三、优生优育

1991 年起，在全县推行青年结婚登记时，由乡（镇）婚育学校进行新婚期、孕产期保健知识教育，卫生医疗和计生服务部门对持生育证孕妇提供产前定期检查及开设婚前门诊与提供优生咨询等服务。1992 年起，对已婚育妇实行每年 3~4 次孕情监测。1995 年实施出生缺陷干预工程。1998 年起，县计划生育局与卫生部门联合在查环、查孕、实行节育措施时为育妇免费进行妇科病检查，同时结合孕期检查，在全县推广定点分娩、优生检测、生殖保险保健等服务。当年开展优生检测 198 人，普查妇科病 758 人，498 人服用优生药物，孕产妇住院分娩率 80.72%，孕产妇系统保健覆盖率 93.91%，儿童预防接种率 95.29%，儿童保健系统管理覆盖率 80.4%。2005 年，全县优生检测 108 人，普查妇科病 12177 人，380 人服用优生药品，婴儿缺陷率 10.73%，住院分娩率 98.28%，孕产妇系统保健覆盖率 89.45%，儿童预防接种率 98.57%，儿童保健系统管理覆盖率 85.11%。

四、政策措施

（一）宣传教育

1991 年，县计生宣传教育围绕《福建省计划生育条例》，开展宣传“五进村”（宣传车进村、宣传栏进村、标语进村、广播进村、录像进村）工作。引导群众树立科学、文明、进步的生育观。1993 年起，在 88 个行政村设立婚育学校，进行人口与计划生育基础教育。1996 年，在县城及各乡（镇）设立计生宣传一条街。1998 年，全县开展“9·25”婚育新风进百村活动，通过开展计生咨询与义诊、计生知识图片展、计生法律法规宣传等活动，宣传婚育新风。

1999 后，县计生宣传通过广播、电视、标语、简报、专栏、宣传车等媒体和召开座谈会、提供咨询等方式，开展婚育新风进万家和关爱女孩宣传教育活动。同时还成立计生文艺演出队每年到行政村巡回演出，印制计生挂图、计生卡通扑克发放给育龄群众。2001 年，实施“百村万户”示范工程，全县共建立 13 个宣传教育示范村和 2500 户婚育新风示范户。

2005 年，实现女性上族谱、进祠堂。当年，县计划生育局设计的彩色计生飞行棋获全国计划生育图文音像宣传品一等奖，是福建省唯一获一等奖的作品。瀚仙镇、枫溪乡被省委宣传部、省人口计生委授予福建省新型生育文化基地建设先进单位称号。

（二）计划生育工作责任制

1991 年，县委、县政府每年初向乡（镇）和县直部门下发计划生育工作责任书，乡（镇）与行政村、行政村与村两委干部以及部门与所属各单位责任人也层层签订计生工作目标管理责任书，把计生工作责任到人。每年年终依据责任书进行考核，对未完成计划生育责任目标的单位和个人，在文明单位评选、先进单位和先进个人评选、工资及职务晋升等方面实行“一票否决”，并依据省条例进行处罚。每年召开 2 次以上部门协调会议，制定由公安、民政、城建、劳动人事、工商等有关部门协助开展计生综合治理的一系列具体规定和措施。

（三）实行领证生育

1991 年起，全县实行领证生育，所有符合生育政策的对象都要先领取准生证才能生育。生育第一胎的由乡（镇）计划生育办公室核查发放准生证。生育第二胎的由本人申请，行政村与乡（镇）把关，张榜公布，无异议后由县计划生育委员会批准。生育第一胎和生育第二胎相隔时间必须为 4 年以上。

（四）奖励扶持措施

1991 年，县委、县政府下发《关于对计划生育“三户”实行优惠政策的通知》，各乡（镇）、各部门均制订相应帮扶措施。对全县独生子女领证户和二女结扎户奖励 500 元，对农村符合再生育条件而不再生育的家庭奖励 1000 元。教育部门减免农村独生子女领证户和二女结扎户子女九年义务教育杂费；卫生部门公办医疗机构免收二女户挂号费；二女结扎户从事食品卫生第三产业服务，其卫生许可证收费减免 70%，并免收年度审核费；劳动、工商等部门减免独生子女户和二女户职业介绍费；在扶贫项目、小额贷款、技术信息等方面对计生户优先扶助；在各级各类评先评优活动中，优先考虑二女户和独生子女户；在土地承包、宅基地审批、集体福利分配等方面，对独生子女户和二女户增加 1 人份额。

2000 年，全县实行 81 个县直部门和全县 400 余名副科级以上党员领导干部分别与计生困难家庭建立结对子帮扶制度，从政策、项目、资金、技术、信息等方面，帮助计生户发展经济，促其增收，摆脱贫困。同时，对计生户特别是二女户优先安排“幸福工程”、“春蕾计划”和“希望工程”项目活动资助。

2002 年，对二女户、独生子女领证户和自愿不再生育户进行奖励，全县共有 1040 人获得奖励。

2005 年 1 月起，对农村只有 1 个子女或二女的计生家庭，夫妻年满 60 周岁后，按人年均不低于 600 元的标准进行奖励扶助，直至亡故为止，并把全县二女户、一女独生户全部纳入低保。

1991—2005 年，全县共减免计生户子女九年义务教育杂费 34.3 万元，工商等部门减免独生子女户和二女户职业介绍费、就业培训费和工商管理费等 9 万余元。

2000—2005 年，“春蕾计划”和“希望工程”共帮助 218 名贫困女孩上学，单位及个人帮扶计生户款物近 150 万元，受益家庭达 4100 多户，惠及人口近 2 万人。

五、计生管理

（一）开展计划生育治理

1991 年，在全县范围内组织县、乡、村干部 3887 人，开展计划生育“五清理”大会战，共清理出各类违反计生政策对象 4133 人，其中党团员干部 24 人，受党纪、团纪处理 21 人，受政纪处分 11 人，受经济处罚 24 人。1993 年，开展“五清理”回头看，全县清理出早婚早孕、计划外生育 182 人，征收计划生育费 15.75 万元。1996 年进行 6 次全面清理，共清理出 1991—1996 年漏报出生 486 人。

2000 年，在全县 9 个乡（镇）各确定 1 个行政村开展计划生育村民自治试点工作。在自治村召开村民代表大会，制定《计划生育村民自治章程》和《村规民约》，实行计划生育自治。当年试点村的“双查”、“四术”落实率均达 100%。2001 年又确定 18 个自治试点村，其中盖洋镇葫芦形村、胡坊镇福西村为县级试点村，均由 1 名县局领导挂村指导，乡（镇）分管副乡（镇）长为试点村责任人。2005 年，全县共有 27 个计划生育村民自治村。

2003 年，针对 2001 年以来全县出生人口性别比逐年升高的不正常情况，开展出生人口性别比偏高专项治理。县计划生育局与卫生、公安、药监等部门相互配合建立人口出生终止妊娠信息通报和终止妊娠手术报批制度，完善孕情跟踪管理制度。全年共查出非法鉴定胎儿性别、非法终止妊娠、谎报死婴、遗弃女婴等案件 4 例，对涉案人员分别给予行政处分。经过专项治理，全县出生人口性别比逐年下降。至 2005 年，全县出生人口性别比为 107.18，总体趋于正常值。

（二）实行计划生育台账管理

1991 年，全县计划生育实行“十簿一卡”（流入、流出、迁入、迁出、出生、死亡、初婚、常住人口、独生子女领证、计划外生育费征收等 10 项登记簿和已婚育龄妇女登记卡）的台账管理制度。1997 年，全县 9 个乡（镇）计生办全部配备电脑，全县计划生育工作开始实行计算机联网管理台账。2000 年后，全县计划生育台账逐步脱离手工台账，基本实现计算机管理。

（三）流动人口管理

1992年，全县流动人口由户籍所在地和现居住乡（镇）共同进行计划生育管理，并以现居住地管理为主。流出人口凭行政村开具的计生证明到乡（镇）计生办办理流动人口《婚育节育证明》，流出人口凭流出地开具的《婚育节育证明》到流入乡（镇）计生办办理登记、审核手续。全县实行计生、公安、工商、劳动、城建等5个部门联合办公、联合检查和定期通报的流动人口管理制度。2005年，实现流动人口育龄妇女信息微机管理，并建立流动人口信息交换平台。

（四）机构

1991年，县计划生育委员会内设办公室、法规股、统计股、计财股、宣教股，有行政编制6名，事业编制1名，有下属事业单位计划生育服务站1个。1992年，成立下属事业单位流动人口计划生育管理站。1996年，县计划生育委员会更名为县计划生育局。2002年机构改革，县计划生育局内设机构调整为群众工作股、科技股、宣传法规股等3个。至2005年，县计划生育局内设机构与编制不变，下属事业单位有计划生育服务站、流动人口计划生育管理站2个。

第四节 婚姻与家庭

一、婚姻

1990年第四次人口普查统计显示，全县15岁及以上的婚姻人口有81877人，占全县总人口69.12%。其中未婚人口19748人（男性12082人，女性7666人），占婚姻人口的24.12%；有配偶56933人（男性29123人，女性27810人），占婚姻人口的69.53%；丧偶4510人（男性1469人，女性3041人），占婚姻人口的5.51%；离婚686人（男性569人，女性117人），占婚姻人口的0.81%。

2000年第五次全国人口普查时，进行全县十分之一人口婚姻抽样调查，调查15岁以上人口8121人，其中未婚1424人（男性888人，女性536人），初婚5895人（男性2920人，女性2975人），再婚226人（男性112人，女性114人），离婚100人（男性75人，女性25人），丧偶476人（男性150人，女性326人）。

二、家庭

1990年第四次人口普查，每户平均4.65人。随着以夫妻及其子女为核心组成的家庭逐渐增多，小家庭的比重正在增加。户均人口数逐年下降。

2000年第五次全国人口普查，全县有家庭户29704户，每户平均3.67人。其中一人户2421户、二人户4392户、三人户7860户、四人户7444户、五人户4748户、六人户1735户、七人户694户、八人户235户、九人户93户、十人及以上户82户。一代户5694户、二代户16711户、三代户6924户、四代户374户、五代户1户。

2005年，全县共有家庭户33500户，平均每个家庭户的人口为3.45人。与第五次人口普查相比，平均每个家庭户的人口减少了0.22人。

第五节　姓　氏

1991年，据县公安局户籍统计，全县有姓氏263个。3000人以上大姓10个，分别为陈、黄、张、罗、吴、李、邓、杨、林、曾。10个大姓合计51212人，占总人口43.24 %。2005年，全县有姓氏245个，其中人口较多，分布较广的20个姓氏为：陈（7893人）、黄（7537人）、张（7462人）、罗（5706人）、吴（5454人）、李（5321人）、王（4717人）、邓（4247人）、杨（4174人）、曾（3966人）、林（3604人）、肖（3141人）、叶（3132人）、汤（2804人）、邱（2480人）、谢（2448人）、余（2298人）、梁（1707人）、赖（1535人）、冯（1445人）。20个姓氏合计81071人，占全县总人口70.21%。

1991—2005年间，减少的姓氏有乌、尔、皮、向、来、闰、佃、孝、屈、南、阂、朗、留、党、桃、盖、朝、衮、解、缪、樊、黔等22个姓氏，新增乐、管、冉、岑4个姓氏。

卷三　城乡建设

明溪县实施“小县大城关”的发展战略，统一规划、合理布局、综合开发、配套建设，15年来城乡建设迅速发展。在城市发展建设方面，先后建成综合市场、绿色家园广场、垃圾无害化处理场、城北水厂、燃气工程等一批公益性基础设施建设项目完善城市功能；开发建设了企业新村、溪明新村、雪峰新村、绿缘新村等15个住宅新区拓展城市空间。在乡镇和新农村建设方面，基础设施逐步完善，村容镇貌极大改观，呈现稳步、健康、和谐发展的态势。1993年，瀚仙镇被列入省级“百镇试点”；1997年，夏阳乡紫云村被评为市级小康示范村，受到中组部表彰；2005年，沙溪乡梓口坊村被列入省村镇住宅小区建设试点。至2005年，全县有主、次干道21条，硬化道路面积47万平方米，道路硬化率达97%；建有垃圾转运站12个、垃圾填埋场1处，清扫保洁面积达48万平方米，日处理垃圾40吨，城市垃圾无害化处理率达96%；铺设给水管网41公里，日供水1万吨，自来水普及率达99%，燃气普及率达98.92%。城区绿化覆盖面积达139.5公顷，其中城区公共绿地面积达24.54公顷，人均公共绿地达8.52平方米，绿化覆盖率达36.34%。城区面积由1991年的2.7平方公里扩大至3.64平方公里。

第一章　城市建设

第一节　规划编制与管理

一、规划编制

1984年,县政府委托三明市规划设计院完成《明溪县城总体规划》，1995年进行调整。1999年，经三明市政府批准开始实施。2001—2002年，县建设局对县城中心区进行控制性详细规划编制，规划包括居住用地、公共设施用地、绿地景观系统、道路交通系统、给水工程、污水工程、雨水工程、电力工程、电信工程、有线电视工程、管网综合等部分。并先后完成绿色家园、阳光新村、余厝小区、西门小区等居住小区的详细规划。2003年，委托重庆市规划设计研究院厦门分院编制《明溪县域城镇体系规划（2003—2020）》。2004年，县政府委托市规划设计研究院完成燃气规划编制。同年，再次对《明溪县城总体规划》进行调整。2005年，委托中国城市建设设计院福州分院编制县中心城区环境卫生规划。

二、规划管理

1991年，县建设局根据《中华人民共和国城市规划法》，实行“一书两证”（选址意见书，建设用地规划许可证、建设工程规划许可证）规划审批制度。城市建设均依法编制规划，才批准实施，实行成片规划，统一布局。同时，建设规划实行依法跟踪管理，严格监督建设规划项目用地的面积、方位、建筑红线及立面造型等，对违反规划的行为及时予以纠正，对一些严重违法建设的项目予以取缔。1998 年，开始发放建设用地规划许可证。至 2005 年，全县共发放建设工程规划许可证 1483 本，建设用地规划许可证 1256 本；制止纠正违法违章建筑工程 1000 余起，立案 69 起，建筑面积 0.22 万平方米；清理乱堆乱放建筑材料废料 700 立方米；制止占道经营 2.3 万起。

第二节 旧城改造

1991 年，县旧城改造主要进行城区道路的拓宽改造与延伸、桥梁改造、供水管更换铺设、公厕改造与新建等基础设施建设。从 1993 年起，先后对新大路、北大路、东新路、公园路、民主路等 5 个街区进行全面改造。1997 年，随着“小县大城关”发展战略的实施，逐步扩大新区规模，城区重心朝东北向转移。至 2005 年，全县共拆迁 566 户，拆除房屋建筑面积 11.21 万平方米，新建住宅 1418 套，建筑面积 194051 平方米。城区面积由 1991 年的 2.7 平方公里扩大至 3.64 平方公里。

一、新大路街区改造

位于县城中心主干道西段，东起县汽车站，改造后西至县环卫站,全长 1600 米，路宽 24 米，是明溪西的大门。原街区的建筑物大多数建于二十世纪六七十年代。1996 年起，结合先行工程改造，共投入资金 4462 万元，分别用于新大路街区道路拓宽改造、沿街公共建筑立面改造、拆旧建新工程和开发雪峰新村的建设。其中投资 300 万元，拓宽改造建成主干道宽 12 米、非机动车道各 2 米、人行道各 4 米、长 1600 米的水泥道路；投资 2310 万元，新建五交化大楼、饮服公司综合大楼、供销大厦、建设局综合大楼、粮食批发市场综合楼、经贸局商住楼、消防大队办公楼、城西村综合楼、木材公司综合楼等，总建筑面积为 4.1 万平方米；投资 292 万元，分别对沿街的汽车站、百货大楼、建设银行、建筑工程公司、农业银行、建材公司等 6 座公共建筑 1.3 万平方米立面进行改造。新大路街区改造建设共拆迁 40 户，建筑面积 3.38 万平方米。1997 年在新大路西段北侧的街区动工兴建雪峰新村，占地面积 4.56 万平方米，建筑面积 6.26 万平方米，楼幢 113 座。2000 年，新大路新街区基本建成。

二、东新路街区改造

位于县城中心主干道东段，东起明信橡塑厂路口，西至县汽车站，改造后全长 2300 米，路宽 32 米。1991 年起，对东新路进行拓宽延伸，共拆迁 58 户，拆除房屋建筑面积 4.7 万平方米，先后在沿街两边修建起祥盛娱乐城、物资大酒家、糖烟酒综合楼、公路分局办公楼、交通大楼、人寿保险公司、一中、工商大楼、农业局宿舍楼、种子公司住宅楼等。2000 年 5 月，在东新路东段北侧开始实施绿色家园一期工程，共拆迁 155 户，拆除房屋建筑面积 2.58 万平方米，新建商住楼 17 幢 155 套，排污沟 350 米，中心花园 9000 平方米，铺设人行道 2600 平方米。园内配套设施完备，有步行街、停车场、日月阁塔、九曲桥、康乐广场、五彩喷池、节气壁、中心花园、夜景灯光等景点，占地面积 2.9 万平方米，其中商住用地 2 万平方米。2003 年 3 月，动工兴建绿色家园二期工程，占地面积 2.3 万平方米，建筑面积 4.49 万平方米，以商业街区、住宅区和标志性建筑为主，共拆迁 93 户，拆除房屋建筑面积 1.89 万平方米。至 2005 年底，完成施工面积 5.93 万平方米，商业街区 2 幢商品房竣工交付使用，4 幢住宅楼进入装修扫尾阶段，新开工 6 幢商品楼房，区内 16 层小高层完成桩基础施工。

三、北大路街区改造

位于县城东北部地段，西起白沙桥，北至医械厂路口，是县城主干道之一，通往将乐县的必经之路，改造后全长1120米，路宽24米。1997年起，贯彻县委、县政府实施“小县大城关”发展战略，进行北大路改造工程建设，共拆迁37户，拆除房屋建筑面积8340平方米，沿街两侧建房15幢，占地面积1.04万平方米，建筑面积5.52万平方米，街区面貌焕然一新。1998年，在北大路西侧开始兴建绿缘新村，占地面积9120平方米，建筑面积12635平方米，楼幢38座。至2000年，北大路街区的开发建设用地面积为2.89万平方米，建筑面积9.08万平方米，为城区主干道向东北方向发展奠定基础。

四、公园路街区改造

位于城区中心，北连河滨南路，南接新大路，改造后宽26米，全长203米。1993年开始兴建，1997年完成拓宽改造，共拆迁46户，拆除房屋建筑面积8375.99平方米，先后新建五交化大楼、人民银行、团县委、雪峰镇办公楼、外经局、老干活动中心、建设大楼、县游泳池及附属楼、医药公司商住楼、商业公寓等10座，建筑面积9.15万平方米。

第三节 新区开发

一、河滨路街区

河滨路位于城区的北侧，沿渔塘溪两侧，是县城最大的街区。1993年起，县政府先后投入资金3000万元，完成渔塘溪整治施工、基础设施和配套项目，拆迁安置37户。工程建设施工征地16.8公顷，在渔塘溪建成长2公里，宽25~30米的5个梯级水坝，两岸石砌堤岸整齐平顺，建有宽1米、深1.8米的排污沟，形成2条各长1.8公里、南街15米宽、北街18米宽的沿河单面街，即河滨南路和河滨北路，两岸由改建的白沙桥、拓宽的北门桥、新建的大治桥和紫岭桥等4座桥梁相连接。河滨南岸沿街建有劳动大厦、居民住宅楼、工商宿舍楼、飞龙娱乐城、安置楼、建行宿舍楼、计生指导站、阳光新城、体育中心等。河滨北岸沿街建有法院、检察院、地税、环保、财政、邮政宿舍楼、国土资源局、居民商住楼、农村信用联社、医保中心、林业宿舍楼、财保公司、公路稽征所、公安宿舍楼、农业局、龙华大厦、烟草综合大楼等楼群建筑。河滨公园与新区开发同期进行，占地面积5.7公顷，其中水面积3.9公顷，位于河滨北路南侧，是一个开放式带状公园。园内种植绿化树32种，790株，草皮1.78公顷，园中设有多种体育健身设施，夜景灯光和1200米的园内小道。2005年在园内建1座一类标准水冲式公厕。河滨路新区先后建有溪明新村、红岗新村、化工厂小区、阳光新城、福溪小区、综合市场和体育中心，新开发居住小区总面积达12.43公顷。

二、东大路街区

东大路自城区圆盘至上坊，建于1992年，全长2400米，路宽32米，水泥路面，沿街两侧人行道树木成行，道路两侧设有绿化带。东大路沿街坊建有东城汽车站、邮政公寓、供销车队、水电宿舍楼、企业车队、华生酒楼、南山加油站、食品大楼、林业总公司综合楼、宝石厂、农业推广中心、交警大楼、国税局、烟草局、电影公司、如意公司、移动通信公司以及居民住宅楼等。东大路开发区先后建有企业新村、下白莲新村和余厝小区，新开发居住小区总面积达20公顷。

第四节 市政建设

一、道路

1991年，城区主干道路总长度为13.81公里，道路面积12.8万平方米。1993年，根据县五纵贯五横的城区道路基本建设规划框架，进行道路建设和改造，铺设长203米，宽26米的公园路。1994年，铺设长

1572 米、宽 18 米的河滨北路和长 1668 米、宽 15 米的河滨南路。1997 年铺设长 220 米、宽 26 米的西大路。2000 年，铺设长 194 米、宽 40 米的日月路和长 220 米、宽 36 米的农化路。2002 年，铺设长 630 米、宽 26 米的北大路和长 1.43 公里、宽 26 米的过境公路。2004 年对青年路进行改造，改造后长 825 米、宽 16 米。

至 2005 年，城区 3.5 米以上的道路长度为 27.11 公里，道路面积 34.8 万平方米，人均道路面积 13.65 平方米。

二、供水

1991 年，县城区供水依靠南门自来水厂和南山机井，全年供水总量 190 万吨，日均供水能力仅 0.5 万吨，且机井抽取的地下水水质达不到生活饮用水水质标准，枯水季节，水源短缺，严重制约着城区居民生活水平的提高和国民经济与城区的发展。乡镇生活饮用供水主要为引小溪原水经流量调节之后，再简单处理直接供给。1994 年 8 月，县委、县政府筹建城北水厂，工程总投资为 706.53 万元，日供水 1 万吨，供水高程为海拔高程 400 米。1997 年 8 月，城北水厂竣工，9 月开始供水，城区日供水能力达 1.5 万吨。自来水厂和南山机井停止供水。1995 年后，先后新建夏坊乡、枫溪乡、胡坊镇自来水厂，改建盖洋镇、沙溪乡、夏阳乡自来水厂，乡、镇生活饮用供水基本达到二级质量标准。1997 年，城北水厂投产后，城区供水管网开始逐步改造。1998 年，开始铺设 601 米的城北水厂至北门桥北岸（邮电宿舍边）直径 500 毫米铸铁管道和其他口径的供水管网。至 2002 年，城区供水管网改造完成。

2005 年，全县有集中式供水 71 处，分散式供水 446 处，农村供水人口达到 38571 人。城区 250 毫米以上管网长度共 3419 米，农村供水管道总长 16111 米。城区年供水量 247.5 万立方米，用水户数 8010 户，其中家庭用户 7720 户，用水人口 2.5 万人,自来水普及率达 99%,人均日生活用水量 240 升。

三、排水

1991 年，城区排水采取雨、污合流，均排入渔塘溪和沟渠内，共有排水道 8.33 公里。1992 年，在东新路铺设长 2.34 公里的排水道。1994 年，在河滨南、北路铺设长 2.38 公里,宽 1 米,高 1.8 米的排污沟。1998 年，在新大路铺设长 2.26 公里的排水道。1999 年，在民生路铺设长 0.41 公里的排水道。2001 年，在东横路铺设长 0.2 公里的排水道。2004 年，对青年路进行排污沟改造，改造排污沟 0.23 公里。至 2005 年，城区排水道总长 28.96 公里。

四、桥梁

1991 年，城区有中小桥梁 10 座。1992 年后，先后建成大治桥（石拱桥）、环城路桥、明盛桥、日月溪汇合桥等 4 座桥梁。1996 年后，先后改建拓宽白沙桥、北门桥和观音桥。2005 年，城区共有桥梁 14 座。

五、燃气

1992 年，县化工工业公司引入瓶装液化石油气，在全县同时设立 28 个液化石油气经营网点，其中城区 19 个，乡镇 9 个，各经营网点均库存实瓶销售，市场经营管理较为混乱。1994 年，明溪将液化石油气纳入城建行业管理，成立县液化石油气公司，负责全县燃气供应。为增加气源储存，做到正常、安全供应燃气，1995 年城区燃气工程列入县委、县政府为民办实事项目，在县农科所后山顶（离县城 2 公里）开工建设县液化石油气储配站，设置储罐 3 个，罐容为 150 立方米，1997 年建成并投入使用。2002 年，县昌盛液化石油有限责任公司成立，公司有钢瓶 3.3 万个,年供气总量为 900 吨。为了规范管理液化石油气市场， 2003 年，县城乡规划建设局、县工商行政管理局、县质量技术监督局、县安全生产监督管理局、县公安消防大队联合下发《关于液化石油气经营及存放实行瓶库的通知》，在城区内建设实瓶库 4 个，经营网点实行零库存经营，确保经营网点的周边安全。2004 年，将城区的实瓶库调整为 3 个。至 2005 年，城区共有用气户数 7930 户，其中家庭用户 7530 户，用气人口达 2.38 万人，用气普及率达 93.33%。

六、照明

1991年，城区共有路灯150盏。1992年后，随着旧城改造和新区开发的进行，路灯不断增多。1992年起，对原来的高压水银灯进行改造，换成高压钠灯。1998年后，加大城区的夜景工程建设，先后在河滨南路、河滨北路、北左路、公园路、新大路、东新路、绿色家园广场的建筑物上安装夜景灯、城市轮廓灯，在地税办公楼和烟草宿舍楼的屋顶安装空中照射灯，在东门十字路口处设置1座高度为20米的7头高架灯，在东新路和河滨北路设置规格为3×10米，高度为5米的大型广告灯16面，在东新路花带中设置小型灯箱广告牌12面，使城区的夜景亮化程度明显提高。至2005年，城区共有路灯683盏，主要分布在解放路、民主路、青年路、南大路、北大路、东大路、西大路、公园路、河滨南路、河滨北路、红岗路、紫岭路。

第五节 园林绿化

一、园林

1991年，城区园林只有儿童公园，占地面积1.57公顷，建筑面积1940平方米。园内不仅有各种儿童游乐设施，还种植100余种花卉及绿化树，绿化率95%。1993年，在河滨北路新建河滨公园，占地5.7公顷，其中水面积3.9公顷。公园东起白沙桥、西至溪明新村，为开放式带状公园。园内种植绿化树有雪松、香樟、桂花、水杉、紫薇、棕榈、樱花、海桐、龙柏、黄杨、杜英、广玉兰、天竺桂等32个树种，共种植790多株，草皮1万多平方米，绿化覆盖率95%。园中还设有多种体育活动设施，是人们健身、休憩的好去处。1997—2000年，儿童公园因先后建设县游泳池、建设大楼，面积缩至1公顷。2005年，城区园林有儿童公园、河滨公园2处，总面积6.7公顷。

二、绿化

1991年，城区绿化覆盖率28.6%，有国营王桥林业苗圃及零星的小面积个体花苗圃，面积约10公顷。行道树品种单一，主要有法国梧桐、银桦。1999年，王桥林业苗圃解体，基本不再从事苗木生产，个体苗圃开始迅速发展。2000年，成立福建省明溪县城关绿色生态研究所，建成苗圃面积4.33公顷，主要培育珍贵（稀）绿化苗木。2002年后，道路绿化迅速发展，先后在绿色家园广场、体育中心、东新路、日月路、河滨北路等公共场所和路旁进行绿化建设，行道树品种增至12种，有桂花、法国梧桐、大叶女贞、广玉兰、天竺桂、中华杜英、水杉、红豆杉、香樟、皇后葵、麻楝、柳树等。

2005年，城区绿化覆盖面积127.8公顷，建成区绿化覆盖率35.11%，人均公共绿地7.51平方米。共有11条道路种植行道树，城区道路绿化普及率达95%，道路绿化面积63411平方米，种植行道树3873株，公共绿地面积为19.2公顷。有私人苗圃2个，面积3公顷。

第六节 环境卫生

一、城区卫生清扫保洁

1991年，县环境卫生管理站有职工52人，全县城区道路清扫保洁面积12.8万平方米。1997年，城区道路清扫保洁面积增至17.5万平方米。2005年，县环境卫生管理站有职工88人，环卫站清扫保洁范围东至东大路县装饰板厂岔路口，西至新大路环卫站门口，北至北大路县农械厂路口，南至青年路县电力公司路口，清扫保洁面积达23.743万平方米。

城区主要街道清扫保洁面积约 17.87 万平方米，主要街道 12 条，即民主路、解放路、北左路、民生路、新大路、公园路、河滨南路、河滨北路、东新路、东大路、日月路、北大路。清扫保洁分 8 个作业路段，其中有 5 个作业路段由环卫站职工负责清扫保洁，其他 3 个路段以招投标方式确定承包责任人。清扫保洁时间为每日进行清晨和下午的两次人工大扫，其他作业时间为保洁。

背街小巷清扫保洁面积约 5.86 万平方米，主要小街巷 18 条，即新井路、日溪市场（关右路）、南大路、青年路、北右路、东横路、农化路、中山路、新民路、新村路、小东大路（绿色家园）、西大路、水车路、陈家巷、小西大路、民生支路、新大路北二支路、新大路北三支路。分成 4 个片区，均以招投标的方式，确定承包责任人。每日清扫保洁时间为背街进行上、下午的两次人工大扫，小巷进行全日制保洁。

二、城区生活垃圾处理

1991 年，城区的垃圾都由居民自己倾倒到垃圾收集站，城区生活垃圾产生量约每日 15 吨。城区设有 9 处垃圾堆放点、27 个垃圾池、47 个垃圾桶、80 个废物箱。城区垃圾的清运收运由环卫站机运队承担。城区大街小巷的垃圾由清扫保洁作业人员收集到就近的垃圾斗或垃圾转运站；城区单位或居民生活区的垃圾则由垃圾车和随车装卸工到各垃圾收集池点收集装运到 1 号垃圾转运站后，统一由大型垃圾自卸车转运到大坪垃圾场，而其他 5 个转运站收集的垃圾由地坑式垃圾车直接吊运至大坪垃圾场，进行简易填埋处理。填埋处理率仅为 40%，有 60%的垃圾直接运往城郊果林场消毒处理后作为肥料。1992 年后，垃圾填埋处理率提高至 80%。1997 年，县城区管理委员会下发《关于在城区部分区域实施袋装垃圾的通知》（明城委〔1997〕01 号），从当年 12 月开始，在城区部分区域推行生活垃圾袋装化管理的试点工作。每日上午 8—12：00，由作业人员上门到各家各户收集袋装垃圾，同时做好楼道、扶手和天花板的卫生以及清扫院落和清沟等有偿服务。由于大坪垃圾处理场只是简易填埋，未达到卫生处理标准，2005 年在瀚仙镇大焦岗开工新建城市生活垃圾无害化处理场。

2005 年，城区有垃圾收集点 103 个，其中垃圾池 77 个、垃圾桶 17 个、垃圾斗 12 个、垃圾箱 2 个，堆放点 2 处，设有废物箱 112 个。城区日垃圾生产量 32.6 吨/天,处理率提高到 100%。生活垃圾袋装化在城区各单位、宿舍楼、居民住宅小区和主要街道全面展开。城区楼幢有 80%的住户实现生活垃圾袋装收运。

三、公厕建设与管理

1991 年，城区有公厕 12 座，均为旱厕。1992 年，将城区公厕建设纳入总体规划，投入资金 30 余万元，将城区原有公厕全部改造成水冲化粪式公厕。1999 年，新大路 9 号公厕因雪峰新村建设拆迁。2000 年，绿色家园一期拆迁时将东大路 2 号公厕拆除。2003 年，县校外活动中心建设拆除新民路 3 号公厕。2005 年，在河滨北路新建公厕 1 座。

至 2005 年，城区共有水冲化粪式公厕 10 座，均为收费公厕。公厕采取竞标的方式，实行“定厕、定质量、定金额、定奖罚”的承包责任制，实行全日保洁，随时清扫冲洗，粪便由吸粪车运到大焦贮粪池，采用密闭贮存发酵后用作果林肥料。

四、环卫设备

1991 年，城区环卫设备有清洁车、吸粪车、洒水车、自卸车、多功能摇臂车、地坑式垃圾车等 8 辆环卫专用车。1997 年起对所有环卫专用车辆进行加盖，防止垃圾、粪便转运中的二次污染。1998 年后，增加推土机、装载机、工具车等设备。2005 年，环卫站共有环卫车辆 11 辆，维修机具 17 台（套），保洁板车 26 辆。

第七节 城区管理

1991年，县城镇建设管理监察中队负责城区规划、城市容貌、环境卫生、市政工程设施等整治工作，有人员8人。为加强城区市容卫生管理工作，县政府制定《明溪县关于市容卫生管理的规定》，建立公安、卫生、交通、工商、交警、城监和雪峰镇各居委会、村委会等部门和单位分工协作，齐抓共管的长效管理机制。全年城区管理各职能部门共开展5次市容市貌专项整治。1997年,县城市管理工作划归县城乡规划建设局管理。县城镇建设管理监察中队更名为城市建设管理监察大队，内设规划中队和市容中队，管理路段增加到6条街道3个路口，监察范围为东至林业总公司路口、西至紫岭路口、北至白沙桥头、南至青年路与过境路交界处。1998年，针对县城区内随意乱倒建筑垃圾、渣土现象，开展城区弃土专项整治。成立县建设弃土服务站，负责对城市规划区内建筑垃圾的倾倒、运输、中转、回填、消纳、利用等处置活动。同时监察人员采取不定期夜间检查的方式，使城区乱倒弃土和沿途滴、洒、漏污染路面行为得到迅速控制。全年查处滴、洒、漏及乱倒弃土行为34起，清理渣土和建筑垃圾700多立方米，为建筑工地调剂弃土5000多立方米。1999年，县政府颁布《城区车辆停放管理规定》，县城监、交警、交通、环保、卫生等部门和单位联合执法，开展城区车辆停放专项治理。新划定摩托车停放点20处，出租车停放点2处，营运三轮车停放点4处，公务用车停放点4处，货运汽车停放点3处。在为期1个月的整治活动中，共查处各类车辆乱停乱放300余辆次，使城区车辆乱停放现象得到有效遏制。

2000年，县政府从各执法部门抽调120余人进行为期3个月的旧市场进入新市场及占道经营大整顿，共劝导小贩归市经营3000余户。2002年，实施“市容整治一条街”活动，把民主路、北左路列为市容管理严管街。2003年，县城市建设管理监察大队贯彻落实“团结、勤奋、务实、创新、进取”的明溪精神，与全城主干道沿街986户门店签订“门前四包”（包卫生，无垃圾污物、无果皮纸屑、无痰迹污水；包绿化，包植树种花、包栽保活、包管理；包秩序，无摆摊点、无违章占道、无乱堆乱放；包设施，人行道板、果皮箱不被损坏）合同。2005年，县政府修订和出台《关于进一步加强城区管理的意见》《城区养犬管理办法》等一系列关于城区管理的规章制度，城区严管街增至6条。同时，开展城区“门前四包”专项整治，拆除废旧灯箱广告37块，没收店前招牌227块。2005年，县城市建设管理监察大队有队员10名，配备对讲机10部，电话机4台，电脑2台，打印机2台，普通照相机2台，数码照相机2台，边三轮摩托车1辆，两轮执法巡逻车3辆。城区严管街有民主路、北左路、东新路、圆盘粮苑段、公园路、河滨南路、河滨北路等6条。

第八节 机 构

一、行政机构

1991年，县基建局内设城乡规划办公室，有行政编制5名，事业编制35名。1997年，更名为县建设局。2002年，更名为县城乡规划建设局，内设办公室（挂“监察室”牌子）和综合股2个职能部门。2005年，内设机构不变，有行政编制5名、事业编制93名。

二、下属机构

1991年，县基建局下设房产管理所、城市建设管理站、城市建设档案室、建筑设计室、建筑工程质量监督站、建筑工程检测站、村镇建设管理站、建筑施工安全监察站、建筑工程定额站9个事业单位和县建筑工程公司、县房产开发公司、县市政工程公司、县自来水厂、县建筑材料公司、县建筑水电安装队、县城乡规划测绘队7个企业。1992年，成立房产交易所和测绘管理站。1993年，成立建材市场管理站，建筑工程定额站更名为建设工程造价管理站。1994年，县自来水厂划归县水电局。1996年，成立房地产价格评估事务所。1997年，县城镇管理监察中队由县精神文明建设委员会划归县建设局，更名为城市建设管理监察大队，建筑设计室更名为规划建筑设计院，市政工程公司更名为城市建设工程公司。1998年，城市建设档案室更名为建设档案馆；房地产价格评估事务所改制，与主管局脱钩，转制。1999年，成立城市房屋拆迁办公室，县环境卫生管理站由县精神文明建设委员会划归县建设局，成立县房屋拆迁工程处（集体企业）。2000年，成立县工程建设监理中心（具有独立法人资格的丙级监理企业）。2002年，县住房制度改革委员会办公室由县经济体制改革委员会划入县城乡规划建设局。2005年，对下属事业单位进行整顿。保留城市建设管理监察大队、建设档案馆、工程造价管理站、环境卫生管理站、建筑工程质量监督站、建筑工程检测站、城市房屋拆迁办公室、住房制度改革委员会办公室；撤销建材市场管理站。城市建设管理站更名为建筑业管理站，村镇建设管理站更名为村镇规划建设管理站，园林管理处更名为园林管理站，城乡规划办公室更名为城市规划管理办公室，成立城市公用事业管理站。同时，规划建筑设计院改为股份制企业；房屋拆迁工程处、工程建设监理中心、建筑工程公司改制，脱离县城乡规划建设局。

至2005年底，县城乡规划建设局下属事业单位有城市建设管理监察大队、建设档案馆、建设工程造价管理站、环境卫生管理站、园林管理站、房产管理所、建筑工程质量监督站、建筑工程检测站、建筑业管理站、村镇规划建设管理站、城市房屋拆迁办公室、城市规划管理办公室、住房制度改革委员会办公室、城市公用事业管理站等14个；下属企业有房产开发公司、城乡规划测量队、建筑材料公司、城市建设工程公司、水电安装队等5个。

第二章 村镇建设

第一节 集镇建设

一、规划编制

1990年底，开始对集镇进行全面的规划调整，其中盖洋镇和胡坊镇委托福建建筑工程专科学校合作编制，其余5个集镇由县村镇建设管理站编制，并于1993年全面完成。2004年，为贯彻落实市委、市政府《关于加快推进小城镇建设的若干意见》精神，县城乡规划建设局开始对全县7个集镇进行第二轮的总体规划调整工作。至2005年底，盖洋镇委托市城乡规划设计研究院完成2平方公里的地形图测量工作和规划编制。

二、公共设施

1991年，乡镇的主要公共设施有乡（镇）政府、村委会、社会管理机构、学校、卫生院（所）、市场等，一般规模小、功能不全。次年，乡镇开始按照规划进行大规模公共设施建设，主要集中在建设各乡镇的办公楼、学校（包括中小学教学楼）、烟草站等。1995年，瀚仙镇政府从瀚溪村迁至省道沿线路边的石珩村，新建的镇区有镇政府办公楼、邮电局、林业站、税务所等数十座公共建筑，镇区基础设施完备，功能齐全。1995年，枫溪乡建成1幢多功能邮电营业厅，建筑面积1500平方米。2001年，夏阳乡建成夏阳学区教学楼1幢，建筑面积1640平方米，总投资73万元。2002年，建成夏阳粮站综合楼1幢，建筑面积1011平方米，总投资43万元。同年，盖洋镇建成盖洋中学教学楼1幢，建筑面积1430平方米，总投资73万元；建成盖洋中心小学教学楼1幢，建筑面积1150平方米，总投资58.7万元。2003年，建成盖洋镇农贸市场1座,建筑面积达3000平方米,总投资35万元。

至2005年，全县7个集镇建成区面积达到433.51公顷，钢筋砼住宅建筑面积58.74万平方米，人均居住面积达18.64平方米。有自来水厂7个，日供水量0.83万吨，受益人口4.4万人。硬化道路35.2公里，面积21.96万平方米，绿化覆盖率面积达15公顷，人均公共绿地面积2.33平方米，规模较大的桥梁10座，路灯308盏。

三、典型乡（镇）建设

1991年，瀚仙乡域总面积141.7平方公里，辖11个村委会，88个村民小组，全乡总户数1931户，总人口11684人。1993年，对乡区本点及下辖11个行政村进行规划，完成石珩开发区，王陂规划区建新村的建设规划编制。瀚仙乡被列入省级“百镇试点”乡镇。至1994年，石珩开发区建新房16户5120平方米，王陂规划区建房27户6480平方米。1995年，瀚仙乡撤乡建镇，镇区迁入新址，镇行政服务区占地5万平方米，新建房屋31幢，建筑面积3.13万平方米。其中镇政府办公大楼六层，建筑面积4920平方米，四周有公安派出所、邮政分局、信用社、农业银行分行、税务分局、财政所、农技站、卫生院等15座建筑。集镇区绿地面积5000平方米，公园1个，面积1300平方米。同时完成石珩、王陂、龙湖、瀚溪新村建设规划编制。石珩新村建新房21户5670平方米，王陂村建新房20户1734平方米，瀚溪村建新房13户4100平方米。1996—1997年，完成岩里、洋龙、石珩老村、大焦、小眉溪、连厝新村规划编制。谢厝坑14户村民各自筹集8万元~10万元，建三层小楼房14幢4400平方米，为全镇第一村。石珩老村拆旧建新宅82户，19080平方米。2002年12月，瀚仙镇被福建省环保局批准为省级生态示范区建设试点镇。至2003年，完成沙坊、下王洞自然村的新村规划编制。沙坊自然村建新宅10户2650平方米，下王洞自然村建新村28户6520平方米。建成坪埠—上龙坑公路，全长8公里；石龙公路5公里。2004年，建成小眉溪公路、岩里—坪埠公路、花园公路等。2005年，投资65万元，铺设大焦至石珩开发区6公里自来水管道，使石珩开发区自来水与城区同网同管，解决沿路村民用水喝水难问题。至2005年，全镇总户数2855户，总人口10832人，建新宅839户（其中二类房改造136户）16.81万平方米，人均居住面积21.39平方米，生产性建筑1.92万平方米，公共建筑3万平方米，实现村村通水、通电、有线电视、通信等。

第二节 新村建设

一、农村住房建设

1991年始，农村住房建设从单一的农房建设进入规划、综合建设的新阶段，开始对行政村进行全面的规划调整，全县新村住房建设4138栋，面积84.66万平方米，其中混合结构71.65万平方米，砖木结构15.75万平方米，其他15.75万平方米，人均居住面积16.27平方米。

1993年，县村镇建设管理站完成66个行政村规划编制，在农村推广住宅通用图集，倡导建设庭院式、别墅式农宅等实用性强的钢筋砼结构住房，农民的居住环境逐步得到改善。1998年，新村建设重点进行精品村建设，在全县确定上坊村为精品村，有282家农户，占地面积7.8公顷。2002年，夏坊乡因遭受“6·16”洪灾后损毁严重，委托县村镇建设管理站编制夏坊集镇老屋下住宅小区规划。规划用地面积4.2万平方米，建筑面积2.31万平方米，总户数100户，均为2户1幢的联体式住宅。2005年小区基本完工，所有灾民迁入新居。

至2005年，全县新村住房建设累计23.96万平方米，其中混合结构18万平方米，砖木结构5万平方米，其他0.96万平方米，人均居住面积22.5平方米。

二、造福工程

1997年，县内开始对少数居住在生产生活条件恶劣的边远山区农户，实施整体搬迁建立新房住点的造福工程。县政府对搬迁户每户批给10立方米的自用材，对安置点进行“三通一平”（路通、水通、电通、地平）。当年将枫溪华山26户126人进行搬迁至华山本点，新建住房面积2520平方米，省、市补助8万元，人均635元。2002年将枫溪大雅山背、城关罗翠和下汴、沙溪赤岭干等村庄的24户100人进行搬迁。2003年将城关余坊、沙溪六合、胡坊眉溪半下、枫溪雷抒石、夏坊大坪洞、盖洋凹头共36户165人进行搬迁。2004年，将盖洋三溪寨和元科、胡坊赖家山、城关帐干和樟树头等村庄共37户150人进行搬迁。2005年，将城关杉林下和小石行、胡坊牛福岭、枫溪黄家地、夏阳长圳头、沙溪洪水坑和赤岭干、夏坊划坪等村庄共47户200人进行搬迁。

至2005年，全县共有8个乡（镇）、23个自然村实施造福工程，搬迁安置农户170户741人，安置点新建住房面积18953平方米，人均25.58平方米。省补助64.7万元，市补助5万元，人均940元。

三、典型村建设

（一）市、县级示范村夏阳乡紫云村

1991年，紫云村大部分住房为土木结构，砖混结构只有12户。1992年起，紫云村经济飞速发展，开始掀起新村建设的热潮。1993年，对全村新村建设进行中长期科学规划，配套水、电、路基础设施建设。1994年，投入55万元完成村级饮用水改造，解决了群众“吃水难”问题。1995年，完成罗坊自然村建新工程，建新房16户，全部为砖混结构。1996年，完成杨坊自然村建新工程，建新房20户。

1997年，紫云村被市委、市政府确定为高山型小康村建设试点，县村镇建设管理站对紫云村进行详细规划。年内，投入32万元完善电信网络，实现村村通电话，全村有程控电话354部，电话普及率达100%，宽带业务也相继开展，无线通信信号覆盖全境；投入161万元对“三坊”路面进行硬化，铺设紫云至沙蕉水泥路面，方便了农副产品运输，解决了群众“出行难”问题；投入110万元实施扶持粮食生产和烟田基础设施建设，农业生产能力进一步提高；完成张坊自然村建新工程，建新房28户。因为村镇建设业绩突出,同年受到中组部表彰。2003年，对长圳头18户71人实施整体搬迁，在村部本点集中规划建房14幢。

至2005年，紫云村形成杨坊、罗坊、张坊3个住宅小区，兴建住宅280户，铺设区外柏油路3.5公里，区内水泥路面1.5公里,并开通紫云到三明17公里的砂石路面,兴建公共绿地3处1.2公顷。农民所建房以二层半的庭院式住宅为主，农村居住环境生产环境得到极大改善。

（二）省村镇住宅小区建设试点沙溪乡梓口坊村

1990年，梓口坊村第一期建设工程开始，拆旧房28户，拆旧面积4000平方米、新建32幢砖混结构住宅共6000平方米；建成长200米，宽6米的水泥路面街道一条。1991年，全乡新建55幢住宅，建筑面积为8905平方米。1992年，县村建站对梓口坊村的规划进行调整。1993年，全乡新建84幢住宅，建筑面积2.3万平方米。沙溪乡所在地的沙溪旧街道改造工程全面开动，拆旧房86幢，建新房65幢，街道由原来的木房改为砖混结构的楼房，街道为长235米、宽6米的水泥路。1996年，梓口坊村的第二期建设工程开始。拆旧15幢、新建26幢。2005年，投资30万元对自来水厂进行改造，日供水量2000吨。同年10月，投资700万元建成梓口坊至夏阳公路。

2005年，梓口坊村被列入省村镇住宅小区建设试点，委托省村镇建设发展中心编制完成《梓口坊村整治规划》。该规划编制因地制宜、合理布局，具有很强的指导性和示范性。小区规划分为3块区域，规划居

住用地 17.36 公顷,总建筑面积 11.86 万平方米,规划居住人口 1449 人。至 2005 年末，梓口坊试点建设工作已启动，完成退耕还林片区的土地置换方案和成本测算，老区（即原大桥头片区）则完成拆迁摸底工作，与村民签订 4 份拆迁协议，拆除零星建筑 2000 平方米。

第三章　建筑业

第一节　勘察设计

一、勘察测绘

1991 年，县城乡规划测绘队为丙级测绘企业。1992 年，完成夏阳乡地形图测量（1∶1000）0.8 平方公里，胡坊镇地形图测量（1∶500）0.7 平方公里，瀚仙镇地形图测量（1∶500）0.5 平方公里。1995 年，完成城区地形测量（1∶1000）5 平方公里，控制测量 12 平方公里，小区开发和新村建设规划测量 1.7 平方公里，滴水岩风景区地形测量（1∶1000）1 平方公里，超大农业开发园地形测量（1∶500）1 平方公里。同年，进行城区地形 10 平方公里测绘，由省测绘局第一外业大队承担城区中心区 1∶500 比例尺地形图 5 平方公里施测，县城乡规划测绘队承担城区外围 1∶1000 比例尺地形图 5 平方公里施测。1995 年后，县城乡规划建设局先后多次进行城区地形补测、修测，先后完成生态园区测量（1∶2000）3 平方公里，十里铺工业园区地形测量（1∶500）4 平方公里。2004 年，完成盖洋镇地形图测量（1∶500）1.8 平方公里及全县 88 个行政村地形测量总面积 5 平方公里。至 2005 年，县城乡规划测绘队累计完成建筑物管线放样 30 公里，道路测量放样 100 公里，房产测量 36 万平方米，房屋建筑放样 2100 幢，城区地形测量总面积达 15 平方公里。

二、建筑设计

1991 年，县建筑设计室为丁级资质，有设计人员 8 名，其中工程师 1 名、助理工程师 2 名、技术员 5 名。施工图设计以丁字尺、图板、针管笔等进行手工绘制。1993 年，购置电脑和熏氨水晒图机各 1 台，开始用电脑绘制施工图。1997 年，升为丙级，更名为县建筑设计院。1999 年又更名为县规划建筑设计院，隶属县城乡规划建设局的自收自支国有事业单位。2000 年，全县施工图电脑出图率 100%。2001 年，有全国二级注册结构师 1 名。2005 年 9 月体制改革，改为股份制企业。固定资产由 1991 年的 8 万元发展到 2005 年的 47.3 万元，产值由 1991 年的 15 万元发展到 2005 年的 60 万元。至 2005 年底，县规划建筑设计院有设计人员 21 名，其中工程师 13 名，助理工程师、技术员 8 名，全国二级注册结构师 2 名；配备电脑 21 台，EPSON 喷墨打印机 2 台，进口喷墨绘图仪、无氨晒图机各 1 台。

1991—2005 年，县规划建筑设计院共完成公共建筑设计图纸 227 项任务，受检合格率 100%，设计单体私家住宅 608 户。设计完成的代表作有县林业总公司综合楼、绿色家园一期、体育场及看台、县复旦大学培训中心、绿色家园二期、清流县监狱干警住宅楼、县宣传文化中心。

第二节 施工企业

一、县辖建筑施工企业

1991年，全县有三级资质的县建筑工程公司1家，及林业局、雪峰镇、城关乡、瀚仙乡、胡坊乡、盖洋镇、夏阳乡、沙溪乡所属的8家非等级建筑施工企业。1992年，瀚仙乡、胡坊乡、夏阳乡、沙溪乡所属4家非等级建筑施工企业被取消，林业工程公司、雪峰镇建筑工程公司、城关乡建筑工程公司、盖洋镇建筑工程公司等4家施工企业被确定为四级资质。2001年，根据建设部下发的《建筑业企业资质管理规定》和《建筑业企业资质等级标准》的要求进行整顿，全县仅有县建筑工程公司符合三级资质等级要求，林业工程公司、雪峰镇建筑工程公司、城关乡建筑工程公司、盖洋镇建筑工程公司等4家施工企业加入市联发建筑工程有限责任公司（三级资质）。同年，组建县建筑水电安装队（劳务承包企业）。2005年，全县只有三级资质的县建筑工程公司1家。12月，县建筑工程公司改制更名为福建龙舜建设工程有限公司，属股份责任制企业，有职工385名，其中工程师12名，助工17名，技术人员11名，三级项目经理13名，建筑业总产值0.36亿元。

二、外来驻县施工企业

1991—1996年，明溪无外来施工企业。1997年，全县有三明市建筑工程公司、福建省一建公司2个跨地、县的二级资质施工企业。随着经济的快速发展，全县建筑规模的扩大，外来施工企业逐年增多。至2005年，共有12个三级以上资质的建筑施工企业进驻明溪，从事建筑工程施工，从业人员67名，其中高级工程师3名，工程师29名，助工21名，技术人员14名；项目经理26名，其中二级项目经理7名，三级项目经理19名。

附：县建筑工程公司简介

县建筑工程公司，创建于1951年，是县城乡规划建设局的下属集体所有制企业，属建筑三级企业兼营汽车修理。2005年，公司改制更名为福建龙舜建设工程有限公司，属股份责任制企业。公司内设办公室、生产经营科、技术质安科、财务科等科室，有职工385人，其中技术骨干40人。企业注册资金605万元，固定资产634万元，主要承担房屋建筑工程。

1991—2005年，县建筑工程公司主要完成县工商局市场楼、县烟草局宿舍、县新华书店、县东门邮政楼、县公路局宿舍、城区建设指挥部安置楼、县交警大队、县人寿保险公司楼、县河滨路邮政楼、县地税局大楼、县国税局宿舍楼、县饮服公司楼、烽林厂204车间、县经济局宿舍楼、县粮食批发市场楼、县政府住宅楼、县一中科技教学楼、县农业局综合楼、县城关中学教学楼、县供销集资楼、县建筑公司集资楼、县汽车站综合楼、电力花园、绿色家园2#安置楼、绿色家园日月阁、县商业公寓、县法院干警集资楼、县法院办公楼、县一中教学楼、县检察院侦查楼、县城关中学教学楼、县委党校教学楼、兰圈水泥厂、城郊烟草综合楼、烽林厂宿舍楼、烽林厂生产线、胡坊小学、公安局看守所监房、农业局技术服务中心、盖阳卫生院、县气象站业务楼等41项建筑工程，建筑总面积15.83万平方米、造价0.9亿元。

1990年，县建筑工程公司荣获福建省建设委员会质量先进集体称号，1991年获三明市人民政府先进集体称号，1996年获福建省退休管理委员会先进退休职工之家称号，2001年获县人民政府纳税先进单位称号，并多次获得市、县重合同、守信用企业称号。

第三节 建筑施工

1991年，钢筋混凝土框架结构开始普遍应用于城区多层和高层建筑，居民自建房房面多采用木结构、瓦屋面。工业厂房及楼房多数采用混凝土大板屋面，墙体采用混凝土小型空心砌块，防水材料采用沥青油毡防水材料。县内建筑企业有搅拌机、载重汽车等机械设备和运输工具。1993年始，木制脚手杆、板、模板，全部由钢架板、钢管、钢模板等材料代替。1996年始，采用高聚物特性沥青和合成高分子等新型环保防水材料及添加外加剂的刚性防水屋面。1997年始，普遍使用挖掘机、装载机、大型混凝土搅拌机、混凝土输送泵及大型塔吊、施工电梯。1999年始，城区高层建筑多采用桩基础，墙体采用烧结多孔砖及玻璃幕墙墙体。室内外装饰装修档次逐步升级，外墙面多采用高档外墙涂料。2003年始，基础工程开始采用预制桩和灌柱桩，主体工程采用框架剪力结构和钢架结构，屋面采用网架、钢屋架、预应力钢筋混凝土屋面。2005年，县内建筑企业有各种施工机械763台（套），在土方开挖的施工中，一般除浅表基础或量少零星土方采用人工挖外，均采用机械开挖。土方回填夯实，也由人工打夯到使用机械夯实。施工现场的材料运输也由劳动强度大的肩挑人抬到配备了斗车、卷物机、井架，初步实现了施工现场运输的机械化和半机械化。

第四节 建筑业管理

一、工程招投标管理

1991年，县建筑市场准入机制不健全，建筑工程招标投标管理不够规范，缺乏对招标投标的管理和工程项目的标后监管，对业主单位和招标代理机构缺乏有效的制约机制。1992年，为规范招标投标活动，县人民政府成立县建设工程招标投标领导小组，负责全县建筑工程招标投标活动的实施与监管工作。全县共有7项建筑工程实行招投标，有30家企业参与，标的总价0.16亿元。1995年，全县共有11项建筑工程实行招投标，有41家企业参与，标的总价0.27亿元。2000年起，实施国家颁布的《中华人民共和国招标投标法》。同年，县建设工程招标投标领导小组制定《明溪县招标投标管理暂行办法》，要求属于《中华人民共和国招标投标法》第三条规定范围内的各类工程建设项目，凡施工单项合同估算价在100万元人民币以上的必须进行公开招标；对30万元以上、100万元以下使用国债资金或国有资金的建设工程施工，允许业主选择邀请招标、公开招标方式确定施工单位。采用公开招标方式的，招标人应当在国家指定的报刊和信息网络上发布招标公告；招标人应当向3家以上具备相应资质等级，资信良好的法人或者其他组织发出投标邀请书。经县招标投标领导小组研究确定后，将资格预审、标文等相关材料，报县建设行政主管部门、县纪检监察机关备案。评分标准以商务标为主，技术标不参与评分，仅作为合格不合格的条件。中标人确定后，招标人应当向中标人发出中标通知书，并同时将中标结果通知所有来投标却未中标的投标人。全县共有15项建筑工程实行招投标，有44家企业参与，标的总价0.48亿元。2002—2005年，先后引进三明市建安工程造价咨询有限公司、三明市山华工程监理公司、三明市广厦工程咨询有限公司等相应资质的招标代理机构从事招标代理活动。同时，引入经评审的最低价中标法的评标办法，全县工程招投标管理逐步规范化、法治化、制度化。至2005年，全县共有43项建筑工程实行招投标，有52家企业参与，标的总价1.92亿元。

二、工程施工管理

1991年，实行建筑工程施工许可审批制度，规定在县内投资新建、改建、扩建造价在20万元以上工程的建设项目，先进行招标投标后，再办开工审批，未取得施工许可证的，不得开工。全年审批发放施工许可证6本。1994年起，对在县境内投资兴建的造价在30万元以上的工程建设项目实行报建制度，接受建设行政主管部门或其授权机构的监督管理。全年有13个项目报建。2001年，执行建设部发布的《关于修改〈建设工程施工许可管理办法〉的决定》，对工程投资额在30万元以下或者建筑面积在300平方米以下的建筑工程，可以不申请办理施工许可证。至2005年，共审批发放施工许可证142本，施工图设计文件143份，合格率100%，初验建设工程 135个。

三、工程质量安全管理

（一）工程质量管理

1991年，县建筑工程质量监督站，每季度对受监工程检查1次。主要检查责任主体和有关机构履行质量责任的行为，工程实体质量，施工技术资料、监理资料以及检测报告等有关工程质量的文件和资料，工程竣工验收，混凝土预测构件及预拌混凝土质量及对责任主体和有关机构违法、违规行为进行调查取证和核实。2000年，实行勘察成果、施工图设计文件审查批准制度。全县建筑工程、装修工程的新建、改建、扩建的工程勘察成果文件和施工图设计文件必须经有相应资质的审查机构审查合格后，报建设行政主管部门审查批准实施。工程项目勘察成果未经审查或经审查不合格的，其岩土工程勘察报告不得作为工程设计依据，施工图未经审查或审查不合格的，建设行政主管部门不得发放施工许可证，施工图设计文件也不得交付施工。全年共审查项目勘察成果文件17个，施工图设计文件14个，合格率100%。同时，执行建设部《房屋建筑工程和市政基础施工竣工验收暂行规定》和《福建省建设项目（工程）竣工验收暂行规定》。规定建设工程在竣工验收之前，应由建设单位组织施工、设计、监理等有关单位进行初验，并经过各单项工程验收合格后出具专项质量合格报告后，方可进行竣工验收。工程质量监督机构在工程竣工验收之日起5日内，向备案机关提交工程质量监督报告；建设单位自工程竣工验收合格之日起15日内，按规定向工程所在地的县级以上地方人民政府建设行政主管部门备案。全年初验建设工程14个，出具专项质量合格报告12份。2004年起，改为每半年对受监工程检查1次。2005年，根据行政许可法的有关规定，将勘察成果、施工图设计文件审查批准制度改为审查备案制度。

至2005年，共监督建筑工程400个，总面积达106.23万平方米，全县有市优工程3个，市优结构工程2个，审查项目勘察成果文件146个，出具专项质量合格报告121份。

（二）工程安全管理

1991—1994年，全县工程安全检查与质量检查同时进行。1995年，成立县建筑施工安全监察站，每季度进行1次安全生产检查。同时，建立全县安全生产文明施工监察网，全县施工企业有专职安全员6人，兼职安全员9人，班组安全员34人；明确安全监察员的职权，实行安全监察员每周分片检查，集中汇报，分头整改制度；将经济责任制和安全责任制挂钩，要求企业按建安工作量提取千分之一至千分之二安全投入资金，确保安全措施的落实；制订文明安全隐患指令和奖惩条例。2000年后，开展“一遵二反”（遵章守纪，反违章操作、反违章指挥）活动。至2005年，县建筑施工安全监察站共开展安全生产检查40次，发现安全隐患976处，整改率100%，全县创建文明工地9个，工伤率1.32‰。全县施工企业有专职安全员21人，兼职安全员34人，班组安全员81人。

（三）工程建筑检测

1991年，县建筑工程检测站开展的检测项目有施工现场低于C20的砼抗压强度、砂浆抗压强度、烧结普通砖强度、钢筋及焊接性能。1992年，进入施工现场的水泥物理性能、钢筋及焊接性能、砂石材料、混凝土抗压抗折强度、砂浆抗压强度、混凝土配合比设计、砂浆酝酿比设计、砌墙砖强度（简称“五强二比”）进行检测。1994年，县建筑工程检测站通过计量认证，是县内唯一一家法定检测机构。1995年后，主要对进入施工现场的“五强二比”回填土密度进行检测。1999年，县建筑工程检测站通过5年1次的计量认证。2003年，县建筑工程检测站通过资质认证（乙级）。同年，增加用于工程的防水材料检测。2004年再次通过计量认证。至2005年，县建筑工程检测站共对进入施工现场的各种建筑材料检测35763组。

四、工程造价管理

1991年，县建设工程造价管理站对建设工程设计概算、施工预标、竣工结算以及招标标底、投标报价的编制和审核的计价办法采用以固定的“量”“价”“费”预算定额为主导的静态管理模式。《明溪县城区建筑材料预算价格表》和县建筑工程价格指数，每半年编制一次，经三明市建设工程造价管理站组织全市各县汇编会审后，颁布实施。1992年，为适应建筑市场改革的要求，针对工程预算定额编制和使用中存在的问题，提出“控制量，指导价，竞争费”的改革措施，工程造价管理由静态管理模式，逐步转变为动态管理模式。同年，对在县境内从事建筑（含装饰、装潢、房屋修缮、抗震加固）、安装、市政、仿古建筑及园林工程的建设预算、施工管理、咨询服务机构等单位的概预算编审工作人员，要求须持省建委统一颁发的“福建省工程建设概算人员资格证书”上岗，使用统一印章，并实行年检制。2003年，与三明市广厦造价咨询有限公司联营，成立明溪分公司（丙级），承担全县的建设工程代理招标业务和造价咨询业务。同年7月1日起，实施建设部颁布的《建设工程工程量清单计价规范》（GB 50500—2003），至2005年。

五、工程建设监理

1991—1993年，明溪县未实施工程监理制度。1994年，对省道秀里线和岭文线58公里路段进行拓宽改建，县先行工程指挥部从各部门抽调了十几名公路工程专业人员成立公路工程质量监理组，负责对公路工程质量、工程变更、工程进度款支付等进行监理。1998年，三明市监理公司、三明市蓝图监理公司和清流津建监理公司等监理企业进驻明溪，对县检察院办公楼、县烟草综合楼和县种子公司综合楼等项目实施监理。2000年，县人民政府下发《关于推行工程建设监理工作的通知》，正式在全县推行建设监理制度。同年8月，县工程建设监理中心成立，为县建设局下属集体所有制企业，资质等级为房屋建筑工程丙级。

2000年，县工程建设监理中心完成县物资商住楼监理业务。2001年后，先后完成县粮食大楼、绿色家园一期、县法院审判大楼、县农业技术组培大楼、县检察院刑侦大楼、县体育馆、阳光新城小区、复旦大学明溪博士后工作站大楼等公用与民用建筑、商业旅游和文化设施的监理业务。同时，在泉州、三明、尤溪、清流等地开展监理业务。2004年，县工程监理中心合同签约首次突破亿元大关，实现年完成合格工程6个，列全市同行业前茅。同年，县工程监理中心进行改制，成立福建省明溪县建宏建设工程监理有限公司（民营企业），资质升级为房屋建筑工程乙级，是全县唯一一家技术密集型、知识密集型的社会中介服务机构。公司有国家级注册监理工程师6名，福建省注册监理工程师11名，其他技术人员10名。

1998—2005年，县建宏建设工程监理有限公司共完成监理工程57个，监督面积16.8万平方米，工程总造价1.2亿元。

第四章 房地产

第一节 住房制度改革

一、公房出售

1993年，县政府颁布《明溪县城镇住房改革总体方案》和《明溪县城区出售公有住房实施细则》，对城区（含城关乡、雪峰镇）开展以公有住房出售为重点的住房制度第一次改革。改革从改变低租金制度入手，将现行公房的实物福利分配制度逐步转变为货币工资分配，住房通过商品交换（买房或租房），取得房产权或住房使用权，使住房这个商品进入消费市场，以实现住房资金投入产出的良性循环。房改的总体方案是提租补贴，建立公积金制度，配房购买住房建设债券，个人集资建房，积极出售公房，加快旧城改造，建立住房基金。凡购买公房，在房改起步五年内其征地和拆迁补偿费由单位负担，房改开始实施一年内购买新旧公房，在规定的住房控制面积内，可按扣除征地及拆迁补偿后的房价优惠20%，一年后才购房的，每迟购一年，优惠率减少5%。1984年建成的一等砖混结构单元套房，扣除征地及拆迁补偿费后，每平方米建筑面积标准不得低于160元，框架结构的提高10%。1985年至本方案实施前建成的，平均每年增加3%；1979—1983年建成的，平均每年扣减2%；1978年（含1978年）以前建成的，在1979年建成住房售价的基础上平均每年扣减1%，但最多只能扣减30%。干部、职工可按工龄计算补贴抵交部分购房款，年抵交额为60元，截止购房年份止，以购房户中最高工龄者一人计算。购房职工免缴契税，可以不购买住房建设债券，不参加筹集住房基金，五年内免缴房产税和城市土地使用费。产权登记费、勘测丈量费等按规定费率减少50%，交易监证费按4‰收取，产权单位以优惠价向干部、职工出售的住房，其固定资产投资方向调节税实行零税率，并免交营业税。离退休干部可按规定以自建公助的补助标准抵扣购房款，但分期付款的，不得以补助款抵交首次付款部分。至1996年，全县共出售公有住房1447套，面积11.21万平方米，收回房改资金675.88万元。

1997年，县政府继续深化城镇住房制度改革，制定《明溪县出售公有住房实施细则》和《明溪县已售公有住房衔接实施办法》，进行第二次房改。对1993年已出售的公有住房实行再次补价出售，对未出售的公有住房加大出售步伐。出售范围为确认产权清楚的公有住房；售房对象为各级党政机关、人民团体企事业单位的在职职工（含合同制）和离退休职工，居住县房管部门直管公房的现住户，已离退休的单身职工，已故干部职工的配偶。出售公有住房的市场价、成本价、标准价由县人民政府每年公布1次。计价原则为1994年1月1日以后向中低收入家庭出售公有住房实行本价，1996年砖混一等结构售房成本价每平方建筑面积为479元；按成本价购买砖混一等结构住房，每平方米建筑面积实际售价低于120元的按120元计算，框架结构最低限价每平方米130元，其他结构最低限价每平方米110元；公有旧住房的市场价，成本价按当年售房重置价的成新折和计算，折旧年限一般为50年，年折旧率为2%，使用年限超过30年的一律按30年计算；局部拆建、加层的计价从其主体楼房；非封闭阳台（含自费封闭的）、楼底层、顶层附属用房及公共分摊部分（如楼梯等）的计价，按实际售价的50%计算。职工购买公有住房的面积控制标准为一般职工45—70平方米，科级干部或正式聘任中级专业技术职务的干部为50~85平方米，县处级干部或正式聘任为副高级专业技术职务以及1983年前评定确认为中级职称干部为60~100平方米；地厅级干部或正式聘任为正高级专业技术职务及1983年前评定确认为高级职称的干部为80~130平方米；按成本价购买公有住房，每个职工家庭只能享受1次，职工购买公有住房后不能再参加集资建房；对分有2套住房者，其2套的单元组合建筑面积之和未超过本人购房控制标准的可购买2套，反之退一买一，先退后买。优惠措施为根据购房职工享受住房公积金前的工作年限给予工龄折扣（计算至1993年止），工龄以购房职工夫妇工龄之和计算，年工龄折扣率为成本价0.6%，离退休职工工龄，按人事、劳动部门的规定执行；1996年给予负担价5%的现住房折扣，今后逐年减少1%；职工购买公有住房免缴契税；离退休职工的自建公助补助款可抵扣购房款，已领取自建公助补助款的不再抵扣；购房可一次付款，也可分期付款，一次付清房款的给予20%的折扣，分期付款的，除首次付30%外，每多付10%，售房单位给予实际售价的2.5%的折扣，分期付款期限一般不超过十年，分期付款要计收利息，利率按有关规定执行；凡没有工作的红军或烈士遗属，单独居住或与未成年子女同住，购房时可以从个人应付购房款中减免40%，如与有工作的子女同住，可在其折扣基础上给予适当的减免，但最多减额不得超过其子女个人应付购房款的20%。至2005年，全县共出售公有住房2247套，面积18.476万平方米，收回资金886.96万元。

二、住房公积金制度

1997年9月，为深化城镇住房制度改革，县政府出台《明溪县建立住房公积金制度的实施办法》。《办法》规定，凡在本县工作，具有本县常住户口的党政机关、人民团体、事业单位工作人员和企业的固定职工、劳动合同制工人和“三资”企业的中方员工，均应交纳住房公积金，建立住房公积金制度。职工个人和所在单位分别按职工本人上一年度月平均基础工资的5%，逐月缴纳住房公积金，并存入职工个人公积金账户，归职工个人所有。职工可支取住房公积金用于购、建、大修住房，如不足，可以申请住房公积金贷款，但个人住房的内部装修、房屋养护等项目不得用公积金支付。职工离退休、离职或出国定居时，可由本人提取住房公积金本息余额。至1998年12月，全县有126个单位、4500名职工缴纳住房公积金，共归集住房公积金160.46万元。1999年，全县有137家单位、4600名职工缴纳住房公积金，归集住房公积金331.48万元。

2000年1月1日起，住房公积金缴存比例提高到6%，全县有163家单位、5000名职工缴纳住房公积金，归集住房公积金391.99万元。2001年起，开始开展住房公积金贷款业务，全年共向39户家庭发放住房公积金贷款147.9万元。2005年，全县共有174家单位、5520名职工缴纳住房公积金，归集住房公积金1622.31万元，向162户家庭发放住房公积金贷款1096.9万元。

第二节 房地产开发

一、商品房开发

1991年，全县机关、企事业单位的住房建设，由县唯一具有房地产开发资格的县房产开发公司代建，全年共代建房屋35幢，建筑面积4.51万平方米，住宅324套。县城区私人住宅以自建房为主，由县政府划拨土地指定地点，个人购地建房形成住宅小区。1995年后，县房地产开发建设进入市场经济时代，全县房地产市场步入快速发展阶段，先后开发建设紫岭坪住宅小区、珩城花园、绿色家园一期、阳光新城等项目。2005年，没有房地产开发项目。

1991—2004年，全县共开发商品房9处，1173套，总建筑面积达22.11万平方米，住宅建筑面积达17.61万平方米。

表 3-1

1991—2004 年明溪县房地产开发情况

单位：平方米、套

项目名称	建设时间	总建筑面积	住宅建筑面积	套数	开发企业
县食品茶厂	1991 年	1325.00	1325.00	20	县房产开发公司
粮油销售网	1993 年	5521.00	2774.00	23	县房产开发公司
县工行	1993 年	2221.00	1587.00	20	县房产开发公司
供销车队	1994 年	2117.00	1538.00	16	县房产开发公司
珩城花园	1999 年	35146.57	10842.96	96	省三明市路桥集团昌盛房地产开发有限公司
绿色家园(一期)	2001 年	42277	36751	272	县房产开发公司
商业公寓	2002 年	12074	11874	124	县房产开发公司
阳光新城	2003 年	61045	50025	363	三明市林业房地产开发有限公司
绿色家园(二期)	2004 年	59370	59370	239	福建省宝发房地产开发有限公司

注：2005 年未进行房地产开发

二、房地产开发企业

1991 年，全县仅有县房产开发公司 1 家房地产开发企业，资质为临时四级，为县基建局的下属国有企业。1995 年，县房产开发公司资质确定为四级。2003 年，成立福建省三明市宝发房地产开发有限公司，为民营企业，资质为四级。2004 年，福建省三明市宝发房地产开发有限公司更名为福建省宝发房地产开发有限公司，资质为三级。2005 年，成立明溪县明华房地产开发有限公司，为民营企业，资质为四级。同年，成立众城房地产开发有限公司，为民营企业，资质为三级。

第三节 房产管理

一、产权产籍管理

（一）房屋所有权登记发证

1991 年，县人民政府发放第一代房屋所有权证 2454 本。1997 年，房屋所有权证统一由建设部监制，全县登记核发权证 1700 本。2000 年，发放第二代房屋所有权证 2108 本。2004 年，第三代房屋所有权证的核发机关改为县城乡规划建设局，登记核发权证 2000 本。2005 年登记核发权证 1521 本。

至 2005 年，全县共发放房屋所有权证 7064 本，核发房屋建筑面积 181.54 万平方米。

（二）直管公房管理

1991 年，县房产管理所接管财政公房 32 幢，建筑面积 1.48 万平方米，其中城区住宅 18 幢，建筑面积 3541.98 平方米。房屋以混合结构、部分木结构、2~3 层为主，每平方米月租金 0.15 元。1993 年扩建河滨南路，拆迁雪峰镇东大路 48 号，砖木结构公房建筑面积 325.84 平方米。1995 年对民生路 13 号公房进行翻修改造，配备卫生设施，方便承租户的使用。2001 年，县财政局收回（原木器厂）直管公房 6 幢，建筑面积 1389.74 平方米，并划拨给外资企业福建明溪瑞海木业有限公司使用。2002 年，因县工业园区建设需要，财政局收回（原医械厂）直管公房 13 幢，建筑面积 3793.89 平方米。至 2005 年，全县直管公房仅有 10 幢，建筑面积1530.56平方米，每平方米月租金1.5元。

二、房产交易管理

1991年，县房屋产权交易由县房产管理所办理，由于房屋买卖长期以民间契约方式解决，相应的房屋交易法律法规尚未完善，全年仅办理房产交易鉴证20起，交易金额30余万元。1992年，县房产交易所成立，全县范围内的房地产买卖、交换、赠予等形式，都必须到县房产交易所办理登记手续。1995年起，实施《中华人民共和国城市房地产法》，全县房地产交易市场进入法制规范化管理。1999年后，随着城镇住房制度改革和土地使用制度改革的全面实施，住房商品化的趋势逐渐形成，全县房地产交易逐年增加，年均交易额达600多万元。同年，开始实行商品房预销售管理，房地产开发经营企业在商品房预（销）售时，须提供有关证件到县房产交易所进行登记。2005年10月起，商品房预（销）售管理、合同登记备案实施动态管理。至2005年底，全县共办理房产交易鉴证1252起，交易金额达3847万元；办理商品房预（销）售登记11起，预（销）售总面积21.01万平方米，其中住宅1250套。

三、物业管理

2004年11月，县城乡规划建设局下发《关于加强新建住宅小区和商品房物业管理的通知》，开始实施物业管理。全县新建住宅小区和商品房预售时开发企业必须提供物业管理方案；开发项目竣工后，房地产开发主管对物业管理方案的落实情况进行验收；开发企业必须为物业管理单位留足必要的管理用房；代收住宅共用设施设备维修基金；开发企业负责在物业小区住户中成立业主委员会。2005年，只有三明市林业房地产开发有限公司开发建设的阳光新城住宅小区建立小区物业管理。

第四节　拆迁管理

1991年，县城镇房屋拆迁主要是自拆自建。1993年起，拆迁须提供建设项目批准文件、建设用地规划许可证、国有土地使用权批准文件、拆迁计划和拆迁方案、拆迁补偿安置资金证明等。拆迁补偿方式实行货币补偿和房屋产权调换两种方式，由被拆迁人根据实际情况选择其中一种补偿方式，鼓励货币补偿。同年进行河滨路改造，共拆迁46户，使用土地面积达7160.18平方米，拆迁房屋建筑面积达8375.99平方米，安置房安置30户。1994年后，先后进行“先行工程”、农副产品市场、西门小区、绿色家园一期、战备公路过境线、绿色家园二期、县一中拓宽、超大基地、康乐路拓宽等拆迁工程。1999年，成立县城市房屋拆迁办公室，负责全县城市房屋拆迁的管理工作。2002年起，实行市政府下发的《关于颁发各县（市）城市房屋拆迁搬迁补助费和临时安置补助费标准的通知》文件精神，拆迁临时过渡安置方式为，过渡期为12个月，按建筑面积每平方米补助2元。对实行产权调换的拆迁户，搬迁补助费按一次补助，建筑面积小于100平方米的每户补助200元，建筑面积大于100平方米的按建筑面积每平方米补助2元；实行货币补偿的拆迁户，搬迁补助费按二次补助，每次补助金额按建筑面积小于100平方米的每户补助200元，建筑面积大于100平方米的，按建筑面积每平方米补助2元。至2005年，全县共进行7次较大规模的拆迁，共拆迁566户，使用土地面积达10.37万平方米，拆迁房屋建筑面积达11.21万平方米,安置房安置62户，504户自建自购房安置。

卷四　交通运输与邮电信息业

明溪境内崇山峻岭，道路崎岖，交通基础设施落后。1994 年 3 月，县开始全面实施公路“先行工程”建设，以两条省道（秀里线和岭文线）建设为重点，对县境内 58 公里路段进行拓宽改建，铺设水泥路面。1997 年 9 月，“先行工程”建设全线竣工，结束了明溪无高等级公路和水泥路面的历史。1999 年 6 月，明溪至建宁公路 62.23 公里改建工程被正式列入福建省县通地市路网改建项目，2003 年 9 月完成路面主体工程，总投资 13200 万元。2003 年，县实施“年万里农村路网工程”，当年，农村公路测设开工建设 16 条 97.2 公里，形成路基 72.7 公里，水泥砼路面 38.5 公里，完成投资 1800 万元。2004 年,明溪大鹅嘴经胡坊至永安界公路,被列入国家交通战备公路建设项目，并开工建设。至 2005 年，县境内公路总里程达 1103.43 公里，其中：省道 124.07 公里，县道 147.97 公里，乡村道路 831.39 公里，初步形成以县城为中心，连接全县乡村、辐射周边县市的公路网络。

1991–1997 年，明溪邮政、电信实行统一的行业管理体制。1998 年 9 月，县邮电局撤销，成立县邮政局和县电信局，邮政、电信各自转入独立经营的轨道。县邮政局经营信函广告、报刊发行、邮政物流、集邮、速递、报刊零售、运递、电子商务等各类邮政业务。县电信局经营固定电话、IP 公话等卡式业务和多媒体、虚拟专网等数据业务。此后，明溪电信业经过一系列分营重组，逐渐从完全垄断到引入竞争，从政企合一到政企分开，至 2005 年，形成福建省电信有限公司明溪县分公司、福建移动通信有限责任公司明溪分公司、中国联通明溪分公司等 3 家电信运营企业，在移动电话和网络通信等电信业务领域开展多元化竞争的格局。

第一章　交　通

第一节　交通基础设施建设

一、道路建设

（一）省道

县境内共有岭文线和秀里线（是在原省道洋万线和福五线的基础上，2001 年经省政府批准重新划定为岭文线和秀里线）两条省道穿过，境内全长 124.07 公里，为明溪对内、对外辐射的主要公路干线。

1.岭文线（政和岭腰至连城文亨）

路线编号：S204，明溪境内起点为铁岭，经龙湖、元明堂、岩里、坪埠、明溪城关、五里桥、狮窠、五通凹，进入清流县林畲乡。全段长 28.58 公里，是通往江西的过境省道。该路段分四次改建。其中，铁岭至坪埠段 15.58 公里，1996 年在原路线线形的基础上按三级公路技术标准进行改建，路基宽度 8 米，路面宽度 6 米，铺设沥青贯入式路面；坪埠至城关白沙桥 1.36 公里，于 1996 年按二级公路技术标准进行改建，路基宽度 15 米，路面宽度 12 米，铺设水泥混凝土路面；城关白沙桥至五里桥段 3.29 公里（其中白沙桥至长途汽车站为城区街道未改造），按部颁山岭重丘区二级公路标准进行改建，路基宽度 24 米，路面宽度 12 米，铺设水泥混凝土路面；五里桥至五通凹段 8.35 公里，于 1996 年按部颁山岭重丘区二级公路标准进行改建，路基宽度 9 米，路面宽度 8.5 米，铺设水泥混凝土路面。

2.秀里线（莆田秀屿至建宁里心）

路线编号：S306，明溪境内起点为瑶奢，经梓口坊、沙溪、碧州、布上、石珩、大焦口、明溪城关、王桥、林地、画桥、葫芦形、盖洋、湖上、纱帽顶、长启、李沂、桃地、鳌坑、夏坊，进入建宁县均口镇，全段长 95.48 公里。该线是沟通闽西与闽西北的重要交通线之一，也是福建省通往江西省的主要干线之一。该路段分三次进行改建。其中，1991 年县物资局至县林业总公司段 0.72 公里进行拓宽改建，拓宽后路基路面宽 32 米为水泥混凝土路面；1993 年，沙溪乡瑶奢至城关党校路口段 30 公里列入全省“先行工程”省定繁忙路段改造项目，按部颁山岭重丘区二级公路标准进行改建，路基宽 12 米，路面宽 9 米，截至 1995 年 12 月，完成路基 30 公里，铺设水泥路面 30 公里；明溪至建宁县界交通战备公路 64 公里新改建工程先后于 1999 年 8 月和 2000 年 10 月分两期实施。其中，城区过境公路段东起县装饰板厂至县消防大队，长 2.46 公里按部颁山岭重丘区二级公路标准设计，改建成路基宽 12 米，路面宽 9 米，水泥混凝土路面。明溪城关至盖洋段 26 公里，按部颁山岭重丘区二级公路标准建设，改建成路基宽 8.5 米，砼路面宽 7 米，水泥混凝土路面；盖洋至建宁县界段 37 公里，按部颁山岭重丘区三级公路标准建设，改建成路基宽 7.5 米，砼路面宽 7 米，水泥混凝土路面。2002 年 5 月，对“入闽通道”延伸线明溪至三明公路的明溪城关至瑶奢段公路达不到二级公路标准的 6 个路段进行改建，建设里程 14.38 公里，2003 年底主体工程全线完工建成通车。

（二）县道

明溪境内县道共有夏梓线、白盖线、新明线、盖宁线、瀚大线和长枫线等 6 条，全长 147.97 公里。

1.夏梓线

路线编号：X741。起点为沙县县界，经夏阳底岭后、溪边、地美、土岭、夏阳、梓口坊，全程长 43.36 公里。其中，沙县县界至底岭后为断头路，底岭后—溪边—地美 6.24 公里为等外公路；地美至土岭段长 5 公里，路基宽度 5.5 米，路面宽度 3.5 米，为四级公路；土岭至夏阳段 8.88 公里为等外公路；夏阳至梓口坊段长 19.08 公里，路基宽度 4.5 米，路面宽度 3.5 米，为四级公路。

2.白盖线

路线编号：X755。起点为将乐县界，经常坪、大陂、温庄，全长 13.23 公里。1963 年动工修建，1970 年竣工通车。1984 年 9 月至 1986 年 8 月，改建温庄至大陂段 5.96 公里，为四级公路标准，路基宽 6.5 米，泥结碎石路面宽 4.5 米。2004 年 9 月，大陂至常坪段 6 公里由常坪村组织改建，按四级水泥砼路面标准，路基宽 4.5 米，路面宽 3.5 米。常坪至将乐县界为断头路。

3.新明线

路线编号：X762。起自盖洋水口，经温庄、葫芦形，长 23.01 公里。1963 年动工修建，水口—温庄段 18.36 公里为等外公路，碎砾石路面；温庄至葫芦形段 4.65 公里，路基宽度 6.5 米，路面宽度 4.5 米，碎砾石路面为四级公路。

2002 年 10 月，葫芦形至大陂段改建，由三明市交通规划设计院进行测设。2003 年 1 月完成外业测设工作，4 月完成施工图设计工作，7 月 2 日经投标由邵武市交通工程建设有限公司中标承建葫芦形至温庄段

6 公里，8 月 8 日开工，2005 年 1 月竣工通车，改建后该路段公路标准达到山岭重丘区水泥砼路面三级，路基宽 7.5 米，行车道宽 6 米，总投资 300 万元。

4.盖宁线

路线编号：X796。起自盖洋，经村头、西瓜墩、进入泉上，全程长 5.79 公里，该公路于 1963 年动工，次年 1 月 26 日正式通车。该段公路路基宽 6.5 米，路面宽 5.5 米，桥梁 107.8 米/4 座，达到四级公路标准。

5.瀚大线

路线编号：X797。明溪大焦至虹桥，大焦为起点，经杉坑口、东坑际、奋发、新华坊、胡坊、邝坊、际下坂到虹桥，与永安到清流公路相连，全程 31.07 公里。该线分三期建成：大焦口—杉坑段 5.4 公里，1965 年 12 月开工，次年 5 月 20 日竣工通车；胡坊—虹桥段 10 公里，1966 年 11 月动工，1970 年 9 月竣工通车；杉坑口—胡坊段，长 15.67 公里，1971 年 11 月动工，1973 年 9 月 30 日竣工，10 月 1 日全线正式通车。全段路基宽 4.5 米，路面宽 3.5 米，泥结碎石路面，桥梁 106.8 米/5 座，基本符合四级公路标准，是明溪县城通胡坊至永安的交通要道。

6.长枫线

路线编号：X798。明溪夏坊长启至枫溪，长启为起点，经觉水口、举船、大雅、台板厂、枫溪，全长 31.51 公里。其中，长启至觉水口段 19.31 公里，路基宽 4.05 米，路面宽 3 米，泥结碎石路面，属四级公路；觉水口经举船、大雅至台板厂 11.2 公里路基宽 4.5 米，路面宽 3.5 米，泥结碎石路面，为等外公路；台板厂至枫溪长 1.01 公里路基宽度 4.5 米，路面宽度 3.5 米，沥青路面，为等外公路。2005 年 8 月，长枫线按三级公路进行改造。

（三）乡道

截至 2005 年，全县乡道有 11 条计 195.89 公里。

1.高宁线

路线编号：Y001。起自高洋，经枫溪，与宁化公路衔接，全长 22.29 公里。始建于 1958 年 3 月，1959 年 11 月建成通车，路基宽 4.5 米，路面宽 3.5 米，泥结碎石路面。2000 年 9 月，枫溪乡对枫溪至台板厂段 1.01 公里和枫溪至青草坪段 1.2 公里在原有路线线形的基础上，按四级公路标准进行改建，铺设沥青路面。项目总投资 60 万元，市财政局拨款 50 万元，乡自筹 10 万元。2002 年 11 月，动工改建小珩至高洋段，长 3 公里，设计路基宽 7.5 米，路面 6 米，为山岭重丘三级公路标准，该段工程总投资 240 万元，市补助 45 万元，乡自筹 105 万元，于 2004 年建成通车。2005 年 1 月动工修建枫溪至小珩段，长 5.5 公里，按山岭重丘准三级公路标准进行改建，路基宽 7.5 米，路面宽 6 米，铺筑水泥路面，资金主要是省市定补，县乡投资。

2.温湖线

路线编号：Y002。起点温庄，经小蔗坑、湖上与省道秀里线相连。全长 4.52 公里。1967 年 10 月动工兴建该段，该段路基宽 4.5 米，路面宽 3.5 米，沙土路面。1969 年 10 月通车。资金主要是镇财投资，村民投工投劳，由盖洋镇公路站养护。

3.夏铁线

路线编号：Y003。起点夏阳，经旦上至铁岭，全长 29.41 公里。其中，1971 年 3 月动工兴建夏阳至旦上段，长 23.41 公里，路基宽 4.5 米，路面宽 3.5 米，为沙土路面，符合四级公路标准，1972 年 10 月建成通车。1986 年 4 月动工建设旦上至铁岭段，长 6 公里，路基宽 3 米，路面宽 2.5 米，沙土路面，属等外公路。资金是林业部门补助，村民投工投劳，由夏阳乡公路站养护，1986 年 10 月通车。

4.紫半线

路线编号：Y004。起点夏阳乡紫竹溪，经杨厝板至半坡，全长13.29公里。1971年12月动工建设，建成路基宽4.5米，路面宽3米，沙土路面。资金主要由林业部门补助，村民投工投劳，由夏阳乡公路站养护，1973年11月竣工通车。

5.沙胡线

路线编号：Y005。起点沙溪乡，经沙坪、星南、黄厝坑到胡坊，全长27.914公里。其中，1976年1月动工建设沙溪到沙坪段，长11.52公里，为简易公路，1978年竣工。1978年动工建设沙坪至胡坊段，长11.68公里，路基宽4.5米，路面宽3.5米，为简易泥结碎石路面，属等外公路，1983年通车。1982—1984年，改建和新建永久式涵洞39道，最大纵坡16%有3处140米，最小平曲线半径8米4个。2003年6月，沙溪乡对该段按四级公路标准进行拓宽改建，在原有的线路线形的基础上铺筑水泥路面，总投资195万元，县财政拨款60万元，县交通局出资45万元，六合村筹资67万元，沙溪村筹资7万元，碧州村筹资16万元。由乡村两级共同养护。2004年6月，胡坊镇对沙坪至胡坊段公路按四级公路标准进行改建，路基宽4.5米，路面宽3米，铺筑水泥路面6公里，资金主要是省、市、县交通部门按规定补助，镇财投资，村民投工投劳，由胡坊公路站养护。

6.石龙线

路线编号：Y006。起点为石珩村，经瀚溪村，终点为龙湖村，与省道岭文线和秀里线连接，全长7公里。1969年动工建设，路基宽4.5米，路面宽3.5米，泥结碎石路面。1976年通车。1985年拓宽改建成6米宽路基，3.5米宽路面。沿线最大纵坡5%，最小平曲线半径25米。1988年6月动工改建（拓宽）石珩至龙湖段公路，长6.9公里，采取“民办公助”办法，按四级公路标准改建，路基宽6.5米，路面宽3.5米，由明溪县公路管理站测量和施工，总造价24.09万元，1989年9月竣工。三明市交通局补助10万元，瀚仙镇政府筹资3.5万元，其余由县交通局解决。2003年7月，瀚仙镇对该段按山岭重丘区三级公路标准进行拓宽改建，路基宽7.5米，路面宽6米，铺筑水泥路面5公里总投资254万元，其中省、市、县补助108万元，镇财投资130万元，全镇干部职工捐资16万元，由瀚仙镇公路站养护，2004年1月正式通车。

7.五新线

路线编号：Y007。起点五里桥，经路口、原厝坑、眉溪至新华坊，全长29.66公里。其中，1970年动工建设城关乡境内五里桥至原厝坑段，长9.3公里，路基宽4.5米，路面宽3.5米，泥结石路面，属等外公路，主要由城关乡和城关林场共同出资3.5万元。2004年10月，城关乡政府对五里桥至路口段8.16公里公路按四级公路标准进行改建，在原有路线线形上改建成路基宽4.5米，路面宽3.5米的水泥路面，乡、村自筹78万元，省、市、县补助160万元。1978年12月，县对胡坊镇境内（原厝坑至眉溪段7.69公里、眉溪至新华坊段12.67公里）进行改造，铺筑泥结碎石路面，路基宽4.5米，路面宽3.5米，符合四级公路标准。由群众养护。

8.砂林线

路线编号：Y008。起点砂坑，经罗翠至林地，全长9.49公里。其中，1954年，动工建设罗翠至林地段，长2.33公里，修建成泥结石路面，属等外公路。1978年村民投工投劳及自筹资金3万元修建了砂坑至罗翠段7.16公里泥结石路面，属等外公路。2003年8月，罗翠至林地段按四级公路标准进行改建，建成路基宽4.5米，路面宽3.5米水泥路面。资金主要由村民投工投劳及以工代赈，共投资44万元，由城关乡公路站养护。

9.下紫线

路线编号：Y009。起下坂，经团石、杨坊、罗坊、铁坑至杉板坑，全长20.4公里。其中，1975年动工建设下坂至罗坊段，长 12.24 公里。路基宽 4.5 米，路面宽 3.5 米，为泥结碎石路面，属等外公路。该线从 4 公里处开始，工程量大，纵坡大、弯道多、涵洞工程均系半永久性设施，最大纵坡 13%有 3 段，最小平曲线半径 10 米 1 个。总投资 11.3 万元，夏阳乡自筹 7.3 万元。1977 年 1 月建成通车。1998 年 3 月动工建设罗坊至杉板坑段，长 6.1 公里，按四级路标准改建，路基宽 4.5 米，路面宽 3.5 米为泥结碎石路面，属等外公路。由夏阳乡公路站养护，1999 年 2 月建成通车。

10.坪岩线

路线编号：Y010。起点坪埠，经觉林堂、洋龙、上龙坑、九龟洞至岩里，全长 25.36 公里。其中，1958 年动工建设坪埠至上龙坑段，长 7.75 公里，路基宽 4.5 米，路面宽 3.5 米，泥结碎石路面，为等外公路。2002 年 10 月，瀚仙镇对该段按山岭重丘四级路标准进行改建，路基宽 4.5 米，路面宽 3.5 米，铺筑水泥路面 8 公里。总投资 120 万元，其中国债资金补助 56 万元，村财投资 34 万元，群众捐资及投工投劳 20 万元，由镇、村两级养护，2003 年 10 月建成通车。2004 年 8 月，动工建设九龟洞至岩里段，长 12.61 公里，公路按山岭重丘四级公路标准设计，属通村林区公路，路基宽 4.5 米，路面宽 3.5 米，铺筑水泥路面 4.3 公里，总投资 102 万元，其中省市县补助 68 万元，村财投资 30 万元，群众捐资 4 万元，由瀚仙镇、村两级养护，2005 年 1 月通车。

11.地岭线

路线编号：Y011。起自夏阳地美，讫于岭头，全长 6.55 公里。1970 年 12 月动工建设，路基宽 4.5 米，路面宽 3 米，泥结碎石路面，为等外公路。资金主要由林业部门补助，村民投工，由夏阳乡公路站养护，1971 年 10 月建成通车。

（四）林业专用公路

林业专用公路不列入国家公路和地方公路，均由林业部门自行修建、养护和使用。1995 年，县域内林业专用公路 72.37 公里。随着县公路网络建设和发展，县域内大部分林业专用公路被省道、县道、村道所改建替代。至 2005 年，县林业专用公路有 7 条 26.85 公里，桥梁 4 座 88.28 米。

二、桥梁建设

1994 年，县实施“先行工程”建设，公路桥梁建设得到长足进展，至 2005 年底，全县有公路桥梁 59 座 1431 延米（较大型桥梁 3 座 339.8 延米）。其结构有传统的石拱桥，新颖的双曲拱桥，也有钢筋混凝土拱桥、斜拉桥、T 梁桥、预应力桁桥架刚构桥等。分布在省道明溪路段的主要桥梁有 13 座 678.62 延米，县道有 8 座 124.8 延米。

（一）布上大桥 1994 年 9 月动工建设，位于省道秀里线（S306）明溪城关至三明方向 12 公里的沙溪乡布上村（桩号 K352+580），为 2~40 米跨径的等截面空腹式悬链线石拱桥，跨越渔塘溪河流，桥宽为净 9.0+2×1.2 米（人行道），桥长为 112.8 米，设计荷载为汽-20，挂-100，工程概算投资为 255.62 万元，工程由福建省林业勘察设计院设计，由三明市交通建设工程公司承建，明溪县先行工程指挥部委派工程师监理工程。该桥梁是明溪县境内最长和最大的公路石拱桥，被省、市交通主管部门评为优良工程。1995 年 12 月完工。

（二）碧州大桥 1994 年 9 月动工建设，位于省道秀里线（S306）明溪城关至三明方向 13 公里的碧州村（桩号 K351+700），为五孔 20 米钢筋砼 T 梁桥，跨越渔塘溪河流，桥宽为 9.0+2×1.0 米（人行道），桥长为 128.53 米，设计荷载为汽-20，挂-100，工程概算投资为 276.75 万元，工程由福建省林业勘察设计院设计，由三明市交通建设公司承建，县先行工程指挥部委派工程师监理工程。该桥梁是明溪县境内最长和最大的公路 T 梁桥，被省、市交通主管部门评为优良工程。1995 年 12 月 20 日完工。

（三）白沙桥 位于省道岭文线（S204）明溪城关东大路圆盘至坪埠段（桩号 K318+180），是连接明溪至将乐县一座中型公路桥梁，也是城区跨越渔塘溪南北的县内交通桥。该桥的桥型结构为混凝土板梁，U型桥台，全长48.55米，桥面宽12.7米，人行道宽1米，载重汽车-20，挂车-100，由三明公路学会设计，由县交通局组织工程队施工，1993年5月建成通车。

（四）五里桥 位于省道岭文线（S204）明溪城关至五里桥（桩号K321+389），是通往清流、宁化、江西必经的一座公路桥梁。桥型结构为混凝土板梁，桥长24米，桥宽12米，设计荷载为汽—20，挂车—100，由福建省林业勘察设计院设计，由三明市交通建设公司施工，县先行工程指挥部派工程技术人员进行监理，1995年2月完工。

（五）上坊桥 1993年10月动工建设，位于省道秀里线（S306）明溪城关至三明方向（桩号K365+270），是明溪至三明必经的一座中型公路桥梁。该桥型结构为现浇钢筋砼矩形板梁桥，桥长14.5米，桥宽32米，设计荷载为汽-15，挂-80，由明溪县先行工程指挥部组织工程技术人员设计，由三明市三元水电工程公司负责施工，1994年10月竣工通车。

（六）葫芦形一桥 2000年8月动工建设，位于省道秀里线（S306）明溪五里桥至盖洋（桩号K18+356），是明溪通往盖洋、泉上、枫溪、夏坊和国家交通战备公路及“入闽通道”明溪至建宁甘家隘的一座公路桥梁，该桥结构为混凝土T型梁桥，桥台为U型，桥长39.5米，桥宽8.5米，设计荷载汽-20，挂-100，由福建省林业勘察设计院设计，永安交通建设有限公司承建，2003年9月竣工。

（七）葫芦形二桥 位于省道秀里线（S306）明溪五里桥至盖洋（桩号K18+975.48），是明溪县通往盖洋、泉上、枫溪、夏坊及“入闽通道”明溪至建宁甘家隘的一座公路桥梁，该桥型结构为混凝土T型梁，桥台为U型，桥长35米，桥宽8.5米，设计荷载汽—20，挂-100，由福建省林业勘察设计院设计，由永安交通建设有限公司承担施工，2003年9月建成通车。

（八）小眉溪桥 2002年8月动工建设，位于省道秀里线（S306）明溪城关至三明（桩号7K+956.5），是“入闽通道”明溪至建宁延伸线通往三明的一座中型公路桥梁，桥型结构为1×25米空腹式悬链线无铰拱石拱桥，桥长39米，桥宽12米，该桥由省林业勘察设计院设计，设计荷载为汽-20，挂-100，由福建省南平闽北路桥公司承建，2003年12月建成通车。

（九）南关溪桥（过境公路桥） 2001年3月动工建设，位于省道秀里线（S306）明溪城区过境路段（桩号K1+259）是明溪通往清流、宁化及“入闽通道”明溪至建宁甘家隘的一座过境公路桥梁，桥型结构为钢筋混凝土空心板梁桥，桥台为砼U型，桥长33米，桥宽12米，设计荷载汽-20，挂-100，该桥由福建林业勘察设计院设计，由三明市交通建设工程公司承建，2003年1月竣工通车。

（十）盖洋石拱桥（裸拱桥） 位于省道秀里线（S306）明溪城关至建宁路段（桩号K416），是明溪通往夏坊、枫溪及“入闽通道“明溪至建宁甘家隘的一座中型公路桥梁，该桥结构为2孔，净跨30米+1孔净跨13米的空腹式悬链线无铰石拱桥。桥梁全长97.80米，桥宽8.5米。1988年4月动工建设，1989年2月，因建设资金不足而停工。2004年1月，福州大学土木建筑设计研究室对此桥设计改造方案，改建为拱轴系数为3.142等截面悬链线空腹式无铰石板拱，设计荷载为汽-20，挂-100，由莆田市荔冠交通工程公司承建，2005年2月完工。

1991—2005年明溪县建成公路桥梁情况

表4-1 单位：米

桥名	所属路线	桩号	所在线路名称	路段名称	桥梁结构	桥长	桥面宽	净空高	建成通车时间
白沙桥	省道	K318+180	岭文线	坪埠—城关大富	板梁	48.6	12.7	3	1993年5月
上坊桥	省道	K365+270	秀里线	上坊—城关大富	T型梁	14.5	32	3	1994年10月

续表 4-1

桥名	所属路线	桩号	所在线路名称	路段名称	桥梁结构	桥长	桥面宽	净空高	建成通车时间
五里桥	省道	K321+389	秀里线	城关大富—五里桥	板梁	24	12	3.2	1995 年 2 月
五里桥	省道	K321+389	岭文线	城关大富—五里桥	板梁	24	12	3.2	1995 年 2 月
碧州大桥	省道	K351+700	秀里线	瑶奢—上坊	T 型梁	129	11	12.8	1995 年 12 月
布上大桥	省道	K352+580	秀里线	瑶奢—上坊	板拱	113	1.4	12	1995 年 12 月
无名桥	省道	K383+546	秀里线	五里桥—盖洋	板拱	50	7.5	10.9	2000 年 11 月
无名桥	省道	K384+162	秀里线	五里桥—盖洋	T 型梁	31.22	7.5	12.8	2000 年 12 月
过境公路桥	省道	K1+259	秀里线	过境公路	板梁	33	12	—	2003 年 1 月
葫芦形一桥	省道	K18+975.48	秀里线	五里桥—盖洋	T 型梁	39.5	8.5	—	2003 年 9 月
葫芦形二桥	省道	K18+356	秀里线	五里桥—盖洋	T 型梁	35	8.5	—	2003 年 9 月
小眉溪桥	省道	K355+086	秀里线	瑶奢—上坊	板拱	39	12	—	2003 年 12 月
盖洋拱桥	省道	K416	秀里线	五里桥—盖洋	板拱	97.8	8.5	—	2005 年 2 月
白叶桥	村道	K10+803.48	—	大陂—寒塘	板拱	63.84	7	6.3	1991 年 10 月
无名桥	村道	K2+972	—	路口—花园	板拱	11.2	3.05	2.4	1992 年 8 月
米厝坑桥	村道	K2+490.6	—	溪边—米厝坑	Ⅱ型梁	12.8	4.7	1.8	1994 年 10 月
无名桥	村道	K2+476.4	—	煤矿—洪水坑	板梁	7	3.15	1	1994 年 10 月
丁上桥	村道	K0+081.4	—	枫溪—熊地	板拱	22.8	8	5.1	1994 年 12 月
无名桥	村道	K3+690	—	瑶奢—牛角坑	板拱	6.02	5.55	3.2	1997 年 9 月
无名桥	村道	K1+664.2	—	陈坊—畲地	Ⅱ型梁	9.25	4.5	2	2001 年 1 月

第二节　交通运输

一、运输设施

（一）县汽车站

1991 年，福建省汽车运输总公司明溪汽车站年运量 40.5 万人次，周转量 1835.2 万人公里，营业收入 323 万元。1993 年 12 月，更名为三明市汽车运输总公司明溪汽车站。1996 年，年运量 45.5 万人，周转量 2573.8 万人公里，营业收入 453 万元。1998 年 5 月，该站加大基础设施的投入，重新改建装修候车室，配备豪华钢候车椅、老弱病残旅客专座，候车室内增设盥洗处、仪容镜、留言牌、公告栏。2000 年 11 月，更名为福建闽通长运股份有限公司明溪汽车站，核定为二级客运站，年运量 49.9 万人，周转量 2892 万人公里，营业收入 509 万元。2003 年 12 月，购置全套的售票系统，实现电子信息化计算机管理。2004 年 6 月，投入 25 万元对车场、候车室、售票处、检票处、残疾人通道进行全面的更新改造。2005 年，该站年运量 46 万人，周转量 3825 万人公里，营业收入 612 万元。

（二）公用型客运服务站

1993 年 8 月建立，是三明市首家由雪峰镇城东村农民创办的公用型客运服务站，该站占地面积 2400 平方米，建筑面积 560 平方米，初期投资 120 万元，主要经营县境内各条公路的旅客运输业务。当年客运量 6.98 万人，周转量 223.36 万人公里，营运收入 34.9 万元。1999 年，投入 40 多万元完善客运车辆发车位、停车场、票房、候车室、食堂、招待所、公厕等配套设施。当年客运量 16.2 万人，周转量 518.4 万人公里，营运收入 116.2 万元。2005 年，客运量 20.32 万人，周转量 850 万人公里，营运收入 131 万元。

二、旅客运输

1991年，县客运线路只到邻近县及盖洋、瀚仙、胡坊等人数较多的乡镇。全县有载客汽车163辆、1668客位。1993年增开明溪至福州线路1条（夜班车），2002年增开明溪至厦门线路1条，2003年增开明溪至福州白天线路1条。

1994年，放开个体客运经营，全县客运汽车增至409辆、3501个客位。公路旅客运输由于投放车辆过多，出现运力过剩，导致客运经营户争客源、抢热线、弃冷线、争好的发车时间。县运管所对县境内部分客运热线实行公开竞标，无论国营、集体、个体，只要从事公路旅客运输条件和资质达到要求的都可参加线路竞标。凡中标的经营车辆均进入明溪汽车站实行统一管理，统一售票，统一发车时间，统一班次，杜绝个体经营户无序争抢客源的现象。

1998年12月，成立明溪雪峰快运客联合车队，经营明溪至三明客运线路。该车队将旧车报废或转让，重新投入360万元资金购置15辆新型依维柯客车，明溪和三明每15分钟对发一趟班次，每天有45趟三明至明溪客运车在路上运营，平均日乘客1020人，平均日产值1.3万元。全县有载客汽车70辆、1188客位。

2001年12月，明溪雪峰快客联合车队注册成立明溪县兴达运输有限公司，实行公司化经营。该公司在原车队的基础上再投入310万元，扩大规模。公司下辖雪峰快客车队（拥有客运车辆15辆）、雪峰出租汽车队(拥有轿车出租车8辆)、夏阳客车队（拥有客运中巴6辆）、胡坊客车队（拥有客运中巴3辆）、夏坊客车队（拥有客运中巴3辆）、枫溪客车队（拥有客运中巴3辆）以及发往大陂、将乐、建宁中巴各1辆。至此，该公司拥有各种客运车辆41辆，驾乘人员116人，成为明溪客运的主要力量。2003年10月，明溪县兴达运输有限公司与三明市环宇运输有限公司联营，成立三明市环宇运输有限公司明溪分公司。将明溪县兴达运输公司经营明溪至三明线路的所有客车并入该公司，提升客运企业的资质等级和竞争力，同时改变县内明溪至胡坊客车队挂靠兴达公司经营的做法，将客车全部纳入兴达公司。全县有载客汽车46辆、496客位。

2005年1月，雪峰快客车队15辆依维柯客车因车辆行驶里程数达到报废标准，全部报废更新。三明市环宇运输有限公司明溪分公司再投资360万元购置15辆设有先进的卫星定位和安全制动系统的“都灵V”新型豪华客车投入运营。2005年底，全县有载客汽车49辆、796客位。由明溪汽车站发往省内外的班车每天有78班次。其中，跨省班线有明溪至江西于都大巴1辆每天1个班次。跨区班线有明溪至福州大巴2辆每天2个班次，明溪至厦门大巴1辆每天1个班次，明溪至泉州大巴1辆每天1个班次，明溪至石狮大巴1辆每天1个班次，明溪至榜头大巴1辆每天1个班次，明溪至长汀中巴2辆每天2个班次，明溪至连城中巴1辆每天1个班次，明溪至顺昌中巴2辆每天2个班次。跨县班线有明溪至将乐中巴4辆每天8个班次，明溪至建宁中巴1辆每天1个班次，明溪至永安中巴5辆每天5个班次，明溪至宁化中巴1辆每天1个班次，明溪至三明中巴15辆每天45个班次。日客运量1560人，平均周转量2866万人公里。由县公用型客运服务站发往县城乡的班车每天有94个班次。其中，明溪至盖洋5辆每天21班次，明溪至夏坊3辆每天12班次，明溪至夏阳（地美）4辆每天20班次，明溪至胡坊3辆每天20班次，明溪至枫溪3辆每天15班次，明溪至大陂1辆每天6班次。日客运量600人，平均周转量539万人公里。

三、货物运输

1991年，全县有营运货车593辆，载重量3435吨位，年完成社会货运量48.9万吨，货物周转量3599万吨公里。1995年增至641辆，载重量2306吨位，年完成社会货运量169万吨，货运周转量11620万吨公里。20世纪90年代初，由于经营理念及运营成本核算等原因，国营运输企业在激烈的运输市场竞争中先后破产倒闭，原为国有的车辆逐步承包或卖给个人去经营运输。1998年，全县的货运汽车基本上为个人所有，全县有营运货车280辆，载重量1373吨位，年完成社会货运量69万吨，货物周转量2684万吨公里。

2005年，全县从事货运汽车171辆，载重量506吨位，年完成社会货运量289.62万吨，货物周转量7245万吨公里。基本上形成普通货物运输、特种专业运输、零担货物运输和货运服务业协调发展的货运市场。

四、运输企业

1991年，全县有民用汽车771辆，仅有明溪汽车运输公司、省烽林机器厂危货运输车队及县汽车保修厂等少量汽车运输和维修服务企业8家。1995年后，道路运输事业迅猛发展，个体企业快速加入，出现多层次、多形式、多渠道，国营、集体、个体一齐上的新局面。2000年，县汽车保修厂等国有汽车维修企业因经营不善，进行改制。汽车维修业务大多由私人经营。

2005年，全县有福建闽通长运股份有限公司明溪县分公司（有15辆大中型客车，属二级客运企业）和三明市环宇运输有限公司明溪分公司（有34辆客车，其中中巴26辆、出租轿车8辆，属三级客运企业）等客运企业2家；货运有福建省烽林机器厂危险货物运输车队（有6辆危货运输车）1家，属国有企业；个体经营货运车辆有货车166辆、农用车144辆、拖拉机387辆。道路运输相关服务业有县汽车站、县公用型客运站、夏阳汽车站、盖洋汽车站、和顺汽车公司及恒顺零担货运、诚信零担货运2家零担货运代理。机动车维修企业9家，从业人员230人。其中汽车维修企业21家（二类9家、三类专项13家），汽车补胎7家，篷布与坐垫维修2家，汽车装潢4家，汽车电工维修3家，水箱修理1家，摩托车维修店56家。

附：县内主要运输企业

福建闽通长运股份有限公司明溪分公司汽车站　属国有企业。该车站位于县雪峰镇新大路6号，占地面积8854.56平方米，站前广场面积379平方米，停车场地3894.7平方米，有发车位6个，辅助设施面积2948.43平方米，站房建筑面积378.6平方米，其中候车室面积198.7平方米，年平均日发送班次78班，旅客发送量58万人次，拥有15辆大中型客运车辆。主要经营明溪长途客运线路及过境车辆停靠，年完成客运量43万人公里，周转量3050万人公里。

明溪公用型客运服务站　1993年8月建立，由雪峰镇城东村委会投资兴办，核定站级级别为四级，属集体企业。该车站占地面积为2400平方米，停车场面积1720平方米，有发车位6个、200平方米，站房建筑面积为250平方米，辅助设施面积70平方米，候车室面积60平方米，年平均日发送班次50班，旅客发送量23万人次。主要经营明溪境内通往各乡镇客运线路。

三明环宇运输有限公司明溪分公司　为客运三级，企业性质民营股份制。前身为明溪县雪峰快客车队，成立于1998年12月。2001年12月27日，注册成立明溪县兴达运输有限公司，实行公司化经营。2003年10月，为提升企业的资质等级和竞争力，兴达运输公司将17辆中巴并入三明市环宇运输有限公司明溪分公司。至2005年，拥有各类客运车辆41辆，其中，豪华型客运中巴车辆15部，普通中巴客运车辆18部，出租汽车轿车型8部，固定资产总值600万元，有从业人员68人。主要经营明溪至三明、明溪至各乡镇客运线路及跨区包车、租车业务。

明溪汽车运输公司　公司前身为明溪县汽车队（与汽车保修厂同一套人马），兼营汽车维修。1981年改称为县汽车运输公司。1983年，扩大企业经营范围，成立交通服务公司，经营商业销售，成为多种经营方式的交通企业。实行三块牌子，一套班子，统一管理，单独核算。公司属国营带集体的企业，占地面积为31925平方米，建筑面积8178平方米，拥有固定资产总值118万元。20世纪90年代末，由于体制和管理的原因，企业不景气，生产经营开始滑坡。2000年7月，公司进行改制，职工买断工龄，与企业解除劳动关系，另谋出路。2001年，县政府根据城市规划征用拆迁保修厂。

省烽林机器厂危货运输车队及车队修理厂　福建省烽林机器厂于1985年成立货物运输车队及车

队修理厂。2003 年 6 月，根据上级要求和企业危货运输需要，正式组建成立危险化学货物运输车队，属国有企业，隶属福建省烽林机器厂。车队主要承担着化学危险货物及军品的道路运输任务和烽林机器厂所有车辆的日常维护及维修工作。车队占地面积为 3500 平方米，其中办公场所 120 平方米，维修场所 144 平方米，停车场所 2719 平方米，封闭式车库 126 平方米。2005 年，危货运输车队拥有专用车辆 6 辆，从业人员 30 人，技术人员 1 人，管理人员 2 人，驾驶人员 12 人，押运人员 14 人，安全员 1 人。车队维修厂资质为维修二类 A 级，经营二类汽车整车维修、危险品运输车车辆整修，设有汽配库、维修车间等。拥有各种汽车维修专业设备 42 台（套），测量维修器具 51 件。有从业人员 27 人，管理人员 2 人，专业维修人员 14 人，其中高级工 1 名，中级工 12 人，初级工 1 人，过程检验员 2 人，竣工检验员 1 人。

明溪县和顺汽车公司（驾驶员培训学校） 2004 年 12 月创建，位于县雪峰镇城东村，该驾校经省市运管部门资质评定为综合类三级，其经营范围为小车和摩托车驾驶培训，2005 年拥有职工 27 名，其中管理人员 6 名，教学人员 22 名，驾校固定资产总值 108 万元，拥有教练车 18 辆，电脑 7 台，投影仪 2 台，设有办公楼、教室、宿舍和食堂等，训练场地 14460 平方米，教练场内设有连续障碍、单边桥、上坡路定点停车与坡道起步、起伏路、双曲线行驶等训练科目，是经运管部门核准的明溪县唯一一所驾训学校。

1991—2005 年明溪县道路交通、运输情况

表 4-2

项　目	1991	1992	1993	1994	1995	1996	1997	1998	1999	2000	2001	2002	2003	2004	2005
一、境内公路总长度(公里)	772.2	772.2	772.2	772.2	772.2	713	713	777.9	777.9	750.1	549.1	549.1	904.7	904.7	1103.43
1.干线(省道)	90.3	90.3	90.3	90.3	90.3	90.3	90.3	85.2	85.2	85.2	58	58	120.8	120.8	124.07
2.县道(县乡列养公路)	67	67	67	67	67	66.2	66.2	126.2	126.2	131.9	131.9	119.9	139.1	139.1	417.59
3.乡道(县乡扶养公路)	485.7	485.7	485.7	485.7	485.7	183.8	183.8	183.8	183.8	150.3	157.1	157.1	159.9	159.9	147.04
4.村道(乡村自养公路)	99.1	99.1	99.1	99.1	99.1	219.7	219.7	229.7	229.7	229.7	364.7	396.5	435.4	435.4	414.73
5.专用	30.1	30.1	30.1	30.1	30.1	153	153	153	153	153	166.3	48.4	49.5	49.5	49.5
二、桥梁(座)	116	116	116	116	116	68	68	68	68	68	48.4	59	59	59	59
长度(米)	2452	2452	2452	2452	2452	1481	1481	1481	1481	1481	59	1431	1431	1431	1431
三、民用汽车(辆)	771	704	736	925	956	832	766	785	796	823	846	865	908	926	988
1.载客汽车(辆)	163	158	167	409	284	294	306	70	59	53	51	41	46	47	49
载客位(客位)	1668	1385	1430	3501	2530	2591	2690	1188	1038	901	888	733	496	757	796
2.普通载货汽车(辆)	593	517	540	493	641	510	430	280	280	269	207	153	135	163	171
载重量(吨位)	3435	2027	2169	1982	2306	1835	1950	1373	1250	1126	887	544	448	485	506
3.专用载货汽车(辆)	3	7	7	7	8	5	20	20	6	3	6	6	6	—	—
4.特种汽车(辆)	11	16	16	16	18	18	10	10	—	—	—	—	—	—	—
四、轮胎式拖拉机(辆)	942	915	920	1215	1223	1163	1072	750	935	846	502	300	475	1095	957
五、摩托车(辆)	865	1111	1165	1994	2346	2419	5300	6700	7238	10156	10242	9943	12184	13530	16003
六、其他机动车(辆	192	181	180	180	86	86	80	128	160	189	208	142	164	176	193
七、农用机动车(辆)	86	86	88	88	86	86	80	80	86	91	96	106	113	119	123

续表 4-2

项 目	1991	1992	1993	1994	1995	1996	1997	1998	1999	2000	2001	2002	2003	2004	2005
八、社会货运量(万吨)	48.9	59	54	159	169	134	53	69	76	147	141	85	123	104	289.62
货物周转量(万吨公里)	3599	4216.9	4762	11586	11620	10470	937	2684	3973	2791	4900	2579	4231	5175	7245
九、社会客运量(万人)	30.2	37.4	35	76	162	194	92	193	205	276	203	139	226	161	179
旅客周转量(万人公里)	1057	977.6	1215	2647	6548	7211	3322	6873	6877	7560	5649	3274	4986	5040	6804

第三节 机构与管理

一、机构

(一) 县交通局

1991 年，县交通局下设办公室、财务室等股室，有工作人员 5 人。1996 年 10 月，在政府机构改革中作为 24 个部门机构之一保留建置。2005 年，县交通局下设办公室、财务审计股、工程管理股（加挂路政管理股）等 3 个职能股（室），有工作人员 5 人。

(二) 县运输管理所

1991 年，县交通运输管理所下设办公室、财务征收股等股室，下辖盖洋、夏阳、胡坊等乡镇交管站，有工作人员 22 人。2003 年 1 月更名为明溪县运输管理所，加挂明溪县交通运政稽查大队的牌子。同年 6 月各乡站相应更名为盖洋运输管理站、夏阳运输管理站、胡坊运输管理站。12 月，成立“明溪县地方海事处”，与交通运输管理所实行两块牌子、一套人马。

2004 年 7 月，县交通局取消与县运输管理所的行政处罚委托关系，县运输管理所作为独立法人组织独立承担履行民事、行政执法主体的权利义务。

2005 年，县运输管理所内设办公室、财务征收股、运政稽查大队、车辆维修股、道路运输管理股（含出租车管理职能）、培训管理股、安全监督股等 7 个职能股（室），下辖盖洋运输管理站、夏阳运输管理站、胡坊运输管理站等 3 个乡站，有工作人员 23 人。

(三) 县路网公路建设有限公司

1999 年 9 月，县国资局成立明溪县路网公路建设有限公司，为国有独资公司，注册资金 200 万元，公司主要经营等级公路建设管理，公司法人代表由县交通局长兼任。有管理人员 21 人，其中工程技术人员中级职称 6 个、初级职称 6 个，会计师 1 人。2005 年有管理人员 15 人。

(四) 县公路工程管理站

1987 年 3 月，经县编委同意，交通局下设明溪公路工程管理站。2005 年 5 月，县级事业单位机构改革中，公路工程管理站更名为交通工程管理站，核定编制数 10 名，其中管理人员 1 名、专业技术人员 9 名。

(五) 县通行费征收站

1992 年 12 月，成立县过境费征收站，设立南山、王桥、坪埠等 3 个收费站。1993 年 2 月开征，2002 年 12 月更名为明溪县通行费征收站，2005 年 9 月改为三明市公路通行费明溪征收管理所，有配置人员 55 人。

（六）明溪公路分局

明溪公路分局前身为明溪养路段，1993 年公路养护与公路稽征分建，明溪养路段更名为明溪公路分局，隶属于三明市公路局，主要承担明溪境内省道、县道等公路养护、公路路政管理等行业职能。2005年，内设办公室、财务股、经管股、工程股、路政管理所等，下辖城关公路站、沙溪公路站、胡坊道班、奋发道班、岩里道班、杉坑道班、小雅道班、龙澜道班、王宠道班、余家道班等道班。在职人员 86 人，其中干部 19 人，职工 6 人，班站工人 67 人。

（七）明溪路政管理所

明溪路政管理所前身为明溪公路分局路政站，1996 年 4 月经省、市两级编委批准，挂牌成立明溪公路路政管理所，具体行使明溪县域（专养公路为主）的公路路政管理职责。2005 年，在编专职路政执法人员 6 人。

（八）县公路稽征所

明溪县公路稽征所前身为明溪公路段养路费征收站，1993 年 1 月从明溪公路段养路费征收站基础上组建，为福建省公路稽征局所属事业单位，全称为福建省公路稽征局明溪稽征所，由三明公路稽征处直接管理，主要承担明溪县境内机动车辆养路费征收、稽查、协调和服务工作。2005 年，公路稽征局内设办公室、征费厅、财务室、稽查队等部门，有在编在职人员 8 人。

二、管理

（一）路政管理

明溪路政管理所承担省道岭文公路明溪段 28.59 公里和省道秀里公路明溪段 95.48 公里，共计 124.07 公里公路的管理任务。

1.公路标线设置

2000 年 6 月，县按国家重新制定的 GB 5768—1999《道路交通标志和标线》，对县境内主要交通干线省道岭文线和秀里线明溪路段的路标、标线重新进行设置。其中，省道岭文线明溪境内自铁岭经龙湖、雪峰（明溪城关）、五里桥、狮窠至五通凹（与清流县交界处）路段共设置 16 个交通标志，路面标线 14 处；省道秀里线明溪境内自瑶奢经沙溪、石珩、雪峰（明溪城关）、五里桥、盖洋、夏坊（与建宁县交界处）路段共设置 99 个交通标志，路面标线 18 处。2005 年，县境内共设有 126 个交通标志，路面标线 38 处。

2.超限载运输管理

县路政每年利用电视媒体、墙体标语、悬挂横幅等形式广泛宣传《中华人民共和国公路法》《超限运输车辆行驶公路管理规定》和《路政管理规定》等法律法规，与广大群众和驾驶人员面对面交流沟通，宣讲超限运输的危害性，使广大群众能够自觉遵守公路法律法规，增强爱路护路意识。同时加大反超限工作力度，严厉查处超限运输车辆违法行驶公路的行为。在县域内省道、县道公路确定流动巡查点，以电子地磅检测过往车辆，一经发现超载就严格实施卸载；对重点路段，重点车辆，重点厂矿实施监控。依法严厉地查处各种超限运输车辆。对超限运输车辆违法行驶公路的处理及处罚标准严格按照《公路法》等法律法规的要求进行处罚：凡超限在 1 吨以内的，原则上予以教育放行；凡超限在 1 吨以上（含 1 吨），严格实施卸载、处罚，并依照国家有关规定追收赔（补）偿费。

1991—2005 年，县路政所累计出动路政巡查人员 2100 多人次，共检查车辆 120000 辆次，其中超限运输车辆 80000 辆次，责令当场卸载车辆 25000 余辆次，卸载货物 19 万吨，办理行政处罚案件 300 余起，罚款人民币 500 余万元。

（二）规费管理

1.养路费

1993年，县组建公路稽征所。至2005年底，累计征收养路费3650.58万元,客运附加费1041.38万元,货运附加费669.26万元。1996年元月始开征拖拉机养路费，至2005年12月，累计征收拖拉机、其他车辆的养路费共606.1万元。

2.运输管理费

依据交通部、财政部发布的[1986]交公路字633号《公路运管费征收和使用的规定》，向从事营业性道路运输经营户征收，用于道路运输行政管理的行政性收费。1991—2005年，全县共征收运输管理费1185.01万元。

3.客货附加费

依据福建省物委、财政厅、交通厅闽价〔2000〕商字80号《关于规范公路客货运附加费的通知》，县交通局委托县运管所负责征收县境内所有营业性的拖拉机及其他车辆的客货附加费。征收标准为手扶拖拉机月辆10元，农用运输车月吨40元，盘式拖拉机月辆20元。2000—2005年共征收客货附加费52.1万元。

4.公路车辆通行费

为筹措公路建设资金，还贷公路“先行工程”建设资金，1993年2月经省政府批准开征公路车辆通行费，由县通行费征收站负责征收。1993—2005年，共征收车辆通行费5224.16万元。

（三）安全管理

1.安全组织

1991年，县交通安全由县交通局下属安全办公室负责，有1名专职干部具体负责交通系统安全生产的日常工作。1997年1月，县成立交通系统安全生产工作领导小组，组长由交通局长兼任。2004年县运管所成立安监股，负责交通系统安全生产监督检查指导，并配备1名干部具体负责安全生产日常事务工作。

2.安全教育

1991—2005年，全县组织召开交通安全生产例会达100余次，上街开展交通安全宣传咨询活动达30多次，印发宣传资料7万份，悬挂大幅宣传标语80条，举办各种培训班参训人数900多人次。

3.安全检查

1991—2005年，全县组织交通安全生产检查达300多次，责成车站和维修厂整改200余次；查处两轮摩托车非法载客1600辆；查处非法客运车辆216辆；取缔五小车辆（轻便摩托车、摩托车、三轮农用机动车、小四轮农用机动车、四轮农用机动车）和“黑车”300辆；依法立案989起；罚款225万元。

2003年4月，全国各地发生非典型肺炎疫情，为防止疫情通过旅客运输传播，县成立预防和控制“非典”领导小组，制定《明溪县关于道路客运非典型肺炎应急处理预案》，采取有效措施，在全县开展预防和控制“非典”工作，抽调专门人员与卫生防疫部门紧密配合，在县汽车站和公用型客运站等场所设立24小时“非典”检查站，对从省外回来的人员进行检查，同时限制跨省旅游出行。由于受“非典”的影响，旅客运量、周转量急剧下降，根据《福建省人民政府办公厅转发国务院减轻企业负担部际联席会议关于防治非典期间对部分行业减免行政事业性收费的通知》，对涉及交通规费实行减免，自2003年5月1日起至2003年9月30日止，对公路客运、出租汽车减免50%养路费和运管费。对交通系统广大干部职工，特别是在客运一线的司乘人员进行“非典”防控知识宣传和健康安全教育，对县域内两个车站（明溪县汽车站、明溪县公用型客运服务站）和所有的客运车辆、出租汽车实施严格的消毒、测温、通风等卫生处理，并实施登记、报告制度，防止“非典”通过交通工具传播和扩散，保障防治“非典”期间交通运输的畅通。2004年5月，为严防“非典”疫情死灰复燃，县政府根据《福建省交通厅转发国家质检总局等七部局关于加强上岸和国内交通“非典”卫生检疫工作的紧急通知》恢复“非典”值班制度和疫情报告制度，启动“非典”防治预案中的相应措施，抽调人员深入到车站等场所进行检查，确保交通运输生产的正常进行。

（四）驾驶员培训行业管理

1991—2004 年，县驾驶员培训由交警部门负责管理，对汽车驾驶员进行严格管理，新培训出来的驾驶员须经一段路车实习后方可独自上路驾驶，确保行车安全。

2005 年 1 月起，由县交通部门负责管理驾校和驾驶员培训行业，县运管所相应成立培训股开始履行对该行业的管理职能。制定行业管理规定和相应的配套规章，制定行业发展规划；制定培训标准、开业标准、开业审批程序并负责开业审批；编写教学大纲、统一教材；检查监督驾驶员培训质量，维护培训市场秩序；协调培训中各方面的关系，为驾校和驾驶员培训工作做好服务工作。同年 3 月，县运管所对全县机动车驾驶员培训机构进行资质审验，对符合准入许可条件的县和顺汽车有限公司教练所核发机动车驾驶培训许可证，该驾校的资质被核定为综合类三级（允许其从事小车和摩托车的培训经营活动）。4 月，县运管所对该所首期开班的学员配发教材，抓好培训记录的签发工作，督促该所严格执行交通部发布的《中华人民共和国机动车驾驶员培训教学大纲》规范培训行为，提高培训质量。

（五）公路养护与绿化

1.专业养护 （固定工人养护）公路由明溪公路分局下辖的养护单位各公路站和道班负责，明溪公路分局所属的公路站及道班共有 13 个。1995 年，明溪公路分局 13 个班站有养护用养路机 12 辆、YZ8Q 振动压路机一台、SQ0.6 小型沥青洒布机 1 台、东风汽车 2 辆、跃进牌双排自卸汽车 1 辆；1997 年，旧式养护车辆不适合公路养护需要，逐步淘汰，新置龙岩生产的龙马拖拉机 8 辆、龙马农用车 1 辆；2003 年新购置沥青喷油车 1 台、小型压路机 1 台、沥青灌缝机 1 台、破碎机 1 台、路面击碎机 1 台。公路站及道班分 13 个路段养护着省道岭文线和秀里线明溪路段 87.04 公里，县道 36.42 公里，乡道 21.28 公里，累计养护公路里程 144.73 公里。其中：省道岭文线明溪路段水泥路面 12.94 公里，沥青路面 15.64 公里；省道秀里线明溪路段水泥路面 58.45 公里；县道盖宁线砂石路 5.79 公里，瀚大线砂土路 29.62 公里，长枫线沥青路面 1.01 公里；乡道高宁线砂土路面 21.28 公里。

1997 年 2 月，原省道福五线（现为省道秀里线）瑶奢至城关东大路圆盘段 30 公里水泥混凝土路面，通过交工验收，移交明溪公路分局进行管理和养护。1997 年 9 月，明溪公路分局城关公路站接养原省道洋万线（现为省道岭文线）城关至五通凹段 11.5 公里的水泥混凝土路面。1997 年 12 月，明溪公路分局接养原省道洋万线（现为岭文线）铁岭至城关东大路圆盘段沥青路面 15.58 公里和水泥路面 1.42 公里。

2003 年 6—8 月，明溪公路分局所属公路道班对乡道石龙公路沥青路面进行大修。

2.地方养护 （乡镇公路站和群众养护）主要负责养护乡村公路。从 1991 年起，城关、瀚仙、胡坊、沙溪、夏阳、盖洋、枫溪、夏坊等 8 个乡镇公路站各自负责所辖区域内乡村公路的养护和管理。至 2005 年，各乡镇累计养护公路里程 779.08 公里，其中县道 144.32 公里，乡道 195.55 公里，村道 439.21 公里。

3.其他养护 林业公路主要由林业公路养路段负责养护，2005 年全县有林业专用公路 49.54 公里。厂矿专用公路由厂矿部门自行养护。

4.绿化

1995 年，明溪为创建“生态绿化路”和“文明示范路”，根据地形地貌进行植树绿化，使公路两侧的树木和绿色植被成片、成排，形成自然景观；因地制宜，选择适合在明溪地区生长的和与公路沿线环境相匹配的树种、植物如：草皮、乔木、梧桐、丁香、红叶枫、柳杉、柏树、红豆杉等，改善公路两侧的环境景观。明溪县委、县政府对公路绿化高度重视，利用每年的“植树节”组织各部门、单位工作人员在公路两旁义务种植苗木。明溪公路分局每年投入 3 万元经费用于公路绿化。

2004年3月，明溪公路分局与县文明办联合发出《关于开展创建“百里文明路带”活动的通知》，倡议各机关单位、学校、社会团体等积极为百里文明公路车头坑至五通凹路段义务植树，投资近30万元完成文明路带绿化植树1.1万株，长达15公里。

至2005年12月，全县绿化公路里程68.44公里，其中，省道42.16公里，县道11.68公里，乡道14.6公里。

第二章 邮 政

第一节 邮 路

一、市、县内邮路

1991—2005年，经明溪的市内邮路有三明—明溪—清流—宁化—建宁线，由三明市邮政局自办邮件传送路线，每日1班，原线往返。

县内邮路共5条，分别为明溪至枫溪、胡坊、夏坊、夏阳、盖洋，均为逐日班。1991年单程总长度225公里，其后因县域内公路改、扩建，至2005年单程总长度为216公里。

二、乡村邮路

1991—2005年，县农村邮件的投递工作采取自办邮路到村，利用社会力量和少先队义务送报员送到村民小组的办法组织投递。全县农村有自办自行车邮路21条，路线长525公里；步班邮路3条，路线长33公里，分别为夏阳陈坊—旦上、盖洋林地—大坑、盖洋大陂—常坪；建立少先队送报站23个，有送报员68人。

2005年明溪县农村自办邮件投递段情况

表4-3

发班局(所)	投递段	班次(每周)	投递范围
县局	画桥	6	王桥、林地、画桥、桂林、狮窠
	下汴	3	大坪、下汴、余坊、肖家山、大焦
	洋龙	6	洋龙、岩里、坪地
瀚仙	石珩	6	石珩、小眉溪、瀚溪、龙湖、连厝、花园、十里铺农场、王陂
胡坊	胡坊	6	胡坊、柏亨
	眉溪	3	新华坊、奋发、冯厝、眉溪、朱南
	福西	3	福西、洋地、邝坊、大溪丰
沙溪	煤矿	6	永溪、梓口坊、瑶奢、煤矿、梓口坊水电站
	六合	6	碧州、布上、上地、六合、黄沙坑、杨坊

续表 4-3

发班局(所)	投递段	班次(每周)	投递范围
夏阳	紫云	3	下坂、团石、紫云、张坊、罗坊、陈坊、福田寨
	良村	3	小溪、后洋、小际、倪地、良村、瓦溪
	俞云坂	3	下吾坊、上吾坊、俞云坂
	常溪	3	后洋、土岭、新坊、地美、溪坊、常溪
	长兴	6	杏村、御帘、长兴、夏阳
盖洋	水口	6	湖上、温庄、瞿地、水口、白叶
	姜坊	3	葫芦形、杨地、大陂、姜坊
	雷西	3	雷西、张地、村头、西溪
枫溪	官坊	3	小雅、官坊、大雅、小珩
	华山	3	邓坊、熊地、华山
夏坊	苎畲	6	苦竹岭、鳌坑、龙坊、苎畲、夏坊
	李沂	6	黄地圹、蒙州电站、李沂、中溪
	高洋	6	坊头、高洋、新建、黄地及乡政府

三、城区投递

1991 年，明溪城区共有投递段 3 个，投递员 3 人，私人信报木箱 100 个。1996 年，随着订户需求的增加，全县设立塑料信报箱 500 个。1999 年开始，使用金属信报箱。因城区规模不断扩大，城区人口、用邮量增加，2000 年对城关投递段进行大幅调整，由原来 3 个段改为 8 个投递段。2005 年，县城区共有 8 个投递段，投递员 10 人；全县个人信报箱用户 1500 户，有信报箱群 4 个。

2005 年明溪县城区投递区域情况

表 4-4

路段	投递范围
东段	东新路、上坊村、宝富加油站、白沙苑新村、白莲新村、企业新村
西段	解放路、水车路、西大路、民生路、新大路南面、黄金井
南段	南大路、青年路至农机公路
北段	北大路、河滨北路、坪埠村、复烤厂、长虹精密铸钢厂
紫岭	紫岭路、城关中学、职业中学、红岗新村、新大路北面、雪峰新村
中山一段	明溪一中、交通局、公路局、药监局、县总工会、人武部、新民路、中山路
中山二段	农化路、东大路、公园路西、河滨南路
县政府大院	县政府内院单位部门

第二节 设 施

一、生产用房

1991—1994年，陆续新建夏阳、夏坊、枫溪、瀚仙4个乡镇邮电所及东门邮电支局、县邮电大楼，全县邮政生产用房增至1159平方米，其中县邮电局有生产用房520平方米。

1998年9月，邮电分营，原邮电局大楼、东门邮电支局房产划归县电信局，各乡镇邮电所改为邮政支局。其后，县邮政局先后购买东新路的天亚大酒家与饮服公司北左路2号的房产，将北左路房产改造作为日溪邮政营业、邮政储蓄、邮政超市、邮政书店经营场所，面积767平方米；将天亚大酒家改造作为县邮政局管理办公场所和邮政营业、邮政储蓄场所，面积1273平方米。2005年，全县城区邮政生产用房2600平方米，农村支局邮政生产用房2721平方米。

二、生产设备

1991年，用于邮政生产的主要设备是自行车，另有用于邮政储蓄的福特运钞车1辆、微型计算机1台、包裹收寄机2台、信筒信箱5个，以及常用的日戳夹钳、分拣格橱、信函秤、包裹秤等。1993年，购进信函捆扎机1台、电子秤6台、传真机5台。1995年，购进生产用丰田2700型工具车1辆，给据邮件登单机1台，微型计算机5台。1997年，新增ATM自动取款机1台，商函制作系统1套。1998年，新增平信过戳机3台、微型计算机15台、局域网服务器2台。1999—2005年，每年购进汽车1辆，并陆续购进1台ATM自动取款机、2辆摩托车、9台计算机等设备。

2005年，全县邮政营业设备除常规用品用具外，有邮政储蓄专用汽车2辆，速递专用汽车2辆，物流专用车1辆，非生产用车2辆，摩托车2辆，自行车27辆；有商函制作系统1套、邮资机1台、给据函件登单机1台、过戳机3台、包裹收寄机2台、信函捆扎机1台、电子秤6台、POS机1台、微型计算机30台、信筒（箱）12个、ATM邮政储蓄自动柜员机2台、局域网服务器8台、网络路由器1台、传真机9台。

第三节 业 务

一、函件

1991年，全县平常函件79.63万件，给据函件5.69万件，其中国际平常函件11384件，国际给据函件251件，邮政快件53753件。同年开办贺年（有奖）明信片业务，当年业务量3万张，创收6万元。1993年，开办国内、国际特快专递业务，全年完成特快专递1102件，其中国内1074件、国际28件。随着改革开放商品经济的发展，县城镇农村人口大量走出家门，函件业务量逐年增加。1995年达到最高峰，平常函件为163.04万件，给据函件4.49万件，其中国际函件19126件，国际给据函件375件。1996年后，由于程控与无线电话的开通，函件业务总量逐年下降。为扩大函件业务，同年开办商业信函业务和邮政专送广告业务，当年业务量就达18万份，创收5.6万元。1998年6月起，开办商业函件业务，采用印刷形式不装入信封，随报投递或单独投递，并为客户提供商函的策划、设计、制作、投递等一条龙服务。1999年3月，信函资费大幅提高，平信本埠由0.1元调至0.6元，外埠由0.2元调至0.8元；函件挂号费调至2元。同年，邮政快件停办。2004年国内函件挂号费再次调整为3元。2005年，全县平常函件70.2万件，给据函件4.1

万件，其中国际平常函件1381件，国际给据函件430件；特快专递13437件，其中国内12809件，国际628件；发行贺年（有奖）明信片5万张；商业信函10万件；邮政专送广告10万份。

二、包件

1991年，全县收寄国内包件6264件，国际包件仅11件。1992年起，随着县城镇、农村居民大量出国经商及劳务，国际包件量逐年增加。1995年，全县各乡镇邮政支局增开收寄国际包裹业务，全年全县收寄包件11533件，国际包件823件。1999年，取消商品包裹业务，所有包裹都按民用包裹收寄。2005年，全县收寄包件5391件，其中国际包件1761件。

三、汇兑

1991年，全县出口汇票为4.74万张，进口汇票1.46万张。1997年后，随着各商业银行相继开通全国资金汇划清算系统，系统内通过现代通信手段实现国内异地实时结算，汇兑业务逐年减少。1998年取消快件汇款业务，转为特快汇款业务。2000年，全县出口汇票减少为1.9万张，进口汇票为1.4万张。2005年，全县出口汇票和进口汇票各为1万张。

四、集邮

1991年，全县有集邮点1处，经营邮票纪念品有纪念邮票、小型张、首日封、纪念明信片、纪念币、纪念册和小本票等，邮票由县邮电局向省邮票公司预定。由于供应有限，县邮电局对集邮邮票实行凭卡供应。当年全县集邮业务量达20.46万枚，集邮收入3万元；全县集邮爱好者1000余人，集邮协会会员30人。1999年，集邮业务量达最高峰81.12万枚，集邮收入30万元，此后逐年递减。2000年开始经营金银彩币业务。2003年“五一”期间，县举办“人口、资源、环境”大型邮展，并在城乡巡回展出。同年起，面对市场变化，开始开发定向邮品、提供邮票个性化服务，至2005年，共开发个性化邮票600套、集邮画册200册（版）。是年，全县有集邮点1处，集邮业务量达13.3万枚，集邮收入56万元，有集邮爱好者641人，集邮协会会员500人。

五、报刊发行

1991年，全县有社会报刊发行站10个，报刊发行员10人，订阅报纸的品种有200余种，杂志的品种有600余种，全年报刊发行数为442.3万份，其中报纸415.48万份、杂志26.82万份，报刊流转额75.2万元。1998年邮电分营后，县邮政局先后在东新路县局底楼大厅、北左路2号开办邮政书店，并在城区设立2个报刊亭，进行报刊零售业务。2000年后，由于一些报刊扩版提价，不少单位压缩订阅报刊费用，加上县内工商贸企业体制改革，单位数减少等，报刊发行数逐年下降。2005年，全县订阅报纸品种400余种，杂志品种800余种；报纸零售品种30余种，杂志零售品种200余种。全县报刊发行数为167.2万份，其中报纸154.3万份、杂志12.9万份，报刊流转额152万元。

六、邮政储蓄

1991年，全县设有7个邮政储蓄点，年末储户达1万户，收储余额573.16万元。1998年，全县设邮政储蓄点8个，年末收储余额10824.39万元，突破1亿元大关。2001年6月，县邮政储蓄自动柜员机（ATM）开通。2003年7月1日，县城关邮政储蓄营业点开办西联汇款业务。2004年，全县邮政储蓄网点全面开办西联汇款业务，当年共收汇1714笔，金额1930万元。2005年，县邮政储蓄开办代理移动话费现金代缴业务和外币储蓄业务。是年，全县共有8个邮政储蓄点，储户4万户，外币收储余额300万元，人民币收储余额29180万元；西联汇款收汇2227笔，金额3672万元。

七、邮政邮购

1999年12月11日，县邮政局开办邮政超市，是全省邮政在山区局开办的第一个邮政超市。超市占地面积300平方米，经营食品、家电、日化、针织等商品，当年业务总额24万元，收入5万元。2002年销售收入累计564.65万元，实现进销差价84.7万元，并荣获省级诚信单位、市级卫生先进单位、省级文明示范窗口等荣誉称号。2005年4月，因市场竞争激烈及管理机制制约，超市停业。

若干年份明溪县邮政业务收入、主要业务量情况

表4-5

项目	1991年	1995年	2000年	2005年
业务收入(万元)	74	226	863	973
平常函件(万件)	79.63	163.04	56.93	70.2
其中:国际平常函件(件)	11384	19126	7264	1381
给据函件(万件)	5.69	4.49	3.66	4.1
其中:国际给据函件(件)	251	372	630	430
机要文件	650	561	47	1037
包件(件)	6264	11533	11947	5391
其中:国际包件(件)	11	823	947	1761
邮政快件(件)	53754	55413	—	—
特快专递(件)	—	3211	7348	12809
其中:国际特快(件)	—	215	348	628
报纸累计数(万份)	415.48	353.92	523.3	154.3
杂志累计数(万份)	26.82	18.55	12.3	12.9
汇票(万张)	4.74	4.4	1.9	0.96
邮储期末余额(万元)	573.16	4903.5	13759.6	29180
集邮业务(万枚)	20.46	80.59	52.40	13.3

第四节 机构与管理

一、机构

（一）明溪县邮电局

1991年，县邮电局实行局职能部门和生产班组、邮电支局（所）二级管理体制，有办公室、计财室、业务室等3个职能部门，邮政班组、电信班组2个生产班组，下辖盖洋、夏阳2个支局和枫溪、夏坊、胡坊、瀚仙、沙溪、石珩6个邮电所，共有员工148人。1994年，成立明溪县通信技术发展有限公司。1995年10月，县邮电局内设办公室、业务组、计财组、技术组4个职能部门，有邮政、电信2个生产班组和通信技术发展公司、邮票公司和物业公司3个下属公司，下辖盖洋、夏洋、沙溪、胡坊、夏坊5个支局和瀚仙、枫溪2个邮电所，共有员工159人。1996年1月，成立储汇分局，专项负责邮政汇款和邮政储蓄业务。同年8月，成立县移动通信分局、县闽丰通信发展有限公司和市场营销部。1998年8月，撤销县通信技术有限公司和县闽丰通信发展有限公司。同年9月，县邮电局撤销，成立县邮政局和县电信局。

（二）明溪县邮政局

1998年9月，成立县邮政局，内设市场经营部、计财部、办公室等3个职能部门及营业组、储汇组、投递组、发行组、邮件组、驾驶班、经警队等7个班组，辖盖洋、夏阳、沙溪、胡坊、夏坊、瀚仙、枫溪等7个邮政支局，共有员工115人。2005年，县邮政局设市场经营部（下设储蓄分局、收投公司、集邮公司、函件广告公司、速递公司）、计财部、办公室等3个职能部门及营业组、经警队、东门支局、解放路支局、日溪支局等5个班组，下辖7个邮政支局，共有员工140人。

二、管理

（一）业务管理

1991年，县邮电局制定《业务管理办法》，分解下达各项指标，并开展创建标准化支局（所）和一类班组活动。1991年和1995年，经营工作荣获福建省邮电管理局“优秀经营三等奖”。1998年，为提高服务、安全保卫、规范管理的水平，县邮政局制定《明溪县邮政局服务、安全、规范管理考核实施细则》，对检查中发现的有关服务、安全、管理等存在问题视情节轻重，给责任人经济处罚，同时实行上岗证和扣分登记。1999—2005年，县邮政局加大服务工作的考核力度，对服务工作的考核从前台延伸到后台，从生产一线延伸到管理层，建立服务问题的领导连带责任考核制度。加强监督检查，坚持班组（支局）长天天查，管理人员隔日查，分管领导每周查，监督检查工作逐步做到制度化、规范化、程序化，防止发生邮件、报刊积压延误问题。同时，调整、充实各级社会监督员，进一步发挥社会监督的作用。

（二）质量管理

1991年，县邮电局执行省邮电管理局颁布的《邮电通信企业全面质量管理实施细则》（试行），重新组建全面质量管理委员会，全局以班（组）、支局（所）为单位，分别设立QC小组13个，制定QC活动奖惩办法，对QC小组实行注册登记，开展全面质量管理工作。全局149名干部、116名职工参加了国家全面质量管理知识统一考试，全部获得合格证。当年，县邮电局被省经济委员会和省全面质量管理协会审批为合格企业。1995年，为完善岗位责任制，严格把好质量管理关，层层设立监督岗（又称1、2、3、4、5岗）。即1个领导岗，2个视察岗（邮政视察和储汇稽查），3个管理岗（邮政业务管理、农村邮政检查、邮政储蓄稽查），4个会计岗（储蓄会计、汇总会计、发行会计、营收会计），5个业务岗（汇总检查、事后监督、业务档案、县局班组、区乡支局所），明确各环节各岗的职责。2002年，县邮政局实施邮政服务形象工程，85%的营业局所达到规范化服务，70%的特快邮件实现36~48小时内送达。同时，及时解决邮政服务热点、难点问题，邮政社会综合满意率达95%，满意度达87.95分。2004年，开通“11185”邮政客户服务中心功能，采取预约服务、流动服务、上门服务等多种方式受理邮政业务，满足用户日益提高的用邮需要。2005年，聘请56名社会监督员，发出意见征询函300份，召开服务测评座谈3次，推行首问负责制，“红、黄、白”三牌制和用户有理由申告1次下岗待业制及开展文明行业、窗口创建系列活动，质量管理更加规范、合理。

（三）财务管理

1991年，试行企业经营承包责任制，省局将指标逐级分解下达，逐级签订经济责任承包合同，确保企业经营承包责任制全面完成。1993年，为适应市场经济的建立和发展，根据《企业财务通则》《企业会计准则》等法规和邮电部统一部署，会计核算知识与国际惯例接轨，建立资本金制度。1995年，实行财务登账和各类财务报表微机化处理，全面实现财务电算化管理。2000年起，县邮政局全面试行“收支两条线”管理和“五集中”制度。2005年，三明市邮政系统实施财务一体化管理，由市局管理各县财务工作，正式实施“收支两条线”核算制度。

第三章 电 信

第一节 电 报

一、电路与设备

（一）电路

1991年，县电报电路以实线传输为主，有明溪至三明短波电报电路1路，明溪至福州明线载波电路1路，明溪中心报房至县气象局明线实线电报电路1路。1992年，微波传输系统投入运行，电报交换实现自动转报，电报电路也相应调整。微波电报传输有明溪至福州1路，明溪至三明1路，并保持原有明溪至三明无线短波电路1路。

2000年1月，拆除无线短波电路，保持1条明溪至福州电报电路。2002年2月，拆除专用电路，通过公众电路传送电报。

（二）设备

1991年，全县电报设备有插报机1部、电传打字机5部，其中全电子电传机2部，机械式电传机3部(均为BDO55型)，双机头5单位自动发报机2部，IC-721短波收发报机1台。1992—1995年，先后购置CETT桑达中英文电报打字机1台，SED-2820桑达中英文打字机1台，佳能F450传真机1台，数字微波收发系统GWSF-3、TWFS-3、GWSFS-3各1套。2004年，购进电脑转报机1台，原有其他电报设备全部撤除。

二、业务

1991年，县内开展的电报业务有天气电报、水情电报、公益电报、政务电报、新闻电报、普通电报、汇款电报、公务电报、用户电报和礼仪电报等10种，全年电报业务量33597份，其中港、澳、台和国际电报41份，业务总收入7.06万元。1992年后，程控电话的开通和移动电话的问世，制约了电报业务的发展，电报业务量逐年下降。1998年，县电信局结合班组调整，撤销报务班并入电信营业组，电报业务由电信营业兼办。2000年，全县电报业务量8745份，业务收入1.68万元。2005年，全县电报业务仅有天气预报，每月收入80余元。

第二节 有线通信

一、长途电话

（一）电路

1991年，全县有长途电话电路30路，其中载波电路29路，实际使用长市中继电线44对。1993年，开通程控电话，数字电路取代载波电路，实现光纤准同步传输。1995年，开通数字电话电路33路，其中明溪至福州2路，至三明25路，至永安、清流、宁化、将乐各1路；出租电路2路，分别为明溪至三明市委和明溪至三明市公安局各1路；实际使用长市中继电线60对。至2005年，全县共开通数字电路38路，出租电路仍为2路，实际使用长市中继电线2050对。

（二）设备

1991年，全县有长途电话共电交换机4部80门，载波终端机4部，容量39路，其中三路载波机1部，12路载波机3部。1992年，引进数字程控设备，数字终端设备总容量达4096路端。1993年3月，对长途电话进行改制，购置西门子34MB/S光端机10台，容量480路/台，开通明溪至夏坊、胡坊等乡镇光纤传输电路，实占容量28路。同时，引进比利时数字程控交换机（S1240）设备，长途电话共电交换和载波终端设备全部拆除。1994年12月4日，明溪进入三明本地电话网，长途交换机停止使用。

（三）业务

1991年，全县长话计费业务量243462张，其中港、澳、台和国际长话3711张，业务收入46.4万元。1994年12月4日，三明地区本地电话网建成，县长途电话进入三明本地电话网，原区号05087停止使用，开始使用统一的0598长途区号，长途电话程控电话号码由6位升至7位。1995年后，全县出国和前往港、澳、台定居的劳务、经商人数逐年递增，长话计费业务量急剧增加，当年业务量达1136916张，业务收入254.64万元，至2000年达到1586098张，其中拨打港、澳、台和国际长话业务量猛增至20119张，业务收入398.82万元。2005年，全县长话出口计费业务量1757479张，其中港、澳、台和国际长话计费业务量24867张，业务收入360.95万元。

二、市内电话

（一）电路

1991年，全县市话电缆25.7皮长公里，其中地下电缆15皮长公里，管道孔14孔公里。1993年，开始铺设光缆，全县光缆42皮长公里。1995年，全县市话电缆501.9皮长公里，其中地下电缆55皮长公里，光缆116.3皮长公里，管道孔25孔公里。至2005年，全县市话电缆914皮长公里，其中地下电缆155皮长公里，光缆301皮长公里，管道孔135孔公里。

（二）设备

1991年，全县有步进制自动交换机总容量达1500门。1993年3月，引进比利时1240长市合一数字程控交换机1台，容量5000门，实现全县市内电话交换程控化。同年，又安装S1240长、农、市使用数字程控交换机1台，容量5000门。1995年，全县市内电话交换机总容量发展至10240门。1997年7月，进行扩容，设备容量增加至16384门。至2005年，全县市内电话交换机总容量达27994门。

（三）业务

1991年，全县市内电话装机用户1042户，其中私人装机用户288户，业务收入22.39万元，并在县城区设公用电话点20处。1993年，经改制扩容，全县市话装机用户增至2590户，其中私人装机用户1160户。1994年12月4日，县程控电话并入三明本地网，程控交换电话号码由6位升为7位。1996年，开始使用IC智能公用电话，全县安装30处。2001年，县电信局推出固定电话来电显示业务。至2005年，全县市内装机用户10149户，其中私人装机用户8149户，业务收入827.34万元；全县公用电话1408部，其中IC智能公用电话486处，智能网专用接入终端公用电话244部。

三、农村电话

（一）电路

1991年，全县88个行政村仅有44个村通电话，杆路长度295公里，电缆长度15.7皮长公里。1992—1993年，对县城至各乡（镇）中继线路进行全面改造，将明线更换为铝线架空线路和光缆线路。1995年，整治乡（镇）至村损坏的电路木杆路146.21公里，电路木杆全部更换成水泥杆，同时增设沙溪乡至夏阳乡、夏坊乡至枫溪乡中继光缆线路各1条，共32皮长公里，实现全县9个乡镇全部采用光缆传输。2000年，全县实现88个行政村100%通电话。至2005年，全县农村中继线杆路598公里，其中水泥杆路54公里，电缆914皮长公里，光缆301皮长公里，用户线杆路387公里，其中水泥杆路265公里。

（二）设备

1991年，全县有农话交换机8部，总容量720门，实装容量421门，模块局点数8个，载波电话终端机16部，3路环路载波终端机3部，环路载波分机12部，24路载波机1部。1992年，为提高边沿村庄的电信信号传输能力，在县邮电局安装36路特高频收发信机1套，在夏阳乡、枫溪乡、夏坊乡邮电所安装12路特高频收信机各2套，并设立接收站，充实边沿村庄的电信传输信号。1993—1995年，分别在盖洋支局、沙溪所、夏坊所、胡坊所、夏阳所、枫溪所、瀚仙所安装程控电话交换机各1台，总容量达3468门。同时为城关、盖洋、沙溪、夏坊、夏阳、胡坊、枫溪、瀚仙等邮电所分别配置2个端光端机1台，并投入使用。1995年12月，增设夏阳乡紫云村交换点，配程控交换机1台，容量256门，成为全县第一个村级安装程控电话100部的自然村。1996年起，增加华为接入网设备，并对村级点交换设备进行升级改造。2000年，全县农村交换机总容量达11989门，实装机容量5153门，模块局点数9个。至2005年，全县农村交换机总容量达19792门，实装机容量15668门，模块局点数9个。

（三）业务

1991年，全县农村电话装机用户仅340户，业务收入44.76万元。随着农村电话逐步采用程控交换自动化接转及农村居民外出务工、经商人员逐年增多，农村电话装机迅速增加。1995年，全县农村电话装机用户增至1685户，业务收入达150.79万元。2000年，全县农村电话装机用户达3792部，业务收入272.96万元。2003年，农村电话资费与市话同价，随后又取消电话初装费，再度激发农话装机热潮。至2005年，全县农村电话装机用户总数达10770户，业务收入315.91万元。

四、会议电话

1991年，县邮电局会议室安装JHJ24路会议电话汇接机1部，全县9个乡（镇）会议室均配置JHJ24路会议电话终端机1部。1995年，对县邮电局会议室进行设备更新，购置安装彩色可视电话会议收发信机，并对乡（镇）会议室进行相应更新改造，实现全省联网。

五、传真

1991年，全县传真业务量仅92份，配置传真机的用户为4户。1993年，在县邮电局电信营业厅配置夏普传真机1部，开办公众真迹电报业务。1994年，全县安装传真机用户12户，传真业务量499份，其中国际、港澳台业务44份。2000年，传真机用户增至25户，业务量增至1413份，其中国际港澳台业务178份。2001年起，取消传真机安装用户申请规定。

第三节 数据通信

一、电子信箱

1995年，开办电子信箱业务，全县开办用户仅5户。1997年增至12户。因市场竞争激烈，用户量减少，2001年停办。

二、分组交换

1995年3月，引进分组交换节点机，容量端口16个。同年6月，开办分组交换业务，全县用户仅5

户。1996年，经扩容，节点机端口达128个。1997年用户增至58户。至2005年，全县容量端口256个，分组交换业务用户102户，分组专线用户8户。

三、数字交换

1995年，引进数字数据网（DDN）节点机，容量端口16个，因主要业务对象为金融部门，全县用户仅3户。1997年，用户增至12户。2000年，经扩容，数字数据网总端口增至144个，数据用户增至90户，数据增值用户（8163、163）2893户。至2005年，全县数据增值用户（8163、163）1787户。

四、计算机互联网

1997年，开办计算机互联网（INTERNET、N-ISDN）业务，全县用户3户。2001年，引进宽带设备，在城区开设24个城域网端口，全县有用户20户。2002年，城区NOKIA宽带开通，端口144个，用户增至60户。2003年，城区新增华为宽带设备，全县9个乡（镇）全部开通宽带，当年宽带端口总数增至880个，用户620户。2005年，对宽带设备进行扩容，并增加4个村级点宽带建设，端口总数扩大至4320个，全县宽带用户1340户。

若干年份明溪县电信计费业务量情况

表4-6

		1991	1995	2000	2005
电报	业务总量(份)	33597	19273	8745	42
	其中:国内	33556	19261	8169	42
市话	年末到达部数	1042	4477	8623	10149
	其中公话部数	1	120	328	1408
长话	计费总张数	243462	1136916	1586098	1757479
	其中:国内	239751	1128210	1565899	1732612
农话	年末到达部数	340	1685	3792	10770
	已通电话行政村数	43	41	85	88

若干年份明溪县电信计费业务收入情况

表4-7 单位：万元

年份		1991	1995	2000	2005
业务总收入		120.63	703.79	1510.16	1740.45
其中	电报	7.06	8.47	1.68	0.32
	市话	22.39	288.98	748.69	827.34
	长话	46.40	254.64	398.82	360.95
	农话	44.76	150.79	272.96	315.91
	其他	—	0.91	88.01	235.93

第四节 无线通信

一、中国移动通信

（一）网络设备

1993年，在城区十公芜建立首个模拟移动电话基站，当年12月24日开通模拟移动电话业务。1996年6月，开通数字移动电话，当年全县城区有模拟基站1个，数字移动电话基站1个，乡（镇）有胡坊直放站1个。1997年，分别在盖洋、沙溪建模拟、移动电话基站各1个，在夏阳建直放站1个，全县有模拟基站4个、数字基站3个、直放站2个，信号覆盖率达75%。1998年，县邮电局加大对移动电话设施建设投入，全县新建数字移动电话基站9个，移动电话通信质量大大提高，信号覆盖全县所有乡（镇）。1999年，移动通信从电信局分离，全县有移动电话模拟基站4个、数字基站12个、直放站5个。2000年，明溪移动通信分公司加大数字移动通信设施建设力度，提高通信质量与网络覆盖面，将原有的4个模拟基站全部改造成数字移动电话基站，并新建直放站1个。2001—2005年，重点做好县城区内、省道沿线村庄和边远行政村的数字移动基站建设，全县新增数字基站27个，直放站6个。至2005年，全县有数字基站43个，直放站12个，移动电话覆盖面扩大至全县80%的行政村。

（二）业务

1993年开始，县邮电局代办移动通信业务，用户使用模拟移动电话。1994年，在电信营业大厅开设无线通信产品的专营柜，因基站少、移动电话机通信质量差、购置费用高、体积大等原因，全县移动通信用户仅78户。1996年6月，开通数字电话“全球通”业务，移动电话实现全国漫游及国际漫游。同年，手机价格下调，县邮电局通过开展让利酬宾活动加大业务宣传，移动通信用户发展到620户。1997年8月，成立移动通信分局，加强移动通信业务宣传营销和器材的销售，当年移动通信用户升至1164户。1999年7月，全县移动通信用户已达1863户，移动通信业务从县电信局剥离，成立县移动通信公司。2000年，推出移动短信、“神州行”和模拟电话“大众通”业务，同时开通移动超级寻呼、移动IP电话、全球通WAP(手机上网)、信息点播业务，并在乡镇成立3家专营店，当年移动通信用户发展至6000户。2001年，关闭模拟移动电话网，停止经营模拟移动电话业务，并取消移动电话入网费和附加费。此后，推出集团客户VPN（虚拟专用网）业务和移动IP公话、IP办公电话和“动感地带”业务，并在除瀚仙镇外其他各乡镇建立移动电信专营店。2005年，全县有1个移动自办营业厅、11个社会专营店（其中乡镇社会专营店8个）和2个缴费点的服务网点，共有移动通信用户13800户，形成了“全球通”“动感地带”和“神州行”3大客户品牌。

二、中国联通通信

（一）网络设备

1999年，明溪营业部建有GSM移动通信基站5个。2000年，新增GSM移动通信基站8个，实现联通130移动通信网络三明市12个县区联网。2001年，加大对城区、公路沿线和乡（镇）基站的建设，全县开通GSM基站6个，直放站3个，其中乡（镇）基站6个，直放站3个，信号覆盖城区及主要乡镇。2002年，完成本地传输网光缆线路189公里的铺设，建成新一代移动通信CDMA基站4个，同时CDMA133网正式调入营运。至2005年，联通明溪分公司基本完成移动通信GSM网络和CDMA网络建设，全县共建GSM基站34个、直放站5个，信号覆盖城区和所有乡（镇）及95%的行政村，建CDMA基站21个，开通总长270公里光缆干线和1个传输中继站。

（二）业务

1999年，明溪联通主营无线寻呼业务，有营业服务网点11个，其中9个乡镇均设有服务网点，用户10421户。2000年，增加GSM移动数字通信和开展各种电信增值业务，并在乡镇成立8家专营店，当年全县有GSM移动数字通信用户5000户。2002年，推出CDMA手机，实现CDMA无线互联网接入与卫星定位功能，当年发展CDMA用户300户。2003年，开通移动通信GSM与CDMA双网及光纤传输网络，大大扩大信号覆盖面。2005年，中国联通明溪分公司可提供的通信产品有数字移动通信GSM、CDMA两个网络，有IP固定电话、IP长途（17910、17911）、长途电话（193）和宽带、窄带接入服务（包括宽带互联网接入、宽带视频通话、CDMA无线互联网接入、IP语音接入、企业邮箱等业务）。全县有1个联通自办营业厅、11个社会专营口店（其中乡镇社会专营店8个）和33个缴费点的服务网点。全县有数字移动通信GSM用户7000户、CDMA用户2000户，有电力、烟草、地税、农业、烽林厂等团体用户36个，互联网宽带接入专线6条，业务总收入达600万元。

三、无线寻呼

1991年，县邮电局在县邮电大楼屋顶建无线寻呼基点，装功率100瓦的ZC76RA660发射机1台，开办人工无线寻呼业务，信号覆盖城关、雪峰、瀚仙、胡坊等乡镇，频点为1，全县有用户41户。1992年ZC76RA660发射机迁至城关十公芜。1993年初，对发射机进行改造，在数字显示功能的基础上增加汉字显示功能。同年10月，无线人工寻呼改为自动寻呼，并开展异地寻呼业务。1994年1月，在城关十公芜安装发射机1台，增开5频点。1995年，全县用户发展至293户。1996年2月，开通7频点。同年2—9月，新增盖洋、夏坊、枫溪、夏阳4个基站，同时开通1、2、5频点。1997年1月，增建胡坊基站，开通1、2、3、5频点，原有各基站增开3频点。同年8月，在城关十公芜基站安装跳频发射机1名，增开4、6、8、9频点，并开通无线寻呼漫游业务，全县用户达9543户。1998年2月，全县各基站增开4频点。同年，无线寻呼信号覆盖全县所有的行政村。1999年9月，国信通信三明分公司明溪营业部成立后主营无线寻呼业务，当年全县有用户10421户。2001年，实现全省联网漫游。随着移动电话和便携电话市场的发展，无线寻呼市场萎缩，2003年无线寻呼退出县通信市场。

四、无绳电话（小灵通）

2001年，县电信局开办无绳电话业务，在全县建无绳电话基站59个，设基站控制器2个。2003年，对无绳电话设施进行扩容，基站增至96个，基站控制器15个。2005年，全县建有无绳基站166个，设基站控制器21个，有用户8139户。

第五节　机构与管理

一、机构

（一）福建省电信有限公司明溪县分公司

1998年9月成立县电信局，内设办公室、市场经营部、财务部3个部门，电信营业组、计费中心、传输电力中心、交换监控中心、装机公司5个班组，共有员工79人。1999年6月电信重组，移动业务从电信剥离。1999年9月，无线寻呼业务从县电信局分离。2003年1月，更名为福建省电信有限公司明溪县分公司，内设机构调整为3个部门及6个班组，乡镇业务为委代办，共有员工49人。2005年，公司内设综合部、网络部、营销部、财务部4个部门，政企客户组、公众客户组、计费账务组、设备维护组、线路维护组5个班组，共有员工47人。

（二）福建移动通信有限责任公司明溪分公司

1999年7月，成立县移动通信公司，内设综合管理部、网络维护组、营业组、营销催欠组，共有员工17人。同年10月2日，县移动通信公司重组，成立福建移动通信有限责任公司明溪分公司，有员工12人。2005年，公司内设综合管理部、市场管理部、财务室、营销服务组、客户服务组和营业组6个部门，有员工20人。

（三）中国联通明溪分公司

1999年9月，成立国信通信三明分公司明溪营业部，共有员工5人。2000年1月，国信通信三明分公司并入中国联通三明分公司，更名为中国联通三明分公司明溪营业部。2002年3月，更名为中国联通明溪办事处。2003年12月，办事处升格为中国联通明溪分公司。2005年，公司内设综合部、市场部、客户服务部，有员工22人。

二、管理

（一）业务管理

1991—2000年，县电信业务制定对下属生产部门的《考核奖励办法》和新业务的《业务管理办法》，分解下达各项指令性经济指标和通信质量指标进行考核，对业务工作优秀的给予一定的经济奖励。同时，组织员工上街进行新业务的宣传，增强社会影响力，促进业务的发展。2000年12月，修改电信通信行业业务发展《考核奖励办法》，出台业务促销政策、措施和开展竞赛的办法。2003年，实行办公自动化管理和执行“首问负责制”，提高工作效率。2005年，荣获全省电信公司“十佳县市分公司”称号。

（二）质量管理

1991年，县电信业务开展标准化管理，制定装、移机时限和程序，开展创标准化建设达标竞赛活动，发动员工集思广益提合理化建议，提高服务质量。1998—2000年，县电信局按照信息产业部颁布的《电信服务标准（试行）》和《中华人民共和国电信条例》，进行质量管理。2001年，重新修订《明溪电信经营、服务、管理考核办法》，建立以通信质量为中心的经济考核管理指标体系。2002年，实行电信服务明码标价，并向用户公布查询方式及服务电话。2003年，开展服务质量专项治理活动，重点对选号机制、格式合同清理、规范短信息收费、推出市话计费详单、正确对待用户申诉受理工作等5个方面进行治理。2004年，开始按上市公司要求进行效绩考核管理体系。

1998年起，移动实施“服务与业务领先”工程，提高服务质量。2002年，推出“计费月改自然月”和“天天能交费”客户服务措施。

（三）财务管理

1991年，实行独立核算、自负盈亏，按成本核算的办法计算利润进行分配。1993年，为适应市场经济的建立和发展，建立基本金制度。1995年，实行财务登账和各类财务报表计算机处理，全面实现财务电算化管理。2000年，全面实行收支两条线管理，即收入全额上缴，支出应向三明市电信分公司申报，待批复后方能实施列支。2001年，进行分配制度的改革，实行岗位系数评定考核办法，对部分工种，如电信营业、电话装机等实行计件工资制。2004年，电信企业成功境外上市，按国际上市公司进行规范管理。

1999—2005年，移动和联通均实行“县财市管”的报账制，县公司所有收入都划入市公司账户，县公司所有支出均由市公司拨付。

卷五　农业与农村经济

明溪是国家和省级商品粮基地县，农副产品种类十分丰富，主要出产稻谷、烤烟、木薯等，以及淮山、笋干、肉脯干、茶叶、板栗、猕猴桃等名特优产品。1991 年起，通过推行家庭联产承包责任制，调整农业结构，实施科教兴农、扶贫开发、小康建设、农业综合开发，有力促进农业增产和农民增收。1998 年后，在完善第二轮家庭联产承包责任制的基础上，以市场为导向，实施农业产业化项目，扶持发展农业产业化龙头企业，发展生态农业、订单农业、高优农业、创汇农业。全县农业生产持续、稳定、快速发展，形成茶果、优质稻、食用菌、烟叶、蔬菜、红豆杉、肉牛养殖、水产特种养殖等主导产业。2005 年，全县农林牧渔总产值 77451 万元，是 1991 年 22973 万元的 3.37 倍；粮食总产量 93894 吨，比 1991 年的 87285 万吨增长 7.57%；烟叶产量 3985 吨，是 1991 年 1829 吨的 2.18 倍；果茶产量 78406 吨，是 1991 年 6633 吨的 11.82 倍。农民人均纯收入 4218.34 元，是 1991 年 1440.22 元的 2.93 倍。全县有农业产业化龙头企业 18 家，订单农业面积 5020 公顷。

第一章　农业生产条件

第一节　耕　地

1991 年末，全县实有耕地面积 11895.47 公顷，其中水田 11251.47 公顷，旱地 644 公顷，乡村人口人均耕地 0.13 公顷。1992 年后，因开荒造田增多，耕地面积逐年增加。2000 年后，因新村建设、改种林果、因灾废弃、抛荒等原因，耕地面积逐年减少。至 2005 年底，全县实有耕地面积 11776.6 公顷，其中水田 10920.67 公顷，旱地 855.93 公顷。由于乡村人口逐年减少，所以乡村人口人均耕地变化不大。

若干年份明溪县耕地面积统计

表 5-1　　单位:人、公顷

年份	乡村人口	乡村人口人均耕地	耕地面积	水田	旱地
1991	94947	0.13	11895.47	11251.47	644.00
1995	94943	0.13	11885.13	11250.33	634.80
2000	93742	0.13	11924.00	11014.87	909.13
2005	91350	0.13	11776.60	10920.67	855.93

第二节 劳动力

1991年，全县有乡村劳动力40768人，占乡村人口的42.94%。随着经济的发展，乡村劳动力开始向非农业转移。1996年后，县内工业快速发展，城乡企业吸纳越来越多的乡村劳动力，同时外出打工的劳动力逐年增多。至2005年，全县有乡村劳动力52624人，占乡村人口的59.2%。其中，从事农林牧渔业的有22338人，占54.4%；从事工业的有3634人，占5.87%；从事建筑业有631人，占1.16%；从事交通运输业1102人,占1.95%；从事商饮业有2503人，占4.76%；其他劳力17416人（其中外出合同工、临时工10697人），占33.1%。

若干年份明溪县乡村劳动力结构情况

表5-2　　单位:人

行业	1991年	1995年	2000年	2005年
乡村实有劳动力	40768	41565	45877	52624
1.农、林、牧、副、渔劳力	33752	31780	34904	27338
2.工业劳力	2451	2622	2654	3634
3.建筑业劳力	458	445	647	631
4.交通运输邮电劳力	877	1280	1223	1102
5.商业、饮食仓储业劳力	1160	1598	1721	2503
6.房地产服务业劳力	88	55	54	45
7 卫生、体育、福利劳力	148	178	179	192
8.文教艺术广播电视劳力	406	374	266	248
9.科研技术劳力	19	8	3	11
10.金融保险劳力	21	26	25	80
11.乡经济组织管理劳力	74	99	50	60
12.其他行业劳力	1314	3100	4151	16780

第三节 畜力

县内的畜力主要是耕牛。1991年，全县有耕牛6390头，平均每头牛耕地1.3公顷。1995年后，农户养牛发展较快，全县有耕牛7200头，平均每头牛耕地1.19公顷。1998年，全县进行第二轮土地承包工作，促进养牛的发展。2000年，耕牛增至7330头，平均每头牛耕地1.17公顷。2001年后，因耕地逐年减少，机耕面积增大，耕牛也相应减少。2005年，全县耕牛6522头，平均每头牛耕地1.29公顷。

第四节 农机具

一、耕作机械

1991年，全县耕作机械总动力9140千瓦，有小型耕整机22台175千瓦，机动水稻插秧机1台2千瓦；拖拉机配套农机具664部，其中机引犁87部，旋耕机563部，机引耙14部。全县机耕作业面积3573公顷，占全县可机耕面积的47%。2000年，因烟叶种植发展迅速，引进邵武北风牌HT–1.2MA烟草种植起垄机。至2005年，全县有耕作机械总动力8542千瓦，水田耕整机57台731千瓦，耕作机械配套农具722台。耕作机械配套农具中有烟草种植机械起垄机187部，机引犁27部，旋耕机508部。当年全县机耕面积3701公顷，占全县可机耕面积的65%。

二、植保机械

1991年，全县有机动喷雾器127部209千瓦，人力喷雾器8458部，植保面积3324公顷。至2005年，全县有机动喷雾器191部307千瓦，人力喷雾器每户农户均配有1部，植保面积3053公顷，基本满足农业生产要求。

三、排灌机械

1991年，全县有各种排灌机械101台674千瓦，其中柴油机为动力的27台185千瓦，电动机为动力的74台489千瓦，农用水泵78台，喷灌机械12台（套）。1991年后，由于旱灾年份频繁出现及农业生产新技术的推广，排灌机械迅速增加。至2005年，全县有排灌机械300台1246千瓦，其中柴油机为动力的66台409千瓦，电动机为动力的234台837千瓦，农用水泵300台套，节水灌溉机械4台（套），机灌面积1176公顷。

四、收获机械

1991年，引进龙江90H–8型半喂入联合收割机3台，进行示范推广。全县收获机械有联合收割机3台21千瓦，集束圆盘收割机25台75千瓦，机动脱粒机40台。1992年后，由于龙江90H–8型半喂入联合收割机作业时易下陷，动力匹配不足，在使用过程中自然淘汰。2004年，引进浙江柳林4LZ–160型全喂入联合收割机，在盖洋镇温庄村试割取得较好效果，随后在全县推广。同年起，国家对农民购买大型农机具进行直接补贴购机款的10%，大型农机具数量不断增加。2005年，全县有联合收割机22台663千瓦（其中大中型19台639千瓦，小型3台24千瓦），机动车脱粒机160台，机械收获面积416公顷，机收面积占总收获面积15%，机械化秸秆还田485公顷，机械脱粒粮食数量690吨，为农民发放购机补贴款7.68万元。

五、农田基本建设机械

1991年，全县有专用推土机18台979千瓦。1992年后，先后引进部分挖掘机、装载机。2005年，农田基本建设有专用推土机5台550千瓦，挖掘机10台916千瓦，装载机15台1374千瓦。

六、农副产品加工机械

1991年，全县有农副产品加工机械总动力6052千瓦，其中柴油机动力1529千瓦；加工机械有碾米机530部，磨浆机20部，榨油机23部，淀粉加工机312部，饲料粉碎机216部。2002年开始购进采摘机械。2005年，全县有各种农副产品加工机械总动力5937千瓦，其中柴油机动力88台785千瓦，电动机动力685台5152千瓦；共有农副产品加工机械856台（部），其中粮食加工机械575部，油料加工机械20部，饲料粉碎机261部，茶叶初制机构设备570台。制茶工艺基本实现机械化；机械加工农副产品数量

133235 吨。

七、农用运输机械

1991 年，全县有大中型拖拉机 2 台 73 千瓦，小型拖拉机 1009 台 8911 千瓦（其中小四轮拖拉机 10 台 93 千瓦），农用载重汽车 116 辆 10625 千瓦（其中柴油汽车 39 辆 3837 千瓦），农用运输车 133 辆 2584 千瓦。三轮运输车由于安全性能差，在使用过程中被淘汰。1996 年引进南平拖拉机厂生产的变型拖拉机，大中型拖拉机被淘汰。1998 年引进浙江昌隆牌小型拖拉机，因承截能力强，适用于丘陵地区的农业运输，在县内发展迅速。2005 年，全县有小型拖拉机 957 台 13183 千瓦，变型拖拉机 555 台 8770 千瓦（其中功率在 14.7 千瓦以上的变型拖拉机 494 台 8023 千瓦，占 89%），农用载重汽车 122 辆 12305 千瓦，农用运输车 246 辆 6349 千瓦，四轮运输车 119 辆 2556 千瓦，农机运输作业量 26325040 吨公里。

八、渔牧业机械

1991 年，全县渔牧业机械主要是潜水泵、增氧机和饲料加工机组。增氧机有叶轮式、水车式和喷射式 3 种。当年全县共有饲料粉碎机 2 台、磨浆机 5 台、破碎机 3 台、养殖专用潜水泵 10 台、增氧机 5 台。1995 年，县引进淡水养鱼新技术后，引进捕鱼船。2001 年，购进孵化机 1 台，一次可孵 1000 枚蛋。县肉牛养殖场购进中、大型铡草机 1 台。2002 年 3 月，县生猪定点屠宰场购进 1 条半机械化生猪屠宰线。2004 年城关乡坪埠奶牛场购进 RSCG01 奶牛挤奶机 1 台，超高温瞬时减菌机 1 台，均质机 1 台，LHP1000L 全自动液体包装机 1 台。县宏宇牧业公司购进机械化肉牛屠宰生产线 1 条，年可屠宰 3 万头肉牛，是全省最先进的肉牛屠宰生产线。2005 年，全县有中、大型铡草机 6 台，捕鱼船 8 艘，养殖专用潜水泵 50 台，增氧机 500 台（其中水车式 450 台、叶轮式 40 台、喷射式 10 台），饲料破碎机 8 台，磨浆机 15 台，粉碎机 10 台，小型软颗粒饲料机 8 台，生猪肉牛屠宰生产线各 1 条，孵化机 1 台等。

第二章　农村经济体制改革

第一节　农村土地承包与流转

一、土地承包

1991 年，全县农村继续稳定和完善家庭联产承包责任制，全县 16020 农户，承包土地面积 11098.67 公顷，占耕地总面积的 96.23%，签订耕地承包合同 15379 份，签约率达 96%。1998 年，为稳定土地承包关系，保护农民承包集体土地的合法权益，在第一轮土地承包时间快到期时全县开展第二轮土地承包工作，将农村土地承包期再延长 30 年。承包经营时间从 1999 年 1 月 1 日至 2028 年 12 月 31 日。全县第二轮土地承包延长主要采取三种方式，即对原承包未到期，承包办法基本合理，群众基本满意地把承包理顺延长 30 年；对原承包到期的群众基本满意的，保持原承包办法不变，把承包期直接延长 30 年；对原承包到期，人地矛盾突出，多数群众要求调整的，坚持“大稳定小调整”原则，在少数农户之间调整后延长 30 年。2000 年底，全县 88 个行政村全部完成土地承包合同签订工作，共有 21343 农户，承包土地面积 10776.53 公顷，占耕地总面积的 90.38%；发放“福建省农村集体土地承包经营权证”和签订《耕地承包合同书》18031 本（份），发证（签约）率达 84.48%，基本稳定农村土地承包关系。

二、土地流转

1991年，随着农村经济的发展，农村劳动力开始向第二、三产业转移。全县农村劳动力40373人，其中从事第二、第三产业的有7310人，占18.11%。许多农户为避免或减少土地抛荒，按照自愿、有偿、依法、规范的原则，将所承包的土地使用权通过转包、转让、互换等方式进行流转。当年全县农村土地使用权流转面积47.33公顷。1995年后，土地集约化、规模化连片开发经营快速发展，乡镇和行政村引导企业、科研部门、外来种养大户与农户签订合同，成片土地出租逐年增多。至2005年，全县农村土地流转面积达1623公顷，其中转包656公顷、转让333公顷、农户自发互换100公顷、出租534公顷。

第二节 农业结构调整

一、种植业结构调整

1991年，县内种植业主要以粮食作物为主，全县农作物播种面积26976公顷。其中，粮食19175.27公顷，占71.09%；经济作物2719.93公顷，占10.08%；其他农作物5080.8公顷，占18.83%。全县种植业产值9224万元，其中，粮食作物产值4624万元，经济作物产值1546万元，其他农作物（茶、桑、果）产值1414万元。1993年后，开始进行种植业结构调整，缩减大田水稻面积，增加经济效益较高的蔬菜、瓜果、烟叶、木薯、淮山等经济作物面积。1995年，经济作物播种面积2778.07公顷，产值5185万元。2000年，经济作物播种面积增至9305公顷，占农作物播种面积的35.49%，产值7898万元。2001年，进行山地综合开发，种植茶果、红豆杉等，在全县推广烟—稻—菜、烟—薯—菜、稻—再生稻—菜、豆—淮山—菜等粮经高效种植模式，种植业产值显著提高。在大田水稻种植上，引进新优品种，推广新技术，水稻产量逐年上升。2005年，全县农作物播种面积27791.4公顷，其中，粮食作物17655.67公顷，占63.53%，经济作物8307.93公顷，占29.89%，其他作物1827.8公顷，占6.58%。种植业总产值47214万元，其中粮食作物产值18920万元、经济作物产值24270万元、其他作物产值4024万元。

二、农业产业结构调整

1991年，全县农林牧渔总产值22973万元，农林牧渔业的比例为44.73:29.75:23.42:2.1。从1991年开始进行农业生产结构调整，发展“高产、高效、优质”农业，加大对农业的投入，实施中稻再生稻扩优工程，发展烟叶、蔬菜、木薯等高优作物，农业在农林牧渔业总产值中的比重不断增大。林业方面，实施人工造林迹地更新、低产效林改造，建立速生丰产林、毛竹生产基地，开发林产品加工。因为受市场价格和木材限伐等因素的影响，林业产值在农林牧渔业中的比重略有下降。畜牧业方面，开发集约经营、培育产业、主导产品和龙头企业，但畜牧业增长速度跟不上农、林、渔业的发展速度，所占比重下降较大。渔业方面，扶持专业户承包库区、池塘养殖，引进外地养殖大户开发特种水产养殖基地，渔业产值比重逐年上升。1995年，县委、县政府制定《明溪县国民经济和社会发展“九五”计划》，加大生产结构调整的力度。2000年，加强商品粮基地建设，进行农业综合开发，农业产值、比重不断提高。全县农林牧渔总产值51501万元，农林牧渔业的比例调整为64.55:21.9:7.45:6.1。2005年，全县农林牧渔总产值77451万元，农林牧渔业的比例调整为61.51:23.78:9.78:4.93。

三、三次产业结构调整

1991年，全县第一、二、三产业的比重为44.76:34.61:20.62。1992年后，县内乡镇企业和第三产业快速发展。农业由传统的发展模式向以市场为导向，依靠科技进步，发展生态农业、高优农业、现代农业的方向转变。农村富余劳动力逐步向第二、三产业转移。农业的比重逐年下降。1995年，全县第一、二、三产业的比重为42.4:25.8:31.8。2000年，全县第一、二、三产业的比重为36.8:26.8:36.4。2005年，农业总产值的比重比1991年下降11.36个百分点，全县第一、二、三产业的比重调整为33.4:31.2:35.4。

第三章　农作物种植

第一节　粮食作物

一、水稻

水稻是县内主要的粮食作物。1991年，全县播种面积15418.33公顷，总产量81265吨，每公顷产5270.67公斤。1992—1998年，由于再生稻种植面积增加及抛秧、旱育秧新技术的推广，水稻种植面积和总产量逐年递增。1998年，全县水稻种植面积13428.07公顷，总产量82266吨，每公顷产量提高到6126.42公斤。1999年后，水稻种植面积开始逐年下降。2005年，全县水稻种植面积10601.4公顷，总产量69410吨，每公顷产6547.25公斤。

二、甘薯

县内多是旱地种植，主要是夏季种植，秋季种植少量。1991年种植品种主要有胜利百号、新种花、岩齿红和连城红心薯等，面积755.27公顷，总产量1773吨，每公顷产2347.5公斤。1992年起，先后引进金山57、岩薯5号等品种。2001年后，引进推广脱毒甘薯品种，推广以“改种、改土、合理密植、科学施肥和精耕细作”为中心的五改技术。同时，随着畜牧业的发展,甘薯种植面积和单产大幅增加。2005年种植品种主要有胜利百号、新种花、岩齿红、金山57、岩薯5号、福薯26和连城红心薯等，面积1607.53公顷，总产量9527吨，每公顷产5926.48公斤。

三、马铃薯

县内多数种植春马铃薯，也有少量种植秋马铃薯。1991年，种植品种主要有克新2号、克新3号，面积487.47公顷，总产量1191吨，每公顷产2443.23公斤。2000年后，先后引进脱毒马铃薯中薯2号、春薯4号、宁薯5号、紫花白、荷14、无花种、坝薯10、费尔瑞它、大西洋、克新3号等新优品种进行秋繁并推广，种植面积和单产开始逐年提高。2005年，种植品种主要是宁薯5号，面积1179.53公顷，总产量4613吨，每公顷产3910.88公斤。

四、大麦

1991年，县示范种植稻底大麦75.13公顷，作为啤酒和饲料的加工原料，总产量79吨，每公顷产1051.51公斤。1992年后，由于稻底大麦产量不高、经济效益低，只有个别农民种植。

五、玉米

县内杂粮主要是玉米。1991年玉米种植面积525.07公顷，总产量904吨，每公顷产1721.68公斤。2001年起，随着肉牛养殖的发展，饲料玉米的种植面积开始逐年增加。同时，特种玉米种植开始快速发展。2005年，玉米种植面积1784.27公顷，总产量5252吨，每公顷产943.5公斤。

六、大豆

1991年，县内大豆种植品种主要以黄豆为主，品种有本地种矮脚青、古田豆、莆豆8008、雁青等，种法有单种和套种，面积1892.2公顷，总产量2053吨，每公顷产1084.98公斤。此后逐年增加。2005年，种植品种主要有古田豆、莆豆8008、雁青、浙春2号、浙春3号、青仁乌2号等，种植面积2162.4公顷，总产量4474吨，每公顷产2067公斤。

七、杂豆类

县内种植的杂豆主要是绿豆。1991年，全县种植面积120.93公顷，总产量125.17吨，每公顷产208.14公斤。此后逐年增加。2005年种植面积320.53公顷，总产量618吨，每公顷产1928.06公斤。

第二节　经济作物

一、花生

县内花生主要在农地、旱地、沙质田和幼龄果林地套种。1991年，种植主要品种有汕油71、油116、泉花327、金花18等，面积569.87公顷，总产量939吨，每公顷产1647.74公斤。1996年引进泉花10号品种。2000年，种植面积增至716.8公顷，总产量1469吨，每公顷产2049.37公斤。2005年种植品种主要有泉花327、金花18、泉花10号等，面积960.2公顷，总产量2031吨，每公顷产2115.18公斤。

二、油菜

1991年，全县种植的油菜品种主要有白菜型和甘蓝型，白菜型以当地品种和福州油菜为主，甘蓝型以西南302和湘油2号为主，面积共154.13公顷，总产量103吨，每公顷产668.27公斤。1991年后，因产量和效益低等原因，病害较重，种植面积逐年下降。2005年，种植品种以福州油菜为主，种植面积44.33公顷，总产量80吨，每公顷产1804.65公斤。

三、甘蔗

1991年，县内只有沙溪乡、瀚仙镇和城关乡少量种植甘蔗，品种有青皮和紫茎蔗，面积113.07公顷，总产量4347吨，每公顷产38445.2公斤。2005年种植面积78.27公顷，总产量2318吨，每公顷产29615.43公斤。

四、木薯

1991年，种植品种主要为地方本地种，面积542.33公顷，总产量9446吨，每公顷产17417.44公斤。2001年百事达变性淀粉厂落户明溪，木薯种植面积迅速增加。2002年从广西引进木薯新品种华南124、华南205和南植199，并大面积推广，单产大幅提高。2005年种植品种主要为华南124、华南205和南植199，面积792.07公顷，总产量18187吨，每公顷产22961.35公斤。

五、蕉芋

县内只有盖洋镇、城关乡零星种植。1991年，种植品种主要为地方本地种，面积10.8公顷，总产量67吨，每公顷产6203.7公斤。1992年后，蕉芋粉用于加工食品原料，种植面积逐年增加。2005年种植面积12公顷，总产量85吨，每公顷产7083.33公斤。

六、莲藕

1993年起，县内农民开始种植莲藕，面积18公顷，总产量328吨，每公顷产18222.22公斤。1994年种植面积发展到29公顷，总产量605吨，每公顷产20862.07公斤。1995—1999年，莲藕种植面积逐年减少。2000年，县万隆食品有限公司开始生产莲藕汁饮料，农民引进武植2号，并开始大面积种植，当年种植面积增至80公顷。2002年后，由于县万隆食品有限公司倒闭，种植面积急速减少，只有少数农民种植。

七、淮山

1991年，县内只有农民少量种植淮山，种植品种主要是地方本地种，面积43.5公顷，总产量522吨，每公顷产12000公斤。1992年从江西南城引进迟熟淮山品种。2000年后，县推广淮山种植新技术，种植面积不断扩大。同时，从2000年起，每两年举办1届“淮山王”评选活动，推动淮山高产栽培和产业化发展。2005年种植品种主要有地方本地种，其次为江西淮山品种，面积203公顷，总产量3046.7吨，每公顷产15008公斤。

八、桑树

1992年，明溪在瀚仙镇试种桑树5.56公顷。1993年，明溪发展种桑养蚕业，桑树种植面积扩大至240公顷。1995年后，由于全球丝绸市场疲软，蚕茧价格大幅度下降，加之粮食价格上扬，全县只有零星种植。

九、蔬菜

1991年，品种主要有9类100多个。叶菜类有：空心菜、菠菜、白菜等近40种；豆类有四季豆、秋豇豆、大荚豌豆等近15种；瓜果类有西红柿、黄瓜、丝瓜、苦瓜、甜椒、辣椒等近25种；食花类：花菜、青花菜为主等近10种；.根茎类有萝卜、生姜、本地蒜、魔芋等20多种；水生类有茭白、荸荠等；食用菌类：香菇、木耳、蘑菇等10多种；笋类有毛竹笋、石竹笋、苦笋、方竹笋、麻竹笋、绿竹笋等近10种；野生蔬菜有败酱（苦菜）、蕨菜等。全县种植蔬菜面积2552.13公顷，总产量27415吨，每公顷产10742公斤。1991年后，蔬菜生产技术水平日渐提高，实现以拖拉机为动力的机械耕作及使用化学肥料、农药和生长调节剂，产量逐年提高。2001年，推广地膜覆盖技术。2003年，明溪引进福建明溪超大食品有限公司，与农户签订蔬菜种植合同，促进蔬菜种植面积的发展。同时，县内发展大棚蔬菜，杂种优势利用迅速推广。2005年，全县蔬菜种植发展品种主要有8类150多种，其中，叶菜类有空心菜、菠菜、白菜等近50种；豆类有四季豆、秋豇豆、大荚豌豆等近20种；瓜果类有西红柿、黄瓜、丝瓜、苦瓜、甜椒、辣椒等近30种；食花类有花菜、青花菜为主等近10种；.根茎类有萝卜、淮山、生姜、本地蒜、魔芋等20多种；水生类有茭白、莲藕、荸荠等；食用菌类有香菇、木耳、蘑菇等10多种；笋类有毛竹笋、石竹笋、苦笋、方竹笋、麻竹笋、绿竹笋等近10种。全县种植蔬菜面积4746.07公顷，总产量78406吨，每公顷产16520.19公斤。

十、果用瓜

县内果用瓜有西瓜、甜瓜、梨瓜，其中西瓜种植面积最大。1991年，种植西瓜118.47公顷，总产量2192吨，每公顷产18502.57公斤，品种主要有台湾杂交一代新红宝、益农等。1995年西瓜种植面积增至358公顷，总产量6691吨，每公顷产18689.94公斤。1996年，从江西引进西瓜新品种特大西农八号，在全县推广。从1996年起，由于幼林果园面积逐年缩小，套种在幼林果园的西瓜种植面积也随之下降。1997年，推广应用防治炭疽病新农药“世高”，西瓜单产逐年提高。2000年，西瓜种植面积260.87公顷，总产量6010吨，每公顷产23038.3公斤，品种主要为特大西农八号。2005年，西瓜种植面积232.73公顷，总产量5727吨，每公顷产24607.8公斤。

第三节 果 茶

一、果树

（一）种植

1991年，县把果园开发纳入造林计划，实行种果优先的原则。新植果园享受同等地类造杉木林标准的林价补贴，并鼓励依法租赁、转让、拍卖林地使用权；实行谁种谁有，谁开发谁受益，允许继承、抵押、转让，果园投产后三年内特产税先征后还，从土地、税费等多方面予以扶持，全县果树种植迅速发展。当年全县果树种植面积3298.6公顷，采摘面积962.47公顷，新植面积1113.4公顷，总产量5896吨。1994年后，由于市场供过于求，果树种植面积下降。全县进行大规模果树品种结构调整与果园改造。1996年，明溪又将果树列为农村经济的五大主导产业之一，促进果树种植面积的发展。2000年，由于受冻害，全县果树面积有所回落。2001年后，种植面积又逐年增加。2005年，全县果树种植面积3918.8公顷，产量30128吨。

1991—2005年明溪县主要果树种植情况

表5-3 单位:公顷、吨

年份	总面积	总产量	梨		柑橘		桃		柰	
			面积	产量	面积	产量	面积	产量	面积	产量
1991	3298.6	5896	227.87	320	2169.13	4822	210.2	292	120.8	17
1992	4011.07	4964	460.47	385	2415.67	3619	277.67	345	235.2	26
1993	4441.6	8536	572.8	692	2523.87	6389	385.67	554	304.27	60
1994	4167.87	11894	656.8	892	2216.6	8485	396.53	679	269.4	254
1995	4191.07	14666	679.27	1024	2192.93	10569	421.33	949	355.4	516
1996	4235	17833	685.2	1560	2216.47	12303	423.27	1417	359.07	863
1997	4182.87	22149	681.53	1708	2197.4	15970	385.07	1557	366.4	1027
1998	4139.13	23504	676.27	2072	2188.53	16725	363.13	1919	293.13	834
1999	4116	27201	686.47	2070	2141.73	19706	450.6	2136	338.4	1272
2000	3737.33	22463	678.33	2417	1724.73	14069	572.07	2415	281.07	1345
2001	3837.33	23827	690	2545	1833.2	15306	589	2427	283.07	1644
2002	3929.27	25725	649.13	3559	1826.53	15610	681.67	3410	276.4	1186
2003	3922.93	28650	656.47	3764	1808.53	17403	680.07	3735	278.73	1523
2004	3856.73	31088	676.93	3651	1823.87	18955	707.73	4160	277.07	1706
2005	3918.8	30128	672.07	3581	1870.33	18516	708.87	3591	277.07	1430

（二）品种与分布

1991年，全县有果树13大类、品种50余个，主要种植柑橘、梨、桃、柰。柑橘的品种主要有早熟温州蜜柑稻叶、市文品系、朋娜脐橙、锦橙等。梨主要品种有黄花、新世纪、杭青、青花等。桃主要品种有早熟雪雨露、玫瑰露等。柰主要品种是油柰。1992年后，先后引进70余个新优品种，淘汰20余个旧品种，种植面积、产量逐年提高。至2005年，全县有果树13大类、品种100余个，主要种植果树仍以柑橘、梨、桃、柰为主。柑橘品种主要有早熟温州蜜柑稻叶、市文品系、特早熟温州蜜柑日南1号、宫本品系、芦柑和朋娜脐橙、纽荷尔脐橙、锦橙等。梨主要品种有黄花、新世纪、杭青、丰水、青花、翠冠等。桃主要品种有水蜜桃系早熟雪雨露、玫瑰露和硬肉桃系早熟西选1号及早熟白玉油桃、“S-65”油桃等。柰主要品种有油柰、青柰等。

1991—2005年明溪县果树品种引进与分布情况

表5-4

果树名称	品　　种	分布地点
柑	早熟温州蜜柑稻叶、市文品系，特早熟温州蜜柑日南1号、宫本品系	城关乡、瀚仙镇、沙溪乡、胡坊镇、雪峰镇
柚	胡柚、文旦柚、琯溪蜜柚	瀚仙镇、沙溪乡
梨	黄花、新世纪、杭青、丰水、青花、翠冠	瀚仙镇、胡坊镇、夏阳乡、盖洋镇、夏坊乡、雪峰农场
桃	早熟桃雪雨露、玫瑰露，特早熟桃西选1号，早熟油桃白玉，“S—65”	盖洋镇、雪峰农场、城关乡
李	芙蓉、茄皮	胡坊镇、城关乡、
柰	油柰、青柰	雪峰镇、夏阳乡、盖洋镇
橙	朋娜脐橙、纽荷尔脐橙、锦橙	城关乡、瀚仙镇、沙溪乡、胡坊镇、雪峰镇
枇杷	早钟6号、解放钟、大钟	城关乡、瀚仙镇
杨梅	东魁、炭梅、荸荠	瀚仙镇、雪峰农场
葡萄	巨峰、红富士、黑奥林、白香蕉	城关乡、雪峰镇
柿子	大方柿、恭城水柿、安溪油柿、日本富有甜柿	盖洋镇、瀚仙镇
青梅	浙江大青梅	夏坊乡、沙溪乡
猕猴桃	武植3号、秦美、红阳一号	城关乡、雪峰农场
榅桲	明溪县野生种	瀚仙镇、夏阳乡、胡坊镇

二、茶叶

（一）种植

1991年，全县种植面积936.33公顷，采摘面积862.6公顷，当年新植面积17公顷，总产量737吨（其中绿毛萿91吨、乌龙茶633吨、其他茶13吨），均价为每公斤6元。1992年后，县茶叶生产主要进行名优茶开发，产量稳步增长，质量逐步提高。1998年，进行低产茶园改造，累计改造面积333.33公顷，茶叶的产量和质量大幅提高。1999年，部分乡（镇）、村的集体茶园因基础条件较差抛荒，全县种植面积下降，但因种植新品种及种茶技术改进，产量和质量反而提高，均价提高到每公斤12元。2000年，开始建立无公害生态茶园，发展茶—草（豆）、茶—林（果）—草、茶—牧（禽）—沼和茶—林（果）—牧（禽）—沼等模式，并推广生物有机肥料和生物农药及高效、低毒、低残留特效农药。2002年，采取深沟种植涵养水土技术，增强茶树抵御干旱等自然灾害的能力。在2003年和2004年出现罕见持续高温、干旱、强日照的气候条件下，茶苗成活率高达90%。2005年，全县种植面积825.73公顷，采摘面积781.33公顷，总产量

1185 吨（乌龙毛茶 1185 吨），均价每公斤 20.71 元。种植面积较大的茶场有雪峰农场（66.67 公顷）、城关茶场（57.33 公顷）、沙溪乡六合村（23.33 公顷）。有生态茶园 30 个，面积 666.67 公顷。

（二）品种

1991 年，全县茶园主栽品种有毛蟹、梅占、福鼎大白茶、铁观音、佛手、黄金桂、本山等，种植面积 774.67 公顷，占茶园总面积的 82.73%。1993 年，县雪峰农场生产的佛手被评为省优质茶。1995 年，县城关茶场生产的佛手被评为省优质茶。1996 年后，铁观音种植面积逐年增加。2002 年，引进金萱（台茶 12 号）台湾省茶树新品种 2.8 万株。2005 年，全县茶园主栽品种有毛蟹、梅占、福鼎大白茶、铁观音、佛手、肉桂、台茶 12 号等，种植面积 687.67 公顷，占茶园总面积的 83.28%。

第四节 食用菌

1991 年，全县种植食用菌的品种有 13 个，其中大规模种植的食用菌以袋栽香菇、黑木耳、蘑菇为主，白木耳、金针菇、凤尾菇也有相当数量生产，竹荪、猴头菇、草菇栽培较零星，红菇、梨菇系野生。全县有枫溪、夏阳 2 个高海拔地区反季节食用菌生产基地，种植主要以个体农户生产、加工为主。当年全县食用菌总产量 515 吨，其中香菇 294 吨、黑木耳 107 吨、蘑菇 42 吨、其他菇产量 72 吨，总产值 864 万元。1994 年，引进粪草生姬松茸和茶树菇，分别在城关乡上坊村和罗翠村试种成功，随后在全县大面积推广，其中姬松茸还远销美国、日本。1995 年，从三明真菌研究所引进大球盖菇在南山果园套种 0.67 公顷成功。1997 年引进杏鲍菇、茶树菇种植成功，杏鲍菇产品出口日本。同时进行食用菌产业结构调整，减少常规木生菌香菇生产，增加珍稀草生菌姬松茸生产，草生食用菌如姬松茸等迅速发展。2001 年从泰宁县引进灵芝在枫溪乡华山村种植椴木灵芝获得成功。1999—2000 年，在枫溪、胡坊、城关、盖洋、夏坊等乡镇推广种植茶树菇茶树菇 300 万袋，总产值达 767.9 万元。

2005 年，全县种植食用菌品种有香菇、蘑菇、草菇、平菇、凤尾菇、金针菇、银耳、毛木耳、黑木耳、茯苓、灵芝、猴头菇、竹荪、大球盖菇、杏鲍菇、灰树花、茶树菇、鲍鱼菇、真姬菇、姬松茸、金福菇等 21 个，主栽品种以袋栽香菇为主。全县从事食用菌生产农户达 2000 多户，从事食用菌加工、销售人员也达数百人，产品主要以保鲜香菇出口和干品外售为主，部分鲜品、干品和珍稀品种在县内市场销售。全县食用菌总产量 3377 吨，其中香菇 2337 吨，黑木耳 298 吨，蘑菇 189 吨，其他食用菌 553 吨，总产值 4356 万元。

第五节 烟 叶

一、种植品种

1991 年，全县烟叶种植品种以 K326 为主，少量种植云烟 85（VB85）和翠碧 1 号。2001 年，在盖洋、夏坊、枫溪、夏阳 4 个乡（镇）推广种植翠碧 1 号（CB-1）特色优质烟叶品种。2004 年，在全县推广种植云烟 85（VB85）。2005 年，全县烟叶种植主要有 K326、云烟 85（VB85）、翠碧 1 号（CB-1）3 个品种，仍以 K326 为主。

二、栽培技术

（一）耕作制度

1991 年，县内烟叶种植主要以烟—单季稻轮作和烟—双季晚稻轮作为主，少量烟叶在旱地种植。1997

年起，县内烟叶种植耕作主要以烟稻轮作制为主，兼有旱地种植。2001年起，为降低烟田病虫害的影响，凡近年发生较严重病害的烟田一律划为禁烟区，实行2~3年轮作。

（二）育苗

1991年，县内主要采取营养袋假植育苗技术。1998年，县内开始试验漂浮育苗。漂浮育苗与营养袋假植育苗相比，具有建棚取材方便，投资少，减少烟草苗期和大田生长期的发病率，缩短烟草全生育期，烟叶产量高、质量高、均价高等优点。2002年，全县开始推广使用漂浮育苗，在夏阳乡试验湿润育苗。湿润育苗增强了烟苗的抗逆性，利于烟苗返苗，增强烟株中下部叶单叶重量。2005年，全县育苗全部采用湿润育苗。

（三）移栽

1991年，县内烟田主要实行单行起垄种植技术，并试推广宽行窄距种植技术和地膜覆盖种植技术。1997年起，全县推广地膜覆盖技术，推广面积达200公顷。1999年起，推广“造窝待栽”移栽技术，使烟叶整畦盖膜质量进一步提高。2001年起，推广“盖膜待栽”技术，进一步提高翻土整畦质量。2005年，实行整畦待栽技术，有效集中棚苗移栽期，缩短烟苗返苗期，避过移栽后冻害等灾害对烟株生长的影响。

（四）田管

1991年，县内烤烟大田管理主要抓好中耕、水管、施肥等环节。中耕一般3次，烟苗移栽后7~10天进行第一次中耕，烟株进入团棵期进行第二次中耕，第三次中耕在烟株旺长中期进行。水管根据烤烟各生育阶段特点进行。还苗期浇足还苗水，伸根期保持湿润，旺长期采用浇洒、沟灌等方法，以水调肥，成熟期保持湿润，一般不浇灌水。同时注意排涝，防止烟田积水。施肥掌握攻头保尾控中间原则，烟苗移栽后施好追肥、团棵肥和保尾肥。肥料主要以农家肥和烟草专用肥为主。1998年后，全县推广使用德国产的植物动力“2003”叶面肥，改变大量使用化肥对土壤带来的遗害。2002年，在烟田施肥上重点落实降碱控硫控氮技术，烟叶含碱量和含硫量高的问题得到有效地控制。2004—2005年，围绕“提质控碱增香”工程，全面推广平衡施肥技术。

（五）打顶抹杈

1991年，县内烟株打顶采用定叶打顶和见蕾打顶两种方法，依品种不同而异。1993年后，采用重打脚叶重打顶，烟田不见花，腋芽不过寸原则，并开始试用化学药剂抑芽灵代替人工抹杈。1996年起，开始推广使用“除芽通”除草剂，进行化学除去烟芽。2002年后，推广烟叶打顶，烟株打顶掌握在田间烟株10%中心花开放时进行一次性打顶，打顶后用“抑芽通”除芽通乳剂培育中棵烟，使烟叶质量进一步提高。

（六）采收

县内烤烟采收根据烟株各部位成熟期不同，分期分批自下而上采摘。一般人工采摘分5~10次进行，每次隔5~10天，每次每株采1~3片，顶叶成熟后一次采摘。2002年，在县内试行上部叶7~8片一次性烧烤，2004年后在全县推广，烤后烟叶质量明显提高。

（七）病虫防治

1991—2005年，县内烟叶虫害主要有小地老虎、烟蚜、烟青虫、稻绿蝽等，病害主要有花叶病、白粉病、叶斑病、气候型斑点病等。

烟叶病虫害的预防主要是采取烟田轮作，清除烟株残体，100%推广稻草回田，改良土壤，不使用垃圾土、菜园土、被烟株污染过的水稻田土和未经充分腐熟的烘肥配制营养土，抓好烟田的“三面光”等，同时从土、肥、水、苗各生长期的各个环节把关，有效降低烟叶病害。虫害主要用涕灭威、甲敌粉、甲铵磷、复方力杀喷雾进行杀虫。

三、面积与产量

1991年，全县烟叶种植面积926.7公顷，收购烟叶1570吨，每公顷产1694.18公斤，总产值714.6万元，公斤烟均价4.55元。1994年，因多雨气候造成烟叶质量下降，收购价格低，烟农种烟效益差，造成烟叶种植面积下降至420公顷，收购烟叶仅501吨。1995年后，省市政府和烟草部门先后出台烟叶价格补贴政策和生产扶持措施，极大调动烟农种烟积极性，种植面积开始逐年增加。1997年，种植面积增至3108.7公顷，产量5350吨，总产值5074.3万元，达到15年来的最高峰。1998年，受种烟面积计划减少和烟叶收购价格下调的影响，全县种植规模又下滑到1300公顷。1999年后，全县进一步调整布局，巩固盖洋、枫溪、夏坊等老烟区的烟叶生产，开发夏阳、城关、瀚仙、胡坊、沙溪等东部烟区，使全县烟区布局逐步趋向合理，烟叶生产规范逐步稳定，种植规模稳定在2000公顷左右，烟叶种植逐渐成为县农村龙头产业之一。2005年，全县烟叶种植面积2053.3公顷，收购烟叶3370吨，每公顷产1641.26公斤，总产值3535万元，烟均价10.49元/公斤。

四、烟叶烘烤

（一）烤房

1991年，全县烤房大多为中、小型烤房，采用跨越式、平走式火管装置，烘烤性能较差。1996年，对烤房进行技术改造，改跨越式、平走式火管为下扎式火管，改炉旁、炉底热风洞为风槽式热风洞，并加大烤房档梁与天花板之间距离，较好解决烤房升温和排湿不畅等难题，提高烟叶烘烤质量，又省煤、省时，降低烟农的劳动强度。1998年，对部分烤房进行双炉改造，双炉烤房具有升温平稳、省工、省煤、减轻劳动强度等优点。2000年，县内大部分烤房改造为双炉热风循环烤房。2002年，在盖洋、城关等乡（镇）进行智能化烤房改造，利用高科技微电脑和循环风机对烟叶的变黄、定色、干筋各个阶段的温度进行自动调节，进一步规范烟叶升温，极大减少烟农的劳动强度。2005年，在盖洋、沙溪等乡镇推广密集式烤房。

（二）初烤

1991—2005年，烟叶烘烤主要是实行鲜烟叶分类上竿，严格控制装烤密度，用无烟煤进行烘烤，烟叶初烤分为变黄、定色、干筋3个阶段，烟叶烤干后，把烤房门、天窗等全部打开，让湿润空气进入烤房，使烤房内烟叶自然回潮，最后，下烤、解绳，对初烤烟叶进行初分贮藏保管。

（三）复烤

1991年，全县初烤的烟叶收购后，全部送往县复烤厂进行复烤，县复烤厂年复烤烟叶1500吨。1992年，县烟草公司投资202.1万元引进DBL-4-1.25WD3型链条块装炉、DK-86型装机、容量42.9千瓦柱式蒸气复烤机，年复烤能力达5000吨。1997年，复烤烟叶5350吨，达到历史最高水平。1999—2005年，烤烟厂关闭，县内烟叶全部调往三明金叶复烤有限公司进行复烤。

第四章 畜 牧 业

第一节 养 殖

一、猪

（一）品种

1991年，县内饲养的猪主要有闽北花猪、梅山猪、槐猪、太湖猪和长白猪等品种，商品猪以饲养肉脂兼用型的二元杂交猪为主。1994年，引进杜洛克种公猪25头。1998年，引进大约克公猪30头、长太母猪20头，试养后比本地母猪杂交后代更具生长优势。2000年，开始推广饲养三元瘦肉型猪，品种主要是杜长太猪。2005年，养猪专业户、重点户和养猪场多数饲养瘦肉型猪，品种主要有闽北花猪、梅山猪、槐猪、太湖猪、约克夏、长白猪、杜洛克等及其杂交猪。

（二）饲养

1991年，县扶持生猪饲养，由县副食品基地办与养猪基地签订合同，基地养猪每出栏1头肥猪，县政府给予补贴20~75元不等，养猪业得到较快发展，全县养猪农户有21262户，年末存栏62068头，其中能繁母猪5135头、肉猪60公斤以上的36003头，出栏70957头，总饲养量133025头，肉产量5795吨。1993年开始，基地补贴逐步减少，基地养猪也随着减少，但因养猪效益高，全县养猪数量仍逐年增加。1995年，全县养猪总量达到最高137605头。1997年，基地补贴停止发放和全县农村劳动力大量向外转移，农村养猪户减少，养猪数量开始下降。2000年，猪肉价格逐步提升，全县养猪数量又开始增长。2002年后，随着养殖专业化水平的提高，养猪业向集约化生产发展，农户散养开始逐年减少。2005年，全县养殖生猪农户有17985户，养殖30~100头的养殖场有35家、100~200头的有8家、500头以上的有1家；全县养猪年末存栏41687头，其中能繁母猪3226头，当年出栏51830头，全年饲养量93517头，肉产量3634吨。

二、牛

（一）品种

1991年，县内饲养的役牛有水牛和黄牛，奶牛有中国黑白花奶牛（也称中国荷斯坦奶牛）。2001年，盖洋镇农民从江西省泰和县引进西门塔尔杂交牛382头，放牧肥育，由于饲养管理粗放、营利少，饲养6~7个月后淘汰。同年，日本青木株式会社从山东引进渤海黑牛120头，采用拴系的方式进行饲养管理，取得较好经济效益。2002年后，先后从山东、河南、江西等地引进南阳黄牛、西门塔尔、利木赞、夏洛来、丹麦红牛等杂交架子牛饲养。2005年，县内饲养的役牛和奶牛品种不变，肉牛品种为西门塔尔、利木赞、夏洛来、丹麦红牛杂交黄牛等。

（二）饲养

1991年，县内饲养的牛主要是役牛和少量奶牛。役牛为农户饲养，主要用于耕地，少量食用，一般1—3户共养1头，共同役用。水牛体形较大，大多分布在海拔较低的乡村，役用黄牛体形较小，具有耐寒的优点，适宜山垅田、梯田的耕作，大多分布在海拔较高的乡村。奶牛由个体户在城关乡坪埠村饲养，牛奶供应县城居民，由于饲养管理粗放、卫生条件差等原因，本地牛奶市场占有量极少，奶牛发展受到影响。当年全县饲养牛年末存栏8801头（其中奶牛8头），出栏19头，肉产量2吨。2001年起，盖洋镇的农民和日本青木株式会社先后创办肉牛养殖场养殖肉牛。2002年，县政府成立县肉牛产业项目领导小组，出台《明溪县关于鼓励发展肉牛养殖加工暂行规定》，把肉牛养殖作为产业加以引导和扶持，全县养牛年末存栏增至10768头，出栏1465头，全年饲养量12233头，肉产量147吨。2003年，又把肉牛产业列为县支柱产业进行培植，6月县成立肉牛产业协会，全县肉牛产业迅速发展。2004年，为解决肉牛养殖的资金和销售问题，成立县肉牛产业贷款担保中心，并引进肉牛屠宰加工厂宏宇牧业有限公司，全县肉牛产业开始进入产业化发展。2005年，全县养牛年末存栏15333头，出栏11990头，全年饲养量27323头，其中存栏役牛6522头，出栏645头；黄牛存栏9287头，出栏10299头；水牛存栏6020头，出栏1691头；奶牛26头，年产奶量32吨；有肉牛养殖户30户，肉牛养殖场24家，共有5100个牛栏位。

三、羊

（一）品种

1991年，县内饲养羊的品种主要有本地山羊、戴云山羊、南江黄羊等。1998年，瀚仙镇大焦村农民从西安引进莎能奶山羊100只。2000年，县双惠种羊场从广东引进波尔山羊10只，其中8只母羊和2只公羊，并开展纯种繁殖和波尔山羊与南江黄羊杂交试验、试养，杂交后代性能表现良好，深受养羊户喜欢。2001年，双惠种羊场又从莆田、尤溪引进南江黄羊120只，从江西省引进成都麻羊182只分散给农户养殖。2002年，三峡移民从四川引进南江黄羊220只。枫溪乡农民从江苏引进马头羊210只试养，由于引种时遇到下雪，草料不足，引进的羊只小，饲养管理水平低，引种没有成功。2003年，波尔山羊因价格每只在万元左右及饲养管理不善，被淘汰。2005年，全县饲养羊的品种主要有本地山羊、戴云山羊、南江黄羊、城都麻羊、黄淮山羊、莎能奶山羊等及其杂交羊。

（二）饲养

1991年起，县提倡发展草食动物，推广竹山养羊，养羊发展较快。当年存栏682只，出栏1210只，全年饲养量1900只，肉产量14.57吨。1998年，少数农户饲养奶山羊25只。2000年，因品种改良和经济效益的提高，全县养羊业迅速发展，年末存栏增至6475只，出栏3306只，全年饲养量9781只，肉产量46吨。此后逐年增加。2005年，全县年末存栏20316只，出栏16976只，全年饲养量37292只，肉产量240吨，养羊的农户215户，养羊场12家，主要分布在夏阳、胡坊、盖洋等乡镇，其中有4户农户饲养奶山羊156只。

四、兔

（一）品种

1991年，县内饲养兔的品种有本地兔、力克斯兔。1992—1993年，县畜禽良种场先后引进塞北兔、日本大耳兔、青紫兰兔、獭兔、比利时兔、新西兰兔、黑熊兔等9个优质肉用型兔和皮肉兼用型兔品种，开展示范养殖，共存栏大小兔330只。1994年，县畜禽良种场撤销，兔分散饲养。2005年，饲养的品种有本地兔、青紫兰兔、日本大耳兔、齐卡兔、比利时兔、塞北兔、新西兰白兔、黑熊兔、加利福利亚兔、弗朗德兔、公羊兔、太行山兔及其杂交兔。

（二）饲养

县内大部分农户家中都养几只至十几只兔，一般采用传统的养兔方法，饲喂青草、菜叶、地瓜、花生藤和米饭拌糠等，成年兔体重在1.7~2.5公斤之间。1991年，全县养兔年末存栏24707只，出栏48662只，全年饲养量51069只，肉产量84吨。1995年，养兔专业户开始利用颗粒饲料和种植黑麦草、杂交狼尾草、墨西哥玉米等优质牧草，采取层叠式笼养饲喂，养兔经济效益明显提高，全县养兔数量达到历史最高，年末存栏增至47922只，出栏121913只，全年饲养量169835只，肉产量232吨。2001年，因养兔经济效益下滑，养殖数量开始下降。2005年，全县养兔年末存栏35703只，出栏76696只，全年饲养量112399只，肉产量100吨。

五、鸡、鸭

1991年，县内农户利用闲田、山地、池塘、河流，采用配合饲料零星饲养鸡、鸭。鸡的品种有本地土鸡、三黄鸡、九斤鸡、芦花洛克鸡及杂交鸡，鸭的品种有本地麻鸭、骡鸭、瘤头鸭、金定鸭、高邮鸭。全县养鸡鸭全年饲养量188.6万只、肉产量1780吨、禽蛋530吨，农民户均养鸡鸭34只，年末存栏60.3万只，出栏128.3万只。1993年，引进尤溪麻鸡、河田鸡800只。1995年，引进绿头野鸭300只。1997年，引进贡川鸡500只。1995年，养殖数量达到最高，全县年末鸡鸭存栏43.1万只、出栏155.4只，全年饲养量198.5万只，肉产量2400吨，禽蛋980吨。2005年全县鸡鸭存栏34.6万只，出栏67.5万只，全年饲养量102.1万只，肉产量780吨，禽蛋770吨；鸡的品种有本地土鸡、三黄鸡、九斤鸡、芦花洛克鸡及杂交鸡、贡川鸡、尤溪麻鸡、河田鸡，鸭的品种有本地麻鸭、骡鸭、瘤头鸭、金定鸭、高邮鸭、绿头野鸭。

六、鹅

县内农民养鹅的品种有狮头鹅和灰鹅，分散零星，数量少。1991年，全县养鹅680只。2003年，从沙县引进2000头白鹅试养，由于成活率低没有推广。2005年，全县养鹅3720只。

七、鸽

县内饲养鸽子主要以肉鸽为主，信鸽较少。肉鸽毛色有白、黑、银灰色较多。1991年，全县养鸽约300只。1993年，坪埠、王桥引进大种肉鸽300对。1995年后，雏鸽上市作为补品出售，养鸽数量逐年增加。2005年，全县养鸽760只，出乳鸽3000余只。

若干年份明溪县畜禽发展情况

表5-5　　单位:头、只、吨

种类	产量	1991	1995	2000	2005
猪	年末存栏	62068	63042	50556	41687
	当年出栏	70957	74563	43954	51830
	全年饲养量	133025	137605	94510	93517
	肉产量	5795	5802	3101	3634
牛	年末存栏	8801	8972	7964	15333
	当年出栏	19	57	468	11990
	全年饲养量	8820	9029	8432	27323
	肉产量	2	9	47	1199
羊	年末存栏	682	1980	6475	20316
	当年出栏	1210	377	3306	16976
	全年饲养量	1900	2357	9781	37292
	肉产量	15	10	46	240
兔	年末存栏	24707	47922	50426	35703
	当年出栏	48662	121913	97836	76696
	全年饲养量	51069	169835	148262	112399
	肉产量	84	232	127	100

续表 5-5

种类	产量	1991	1995	2000	2005
禽	年末存栏	603076	431278	427210	346016
	当年出栏	1283306	1554287	488592	675334
	全年饲养量	1886382	1985565	915802	1021350
	肉产量	1789	2432	591	789
	禽蛋	536	985	739	775

第二节 饲 料

一、饲料种类

（一）单一饲料

县内单一饲料主要有植物性饲料、动物性饲料、矿物质饲料、添加剂 4 种。植物性饲料为种植业提供的副产品、人工种植、天然牧草，其中：多汁饲料包括青草、块根、块茎、瓜果、蔬菜、树叶等，主要有青饲玉米、杂交狼尾草、黑麦草、牛皮菜、甘蓝、白菜、甘薯藤、萝卜茎叶、甘薯、南瓜、绿萍、水葫芦、水浮莲、桑树叶等；粗饲料包括干草、秸秆、壳、青贮料等，主要有稻草、玉米秸、豆秸、豆皮、豆荚、稻谷壳、麦糠等；精饲料包括谷物籽实、豆科籽实、饼粕、糠麸糟渣等，主要有稻谷、玉米、小麦、麦皮、米糠、麦芽根、豆饼（粕）、棉籽饼（粕）、菜籽饼（粕）、花生饼（粕）、酒糟、豆腐渣等。动物性饲料主要有鱼粉、肉骨粉、蝇蛆等。矿物质饲料主要有石粉、骨粉、磷酸氢钙、贝壳粉、食盐。添加剂为兽药厂生产，用量极少，有氨基酸、维生素、微量元素等营养性添加剂和促生产、驱虫、抗球虫等非营养性添加剂。兽药经营店销售主要有赖氨酸、蛋氨酸、猪用多种维生素、禽用多种维生素、复合多种维生素、微量元素添加剂、北里霉素预混剂、多维羽毛营养素等。

（二）配合饲料

县内配合饲料多为饲料工厂生产，有颗粒料和粉料。市上销售的配合饲料系列繁多，按产品种类分为全价配合饲料、浓缩饲料、混合饲料和预混料。全价配合饲料品种较多，主要有小猪配合料、中猪配合料、大猪配合料，小鸡料（或鸡花料）、中鸡料、大鸡料，小鸭料、大鸭料、蛋鸭料，成兔料。浓缩饲料品种主要有猪浓缩料、兔精料补充料。混合饲料品种主要有猪混合料，多为养殖户自己配比加工。预混料主要有南天肉牛预混料。

二、饲料生产

（一）饲料利用

1991 年，县内种植业提供的副产品，种类多，数量可观，是农村畜禽养殖饲料的主要来源。随着养殖技术水平的提高，工厂化生产的配合饲料逐步被采用，特别是专业户、规模场养猪养禽大量采用配合饲料，种植业提供副产品的饲料使用量逐年减少。1995 年后，米糠、蔬菜、瓜果、块根、块茎饲料相对较多。2001—2005 年，随着肉牛产业的发展对秸秆类饲料利用率有所提高，水生饲料生产量较少，主要被边远乡村农户养猪所利用。草山、草坡及十边地饲草为农户放牧役用牛、山羊所利用。

（二）牧草种植

1991 年，县内种植的牧草主要有籽粒苋、印度豇豆，面积 877.1 公顷，总产量 13456 吨，每公顷产 15341.47 公斤。1992 年，引进黑麦草。1993 年，籽粒苋因产量低被淘汰。1999 年，引进鲁梅克斯牧草在县农科所种植 0.2 公顷，产量高，后因虫害重被淘汰。2000 年，引进紫花苜蓿属豆科牧草在城关乡原坊村和县苗圃试种，因受气候条件限制，没有推广。2001 年，明溪开始发展肉牛产业，促进牧草种植的发展，当年引进 13 个牧草品种在农科所试种筛选。2005 年，种植品种主要有黑麦草、紫花苜蓿、杂交狼尾草等，种植面积发展至 1333.33 公顷，总产量 25600.2 吨，每公顷产 19200.2 公斤。

第三节 疫病防治

一、种类

猪 主要有猪瘟、细小病毒病、副伤寒、猪丹毒、猪口蹄疫、猪肺疫、猪繁殖和呼吸综合征、传染性胸膜肺炎等疫病。

牛 主要有牛口蹄疫、伊氏锥虫病等疫病。

羊 主要有羊水泡病、羊痘、羊口疮、羊传染性胸膜肺炎、传染性角膜结膜炎等疫病。

兔 主要有兔伪结核、传染性角膜结膜炎、兔瘟、兔魏氏梭菌、兔球虫病等疫病。

狗 主要有犬瘟热、狂犬病、细小病毒病等。

禽 主要有鸡新城疫、禽霍乱、传染性法氏囊病、鸡传染性支气管炎、鸡传染性喉气管炎、Q 病等疫病。

二、防治

1991 年，县内畜禽疫病的防治实行春秋两季防疫制度，结合常年防疫和加强畜禽及其产品的检疫检验工作来预防、控制重大疫病的发生和蔓延。全县畜禽交易市场的检疫检验由县畜牧兽医站负责，农村集镇市场由各乡（镇）畜牧兽医站负责。当年防疫猪瘟 123256 头、禽病 111.69 万羽。1993 年春，发现胡坊乡的胡坊村和柏亭村口蹄疫病猪 148 头，畜牧兽医部门进行就地扑杀，无害化处理，防止疫病蔓延。同年，推广应用猪口蹄疫疫苗、羊猝疽疫苗、肠道症三联苗、大五联苗、雏鸭病毒性肝炎疫苗、鸡传染性法氏囊炎病疫苗、鸡传染性支气管炎疫苗。1995 年 8 月，县兽医卫生监督检验所成立，负责县内动物防疫、畜禽及畜禽产品检疫检验工作的监督检查、动物防疫条件的审查、兽药经营和使用的监督管理，以及动物疫病的监测、控制、扑杀等工作。1997 年，对城区肉品市场实行定点屠宰，对在境内出入的牲畜执行产地检疫制度。

1998—2000 年，先后在城关、盖洋、沙溪、胡坊等乡镇发现畜禽五号病，畜牧兽医部门采取断然措施，进行就地扑杀和无害化处理，有效防止疫病蔓延。2000 年，落实防疫工作责任制，采取平时防治与紧急预防相结合的办法，确保生猪防疫密度常年保持在 95%以上，家禽防治常年保持在 86%以上。

2001 年，城关乡的东坑、上坊、王桥 3 个自然村 32 户农户饲养的家禽初次发生禽流感，县政府高度重视，立即成立县重大动物疫情应急控制指挥部，印发《明溪县重大动物疫情控制应急预案》，对患病的家禽进行无害化处理，共扑杀深埋家禽 18788 羽，其中病鸡 850 羽、病鸭 1710 羽、同群鸡 4709 羽、同群鸭 11519 羽，疫情没有蔓延。

2004 年，夏阳肉牛发生伊氏锥虫病，共有病牛 20 头，经治疗没有发生死亡。此后再无发生。同年，成立县禽流感防治应急指挥部，县政府印发《明溪县高致病性禽流感防治应急预案》，县公安局、县卫生局等有关部门和各乡镇人民政府也相应成立禽流感防治应急指挥领导小组并制定预案。同时，建成县动物疫病检测检验中心，进行疫情监测和免疫抗体检测工作。

至 2005 年，全县 9 个乡镇均设有兽医站，有专业技术人员 25 人，每个行政村配 1 名防疫员，全县共有防疫人员 89 人；防疫猪瘟 7.59 万头，猪口蹄疫 6.99 万头，牛口蹄疫 2.48 万头，羊口蹄疫 1.91 万头，鸡新城疫 51.2 万羽，禽流感 94.56 万羽。

第五章 水产业

第一节 水域 品种

一、水域

县内主要水域类型有河流、池塘、水库、山塘等，全县流域面积在 50 平方公里以上的河流有 15 条，水域面积 1347.53 公顷。1991 年，全县可养殖水面 347.53 公顷，其中池塘可养殖水面 142.53 公顷，水库、山塘可养殖水面 205 公顷。1992 年后，因为养殖经济效益高，全县养殖面积不断扩大。2005 年，全县可养殖水面增加至 937.33 公顷，其中池塘可养殖水面 439.93 公顷，水库、山塘可养殖水面 497.4 公顷。

二、品种

1991 年，县内水产养殖只有鱼类，其中鲤科占大多数，主要养殖品种为青、草、鲢、鳙、鲤、鲫、鳊、鲂等。1994 年后，县内开始发展水产特种养殖，先后引进中华鳖、日本鳗鲡、欧洲鳗鲡、美国青蛙等新优品种及南方大口鲶、倒刺鱼巴、虹鳟、鲟鱼等鱼类高优品种，水产养殖品种逐步向名、特、优方向发展。2005 年，全县水产养殖主要品种有 18 种，其中鱼类 16 种，分属 10 科 13 属，名特优品种 10 个。

第二节 养 殖

一、种苗培育

1991 年，县内有石珩、大焦、苗圃 3 个专业苗种场，专业养鱼户 18 户，从事草鱼、鳙鱼、白鲢、鲤鱼、团头鲂等品种的人工繁育鱼苗生产，有苗种池 6 公顷。年生产水花 1550 万尾，夏花 611.8 万尾，春花 315.7 万尾。2003 年，苗圃鱼种场停止生产，石珩鱼种场开始出售亲鱼。2004 年，石珩鱼种场停止人工孵化家鱼苗。2005 年，成立龙湖水产良种开发有限公司。全县生产夏花 405 万尾，春花 270 万尾，并从将乐县、广东兴宁县调进草鱼、鳙鱼、鲢鱼水花鱼苗 2540 万尾。至 2005 年，县内有石珩鱼种场、大焦鱼种场、龙湖水产良种开发有限公司 3 个专业苗种场，专业养鱼户 12 户，苗种池 19 公顷。

二、池塘养殖

池塘养殖是县内水产养殖的主要形式。1991 年，全县池塘养殖面积 142.53 公顷，养殖品种以青、草、鲢、鳙、鲤、鲫、鳊、鲂等常规品种为主，总产量 438 吨，每公顷产 3.07 吨。1993 年后，先后引进建鲤、团头鲂、彭泽鲫、加州鲈鱼、淡水白鲳、巴西鲷、淡水鳖、日本鳗鲡、中华鳖、美国青蛙、虹鳟、鲟鱼、笋壳鱼、火鹤鱼等高优品种，并推广混养、轮养、套养、精养等技术，产量大幅提高。池塘养殖由品种单一、粗放薄收，逐渐向多品种、合理密放、精养高产方向发展，养殖面积逐年增加。2005 年，全县池塘养殖面积增至 439.93 公顷，养殖品种扩大至 20 多种，总产量 2513 吨，每公顷产 5.71 吨。

三、水库、山塘养殖

1991年，全县水库、山塘养殖面积205公顷，中型水库大多放养易于捕捞的个体重0.75公斤以下的鲢、鳙等中上层鱼类；小（一）型、小（二）型水库和山塘以放养鳙、鲢、鲤、鲫为主，采取人工投草和配合饲料的饲养方式，全年总产量142吨，每公顷产0.69吨。1993年起，县开始陆续兴建水库，水库养殖面积逐年增加。1999年后，由于县内风行水煮活鱼，草鱼市场需求量不断增大，全县小（一）型以下水库逐步转向放养草鱼为主，并总结出夏季放养、多品种混养、投喂全价饵料、5~7月集中上市和错开常规养殖上市高峰期等方面的经验，平均每公顷产可达22.5吨，每公顷利润达3万元以上。2005年，全县小（一）型以下水库、山塘基本为投喂配合饲料的精养模式养殖，部分水库、山塘引入池塘精养模式，配备增氧机、投饵机，养殖水平大幅提升。全县水库、山塘养殖面积增至497.4公顷，养殖品种扩大至11种，总产量967吨，每公顷产1.94吨。

四、稻田养殖

1991年，全县稻田养殖面积1009.67公顷，主要分布枫溪、夏坊、胡坊等乡，养殖品种主要有草鱼、鲤鱼，养殖方式有粗放养殖和流水沟式养殖两种，总产量165吨，每公顷产0.16吨。1994年，县水技站在雪峰镇城西村推广坑塘式稻田养鱼模式，经济效益显著提高，每公顷产最高达到1.12吨。1995年后，坑塘式稻田养鱼在全县逐步推广，流水沟式养殖逐步被淘汰。2005年，全县稻田养鱼面积1312.93公顷，总产量552吨，每公顷产0.42吨，其中坑塘式稻田养鱼面积513.67公顷，产量284吨，每公顷产0.55吨；养殖品种仍为草鱼、鲤鱼。

五、网箱养殖

1997年，县水技站在蒙洲水库开展竹架浮筒式网箱养殖南方大口鲶试验，投放7~10厘米的鱼种5000尾，每箱放养50~150尾，共放50个网箱800平方米，喂养方式以投喂低值鱼类为主。1998年春，收获成鱼2825尾3.44吨，成活率达56.5%，单产4.3公斤/平方米，总产值10.31万元，创利润3.3万元。2001年，喂养方式由投喂低值鱼类变为以投喂配合饲料为主，全县网箱养鱼面积增至2822平方米，产量76吨，单产提高至26.93公斤/平方米。2003年以后，网箱养殖面积和产量逐年减少。2005年，全县网箱养鱼面积667平方米，产量2吨，单产3公斤/平方米，养殖品种主要有草鱼、南方大口鲶、鳙、鲢等。

六、特种养殖

1994年，明溪在雪峰镇城西村创办首家温室养鳖场，养殖的品种有台湾沙鳖、中华鳖，面积4公顷。1995年，全县新建养鳗场9家，养殖品种有日本鳗鲡和欧洲鳗鲡，养殖面积5.2公顷，投放种苗112万尾，年底收获鳗40吨，产值400万元。1996年，瀚仙镇王陂村村民邓某从湖北引进美国青蛙种蛙26组，开展人工繁育养殖，养殖面积0.6公顷，产量9吨，产值18万元，最大个体重1.2公斤。同年，雪峰农场养鳗场开展土池养殖欧洲鳗获得成功。1997年后，由于鳖价格大幅下跌，全县大部分养鳖场改为养殖鳗鱼或其他鱼类，养殖面积逐年减少。2005年，全县共有养鳗场7家（其中精养池为主养鳗2家、土池为主养鳗5家），养殖面积增至28.67公顷，产量308吨，产值942万元；有美国青蛙养殖场5家，养殖面积2.33公顷，产量92吨，产值147万元；有养鳖场2家，养鳖面积1公顷，产量16吨，产值64万元。

七、放流增殖

1995—2005年，县农业局推行河段承包管理，每年在沙溪、盖洋溪投放草鱼、鲢鱼、鲤鱼、鲫鱼、三角鲂、南方大口鲶等鱼种23万尾进行增殖。全县共投放鱼种350万尾。

八、产量

1991年，全县水产总产量821吨，其中养殖产量745吨、捕捞产量76吨，总产值428万元。1994年，新建城西、大焦等商品鱼基地，全县水产总产量增至2339吨，其中养殖产量1967吨、捕捞产量372吨，总产值1097万元。此后水产总产量逐年增加。2005年全县水产总量4902吨，其中养殖产量4138吨、捕捞产量764吨，总产值3787万元。

1991—2005年明溪县水产养殖面积、产量情况

表5-6

年份	养殖面积(公顷)				产量(吨)			产值(万元)
	合计	池塘	水库、山塘	稻田养鱼	合计	养殖	捕捞	
1991	347.53	142.53	205.00	1009.67	821	745	76	428
1992	356.40	148.60	207.80	1010.07	1012	907	105	441
1993	397.73	179.93	217.80	1056.8	1306	1134	172	600
1994	535.18	288.65	246.53	1661.00	2339	1967	372	1097
1995	644.40	315.00	329.40	1584.60	3030	2451	579	1967
1996	668.54	337.47	331.07	1538.00	3698	3103	595	1967
1997	910.80	424.10	486.40	1504.27	4103	3472	631	2094
1998	910.87	424.47	486.40	1504.27	4200	3562	638	1914
1999	901.34	419.67	481.67	1211.33	4224	3575	649	2145
2000	911.00	425.33	485.67	1062.13	4552	3745	707	2520
2001	917.33	426.80	490.53	1385.00	4538	3864	674	2780
2002	926.67	421.67	492.20	1383.67	4625	3942	683	2896
2003	920.34	421.67	498.67	1314.07	4699	4003	696	3074
2004	929.93	432.60	497.33	1488.07	4776	4017	759	3308
2005	937.33	439.93	497.40	1312.93	4902	4138	764	3787

第三节 捕 捞

1991年，县内溪河捕捞的方法主要使用竿、钓、渔筝、鳅叉、渔网、鸬鹚等，养殖水域捕捞以刺网、拖网、拉网为主，山塘、池塘捕捞普遍采用拉网、轮捕轮放、捕大留小的方法。常见的捕捞品种有鲤鱼、鲫鱼、圆吻鲴、黄颡鱼、泥鳅、鲶鱼、马口鱼、鳜鱼、倒刺鲃等，捕捞产量76吨。1992—1994年，溪河滥捕情况严重，渔业资源受到严重破坏，溪河捕捞量大幅下降。1995年后，县农业局加强溪河渔业管理，实施捕捞许可证制度，严厉查处电、毒、炸等违法案件，同时推行河段承包管理，大量增殖放流鱼种，溪河捕捞量开始逐年增加。2005年，捕捞产量增至764吨，捕捞方法不变。

第四节 饲 料

一、浮游生物饵料

1991年以后，除零星养殖池塘和种苗池通过施农家肥、化肥等办法培育浮游生物外，多数规模养殖业者采用渔、牧、沼、草的生态型渔业模式，以吃食鱼类粪便、沼液来培育浮游生物。

二、植物性饲料

植物性饲料有水生饲料、野生植物和人工种植饲料 3 大类。水生饲料主要有满江红、浮萍、紫背红萍、细绿萍、芜萍、马来眼子菜、菹草、苦草、轮叶黑藻等。野生植物种类较多，主要是田边地角、山坡杂地的野生青草。人工种植饲料主要有象草、黑麦草、苏丹草、杂交狼尾草及米糖、麦皮、豆粕等。1991 年后，人工种植饲料逐渐取代其他植物性饲料。

三、动物性饲料

常用的动物性饲料有红虫、小杂鱼、螺、蚯蚓、黄粉虫、蝇蛆等。

四、配合饲料

配合饲料是指 3 种或 3 种以上的动、植物原料按一定比例混合制成的饲料，具有适口性好、在水中不易散失、利用率高等优点。县内使用的鱼用配合饲料都是由外地饲料厂家生产、加工的，县内没有生产。

第五节 疫病防治

一、种类

1991—2005 年，县内鱼类病虫害主要有水霉病、出血病、烂鳃病、赤皮病、肠炎病、小瓜虫病、车轮虫病、中华鳋病、指环虫病、锚头鳋病、鱼鲺病、鲤鱼白云病等。鳗鲡病虫害主要有烂鳃病、脱粘出血综合征、指环虫病、爱德华氏菌病、红头病、鳃霉病等。

二、防治

鱼病发病季节为每年的 4—10 月，其中 7—9 月为高峰期。鱼病预防主要方法有清塘消毒、鱼体消毒、注射灭活疫苗等。清塘消毒，常见方法是排干水进行池塘整修和太阳暴晒，放养前 7—15 天每公顷用 1800 千克左右生石灰或 900~1200 千克茶饼或 150 毫克/千克漂白粉全池泼洒消毒杀灭病原体和有害生物。鱼体消毒，常见方法是鱼苗种下池前用万分之五食盐浸泡鱼体 5~10 分钟杀灭体表寄生虫和预防因鱼体损伤而感染病菌。注射灭活疫苗，主要是草鱼放养前进行灭活疫苗注射，以防止出血病、烂鳃病、赤皮病、肠炎病的发生和危害。水霉病常见治疗方法为 0.2 毫克/千克孔雀石绿全池泼洒。出血病、烂鳃病、赤皮病、肠炎病常见治疗方法为 1 毫克/千克漂白粉全池泼洒和 2 克/百公斤鱼肤喃唑酮内服 7 天（第 2—7 天药量减半）。小瓜虫病常见治疗方法为瓜虫清 1ppm 全池泼洒。车轮虫病常见治疗方法为 0.2 毫克/千克硫酸铜加 0.5 毫克/千克硫酸亚铁全池泼洒。中华鳋病、锚头鳋病常见治疗方法为 1 毫克/千克 1605 农药全池泼洒。鱼鲺病常见治疗方法为 1 毫克/千克敌百虫全池 泼洒。

1991 年，县内普遍使用“石硫合剂”“敌百虫”“敌敌畏”防治寄生虫病、小爪虫病；采用“漂白粉”“强氯精”“鱼虾灵”防治细菌性鱼病，草鱼“三病”（赤皮病、烂鳃病、肠炎病）死亡率高，成活率仅有 60~80%，对养殖业危害很大。1995 年后，全县开始推广注射草鱼灭活疫苗，成活率迅速提高。1996 年，大焦口渔场鳗鱼发生指环虫病，用 1 毫克/千克甲苯咪唑全池泼洒治愈。1998 年，推广使用“阿维菌素”及菊酯类药剂防治鱼类寄生虫病，用“碘制剂、季胺剂、二氧化氯（稳定型）”防治细菌性鱼病。1999 年起，境内饲养的鲢、鳙、鲤、鲂等鱼类体表出现暴发性出血病，损失严重。2004 年，县内出现草鱼脂肪肝病，后通过调整饵料配方，添加“维生素 E”“维生素 C”及“氯化胆碱”防治，疫情得到控制。2005 年，在县内推广生石灰、漂白粉、“二氧化氯”“二溴海茵”等药品“全池泼洒法”“土霉素”“磺胺嘧啶”等药物“内服药饵法”，对春季常见的水霉、竖鳞、车轮虫等病和高温期淡水鱼暴发性出血病、池塘鱼常见鳃病进行防治，全县草鱼注射灭活疫苗占放养量的80%，鱼疾病得到有效地控制。

第六章　农业技术

第一节　耕作制度

一、水田种植模式

（一）一熟制

1991年，全县水田一熟制面积5855.5公顷，主要有单晚—冬闲和中稻—冬闲。此后，一熟制面积逐年减少，冬种面积逐年增加。2005年，全县水田一熟制面积4654.87公顷。

（二）二熟制

1991年，全县二熟制面积4857.67公顷，主要有早稻—(豆、菜)、中稻—(菜、马铃薯、毛豆、豌豆)、烟—稻—冬闲、菜—稻—冬闲、双季稻-冬闲等。1992年后，二熟制面积逐年增加，复种指数提高。2005年，全县二熟制面积5328.73公顷。

（三）三熟制

1991年，全县三熟制面积538.27公顷，主要有：油菜、菜、西瓜、玉米、花生、大豆、毛豆、豌豆、烟—稻—菜、菇、毛豆、豌豆；早稻—连晚—冬菜（自用菜和商品菜）；烟—稻—菜等。此后三熟制面积逐年增加。2005年，全县水田三熟制面积达937.07公顷。

（四）四熟制

2001年，雪峰镇的城东村和城关乡的大富村、坪埠村开始种四季蔬菜，全县四熟制面积10.6公顷。2005年，夏阳乡紫云村利用与三明市区近及高海拔夏季气候优势，发展种植秋马铃薯、甜椒、白菜、萝卜等反季节蔬菜20公顷，取得较好经济效益。当年全县水田四熟制面积40公顷，主要有雪峰镇、城关乡、夏阳乡等城郊型蔬菜基地。

二、旱地种植模式

（一）一熟制

1991年，全县旱地一熟制主要种植麻类、甘薯、大豆、玉米、花生等，面积533.3公顷。1995年后，玉米、花生种植面积增加，一熟制面积逐年增加。2005年，种植面积666.67公顷。

（二）二熟制

1991年，全县旱地二熟制主要模式有春秋大豆、春秋花生，种植面积110.67公顷。1992年后，先后推广木薯套种大豆、玉米、花生等种植模式，二熟制面积逐渐增加。2005年，种植模式有西瓜、花生、玉米、春大豆—木薯；马铃薯—甘薯、秋花生、大豆；春烟—秋甘薯、秋大豆；生姜、瓜、薯、芋菜等，种植面积186.67公顷。

（三）三熟制

2001年，在城关、沙溪、瀚仙等乡镇的低海拔地区，有少数农民利用房前屋后的旱地种植春大豆—秋大豆—蔬菜，西瓜—大豆—饲料，马铃薯—花生—蔬菜等三熟作物，种植面积1.8公顷。2005年，旱地三熟制主要模式有烟—薯—菜，西瓜、花生、春大豆、玉米—甘薯—菜等，面积2.6公顷。

第二节 良种推广与繁育

一、常规水稻良种

常规水稻在县内只作双季早稻栽培，播种面积约占双季早稻面积的90%以上。1991年，主要推广种植的品种是常规水稻良种601，占双季早稻面积的60%以上。1992年后，随着双季早稻的面积逐年减少，常规水稻的播种面积也随着减少。2005年，推广种植的品种有601、79106、78130、8706、陆青早1号、558018、籼128、闽科早77、明选1号、溪选早1号、泉农3号、佳禾早占等，主要以601和79106为主，其中601播种面积约占双季早稻播种面积的60%以上。

二、杂交水稻推广

1991年，杂交水稻品种主要有10种，其中早熟品种以汕优77为主；中熟品种有汕优63、特优63、D汕优63、D297优63、汕优155、汕优72、汕优78、优181等，以汕优63组合为代表的63系列组合为主；迟熟品种有汕优70、威优70、优I70、汕优73、汕优红田谷、威优红田谷等，以汕优70为主。1997年后，杂交水稻良种推广进度开始逐年加快。早熟品种以汕优82为主；中熟品种有特优70、汕优明86、特优明86、汕优46、汕优669、特优669、D297优63、D297优155、协优9308、冈优22等；迟熟品种中的汕优红田谷、威优红田谷因米质较差被淘汰。2000年，《中华人民共和国种子法》颁布实施后，种子市场区域开放，县内杂交水稻推广进入品种最多、最全的一个阶段。先后引进早熟品种金优明100、汕优明100试种，中熟品种特优70、特优73、特优898、Ⅱ优明86、Ⅱ优162、Ⅱ优1273、D优527、D优68、冈优22、冈优669、冈优527冈优725等，迟熟品种明优527。2005年，全县杂交水稻主要品种有17种，其中早熟品种有金优明100、汕优明100；中熟品种有汕优46、特优70、特优73、特优175、特898、冈优22、冈优669、冈优527、冈优725、Ⅱ优明86、Ⅱ优162、Ⅱ优1273、Ⅱ优1259、Ⅱ优339；迟熟品种有汕优70、明优527等组合。

三、水稻良种繁育

县农科所、良种场承担全县水稻品种的选育和区试工作，制种基地主要在盖洋镇和瀚仙镇。1991年，选育出常规品种——溪选早1号，在全县推广1333公顷，增产稻谷300多吨。当年全县制种面积36.67公顷，总产量71500公斤，每公顷产1949.82公斤。制作的种子主要有汕优63、特优63、D297优63、汕优72、汕优78、汕优70等组合。1992年后，制种面积逐年增加。1996年，制种面积达56.67公顷，总产量11.9万公斤，每公顷产2099.87公斤，实现县内自给有余，并可向外销售种子。2000年，种子市场放开，竞争激烈，县内制种面积急剧萎缩，下降至16.67公顷，总产量只有4.2万公斤，制作的种子主要有Ⅱ优明86、Ⅱ优162、D优527、特优70等组合。2002年，县获农业部批复，在县城郊下白莲片开始建设国家级农作物原种场，承担全省水稻备荒种的储备任务。2005年，全县制种面积17.33公顷，总产量5.46万公斤，每公顷产3150.6公斤，制作的种子主要有Ⅱ优1273、Ⅱ优1259、Ⅱ优339、Ⅱ优明86等组合。

第三节 作物栽培技术

一、水稻旱育秧技术

1994年引进，全县示范4公顷，平均每公顷产量6629.7公斤，比普栽田每公顷增加366.45公斤。1995年后，旱育壮秧技术逐步在双早、再生稻、早中稻、烟后稻及双晚中应用。2005年，推广面积2.39万公顷，平均每公顷产量6750公斤，比普栽田每公顷增加678.75公斤。

二、水稻抛秧技术

1996年，引进塑料软盘育秧抛栽技术，在全县示范10公顷，平均每公顷产6738公斤，比手插田每公顷增加552公斤。该技术具有省时、省力、增产增收的优点，受到农户欢迎，而后逐步在双早、再生稻、早中稻中应用。2005年，推广面积3699公顷，平均每公顷产6840公斤，比手插田每公顷增加769.05公斤。

三、再生稻生产技术

1989年，引进再生稻生产技术，全县示范推广420公顷，选用杂交水稻汕优63连片种植成功，平均每公顷产1608公斤。该项技术具有省工、省种、省成本、减轻劳动强度、有效减蚊避害和优质、高产、高效的优点，1990年后在全县逐步推广。1991年，推广面积817.7公顷，平均每公顷产2250公斤。1998年，推广再生稻面积最大，头季稻面积1400公顷，平均每公顷产7855.5公斤，留桩面积1076.67公顷，成功面积874公顷，平均每公顷产3376.5公斤,两季每公顷产合计11232公斤。至2005年，全县累计推广面积达1.11万公顷，总增稻谷3332.82万公斤。

四、幼龄果园套种绿肥技术

1991年，县农业局组织开展幼龄果园套种绿肥技术的研究与推广，以园养园，改良土壤，取得较明显的经济效益、生态效益和社会效益。该技术利用套种绿肥压青，每公顷果园土壤有机质含量可增加9000公斤，每公顷果园可增加全氮600公斤、五氧化二磷105公斤、氧化钾300公斤，可减少肥料投入成本1500元。同时，果树产量明显提高，平均每公顷增产鲜果1500公斤，每公顷可增加收入2400元。1991—1993年，全县累计示范推广500公顷，全县水果产量和产值累计新增750吨和120万元。1993年该技术获省农业厅农业技术推广一等奖，1994年获农业部丰收二等奖。至2005年，全县累计推广面积2200公顷，全县水果产量和产值累计新增3300吨和528万元。

五、高接梨树授粉花枝技术

1994年，县农业局高级农艺师张诚进行黄花梨高接授粉花枝试验获得成功，解决黄花梨由于授粉树配置不足不当及花期遇雨导致授粉不充分、坐果不稳、产量偏低的问题。1994年后，全县每年示范推广120公顷，每公顷黄花梨产量18000公斤，提高1500公斤。1998年，张诚又将品质较差的黄蜜品种改为品质较好的丰水梨、台农2号、翠冠等品种作为黄花梨的授粉花枝，利用梨树花粉直感现象，提高梨果内外品质和产量，每年推广面积达200公顷以上。该技术获省农业厅农业技术推广一等奖，2001年获农业部丰收三等奖，2004年获省科学技术奖三等奖。2005年，推广面积266.67公顷，每公顷黄花梨产量21000公斤，提高1700公斤。

第四节 肥料施用

一、绿肥

1991年，县内水田种植绿肥主要是紫云英，种植面积1533.33公顷。1992年，引进榕萍1号–4号，推广稻田养萍866.67公顷，同时引进印度豇豆、日本箐、草决明、竹豆等旱地绿肥新品种，在幼龄果园、新植果园进行套种，套种面积346.67公顷。2002年，引进圆叶决明羽叶决明、柱花草、紫花苜蓿、平托花生等经济绿肥进行试验示范，由于种植成本较高，均为零星种植，没有大面积推广。2003年后，因种植结构调整，蔬菜、烟叶迅速发展，绿肥种植面积逐年减少。2005年，全县水田种植绿肥主要有紫云英、红萍，旱地绿肥有乌绿豆、印度豇豆、日本箐、圆叶决明、羽叶决明等，种植面积仅有122.73公顷。

二、化肥

1991年，县农业局土肥站开始实施平衡配套施肥技术，引进生物钾肥7.5吨，在水稻种植上推广应用882.73公顷。继续推广丰收计划“三明市水稻地力计量施肥技术应用”和国家星火计划项目《土壤识别与优化施肥》，在水稻、甘薯、西瓜等作物上进行试验和推广4.86万公顷。县内开始大面积推广中微肥配套及微肥应用，推广应用磷胺钾、硼、镁、锌等中微肥，有效控制以缺镁为主的生理失调黄叶病综合征，先后引进喷施宝、高镁施、绿叶素、稀土、磷酸二氢钾、强力增产素、丰鲜宝农丰菌、奥普尔、云大120、植物动力2003、康普液肥等新型叶面肥，年实施根外追肥面积均在666.67公顷以上。全年全县内化肥施用23679吨。1992年，调进并试验示范推广水稻专用肥。1996—1998年，先后实施国家重点项目的子项目“新型肥料及增效施肥技术”、省丰收计划“中微肥在水稻、柑橘、烤烟上的应用推广”，推广面积3961.8公顷。1998年起，专用肥开始大面积推广使用，先后引进茶叶、果树、毛竹、蔬菜、烟草等各种专用肥，全县化肥施用24478吨。2000年，实施省农牧业技术推广项目“镁肥在水稻等作物上的应用”，推广面积1200公顷。2005年，全县化肥施用26744吨。

第五节 植物保护

一、病虫害种类

（一）水稻病害

有纹枯病、稻曲病、细菌性条斑病、穗颈瘟、普矮病等，虫害有一代二化螟、飞虱、卷叶螟、稻瘿蚊、稻秆蝇等。1993年、1994年、1997年、1998年4年稻瘿蚊发生面积达1.31万公顷。2001年，普矮病发生面积达1346.7公顷。2002年、2004年的8月中旬至9月上旬、单季稻破口抽穗期间，个别品种普遍发生稻穗颈瘟，受灾面积达221公顷。

（二）甘薯病虫害

主要有有黑斑病、疮痂病、丛枝病、蔓割病、软腐病、黑腐病、花叶病、紫纹羽病、卷叶虫、猿叶虫、小象虫、金龟子等，其中危害最重的是黑斑病、疮痂病、软腐病、金龟子等。1992年、1995年、1997年3年黑斑病、疮痂病、软腐病、金龟子发生面积达356公顷。

（三）县内常见的果树病虫害

柑橘病虫害有13种，其中危害最严重的有疮痂病、溃疡病、红蜘蛛、锈壁虱、蚧壳虫类、潜叶蛾、花蕾蛆、天牛以及吸果夜蛾等。梨主要病虫害有黑星、锈病、炭疽、轮纹、褐斑、蚜虫、蜡象、小食心虫、梨瘿蚊。葡萄主要病虫害有黑痘、霜霉、白粉、炭疽、斜纹夜蛾。桃主要病虫害有炭疽、褐腐、流胶、缩叶病，桃蚜、红颈天牛。柰（油柰、青柰、花柰和李）主要病虫害有红点、炭疽、褐腐及蚜虫等。茶主要病虫害有茶小绿叶蝉、茶毛虫、轮纹叶枯病、茶膏药病。1992 年，茶毛虫发生面积达 89 公顷。1994 年，柑橘溃疡病发生面积达 489 公顷。1996 年，梨锈病发生面积达 127 公顷。1998 年、2000 年，桃、柰炭疽发生面积达 189 公顷。2003 年，柑橘白粉虱发生面积达 129 公顷。

（四）蔬菜病虫害

主要有猝倒病、立枯病、青枯病、疫病类（早疫、晚疫）、枯萎病、病毒病、炭疽病、灰霉病、白粉病、角斑病、黑斑病、褐斑病、菌核病、叶枯病、茎枯病、轮纹病、各种腐烂病、疮痂病、溃疡病。虫害有蚜虫、小菜蛾、菜粉蝶、夜蛾类、豆荚螟、地老虎、跳甲类、野蛞蝓、潜蝇类等。1998 年、2000 年，腐烂病、疮痂病、溃疡病面积达 2069 公顷。2001 年，斜纹夜蛾、茭白的长绿飞虱发生面积 895 公顷。2003 年，负泥虫和缺素病害发生面积 565 公顷。

（五）牧草作物病虫害

玉米病虫害主要有纹枯病、玉米螟、一代二化螟、大小斑病。黑麦草病虫害主要是褐斑病。三叶草、紫花苜蓿病虫害主要是白粉病。1994 年、1998 年，玉米螟、纹枯病发生面积 89 公顷。2003 年，紫花苜蓿发生白粉病，面积达 63 公顷。

（六）烟草病虫害

有花叶病毒病、蛙眼病、黑胫病、烟草空茎病、气候斑、角斑病、立枯病、猝倒病、地老虎、烟蚜、野蛞蝓、烟蓟马等。1994 年，黑胫病、气候斑发生面积达 138 公顷。2000 年，立枯病发生面积达 78 公顷。

二、病虫害测报

1991 年，县植保植检站与农科所建立水稻和果树病虫观察圃各 1 个，主要农作物病虫害测报点 1 个，设立水稻白炽测虫灯 1 盏，聘请 1 名测报员专门观察记载灯下资料。每星期编写病虫情报，印发至各乡镇。乡镇农技站根据县植保植检站的病虫情报，结合当地的实际情况，适当调整、校正发生期与发生量，发布病虫情报至各行政村。1997 年，全县 88 个行政村设立农技专用黑板报，由专人负责抄病虫情报。2003 年，建立县、乡（镇）农业服务网，病虫情报发布实现网络化。至 2005 年，全县有病虫害测报点 10 个，病虫测报人员 12 人，共编印病虫情报 2610 期。

三、病虫害防治

（一）农业防治

1991 年起，在水稻种植上推广垄畦栽培，有效控制纹枯病发生。每年推广水稻品种 10~20 个及甘薯、马铃薯的脱毒良种，稻瘟病、甘薯和马铃薯病毒病等病害明显减轻。1995 年后，在稻瘿蚊重发区，将单晚的播种期分别提前到 3 月底，4 月上旬末改种为再生稻，防控稻瘿蚊效果明显。同时推广塑料软盘育秧、抛秧技术，使用水稻专用肥，合理配比施肥，科学管水，水旱作物轮作，打破病虫适应性和生存环境，有效控制和减轻病虫的危害。2002 年后，推广"猪—沼—果"模式，将有机废物变成优质有机肥源，提高农作物的自身抗病虫能力，极大地减轻病虫危害程度。

（二）生物防治

1991 年后，在全县推广使用井冈霉素防治纹枯病。1995 年起，先后引进推广食螨瓢虫、推广 Bt、云苔素、虫螨克等生物农药防治害虫，起到很好防治效果。2000 年，从省农科院植保所引进捕食螨防治柑橘害螨技术，在雪峰鸡公山果场等地的芦柑、脐橙、锦橙园进行示范试验，控制红蜘蛛、锈壁虱等害螨时间长达 6 个月，防治效果优于同期喷施 4 次化学农药，防治成本大幅度下降，减轻农药污染。2001—2005 年，全县推广沼液防控柑橘的害螨、潜叶甲及茶的小绿叶蝉，防治效果较好。

（三）物理防治

1991 年，县内主要应用黑灯管诱杀害虫。2000 年后，引进频振式杀虫灯，具有安装方便、节能、环保、诱杀害虫种类多，效果好的优点。2004 年，县农业局开展“猪—果—沼—灯”农业生态新模式示范，推广频振式杀虫灯，运用频振式杀虫灯的物理防治害虫原理，有效减少农药的施用污染，生产无公害果品。至 2005 年，全县共推广 120 盏频振式杀虫灯，防控面积达 350 公顷，平均每年可节省 30%的化学用药。

（四）化学防治

1991 年后，县内先后引进新型农药和混配复配型农药，90%以上的稻田应用丁草胺进行化学除草，30%以上的田磅应用草甘膦、农达进行化学除草，并使用溴敌隆鼠药灭鼠。大豆、花生、烟草、蔬菜、果茶等旱地农作物相继使用草甘膦、农达等化学除草面积逐年增加。2000 年后，烟田应用克无踪等灭生性除草剂。2002 年，实行定点销售鼠药（店）公司，重点推广敌鼠钠盐、杀鼠醚、杀它仗等抗凝血杀鼠剂。2003 年推广口径为 5~6 厘米，取长 30~60 厘米的竹筒或 UPVC 管材，内置鼠药饵料的灭鼠方法，使化学灭鼠更高效、更安全。

四、植物检疫

1991 年，县植保植检站在全县开展检疫性病虫草的普查；检疫性病虫草的控制防除研究；茶果苗、水稻制种等植物繁殖材料的产地检疫；柑橘、茶叶、杂交稻种子、食用菌等大宗农副产品的调运检疫签证，有效控制水稻细条病、柑橘溃疡病、柑橘黄龙病等检疫性病虫蔓延危害。同时聘请 12 名兼职植物检疫员，配合开展植物检疫工作。2001—2002 年，对全县 9 个乡镇 70 余个行政村再次进行普查，完成烟草、水稻、蔬菜、果树、牧草等 80 多种作物普查，普查面积达 1.89 万公顷。普查结果显示水稻细条病、柑橘溃疡病常年发生，为害程度不同年份各异，柑橘黄龙病零星发生，尚未发现其他病虫疫情。2005 年，开展无疫情水稻制种基地建设，强制推行种子消毒、细条病预防等技术措施，保障杂交水稻制种基地的安全。

第七章　农业区划与开发

第一节　农业区划

1991 年，县农业区划工作开始以资源专题调查、区域经济动态分析为重点，开展工作。4—7 月，编制完成《明溪县农业综合开发后备资源调查评价综合报告》，调查统计全县“四低”（低产田、低产园、低产林、低产水面）和“四荒”（荒地、荒山、荒滩、荒水）面积共 12520 公顷，占土地总面积的 7.3%。1992—1993 年，完成《明溪县农业区域开发总体规划》编制工作。《规划》对全县资源开发潜力、产业结构布局进行分析，提出开发整治目标和任务；确定县东南部中低山宜林、果、粮开发区，中部丘陵、盆地宜粮、烟、果、茶、渔开发区，并提出商品粮基地、商品材基地、烟草基地、蚕桑基地等十大基地的配套重点建设工程和项目。1995 年和 1996 年分别开展第二次、第三次农业区域经济动态分析。2004 年，编制完成《明溪县农业资源及粮食综合生产能力监测评价报告》，从现实粮食产量、现实粮食综合生产能力、潜在粮食综合生产能力等方面对农业资源及粮食综合生产能力进行综合分析，提出具体的粮食生产对策和建议。

第二节　基地建设

一、商品粮食基地

（一）国家级商品粮基地

1990年，明溪县被列为国家“八五”计划第一批商品粮基地县。1991年开始，在全县9个乡镇实施“八五”计划第一批国家商品粮基地建设项目，实施的项目主要有农技体系建设、良种繁育体系建设、中低产田改造及田间渠系配套等。至1994年5月，项目建设全面完成，共投资400万元。整个基地建设共完成田间渠系32处，浆砌水泥罐渠20.09公里，改善灌溉面积1213.33公顷，新增灌溉面积386.67公顷，改造中低产田25处，石砌深沟15.84公里，受益面积560公顷，开荒造田177.67公顷，完成农技站及种子仓库等建设面积6559平方米，购置仪器、设备403台（件）。

（二）省级商品粮基地

1995年，明溪县被列为30个省级商品粮基地县之一，开始在9个乡镇实施省级商品粮基地项目建设。实施的项目主要有修建重点水利工程，修复水毁堤坝工程、节水灌溉工程，农业技术推广和农技体系建设等。全县投入资金92万元，在盖洋、瀚仙、夏阳3个乡镇的5个行政村实施中低产田改造和吨粮田建设项目。1997年，首次在夏阳上坂、沙溪梓口坊、雪峰镇城东、盖洋温庄、瀚仙小眉溪铺设农田灌溉U型槽渠，推广节水灌溉技术，共铺设U型槽渠4647.4米。2000年后，先后在城关乡、瀚仙镇、夏坊乡、盖洋镇开展省级商品粮基地配套建设。至2005年，全县共投资1516.5万元（其中国家专项资金968.8万元，县投资547.7万元），进行省级商品粮基地建设，受益面积达2440.67公顷。

二、蔬菜基地

1991年，全县蔬菜基地分布在城关乡的大富、坪埠和雪峰镇的城东等村，种植面积43公顷，总产量7061吨，每公顷产164.01吨，总产值130万元。主要种植品种有6类100多个，叶菜类有空心菜、菠菜、白菜等近40种，豆类有四季豆、秋豇豆、大荚豌豆等近15种，瓜果类有西红柿、黄瓜、丝瓜、苦瓜、甜椒、辣椒等近25种，食花类有花菜、青花菜为主等近10种；根茎类有萝卜、淮山、生姜、本地蒜等20多种，水生类有茭白、莲藕等。1992年后，蔬菜生产向规模化，集约经营发展。2000年，夏阳乡紫云村高海拔山区种植反季节蔬菜获得成功，基地规模和面积不断扩大。2005年，全县蔬菜基地扩展至城关、瀚仙、沙溪、夏阳等乡镇，种植面积70公顷，总产量11495吨，每公顷产164.21吨，总产值230万元，主要种植品种增至6类130多个。

三、毛竹基地

1991年，全县毛竹基地分布在胡坊镇朱南村，夏阳乡下坂村、新坊村、紫云村，盖洋镇大洋村等地，基地面积89.52公顷，产量214万根，产值642万元。1992年，县开始发展毛竹生产，毛竹基地逐步形成规模。1995年后，在全县推广科学育竹、深层施肥、合力喷灌、竹林扩鞭等新技术，毛竹栽培面积、产量不断增大。2005年，全县毛竹基地扩大至沙溪乡六合村，夏阳乡新坊村、下坂村、紫云村，瀚仙镇连厝村、坪地村等，总面积达278.67公顷，立竹量2288万根，产值4931万元。

四、县南山现代农业示范园区

2001年5月，县农业委员会创办县南山现代农业示范园区。规划总面积667公顷，计划分五期十年实施，以优质水稻良种示范区、无公害蔬菜种植示范区、红豆杉种苗繁育及种植示范区、国际型优质烤烟种植示范区和农业产业化“四区一化”为主要建设内容，是集生产、科研、示范于一体的农业科技示范园区。此后，园区先后引进福建南方生物技术股份有限公司、福建中城集团、三明烟草分公司、天绿药用植物有限公司等 11 家农业产业化龙头企业和种植大户进驻园区开发生产，国家级珍稀树种种苗繁育中心和国家农作物原种场也先后入驻园区。2002 年 9 月，南山现代农业示范园区被定为省级现代农业示范园区。2003 年，县农业委员会投资 300 万元，建立植物组培中心。中心配套建设 2000 平方米的温控炼苗大棚 1 栋，建有完整的组培化学室、药品室、接种室、培养室。2004 年 3 月，园区被国家发改委列入国家级现代农业示范园区。2005 年，园区按国家级的要求，进行规划编制，重新定位为科技含量高、示范辐射功能强的现代农业示范园区和台湾农民创业园。并以海峡西岸（明溪）山地特色农业合作试验基地、“闽西北药都”药用植物园、山地节水标准化种植管理示范基地、生态家园、绿色农业优质高效生产示范区、优质种苗繁育区、高产高效林竹示范区、坪埠新经济组织示范村为主要建设内容。是年，投入资金 580 万元，开始按规划进行分期实施，新建机耕路 5 公里，新建 200 立方米蓄水池 1 个，筑防洪堤 1830 米，改河道 580 米，建引水管道 3100 米，U 型槽 2 万米，平整耕地 193 公顷，进一步完善园区基础设施，改善投资环境。至 2005 年，园区累计投资 5000 多万元，引进、试验、示范、推广 100 多个农业种植新品种和新技术 23 项，推广、组培各类珍稀苗木 300 万株，建立红豆杉高密度丰产栽培基地 13.3 公顷，建立淮山套管试验示范栽培基地 2 公顷。

五、雪峰农场

雪峰农场位于瀚仙镇的十里铺，总面积 1000 公顷，辖十里铺、坑甲、朗当坑、元明堂、上尚庵、广平王、水尾等 7 个自然村，是国有农垦企业。1991 年，农场有耕地 60.13 公顷，茶园 93.3 公顷，果园 40 公顷，粮食总产量 604 吨，农业总产值 163 万元，企业收入 60 万元，人均收入 1534 元。1992 年起，农场对种植结构进行调整，由种植粮食作物为主逐步向种植烟叶、蔬菜、红豆杉、木薯等经济作物转变，农业产值逐年增加。2000 年后，农场先后投入资金 110 万元，开展农田水利灌溉工程建设。引进台茶 1 号、铁观音、武夷肉桂等茶树新品种，改造旧茶园 66 公顷。科学管理果园，种植高产高效优质的水蜜桃、黄花梨、猕猴桃等品种。充分利用水库、池塘水面发展养鱼、养鸭，年产鲜鱼 4 万公斤，鸭蛋 4000 公斤。实施“一池三改”（建沼气池、改厕、改圈、改厨）项目，推广猪—沼—果、猪—沼—茶的生态农业生产模式，农场经济效益快速提高。2005 年，农场粮食播种面积 81 公顷，油料作物 13 公顷，烟叶 6.7 公顷，蔬菜 20 公顷，茶园采摘面积 66.7 公顷，果园 93 公顷，种植木薯 40 公顷，种植红豆杉苗木 33 公顷，粮食总产量 670 吨，农业总产值 690 万元，人均纯收入达 6530 元。

第三节　农业综合开发

一、县乡农业综合开发

1991 年，县政府制定农业综合开发优惠政策和扶持措施，鼓励乡镇实施由单一的开发性生产，向山、水、田、林、路等资源综合治理与综合开发纵深发展的农业综合开发项目。全县 9 个乡镇共投入资金 260.51 万元，完成盖洋温庄片和瀚仙片中低产田改造 2 个项目。至 1996 年，全县乡镇农业综合开发初见成效，基本形成以柑橘、梨、桃等为主的果类产品，以香菇、姬松茸为主的食用菌系列产品，以肉猪、蛋鸭为主的畜禽系列产品，以草鱼、鲢鱼、淡水鳗养殖为主的水产系列产品及烤烟系列等 5 个系列产品。2000 年后，乡镇农业综合开发主要围绕培育林竹、生物工程、绿色食品、畜牧业四大支柱产业进行特色基地建设。2005 年，全县种烟叶 2200 公顷,收购烟叶 330 公斤，上等烟比例 40.9%，农民实现收入 2918.85 万元；

种植木薯666.67公顷，引进超大集团建设淮山、甜玉米、紫甘薯、特色南瓜等绿色果蔬基地86.67公顷。

至2005年，全县共建立红豆杉原料林基地640公顷；有肉牛规模养殖场18家，8个乡镇组建黄牛冻精冷配站，引进丹麦红、利木赞、皮埃蒙特优良肉牛冻精，开展冻精冷配母牛106头，种植牧草586.67公顷，引进外资建立肉牛屠宰加工场1家；建立速生丰产林3.73万公顷，其中完成幼林抚育3733.33公顷，造林1133.33公顷，建立竹类基地1.07公顷，新植垦复竹类1733.33公顷，竹林示范片1000公顷。

二、闽西北农业综合开发

闽西北农业综合开发是明溪县首期实施国家立项的农业综合开发项目工程。从1990年开始到1992年结束，为期3年，共投入资金260.51万元。在瀚仙镇的瀚仙、石珩、小眉溪和盖洋镇的温庄、杨地、葫芦形、衢地等7个行政村，改造中低产田2244.67公顷，开荒造田65.6公顷，造林种果702公顷，饲养牲畜1600头（只），扩大水产养殖76.47公顷，完成瀚仙片和温庄片中低产田改造项目。

三、国家立项农业综合开发

1999年起，明溪县被国家立项列为农业综合开发项目县，项目区涉及全县9个乡镇。分别在坪埠（城关）、官洞（沙溪）、岩里（瀚仙）、盖洋、小珩（枫溪）、南山（城关）、云坑（盖洋）、夏坊、庵头（沙溪）、小溪（夏阳）、坪尾（城关）、夏阳、瀚溪（瀚仙）、城关、胡瀚片（胡坊与瀚仙）、大陂（盖洋）等16个项目区开展土地治理项目；在城关湖溪洞开展水灌溉项目；在杨地（盖洋）开展优质粮食基地项目；开展万亩毛竹基地（沙溪）、优质水蜜桃基地与优质莲藕基地（盖洋）、明溪南方红豆杉基地和明溪木薯基地5个多种经营种植项目；开展蔬菜加工、木薯变性淀粉2个加工项目。至2004年，项目结束。6年间共投入项目资金8261.8万元，其中国家投资1789万元，省级配套877.8万元，市级配套434万元，县级配套637.2万元，群众、企业自筹资金2695.8万元，农行专项贷款1828万元；完成改造中低产田6204公顷，建立优质稻基地1466.67公顷，推广节水灌溉技术266.67公顷，建成毛竹丰产林基地667公顷，优质水蜜桃基地134公顷，建立优质莲藕基地80公顷，建立8公顷的高标准南方红豆杉种苗基地及134公顷集约经营的人工种植南方红豆杉工业原料生产基地，完成867公顷木薯种植基地及配套设施建设。

第四节 农村沼气能源开发

1996年，瀚仙镇连厝村农户自发从厦门引进沼气技术，建沼气池10余口。1998年，县成立民营沼气公司1家，在城关、瀚仙、胡坊、盖洋4个乡镇11个村建沼气池70余口。2000年，因技术不完善等原因，公司解散。同年，县政府下发《农村沼气建设实施方案》，把农村沼气工程建设作为农业和农村工作的一项重要内容摆上议事日程，并列入乡镇年终考核内容。推行“四个一点”（上级争取一点、挂村单位扶持一点、乡村补助一点、农户自筹一点），积极扶持农村沼气工程建设，沼气技术逐步在全县推广。至年底，全县完成沼气池建设800口，建立坪埠、岩里、村头3个示范村。2001年，县、乡（镇）相继成立农村沼气工程建设领导小组，在县农业局增设农村环保能源站，负责组织全县农村沼气建设工作，对农村沼气建设示范村每户建池补助400元，全县沼气技术迅速推广。随着农村沼气技术的日臻完善，管理也更加规范，要求沼气池建设的施工人员必须获得“沼气生产工”国家职业资格证书，持证上岗。2002年起，县农业局先后组织63名农民参加沼气生产工职业技能鉴定培训。2003年，承办《福建省沼气生产工职业技能鉴定第十一期培训班暨三明市第三期培训班》。2004年，明溪县被农业部列为农村沼气建设国债项目县（全省5个）。2004—2005年，县政府投资685.8万元（其中中央资金180万元、地方配套90万元），为每户建池农户补助800元，全县新建2250口“一池三改”户用沼气池。

至2005年，全县共有3500余户农户建沼气池，共为农户发放建池补贴300万元，开展沼气技术培训班11期，培训施工人员63人，其中50人取得农业部颁发的初级沼气生产工资格证书，培训农民1000人次。

第八章 农业社会化服务

第一节 农业科技教育

一、农业实用技术培训

1991年，全县开展水稻、烤烟、果树、茶叶、蔬菜等各类短期实用技术培训班87期，培训4155人次。1992年后，随着农业和农村经济的快速发展，先后开展林竹、果茶、烤烟、淮山、食用菌、中药材等特色农产品技术培训。1995年后，进一步加大科技培训力度，组织各类高、中级农艺师深入乡村采取巡回办班和现场指导等形式，先后开展优质稻、淮山、木薯、果蔬、茶叶、食用菌等高产栽培技术和畜牧、水产等养殖技术以及沼气应用技术的培训。至2005年，县乡两级累计举办各类实用技术培训班1210期，培训72520人次，印发各类技术资料8万余份。

二、福建省农业广播电视学校明溪分校（简称县农广校）

1992年3月，创办县农广校，由县农业委员会管理，县分管农业的副县长兼任校长。开设农学、农经、牧医、林业、财会、机电等6个专业，招生80人，当年毕（结）业72人。1998—2001年，县农广校围绕县农业发展的特点，先后开设烟草、食用菌、毛竹、牧医、果树、水稻病虫防治、中稻再生稻扩优、淮山产业开发，抛秧栽培新技术等专业。2002—2005年，先后开设肉牛养殖技术、农村沼气应用技术，高优茶果栽培技术、红豆杉高密度栽培技术和淮山套管栽培技术等课程。至2005年，县农广校共招收学员774人，毕（结）业602人，其中有505人获得各类绿色证书、8人被评为农技师、104人被评为助理农技员。

三、绿色证书工程

1995年，县开始实施绿色证书工程。在种植、牧医、水产、乡镇企业和农村合作经济管理等行业，多层次开 展绿色证书培训，培训1092人次，取得绿色证书116人。至2005年，全县共开展绿色证书培训3590人，发证1318人。

四、跨世纪青年农民科技培训工程

2001年6月，农业部、财政部、团中央等确定明溪为跨世纪青年农民科技培训工程全省9个实施县之一，要求每年培训1500名青年农民科技带头人，两年内培训3000人。9月，县及各乡（镇）分别成立跨世纪青年农民科技培训工程实施领导小组，制定实施方案。10月县级重点班开始办班培训，11月中旬乡镇普通班开始办班培训。全县选聘教师26人，采用统编教材3种，编写《肉牛养殖技术手册》《淮山栽培技术手册》《烟草栽培技术》《肉羊饲养技术》《养兔技术》《优质蔬菜栽培技术》《中药材栽培技术》《毛竹生产技术》《珍稀食用菌栽培技术》《杂交水稻制种技术》等10种自编教材，印发各种材料6700份，开设养牛、高优果树、蔬菜、烟草、优质稻、制种、食用菌、中药材、竹业、水产养殖、营销11个专业65个教学班。全县建立高优果树、无公害蔬菜、烟草、优质稻、食用菌、中药材、水产养殖等教学实习基地10个，面积76.67公顷，专业培训达到300学时以上。至2003年，县、乡（镇）两级共举办培训193

期，培训青年农民科技带头人 3011 人，全县每个村民小组有 2 人以上参加培训。同年 8 月，县跨世纪青年农民科技培训工程顺利通过省跨世纪青年农民科技培训工程验收小组的检查验收。

第二节 农业信息与技术服务

县农业系统每年都组织由农业专家组成的技术服务队进村入户，通过现场技术指导、为农户提供技术咨询、播放科技录像、编制《农情信息》《农业简报》《病虫情报》等农业信息资料等形式，为农户提供农作物种植、畜牧水产养殖、林木培育等产前、产中、产后的技术服务。1991 年，全县农业系统共编印各类农业信息资料 188 期，发放 31692 份；播放科技录像 34 场，观看人数达 5586 人次。2000 年，县农业系统开展村会协作活动，与行政村挂钩，帮助农户解决技术难题。2001 年 7 月，县设立农业 155 服务中心，乡（镇）成立农业 155 服务站，开通热线电话 2864155、969155，安排 3 名专职人员值班；15 名不同专业的技术干部组成的专家组为农民提供品种、技术、市场、农业和农村政策法规的咨询和指导。2003 年 8 月，建立明溪农业信息网，农民可到县农业 155 服务中心免费上网发布信息。

1991—2005 年，县农业系统共提供各种农业信息 5100 余次，编印简报 2856 期，发放各种信息资料 8500 份，组织 856 名技术人员开展技术服务 1600 余次。县、乡（镇）农业 155 服务网络共回复和接待群众来电来访 12334 次，挽回经济损失 536.48 万元，新增产值 105.26 万元，为农民在农业网站上发布农产品供求信息 17 条。

第三节 农机培训

1991 年，县农机化校开展的培训项目有拖拉机、农用汽车、农机管理、农机操手、复训农机手等，共举办培训班 8 期，培训农机人员 257 人次。2002 年后，由于资金、生源不足，农机培训人数逐年下降。至 2005 年，县农机化校共举办各类培训班 41 期，培训人员 3597 人次，其中培训拖拉机驾驶员 1477 人，农用汽车驾驶员 292 人，修理工 27 人，农机管理员 131 人。

第九章 农业产业化与农村小康建设

第一节 农业产业化

1998 年，明溪成立农业产业化工作领导小组，领导小组下设办公室，办公地点设在县农业委员会，承担农业产业化领导小组日常工作，研究制订全县农业现代化、农业产业化政策和规划，对农业现代化、农业产业化经营发展中的重大问题开展调查研究，指导农业产业化龙头企业建设等方面职能。

2000 年，开始培育龙头企业。3 月，县农业产业化工作领导小组制定《明溪县农业产业化经营“十五”规划》，9 月，县委、县政府出台《加快我县农业结构调整推进农业产业化经营的工作意见》，确定林竹、中药材产业作为全县农业经济发展的主导产业。围绕中药材、木材、笋竹、淮山、蔬菜等特色产品加工、营销，确定万隆食品开发公司、昌麟食品公司、华峰农产品有限公司、绿鑫食品开发公司、大平木业、中药材开发中心作为县级龙头企业进行重点培育。12 月，华峰农产品有限公司成为县内第一家市级龙头企业。

2001 年，全县有市级龙头企业 2 家，分别为华峰农产品有限公司和万隆食品开发公司。2002 年，南方红豆杉产业有限公司升为市级龙头企业。2004 年，县农业产业化工作领导小组制定《明溪县农业产业化县级龙头企业考核评审细则（试行）》，对全县龙头企业的考评工作进行规范管理。2005 年，县委、县政府出台《关于培育发展产业集群的若干意见》，提出大力实施“生态立县、科教兴县”战略，全力构建“闽西北药都”、高校科研院所产学研基地、生态经济区，着力培育生物医药、畜牧业、绿色食品、林竹 4 个产业集群。

2005 年，全县有龙头企业 18 家，其中市级 5 家、县级 13 家，实现产值 2.1 亿元，推行“公司+基地+农户”利益联结方式,带动农户 9814 户，促进农民增收 9294 万元；发展订单农业 5020 公顷，促进农户人均增收 156 元。

第二节 农村小康建设

1991 年初，全县有邓家、华山、湖上、狮窠、杏村、岩里、小眉溪 7 个县级贫困村，1 个市级重点扶持的贫困乡——枫溪乡，人均年收入低于 860 元的绝对贫困户 1107 户、贫困人口 5125 人。当年县下拨扶持资金 15 万元，为贫困村开发优质水果种植，发展种养业，增加村财收入。为贫困户发放扶贫资金 21714 元，户均 42 元，人均 15.25 元。年底，7 个贫困村的村财收入均超过 1 万元，其中岩里、湖上、小眉溪 3 个村实现脱贫。

1993 年，明溪开始实施奔小康工程。1995 年初，全县开展小康村、贫困户调查工作。经调查，确认紫云、夏坊、城东、梓口坊、福西、城西、官坊、盖洋、余坊、王陂等 10 个村达到小康村综合标准，占全县 88 个行政村的 11.4%； 全县有 957 户贫困户，贫困人口 4696 人。全县安排 28 位处级领导挂村包户扶贫，至年底共有 323 户、1295 人脱贫。

1996 年，县委、县政府下发《关于实行农村“奔小康、建新村”优惠政策和扶持措施的决定》，并召开全县农村奔小康誓师大会。县与乡（镇）、乡与村逐级签订奔小康责任书，分别成立农村奔小康领导小组及办公室，制定小康工程实施方案。同时开展对口帮扶工程活动，实行城市帮农村，企业帮乡村、强帮弱、富帮穷、大帮小、先进帮后进的方法，县直 57 个部门 202 名干部组成农村经济工作队进驻 49 个行政村挂钩扶贫。当年树立蔡仲涵、朱玉富、马月轩、杨长松等一批种养能手和科技致富带头人，总结推广城郊型、平原型、资源转化型和高山型等 4 种类型的 10 个奔小康典型村样板，全县农村小康实现程度达 90.2%，79.5%的行政村基本达到小康标准；14699 户农民基本达到小康，占全县农户总数的 79.1%；实现 270 户 1103 人脱贫；农民人均纯收入达 2431 元，基本小康人口 73313 人，占 79.2%。1997 年 7 月，全县召开奔小康建新村工作现场会，提出“百村万户奔小康，2000 农户建新房”的目标，有力推动全县农村奔小康的进程。同时建立农村扶贫基金制度，由县筹集 100 万元，9 个乡镇各筹 10 万元，88 个行政村各筹集 1 万元，共计 278 万元，作为扶贫基金，对每户贫困户提供 300~500 元的扶持资金。全县农村完成拆旧房 682 幢，动工建新房 1123 幢，改造二类房 896 幢；实现 192 户 590 人脱贫，基本消除贫困户。

1999 年，全县 100%的行政村和 98%的农户基本实现小康，农民人均纯收入达到 2985 元。

第十章 机构与管理

第一节 机 构

一、县农业委员会（县委农村工作部）

1991年，县农业委员会内设人秘股、农科教股，有行政编制6名。下属单位有农业资源区划委员会办公室、水土保持委员会办公室、农广校、开发办、水土保持监察部、茶叶公司、农工商公司、雪峰农场。7月，恢复县委农村工作部，与县农业委员会合署办公，实行一套班子、两块牌子。1996年12月，设立县委农村工作领导小组办公室，挂县政府农业办公室牌子，作为县委对农村工作的议事协调机构，同时承担原县委农村工作部的职能和原县农业委员会的部分职能。撤销县委农村工作部，职能交由县委农村工作领导小组办公室承担；撤销县农业委员会，职能分别交由县委农村工作领导小组办公室和农业局承担。县委农村工作领导小组办公室内设秘书股、科教股，有行政编制6名，机关工勤人员事业编制1名；下属单位有农广校、水土保持委员会办公室、水土保持监察站、农业资源区划委员会办公室。

2001年11月，成立现代农业科技开发中心。2002年9月，增设山海协作办公室和三峡移民安置办公室，农科所由县农业局划入县委农村工作领导小组办公室管理。2003年，成立县农业综合开发领导小组办公室。2004年8月，增设经济技术协作办公室和南山现代农业示范园区管理处。2005年，县水土保持委员会办公室、水土保持监察部划归县水电局，农业资源区划委员会办公室、农广校划归县农业局。

2005年，县委农村工作领导小组办公室内设秘书股、扶贫小康办、山海协作办、经济技术协作办、财务股等5个科室。下属单位有农科教结合协调领导小组办公室、农业综合开发领导小组办公室、现代农业科技开发中心、南山现代农业示范园区管理处、三峡移民安置办公室、农业科学研究所等。有行政编制6名、事业单位编制23名，实有人员26人。

二、县农业局

1991年，县农牧渔业局有干部、职工8人，其中农艺师2人。下属事业单位有农业技术推广服务中心（植物医院、农业新技术开发服务部）、经济作物技术服务中心（果茶技术开发部、农业实用技术开发部）、水产技术推广站、畜牧兽医技术服务中心（畜牧兽医技术服务部、兽医卫生监督所）、土肥站、植保站、真菌站、经营管理站、种子公司、农科所。1993年，成立农民负担监督管理办公室、蚕桑丝绸公司,共有人员99人。1994年，成立种子管理站，与种子公司合署办公。1995年，成立兽医卫生监督检验所，与兽医站合署办公。1996年12月2日，更名为县农业局。1997年，成立县农业技术服务部、农业科教办公室、政策法规股。1999年，成立农业行政执法大队，撤销蚕桑丝绸公司。2001年，成立农业“155”网络服务中心。2002年2月，县企业局并入县农业局。2002年，成立农村环保能源管理站，农科所划入县农业委员会管理，农业资源区划委员会办公室从县农业委员会划入县农业局。2005年，县畜牧兽医站、水产技术推广站和乡镇畜牧兽医站从县农业局分离，农广校、农业资源区划委员会办公室由县农业委员会划归县农业局，种子公司转为企业单位。至年底，县农业局内设办公室、政策法规股（加挂农民负担监督办公室）、科教股，有人员4人，其中教授级高级农艺师1人、高级农艺师3人。下属事业单位有农业技术推广站、植保植检站、土肥技术推广站、经济作物站、农村经营管理站、农村环保能源站、种子管理站、农业资源区划委员会办公室、农业行政执法大队、农业“155”网络服务中心、农广校，企业单位有种子公司，共有人员138人。

三、县畜牧水产局

2005年4月，成立县畜牧水产局，有行政编制5名，事业编制31名。内设办公室、政策法规股，下属事业单位有畜牧兽医站（加挂兽医卫生监督所牌子）、水产技术推广站（加挂渔政站牌子）、动物和动物产品检疫站、城郊兽医站、瀚仙兽医站、胡坊兽医站、沙溪兽医站、夏阳兽医站、盖洋兽医站、夏坊兽医站、枫溪兽医站。

四、县农业机械管理服务中心

1991年，县农业机械管理服务中心内设办公室、农机推广站、农机管理站、农业机械化技术学校、农机监理站，有人员20人，有下属企业农机公司。1996年12月，县农业机械管理局由行政单位变为事业单位，更名为县农业机械管理服务中心。2000年，农机公司改制，实行关停，职工全员下岗，并解除劳动关系。2005年机构改革，县农业机械管理服务中心事业编制调整为10名，下设机构只保留农机监理站，有事业编制4名。

第二节 管 理

一、农村集体财务管理

1991年，县政府制定村级财务管理十准，对干部工资、误工、出差等补贴作具体规定，建立村级票据领用和缴销制度。1992年，全县88个行政村开展财务收支预算，成立民主理财小组。1994年起，县经管站不定期对村财收支、农民群众反映的热点问题进行审计。1997年，县政府印发《明溪县农村合作经济组织财务管理规定》，进一步规范村级财务行为。同时，在全县推广村级财务公开、民主理财工作，统一印发使用三簿一册。同年，对全县88个行政村和9个乡镇的集体资产进行清产核资，重新界定资产产权，明确集体资产所有权，经营权，处分权；对资产价值不清的进行重新评估，对村办企业资产分产管理，对乡村集体资产产权不清的重新进行界定，并首次使用电脑对农村经济数据进行统计汇总。

1998年，对全县村级负债开展全面调查。经过调查，全县村级负债总额达912.70万元，村均负债10.37万元。为清理和化解村级不良债务，1999年县政府召开全县村级清财现场会，当年完成88个村级清财工作，收回集体被欠资金41.53万元，偿还债务130.19万元。2000年，财务公开正式列入村务公开核心内容。2001年，实施《福建省村集体财务管理条例》，县农村财务管理逐步规范化、法治化。2004年起，实行村账乡代理记账制度，统一账表簿据。

二、农民负担监督管理

1993年，成立县减轻农民负担监督管理领导小组，下设办公室（简称县减负办），负责减负日常业务工作，办公地点设在县农业局。县减负办成立后，每年围绕涉农建房、农村义务教育、报刊征订摊派等问题开展涉农负担专项治理工作，并及时调查处理农民负担信访反映问题。2002年，实行农民负担监督卡制度，为农户发放负担监督卡2万多份，入户率达100%，保护农民合法权益。2004年，在全县建立减轻农民负担“四项制度”（涉农税收价格实行公示制度、中小学校义务教育一律实行“一费制”、农村报刊订阅实行“限额制”、涉及农民负担案（事）件责任追究制）。2005年，在全县实行农民负担“一事一议”筹资投劳预决算制度。至2005年，县减负办共开展涉农负担专项治理12次，发出整改通知书21份，接待群众来信、来访 13 批 42 人次，处理率达 100%。

三、农业行政执法管理

1997 年，县农业政策法规股成立，主要负责农业行政许可事项的统一受理、制定有关农业政策、农业法律法规宣传培训、组织听证等工作。1999 年，县农业行政执法大队成立后，行使农作物的种子、化肥、农药、菌政、农业环保、兽用生物制品、兽药、饲料及饲料添加剂和农民减负的行政管理职能和行政处罚权。负责农资质量纠纷的调解工作，指导行业协会工作。2002 年，县农业行政执法大队把分散在其他股室的农业行政执法行政处罚权集中，实行农业综合执法。2004 年，制定《农业行政执法人员工作守则》《农业行政执法工作制度》《错案责任追究制度》《农业行政执法人员学习培训制度》等各项规章制度。

1999—2005 年，县农业行政执法大队共出动执法人员 350 多人次，开展剧毒杀鼠剂、高毒农药、卫生杀虫剂、农药、种子、肥料、兽药、兽用生物制品、渔政、饲料、减负等专项检查，累计检查农资经营单位 180 个次，涉农收费单位 480 个次，查处违法生产经营农资行为、违规收费行为案件 30 起，立案 28 起，涉案金额 45 万元，罚没款 6.52 万元，责令退还农民减负金额 16.48 万元。调解涉农纠纷 10 起，协调理赔金额达 10 多万元，挽回经济损失 43.6 万元。组织执法人员参加省市法律法规培训班 48 人次，开展学法、用法培训学习活动 5 次 260 人次，举办农资经营人员培训办 3 次 108 人次，开展跨世纪青年农民培训 15 次 3000 人次，印发 450 多份材料在乡村宣传张贴。出动宣传车 20 车次，标语 40 幅，设立永久性标语 3 幅。

四、农机管理

（一）农机维修

1991 年，全县有农械厂、农机修配厂各 1 家，乡镇有农机修配厂 9 家，村有农机维修点 32 个，个体维修户61 户。1996 年后，个体修理发展迅速，网点不断增加。1997 年，县农械厂、县农机修配厂因连年亏损进行改制，不再进行农机修理，乡镇农机修理厂也先后倒闭。至 2005 年，全县有个体修理网点 18 家，乡镇有盖洋镇农机修配厂 1 家、修理工 39 人。

全县农机修理网点的管理工作，由县农机管理站负责。修理工的培训工作由县农机化技术学校负责实施，考核发证工作由农机中心组织专业技术人员进行考核评定等级发证。修理工等级分为 1~8 级。1996 年，改 1~8 级工为初级工、中级工、高级工 3 个档次。原先评定的 1~3 级工套为初级工、4~6 级工套为中级工、7~8 级套为高级工。初级农机修理工技术等级证书由县农机中心核发，中级工、高级工的技术等级证书由市农机局签订核发。并将“技术合格证” 改为 “技术等级证”，实行全国统一标准。每年县农机管理站对全县农机修理网点进行一次年度技术检验。

（二）农机安全监理

1990 年 5 月，县农机安全监理站根据省政府下达的《关于上道路行驶的拖拉机委托农机部门管理的决定》，开始实施全县拖拉机的安全技术检验、核发牌证、年度检验和拖拉机驾驶员考核发证、年度审验、安全教育等工作。发生在道路上的拖拉机事故，由公安交通管理部门负责处理。发生在道路以外的拖拉机事故，属于轻微事故、一般事故的，由农机管理部门负责处理；属于大事故、特大事故的，由农机管理部门协助公安交通管理部门调查处理。1991 年起，县农机安全监理站每年定期和不定期上路路检、路查，纠正违章行为，开展安全教育，利用年度检审集中上安全课（考试合格方可检审），并与拖拉机驾驶员签订《安全生产责任书》，控制农机事故的发生。1992 年 7 月，县农机安全监理站与县交警大队办理交接手续，接收拖拉机档案 420 份、拖拉机驾驶员档案 380 份。1996 年，全县完成更换九二式牌照。2004 年 5 月，县交警部门将拖拉机管理划归农机部门管理，2005 年 8 月完成档案移交。2005 年，全县登记在册发证上路的拖拉机有 1031 辆。

五、渔政管理

1991 年，实行溪河捕捞许可证制度。规定在溪河从事渔业捕捞的单位或个人，必须向县渔政站依法申请办理渔业捕捞许可证后，方可从事捕捞作业。由于专业捕捞人员少，捕捞许可证发放数量很少。1995 年后，采用河段承包管理等形式建立群众性护渔组织，实行专管与群管相结合。至 2005 年，全县共查处电、毒、炸等渔业违法案件 35 起，没收电鱼机 28 部，查处无证捕捞、违反禁渔期、禁渔区规定 13 起。

卷六　林　业

明溪是中国南方重点林区县，森林资源丰富。1991年，继续实施工程造林，速生丰产林基地面积达2.5万公顷，成为全省的造林典范，同时在全县各村继续推行林业股东制。1999年后，随着县委、县政府“生态立县”战略的实施，林业经营管理理念发生根本转变，林业生态建设摆上首要位置，全县先后开展天然林保护工程规划、生态公益林规划、生态公益林区划界定工作，林业行政执法、森林防火和病虫害防治等森林资源保护工作进一步加强，集体林权制度改革试点工作不断深入推进。2002—2005年，县被列为全国森林生态资金补助试点县，建成君子峰和均峰山两个省级自然保护区，同时加快红豆杉基地建设，建成南方红豆杉生物制药股份有限公司，被国家林业局命名为“中国红豆杉之乡”，全县不断加快林业生态和林业产业两大体系建设发展。

第一章　森林资源

第一节　森林面积蓄积量

1991年，全县林业用地面积14.22万公顷，占全县土地面积83.1%，其中，林地11.14万公顷，疏林地0.72万公顷。全县林木总蓄积量为1084.09万立方米。

1996年，委托中南林业调查设计院对全县开展森林资源二类资源清查。全县调查面积17.04万公顷，其中林业用地14.59万公顷；全县林木总蓄积量1046.74万立方米，全县土地总面积平均每公顷蓄积量61.47立方米，人均拥有林木蓄积量95.2立方米。林分龄组结构中，幼龄林、中龄林、近成过熟林面积分别为3.87、6.08、2.78万公顷，比例为3∶5∶2；蓄积量分别为150.42、543.17、337.37万立方米，比例为2∶5∶3。全县总生长量54.41万立方米，年均枯倒木蓄积6.08万立方米，净生长量48.34万立方米。全县年均林木消耗量为68.79万立方米，主要消耗渠道有：商品材23.22万立方米，农民自用材11.56万立方米，培植业用材5.72万立方米，烧材15.7万立方米，灾害消耗0.51万立方米，其他消耗5.99万立方米，自然枯损6.08万立方米，毛竹消耗9.7万株。全县人工林面积4.03万公顷，蓄积量200.86万立方米，分别占全县有林地面积、蓄积的29.2%和19.5%。全县共规划生态林面积2.78万公顷，其中防护林2.16万公顷，特用林0.62万公顷。

2001年，组织开展重点生态公益林区划界定工作，区划界定重点生态公益林面积3.77万公顷，占林业用地面积25.8%。其中，国家公益林面积3.04万公顷，省级生态公益林面积0.72万公顷。按生态公益林各地类界定结果，有林地3.6万公顷，占95.72%；疏林地46.7公顷，占0.12%；灌木林地140公顷，占

0.37%。按林种结构界定结果，特种用途林 1.3 万公顷，占 34.27%；防护林 2.48 万公顷，占 65.73%；按权属界定结果，集体林 3.02 万公顷，占80.07%；国有林 0.75 万公顷，占 19.93%。

2005 年，对全县生态公益林进行区划调整，确定重点生态公益林面积 3.54 万公顷，有补偿的公益林面积 3.44 万公顷，其中国财补偿面积 2.21 万公顷，省财补偿面积 1.22 万公顷；无补偿的公益林地面积 0.11 万公顷，其中包括经济林 85.13 公顷、竹林 552 公顷、宜林地 414.73 公顷。当年全县森林资源建档调查统计显示，全县林业用地面积 14.58 万公顷，林木总蓄积量 1147.86 万立方米，竹 125467 百株。全县总生长量约 54 万立方米。

明溪县若干年份林业用地面积统计情况

表 6-1　　　　单位:公顷

种类			1991	1995	2000	2005
土地总面积			171145.8	171341.8	170267.5	170267.5
林地	林地合计		142249.4	145492.3	145834.3	145815.9
林地	有林地	有林地合计	111382.6	134611.5	136504.3	138389.9
林地	有林地	生态林	4597.1	7254.4	34244.0	34761.9
林地	有林地	商品林	98116.6	119289.3	90708.5	40059.5
林地	有林地	兼用林	—	—	—	63568.5
林地	有林地	经济林	4597.1	4162.1	4314.5	5119.7
林地	有林地	竹林	4071.7	5905.7	7237.3	8003.7
林地	疏林地		7224.1	1427.1	153.9	125.5
林地	灌木林地		394.3	271.2	200.6	181.9
林地	未成林造林地		14185.5	5669.1	3816.1	3005.3
林地	苗圃地		—	5.8	2.5	2.5
林地	无林地	无林地合计	9062.9	3507.6	5156.9	4110.7
林地	无林地	宜林荒山荒地	4991.2	—	957.7	456.9
林地	无林地	采伐迹地	3940.4	3280.9	3703.1	3390.4
林地	无林地	火烧迹地	131.3	114.1	314.5	117.6
林地	无林地	宜林沙荒地	—	—	—	—
林地	无林地	可封育成林荒山荒地	—	—	6.5	—
林地	无林地	林中林缘空地	—	85.8	114.1	51.1
林地	无林地	暂未利用荒山荒地	—	26.7	61.1	94.8
非林地	非林地合计		28896.4	25849.5	24433.2	24451.7
非林地	其中四旁树占地面积		—	—	172.2	172.2
森林覆盖率(%)			65.3	78.0	80.3	81.3
林地绿化率(%)			78.6	92.7	93.7	95.0

注:竹林面积不含散生竹面积

明溪县若干年份各类森林蓄积量统计情况

表 6—2　　单位：立方米、百株(竹)

种 类			1991	1995	2001	2005
林木蓄积量	林木总蓄积量		10840884	12444566	10580085	11478570
	林分蓄积量	合计	10159974	12207030	10431076	11329746
		用材林	9454392	11175270	7418973	8009261
		薪炭林	—	91971	13749	14445
		防护林	685588	843027	2422442	2563652
		特用林	19994	96762	575912	742388
	疏林地		224743	65052	1962	1527
	散生木		447534	148998	137502	137752
	四旁树		8633	23486	9545	9545
竹林			55979	53678	114894	125467

第二节　林种与分布

一、用材林

主要树种有杉木、马尾松、木荷、苦槠、甜槠、甜槠栲、拟赤杨、南酸枣、樟树、檫树、花榈木等，还有黄檀、栲类、黄杨、麻栎、苦楝、红豆杉、槠类亦为县内较主要的用材树种。1991 年，全县用材林面积 11.14 万公顷，占林地总面积 88.43%。1996 年，通过二类资源调查，全县用材林面积 9.92 万公顷，占全县森林面积的 71.68%，蓄积量 775 万立方米。用材林中，杉木面积 3.37 万公顷，马尾松面积 5.81 万公顷，阔叶树面积 3.55 万公顷。此后，由于林分结构调整、防护林面积大量增加、及人工营造抚育和采伐利用的因素，至 2005 年用材林面积 8.97 万公顷，比 1996 年下降 9.58%，蓄积量 800 万立方米。其中，杉木面积 2.81 万公顷，马尾松面积 4.73 万公顷，阔叶树面积 1.43 万公顷。用材林主要分布在夏阳乡、青珩林场、盖洋镇和胡坊镇，其面积分别为 1.42、1.33、1.23 和 0.84 万公顷，合计占全县用材林面积的 53.73%。用材林面积最少为城关乡，面积仅为夏阳乡的四分之一。

二、经济林

主要有果树林、食用油料林、药材林等。1991 年经济林面积 4597.1 公顷，占森林总面积 3.23%。1992—2000 年，经济林种植面积减少 282.6 公顷，平均每年减少 28.3 公顷。2001—2005 年，经济林种植面积快速增加 805.2 公顷，平均每年 161 公顷。2005 年，全县经济林面积 5119.7 公顷，主要分布在瀚仙镇 1034 公顷和胡坊镇 896 公顷，最少的枫溪乡为 192 公顷，国有林场、采育场合计 201 公顷。经济林中果树林 2600 公顷，占 50.78%，其中板栗锥栗 323 公顷，主要分布在夏坊乡有 201 公顷；柑橘 977 公顷，主要分布在沙溪乡有 384 公顷；桃李柰 745 公顷，主要分布在盖洋镇有 315 公顷。食用油料林 921 公顷，占 18.59%，主要分布在瀚仙镇有 502 公顷。药材林 841 公顷，占 16.97%，主要分布在胡坊镇有 502 公顷。

三、防护林

主要树种有杉木、马尾松、阔叶树。1991 年防护林面积 6583 公顷，占森林总面积 5.22%，1991 年起，在营林方面对不合理林种结构作了调整，并实施生态林保护政策，防护林面积有较大的增加，1996 年防护林面积 2.16 万公顷，2005 年防护林面积 2.66 万公顷，分布地点主要在夏阳乡、盖洋镇、胡坊镇、沙溪乡，面积分别为 5475 公顷、4738 公顷、4224 公顷、3018 公顷，防护林中杉木面积为 1842 公顷，马尾松面积为 9096 公顷，阔叶树面积为 15686 公顷。

四、特种用材林

1991 年，特种用材林面积 643 公顷，占森林总面积 0.51%。此后，由于注重生态建设，特种用材林面积有较大的增加，1996 年特种用材林面积 6156.7 公顷，2005 年为 8370 公顷。主要分布在盖洋镇、夏坊乡和枫溪乡，面积分别为 3051 公顷、2079 公顷、1222 公顷，合计占总面积 75.9%左右，其他乡镇也有少量分布。

五、薪炭林

薪炭林散布全县各地。1991 年薪炭林面积 1217 公顷，占森林总面积 0.97%。1991 年后，县内加强森林资源管理和保护，以生态立县，引导村民使用洁净能源，薪炭林面积锐减，1996 年薪炭林面积 301 公顷，2005 年薪炭林面积 243 公顷。

六、竹林

县内竹类名目繁多，其中数量多且具有实用经济价值的是毛竹。1991 年全县竹林面积 4071.7 公顷，占森林面积 2.79%。1993 年后重视竹业发展，竹林面积增加较快，1996 年竹林面积 6819 公顷，2005 年竹林面积达 8003.7 公顷。竹林分布，以夏阳乡最多，面积约占全县竹林面积三分之一，瓦溪、旦上为毛竹主产村。竹林面积 700 公顷以上的还有沙溪乡、瀚仙镇，盖洋镇常坪村亦有大片竹林。

七、珍稀树种与古木

国家和省级划定的 96 种重点保护树种中，明溪境内有黄楠、闽楠、江南油杉、南方红豆树、樟树、南岭黄檀、花榈木、檫树、观光木、黄杞、格氏栲、银杏、深山含笑、水杉、柳杉、三尖杉、水松、建柏、天竺桂、青岗栎等 20 种。夏阳乡地美村罗卜岩与沙县交界处有一片面积 200 多公顷的天然楠木种源区，生长大量珍贵的黄楠、桢楠、虎皮楠、泡花楠以及格氏栲、苦枥木等 55 科、107 属、194 个树种。1991 年前，建有罗卜岩楠木自然保护区，由市林委管理；瀚仙乡连厝村建有 1 处楠木保护基地，面积 13 公顷，该乡沙州坑山甲也建立一片楠木天然林保护区，面积 2 公顷，均由乡管理。古树名木有：

邓家杉木王　在枫溪乡邓家村，植于明成化年间（1465—1487 年），距今已有 500 多年，树高 32 米多，胸围 5.23 米。1981 年为省林业科学研究所列为福建杉木王，排列第 19 位。

夏坊迎客杉（水杉）　在夏坊村，植于明末清初，距今 300 多年，树高 26 米多，胸围 3 米。

樟树岗千年古樟　在瀚仙镇小眉溪村的樟树岗自然村，树植于唐末，迄今已有千年，树高 35 米，胸围 9.8 米。

紫云福建柏　在夏阳乡岭头村际头自然村，树高 33 米，胸径 0.96 米，树冠冠幅 15 米，单株材积 9.4 立方米。栽植于明朝正德年间（1505—1521 年），是建祖宅种植的宅荫（即风水树），迄今已有 480 多年。

紫云红豆杉　在夏阳乡紫云村黄连地自然村村头的土地庙前，2 棵红豆杉为孪生树相距约 3 米，其中一棵胸径 1.96 米，高 32 米、冠幅 15.5 米，另外一棵胸径 1.82 米，高 30 米、冠幅 16.5 米，树龄 900 余年。

雷西罗汉松　在盖洋镇雷西村，树高 19 米，胸径 1.7 米，主干在 1.5 米处分叉为三枝胸径分别约 0.5 米的分枝向上伸长，枝条细密，树冠覆盖面积约 125 平方米，远望似天然盆景，树龄 1000 余年。

其他　有罗翠银杏、局上楠木王、苎畲红豆杉、油杉、柳杉王均属珍稀古木。

第二章 山林权属

第一节 集体林权制度改革

1991年，全县山林面积14.22万公顷，林权面积10.95万公顷。其中：国家所有山权2.83万公顷，林权面积3.27万公顷；集体所有山权面积11.81万公顷，林权面积7.61万公顷；国家集体合作共有林权面积0.05万公顷；个人所有林权面积81公顷；未定权属林权面积74公顷。1991—1998年，各乡镇对集体山林进行“分股不分山，分利不分林”的林业股份制，继续推行村级林业股东会或股份合作林场，全县各村委会相继成立林业股东会。

1999年9月至2000年3月，根据《中共三明市委、三明市人民政府关于深化集体林经营体制改革的意见》精神，在盖洋镇雷西村开展“明晰产权，分类经营，落实承包，保障权益”的深化集体林经营体制改革试点探索。

2003年12月，贯彻《福建省人民政府关于推进集体林权制度改革的意见》精神，在全县8个乡镇（除雪峰镇）各确定1个村开展深化集体林权制度改革试点工作基础上，成立深化集体林权制度改革领导小组，制定印发《明溪县深化集体林权制度改革实施方案和规范集体林权转让承包实施细则的通知》，确定县林业用地面积14.59万公顷，集体林面积10.89万公顷，应列入深化集体林权制度改革的集体商品林面积7.26万公顷，列入县林权登记发证面积14.23万公顷，全面推开明溪深化集体林权制度改革。

至2005年9月底，主体改革完成，全县88个行政村共完成改革面积7.26万公顷，已明晰产权面积7.18万公顷，顺利通过省、市林改联合检查组抽查验收。在完成明晰林木产权的基础上，对全县已明晰产权的林木进行确权、登记、发放全国统一样式林权证。年底，共完成区划宗地21715宗，区划面积14.15万公顷，完成林权登记面积13.98万公顷。

第二节 山林权纠纷调处

1991年，县山林纠纷工作领导小组办公室挂靠林业局，负责山林权纠纷调处工作。至1997年，共调处结案山林权属纠纷26起，面积287.5公顷。遗留的主要问题有：历年遗留的县际山林纠纷积案11起、面积2313.5公顷，是三明市的积案首位；明溪与清流、沙县、泰宁3个县勘定行政界线工作中，产生山林纠纷案17起、纠纷面积2377公顷。

1999年，加大山林权属纠纷调处工作的力度，正式核定山林纠纷工作领导小组办公室编制，确定其为行使行政职能的事业单位，办公室领导由县林业局副局长兼任，核定机关事业编制2名。至2005年，共调处结案山林纠纷32起，面积1544.1公顷。其中，2005年调处山林纠纷12起，面积952.5公顷，主要有：1982年林业“三定”时有些林权证登记发证工作落实不到位，存在“错证”“重证”问题，以及2000年以后县部分木材经营企业大量低价购并天然中幼林分引发的山林纠纷。

1991—2005年明溪县调处山林权纠纷情况

表6-3　　单位:公顷

年份	起数	面积
1991	5	37.9
1992	4	108.3
1993	8	73.9
1994	3	30.4
1995	1	5.2
1996	3	21.4
1997	2	10.4
1998	5	70.9
1999	3	17.1
2000	1	10.1
2001	4	226.9
2002	3	135.4
2003	0	0
2004	9	202.1
2005	12	952.5

第三章　造林育林

第一节　采种育苗

一、采种

1991年，境内有杉木初级种子园14公顷，马尾松种子园6公顷，马尾松优良母树林134公顷，闽粤栲、火力楠、木荷等阔叶树母树林5公顷，县苗圃杉木二代种子园培育杉木苗11公顷。县内村民保留采集杉木、马尾松、南方红豆杉等20多种乡土树种的习惯，大多是自育自种。而采种数量长期未做统计。

2004年，根据国债项目《南方红豆杉等珍稀树种繁育中心》任务要求，在夏阳乡紫云村建立6.33公顷南方红豆杉采种林基地。全县组织采集松、杉等种子14吨。2005年，采集松、杉种子2吨。

二、育苗

1991—1993年，为绿化荒山，提高造林成活率，采用容器育苗技术，仅1991年培育马尾松等容器苗1605万株。1993年后，因成本高，逐年降低容器育苗数。部分林农开始从事育苗，主要品种有马尾松、杉木、木荷、红豆杉、酸枣等，面积每年约为3.3~6.7公顷。1999年后停止容器育苗。

1995年，县林委开展马尾松切根育苗技术研究并取得突破，马尾松造林成活率提高20%。当年共育马尾松苗7.3公顷，612万株。次年马尾松切根育苗技术通过省级专家论证，并获得省科技进步三等奖。

1997 年，县林业局开展南方红豆杉苗木生理生态和繁育技术研究，解决南方红豆杉扦插育苗成活率低等问题，其中最佳技术组合生根率达 98.7%，大面积扦插成活率 85%以上，育苗时间缩短三分之二。

2001 年，为发展中药材特色产业，县林业局成立明溪县天绿药用植物发展有限公司，建立 7500 立方米温 室大棚，承担南方红豆杉实生苗、扦插苗培育，以及其他珍稀树种种苗的培育。当年培育红豆杉苗 1 公顷，近 8 万株。

至 2005 年，共育各种树苗 9648 万株。

1991—2005 年明溪县林业育苗情况

表 6-4

年份	育苗面积(公顷)							产苗数量(万株)	容器育苗(万株)
	合计	马尾松面积	木荷面积	杉木面积	酸枣面积	红豆杉面积	其他面积		
1991	16.8	7.7	1.6	6.7	0.5	—	0.3	1481	1605
1992	12.0	4.1	2.1	5.3	0.5	—	—	944	360
1993	8.7	2.4	2.5	2.5	—	—	1.3	620	388
1994	6.2	1.0	3.5	1.1	0.4	—	0.2	345	112
1995	7.3	3.0	1.3	3.0	—	—	—	612	80
1996	7.5	3.3	1.5	0.8	—	—	1.9	596	60
1997	6.8	2.5	1.9	1.3	1.1	—	—	490	50
1998	5.3	2.5	1.4	0.7	0.6	—	0.1	429	—
1999	4.3	2.3	1.6	0.3	—	—	0.1	370	10
2000	4.7	1.8	1.4	0.5	—	—	1.0	357	—
2001	4.5	1.9	0.9	0.3	—	1.0	0.5	340	—
2002	8.1	1.5	1.0	0.7	0.1	3.0	1.8	478	—
2003	9.9	0.8	0.5	0.5	—	5.1	2.9	512	—
2004	15.3	1.2	0.5	1.5	—	11.3	0.7	809	—
2005	18.1	1.3	0.7	2.5	—	12.5	1.2	1265	—

第二节　植树造林

一、造林更新

1991 年，全县继续推行工程造林及工程造林管理办法，将适地适树、良种壮苗等 10 项营林技术进行组装配套，通过完整的量化管理措施，提高造林成活率和保有率，当年营造人工林 2461 公顷。其中，严格按工程化管理的要求建立 2313 公顷速生丰产林基地，基地幼林生长各项指标全部达到或超过林业部、省林业厅颁布的速生丰产林标准。同年，县林业部门编制的《马尾松用材林适用技术体系》被列入国家“七五”重点攻关项目，获林业部科技进步一等奖；明溪被列入福建省速生丰产商品林基地建设示范县。是年起，实施世界银行贷款国家造林项目，结合项目造林，开展《广西优良马尾松源推广经验》《马尾松无性系繁殖造林实验》《杉木、马尾松施肥经验》等多项科研项目。

1992 年，林业部委托华东设计院连续 3 年对明溪县造林进行全面检查，造林面积准确率、成活率、幼林生长达标率均达 100%，居全省之冠，被誉为速生丰产林基地建设起步最早、面积最大、质量最好的县。1994 年，累计完成项目造林 3511.9 公顷，均为速生丰产林，并于当年通过省林业厅检查验收。1998 年，县代表国家林业局接受世行造林项目总验收，得到世行官员、专家及国家林业局项目管理中心的高度评价。

2001 年 9 月起，开始执行国家林业局《造林质量事故行政责任追究制度》，对连续 2 年未完成更新造林任务，或当年未达到应更新造林面积 50%，经第二年补植成活率仍未达到 85%的责任人追究行政责任。2002 年，实行采伐迹地更新与发放林木采伐许可证相挂钩制度，对未完成采伐迹地更新造林任务的单位，暂停发放林木采伐许可证。2003 年 10 月，对已划定的自留山或已转让的集体林业用地，要求业主限期植树造林。对逾期未造的，收缴抛荒费或无偿收回所转让的荒山迹地，变更其权属。2004 年，取消预留集体林更新造林费征收，改由林地使用权单位或个人筹集更新造林费并负责更新造林。

1991—2005 年，全县共造林 23222 公顷。按造林类型分，一般造林 8087 公顷、工程造林 15135 公顷(速生丰产林 13900 公顷)；按所有制分，集体造林 9419 公顷、国有造林 10284 公顷、个私造林 3519 公顷；按林种分，用材林 21263 公顷、经济林 1771 公顷、其他 188 公顷；主要树种有杉木 6885 公顷、马尾松 8755 公顷、阔叶树 2688 公顷、竹林 2803 公顷、厚朴 724 公顷。

1991—2005 年明溪县造林更新统计

表 6-5 单位：公顷

年份	全县合计	造林类型			按所有制分			按林种分			主要树种			
		一般造林	工程造林	其中速丰林	集体	国有	个私	用材林	经济林	其他	杉木	马尾松	阔叶树	竹林
1991	2461	148	2313	2313	1904	557	—	2461	—	—	1263	1019	100	60
1992	1841	—	1841	1841	—	1841	—	1824	17	—	859	937	27	—
1993	1776	271	1506	1479	1178	598	—	1734	13	30	399	1243	105	—
1994	1363	88	1275	1150	975	388	—	1340	23	—	236	717	411	—
1995	1807	292	1515	1332	1084	723	—	1783	24	—	559	763	183	301
1996	1874	955	919	919	930	944	—	1869	6	—	78	636	326	829
1997	1339	125	1214	1057	677	662	—	1339	—	—	123	567	395	253
1998	1480	920	560	560	649	757	75	1334	146	—	93	557	225	459
1999	1544	630	914	467	424	994	126	1508	36	—	191	624	374	314
2000	1398	1059	339	445	432	492	474	779	619	—	203	319	62	116
2001	890	625	265	150	212	361	317	561	329	—	148	185	77	151
2002	1335	946	389	389	—	435	900	885	450	—	392	338	4	168
2003	669	345	324	130	151	272	246	663	6	—	226	160	67	52
2004	1173	748	425	334	258	501	414	1132	17	24	641	340	149	15
2005	2271	935	1136	1334	545	759	967	2051	85	134	1474	350	183	85

二、义务植树

1991 年，县绿化委员会、林业局和妇联共同举办以“讴歌绿化先进人物，弘扬爱绿护绿新风尚”为主题的文艺晚会，纪念全民义务植树活动 10 周年。同年，继续实行义务植树“规范化、科学化、基地化、制度化”原则，义务植树 28.7 万株。

1992 年，县绿化办率先在全省县级实行对未履行植树义务者收缴绿化费制度，其经验和做法得到省、市绿化办的肯定，并迅速在全省各地推广，并在全国绿化委员会办公室主办的《国土绿化》杂志上宣传。

1995 年春节，总面积 11800 平方米园林式的县河滨公园建成，河滨南北两条绿色大道也同时建成。同年义务植树 28.3 万株。

2000 年，团县委、绿化委员会、环保局、水利局、林业局、教育局和科协响应团中央号召，联合在全县中小学生中发起“保护母亲河行动”活动，种下世纪之树 6.66 公顷。

2005 年，对东大路绿地进行改造，植树节期间，在道路两旁栽下南方红豆杉 600 株，并由适量香樟加以点缀。当年义务植树 28.7 万株。县城区绿化覆盖率达到 35.1%，人均占有公共绿地 7.5 平方米，改善了城区人居环境。

第三节 林木抚育

一、幼林抚育

1991—1993 年，每年幼林抚育面积均在 1 万公顷以上。1993 年 7 月编制完成《速生丰产商品材基地建设示范管理办法》，1994 年 2 月编制完成《中幼林抚育间伐管理办法》，对林木幼林抚育与成林抚育进行系统管理。1997 年后，幼林抚育面积有所减少，平均每年抚育面积在 4067 公顷。新造幼林前 3—4 年一般每年进行 1~2 次抚育，采用扩大穴面、全面松土除草、深翻土、施肥、化学除草（控草）等方式。抚育第一年以扩穴培土、全面锄草为主，第二、三年以扩穴连带培土、除萌、全面锄草为主，并在 4—5 月份进行 1 次施肥。

1991—2005 年，全县共深翻 7 公顷，施肥 20072 公顷，幼林抚育作业面积 87816 公顷。

二、成林抚育

幼林郁闭成林之后，至林分接近成熟前采取 1~2 次抚育，抚育方式主要为中幼林抚育间伐、劈草、深翻施肥等。毛竹林每隔 2~3 年抚育 1 次，主要方式为劈草，间或使用化学除草技术。1991 年以后深翻施肥主要在竹林抚育上使用，其他林分使用较少，当年抚育面积 1459 公顷。至 2005 年，共抚育成林面积 48026 公顷，抚育面积最多年份为 1994 年，共 9007 公顷；最少年份为 1995 年，仅 1333 公顷；2005 年为 2334 公顷。

三、封山育林

1991 年，对未成林造林地、幼林和山区人工造林困难及具有乔木、灌木、草场天然下种、萌芽、萌蘖能力的荒山荒地、采伐迹地、疏林地等，通过封禁和人工辅助等封山育林措施，使其成为森林、灌木林或者灌草植被地。当年新增封山面积 3275 公顷，全县封山面积为 6694 公顷，至 1995 年达到 11686 公顷。

1996 年起，在进行封山育林同时，对达到抚育年限的山林陆续开始解除封山。至 2005 年，共新增封山育林面积共 10501 公顷，解除封山面积 15069 公顷，全县共有封山育林面积 10614 公顷。

1991—2005 年明溪县林木抚育情况

表 6-6　　　　单位:公顷

年份	幼林抚育	成林抚育	封山育林		
			总面积	当年新建面积	解除面积
1991	10678	1459	6694	3275	—
1992	10317	2861	7807	1113	—
1993	12576	3183	9020	1213	—

续表 6-6

年份	幼林抚育	成林抚育	封山育林		
			总面积	当年新建面积	解除面积
1994	2324	9007	10234	1452	—
1995	9183	1333	11686	1000	—
1996	6133	3333	12686	1240	431
1997	4070	3697	13495	668	50
1998	4473	3006	14113	1495	2408
1999	4007	4380	13200	1333	1000
2000	4335	4407	13533	1706	2066
2001	4358	2278	13173	1454	2391
2002	2755	2370	12237	1169	441
2003	3765	2044	12965	728	4431
2004	3881	2334	9262	708	356
2005	4961	2334	10614	—	1495

第四章　森林保护

第一节　护林防火

一、护林

县护林的主要措施是合理安排专职或兼职护林员。1991—2001 年，全县各行政村设立专职或兼职林业员（护林员）1~2 名，主要职责为制止乱砍滥伐、乱采滥挖、采脂、毁林开垦、采石、取土、擅自改变林地用途、擅自在林区内野外用火等破坏森林资源行为和擅自移动或者毁坏封山育林服务标志等违法行为；定期巡护本责任区山林，建立护林工作登记簿，记载林业生产、护林、病虫害测报等各方面的情况，尽职尽责做好封山育林管护工作，确保森林、林木、林地及野生动植物不受破坏，并协助林业各项工作的开展和落实。其工资待遇由县、乡、村共同承担。

2002 年，明溪被列入森林生态效益补助资金试点县，全县共聘用生态公益林专职（或兼职）护林员 308 人，村生态公益林护林员兼村林业员职责，工资待遇根据生态公益林管护面积确定，平均管护工资在每年每月 300 元左右。

2003 年，县林业局制定《明溪县生态公益林护林员管理办法》，规定每年初县林业局与管护责任单位签订生态公益林管护责任书，各管护责任单位与护林员签订管护合同，层层落实管护责任。

2005 年，整顿充实护林员队伍，解聘护林员 1 人，重新选聘 78 人，全县护林员队伍人数达 310 人。生态公益林补助资金标准有所提高，其中省级（省财）生态林补偿性支出每公顷 30 元，全部用于专职生态林护林员补助费用；国家（国财）生态林补偿性支出为每公顷 67.5 元，其中专职护林员工资每公顷 45 元。

1991—2005年，在开展县内护林工作同时，参加“福建省第三护林联防区”第十分会（1986年加入），联防工作以“自防为主、积极联防、团结互助、保护森林、发展林业”为方针，互相尊重，互相支持，同心协力，开展护林联防活动。1993年和2004年被联防区表彰为护林先进单位。

二、防火

1991年，森林防火工作全面实行各级人民政府行政领导负责制，并建立健全一套以火源管理为核心的综合预防机制，通过对林区生产用火点进行全面清理登记、办理安全用火许可证、实施野外用火管制禁令等措施，加强火源管理。县、乡（镇）每年单列预算预防和扑救火灾经费，县林业局每年专项用于防火资金30万元。

1992年起，国家森林防火指挥部批准明溪为全国森林防火体系建设示范单位，县、乡（镇）成立森林防火指挥部，县、乡、村一年一次签订森林防火责任状。同时，加强防火队伍和基础设施建设，当年全县拥有基地台17台、移动车载台2台；新增对讲机20个、传真机10部、森林防火指挥车1辆以及电话、手机。1993年，在夏坊、枫溪、盖洋、城关、胡坊、夏阳等乡镇建成6座高山瞭望台，瞭望面积达13.33余万公顷，县境内覆盖面积达95%以上。1994年，设置24小时接听报警服务电话12119和2813327。至1999年，全县配备森林防火专职人员20人，护林员320人，乡镇半专业化森林消防队14支420人，行政村组建的扑火队78支1886人。全县生物防火林带建设也快速发展，由年均营造51公里增至年均营造93公里。

2001—2003年，制定农事用火计划烧除实施方案、森林防火指挥部处理森林火灾事故预案、森林防火行政领导责任追究制度，加强农事用火管理，对森林火灾的处理和责任追究做出具体规定。

2004年5月，由各乡（镇）筹集资金9万元，统一设立“全县森林防火专项资金”专户，主要用于组建森林消防队伍、装备扑火队员必要劳保用品，增设防火设施专用器材，肇事者无力支付的扑火工资等。同年12月，全县除雪峰镇外的8个乡镇分别成立“护林联防协会”，制定《护林联防章程》，共有会员320人。

2005年，全县有生物防火林带1108公里，平均每公顷有林地拥有防火林带9.23米。

1991—2005年，全县共发生火灾67起，受害面积257.9公顷，没有发生单起27公顷以上森林火灾，火烧时限在10小时内，在扑救中没有造成人员伤亡事故。

1991—2005年明溪县森林火灾情况

表6-7 单位：公顷

年份	火烧山面积	次数	受害率(‰)
1991	3.6	3	—
1992	40.5	8	0.004
1993	37.2	9	0.004
1994	1.3	1	—
1995	22.8	7	0.002
1996	0.5	1	—
1997	—	—	—
1998	0.8	1	—
1999	9.4	4	—
2000	4.1	2	—
2001	6.6	5	—
2002	9.6	4	—

续表 6—7

年度	火烧山面积	次数	受害率(‰)
2003	62.2	9	0.007
2004	58.5	12	0.006
2005	0.8	1	—

第二节 病虫害防治

一、测报

1991—1995 年，引种的广西桐棉马尾松发现松梢螟和桃蛀螟危害，严重的虫害区虫株率达 40%以上。

1999 年 9 月至 2000 年 9 月，开展全县植物疫情普查工作，共调查寄主树种面积 9.77 万公顷，分布于 105 个村和工区 14530 个小班；布设调查点 1135 个，调查小班 5214 个，占分布小班 36%；踏查树种面积 4.5 万公顷，占寄主树种面积的 46%。调查发现国外湿地松松针褐斑病危害，发生面积 30 余公顷，均属轻度危害，其他国家规定的检疫对象日本松干蚧等病害未传入境内。

2001 年开始，每年对松属检疫对象松材线虫病、松突圆蚧进行秋季专项普查，当年调查未发现有松材线虫病、松突圆蚧危害。2003 年 6 月，开展棕榈科检疫对象水椰八角铁甲的普查，全县共调查棕榈科寄主树种 1217 株，未发现有国家规定的水椰八角铁甲棕榈科植物检疫对象。7 月 21 日至 8 月 15 日，开展萧氏松茎象专项普查，共调查松属寄主树种面积 5.85 万公顷，在马尾松树种上发现萧氏松茎象轻度危害，被害株率在 5%~10%，发生面积 4689.9 公顷。

2004 年 4—12 月，在全县范围内开展林业有害生物普查，发现林业有害生物面积共 2755.6 公顷，其中轻度 2570.3 公顷、中度 112.6 公顷、重度 72.7 公顷，未发现外来林业有害生物。具体有害生物和分布：（1）马尾松毛虫：分布在城关、夏阳、盖洋、夏坊、瀚仙等乡镇和明溪国有林场，发生面积 474.3 公顷。（2）思茅松毛虫：分布在盖洋、夏坊等乡镇和明溪国有林场，发生面积 121.4 公顷。（3）萧氏松茎象：分布在城关、夏阳、盖洋、夏坊、瀚仙、沙溪等乡镇，发生面积为 743 公顷。（4）松墨天牛：分布在瀚仙镇，发生面积为 286.1 公顷。（5）松针褐斑病：分布明溪国有林场，发生面积为 2.1 公顷。（6）刚竹毒蛾：分布在夏阳、盖洋等乡镇，发生面积为 68.7 公顷。（7）竹蝗：分布在夏阳、瀚仙等乡镇，发生面积为 34.7 公顷。（8）杉白蚁：分布在城关、夏阳、瀚仙等乡镇，发生面积为 172.1 公顷。（9）杉木炭疽病：分布在沙溪乡，发生面积为 202.6 公顷。（10）桉树叶斑病：分布在沙溪乡，发生面积为 57.9 公顷。（11）柑橘潜叶蛾：分布在城关乡，发生面积为 31.7 公顷。（12）鼠害：分布在胡坊镇杉木林，发生面积 561.1 公顷。（13）苗圃（花圃）林业有害生物：南方红豆杉温室扦插苗白绢病，发生面积有 0.33 公顷。（14）林业有害植物：主要分布在城区和省道边，发现有狗尾草、碱茅、苍耳 3 种林业有害植物。

二、防治

1991 年，县内病虫害防治遵循“预防为主，综合防治”方针，主要预防办法有提高林分的自身素质、加强森林植物检疫、健全森林病虫害监测网络等。根据每次病虫害调查结果，对不同病虫采用相对应的防治手段，把病虫危害降到最低限度。防治措施一般为：用白僵菌、苏云杆菌防治马尾松毛虫，用“六六六”烟剂防治竹蝗，用 1%波尔多液防治杉木炭疽病，用 80%敌百虫、40%乐果乳剂 400 倍液喷雾或用 0.6%~0.8%的波尔多液防治马尾松落针病。1995 年，对引种的广西桐棉马尾松受松梢螟和桃蛀螟危害，与福建林学院合作开展《松梢害虫的研究》，进行化学药剂防治试验，取得较好的效果。

1991—2005年，县境内无森林病虫害大暴发，松毛虫害为森林主要病虫害，每年均有局部地区发生。

1991—2005年明溪县松毛虫发生面积和防治情况

表6-8　　单位：公顷

年份	发生面积	防治面积
1991	251.7	251.7
1992	245.1	352.4
1993	228.9	696.3
1994	292.3	630
1995	335.1	533.3
1996	591.7	591.7
1997	875.5	875.5
1998	387.3	387.3
1999	83.1	249.7
2000	97.5	290.1
2001	66.3	436.1
2002	169.9	705.2
2003	126.5	803.4
2004	705.5	1120
2005	164.6	742.9

第三节　林业执法

1991—2005年，县林业管理部门根据林业法规查处、打击破坏森林资源违法犯罪活动和对林政案件行使林业行政处罚权。以林业部门为主、有关部门紧密配合，一个时期一个重点，对盗砍、滥伐、盗卖木材和乱捕、滥猎野生动物等违法行为开展专项整治工作，共查处各类林业案件5186起，逮捕犯罪嫌疑人337人，林政、治安处罚6694人，收缴木材18912立方米，治安罚款3830元，林政罚款635.7万元，为国家和集体挽回经济损失1465.6万元。查处各类案件中刑事案件289起、治安案件40起、林政案件4857起。

1991—2005年明溪县查处森林案件情况

表6-9

年份	各类案件(起)				处罚人次			收缴财物						
	合计	刑事	治安	林政	合计	逮捕	林政处罚	合计	木材		治安罚款(元)	林政罚款(元)	赔偿损失(元)	其他财物折款(元)
									数量(立方米)	折款(元)				
1991	195	13	13	169	217	21	196	181661	155	29287	130	64060	70405	17779
1992	302	12	4	286	330	18	312	529719	637	177620	200	188229	—	163670
1993	269	20	3	246	357	16	341	565674	1024	279512	100	201594	—	84468
1994	280	26	3	251	363	26	337	586973	830	204950	1250	244365	—	136408
1995	312	31	4	277	499	44	455	757358	1064	287130	450	363227	—	106551

续表 6-9

年份	各类案件(起)				处罚人次			收缴财物						
	合计	刑事	治安	林政	合计	逮捕	林政处罚	合计	木材		治安罚款(元)	林政罚款(元)	赔偿损失(元)	其他财物折款(元)
									数量(立方米)	折款(元)				
1996	370	36	6	328	580	57	523	1075977	1383	412869	1200	434328	—	227580
1997	362	12	1	349	561	13	548	984539	1494	444956	—	402546	7171	129866
1998	426	19	2	405	611	20	591	1453104	1964	799793	400	597012	4012	51887
1999	491	22	—	469	696	31	665	1585774	1784	825202	—	606725	3105	150742
2000	477	15	3	459	678	18	660	1419842	1693	743642	100	597298	6849	71953
2001	366	14	—	352	525	20	505	1083249	1446	542233	—	519955	2200	18861
2002	351	20	—	331	467	19	448	1019295	1309	472648	—	525899	1950	18798
2003	291	15	—	276	368	13	355	1032368	1163	581085	—	450283	—	—
2004	321	18	1	302	373	13	350	1006671	1271	426785	—	579886	—	—
2005	374	16	—	357	429	8	408	1374037	1695	792379	—	581649	—	—
合计	5186	289	40	4857	7054	337	6694	14656241	18912	7020091	3830	6357056	95632	1178563

第四节 自然保护区

1995 年，县政府批准建立君子峰县级自然保护区、30 个自然保护小区和 80 个保护点，总面积 5266.7 公顷，为县建立的第一批自然保护区、自然保护小区和保护点。2000 年，在原有的自然保护小区基础上进行重新核准公布，共批准建立自然保护小区 50 个，面积 13200 公顷。

2002 年，随着国家不断加大自然保护区的资金投入，县成立以县政府副县长为组长，相关部门负责人为成员的申报省级自然保护区工作领导小组，组织开展君子峰、均峰山自然保护区规划申报省级自然保护区科考调查工作。2003 年 2 月，福建君子峰省级自然保护区和福建均峰山省级自然保护区经省政府批准成立。次年 3 月，市机构编制委员会批复同意成立明溪君子峰、均峰山省级自然保护区管理处，隶属明溪县林业局管理。

2004 年，为有效管理保护区内的生物多样性，加强自然保护区的管理和协调工作，县决定将均峰山自然保护区实验区扩大，并与君子峰自然保护区合并后申报国家级自然保护区，于当年聘请厦门大学、福建农林大学、福建三明真菌研究所、福建省漳州市教师进修学院等高等院校和科研单位的 30 多名专家学者来明，与县林业局有关人员联合组成“福建君子峰自然保护区综合科学考察队”，对两个自然保护区内的自然概况、植被、植物、动物、昆虫、大型真菌和微生物资源进行综合科考。2005 年 2 月，福建君子峰自然保护区的综合科学考察报告完成，3 月通过省初评，5 月全票通过国家林业局专项评审。

第五章 森林利用

第一节 木材采伐及购销

1991年，林木采伐销售分为国营单位（国有林场、国营林业、国有林管理站、采育场），由国营单位自行采伐销售；集体社队，由各乡镇采育场、伐木场组织采伐，其木材统一由沙溪和城关木材采购站进行收购。至1999年，全县共采伐木材240.5万立方米，其中：1991—1995年，年均采伐28万立方米，年外销19万立方米；1996—2000年，年均采伐21.9万立方米，年外销14.6万立方米。

2000年后，随着集体林经营体制改革的深入，集体山场多数被林农、业主购买，由林农、业主申请组织采伐和自行销售木材；国营单位的木材由县林业总公司进行统一采伐、统一定价销售。农民自用材采伐的木材只能自用，不得销售。2001—2005年，全县共采伐木材80万立方米，其中外销35.5万立方米。

第二节 红豆杉产业开发

一、自然资源

明溪属亚热带海洋性季风气候，光照充足，气候温和，雨量充沛，优越的自然环境，使明溪成为南方重点林区县之一，森林覆盖率80.6%，生长着许多珍稀濒危植物，国家一级保护植物南方红豆杉就是其一。2001年，林业部门调查发现天然野生南方红豆杉约有50万株，全县9个乡镇中8个分布有南方红豆杉，总蓄积量约19.6万立方米，主要分布在城关乡、盖洋镇、夏坊乡、枫溪乡和胡坊镇。百年以上的红豆杉有数千株，树龄最高的夏阳乡紫云村的一株南方红豆杉有900余年。2004年12月，明溪县被国家林业局授予“中国红豆杉之乡”称号。

二、人工栽培

1992年开始，明溪林业部门对南方红豆杉开展育苗研究工作。1995年，先后与复旦大学、福建农林大学、福建省林业科学研究院等相关教学科研单位合作，在南方红豆杉育苗上取得重大突破，采用层积变温催芽处理技术，解决了南方红豆杉种子休眠当年发芽率低的关键问题，使南方红豆杉种子发芽率达80%以上，1年生苗木即可移栽造林。1997年，进入南方红豆杉苗木生理生态和繁育技术研究，对南方红豆杉实生苗和扦插苗的生理生化特性、天然林群落结构特征和种间联结关系等生态特性、资源保护与可持续利用对策、扦插育苗规模化经营技术，尤其是对苗木产业化繁殖所涉及的穗条扦插技术进行一系列深入系统的研究，解决南方红豆杉扦插育苗成活率低等问题。1998年，山地种植南方红豆杉60公顷。2001年，国家林业局发文，允许明溪在严格控制单株采集强度、保证采集后的母株生长和冠形不受影响下，每年采集不多于1500万枝的野生红豆杉枝条用于扦插繁育。县林业局成立明溪县天绿药用植物发展有限公司，建立7500立方米温室大棚，承担南方红豆杉实生苗、扦插苗培育，以及其他珍稀树种种苗的培育，当年育红豆杉苗1公顷8万余株，山地种植63公顷。随着育苗、病虫防治、施肥、遮阴等种植技术的逐渐成熟和福建南方生物技术股份有限公司对红豆杉枝叶的加工利用，种植面积迅速提高，2002年种植96公顷，2003年种植176公顷，2004年达323公顷。至2005年，共培育南方红豆杉实生苗3500万株，扦插苗150万株。种植南方红豆杉1391公顷，其中山地种植715公顷，大田高密度种植676公顷。城区和乡镇随处可见成片高密度人工种植于大田或山间的南方红豆杉。

三、开发利用

南方红豆杉人工种植技术的突破，给红豆杉的开发利用带来广阔前景。2001年，明溪开发利用人工种植南方红豆杉的决策与复旦大学博士生导师陈建民教授研究的“紫杉醇清洁纯化技术”对接，直接催生明溪南方红豆杉产业龙头企业——明溪南方红豆杉生物有限公司的建立。在复旦大学专家的指导下，南方红豆杉生物有限公司成功完成对人工栽培红豆杉枝叶、根、树皮等的全身提取，并实现工业化生产，同时将紫杉醇纯度提升至99.5%，而废液排放量降至传统技术的千分之五，技术达到国际先进水平。红豆杉生物有限公司通过“公司+基地+农户”的形式，引导农户大量种植南方红豆杉，这些红豆杉生长3年后，便可采集枝叶用于紫杉醇提取加工。2002年，省林业厅发文同意明溪红豆杉生物有限公司对人工培植的南方红豆杉进行加工经营利用，明溪南方红豆杉生物有限公司成为全国唯一一家能够利用人工种植红豆杉加工生产紫杉醇的合法企业。2004年，明溪南方红豆杉生物技术有限公司引进外资扩大经营，变更为福建南方生物技术股份有限公司。当年，以红豆杉为主导的明溪县天然药物产业科技示范项目被省科技厅纳入科技富民工程。明溪与复旦大学联合成立博士后科研工作站，就红豆杉人工培植、调整植物的代谢，促进紫杉醇含量的提高，降低成本以及新品种开发等进行研发。2005年，县加大红豆杉特色产业经济的发展，除生物质利用外，又依据南方红豆杉树形优美、枝叶浓郁、净化空气等特点，开发红豆杉景观苗木及盆景，建成景观苗木及盆景基地100公顷，通过市场化运作，推向全国各地。当年，福建南方生物有限公司收购人工种植南方红豆杉枝叶5000吨，生产50%含量紫杉醇200公斤，高纯度紫杉醇10公斤，产值8575.8万元，创利税1524.4万元。

第三节 竹产业开发

1993年以前，竹业由供销部门经营，当年全县竹林面积5467公顷。1994年起，竹产业归口林业部门管理，县逐步完善竹产业管理办法，于1995年统一规范竹金费税征收标准，并分别于1996年、2000年、2002年，制定和完善鼓励、扶持林农开发竹业、提高竹林质量的有关政策，全县竹林面积逐年增加，竹林质量明显提高，竹业加工企业也从无到有。

2004年，结合省竹业二期示范片建设和全市竹业竞赛活动，大力推广竹山施肥、竹山覆盖和竹山灌溉等竹林丰产培育措施，积极创造条件开设竹山道路。全县进行深翻、施肥竹林面积达1000公顷（其中施肥266.7公顷）；松土、除草面积达5333.5公顷，占全县成林面积的71%；兴建竹山灌溉池500立方米，竹山道路42.5公里。全县销售毛竹92.5万根，小径竹材555吨，鲜笋产量1.76万吨，竹山产值4496万元。竹农卖竹片从原来每根收入2元，增加到每根纯收入9元，鲜笋产量也明显提高，竹农亩增加收入175元。

至2005年，共新植竹林面积2733公顷，垦复扩鞭竹林面积增加3533公顷，全县竹林面积14123.2公顷，其中毛竹林9563.7公顷，小径竹4559.5公顷；竹业加工企业有28家，产值6100万元，主要产品有清水笋罐头、竹胶板、竹地板、竹凉席、竹筷等。

1993—2005年明溪县竹林面积统计

表6-10 单位:公顷

年份	竹林总面积	毛竹林面积	小径竹面积
1993	5467	4667	800
1994	8533	6467	2067
1995	8733	6600	2133
1996	9133	6733	2400
1997	9467	6933	2533
1998	10400	7600	2800
1999	11000	7933	3067
2000	11267	8067	3200
2001	11667	8267	3400
2002	12000	8533	3467
2003	12397	8311	4086
2004	13260	8937	4323
2005	14123	9564	4559

1994—2005年明溪县竹业经济产值统计

表6-11 单位:千万元

年份	完成总产值	竹山产值	竹业加工产值
1994	3	3	—
1995	3.5	3.5	—
1996	4	4	—
1997	4	3	1
1998	4.5	2.5	2
1999	5	2.6	2.4
2000	5	2.3	2.7
2001	7	3.4	3.6
2002	8	4.2	3.8
2003	8	4.2	4.8
2004	10	4.5	5.5
2005	11	4.9	6.1

第四节 林产工业

一、木竹加工

1991年，县林业主管部门负责对县内所有木竹加工企业进行监督管理，批准核发“木材加工许可证”，实行凭证加工和年审制度。木材加工主要以县林业局下属场、厂、站以及乡镇集体企业为主，加工原料有松、杉、杂，产品单一、规模小，木材加工附加值低。1999年，全县共有木竹加工企业45家，其中以生产锯材为主的企业30家，毛竹加工企业6家，活性炭企业4家，成品类企业5家，主要以生产胶合板材为主，全县木竹加工工业总产值2756万元。

2004年，全县共有木竹加工企业89家，按企业性质分有国有企业2家，集体企业44家，股份制企业4家，个体企业41家；按加工类型分有胶合板8家，刨花板2家，细木工板、指接板7家，活性炭企业9家，锯材企业35家，家具企业5家，竹材加工企业23家。全县木材加工及木竹制品业总产值7500万元。

2005年，为规范木竹加工行为，促进企业依法经营，提高木材产品的附加值，县政府对全县的木竹加工企业进行整顿，确定30家以锯材为主的企业为整改对象，要求整改后的企业固定资产投资达到200万元以上，并生产终端产品。是年，全县共有木竹加工企业85家，其中胶合板8家，刨花板2家，细木工板、指接板7家，锯材类企业35家，家具类企业5家，竹材加工类企业28家，加工企业中有规模以上企业7家，工业总产值8999万元。

二、林产化工

1991年，境内松脂收购实行统收统购政策，由县化工厂加以提纯，生产松香、松节油二类产品。该厂在夏坊、盖洋、夏阳、胡坊、沙溪等乡镇设松脂收购站收取松脂，各基层林业站协助，杜绝松脂外流和违规采脂行为。1995年，县化工厂松香产量达到历史最高，为4100吨，实现利税315万元。

2000年4月，县化工厂改制为股份合作制企业。2001年，松脂经营管理放开，由个私业主自行经营，产量不高。县化工厂因市场松香价格下滑，经营困难，拍卖成为私营企业。全县松香产量1684吨，松节油产量235吨。

1991—1995年，松香总产量12000吨、松节油产量1500吨；1996—2000年，松香总产量10000吨、松节油产量1000吨；2001—2005年，松香总产量4800吨，松节油产量400吨。

第五节 林副产品

县内林副产品以油桐籽、山苍子、油茶籽、板栗、鲜笋、笋干、香菇、红菇、梨菇、松脂、杜仲、厚朴为主（香菇见农业卷，杜仲、厚朴见医药卷）。

油桐籽 1991—2005年，总产量为4036吨，年均产量为269吨，各年产量差距不大，1994年产量最高，为317吨。

山苍子 1991—2005年，总产量为4885吨，年均产量326吨。1998年产量最低，为251吨；2001年产量最高，为539吨。

油茶籽 1991—2005年，总产量为15053吨，年均产量1004吨，1994年产量最高为1560吨，1998年产量最低为604吨。

板栗 1991—1999年，总产量为653吨，年均产量73吨，其中1991年产量30吨为最低年。1999—2005年，随着板栗种植的推广，产量也逐年提高，其间共产板栗1402吨，年均产量234吨，2005年产量为316吨。

松脂 1991—2005年，总产量为65355吨，年均产量为4357吨。其中，1991年产量3046吨为历年最低，2005年产量6010吨，为历年最高。

红菇 均为天然野生。1991—2000年，红菇年均约产13吨。2001年，随着生态公益林保护建设的实施，天然林的植被受到较好的保护，红菇生长的生态环境得到改善，产量有一定增加，2001—2005年，红菇年均产量约20吨。

梨菇 均为天然野生。1991—2005年，年均产量约22吨。

第六章 管 理

第一节 机 构

一、县林业局（林业委员会）

1991年，县林业委员会内设办公室、政工股、计财股、科技股、生产股、林政股、基建股、企业管理股等股室，下设林业公安分局、林业检察科、林业法庭，辖36个企事业单位，共有干部职工1007人。

1992年6月，撤销瑶奢、胡坊两地检查站（卡）。1995年2月，成立县竹业经营管理站；5月，成立县林地林权管理办公室和县野生动物保护管理站，均由县林业委员会管理。

1997年1月，县林业委员会更名为县林业局。

1998年10月，林业检查科、林业法庭分别归口县检察院、县法院管理。

1999年4月，实行林业体制改革，林业政企分开。县林业局与林业改革试验区办公室合署办公，内设机构由“八股一室”调整为“四股一室”，即林政股、营林股、计财股、科技产业股和办公室，行政编制14名；下设林业公安分局和12个事业单位，县绿化办、防火办、林权纠纷调处办仍由县林业局代管。

2004年8月，县林业局成立“明溪县森林资源评估中心”和恢复“明溪县林业规划队”，均为股级事业单位，所需人员由内部调剂。

2005年9月，县林业调查规划设计队和县木材检验中心重组，归口林业局管理；12月组建县林业服务中心。是年，县林业局设四股一室和林业服务中心、林业执法队、森林资源评估中心、林业规划队，下辖县公安局森林分局和君子峰省级自然保护区、均峰山省级自然保护区管理处等；有13个事业单位和县木材检验中心1个归口管理单位，并代管县绿化办、防火办、林权纠纷调处办。共有行政编制数48名，实有49人，其中林业局14人，森林公安分局35人；事业编制116名，实有102人；企业35人，其中木材检验中心28人，规划队7人。

二、县林业总公司

1992年11月，县政府批复同意成立县林业总公司，实行董事会领导下的总经理负责制，隶属县林业委员会。

1994年4月，县林业总公司注册正式成立，注册资本521万元，与县林业委员会合署办公。

1999年4月，林业实行政企分开，县林业总公司成立新领导班子，独立经营。公司下辖福田寨林业采育场、县国有林经营管理站、县木材加工厂、峰日工艺品有限公司等32个企业，企业公司总资产21016万元，债务17045万元，职工有1000多人。

2003年总公司进行改制改革。成立县木材检验中心和县资源评估中心，总公司所辖森工企业森林资源重新区划，设立枫溪与夏坊、城关与沙溪及胡坊、夏阳、盖洋5个经营区，分别由恒丰公司所属的4个分公司和林业投资公司负责经营；县苗圃、林业工程公司、恒力林产品有限责任公司依法改制；公司总部的生产经营部与营销贸易部合并为生产营销部。改革后下辖4个企业，在岗职工176人，公司资产总额18514.5万元，产值2764万元，上缴利税843万元。

2005年，县林业总公司设“四部二室”，即生产营销部、计划财务部、人事劳工部、科技开发部、办公室和国有资产管理办公室。下辖恒丰林业有限责任公司、林业建设投资公司、木材检验中心、林业养路段。其中恒丰林业有限责任公司下辖福田寨、沂洲、箭竹坪和国有林经营管理4个分公司，资产总额1.85亿元，经营森林面积3.92万公顷，在职干部职工有160人，主要经营森林抚育、木竹种植、采伐、加工及销售、项目开发、苗木抚育、林产品综合利用。

三、明溪国有林场

1991年，国营明溪雪峰林场为三明市林业局下属科级事业单位。1995年更名为福建省明溪国有林场。2005年，全场在职干部职工51人，林场下设综合科、营林科技科、生产经营科、计划财务科等4个科室及胡坊分场，下辖常坪、瀚仙、场部3个工区和雪峰森林派出所。当年，全场森林经营面积6250公顷，林地面积5933.33公顷，有林地面积5618.8公顷，森林蓄积量93万立方米，森林覆盖率88%；该年造林94公顷，木材生产销售15486立方米。

第二节　林政管理

一、林木采伐管理

1991—1998年，县内林木采伐管理严格实行林木凭证采伐制度。凡采伐林木都须办理全省统一的林木采伐许可证，严格按照年度森林采伐限额发放许可证。建立和完善伐区调查设计、审批、拨交和验收制度，明确乡（镇）林业工作站负责对集体和林农的林木采伐进行指导监督和检查，实行逐片伐区逐片拨交。加强农民自用材审批管理，完善农民自用材凭证采伐制度。1999年，县政府制定《关于加强林政资源管理的暂行规定》，实行集体林伐区“四员、五定、一卡”（调查设计员、林政管理员、木材检验员、森林警察监督员，定伐区、定人员、定材积、定责任、定奖惩，伐区采伐管理卡）联动跟踪管理考核新办法，规定伐区采伐由属地林业站负责管理，从源头上管严林政、管好资源，确保采伐限额不突破。林木采伐许可证由县林委林政股负责办理转为由县林业局资源站负责办理，集体毛竹采伐许可证和材积10立方米以下的农民自用材采伐许可证委托林业站办理。2000—2003年，坚持伐前拨交、伐中检查、伐后验收制度，完善集体林伐区联动跟踪管理办法，各项指标分项控制。2004年，按照消耗量低于生长量的原则实行森林采伐限额分类管理的办法，对商品材、农民自用材实行林木蓄积和材积双指标控制；放活商品林，实行采伐限额5年总控，除天然林指标外，只限人工商品林，并以采伐蓄积量控制为主；严禁使用人工林采伐限额采伐天然林；严禁挤占、挪用抚育采伐限额管理，严格控制采伐生态公益林，严禁商品性采伐，按禁伐、限伐、控伐；强化伐区源头管理，加强林木业主、伐区承包者、采伐工三方负责制的落实，做到山上管严、源头管住、责任到人。当年，木材、毛竹实际执行分别占年度采伐限额指标的53.7%和64.6%。2005年，对非商品性用材实行分类指导、分项控制。

二、毛竹林政资源管理

1992年，县委、县政府决定，竹、笋及毛竹副产品和竹农自用材一律纳入县内“一本账”计划。采伐单位根据限额指标，提出采伐申请，经县资源站审核，县林委发给采挖许可证。每户竹农每年砍伐自用竹10根以下，由村林业社审批，特殊情况需砍伐10根以上者由乡镇审批。规定亩立竹量不足90根的竹林要全面实行封山育林两个大班（4年），达140根后方可申请采伐。1994年，县林业局成立竹业站，竹材运输必须经竹业站审核，县内对承包的山场毛竹建立《毛竹消长登记册》,毛竹采伐凭登记册向林业站申请，经审核和伐区设计，交足金税费，凭金税票在所在乡镇流通销售，竹业管理走上正轨。1999年林业政企分开后，取消竹业站，竹业管理职能划归林业局营林股。2003 年起，毛竹伐区作业设计取消。由林业站依据经批准的“十五”期间的采伐限额指标和提出的采伐申请书办理采伐许可证。允许凭供需双方确定的规格、数量，先行开具林业税费票据、填写检尺码单和办理毛竹运输证，凭单检量、凭证运输，简化毛竹调运手续。放宽笋竹加工审批，对季节性、临时性简易加工需要的竹材、竹笋等原料，采取就地林业站报备制；对要求办理加工许可证的，按即报即批制办理。以竹材为原料的加工企业，按其诚信等级的不同，分别采取核准制、申报制和备案制管理。2005 年，取消毛竹限额采伐管理，改为采伐计划，按林业主管部门编制核发采伐许可证。

三、木材运输管理

1991—1998 年，木材运输由县林委统一组织进山收购，管住木材生产源头，并坚持执行凭证运输木材管理制度。出省木材按省林业厅下达的出省指标计划管理；商品材由林业主管部门统一管理。国有林场、采育场生产的木材，按省、市林业主管部门下达的年度木材生产销售指导性计划，实行自主经营，自产自销，木材运输证由县林业局林政股办理。1999 年起，运输办证实行一条龙服务，成立办证中心，方便客户办理有关运输手续。2001—2003 年，实行伐区木材出山许可证制度，县内凭码单、出县凭运输证的木材运销管理；简化毛竹调运手续，凭单检量，凭证运输。全县新增办证点 8 个，做到一个乡镇一个办证点，方便客户办证。2004—2005 年，坚持木材凭运输证运输管理制度及木材运输检查，防止无证运输。

第三节 林业资金管理

一、一般资金

1991 年，贯彻《中华人民共和国会计法》规范会计基础工作，提高会计信息质量，提高资金的使用效率，控制费用支出，增强资金透明度，规范收费行为。

1992 年 1 月 1 日起，加强林业资金有偿投资和联营投资的管理，提高资金使用效益，对林业资金有偿投资合同和联营投资合同一律实行公证。

1996 年 1 月 1 日，实施中幼林抚育间伐税费减征政策。中幼林抚育间伐生产的间伐材，农业特产税减征 50%，育林费和维简费减征 30%。减征的税和费留在林权所有单位，专款用于中幼林抚育间伐。9 月，林业系统预算外资金实行收支两条线，并纳入财政专户管理。实行收支两条线管理的对象和范围是：林业行政事业单位收取的各项行政事业性收费；县和县以上林业行政主管部门集中所属单位上缴的预算外资金(包括育林费和维简费等)。各级林业主管部门按规定比例的林业预算外资金分别由各级林业主管部门存入同级财政专户，县级林业主管部门应上缴省、地级分成部分不存入县级财政专户。

1998 年 1 月 1 日起，为加强育林基金其他收入部分管理，完善征管措施，育林基金其他收入（含木竹变价款及赔偿金）纳入全省统一计划，实行分级管理，统筹安排，省、地、县分成的比例分别为 20%、10%、70%。

1999 年 10 月，县集体林经营体制实施“明晰产权，分类经营，落实承包，保障权益”的改革，促进木材流通体制的完善及林产品综合利用率的提高，全县育林金、维简费、林业保护建设费等费用征收均有较大幅度的增长。2000 年，全县征收育林金、维简费、林业保护建设费 1383.06 万元，比 1999 年多增征收 469.85 万元。

2003 年，开始实施伐区采伐源头征收金费。由过去按木材经营单位的实际销售量计征金费，改为依据伐区调查设计的出材量预征金费，有效防止林业金费流失问题。2004 年，在采划总量只有 2000 年的 73.1%

及取消了林业保护建设费征收情况下，林业金费征收达1328.45万元，与2000年征收额基本持平。

二、林业重点工程资金

森林生态效益补助资金　2002年，三明市被列为全国森林生态效益补助试点，其中确定明溪中央财政森林生态效益补助试点面积2.2万公顷（不含明溪国有林场400公顷），补助资金为155.8万元，平均每公顷补助70.8元；省财政森林生态效益补助试点面积13940公顷（不含明溪国有林场66.7公顷），补助资金为28.2万元，平均每公顷补助20.25元。下拨生态公益林五项经费用于森林资源监测、森林防火、病虫害防治、森林公安、林区便道维修等五项专项开支。至2005年，境内共区划界定重点生态公益林面积3.54万公顷，有补偿的公益林面积3.44万公顷，其中：国财补偿面积2.21万公顷，省财补偿面积1.22万公顷。2002—2005年，中央级森林生态效益资金共拨入572.55万元，省级森林生态效益资金共拨入120万元。

国债资金　2002年9月，国家林业局批复福建省红豆杉等珍稀树种种苗繁育中心建设工程项目，以明溪县天绿药用植物发展有限公司为承建单位。项目资金总投资1140万元，其中，中央财政预算内林业基本建设投资684万元，地方配套资金456万元；土建工程总面积1700平方米，其中，综合生产实验楼700平方米，种子调制室、种检室500平方米，种苗贮藏库500平方米，建设塑料大棚5000平方米。

第四节　木材价格及收费

一、木材销售价

1991—2005年，木材销售价格实行议购议销，随行就市，市场销售价由生产单位议定，县林业、物价、财政、税务等部门联合制定木材销售指导性价格，并根据市场行情予以及时调整。议销价格实行浮动，浮动标准在20~30元之间。标准品规格材（杉原木4米×16厘米；松杂原木4米×20~28厘米）销售指导价，杉原木1991年为每立方米620元，1996年为每立方米780元，2000年为每立方米680元，2005年为每立方米540元；松原木1991年每立方米400元，1996年为每立方米540元，2000年为每立方米550元，2005年为每立方米580元；甲类杂原木1991年为每立方米434元，1996年为每立方米876元，2000年为每立方米645元，2005年为每立方米450元。

2005年明溪县木材销售指导价

表6-12　　价格单位：元

<table>
<tr><th rowspan="2">品名</th><th rowspan="2">长度</th><th colspan="8">直　径</th></tr>
<tr><th>8~12厘米</th><th>14~18厘米</th><th>20~24厘米</th><th>26~28厘米</th><th>30~34厘米</th><th>36~38厘米</th><th>40~58厘米以上</th><th>60厘米以上</th></tr>
<tr><td>松原木</td><td>2.0~4.0米</td><td>400</td><td>490</td><td>570</td><td>590</td><td>670</td><td>720</td><td>770</td><td>面议</td></tr>
<tr><td rowspan="3">杂原木</td><td rowspan="2">2.0~3.8米</td><td rowspan="3"></td><td>14~18厘米</td><td>20~24厘米</td><td>26~28厘米</td><td>30~34厘米</td><td>36~38厘米</td><td>40厘米以上</td><td>8~12厘米</td></tr>
<tr><td>300</td><td>400</td><td>450</td><td>500</td><td>580</td><td>620</td><td rowspan="2">290</td></tr>
<tr><td>4米</td><td>330</td><td>420</td><td>470</td><td>540</td><td>600</td><td>660</td></tr>
<tr><td rowspan="2">杉原木</td><td rowspan="2">2.0~4.0米</td><td>14厘米</td><td>16厘米</td><td>18厘米</td><td>20厘米</td><td>22厘米</td><td>24厘米</td><td>26~28厘米</td><td>30厘米以上</td></tr>
<tr><td>510</td><td>540</td><td>610</td><td>690</td><td>770</td><td>850</td><td>1000</td><td>1200</td></tr>
</table>

续表 6-12

品名	长度		直径							
			8~12厘米	14~18厘米	20~24厘米	26~28厘米	30~34厘米	36~38厘米	40~58厘米以上	60厘米以上
杉小径	长度		4~5厘米	6~7厘米		8~9厘米		10~11厘米		12厘米
	主伐	1.8~4米	350	390		440		470		490
统货价			杉木头0.6~1.2米			杉直柄1.3~1.5米		杉薪材		
			410			300		200		

注:1.价格为产地山场公路边堆头交货价(含税)。2.杂木价格为国标等内原木和乙类杂木的统货价,木荷加价30元/立方米。3.松非材及等外销价按松原木同规格一、二等材价的80%结算,杂非材及等外材按同规格2~3.8米长价格的80%结算。4.凡生产特约规格材按4米长价格,材长每增加1米加价5%。

二、木材收费

1991年，木材收费主要有产品税、特产税、育林基金、维简费等项，按国家有关标准执行征收。

1993年，维简费按福建省有关规定调整为按木材生产收购后第一次销售价的8%提取或征收。

1994—2005年，按国家和福建省有关规定林业保护建设费调整为销售木材每立方米5元征收，该项收费于2003年10月取消；特产税生产环节按木材收购价的8.8%征收，收购环节按木材收购价加育林费、维简费后的8.8%征收，特产税生产环节和收购环节分别于2005年1月和2003年1月取消征收；其他税费主要为增值税13%、城建税5%、教育附加税3%、地方税采伐环节按3元/立方米及销售环节按起征价3%。

1991—2005年明溪县林业项目收费情况

表6-13 单位:万元

年度	收费项目			
	育林金	维简费	保护费	小计
1991	628.3	301.76	41.2	971.26
1992	580.9	414.57	36.9	1032.4
1993	839.4	324.98	30.5	1194.9
1994	630.8	350.18	6.5	987.48
1995	626.1	409.38	43	1078.5
1996	528.4	374.91	17.6	920.91
1997	589.6	340.17	19.9	949.67
1998	679.08	264.04	17	960.12
1999	619.71	263.5	30	913.21
2000	867.98	480.52	34.56	1383.06
2001	610.37	—	40	650.37
2002	577.28	293.16	48.76	919.2
2003	905.7	425.68	93.11	1424.49

续表 6-13

年度	收费项目			
	育林金	维简费	保护费	小计
2004	882.13	446.32	—	1328.45
2005	747.82	392.01	—	1139.93

三、 林价

1991—2005 年，县执行每立方米林价标准为杉原木每立方米 95 元，杉非材每立方米 67 元，松原木每立方米 45 元，松非材每立方米 32 元，杂原木每立方米 45，杂非材每立方米 32 元，薪材每立方米 25 元。

林价留用比例为 40%作为造林更新费用，提留的更新造林费应用于人工更新造林、育林护林生产，包括采种、育苗、造林地整地、挖穴、栽植、幼林抚育和间伐前成林管护等支出。

卷七　水利水电

明溪为闽江源头县，全县溪流较小，多年平均径流量为16.27亿立方米，人均水资源拥有量1.57万立方米，高于全省人均水资源拥有量0.41万立方米的近3倍。20世纪90年代，实施以山、水、田、林、路综合治理为主要内容的国家商品粮基地中低产田改造；实施以预制混凝土“U”型槽衬砌渠道节水灌溉为主要内容的国家农业综合开发土地治理工程和国家土地整理工程建设项目。2000年始，县贯彻实施省政府提出的“六千工程”（即千万农民饮水工程、千座水库保安工程、千万方山地水利工程、千万亩农田节水灌溉工程、千公里河道清水工程、千万亩水土流失治理工程），推进水利基础设施建设，全县水利工程跃上新台阶。2005年12月，全县有效灌溉面积8207公顷，占全县耕地面积71.2%，比1991年增长16%；保证灌溉面积7547公顷，比1991年增长17.34%。

小水电建设方面，1991—1999年，分别新建夏阳紫云、罗翠水库坝后、李沂蒙州、夏阳陈坊4个电站。2000年起，县贯彻国家“谁投资、谁受益”的办电方针，开放水电建设市场，掀起社会与民间投资兴办地方小水电的热潮，形成多家办电、多元送电、统一供电的局面。2005年末，全县探明可开发水能资源已开发95%。全县供电由县电力公司及其所属的乡（镇）供电所负责管理与调度，而在水电站输送电能方面形成三路上网的格局：2000年前建成的水电站和并入县网的新建水电站，其所发的电能直接输入县电网；东片由永榕电力有限公司投资建设的水电站，其所发的电能通过自建的35千伏输电线路，输送到三明市供电公司所属的岩前供电站，直接输入省电网；西片由聚龙电业有限公司投资建设的水电站及枫溪乡境内私人兴办的大雅电站，其所发的电能通过自建的输电线路，输送到宁化县泉上供电站，进入宁化县电网。

第一章　水　利

第一节　蓄水工程

1991年，全县有蓄水工程68处，有效灌溉面积599公顷，占全县有效灌溉面积8.93%，保证灌溉面积451公顷，占全县总保证灌溉面积7.83%。同年7月，县第二个中型水库“水口水电站水库”建成，总库容2250万立方米。

1992年3月，动工兴建罗翠水库，1995年5月竣工，总库容512万立方米，是一个以供水为主，结合灌溉、发电综合利用的水利工程。1993年1月，城关乡上坊村建成晏 硋坑小（2）型水库。5月，县第三个以发电为主的中型水库“蒙州电站水库”动工兴建，并于1996年9月竣工，总库容1978万立方米。1995

年7月，枫溪乡建成茶新水库，库容14万立方米。同年，依据省水利厅“巩固一批、改造一批、降低一批、报废一批”的精神，开始对全县水库进行清理整顿，通过对水库大坝的运行检查和安全鉴定，对病、险水库进行安全处理。至2005年，分别对日月溪水库、晏砾坑水库、腾云砾水库、连厝水库、石灰奄水库、元明堂水库、黄丰板水库、杨坊水库和洋地砾水库等进行了除险和加固处理；对胡坊镇双坑垅水库审批报废；对瀚仙镇大焦水库进行审批降级，使全县蓄水工程运行状况得到改善，安全程度得到提高。2002年10月，雪峰镇城西村建成垇清山塘，库容为3万立方米。2004年5月，盖洋镇姜坊村和白叶村分别建成姜坊、白叶2个小（2）型水库，库容49万立方米和62万立方米。6月，夏坊中溪建成当州小（2）型水库，库容24万立方米。

2005年，全县有蓄水工程73处，除发电和供饮用水外，有效灌溉面积933公顷，比1991年增长55.76%；保证灌溉面积660公顷，比1991年增长46.34%。

附：主要水库

水口电站水库 位于县西北部盖洋镇白叶村水口自然村境内。距县城关41公里。水口电站工程设计书由县水利局勘测设计室编制，1985年12月25日经福建省水电厅批复。工程由县水电工程公司承建，1985年12月动工，1991年7月竣工。水库坝址以上集雨面积617平方公里（其中包括泉上水库外引26平方公里，罗翠水库9.54平方公里），多年平均来水量为5.42亿立方米，多年平均流量为17.19立方米/秒。水库总库容2250万立方米，正常水位库容1880万立方米，兴利库容1128万立方米，正常蓄水时水库库面积1.77平方公里，是一座以发电为主的中型水库。工程主要建筑物有：1.浆砌石重力坝。最大坝高39米，坝顶宽5米，坝顶全长137米。坝面采用100#水泥砂浆砌条石，坝体迎水面设置200号混凝土现浇防渗墙，厚度2米，坝腹用100号细骨料混凝土砌毛块石。坝基础沿坝轴线方向设一条宽2米，高3米的帷幕灌浆廊道，沿河道方向设一道宽1.5米，高2.2米的辅排水廊道。2.溢洪道。位于坝的河床中部，总长41米，采用3扇12米×10米的弧形钢闸门控制，溢洪道最大下泄流量3176立方米/秒。在溢洪道上部的上游侧设工作桥，安装3台2×25吨固定式卷扬机分别启闭3扇弧形钢闸门；在下游侧设有交通桥，桥面宽3米。3.放水涵洞。位于坝体内部右侧，涵洞底高程比坝顶高程低18.5米，采用2条长41米，直径2.3米的钢筋混凝土管道通往发电厂房，进口安装拦污栅和平板闸门各1扇，在进水口的顶部设工程桥，桥上的启闭房内安装2台25吨卷扬机分别启闭2扇钢闸门。库区内淹没耕地面积14.5公顷，淹没山地面积71.8公顷，迁移人口98人，搬迁房屋建筑面积4293平方米。

蒙州电站水库 位于县西北部夏坊乡李沂村境内，距离县城关45公里。工程由三明市水利水电规划勘测设计院设计，县水电工程公司承建。1993年5月动工，1996年9月竣工试运行，1997年1月投产发电。水库坝址以上集雨面积187平方公里。多年平均来水量1.97亿立方米，年平均流量为6.24立方米/秒。水库总库容1978万立方米，正常水位库容1750万立方米，兴利库容955万立方米。正常蓄水时水库库面积123万平方米，是一座县、乡联办以发电为主的中型水库。工程的主要建筑物：1.浆砌石重力坝。最大坝高43.8米，坝顶宽5米，坝顶长165米。坝体迎水面设置200#混凝土现浇防渗墙，厚度2米，坝腹用100#细骨料混凝土砌块石。坝基础沿坝轴线方向设一道宽2米，高3米的截水墙，采用帷幕灌浆处理；排水廊道，沿河道方向设置。2.溢洪道。位于坝的河床中部，总长28米，采用3扇8米×6.3米弧形钢闸门控制。在溢洪道上部的上游侧设工作桥，桥上的启闭房内安装3台2×15吨固定式卷扬机分别启闭3扇弧形钢闸门；下游侧设有交通桥，桥面宽3米。溢洪道最大下泄流量为1350立方米/秒。3.引水隧洞。位于大坝上游25米处的河道右岸是放水涵洞的进水口，其底高程比正常水位低21.3米，进水口设置尺寸为2.8米×2.8米的拦污栅和平板闸门各1扇，闸门顶上的启闭房内，安装1台25吨固定式单吊点电动卷扬机启闭闸门。

隧洞总长249米，洞身断面为直径2.8米的圆形，洞壁采用150号钢筋混凝土衬砌，厚度0.3米，隧洞出口紧接着直径2.4米的压力钢管通往发电厂房。

罗翠水库 位于县西北部城关乡罗翠村上游1公里处，距县城关12公里。水库由福建省水利水电科学研究所研究设计室设计，由福建省水电工程局中标承建。1992年3月动工，1995年5月竣工。罗翠水库是一个以供水为主，结合灌溉、发电综合利用的水利工程。水库坝址以上集雨面积9.54平方公里，多年平均来水量864.3万立方米，多年平均流量0.27立方米/秒。水库总库容512万立方米，正常水位库容425万立方米，兴利库容411万立方米。工程主要建筑物：1.大坝。主坝坝体为均质土坝，最大坝高37.5米，坝顶宽5米，坝顶长160米。上、下游坝脚均设堆石棱体，顶宽3米。大坝上下游坡面均采用干砌块石护坡，干砌块石下面铺设反滤层。2.输水隧洞。施工导流、输水、泄洪三结合的隧洞位于坝体左侧山体内，隧洞长198米，断面是内径1.8米的圆形，洞壁用200号钢筋混凝土全线衬砌。隧洞出口设镇墩，固定直径为1.6米的手、电动锥阀，控制放水和泄洪。隧洞进水口设2米×1.8米拦污栅和平板斜拉闸门各1扇，在隧洞进水口顶上设置启闭房，启闭房内安装20吨螺杆式手、电动启闭机1台。3.副坝。副坝为均质土坝，最大坝高12米，坝顶宽4米，长61.5米，上下游坝坡均用干砌块石护坡和反滤层，下游坝脚设排水堆石棱体。

2005年明溪县主要蓄水工程情况

表7-1

水库类别	名称	建设地点	所在河流	集雨面积(平方公里)	总库容(万立方米)	兴利库容(万立方米)	坝型	最大坝高(米)	建成时间
中型	水口	盖洋白叶	角溪	617	2250	1128	浆砌石重力坝	39	1991.07
中型	蒙州	夏坊李沂	夏坊溪	187	1978	955	浆砌石重力坝	42	1996.09
中型	芦下陂	夏坊高洋	夏坊溪	62.2	1028	707	浆砌石双曲拱坝	45.5	1985.01
小(1)型	罗翠	城关罗翠	画桥溪	9.54	512	411	均质土坝	37.5	1995.05
小(1)型	洋地砾	盖洋胡芦形	画桥溪	40.2	156	78	土石混合坝	16	1989.06
小(2)型	日月溪	雪峰城东	渔塘溪	4.8	60	46	黏土心墙坝	27.5	1975.12
小(2)型	茶新	枫溪乡	枫溪	3.7	14	9	浆砌石拱坝	13.9	1995.07
小(2)型	郎当背	夏坊龙坑	龙坑溪	0.48	16	11	浆砌石拱坝	12.0	1979.12
小(2)型	晏石砾	城关上坊	渔塘溪	1.65	19	18	浆砌石拱坝	25.1	1993.01
小(2)型	腾云砾	胡坊柏亨	胡贡溪	2.25	15	11	浆砌石拱坝	18.0	1984.12
小(2)型	石板桥	胡坊瓦口	胡贡溪	0.5	14	10	浆砌石拱坝	10.0	1983.03
小(2)型	姜坊	盖洋姜坊	城岚溪	80.0	49	47	浆砌石重力坝	20.0	2004.05
小(2)型	石东坑	胡坊奋发	胡贡溪	4.0	13	10	浆砌石拱坝	11.5	1979.12
小(2)型	连厝	瀚仙连厝	瀚仙溪	0.6	11	7	黏土斜墙坝	18	1974.11
小(2)型	石灰奄	瀚仙龙湖	瀚仙溪	2.8	20	16	土石混合坝	20	1979.11
小(2)型	坑头	瀚仙	瀚仙溪	0.8	12	5	黏土心墙坝	14	1979.12
小(2)型	番垅	瀚仙坪地	渔塘溪	1.2	16	14	浆砌石拱坝	20.9	1988.12
小(2)型	十里铺	雪峰农场	渔塘溪	5.2	34	20	均质土坝	19	1973.04
小(2)型	元明堂	雪峰农场	瀚仙溪	0.59	21	20	均质土坝	27	1980.12
小(2)型	黄丰板	沙溪黄丰板	渔塘溪	2.9	17	10	浆砌石拱坝	19.5	1981.10
小(2)型	杨坊	夏阳紫云	台溪	0.76	19	18	均质土坝	12.7	1990.11
小(2)型	三溪寨	盖洋雷西	盖洋溪	60	30	20	浆砌石重力坝	6	1982.03
小(2)型	白叶	盖洋白叶	城岚溪	195.0	62	38	浆砌石重力坝	14.5	2004.05
小(2)型	当洲	夏坊中溪	中溪	90.4	24	21	浆砌石拱坝	12.2	2004.06

第二节 引水工程

1991年，全县共有引水工程2736处，有效灌溉面积5706公顷。同年建成较大的引水工程有夏阳乡夏阳村的下吴坊引水渠道，引水坝为浆砌石坝，渠道长度3.5公里，有效灌溉面积38公顷。此后，引水工程结合中低产田改造、节水灌溉、农业综合开发、旱片治理等以改造和维修为主，提高灌溉效益。至2005年，县先后动工配套、新建了罗翠水库引水隧洞工程、城关万亩旱片灭旱工程、盖洋镇村头引水工程、盖洋镇湾内灌区改造工程和夏坊乡上塘、下塘引水工程维修等重点项目，使县引水工程效益逐年提高。同年，县引水工程共有2784处，除了发电、供水效益外，灌溉效益中有效灌溉面积6833公顷，比1991年增长22%；保证灌溉面积6473公顷，比1991年增长16%。

附：重点引水工程

五里桥引水工程 位于城关北面，1956年兴建。由于县城区规划和扩建，加上工程管理失控，紫岭桥下游段已无法通水，其效益面积逐年减少，2005年灌溉面积34公顷。部分水田已由罗翠水库左干渠和岭岗抽水站替代灌溉。

湾内引水工程 建于1957年，原兴建标准较低。因工程年久失修、漏水严重，2004年列入福建省省级商品粮基地建设和中低产田改造项目，投入16.23万元，渠道由土渠改为浆砌石防渗，提高了水量利用系数，恢复原灌溉面积56公顷。

杉坑引水工程 1962年兴建，是瀚仙镇大焦灌区重点水利工程，灌溉面积74公顷。2004年列入县农业综合开发、土地治理工程项目，投入8.4万元，对杉坑引水渠道土渠地段1.4公里长度采用B60混凝土预制U型槽衬砌，使工程灌溉效益明显改善。

石鬼坑引水工程 1957年兴建。1990—1992年，投入冬春修专项资金兴建石鬼坑暗涵工程；其上游段3.2公里由罗翠水库总干渠替代，设计流量每秒0.75立方米，均采用混凝土预制块衬砌。2004年省级商品粮基地中低产田改造工程对其下游段0.87公里长度采用混凝土预制U型槽衬砌维修改造，灌溉面积55公顷。

罗翠—城关引水隧洞工程 是罗翠水库跨小流域调水的重点工程。隧洞总长度1.54公里，于1995年10月动工，1997年8月竣工。施工中采用两头掘进同步施工，断面为城门型，设计流量每秒0.5立方米，洞内采用混凝土预制块衬砌。隧洞的贯通，为城北水厂和罗翠二级电站、城关万亩旱片灭旱工程供水及发电、灌溉发挥重要作用。

城关万亩旱片灭旱工程 工程重点建设内容是罗翠水库左干渠的配套建设，渠道自罗翠二级电站尾水经滴水岩至坪埠全长5.97公里，其中包括3座隧洞，长度共计0.67公里。渠道全线采用混凝土预制U型槽衬砌，设计流量分为每秒0.5立方米和每秒0.2立方米两个流量段，灌溉面积288公顷。工程于2000年10月动工，2004年3月竣工，总投资135.72万元。

第三节 提水工程

提水工程包括电灌站、机灌站和水轮泵站。1991年，有提水工程86处，有效灌溉面积408公顷，其中，电灌站36处有效灌溉面积148公顷；机灌站6处，有效灌溉面积29公顷；水轮泵站44处，有效灌溉面积231公顷。同年10月，新建完成盖洋镇画桥电灌站，扬程28米，使用13千瓦电动机，流量每秒0.07立方米，灌溉面积21公顷。

1992—2005年，提水工程受水源、运行管理费用、设备运行维修保管以及节水灌溉工程的建设等因素的限制，其发展速度慢于蓄水工程和引水工程，其间未新建提水工程，因洪灾或城镇规划建设，先后重建和维修了石珩电灌站、沙坊水轮泵站、城关岭岗电灌站、坪埠谢厝湾电灌站等提水工程，撤销了2处灌溉面积小的水轮泵站。

2005年，全县有提水工程85处，有效灌溉面积440公顷，比1991年增长7.9%。

第四节 节水灌溉工程

1991年，县节水灌溉未进入水利建设项目。1996年9月，明溪县被国务院列入全国首批300个节水增产重点县之一。1997年，县引进渠道防渗性能良好的混凝土预制U型槽生产技术和设备，生产混凝土U型槽和其他混凝土预制块、件，广泛地应用到以渠道防渗为主的节水工程建设中。2000年11月，县节水增产重点县建设项目通过省水利厅、省农业发展银行、省计划委员会、省财政厅等有关部门组织的验收。三明市水文水资源勘测局对节水灌溉典型项目的抽查测试，节水工程灌溉水量利用系数超过0.75，工程质量合格。

至2005年，县采用混凝土预制U型槽衬砌的引水渠道总长度169.33公里，累计投入资金786.66万元；浆砌石防渗的引水渠道31.02公里，累计投入资金382.4万元，较大的节水灌溉工程有大焦灌区节水改造工程、城关万亩旱片灭旱工程、坪埠节水灌溉工程等。全县节水灌溉面积5151公顷，占全县有效灌溉面积的75.4%，其中引水渠道采用混凝土预制U型槽和浆砌石防渗的灌溉面积5076公顷，占引水工程有效灌溉面积的74.29%，喷灌面积64公顷，管灌面积11公顷。

1997—2005年明溪县建成U型槽衬砌节水灌溉工程情况

表7-2

建成年份	项目名称	灌区名称	U型槽长度（公里）	投资（万元）
1997	商品粮基地中低产田改造项目	瀚仙小眉溪、农科所、雪峰城东、夏阳、沙溪梓口坊	2.76	13.47
1998	商品粮基地中低产田改造项目	盖洋温庄、雪峰下白莲、沙溪、瑶奢、夏坊高洋	5.9	27.93
1999	商品粮基地中低产田改造项目	盖洋李家、枫溪沈木坑、胡坊	4.86	27.31
1999	农业综合开发土地治理项目	城关坪埠、沙溪官洞、瀚仙岩里	9.53	37.63
2000	商品粮基地中低产田改造项目	瀚仙庭坊	4.73	23.14
2000	农业综合开发土地治理项目	城关胡溪洞、枫溪小珩、盖洋云坑	11.28	48.79
2001	商品粮基地中低产田改造项目	夏坊上下塘、三八场、圩上	8.86	35.47
2001	农业综合开发土地治理项目	城关南山、沙溪庵头	13.11	49.42
2001	节水灌溉项目	瀚仙大焦、大洋湖	8.2	42.64
2002	商品粮基地中低产田改造项目	城关坪埠、王桥	2.44	13.9
2002	农业综合开发土地治理项目	盖洋温庄、夏阳小溪和上吾坊	7.09	30.66
2003	商品粮基地中低产田改造项目	瀚仙龙湖、石珩	8.94	43.26
2003	农业综合开发土地治理项目	夏阳陈坊、城关上坊、夏阳杏村	8.44	42.84
2003	土地整理项目	盖洋湾内	19.65	90.37

续表 7-2

建成年份	项目名称	灌区名称	U型槽长度（公里）	投资（万元）
2004	商品粮基地中低产田改造项目	盖洋大陂、姜坊	5.88	27.34
2004	农业综合开发土地治理项目	瀚仙、胡坊、瀚仙小眉溪	14.87	71.17
2004	万亩旱片灭旱工程项目	罗翠水库左干渠	4.18	32.6
2005	土地整理项目	城关坪埠、瀚仙岩里	28.61	128.75

第五节 防洪工程

1991 年，全县共有堤防工程 8 处，总长 13.38 公里。

1994 年，开始实施城区北门桥至白沙桥之间河段防洪堤工程建设，该工程被列入全省千公里江堤工程之一，长度左右岸合计 2.8 公里，防洪标准为 20 年一遇；结合城区规划，防洪堤设计断面为洞上车水坝至白沙桥之间是复式断面，其余地段为单式断面，均为浆砌石重力式挡土墙形式。由清流劳改农场建新公司负责施工，1997 年建成。

1999 年，瀚仙镇岩里村建防洪堤 2.8 公里，总投资近 100 万元，保护耕地 100 余公顷。

2000 年，城区紫岭桥至北门桥之间河段防洪堤、日月溪河道防洪堤和白沙桥至南山洞之间河段防洪堤开始动工，左右岸合计长度 5.34 公里。2003 年工程竣工，总投资 2086.62 万元，保护面积为 10 平方公里，耕地 197 公顷，人口 2.6 万人，共完成土方开挖 8.76 万立方米，回填土 15.78 万立方米，浆砌石挡墙 3.82 万立方米，埋石混凝土底板 1.43 万立方米，混凝土压顶 0.19 万立方米，清障河道土石方 8.49 万立方米。

2005 年 10 月，城关乡五里桥至王桥粮库桥之间左右岸长度各 1 公里和上坊南山洞至罗甲坝之间右岸长度 0.8 公里防洪堤开始兴建，工程概算投资 600 万元。11 月，县政府防汛抗旱指挥部编制《明溪县防洪、防台风和抗旱工作预案》，由县政府审查批转各乡镇和重点单位执行。各乡镇政府也相应出台工作预案，在汛前对工作预案视执行中碰到的问题及时进行完善。年末，全县防洪堤工程长度 25.52 公里。

第二章 水 电

第一节 电 站

1991 年，全县有 42 处水电站，安装发电机组 57 台，装机容量 14610 千瓦，全年发电 5356 万千瓦时，其中 26 处是装机容量在 100 千瓦以下的村办小型水电站。同年，在县城关下汴建成装机容量 75 千瓦小水电站，设计年发电量 37.5 万千瓦时。因水能利用率较低、布局不合理或因上游水资源被新建电站所利用等原因，当年村办小型水电站报废 20 处。

1993 年 9 月，在夏阳紫云建成装机容量 2×320 千瓦电站，设计水头 228 米，引用流量 0.4 立方米/秒，设计年发电量295万千瓦时。1995年，报废村办小型水电站12处。1996年9月，在城关乡罗翠建成罗翠水库坝后电站（一级站），电站设计水头30.5米，引用流量0.5立方米/秒，装机2台容量110（2×55）千瓦，设计年发电量55万千瓦时。10月，在沙溪建成环圳小电站，装机2台容量110（2×55）千瓦，设计年发电量44万千瓦时。1997年1月，夏坊李沂建成蒙州电站，电站设计水头40米，引用流量6.24立方米/秒，装机2台容量5000（2×2500）千瓦，设计年发电量1612万千瓦时；夏坊苎畲建成装机容量55千瓦小电站，设计年发电量22万千瓦时。8月，在沙溪六合建成上地小电站，装机容量55千瓦，设计年发电量25万千瓦时。1998年10月，夏阳陈坊建成电站，装机2台容量1000（2×500）千瓦，设计水头96米，引用流量1.5立方米/秒，设计年发电量450万千瓦时。

2000—2005年，境内水电站建设进入高峰期，建成500千瓦及以上电站共11个，装机容量250~630千瓦的发电机26台，容量共16790千瓦，设计年发电量4260.6万千瓦时；建成500千瓦以下的小电站13个，其中装机容量75千瓦的发电机10台、100千瓦1台、200千瓦7台、250千瓦3台，容量共2980千瓦，设计年发电量1320.9万千瓦时。

2005年，全县有电站59处，安装发电机组110台，装机容量36155千瓦，设计年发电量14952万千瓦时，全年发电10695万千瓦时。其中并入县电网的水电站有45处，装机容量25025千瓦，设计年发电量10275.1万千瓦时；并入三明市岩前变电站的水电站有10处，装机容量9160千瓦，设计年发电量3904.4万千瓦时；并入宁化县泉上变电站的水电站有4处，装机容量1970千瓦，设计年发电量772.5万千瓦时。

1991—2005年明溪县建成投产装机500千瓦及以上水电站的基本情况

表7-3

电站名称	建设地点	河流名称	开发方式	集雨面积（平方公里）	总库容（万立方米）	调节能力（万立方米）	坝型	设计水头（米）	引用流量（立方米/秒）	装机容量（台×千瓦）	设计年发电量（万千瓦时）	建设单位	投产日期
蒙州电站	夏坊李沂	夏坊溪	混合	187.0	1978	955	重力坝	40	6.24	2×2500	1612	水电总公司夏坊乡	1997.01
紫云水电站	夏阳紫云	台溪	混合	13.8	—	—	石拱坝	228	0.4	2×320	295	水电总公司紫云村	1993.09
罗翠水库二级电站	城关叶厝坑	画桥溪	引水	9.5	512	411	均质土坝	135	0.5	2×250	200	水电总公司	2001.11
陈坊水电站	夏阳陈坊	陈坊溪	引水	34.2	100	39	石拱坝	96	1.5	2×500	450	永榕电力	1998.10
御帘水电站	夏阳福田寨	御帘溪	混合	23.6	—	—	重力坝	128	1.0	2×500	423	永榕电力	2001.11
渔塘溪一级电站	沙溪横乾	渔塘溪	混合	166.0	30	20	重力坝	42	7.19	3×630	825	永榕电力	2003.06
渔塘溪二级电站	沙溪碧州	渔塘溪	引水	240.0	—	—	重力坝	17	9.6	3×400	510	永榕电力	2003.05
渔塘溪三级电站	沙溪马坪	渔塘溪	混合	251.0	—	—	重力坝	16	9.9	3×400	505	永榕电力	2004.03
罗亭峰水电站	沙溪布上	瀚仙溪	引水	70.0	—	—	石拱坝	28	2.64	2×250	225	永榕电力	2004.02

续表 7-3

电站名称	建设地点	河流名称	开发方式	集雨面积(平方公里)	总库容(万立方米)	调节能力(万立方米)	坝型	设计水头(米)	引用流量(立方米/秒)	装机容量(台×千瓦)	设计年发电量(万千瓦时)	建设单位	投产日期
岭头一级电站	夏阳岭头	紫竹溪	引水	13.0	—	—	重力坝	269	0.6	2×630	500	永榕电力	2003.06
岭头二级电站	夏阳岭头	紫竹溪	引水	7.0	—	—	重力坝	217	0.3	2×250	208	永榕电力	2003.06
百叶水电站	盖洋白叶	城岚溪	混合	195.0	62	38	重力坝	12	10.5	3×320	371	聚龙电力	2004.05
际官水电站	夏阳后洋	夏阳溪	混合	11.3	—	—	石拱坝	166	0.38	250+320	250	个　体	2004.04
当洲水电站	夏坊沂洲	中　溪	混合	90.4	24	18	石拱坝	12	5.8	250+320	214	聚龙电力	2004.08

第二节 电 网

1991 年，明溪县被国务院列为全国第二批农村初级电气化试点县，此后，加快县供用电网络建设，至 2005 年全县除枫溪乡外，所有乡镇都建有 35 千伏变电站，通过农村电网改造，供电可靠率已达 95%以上。

一、输电线路

根据县地理特征、能源分布、用电结构等实际情况，35 千伏线路成为县内电网的主网架，10 千伏线路成为各用电集中点的配电干线。1991 年，县电网内已架设 35 千伏线路 8 条，总长度 93.1 公里，分别为梓城线、氨厂线、峰城线、峰城支线、梓夏线、明城线、梓沙线、水王线。

1994 年，建成城王线、瀚仙线、峰胡线、蒙王线 35 千伏输电线路，长度分别为 2.55、10.5、0.56、28.9 公里。城王线起点城关变电站，终点王桥变电站；瀚仙线起点王桥变电站，终点瀚仙变电站；峰胡线起点峰城线 28 号杆，终点胡坊变电站；蒙王线起点蒙州电站，终点夏阳变电站。

1996 年 6 月，建成蒙盖线，为 35 千伏输电线路，起点蒙州电站，终点盖洋变电站，长度为 1.84 公里。

2002 年 5 月，建成蒙夏线，为 35 千伏输电线路，起点蒙州电站，终点夏阳变电站，长度 6.93 公里。

2005 年，全县有 35 千伏输电线路 14 条，长度 144.35 公里。

二、变电站

1991 年，全县有变电站 6 所，安装 35/10 千伏安变电器 8 台，总容量 15400 千伏安，10/0.38 千伏安变电器 4 台，总容量 510 千伏安。至 2005 年，新建变电站 5 座、安装的变压器有 7 台、总容量 31200 千伏安，扩容改造变电站 3 座、更换变压器 3 台、净增容量 5150 千伏安。

（一）新建 35 千伏变电站

盖洋变电站 1994 年 1 月建成投网运行，站址位于盖洋镇政府后山，占地 1424 平方米，总投资 121 万元。工程为户外式，设主变 1 台，容量 1600 千伏安；35 千伏间隔 1 路，采用户外多油断路器控制，输送电源主要来自蒙王线；10 千伏间隔 5 路，采用户外型六氟化硫断路器控制，均为馈线和小水电站上网线；中控保护采用 WJBX3 型四合一集控台。

胡坊变电站 1994 年 11 月建成投网运行，站址位于胡坊镇三优街后山坡，占地 3100 平方米，总投资 119 万元。工程为户外式，设主变 1 台，容量 2000 千伏安；35 千伏间隔 1 路，采用户外多油断路器控制，输送电源主要来自峰城线；10 千伏间隔 7 路，采用户外型六氟化硫断路器控制，1999 年因刨花板线六氟化硫断路器质量问题，7 路全部更换为真空开关，均为馈线或小水电站上网线；中控保护采用 WJBX3 型四合一集控台。

王桥变电站 1994 年 6 月建成投网运行，是县电网中仅次于城关变电站的第二座中心站，站址建在城区西面的一座小山上，占地 3812 平方米，含二期扩容总投资 254.4 万元。工程为户外式，设主变 2 台，容量 13000 千伏安；35 千伏间隔 4 路，采用户外型多油断路器控制；10 千伏间隔 5 路，采用户外型六氟化硫断路器控制，均为馈线或水电站上网线；中控保护采用 WJBX3 型四合一集控台。

瀚仙变电站 1994 年 9 月建成投网运行，是县电网中工业用电最多，负荷最重的变、配电站。站址位于瀚仙镇龙湖村黄土洞的公路边，占地 2245 平方米，总投资为 235.6 万元。工程为户内式，含扩容三期共安装户内有载调压主变 2 台，容量 12600 千伏安；35 千伏间隔 1 路，采用户内型手车式少油开关控制；10 千伏间隔 4 路，全部采用真空开关控制，同时安装“五防”机械程序闭锁装置，还安装远动分站系统和低周减载自动装置，两面直流屏；中控采用 WJBX3 型四合一集控台。

夏坊变电站 2005 年 5 月建成投网运行，担负夏坊乡与枫溪乡供电任务，是县电网中技术含量最高的变电站。站址位于乡所在地王家，占地 1600 平方米，总投资 173.52 万元。工程为户外式，设主变 1 台，容量 2000 千伏安；35 千伏间隔 1 路，采用户内型真空开关控制；10 千伏间隔 5 路，采用户内型真空开关控制，均为馈线或水电站上网线；继电保护采用全微机控制，同时安装远动分站系统。

（二）35 千伏变电站扩容改造

城关变电站扩容改造 1991 年设有 35 千伏主变 2 台，容量 10000 千伏安。1992 年投入 86 万元，新购 1 台低耗有载调压主变压器，容量 8000 千伏安，更换原来的 1 台无载调压容量 5000 千伏安主变压器，使主变容量从 10000 千伏安增至 13000 千伏安，且两台主变压器均为有载调压。1993—1995 年，投入 68 万元，新装两面直流盘，改原电容储能直流电源为镉镍蓄电池直流电源，改原 35 千伏水口电站间隔为城关变至王桥变间隔，改 7 路 10 千伏明线出线为电缆出线等。1999 年，投入 62.68 万元，更换 6 台 35 千伏少油断路器和 9 台 10 千伏少油断路器为真空开关，使城关变电站所有开关全部实现无油化，同时安装远动分站系统和小电流系统接地自动选线装置。

夏阳变电站扩容改造 1991 年有户内主变 1 台，容量 1000 千伏安。1993 年 9 月，因紫云水电站建成后并网，原 1000 千伏安的主变，更换为容量 2400 千伏安的主变。2001 年农网改造，投入 79.38 万元资金，新购 1 台容量 3150 千伏安有载调压主变压器，更换原老式容量 2400 千伏安主变压器，更换 7 台 35 千伏及 10 千伏少油断路器为真空开关，实现所有开关无油化。

沙溪变电站技改 1991 年有户内式主变 1 台，容量 2400 千伏安，35 千伏间隔 1 路，10 千伏间隔 3 路。1993 年因负荷减少，主变容量更换为 1000 千伏安。2001 年农网改造时，投入资金 36.08 万元进行全面技改，除 1000 千伏安主变压器继续使用外，其他主要设备全部更新，实现全站 10 千伏断路器无油化，同时增加 10 千伏间隔 1 路，使 10 千伏间隔增加至 4 路。2002 年，由于沙溪电站被永榕公司收购，该变电站同时被收购而退出县电网，自立系统直接并入省电网。

三、农网改造

1999 年 1 月，县电力公司根据《关于加快农村电力体制改革加强农村电力管理的意见》精神，组织技术人员深入全县4个镇5个乡703个自然村进行调查摸底，进行用电负荷预测与分析，根据“布局合理、调度灵活、技术先进、安全可靠、电压合格和多供少损”的要求和“立足当前、兼顾长远”的原则，对线路截面偏少、“卡脖线”、“破股线”和超半径供电、高能耗配电变压器多及户表安装不规范等问题整改，按城镇型、乡村（行政村）型、山村（偏远自然村）型3种形式编制《明溪县10千伏及以下农村电网建设与改造实施方案》，并报省、市局审批立项后，进行农网改造，改造分两期进行。

1999年8月开始第一期改造，工程项目94个，投资2500万元，工程涉及城关乡、瀚仙镇、沙溪乡、夏阳乡、夏坊乡、盖洋镇、胡坊镇等8个乡镇76个行政村，网改面达85%，受益村民8.71万人，受益农户2.16万户。2000年12月，第一期工程全部完成，新建、改造10千伏线路126.3公里；0.4千伏线路468.2公里；改造接户394.5公里；改造配电变压器台区266台区、容量10.06兆伏安，其中更换高能量耗配电变压器188台、容量7.4兆伏安；更换单相淘汰电能表1.83万架；更换三相淘汰电能表683架。完成投资1858.79万元，节余641.21万元。2001年3月，改造工程被国家发展计划委员会、国家电网公司授予“第一批农村电网建设与改造工作先进县”称号。

2001年7月开始第二期改造。工程分为两部分：一是35千伏农网改造工程，新建夏坊35千伏变电站1座（含新架1回13公里35千伏蒙夏线），更换35千伏瀚仙变电站1台高耗主变压器及开关无油化改造，更换35千伏沙溪变电站的35千伏电压互感器柜和部分10千伏设备等4个单项；二是10千伏及以下的农网改造工程，有63个单项，涉及5个乡镇12个行政村和雪峰农场，受益农户0.44万户，受益村民1.75万人。2002年12月，第二期工程全部竣工，总投资1765.17万元，比预算节余253.96万元。至此，县一、二期农村电网建设与改造工程全面竣工，行政村改造面达到100%，一个技术标准较高、电能质量较好、供电可靠性较高、能耗较低的农村输配电网基本形成。

第三节 用 电

1991年4月，县成立“三电办公室”（安全用电、计划用电、节约用电）和“工交生产调度中心”，负责在电力紧缺的时候，根据“统筹兼顾、保证重点”原则，编制县有序发、供、用电计划，督促发、供、用电单位按计划安排生产，保证系统正常运行和满足全县工农业生产及人民生活用电需要。全年全县售电量6816万千瓦时，其中网供1981万千瓦时，自发小水电4835万千瓦时。全县总用电量6004万千瓦时，其中，工业用电4658万千瓦时占77.58%，农林牧、水利用电173万千瓦时占2.88%，城乡居民生活用电789万千瓦时占13.14%，建筑等其他行业用电384万千瓦时占6.4%。用电中，城区用电5364万千瓦时，占用电总量89%，乡镇用电640万千瓦时，占用电总量11%，最高用电负荷7600千瓦。

1995年，开展“多供、少损”活动，县电力公司协助3座新建水泥厂按计划投入生产，新增3630千伏安容量；更换淘汰旧表142只，新装无功表12只，新装电容补偿240千瓦，完成实负荷试验49只次。年内，县电力公司供电量首次超亿千瓦时，工业和城乡居民生活用电增长较快。同年，全县购电量10864万千瓦时，其中网供2340万千瓦时，自发小水电8524万千瓦时。全县总用电量10613万千瓦时，比1994年增长57%，其中工业用电8256万千瓦时，农林牧、水利用电247万千瓦时，城乡居民生活用电1262万千瓦时，建筑等其他行业用电850万千瓦时。用电中，城区用电9698万千瓦时，占用电总量91%，乡（镇）用电915万千瓦时，占用电总量9%，最高用电负荷14900千瓦。

1998年，取消机关、单位和零散居民的“合表用电”制度，推广使用“一户一表”制；取消对机关、单位和零散居民使用空调、电炉等的限制。同时开展发、供、用电设备安全大检查、签订产权归客户的用电设备“代维护协议”和开展优化调度等方法确保网络安全、稳定运行，达到“多供、少损”目的。

2000 年 2 月，规范各供电所用电营销管理行为，实行“五统一”（统一电价、统一发票、统一抄表、统一核算、统一考核）、“四到户”（销售到户、抄表到户、收费到户、服务到户）、“三公开”（电量公开、电价公开、电费公开）制度。全年全县售电量 9648 万千瓦时，其中网供 1829 万千瓦时，自发小水电 7819 万千瓦时。全县总用电量 9449 万千瓦时，其中，工业用电 7516 万千瓦时，农林牧、水利用电 152 万千瓦时，城乡居民生活用电 958 万千瓦时，建筑等其他行业用电 823 万千瓦时。用电中，城区用电 8444 万千瓦时，占用电总量 89%，农村电网改造后乡镇用电首次超过“千万”大关，达到 1006 万千瓦时，占用电总量 11%，最高用电负荷 20800 千瓦。

2001 年 12 月 1 日起，开始实施城乡用电同网同价。

2005 年，全县售电量 11811 万千瓦时，其中网供 2214 万千瓦时，自发小水电 9627 万千瓦时。全县总用电量 11301 万千瓦时，创县供电以来历史最高水平，比 2004 年增长 4%。其中，工业用电 8645 万千瓦时，农林牧、水利用电 249 万千瓦时，城乡居民生活用电 1821 万千瓦时，建筑等其他行业用电 596 万千瓦时。用电中，城区用电 9760 万千瓦时，占用电总量 86%，乡镇用电 1541 万千瓦时，占用电总量 14%。

1991—2005 年明溪县各行业用电量情况

表 7-4　　单位：万千瓦时

分类	1991	1992	1993	1994	1995	1996	1997	1998	1999	2000	2001	2002	2003	2004	2005
全社会用电量总计	6004	6708	7533	6748	10613	9653	10667	10620	11159	9449	10965	10191	9449	10827	11301
农林牧、水利用电量	173	205	279	219	247	175	139	134	341	152	109	103	152	149	249
工业用电量	4658	5142	5734	5178	8256	7314	8987	8846	8831	7516	8623	7456	7516	7179	8645
建筑业用电量	14	16	21	17	26	28	29	32	29	28	33	31	28	36	78
交通运输邮电通信用电量	44	49	59	51	86	98	103	121	136	130	114	133	130	147	150
商业饮食物资供销仓储用电量	65	74	88	76	101	114	108	102	107	114	71	69	114	201	207
城乡居民生活用电量	789	915	996	900	1262	1492	856	885	1205	958	1441	1721	958	2423	1821
其他事业用电量	261	307	356	307	635	432	445	500	510	551	574	678	551	691	151

第三章 防汛抗旱

第一节 防汛抗洪

明溪县汛期一般在每年4—9月。1991年起，县内防汛除建防洪堤外，主要措施还有：每年汛前（即3月份）均召开一次全县防汛抗旱工作会议，总结前一年的防汛抗旱工作，分析形势并部署当年的防汛抗旱工作，明确各成员单位工作职责；汛前、汛中和汛后均组织有关工程管理单位技术负责人和县水利局专业技术人员对重点水利工程进行安全大检查，发现隐患及时指出，并要求管理单位及时整改，同时登记在册签名以示负责，检查结束均形成检查报告上报上级指挥部和上级机关备案；小（2）型以上水库管理单位每年必须在汛前编制度汛方案，县水利局根据各水库运行状态负责审批小（2）型水库，小（1）型以上水库的度汛方案经审查之后上报市政府防汛抗旱指挥部办公室；每年汛前，县政府根据人事变动情况，及时调整充实县政府防汛抗旱指挥部组成单位成员，各乡镇、水利水电工程管理单位也相应调整充实防汛抗旱领导小组成员；在有关宣传载体公布各乡镇政府对重点水库的行政领导、管理人员的责任名单，同时由县政府颁发防汛责任状，完善防汛责任制。

1992年，编制《明溪县防汛工作手册》，主要内容有：明溪县水利工程分布情况，历年暴雨洪水趋势，包库包堤领导的主要职责和任务，现有小（2）型以上水库防洪特征表等。手册分发各水利工程管理单位、各有关部门以及乡镇，为防汛提供指导。1994年，完成《明溪县城区防洪预案》，开始在城区建设防洪堤，设计标准为20年一遇（2003年建成）。1995年4月，编制完成《明溪县城区防洪预案》，预案分为：总则、城市概况、城市防洪工程、城市防洪预案、城市防洪基本情况表等部分。1999年5月，依据城市发展和防洪新要求，重新修订《明溪县城区防洪预案》，明确各有关单位责任及防洪新要求。12月，开始建设县洪水预警报系统，系统设一个中心站（设县防汛办），明溪城关、水口水电站、蒙州水电站3个水位雨量站和夏阳、胡坊2个雨量站，2000年6建成运行。7月，测算确定县城区警戒水位323.2米，危险水位324米，断面位置为南山机井桥上。2001年2月，分别制定《明溪县防洪工作预案》《明溪县防台风工作预案》，对各有关单位防洪减灾做具体分工部署，各乡、镇和有关重点单位也相应出台工作预案。是年，新建300平方米防汛指挥中心，完成卫星云图接收系统、多媒体大屏幕电视安装及网络建设任务，实现天气预测卫星化、洪水测报及时化，为防汛抗灾指挥和安全度汛提供有效科学依据。

2002年开始，将包库包堤领导及责任人在《三明日报》和《明溪新闻》上公布。同年6月13日8时至19日8时，县境内持续普降大暴雨，降雨量累计达492.2毫米，夏坊乡阵雨量超过500毫米，是县1959年气象站建站以来的最大降雨，为百年一遇。特大洪灾中，洪水预警系统、卫星云图系统、城区防洪堤水利工程发挥巨大作用，通过密切监测雨情、水情，及时分析研究、科学调度，对中小型水库削峰错峰1200余万立方米，并对小（2）型以上水库加强巡查管理，排除隐患确保水库安全度汛，极大减轻洪灾造成的破坏和损失。特大暴雨使全县各乡镇均不同程度受灾，夏坊乡夏坊村受灾最严重。抗灾中，县委、县政府紧急动员，组织干部职工、武警官兵、基干民兵等1500多人赶赴重灾区，帮助抢险救灾，同时调用各类抢险机动车辆64辆、防汛冲锋舟2艘、救生衣200件、海事卫星电话1部投入抗洪救灾，拨出199万元专款救助灾民，并发放社会各界捐赠的资金50.48万元、钢筋30吨、水泥200吨、粮食2000公斤、棉被300床、尿素50吨、衣物3万件。

2003—2005年，在全县树立抗大灾思想，对全县小（2）型以上水库以及水利工程、骨干电站及低洼易滑坡地段等重点部位，进行地毯式安全检查，对查出的安全隐患，发出限期整改通知书，及时消除安全隐患。

第二节 防旱抗旱

县旱情一般为夏旱和春旱，秋旱也时有发生。1997年春季，由于春雨迟且少，部分农田春耕无水灌田，造成春旱。旱情出现后，县抗旱一方面在用水调度上强调计划用水、节约用水、团结用水，在农田灌溉中实行轮灌；先用活水，后用死水；先灌水稻作物，后灌其他作物；先灌水尾，后灌水头；先灌高田，后灌低田；在日常用水中先保生活用水，后管生产用水；先灌溉后发电；先节水后调水；先用地表水，后用地下水。实行这些用水原则，加上管水人员的认真协调，对缓解旱情起到积极作用。另一方面，在抗旱期间发动群众寻找水源，挖塘打井，在溪河中临时安装电灌，机灌提水灌田，应急保证农田插秧，县防汛抗旱指挥部储备一定数量的电灌、机灌设备以应急使用。是年，开始在夏阳上坂、沙溪梓口坊、雪峰镇城东、盖洋温庄、瀚仙小眉溪铺设农田灌溉U型槽渠，推广节水灌溉技术，提高农田抗旱能力，当年累计铺设U型槽渠2.76公里。

2003年7月，降雨仅为2.3毫米，造成严重旱情。除一般的抗旱措施外，县防汛办和气象部门配合，首次开始实施人工降雨，7—9月采用37双联高炮先后累计发射增雨炮弹500发，形成降雨260毫米，有效缓解境内的旱情。2004年，县气象局购置火箭发射架、车辆、增雨火箭弹、通信工具等设备，提高人工增雨作业的机动性和作业半径，7—11月出现旱情后，先后发射火箭弹30发，形成降水量256.5毫米。2005年，县累计建成混凝土预制U型槽衬砌的节水灌溉渠道169.33公里，全县农田抗旱能力普遍提高。

第四章 水土流失与治理

第一节 水土流失

1991年，水土流失区主要分布在渔塘溪和盖洋溪流域，一般流失区分布在熊地、夏坊、湖上、葫芦形、桂林、画桥、林地、狮窠、沙溪、碧州、瑶奢、梓口坊、夏阳、岩里、瀚仙、龙湖、胡坊、瓦口、肖家山等21个行政村，较严重流失区分布在城东、城西、上坊、坪埠、王桥、大富、石珩、王陂、大焦、连厝等10个行政村。

1995年，全省TM卫星影像统计县土壤侵蚀情况为：轻度侵蚀以上面积126.62平方公里，占境内总面积的7.41%。其中，极强度侵蚀面积2.36平方公里，占境内总面积的0.14%；强度侵蚀面积42.95平方公里，占境内总面积的2.51%；中度侵蚀面积49.16平方公里，占境内总面积的2.88%。

2000年，全省再次进行TM卫星影像统计，县轻度侵蚀以上面积91.87平方公里，占境内总面积的

5.38%，比 1995 年减少 2.03 百分点。其中，极强度侵蚀面积 0.2 平方公里，占境内总面积的 0.01%，比 1995 年减少 0.13%；强度侵蚀面积 25.88 平方公里，占境内总面积的 1.51%，比 1995 年减少 1 个百分点；中度侵蚀面积 28.39 平方公里，占境内总面积的 1.66%，比 1995 年减少 1.22 个百分点。

第二节 流失治理

1991—1999 年，针对全县茶果园水土流失严重情况，开展生态园地建设试验研究，先后引进 10 多个山地绿肥品种，在城关茶果园、瀚仙龙湖茶果园等试种并进行筛选和推广，为全县果园生态建设提供依据；对矿区水土流失特点，开展矿区水土流失规律、工程措施设计和实施、矿区水土流失区树种适应性研究，先后在城关王桥石鬼坑矿点采取工程措施和瀚仙大焦机砖厂树种种植实验，为全县矿区水土流失治理提供榜样；对农业综合开发项目水土流失现象，在水土流失重点治理区开展绿麻竹种植实验，为保水保土、农民致富创造途径。

2003 年，县编制完成《明溪县夏坊溪小流域水土保持综合治理项目可行性研究报告》。夏坊溪小流域土地总面积 23 平方公里，是县内粮食、烤烟主产区。由于长期不合理的开发利用，森林植被破坏较为严重，地表土壤大面积裸露。据调查，流域水土流失面积达 12.7 平方公里，是县严重的水土流失区之一。2003 年开始，对夏坊溪小流域实施综合治理，至 2004 年，共治理水土流失面积 9. 66 平方公里，植被恢复工程 966 公顷，其中封禁治理 818 公顷，种竹 48 公顷，种果 70 公顷，种草 30 公顷；修建拦沙坝 2 座，护岸 0.5 公里，引水渠 3 公里，水土保持工程项目总投资 233.7 万元。

2004 年 2 月，明溪被省水利厅列为省级生态修复试点县，实施时间为 2004—2006 年，生态治理修复任务包括：以 2002 年水土流失面积为基数，采取因地制宜，综合治理的措施，其中，造林、种草面积达到宜林、宜草面积的 90%；治理水土流失面积 8000 公顷，治理区水土流失率下降到 5%以下；土壤侵蚀模数控制在每年 100 吨/公顷以内；区域内植被覆盖率提高到 85%以上，增加鲜草产量 3 万吨，使明溪的水土流失治理程度提高到一个新的水平。根据全县水土流失现状，项目建设内容为：封禁 2 万公顷，封禁补植 6500 公顷，种草 1000 公顷，以电代燃水电站 3 座，新建沼气池 1000 口，坡改梯 300 公顷，蓄水池 740 口，项目总投资 2044 万元。同年，县政府印发《关于明溪县水土保持委员会成员单位水土流失防治职责的通知》《关于“青山挂白”专项治理工作方案的通知》，明确在修筑水利、电站、公路、开荒、造林、开发区建设等工程，必须开山和开采土、石、沙料的，施工单位应制定水土保持方案并经县水土保持委员会办公室审批，发给水土保持方案合格证后方可作业。当年办理“水土保持方案合格证”22 本，收缴水土保持补偿费 5 万元，无纠纷案件发生。

2005 年，全县针对农业综合开发项目水土流失治理，累计完成 3000 公顷绿麻竹、小径竹种植。

第五章 机构与管理

第一节 机 构

一、行政机构

1991年，县水利电力局设办公室、水电工作站、农电工作站、水电工程管理站、工程保卫科、水改站、水资源管理站，有干部职工32人。下属事业单位有9个乡镇水利水电管理站。

2000年12月2日，县水利电力局更名为县水务局，为县政府正科级工作机构，原县水利电力局在编在岗人员一并划转水务局。

2002年4月，县水务局更名为县水利局。9月，县水利局内设办公室（挂监察室牌子）、水利建设管理股（挂农电股牌子）、水政水资源管理股（挂县节约用水办公室牌子）；挂靠单位有县人民政府防汛抗旱指挥部办公室、县水土保持委员会办公室；由县水利局管理的各乡镇水电工作站划归各乡镇人民政府管理，人、财、物一并移交。

至2005年，县水利局机构设置不变。

二、事业机构

1992年5月，成立罗翠水库管理处，核定为自收自支事业单位，编制5名，1999年编制增加至10名。

1997年5月，成立明溪县水政监察大队，与县水政水资源管理站一个机构两块牌子。同年11月，成立“明溪县抗旱服务队”，为水利局下属股级事业单位，核定事业编制7名，人员经费自行解决。

2000年12月，县水土保持委员会办公室、县水土保持监督站由县农办管理改为县水务局管理。

2005年5月，县水利局下属事业单位机构编制清理整顿，保留水土办、防汛办，仍为行政职能型挂靠单位，其机构规格、经费形式、编制数不变；保留水政水资源管理站、水土保持监督站，其机构规格、经费形式、编制数不变；保留水利工程管理站，机构规格、经费形式不变，重新核定编制5名；保留抗旱服务队，机构规格、经费形式不变，重新核定编制5名；水电工作站更名为水利工作站，机构规格、经费形式不变，重新核定编制19名；撤销水电勘察设计室，职能并入水利工作站；撤销日月溪水库管理处、罗翠水库管理处，组建明溪县堤防水库管理站，为股级事业单位，经费形式为自收自支，核定事业编制10名。

三、企业机构

1991年，县水利电力局下属企业单位有县电力公司、水电工程公司、水口水电站、大溪丰水电站、梓口坊水电站、日月溪水库工程管理站。

1992年1月，整合县水利水电局下属企业单位，成立县水利电力实业总公司。公司职责为受县国有资产管理局委托负责水利水电系统内国有资产的监管，公司注册国有资本金1.2亿元。

1995年5月，由县建设局管理的县自来水厂划转县水利水电局管理，对盖洋、夏坊、枫溪、沙溪、夏阳、胡坊6个乡镇的独立管电机构进行体制改革，分别成立6个隶属县电力公司用电股统一管辖的盖洋供电所、夏坊供电所、枫溪供电所、沙溪供电所、夏阳供电所、胡坊供电所（按班组建制），负责各自所在乡镇的用电管理和营销业务。

2000年12月，将县自来水厂的资产与福建省水利厅厅属企业省供水公司进行资产重组，组建福建省明溪县珩城水业有限公司。公司注册资本金408.16万元，省供水公司出资208.16万元，占51%股份；县自来水厂以目标厂所有权益中的200万元净资产作为出资额，占49%股份。

1998年8月，成立县蒙州水电站，经济性质为全民集体联营。电站由两个法人单位共同发起出资设立，企业注册资金1000万元，其中县水利电力实业总公司出资600万元，占60%股份；夏坊乡人民政府出资400万元，占40%股份。2005年7月，蒙州水电站以4032.86万元整体转让给南安市成功投资有限责任公司，8月底双方办理移接交。

1999年，县电力公司移交省电力公司托管，更名为县供电有限公司。

2001年4月，成立福建宏源电业股份有限公司。公司注册总股本为3721.7万股，每股面值人民币1元，其中县水利电力实业总公司认购3649万股，占98.05%；县自来水厂认购26.6万股，占0.71%；县水电工程公司认购11.1万股，占0.3%；县罗翠水库电站认购10万股，占0.27%；自然人吴某认购20万股，占0.54%；自然人柯某认购5万股，占0.13%。公司下属企业有梓口坊水电站、大溪峰水电站、水口水电站、宏明电化有限公司。

2002年1月，注册成立县宏兴水电有限公司，隶属于罗翠水库管理处。由装机2×250千瓦的罗翠水库二级水电站和装机2×55千瓦的罗翠水库一级水电站合并成立。4月，县水电工程公司更名为县宏盛水电工程有限公司。公司注册资金为276万元，其中县水电实业总公司出资206.7万元，占74.9%；日月溪水库管理站出资8.5万元，占3.1%；夏阳乡水电工作站出资23.6万元，占8.54%；夏阳乡溪边村委会出资9.7万元，占3.51%；自然人王某出资27.5万元，占9.95%。2004年11月，公司股权变更，县水电实业总公司收购夏阳乡溪边村委会股份，自然人王某股权转移给自然人肖某。股权分配为县水电实业总公司占78.41%，日月溪水库管理站占3.1%，夏阳乡水电工作站占8.54%，自然人肖某占9.95%。

2003—2005年，没有新增水电企业。

第二节　管　理

一、水利管理

(一) 水资源管理

1991年，县水政水资源管理站，行使县水资源管理职能。

1997年，县政府编制《福建省明溪县实施取水许可制度基础工作报告》，实行取水许可制度，加强水资源统一管理和宏观控制，合理开发利用和保护水资源，充分发挥其综合效益。5月27日，成立县水政监察大队，维护正常的水事活动，查处水事违法案件。

2004年10月，县水利局和市水文水资源勘测分局共同编制《明溪县河道采砂规划》，市水利局于2004年12月16日批复规划。根据《规划》，县各溪流中河道泥沙主要来源于上游土壤侵蚀及山体滑坡，并以悬移质泥沙输移到下游堆积形成为主。经测算，县境内河道多年平均来砂总量为46.6万立方米。其中，渔塘溪多年平均来砂量11.21万吨，夏阳溪多年平均来砂量4.13万吨，胡贡溪多年平均来砂量3.24万吨，盖洋溪多年平均来砂量2.22万吨，夏坊溪多年平均来砂量2.08万吨，城岚溪多年平均来砂量2.06万吨。由于河道采砂受到河床演变、河岸堤防建设、河道建筑物，包括水坝、桥梁的影响，《规划》均依法划定各溪流河道禁采区域、可采河段，全县各河道每年限采砂量为21.7万立方米。

至2005年，共办理取水许可证66本，许可取水量27.37亿立方米。其中：办理农业取水许可证7本，取水量993.28万立方米；办理工业取水许可证5本，取水量235.62万立方米；办理生活取水许可证11本，取水量416.11万立方米；办理发电取水许可证43本，取水量272077.86万立方米。发电取水量为循环性质。取水许可证采取年审制，并依法收取水资源费，每年均在15万元~20万元之间；办理河道采砂许可证12本，许可采砂量1.7万立方米。河道采砂许可证采取年审制，并依法收取采砂管理费，每年均在1.5万元左右。

（二）水利产权管理

明溪水利到20世纪末还处于计划经济的管理体制，农村水利多为产权不明、责任不清，不适应社会主义市场经济发展要求。2002年，贯彻省政府办公厅关于《省水利厅、省财政厅、省改革开放办关于小型水利设施产权制度改革的意见》精神，鼓励农村集体、农户以多种方式建设和经营小型水利设施，解决农村小型水利设施管理难、投入难、发挥效益难问题，建立新型的农村水利管理体制和运行机制，促进水利设施良性运行。对库容在100万立方米以下的蓄水工程，灌溉面积在一万亩以下的灌溉工程，容量在1000千瓦以下的机电泵站，装机单机在1000千瓦以下的小水电站以及乡镇、村所属的供水工程，鼓励采取“包、租、股、卖”等形式推进小型水利设施产权制度改革。2003年，进行产权制度改革的小型水利工程有88处，占计划改制数的98.9%，其中拍卖18处，承包44处，租赁21处，股份合作5处。2005年，开始探索成立村级用水者协会，以引水工程为主的小型水利工程设施的所有权、管理权、经营权划归给用水者协会。年末，全县已成立村级用水者协会的有城关乡大坪村，雪峰镇城西村，瀚仙镇小眉溪村，胡坊镇肖家山村，沙溪乡碧州村，夏阳乡后洋村、紫云村、下坂村、陈坊村，盖洋镇姜坊村，枫溪乡小珩村，夏坊乡鳌坑村等12个村级用水者协会。其中，肖家山村被省水利厅确定为全省5个“用水者协会试点村”之一。

二、水电管理

（一）计划用电管理

20世纪90年代初，丰水期境内上网的小水电站发出的电量可以满足县网内全部用电负荷的需要，且有剩余，枯水期境内上网的小水电站发出的电量不能满足县网内全部用电负荷的需要，约需省网供2000万千瓦时。1991年4月，县成立“三电办公室”（安全用电、计划用电、节约用电）和“工交生产调度中心”，负责在电力紧缺的时候，根据“统筹兼顾、保证重点”原则，编制明溪有序发电、供电、用电计划，督促发电、供电、用电单位按计划安排生产，保证系统正常运行和满足全县工农业生产及人民生活用电需要。5月，县电力公司通过三明供电局与三明制药厂等签订代购外销丰水期剩余电量合同，充分发挥境内水力资源的效益。1993年，电力公司成立调度室，开始编制日调度计划和月度运行方式。月度运行方式编制只重点放在负荷预测、电力电量平衡和检修计划的安排。1994年，新建4座35千伏变电站相继投入运行，提高和改善明溪网络的供电能力和供电质量，并争取省网在枯水缺电季节用电指标6万千瓦时，比1993年增加3万千瓦时。1998年，取消机关、单位和零散居民的“合表用电”制度，推广使用“一户一表”制，取消机关、单位和零散居民使用空调、电炉等的限制。2000—2005年，通过编制《明溪电网运行方式》和有计划地安排境内有库容调节的小水电多发峰电，少发谷电，及有计划地安排大工业企业丰期多用电、枯水期不用或少用或避峰用电等措施，实现优化调度，达到充分发挥系统内的发、供、用电设备能力，除2003年因严重干旱，出现“限电”现象外，其余年份在“统筹兼顾、合理调度”原则上，境内工业企业的用电得到充分满足。

（二）安全用电管理

1991年，为确保安全供电，县电力公司编制《调度规程》《城关变电站运行规程》《检修规程》和

《变电站运行管理制度》等10个安全生产和供电的规章制度。1993年，县电力公司成立安全监察室，并负责用电安全的“两率”（供电可靠率、电压合格率）管理。1994年王桥变电站投入重合闸装置，1995年瀚仙变电站投入重合闸装置和城关变电站投入并网装置，有效地提高了供电可靠率。1999年，开展企业标准化活动，编制各种安全生产和供电规章制度40余册，实现安全生产和经营管理工作规范化、制度化。2001年，制定《“两率”管理办法》，培训各供电所“两率”负责人，建立“两率”基础数据库，采用“两率”电脑辅助统计，使县电网的“两率”管理走上规范化轨道。2000年，计算机调度自动化系统开始运行，实现城关、王桥、瀚仙变电站和蒙州、水口、大溪峰、梓口坊水电站的遥测、遥信功能，提高供电系统连续、稳定、正常的运行。2005年，在技术培训方面，坚持每月一次技术问答，每月一次事故预想，半年一次反事故演习，一年一次《安全生产规则》考试。

(三) 降损节电管理

1991年，随着县电网售电量迅速增加，县电网的网损管理工作开始走上制度化管理。组织上技术降损（完善县电网结构和把好工程设计质量）由电工班负责，管理降措（搞好抄、核、收工作，堵塞管理漏洞）由用电组负责，运行降损（及时调整线路运行电压、适时投入无功补偿、提高系统功率因素等）由调度组负责，保证公正计费和正确计算电力经济指标由仪表班负责。在具体操作上开展高压公用线损率、综合线损率和供电成本指标的统计、考评、上报；更新计量装置的校验设备，提高计量装置的校验设备准确等级，建立计量装置管理制度。1994年，一个以35千伏变电站为基础，结构布局比较合理、能长期以低线损、高效益供电的明溪县电网终于初步形成。1997年，用电股开始实行同步抄表制、使用抄表机抄表和电算化管理及电能平衡分析，提高网损计算的精确度。1999年，开始实施农村电网改造，通过建设与改造，淘汰农村电网中高能耗配电变压器、低灵敏度电能表、增大配电线路及进户线导线的截面积，增加配电变压器台数，缩短配电半径，实行集中装表和一户一表安装等，使农村电网网损更低，效益更高。同时，在每个供电所设一名线损与计量兼职管理员，实行定人、定台区（1台配电变压器所供电的区域）、定综合线损指标的考核奖惩。2001年2月，颁布《供电所线损管理员岗位责任制》《供电所计量管理员岗位责任制》，3月颁布《供电所线损管理制度》，6月颁布《公司本部月度经济技术指标考核制度》。2002年，成立“线损管理领导小组”。2005年8月，与福州大学电力工程系联合研究《县级配电网潮流与网损分析系统》，并完成实施方案制定，9月完成现场调研、电气接线分析、数据收集与录入，11月完成软件分析系统设计与数据库设计。

卷八　工业与乡镇企业

1991—1994 年，明溪县依托土地、森林、水力等资源，推广“公司+农户”等模式发展地方工业。1995 年 2 月，县委召开扩大会议，决定整合现有工业企业，计划构建五大企业集团（水泥集团、木制板材企业集团、食品企业集团、竹制品深加工企业集团、特种养殖及加工企业集团），后未组成。1996 年，县成立工业企业改制工作领导小组，对县国有企业进行股份合作制改革。1999 年 12 月，县委通过《关于加快企业改革和发展的决议》，分类整体推进国有、集体工业企业改革。2002 年，开始培育壮大生物医药、畜牧业、绿色食品、林竹 4 个产业，优化工业经济结构，小水泥、小“三板”（胶合板、木地板、刨花板）、小结晶硅等高消耗、低效益、粗放型产业的产值占全县工业经济总量的比重降低，逐步形成以红豆杉公司、利科公司为主的生物工程，以百事达公司、明溪超大公司为主的绿色食品加工，以瑞海木业、德辉木业、明建木业为主的林产品深加工和宏宇牧业有限公司为主的肉联加工的生态型工业体系。此后，随着大焦生态工业园区、十里埠生态经济区和一批乡镇工业园区的建设，初步形成了工业发展平台。2005 年，全县工业总产值 87044.4 万元，其中，规模以上工业企业 30 个，总产值 58569.4 万元，轻工业占 40.61%，重工业占 49.39%，工业经济效益综合指数为 129.73%，实现利税总额 4710.5 万元（不含省属）。

第一章　工业经济体制改革

第一节　国有工业企业改革

1991 年，境内全民所有制工业企业主要以承包形式经营，企业承包面达 77.8%，实行计件工资和定额工资的企业面达 100%。根据企业实际选择承包形式，有基数包干超收分成、基数包干以盈补亏、盈亏包干以盈补亏。

1992 年 1 月，县政府批转县体改委《综合改革试点企业试验方案》，成立企业综合改革领导小组。确定县水泥厂、化工厂、制材厂为试点企业，实行经营放开、用工放开、价格放开、企业机构设置权放开，推进企业 3 项制度改革。一是用工制度方面，3 家试点企业均与职工签订劳动合同，实行全员劳动合同制；二是人事制度方面，坚持“能者上、庸者下”的用人原则，实行优化组合，打破干部和职工的界限。如县制材厂职工由 108 人精减为 90 人，县化工厂合并 10 个科室为 4 个科室，精减 7 人充实生产一线等；三是分配制度方面，3 家企业均打破传统分配制度，以岗定酬，多劳多得，分配向苦、脏、累、险及一线工人倾斜。

1993年，计划推行企业组织结构的调整，打破行业、地区、部门和所有制限制，以名优“拳头”产品为龙头，通过参股、兼并、划转等方式，组建人造板、建材、电子三大企业集团，后因种种原因未能实施。同年，县林业总公司以资产划拨、承担债务形式兼并县酒厂，酒厂更名为绿神饮料公司。1994年，国有企业全部实行全员劳动合同制。1995年，增加县造纸厂、县链条厂作为新的综合改革试点企业；并开始解决企业办社会的问题，通过企业自我分解与政府、社会接济接收相结合的办法，企业长期自办的学校、食堂、俱乐部、托儿所、医务室等生活后勤服务性单位和企业逐步实现剥离，减轻企业负担。

1996年，开展学邯钢、学诸城企业改革经验，深化企业内部管理和推动企业产权制度改革。县政府先后出台《关于进一步搞活县属企业的意见》《关于在部分企业试行先售后改制、内部职工持股改革试点的意见》《关于抓紧在工业企业改制工作的意见》和《再振明溪工业雄风规划》等有关企业改革的政策性文件，从宏观上提出工业企业改革的总体思路和要求，深化企业改革的指导思想、目标、改革的主要形式、任务、方法和步骤等，并成立县工业企业改制工作领导小组，每月召开两次协调会，研究企业改制情况。县经委成立企业改制工作小组，对县首批改制试点的国有企业印刷厂、造纸厂、食品茶厂、链条厂进行指导。县印刷厂首先实行“先出售后改制，内部职工持股”的股份合作制改革，11月正式挂牌成立“明溪印刷有限公司”。

1997年，改制县国有工业企业10家。1998年1月，由县经济局、劳动局、财政局等单位联合编制《明溪县企业三年改革和摆脱困境实施意见》，通过“抓大放小”（抓大企业、放小企业），推行“三改一加强”（改组、改制、改造和加强企业管理），加快“分离分流”（主辅分离、改制分流、分离企业办社会职能和减员增效工作），建立社会保障体系等改革措施，使企业真正成为市场主体。该年，县政府制定《关于促进企业下岗职工再就业的若干规定》，对企业下岗职工的再就业提供优惠政策。

1999年1月，县确定8家工业企业为改制试点先行企业，进行股份合作制改造。4月，县政府组织实施《明溪县林业经营管理体制改革方案》，按照政企分开和建立现代企业制度的要求，林业总公司从林业局分出，成立新领导班子，独立经营，并对下属国有林业企业进行改革。5月，县政府出台《明溪县深化企业改革若干问题规定》，从宏观上提出企业改革的总体思路、要求和企业改制的目标、任务、方法和步骤，落实相关的配套政策。12月，县委召开八届三次全体会议，会议通过《关于加快企业改革和发展的决议》，按照“三个有利于”（有利于发展社会生产力、有利于增强社会主义国家的综合国力、有利于提高人民生活水平）的原则，县委制定“六个一批”（发挥优势，做大扶强一批；资产重组，股份改造一批；减债卸负，拍卖租赁一批；借助外力，治瘫盘活一批；优化结构，关停一批；优胜劣汰，破产一批）”，深化企业改革实施方案，对全县国有集体企业进行彻底改革。

2000年4月，县林业总公司完成对下属18家企业改制。改制涉及企业员工1253人，其中退休256人、内退109人、保留及回聘193人、解除劳动关系805人，支付一次性经济补偿金955万元。2001年10月，县水泥厂因严重亏损，资不抵债，被县法院依法裁定破产清偿。2002年底，县15家独立核算国有工业企业已改制改组14家，其中，改为股份制2家、破产2家、拍卖2家、关停3家、托管1家、其他4家。按有关劳动法规及国企改革政策规定，置换职工固定工身份人数1886人，发放经济补偿金2283万元，补交历年拖欠的职工养老社保金217万元。对实行破产、拍卖和资产重组的企业，其离退休职工的医疗费和有关人员的抚恤费、退养费等，依据有关规定在企业资产处置中一次性划出，专款专用，妥善安置；企业资产处置收入不足以安置职工的，由原企业主管部门负责帮助筹措资金做好职工安置工作，维护社会稳定。改制改组后的企业产权关系明晰，重新建立起新的劳动用工分配制度，按新机制开展运作。2003年，县自来水厂改制为股份制企业，由省供水公司与县水电实业总公司联合投资组建，企业更名为明溪县瑸城水业有限公司。2004年8月，县电力公司改制为股份制企业，成立由省电力公司控股（51%）的“福建省明溪县供电有限公司”。至此，县属国有企业改革全部完成。

表 8-1

1998—2005 年明溪县属独立核算国有工业企业改制改组情况

企业名称	改制形式	改制时间	备　注
明溪县印刷厂	拍卖	2000.12	1999.8—2000.11 改制为股份合作制
明溪县水泥厂	破产	2001.9	—
明溪县水电实业总公司	股份制	2000.12	—
明溪县木材加工厂	租赁	1999.12	—
明溪县食品茶厂	关停(拍卖)	2000.4	—
明溪县化工厂	拍卖	2000.12	—
福建省(明溪)绿神饮料公司	关停	1999.12	—
明溪县制材厂	租赁、拍卖	1999.12	部分租赁部分拍卖
明溪县饲料工业公司	股份制	2001.4	—
明溪县电力公司	股份制	2004.8	—
明溪县人造板厂	股份制	1999.12	—
明溪县链条厂	破产	2000.12	—
明溪县煤矿	拍卖	2002.9	1999.8—2002.7 改制为股份合作制
明溪县造纸厂	破产	2000.12	—
明溪县自来水厂	股份制	2003.1	—
明溪县电力公司	股份制	2004.8	—

第二节　集体工业企业改革

集体工业企业主要有二轻集体、乡镇集体、部门集体，集体工业企业的改革是与国有工业企业改革基本同步进行的，而股份合作制和股份制的改革要早于国有工业企业。

1991 年，集体工业企业普遍推行承包经营责任制，企业主管部门与所属企业签订责任书，逐个企业下达年度产量、产值、利润、税收、主要产品单位成本和全员劳动生产率等经济指标，并由企业法人代表交纳风险抵押金，年终兑现奖罚。

1992 年 11 月，县体改委和县企业局共同制定《关于推行乡村股份合作制企业的实施意见》，规定新建的乡（镇）办、村办、联办的企业和原有乡镇企业的扩建、技改等，原则上要办成股份合作制，原有乡村集体企业要在两年内改造为股份合作制；原有集体、个体联营企业半年内改制成为股份合作制。同年，新办瀚仙水泥厂洋龙分厂等 4 家股份合作制企业。1993 年 1 月，连续亏损 5 年的夏坊乡木地砖厂招标拍卖，组建股份合作制企业明溪县三鑫木制品有限公司。至年底，全县有各类股份制和股份合作制企业 98 家，注册资金 10891 万元，完成工业总产值 17776 万元。

1994 年，县二轻所属 8 家工业企业进行股份合作制改造。县二轻联社改造为控股公司，下属企业中效益较好的装饰板厂等 3 家企业直接进行股份合作制改造；对效益较差、规模小的企业则采取兼并、拍卖，重组为新的企业，同年县医械厂出资购买兼并县制冷设备厂。

1996—1998 年，县政府把“治瘫盘活、置换重组”作为企业改制重点，一厂一政策进行改制。首批 7 家试点企业中，二轻总公司所属装饰板厂、医械厂列入试点。在随后第二批 20 个试点改制企业中，完成改制工作的集体企业有 9 家，城关印刷厂、香扇厂、瀚仙建筑社、五金厂、岩里石灰石厂、盖洋机修厂、沙溪水泥厂、胡坊重晶石厂、枫溪焦油厂等 9 家企业均采取承包租赁形式改制；夏坊夏利公司与夏坊胶合板厂合并后也采取承包租赁形式改制。

1999—2000 年，县属集体工业企业电化厂改制为股份合作制企业，后重组为股份制企业，实现产权置换；汽车拆修厂实行租赁经营；火柴厂破产。二轻集体企业中，县装饰板厂确定“先分立、后改制、再包租”的改革方案，剥离装饰板和模压生产线优质资产进行股份制改造，成立“明溪县装饰板有限责任公司”，对分块留在老企业的易拉罐生产线实行拍卖；县无线电二厂剥离出优质资产 30 万元，组建益升电子厂；工艺厂完成租赁工作。在乡镇企业改革中，实行股份制改革的有胡坊刨花板厂等 11 家企业；实行租赁经营的有夏坊胶合板厂等 23 家企业；实行整体转让的有瀚仙电化厂等 4 家企业；实行嫁接的有夏阳食品厂，由香港昌麟公司出资收购改造组建“香港昌麟（明溪）食品有限公司”；实行拍卖的有城关铁合金厂等 5 家企业；实行关停注销名存实亡的企业有纺织加工厂等 13 家企业；实施破产的有瀚仙水泥厂等 7 家企业。瀚仙水泥厂和三得力公司破产拍卖后，在原址分别组建明溪县金源水泥有限公司和明溪县万隆食品有限公司，均为民营股份制企业。

至 2001 年底，全县列入改制的集体工业企业 78 家，完成改制 70 家，占 90%。其中，全县 68 家乡镇办企业完成改制 64 家，有 1.6 亿元的企业债务被剥离，4969 万元资产被盘活。25 家乡镇办骨干企业实行产权制度改革 21 家，涉及债权债务 2.3 亿元，破产 12 家，整体拍卖 9 家。乡镇企业改制后企业产权关系明晰，建立以市场经济为导向的企业运行机制。长期以来乡镇企业欠电费、欠利息、欠工资的现象有了根本性的改变，企业上缴税收入库同比大幅增长，企业职工收入明显增加。乡镇企业局所属企业经多种形式改制，均转入民营。10 月，按照县委、县政府行政事业机构改革方案部署，县乡镇企业局撤并到县农业局。至此，公有制的集体工业企业已基本转入民营。重点行业改制前后对比：4 家水泥厂年产量从 10.48 万吨增至 25 万吨，职工年人均工资从 4107 元增至 7169 元，年人均实现利税从 0.14 万元增至 0.76 万元；5 家人造板厂产量从 1.25 万立方米增至 1.98 万立方米，职工年均人平均工资从 3586 元增至 5002 元，年人均实现利税从 0.05 万元增至 0.19 万元。

2003 年 6 月，雪峰水泥厂破产拍卖。2004 年 2 月，无线电三厂破产。

1999—2004 年明溪县集体工业企业改制情况

表 8-2

企业主管部门	企业名称	改制形式	完成时间	备 注
经济局	县电化厂(原县氨厂)	股份制	2001.03	1999.06—2001.02 改制为股份合作制
经济局	县火柴厂	破产	1999.12	—
二轻总公司	县装饰板厂	剥离重组后转让生产经营权	2000.03	成立装饰板有限责任公司
二轻总公司	县无线电二厂	剥离重组	1999.12	成立益升电子厂
二轻总公司	县无线电三厂	破产	2004.02	—
二轻总公司	县医械厂	租赁经营	2001.05	—
林业总公司	县汽车拆修厂	租赁经营	1999.12	—
林业总公司	林业劳动服务公司	关停	1999.12	—

续表 8-2

企业主管部门	企业名称	改制形式	完成时间	备 注
乡镇企业局	县恒利化工原料厂	股份制	2000.12	—
乡镇企业局	县强务轮胎翻新厂	工商注销	2000.03	—
乡镇企业局	县恒园铁矿精选厂	工商注销	2000.03	—
乡镇企业局	县橡胶厂	破产	2000.06	—
雪峰镇	雪峰水泥厂	拍卖	2003.06	1999.10—2003.06 租赁经营
雪峰镇	雪峰竹木制品厂	拍卖	2000.06	—
城关乡	城关铁合金厂	拍卖	1999.11	—
城关乡	城关印刷厂	租赁经营	1999.05	—
城关乡	城关山溪建材公司	拍卖	2000.06	—
瀚仙镇	瀚仙水泥厂	破产	2000.03	原址成立金源水泥有限公司
瀚仙镇	瀚仙建材公司	破产	2000.06	—
胡坊镇	胡坊刨花板厂	股份制	1999.10	—
胡坊镇	胡坊第二化工厂	租赁经营	1997.01	—
胡坊镇	胡坊胶合板厂	租赁经营	1998.01	—
胡坊镇	胡坊纺织厂	股份制	2000.07	—
胡坊镇	胡坊重晶石厂	破产	2000.08	—
夏阳乡	夏阳食品厂	外资嫁接	1999.11	—
夏阳乡	夏阳裕阳刨花板厂	股份制	2000.06	—
夏阳乡	夏阳茂阳公司	租赁经营	2000.11	—
夏阳乡	夏阳裕昌公司	关停	2000.06	—
盖洋镇	盖洋胶合板厂	租赁经营	1999.10	—
盖洋镇	盖洋精密铸钢厂	租赁经营	1999.12	—
盖洋镇	盖洋纸厂	租赁经营	2000.04	—
枫溪乡	枫溪台板厂	租赁经营	1999.05	—
枫溪乡	枫溪林产化工厂	租赁经营	1999.02	—
沙溪乡	沙溪木器厂	承包	1999.01	—
沙溪乡	沙溪头盔厂	承包	1999.01	—
夏坊乡	夏坊胶合板厂	租赁经营	1999.10	—
夏坊乡	夏坊三鑫木制品有限公司	租赁经营	2000.04	—
夏坊乡	闽夏纸厂	破产	2000.06	—

第二章 工业经济成分

1991 年，全县有工业企业 1411 家，工业总产值 40180 万元，轻工业占 33.32%，重工业占 66.68%，其中国有工业企业 26 家，产值占工业总产值 23%；集体工业企业 337 家（含村办企业 229 家），产值占 52.02%；个体工业企业（包括手工业）1044 家，产值占 22.38%；合资工业企业 4 家，产值占 2.6%。

随着市场经济体制的逐步完善，企业基础薄弱、结构不合理、机制不活、积累少、技术创新能力低、冗员多、负债重等长期积累的深层次矛盾和问题集中暴露在县国有、集体工业企业上，企业发展步履维艰，经济效益滑坡不止。1996—2002 年，县委、县政府先后出台有关企业改革的政策性文件，引导和指导县国有、集体企业进入深层次的产权制度的改革，一批国有、集体工业企业转为股份制和民营企业。2005 年，全县工业企业 167 家（不含个体工业），有 30 家规模以上工业企业，其中国有工业企业 4 家，产值占工业总产值 10.3%；集体工业企业 2 家，产值占工业总产值 1.64%；股份制企业 20 家，产值占工业总产值 37.5%；外商及港澳台投资企业 4 家，产值占工业总产值 17.83%。规模以下工业企业产值占工业总产值 32.71%。

第一节 国有工业企业

1991 年，全县全民所有制企业有 26 家，职工 2660 人，总产值 9241 万元，利润总额 806.8 万元，上缴利税 434.2 万元，年末固定资产原值 7077.7 万元，全员劳动生产率 12443 元/人。国有企业中，省属 1 个，产值 558 万元。

1993 年，原全民所有制企业和国营企业改称为国有企业。县经济局所属的县酒厂由林业总公司兼并，成立明溪县绿神保健饮料联合开发公司；县造纸厂因制浆过程产生的污染问题不能解决，被市政府指令停产关闭。至 1997 年，县境内有 26 家国有工业企业，资产总计 31799.3 万元。其中县属 24 家，资产总计 27078.3 万元，全部职工人数 2281 人，总产值 12625 万元，利税总额 2172.4 万元，经济效益综合指数 81.61%，全员劳动生产率 17188 元/人。其间，没有投资新的国有工业企业。

1998 年，随着市场化的升级，县属国有工业企业大部分因债务沉重、设备陈旧等原因，经营陷入困境。1999 年起，对县公有制企业实行产权制度改革。2000 年，县林业总公司对所属国有企业进行资产重组，将福田寨采育场、箭竹坪采育场、沂洲采育场、国有林经营管理站、林业建设投资公司等合并重组，组建县恒丰林业有限公司，负责国有商品林经营管理；将沙溪采购站、城关采购站、木材公司、营销贸易部等合并，组建县恒力林产品有限责任公司；县化工厂实行股份制改造。县属其他国有企业也纷纷进入改制，至 2003 年境内有国有工业企业 5 家，分别为福建烽林机器厂（省属）、明溪县木材加工厂、明溪县电力公司、明溪县水利电力实业总公司、明溪县珩城水业有限公司，资产合计 52428.3 万元，工业总产值 4623.5 万元（1990 年不变价），利税总额 1301.3 万元，有从业人员 862 人，经济效益综合指数 104.96%，劳动生产率 22934 元/人。

2004年，县木材加工厂拍卖改制为私营企业。2005年，国有工业企业有4家，固定资产10526.8万元，从业人员年平均人数796人，工业总产值8961.3万元，利税总额866.3万元，工业经济效益综合指数93.51%，资产负债率36.63%。

第二节 集体工业企业

一、二轻集体

1991年，县二轻工业企业有13家，职工982人，总产值1598.4万元，利润总额7万元，固定资产原值742.6万元，全员劳动生产率18530元/人。

1993年，县二轻联社、装饰板厂、标准件厂和无线电三厂按3:1:1:1出资50万元，创办明溪县节能材料有限公司，职工4人，年产500吨稀土复合保温材料，1998年停产。此后，县二轻再无创办新的企业。1995年，县二轻下属工业企业有11家，分别为装饰板厂、木器厂、工艺厂、标准件厂、节能材料有限公司、图书设备厂、医疗器械厂、无线电一厂、无线电二厂、无线电三厂、第二工业局制鞋社等企业，主要从事家具、木制品、机械五金制品、电子元器件等产品制造。职工总数为730人，总产值为3175万元，利税总额为543万元，其中利润27万元。

1996年12月，县二轻工业局改制变更为县二轻工业总公司，同时并存的还有县二轻集体工业联社，属事业单位，公司本部（含联社）有干部职工8人，企业在岗职工708人，固定资产966.6万元，产值3804万元，上缴利税40.4万元。

1999—2004年，二轻总公司解除所辖企业职工劳动关系160人，支付一次性经济补偿金128万元。

2005年，二轻总公司所属企业有县无线电二厂、装饰板厂、理发社，资产1651万元，负债1343万元，年末职工人数145人。工业总产值370万元，工业销售值304万元，亏损16万元。

二、乡镇集体

（一）乡（镇）办工业企业

1991年，全县乡（镇）办工业企业74家，职工3850人，总产值12671.5万元，利润总额291.7万元，上缴利税123.7万元，固定资产原值3952.1万元，净值2672.1万元，全员劳动生产率32913元/人。1994年，随着市场经济体制的逐步完善，乡镇企业原有的政策优势逐渐失去，全县乡镇企业由于产权不清，政企不分，资金短缺，产品结构不合理，导致产品滞销等现象严重制约企业的生存和发展，乡镇企业综合经济效益逐年下降。1995年，全县有乡镇办工业企业77家，从业人员3916人，总产值10500.1万元（1990年不变价新规定），资产总计16318.6万元，负债12487.5万元，利税总额为217.9万元，其中利润总额为亏损514.1万元。1999—2001年，县乡镇企业改制基本完成，集体资本从一般性竞争领域退出，转入民营。

（二）村（街）办企业

1991年，村办企业发展达鼎盛时期，有229家企业，其中轻工111家、重工118家，从业人员3081人，总产值3804万元，上缴税收216.2万元，利润总额400.9万元，固定资产原值614.5万元，全员劳动生产率20016元/人。主要行业有建材及非金属矿采选、木材及竹材采运、食品制造、饮料制造、木材加工及制品、家具制造、化工、建材及非金属矿物制品、金属制品、电力生产供应、造纸及纸制品、工艺美术品制造等。随着市场竞争的升级，不断有村办企业退出市场竞争。1992—1996年，村办企业由214家减少为52家，总产值由3379万元减少为1146万元，从业人员由3081人减少为594人。至1997年，村办企业仅39家，其中轻工13家、重工26家，从业人员550人，总产值1400万元，上交税收100万元，利润总额110万元，固定资产原值520万元。1998年，村办企业和乡（镇）办企业一起，逐渐退出公有制进入民营。

三、其他部门办集体

1991年，全县除乡（镇）村和二轻系统外有部门办工业企业10个，职工373人，工业总产值915万元，利润总额61.51万元，全员劳动生产率24531元/人。部门企业中，有教育局1个、林委4个、建材公司1个、农委1个、烟草公司2个、民政局1个。

1992年，部门办集体企业有电化厂（原合成氨厂）、橡胶厂、汽车拆修厂、火柴厂、民政印刷厂、茶厂、人造板厂、建材公司、翻胎厂等9家企业，产值2087.7万元，从业人员为659人，利润总额56.9万元，上缴税金为54.5万元，固定资产原值为764.4万元。其中人造板厂产值为1006万元。

1993年，县建设局创办新型建筑材料加工厂、县财办创办百货公司胶合板厂。1995年，外经局创办福利电子器材厂。同年，共有部门办集体企业9家，分别为鑫发宝石厂、电化厂、茶厂、汽车拆修厂、新型建筑材料加工厂、建筑材料公司机砖厂、百货公司胶合板厂、橡胶厂、福利电子器材厂等企业，总产值893.4万元。

1998年起，部门办集体企业和县其他公有制企业一起进行改革，转换经营机制，进入民营企业行列。

第三节　私营工业企业

1991—1995年，县、乡进一步落实发展个私经济有关政策、措施，鼓励和促进个私经济的发展。至1995年，私营、个体工业企业有1300家，从业人员9542人，产值8284万元。

1996年起，公有制企业加大改革力度，个体户和红帽子企业纷纷投资扩展，参与公有制中小企业改制，转向私营企业、股份制企业，进行第二次创业。1998年6月5日，召开全县个私经济工作会议，会上表彰了17家先进个私企业，并下发《关于加快发展个体私营经济的暂行规定》，从政策上鼓励、扶持、保护个私经济的发展。2002年，对个私经济推行14个部门服务承诺，实行“一站式”办结、“一条龙”服务、一个“窗口”对外，推行导办服务、限时服务、延时服务和预约服务；协调辖区银行与中小企业的合作，增进相互间的了解和信任，解决个私企业融资难的问题。同年，瑞海木业争取到山海协作贴息贷款500万元，永旺担保有限责任公司为万隆食品、众星硅业和春景茶叶提供贷款担保140万元，为企业的滚动发展创造条件。

2003年，全县私营工业企业有93家，投资者203人，雇工人数2715人，注册资金5598万元；全县个私企业实现产值2.78亿元，上缴税收超3000万元。全县27家规模以上工业企业中，有9家私营企业，分别为明溪县华联硅业有限公司、明溪县火星化工有限公司、明溪县异威人造板有限公司、明溪县明兴木业有限公司、明溪县万隆食品开发有限公司、明溪县长兴碳素化工有限公司、明溪县瀚仙水泥有限公司、明溪县荣和选矿有限公司、明溪县闽基水泥有限公司，其中纳税额达50万元以上的私营企业就有：大平木业、昌盛水泥等4家。大平木业、瑞海木业等3家企业获自营进出口权，完成出口创汇150万元。

2005年，全县私营个体工业企业867个，总产值3.2亿元，其中私营企业131家，有员工1693人，注册资金16719万元，产值2.75亿元。

第四节　联营和股份制工业企业

一、联营企业

（一）县乡联营企业

1991 年，全县有 4 家县乡联营企业，分别为县铁合金厂、县胶合板厂、瀚仙水泥厂、县人造板厂，有职工889 人，工业总产值 3621 万元，利润 44.6 万元，年末固定资产原值 1885.2 万元，全员劳动生产率 40731 元/人。1993 年，由瀚仙乡政府、瀚仙粮站、福建农学院食品实验厂 3 家分别以资金、房地产、技术入股的形式共同创办福建省三得力食品联合开发公司，生产天然莲藕汁，2000 年 6 月公司破产。1994 年，县瀚仙水泥厂和三明水泥厂劳动服务公司合资联办明溪建材实业有限公司，瀚仙水泥厂出资 392 万元，占股份 49%，三明水泥厂劳动服务公司出资 408 万元，占股份 51%。1998 年，县水利电力实业总公司出资 600 万元，占股份 60%，夏坊乡人民政府出资 400 万元，占股份 40%，共同投资兴建明溪县蒙州水电站，经济性质为国有和集体联营。2005 年 8 月，蒙州水电站出让私营业主，至此，无县乡联营企业。

（二）乡（镇）与个人联营企业

1991 年，乡（镇）与个人联营企业有雪峰人造板厂，有职工 138 人，固定资金原值 104.1 万元，总产值 154.3 万元，全年利润总额仅 0.2 万元，全员劳动生产率 7543 元/人。1995 年，因经营不善关闭。

（三）省与县联营企业

1991 年，省与县联营企业只有县水泥厂（与省公路局联营），全厂职工 309 人，固定资产原值 618.3 万元，工业总产值 820.7 万元，利润总额 106 万元，全员劳动生产率 20560 元/人。2001 年，县水泥厂破产。

二、股份制企业

1992 年 11 月，县制定《关于推行乡村股份合作制企业的实施意见》，规定新上的乡（镇）办、村办、联办的企业和现有乡镇企业的扩建、技改等，原则上都要办成股份合作制，现有乡村集体企业要在两年内改造为股份合作制。现有集体、个体联营企业半年内改制成为股份合作制。同年，新办福建新食品发展有限公司等 4 家股份合作制企业。

1996 年，县出台《关于在部分企业试行先售后改制、内部职工持股改革试点的意见》，在县化工厂和印刷厂试点股份合作制改造。2000 年，规模以上工业企业有 4 家实行股份制管理，2001 年有 5 家，2002 年有 9 家。

2005 年，股份合作企业新增 3 家规模以上股份制工业企业，全县共有 20 家规模以上股份制企业，资产总计 44967.7 万元，有从业人员 1539 人，工业总产值 32646.9 万元，利税总额 3350.1 万元，经济效益综合指数 146.23%，全员劳动生产率 90433 元/人。

第五节　外商投资工业企业

1991 年，全县共有中外合资企业 5 家，企业资产总值 641 万元，有职工 246 人，工业总产值 1145 万元，出口创汇 5 万美元。

1992—1995 年，全县新批办外商独资企业 4 家，中外合资企业 16 家，其中，有试产未正式投产的有 8

家。1995年，境内有中外合资和外商独资企业13家，资产总计4145.5万元，从业人员659人，工业总产值2184.6万元，税金总额118.3万元，利润总额为亏损45.1万元，有5家企业亏损。

1996年起，县委、县政府重视招商引资工作，在全县上下营造"亲商、扶商、富商"的良好氛围，采取小分队招商、委托招商、敲门招商、网上招商等多形式的招商方式，发挥县"旅欧第一县"的有利条件，利用在外华侨多的优势，开展宣传和联络，吸引外资投入县经济建设。利用博士后工作站的技术研发基础，发展县"四大支柱产业"及"六大基地"建设，吸引外资投入以发展林产品加工、紫杉醇生物科技、生物制药、肉牛养殖屠宰、服装制造等劳动、技术密集型产业，建立新的外资企业发展方向。至2005年，先后批办43家外商投资工业企业并投产，共计利用外资4070万美元。同年，生产经营正常的外商投资企业有8个，注册资本472.7万美元，年末资产总计12575.9万元，年末职工人数524人，总产值14984.3万元，利税总额372.4万元，外资主要来源于欧洲、港澳台等地区。

第三章 行业门类

第一节 食品加工

1991年，有食品加工企业15家，其中，食品制造企业4家，饮料制造企业10家、饮料加工企业1家，职工410人，总产值1017万元，占全县工业总产值4.07%。2000年，有食品加工企业15家，其中只有1家规模以上企业，产值543.5万元。2005年，规模以上食品加工企业2家，职工141人，总产值3080.5万元，占全县规模以上企业工业总产值5.26%。

一、肉脯干

1991年，全县生产肉脯干企业有6家，以销定产，年产肉脯干约10~15吨。1992年，兴明副食品有限公司成立，属三资企业，为境内生产肉脯干较大型企业；年设计生产肉脯干13吨，有职工21人，产肉脯干4.11吨，产品销售收入35.5万元。1997年，兴明副食品有限公司有职工20人，产值90万元。2002年，肉脯干加工厂增至12家，由于受设备陈旧（多数靠手工操作）和工艺落后的局限，肉脯干年产量不足100吨。是年，为做强、做大肉脯干项目，扩大规模，创新品牌，改善品质，县计划组建"明溪县雪峰肉脯干有限公司"，执行统一品牌、统一标准、统一包装、统一销售，后因种种原因未组建成功。2005年，全县上规模的肉脯干厂（公司）有华鹰、荣兴、礼仪、罗氏、金辉、宏顺、振兴、鑫发、三老等9家，年产肉脯干120余吨。

二、变性淀粉

2002年4月，县内抓住国家出台产业政策鼓励发展变性淀粉加工业的机遇，按照围绕农林办工业的思路，由县林业总公司投资兴建县百事达木薯变性淀粉有限公司，生产木薯变性淀粉。2003年2月，引进福州中城集团对公司进行控股整合，并更名为明溪中城百事达变性淀粉有限公司，12月第二条变性淀粉加工生产线试产成功。至2005年，累计完成投资2500多万元，建成1万吨生产能力的自动化控制木薯变性淀粉生产线。2003年3月投产至2005年，共生产变性淀粉3800吨，实现产值1500万元。

三、粮油加工

（一）碾米

1991年，全县共有51家大米加工企业（含村及村以下企业，其中国有粮食加工企业1家），拥有530台碾米机和2套大米加工设备，较大型的大米加工企业有县国有粮食加工厂。全县共加工大米36800吨，其中粮食加工厂加工4496吨。1995年，县粮食加工厂将粮食加工业务承包给个体户，年内加工大米3749吨，完成产值214万元，全县加工大米31122吨。1996年，县粮食加工厂出现亏损，1998年停止生产。2002年，执行国家对重要工业产品实施生产许可证制度。次年，全县有9家大米加工企业先后获得“工业产品生产许可证”。2005年，县内大米加工企业主要在盖洋镇和胡坊镇，两镇大米加工企业生产的“温庄大米”和“胡米”产品在省内享有较高的知名度，产品销往福州、厦门等地。

（二）油脂

1991年，油料加工企业除县粮食加工厂外，还有盖洋电力加工厂和夏坊榨油厂2家乡镇集体企业5台榨油机，年产食用植物油0.1吨；粮食加工厂有3台榨油机，主要生产米糠油，年产糠油53吨。1998年，县粮食加工厂关闭后，米糠油生产也随之停止。

四、粮食复制品

（一）粉干

1991年，全县除粮食复制品厂加工粉干外，还有11户粉干个体加工户。粮食复制品厂生产粉干7吨，个体粉干加工户则按市场供需生产，满足全县城乡人民的需求。1998年，县粮食复制品厂停产，粉干加工均由个体户经营。

（二）面制品

主要有绺面、碱面、面干、线面、面片、挂面等品种。1991年，粮食复制品厂生产面干138吨，线面24吨，阳春面92吨。个体加工户则按市场供需情况定产量。1998年，县粮食复制品厂停产，面制品加工由个体户经营。

（三）豆制品

主要有水豆腐、豆腐干和豆腐皮。1991年，经工商局登记造册的个体豆腐业84户，主要生产水豆腐、豆腐干、煎豆腐、豆腐皮等，以销定产。此外，当时粮食复制品厂也生产3020公斤豆腐应市。1998年，县粮食复制品厂停产，豆制品由个体户生产经营。

五、糕点

1991年，全县糕饼生产企业2家，职工52人，生产糕饼251吨，产品种类增加面包、开口酥、起马酥及各色饼干。此外，各乡镇均有少量个体户生产糕饼。1999年5月，县食品茶厂因经营不善，长期亏损、资不抵债，9月被公开拍卖，糕饼生产也随之停产。2002年，县万隆食品开发有限公司与福建农林大学等科研院所协作，利用淮山等地方特色农产品资源，研制开发淮山饼干。2003年，该公司建成2条淮山饼干生产线，年生产淮山饼干2000吨。2004年，县万隆食品开发有限公司停产。至2005年，县内糕饼业由个体户经营，产品以面包、蛋糕为主，全县共有大小面包、蛋糕生产经营户8家。

六、罐头

1991年，县内有瀚仙乡明湖加工厂生产清水笋罐头，有职工15人，雇佣季节工60名，因产品销路不畅，处于亏损。1993年，全县罐头生产企业2家，生产罐头400吨。同年，夏阳乡创办夏阳食品厂生产蔬菜罐头，有职工34人，年生产能力350吨，产值85.4万元。1994年，夏阳食品厂生产规模扩大，在明湖加工厂停产的情况下，全县罐头产量达到530吨。1995年，全县罐头食品制造企业1家，职工72人，生产罐头食品 440 吨，产值 123.4 万元。1999 年夏阳食品厂停产，2000 年 1 月由香港昌麟公司进行嫁接改造，组建昌麟（明溪）食品有限公司，仍在盖洋设立分厂，季节性生产清水笋罐头。2002 年，昌麟（明溪）食品有限公司停业。

七、调味品

（一）酱油

1991 年，仅县酒厂 1 家企业兼营酱油酿造，全年生产酱油 125 吨。1992 年，县酒厂重组为县绿神保健饮料联合开发公司，仍兼营酱油酿造。1999 年，县绿神保健饮料联合开发公司停产，县内无酱油酿造企业。

（二）其他

1992 年，县食品厂一个车间租赁给私营业主经营，生产五香粉、卤粉、胡椒粉等调味品。1997 年，产值达到高峰为 20 多万元。2000 年，私营业主购买车间厂房，成立县雪峰食品调味厂，系民营企业，有职工 6 人，主要生产调味品，年产值 6 万元，产品销往县内及周边县市。

八、饮料

（一）酒

1991 年，县内成规模生产酒的企业只有县酒厂，有职工 44 人，拥有固定资产 60.5 万元，全年共产各类酒 249 吨，其中米烧酒 10 吨、土甜酒 187 吨、金竹酒 4.2 吨、当归酒 3.8 吨、水酒 2 吨、明江露 42 吨，总产值 26.2 万元，利润总额 0.2 万元，全员劳动生产率 0.6 万元/人。1992 年，县酒厂重组为县绿神保健饮料联合开发公司。1993 年，公司有员工 39 人，生产饮料酒 9 吨。1994 年，生产饮料酒 50 吨，产值 100.2 万元，实现利税 4.4 万元。1995 年，饮料酒产量下降，生产 11 吨（黄酒），次年生产 13 吨。1999 年，企业停产。

（二）软饮料

1991 年，县酒厂生产沙棘可乐 46 吨，橙汁汽水 1.8 吨，产值 8.9 万元。县食品茶厂生产营养蜜、乳酸奶饮料等，产量不大。1992 年，县绿神保健饮料联合开发公司，继续生产可乐、汽水，并开发生产猕猴桃汁等饮料。1993 年，瀚仙镇与省农学院合资 200 万元成立三得力食品联合开发公司，有职工 68 人，生产莲藕汁，设计年生产能力为 2000 吨，次年投产，产值 110.3 万元，利税总额 10 万元，仅经营两年多便停产。2000 年 9 月，县个私业主收购三得力食品联合开发公司成立县万隆食品开发公司，有职工 116 人。公司利用当地莲藕等特色产品资源，与省农林大学、省医大、省轻工研究所等院校科研单位合作，研制开发莲藕汁、水蜜桃汁、鲜橙汁、葡萄汁、苹果汁、芒果汁、青梅汁、花生牛奶等“三强牌”系列产品，建成莲藕汁饮料生产线 1 条，年生产果蔬饮料能力 5000 吨，至 2002 年，累计生产果蔬饮料 3000 吨，产值 1812.8 万元。2002 年 8 月 10 日，国家绿色食品发展中心批准该公司“三强”牌莲藕汁饮料使用“绿色食品标志”。2003 年 5 月，“三强”牌莲藕汁获国家 A 级绿色食品使用标志。2004 年，该公司停产。2005 年，无软饮料生产企业。

（三）制茶

茶叶是明溪传统的经济作物。1991 年，全县有雪峰农场、县精制茶厂及城关、瀚仙、沙溪、胡坊、夏坊茶厂等 7 家大的制茶企业（不包括村级的茶厂），共有职工 304 人，拥有初制、精制机械设备 306 台，年产精制茶 524 吨，出口乌龙茶 101 吨，出口产品产值 105.8 万元，利润总额 35 万元，产品主要销往日本、东南亚国家和广东、深圳、香港及福建省各市、县。1993 年，全县精制茶产量达 1215 吨。1994 年开始，因管理、技术等原因及受国内市场新型饮料的冲击，县内制茶企业纷纷停产或缩小精制茶生产规模。1994—1997 年，县内精制茶产量在 200~400 吨徘徊，1998 年又降到了 95 吨。2000 年，雪峰农场茶厂由私人承包经营，仍以生产乌龙茶为主，年产量1吨左右，产品销往建瓯、仙游一带。2002年6月，城关乡引进台商对城关茶厂进行改造，成立明溪县春景茶业有限公司，成为首家在明溪兴办的台商独资企业。同年生产台式乌龙茶300公斤，产品主要销往闽南、广东及东南亚等地。2003年3月，该公司的有机茶基地被列为省级有机食品试点。2004年，公司停产。2005年，县内制茶企业主要有城关茶厂、雪峰茶厂、沙溪茶厂3家，其余皆为一家一户为主的分散式小规模生产，全县茶叶产量1185吨。

九、饲料加工

1991年，境内主要饲料加工企业为县饲料工业公司。同年，县饲料工业公司新增颗粒饲料设备生产线，有职工34人，年产配混合饲料1585吨，产值115万元，利税4.9万元，主要产品有猪配合饲料、蛋鸭饲料、鱼饲料。由于采用电蒸汽制粒成本较高，而养殖户对颗粒饲料的使用尚未普及，因此产量较低，未达到设计能力。1993年，饲料原材料价格大幅上涨，生产成本提高，产量下降，当年生产1682吨，比1992年低311吨。此后，外地各种品牌饲料大量涌进县内销售，饲料市场竞争激烈。1995—1996年，饲料工业公司产销量维持在年产2400吨左右，利润微薄。1999年，公司因亏损停产，2000年企业解体。至2005年，均无饲料加工企业。

十、牲畜屠宰

1991年，县食品公司有屠宰车间，年屠宰生猪约5000头。1994年12月，县食品公司接受县政府委托，成立屠宰场，在城区实行牲畜定点屠宰管理，推行“定点屠宰、集中检疫、统一纳税、分散经营”的管理办法。1995年，共接受屠宰生猪19996头、牛870头。2001年3月，县食品公司投资60万元对屠宰生猪设备进行机械化改造。2002年，投资21万元更新机械屠宰设备。2003年，成立福建省宏宇牧业发展有限公司，注册资本1500万元，固定资产2000多万元，2005年5月完成年屠宰加工3万头肉牛生产线的建设并正式投产，当年屠宰牛2000余头，生产鲜冷藏冻肉459吨。1995—2005年，共屠宰生猪187105头、牛10477头。

第二节 木竹加工

1991年，木竹加工及制品业有27家企业，职工（年平均，下同）1430人，总产值5942万元，占工业总产值23.75%。木材加工主要以县林业局下属场、厂、站以及乡镇集体企业为主，加工主要原料有松、杉、杂木，产品单一、规模小，木材加工附加值低，主要企业有县制材厂，产值645万元。至1999年，全县木材加工企业45家，其中以生产锯材为主的企业30家，毛竹加工企业6家，活性炭企业4家，成品类企业5家，主要生产胶合板材为主，当年全县木材加工业产值2756万元。2005年，全县木材加工企业85家，其中胶合板8家，刨花板2家，细木工板、指接板7家，锯材类企业35家，家具类企业5家，竹材加工类28家，规模以上企业7家，职工550人，总产值8999万元，占全县规模以上工业企业总产值15.36%。

一、锯材

加工主要原料有松、杉、杂木。1991年，县内木材加工企业有国有、集体、私营3类，由县林业局核发“木材加工许可证”，实行凭证加工和年审制度。有锯材加工企业10家，全年产锯材3.3万立方米，主要锯材加工企业有县制材厂、县木材加工厂。1998—2000年，县实行工业企业产权制度改革，国营、集体木材加工企业改制成为股份或私营企业。2000年，县内有私营木材加工企业35家，均为小型企业，加工锯材约6万立方米。2005年，进行小型木材加工企业整顿，确定30家以锯材加工为主的企业进行整顿，要求整改后的企业固定资产投资达200万元以上，并生产终端产品。

二、人造板

（一）胶合板

1991年，有县胶合板厂、人造板厂、雪峰人造板厂3家企业生产胶合板，产量14687立方米，产值2465.2万元。1992年，创办县茂阳人造板有限公司，属三资企业，同年生产胶合板5487立方米。1993年，创办县三鑫木制品有限公司、县裕昌竹木制品公司和县宝明装饰胶合板有限公司，3家企业生产胶合板分别为2300立方米、2200立方米和1863立方米。1994年，创办盖洋人造板厂，同年生产胶合板2190立方米。1995年，雪峰人造板厂因设备落后、经营不善等原因关闭。1998—2000年，县公有制工业企业进行产权改革，县内国有、集体胶合板生产企业基本进入民营。2003年，县夏坊投产首条竹胶板生产线，至2005年，竹胶板产量年均5000立方米。2005年，共有8条胶合板生产线，胶合板加工企业8家，年设计生产能力3万立方米，主要生产水泥模板、滑板、竹胶合板等，其中规模较大的有县胶合板厂（夏坊）、夏阳茂阳胶合板厂、梓口坊胶合板厂。1991—1995年，年均胶合板产量20000立方米；1996—2000年，年均产量30000立方米，2001—2005年，年均产量1.3万立方米。

（二）刨花板

县刨花板生产起步于1997年，原筹建的夏阳刨花板厂、胡坊刨花板厂几经改制均未成功，只有少量试产。2004年，创立中外合资“三明金溪木业有限公司”，生产刨花板，设计年产1万立方米，2005年生产9967立方米。

（三）细木工板

2000年始生产，主要分机拼、手拼2种，县内主要生产杉木类细木工板。2000—2005年，年均产量2000立方米，主要生产企业有明建木业、新夏松木业，主要产品有夏杉牌、大众牌杉木细木工板。

（四）综合利用产品

木材综合利用主要是用伐区松、杉、薪材等剩余物进行加工切片，作为造纸原料。1991—1996年，年均产量1.2万吨；1997—2005年，年均产量4000吨。2001年起，利用木材锯末加工机制碳和碳粉，2001—2005年，年均产量500吨。

第三节 建 材

1991年，建材生产企业8家，以水泥生产企业为主，有职工670人，总产值2028万元，占工业总产值8.11%。1995年，建材企业发展为11家，有职工1165人，总产值6145.6万元。2000年，建材企业中规模以上企业2家，总产值2378.1万元。2005年，建材生产企业中规模以上企业增至4家，有职工304人，总产值5540万元，占全县规模以上企业工业总产值9.46%。

一、水泥

1991年，全县有县水泥厂和翰仙水泥厂2家水泥生产企业，固定资产原值1382万元，有职工538人，生产水泥10.86万吨，产值1820.1万元，利税349.6万元。

1994年，明溪建材实业有限公司投产，设计年生产能力为6万吨水泥熟料。1995年，明溪山溪建材有限公司、雪峰水泥厂、沙溪水泥厂相继建成投产，设计年生产能力分别为6.5、8和4万吨水泥熟料。全县水泥生产企业6家，有职工1113人，年产水泥熟料23.16万吨，水泥20.84万吨，产值3758.8万元，利税506.5万元。1996年，全县水泥熟料产量为27.05万吨，水泥20.3万吨。

1997年，针对县内水泥企业点多、面广、规模偏小等不利因素，以县内6家水泥企业为基础，组建建材集团，后因种种原因，放弃组建。1998—2003年，县内各水泥企业陆续改制，山溪建材有限公司破产，次年，瀚仙水泥厂、沙溪水泥厂破产。2000年9月，县建材实业有限公司破产，10月22日由三明路桥建设集团公司竞买收购，后更名为明溪县三仙建材有限公司。同年10月，在瀚仙水泥厂原址新组建个私企业金源水泥有限公司，沙溪水泥厂原址成立三明闽新集团沙溪水泥有限公司。2001年1月，县建材实业有限公司重新登记注册名为明溪县昌盛水泥熟料有限公司，次年股权全部转让私营业主。2001年10月，县水泥厂破产拍卖，次年1月原址成立明溪县兰圈水泥有限公司。2003年6月，雪峰水泥厂破产，由私营业主林某收购，8月原址成立福建省明溪县闽基水泥有限公司。2005年，全县共有4家水泥生产企业，职工304人，生产水泥27.06万吨，水泥熟料29.68万吨，产值5540.1万元。

二、砖瓦、石板材

1991年，全县共有砖瓦窑34口，大小砖厂13家，从业人员393人，年产砖约5000万块（其中机砖3406万块），瓦1000万片；生产石板材企业仅瀚仙乡天然大理石厂，后因亏损停产。

1995年，全县从事砖瓦、石灰和轻质建筑材料制造的企业（乡以及乡以上）有2家，分别是：县万佳石料工业有限公司，主要生产石板材，年生产能力3万平方米；县建筑材料公司机砖厂，主要生产机制砖，年生产能力280万块。同年产值36.4万元，亏损6.5万元。2005年，全县有砖瓦、板材制造业5家，均为私营企业，从业人员58人，工业总产值320万元。

三、水泥制品

1991年，全县有3家水泥预制品制造企业，因水泥预制品销路欠佳，仅少量生产。1993年，县新型建筑材料综合加工厂建成，属集体企业，隶属县建设局，生产水泥空心砖，年生产能力17万块。1995年，全县水泥制品业仅有县新型建筑材料综合加工厂1家，同年产水泥空心砖17.06万块，实现利税1.7万元。2005年，县内有水泥制品制造企业2家，职工15人，产值61万元。

四、陶瓷

1991年，全县有陶瓷企业2家，职工41人，生产各种瓷器63万件，产值71.9万元，利润总额2.5万元，全员劳动生产率12548元/人。因工艺落后，销路不畅，1994年盖洋瓷厂和夏阳瓷厂先后停产关闭。至2005年，无陶瓷生产企业。

五、节能材料

1993年4月，县第二轻工业局成立第一个股份合作制企业节能材料有限公司，生产KBT（稀土）系列复合保温材料，年生产能力1500立方米，产值300万元，产品销往本省各地的炼油厂、水泥厂和钢铁厂。1994年，该厂有职工15人，产值15.6万元。1995年停产。此后，无节能材料生产企业。

第四节 矿 业

1991年，明溪有矿业采掘和冶炼企业8家，职工990人，总产值1297万元，占全县工业总产值5.18%。2005年，明溪有矿业采掘、加工和冶炼企业中规模以上企业6家，职工832人，总产值9553万元，占规模以上企业总产值16.31%。

一、采掘

1991年，明溪采掘业以挖掘砂土、开采块石和石灰石为主，矿业采掘为数不多，无金属矿采掘企业。全县有12家（含村及村以下）非金属矿采掘企业，职工505人，产值816万元，其中，乡及乡以上有5

家，职工286名，产值403万元。1995年，全县非金属矿采掘企业22家，产值1133万元，其中，村及村以下企业17家，比1991年增加10家，产值864万元，主要为石灰石开采。1998年，有14家非金属采掘企业，职工299人，产值609万元，其中，乡及乡以上6家，职工215人，产值415万元。2005年，全县有非金属矿采选业16家，职工548人，产值5178万元，其中，规模以上企业2家，职工425人，产值4013万元。

（一）原煤

1991—1999年，县内有煤炭采选企业1家为县煤矿，原煤平均年产量2万吨左右。1999年8月，县煤矿改制为股份合作企业后，年产量有较大提高。2001—2005年，平均年产量5.1万吨。

（二）石灰石

1991年，全县有瀚仙乡的洋龙、岩里，沙溪乡的洪水坑和城关乡的叶厝坑等4个石灰石采矿点，年产20万吨左右（含县水泥厂、瀚仙水泥厂开采量），产值160万元。1995年，全县较大规模石灰石矿场有雪峰矿场和瀚仙矿场，年产量为17475吨，产值35.2万元。2005年，全县共有石灰石矿山13个，年设计生产石灰石70万吨，实际生产21.3万吨，主要供水泥厂做原料。

（三）重晶石

1991年，重晶石开采主要有胡坊乡重晶石厂，有职工12人，开采重晶石4.1万吨，产品主要销往石油部门。2000年8月该厂破产，重晶石停止开采。1991—2000年，年平均开采4.2万吨。

（四）萤石

1991—2000年，全县开采萤石矿企业有3家，城关乡2家，胡坊乡1家，年均开采萤石约4000吨。2000年12月创办明溪县金山萤石矿有限公司，总投资400万元，有职工110人，年产萤石矿6万吨，产值600万元。2003年，胡坊柏亨萤石矿点开发商与浙江客商共同投资兴办明溪县荣和选矿厂，总投资500万元，主要以萤石矿为原材料，生产加工萤石矿精粉，设计年生产能力3万吨，同年产值697.4万元。2005年，萤石矿精粉产量3万吨、萤石产量6万吨，产值2880万元。

（五）透闪石

1995年，瀚仙镇在连厝村筹建强盛陶瓷材料有限公司，开采透闪石，设计年开采能力5万吨。次年投产，有职工11人，总产值124万元，产品供闽南一带陶瓷厂作添加剂，至2005年共采矿石约8万吨。

（六）白云岩

2003年9月，瀚仙镇引进厦门、泉州客商与明溪烟草公司共同投资成立宝联石料开发有限公司，总投资500万元，有员工35人，主要生产方解石粉和白云石粉。2004年4月，瀚仙镇成立明溪县凯华矿业有限公司，总投资1500万元，年产白云岩矿等精细矿产品5万吨以上。2005年，产白云岩矿产品7.1万吨。

（七）方解石

2002年，瀚仙镇引进客商创办兴达石粉厂，属股份制企业，有职工19人，主要采掘方解石并进行深加工。

二、冶炼

1991年，全县冶炼行业主要为结晶硅生产，企业有城关乡铁合金厂、瀚仙电化厂、梓口坊电化厂，从业人员400人，年产结晶硅1298吨，产值1094.6万元。1999年12月，城关乡铁合金厂由私营业主收购，重新组建私营企业明溪县鑫丰硅业有限公司；县水利局收购瀚仙电化厂重新组建股份制企业宏明电化有限公司。2000年12月，县电化厂改制为私营企业，更名明溪县华联硅业有限公司。同年，结晶硅生产从业人员231人，产值1499万元，实现利税总额67.4万元。2002—2005年，明溪县众星硅制品有限公司、天福工业硅厂、通成硅工程材料有限公司、泰和硅业有限公司、金丰硅业有限公司等一批结晶硅生产企业陆续投产。2005 年，全县结晶硅生产企业 8 家，其中，上规模企业 3 家，年平均从业人员 304 人，年生产结晶硅 5700 吨，产值 5540.1 万元，实现利税 201.5 万元。

三、宝石加工

明溪拥有独特的宝石资源，是全国四大蓝宝石产地之一，也是福建省唯一探明开采的蓝宝石产地。宝石总储量数十亿克拉，主要有蓝宝石、石榴石、锆石等，其中蓝宝石被评为“八闽名石”。1992 年，由私营业主投资创办县珠宝厂，加工县内出产的各类宝玉。2000 年扩建后，厂房面积 1600 平方米，有职工 100 余人，加工原材料也不限于县内出产宝石，产品主要有蓝宝石、红宝石、玛瑙、水晶、煤精、东陵石、虎睛、菩提珠等，产品 80%销往国外，在日本、美国及中东等国家和地区建立销售网点。2000—2005 年，年均产值 600 万元，年出口创汇 60 多万美元。在珠宝厂的带动下，2005 年全县宝石加工、经营企业有 20 余家，开发出各类宝石工艺品 300 多种，年销售收入 3000 多万元。

第五节 机械电子

1991 年，机械电子行业有企业 18 家，职工 1140 人，总产值 2376 万元，占工业总产值 9.5%。因机械电子行业企业规模小，竞争力弱，至 1997 年该行业有企业 12 家，职工 597 人，总产值 1712 万元，占工业总产值 3%。2005 年，该行业有规模以上企业 1 家，职工 85 人，产值 1082.3 万元，占规模以上工业总产值 1.85%。

一、金属制品

（一）铸钢件

1991 年，铸钢件生产企业有县精密铸钢厂（厂址盖洋镇）和县铸钢厂（属二轻总公司），年生产能力为 800 吨和 500 吨，有职工 51 人，产值 136.8 万元，利润 4.6 万元。1993 年，县第一精密铸钢厂投产，设计年生产能力铸钢件 200 吨，有职工 43 人，产值 360.7 万元。1994 年，县铸钢厂因经营不善关闭。1995 年，全县铸钢件生产企业有县精密铸钢厂和县第一精密铸钢厂，共有从业人员 74 人，生产铸钢件 668 吨，产值 265.5 万元，实现利税总额 16.6 万元。1996 年，县第一精密铸钢厂转制为私营企业，更名为县长虹精密铸钢有限公司。2005 年，铸钢件生产企业 2 家，企业职工 106 人，其中，县长虹精密铸钢有限公司为规模以上企业，有职工 85 人，产值1082.3 万元，利税总额 93.2 万元。

（二）链条

1991 年，链条生产仅县链条厂，以出口为主，因受 1989 年初夏之交发生在北京的政治风波的影响，链条出口受压，生产锐减，生产链条 5.29 万米，是正常生产年份的 19%。1995 年，有职工 259 人，链条产量回升至 30.8 万米，产值 696.8 万元，利润 1.2 万元。1996 年后，因管理不善，企业长期亏损。1998 年底，停止生产。2000 年 11 月，县链条厂破产清偿。

（三）木螺丝

1991 年，木螺丝生产企业有县标准件厂，有职工 94 人，产木螺丝 20829 万件，产值 93.3 万元。1995 年，县标准件厂厂区扩大至 1.6 万平方米，厂房面积 6700 平方米，拥有木螺钉专用加工设备 203 台（套），其中拉丝机 4 台，冷墩机 13 台，铣槽机 63 台，螺纹机 123 台；通用加工设备 10 台（套），其中铣床 2 台，车床 3 台，刨床、磨床、钻床各 1 台；热处理箱式炉 2 台。年生产沉头木螺钉 489 吨，有员工 68 人，是福建省规模最大、品种最齐的木螺钉生产基地，该年产值 184 万元，利税 12.5 万元。1998 年，由于营销未能跟上，产值比1997年同期下降51%。2000年，仅销售木螺丝1.7万千件，企业处于半停产状态。2001年，该厂停产关闭。

（四）保险箱

1991年，保险箱生产企业为县医疗机械厂，同年产值286.4万元。1995年，沙溪塑料厂转产生产保险柜，更名为沙溪塑胶厂，有职工11人，产值3.7万元。1997年，保险箱（柜）产值85万元，利税总额4.1万元。1998年，沙溪塑胶厂停产关闭，医械厂仅少量生产，2003年停产。

二、电气机械及器材制造

照明灯具　1991年，照明灯具生产企业仅三明明盛电子有限公司，属三资企业，生产圣诞灯，年生产能力10万盒，有职工38人，产值30.1万元。1994年，欣达电器灯饰（明溪）有限公司组织32名职工，试生产灯具，产值248万元，此后未继续生产。1995年，明盛电子有限公司有职工10人，产值41.1万元，利税1.5万元，处于亏损。此后，公司仅有少量生产。2001年，明溪籍旅欧侨商创办安都日用品有限公司，收购原明盛电子有限公司全部生产设备，生产圣诞灯，产品全部出口匈牙利、德国等欧洲国家，产值200多万元，2003年停产。

三、设备修配

1991年，全县设备修配企业主要有汽车保修厂、汽车拆修厂、链条厂、林业保修厂、盖洋镇机修厂、城关农机厂、沙溪机修厂7家企业，拥有磨床、锻床、钻床、车床、电焊机等专用设备。1998年后，设备修配企业改制、关闭或转为私营企业经营。2005年，设备修配企业仅有1家，为私营小规模经营。

四、电子产品

1991年，全县有电子及通信设备制造工业企业5家，职工390人，产值300万元，利税14万元。1994年，盖洋无线电四厂经营不善，停产。1995年，县福利电子器材厂投产，生产电话机保护器，年生产能力为2万部，产值35万元，利税8.6万元。全县电子及通信设备制造企业有4家，职工254人，总产值382万元，利税35.8万元。1998年，县无线电一厂、三厂经营不善，停产。2003年，县第二轻工业总公司引进客商创建闽忻电子元件厂，项目总投资300万元，设计年生产电感线圈3000万只，产值1800万元，10月试产成功。2005年，全县电子及通信设备制造工业企业有县无线电二厂、闽忻电子元件厂2家，职工60人，产值180万元。

（一）晶体管

1991年，全县晶体管生产企业有无线电二厂和盖洋无线电四厂，共有职工157人，年产各种型号晶体管37万只，产品主要销往省内及北京、上海、湖南、浙江等地。1994年盖洋无线电四厂停产，1996年县无线电三厂转产其他产品，基本停止生产晶体管。

（二）滤波器

1991年，滤波器生产企业为县无线电二厂，有职工120人，生产声表面波滤波器34.1万只，产值122.6万元，产品主要销往福建、北京、湖南、重庆、丹东、西安、宁波、苏州、上海等20多家电视机厂。1996年，整个电子行业疲软，工厂停产4个月，共生产滤波器21.8万只，产值38万元，利税5.4万元。此后，因该厂技术创新能力低，市场竞争激烈，至2005年产量维持在年均20万只左右。

（三）电容器

1991年，县无线电三厂与国营8470厂联营加工装配可变电容器，完成8条可变电容器生产线安装。1992年，电容器生产线增加至16条，月产量由原来的25万只提高到50万只。1995年，有职工187人，电容器年生产能力为500万只，生产电容器359万只，产值275万元，利润0.8万元。1999年，县无线电三厂与国营8470厂解除联营关系，电容生产车间停产。

第六节 制药 化工

1991年，制药化工行业有企业17家，职工1240人，总产值2422万元，占工业总产值9.68%。1997年，制药化工行业有企业12家，职工1039人，总产值6070万元，占工业总产值10.6%。2005年，制药化工行业有规模以上企业3家，职工558人，总产值13796万元，占全县规模以上企业工业总产值23.55%。

一、生物制药

1991年，医药生产主要有县医药公司生产的中药饮片，县医院生产的10%、5%葡萄糖注射液及0.9%生理盐水等大输液，年生产大输液15.6万瓶。药品均自制自销，市场仅局限境内居民。2000年，县医院药剂科试剂室停产。同年，县医药公司归并到三明市医药公司，随即停止了制药业务。2001年9月，福建南方生物技术股份有限公司（时称为明溪南方红豆杉公司）成立，开始明溪天然药物产业的工业化进程。公司以境内有利的红豆杉自然资源为基础，引进复旦大学具有国际先进水平的“紫杉醇清洁纯化生产技术工艺”，成立明溪天然药物研究所和企业技术中心。2003年、2004年分别实现产值4055.6万元和6015.3万元，实现利税745.7万元和2328万元。至2005年，公司资产总计12253.6万元，产值8575.8万元，利税1524.4万元。紫杉醇提纯产业化项目的原料车间、初提车间、层析车间相继建成投产，精制车间、检验中心进入GMP认证验收阶段，开发出采用清洁纯化技术提取紫杉醇、三尖杉宁碱、巴卡丁Ⅲ等产品。同年，由福清客商与江苏省中科院植物研究所共同组建的明溪县利科生物技术有限公司于6月底投入试生产，从事天然植物原料药研制、开发和生产，按照GMP的标准，建成年产200公斤氢溴酸加兰他敏生产线。至此，全县共有2家制药工业企业。

二、林产化工

（一）松香、松节油、松焦油、松轻油

1991年，全县有明溪县化工厂、雪峰镇林产化工厂、城关乡化工厂、沙溪松焦油厂、夏阳林产化工厂、胡坊乡林产化工厂、枫溪焦油厂、枫溪乡林产化工厂等8家企业生产相关产品，共有固定资产原值276.2万元，职工227人，共产松香2633吨、松节油377吨、松轻油230吨、松焦油910吨，产值1144.8万元。其中，规模较大的企业为县化工厂，产值占52.43%。1992—1995年，因资源不足，部分乡镇小厂关闭。1995年，全县松香、松节油、松焦油生产厂家有县化工厂、夏阳松焦油厂、枫溪乡焦油厂、枫溪林产化工厂、夏坊福利松焦油厂，有职工218人，产品主要以松香、松节油为主。生产松香3037.5吨，松节油525吨，产值1696万元，利税259.2万元，其中，县化工厂产值占81.9%，利税占84.34%。1998年，因国内松香、松节油市场价格下降，市场萎缩，县化工厂亏损156万元，次年继续亏损89.7万元，后改制为县林产化工有限责任公司。2001年12月公司的生产经营权和商标权转让给县火星化工有限公司，并搬迁到瀚仙镇。2005年，全县松香、松节油、松焦油生产企业6家，有员工232人，产值5960万元，其中，规模以上的企业仅县火星化工有限公司，产值占87.6%。

（二）活性炭

1991年，全县有夏阳、胡坊、盖洋、枫溪、沙溪、夏坊6家乡镇企业生产活性炭，共有职工232人，年产量2480吨。此外各乡镇还有不等的私营企业生产活性炭，其中，较大企业为县第二化工厂。1994年，县第二化工厂产品从投产时5个品种发展到10多个品种，全年生产加工各类活性炭近3000吨，该厂的活性炭生产地逐渐辐射到周边地区，江西、浙江及福建省五六十个活性炭生产点的半成品汇聚到该厂，经加

工生产后远销日本、美国、韩国、德国、俄罗斯等10多个国家和地区，出口量占总销售量的95%，其加工生产的“明荣牌”“黑宝石”产品出口日本获免检。同年，全县活性炭产量3860吨，为历年最高。此后，因原料紧缺产量逐年减少。1995年，全县活性炭产量1997吨。1998年，因经营需要，县第二化工厂迁往上海。2000—2005年，全县活性炭生产企业因原料紧缺先后关闭。

三、雷管

1991年，县内生产雷管企业是福建烽林机器厂（省属），全厂职工701人，固定资产原值1265万元，拥有金属切削机床54台，锻压设备41台，军工专用设备30台，年产8号工业纸火雷管2300万发，全硅化碳酸氢钠干粉灭火剂45吨，工业总产值558.3万元，利税60.8万元。1993年，工厂引进先进技术及设备，生产能力有较大提高。1995年，生产雷管4445万发。1996—2001年，雷管年均产量在4000万支左右；2002—2005年，雷管年均产量在5000万发左右，产值3000余万元。

四、蜡烛

1991年，雪峰综合厂生产蜡烛，年生产能力21吨，有固定资产原值11.8万元，职工40人，总产值55.2万元，利税1.3万元。此后，因经营不善，产量逐年下降。1995年，仅有职工8人，生产蜡烛11万支，产值8万元，利润0.1万元。1996年，停产关闭。此后至2005年，蜡烛生产仅有民间小作坊少量加工。

第七节　造纸　印刷

1991年，造纸印刷企业有6家，职工400人，总产值741万元，占工业总产值2.96%。1993—1997年，机制纸生产企业因污染问题先后关闭。1997年，造纸印刷企业有5家，职工156人，总产值1171万元。2005年，无造纸生产企业，只有印刷企业3家，产值109万元，无规模以上印刷企业。

一、机制纸

1991年，全县有造纸企业2家，分别为县造纸厂、夏阳造纸厂，有职工205人，产机制纸1634吨，产值476.6万元，利税总额39.3万元。1992年，夏坊乡投资233.5万元创办闽夏纸厂，属乡办企业。1993年6月闽夏纸厂正式投产，厂房占地面积1000平方米，拥有年产3000吨牛皮箱板纸生产线。同年10月，县造纸厂因制浆生产过程中污染无法治理，执行市政府指令，停止制浆造纸生产。1994年初，转产水泥包装袋。同年，全县机制纸产量达到历史最高值，为3984吨。1994年，全县从事造纸行业的企业有夏阳造纸厂和闽夏造纸厂2家，从业人员77人，产机制纸1960吨，产值549万元。1996年，夏阳造纸厂也因污染问题停产关闭。同年，盖洋镇购买县造纸厂造纸设备，创办盖洋镇远洋造纸厂，由于环保原因于1997年试产一批再生纸和牛皮纸后，没有继续生产。2000年，闽夏造纸厂因污染问题停产关闭。2001年6月，明溪县造纸厂被县工商局依法注销。

二、纸制品

（一）色纸

1991年，雪峰综合厂有职工40人，色纸车间年产色纸约6~7吨，产值10万元，产品主要销往泉州、广东等地。因经营不善，产量逐年下降，1996年停产关闭。

（二）纸箱

1991年，纸箱生产企业有县工艺厂，职工89人，产纸箱12万个，产值33.50万元。产品主要销往江西石城及省内的清流、将乐、连城等地。1994年，投资10万元开发纸箱内盒生产线，与三得力公司、三明市外贸部门进行配套生产，年产值 185.5 万元。1997 年，纸箱市场低迷，县工艺厂处于停产半停产状态，完成产值 110 万元，销售收入 100 万元，利税 4.5 万元。1998 年停产。

三、印刷

1991 年，全县印刷企业有县印刷厂、城关乡印刷厂、民政福利印刷厂，共有职工 110 人，主要经营信笺、信封、书簿、报表的印刷，全年排版 31000 百平方厘米，印刷 9100 万印，装订 81000 万页，产值 148 万元，利润 10 万元。

1993 年 6 月，县第一中学印刷厂创办，1994 年正式投产。是年，印刷企业 4 家，职工 107 人，产值 365.4 万元，利税 15.9 万元。1998 年 6 月，县第一中学印刷厂，更名为县教育印刷厂。1999 年 11 月，县印刷厂由于长期亏损停产。2000 年 11 月，私营业主收购县印刷厂，成立县彩色印刷有限公司，与县教育印刷厂联合，以印刷教育部门的试卷、簿籍等为主要业务，兼营书刊、信封印制。2001 年 3 月，彩色印刷公司投入 23 万元，购买 2 台激光排版机、2 台彩色印刷机，同年产值 65 万元，利税 7 万元。2004 年，城关印刷厂停产。2005 年，全县印刷企业有县教育印刷厂、县彩色印刷有限公司和雪峰印刷厂 3 家，有员工 13 人，产值 109 万元。

第八节 电力 自来水

1991 年，有电力和自来水企业 12 家，职工 380 人，总产值 968 万元，占工业总产值 3.87%。1997 年，有电力和自来水企业 10 家，职工 482 人，总产值 5226 万元，占工业总产值 9.13%。2005 年，电力和自来水企业规模以上企业有 5 家，职工 594 人，总产值 7772 万元，占规模以上企业总产值 13.27%。

一、电力生产

1991 年，全县有电站 62 座，装机 76 台，装机容量 14525 千瓦，发电量 9401 万千瓦时，供应城乡生产、生活用电，其中乡村电站发电 3769 万千瓦时。

1992—2000 年，新建 500 千瓦以下电站 3 个，装机 6 台，装机容量 405 千瓦；新建 500 千瓦以上电站 3 个，装机 6 台，装机容量 6640 千瓦。2001—2005 年，县水电站建设进入高峰，新建 500 千瓦以下电站 12 座，装机 22 台，装机容量 3055 千瓦；新建 500 千瓦以上电站 11 座，装机 26 台，装机容量 10150 千瓦时，全县水能资源开发量占已探明可开发量 92.5%。2005 年，全县已建成水电站 59 处，安装发电机组 110 台，装机容量 36155 千瓦，设计年发电量 14952 万千瓦时，实际发电 10021.66 万千瓦时（不含未上网发电量），产值 2506 万元。

二、电力供应

1991 年，县电力公司为县电力供应单位，职工人数有 69 人，供电量 6004 万千瓦时，企业总产值 256.8 万元，利税 111 万元。

1992—2005 年，随着工业企业的发展和人民生活水平的提高，用电量逐年增加。至 2005 年，县供电有限公司共有职工 165 人（其中含乡镇所职工 77 人，不含临时工），供电有限公司全年完成供电量 11301 万千瓦时，比 1991 年增长 88.22%；完成售电量 10637 万千瓦时，售电收入 4961.2 万元，利税 306.05 万元。

三、水生产和供应

1991 年，全县自来水供应企业 2 家，即县自来水厂、胡坊自来水厂，有职工 26 人，产值 59.5 万元，年供水量 108.5 万吨，利税 14.7 万元。因原有城区供水系统供水量偏小，且机井抽取的地下水水质达不到生活饮用水水质标准，特别是枯水季节水源短缺，无法满足城区居民生产和生活日益增长的用水需求。

1994年8月，在城区北面红岗处新建城北水厂，设计日供水能力1万吨。1995年元月，城北水厂竣工，即与县自来水厂并网供水；5月1日起，县自来水厂由县建设局管理划归县水电部门管理。是年，全县自来水供应企业有县自来水厂、雪峰镇城北水厂和盖洋镇自来水厂，有职工36人，自来水年生产量241.1万吨，供水量225.1万吨，产值101.7万元，利税7.8万元。2002年11月，县自来水厂资产与省供水公司进行资产重组，组建福建省明溪县珩城水业有限公司。2005年，供水量227万吨，产值304万元，利税16.8万元。

第九节 纺织服装

1991年，无纺织服装行业。1993年，创办1家纺织企业。2000年后，先后3家纺织服装企业。2005年，有纺织服装企业4家，职工444人，总产值11385万元，占工业总产值13.08%，其中，规模以上企业3家，总产值11073万元。

一、纺织

1993年4月，胡坊镇引进三明纺织厂技术，利用乡供销社闲置仓库，创办股份合作制企业县纺织厂，填补县纺织企业空白，次年投产，资产合计479.6万元，职工107人，产值956万元，利税59.8万元。1994年，盖洋镇利用原无线电四厂厂房兴办县纺织纤维厂，属集体企业，主要生产再生棉，年生产能力为100吨，投产不久便停产。2000年9月，县纺织厂采取破产拍卖的方式进行改制，更名为“明溪县腾达纺织有限公司”，由3位投资商共同经营，有织布机96台，配套设备7台，主要生产复合布、PU革坯布、绵羊绒、涤细等纺织品，年产500余万米，产值676万元，产品主要销往浙江、广东、福州、厦门、泉州、三明等地。2004年5月，瀚仙镇引进客商，在县生态工业园区创办县瑞丰纺织有限公司，总投资1200万元，占地面积2.6公顷，建有标准厂房5000平方米，主要生产革基起毛布和鞋材用布，设计生产能力为年产革基起毛布和鞋材用布2000万米。2005年，纺织业生产企业有2家，员工142人，生产棉混纺布468.06万米，产值1123万元。

二、服装制造

1991年，县内无服装生产企业。

1993年4月，由私营业主投资的县文蕾服装厂建成投产，规模小（属村及村以下企业），主要生产校服、西服、西裤等，设计年生产能力5万套。1994年后，随着人民生产水平的提高和服装的工厂化生产，个体裁缝逐渐消失。2004年2月，明溪佰盛服饰有限公司投产。同年7月，外商黄某投资1000万元港币，成立三友服装织造有限公司，厂房占地面积2000平方米，建筑面积1100平方米，有职工65人，年生产各类服装300万套，产品主要销往闽南金三角一带。2005年，服装生产企业2家，职工302人，资产总计3947万元，年生产各类服装358万套，产值10261.7万元，利税总额205万元。

第十节 其他制造

一、塑料制品

1991年，全县塑料制品企业共2家，有职工50人，年产塑料制品51吨，产值117万元，利税3万元。1992—1994年，全县塑料制品企业由2家增至4家，但仅有沙溪塑料厂处发展状态，职工人数从10人增至15人，产值44.9万元增至264万元，利润3万元增至18万元。1995年，沙溪塑料厂效益下滑，产值降至

10.3 万元。同年，该厂转产生产塑胶保险柜，更名为沙溪塑胶工业公司。1997 年，县造纸厂与浙江温州文城塑料厂共同兴建内联企业县明辉塑料制品有限公司，有职工 125 人，年生产 430 万条塑编袋，产值 300 万元；1998 年二、三期技改实施，总投资 810 万元，形成年产塑料编织布 2200 万米（约 1800 吨）的规模，同年完成销售收入 1200 万元。2000 年，明辉塑料制品有限公司更名为华龙塑料编织有限公司，有厂房 3600 平方米，员工 205 人，大型拉丝机 3 台、圆织机 45 台，年生产塑料编织布 2040 万米，产品主要销往广东、浙江等地。2001 年，该公司停产迁出。2003 年，私营业主创办县鑫辉塑料编织包装厂，租用原县造纸厂厂房，投资 300 多万元，生产塑料编织布，有员工 70 多人，年生产能力 700 万米。2005 年，全县有明溪县鑫辉塑料编织包装厂、亚新塑料编织有限公司 2 家塑料制品生产企业，员工 70 人，产值 390 万元。

二、皮革制品

（一）皮鞋

1991 年，皮鞋制造有县二轻工业公司制鞋社，员工 4 人，年生产皮鞋 900 双，产值 2.3 万元，利税 0.3 万元。1993 年，制鞋社停产关闭。同年，胡坊乡利用原机修厂厂房兴办县胡坊皮革制品厂，生产皮鞋，设计年生产皮鞋 5000 双，员工 12 人，产值 11.5 万元；1994 年停产。至 2005 年，无皮鞋制造企业。

（二）皮箱

1991 年，由香港锦高实业有限公司租用原县水泥厂厂房创办县明峰箱包有限公司，有生产用固定资产 107 万元，员工 42 人，设计年生产皮箱 22 万个。1991—1994 年，产值分别为 101.7 万元、1044 万元、1691.9 万元、2140.5 万元，职工人数也增至 150 人，4 年间共实现利税 430 多万元。此后，企业效益下滑。1996 年，职工人数 90 人，产值 436 万元，利税 9.3 万元。1997 年底企业停产，2001 年关闭。

（三）其他皮革制品

2005 年，雪峰镇成立永凯皮革有限公司，生产皮革制品，同年完成投资 350 多万港元，收购牛皮 5000 多张进行粗加工，并投入 240 万元港币订购部分设备。

三、橡胶制品

1991 年，全县橡胶制品企业有县翻胎厂、瀚仙连厝再生胶厂 2 家，从业人员 120 人，产值 232 万元，利税 20 万元。同年，瀚仙创办集体企业瀚仙橡胶制品厂，生产夹布胶管，年生产能力为 13 万标米。1992 年，县信明橡塑实业有限公司创办，属三资企业，生产输送带，年生产能力 50 万平方米。同年，县企业局创办县橡胶厂，生产再生橡胶，年生产能力 1000 吨。1993 年，县强力轮胎翻新厂创办，经营轮胎翻新，年生产能力 5000 条，仅试产至年底便停产。是年，全县橡胶制品企业 6 家，从业人员 193 人，产值 721.3 万元，行业亏损 44.9 万元。1997 年，橡胶行业企业 3 家，从业人员 81 人，产值 568 万元，亏损 91.8 万元。至 2000 年，县橡胶制造行业企业因连连亏损，陆续停产。2003 年 5 月，县信明橡塑实业有限公司改制为私营企业，更名明溪县明信橡塑有限公司，生产输送带、V 带，2004 年产值 561 万元，利税 5.6 万元。2005 年，全县橡胶制品企业仅有明信橡塑有限公司 1 家，职工 40 人，产值 900.8 万元，利税 21.3 万元。

四、烤烟

1991 年，县烤烟厂有员工 32 人，产值 300.2 万元，烤烟产量 1266 吨，产品主要销往厦门、龙岩。随着县烟叶生产能力的不断加强，1992 年县烟草公司投资 202.1 万元引进 DBL-4-1.25WD3 型链条快装炉、DK-86 型装机容量 42.9 千瓦柱式蒸气复烤机，使年设计生产能力达 10 万担。1997 年，烤烟厂有员工 60 人，复烤烟叶 5115 吨，产量为建厂以来最高，产值 7877 万元，利税 617 万元。1999 年 12 月，烤烟厂关闭。此后，县内生产的烟叶全部由县烟草公司调往三明市烟草分公司，由市烟草分公司组织复烤。

附：重点企业

福建南方生物技术股份有限公司 是红豆杉产业化项目的龙头企业。公司由福建宏源电业股份有限公司、杭州大地环保有限公司、明溪县天绿药用植物发展有限公司、福建华兴创业投资有限公司、福建联华国际信托投资有限公司、杭州微微投资有限公司和陈建民、王祥荣、王德耀、戴星翼等10家股东联合投资组建，于2004年5月经省政府批准成立，总投资8311万元，前身为2001年9月成立的福建省明溪南方红豆杉生物有限公司。公司占地面积7.3公顷，建筑面积14209平方米，引进复旦大学研制的具有国际先进技术水平的“紫杉醇清洁纯化生产技术工艺”，与国家药监局、复旦大学合作成立的明溪天然药物研究所、企业技术中心和学术研究专家委员会为技术支撑，从事南方红豆杉等药用植物和园艺植物的栽培、销售，原料药（紫杉醇）及其他植物成分的提纯加工、销售，是国内唯一一家获得国家许可的利用人工种植南方红豆杉提纯加工紫杉醇的合法企业，设有复旦大学南方生物技术股份有限公司博士后联合工作站。红豆杉产业项目被国家经贸委列为国家技术创新项目、国家星火计划项目，被省政府列为省重点项目，公司被认定为福建省林业产业化龙头企业，被福建省科技厅确认为高新技术企业。2005年，公司拥有1%和50%含量的紫杉醇生产线各一条，人工种植红豆杉基地1391公顷，形成年产紫杉醇原料药90公斤，副产品200公斤以上的生产能力。有职工90人，其中高级职称2人、中级职称9人，生产50%含量紫杉醇200公斤，高纯度紫杉醇10公斤，产值8575.8万元，创利税1524.4万元。

明溪中城百事达变性淀粉有限公司 前身为明溪百事达变性淀粉有限公司，2002年由县林业总公司投资兴建，2003年引进福州中城集团对公司进行控股整合，占地面积8.5万平方米，预建成年产5万吨变性淀粉，成为全国较大的薯类变性淀粉深加工基地，被列为省政府重点建设项目和市政府重点建设项目。2005年，有职工81人，其中博士1人、硕士2人，本科学历9人，累计投资2500多万元，建成1万吨自动化控制槽变性淀粉生产线，运用国际先进、成熟的设备、工艺和技术配方生产食用醋酸复合变性淀粉，采取“龙头带基地、基地连农户”的产业化发展模式，拥有木薯基地800公顷、葛根基地100公顷。2003年3月投产至2005年，生产变性淀粉8700多吨，实现产值近3000万元。

明溪佰盛服饰有限公司 创建于2003年11月，是由香港鑫盛国际服饰贸易公司到县创办的外商独资企业。公司位于明溪城关王桥，厂区总面积2.5公顷，注册资金800万港元，固定资产903.4万元人民币，拥有平车、电车、锁边机、双边机等生产设备400多台（套），生产各类高档服装并全部出口至欧洲、美洲、非洲、中东等国家以及中国香港地区。2005年，有职工200多人，生产种类服装120万件，产值4450万元。

明溪火星化工有限公司 创办于2001年6月，位于瀚仙镇王陂村，占地1公顷，是县生产松香、松焦油系列产品的私营企业，产品主要销往上海、海南、北京、江苏等地。2003年，公司进行技改后，建有标准厂房3500平方米，有职工120人，其中残疾人26人，建成松精油、松青油、松香、松节油生产线2条，拥有生产松香3000吨、松焦油3000吨、松青油750吨和松节油450吨生产能力。2003—2005年，年均生产松香1600吨，松焦油1800吨，松青油300吨，松节油200吨，年均产值1600万元。

明溪县金溪木业有限责任公司 私营企业，创建于2004年10月，占地面积2.33公顷，总投资1000万元，设计年产刨花板1万立方米。2005年，有职工60余人，生产刨花板9967立方米，产值1800万元，实现利税360万元。

明溪明建木业有限公司 创建于2003年4月，由明溪立丰公司和客商张建明共同投资兴建，是第一个落户县生态工业园区的企业。公司总投资1000万元，占地面积2.33公顷，建有标准厂房5000平方米，公司主要生产细木工板和锯材，年产细木工板1万立方米，锯材3000立方米。2005年，有职工80人，产值2000万元，利税140万元。

明溪德辉木业有限公司 创建于2003年11月，属私营企业，落户县生态工业园区，占地面积3.3公顷，总投资1000万元，有厂房5600平方米，仓库4000平方米，生产各种高档木质装饰材料，产品主要出口美国、加拿大及欧洲各国。2005年，有职工120人，生产装饰板5000立方米，产值2700万元，利税170万元。

明溪大平木业有限公司 创办于2000年3月，是中日合资木制品加工企业，投资300万元中，中方占60%，外方占40%，租用原林业车队场地2万余平方米，建厂房2600平方米，有职工200人。公司主要生产花园家具、花园摆设、花园用品等园艺系列木制品，产品全部出口日本和美国。2003—2005年，年均产值1400万元，出口创汇110万美元。

明溪瑞海木业有限公司创建于1997年，属中外合资企业，厂区面积3.5公顷，厂房建筑面积2万平方米，总投资2600万元，其中固定资产2100万元，生产胶合板及各种高档装饰防火板。2003—2005年，有职工100多人，拥有2条防火板生产线，年均生产高级防火板500万平方米，年均产值2500万元，出口创汇100万美元，税收110万元。

明溪珠宝厂 明溪拥有独特的宝石资源，是全国四大蓝宝石产地之一，也是福建省唯一探明开采的蓝宝石产地。宝石总储量达数十亿克拉，质量优良，极具经济价值，主要有蓝宝石、石榴石、锆石等，其中蓝宝石被评为“八闽名石”。明溪县珠宝厂创办1992年，属私营企业，是以明溪独特宝石资源优势为后盾的珠宝加工型企业。企业创办初期以加工经营本地出产宝石为主，随着生产经营规模的逐步扩大、销售渠道的日益拓展和明溪宝石品牌的树立，逐步转向从国外进口宝石原料加工，再销往世界各地，成为“两头在外”的珠宝加工企业。2000年，投资280万元扩建后，拥有厂房1600平方米，职工100多人。2001—2005年，年均产值600万元，产品主要有蓝宝石、红宝石、玛瑙、水晶、煤精、东陵石、虎睛、菩提珠等。明溪县珠宝厂产品80%以上销往国外，年出口创汇60多万美元，成为明溪重点出口创汇的私营企业，打破了私营企业出口创汇难的局面。企业先后获得“昆明世界园艺博览会特色产品展销会金奖”“省乡镇企业精品展销会金奖”“省乡镇企业名、优、特、新产品金奖”等荣誉。在该企业的带动下，全县宝石加工、经营企业有20余家，共开发出各类宝石工艺品300多种，年销售收入3000多万元。

明溪县煤矿 始建于1970年8月。1978年由省煤炭设计院设计年产为3万吨，1982年省煤炭设计院核定其井型为1万吨/年。1996年前，年产量一直在2万吨左右徘徊。1997年矿山开采过程中新发现C4+1煤层，且C8煤层加厚，使产量逐年上升，1998年达4.2万吨，1999年5.4万吨，2000年6.9万吨，2001年6.5万吨。2002年8月，县煤矿实施改制，企业资产整体向社会公开出让，三明市远泰贸易有限公司以900万元获得煤矿产权（承债式转让），企业在岗职工由远泰公司安置，退休职工由主管部门安置。2005年，县煤矿有职工187人，产原煤4.84万吨，产值2115.6万元。

明溪县兰圈水泥有限公司 前身为县水泥厂，始建于1970年，建厂初期设计生产能力为年生产425号水泥2万吨，系地方国有企业。1984年与省公路局联营后，经过三次技改扩建，1995年企业已形成固定资产2200万元，自备有年开采能力35万吨的石灰石矿山一座，拥有2条2.88米的塔式机立窑水泥生产线，水泥年生产能力12万吨。企业生产的“兰圈”牌425号、525号普通硅酸盐水泥，其各项指标优良，是福建省高等级公路建设指定使用产品，多次获得省有关部门颁发的各种荣誉称号。1996年后，因建材市场长期疲软，企业经济效益严重下滑，生产经营困难，处于亏损局面。至2001年10月，县水泥厂资不抵债，县人民法院依法裁定县水泥厂破产清偿，企业资产整体向社会公开拍卖，职工由企业主管部门负责安置。2002年1月，新业主拍得县水泥厂资产，在原址组建成立明溪县兰圈水泥有限公司，生产普通硅酸盐

325号、425号水泥，并获质量体系和产品质量双认证。2003年，投资1600万元用于企业技术改造，年生产能力由12万吨提升至20万吨。2003—2005年，年均生产15万吨水泥，产值3000万元。

明溪明信橡塑有限公司　是省首家生产聚酯V带（原称三角带）、输送带专业生产企业。始建于1992年，公司原为中外合资“明溪信明橡塑实业有限公司”，2002年因经营管理不善等原因而倒闭，经私营业主收购后，由雪峰镇东新路迁移到城郊城关乡上坊村，企业更名为明溪明信橡塑有限公司。公司成立后，坚持“产品围绕市场转、严把质量第一关、打造信誉赢顾客、加强管理促效益”的经营理念，推行现代化的企业管理模式，建立较为完善的质保体系和检测体系，并通过ISO 9001国际质量管理体系认证。2003年，公司投资530万元进行扩建，2004年初扩建完成。扩建后公司占地1公顷,新建标准厂房4800平方米，拥有硫化车间、压延车间、密炼车间以及平板式硫化机、电子式橡胶拉力机、分析天平等一整套较为先进的生产及检测设备，新上一条硫化设备生产线，生产1.6×6米以内各种规格的输送带，产量为原生产线的4倍，年可生产1.6×6米以内各种规格的输送带200万平方米。2005年，有职工40人，产值900.8万元，利税21.3万元，主要产品有普通带、尼龙带、耐热带、耐高温带、挡边带、波纹带、钢网耐高灼输送带等。公司先后获“福建名牌产品”“三明知名商标”等荣誉。

明溪瑞丰纺织有限公司　创办于2004年3月，落户县生态工业园区，民营合资企业，占地2.7公顷，固定资产投资1200万元，建成生产车间5000平方米、1幢职工宿舍楼及其他附属建筑。拥有300台纺织机，主要生产PU革基布及鞋材布等纺织品，主要销往福建温州、广东等地。2005年，有职工70人，产值818.8万元。

第四章　乡镇企业

第一节　体制改革

1991年，全县共有乡镇企业4761家，其中乡镇办企业130家，村办企业320家，个体企业4311家，全县乡镇企业总产值44348万元，从业人员20351人。1992年，通过治理整顿和加大管理体制改革力度，全县乡镇、村办集体企业165家实现经营体制的转换。同时，对全县乡镇办企业130家和村办企业290家分别采用公开招标承包、风险抵押承包和责任制承包多种方式进行改制，共有乡镇办企业110家和村办企业230家实现转制。1997—1998年，对全县乡镇企业集体资产进行清产核资、产权登记工作。分别成立乡镇企业工作领导小组、个私经济工作领导小组办公室，按照县委、县政府工作部署对全县经济不合理、企业负债沉重、产权制度改革滞后、亏损严重的乡镇企业加大改革力度，贯彻“因企制宜、形成多样、稳步前进”的改革方略，以依法破产、出售拍卖、兼并重组、先售后股和股份合作等方式进行产权组织结构改革调整。1999年，全县乡镇企业3764家，比1991年少997家；乡镇企业总产值91978万元，比1991年增长107.4%；乡镇企业增加值15157万元，比1991年增长80.3%。全县乡镇企业增量增值，规模较大、效益逐年提高的重点骨干企业有6家，当年实现产值7113万元；出口创汇乡镇企业5家，出口产品生产总值2994万元。

2005年，全县乡镇企业经济效益进一步提高，当年实现利润3844万元，上缴税金3462万元。其中，年产值1000万元~5000万元的企业5家，年产值500万元~1000万元的企业11家。

第二节 企业结构

一、乡镇办企业

1991年，全县有乡镇办企业130家，其中农业企业17家，工业企业85家，建筑企业9家，交通运输企业4家，商业饮食企业14家，服务企业3家。从业人数5001人，企业总产值13458万元，其中工业总产值11664万元。

全县乡镇办企业的发展，分为二个时期。第一个时期（1991—1998年）为发展时期。1992年，县乡两级政府分别出台适合本地区经济发展的优惠政策。1998年，全县乡镇办企业实现总产值28413万元，其中乡镇办工业产值26761万元。第二个时期（1999—2005年）为转制时期。根据县委、县政府工作部署，深化乡镇办企业产权制度改革，按照一厂一策原则，积极引导企业科学地选择改制形式。2005年，全县乡镇办企业全部转制，其中实行转让、拍卖或兼并转为私营企业有55家，依法破产、拍卖出售后组成有限责任公司17家，组成股份公司2家，剩余18家乡镇办水电站和建筑公司按其行业并入所属县直部门管理。

二、村办企业

1991年，全县村办企业320家，其中农业企业66家，工业企业228家，建筑企业13家，商业饮食企业11家，服务业企业2家。从业人员4092人，企业年产值8139万元，其中工业产值6324万元。

全县村办企业的发展，分两个时期。第一时期（1991—1996年）为过渡时期。6年间，村办企业逐年减少，原来挂靠村办企业先后改为个体企业。到1996年，全县共有村办企业86家，比1991年减少234家；村办企业总产值1721万元，比1991年减少6418万元。第二时期（1997—1999）为改制时期。国家政策鼓励私人办企业，给予较为宽松的发展环境，以往挂靠村办企业全部归回个体企业，其他村办企业也逐一转卖给个体经营。

三、私营和个体企业

1991年，农村私营和个体企业768家，从业人员4536人，总产值7247万元，其中8人及8人以上的有94家，从业人员1150人，总产值1196万元。

1997年，全县农村私营和个体企业861家，就业人数3205人，总产值26223万元，其中8人及8人以上的有150家。

1998—2005年，全县乡镇企业进行改制重组、调整经济结构，乡镇私营企业发展迅速。2005年，8人及以上的乡镇私营企业有172家，总产值32822万元。

2005年明溪县乡镇年产值500万以上私营企业

表8-3 单位:万元

企 业	产值	企 业	产值
明溪县荣和选矿有限公司	1802	明溪县明兴木业有限公司	561
明溪县远泰煤业有限公司	2116	明溪县腾达纺织有限公司	811
明溪县火星化工有限公司	1800	明溪县宏杨木业有限公司	586
明溪县瀚仙水泥有限公司	2234	三明闽新集团沙溪水泥有限公司	765

续表 8-3

企业	产值	企业	产值
明溪县佰盛服饰织造有限公司	4450	明溪昌盛水泥熟料有限公司	892
明溪县新夏松木业有限公司	684	明溪县泰峰木业有限公司	616
福建省明信橡塑有限公司	901	明溪县闽基水泥有限公司	690
明溪县雪峰竹制品厂	600	福建省宏宇牧业有限公司	953

四、股份合作企业

1991—2001 年，全县乡镇企业的统计数据中未体现股份合作企业的有关数字，在个体企业和私营企业中，有 90%的企业都是通过各种形式吸纳社会闲散资金、员工入股、县外能人联合参股和港、台外商嫁接等多种方式进行股份企业经营的。2005 年，全县乡镇有股份合作企业 318 家，就业人数 3928 人，实现企业总产值 21424 万元，其中工业产值 10344 万元，工业增加值 2056 万元。

第三节 行业门类

一、农业企业

1991 年，全县乡镇农业企业 83 家。其中乡镇办农业企业 17 家，村办企业 66 家，从业人数 1102 人，实现农业总产值 1852 万元，实现增加值 370 万元。农业企业是农村种养和小规模加工，主要分布山区乡、村。之后，在县、乡（镇）两级政府的重视下，农业企业发展领域不断拓宽，随着农村股份合作制的推行，出现一些规模企业。2005 年，农业企业 31 家，实现农业产值 3085 万元，比 1991 年增长 167%，实现增加值 830 万元，比 1991 年增长 224.3%。

1991—2005 年明溪县乡镇农业企业发展情况

表 8-4

年份	企业数(家)	从业人数(人)	总产值(万元)	增加值(万元)
1991	83	1102	1852	370
1992	82	1205	2177	435
1993	104	1497	2893	570
1994	43	583	163	25
1995	40	227	1095	201
1996	30	302	593	111
1997	18	140	507	125
1998	8	50	106	13
1999	20	447	1598	174
2000	13	437	1359	216
2001	9	124	1088	267

续表 8-4

年份	企业数(家)	从业人数(人)	总产值(万元)	增加值(万元)
2002	10	137	1229	291
2003	29	359	2711	673
2004	29	178	2043	465
2005	31	180	3085	830

二、工业企业

1991 年，全县乡镇工业企业 1586 家，其中乡办企业 85 家、村办企业 228 家、个体企业 1273 家，从业人员 11879 人，实现工业总产值 27267 万元。分布的主要行业有采矿、建材、食品加工、制茶、木材采运、造纸、印刷、橡胶制品、黑色金属冶炼、机械加工、化学和其他工业等。各行业实现的工业产值为：煤炭 123 万元、采矿 900 万元、建材 4627 万元、食品制造 807 万元、制茶 304 万元、木材采运 4277 万元、造纸 247 万元、印刷 145 万元、橡胶制品 965 万元、黑色金属冶炼 1487 万元、机械加工 659 万元、水力发电 323 万元、化学工业 3448 万元、其他工业 8955 万元。随着改革开放的不断深化，乡镇工业企业的发展在速度和效益方面均取得较好的成效。1995 年后，县委、县政府制定各项优惠政策和措施，扶持发展乡镇企业，为全县乡镇工业企业创造宽松的发展环境。2005 年，全县乡镇工业企业 981 家，实现工业总产值 56682 万元，比 1991 年的 27267 万元增长 208%。

1991—2005 年明溪县乡镇工业企业情况

表 8-5

年份	企业数(家)	集体企业(家)	私营企业(家)	个体企业(家)	从业人数(人)	工业总产值(万元)	工业增加值(万元)
1991	1586	313	—	1273	11879	27267	—
1992	1486	276	—	1210	13684	36178	—
1993	2138	308	—	1830	17438	79294	—
1994	840	172	—	668	9854	58277	10510
1995	1101	164	—	937	7178	69728	5957
1996	1156	113	134	909	7381	30983	7041
1997	204	75	129	—	3956	28673	6507
1998	1051	80	241	730	8428	39555	8674
1999	1010	78	129	803	8329	44870	7947
2000	963	75	85	803	7348	50712	9102
2001	1122	55	116	951	7117	49017	10679
2002	1158	—	225	933	6933	42240	8164
2003	1190	—	321	869	7634	48915	10647
2004	1027	—	413	614	7737	50885	11066
2005	981	—	172	809	8156	56682	13120

三、建筑企业

1991 年，全县乡镇建筑企业 22 家，乡镇办企业 9 家，村办企业 13 家，其中列为五级资质技术的有城关、盖洋、雪峰 3 家建筑工程公司。从业人员 2958 人，实现产值 4501 万元，占全县乡镇企业总产值的 10.1%。1993 年以来，县加强对建筑行业管理，分批输送参加省、市项目经理培训，参加省、市举办各类专业培训。2005 年，全县乡镇共有建筑企业 25 家，其中明溪县第四建筑工程公司、雪峰建筑工程公司、城关建筑工程公司为房建四级企业。全县建筑企业有专业技术人员 450 余人，其中，中级职称 36 人，初级职称 102 人，各类专业技术工人 310 人。

四、交通运输企业

1991 年，全县乡镇有交通运输企业 1372 家，其中，乡镇办 2 家，个体 1370 家，从业人员 1599 人，年实现产值 5468 万元，占乡镇企业总产值的 12.3%。随着全县乡镇企业发展，乡镇交通运输业的发展加速，全县个体运输户迅速增加，城关、盖洋、夏坊、瀚仙 4 个乡镇均成立联合运输车队。2005 年，实现产值 9335 万元，比 1991 年增加 0.7 倍。

1991—2005 年明溪县乡(镇)交通运输企业发展情况

表 8-6

年份	企业数(家)	从业人数(人)	总产值(万元)	增加值(万元)
1991	1372	1599	5468	—
1992	1440	1756	6995	—
1993	1667	2119	1150	—
1994	816	1096	5081	—
1995	1120	1543	6484	1296
1996	1507	1902	7347	1456
1997	1275	1579	6558	1298
1998	1238	2050	8217	1637
1999	1119	2011	7210	1459
2000	1073	2224	7578	1508
2001	911	2065	7765	1553
2002	1094	2432	8165	1624
2003	1082	2392	8582	1699
2004	913	1542	7746	1569
2005	902	1516	9335	2156

五、商业服务业企业

1991 年，全县乡镇有商业服务企业 1230 家，其中乡镇办 14 家、村办 11 家、个体 1205 家，从事商业服务业人数 2581 人，年产值 5258 万元。县、乡两级政府陆续出台本地区经济发展的优惠政策，鼓励发展个私经济，全县乡镇商业企业快速发展，主要有商品批发零售、饮食服务行业。到 2005 年，全县乡镇共有商业服务企业 2349 家，比 1991 年增加 1.86 倍，其中商品批发零售 1949 家，饮食服务 400 家；年实现产值

1880万元，比1991年增加2.77倍，从业人员4873人，比1991年增加2292人。

1991—2005年明溪县乡镇商业服务业发展情况

表8-7

年份	企业数(家)	从业人数(人)	总产值(万元)	增加值(万元)
1991	1230	2581	5258	—
1992	1445	2922	7000	—
1993	2192	3855	9312	—
1994	1156	2316	10772	—
1995	1623	3246	7267	1380
1996	2022	3583	11447	2289
1997	2072	2382	11467	2301
1998	1389	3571	13018	2589
1999	1461	3494	14749	2923
2000	1459	4590	18257	3064
2001	1727	4933	25298	5081
2002	1765	4430	21556	3661
2003	1900	2997	14182	2823
2004	1357	4538	21226	4032
2005	2349	4873	18805	5467

第四节 管 理

一、行政管理

1991年，县乡镇企业局对全县乡镇企业行使行政管理职能，宣传贯彻上级方针政策，协调解决企业在生产、销售过程中的困难和问题，协助企业外引内联和申报名牌产品，协助乡镇企业家申报评审乡镇企业系统初、中、高级专业技术职务，审批全县乡镇企业50万元以下的技改立项，协助乡镇企业引进急需人才。管理办法主要是由县乡镇企业局对全县乡镇企业采取目标管理考核办法，每年把发展乡镇企业的主要经济指标列入考核内容，年终进行考评，每年由县政府进行表彰奖励。

1991—2005年，通过自下而上评选，全县有谢庭先、俞先碌、吴土根等被评为福建省乡镇企业家。闽王牌龙凤神剑、金峰牌胶合板、龟山牌水泥、明溪宝石厂天然蓝宝石等产品被评为福建省乡镇企业名牌产品。

二、经营管理

1991—1997年，根据县委、县政府每年初的经济工作部署和市乡镇企业局的指导性计划，结合全县乡镇企业发展的实际，由县乡镇企业局将乡镇企业总产值、工业总产值、工业增加值、出口交货值、营业收入、上缴税金、净利润、50万元以上新上项目8项指标作为指导性计划，其中工业产值、工业增加值、50万元以上新上项目3项指标列入县年度农村经济和社会发展目标管理，由县政府下达各乡镇，并协助企业加快技术改造、产品配套、工艺改革的步伐，促成企业间的联合、重组并发挥其行业优势。1997 年起，实行县乡镇企业产权改革，至 2001 年县乡镇企业改制完成，县乡镇企业均转入民营，改制后企业产权关系明晰，建立以市场经济为导向的企业运行机制，脱离政府的干预。

第五章　管理与园区建设

第一节　管理机构

一、县经济贸易局

1991 年，县经济委员会内设政工股、秘书股、生产技术股、经贸股、交通股、职教办，直属事业单位县计量所。主管县属工业企业。1997 年 2 月，成立县经济局，原县经委行政职权和人员并入县经济局，职能为政府管理全县工业经济和协调日常经济运行的综合部门，并负责全县的外引内联工作。机构内设办公室、企业管理科、技术开发科、经济协作科、纪检人事科、工交生产调度中心办公室。同年辖有县水泥厂等 13 个企业。2002 年 1 月，撤销县经济局，组建县经济贸易局，负责调节近期国民经济运行和工贸企业工作，内设职能股室有办公室、经济运行股（含县工交生产调度室）、工业企业股、技术进步股、内贸市场股（含整规办、支前办）、人事股。

二、县二轻工业总公司

1991 年，县二轻工业局内设办公室、财务股、生产股等 3 个股室，下辖有县木器厂、工艺厂、标准件厂、医疗器械厂、无线电一厂、无线电二厂、无线电三厂、铸钢厂、装饰板厂、制冷设备厂、翻胎厂、标准件二厂、二轻工业公司、制鞋社等 14 家企业。1996 年 12 月，县二轻工业局更名为县二轻工业总公司，公司下辖有县装饰板厂等 10 家企业。至 2005 年，机构无变化。

三、县乡镇企业管理局

1991 年，县乡镇企业局设办公室、生产股、经管股和经营管理站、技术服务站，主管乡镇、村及村以下企业。2001 年 10 月，县乡镇企业局撤并到县农业局。

四、县生态经济区管理委员会

2003 年，开始在县城东南方向城关乡上坊村筹建县生态工业园区，总投资 4.1 亿元，规划占地面积 100 公顷，重点围绕发展生物制药、林竹产品加工、绿色食品加工、机械电子等高新技术企业等产业。2005 年 5 月，正式成立县生态经济区管理委员会，为股级事业单位，编制 8 名，其中，管理人员 1 名，专业技术人员 7 名。

第二节　企业管理

一、质量管理

1991 年，在县属国有企业中全面开展“质量、品种、效益年”活动和活动竞赛，把提高管理水平作为活动的重要内容，通过加强管理，提高产品质量和效益。全县所有企业都把产品质量指标列入各级经济责任制中进行考核，制定“质量管理工作决定”，严格实行质量一票否决权制度。全县各企业产品质量合格率都在96%以上，县酒厂的沙棘饮料荣获“全国优质保健饮料新产品奖”。

1995年，在全县宣传和贯彻ISO 9000（GB/T 19000）《质量管理和质量保证》系列标准，推动企业建立质量体系认证工作。

1998年9月，县政府制定印发《明溪县育名牌、创名牌、响名牌实施方案》，引导提高产品质量的提高，建立明溪县品牌库，由县质量技术监督局对品牌库内企业及其产品实行动态管理。12月，县无线电二厂声表面波滤波器产品首先通过ISO 9000质量体系认证。

1999年12月，县政府制定《明溪县〈质量振兴纲要〉实施计划》，为县产品质量、工程质量和服务质量的总体水平规划远景目标。

2003年9月至2004年6月，县质量技术监督局对明溪的工业企业进行质量状况普查，共建立企业质量档案79家并纳入滚动管理。

2005年，全县通过ISO 9001质量体系认证的企业有县无线电二厂、县兰圈水泥有限公司、县瀚仙水泥有限公司、三明（明溪）百事达淀粉有限公司、县闽基水泥有限公司、县宏宇牧业有限公司，通过GMP标准质量认证的有县红豆杉股份有限公司。明溪南方红豆杉生物有限公司生产的紫杉醇、明溪县明信橡塑有限公司生产的输送带向福建省人民政府申请“福建省名牌产品”称号。

二、经营管理

1991年，贯彻《中华人民共和国工业企业法》，县国营、集体企业经营普遍实行承包责任制。1992年，贯彻《全民所有制工业企业转换经营机制条例》，企业经营享有自主权，可以根据市场需求和发展潜力，调整生产计划，制定中长期目标。

1994—1995年，在全县工业企业中广泛开展“转、抓、练、增”活动，促进全县工业企业特别是国有企业改革、改组、改造和加强管理的有机结合，促进企业经济效益的提高。县政府实行与国有企业签订《明溪县国有企业经济目标管理责任书》，逐个企业下达产量、产值、利润、税收、主要产品单位成本和全员劳动生产率等项经济指标，并由企业法人代表交纳风险抵押金，半年及年终组织有关部门人员到各企业对照经济目标责任书进行考评测评，根据考评测评结果，年终兑现奖惩。

1996年，在全县国有企业中普遍开展以成本管理、质量管理、资金管理、现场管理、设备管理、安全管理为主要内容的“企业管理年”活动，组织职工开展“学邯钢、严管理、降成本、增效益”的岗位竞赛活动，学习邯钢经验，改革落后的管理制度。把产量、质量、消耗、费用等层层分解到车间、班组、岗位，同经济利益紧密挂钩，建立“人人肩上有指标，责任分明奖惩严”的利益共同体，通过“找差距、细算账、定措施、严考评、重奖惩”，许多企业在与邯钢对比中看到自身管理的粗放、落后，同时看到向管理要效益的巨大潜力，努力改革成本管理制度，目标成本测算由“正算法”改为“倒推法”，使成本管理符合市场规律。全县各企业普遍提高了企业经济效益。

1998年，县经济局等部门在企业中推行成本目标责任制，并签订责任状。1999年，在企业中普遍开展“远学邯钢、近学三钢”活动，抓成本目标管理。

2000—2005年，县国有企业普遍实行改革，转换经营机制，给予企业更大更灵活的自主空间，采用适合于自身发展的多种灵活的经营机制。

三、安全管理

1991年，县企业主管机关和企事业单位，按照有关规定配备安全干部，在经济承包责任制和目标管理责任制中，把具体安全内容和实施细则列入指标，作为重点指标考核，严格实行安全指标否决权制度。每季度坚持组织一次安全检查活动，做到有会议记录，有隐患整顿措施。

1992 年，各企业强化劳动纪律，增强安全意识，加强生产设备等生产设施的维修和管理，组织义务消防队，配备灭火器等消防设备，确保安全生产。

1993—1997 年，县经委落实安全生产责任制，把安全目标责任分解下达，逐级落实到车间、班组和个人，完善安全生产保证体系。通过开展“平安杯”、安全周、安全生产检查月等活动，使安全生产思想深入人心。

1999 年，县经济局开始与各企业签订《安全生产目标管理责任书》，明确企业法人作为安全生产第一责任人，把安全目标责任分解到企业，逐级落实到车间、班组和个人，层层签订安全责任书。

2002 年 2 月，成立县安全生产监督管理局，综合管理全县安全生产，组织、协调监督重大事故的调查处理。

2003—2005 年，县安全生产委员会每月召开一次例会，专题研究安全生产中存在的突出问题，加强煤炭生产许可证监管和非煤矿山达标整治，开展重大危险源泉普查登记，落实应急救援预案，加强安全生产监督和执法工作。

第三节　工业园区建设

一、坪埠工业园区

坪埠工业园区位于县城关乡坪埠村，距城区 1.5 公里。该园区于 1999 年开始建设，时称坪埠工业小区，规划面积 100 公顷，首期用地面积 47 公顷，分为木材加工、农副产品加工、五金机械加工、化工原料生产、电子玩具服装、食品加工和污水处理等 7 个小区。2001 年 7 月，委托三明市建筑设计院规划所对园区建设进行可控制性详细规划。2002 年 2 月，园区管理工作由县企业局移交给县经贸局，县政府出台《明溪县加快坪埠工业开发区发展的若干规定》，鼓励、扶持非公有制经济入园发展。至 2005 年，共引进入园企业有福建省昌麟（明溪）有限公司、明溪县烤烟厂、明溪县华峰农产品有限公司、明溪县康泉铝塑复合管公司、福建省明溪县长虹精密铸钢有限公司、福建省三达精细工业硅公司、三明圣华水泥助磨剂厂、明溪县永兴体育用品厂 8 家。

二、生态工业园区

位于县城关乡上坊村，2003 年初开始筹建，规划占地面积 100 公顷，总投资 4.1 亿元，重点发展生物制药、绿色食品加工、机械电子和林竹产品深加工等高新技术企业，由复旦大学陈家宽等 3 名教授和 2 名博士生共同规划设计。按照“高起点、高标准、园林式、生态型”的建设模式，采取多元化投融资机制进行开发建设，以“政府主导、多元投资、封闭运行、滚动发展”的方式，组建工业园区建设投资有限公司，运用政府启动投入、民间资本参入、乡村土地入股、园区运作补偿、土地抵押贷款、市场化运作壮大相结合的办法，制定《关于加快明溪县生态工业园区开发建设的若干意见》，鼓励各类经济主体参与、实施工业园区基础设施建设和招商引资。县设园区管理委员会，对入园投资项目的行政审批事项和经济管理事项进行统一代办，实行全程免费服务。对投资规模大、科技含量高的入园新建项目，由园区管委会组成筹建服务小组，协助项目业主做好筹建工作，并实行“个案优惠”。同时，园区建立服务责任追究制度，成立投诉举报协调中心。2005 年，园区一期面积 34 公顷水、电、路建设完成，共引进入园投资规模 1000 万元~1500 万元的企业 5 家，分别为明建木业有限公司、德辉木业有限公司、瑞丰纺织有限公司、利科生物技术有限公司、凯华矿业有限公司。

卷九　商贸　服务　旅游

1991—2005 年，明溪商业贸易经商品流通体制改革，从计划经济走向市场经济，形成国营、集体、私营、个体共存多元化发展格局。商品流通多渠道、经营方式多样化，民营商业快速发展，服务网点遍布城乡，专卖店、便利店、超级市场和特许经营、连锁经营、物流配送等新型商贸流通业应运而生。随着商业行业多元化，商业网点布局经过市场调整，逐渐合理，经营设施日渐完善，社会商品品种多样、数量充足，城乡市场繁荣活跃，逐步形成了现代流通市场。2005 年，全县社会消费品零售额 3.63 亿元，是 1991 年的 4.67 倍。全县餐饮业营业额 0.47 亿元，是 1991 年的 14.9 倍。

第一章　体制改革

第一节　商业体制改革

一、管理体制改革

1991 年，县商业总公司下辖县百货公司、五交化公司、糖烟酒公司、纺织品公司、贸易信托公司、贸易经营部等。

1992 年 12 月，县商业局改组成立县商业总公司，实行“两块牌子，一套人马”的管理体制，继续行使部分行业管理行政职能。1993 年 3 月，挂靠县财委的中茂商行并入县商业总公司，实行独立核算、自负盈亏管理。是年，县商业总公司下辖县百货公司、五交化公司、糖烟酒公司、纺织品公司、贸易信托公司、贸易经营部等。1994 年 3 月，县商业总公司注册资金 50 万元成立厦门泛亚公司，实行独立核算、自负盈亏管理。12 月，县食品公司依据政府文件，建立屠宰场，在城区实行牲畜定点屠宰管理。

1996 年 12 月，取消县商业局编制，全称明溪县商业总公司，改制为经济实体。下辖县百货、五交化、纺织品、糖烟酒、食品、饮食服务、贸易信托等 7 个公司，1 个经营部，中茂商行和厦门泛亚公司，对下属各公司的人事、财务、统计、档案进行统一管理。

1997 年 8 月，注销厦门泛亚公司。2000 年 10 月，县百货公司和三明商业集团联合股份成立惠民百货商场。

2001 年 3 月，县食品公司投资 60 万元对屠宰场进行机械化设备生猪屠宰改造。同年 10 月，注销中茂商行。

2002 年，县食品公司投资 21 万元更新机械屠宰设备，在城区实行牲畜定点屠宰。县商业总公司行使县行政区域内牲畜屠宰的行业管理职能，推行“定点屠宰、集中检疫、统一纳税、分散经营”的管理办法。

2005 年，县商业总公司下辖县百货、五交化、纺织品、糖烟酒、食品、饮食服务、贸易信托等 7 个公司和贸易经营部。

二、经营体制改革

1991 年始，县商业系统的经营体制进行一系列的重大改革。商业采购、批发逐步打破过去进货渠道单一、机构重叠的框架，改为多渠道、少环节乃至直接从厂家进货的方式。商品价格由过去单一的固定的分层次的调拨倒扣作价，逐步改为顺加的批量作价。在经营方式上，采用多种形式的横向联合，实行工商联营、商商联营、联营联销、代购代销、批零兼营。商品推销方式上改变过去坐店等客的“官商”作风，开展多种形式的促销活动，采取下乡上街摆摊设点、带账本样品下乡批发、送货上门、商品试用等形式，实行包修理、包退货、包更换的“三包”售后服务体系等。

1992 年 1 月，县商业总公司强化批零一体化，有步骤地在商业系统推行“四放开”（即经营权、定价权、用工权、分配权放开），在县百货公司、五交化公司、糖烟酒公司、贸易信托公司、纺织品公司、贸易经营部的所有零售网点实行以定额管理为前提的“百元含量制”“联销计酬”“联利计奖”的经营管理。1993 年 4 月，县商业总公司推行“国有民营”改革。按照所有权和经营权分离的原则，在国有性质不变的前提下，实行包死基数、确保上缴、自主经营、自负盈亏的经营承包制，县百货公司、五交化公司、糖烟酒公司、纺织品公司、贸易信托公司、贸易经营部的 16 个网点、46 个柜组全面推行国有民营改革。县饮食服务公司和县食品公司继续保持国有国营体制。国有民营改革后，县百货大楼的经营品种由原来的 7100 个增加到 8300 个。全年商业系统商品总购进 1454.3 万元，商品总销售额 1614 万元。1994 年 12 月至 1995 年 12 月，县食品公司成立定点屠宰场的第一年，共屠宰生猪 16299 头。1994 年 3 月，成立厦门泛亚公司，实行独立核算、自负盈亏管理。同年，县商业系统继续推行国有民营改革，年商品总购进 1537.5 万元，商品销售额 1787.5 万元。1995 年 2 月，县商业系统将批发零售企业融为一体，以零售企业为依托，调整企业经营结构，在县百货公司、县五交化公司、县糖烟酒公司、县纺织品公司、县贸易信托公司、县食品公司、县饮服公司、县贸易经营部全面推行“国有民营”改革。县百货公司把批发、零售化块为条，成立百货、文化鞋帽、服装针织、食品、交电 5 个经营部，各经营部实行“进、销、存”一条龙管理，采取“四定四考核”的管理办法（定人员、库存、销售、经营品种，进行考核毛利、费用、利润、资金占用）。层层下达目标责任制，全年完成商品销售 273 万元，经营品种由原来的 7300 多种增加到 2 万种，当年县百货公司被省经贸厅授予全省商业系统第二批“放心店”单位称号。全年商业系统商品总购进 1960 万元，年商品销售额 2059 万元。1997 年 2 月，按照“产权明晰、权责分明、政企分开、管理科学”的现代企业制度要求，确定县百货公司、五交化公司、糖烟酒公司、饮服公司、纺织品公司、贸易信托公司实行“自负盈亏、确保上缴、不足自补、超额全留”的抽本租赁承包经营的改革方式，6 个改制公司的 10 个商店、28 个柜组全部实行抽本租赁承包经营。2000 年 6 月，全县商业系统进行以调整职工劳动关系为重点的劳动人事制度改革，6 个国有公司全面完成改制工作，置换职工身份、解除劳动关系 197 人，支付下岗职工一次性经济补偿金 110 万元。2001 年下半年，县五交化公司、纺织品公司与百货公司合并，解散贸易信托公司、商业贸易经营部。2005 年 12 月，县商业系统只保留县百货公司、糖烟酒公司、饮服公司、食品公司，共有干部职工 32 人、离休人员 3 人、退休人员 126 人。

第二节　供销合作体制改革

1991 年，县供销社对驻外点和所辖公司进行撤并优化，先后撤销县供销社驻福州经理部、土产公司驻永安转运站、竹柴炭公司驻永安转运站等，县社佛山经理部并入土产公司、县社驻永安购销站和土产公司驻荆西转运站并入竹柴炭公司、县社家电经营部并入供销贸易中心。为及时消除第一轮承包利润包干制带来的资金失控、企业失管、人员失教的弊端，改变承包形式，第二轮承包除旅社、饭店、车队、招待所、加工厂实行利润包干或租赁制外，其余承包门点均实行联销计酬、联利计奖、定额管理、超利税后分成的承包办法。为健全农资服务网络，优化服务功能，县农资公司组建农资科技咨询中心，8个基层供销社组建农资科技咨询处，5个村级分销处组建农资科技咨询站，为农民提供科学施肥、合理用药、防治农作物病虫害技术咨询等服务。

1993年，供销企业推行“社有民营”机制，对生活资料门点普遍采取“自筹资金、自办执照、自主经营、自交税费、自负盈亏”的办法开展经营。是年，国家调整农资政策，变专营为主渠道经营，由县供销社负责全县小化肥的统一经营，承担全县农资商品供应责任。

1994年，县供销社根据“精减、效能”原则，机关由年初的23人压缩到15人，把精减的人员充实到经济实体。把上海闽明土产建材公司隶属关系由原县土产公司管理调整为县总公司直接管理，成为总公司的经济实体，由业务科参与经营管理。各公司和基层社实行经理（主任）负责制，分别签订目标管理责任合同，并实行经理（主任）津贴制度。农资供应实行统一计划、统一进货、统一调拨、统一价格、统一贷款、统一费率的经营机制，改原县社、基社两道经营为一道经营，实行县社基社批零合一、推行代销、分级核算、盈亏自负。对化肥价格下浮销售，为农民减轻负担。

1996年，供销社坚持面向“三农”，开展“六好”（农资供应运作好、农资商品质量好、购销政策执行好、开展系列服务好、净化农资市场好、农民群众反映好）优质服务和推行办事程序、商品质量、商品价格等三项农资经营社会服务承诺制度。开展“联村又联户，登门搞服务”活动，全系统参加一条龙服务的共计481人次。积极开拓新的领域，培育新的经济增长点，协助引进“绿都牌”木地板砖生产项目。

1997年，按照市、县有关加快内贸企业改制的要求，确定土产、果品、竹柴炭、贸易中心等四个公司为改制企业。对烟花爆竹、棉花、加碘盐等国家政策性扶持的经营项目及大宗农副产品购销业务，一律实行集体经营承包责任制形式；进一步压缩行政人员，企业的副经理一律参与租赁承包，鼓励其他管理人员参与租赁承包；企业减员分流，允许办理待业、自谋职业或停薪留职，老弱病残职工可以提前办理内部退休。农资供应围绕“保量稳价、保质应季”的要求，以供销社为依托，组织创办农资专业合作社，继续发挥供销农资主渠道作用。根据中央、省、市有关扩股的精神，积极发展社员股金，共吸收社员股金135万元。

1998年，为防范和化解社员股金风险，县社贯彻执行国务院有关规定，对社员股金进行转退。完成对车队、招待所的企业改制。抓好各基层社新一轮承包。为支持城乡道路扩改，搞好流通设施建设，重建“明溪供销大厦”八层楼房，建筑面积5680平方米。重建“盖洋供销综合楼”，建筑面积1200平方米。参与农业产业化经营，在瀚仙、盖洋等乡镇扶持农民试种棉花13.33公顷，获得成功。为了解决农副产品流通信息滞后的问题，筹建农产品信息中心，为广大农户提供信息服务。

1999年，县社把扭亏增盈作为工作重点，层层建立扭亏增盈目标责任制，实行亏损挂账分列的考核办法。企业开展节约费用活动，普遍加大清欠力度，收回各项应收款105万元。进一步盘活资产抵还银行贷款35.7万元，减轻债务和利息负担，全系统取得减亏60.9万元的显著效益。围绕县政府农业综合开发工作部署，兴办柑橘、淮山两个专业合作社，帮助农民推销柑橘、淮山等农产品，为农民解决卖难的问题。

2000年，县社按照县委、县政府的要求和市供销社的部署，对直属公司实施以企业转换机制、职工转换身份为内容的“两换”改革。通过资产评估，明晰产权；职工与企业解除劳动关系，打破“铁饭碗”，实现人员有序流动和解决企业冗员问题；盘活资产，实现资产、人员重组，企业按市场经济规律组建有限责任公司和股份合作制企业或租赁经营，使企业体制得到转换。至 12 月底，10 个直属企业顺利完成人员身份置换和下岗分流工作。当年实现经营利润 11.14 万元，扭转多年亏损局面，改革初见成效。同年，撤销 1991 年成立的对供销系统有较大影响的农资结算中心。因城区建设农副产品交易市场，供销社位于东新路 7 号的店面、住房、仓库共计建设面积 6700 平方米、土地面积 5230 平方米被县政府拆迁征用。县社在拆迁补偿的 1100 平方米地块上新建一座 4400 平方米商住楼。

2001 年，县社对下属 8 个基层供销社按照"一社一策"的原则，分步实行改革。第一步减员增效，置换劳动关系；第二步五年内退休职工退养；第三步安置离退休人员；第四步明晰产权，重组合作制企业。年底，6 个基层供销社完成人员身份置换和下岗分流工作。当年基层社亏损单位由 5 个减少到 2 个。农资经营方面不断调整商品供应结构，积极推广专用肥，8 个基层社全面开展预购肥购药，送肥送药到村到户，满足农业生产需要。为全县农业综合开发重点项目服务，从广西引进高优木薯品种在瀚仙镇王陂村山地试种成功。在瀚仙镇建立百亩淮山高产示范基地。

2002 年，县社贯彻落实全省供销工作会议精神，推进以参与农业产业化经营改造基层供销社，当年基本完成 8 个基层社工作人员置换身份和下岗分流工作。开展"深化项目年"活动。投资 4 万余元，完善农产品信息中心设施建设，全市供销系统信息现场会在明溪召开。投资 3 万余元在瀚仙镇大焦村建立百亩高优木薯种苗生产示范基地和在王陂建立 3.33 公顷淮山生产示范基地。加强与长城资产公司协调，解决县供销系统欠款 860 万元的难题。

2004 年，为适应新形势，县社加强构建新型农资营销网络的建设。在抓好原有供应网点的基础上，创办夏阳、盖洋两个基层社农资商品超市，促进经营多样化，减少流通环节，降低运营成本，稳定商品价格，减轻农民负担。加强农产品信息服务，围绕全县主要农产品，开展市场预测和分析，发布市场信息，让农民及时了解农产品市场信息，引导农民进入市场。抓好项目开发，促进县域经济发展。

2005 年 5 月，县编委重新核定县供销社为事业单位，人员编制 11 名。按照县社改革《明溪县供销合作社实施方案》岗位设置：理事会 3 名，办公室 3 名，财计科 2 名，业务指导科 1 名，资产管理科 1 名，农产品信息中心 1 名。聘用岗位作实行公开竞聘上岗，10 月底聘用工作结束，签订聘用合同人员 9 人。

第三节　粮食流通体制改革

1991 年，粮食部门实行高度集中的统购统销政策，按照"统一收购，统一销售，统一库存，统一调拨"的"四统一"管理制度，粮食收购、销售调拨加工等业务严格执行上级粮食主管部门下达的任务和计划，粮食购销价格和管理费用统一由省里制定和拨补，形成高度集中的粮食管理制度。

1992 年，根据省政府《关于深化改革，进一步搞活商品流通的决定》精神，县制定《明溪县粮食系统综合改革试点方案》，对粮食管理体制的财务制度、用工制度、分配制度进行改革。之后，粮食流通体制不断改革，打破高度集中的粮食管理体制。1994 年，粮食企业进一步推行"经营、分配、用工、价格"四放开的改革，实行"国有民营"和不同形式的经营承包。在用工上采取双向选择，优化组合；在经营上，价格放开，自主经营；在核算上实行独立核算，自负盈亏；在分配上实行工效挂钩，按劳取酬。1997 年，根据省政府《关于加快国有商业流通企业改革和发展的实施意见》和县委《关于加快内贸企业改革的实施意见》，县粮食部门从产权制度改革入手，以"国家转让产权，企业转换机制，政府转变职能，职工负债投股经营"的改革形式，对粮食加工厂、粮食复制厂、饲料工业公司进行改制，初步建立"产权明晰，权责明确，政企分开，管理科学"的现代企业制度，适应社会主义市场经济的新形势。1998 年，根据国务院《关于印发当前推进粮食流通体制改革意见的通知》和省政府办公厅转发省粮食厅等部门《关于实施粮食企业的附营业务与收储业务分离方案》，县制定《关于进一步深化粮食流通体制改革的实施意见》和《关于粮食企业附营业务与收储业务分离实施方案》，加快粮食企业的自身改革。

1999 年，组建明溪县粮食收储有限责任公司，同年更名为县粮食购销有限公司，原八站一库统一由该公司管理，在人、财、物等方面与粮食行政管理机构脱钩，实行政企分开，使粮食收储企业真正成为“自主经营，自负盈亏，自我发展，自我约束”的经济实体。同年，经市政府批准，县粮食收储有限责任公司实施定员、定岗、定任务、包费用的“三定一包”责任制。2000 年，粮食购销有限公司实施“下岗分流，减员增效”的改革方案，精减为 32 人，减员 305 人。2001 年，按照国务院出台的《关于进一步深化粮食流通体制改革的意见》，县粮食购销企业实施粮食购销市场化改革，取消粮食定购任务，放开粮食购销价格，放开粮食市场，全面步入市场经济。2005 年，粮食企业全部放开经营。

第四节　物资流通体制改革

1991 年，县物资流通实行“双轨制”，由计划市场调节向市场经济并轨。组建县物资总公司，与物资局实行两块牌子、一套人马。把原物资局中的金属股、机电股、化建股分离出来，分别成立县金属材料公司、县机电设备公司、县化工建材公司、县再生利用公司、县物资贸易中心和县物资综合公司等 6 个分公司，隶属于县物资总公司管理，实行自主经营、自负盈亏的管理模式，职工由原来的 23 人增加到 31 人。各公司积极开拓市场、扩大市场占有率、增加门市部网点，采取批零兼营。广开物资进货渠道，由计划经济的条条调拨，拓展到向省内外生产企业采购。1992 年，汽车、轮胎、玻璃、钢材等大中型物资购进总额 1532 万元，销售总额 1501 万元，盈利 56 万元。

1998 年，县物资总公司有干部职工 56 人。为进一步开放市场，除民爆器材商品从县化工建材公司中收回总公司专营外，其余各公司与县物资总公司脱钩，财务完全独立，自负盈亏。

1999 年 6 月，县物资总公司根据县政府《关于县物资总公司改制方案的批复》，通过资产变现，置换职工身份 23 人，同时成立“明溪县物资行业管理办公室”，作为政府行使全县物资行业管理职能的机构。同年 9 月，成立县物资民爆器材专卖有限公司，专营县工农业生产所需的民爆器材商品，并由县公安局负责安全监管，各乡镇设立民爆站，民爆器材实行专用车配送。

2004 年初，为加强物资民爆器材专卖安全管理，省经贸委机电行管办的专家来县进行民爆器材仓库实地勘测，决定在瀚仙镇洋龙村觉林堂处新建民爆器材仓库 1 座，由省设计院设计，明溪建筑工程公司承建，自筹资金 106 万元。2005 年 8 月，县民爆器材仓库建成并经北京专家组安全评估合格，省经贸委验收，做到消防、避雷、防盗报警达标，投入使用。

第五节　外贸体制改革

1991—1996 年，县对外贸易主营土畜产品、粮油食品、茶叶、五金矿产、工艺品和机械等，尤以松香、结晶硅、茶叶为大宗。

1997 年，全县机构改革时，县对外贸易公司被降格为自收自支事业单位，隶属县对外经济贸易局，为事业编制企业管理。由于国家放开出口商品经营权，外资企业出口业务逐步放开。县对外贸易局亦向生产经营服务型转变，通过扶持生产、建立出口商品基地，发展自属出口商品生产企业，为组织出口提供货源。但由于地处内陆，对外贸易业务量逐年减少。1999 年 10 月，由明溪法院、银行、外经等有关部门组织成立清算小组，对外贸公司的债权债务进行全面清算，2000年对原有在职职工实行一次性买断工龄，办理下岗手续。

2001—2005年，随着国际经济形势好转，县加大对“三资企业”扶持力度，加强招商引资工作，在全县上下营造“亲商、扶商、富商”的良好氛围，积极采取小分队招商、委托招商、敲门招商、网上招商等多形式的招商方式，同时充分发挥明溪“旅欧第一县”的有利条件，利用在外华侨多的优势，开展广泛的宣传和联络，吸引外资注入县域经济建设。至2005年底，全县经营良好的瑞海木业、大平木业、百事达变性淀粉、春景茶叶等外资企业20家，资金主要来源于欧洲和中国港澳台地区。

第二章　市场建设与商业网点

第一节　市场建设

1991年，县城区集贸市场有日溪市场（位于惠利桥南侧，砖混三层，占地面积2000平方米，建筑面积3000平方米）和城北农贸市场（位于县第一中学北侧，占地面积8000平方米，建筑面积7500平方米）2处。集市贸易为3天一圩，集农资、农产品交易于一体。是年，县完成城关日溪市场、夏坊市场、夏阳市场的改建和扩建工作。1992年，新建盖洋常坪农贸市场和沙溪梓口坊农贸市场。1993年，县投资19万元在雪峰镇民生路新建1个小商品市场，占地面积共1800平方米，建筑面积1500平方米，次年该市场关闭并拆除。

1995年，重建枫溪集贸市场。翌年扩建城关集贸市场，扩建面积620平方米，新增摊位110个，市场内新开设商用店面34间，520平方米。

1999年，在县雪峰镇河滨北路建设过渡性集贸市场，把原城北农贸市场拆建成明溪综合市场，次年11月，明溪综合市场建成投入使用。该市场为集商贸、农贸为一体的县级大型市场，占地面积2.35万平方米，建筑面积3.65万平方米，主体楼层7层。设有商用店面188间、铺位110个、固定摊位511个、临时摊位75个。是年底撤除了日溪市场和河滨北路临时集贸市场。

2005年，全县拥有综合市场1处，乡镇小型集贸市场7处。

第二节　商业网点

1991年，县商业系统城区共有百货、五交化、纺织、饮服、食杂等商业零售网点52个，从业人员258人。县百货公司、糖烟酒公司、纺织品公司分别在盖阳、胡坊、夏坊、沙溪、瀚仙等乡镇租赁门点设立经销点，采取专营、联销、分销等形式，拓展农村市场，扩大商品销售；县供销系统也在城区和乡镇分设门点，销售农资产品和生活用品。1994年，由于市场竞争激烈，经济效益滑坡，县商业系统各公司在各乡镇的商业经销点全部撤销，聘用人员自然解散，下派职工回公司安置。2000年，商业系统职工置换身份，与企业解除劳动关系。除百货大楼与三明商业集团进行股份联营外，其余所有商业零售网点全部向社会出租。供销系统情况与商业系统相类。2005年，除县商业系统和供销系统尚留个别门点外，大多商业为个体经营，全县城乡多为个体商业网点。

第三章 商品经营

第一节 粮食经营

一、粮食收购

1991年，粮食收购分为平价收购和议价收购，粮食收购形式采取粮站收购和粮点收购，按照“三个公开、四个不准”，即公开粮食收购政策，公开粮食收购标准，公开粮食收购价；不准限收、拒收、停收，不准压级压价，不准代扣代缴除农业税以外的其他税费，不准在收购现场坐收统筹提留款的原则进行收购，是年收购原粮15190吨。1993年，将粮食征购改为合同定购，并强调既是合同定购，也是国家任务。粮食收购价格采取在定购任务内按定购价收购，定购任务外按加价或议价收购。1998年，国家对粮食购销政策进行重大改革，出台“三项政策、一项改革”，即敞开收购，顺价销售，收购资金封闭运行和粮食企业内部改革。为解决农户卖粮难，国家要求按保护价敞开收购农民的余粮，是年收购原粮12161吨。2000年，开始取消早稻定购任务。2001年，又取消晚籼稻定购任务，实行“一取消，两放开政策”，即取消粮食定购任务，放开粮食市场、放开粮食购销价格，实行粮食购销市场化改革，粮食收购完全与市场接轨，采取以销定购、收购价格按市场行情定价。取消粮食定购任务以后，粮食收购形式推行“订单收购、预约收购、进村入户和依靠个体工商户收购”等多种形式的收购，按照“购得进、销得出”和“以销定购”的原则，组织粮食收购。随着粮食收购政策的调整，粮食收购随之大幅减少，是年收购原粮3241吨，仅是以往正常年份收购量的四分之一。2005年，收购原粮7085吨。

1991—2005年明溪县粮食(原粮)收购数量情况

表9-1 单位:吨

年份	收购量	年份	收购量
1991	15190	1999	15061
1992	13177	2000	11599
1993	10346	2001	3241
1994	13258	2002	3404
1995	14994	2003	2892
1996	15310	2004	7180
1997	15760	2005	7085
1998	12161		

二、粮食供应与销售

（一）粮食供应

1991年，县对城乡居民按定量供应口粮，城区粮店和乡（镇）粮店都是按照国家粮食销售定量进行供应，并按上级计划调拨或销售原粮，年销售原粮16426吨。1993年，国家取消口粮定量供应政策，军粮供应政策不变，原有粮店采取自主经营、自负盈亏的经营承包形式，粮食主要来源于市场采购，并参与市场竞争，县年销售原粮14955吨。1995年始，对城乡居民不供应口粮，放开粮食销售市场，粮油市场转向个体经营，供应部队的粮食仍 按原计划保质保量定点供应，是年销售原粮42523吨。2000年，国有粮食部门销售原粮10272吨，2005年销售3705吨。

1991—2005年明溪县国有粮食(原粮)部门粮食销售情况

表9-2　　单位:吨

年份	粮食销售	年份	粮食销售
1991	16426	1999	13368
1992	12462	2000	10272
1993	14955	2001	8071
1994	13652	2002	7683
1995	42523	2003	10681
1996	8404	2004	2300
1997	3273	2005	3705
1998	5562		

（二）粮食市场价格

1991年至1992年11月，政府严禁粮食在市场流通。用粮必须凭证凭票购买，严厉打击贩运倒买倒卖粮食的违法分子。12月开始，根据中央精神，省政府决定取消粮油定购任务，逐步放开粮食价格和经营。在“保量放价”时期，政府选择时机，抛售粮食，平抑粮价。1993年，为发挥国有粮食企业主渠道作用，迅速平抑粮价，稳定市场，根据市物委、市粮食局《关于平抑粮价稳定市场的紧急通知》精神，全县所有国有粮店、门市部统一在12月29日实施挂牌限价销售标一晚米83元/百斤，标一早米76元/百斤。

1998年6月，根据国务院颁布实施《粮食收购条例》，县政府发布《关于加强粮食市场管理的通告》，组织粮食市场管理行政执法队伍，积极配合工商、税务、物价、公安等有关部门，加强粮食市场管理，打击私商和粮食加工企业擅自向农民或粮食生产单位直接收购粮食以及贩运粮食等违法行为。2002年5月，经省政府同意，省粮食局、省工商行政管理局联合下发《福建省粮食收购市场实行准入制度和进一步加强粮食市场监管工作意见》和《关于实施粮食收购企业资格审查的通知》，明溪加大粮食收购市场监管力度，严肃查处违法违规经营粮食行为，维护粮食收购秩序和公平交易秩序。2003年4月，县政府针对当时受“非典”疫情影响，部分地区粮油出现波动，为确保粮油市场供应，维护社会稳定，及时做好粮油市场供应应急预案，按城区人口每人每天0.4公斤大米需求量，保持三个月供应量的大米库存，掌握一定的大米加工能力和一批加工企业，跟踪监控粮食市场供应情况和粮食价格走势，保证全县军民粮食供应。据10月22日调查，全县粮食市场价格出现波动，早稻谷和单晚稻谷收购价普遍上涨11%；标一晚米市场批发价上涨24%，零售价上涨75%。为稳定粮食市场价格，粮食主管部门加大粮食市场监管力度，监控粮食市场价格，整顿粮食收购市场，维护粮食市场秩序，发挥粮食购销企业主渠道作用，做好“多收购、增储备”工作，维持粮价稳定。2004年5月12日调查，市场粮价回落，中等晚籼稻每50公斤由92元降至88元，标一晚籼米市场零售价每0.5公斤由1.4元降至1.35元，分别下降5%和4%。

三、粮食储运

（一）粮食储藏

1991年，县国有粮食仓库储存的主要品种有稻谷、小麦、玉米，主要存储于王桥粮库。1992年，王桥粮库被国家粮食储备局命名为第一批国家粮食储备库，并开始建立县级储备粮制度，储备规模为原粮（稻谷）1000吨。1995年，全县储备粮有18050吨。

2001年4月2—13日，开展全国性粮食清仓查库工作，由龙岩市清仓查库小组对县35个储粮点、70座仓库所储存的现粮，全部进行实地测量、点包、过磅、抽检盘存，截至2001年3月31日24时，库存粮食统计账面数27271吨。其中国专小麦4241吨、“506”代号粮5000吨、省级专项储备稻谷2529吨、县级储备粮1300吨、企业周转粮14209吨，账实基本相符，未出现缺少现象。2002年，中央储备粮实行垂直管理，取消县国家粮食储备库和中央储备粮、省专项储备粮任务。2003年，全县只承储县级储备粮2300吨。2005年，全县在8个乡（镇）35个行政村有35个粮点70座仓库，库容43225吨，储备20347吨，其中：代储中央储备粮小麦12047吨、稻谷6000吨，县级储备粮2300吨。

1991—2005年，县内粮食保管方法有常规保管与科学保粮两种。主要措施有：常规药剂熏蒸、薄膜压盖熏蒸、低剂量熏蒸、习性诱杀、自然通风与机械通风（有地槽、地笼、轴流、局部等通风方法）、电子测温、薄膜吊顶等。储粮标准是实现“四无粮仓”（无害虫、无鼠雀、无变质、无事故）和卫生整洁及安全设施齐全。每年4月和10月都要开展“四无粮仓”大普查和实物库存核查，以确保粮食储存安全和库存真实。粮食质量主要取样运往沙县粮油质量监督检验站检验。

（二）粮油调运

1999年以前，按照省政府粮食调拨计划，县内粮食主要外调厦门、泉州、惠安、安溪等地区。1995年外调15488吨，1999年外调17627吨。1999年以后，省政府取消调拨计划，采取对口调拨，即根据销区需求，经双方商定的调拨品种、数量和发货时间进行调拨粮食。2000年，外调5356吨。2001年后，粮食市场逐步放开，供需双方实行市场购销。2005年外调粮食3705吨。

四、多种经营

1992年末，粮油市场逐渐开放，个体经营大量发展，粮食部门原有独家经营粮油的局面不复存在。同年，粮食部门提出“转变思想观念，发展多种经营，改善基础设施，增强企业后劲”的指导思想，积极开展“主业为主，多种经营”工作。“八五”期间，创办粮油总公司贸易部、粮苑酒店、综合经营部、建材经营部等4个经济实体，联营企业3个，开办自选商场2个，经营门点由原来20家发展到130家，并创办小餐馆、小旅社、停车场、舞厅、文印部、果林场、录像厅、汽配经营部等。经营品种由原来米、面、油“老三样”扩展到千种以上。共投资1686万元，产值2177万元，创税利160万元，安排从业人员222人。并投资1127万元建设基础设施，总建筑面积14972平方米。2000—2005年，随着粮食流通体制改革的不断深化，多种经营逐年削弱，粮食企业变为以经营粮油为主的市场主体和经济实体。

第二节　生活资料经营

一、日用工业品

1991年，县内主要日用工业品零售商店为百货公司，零售、批发业务兼营。主要经营大百货、小百货、文化用品和鞋帽等4大类商品。大百货主要商品有时钟、手表、缝纫机、搪瓷制品、铝制品、不锈钢制品、日用百货、日用化妆品等2500多种。小百货主要商品有塑料制品、儿童玩具、雨具、箱子、旅行包、针线、各种纽扣等1200余种。文化用品主要商品有笔、墨、砚、纸等办公用品，体育用品，学习用具及各种乐器等1600余种。鞋帽类商品主要有各种款式的皮鞋、布鞋、塑料鞋、雨鞋、运动鞋、拖鞋、童鞋、各式帽子等2000多种，年销售额近300万元。1994年后，个体商业迅速发展，县百货公司的销售额逐年减少。1997年，百货大楼各柜组由职工租赁承包经营，保留批发部，主要处理积压商品和往来债务。2000年6月，县百货公司与职工解除劳动关系，撤销批发部。2000年10月，县百货公司与三明商业集团进行股份联营，成立惠民百货商场，商品年销售额均达400万元左右。2005年销售总额483万元。

二、针纺织品

1991年，全县针、纺织品主要由县纺织品公司经营，城区主要零售商店有隆兴商场和综合批发部。主要经营棉布、化纤布、毛、呢和毛线。棉布主要品种有平布、卡其、麻纱、府绸等；化纤布有的确良、涤卡、涤棉混纺布。毛线有纯羊毛线、腈纶线、膨体纱等。针织品主要有汗衫、背心、内衣裤等。1994年起，纺织品公司拓展摩托车经营业务，年销售210多万元。1998年起，纺织品公司的销售量开始下降，负债经营。2000年6月，与职工解除劳动关系，2003年11月，县纺织品公司由县百货公司代管。此后，县内针纺织品均由个体工商户经营。

三、糖烟酒

1991年，县糖烟酒公司设立一个食杂批发部，所属一个惠利商场，经营食杂类批发和糖烟酒类零售。经营的品种有漳州白糖和各种糖果、蜜饯、罐头、饮料、奶粉、调味品，各种品牌香烟及瓶装名白酒、普通白酒系列、黄酒、钱江啤酒等1000多种，年销售200多万元。随着城区个体食杂批发和零售业的不断发展，县糖烟酒公司逐步退出经营市场，1997年3月起取消食杂批发部，惠利商场由下岗职工承租经营其他行业。

四、畜禽蛋

1991年，城区的市场生猪供应和春节的鲜蛋供应主要由县食品公司负责，全年从江西、浙江等地外调和县内农户收购生猪6000多头。同时，县食品公司与个体养殖大户联合在城关乡上坊村建立养殖场，食品公司提供场地和养殖技术培训，县基地办给每头生猪补贴50~75元，养殖场每年为城区市场提供出栏生猪5000多头，稳定繁荣城区肉食品市场。至1995年，每年春节由县食品公司负责采购供应，按城镇居民户口每人1公斤凭票供应，县基地办给食品公司每公斤鲜蛋补贴2元，每年春节供应鲜蛋3500公斤。1996年后，生猪和鲜蛋供应逐渐放开，鲜蛋供应量慢慢减少，市场供应量逐渐增加。

1991—1997年，县食品公司的冷冻库由内部职工承包，每年供应城区市场海鲜水产品160多吨。1998年，县食品公司将冷冻库向社会整体出售。随着市场的不断繁荣，2001年起取消春节城镇居民鲜蛋供应，畜禽蛋产品由市场充分供应。

五、食盐专卖

20世纪90年代，食盐为县供销社统一经营的专营商品，全县各基层社设有食盐供应点。1991年，供销系统供应全县食盐924.6吨。1991—1995年每公斤0.96元。1996年起四次调整食盐销售价格,1996—1997年每公斤1.2元，1998—2000年每公斤1.4元，2001—2003年每公斤1.9元，2004—2005年每公斤2元。

2000年起，食盐供应逐步放开，食盐经营权由三明盐业分公司收回，县内个体商户可直接到市盐业公司进货。是年，全县食盐消费量人均0.6公斤。2005年，全县食盐经营网点遍布城乡各营销点，县供销社年供应78吨。

第三节 生产资料经营

一、五金、交电、化工

1991年，县内五金、交电、化工产品主要由县五交化公司经营。1992年起，随着城乡五交化个体经营店的出现，形成市场竞争局面。县五交化公司采取与三明五交化采购供应站、永安军工公司等公司建立横向联合的方式，开展经销、代销、联销业务，并与烟草公司、民政部门联合，开展商品促销活动；同时带账本下乡，开展批发业务，积极参与市场竞争。其经营的五金、交电、化工商品达4200多种，五金类有1500多个品种规格，其中：建筑类有元丁、铁丝、合页、插梢、风勾、拉手等1050种品种规格；工具类有锉刀、扳手、钢锹、八角锤、钳子、锯片等500多种品种规格；机电配件有钢珠、轴承等875个品种规格；水暖配件有闸阀、水龙头、弯头、活接头等150多个品种规格；化工商品有纯碱、小苏打、硫酸铝、食用碳铵、明矾、香精、无水氯化钙、制冷剂、立德粉、氧化铁红、石蜡等100多个品种；油漆类有各种颜色的调和漆、磁漆、黑板漆、虫胶合成清漆、硝荃木器清漆等175个品种规格；电器类有电视机、电冰箱、洗衣机、电饭煲、热水器、收录机等600多个品种规格；电工电料类的商品主要有电线、插座、开关、保险丝和电工工具等500多种品牌规格。

1995年，县五交化公司出现商品积压，严重亏损，负债经营。1997年后，各门点租赁给职工或对社会出租，县五交化公司没有任何经营活动，已无经营收入，主要靠处理积压商品及门点租赁收入维持。2000年6月，公司与职工解除劳动关系。2003年11月，县五交化公司由县百货公司代管。2005年，五金、交电、化工产品主要由私营个体商户供应。

二、农资

1991年，县供销社坚持以农为本，富民兴社的方针，举办2期农资商品知识培训班，县农资公司和8个基社组建“庄稼医院”，为农民配药诊治各种农作物病虫害。全县供应化肥18624吨，其中茶果场供应化肥260多吨，农药161吨，农用薄膜21吨。

1993年，县农资供应实施统一计划，统一进货，统一调拨，统一价格，统一还贷，统一费率政策，改原县基两道经营为县基批零合一、推行代销、分级核算、盈亏自负。全县年供应化肥13553吨，农药96吨，农用薄膜50吨，冬储化肥8390吨。7—8月，盖洋、沙溪、胡坊等乡镇爆发稻瘿蚊虫害，县及时从沙县、顺昌等县调入20余吨呋喃丹，送到各乡镇，及时控制虫害的蔓延。

1995年，县贯彻执行上级《关于化肥等农业生产资料流通体制改革的决定》，加强农资市场管理，整顿全县农资流通秩序，取缔无证经营和一证多点经营，设立违法经营化肥、农药的举报电话，查处个人非法经营化肥3起，查获化肥7.6吨和部分假冒伪劣农药，年供应化肥16478吨、农药263吨、农用薄膜53吨。

1996年，县实行农资经营许可制度，年办理农资许可证66个，查处个体肥贩违法经营化肥67吨。年供应化肥14477吨，农药186吨。1999年，县开展科技咨询，推广新肥新药，实行预约送肥下乡到户，全县年供应化肥10522吨，农药192吨，农用薄膜35吨。

2000年，县供销社对农资公司进行重组，实行租赁经营。在农资经营逐步放开的情况下，继续做好农资供应工作，全年供应化肥7434吨、农药35吨、农用薄膜1吨。

2003年，农资市场全面放开后，供销系统加强与生产企业合作，建立稳定的货源渠道，采取共同投资，联合经营、按股份比例分红、风险共担、利益共享等方式，充分发挥村级综合服务站的功能，搞好农资供应服务。全年供应化肥 2334 吨、农药 8 吨。

2005 年，供销社及时总结推广农资超市的经营方式，改变原有经营模式，与龙得宝集团公司签订连锁经营合约，稳定农资商品价格，严格执行物委最高限价，降低农业生产成本，减轻农民负担。全年供应化肥 2564 吨、农药 8.9 吨。

第四节 烟草购销与专卖

一、烟叶收购

1991 年，县内烟叶收购实行合同计划制度，县烟草公司与烟农签订烟叶收购合同书，实行证、卡、印，定点、定时、定量、定品种、定部位、定等级的收购方式，严把收购烟叶等级质量关，坚持每日平衡等级，挂样收购，抓好“三清一高两控制”（品种清、色组清、部位清、等级合格率高、控水分、控大把头），严格执行国家收购等级标准收购烟叶，当年全县收购烟叶 1570 吨。1993 年收购 2221.3 吨，2001 年收购 2577.7 吨。2002 年，县内烟叶收购开始实行预检制收购和分时段通知交售烟叶的方式。严格执行收购合同计划，各乡（镇）、村抽调干部与预检员对烟农初分好的烟叶进行预检，重点提高烟叶把头纯度，强化烟叶收购的检查监督和等级平衡工作。当年全县收购 3875 吨，2005 年收购 3370 吨。

二、卷烟专售

1991 年，县内卷烟销售主要以个体商户从烟草公司进货销售为主，销售的卷烟品牌较少。全县年购进卷烟 4629 箱，销售 4844 箱。

1995—1998 年，县烟草公司在城区和重点集镇建立卷烟批发网点，实行卷烟送货服务，大力销售省内地产卷烟，特别是做好金湖等 6 个地产卷烟新品牌的销售。节假日在城区和农村圩日开展地产新牌号卷烟展销评比活动，广泛宣传和推荐地产新牌号卷烟。1999 年，县烟草公司按照国家烟草局卷烟销售网络建设标准，抓好卷烟批发网点布局调整，为各批发网点配备微机网络，搞好规范化服务。向社会公开招聘专职送货员，解决营业员 兼职送货困难的问题。2000 年，县烟草公司开展“规范经营、规范服务”活动，各卷烟批发点配备专职送货员，并绘制卷烟经营户分布图和送货路线图，分发服务联系卡，进一步规范送货服务，全年销售卷烟 3940.6 箱 2557.3 万元。

2002 年，实行卷烟大配送模式，将各乡（镇）的卷烟批发网点拆除，实现城网、农网合一，购买 3 部送货车，成立卷烟物流配送中心，采取一库式配送，站点式访销形式，建立起“全面访销配送，访销、送货、专卖管理三线分离互控”的机制，实现定人、定时间、定路线访销和送货，年销售卷烟 3492.5 箱 2133.4 万元。2003 年 6 月，县物流配送体系顺利并入三明市区物流配送体系，对卷烟销售采取二段式配送模式，实现县烟草公司的卷烟零库存，使卷烟货源配制进一步合理，在城区内实行明码标价，提高卷烟零售利润，年销售卷烟 3597.5 箱 2605.3 万元。2004—2005 年，卷烟销售工作紧紧围绕“低成本、高效率、优服务”的工作思路，围绕着“大企业、大市场、大品牌”的发展战略目标，遵循由点到面、控量稳价的原则，推行合理供货制，帮助零售户合理摆放，增加客户视觉感染力，提高零售商的获利能力。2005 年，销售卷烟 3641 箱 3479.3 万元。

三、烟草专卖管理

（一）管理机构

县烟草专卖局（公司）负责全县烟草行业的集中管理，改善市场卷烟供应；指导全县烟草种植工作，负责烟叶的收购、加工、销售业务和烟草专卖品的管理。

1984 年 7 月，县烟草公司成立时仅有干部职工 10 人，设办公室、财务室、批发部等部门。1987 年，烟草公司由单一的卷烟销售经营型，转化为集卷烟销售、市场专卖、烟草生产、综合经营为一体的企业，下设办公室、专卖办公室、烟叶生产股、业务股、财务股等部门。2002 年 12 月，顺应卷烟物流大配送的需要，业务股分为市场营销部和物流发展部。2003 年 4 月，成立督查办。2004 年 4 月，市场营销部更名为客户服务中心。2005 年 9 月，为进一步加强烟田基础设施建设，成立为烟田设施建设办公室，负责全县的烟田基础设施建设投资。2005 年，局（公司）下设办公室、督查办、财计股、政工股、烟叶股、专卖办、物流发展部、客户服务中心、烟建办等 9 个职能股室，下辖 7 个烟草站，有干部职工 139 人。

（二）法规宣传

1991 年，《中华人民共和国烟草专卖法》颁布，县广泛开展专卖法宣传，有线广播站每天进行专题广播，县烟草专卖局组织宣传车辆到各乡（镇）进行宣传，并在县城张挂大幅宣传标语。1992—1996 年，县烟草专卖局与县广播电视、文化局等部门配合，开展学习宣传专卖法活动，张贴和分发专卖法通告。1997 年 7 月，《中华人民共和国烟草专卖实施条例》颁布实施，县烟草专卖局召开个体零售商学法座谈会，在城关张贴宣传画进行宣传。同年，县烟草专卖局向社会公开招聘 9 名退伍军人成立烟草专卖稽查大队，对县内的卷烟经营进行管理。在烟叶收购时，县烟草专卖局通过专卖稽查人员驻收购站（点）对收购进行监管。1998 年，县政府出台《关于加强烟叶收购专卖管理的通告》，通过有线电视、出动宣传车宣传有关政策，在各乡（镇）主要街道、公告栏、村委会、收购站（点）等处张贴《通告》。1999 年开始，县烟草专卖局充分利用“3·15”消费者权益日和“5·4”青年活动及其他相关上街宣传活动有利时机，进行烟草专卖法和实施条例的宣传。每年烟时收购期间，利用宣传车到各乡（镇）进行宣传，在各乡（镇）主要街道、公告栏、村委会、收购站（点）等处挂横幅，张贴《关于加强烟叶收购专卖管理的通告》。2005 年 7 月，县烟草专卖局在全县开展烟草专卖宣传月活动，在全县城区、各乡（镇）、村所在地、收购站（点）张贴宣传材料，悬挂宣传标语，通过宣传车圩日巡回宣传，有线电视网滚动播出，广泛宣传专卖法和国家收购形势，向全县烟农发放《致全县烟农的一封信》，向广大烟农公布收购廉政措施和监督举报电话，有效加强烟叶市场监管力度，维护烟叶市场秩序。

（三）证照管理

1991 年，县执行“卷烟零售专卖许可证”年检制度。烟草专卖人员对卷烟零售许可证实行抽检，不定期对境内卷烟零售许可证和零售商卷烟经营情况进行检查。1997 年，专卖稽查大队成立后，专卖管理人员深入各乡（镇），逐户检查落实办证情况，对未领取卷烟专卖许可证的零售商补发许可证。1998—1999 年，重点抓好卷烟零售许可证换发新证工作和持证、亮证经营管理。2000 年，烟草专卖局对全县卷烟经营户进行全面调查摸底，并建立户籍档案。各卷烟批发部统一挂全国、全省烟草标识、标牌，加强持证、亮证经营管理。2001 年，重点做好烟草专卖许可证年检和烟草制品零售点合理布局规划工作，将全县卷烟零售户划为重点管理户、一般管理户、守法零售户、歇业户四类，实行划片分区跟踪管理，每月检查不少于 3 次，对重点管理户每周检查不小于两次以上。2002—2003 年，对全县卷烟零售户实行分类管理，完善卷烟零售户户籍化管理，健全零售户档案，为酒家、宾馆等高档娱乐场所办理卷烟零售证，成立卷烟特种经营场所监管小组，强化对酒家、宾馆等高档娱乐场所的卷烟零售管理，扫除证照管理死角。2004 年，烟草专卖管理全面推进等级诚信管理，举行烟草制品零售点合理布局听证会，邀请社会各界代表、零售户代表、法律专家等人士参加，广泛听取社会各界声音，增强执法透明度，充分发挥 2003 版烟草专卖证换证的契机，对全县零售户进行全面细致的摸底，严格审查经营状况、守法情况，推进零售户合理化布局工作。2005 年，全县持卷烟零售许可证 403 本。

（四）烤烟市场管理

1991—1997年，烟草专卖管理主要是通过协调与工商局、公安局等执法部门的关系进行管理。1997年，烟草专卖日常管理工作主要通过新成立的烟草专卖稽查大队进行管理，对烟叶易流的乡村进行重点监管，对卷烟市场实行交叉管理，并积极协调与工商、公安、交警等部门，对全县卷烟和烟叶市场进行管理。2005年，县烟草专卖局分别与县工商局、公安局签订联合执法协议，建立长效合作机制，成立烟草市场清理整顿办公室，进一步加强执法合作。

第五节　农副土特产品经营

一、产品购销

1991年，县内供销社、个体商户均有经营农副土特产品，全县销售毛竹19600根、香菇38.9吨、松脂2974.7吨。1993年，供销社调整经营结构，发挥驻外窗口作用，完成农副产品销售232.6万元。

1994—1998年，个体商户进村入户购销土特产品，方式灵活，价格合理，购销量逐年增加，县供销社购销的土特产品品种、数量和金额则逐年减少。

1999年9月，县柑橘专业合作社正式挂牌成立。10月，成立县淮山专业合作社，入社社员95户，主要分布在城关、瀚仙、胡坊3个乡镇，共计种植20公顷。

2000年，供销社组织带领农民营销柑橘、水蜜桃、油柰、黄花梨等各类水果1900余吨，淮山300余吨。2001年，供销社不断改进经营方式，拓宽购销渠道，积极参加省内外举办的各种交易会，全年农副产品销售275万元。2002年，供销社完成农产品成交额460万元，积极推销各类水果1550吨。同年，在大焦建立百亩高优木薯生产示范基地，收获木薯300多吨，储存木薯杆种50多吨。2003年，供销社抓好淮山、柑橘两个专业合作社的巩固和完善工作。至12月，全县加入淮山专业合作社的农户达330户，加入柑橘专业合作社的农户达290户，共为农户销售各种水果1800多吨。

2005年，全县销售茶叶1185吨、梨3581吨、柑橘18516吨、桃3591吨、李1580吨、柰1430吨。

二、主要品种

（一）土纸

1991年，供销系统收购土纸149.87吨。1992年，收购土纸85.92吨。1993年，收购土纸23.7吨。1994年，收购土纸30.3吨。1995年起，市场开放经营，土纸购销多由个体工商户经营，县土产公司停止土纸购销业务。

（二）笋干

1991年，收购笋干12.75吨。1992年，收购笋干22.32吨。1993年，土产公司为竹农代销笋干2.7吨。1995年，收购笋干50吨。1996年起，个体工商业发展速度加快，土产公司笋干收购价低于个体商户，年购销笋干量逐年递减，土产公司停止笋干收购业务。

（三）食用菌

1991年，收购香菇7.78吨。1992年，收购香菇19.34吨。1994年，收购香菇2.8吨。此后，随着食用菌生产的发展与市场开放经营，个体食用菌购销业务逐渐增加，土产公司逐步停止食用菌收购业务。

（四）茶叶

1991年，县内地产茶叶产量偏低，收购地产茶叶仅0.28吨。1992年，收购地产茶叶1.14吨。1993年，收购地产茶叶0.4吨。1994年起，随着外地优质茶叶购进量的增加，县内地产茶叶购销量下降，购销业务主要由个体工商户经营，土产公司停止此项业务。

（五）柑橘

1991年，收购柑橘10.61吨。1992年，收购柑橘34.09吨。1993年，县内柑橘产量骤降，收购柑橘仅4.4吨。1994—1998年，柑橘交易市场低迷，土产公司停止收购柑橘。

1999年9月，县柑橘专业合作社正式挂牌成立，入社社员217户，分布在盖洋、枫溪、胡坊、沙溪、夏阳等7个乡镇，户均种植柑橘0.33公顷以上，合计种植423.2公顷，年产量15790吨。其中蜜橘7580吨，芦柑4740吨，雪柑3000吨，脐橙270吨，金橘200吨。2000年，供销系统收购柑橘155.6吨。2005年，收购柑橘152.5吨。

第六节 废旧物资回收

1991年，县供销系统收购废旧物资18.29万元。1992年，收购废旧物资29.97万元。1993年，废旧物资回收多由个体经营。1994年，收购废旧物资42.76万元。1995—1997年，因市场疲软、价格波动大，县废旧物资回收业务减少，其中1995年收购废旧物资22.53万元，1997年收购废旧物资25万元。1998—2000年，收购废旧物资业务量增加，其中1998年收购废旧物资47万元，2000年收购废旧物资53万元。2001年，收购废旧物资减少到15万元。2003年，收购废旧物资又提高到60万元。2005年，废旧物资收购达到128万元。

第七节 医药 医疗器械经营

一、网点

1991—2000年，全县药品经营网点稳定在10个左右。

2002年，县药监局依照《福建省零售药店暂行规定》受理申请药店开办17家（县城5家、乡镇12家），审批开办个体零售药店13家。2003年，县药监局制定《明溪县农村药品供应网络建设试点工作意见》，引导、鼓励符合条件的人员在乡（镇）村新办药店，设置非处方药销售点。全年新办药店23家，全县药店总数达36家，其中城区17家、乡（镇）19家。全县9个乡（镇）除瀚仙镇外都设有药店。同年11月，县成立农村药品配送中心，将全县9个乡（镇）划分为东片（夏阳、胡坊、沙溪）、中片（雪峰、城关、瀚仙）和西片（盖洋、枫溪、夏坊）3个供应区，每个供应区设1名专职营销员负责该片区药品的配送、收单、送货等工作。

2005年，县提倡药品规模化经营，大力发展药品超市，延伸服务网点。全县共申办零售药店5家、药品超市2家，实现了医药超市零的突破。同年8月，县药品配送中心撤销，重组设立明溪县恒发医药股份有限公司，并取得“药品经营许可证”（批发）。全县有药品批发企业1家、零售网点37个（其中城区20个、乡镇17个），县、乡镇药品配送率达100%，行政村药品配送率达95%。

二、经营

1991年，县医药公司经营的药品、医疗器械总量占全县的80%以上。经营品种有中西成药、地产药材、进口药品等400多种。药品主要进货来源为省内一、二级医药站。药品销售对象为县内医院、乡镇医药机构、诊所，周边邻县的乡镇诊所。地产药材主要有淮山、厚朴、茯苓、鱼腥草等，销往全国各地。大型医用医械由医院直接向厂家购进。

1996年后，县药品经营市场逐渐放开，各医疗单位、诊所及个体私营药店可直接向厂家及药品经营单位购进货源。县医药公司为应对市场经营变化，在城区原有的中心药店、健康药店基础上，增设康复、济仁、千里光、四海等4家药店，扩大经营品种、拓宽销售渠道。

2001年7月，县医药公司改制为三明医药股份公司明溪分公司，成为县内唯一具有法人资格和独立核算的医药企业，下属药店整合后保留中心、健康、康复、济仁、夏阳等5个药店，主要经营中西药材、中药饮片、中成药、化学药制剂、抗生素制剂、生化药品、生物制品、三类手术器械、注射穿刺器械、普通诊疗器械、物理治疗及康复设备、中医器械、病房护理设备及器具、消毒和灭菌及器械、口腔科材料、医用卫生材料及敷料、药用缝合材料及黏合剂、医用高分子材料及制品等。

第八节 燃料经营

一、成品油

1991年6月，明溪石油公司更名为明溪石油分公司，有职工24人，年销售成品油2300吨，销售收入690万元，实现利润9.6万元，上缴税收10.5万元。

1994年，国家对成品油流通体制进行改革，理顺油品价格，实行单一的油品价格，逐步取消计划指标。1998年7月，明溪石油分公司更名为中国石油化工集团公司福建省石油公司明溪县分公司，有干部职工24人，全年销售成品油3000吨。

2000年2月，中国石化集团成立中国石油化工股份有限公司。3月，中国石化集团福建省石油总公司将主业部分重组为中国石油化工股份有限公司福建三明明溪石油分公司，有在职正式员工35人。全年销售成品油10000吨。2005年销售成品油12600吨。

二、燃气

1992年，县化工工业公司引入瓶装液化石油气，在全县设立28个液化石油气经营网点，其中城区19个，乡镇9个，各经营网点均库存实瓶销售。1994年，县政府将液化石油气纳入城建行业管理，成立县液化石油气公司，负责全县燃气供应。1995年，县委、县政府把城区燃气工程列入为民办实事项目，在县农科所后山顶（离县城2公里）开工建设县液化石油气储配站，设置储罐3个，罐容为150立方米，1997年建成并经批准投入使用。2002年，县昌盛液化石油有限责任公司成立，公司有钢瓶3.3万个,年供气总量为900吨。2003年，为了规范管理液化石油气市场，县城乡规划建设局、工商行政管理局、质量技术监督局、安全生产监督管理局、公安消防大队联合下发《关于液化石油气经营及存放实行瓶库的通知》（明建综字〔2003〕1号），在城区内建设实瓶库4个，经营网点实行零库存经营，确保经营网点的周边安全。2004年，将城区的实瓶库调整为3个。2005年，城区共有用气居民数7930户，其中家庭用户7530户，用气人口达2.38万人，用气普及率达93.33%。

第四章　对外经济贸易

第一节　对外贸易

一、出口贸易

1991 年，县对外贸易公司收购松香、结晶硅、茶叶等地产产品及粮油食品、茶叶、五金矿产、珠宝玉石和机械产品等 50 多个品种进行代理出口。全县年出口供货 1352.41 万元。1998 年达 7000 万元。

1999—2002 年，县外资企业以自营生产出口为主。在此期间，对外贸易公司由于经营管理不善，出口业务发展受阻，暂停进行代理出口业务，全县出口创汇受到极大影响，呈明显下降态势。但随着招商引资工作的开展，引进的明溪县瑞海木业有限公司、明溪大平木业有限公司、明溪森宝竹木工艺制品有限公司等“三资”企业，在生产正常运行后，开始自营出口木制品。1999 年，全县外商投资企业总产值 827.4 万元，销售 793.5 万元。2000 年，全县外商投资企业总产值 1043.9 万元，销售 775.6 万元。2002 年，全县外商投资企业总产值 4741.1 万元，销售 4664 万元。

2003—2005 年，县外贸出口业务不断提高，外资企业生产自营出口与县对外贸易公司开展代理出口业务并举。县政府出台一系列支持出口创汇的优惠政策，提高出口企业的积极性。2004 年，县对外贸易公司进行改制，一度停止出口业务的外贸公司理顺与银行、税务部门的关系后重新启动，并积极开拓代理业务，主要以代理明溪出产的服装、珠宝工艺品、石板材出口为主。2005 年，全县享有进出口经营权企业有 8 家，其中内资企业申办进出口经营权的有 2 家，代理出口业务企业 1 家，外资企业 5 家。全县出口总值 1004 万美元，其中外贸公司代理出口 850 万美元。主要以日本、中东、东欧地区等 7 个国家和地区为出口市场。

二、招商引资

1988 年始，县批办第一批三资企业，主要以经营服装、鞋帽、雨具、包袋、塑料制品及其他手工制造业的劳动密集型产业为主。1991 年，全年利用外资 10.5 万美元，出口创汇 134 万美元。1997 年，利用外资 366.3 万美元，出口创汇 335 万美元。

2000—2005 年，县委、县政府提出大力发展生物医药、畜牧业、绿色食品、林竹四大支柱产业，外资投入的产业逐步向资源技术密集型产业发展，外资的投入由单一的农产品、林产品生产加工转向技术含量较高，符合明溪资源优势的产业，并以发展收益时间长的大中型项目为主。引资渠道由原来限于中国港澳台地区扩展到意大利、匈牙利、俄罗斯等 10 多个国家。2003 年，全县利用外资 620 万美元，出口创汇 220 万美元。2005 年，利用外资达 920 万美元，出口创汇 1000 万美元。

1991—2005 年，全县共批办三资企业 83 家，实际利用外资 4998.1 万美元，出口创汇 4424.5 万美元。

1991—2005 年明溪县三资企业投资情况

表 9-3

序号	企业名称	总投资	注册资本	利用外资
1	明溪闽祺服装有限公司	80 万元	80 万元	14.1 万美元

续表 9-3

序号	企业名称	总投资	注册资本	利用外资
2	明智日用品有限公司	100 万港元	100 万港元	6.41 万美元
3	明盛电子有限公司	90 万美元	60 万美元	20 万美元
4	合利包装有限公司	65 万元	50 万元	3.1 万美元
5	狮龙旅游包装有限公司	120 万元	120 万元	22.5 万美元
6	保兴服装雨具有限公司	120 万港元	120 万港元	12 万美元
7	明峰箱包有限公司	400 万港元	400 万港元	18 万美元
8	峰日竹木工艺品有限公司	157 万元	157 万元	15 万美元
9	兴明副食品有限公司	70 万元	50 万元	8 万美元
10	万盛塑胶制品有限公司	400 万港元	350 万港元	45 万美元
11	宝明装饰胶合板有限公司	400 万元	300 万元	13.4 万美元
12	信明橡塑实业有限公司	420 万元	300 万元	29.5 万美元
13	仙鸿塑料制品有限公司	225 万元	225 万元	20.1 万美元
14	富恒化工产品有限公司	400 万元	280 万元	27.52 万美元
15	天亚大酒家	20 万美元	20 万美元	20 万美元
16	茂阳人造板有限公司	445 万元	445 万元	23.85 万美元
17	昶盛太阳能有限公司	112 万元	112 万元	6 万美元
18	万佳石料工业有限公司	233 万元	233 万元	20.4 万美元
19	欣达电器灯饰有限公司	130 万美元	100 万美元	65 万美元
20	鸿昌石材工业有限公司	150 万元	120 万元	11 万美元
21	裕阳人造板有限公司	800 万元	600 万元	17.4 万美元
22	华利食品有限公司	5 万美元	5 万美元	5 万美元
23	华明木业有限公司	400 万港元	280 万港元	17.4 万美元
24	德明服装有限公司	120 万港元	120 万港元	15.5 万美元
25	东升纸品有限公司	20 万美元	15 万美元	15 万美元
26	明旺金属容器有限公司	280 万元	200 万元	9.6 万美元
27	福联涂装设备有限公司	260 万元	185 万元	9 万美元
28	益华人造板有限公司	500 万元	400 万元	14.4 万美元
29	亚太石材有限公司	1000 万元	700 万元	84.1 万美元
30	明亿装饰材料有限公司	450 万美元	250 万美元	87.5 万美元
31	明发纺织织造有限公司	500 万港元	400 万港元	51.76 万美元
32	爱斯柯竹制品有限公司	1.2 亿日元	0.96 亿日元	95 万美元
33	华辉皮件有限公司	400 万港元	300 万港元	38.8 万美元
34	鸿泰织造有限公司	70 万美元	50 万美元	50 万美元
35	顺兴织造有限公司	60 万美元	50 万美元	50 万美元
36	飞龙娱乐有限公司	30 万美元	21 万美元	21 万美元
37	瑞海木业有限公司	500 万港元	350 万港元	45.2 万美元
38	汪洋针织有限公司	380 万港元	380 万港元	49 万美元
39	宝龙服装有限公司	380 万港元	380 万港元	49 万美元

续表 9-3

序号	企业名称	总投资	注册资本	利用外资
40	利顺塑胶制品有限公司	280 万港元	200 万港元	25.8 万美元
41	永裕木竹艺品有限公司	50 万元	50 万元	6 万美元
42	大平木业有限公司	300 万元	300 万元	14.4 万美元
43	融侨娱乐有限公司	280 万元	200 万元	24 万美元
44	昌麟食品有限公司	400 万元	300 万元	23.4 万美元
45	东亿达食品有限公司	300 万元	300 万元	36 万美元
46	森宝竹木工艺有限公司	170 万元	120 万元	3.6 万美元
47	金鹰大酒店有限公司	100 万港元	100 万港元	13 万美元
48	安都日用金属制品有限公司	100 万元	100 万元	12 万美元
49	青木畜产有限公司	50 万美元	35 万美元	35 万美元
50	南方红豆杉产业有限公司	6000 万元	3000 万元	198 万美元
51	永丰竹木业有限公司	260 万元	180 万元	21.6 万美元
52	云台生态旅游有限公司	15 万美元	10.5 万美元	10.5 万美元
53	春景茶叶有限公司	150 万美元	130 万美元	130 万美元
54	嘉德综合农业科技有限公司	150 万美元	130 万美元	130 万美元
55	超大明溪食品有限公司	120 万美元	120 万美元	120 万美元
56	柳里牧业有限公司	512 万港元	400 万港元	400 万港元
57	海飚水利开发有限公司	80 万美元	60 万美元	60 万美元
58	东福娱乐有限公司	80 万美元	80 万美元	80 万美元
59	三明中诚百事达淀粉有限公司	2000 万元	1500 万元	636 万元
60	南山珍禽养殖场	100 万美元	90 万美元	90 万美元
61	明溪惠利制衣有限公司	120 万美元	100 万美元	100 万美元
62	明溪夏贝水利开发	500 万港元	450 万港元	450 万港元
63	明溪国际水电开发	65 万美元	65 万美元	65 万美元
64	佰盛服饰有限公司	1000 万港元	800 万港元	800 万港元
65	鑫和水电开发有限公司	80 万美元	60 万美元	60 万美元
66	金溪木业有限公司	56 万美元	56 万美元	56 万美元
67	牡丹香料林开发有限公司	1200 万元	1200 万元	612 万元
68	三友服装织造有限公司	1000 万港元	800 万港元	800 万港元
69	鸿晟丰牧业发展有限公司	100 万美元	100 万美元	100 万美元
70	远诚电业有限公司	60 万美元	60 万美元	60 万美元
71	明泰碳素有限公司	63 万美元	63 万美元	63 万美元
72	永溪电站有限公司	50 万欧元	50 万欧元	50 万欧元
73	夏阳际关水电有限公司	60 万美元	60 万美元	60 万美元
74	署光职业技术培训	50 万美元	50 万美元	50 万美元
75	兴达硅业有限公司	25 万美元	25 万美元	25 万美元
76	永凯皮革有限公司	2200 万港元	1600 万港元	1600 万港元
77	恒奇鞋服	70 万美元	50 万美元	50 万美元

续表 9-3

序号	企业名称	总投资	注册资本	利用外资
78	腾泰服装织造	700 万港元	500 万港元	500 万港元
79	天龙石业有限责任公司	2000 万港元	1500 万港元	1500 万港元
80	珍珍服饰制造有限公司	130 万美元	130 万美元	130 万美元
81	鑫丰农业开发有限公司	65 万美元	65 万美元	65 万美元
82	青林电业	130 万美元	100 万美元	100 万美元
83	华达农业开发有限公司	700 万美元	600 万美元	500 万美元

第二节 管理机构

1991 年，县对外贸易局下辖对外贸易公司。1997 年，更名为县对外经济贸易局，下设办公室、外资股、外经贸局股 3 个职能股室，行政编制 5 名，机关工勤人员事业编制 1 名。

2002 年，县进行党政机构改革，组建县外经贸工作领导小组办公室 (加挂对外贸易经济合作局牌子)。领导小组下设办公室、外资股、外经贸股 3 个职能股室，有行政工作人员 4 人、工勤人员 1 人，下属明溪县来料加工装配办公室 1 个事业单位（2005 年 5 月全县事业单位改革时撤销）；另有明溪县贸促会 1 个挂靠事业单位，下辖明溪县国际经济技术合作公司和明溪县对外贸易公司。

第五章 社会生活服务业

第一节 饮食业

一、餐馆 酒店

1991 年，全县从事餐饮业企业有 325 家，从业人员 748 人，其中城区有 191 家，从业人员 482 人。较大规模的有县宾馆、明溪大酒家、农工商酒家、城东酒家等。随着经济发展，大众收入水平提高，饮食业稳步发展，酒家逐年增加。2005 年，县内较大规模、设施较为配套的酒家有明溪酒家、明溪大酒家、粮苑酒家、祥盛酒楼、邮政公寓酒楼、东城饭店、物资酒家、飞龙大酒家、乡巴佬饭店等，全县餐饮业登记在册的企业有 110 家，从业人员 2909 人。

二、风味小吃

（一）肉脯干

在明溪制作已有 700 多年历史，为明溪一大特产，闻名省内外，被誉为“汀州府八大干之首”。肉脯干以选料精、做工细、色香味俱佳为特色，慢慢咀嚼品尝，生津回味，沁人心脾，口角留香。它的制作极为考究：选用猪后脚的精肉（瘦肉）横切成薄片，佐以陈年上等红酒糟、大蒜、五香及多味中药材等配料，浸于缸内数小时，取出后贴在竹篓上用文炭火慢慢烤干即可，既是筵席上的佳肴，亦可作为礼品馈赠亲友。1997年后，肉脯干的生产逐步工业化，多数工艺为机械设备替代，使之更加符合食品安全标准。

（二）仙草冻

有黑色仙草冻和青色仙草冻。

黑仙草 把干仙草洗净，放入锅中加食用碱、水熬成汤汁，用布过滤去渣，加入适量清水和地瓜粉（或芋粉），调成糨糊状，入锅后用文火煮沸，舀在容器内冷却凝结，切块放入清水中浸泡。食用时取出，割成小块打烂，放入白糖或蜜糖，滴上薄荷即可食用。

青仙草 将鲜嫩仙草煮烂去渣，再将仙草秈米浸透后磨成米浆，煮熟后舀在容器内，待凝结后切成小块，淋上蒜泥、酱油等调味品即可食用。食之香润可口，降温解暑，性和微寒。

（三）糍粑

将糯米用水浸透，捞出放进饭甑蒸熟，倒入石臼，边舂边翻动，直至舂融后取出，做成小圆团，拌以白糖、豆沙，形圆质白，柔韧甜美。

（四）粽子

将米、豆或花生浸透，加入适量的碱水，裹时滤去水分，将竹叶洗净取二、三张拼成尖角袋形，倒入适量糯米（或加以精瘦肉等），裹成四角棱形，用竹丝扎紧，剪去多余竹叶，入锅煮至熟透后取出。食时剥去竹叶，蘸白糖等调味品食用，色黄有香味。

（五）清明果

将鼠曲草去根，洗净煮烂，用清水漂净，滤干捣成茸。将秈米浸透磨成稠浆，置布袋内压去水分将鼠曲草草茸和粉浆、食糖搓匀，揉成10厘米长条状，压扁扭成螺旋形，放置蒸笼蒸熟。出笼后色青光亮，味甜耐嚼，别具风味。

（六）蕨须包

蕨须包为明溪群众逢年过节及宴客必备的佳肴。蕨须即蕨根，含有丰富的淀粉即蕨粉。明溪方言“须”音“秋”，故俗称“蕨秋”。制法：将煮熟的芋子去皮后捣烂，撒盐，与蕨粉（或甘薯粉、木薯粉）糅和，以不粘手为度，捏成薄片，包馅。馅则因料而异，多以香菇、冬笋、虾肉、豆干、豆芽、韭菜、葱、蒜、精肉等生包或熟包均可，包成菱状或水饺状即成蕨须包。蒸煮皆宜，熟后佐以酱油、味精、猪油、葱花等即可食。其味道鲜美，滑嫩可口。

（七）薯子羹

也称淮山羹。黏滑，味鲜甜，能健脾，老幼喜食，为宴客菜肴之一。制法：小薯去皮洗净，磨成糊状，将细瘦肉、香菇丝等佐料煮半熟后倒入薯糊。下盐，文火，边煮边搅成浓稠状，佐以芹菜、蒜或葱。煮开舀起。撒上胡椒、味精、麻油即可食用。

（八）卷蒸

味清香，腻滑，宴客菜肴。制法：蕨须包坯料，压成长条状，包入酱油、味精拌过的半肥肉条。压合切成二指大一块，蒸熟，放猪油、麻油、味精、葱花、酱油即可食用。

（九）冬瓜焖鸭

味清香可口，能祛火，利水，宴客菜肴，家常食用。制法：将熟鸭、冬瓜切成小方块，与生姜放入鸭汤内，放盐焖烂，舀起，佐以五香粉、麻油、味精、葱花，即可食用。

（十）黄瓜鳝

味清香，能祛暑，增食，宴客菜肴。制法：大黄鳝去骨，入锅稍炒，先煮再与去皮黄瓜同焖。放盐、生姜、米酒，舀起放入味精、胡椒，即可食用。

（十一）小角

味香滑，甜腻，宴客菜肴。制法：木薯粉或甘薯粉拌水，放盐、味精、半肥肉条、五香粉搅匀，灌入洗净的猪小肠，留一寸空隙，扎紧，文火煮熟，冷却切片，放酱油、味精、麻油、猪油，即可食用。

（十二）炒老鼠干

味酸辣，香甜，能活血，增加食欲，是佐酒佳肴。制法：糠熏山老鼠，洗净切块先炒，再放入萝卜炒。放入酱、酒、醋、辣椒焖熟，放芹菜、大蒜、甘薯粉焖，即可食用。

（十三）烹鸡

色美味香，滋补活血，宴客菜肴。制法：将鸡切成方块，放置锅中，加入红菇，文火炖烂，捞起(汤待用)。将鸡肉整齐排入碗，再放入红菇，压实，反扣在大碗内成蘑菇状。待用的红菇鸡汤调入精盐、姜碎、胡椒粉后倒入大碗内，烹鸡即可。

（十四）扣鸭

色美，香腻，补身，宴客佳肴。制法：将板鸭蒸熟（汤待用)，用利刀割下鸭肉片，切成长条，均匀铺在碗内，然后将蒸熟的糯米饭放入碗中，放至与碗口平，稍压，反扣大碗中成蘑菇状。待用的板鸭汤调入胡椒、蒜泥、姜碎、麻油、精盐、味精后倒入大碗，扣鸭即可。

（十五）漾豆腐

味香，细嫩，宴客名菜。制法：将正方形豆腐块对角切成三角形，在最长边的中部切开，拌入剁碎的瘦肉泥，蛋清糊口，下锅煮，放入辣椒、酱油、味精、猪油、精盐，文火焖数分钟即可。

（十六）金钩蛋

味香，鲜嫩，滋补，宴客名菜。制法：将虾肉、瘦猪肉、香菇剁碎下锅焖熟，调入精盐、胡椒、味精、猪油后，将蛋搅拌均匀倒入锅中，稍焖成块后，盛入锅中碗中即可。

（十七）糯米肠

味香，嫩腻，宴客名菜。制法：将糯米浸透，拌入腊肉、虾肉、香菇碎末，灌入洗干净的猪大肠，留一寸空隙，扎紧，文火煮熟，冷却后切成椭圆形块，淋上酱油、味精、猪油即可。

（十八）米卷粉

籼米用水泡透后磨浆，在薄铁板圆盘内放一勺米浆，摇匀后入锅旺火蒸数分钟取出，撕下卷粉皮，放入适量馅心（馅心制法：将菜心丝、冬笋丝、香菇丝、豆芽、精瘦肉炒熟，用纱布包裹，榨尽水汁，拌以调料即可)，裹成筒状即食。

第二节　服务业

一、旅馆业

1991年，全县共有旅馆27家，从业人员191人。其中城区11家，从业人员152人。当年新建粮苑酒家，新增床位31张，全县共有床位562个。1993年，明溪大旅社和供销招待所进行重新装修，新增床位38张。

2005年9月，明溪宾馆被评为三星级旅游饭店，为县内唯一有“星”级的旅游饭店。全县有旅馆34家，从业人员246人，床位689个。

二、美容美发

1991年，全县有美容美发店105家，从业人员138人，其中城区58家，从业人员86人。主要服务项目有理发、烫发、洗（面）膜、干洗、焗油、染发等。2005年，全县有美容美发店165家，从业人员237人。

三、摄影、摄像

1991年，全县从事摄影摄像业有17家，从业人员20人，其中城区10家。主要经营黑白、彩色照片拍摄冲印。2000年，县内已有快速彩色冲印、数码快照速印设备并开展特约外拍、彩车迎亲、婚纱摄影、摄像、光盘刻录、MTV制作等服务。2005年，全县有摄影摄像业15家，其中城区9家，乡镇6家。

第六章 旅 游

第一节 旅游景区

明溪旅游开发速度较慢，1991—1999年只在滴水岩铺设景区部分路线等简单的开发。

2000年，县旅游局编制《旅游产业发展规划纲要（2000—2010）》。规划设计玉虚洞旅游项目和紫云国家森林公园总体规划，策划编制玉虚洞旅游、紫云生态旅游、君子峰生态旅游、沙溪温泉度假村、南山现代农业示范旅游等项目，以及明溪红色旅游景区建设方案。2001年，紫云村与外商签订紫云瀑布群开发协议，2003年5月1日完成瀑布群开发并向游人开放。2005年，县政府对全县旅游资源按功能划分为东部观光游览生态旅游区，中部休闲娱乐、度假文化旅游区，西部宗教朝圣、客家寻根、红色文化旅游区。全县有滴水岩、龟山、紫云村等景区可供游人参观游览。旅游线路主要有：滴水岩—夫人庙一日游、龟山—颐和洞（余禾洞）一日游、均峰山—百丈礤二日游。同年，县旅游局与福州健鑫投资有限公司签约玉虚洞承包开发经营合同，对该景区进行开发。

附：明溪县主要旅游景区景点

滴水岩景区　位于县城2.5公里的蟠龙山下，景区管理范围总面积60公顷。划定东起观音墘、泗洲堂、米鸪洞、上岭；西至三毛卡、上水圳、白叶坑；南起落无坪；北至大墘、村头、梨树墘。

龟山景区　又称龟山杨时故里，位于县城10公里处的龙湖村路口，景区管理总面积23.1公顷，东以水泥游览公路为界，西至溪涧，南起山下公路，北至龙湖庵。

紫云村景区　位于县东北部，距县城69公里。均峰山位于村头，百丈礤处在云台溪水尾，景区管理总面积5067公顷。东和沙县毗邻，西与沙溪乡、瀚仙镇接壤；南与三明市三元、梅列二区相连，北至将乐县界，景区范围包括均峰山、百丈礤、文化古村，其中均峰山自然保护区面积1467公顷。

显应庙　位于县城北郊的显应庙，旧称“夫人庙”，颇受当地群众的敬仰。庙里供奉着莘七娘，又称“圣七娘”，当地群众尊称她为惠利夫人。传说莘七娘南宋时期随夫征战，丈夫不幸病亡后，她寄居明溪陪伴丈夫亡灵，为民众治病，死后亦葬在明溪。民族英雄文天祥作诗赞颂莘七娘：“百万貔貅扫犬羊，家山万里受封疆。男儿若不平妖虏，惭愧明溪莘七娘”。

君子峰国家级自然保护区 地处县西北部和东部，总面积18060.5公顷，地质古老，生态原始，是天然的动植物博物馆。始建于1995年,后晋升为国家级自然保护区。保护区自然景观优美，有“绿海云都”之美誉的紫云仙境，是三明市高山生态“后花园”，有龙井瀑布、百丈磜五级瀑布和沙溪梓口坊温泉等，境内山峦起伏、飞瀑流泉。保护区人文景观众多，紫云古村聚居着杨时、罗从彦、张载等宋代理学家的后裔；有宋朝宰相文天祥题匾“显盖紫云”；出土的商周古陶片、古桥、古琴、古戏台、石旗杆、演武石及水泉岩石刻，吸引着众多专家学者前往寻秘探幽；有东方军司令部、夏坊玉皇楼苏维埃政府楼等红色旅游景点；有闽西著名的聚龙禅寺、唐末的均峰古寺和石佛庵等宗教朝拜景点。

雪峰山森林公园 位于县城东南，距三明市区65公里。森林公园动植物资源丰富，保护较好，森林覆盖率达90.7%。最高峰十公芫海拔1003.8米，最低海拔330米。有国家级和省级划定的重点保护动植物20多种，如南方红豆杉、福建青冈、楠木、福建柏和蟒、黄腹角雉、穿山甲、苏门羚等。公园内主要景观有天然次生林、人工马尾松林景观，还有位于日溪的飞雨瀑，落差27米，宽13米。瀑布两侧山势陡峭，峭壁奇岩，当地称为百丈岩。公园内日溪和月溪两条水系，溪流蜿蜒汇合，形成日月溪水库。

南山古人类文化遗址 位于县城东边，总面积5万平方米，是福建省目前第一处洞穴和旷野相结合的史前文化遗存，1988年福建省文物十大考古之一。经专家考古挖掘，发现新石器晚期至青铜时期洞穴居住面（全省首次发现）和丰富的文化遗物，发现人头盖骨和300多粒的炭化稻谷和少量果核，为福建省内史前遗址之最。特别是牵牛花种子的发现，改写牵牛花舶来我国的历史年代。

枫溪聚龙寺 位于县枫溪乡境内聚龙峰上，距乡政府所在地5公里。始建于唐开元九年（公元721年），是佛教曹洞宗福建四大古刹之一，同福州涌泉寺、泉州开元寺、莆田广化寺齐名。

归化战役遗址 位于县瀚仙镇龙湖村东北2公里铁岭隘。1934年3月22日和26日，由军团长寻淮洲、政委乐少华指挥的红7军团两次与国民党东路进剿军第10师（师长李默庵、驻将乐白莲）在铁岭隘交战，红军击毙敌人130余人，军官4人，打伤敌人200余人，俘敌60多人，缴获敌枪600多支。铜铁岭战斗（又称归化战役），是红军第五次反“围剿”在东方战线取得的一次重大胜利。铜铁岭战斗胜利后，红7军团等部受到中革军委的表彰，军团领导人记二等功。为纪念铜铁岭战斗的胜利，1987年县政府在铁岭战斗遗址上建一座书状纪念碑，记载红军指战员英勇战斗的史实，以教育后人。碑由花岗岩打制而成，碑身呈打开书状，厚1米，高2米，宽4米。左碑文“人民英雄永垂不朽”，每字30厘米，仿毛泽东字体；右碑文“归化之役遗址”并加遗址说明。碑座高1.5米，黑色大理石贴面。占地面积100平方米。遗址尚存当时的战壕。1995年12月，归化战役遗址被三明市政府确定为第一批市级爱国主义教育基地。

红军东方军司令部旧址 位于县夏阳乡御帘村张氏大祖屋。1933—1934年，彭德怀、杨尚昆、滕代远等率领红军曾两次驻扎御帘村，将司令部设在御帘村张姓大祖祠内，指挥攻打沙县的作战。1934年1月，东方军攻克沙县后，县苏维埃政府响应号召，动员群众到沙县挑运战利品。2月18日，东方军奉命返回广昌一带。

第二节 宣传促销

县旅游局成立后，开展旅游宣传促销，开拓客源市场。1987年，在全国各类报刊介绍明溪旅游景点、旅游商品的文章多达20多篇。1990年，出版《绿海明珠——明溪》大型画册，介绍明溪的旅游商品蓝宝石、宝剑、宝扇（木香扇、檀香扇、壁挂扇）、肉脯干等。时任全国政协副主席王兆国同志，省委主要负责人陈光毅、贺国强、习近平、陈明义同志等相继到明溪考察明溪宝石厂、雪峰宝剑厂等。

1991 年后，县旅游局先后组织景区负责人、旅游商品厂家、县宾馆参加省旅游局在各地举办的旅游招商会、旅游推介会、旅游交易会，印发宣传促销的图片等，以提高明溪旅游景点和旅游商品的知名度。2000 年，雪峰宝剑厂的商品荣获福建省农业精品展销会金奖和福建旅游博贸会最佳商品奖。

2001 年，县旅游局联合旅游商品厂家，在县城繁华路段及河滨公园设置 10 多个灯箱广告，悬挂“走进明溪，拥抱大自然无穷乐趣；亲近老区，感悟红土地儿女风流”的横幅气球，营造旅游氛围。

2002—2005 年，先后组织厂家参加国内外的旅游商品交易会及各种促销活动，运用电视、摄影、歌曲、广告、互联网等载体，加大旅游产品的宣传、促销力度，提高明溪生态旅游的知名度，重视发展壮大产品营销队伍，充分发挥县旅游“三宝”商品优势。全县以旅游商品加工销售为一体的企业 20 多家，年销售肉脯干、宝剑、宝石、宝扇 2000 多万元。

第三节 旅游管理

一、管理机构

1991 年，县旅游局核定编制 2 名，玉虚洞管理所管理人员 5 名。其下属县旅游服务公司承接公民国内旅游，代办赴港澳、东南亚等地探亲旅游业务。

1996 年底，县旅游局更名为明溪县旅游事业局，归并县文体局兼管。1997 年底，县旅游事业局定编为 3 名，玉虚洞管理所定编为 7 名。1998 年 6 月，成立三明市旅行社明溪营业部，12 月因业务进展困难，自行停业。

2005 年，县核定旅游局编制 3 名，其中管理人员 1 名、专业技术人员 2 名。玉虚洞管理所更名玉虚洞管理站，定编 5 名、管理人员 1 名、专业技术人员 4 员。

二、人员培训

1991 年，随着旅游业的发展，旅游局重视抓好人员的培训学习，分期分批组织景区管理人员及旅游服务人员参加市、县举办的旅游管理服务工作培训班，提高旅游服务人员素质。

对景区管理负责人注重培养正确的经营思想和提高科学管理能力。对导游员每年至少一次参加专业培训、资格考核，不断掌握导法与讲解技巧，逐步将科学性、知识性、趣味性、艺术性有机地结合起来，做到情景交融，引人入胜。

1993—2005 年，通过开展创建“文明景区”“示范窗口”活动，加强对员工的教育、培训，制定学习计划，进行多课目培训，提高从业人员的业务水平，许多员工实现一专多能的本领。同时进行岗前培训，持证上岗的举措，开展检查、评比工作，促进服务质量的提高。

三、景区管理

1991 年，县旅游局组织人员编写滴水岩玉虚洞的导游词，配备专业导游员，实行持证上岗制度。对景区管理人员的导游、电工、安全、保卫、地段卫生、场地看护等工作实施责任制，开展岗位技术练兵和竞赛活动，努力提高员工的业务水平。组织管理、导游人员赴厦门参加旅游管理工作的培训学习。

1993 年，景区开展创建“文明景区”活动，以群众“满意不满意”作为旅游景区单位形象好坏的重要标准。1997 年 3 月，开展“创建文明行业”竞赛活动，大力提倡文明用语，设立群众意见箱，同时开展优质服务月活动，设立优质服务示范窗口监督举报电话，促进景区管理朝规范化、制度化发展。2005 年 8 月，旅游局与福州健鑫投资有限公司签订《玉虚洞旅游区承包开发经营合同书》，并着手对景区道路、部分景点进行建设。

滴水岩风景区开发后，县政府制定有关禁止在景区采矿炸石挖土，禁止砍伐柴木，实施封山育林，划定禁坟区，加强风景名胜区资源保护等内容的文件，促进景区较好地保护森林和生态环境，为景区加强管理创设良好的环境。

第四节 旅游配套设施建设

一、酒店、宾馆

1991—2000年，明溪城区相继建成明溪宾馆、物质大酒店、明溪大酒家、粮苑酒家、邮电公寓等多家宾馆。宾馆设备设施完善，交通方便，既具备住宿条件，又有膳食服务功能，还增设舞厅、地方特色工艺品和风味小吃等展厅，极大的方便游客观赏、购物。

2005年，全县城区宾馆床位总数为560多个，餐馆餐位总数达到1800个。

二、旅游产品

（一）明溪肉脯干

居闽西“八干”之首，拥有福建省明溪三老食品有限公司、明溪礼仪肉脯干厂、明溪县荣兴肉脯干厂等12家生产企业。

（二）明溪宝石

明溪是我国蓝宝石四大产地之一。1997年，县成立宝玉石协会，致力于研究、开发、生产、加工和销售工作。明溪宝石获“八闽名石”称号，宝石作品多次获部级“名、特、优”产品金奖。2005年，有蓝宝石生产企业10多家，拥有技术工人百余人。

（三）宝剑 宝扇

宝剑为明溪的特色商品，品种繁多，工艺精湛，为旅游者和健身者所喜爱。宝扇有檀香扇、香木扇、红木扇、壁挂大扇等，产品销往中国港澳台地区，以及新加坡等地。宝石、宝剑、宝扇并称为“明溪三宝”。

（四）其他

明溪还是全省最大的红豆杉、淮山药材的生产基地，已建立生产加工厂家，红豆杉经提炼成珍贵的紫杉醇药品；淮山可药食两用，开发加工为即溶营养麦片和儿童保健的食品。

水蜜桃、猕猴桃、甘楂等亦为地方特色果品。雪峰竹木制品厂生产的家具、玩具和明溪珠宝厂出品的佛珠、项链、宝石戒面等均为订单旅游商品，畅销日本、东南亚等地。南山创业园的工艺馆、微雕印章、茶壶等系列工艺品，别具一格，为国内外旅游者所收藏。2004年，毛新华的微雕产品赴京参展，在全国首届大型精微艺术文化展会上，获得1个金奖，1个银奖。

卷十　财政　税务

明溪是中央、省、市财政补助县，农业比重过大，财源结构不合理，财政支出大于收入。随着财政体制不断完善和财政目标考核责任制的落实，特别是1994年实行分税制后，县财政收入稳步上升。1994年，行政、事业单位工资改革及随后社会保障制度的建立健全，工资等刚性支出大幅增加。1999年，福建省政府确定明溪为省监管财政困难县，由省财政转移支付帮助，县财政困难得以缓解。此后，按照构筑公共财政体系的要求，努力培植财源，加大支出结构的调整，压缩一般性支出，重点保证工资发放、社会保障等支出的需要，并支持科研成果转化、义务教育、中小学危房改造、学校布局调整、农业基础设施建设等，促进了全县各项事业发展。

1994年，实行分税制后，税务部门认真贯彻“法治、公平、文明、效率”治税方针，加快信息化建设，改善服务的软、硬件设施，县税收稳步提高。2005年，国税、地税总收入6180万元，是1991年的3.4倍。

第一章　财　政

第一节　财政体制

一、县级财政体制

1991年，省对县继续执行“划分收支、定额缴补、增收分成、分级包干”财政体制。新开征预算内专项收入类“城市教育附加费”，用于教育基础设施建设，年内征收20.3万元。

1994年，根据《国务院关于实行分税制财政管理体制的决定》，省对县实行分税制财政管理。在划分事权的基础上，确定省与市、县的财政支出范围；按照财权与事权相结合的原则，划分税种；实行省对市、县的税收返还。新的分税制体制将农业特产税、地方企业所得税、营业税等30几种税种划为地方固定收入。省核定县收入基数为2087万元，支出基数为2356万元，定额补助269万元。

1999年，工商行政管理划归全省统一垂直领导管理，县工商局行政经费上划，相应核减县财政支出基数48万元。同年，明溪列入省监管财政困难县。

2001年，原由省财政厅管理的外贸行政经费下划县财政管理，省对县财政体制支出基数增加2万元。

2002年，县执行财政部出台的所得税（包括企业所得税和个人所得税，下同）由中央与地方分享的政策（不含铁路、邮电、金融等部门），即“以2001年收入为基数，2002年所得税收入中央与地方五五分成，2003年调整为六四分成，以后年份待定”。省财政厅以2001年地方级决算收入为测算依据，从2002年起对财政供养的人口年人均财力不足1.2万元的县，通过转移支付调整基数，省核定明溪财政收入基数为2825万元，支出基数5604万元，定额补助2779万元。全省药品监督机构实行“统一领导、垂直管理、统收统支、分级核算”的财务管理体制，县药品监督管理局行政人员支出基数2万元被上划，相应核减县财政支出基数。从2002年起全省取消屠宰税和暂缓征收除烟叶和原木收购环节以外的特产税，省财政相应增加县转移支付补助347万元。

2003年，县执行农村税费“五个取消、一个稳定、一项改革”政策，即取消乡统筹费，取消农村教育集资等专门面向农民征收的行政事业性收费和政府性基金、集资，取消除烟叶及原木收购环节特产税外的其他特产税，取消屠宰税，取消统一规定的劳动积累工和义务工；稳定农业税政策；改革村提留征收使用办法。省财政相应增加县转移支付补助371万元。

2004年，县执行种植水稻免征农业税政策，省财政相应增加县转移支付补助90万元。

2005年，县执行免征农业税和取消除烟叶以外的特产税政策，省财政相应增加县转移支付补助549万元。

二、乡镇财政体制

1991—1992年，县对乡继续实行“定收定支、超收分成、结余留用”预算包干管理的财政体制。

1993年，对乡镇实行“收入定基数，支出定指标，收支挂钩，超收分成，短收负担”的财政预算管理体制。在完成农业税任务的前提下，核定工商税基数988.4万元和农林特产税收入基数（竹木329.2万元、其他特产税63.2万元），工商各税超基数部分按:城关、雪峰、沙溪、胡坊、夏阳实行三七分成（乡镇30%，县70%），盖洋、枫溪实行四六分成（乡镇40%，县60%），瀚仙、夏坊按原体制执行。竹木特产税超基数部分实行三七分成（乡镇30%，县70%），其他特产税超基数部分实行五五成（乡镇50%，县50%）。支出定指标：以1993年支出预算安排数（扣除县目标岗位责任制奖金和教育经费以及上级政策性出台外）为支出指标数。短收负担：未完成收入基数的乡镇，短收部分按超收分成比例负担。

为适应税制改革和保持乡财政体制的连续性，1994年在原乡镇财政体制基础上，县制定“划分收支、核定基数、定额上缴或定额补助，一定两年”的乡财政体制。对税种、收入基数、分成比例作适当调整。收入范围：乡镇所属工商各税（不含增值税）、农业税、特产税和其他收入50%全额下划到乡镇作为乡镇固定收入。支出范围：农业、畜牧、水利、文化、教育、卫生、广播、计划生育、公费医疗、乡财事业费、行政管理费、司法业务费、村干补贴及乡镇安排的其他支出。收入基数减支出基数只差为各乡镇相应的定额缴补数。通过核定乡镇收入基数为903.91万元，支出基数为719.22万元，乡镇定额上缴184.69万元。

1996年，教师经费上收县统管，由县财政全额负担。

1997年，县对乡（镇）实行分税制财政管理，按税种划分乡镇财政收入范围，并对税种和收支基数进行调整。对收入按税种划分，构成乡镇收入有：地税局各乡镇税务所征收的工商各税50%（雪峰镇和城关乡除外），农业税，特产税60%（不含本乡镇范围内的竹木收购环节的特产税），契税收入，耕地占用税的70%（一次性土地20亩以上的耕地占用税乡镇分成50%），罚没收入80%，非城区土地出让收入，乡（镇）、村办集体企业所得税，乡（镇）行政事业收费及其他收入。支出划分：主要承担乡（镇）政府运转所需正常经费和本乡（镇）事业发展所需的支出，支出范围与1995年相同。收入基数以前三年决算平均数为依据，扣除非正常的一次性因素后，计算核定。支出基数按照1996年决算收入数，扣除体制定额缴补数，加上对个别乡镇财力的适当调剂计算出各乡镇应得财力，作为支出基数。收入基数减支出基数为各乡镇相应的定额缴补数。通过核定，全县乡镇收入基数为768万元，支出基数为487万元，乡镇定额上缴200万元。

1999年，对1997年乡镇财政体制进行调整补充。乡（镇）、村办集体企业所得税由原乡镇固定收入调整为县、乡三七比例分享收入，取消城关乡、雪峰镇原有工商各税超收分成办法，对其新创办的乡镇企业缴纳的地方级工商税收（不含中央两税）全额留给乡镇；核定特产税收入基数，基数内实行县、乡四六分成，超基数部分县、乡二八分成；鉴于各乡镇财力实际，对原体制定额缴（补）基数 200 万元调整为 65 万元，相应增加乡镇财力 135 万元。同年，城关乡卫生院并入县中医院，调减城关定额补助基数 10 万元。

2001 年，对 1999 年乡镇财政体制进行调整补充。重点从四个方面调整县乡财政体制：一是对乡镇规模税源型企业增值税地方实得增量部分实行五五分成；二是对烟叶特产税，实行重新核定收入基数、定额上解、超收全留的新体制；三是鼓励乡镇发展“飞地工业”，凡乡镇引进落户在县级工业园区的项目，其所形成的税收地方实得部分，按现行县乡财政体制实行分成；四是鼓励办基地，按照县办龙头、乡办基地的模式，龙头企业所形成的税收地方实得部分，按各乡镇提供原材料的比例进行分配。

2003 年，乡镇卫生院和畜牧兽医站上划县管，调减各乡镇定额补助基数 93.8 万元。

2004 年，乡镇广电站和司法所上划县管，调减各乡镇定额补助基数 13.79 万元。

2005 年，乡财政体制不变。

第二节　财政收入

一、预算内收入

1991 年，县财政预算内总收入 2793.8 万元，其中，地方级预算收入 2197.1 万元，上级补助收入 342.4 万元，与上年结余 385.9 万元，其他收入 48.4 万元。一般预算收入 2197.1 万元中，工商税收 1580.5 万元，农业税收 415 万元，企业收入 127.6 万元，其他 74 万元。

1994 年，由于实行分税制财政体制，全县地方级财政预算内收入减少，当年收入 2578 万元，比 1993 年减收 436 万元，下降 14.46%；上级补助收入增加，当年收入 1023 万元，比 1993 年增加 520 万元，增幅 103%。1992—1995 年，县财政预算内收入 16064.7 万元，其中，地方级预算收入 11521.4 万元，上级补助收入 2900.1 万元。

此后，随着新的分税制财政体制的运行，以及上级财政对县财政收、支基数的调整，上级补助收入逐年增加，特别是 1997 年开始实施转移支付政策以后，上级对县的财政补助收入力度加大，1998 年上级补助收入 1401 万元，比 1997 年增长 37.19%。

1999 年，受东南亚金融风波、国内通货紧缩和企业效益下降等影响，财政收入下降，县地方级预算收入 4063 万元，比 1998 年减少 763 万元，下降 15.81%。2003 年，县通过改善经济社会发展环境，因地制宜发展地方经济，县地方级预算收入随之增加，县财政预算内收入逐年提高。当年，县财政预算内收入 12063 万元，其中地方级预算收入 3875 万元，上级补助收入 6086 万元，其他 2329 万元。

2005 年，县财政预算内收入 15957 万元，其中，地方级预算收入 4222 万元，基金预算收入 383 万元，上级补助收入 8629 万元。

（一）农业税收

县征收的农业税收有农业税、农业特产税、契税和耕地占用税。1991 年，农业税收 415 万元，占财政预算内总收入 13.96%。2005 年，农业税收 1289 万元，占财政预算内总收入 8.08%。

1.农业税

1991 年，全县农业税计税面积 1.18 万公顷，农业税收入为 70.2 万元，平均税率 10.94%，农业税地方附加收入 10.53 万元，为正税的 15%。其中，夏征期（9 月底前）缴纳的征粮和代金，按夏季中等稻谷价格

35 元/100 公斤计征；秋征期（12 月底前）缴纳的征粮和代金，按秋季中等稻谷价格 36.60 元/100 公斤计征。

1992—1996 年，国家大幅度上调农业税计税价，中等稻谷计税价格提高到 140 元/100 公斤。其间，农业税共收入 640.74 万元，年均收入 128.15 万元；地方附加共收入 67.9 万元，年均 13.58 万元。

1997 年，中等稻谷计税价格下调到 120 元/100 公斤。1998 年，为避免谷贱伤农，影响粮食增产，市政府下发《关于下达一九九八年度粮食收购保护价的通知》，稳定粮食市场。2000 年，县贯彻省政府粮食购销政策和农业税秋征期计税价格的有关精神，农业税取消早籼稻保护价，改革籼稻定购任务为指导性收购，早晚稻按 4：6 比例征收，大幅度调低粮食的定购粮。2001 年，县农业税采取征收实物和折征代金“双轨制”政策。

2002 年，因遭受“6·16”特大洪灾袭击，县大部分农户早稻歉收，该年农业税收入 73.8 万元，比 2001 年收入少 34.2 万元。2003 年，执行省财政厅、省粮食局《关于下达 2003 年早、晚稻农业税结算价格的通知》，继续实行征收实物和折征代金“双轨制”政策，为支持省农村税费改革，对历年农业税尾欠实行挂账处理。2004 年，全县农业税计税面积为 1.15 万公顷，农业税收入 109.2 万元平均税率为 10.84%；地方附加收入 16.4 万元。同年，执行省政府《关于开展种粮耕地减免农业税改革试点有关问题的通知》，免征县内种植水稻（包括单季稻和双季稻）耕地的农业税及其附加。

2005 年，执行《福建省人民政府关于全面免征农业税和取消除烟叶外的农业特产税的通知》精神，免征全县农户的农业税及其附加。

1991—2005 年，县农业税收入共计 2289.9 万元，农业税地方附加收入 230.43 万元；社会和灾歉减免数额 925.73 万元，年均 61.72 万元。

2.农业特产税

1991—1993 年，全县征收农林特产税继续延用旧制。其间，共征收 1026.58 万元，年均 342.19 万元。

1994 年，县贯彻执行国家分税制财政体制政策，农林特产税改征农业特产税，取消原竹木产品税，对全县 农业特产税计税价格和税率做出调整，农特产品征收生产、收购环节特产税，收购价高于计税价的按实际收购价计征；生产单位和个人在产品收获或销售环节缴纳农业特产税，收购单位和个人在产品收购环节分别缴纳和代扣代缴农业特产税。该年，农业特产税收入 1120.2 万元，是 1993 年的 3.15 倍。此后，农业特产税多维持在千万元以上。

1996 年，县收购烟叶按收购单位支付给烟农的实得金额，扣除省定奖励金后，计征农业特产税。1997—2001 年，县适当调整农业特产税计税价格，其中烟叶农业特产税计税依据改为收购烟叶所支付所有费用，包括奖励金和扶持款等价外补贴，且税率从 30%调整为 20%。2002 年，受“6·16”特大洪灾影响，全县农业特产税征收下降，收入为 933.6 万元。2003 年 1 月，县调整部分农业特产税税目，保留烟叶和原木收购环节两个品目的农业特产税，其余品目的农业特产税全部暂缓征收。同年，全县集体林木材收购环节特产税实行源头征收，国有林木材仍实行凭账征收。2005 年 1 月，县取消除烟叶外的农业特产税及其附加。

1994—2005 年，县农业特产税共收入 14035.9 万元，年均收入 1169.66 万元。

1991—2005 年明溪县农业特产税及附加收入情况

表 10-1　　单位：万元

年份	特产税										地方附加收入
	合 计	烟叶	毛茶	水产品	原木	原竹	松脂	食用菌	水果	其他	
1991	340.48	—	4.6	—	293.0	3.1	20	0.7	4.1	15.0	34.05
1992	330.7	—	3.3	—	241.4	2.6	14.4	0.6	3.5	29.7	33.1

续表 10-1

年份	特产税										地方附加收入
	合 计	烟叶	毛茶	水产品	原木	原竹	松脂	食用菌	水果	其他	
1993	355.4	—	1.9	—	328.0	1.6	20.2	0.2	3.3	35.7	35.5
1994	1120.2	50.9	2.7	0.5	930.1	5.3	85.3	2.2	9.5	33.6	112
1995	1224.2	190.7	5.3	6.4	996.3	7.8	97.4	3.0	10.0	29.8	122.5
1996	1435.9	509.1	2.1	16.9	807.2	14.2	69.5	2.6	9.6	4.7	143.6
1997	1546.8	640.5	1.5	4.4	774.8	5.4	88.4	4.9	7.6	19.3	154.7
1998	1036	338.8	0.7	5.4	604.1	13.1	49.6	2.1	6.2	16.0	103.6
1999	1018.6	316.0	1.8	0.6	630.5	10.6	22.5	2.6	7.1	26.9	108.5
2000	1229.6	286.6	1.1	1.5	845.1	18.3	32.8	8.1	5.2	30.9	125.5
2001	1143.1	597.5	0.4	4.4	453.3	18.3	27.9	2.4	3.6	35.3	114.1
2002	933.6	273.0	0.4	7.4	451.7	13.3	7.4	1.6	50.3	128.4	93.4
2003	1269.2	291.9	—	—	977.3	—	—	—	—	—	126.9
2004	995.7	509.7	—	—	486.0	—	—	—	—	—	99.6
2005	1083	1075.9	—	—	—	—	—	—	—	—	107.6

3. 契税

契税征收由财政委托县房管部门代征。1991 年 1 月至 1997 年 9 月 30 日前，执行契税税率为 6%（其中典契税税率为 3%），至 1997 年 12 月，共征收 22.5 万元，年均征收 3.21 万元。1997 年 10 月 1 日后，县契税税率由 6%下调为按 3%计征，征税范围扩大到国有土地划拨。

1998 年后，随着房地产业发展，全县契税收入逐年递增，该年契税收入为 26.8 万元，是 1997 年的 5.83 倍。2003 年，全县落实国有土地有偿使用制度，减少划拨、协议出让土地使用权，土地交易税源增加；城市改造和小城镇建设增加了房地产开发面积，提升房地产交易价格，房屋交易税源也随之增加。2005 年 1 月 1 日起，全县契税、耕地占用税由原来委托县国土资源局和县房管所代征改为县财政部门直接征收。该年契税收入 154.8 万元，为历年最高。

1998—2005 年，共征收契税 484.3 万元，年均 60.54 万元。

4. 耕地占用税

1991 年，耕地占用税税率为水田 4 元/平方米、旱地 2 元/平方米，学校、敬老院、驻军部队占用耕地免征。耕地占用税收入中央和地方的分成比例为中央 30%，地方 70%。70%地方留成部分分成比例为：省 17%，地市 10%，县（区）43%。至 1993 年，全县耕地占用逐年增加，耕地占用税也随之增加，该年耕地占用税历年最高，为 70.94 万元。其间，县政府批准或转批非农业建设占用耕地 28.87 公顷，免税面积 16.76 公顷，耕地占用税共收入 85.74 万元，减免 67 万元，尾欠 3 万元。

1994—1996 年，县政府批准或转批非农业建设占用耕地 45 公顷，共收入耕地占用税 109.7 万元，全县减免三资企业、农民建房占用耕地 1.93 公顷，减免 7.9 万元，耕地占用税尾欠 17.8 万元。1997 年，新耕地占用税条例出台，从 4 月份起全国停止审批耕地。1997—1998 年，由于公路建设，县政府批准或转批非农业建设占用耕地 31.93 公顷，其间，耕地占用税收入 106.6 万元，耕地占用税尾欠 25.3 万元。1999—2000 年，全县未批地，耕地占用税收入是尾欠收入。2001—2002 年，县政府批准或转批非农业建设占用耕地 12.8 公顷，耕地占用税收入 11.1 万元，尾欠 54.8 万元。2003 年全县未批地。2004 年，县政府批准或转批非农业建设占用耕地 9.78 公顷，耕地占用税收入 2 万元，尾欠达到 88.3 万元。

2005 年，全县未批地，耕地占用税收入是尾欠收入。

（二）工商税收

1991—1993 年，实行以流转税和所得税为主体的税种，工商税收入共 5618.8 万元。1994 年 1 月 1 日起，执行国家新的工商税制，在工业生产领域和批发零售商业普遍征收增值税，统一内资企业所得税，实行 33%的比例税率，全年工商税收入 953 万元。2005 年，工商税收入 2441 万元。1995—2005 年，工商税共收入 19416 万元。

（三）企业收入

1991 年，县内国有企业普遍实行多种形式承包经营，原则是包死基数、确保上缴、超收多留、歉收自补，全年企业收入为 127.6 万元。此后，因企业待处理财产损失和应计提费用普遍增加，潜亏现象严重。1999 年，县决定实施国有企业改革，减债卸负，当年企业收入为 39 万元。1992—1999 年，企业收入 2301 万元。2002—2005 年，因补贴亏损的国有企业，共收入-588 万元。

（四）其他收入

1991 年，其他收入（包含专款收入、罚没收入、杂项收入）74 万元，其中排污费、城市水资源费、教育附加费等专项收入 48.9 万元。1995 年，行政性收费和国有土地有偿出让收入纳入预算管理。是年，其他收入 679 万元，是 1994 年收入的 3.4 倍，其中，专项收入 87 万元，行政性收费和罚没收入 191 万元，杂项收入 401 万元。2005 年，其他收入 280 万元，其中，专项收入 173 万元，行政性收费 10 万元，罚没收入 88 万元，杂项收入 9 万元。

1991—2005 年明溪县预算内收入情况

表 10-2 单位：万元

年份	总收入	地方级预算收入										上级补助收入	调入资金	上年结余收入
		合计	一般预算收入								基金预算收入			
			小计	其工商税收			农业税收	企业收入		其他收入				
				县本级	小计	其中：增值税		小计	其中：企业所得税					
1991	2974	2197	2197	855	1581	293	415	128	207	74	—	342	40	394
1992	3357	2419	2419	984	1732	364	410	184	297	93	—	575	124	238
1993	3715	3014	3014	1328	2306	568	417	175	497	116	—	503	69	129
1994	4001	2578	2578	1470	953	373	1183	242	299	200	—	1023	278	122
1995	4992	3510	3510	2156	1278	384	1320	233	186	679	—	799	487	196
1996	5735	4157	4157	2721	1459	436	1629	271	201	798	—	840	525	213
1997	6311	4815	4568	2917	1545	484	1647	676	649	700	247	1019	205	272
1998	7718	4826	3936	2490	1618	486	1183	481	540	654	890	1401	1115	376
1999	8183	4063	3306	1786	1770	473	1094	39	164	403	757	2986	739	395
2000	7855	3925	3328	1821	1625	461	1268	151	283	284	597	3118	480	332
2001	9893	4033	3468	2186	1688	500	1191	195	339	394	565	4607	475	778
2002	11242	3709	3136	1854	1769	602	1092	-139	99	414	573	5262	548	1723
2003	12063	3875	3366	2027	1996	656	1246	-203	69	227	509	6086	579	1523
2004	14323	4224	3837	2485	2227	700	1203	-75	75	482	387	7533	839	1727
2005	15957	4222	3839	2607	2441	782	1289	-171	125	280	383	8629	714	2392

二、预算外收入

1991 年，全县的预算外资金收入为 1738 万元。

1992—1993 年，由于执行财政部《关于对行政性收费、罚没收入实行预算管理的规定》，国有企业及其主管部门预算外收入不再纳入财政预算外资金管理，预算外资金的收入随之降到 1000 万元左右。

1994—1997 年，县财政强化对预算外资金的管理，逐步把部门管理的预算外资金纳入县财政管理，预算外资金收入持续快速增长。1994 年全县预算外资金收入为 1750 万元，1997 年达到 4120 万元，4 年累计收入 13441 万元，年均递增 33.86%，一定程度上弥补了预算内资金的不足。

1998 年，由于社会保障基金实行社保资金专户管理，预算外资金收入降到 3191 万元，1999 年为 3097 万元。

2000 年开始，县对预算外资金的收缴方式实行“票款分离、银行代收”办法，预算外资金的收入更加及时，入户率也大大提高，达到 99%以上，预算外资金的收入规模也基本上维持在 3500 万元~4000 万元的水平。

2003 年，县实行农村税费改革，取消涉农收入。由于原有的涉农收费实际执收项目少，收费标准不高，县内农村税费改革对全县预算外资金收入影响不大。

2004 年，全县预算外资金收入 3594 万元。2005 年，全县预算外资金收入 3271 万元。

1991—2005 年，全县预算外资金收入累计 45892 万元。其中：地方财政部门 2289 万元，占 4.99%；行政事业单位 23703 万元，占 51.65%；国有企业及其主管部门 2312 万元，占 5.04%；政府性基金（资金、附加）4818 万元，占 10.50%；乡镇自筹统筹资金 7841 万元，占 17.09%；社会保障基金 1296 万元，占 2.82%；其他收入 3633 万元，占 7.91%。

三、乡镇财政收入

1991—1993 年，县乡镇企业发展良好，乡镇财政收入呈良性循环，全县乡镇财政收入累计 7565 万元，一般预算收入 4464 万元，年均 1488 万元。

1994 年，省对县、乡实行分税制财政体制，乡镇财政收入结构发生较大变化，当年乡镇财政收入 2504.7 万元，比 1993 年的 3230.8 万元减收 726.1 万元，下降 22.47%，其中乡镇财政一般预算收入 1108 万元，比 1993 年的 1686.35 万元减收 578.35 万元，下降 34.3%。

鉴于财政体制及地方税源的变化，县及时调整农村产业结构，着力发展烤烟种植等地方税源型经济，1995 年后，随着农村经济的发展，乡镇财政一般预算收入持续增长。1995—2000 年，乡镇财政收入合计 14613.23 万元。其中：一般预算收入 9323.12 万元，年均增收 78.49 万元，增长 5.8%；预算外收入 2561.11 万元,占 17.53%；自筹资金 2729 万元，占 18.67%。2001—2005 年，由于部分税种中央和地方分成比例的调整，林木等资源的减少，依托资源、粗放经营的乡镇企业逐步退出市场，以及农村税费改革的实施，乡镇财政自身收入呈下降趋势，其间，乡镇财政收入 11902.04 万元，年均 2380.41 万元；乡镇一般预算收入共 6487 万元，年均 1297.4 万元。

1991—2005 年明溪县乡镇财政收入统计

表 10-3 单位：万元

年份	收入合计	一般预算收入										基金预算收入	预算外收入	自筹资金收入
		小计	城关乡	瀚仙镇	沙溪乡	夏阳乡	胡坊镇	盖洋镇	枫溪乡	夏坊乡	雪峰镇			
1991	2101.47	1342.43	148.04	115.58	243.08	229.25	188.00	153.19	33.00	141.00	91.29	—	61.64	697.40
1992	2232.69	1435.24	169.58	133.85	218.19	253.26	208.00	155.53	35.00	161.00	100.83	—	63.81	733.64
1993	3230.80	1686.35	203.47	210.53	251.00	273.88	209.00	160.32	38.00	209.00	131.15	—	69.83	1474.62

续表 10-3

年份	收入合计	一般预算收入										基金预算收入	预算外收入	自筹资金收入
		小计	城关乡	瀚仙镇	沙溪乡	夏阳乡	胡坊镇	盖洋镇	枫溪乡	夏坊乡	雪峰镇			
1994	2504.70	1108.00	147.00	138.00	99.00	156.00	153.00	148.00	48.00	113.00	106.00	—	199.96	1196.74
1995	2765.70	1354.00	177.00	153.00	105.00	180.00	166.00	214.00	86.00	156.00	117.00	—	328.48	1083.22
1996	2333.78	1436.00	116.00	149.00	153.00	206.00	165.00	295.00	113.00	222.00	17.00	—	527.36	370.42
1997	2329.86	1651.00	144.00	178.00	175.00	221.00	195.00	378.00	127.00	205.00	28.00	11.00	445.52	222.34
1998	2181.76	1446.00	135.00	182.00	146.00	186.00	200.00	265.00	113.00	178.00	41.00	21.12	418.55	296.09
1999	2338.05	1520.00	140.00	187.00	156.00	200.00	205.00	311.00	117.00	187.00	17.00	137.55	314.22	366.28
2000	2664.08	1507.00	138.00	193.00	163.00	198.00	211.00	296.00	113.00	170.00	25.00	239.45	526.98	390.65
2001	2470.38	1282.00	118.00	171.00	138.00	170.00	174.00	232.00	104.00	149.00	26.00	200.47	626.55	361.36
2002	2309.64	1282.00	116.00	184.00	134.00	182.00	159.00	283.00	87.00	116.00	21.00	148.43	489.44	389.77
2003	2384.01	1339.00	117.00	183.00	146.00	191.00	173.00	302.00	83.00	129.00	15.00	—	712.46	332.55
2004	2147.42	1352.00	105.00	194.00	128.00	168.00	150.00	355.00	94.00	148.00	10.00	—	459.61	335.81
2005	2590.59	1231.55	99.82	150.21	122.52	150.32	142.92	310.95	93.33	133.84	27.64	—	379.38	979.66

第三节 财政支出

一、预算内支出

1991 年，财政预算内支出 2762.9 万元。其中，经济建设支出 64.8 万元，城市维护支出 69.5 万元，农林水等支出 443.7 万元，科教文卫支出 756.5 万元，抚恤救济社保支出 39 万元，行政管理支出 425 万元，公检法支出 147.4 万元，专项支出 53.4 万元，上解支出 552 万元，其他支出 211.6 万元。

1994 年，根据国家行政、事业单位工资制度改革有关精神，大幅提高行政、事业单位人员工资。同年，县财政支出 3807 万元，其中，一般预算内支出 3767 万元，比 1993 年增加 952 万元，基本为增资支出。

1995 年，本着“保吃饭、保重点、压缩一般”的原则，安排预算支出。1996 年，对行政事业单位实行“抵支收入”和“两个过渡”，以减轻财政压力。1998 年，坚持量入为出，量力而行，继续实行适度从紧的财政政策，加强“人、车、会、话”的管理，执行“收支统管，先预算外、后预算内，编制各单位综合财政预算”原则，预算安排先保证工资发放和党政机关运转必不可少的需要，后考虑其他法定支出和重点建设需要促进社会稳定和经济产业的发展。1999 年，初步建立公共支出框架，单位综合预算采取预算内外资金统一管理，支出按“先预算外、后预算内”安排，并将有能力自给单位推向市场。强化监督，规范各单位支出管理，提高资金使用效益。

1999—2003 年，全县财政一般预算总支出 3.86 亿元，年均增长 9.01%，重点支持科技研究成果转化、义务教育、中小学危房改造、学校布局调整、农业基础设施建设等。支出中，直接用于社会保障方面的支出占财政支出的比重由 1998 年的 2.61%上升到 2003 年的 10.18%；用于科技、教育和农业等 3 项法定支出占财政支出的比重由 1998 年的 38.98%上升到 2003 年的 42.12%；用于各项救灾、抗灾、救济支出 1051 万元。

2003 年，按照构筑公共财政体系的要求，在规范支出管理上采取日常措施，不断加大支出结构的调整，压缩一般性支出，重点保证工资发放、社会保障等支出的需要。其间，逐步完善综合预算管理，加大预算内外统管力度，在全市率先推行零基预算和单位综合预算，仅此一项可减少预算内支出近 20%；严格实行公用经费包干制度，公务费规定按照统一规定标准包干；实行车辆费用包干管理，对县几套班子车辆实行统一保险、统一大修等费用，对其他部门车辆根据实际安排；加强会议费和接待费管理，对大型会议费用实行“集中审批、综合定额、驻会监审”的管理办法；鼓励人员分流，相应出台一系列人员分流管理办法，分流近百名人员，并清理、清退临时工、自聘人员 429 人，减轻财政支出压力。

2005 年，县财政一般预算内支出 12582 万元。其中，经济建设支出 173 万元，城市维护支出 237 万元，农林水等支出 1181 万元，科教文卫支出 5494 万元，抚恤救济社保支出 1123 万元，行政管理支出 2236 万元，公检法支出 1021 万元，其他支出 1117 万元。

1991—2005 年明溪县财政预算内支出情况

表 10-4　　单位：万元

年份	支出合计	一般预算内支出											基金预算支出	上解支出
		小计	其中：县本级	经济建设支出	城市维护支出	农林水等支出	科教文卫支出	抚恤救济社保支出	行政管理支出	公检法支出	专项支出	其他支出		
1991	2762.90	2210.90	1674.80	64.80	69.50	443.70	756.50	39.00	425.00	147.40	53.40	211.60	—	552.00
1992	3228.20	2616.60	1962.42	50.00	39.90	559.00	820.20	115.80	500.40	151.10	45.20	335.00	—	611.60
1993	3599.00	2815.00	2128.48	91.00	42.00	412.00	960.00	60.00	594.00	159.00	66.00	431.00	—	784.00
1994	3807.00	3767.00	2651.51	109.00	87.00	592.00	1412.00	138.00	790.00	265.00	78.00	296.00	—	40.00
1995	4779.00	4488.00	3432.60	161.00	141.00	735.00	1636.00	57.00	872.00	298.00	75.00	513.00	—	291.00
1996	5465.00	5166.00	4475.52	144.00	106.00	728.00	2008.00	70.00	941.00	408.00	95.00	666.00	—	299.00
1997	5938.00	5389.00	4550.28	132.00	99.00	771.00	2044.00	124.00	1176.00	393.00	—	650.00	249.00	300.00
1998	6513.00	5925.00	5191.98	184.00	119.00	758.00	2349.00	134.00	1145.00	478.00	55.00	703.00	80.00	508.00
1999	6558.00	6015.00	5070.72	104.00	131.00	665.00	2610.00	213.00	1008.00	469.00	112.00	703.00	121.00	422.00
2000	7574.00	6790.00	5801.55	62.00	132.00	770.00	2753.00	188.00	1615.00	475.00	79.00	716.00	430.00	354.00
2001	8356.00	7512.00	6390.18	54.00	162.00	1118.00	3236.00	230.00	1376.00	554.00	139.00	643.00	402.00	442.00
2002	9153.00	8483.00	7224.31	220.00	178.00	1033.00	3612.00	368.00	1571.00	719.00	144.00	638.00	384.00	286.00
2003	10026.00	9829.00	8258.88	198.00	208.00	1047.00	3993.00	445.00	1808.00	718.00	128.00	1284.00	131.00	66.00
2004	11670.00	10588.00	8909.34	266.00	241.00	1104.00	4734.00	507.00	1900.00	808.00	67.00	961.00	84.00	998.00
2005	13701.00	12582.00	10813.34	173.00	237.00	1181.00	5494.00	1123.00	2236.00	1021.00	86.00	1031.00	122.00	997.00

二、预算外支出

1991 年，全县预算外资金支出 1766 万元。其中：财政部门预算外资金支出 241 万元，占 13.65%；行政事业单位预算外资金支出 679 万元，占 38.45%；国有企业及其主管部门预算外资金支出 846 万元，占 47.90%。

1993 年，根据国家财政部决定，国有企业不再纳入县财政预算外资金管理，全县预算外资金支出降为 1008 万元。

1994—1997 年，县财政强化对预算外资金的管理，收入规模不断增长，支出规模也迅速膨胀。交通部门行政性收费、林业部门育林金、教育部门农村教育事业费附加等增支，全县预算外资金支出由 1994 年的 1638 万元增加到 1997 年的 4574 万元，其中，行政事业单位支出 1251 万元，基本建设支出 536 万元，乡镇统筹支出 473 万元，社会保障基金支出 541 万元，专项支出 35 万元，其他支出 1738 万元。

1998—1999 年，县财政把社会保障基金实行社保资金专户管理，未执行“收支两条线”纳入财政预算外专户存储，当年的预算外资金支出降到 3022 万元，1999 年为 2868 万元。

从2000年开始，县对预算外资金的收缴方式实行“票款分离、银行代收”，同时实行综合财政，在缓解了预算内资金不足的同时，预算外资金的支出不断增加，支出规模也基本上维持在3500万元~4000万元的水平。

2005年，县预算外资金支出3014万元，其中：行政事业单位支出1593万元，乡镇统筹支出1134万元，其他支出287万元。

三、乡镇财政支出

1991年，乡镇财政支出1260.36万元，其中，一般预算支出536.1万元，预算外支出128.47万元，自筹资金支出714.93万元。一般预算支出中，其中城关乡64万元，瀚仙镇62.17万元，沙溪乡51.54万元，夏阳乡68.32万元，胡坊镇61.48万元，盖洋镇127.53万元，枫溪乡40万元，夏坊乡41万元，雪峰镇20.06万元。

1992—1995年，乡镇财政支出结构变化不大，但随着政策性调资等刚性支出增加，乡镇财政支出也随之增加。其间，乡镇财政支出8441.49万元，年均2110.37万元。

1996年起，教师经费上收县统管，由县财政全额负担，较大程度上缓解了乡镇支出压力，但由于受陆续出台的工资改革等政策性增支因素影响，乡镇财政形势仍然严峻，保工资保稳定成为乡镇财政的主要任务。

1996—2005年，乡镇财政支出总计21080.17万元，年均支出2108.02万元。其中，一般预算支出11592.9万元，预算外支出4882.48万元，自筹资金支出3511.94万元。2005年乡镇财政支出3089.49万元，比1996年的1519.54万元增支1569.95万元，年均增长8.2%。

1991—2005年乡镇财政支出情况

表10-5　　单位：万元

年份	收入合计	一般预算支出										基金预算支出	预算外支出	自筹资金支出
		小计	城关乡	瀚仙镇	沙溪乡	夏阳乡	胡坊镇	盖洋镇	枫溪乡	夏坊乡	雪峰镇			
1991	1260.36	536.10	64.00	62.17	51.54	68.32	61.48	127.53	40.00	41.00	20.06	—	55.49	668.77
1992	1495.00	654.18	64.79	68.60	65.49	78.82	66.90	151.59	56.00	65.00	36.99	—	88.92	751.90
1993	2132.64	686.52	85.25	89.48	68.04	92.66	80.51	126.24	56.00	61.00	27.34	—	69.53	1376.59
1994	2399.10	1115.49	136.53	150.19	106.34	152.56	116.38	211.75	86.00	116.00	39.74	—	96.31	1187.30
1995	2414.75	1055.40	146.04	129.95	109.01	164.47	120.56	144.30	97.00	104.00	40.07	40.48	218.75	1100.12
1996	1519.54	690.48	88.19	75.49	68.37	90.05	68.05	94.01	80.00	92.00	34.32	47.75	468.51	312.80
1997	1530.77	838.72	128.43	89.51	83.50	67.31	66.96	160.02	99.00	79.00	64.99	37.50	384.03	270.52
1998	1408.93	733.02	122.68	55.74	73.46	83.79	64.87	88.47	97.00	83.00	64.01	50.65	326.14	299.12
1999	1739.51	944.28	152.90	104.15	88.78	89.24	94.55	150.05	99.00	106.00	59.61	137.06	288.57	369.60
2000	2142.56	988.45	131.41	124.15	93.82	102.28	100.18	120.25	127.00	100.00	89.36	284.25	519.77	350.09
2001	2263.27	1121.82	151.23	135.23	119.56	107.79	119.81	146.75	115.00	135.00	91.45	228.76	540.28	372.41
2002	2360.11	1258.69	158.81	163.47	128.09	139.28	123.04	192.95	118.00	123.00	112.05	211.87	502.25	387.30
2003	2567.68	1570.12	177.03	197.50	158.71	189.64	172.69	245.87	122.00	154.00	152.68	23.79	653.30	320.47
2004	2458.31	1678.66	196.50	198.64	154.06	196.58	169.47	309.26	132.00	166.00	156.15	25.72	445.70	308.23
2005	3089.49	1768.66	217.92	211.67	175.54	195.02	197.43	327.65	138.03	149.52	155.88	45.50	753.93	521.40

第四节 财政管理

一、管理机构

1991年，县财政局内设：预算股、事业股、企业财务股、农业财务股、综合股、商业企业股、监察股、人秘教育股、国有资产管理股。

1995年8月，县财政局增设会计管理股，人员从内部调整。

1997年，县政府核定县财政局机关内设12个职能股室，即人秘教育股、预算股、综合计划股、工交股、商财外经股、事业股、农财股、农税股、会计股、社会保障股、控办、监察财检股。人员编制合计30名，其中：行政编制19名，保留使用省定财政专项事业编制9名，工勤人员事业编制2名。

1998年1月，县农税局成立；4月，县国有资产管理局成立；8月，县财政局增设“基建股”，人员均内部调整。

2002年9月，县委、县政府明确县财政局为负责全县财政收支、财税政策实施、国有资产管理、实施财政监督的县政府工作部门，并核定12个职能股（室）：办公室、预算股、国库股（加挂“明溪县财政局国库支付局”牌子）、行政政法股、教科文股、经济建设股、农业股、社会保障股、企业股、会计股（加挂“会计委派管理股”牌子）、监督检查股（挂“明溪县财政监督检查局”牌子）、农税股（挂“明溪县农税征收管理局”牌子）。局机关行政编制为13名（含监察室编制1名），机关事业编制3名，单列行政编制1名。机关工勤人员按有关规定核定事业编制2名。挂靠单位3个：县人民政府控制社会集团购买力办公室、县人民政府采购委员会办公室、县人民政府国有资产管理委员会办公室。

2005年，机构没有变化。

二、行政事业财务管理

1991—1997年，行政事业单位，主要实行全额管理、差额管理和自收自支管理。

1998年，教育经费财政管理体制实行改革，教育经费由分级管理调整为县级在落实农村义务教育方面“以县为主”管理，即8个乡镇中小学教育经费划归到县级进行统一核算管理。8月，通过《明溪县单位综合财政预算管理试行办法》，进一步加强预算内外资金的管理，提高资金整体效益。

2000年11月，通过《明溪县2001年县级财政预算编制意见》，要求2001年起以综合财政预算为内容进行编制预算，具体规定核定收支预算、核定政府调剂数、超收分成、结余分配等要求。

2005年，行政事业财务管理体制无明显变化。

三、企业财务管理

1991年，县属全民企业普遍推行承包经营责任制，县财政部门与全县67户预算内全民所有制企业签订第二轮承包合同，对企业实行“定额补助，超收全留”的政策。县财政继续对全民所有制企业的财务体制进行核定、年度决算验证和审核、税前利润和税后利润还贷的核定和审核。

1992年，县财政局转发财政部《国营文教企业财务管理规定的通知》，对文教企业的固定资产、流动资产、专用基金、成本开支范围、利润分配等财务管理进行规定。1993年7月，县贯彻执行新的《企业财务通则》和《企业会计准则》，为企业公平竞争及与国际接轨，提供良好的制度环境。1994年后，实行对承担政策性业务的粮食企业中的政策性环节进行补贴。8月，县财政局转发省财政厅《关于工交企业制定内部财务管理办法指导意见的通知》，要求企业做好财务管理的基础工作。

从 1997 年开始，根据财政部《关于国有企业年终决算实行注册会计师审计的通知》，将企业决算委托注册会计师审计，提高企业会计工作质量，促进了财政财务管理职能的转变。

1998 年起，县属国有企业年度会计报表，除了个别特殊行业（企业）外，不再实行财政审批制度。农口企业、文教企业、城市公用企业以及其他实行财政补贴的企业，年度会计报表经中国注册会计师审计后，报主管财政机关审批。对企业上报的年度会计报表，注册会计师出具保留意见、否定意见和拒绝表示意见审计报告的，由主管财政机关依法进行处理。

2001 年 1 月 1 日起，《企业会计制度》开始施行，县财政局组织全县在职会计人员进行《企业会计制度》培训。4 月 28 日，贯彻实施财政部关于《企业国有资本与财务管理暂行办法》，形成以出资人管理制度为中心的新型财务管理制度。

2002—2005 年，县企业财务管理制度无明显变化。

四、农业财务管理

1991 年，县属农业事业单位在“八五”计划期间（1991—1995 年）继续实行财务包干办法，与往年度所不同的是：在正常业务费包干的基础上，鼓励各单位利用自身优势开展多种形式的创收活动，并给予其免征所得税的政策优惠，以便逐步做到以收抵支。上缴任务列入县政府目标责任考核，对完成上缴任务的县政府给予单位法人代表资金奖励。县农业局实行“定收入、定补助、增收节支归己、超支不补、以收抵支、一定 5 年不变”的办法；县林委实行“定额补助、定额上缴、增收节支归己、一定 5 年不变”的办法，县林业总公司及其所属企业每年上缴财政 698 万元；县水电局实行“收入抵顶拨款，定额上缴，一定 5 年不变”的办法，县水电总公司每年上缴财政 260 万元；县农机局实行“定额包干，超支不补，增收节支归己”的办法。

1992 年 12 月，县财政局、县水利局联合转发水利部、财政部《关于颁发〈水利工程管理单位会计制度（试行）〉的通知》，从 1993 年 1 月 1 日起执行，取消原水利部、财政部于 1981 年 1 月 31 日颁发的《水利工程管理单位会计制度（试行）》。

1993 年，县财政局转发并贯彻财政部《关于森工企业贯彻执行新的财务会计制度有关问题的通知》，森工企业除执行《农业企业财务制度》和《农业企业会计制度》外，根据业务需要，可参照《工业企业财务制度》和《工业企业会计制度》增设有关科目和报表。对育林费、维简费、基层公检法等机构经费列支渠道以及森工企业执行新的行业会计制度有关问题作了具体规定。

1994 年 1 月，县财政局转发并贯彻执行财政部印发的《乡镇企业执行新的分行业企业会计制度有关调账问题的处理规定》，从 1993 年 7 月 1 日起执行。

1995 年 1 月 12 日，县财政局转发执行国务院颁布的《中华人民共和国乡村集体所有制企业条例》和国家计委、财政部制定的《乡镇企业管理办法》。

1996 年起，对财政支农资金实行专户管理，并将农口事业单位的预算外资金纳入财政专户存储，实行“收支两条线”管理，预算上实行单位综合财政预算管理，预算编制执行“先预算外、后预算内”和“零基预算”做法，执行“核定收支、定额补助、超支不补（除政策性调资外）、超收分成、结余留用”办法。

1997 年起，县财政每年支农支出预算安排水利建设基金 7.5 万元，用于农田水利水毁工程修复建设。并取消财政支农周转金制度，省、市、县财政部门不再安排周转金。

1998 年起，县财政每年支农支出预算安排 5 万元，用于福建省中尺度灾害天气预警系统明溪支中心建设，工程总投资 200 万元，省、市气象局和县政府各负担 100 万元。

1999 年，县林委实行政企分开，分设县林业局和县林业总公司，并对县林业总公司及其所属企业进行改制，改制工作由县国有资产管理局组织实施。同年，设立农业产业化发展资金，资金主要来源为上级财政补助，专项用于农业产业结构调整，促进农业产业化的发展。

2000年起，农口事业单位实行财政国库集中统一支付工资。5月，财政扶贫资金实行专户管理。同年，设立农业科技示范推广资金，资金主要来源上级财政补助，专项用于农业产业结构调整，促进农业产业化的发展。

2001年，县财政预算支农支出首次突破千万元，达1118万元。该年，对农业产业化发展资金、农业科技示范推广资金、山海协作贷款贴息资金、农民专业合作组织建设资金和小型公益设施建设资金，实行农业财政资金标准文本申报，并组织专家评审。

2002年起，对中央和省级森林生态效益补助资金实行专户报账管理。11月，县政府出台《关于扶持2003年烟叶生产的通知》，制定了扶持奖励优惠政策，以2001年为基数，超基数部分的烟叶特产税，60%按县乡二八分成，其余40%由县统筹用于全县扶持烟叶生产、奖励和烟田基础设施建设，共筹集资金37万元。同年，县林业总公司上缴财政调整为398万元。

2003年起，农业综合开发项目中央财政资金和省、市、县财政配套资金实行财政专户专账管理和县级财政报账制，将省级商品粮基地县实施的中低产田改造项目资金（捆绑项目）纳入农业综合开发项目。对纳入农业综合开发项目的乡村自筹资金中的投工投劳和以物折资，由乡村建立台账进行管理。7月起，将乡镇畜牧兽医站人员和经费上收县级管理。县林业总公司上缴财政调整为348万元。

2004年起，按照省标准农田建设项目管理办法，省财政支持粮食生产基础设施建设项目资金实行县级财政报账制管理。“造福工程”资金实行县级财政报账制管理。农业综合开发项目实行工程招投标制、工程监理制、银行委贷制，将农业综合开发项目乡村自筹资金纳入县级财政报账并实行会计电算化管理。对购置农业机械的农户给予10%的资金补贴（省财政补贴）。县林业总公司上缴财政调整为248万元。

2005年起，省政府为民办实事之一的“六千”水利工程专项资金实行县级报账管理。财政扶贫资金实行县级财政报账制管理。村级农民技术员实行每人每月60元津贴补助（省财政35元、市财政5元、县财政20元）。农业综合开发项目和粮食生产基础设施建设项目涉及大宗物资采购的，实行政府统一招标采购。5月，县畜牧水产局从县农业局分离，实行独立核算，经费由县财政核拨，实行单位综合财政预算管理。9月，撤销县良种场，分流安置3人到县农科所，离职1人、辞职6人，内退5人和退休16人由县农科所负责管理，通过筹集改制资金245万元（县土地收储中心收储其土地取得的土地补偿费），全部用于安置人员费用，并在2006—2010年每年财政预算安排3万元专项经费用于解决县良种场改制遗留问题。县林业总公司上缴财政调整为148万元。同年9月起，将县林业规划队和县木材检验中心从县林业总公司划归县林业局管理，县林业规划队和县木材检验中心实行单位综合财政预算管理，将其经营性收入、其他收入金额纳入县财政预算外专户管理，实行收支两条线，并实行“核定收支、超支不补、超收分成、结余留用”的综合财政预算管理办法。同年11月，对烟田基础设施建设项目专项资金实行县级财政报账制管理。

五、社会保障财务管理

（一）社会保险基金财务管理

1999年，县社会保险基金纳入财政社保专户管理，统一执行国家财政部制定的社会保险基金财务管理和会计核算制度，实行“收支两条线”。即在各社会保险经办机构设立收入户和支出户，经办机构定期将基金收入缴入财政社保专户，基金支出由财政社保专户定期拨入经办机构的支出户。县社会保险基金包括：基本养老保险基金（分企业和机关事业）、企业工伤保险基金、企业生育保险基金、职工基本医疗保险基金、失业保险基金。

1.基本养老保险基金　企业养老保险基金，企业养老保险基金实行“全省统筹、核定收支”管理办法，即养老基金的收支纳入全省统筹调剂，并由省市结合各地实际核定收支基数（每年一定）。基本养老保险基金、失业保险基金由县劳动社保公司负责征收管理，2001 年 1 月 1 日起改由地方税务征收（直接缴入省金库），形成“地税征收、财政监管、社保发放”的管理模式。机关事业养老保险基金从 1993 年 7 月开始实施机关事业单位养老保险制度，实行县级统筹，基金收支由县机关社保公司负责管理。全额、差额拨款事业单位收缴比例为 18%，自收自支单位为 23%，个人收缴比例为 2%。从 2004 年起，全额、差额拨款事业单位统一提高到 25%,事业单位个人承担部分由 2%提高到 4%。

2.企业工伤、生育保险基金 1992 年 10 月，企业工伤保险实行县级统筹制度，1995 年 9 月实行县级统筹企业生育保险制度，工伤保险基金、生育保险基金收支由县劳动社保公司负责管理。

3.城镇职工基本医疗保险 2001 年以前，机关事业单位人员实行公费医疗制度。2001 年后，县医改全面启动实施，参保对象、范围包括行政事业单位、国有企业、集体企业、私营企业、个体工商户、下岗失业人员，实行县级统筹，基金收支由县医疗保险中心负责管理。

4.失业保险基金 1992 年 7 月，企事业单位的在职职工开始实行失业保险，基金由县统筹。2001 年 1 月 1 日起，实行“市级统筹、统一管理、分级负责、适当调剂”的全市失业保险基金管理体制。市政府根据各县 (市区) 情况下达失业金征收任务,由地税局征收并直接上解省金库,省集中调剂 8%,市集中调剂 5~8%,剩余 87%拨入县财政社保专户,明溪属收不抵支的县 (市区)，省市以失业金调剂金的形式进行补助。

（二）下岗再就业资金财务管理

1998 年，再就业基金建立，主要用于国有企业下岗人员进入再就业中心的基本生活费和社会保险费用，以及促进再就业的经费。基金的来源：从个人所得税当地留成的 20%部分安排，按财政预算支出的 2~5%安排，从结余的失业保险基金调剂。县资金来源主要为：县本级预算安排再就业资金和上级再就业资金专项补助。

（三）城乡居民最低生活保障制度

1.城市最低生活保障制度 从 1998 年开始，实行城市居民最低生活保障制度,保障标准为户月人均 110 元，2002 年提高到户月人均 143 元，中央、省对贫困山区实行转移支付补助。

2.农村最低生活保障制度 1998 年，县政府印发《明溪县农村居民最低生活保障规定》，2003 年 7 月开始实行。保障标准为户月人均 70 元，县、乡、村按 5：3：2 分级负担，村级负担部分按每年每人 250 公斤粮食。2004 年起，农村低保标准按家庭年人均标准 1000 元，即每人每月保障标准为 83 元。

（四）医疗卫生财政补助政策

1.预算管理 县妇幼所、防疫站、卫校等全额拨款单位实行定额定项补助和综合财政预算办法；县医院、中医院和乡镇卫生院实行定额补助的差额拨款办法。

2.乡镇卫生院县级管理 2003 年 7 月，乡镇卫生院经费按年人均 8000 元从乡镇财政支出基数中上划县级管理，年上划经费 67.2 万元，对调资部分县财政补助 50%。

3.公费医疗制度 2001 年以前，全县行政事业单位实行公费医疗制度，实施“凭证看病、医疗账户支付、个人挂钩、节余结转”的医疗费管理办法。2001 年后，实行城镇职工基本医疗保险，行政事业离休干部、“5·12”干部和在乡二等乙级以上革命残废军人享受公费医疗, 实行实报实销办法。2005 年，在公费办报销的县级离休干部 59 人，“5·12”干部 31 人，财政预算安排公费医疗经费 75 万元，实际支出 96.41 万元。

六、会计事务管理

1991 年，由县财政局会计管理股统一管理全县的会计事务，负责会计法规的贯彻实施，会计人员的业务培训，会计职称的评定、报考以及会计证管理等项工作。年末，全县有在职会计人员 320 人，普遍学历偏低，中专以下学历占 80%，中专以上学历占 20%。

（一）会计基础工作

1991 年，执行省财政厅《会计工作达标、升级试行办法实施细则》，对基层各单位会计基础工作组织考核验收，推动会计基础工作水平的提高。

1996 年，国务院整顿会计基础工作秩序，为配合整顿会计工作秩序，财政部印发《会计基础工作规范》。10 月县成立相应机构，并出台《明溪县整顿会计基础工作秩序方案》，对全县各单位的会计基础工作秩序进行整顿。在自查自纠的基础上，抽取 20%会计基础工作比较薄弱的单位进行重点检查，通过整顿，会计基础工作秩序有所改善。

1997—1998 年，在全县范围内组织所有会计人员学习、培训《会计基础工作规范》，统一会计基础工作操作规范。

2000 年 7 月，财政部颁布的新《中华人民共和国会计法》，明溪组织在岗会计人员学习相关条文，于年底在全县范围内组织会计知识大赛，并选拔 4 名优秀选手参加全市比赛 。至 2005 年，在会计事务中贯彻实施新的《会计法》。

（二）继续教育

1991—1996 年，县会计管理部门每年举办 3~5 期会计证考前培训班，举办 2 期《企业会计准则》《企业财务通则》《行政（事业）单位会计制度》和职称考前辅导班，提高在职会计的业务素质。

1997 年后，会计人员继续教育步入正轨，除会计证、初级职称考前辅导班外，省财政厅会计处每年下达继续教育培训内容。1998—2005 年，县会计人员继续教育内容有：《会计基础工作规范》《行政事业单位会计制度》《现金流量表和债务重组准则》《新会计法》《企业会计制度》《新企业会计制度和具体准则》《企业财务报告条例》《内部会计控制制度》《 会计人员职业道德 》《小企业会计制度》等。

（三）会计证管理

1991 年，继续实行会计人员持证上岗制度。1992 年，进行换证。1996 年，财政部颁发《会计证管理办法》。1998 年，进行换证和年检，此后每两年年检一次。2000 年，取消未在岗人员的预备会计证。2000 年 5 月，实施财政部《会计从业资格管理办法》，规定取得会计从业资格的具体办法，不符合条件取得会计证的人员必须参加全省的统考。2004 年，取消会计证年检制度。2005 年 3 月，实施财政部新的《会计从业资格管理办法》，实行会计从业资格考试制度，即符合原来免试条件的人员也必须参加财经法规的考试。2005 年，会计从业资格实行信息化管理，所有的会计证换发成 IC 卡。

（四）会计职称

在 1992 年之前，会计职称实行评审制度，到 1992 年 6 月，全县共有 10 人通过评审获取会计师职称。从 1992 年 7 月开始，会计职称改革，除全日制大中专毕业生的初级职称可以评定外，其他人员会计职称实行全国统考。1993—2005 年，全县取得会计师职称的有 73 人，取得助理会计师和会计员的有 246 人。

七、国有资产管理

1991—1998 年，县国有资产管理主要通过财政局各有关业务股室的财务管理来进行。1998 年 4 月成立全县国有资产专司机构——明溪县国有资产管理局（由县财政局归口管理）。2003 年 9 月，因机构改革撤销国有资产管理局，业务归并在财政局的企业股、国资办。随着机构的建立，法规的健全，县国有资产管理逐步走上统一规范的轨道。

（一）国有资产统计工作

1992—1994 年，以企事业单位财务汇总决算报表为基础，采用间接方式按县、区、行业分类收集汇总国有资产统计数据。1995 年，根据《一九九五年国家投资企业资产年度报表的通知》规定，建立分户型国有资产统计体系，通过基层单位收集、录入、汇总数据的办法统计汇总全县国有资产总量。1997年，根据《关于做好国有资产年度报表工作的通知》规定，建立“统一报表”型方法统计国有资产。2000—2005年，县国有资产总量分别为4.94亿元、5.36亿元、5.83亿元、5.94亿元、5.05亿元和4.83亿元。

（二）清产核资工作

1997年，按照国务院关于清产核资工作的统一部署和省城镇集体企业清产核资的总体安排，对全县10家试点企业清产核资人员进行了培训。1998年，城镇集体企业清产核资工作全面铺开，4月，县清产核资领导小组及办公室成立，指导全县开展城镇集体企业清产核资工作，全县19家城镇集体企业参加清产核资工作。全县完成清产核资的29家城镇集体企业（不含金融部门）的资产总额15888万元，负债总额12119万元，所有者权益为3769万元，资产负债率为76.28%。清出资产损失为2126万元，资金挂账1516万元。同时对企业的主要固定资产按照规定进行重估，全县29家非金融企业固定资产原值增加383万元，净值增加100万元。

2003年，全县开展预算单位清产核资工作，7月成立县清产核资领导小组及办公室，指导全县开展行政事业单位清产核资工作。经清查，截至2002年12月31日，全县96个行政事业单位资产总额20731万元（未包括资产重估和土地估价），负债总额7687万元，资产负债率37.08%，资产损失297万元。

（三）国有资产产权登记工作

1992年开始在全县范围内开展国有资产产权登记，共完成开办登记147户。2001年，根据国务院颁布的《企业国有资产产权登记管理办法》，开展企业国有资产产权登记年度检查，全县共年检企业22户，登记国有资产总额1.51亿元，其中国家资本金1.22亿元。

（四）资产评估管理工作

1991年，贯彻实施国务院颁布的《国有资产评估管理办法》，国家国有资产管理局制定的《实施细则》，对县内国有资产进行评估。1996年，贯彻实施《关于资产评估立项和确认工作的若干规范意见》，使资产评估工作更趋完善、规范。2001年，贯彻财政部制定《国有资产评估项目备案管理办法》和《国有资产评估项目核准管理办法》，县国有资产评估行政管理方式改为核准或备案。2004—2005年，对评估立项管理程序、委托主体等方面加强资产评估的监管，防止国有资产流失。

（五）国有资产经营

2004年8月，明溪县富源资产投资经营有限公司成立，开始国有资产经营。该公司是由县政府授权或委托范围内国有资产的特殊企业法人，代表县政府行使国有资产出资人的权利，对授权或委托范围内的国有资产进行投资运作和产权经营，公司注册资本100万元。授权公司经营的第一批国有资产为县电力公司、县恒丰林业有限公司、县水电实业总公司的国有资产。

八、控制社会集团购买力管理

1991—2002年，县控办对专控商品的集团购买进行清理，共查出违控摩托车6辆、小汽车5辆、无线移动电话32部，共计罚款5.57万元，并予补办专控审批手续。2002年后，专控商品品目从原有的22种缩减为小汽车1种专控商品。1991—2005年，共批购、更新小汽车和大轿车182辆。

九、政府采购管理

2000年7月，开始实行政府采购制度，至2005年，共进行182批次政府集中采购，采购预算金额突破2600万元。其间，政府采购基本呈逐年递增的趋势，年平均增长8.78%，共节约资金235.09万元，节约率10.39%。

第五节 财政监督

一、财务检查

1991—1997 年，全县每年进行一次财务检查，在各单位自查基础上，由财政局牵头，组织抽调财税、物价、审计、会计师事务所财务骨干，对全县行政、企事业单位财务进行重点检查。1994—1997 年，共检查行政、企事业单位 1222 家次，查出违纪、偷税、漏税金额 580.76 万元，应入库 496.89 万元，已入库 490.32 万元，纠正调账 51.5 万元。

1998 年，国务院宣布取消一年一次的财务检查，全县财务检查也相应取消。

二、财政监察

县财政监察工作内容主要有：例行监察、内部审计、专项检查和会计信息质量检查等。

（一）例行监察

1991 年，制定县级《周转金管理办法》《财政预算管理办法》《社会集团购买力管理办法》发放“会计证”管理办法及《财政干部职工职业道德守则》，配合县“两公开一监督”廉政制度建设。1992 年，围绕政治思想教育、廉洁奉公、乡财管理、税票管理、农林特产税征收等方面开展财政例行监察。1994 年，根据省财政厅《关于开展支农周转金检查的通知》精神，县财政局对夏坊、盖洋、瀚仙、胡坊、城关等财政所与县企业局橡塑厂等 6 个单位进行重点检查。1995—2005 年，着重对财政收支情况和三项资金、计生罚没收支管理情况、教育附加费的收支管理情况、农业“四税”管征与票证使用情况、乡镇财务管理情况、财政周转金发放回收与占用费收缴情况等进行监察。

（二）内部审计

1991 年，继续实行每年对局机关各股室、各乡镇财政所进行一次年度内部审计工作，加强内部监督管理。内审内容因各年度财政情况及上级要求不同，作相应调整。

1993 年，重点对各股室、各乡镇财政所上年度的财务收支、预算内外资金、周转金、专项资金等情况进行内部审计。1999 年，审计重点为：乡镇财政所、会计师事务所、住房基金管理中心等各项规章制度的建立情况及财务状况；财政性资金，含预算内外资金、周转金、专项资金、补助资金等；机关内部财务，含机关经费账户、工会经费账户、有关股室管理的其他资金账户；检查批件的运转及执行情况等。2000—2005 年，内审的重点是：会计基础工作规范化情况；执行财经纪律、财务制度和单位内部管理情况；各种票据的管理与使用情况；执行省财政厅、省纪委和省检察厅关于加强财务管理，严禁用公款赠送“红包”等 6 条措施的情况等。

（三）专项检查

1991 年，对 18 个县直执法职能单位的罚没款收入进行全面清理检查。18 个单位罚没收入 24.12 万元，已入库 19.98 万元，未上缴国库 4.14 万元。1992 年，对全县 16 个着装部门进行清理整顿，清理出符合着装与不符合着装应自缴部分的服装款 57952.16 元缴入国库。1993 年，对执法、执罚单位进行全面检查，共组织罚没款入库 53.45 万元。9—10 月，对全县 98 个单位开展重点检查，共清理收费项目 1023 项，取消 32 项，纠正标准 4 项。

1995 年 3 月，对各乡（镇）行政事业单位财务管理混乱、核算不规范等问题，进行清理整顿，自查单位 143 个，自查面达 100%，自查违纪金额 15.75 万元；拖欠公款、占用公物 6.48 万元，违控购置专控商品 6.43 万元，其他 1.84 万元；重点检查 54 个单位，查出违纪金额 88.68 万元，其中违规购置专控商品 20.44

万元，隐瞒截留各项税费 15.21 万元，挪用公款 6.98 万元，巧立名目、滥发钱物、铺张浪费 7.96 万，其他违纪 4.31 万元。应上缴国库 17.06 万元；已上缴金额 17.06 万元。

1997 年 5 月，对全县计划外生育费进行联合检查，各乡镇基本实现“乡收县管、财政监督”的管理体制，做到计划外生育费专款专用。同期，对各乡镇 1996 年度农村教育事业费附加的征收管理和使用情况进行专项检查，对挤占借用和不合理使用农村教育事业费附加的情况，提出整改意见。

2005 年 7—11 月，对县水务局、民政局、卫生局、粮食局、建设局、计生局、汉仙学区、城关学区、防疫站、公安局等单位财政资金使用情况、预算外资金的上缴情况进行专项检查，查出违纪金额合计 34.24 万元。

（四）会计信息质量检查

2001 年 5 月以前，未开展此项检查。6 月，共发放并收回“会计法执行情况自查表” 238 份，查出无证上岗会计人员 49 人和会计机构负责人不具备任职资格的单位 17 个，并在县有关执法部门的配合下，对县审计局、民政局、县自来水厂等 3 个单位进行年度会计信息质量检查，共查出违纪金额 67.44 万元，其中：补交财政专户 9.84 万元，上缴金库 8.04 万元，罚款及没收 2.89 万元。2002 年 6 月，对县医院和建筑工程公司开展《中华人民共和国会计法》执行情况重点检查及 2002 年度会计信息质量检查。2003 年 7 月，对县广播电视局、县西门小学、福建宏源电业股份有限公司、明溪县新华书店等 4 个单位进行检查，查出违纪金额合计 50.08 万元。2004 年 7 月，对县教育局、国土资源局、夏阳中学、盖洋学区等 4 个单位进行检查，查出违纪金额合计 98.45 万元，其中：收回财政资金 20.15 万元，预算外应补缴财政专户 31.32 万元，收费返还缴款人 42.08 万元，给予处罚金额 4.9 万元。

第二章　税　务

1991—1993 年，县税务局负责全县工商各税、国有企业所得税、国家能源交通建设基金及教育附加费的征收工作。其间，全县累计组织工商各税、国有企业所得税收入库 6619.6 万元，其中，工商税收 5775.4 万元，国有企业所得税收 844.2 万元。1994 年起，国家实行分税制改革，建立中央和地方两个税收体系，9 月县相应成立了国家税务局和地方税务局，分别负责县国家税和地方税的征收。

第一节　国税征收

一、税种税率

增值税　1994 年 1 月 1 日起，由国税征收，同时扩大增值税征税范围，包含货物的生产、批发、零售和进口 4 个环节及产品修理修配等行业的单位和个人。纳税人分一般纳税人和小规模纳税人，一般纳税人税率为 3 档：基本税率为 17%，低税率为 13%，零税率仅适用于出口货物；小规模纳税人的税率为 2 档：提供加工、修理、修配的征收税率为 6%,商业性征收税率为 4%。

消费税　1994 年 1 月 1 日起，由国税征收。对 11 类生产和进口特税消费品的单位和个人，开征消费税，税率为：烟类 30~40%，酒及酒精类 5~25%，化妆品类 30%，护肤护发品 17%，贵重首饰及珠宝玉石

10%，鞭炮、焰火15%，汽油按0.23元/升，柴油按0.10元/升，汽车、轮胎、摩托车10%，小汽车生产3~8%。

企业所得税 1994年，税制改革后，将原有对内资企业分别征收的所得税统一起来实行统一的比率税率，税率33%。国税系统对中央企业征收企业所得税，收入全部归中央；外商投资企业和外国企业所得税收入归中央，税率为33—15%。2002年1月1日起，新办企业所得税由国税征收。

金融保险业营业税 1998年1月1日起，由国税对金融保险业征收税率为3%的营业税。

利息个人所得税 1999年11月1日起，由国税对储蓄存款利息征收个人所得税，税率20%。

车辆购置税 2001年1月1日开征，征收范围包括汽车、摩托车、电车、挂车、农用运输车，税率为10%，由交通部门代征。2005年由国税部门征收。

二、征收入库

县内国税收入以增值税为主，其他各税收入合计仅占15%左右。1994年，国税收入1801万元，其中增值税1500万元占83.29%。

2005年，国税收入税款3814万元，其中：增值税入库3140万元，消费税入库1万元，企业所得税入库373万元，涉外税收入库8万元，个人存款利息所得税入库229万元，车购税入库63万元。纳税户中，年纳税额100万元以上的有6户，分别为福建烽林机械厂、明溪县烟草公司、明溪县供电公司、明溪县金山萤石矿有限责任公司、三明市佰盛服饰制造有限公司、明溪县远泰煤业有限公司；年纳税额50万元至100万元的有5户，分别为福建宏源电业股份有限公司、明溪县明建木业有限公司、明溪县长虹精密铸钢有限公司、三明百事达淀粉有限公司、明溪县兰圈水泥有限公司；年纳税额20万元至50万元的有5户，年纳税额10万元至20万元的有6户，年纳税额1万元至10万元的有12户。有管辖各类纳税人964户，其中：内资企业226户，外商投资企业16户，企业分支机构1户，个体工商户717户，其他纳税户4户，其中属于增值税一般纳税人的有102户。

1994—2005年，国税总收入30431万元，烟草、化工、电力、煤炭等行业是主要税源。其中，增值税25569万元，占84.02%；企业所得税和金融保险业营业税4116万元，占13.52%；个人利息税661万元，占2.1%；其他各税86万元，占0.28%。

1994—2005明溪县国税收入情况

表10-6　　单位：万元

年份	合计	增值税	消费税	企业所得税和金融保险业营业税	利息个人所得税	车辆购置税	其他
1994	1801	1500	2	299	—	—	—
1995	1731	1542	2	187	—	—	—
1996	1951	1748	2	201	—	—	—
1997	2589	1939	1	649	—	—	—
1998	2489	1949	1	539	—	—	—
1999	2066	1899	1	166	—	—	—
2000	2213	1851	1	361	—	—	—
2001	2357	2017	1	339	—	—	—
2002	2730	2413	1	153	163	—	—
2003	3198	2647	1	443	108	—	—
2004	3492	2924	1	406	161	—	—
2005	3814	3140	1	373	229	63	8

注：2001—2004年，车辆购置税由交通部门征收，数据未做统计

三、税收减免

1994年分税制后，为保持税收优惠政策连续性，原福利企业和校办工厂由税务机关先征后返。1995年起，对国有森工企业以三剩物和次小薪材为原料生产加工的资源综合利用产品，由税务部门实行增值税“即征即退”优惠政策。1994—2005年，共退还福利企业、校办工厂和国有森工企业税款1595万元。

第二节 地税征收

一、税种税率

（一）工商税收

营业税 1994年1月1日开征。对在县境内提供应税劳务、销售不动产、转让无形资产的单位和个人取得的营业收入征收的一种税，为地税收入的主要税种。税目分为7种，税率3%~20%。

个人所得税 1994年1月1日开征。对在县境内有住所，或无住所而在境内居住满一年的个人所取得的所得征收的一种税。应所得项目有11种，实行超额累进税率和比例税率。

企业所得税 1994年1月1日开征。对县境内企业的生产经营所得和其他所得征收的一种税，实行33%的比例税率，并设有两档优惠税率，年应税所得额在3万元以下的按18%，年应税所得额在3万元~10万元的按27%。2002年起，新办企业的企业所得由国税征收；除中央固定收入所得税外，企业所得税、个人所得税改为中央和地方共享税，2002年以前中央和地方各分享50%，从2003年开始调整为中央60%、地方40%。

资源税 1994年1月1日开征，对在县境内从事应税矿产品生产或开采的单位和个人，就其销售或自用的资源产品数量征收的一种税。实行差别税额从量定额征税办法。

房产税 1994年1月1日起由地税征收。在县内拥有房产产权，使用房产、代管房产的单位和个人(不包括外资企业和外籍人员）缴纳的税。采取利用房产余值和租金收入两种办法征收，按房产余值计征的税率为1.2%；按租金收入计征的税率为12%。

城镇土地使用税 1994年1月1日起由地税征收。对在县境内使用土地的单位和个人，就其实际占用土地面积从量定额征收的一种税。

土地增值税 1994年1月1日开征。对转让国有土地使用权，地上建筑物及其附着物并取得收入的单位和个人，就其转让房地产所得的增值额征收的一种税。实行四级超率累进税率，从30%至60%。

城市维护建设税 1994年1月1日起由地税征收。凡缴纳增值税、营业税、消费税的单位和个人，均为城市维护建设税的纳税人（不包括外资企业和外籍人员），所处县城（镇）税率为5%，所处乡村税率为1%。

车船使用税 1994年1月1日起由地税征收。凡在县境拥有并且使用车船的单位和个人为车船使用税的纳税人。实行定额征收。

印花税 1994年1月1日由地税征收。凡在县境内书立、领受应税凭证的单位和个人均为印花税的纳税人。税率有比例税率和定额税率两种，比例税率从0.05‰~1‰，定额税率为每本5元。

固定资产投资方向调节税 1994年1月1日起由地税征收，2000年1月1日起停征。对在县境内从事固定资产投资行为的单位和个人征收的一种特别目的的税。实行差别比例税率，分别为0%、5%、10%、15%、30%五档税率。

屠宰税 1994年1月1日起由地税征收。对屠宰猪、牛、羊等牲畜的行为征收的一种税，税额为猪10

元、牛 15 元、羊 2 元。2003 年 1 月 1 日起停征。

（二）费金征收

基础设施建设附加费 1993 年 1 月 1 日开征，1994 年 1 月 1 日起由地税征收，2000 年 9 月 1 日停征。凡缴纳增值税、消费税、营业税的单位和个人，均应缴纳基础设施建设附加费。

社会事业发展费 1997 年 7 月 1 日开征，在县境内（不含福利企业）从事生产、经营活动的各种所有制的生产单位和个人，均应按照规定缴纳社会事业发展费。2002 年 1 月 1 日起停征。

教育费附加 1994 年 1 月 1 日起由地税征收。1997 年 7 月 1 日起费率由 3%调为 4%，2002 年 1 月 1 日起改为教育费附加 3%和地方教育费加 1%。凡缴纳增值税、消费税、营业税的单位和个人，除按照《国务院关于筹措农村学校办学经费的通知》（国税发〔1984〕174 号文）的规定，缴纳农村教育事业费附加的单位和个人，都应当依照规定缴纳教育附加。

预算外调节基金 1996 年 7 月 1 日开征，凡在县境内的所有行政事业单位，均为预算外调节基金的缴费义务人。2000 年 1 月 1 日起停征。

文化事业发展费 1997 年 1 月 1 日起开征，凡在县境内从事娱乐业、广告业的单位和个人，均应按规定缴纳文化事业建设费。

以工建农、以工补农资金 1999 年 7 月 1 日开征，2001 年 1 月 1 日起停征。以乡镇企业的销售收入或营业收入为计税依据。

基本养老保险费和失业保险费 2001 年 1 月 1 日起，由县劳动社保部门交由地税征收，并赋予相应的检查、处罚权限。社保“两费”的社会保险登记、缴费申报审核以及相应的处罚权限，由劳动和社会保障部门委托地税机关办理。凡经工商部门依法设立和登记注册的各类企业及职工、城镇个体工商和灵活就业人员都应当缴纳基本养老保险费；凡经工商部门依法设立和登记注册的各类企业及职工、城镇个体工商户及其雇工都应当缴纳失业保险费。缴费依据是全部职工月工资总额、城镇个体工商户和灵活就业人员缴费基数为当地上年度在岗职工平均工资。基本养老保险费费率：企业缴费率 18%，职工缴费率 8%；城镇个体工商户和灵活就业人员缴费率为 20%。失业保险费费率：企业缴费费率 2%，职工缴费费率 1%；城镇个体工商户本人按缴费基数的 3%缴纳。

二、征收入库

1994 年，税务机构分设时各种经济类型的纳税户 685 户，税收收入 1406 万元；其他收费 135 万元。

1995 年 1 月起，对交通运输、私人建房、农村等难以控管或零星分散的税收采取委托代征办法。通过代征的税款占全部税收收入的 20%以上。委托代征的单位有：县公路稽征所、运管所、交警大队、建设局、房管所、土地局、紫岭居委会、各乡镇财政所及代征员。

1996 年，县国税局、地税局根据总局征管范围划分办法，8—10 月开展一次为期 3 个月的漏征管漏管户清查。经过清查，新办理税务登记 187 户。全面加强对个私企业、个体工商业大户、集贸市场、农村税收的征收管理，同时建立与工商、银行和国地税间的信息通报制度，进一步稳固了税基。

1997 年 11 月，对个私企业、个体工商户实行建账建证试点。建账的个私企业有 13 户，个体户建复式账 12 户，简易账 18 户，改变原个体工商户均采取定期定额的征收方式。同年，税收收入 1947 万元，比 1996 年增收 612 万元；其他收费 63 万元。

2002 年 1 月，对全县饮食业个体工商业户实行“民主评税”办法，确定纳税定额。2003 年，通过发放纳税人信息采集单，实行计算机民主评税，有 978 户个体户参与评税，办税更加公平、公正、透明。2004 年 1 月，开始运用货物运输税收管理系统，对全县 76 户从事货物运输纳税户的税收纳入系统管理，采取计算机开具货运发票，并与国税开展运输发票信息数据比对工作。3 月，对全县 246 户单位纳税人进行纳税信用等级评定工作，评出 A 级 5 户、B 级 203 户、C 级 38 户，并相应采取有区别的税收管理措施。

2005 年 1 月，按照“重点税源逐户评估、一般税源分行业评估、零星税源分区域评估的思路，全面开展纳税评估工作，完成 58 户重点税源户评估任务，评估补缴税款 58 万元，评估面达企业管户的 40%。通过引入纳税评估工作，税收管理从此走上精细化、规范化发展的轨道。

1994—2005 年，地税各项收入合计 25980 万元，其中，税收收入 20509 万元，其他收费 5471 万元。

1994—2005 年明溪县地税各项收入情况

表 10-7　　　　单位：万元

项目	1994	1995	1996	1997	1998	1999	2000	2001	2002	2003	2004	2005
各项收入合计	1541	1170	1409	2010	1898	1853	1689	2368	2558	2575	3212	3697
一、税收收入合计	1406	1112	1335	1947	1823	1776	1618	1662	1622	1761	2081	2376
营业税	—	564	660	666	533	483	545	386	707	980	968	1094
企业所得税	—	183	201	649	539	347	283	366	198	159	184	269
个人所得税	—	100	217	268	413	668	647	690	326	269	402	490
资源税	—	24	25	38	28	14	5	18	92	84	126	151
城市维护建设税	—	79	76	174	139	116	24	40	101	113	169	147
投资方向调节税	—	3	9	15	36	22	1	—	—	—	—	—
印花税	—	7	6	7	6	7	4	9	15	14	25	27
土地使用税	—	17	16	23	17	14	15	15	18	17	30	30
房产税	—	60	61	57	68	51	22	79	94	99	149	145
车船税	—	15	15	20	19	17	14	12	16	20	28	17
屠宰税	—	23	27	27	24	37	57	46	55	6	—	—
土地增值税	—	—	—	—	—	—	—	—	—	—	—	6
税收滞纳金、罚款	—	37	22	3	—	—	—	—	—	—	—	—
二、其他收入合计	135	58	74	63	75	77	71	716	936	814	1131	1321
社会事业发展费	15	30	33	13	16	19	26	27	11	—	—	—
基础设施附加费	88	16	24	10	14	9	19	—	—	—	—	—
以工建农资金	5	1	2	2	2	1	—	1	—	—	—	—
教育费附加	27	11	15	38	42	47	25	29	58	65	83	105
地方教育费附加	—	—	—	—	—	—	—	—	16	20	29	34
文化事业建设费	—	—	—	—	1	1	1	11	1	1	2	2
基本养老保险费	—	—	—	—	—	—	—	580	695	561	805	901
失业保险费	—	—	—	—	—	—	—	68	149	151	202	263
税务行政性收费收入	—	—	—	—	—	—	—	—	1	1	1	—
罚没收入	—	—	—	—	—	—	—	—	5	15	9	16

三、税收减免

福利企业减免税　1994 年起，根据税收优惠政策，民政福利企业凡安置“四残”人员比例占生产人数 35%以上，暂免征收企业所得税。2001—2005 年，批免 13 户，金额 74.81 万元。

老区减免税　1994 年起，实行“老区新办企业可减征或者免征企业所得税三年”的政策。2001 年批免 1 户，金额 70.19 万元；2003 年批免 2 户，金额 75.07 万元；2004 年批免 1 户，金额 11.56 万元。

废旧材料利用减免税 1994年起，根据税收优惠政策，企业利用本企业外的大宗煤矸石、炉渣、粉煤灰为原料，生产建筑材料产品所得，自经营之日起，免征所得税5年。2003年批免1户，金额5.7万元；2004年批免2户，金额28.18万元。

自然灾害减免税 1994年起，实行“遇有风、火、水、震等自然灾害，经主管税务机关批准，可减征或免征所得税一年”的政策。2003年，夏坊乡因遭遇特大洪灾，该年减免夏益装饰板厂企业所得税1.3万元。

新办企业减免税 1994年起，根据税收优惠政策，对新办的独立核算的从事咨询业、信息业、技术服务业的经营单位，从开业之日起两年内免征所得税。明溪县此类企业较少，仅2001年批免1户金额2.01万元。

林业减免税 2001年1月1日起，根据林业税收政策，对所有企事业单位种植林木、林木种子和苗木作物以及林木产品初加工取得的所得，免征企业所得税，县青珩林业有限公司、恒丰林业公司、国有林场、林业总公司享受此政策减免。2001—2004年，共批免14户，减免金额312.56万元。2005年以后，此项由报批减免改为备案类减免。

下岗再就业减免税 2002年，根据财政部、国家税务总局规定，下岗失业人员从事个体经营（除建筑业和娱乐业以及广告业、桑拿、按摩、网吧、氧吧外）的，自领取税务登记证之日起，三年内免征营业税、城建税、教育费附加和个人所得税。2003—2005年，共批免422户，金额647.2万元，促进了县下岗失业人员再就业。

第三节 税务管理

一、管理机构

1991年，县税务局负责全县税收征管工作，局内设办公室、人教股、计财股、税政股、征管股、监察室等职能股室和稽查队。县检察院派驻税务局设税务检查室，负责办理偷税抗税案件。局下设乡（镇）税务所9个：直征所、城关所、沙溪所、胡坊所、瀚仙所、夏坊所、盖洋所、枫溪所、夏坊所。全局共有干部职工108人。

1994年8月，县税务机构分设国税局和地税局。国税局内设办公室、监察室、税务检察室和人教股、税政股、征管股和计财股7个职能股室；下设直征所、城关所、沙溪所、夏阳所、盖洋所、夏坊所、瀚仙所和胡坊所等8所；1个直属机构：稽查队，有干部职工62人。地税局内设人教监察股、办公室、税政股、计财股、稽征股和税检室6个职能股室；下设城关所、盖洋所、枫溪所、夏坊所、瀚仙所、胡坊所、沙溪所、夏阳所8个派出机构，有干部职工46人。至2005年，国税局内设办公室、人事教育科、监察室、综合业务科、征收管理科、计划征收科，一个直属机构：稽查局，一个事业单位：计算机信息中心。下设3个分局：城关税务分局、雪峰税务分局、盖洋税务分局，全局有干部职工50人。同年，地税局内设办公室、人教股、监察室、计财股、征管法规股、税政（社保股）和信息技术股7个股室，下设城关分局、瀚仙分局、沙溪分局和盖洋分局4个副科级派出机构，1个稽查局，全局有干部职工55人。

二、纳税申报

1991—1993年，税收收入主要采取税收专管员负责对管户收税，由专管员负责为纳税户开具税票（专用缴款书或完税证），办理纳税人税款入库工作。主要采取上门收税办法。办税窗口主要负责为纳税户开具发票和征收零星税款，发票由县税务局设立的发票管理站负责管理和领发。

1994—1995 年，国税和地税各税务所设立办税服务厅，专人负责受理企业的纳税申报，为企业填开好专用缴款书或完税证。个体工商户和零星税收采取专管员上门收税或采取委托代征的办法。

1996 年 1 月，国税、地税对原有纳税申报制度进行全面改革，进一步规范纳税申报期限，纳税申报程序。办税服务厅全面受理各种经济类型的纳税人的税费申报。

1997 年 1 月起，县地税使用三明市税收征收管理系统受理纳税人申报，全面采用电脑开具税票，从此告别手工开具税票。

2000 年，新的税收征管模式开始运行，即“以申报纳税为基础，以计算机网络为依托，集中征收、重点稽查、强化管理”。国税、地税信息化工程全面启动，国税告别手工开票历史。3 月，全县 1757 户纳税户基础资料全面录入福建省税收征收管理系统，实现数据全市集中。信息化管税，促使办税服务功能不断强大，从 2000 年 6 月起，电脑开票速度成倍提升，发票也采取电脑网络化管理。

2002 年 7 月起，对个体工商业户税收采取银税一体划缴方式办理纳税申报，该年城区和盖洋的 897 户个体工商业户实现“足不出户”即可完成缴税，地税月均划缴税款达 80 余万元。

2003 年 5 月起，对办税服务厅进行全面改造，增加办税服务内容、具备税务登记、纳税申报、发票发售、涉税审核、税收咨询等窗口。办税服务厅设置办税指南、公告栏、表证单书填写样本。增设纳税人自助服务区、填报区、休息区。办税服务流程进一步得到优化，纳税申报质量全面提高。

2004 年，办税服务厅更名为办税服务中心，受理纳税人申报采用多元化申报方式，有银税划缴申报、电子申报、银税通 POS 机缴税。

2005 年，办税服务中心对涉税服务事项的办税流程、办结时限进行全面规范，全面推行“办税服务直通车”软件受理纳税人涉税申请事项。

三、税务登记

县税务机关对纳税人的开业、变更、歇业以及生产经营范围实行法定登记制度，内容包括开业登记、变更登记、注销登记、停复业登记、税务登记证验审和更换、非正常用户处理等。1991 年，全县登记各种经济类型纳税户 1552 户，其中，企事业单位 313 家，个体工商户 1239 户。

1994 年分税制后，全县国税部门办理税务登记 1303 户。其中：国有企业 68 户、集体企业 181 户、私营企业 23 户、股份制企业 16 户、外商投资企业 8 户、个体工商户 1008 户；地税登记的各种经济类型的纳税户有 685 户。

1999 年 9—12 月，结合全国统一的税务登记换证工作，对全县纳税户进行全面的登记管理，共换发税务登记证 1254 户，其中 148 户为地税独管户（税收不涉及国税征管范围）。

2001 年 12 月，对全县营业性和非营利性医疗机构办理税务登记，纳入税务管理。

2005 年，全县国税办理税务登记有 964 户，其中内资企业 226 户，外商投资企业 16 户，企业分支机构 1 户，个体工商户 717 户，其他纳税户 4 户。地税登记的纳税户有 3117 户，其中：内资企业占 14%，工商各税收入占 80%以上；个私企业、个体工商业户占 70%以上，工商各税收入占 12%以上；其他性质纳税户约占 16%，工商各税收约占 8%。

四、税收稽查

1994 年 8 月，县国家税务、地方税务分设后，分别成立稽查队和稽征股。1995 年，地税局成立稽查分局，做好纳税检查，打击涉税犯罪，促进纳税人依法纳税。1995—2005 年，国税局共检查 1336 户，查补增值税款 667 万元，罚款 129.5 万元，征收滞纳金 60 万元；地税局共检查 896 户，查补各种税款 1084.41 万元，罚款 88.79 万元，征收滞纳金 37.17 万元。

卷十一　金融　保险

1991 年，全县金融机构有中国人民银行明溪县支行（简称明溪人行）、中国建设银行明溪县支行（简称明溪建行）、中国农业银行明溪县支行（简称明溪农行）、中国工商银行明溪县支行（简称明溪工行）和中国人民保险公司、明溪县农村信用合作社、明溪县雪峰城市信用社、明溪邮政储蓄专柜。1992 年，县金融机构开始使用电脑等办公自动化设备，提高各项金融业务的效率。1993 年 11 月，明溪建行首先实现全省范围内建行系统全部储蓄存款业务通存通兑。12 月，县开始实行金融体制改革，建立以国有商业银行为主体、多种金融机构并存的金融组织体系。1994 年，明溪建行由国有专业银行向商业银行转轨，逐渐退出其财政职能，脱离原有的管理国家和地方固定资产投资、基本建设和技术改造拨款、国家基本建设支出预算等财政性业务，承接原有的企业贷款、企业（个体）存款、现金、汇兑结算和居民储蓄存款等业务。1995 年 5 月，县国有专业银行开始向商业化迈进，逐步实行商业化管理。1996 年 4 月，中国人民保险公司明溪支公司进行产、寿险分业经营，分设中保人寿保险有限公司明溪营业部和中保财产保险明溪支公司。此后，随着金融电子信息化程度不断提高，各金融机构存款储蓄均实现全省通存通兑，银行卡市场得到拓展，离柜业务不断发展，电话银行、手机银行、保险理财等新业务也不断创新和拓展，业务量也逐年增加。2005 年，金融机构发展到 12 家，形成以人民银行为指导，国有商业银行为主体，股份制银行、农村信用社、邮政储蓄、保险公司、证券营业部并存的金融体系。同年，人民币存款 126263 万元，贷款合计 43237 万元。

第一章　体制改革

第一节　中央银行体制改革

1993 年 12 月，明溪人行贯彻执行国务院发布《关于金融体制改革的决定》，划转政策性业务和商业银行业务，更多地运用再贷款、再贴现等政策调控辖区信用规模来强化金融调控、金融监管和金融服务职责，基本职能为：金融监督管理、调查统计分析、横向头寸调剂、经理国库、现金调拨、联行清算、外汇管理。

1995 年 7 月 1 日，《中华人民共和国中国人民银行法》颁布实施。明溪人行作为分支机构，根据中国人民银行总行的授权，负责本辖区的金融监督管理，承办有关业务，各项工作走上法治化轨道。

1996 年，明溪人行将原经营的政策性业务和商业银行业务分别移交有关政策性银行和商业银行，贷款权上收到总行，取消利润留成分配制度，与所办营利性经济组织全部脱钩，把工作重点转移到金融监管、金融宏观调控和金融服务上来，彻底转换人民银行明溪支行职能。

1997 年，明溪人行执行新的《支付结算办法》，建成快速会计信息反映体系，改革联行清算制度，保证汇路畅通，缩短清算周期。1998 年，原人行福建省分行撤销，福建辖区人行划归上海分行管辖，明溪人行隶属关系也随之转变。

2000 年，明溪人行成立农村合作金融管理股，直接承担对农村信用社监管，按照合作原则重新对农村信用社的股权设置、民主管理、服务方向、财务管理等方面进行规范。

2001 年 12 月，国家外汇管理局明溪支局成立，负责对外汇额度账务、贸易、非贸易外汇收汇、结汇，外汇调剂和外商投资企业外汇收支等业务实施监管。

2003 年 12 月，明溪人行执行人民银行深化行政管理体制改革决定，分离金融监管职能，成立中国银行业监督管理委员会三明监管分局明溪办事处，对银行业履行监督管理职能。明溪人行则强化与执行货币政策有关的职能，转换实施对金融业宏观调控和防范与化解系统性金融风险的方式，由过去主要是通过对金融机构的设立审批、业务审批、高级管理人员任职资格审查和监管指导等直接调控方式，转变为对金融业的整体风险进行监测和评估，防范和化解系统性金融风险，维护辖区金融稳定，并增加反洗钱和管理信贷征信业两项职能。

2005 年，明溪人行职能不变。

第二节 其他金融体制改革

一、商业银行

1991 年，辖区内各商业银行转变经营管理理念，向金融企业经营管理转变。1994 年，国家组建政策性银行，实行商业性业务与政策性业务相分离，明溪未成立独立的农业发展银行，其业务从明溪农行中分离，仍由明溪农行代理。明溪建行将原来的管理国家和地方固定资产投资、基本建设和技术改造拨款、国家基本建设支出预算等财政性业务移交给县财政局，承接原有的企业贷款、企业（个体）存款、现金、汇兑结算和居民储蓄存款等业务，向现代商业银行转轨。1995 年，县国有专业银行先后进行精简机构，撤并储蓄所、分理处，精减员工，实施以利润为中心的业务经营考评机制改革，实施个人收入分配制度改革。在开展传统的存取款、汇总结算的同时，大力推进中间业务发展，开办代理保险、银证转账、电子银行、网上银行、国际业务结售汇、本外币理财等服务，疏通货币流通渠道，加快经营机制转型，开始向商业化迈进，逐步实行商业化管理。1998 年 3 月，国家外汇管理局批准明溪工行代理代办的外汇业务转为自主经营。2000 年，明溪工行增加代收代付、外汇存款、汇款、国际结算及人民银行批准的其他业务，实现从国有专业银行到国有商业银行转型。2002 年 12 月，因经营规模不足，明溪建行降格为建设银行三明市分行明溪分理处。2004 年 9 月，中国建设银行股份有限公司完成股份制改造，建设银行明溪县分理处相应改制为中国建设银行股份有限公司明溪县支行。2005 年 10 月，中国工商银行股份有限公司完成股份制改造，明溪工行相应改制为中国工商银行股份有限公司明溪县支行。

二、农村信用合作社

1996 年 9 月，根据《国务院关于改革农村金融体制的决定》，县农村信用合作联社确立为一级法人单位，农村信用合作联社及所辖区各乡镇农村信用社与县农行脱离行政隶属关系，逐步转变为“农民自愿入股，社员民主管理，主要为社员服务”的合作金融组织，金融监督和管理仍由中国人民银行明溪县支行负责。1999 年 11 月，福建省信用合作协会成立，成为农村信用合作社的行业主管部门。2000 年 12 月，原县雪峰城市信用社归并县农村信用社联合社管理，同时更名为明溪县雪峰农村信用合作社。2003 年，对农村信用社的监督和行业管理职责转由银监部门承担。

2004年，根据农村信用合作社改革的总体部署，人行明溪县支行成立深化农村信用社改革试点资金支持实施与考核7人工作小组，对农村信用社2002年末不良资产进行清理，不良资产金额为2528万元。2005年，根据福建省深化农村信用社改革试点工作会议精神和三明市深化农村信用社改革领导小组的工作安排，县农村信用合作社开展改革试点工作，制订县农村信用合作社统一法人改革实施方案，组织开展全辖区信用合作社清产核资工作，对贷款、股权和存款以对账的方式进行核对确认，聘请中介机构对部分信用合作社房产进行现值评估，并进行调账处理，以增资扩股的方式进一步充实资本金，使县农村信用合作社在9月末实现账面资能抵债，资本充足率达4.51%，达到中央银行专项票据申购条件。12月，县农村信用社以县级为统一法人的改革完成，县农村信用合作联社正式成立，人行明溪县支行如期向农村信用联社发行央行票据1264.15万元，置换农村信用合作社不良资产，期限2年，年利率1.89%。县政府在资金组织、税费减免、清收不良贷款、增资扩股宣传、信用建设等方面出台支持农村信用联社改革八项扶持措施，设立县级信用合作联社风险调节资金，将位于河滨北路27号县农村信用合作联社综合办公楼后坪的697.5平方米土地出让给县农村信用合作联社，土地出让所得资金作为县级信用合作联社风险调节资金注入明溪县农村信用合作联社，充实资本金。

第三节 保险体制改革

1996年4月，根据国务院《关于保险体制改革方案》，中国人民保险公司明溪县支公司分设为中保财产保险有限公司明溪县支公司和中保人寿保险有限公司明溪营业部，实施分业经营。原夏阳、盖洋、夏坊保险站资产划归寿险营业部。寿险营业部和财险支公司相继实施用工、人事、分配制度改革，原正式干部全部转为合同制职工，实行全员聘用制。同时制定待岗人员管理暂行规定，对不服从组织调整或不恪守职责的人员实行待岗，以激活用人机制和提高工作效率。1997年1月，寿险营业部为适应市场的需要，开展人身保险业务引入个人寿险营销机制，营销队伍由业务科管理，向社会公开招聘寿险营销员22人，个人分配所得直接与工作业绩、工作质量挂钩。1999年1月，根据国务院保险体制改革方案，县寿险营业部更名为中国人寿保险公司明溪营业部；县财险公司更名为中国人民保险公司明溪县支公司。2003年7月，中国人寿保险公司、人保财险公司整体改制为股份制公司，并在香港上市，实现股权结构多元化。9月，中国人寿保险公司明溪营业部重组为中国人寿保险股份有限公司明溪县支公司。

第二章 货 币

第一节 货币发行

一、纸币

1991年，县内市场上第二、三、四套人民币同时流通，主币有面额1元、2元、5元、10元、50元、100元6种券别和11个版别，辅币有面额1角、2角、5角3种券别和3个版别。

1992 年 4 月、1993 年 3 月、1995 年，银行先后对 1962 年版的 2 角和 1 角券、1960 年版的 2 元券和 1972 年版的 5 角券只收不付。1995 年，县内各银行对 1960 年版的 1 元券只收不兑。1996 年 3 月，对 1965 年版的 10 元券只收不兑。

1999 年 1 月 1 日，第二套人民币（纸、硬分币除外）停止流通并兑换回收。10 月 1 日，第五套人民币在县内发行，共有 100 元、50 元、20 元、10 元、5 元、1 元纸币和 5 角、1 角硬币 8 个券种。为调整人民币流通结构，完善币制，第五套人民币增加 20 元票面的券种。第五套人民币 100 元纸币正面为毛泽东头像，背面为人民大会堂，主色调为红色。

2000 年 1 月 1 日—6 月 30 日，第三套人民币（纸币）兑换回收，从 7 月 1 日起停止流通。

2001 年 9 月 1 日，发行面额为 50 元、10 元的第五套人民币主币（纸币）。50 元纸币正面为毛泽东头像，背面为布达拉宫，主色调为绿色。10 元纸币正面为毛泽东头像，背面为长江三峡，主色调为蓝黑色。

2002 年 11 月 18 日，发行面额为 5 元的第五套人民币主币（纸币）。5 元纸币正面为毛泽东头像，背面为泰山，主色调为紫色。

2004 年 7 月 30 日，发行面额为 1 元、5 角、1 角的第五套人民币主币（纸币）。1 元纸币正面为毛泽东头像，背面为西湖，主色调为橄榄绿色。

2005 年 8 月 31 日，发行第五套人民币 2005 年版 100 元、50 元、20 元、10 元、5 元纸币。纸币规格，正背面内容、主色调均与 1999 年版第五套人民币同面额纸币相同。第四、五套人民币继续在县内市场混合流通使用。纸币面额为 1 角、2 角、5 角、1 元、2 元、5 元、10 元、20 元、50 元、100 元 10 种。

二、金属铸币

1991 年，县内市场流通的金属铸币有 1 分、2 分、5 分、1 角、5 角、1 元等 6 种面额，与纸币同时流通。

1992 年 6 月 1 日，第四套人民币中的 1 角、2 角、1 元 3 种面额的铸币在县开始流通。县内流通有不同年号的 1 分硬币 27 枚、2 分硬币 27 枚、5 分硬币 19 枚和 1 角、1 元人民币金属铸币 18 枚。

2000 年 7 月，县内市场停止流通 1 角、2 角、5 角、1 元的第三套人民币金属铸币。10 月 16 日，发行第五套人民币，面额分别为 1 角、1 元两种金属铸币。1 元金属币正面为中国人民银行、面额、汉语拼音字母、年号，背面为菊花，材质为钢芯镀镍，直径为 25 毫米。1 角金属币正面为中国人民银行、面额、汉语拼音字母、年号，背面为兰花，材质为铝合金，直径 19 毫米。

2002 年 11 月 18 日，发行第五套面额为 5 角的金属人民币。5 角金属币正面为中国人民银行、面额、汉语拼音字母、年号，背面为荷花，材质为钢芯镀铜合金，直径为 20.5 毫米。

2003 年，1979 年版 5 分，1980 年版 2 分、5 分，1981 年版 1 分、5 分等 5 种硬币相继退出流通领域。

2004—2005 年，县内流通的铸币主要有 1991 年版和 1999 年版的 1 元硬币，1991 年版和 2002 年版的 5 角硬币，1991 年版和 1999 年版的 1 角硬币。

2005 年 8 月 31 日，发行第五套人民币 2005 年版面额为 1 角的金属人民币。第五套人民币 2005 年版 1 角金属币正面为中国人民银行、面额、汉语拼音字母、年号，背面为兰花，材质为不锈钢，直径 19 毫米。

三、纪念币

1991 年，县内先后发行全民义务植树十周年、中国共产党成立七十周年、第一届世界女子足球锦标赛 3 套分别为 3 枚、3 枚、2 枚面额 1 元纪念币。至 1994 年，又先后发行人物肖像和珍稀野生动物图案系列银制纪念硬币。

1995—1999 年，先后发行反法西斯战争胜利 50 周年、联合国成立 50 周年、香港和澳门回归祖国流通纪念币 2000 套、宪法修正案颁布、全国政协成立 50 周年和体育竞赛等银制纪念币。1999 年 9 月，中国人民银行首次发行“庆祝中华人民共和国成立50周年纪念钞”，面额50元。钞票在正面左侧一条开窗式全息徽文安全线和一枚动态全息图案以及展开编码数字等技术，均系在国内发行的钞票中首次使用，明溪发行8000张。

2000年11月，发行面额10元的“迎接新世纪”纪念币。发行“迎接新世纪” 面额100元塑料纪念钞，是国内首次发行的塑料钞票，明溪发行600张。

2001年5月，发行面额1元的西藏和平解放50周年纪念币；9月，发行面额5元的“辛亥革命90周年”纪 念币。

2002年10月，发行面额5元的“世界文化遗产——万里长城”和“世界文化遗产——秦始皇陵兵马俑坑”纪念币。

2003年，中国人民银行发行首枚羊年生肖纪念币，每枚面额1元，与现行人民币等值流通。9月，发行面额5元的“中国宝岛台湾——朝天宫”和“中国宝岛台湾——赤嵌楼”纪念币；11月，发行面额5元的“世界文化遗产——曲阜孔庙孔林孔府”和“世界文化遗产——明清故宫”纪念币。

2004年5月，发行面额5元的“中国宝岛台湾——鹅銮鼻”和“中国宝岛台湾——日月潭”纪念币。8月，发行面额1元的“邓小平诞辰100周年”纪念币。9月，发行面额1元的“人民代表大会成立50周年”纪念币。11月，发行面额5元的“世界文化遗产——苏州古典园林”和“世界文化遗产——周口店”纪念币。

1991—2005年，明溪共发行流通纪念币30套40种。其中，发行羊年、猴年、鸡年生肖纪念币3种，多被收藏，市面难得一见。

第二节 现金投放与回笼

一、现金投放

1991年，县现金投放渠道主要有：工资性支出，农副产品采购支出，工矿及其他产品采购支出，行政企事业管理费支出，城乡个体经营支出，储蓄存款支出，居民提取贷款支出，汇兑支出，其他支出等。现金投放总额为20134万元，其中储蓄支出所占比重最大，为35.36%；汇兑支出所占比重最小，仅1.42%。随着改革开放的推进和经济的发展及工资水平的普遍提高，货币流通量也逐年增加，工资性支出所占比重也有较大提升。1993年10月，行政事业单位工资改革，1994年全县工资性支出3134万元，比1993年增长41.68%。1995年，执行国家适度从紧的货币政策，控制固定资产投资，清理违规拆借资金，严格现金管理，货币净投放减少。1998年，县国有和集体企业产权制度改革普遍完成，城乡经济普现生机，现金投放也随之增加。当年，现金投放157006万元，比1997年增长34.4%，其中工资性支出9709万元，比1997年3017万元增加2.22倍，占现金投放总额比重也由1997年的2.58%提高至6.18%；城乡个体经营现金支出11563万元，比1997年增长76.48%。此后，随着城乡经济的繁荣及行政事业单位工资的增长，现金支出逐年增加。至2005年，现金投放总额391595万元是1991年的19.45倍，15年间年均递增14.53%。其中：工资性支出15578万元，占现金投放总额3.98%；产品采购支出8818万元，占2.25%；行政企事业管理费支出17009万元，占4.34%；城乡个体经营支出2998万元，占0.77%；储蓄存款支出240567万元，占61.43%；汇兑支出1859万元，占0.47%；贷款支出6619万元，占1.69%；其他支出98147万元，占25.06%。

1991—2005年明溪县金融机构现金支出统计

表11-1 单位：万元

年份	工资支出	采购支出	行政支出	个体支出	储蓄支出	汇兑支出	其他支出	贷款支出	支出合计
1991	1649	1822	1299	796	7119	285	7164	—	20134
1992	1857	2268	1845	1016	10872	553	10059	—	28470
1993	2212	2669	3067	2314	21402	740	12915	—	45319
1994	3134	2113	4184	3045	30593	1169	16981	—	61219
1995	3129	2847	4311	3862	44549	2116	19654	—	80468
1996	3197	3537	4149	4052	53478	1525	19025	—	88963
1997	3017	3588	4539	6552	81515	700	16908	—	116819
1998	9709	5303	7321	11563	113123	846	6123	3018	157006
1999	9632	5368	8120	12654	123436	974	4926	2649	167759
2000	10821	4458	9681	14133	156219	1183	4697	4255	205447
2001	10277	3993	8815	12407	157911	730	9359	6038	209530
2002	11547	5564	8941	15577	159343	1197	34740	6160	243069
2003	8375	5815	10777	16382	157875	1994	71450	7132	279800
2004	14804	7835	12470	9058	186256	3085	101932	7809	343249
2005	15578	8818	17009	2998	240567	1859	98147	6619	391595

二、现金回笼

1991年，县现金回笼渠道主要有：商品销售收入，服务业收入，税款收入，城乡个体经营收入，储蓄存款收入，居民归还贷款收入，汇兑收入，其他收入等。现金回笼总额为16002万元，其中储蓄收入8213万元，占51.32%。此后，县内经济增长加快，带动全县社会商品的日益活跃，全社会现金流通量不断扩大，为有效抑制通货膨胀，规范货币归流，县人民银行制定加强现金管理、加速货币归行的措施，并不定期组织相关单位开展现金管理大检查，完成年度货币回笼计划。1997年，因修筑高等级公路（先行工程）和国有企业改革大量投放现金，为抑制通货膨胀，规范货币归流，各金融机构加强现金回笼措施，现金投差1260万元。在货币流通发生变化的同时，为实施货币流通的有效调控，县人民银行要求金融机构积极开展储蓄，增设储种，优化服务，提高信用回笼总量的比重。其间，储蓄收入一直占据货币回笼主要位置，各年回笼比重都在50%以上。2005年，现金回笼总额385247万元，是1991年的24.07倍，其中：商品销售收入18010万元，占回笼总额的4.68%；服务业收入13591万元，占3.53%；税款收入1357万元，占0.35%；城乡个体经营收入5204万元，占1.35%；储蓄收入251840万元，占65.37%；汇兑收入1509万元，占0.39%；还贷收入9208万元，占2.39%；其他收入84528万元，占21.94%。

1991—2005年明溪县金融机构现金收入统计

表11-2 单位：万元

年份	销售收入	服务收入	税款收入	个体收入	储蓄收入	汇兑收入	其他收入	还贷收入	收入合计
1991	4961	1044	274	67	8213	572	871	—	16002
1992	5700	1388	295	103	12279	834	2603	—	23202
1993	7295	2446	381	367	21613	1431	4018	—	37551
1994	8200	3013	569	738	32707	1641	5403	—	52271
1995	9677	4105	302	732	44170	3543	5775	—	68304

续表 11—2

年份	销售收入	服务收入	税款收入	个体收入	储蓄收入	汇兑收入	其他收入	还贷收入	收入合计
1996	8403	4933	427	1224	53400	3021	6893	—	78301
1997	8339	6320	337	846	89949	888	8880	—	115559
1998	11059	9966	966	3033	116055	1031	6197	3518	151825
1999	13735	9730	1139	4561	123570	1325	4316	3014	161390
2000	14892	9740	1215	4351	156610	1787	7709	3938	200242
2001	17528	6604	1106	3557	160636	924	9294	5912	205561
2002	12563	6540	1094	8592	170654	458	32650	5729	238280
2003	7292	6966	1168	9115	178329	549	64639	4910	272968
2004	11281	12789	1163	4113	213110	438	88500	6880	338274
2005	18010	13591	1357	5204	251840	1509	84528	9208	385247

第三节 现金管理

1991 年，明溪人行负责对辖区内开户银行的现金管理进行监督和稽核，开户银行依照《现金管理条例》和《现金管理暂行条例实施细则》，负责现金管理的具体实施，对开户单位收支、使用现金进行监督管理。开户单位允许使用现金的范围包括：职工工资、津贴；个人劳务报酬；根据国家规定颁发给个人的科学技术、文化艺术、体育等各种奖金；各种劳保、福利费用以及国家规定的对个人的其他支出；向个人收购农副产品和其他物资的价款；出差人员必须随身携带的差旅费；结算起点以下的零星支出；中国人民银行确定需要支付现金的其他支出。

1992 年，贯彻《现金管理暂行条例》，各金融机构加强资金归口管理，建立存款大户台账，监控大笔资金流向。

1993 年 6 月，贯彻执行中央、国务院《关于当前经济情况和加强宏观调控的意见》精神，加强现金管理，开展对信贷总量和货币投放规模的监控和管理，建立大额现金支付的审批制度，确保现金净投放控制在指令性指标内。当年，全县现金收入 37551 万元，现金支出 45319 万元，现金投差 7768 万元。

1994 年 11 月，根据福建省人民银行文件精神，明溪人行布置现金管理大检查，严格工资基金管理，建立大额现金支付审批制度，严格开户管理，杜绝多头开户，多头提现。县内企、事业开户单位自查面达 96%，金融机构组织的抽查面达 32%。

1995 年，县成立由金融机构、公安部门共同组成的反假货币联席会，建立科学、有效的反假人民币组织机构，每年开展一次广泛深入的反假币教育与宣传活动，帮助民众提高识假币、假币水平。

1996—2003 年，明溪人行对开户单位现金管理加强监督和管理，不定期对开户单位现金管理进行检查，杜绝违反《现金管理条例》和《现金管理暂行条例实施细则》的现象发生。

2004—2005 年，明溪人行建立现金管理联席会议制，配备人员管理发行库，严格操作规程，建立和健全日常大额现金支付的审批和现金账户管理，规避和化解金融风险。2005 年，全县现金收入 385247 万元，现金支出 391595 万元，现金投差 6348 万元。

第四节 金银管理

1991 年，国内的金银买卖统一由中国人民银行经营管理，企业经营金银必须具备资金、场地等硬性要求，并向人民银行取得“经营金银业务许可证”，方可经营金银业务，明溪取得经营金银业务的企业仅县百货公司一家。1994 年，明溪人行执行《中华人民共和国金银管理条例》，对县内金银市场进行整顿，严禁黄金私下交易和走私贩运活动，规范金银正常经营业务。1999 年 10 月，贯彻执行中国人民银行关于白银管理体制的规定，取消白银统购统配的管理体制，放开白银市场。2000 年 1 月 1 日起，明溪人行不再办理白银收购、配售业务。4 月，贯彻执行中国人民银行关于黄金管理体制的规定，取消黄金“统购统配”的计划管理体制，8 月放开足金饰品价格，黄金价格逐步由市场决定。2001 年 11 月，改革金银管理体制，个体金银加工只要有县工商局办理的“营业执照”，即可经营金银加工业务。2004 年 1 月 1 日起，明溪人行停止办理未达标黄金的收购业务，金银牌上缴市人民银行。2005 年，全县金银加工店有 8 家。

第五节 反假币

1991 年，县人民银行举办以银行专业人员为主，公安、工商等部门有关人员参加的反假币技术培训班两期，提高识别假币的技能。当年，收缴假币 5270 元。1994 年金融体制改革后，明溪人行负责人民币的反假工作。1995 年，县成立由金融机构、公安部门共同组成的反假货币联席会，建立科学、有效的反假人民币组织机构，每年开展一次广泛深入的反假币教育与宣传活动，帮助民众提高识假、防假水平。1996 年 7 月，建立反假币联席会议制度，办公室挂靠县人民银行发行保卫股。实现金融报警系统与县公安局 110 联网，抓好“三防一保”（即防抢劫、防盗窃、防诈骗，保护金融资产安全）工作，增强系统安全防范能力。至 2005 年，明溪人行在全县范围内开展 “反假币宣传周”活动 12 次，共收缴假币 356650 元。活动期间，利用电视台、广播电台和电影院等宣传媒体，采取张贴标语、悬挂横幅、银行系统职工上街宣传咨询、分发宣传品等形式，开展反假币宣传。

1991—2005 年明溪县收缴假币情况

表 11-3 单位:元

年 份	收缴假币	年 份	收缴假币
1991	5270	1999	28110
1992	6780	2000	31820
1993	7650	2001	34910
1994	9820	2002	36730
1995	13210	2003	39800
1996	17620	2004	41740
1997	18870	2005	42620
1998	21700		

第三章 金融业务

第一节 存 款

存款业务是金融机构筹集信贷资金的一种重要形式，全县各项存款主要包括：企业存款、财政性存款、机关团体部队存款、农业存款、城乡储蓄存款、其他存款和外币存款，其中城乡储蓄存款一直占据主要位置。1991 年，全县办理人民币各项存款的金融机构有县工行、农行、建行、农村信用合作社、雪峰城市信用合作社、邮政储蓄 6 家，人民币存款合计 17340 万元。其中：工行存款为 7201 万元，占 41.53%；农行 4381 万元，占 25.27%；建行 1653 万元，占 9.53%；农村信用联社和雪峰城市信用合作社 3532 万元，占 20.37%；邮政储蓄 573 万元，占 3.3%。随着全县国民经济快速发展和新侨乡逐步形成，各项存款呈跳跃式增长。此后，各金融机构开展有序竞争，占有存款的份额也有明显变化，工行和农行占有份额下降，邮政储蓄占有份额有较大增加。至2005 年，人民币存款合计 126263 万元，是 1991 年 7.28 倍，其中：工行存款 30052 万元，占 23.80%；农行 20347 万元，占 16.11%；建行 15596 万元，占 12.35%；农村信用合作社 31348 万元，占 24.83%；邮政储蓄 28920 万元，占 22.91%。

一、企业存款

1991 年，企业存款主要包括工、商企业的结算户存款和专项存款。县内办理存款的各金融机构普遍重视吸收低成本的对公存款，制定各种内部考核制度，工作绩效与工资、奖金挂钩，同时推出多种储种，为存款企业和重点大户提供各种方便和优质服务，促进对公存款的稳步发展。是年，全县企业存款余额 4636 万元。1993 年，县内出现集资热、房地产热，银行资金外流，企业存款 5196 万元，比 1992 年减少 1127 万元。1994 年，工行、农行、建行明溪支行等金融机构通过增设储蓄网点，加快网点改造，增加服务项目，推行存款风险保证金制度和储蓄所（柜）承包责任制，聘请企业财务人员为资金信息员等措施，增加存款，各金融机构企业存款 7329 万元。1996—2000 年，工行明溪支行实行领导挂钩重点行业大户制度，各项存款业绩与奖金挂钩，对存款大户坚持每日上门代收款项服务；农行明溪支行开展各种劳动竞赛活动，拓展储蓄业务；建设明溪支行大力推广“电话银行”等金融新产品拓展储源，2000 年企业存款 9728 万元，比 1995 年增长 24.3%。2001—2003 年，国家实行鼓励消费，扩大内需政策，多次调低储蓄存款利率，开征利息所得税，企业存款也随之下降，2003 年企业存款 9715 万元，比 2001 年减少 1318 万元。2004—2005 年，县经济平稳发展，企业存款稳步上升，企业存款分别为 12288 万元和 12417 万元，占存款总额的 11.10%和 9.49%。

二、储蓄存款

1991 年，储蓄存款按存期分为活期、定期、定活两便等。县内各专业银行、农村信用社、邮政储蓄普遍推行岗位承包责任制，个人工作绩效与奖金、工资挂钩，以人定责，联责评奖，逐月考核、按季奖罚，调动职工组织储蓄存款的积极性，同年储蓄存款 9718 万元，占全部存款的 56.66%。1992 年 9 月，建行明溪支行首先实现三明地区全部储蓄存款业务通存通兑，1993 年 11 月实现全省范围内全部储蓄存款业务通存通兑。是年，工行明溪支行实现全省范围内全部储蓄存款业务通存通兑，随后陆续开通其他通存通兑业务，逐步分阶段实现全部储蓄存款业务的全国通存通兑。1994—2001 年，各银行通过拓宽代发工资面、发行储蓄卡方便存取款、增设自动柜员机、代付代收各种资费和规范化服务，巩固发展协储工作，促进储蓄存款。2002 年 9 月，工行明溪支行开通与国信证券合作的“银证通”业务，股民可直接使用储蓄存折的资金购买股票，而不再需要办理资金划转手续，至 2005 年，明溪工行与国信证券和兴业证券合作的“银证通”业务已拥有 260 位客户，存款余额达 1000 万元。2004—2005 年，县内各行推行客户经理制，发挥“牡丹灵通卡”、“e 时代”、银证通、汇财宝等个人金融结算产品作用，扩大储蓄存款。随着县内经济平稳发展，居民收入的增加，以及出国经商、劳务人员的增多，每年汇入大量的资金，储蓄存款随之逐年增加。2005 年，储蓄存款余额达 99961 万元，占全部存款余额 76.41%，是 1991 年的 10.27 倍。

三、其他存款

1991 年，主要包括农村和农业存款、机关团体存款、财政存款、信托存款等。其他存款余额 2797 万元，占全部存款余额 16.31%。2005 年，其他存款余额 18437 万元，占全部存款余额 14.09%，存款余额是 1991 年的 6.59 倍。

1991—2005 年明溪县各金融机构人民币存款统计

表 11-4　　单位：万元

年份	工行	农行	建行	农信社	城信社	邮政储蓄	农发行	合计
1991	7201	4381	1653	2337	1195	573	—	17340
1992	8215	5315	2845	3001	1871	1193	—	22440
1993	7951	6437	3306	3537	1623	1975	—	24829
1994	10106	5322	4306	4264	2244	2842	—	29084
1995	12868	5965	4907	5087	2734	4904	282	36747
1996	15261	6254	6089	5222	3113	7743	133	43815
1997	16423	7520	6751	6193	3475	9412	226	50000
1998	17695	8849	6593	6039	4079	10824	333	54412
1999	16868	9769	7958	6668	4372	12633	131	58399
2000	14784	10852	8176	11701	—	13760	162	59435
2001	14512	11659	9118	12259	—	16352	108	64008
2002	15550	13393	10275	14387	—	17463	160	71228
2003	17222	15473	11879	21219	—	21080	55	86928
2004	20291	17615	12887	26361	—	26643	—	103797
2005	30052	20347	15596	31348	—	28920	—	126263

注：以上数据不包括财政性存款

1991—2005 年明溪县本外币存款统计

表 11-5　　单位：万元

年份	储蓄存款	企业存款	财政存款	机关团体存款	农村或农业存款	其他存款	合计
1991	9718	4636	229	627	900	1041	17151
1992	12718	6323	146	824	1915	479	22405
1993	15398	5196	235	1216	2025	526	24596
1994	20662	7329	241	1420	772	502	30926
1995	26578	7826	395	796	1844	498	37937
1996	33701	8625	118	768	1215	273	44700

续表 11—5

年份	储蓄存款	企业存款	财政存款	机关团体存款	农村或农业存款	其他存款	合计
1997	38700	9208	103	1035	1596	495	51137
1998	42407	10833	404	777	1123	55	55599
1999	44427	10974	251	1554	1399	66	58671
2000	44593	9728	270	1515	3605	140	59851
2001	50703	11033	998	1321	4040	1345	69440
2002	51338	8500	897	4850	4859	1684	72128
2003	72023	9715	960	4496	7404	163	94761
2004	84927	12288	1237	4625	7143	508	110728
2005	99961	12417	737	5880	7100	4720	130815

第二节 贷 款

1991—1993年，县内贷款分为流动资金贷款、农业贷款、固定资产贷款、信托贷款、其他贷款五大类。其中：流动资金贷款31451万元，农业贷款4822万元，固定资产贷款2993万元，信托贷款1333万元，其他贷款2722万元；工行明溪支行发放贷款16750万元、占38.66%，农行明溪支行发放贷款16821万元、占38.83%，建行明溪支行发放贷款2221万元、占5.13%，农村信用合作社和城市信用合作社发放贷款7529万元、占17.38%。

1994年2月，贯彻执行中国人民银行关于《信贷资金管理暂行办法》和《对商业银行实行资产负债比例管理的通知》，实行新的信贷资金管理办法，即“总量控制、比例管理、分类指导、市场融通”，金融机构贷款种类调整为短期贷款和中长期贷款，当年贷款总额为21793万元，其中，短期贷款17743万元、中长期贷款4050万元。

1994—1996年，推行贷款限额控制下的资产负债比例管理和风险管理。1996年开始，对国有商业银行实行资产负债比例管理为基础的贷款规模管理，其他商业银行和城市信用社实行全面的资产负债比例管理。1998年1月1日起，取消对国有商业银行贷款限额管理，全面推行资产负债比例管理和风险管理。2005年，金融机构贷款合计43237万元，其中短期贷款31786万元、中长期贷款11451万元。

一、短期贷款

1994年，贷款种类调整后，县内短期贷款包括工业贷款、商业贷款、农业贷款、乡镇企业贷款、建筑业贷款、三资企业贷款、私营企业及个体经营性贷款、其他短期贷款。当年，各项短期贷款为17743万元，其中工业贷款5391万元、农业贷款892万元、商业贷款5739万元、乡镇企业贷款3651万元、个体经营性等其他贷款2070万元，分别占短期贷款的30.38%、5.03%、32.35%、20.58%和11.67%。1997年，加大对工业的扶持力度，工业短期贷款占比重由1996年的28.46%提高至34.91%，当年短期贷款31575万元。2000年，对农业基础设施建设、农产品收购等信贷投入加大，农业短期贷款占比重由1999年的5.55%提高至11.45%。此后，工业和商业贷款比重下降明显，农业短期贷款逐年上升，所占比重也逐年增加，至2005年已占据主导地位。当年，各项短期贷款为31786万元，其中工业贷款3535万元、农业贷款21657万元、商业贷款706万元、乡镇企业贷款3427万元、个体经营性等其他贷款2461万元，分别占短期贷款的11.12%、68.14%、2.22%、10.78%和7.74%。

（一）工业贷款

1991—1993年，无工业贷款种类数据统计。1994年，短期工业贷款5391万元，主要投向建材、机械、森林工业、化工等行业。1995—1999年，依托土地、森林、水力等资源，发展工业企业，工业短期贷款持续增长，贷款主要投向小水电站建设、林竹加工、建材等行业，至1999年工业贷款13187万元，为统计期(1991—2005年)最高年。1999—2005年，县对国有和集体工业企业进行改制，关、停、并、转一批国有和集体工业企业，随着经济结构的调整，信贷政策也随之转移，工业贷款呈逐年下降趋势。2005年，工业贷款3535万元，仅为1999年的26.81%，主要投向生物医药、绿色食品和林竹加工行业。

（二）农业贷款

1991年，农业贷款1368万元，主要支持发展“菜篮子工程”和林业项目。1992—1997年，把支持乡镇进行山、水、田、路等资源综合开发作为支农重点，先后累计发放短期农业贷款9047万元，主要支持全县烤烟、食用菌生产以及水产养殖、山地综合开发。1998—2005年，加大对农业基础设施建设、科技进步和农产品收购信贷投入，改进农村信贷服务，农业贷款呈跳跃式增长，1998年农业贷款1522万元，2002年增至8331万元，2005年增加到21657万元。8年累计发放农业贷款75475万元，重点支持林竹培育、生物工程、绿色食品、畜牧业的发展，全县红豆杉原料林基地、竹类基地、淮山种植基地、肉牛养殖、南山农业现代化示范园区等农业项目都有长足的发展。县农村信用合作社是支持农村经济发展的主力军，2005年支农贷款余额达19647.2万元，占农业贷款总额的90.72%。

（三）商业贷款

1991—1993年，无商业贷款种类数据统计。1994年，商业贷款5739万元，主要投向国营商贸企业作为流动资金使用，其中供销的生产资料和粮食部门的粮食收购所占比重较大。1997年，商业贷款9065万元，为15年中最高年。1998年，明溪国营商贸企业开始改制，此后商业贷款逐年减少。2005年，商业贷款706万元，为15年中最低年，主要投向民营商贸企业。

（四）乡镇企业贷款

1991—1993年，无乡镇企业贷款种类统计。1994年，乡镇企业贷款3651万元，主要投向乡镇企业科技创新、发展生产上。随着县内乡镇企业的发展，此项贷款也逐年增加，1999年乡镇企业贷款6088万元，为15年中最高年。1999年后，进行乡镇企业产权制度改革，乡镇企业贷款呈下降趋势，2005年乡镇企业贷款3427万元，仅为1999年的56.29%。

（五）其他贷款

主要包括建筑企业、“三资”企业、个体工商户、个人短期消费等贷款。1994年，其他贷款2070万元，占短期贷款的11.67%。2005年，建筑企业和“三资”企业未发放贷款，其他贷款2373万元，占短期贷款的7.74%。

二、中长期贷款

1994年，县内中长期贷款包括基本建设贷款、个人消费贷款、农业中长期贷款、乡镇企业中长期贷款、其他中长期贷款，当年金融机构中长期贷款4050万元。1999年后，随着新侨乡的逐步形成，居民收入和生活普遍提高，县内个人建房和商品房开发较快，此项中长期贷款也随之增加。至2005年，中长期贷款11451万元，是1999年2.39倍，其中个人中长期消费贷款7773万元，占中长期贷款67.88%。

1991—2005年明溪县各金融机构贷款统计

表11-6 单位:万元

年份	工行	农行	建行	农信社	城信社	农发行	合计
1991	4386	5026	637	1111	780	—	11940
1992	5616	5424	674	1411	1060	—	14185
1993	6748	6371	910	1977	1190	—	17196
1994	8297	6406	1113	2576	1270	2131	21793
1995	10189	7215	1914	3324	1546	2255	26443
1996	12093	7563	2564	3985	1597	5661	33463
1997	14183	7752	2963	4760	1662	6100	37420
1998	14558	9899	3140	4560	2590	4441	39188
1999	15276	10177	3187	5334	2685	4983	41642
2000	13829	8773	3630	8702	—	4686	39620
2001	12876	9390	4259	8465	—	4223	39213
2002	10474	10222	4298	11239	—	3956	40189
2003	8492	12022	6964	16391	—	2067	45936
2004	7283	12623	7233	20053	—	—	47192
2005	3474	12305	5158	22300	—	—	43237

1994—2005年明溪县金融贷款统计

表11-7 单位:万元

年份	短期贷款								中长期贷款	票据融资	逾期贷款	合计
	工业	农业	商业	建筑业	乡镇企业	个私	三资	其他				
1994	5391	892	5739	177	3651	190	147	1556	4050	—	—	21793
1995	6119	1271	5847	180	4549	99	179	2119	6080	—	—	26443
1996	7342	1583	8919	147	5224	93	143	2350	7662	—	—	33463
1997	11022	1847	9065	342	5723	38	83	3455	5845	—	—	37420
1998	12491	1522	7808	415	5716	401	83	2251	6785	—	1716	39188
1999	13187	1840	8751	150	6088	245	143	2741	6854	—	1643	41642
2000	11770	3847	6795	137	6000	187	143	5952	4789	—	—	39620
2001	11058	5799	5942	115	5721	166	143	1942	832	—	—	39213
2002	7063	8331	5425	813	5848	38	161	3986	8004	520	—	40189
2003	7579	14216	3314	588	5719	30	161	5073	8701	555	—	45936
2004	6757	18263	1182	60	5306	112	36	4753	10518	205	—	47192
2005	3535	21657	706	—	3427	88	—	2373	11451	—	—	43237

第三节 外汇业务

1991 年，县外汇业务较少，出口创汇企业的开户、清算业务以及外汇调剂和用汇审批等外汇业务均由三明中行和三明市外汇管理分局管理。县人民银行受三明市外汇管理分局委托承担部分外汇管理职能，由金管稽核股具体负责日常外汇管理业务,主要是按上级要求编制外管工作报表，对“三资”企业开展调查，开展外汇管理宣传和为少量的出口企业发放核销单和出口收汇核销业务。当年，“三资”企业外汇收入 16 万美元，外汇支出 11 万美元。

1998 年 3 月，经上海外汇管理局批准，明溪工行代理代办外汇业务转为自营。可办理的外汇业务有：外汇存款、外汇贷款、外汇汇款、外币兑换和资信调查、咨询、见证等业务。其中外汇存款币种有美元、港币、日元、欧元。当年全县“三资”企业外汇收入 280 万美元，外汇支出 280 万美元。

1999 年，明溪工行针对明溪侨眷多的特点，开通“SWIFT”国际汇款业务，使明溪侨民可直接将外汇汇入明溪。

2001 年 12 月，国家外汇管理局明溪县支局成立，外汇管理业务扩大为：贸易、非贸易外汇管理，国际收支申报，结售汇业务管理，资本项目外汇管理，外汇账户管理，外汇检查，外汇黑市监测，外汇领域反洗钱等。当年，县外汇存款 4428 万元（支局成立前，外汇存款未进行单独统计))。2002 年 9 月，明溪工行增办个人外币结汇业务。当年全县外汇存款 7028 万元。

2003 年 5 月，明溪工行开通个人外汇实盘买卖业务（“汇市通”），可通过电话、网上银行或柜面进行即期（实盘）外汇买卖。可交易的货币种类包括美元、港币、日元、欧元、英镑、加拿大元、澳大利亚元、瑞士法郎 8 种货币。当年外汇买卖交易额 42 万美元，2004 年交易额达 190 万美元。2004 年 1 月，明溪工行发行第一期个人外汇可终止理财产品（“汇财宝”），为客户的外汇理财增添多种渠道。12 月，明溪农行开办结售汇业务（不含境内居民个人购汇业务）。2005 年，实行外商投资企业外汇登记网上年检和出口企业网上核销业务。县经营结售汇业务（不含境内居民个人购汇业务）的外汇指定银行有明溪工行和明溪农行，经营结售汇（对私）业务（不含境内居民个人购汇业务）的有明溪建行 1 家。当年全县外汇存款 3805 万元，外向型企业出口创汇 1000 万美元，实现结算汇兑收入 154.6 万元。

第四节 银行结算

一、结算制度

1991 年，明溪各金融机构实行汇票、本票、支票和信用卡“三票一卡”为主体的新的结算制度，允许票据在经济主体之间使用和流通。1994 年，执行中央人民银行《关于加强银行结算工作的决定》，要求银行、城乡信用社、企业严格结算纪律，整顿结算秩序，推动企业清欠，加速资金周转，促进经济发展。同时改革联行清算制度，畅通汇路，规定参加同城票据交换的各商业银行、信用社跨系统 10 万元（含）以上的汇划款项，应通过人民银行转汇；50 万元以上的银行汇票和系统内 50 万元（含）以上的大额汇划款项，必须通过明溪人行清算资金和转汇。

1995 年，执行新颁布的《中华人民共和国票据法》规范票据行为，保障票据活动中当事人的合法权益，维护社会经济秩序。1997 年，执行新颁布的《支付结算办法》，进一步维护支付结算秩序。

1997年12月，贯彻中央人民银行关于加速资金的周转的决定，取消商业银行签发50万元大额银行汇票通过人民银行清算资金的规定；各商业银行跨系统汇划款项和系统内50万元（含）以上大额汇划款项仍通过明溪人行清算资金和转汇。2001年7月，施行《支付结算业务代理办法》，规范政策性银行、商业银行、农村信用社之间支付结算业务代理行为。当年起逐步取消商业银行系统内50万元（含）以上大额汇划款项通过人民银行转汇的规定。

二、银行账户

1991年至1994年10月，延用1977年10月颁发的《银行账户管理办法》。1994年11月起，实行新的《银行结算账户管理办法》，将存款账户分为基本存款账户、一般存款账户、临时存款账户和专用存款账户等四类，同时规定基本存款账户的唯一性。1995年5月，明溪人行根据中国人民银行福建省分行《关于下发〈关于全面开展银行账户清理，进一步加强账户管理的意见〉的通知》精神，对全辖银行账户进行清理。2003年9月1日，贯彻执行中央人民银行颁布的《人民币银行结算账户管理办法》，将银行结算账户按存款人分为单位银行结算账户和个人银行结算账户，实现银行结算账户的管理由行政金融管理向市场管理转化，通过完善各项管理措施和改进监控手段，达到既能满足社会经济活动的需要，又能对银行结算账户的开立和使用实施有效监控的目的。2005年4月18日，全国统一的人民币银行结算账户管理系统在福建省试运行，明溪人行于2005年4—7月对全县银行账户进行清理核实，其中基本存款账户953户、一般存款账户91户、专用存款账户409户、临时存款账户7户。

三、联行资金清算

1991年至2000年11月，联行资金汇划采用手工联行方式，结算工具主要包括票据（银行汇票、商业汇票、支票）和汇兑、托收承付和委托收款等。2000年11月至2002年，电子联行业务在明溪人行办理，明溪人行作为独立的电子小站，直接收发往来账，日终清算联行往来差额。2002年11月至2005年1月，会计核算管理实行“四集中”（会计核算集中、查询查复集中、事后监督集中、档案管理集中），明溪人行不再拥有联行行号，作为三明中心支行的一个业务终端处理往来账信息。2005年1月以后，使用会计集中核算系统，间接加入大额支付系统，明溪人行不再为商业银行代理转汇业务，只接收来账信息。

四、同城票据交换

1991年，县内同城票据交换由县金融系统票据清算所负责，每天为各清算单位提供两场资金清算服务，成员单位有明溪人行、国家金库明溪县支库、明溪工行、明溪农行、明溪建行、明溪县农村信用联社、明溪县雪峰农村信用社等7家。2005年3月，大额支付系统开通以后，各行（社）异地资金直接通过大额支付系统汇划，同城票据交换业务量有所减少。12月，小额批量支付系统开通，鼓励跨行交易通过小额批量支付系统清算，同城票据清算作用逐步被弱化。

第五节 国债发行与兑付

一、发行

1991年，国债由县财政局按上级任务组织发行，共发行5年期特种国债25.3万元，3年期国库券70.76万元。1993年，为承销国债较多的一年，共发行3年期国库券300万元。1994年，开始发行凭证式国债，由各商业银行和邮政储蓄机构负责发行，当年发行3年期国库券110万元。1995年，发行3年期国库券50万元，国家发行的记账式国债明溪未发行。1996年，发行无记名国债60万元。此后，国家决定由金融机构承购包销，不再使用行政手段推销各种国债任务，因明溪金融机构处于基层支行，发行的国债稀少。

二、兑付

1991 年，国债兑付任务由明溪人行、县各商业银行、信用社共同承担，共兑付国债 84.55 万元。1996 年，为兑付国债高峰年，共兑付 600.51 万元。此后，因国债不再以行政手段发行，而由金融机构承购包销，明溪金融机构发行的国债稀少，兑付的国债也随之不多。至 2005 年，仅兑付 0.22 万元。

1991—2005 年明溪县无记名国债兑付情况

表 11-8　　单位：万元

年 份	兑付金额	年 份	兑付金额
1991	84.55	1999	86.70
1992	226.22	2000	14.57
1993	112.81	2001	1.71
1994	130.12	2002	0.87
1995	353.41	2003	2.03
1996	600.51	2004	0.45
1997	65.91	2005	0.22
1998	128.66		

第四章　保险业务

第一节　人寿保险

一、保险种类及收入

1991 年，经营人寿保险的公司仅中国人民保险公司明溪支公司一家，全年人身险保费收入 195.23 万元，其中简易人身险收入 73.76 万元，养老金险收入 91.5 万元。1993 年，全县开办人身保险种类 21 个，发展一年期团体双定两全保险，实现保费收入 339.3 万元。

1996 年，财、寿险分业经营，人寿保险业务调整险种结构，对团体老人平安保险险种进行改造，调整费率，并新开办公费医疗住院保险。1997 年 1 月，引入寿险营销员个人代理寿险营销机制，并新开办 88 鸿利、99 鸿福、少儿教育金、鸿寿养老金等个人寿险营销险种，人寿保险业务迅速发展，该年保费收入 346.7 万元，比 1996 年增长 31.38%。1998 年，新开办重大疾病，“66 鸿运”中保人寿卡新险种，人寿保险险种实行利差返还。1999 年 7 月，推出保障型险种，新开办国寿康宁、英才少儿、福瑞两全、福馨两全、如意两全、个人养老金、简易人身、安居定期各种附加险种，中国人寿卡等险种。2000 年，新开办国寿 99 鸿福两全保险、团体年金、关爱女性疾病、观光景点人身意外伤害保险等险种。

2002 年 4 月，中国平安人寿保险股份有限公司在明溪设立营销服务部，险种有人身意外伤害险、少儿读书险等。2003 年 6 月，太平洋人寿保险股份有限公司在明溪设立营销服务部，经营简易人身险、少儿险等险种。至 2005 年中国平安人寿明溪营销服务部全县投保人数 3516 人，保费收入共 324 万元；太平洋人寿明溪营销服务部保费收入共 360.6 万元。

2005年，全县开办的人寿险种有人寿保险、健康保险、人身意外伤害保险等80多种，当年保费收入3227.3万元。

二、理赔给付

1991年，全县人寿保险共给付38.1万元。其中，伤残死亡给付9.55万元，满期给付22.54万元，解除合同给付6.01万元。1997年起，开始支付养老金险种，当年支付0.03万元。1999年起，对1000元以上的赔款，除保户直接到公司领取外，坚持送到保户手中。1992—2005年，全县人寿共给付5197.7万元，其中，死亡伤残及医疗给付656.8万元，期满给付2264万元，养老金给付168.5万元，解除合同给付2108.4万元。

1991—2005年明溪县人保寿险公司保费收入和给付情况

表11-9 单位:万元

年份	收入		给付				
	保费收入	储金收入	合计	死亡伤残及医疗给付	期满给付	养老金给付	解除合同给付
1991	6.3	188.9	38.1	9.6	22.5	—	6.0
1992	15.6	240.9	63.8	14.5	39.5	—	9.8
1993	20.9	318.4	155.6	34.8	102	—	18.8
1994	219.8	137.9	183.4	41.3	120.5	—	21.6
1995	194	183	352.2	74.7	153.7	—	123.8
1996	263.9	148.7	273.5	76.3	151.8	—	45.4
1997	346.7	183.5	299	51.1	222.7	—	25.2
1998	426	202	341.2	59	251	0.2	31
1999	512	187	489.2	60	240	0.2	189
2000	647.6	81.7	395.6	48.5	208.6	0.5	138
2001	773.8	—	210.3	41.5	41.9	42.6	84.3
2002	1576	—	752.2	47	610	1.2	94
2003	1743	—	288	44	68	2	174
2004	2377	—	680.3	35	46	76.5	522.8
2005	2542.7	—	713.4	29.1	8.3	45.3	630.7

第二节 财产保险

一、保险种类及收入

1991年，县内财产保险险种有企业财产、家庭财产、运输工具、农业、货物运输等保险。其中，县机动车辆保险委托交通部门代办，当年保费收入共134.31万元。

1992年，新开办家庭财产长效保险、森林火灾保险、烤烟保险。1993—1995年，调整险种结构，发展企业财产险和运输工具险，缩减家庭财产保险储金性等业务。

1996年，新开办雇主责任险、钞票责任险、液化器责任保险等险种。至2005年，全年保费收入达468万元，是1991年的3.48倍。

1992—2005年，财产保险保费共收入5082.91万元。其中，企事业财产险805.18万元，机动车险3855.58万元，货物运输险80.51万元，家庭财产险92.6万元，农业险138.4万元，其他险123.45万元。

二、理赔 给付

1991年，县财产保险理赔、给付按“主动、迅速、准确、管理”的原则，全县共处理财产保险理赔案388件，支付各种赔偿款53.47万元，其中机动车辆保险理赔38.51万元，企事业单位和家庭财产保险理赔14.97万元。1995年夏阳乡岭头村发生火灾，受灾12户，烧毁房屋60余间，赔款8.66万元。1992—1995年，处理财产保险理赔案1893件，支付各险种赔偿款1170.3万元，其中，机动车辆保险理赔547.4万元，企事业单位财产保险理赔177.9万元。家庭财产保险理赔38.4万元，农业保险理赔59.1万元，保险满期返还354.7万元。1996—2000年，理赔工作做到“主动、迅速、准确、合理”，及时查勘核损，调查核实，迅速结案兑赔，城区案件10天内兑付，农村案件20天内兑付。其间，处理财产保险理赔案1394件，支付各险种赔偿款852.723万元。其中，机动车辆保险理赔593.05万元，企事业单位财产保险理赔73.35万元，家庭财产保险理赔6.42万元，农业保险理赔22.48万元，货物运输保险理赔2.5万元，保险满期返还242.63万元。2002年6月，县遇特大暴雨，财产损失严重，企事业单位财产共理赔131万元，为15年来最高；夏坊乡遭遇特大洪水袭击，房屋损毁5户，赔款91万元。2005年，处理财产保险理赔案345件，支付各种赔偿款293.2万元，赔付率63%。其中，机动车辆保险理赔189.4万元，企事业单位财产保险理赔95.9万元，家庭财产保险理赔3万元。2001—2005年，处理财产理赔案1586件，支付各险种赔偿款1389.8万元，其中，机动车辆保险理赔1006.7万元，企事业单位财产保险理赔352.9万元，家庭财产保险理赔6.9万元，货物运输保险理赔10.2万元。

1991—2005年财保明溪县支公司保费收入与理赔情况

表11-10　　　　单位:万元

年份	保费收入							已决赔案金额
	合计	企事业财产险	机动车保险	货物运输险	家庭财产险	农业险	其他	
1991	134.31	35.57	96.54	0.66	1.54	—	—	53.47
1992	213	40.9	131.8	0.8	4.1	31.2	4.2	230.2
1993	289.9	58.8	213.9	0.7	3.7	12.8	—	219.5
1994	315.3	62.3	249.3	0.5	2.9	15.6	—	346.5
1995	447.4	55.4	372.5	—	3.5	15.6	—	374
1996	495.9	74.1	342.2	0.1	2.3	15.3	61.9	328.5
1997	100.01	0.07	78.87	3.48	1.88	14.71	1.09	0.64
1998	316.85	57.92	219.15	13.03	8.70	14.51	3.56	175.81
1999	409.35	59.49	322.76	6.1	8.82	12.18	—	172.86
2000	378	48.6	318.1	6.3	5	—	—	142.1
2001	404.5	60.1	320.6	7.8	12.2	3.8	—	187.3
2002	419.7	101	293.1	10.6	14.7	—	0.3	289.9
2003	417.8	70.4	289.6	15.1	4.5	—	38.2	239.4
2004	407.2	47	332.1	11	4.5	—	10.3	380
2005	468	69.1	371.6	5	15.8	2.7	3.9	293.2

第五章 机构与管理

第一节 管理机构

一、中国人民银行明溪县支行

中国人民银行明溪县支行为中国人民银行派出机构，履行中央银行职能。1991 年，内设人秘、计划、信贷、会计、出纳、保卫 6 个股，有干部职工 37 人。1992 年，内设机构调整为：办公室和人事、计划信息、金管稽核、会计国库、发行、保卫等股室。1993 年 12 月，贯彻执行国务院《关于金融体制改革的决定》，开始建立以国有商业银行为主体、多种金融机构并存的金融组织体系。此后，明溪人行贷款权上收总行，取消利润留成分配制度，与所办营利性经济组织全部脱钩，职能逐步转变为：辖区内金融监督管理、调查统计分析、横向头寸调剂、经理国库、现金调拨、联行清算、外汇管理等。

2003 年 12 月，明溪人行分离对银行的监督管理职能，强化与执行货币政策有关的职能，对金融业的整体风险进行监测和评估，防范和化解系统性金融风险，维护辖区金融稳定，并增加反洗钱和管理信贷征信业两项职能。同年，内设机构为：办公室、信贷调统股、营业室、保卫股。2005 年，内设机构不变，有干部职工 30 人。

二、国家外汇管理局明溪支局

2001 年 12 月，经国家外汇管理局上海分局批准，国家外汇管理局明溪支局成立，与明溪人行实行两块牌子、一套人马，外汇管理业务挂靠综合监管稽核股，2004 年挂靠信贷与调统股。管理职能包括贸易和非贸易管理，国际收支申报，结售汇业务管理，资本项目外汇管理，外汇账户管理，外汇检查，外汇黑市监测，外汇领域反洗钱等。

三、三明银监局明溪监管办事处

2003 年 12 月，三明银监分局（筹备）明溪监管组正式履行人民银行原对银行业金融机构的监管职责，在职员工 4 人（人行划转）。2004 年 4 月，三明银监分局明溪监管办事处正式挂牌成立，主要负责管辖县银行业金融机构的监管，重点对农村信用合作社及其联社和邮政储蓄机构的现场检查和非现场监管，收集所辖县（市）有关金融风险的信息并向上级报告等。

第二节 商业银行

一、中国工商银行明溪县支行

1991 年，内设人秘、计划、信贷、会计、出纳、保卫 6 个股，下设城关、东门、西门 3 个储蓄所和北门、新大路、紫云坪 3 个联办所，有员工 72 人。1992 年 3 月，在城关储蓄所前台使用电脑，成为县第一家配备电脑的储蓄所。1993 年增设东新街储蓄所和房地产信贷部、融信服务部。1994 年增设河滨路储蓄所。1995 年增设科技科。1997 年增设对公存款科。1998 年，内设营业部、经营部、办公室，并增设北门储蓄所和烽林厂代办所，撤销新大路和紫云坪联办所。1999 年，增设事后监督组，撤销西门和河滨路 2 个储蓄所。2000 年，撤销东新街储蓄所和烽林厂储蓄代办点以及融信服务部。2004 年，内设办公室、客户部、业务部，下设城关和北门储蓄所。2005 年 10 月，中国工商银行股份有限公司成立，中国工商银行明溪县支行相应变更为中国工商银行股份有限公司明溪县支行，内设部门不变，共有员工 47 人（含代理用工 7 人）。

二、中国农业银行明溪县支行

1991 年，内设办公室、人事股、信贷股、计划股、信用合作股、资金组织股、会计出纳股、审计股、保卫股、监察室、工会，下辖瀚仙、沙溪、夏阳、胡坊、盖洋、夏坊、枫溪 7 个营业所和城关、新大路储蓄所，有员工 88 人。1993 年，增设东大路储蓄所。1994 年，县农业银行实行商业性业务与政策性业务相分离，因县未成立独立的农业发展银行，其业务从农业银行中分离，仍由农业银行代理。1998 年，撤销瀚仙、沙溪营业所。2000 年 10 月，开办外汇业务，同年撤销枫溪营业所。2001 年，撤销夏坊营业所。2002 年，撤销城关储蓄所。2003 年，撤销胡坊营业所，新大路储蓄所变更为新大路分理处。2004 年 12 月，开办结售汇业务，同年撤销盖洋、夏阳营业所，东大路储蓄所变更为东大路分理处。2005 年，内设综合部、信贷管理部、计财部，下设营业部、新大路分理处、东大路分理处，有员工 50 人。

三、中国建设银行明溪县支行

1991 年，内设人保股、会计股、建经投资股、综合信贷股、储蓄股，下设储蓄专柜、民主路储蓄所、东新路储蓄所、第一储蓄所，有员工 39 人。1992 年，成立房地产信贷部，撤销建经投资股和综合信贷股，增设信贷投资股、计划审计股、建经股；1 月实现电脑记账，9 月实现三明地区存款业务通存通兑。1993 年，内设机构调整为人保科、会计出纳科、建经科、计划审计科、信贷投资科、集资科。11 月，首先实现全省范围内建行系统全部储蓄存款业务通存通兑。1994 年，将原来的财政职能贷款业务移交给县财政局，向现代商业银行转轨，同年增设农化路储蓄所。1995 年，设立保卫科，同时原人保科改为人秘科；撤销建经科和计划审计科，信贷投资科改为信贷科。1996 年，撤销农化路储蓄所。1997 年，撤销东新路储蓄所，撤销房地产信贷部，其原有业务分别并入会计、储蓄、信贷等相关科室。1999 年，内设机构调整为人保科、综合业务科、会计科、集资科。2001 年，撤销民主路储蓄所。2002 年 12 月，明溪建行降格为中国建设银行三明市分行明溪分理处，撤销集资科，其职能并入会计科合称会计集资科。2003 年，第一储蓄所撤并。2004 年 9 月，中国建设银行股份有限公司完成股份制改造，建设银行明溪县分理处相应改制为中国建设银行股份有限公司明溪县支行。2005 年，内设部门调整为办公室、客户部、营业部，有员工 30 人。

第三节　信用社

一、明溪县农村信用合作社联合社 (县信用联社)

农村信用合作社以为“三农”（农业、农村、农民）服务为宗旨，是集体所有制的合作金融组织。全县各乡镇均设立信用合作社或信用合作分社。1991 年，县信用联社内设社务股、业务股、财务股、稽核股。基层机构包括8 个信用合作社，即城关、瀚仙、沙溪、夏阳、胡坊、盖洋、枫溪、夏坊等信用合作社；8 个分社，即瀚仙驻城关分社、瀚仙石珩分社、夏阳下坂分社、夏阳地美分社、盖洋温庄分社、盖洋划桥分社、盖洋大陂分社、夏坊敖坑分社；6 个代办站，即胡坊的柏亨、眉溪、洋地、冯厝，枫溪小珩、夏坊中溪等代办站，共有员工 89 人。

1992 年 4 月，撤销夏坊敖坑分社。7 月，撤销胡坊冯厝、眉溪、洋地 3 个代办站。1994 年 9 月，撤销盖洋温庄分社。1996 年 8 月，设立城关余坊和坪埠、瀚仙龙湖、夏阳紫云和御帘、胡坊柏亨、盖洋温庄 7

个代办站。同年9月，县信用联社与农业银行脱离行政隶属关系，确立为一级法人单位。

1997年2月，撤并瀚仙龙湖、夏阳御帘和紫云、城关余坊和坪埠、盖洋温庄、夏坊李沂7个代办站。1998年10月，设立夏阳紫云代办站。1999年4月，设立东新分社和城关白沙桥分社。

2000年12月，县雪峰城市信用社更名为县雪峰农村信用合作社，并归口县信用联社管理，下属西门和新大路储蓄所相应更名。2001年10月，撤销盖洋画桥分社。2002年4月，撤销夏阳下坂分社和紫云信用代办站。

2003年3月，撤销县城关白沙桥分社。4月，县瀚仙驻城关分社更名为县城关农村信用合作社南山分社，县瀚仙农村信用合作社降格为县城关农村信用合作社瀚仙分社。5月，撤销胡坊柏亨信用站。

2004年2月，撤销夏阳地美分社和雪峰西门储蓄所，雪峰新大路储蓄所升格为雪峰新大路分社。10月，撤销枫溪小珩信用站。同年，对县信用联社2002年末不良资产进行清理，清理不良资产金额2528万元。

2005年3月，撤销夏坊中溪代办站。4月，撤销雪峰新大路分社和盖洋大陂分社。至年底，县信用联社内设人秘科、业务科、会计出纳科、监察稽核科、保卫科、电脑信息中心办公室。基层机构包括8个信用合作社，即城关、沙溪、夏阳、胡坊、盖洋、枫溪、夏坊、雪峰等信用合作社；4个分社：城关南山分社、城关瀚仙分社、沙溪梓口坊分社、东新路分社，共有员工102人。

二、明溪县雪峰城市信用合作社

1991年，明溪县雪峰城市信用合作社有股东49户，股金33万元，职工16人，下辖西门和新大路2个储蓄所。2000年12月，归口县信用联社管理，更名为县雪峰农村信用合作社。

第四节 邮政储蓄

1991年，邮政局设储汇组，负责储蓄业务。5月和9月，分别在邮电营业厅隔壁和日溪市场开设邮政储蓄单营点，年末全县设有7个邮政储蓄点，其中有盖洋邮电支局、夏坊电支局、沙溪电支局、胡坊电支局、夏阳电支局等5个乡镇邮储专柜，人员兼职。1996年1月，撤销储汇组，成立储汇分局，专项负责邮政汇款和邮政储蓄业务。1998年，邮政电信分设后，在东新路邮政局营业大厅增设邮政储蓄点。2005年，全县共有8个邮政储蓄点，从业人员58人。

第五节 保险证券

一、中国人民保险公司明溪县支公司

1991年，中国人民保险公司明溪县支公司内设人秘、业务、财务、网点管理4个股，有职工11人、临时人员6人。同时在夏阳、盖洋、夏坊3个乡（镇）设立保险站，有专职保险代理员3人。1995年9月，中国人民保险公司改组为中国人民保险（集团）公司，下设中保人寿保险有限公司，中保财产保险有限公司。1996年4月1日，中国人民保险公司明溪县支公司一分为二，成立中保人寿保险有限公司明溪县营业部和中保财产保险有限公司明溪县支公司，7月营业部和支公司正式挂牌营业。

二、中国人寿保险股份有限公司明溪支公司

1996年4月，县寿险营业部成立，经营原人民保险公司人身保险业务。未设科室，下设3个保险站，即夏阳保险站、盖洋保险站、夏坊保险站，有职工4人、临时工4人、专职保险员6人。1998年10月，更

名为中国人寿保险公司明溪营业部。2003 年 9 月，重组设立中国人寿保险股份有限公司明溪县支公司，内设为办公室、个险销售部、团险销售部及客户服务部。2005 年，有专兼职人员 225 人，其中内勤人员 20 人、专兼职营销员 205 人，下设 5 个营销服务部。

三、中国人民财产保险股份有限公司明溪支公司

1996 年 4 月成立，下设经理室、综合管理科、计划财务科、业务科和交警大队代理处，经营原中国人民保险公司财产保险业务。有职工 7 人，临时工 1 人，专职代办员 2 人。1998 年 6 月，在县工行、建行、农行、信用联社 4 家设兼业保险代理处。2003 年 9 月，重组设立中国人民财产保险股份有限公司明溪县支公司，内设综合管理科、业务科、计财科，有员工 7 人。2005 年，内设科室调整为经理室、业务部、营业部，有职工 5 人，保险个人代理 11 人。

四、中国平安人寿保险股份有限公司明溪营销服务部

2002 年 4 月，经国务院保险监管委员会福建办事处批准，中国平安人寿保险股份有限公司三明支公司明溪营销服务部正式对外挂牌。至 2005 年，有平安保险业务员 150 人。

五、太平洋人寿保险有限公司三明中心支公司明溪营销服务部

2003 年 6 月，太平洋人寿保险有限公司三明中心支公司在明溪创办太平洋人寿保险业务，并授权发展保险营销业务员。是年，有营销业务员 20 人，签约客户 51 户。至 2005 年，有营销业务员 166 人，拥有 813 名签约客户。

六、闽发证券有限责任公司三明崇宁路证券营业部明溪服务部

1999 年在明溪设点，2001 年 6 月 20 日正式挂牌成立。至 2005 年，明溪股民开户数 2200 余户，在三明开户（明溪籍）1000 多户。证券市值最高峰为 2001 年，达 6000 多万元，同年沪深股市年交易量达到 3 亿元，为最高值。

第六节　管　理

一、货币政策

1991—1998 年，明溪人行对辖区各金融机构的信贷总量和信贷结构实施贷款规模管理，信贷政策主要是通过向各金融机构分配贷款规模来实现的。1999—2005 年，随着社会主义市场经济的不断发展，明溪人行的货币信贷政策从过去主要依托行政干预逐步向市场化的调控方式转变。县支行管理、使用的货币政策工具主要有再贷款、再贴现和存款准备金 3 种。

再贷款　中央银行对金融机构发放的贷款，是中央银行调控基础货币的重要渠道和进行金融调控的传统工具。1991—1998 年明溪人行对辖区各商业行（信用社）发放头寸调剂贷款。从 2000 年开始只向农村信用社发放支农再贷款。

再贴现　金融机构为取得资金，将未到期的已贴现或转贴现的商业汇票以再贴现方式向人民银行转让或质押票据进行资金融通。1995 年，县开始陆续开办商业汇票再贴现，后因商品生产和流通不够旺盛、商业汇票票源少，再贴现业务开办 7 年后就停止。

存款准备金　金融机构为保证客户提取存款和资金清算需要而准备的资金。1991—1998 年 3 月，县各金融机构执行人民银行规定的存款准备金率 13%。1998 年 3 月后，县各金融机构贯彻人民银行对存款准备金制度的改革：将原各金融机构在人民银行的“准备金存款”和“备付金存款”两个账户合并，称为“准备金存款”账户；法定存款准备金率从 13%下调到 8%；对各金融机构的法定存款准备金按法人统一考

核；对各金融机构法定存款准备金按旬考核；金融机构按法人统一存入人民银行的准备金存款低于上旬末一般存款余额的8%，人民银行对其不足部分按每日万分之六的利率处以罚息；金融机构准备金存款利率统一下调到5.22%；调整金融机构一般存款范围。同时，将金融机构代理人民银行财政性存款中的机关团体存款、财政预算外存款，划为金融机构的一般存款。1999年，存款准备金下调至6%。2003年，存款准备金上调至7%。2004年，存款准备金再上调至7.50%。

1991—2005年人行明溪县支行专项贷款、再贷款和再贴现情况

表11-11 单位：万元

年份	地方经济开发贷款	投资企业专项贷款	对专业银行再贷款	对其他金融机构再贷款	再贴现	金融机构准备金存款
1991	445	60	700	168	—	1829
1992	399	146	1600	618	—	2394
1993	468	126	1540	618	—	2533
1994	789	108	350	875	—	3181
1995	849	86	100	300	90	3785
1996	1084	60	100	600	159	4643
1997	—	—	290	550	920	5142
1998	—	—	—	—	1500	2417
1999	—	—	—	—	545	3020
2000	—	—	—	300	261	2774
2001	—	—	—	200	500	2908
2002	—	—	—	1000	—	3934
2003	—	—	—	1500	—	5459
2004	—	—	—	2500	—	6802
2005	—	—	—	2500	—	8882

二、征信管理

2003年，明溪人行随上级人民银行职能调整后，增加“管理信贷征信业，推动建立社会信用体系”职能。同年，明溪人行加强银行信贷登记咨询系统管理，制定《明溪县银行信贷登记咨询管理自律公约》，明确贷款卡的申请、发放、年审等工作流程及长效的互相监督机制，督促辖内金融机构自觉遵守《银行信贷登记咨询管理办法（试行）》，为银行信用活动提供的信用信息服务。建立健全贷款卡档案管理制度，对企事业单位申领贷款卡资料实行一户一夹，分户管理，至2005年，累计实发贷款卡176张、虚拟卡323张，经清理，全县共有有效贷款卡69张。同年，在全市率先召开“明溪县征信建设暨非银行信用信息采集签约会”，首期与13家单位签订非银行类信用信息采集协议，推动个人信用信息数据库的建设；举办学生信用征文活动和征信知识讲座，推进明溪诚信建设；加强对专业化机构依法采集、调查、保存、整理的管理，对其资信状况进行评价，以此满足从事信用活动的机构在信用交易中对信用信息的需要。

三、反洗钱业务

2003年3月，明溪人行贯彻执行中央人民银行制定的《金融机构反洗钱规定》《人民币大额和可疑支付交易报告管理办法》《金融机构大额和可疑外汇资金交易报告管理办法》，开始对辖区内的大额支付交易和可疑支付交易信息的监测、分析、防范和打击。2004年1月，明溪人行对国有商业银行组织反洗钱自查，并接受人民银行三明支行开展的现场检查。2005年，各金融机构建立大额交易报告制度，及登记制度、审批制度，举办反洗钱与法律知识培训班。自建立反洗钱工作机制以来，明溪未发生重大洗钱案件。

四、国库业务

1991 年，明溪人行负责辖区内办理地方预算收入的收纳、划分和留解，办理地方预算支出的拨付，向上级国库和县财政局反映预算收支执行情况，协助财政、税务机关督促企业和其他有经济收入的单位及时向国家缴纳应缴款项等。当年，国库收入 (包括中央预算收入和地方预算收入) 2467 万元，支出 2210 万元。1994 年 1 月，根据国务院文件规定，建立中央与地方共享税的分成制度，当年国库收入 3708 万元，支出 3729 万元。1996 年，全县完成国库电子化建设。实现税、库、行 3 家横向联网一体化工程。2003 年，建成国库统计分析系统，完善国库库存金额日报制。2005 年，国库收入 8913 万元，支出 12738 万元。

1991—2004 明溪县国库收支情况

表 11-12　　单位:万元

年份	国库收入	国库支出
1991	2467	2210
1992	2637	2624
1993	3345	2859
1994	3708	3729
1995	4666	4448
1996	5555	4969
1997	6321	4690
1998	6445	6385
1999	6018	7198
2000	5904	6907
2001	6680	7932
2002	7044	8862
2003	7503	9948
2004	8477	10481
2005	8913	12738

注:收入含基金收入,不包括调拨收入

五、金融监督

1991 年，由明溪人行金管稽核股对各项货币信贷政策的贯彻执行情况实行监督。2 月，对县工行、农行、建行开展财政性缴存款专项稽核，以加强对财政性缴存款的管理，保证中央银行的资金不被转移、挪用。5 月，对邮政储蓄 1—4 月定期储蓄存款、城关信用社 4 月贷款余额业务等进行稽核。1992 年 3 月，对县工行和雪峰城市信用社的集体、个体信贷资产进行后续稽核，以巩固集体、个体信贷资产专项稽核成果，清收“两呆”贷款，盘活资金量。1993 年 7 月，对雪峰城市信用社等机构 1992 年度各项贷款质量情况及资产负债比例方面进行专项稽核，以加强贷款安全管理，提高贷款的使用效益，减少贷款风险，促进金融业务健康发展，更好地支持地方经济建设。9—10 月，对城关农村信用合作社 1993 年 1—9 月的信贷资金投向、存贷款利率、结算制度等业务进行专项稽核。1994 年 6 月，对县建行 1993 年度开展的常规稽核进行后续稽核，发现其有违反银行账户管理规定、转移财政性存款等行为，对其处罚3212.24元。8月，对盖洋农村信用合作社1993年度业务经营情况、财务管理方面情况进行常规稽核，以确保其稳定健康发展，健全各项制度，提高经济效益。1995年7月，对胡坊农村信用合作社1994年及1995年1—6月业务经营、财务活动进行全面稽核，根据稽核结果建议其加强信贷管理，建立逾期贷款催收制度，努力盘活资金存量，提高资金使用效益。1996年2月，对县建行信贷资金来源与运用情况进行专项稽核，发现其将一般性存款转入未并账的房地产信贷部2笔，金额220万元，属于隐藏存款，按照《金融稽核检查处罚规定》第七条，收取资金占用费1144元。1998年2月，对农业银行开展信贷检查，主要是对农行营业部，胡坊营业所、夏阳营业所、沙溪营业所、瀚仙营业所、盖洋营业所、夏坊营业所、枫溪营业所1997年底以前的贷款进行全面稽核，建议其进一步加强信贷管理，加大清非力度，提高信贷资产质量。2002年，制定《明溪县不良贷款重点跟踪监控制度》，突出不良贷款“双高”机构重点跟踪监测，建立“一行一策”跟踪分析制度，并与“双高”机构签订化解不良资产风险责任状，落实谈话提醒制度，年末全县不良贷款成功实现“双下降”目标。加大对商业银行现场检查力度，10月对县工行和建行的住房贷款业务和利率执行情况进行专项现场检查，11—12月对全县银行业金融机构开展大规模的综合现场检查。2003年，协助农村信用社抓好三项制度改革，撤销其部分网点，实现集约化经营战略，加强对农村信用社监管工作，实行《行领导挂点高风险社制度》《大额贷款跟踪回访制度》，防止产生新的不良贷款。年末全县各项贷款增幅21%，为历年来增长速度最快的一年，不良贷款下降7个百分点，金融运行平稳。

2004年，县内金融监管由三明银监分局明溪监管办事处执行。加强支农再贷款管理，3月和7月分别对盖洋信用社和县联社开展支农再贷款检查。10月，对全县金融机构的金融统计工作开展检查。2005年，落实农村信用社改革各项政策，做好农村信用社改革试点资金支持工作，推动辖区内农村信用社完善股权结构。

卷十二　经济管理

1991—2005 年，是中国探索、建立、完善社会主义市场经济阶段，1994 年明溪贯彻《中共中央关于建立社会主义市场经济体制若干问题的决定》，确立县政府管理经济的职能主要是制订和执行宏观调控政策，搞好基础设施建设，创造良好的经济发展环境；培育市场体系、监管市场运行和维护平等竞争等，明确了“政府运用经济手段、法律手段和必要的行政手段管理国民经济，不直接干预企业的生产经营活动”。县计划、物价、工商管理等经济管理部门相应调整管理职能。此后，为不断适应县国民经济发展的需要，传统计划经济体制下的集权型县经济管理部门逐步转变成市场经济体制下的服务型政府经济管理部门。2003—2005 年，县进一步贯彻落实党的十六大精神，把县政府经济管理的职能确立为经济调节、市场监管、社会管理和公共服务四大职能。

第一章　计划管理

第一节　计划体制改革

1991 年，根据十三届五中全会精神和省委提出的三年治理整顿的六项目标要求，县把产业结构调整放在治理整顿的突出位置，进一步深化各项改革，调整投资结构。对固定资产投资实行年度投资规模和在建项目总规模的双重控制，严格控制新开工项目，严格控制立项，加强商品房建设的销售和计划管理。认真贯彻《福建省计划生育条例》，提倡晚婚晚育，优生优育，实行指令性人口指标管理，切实控制人口增长。至 1993 年，县计划管理主要是对国民经济运行和社会事业发展进行宏观调控和微观管理，由政府直接经营企业，在生产、流通和消费等环节直接控制的基础上编制指令性计划指标，实现人力、物力和财力的平衡。

1994—1995 年，县计划管理从传统的分物资、报项目、定指标转向注重制定全县国民经济和社会发展规划；从单纯的指令性计划直接管理转向以市场为主、运用经济手段的指导性计划间接管理，并简化年度计划，以中长期计划为重点；从传统的计划体制转向探索在市场体制下、计划工作怎样与市场有机结合，面向社会、服务市场，为党政部门当好参谋。“八五”期间，始终把抑制通货膨胀、控制物价上涨作为宏观调控的首要任务来抓，坚持和完善控价目标责任制，在增加供给和控制需求上下功夫，强化市场和物价动态管理，从而使社会有效供给增加，物价涨幅得到控制。

1997—2002 年，县计划职能向“研究战略、制定规划、宏观调控、总量平衡、产业政策、培育市场、重点建设、协调服务”的方向转变，传统计划模式基本打破，新体制下的计划管理出发点侧重为宏观经济运行指明目标，弥补市场不足，调整市场偏差。

2003—2005年，进一步突出计划的宏观协调和指导性，适当调整计划指标体系，减少微观定量指标，把计划编制的着重点放在理清发展思路上，通过加强对宏观经济发展态势、运行特征和经济状况的分析，把握县经济发展趋势，研究经济发展的方向和重点，提出发展目标和工作任务，突出计划的宏观性、战略性和导向性。

第二节　计划编制与执行

一、计划编制

1991—2005年，全县国民经济和社会发展计划主要根据国家和省、市各阶段的经济和社会发展战略、方针、目标，结合县内的实际进行制定。以制定中长期计划、年度计划为主，同时制定季度计划、单项计划等。

（一）中长期规划

1991年，编制《明溪县国民经济和社会发展十年规划和第八个五年计划纲要》。纲要提出后十年主要经济指标奋斗目标：国民生产总值“八五”期间年递增9.2%，“九五”期间年递增7.6%；国民收入“八五”期间年递增9.5%，“九五”期间年递增7.8%；工农业总产值“八五”期间年递增10.6%，“九五”期间年递增8.4%；财政收入“八五”期间年递增7.7%，“九五”期间年递增12%；全社会出口供货总值“八五”期间年递增13.6%，“九五”期间年递增15%；城乡居民人均收入每年递增3%~5%，农民人均纯收入1995年达1800元，2000年达2800元。为确保奋斗目标的实现，后十年主要工作任务：积极调整产业结构，促进产业结构合理化和现代化；推进科技进步；有步骤地推进经济体制改革，继续改善经济发展的环境；进一步扩大对外经济技术交流和合作；努力提高人民生活水平和发展各项事业。

1996年，编制《明溪县国民经济和社会发展“九五”计划和2010年规划纲要》。“九五”期间和到2010年远景主要奋斗目标：“九五”期间国民生产总值年递增13%，2000年达10.9亿元，2001—2010年年递增12%；财政收入与国民生产总值同步增长，2000年达8600万元，2010年达2.67亿元；“九五”期间出口供货总值年递增15%，2000年达660万美元，2001—2010年年递增13.8%；“九五”期间全社会固定资产投资总额累计达8.5亿元，2001—2010年年递增9%；到2000年科技进步对经济增长的贡献率达50%，2010年贡献率达60%以上；2000年城镇居民人均收入达7600元、农民人均纯收入达3540元，2010年城镇居民人均收入达20000元、农民人均纯收入达10000元以上。“九五”期间主要工作任务：加强农业基础设施建设，建立农业综合开发、乡镇企业发展和小城镇建设三位一体的农村发展体系；着力培育和发展支柱产业、重点产业和高新技术产业，促进产业结构升级和产业组织优化；加强公路、通讯和能源基础设施建设；发展第三产业；加快技术进步改造步伐；振兴科技教育；区域经济联动发展；拓展外引内联和山海协作。

2001年，编制《明溪县国民经济和社会发展第十个五年计划纲要》。提出的主要目标是：经济结构战略性调整取得明显成效，经济总量有较大增长，经济增长的质量和效益有较大提高；国有企业初步建立起现代企业制度，非公有制经济更加活跃，社会主义市场经济体制进一步完善；开放型经济发展上新水平，山海协作进一步深化，区域经济合作得到加强；就业渠道不断拓宽，城乡居民收入增加，社会保障制度逐步健全，人民生活水平向宽裕型小康迈进；生态建设与环境保护得到加强；科技教育加快发展全民素质不断提高，精神文明建设和民主法制建设明显加强。力争到2005年，全县国内生产总值达16亿元，人均国内生产总值达13050元，财政收入增长与国内生产总值增长相适应，全县经济社会综合实力进入全市中等水平。到2010年，全县国内生产总值在2000年基础上翻一番。“十五”期间主要任务：加快产业结构优化升级；加强基础设施建设；推进城镇化进程；继续深化改革；努力扩大开放；认真实施科教兴县战略和可持续发展战略；着力改善人民群众生活和完善社会保障制度建设；进一步加强精神文明建设和民主法制建设。

（二）年度计划

1991—2005年，根据县委、县政府经济和社会发展的总体要求，按照实事求是的原则，采取从下到上、从上到下、上下结合的方法，集思广益，并认真调查研究，广泛征求各乡镇、各部门和部分企事业单位、社会人士的意见，全面分析发展经济的优势条件与制约因素，由县发展计划局编制年度国民经济和社会发展计划，提出预期目标和措施。在计划实施过程中，需要调整计划指标，由部门提出意见，发展计划局负责收集整理，并提出计划调整方案，由县政府提交县人民代表大会或人大常委会审议通过。期间，相关部门编制相应年度计划，如农业生产计划、工业生产计划、外贸出口和外引内联计划、全社会固定资产投资计划、社会商品零售计划、“三废”（废气、废水、废渣）治理以及人口控制发展计划等。

二、计划执行

（一）“八五”期间

全县国民经济持续增长，经济实力日益增强。1995年全县国内生产总值比1990年增长54.15%，年递增10.83%；乡镇企业总产值比1990年增长4.65倍，年递增36%；社会消费品零售总额比1990年增长1.9倍，年递增23.4%；财政收入比1990年增长1.3倍，年递增18.1%；全社会固定资产投资5年累计比“七五”期间增长2.9倍，主要经济指标均已完成和超额完成“八五”计划任务。城乡经济体制改革不断深入，为经济发展注入生机和活力；对外开放迈出较大步伐，开放型经济发展迅速；认真贯彻实施“科教兴县”发展战备，社会各项事业取得明显进步；城乡人民生活水平和质量逐步改善；社会主义民主和法制建设不断加强。

明溪县“八五”期间主要经济指标完成情况

表12-1

主要指标	1991年	1992年	1993年	1994年	1995年
国内生产总值(万元)	34524	41346	41745	55678	61599
农业总产值(万元)	22973	26408	29657	33049	39526
工业总产值(万元)	40177	53381	109245	147130	47171
财政收入(万元)	2197	2419	3014	3708	4666
社会固定资产投资(万元)	1979	3209	7080	18409	10044
社会消费品零售总额(万元)	8806	6006	8476	9558	11518
农民人均纯收入(元)	1080	1219	1480	1689	2009
年末全县总人口(万人)	11.13	11.18	11.35	11.46	11.49

注:国内生产总值,工、农业总产值均按当年价格计算不可比;财政收入按县级财政预算收入统计口径进行对比

（二）“九五”期间

国民经济持续发展，综合经济实力不断增强。2000年,全县国内生产总值比1995年增长38.12 %，年

递增6.67%；一、二、三产业比重由1995年的45.5：27：27.5，调整为2000年的38.4：29.9：31.7；固定资产投资安排重点建设项目35项，总投资6.7亿元；财政总收入2000年比1995年增长13.76%。平均年递增2.61%。各项改革不断深入，市场经济体制初步建立；外引内联有效拓展，对外开放格局初步形成；基础设施建设加快，发展制约因素逐步缓解；居民收入提高，人民生活水平日益改善，社会事业协调发展，社会面貌发生较大改变。

明溪县"九五"期间主要经济指标完成情况

表12-2

主要指标	1996年	1997年	1998年	1999年	2000年
国内生产总值(万元)	70091	77500	79474	82184	86180
农业总产值(万元)	44052	45613	46569	49225	51501
工业总产值(万元)	58506	70118	66747	62263	66554
其中:规模以上工业总产值(万元)	—	25971	25760	20393	22290
地方级财政一般预算收入(万元)	4157	4817	3936	3306	3328
全社会固定资产投资(万元)	9210	9532	8134	9773	13942
社会消费品零售总额(万元)	14767	17110	18800	20688	22769
农民人均纯收入(元)	2431	2737	2779	2985	3159
城镇居民人均可支配收入(元)	—	5134	5652	6053	6220
年末全县总人口(万人)	11.54	11.60	11.54	11.52	11.59

注:国内生产总值、工业总产值、农业总产值均按当年价,个别指标因口径调整不可比;1996年,未对规模以上工业总产值及城镇居民人均可支配收入进行统计

(三) "十五"期间

产业结构得到优化，经济持续健康发展。2005年三次产业结构比例为33.4：31.2：35.4，与2000年相比，第二产业比重提高4.3个百分点；全县人均国内生产总值比2000年增长78.2%，年递增12.2%；农林牧渔总产值同比增长33.8%，年递增6%；规模以上工业产值同比增长1.6倍，年均递增21.1%；全社会固定资产投资同比增长1.46倍，年均递增19.7%；全社会商品零售总额同比增长61.1%，年均递增10%；地方财政总收入同口径比增37.59%；年均递增6.59%。基础设施建设取得突破，城镇化进程有序推进；各项改革深入开展，对外开放取得成效；生态立县有效实施，科教兴县稳步推进；各项事业协调发展，人民生活质量不断提高。

明溪县"十五"期间主要经济指标完成情况表

表12—3

主要指标	2001年	2002年	2003年	2004年	2005年
国内生产总值(万元)	89605	96482	105797	122344	139586
农业总产值(万元)	53398	56897	60632	70051	74296
工业总产值(亿元)	7.11	5.71	6.55	7.00	8.70
其中:规模以上工业总产值(亿元)	2.06	2.64	3.11	4.36	5.86
地方级财政一般预算收入(万元)	3468	3136	3366	3837	3839
全社会固定资产投资(亿元)	2.61	3.28	3.53	4.84	6.00

续表 12-3

主要指标	2001 年	2002 年	2003 年	2004 年	2005 年
社会消费品零售总额(万元)	24864	27351	29861	32807	36280
农民人均纯收入(元)	3272	3413	3550	3921	4218
城镇居民人均可支配收入(元)	6514	6999	6820	7386	7859
年末全县总人口(万人)	11.56	11.56	11.54	11.53	11.55

注:以上数字国内生产总值、工业总产值、农业总产值均按当年价,个别指标因口径调整不可比。

第三节 重点项目实施

"八五"期间，全县以经济建设为中心，加强在"先行工程"、水电等基础设施项目上的投资，固定资产投资贯彻"控制规模、调整结构、保证重点、提高效益"的方针，严格执行固定资产投资方向调节税和投资许可证制度，加强重点项目全过程管理。期间，全社会固定资产投资累计完成 3.98 亿元，比"七五"期间增长 2.9 倍，新增固定资产 2.14 亿元。其中，重点项目建设中，公路"先行工程"建设完成投资 6840 万元，建成山岭重丘区二级公路 30 公里，结束境内无高等级路面的历史；水电建设完成投资 5654 万元，新增发电装机容量 6110 千瓦，新架设 35 千伏安输电线路 33 公里，新建变电站 4 座；相继建成投入使用的还有县图书馆大楼、档案馆综合楼、邮电综合楼、工商局综合楼等。已开工在建重点项目有蒙州电站、罗翠水库等。

"九五"期间，通过开展"项目年"等活动，积极向上争取项目、争取资金，以项目促进经济和社会的发展，同时继续加强在基础设施建设上的投资。期间，全县固定资产投资累计完成 5.18 亿元，新增固定资产 4.72 亿元。重点项目中完成省道 102 线明溪段二级公路拓宽改造 30 公里的扫尾和 11 公里的建设、省道洋万线明溪段 17 公里柏油路面的铺筑；建成装机 5000 千瓦的蒙州电站和日供水 1 万吨的城北水厂；完成农村电网改造；程控电话扩容至 2.55 万门；城区面积由 1995 年的 1.98 平方公里扩大至 2000 年的 3.2 平方公里，新建和改造街道 8 条，开发生活小区 6 个，县综合市场建成投入使用。

"十五"期间，以"生态立县、科教兴县"为发展战略，围绕全县产业发展确立 60 个县级重点项目。其中，6 个项目列入省、市级重点项目，15 个项目列入省、市资金扶持，14 个建成投产或部分投产，16 个预备项目开工建设。全县固定资产投资累计完成 16.46 亿元，新增固定资产 9.5 亿元。一批城建、交通、能源、社会事业和生产性重点项目相继建成投入使用，其中相继建成的重点项目有县医院医技楼、"绿色家园"一期工程、6 个中小学危房改造、体育中心、法院大楼、检察院大楼、县城至建宁公路改造、城区防洪堤、红豆杉紫杉醇提纯生产等。

第四节 机 构

1991 年，县计划委员会设计划股、办公室。1997 年 2 月，县计划委员会更名县计划局，9 月设办公室、综合股、投资股、工业外经股，行政编制 9 名，专项编制 2 名，机关工勤编制 1 名。1998 年 9 月，成立县信息中心；1999 年 2 月，成立县重点项目前期办公室，均由县计划局管理。2002 年 3 月，县计划局更名为县发展计划局，物价局并入，保留牌子；国防动员委员会经济动员办公室设在该局。2005年11月，信息中心划归县政府办公室管理。同年，县发展计划局内设办公室、综合股、投资股、价费股，有行政编制9名，单列行政编制1名，机关工勤编制1名。

第二章 统计管理

第一节 统计调查

一、普查

1991—2005年，县相继开展全国人口、工业、第三产业、农业、经济等5项普查。

第一次第三产业普查 1993年开始准备至1995年结束，用时约两年半。此次普查时间是1992年，普查对象为全部第三产业企业、行政事业单位和个体户单位。调查内容包括第三产业个体户、行政事业单位、第三产业企业的名录库、人员、财务状况、实物资产、增加值及构成等6项指标。普查结果：1992年，县第三产业单位共计4660个，年末从业人数15016人，年末固定资产原值14983.7万元，年末库存总值5151.1万元，第三产业增加值9769.9万元。

第三次全国工业普查 1995年开始准备至1997年结束，用时约两年半。此次普查时间是1995年，普查对象为全部工业企业和附营工业单位，普查用表按企业规模分甲、乙、丙三类。调查内容包括企业基本情况，财务状况，劳动情况，主要产品产、销、存情况，产品质量、技术经济指标、产品生产能力、生产设备状况，企业科技活动情况，能源消费与库存、能源加工转换情况，附营工业单位生产情况等16个方面。普查结果：1995年末，县乡及乡以上工业企业和生产单位共计129个，从业人员8475万人，资产总额58590.3万元，实现全部工业产品销售收入33305.5万元，工业增加值10288.4万元，上缴税金643.6万元。

第一次农业普查 1996年开始准备至1998年结束，历时约两年半。此次普查时点指标的标准时间为1996年12月31日，时期指标的标准时期为1996年1月1日至1996年12月31日。普查表包括农村住户调查表、非农村住户类农业生产经营单位调查表、行政村调查表、乡镇调查表、非农乡镇企业基本情况卡片和农业用地卡片，普查登记项目涉及农村住户、非农户农业生产单位、行政村、乡（镇）、非农乡镇企业及农业用地等6大类资料。普查数据汇总实行基本数据手工快速汇总与全部数据的电子计算机汇总相结合。本次农业普查的电子计算机汇总工作在县级进行。普查结果：至1996年末，农村乡镇数8个，其中5个农村乡、3个农村镇；行政村88个，农村户数18622户，农村人口85751人；农业生产经营单位17039个，其中农户类农业生产经营单位17010个，非农户类农业生产经营单位29个；农业用地面积162149公顷，其中林地面积146724公顷，耕地面积12953公顷，园地面积1947公顷，渔业养殖面积525公顷。

第五次人口普查 1999年开始准备至2003年结束，历时约三年半。此次普查是在实行社会市场经济条件下开展的，普查方式也进行了较大的调整。普查的标准时间为2000年11月1日0时，普查表分为短表和长表两种表式，普查登记项目有姓名、与户主关系、性别、年龄、民族、本户住址、文化程度、出生人口与死亡人口、劳动力就业等指标，短表指标合计21项，长表指标共计49项。普查登记采取长短表结合技术，从总户数中抽取10%户数填报长表。普查数据汇总亦实行基本数据手工快速汇总与全部数据的电子计算机汇总相结合。此次人口普查的电子计算机汇总工作在市级进行。普查查得全县总户数为30284户，

人口 109102 人。其中：男性 56641 人，女性 52461 人；汉族 108626 人，少数民族 476 人。

第一次经济普查　2004 年国务院决定，将原定于 2003 年进行的第二次全国第三次产业普查推迟，与计划在 2005 年开展的第四次全国工业普查和 2006 年开展的第三次全国基本单位普查合并，并将建筑业纳入普查范围，在 2004 年开展第一次全国经济普查。县第一次全国经济普查于 2004 年开始准备至 2006 年结束。此次普查的标准时点是 2004 年 12 月 31 日，时期资料为 2004 年度。普查表对象包括从事第二产业和第三产业的全部法人单位、产业活动单位和个体工商户。普查内容包括单位标志、从业人员、财务收支、资产状况，企业的主要生产经营活动和生产能力，主要原材料和能源消耗及科技开发投入状况，以及个体工商户的基本情况等。普查共对全县 911 家法人单位和产业活动单位、5129 家个体工商户进行全面调查。

县在多次开展人口、工业、农业等涉及面广、工作量大的大型普查的同时，还多次开展科技、物资、城镇房屋和税源等小规模的普查。

二、抽样调查

县抽样调查工作自 20 世纪 90 年代以来，形成比较固定的抽样调查制度，依托城市与农村两支社会经济调查队，每年开展抽样调查统计工作。

（一）农村社会经济调查

农产量抽样调查　农产量抽样调查在全县随机抽取 10 个样本点进行早晚稻的实割实测，进行粮食产量单产指标测算，调查样本点每 5 年轮换一次。

农村住户抽样调查　农村住户抽样调查在全县抽取 70 户农户，分布在全县的不同乡镇的 7 个行政村内进行（每村抽取 10 个调查户），由调查记账户每日登记收支账，进行农民人均纯收入指标测算，调查样本点也实行 5 年轮换一次。

其他农村经济调查　除农产量与农村住户抽样调查外，从 2000 年开始开展农村固定资产投资抽样调查，还不定期开展过农产品生产等专项抽样调查。

（二）城市社会经济调查

城市住户抽样调查　从 1996 年开始开展城镇居民住户抽样调查，从城区居民住户中抽取 50 户，每天进行收支流水账登记，调查城镇居民生活变化情况，调查样本点实行每 5 年轮换一次。

城镇物价抽样调查。城镇物价调查从 1996 年开始进行。采取固定单位与门点、市场结合采集的办法，收集价格资料汇编物价指数。

工业品价格抽样调查　从 2003 年开始开展工业品价格抽样调查工作，通过对规模以上工业企业的规格产品价格的收集、整理，进行测算和编制工业品价格指数。

除每年开展住户、物价和工业品价格抽样调查外，还不定期地开展过卷烟消费、电视收视率、社会治安、行业行风等专项调查。

1991—2005 年明溪县城、乡居民人均收入情况

表 12-4　　单位：元

年份	农村居民人均纯收入	城市居民人均可支配收入
1991	1080	—
1992	1219	—
1993	1480	—
1994	1689	—
1995	2008	—

续表 12-4

年份	农村居民人均纯收入	城市居民人均可支配收入
1996	2431	—
1997	2737	5134
1998	2779	5652
1999	2985	6053
2000	3159	6220
2001	3272	6514
2002	3413	6435
2003	3573	6835
2004	3920	7386
2005	4218	7859

注:1.1991—1996 年明溪县城调队尚未开展城市居民人均可支配收入抽样调查;
2.2002 年起城市居民人均可支配收入抽样调查实行新调查制度,统计口径相应调整

(三) 企业调查

从 1999 年开始不定期开展过规模以下工业、企业景气问卷调查等抽样调查工作。

(四) 其他抽样调查

除上述调查外，还有小型批发零售贸易业、人口等抽样调查。从 2000 年第五次人口普查后，每年都进行人口抽样调查。在开展人口抽样调查的同时，也开展一些诸如劳动力、群众安全感等专项调查。

第二节 统计监督

1991—1999 年，县统计法律制度建设、机构建设处于发展和完善阶段，统计法制工作主要是根据省、市统计工作要求来开展统计法制检查，统计法治监督职能相对弱化。

从 2000 年开始，县统计执法力度加大，对全县 10 余家企事业单位进行统计法治检查，并对 3 家统计单位的违法行为进行立案调查，作出通报批评处理。2001 年的统计执法检查中，对 5 家统计单位违法行为进行立案调查，分别作出限期整改、通报和罚款处理。2002 年的统计法制检查中，对 5 家单位统计违法行为进行调查，通报批评处理 2 家单位，并对 3 家单位处以罚款。

2003 年 7 月，全省首次开展统计监督检查，由各地区组织县级法制工作人员进行交叉检查。在此次统计监督检查中，全县共依法查处统计违法案件 10 起，并对其中 6 家单位进行罚款处理，4 家单位予以通报批评。2004 年对 22 家统计单位进行统计执法检查，共依法查处统计违法案件 6 起，并对 3 家进行罚款，32 家予以责令改正。2005 年对 13 家单位进行统计执法检查，共依法查处统计违法案件 5 起，并对其中 3 家进行了罚款处理，2 家予以责令改正。

第三节 统计服务

县统计成果主要体现为统计资料汇编和统计调查数据研究分析。从1991—2005年，县统计部门编辑出版各种专门普查资料汇编共有5册，其中，第五次人口普查汇总数据资料1册，第三次工业普查汇总数据资料汇编1册，第二次基本单位汇总数据资料汇编和第一次第三产业普查汇总数据资料汇编各1册，第一次农业普查汇总数据资料1册，详细记录历次相应普查所反映的基本情况与普查结果数据；共编印县国民经济统计年鉴15册，详细记录各年县经济与社会发展的统计结果与状况；县级统计刊物《明溪统计》出刊179期，《明溪国民经济月资料》出刊59期，每期刊出的有关统计信息、统计分析文章，为党政领导研究问题和经济决策提供参考资料，有30余篇统计分析材料和统计调研论文得到县领导批示或在省、市级统计刊物登载。

第四节 机 构

1991年，县统计局内设人秘股、工交股、综合股、法制股，编制8名，其中机关编制6名，工勤人员编制2名。下设副科级事业单位县农村抽样调查队，编制4名。各乡（镇）人民政府分别设立乡（镇）统计站，配备专兼职统计人员1名，业务上接受县统计局的指导管理。

1996年3月，成立县城市抽样调查队，为副科级事业单位，开展城镇物价、城镇居民住户调查，编制6名。

1998年12月，省统计局批复县农村、城市两支抽样调查队的职能配置、内设机构和人员编制方案，保留原编制，分别更名为县城市社会经济调查队和县农村社会经济调查队，明确两支调查队为依照国家公务员制度进行管理的副科级事业单位，行使统计调查行政职能。

2002年，县机关实行机构改革，对行政职能和行政编制进行调整，县统计局行政职能划出国有企业职工下岗统计，增加基本单位统计、资源环境核算工作、涉外社会调查活动管理，下放各项普查的专业技术性工作，局内设办公室、综合股、经济股3个职能股（室），行政编制5名，机关工勤人员编制1名。

2005年，机构没有变化。

第三章 物价管理

第一节 物价调整

1991—1992年，依据价格管理权限，县物委下放或放开县属管理的地方工业品价格和适合市场调节的商品价格，并允许企业计划外商品串换。全县共放开33种（类）工业品价格、11种（类）农产品价格，取消47种商品提价申报制度，取消限价和差率管理，石油成品、粮油和其他生产资料等基本完成与市场价格接轨，其间，共调整270种商品价格和收费项目，并通过整顿农村综合电价，农村综合电价水平每千瓦时0.48元，下降20%。

1993—1996年，受通货膨胀的影响，全县物价上涨过快。1994年，县政府发布《关于加强对居民基本生活必需品及服务价格监审的通知》，对29种重要商品和服务价格实行监审制度，否决了搬运价格、石油液化气、场租费等提价申请。建立副食品调节基金，当年征收0.4万元。1996年，利用副食品基地和采取限定国有食品公司猪肉、家禽等价格平抑物价，其中限定猪肉出仓价为6.1元/500克，其降价亏损部分由价格调节基金补贴；增加粮食、化肥、成品油等重要商品储备，平抑物价和调节市场供求。

1997年4月，全县物价开始出现回落，4月商品零售价格指数比上月下降3.5%，后逐月回落。至年底，商品零售价格总指数为97.7%，居民消费价格总指数为101.2%，农业生产资料价格指数为98.4%。

1998年起，根据上级部署，组织实施用电、自来水、医疗、粮食等的价格调整，适时疏导价格矛盾，理顺价格关系。县政府下发《关于进一步整顿县农村电价的实施意见》，整顿农村综合电价，整顿后平均电价水平为0.68元/千瓦时，下降0.11元，年减轻农民负担82.74万元。2000年，综合电价由原来的0.337元/千瓦时调为0.34元/千瓦时，分类电价为居民生活用电由0.344元/千瓦时调为0.367元/千瓦时，农村综合电价由0.43元/千瓦时调整为0.40元/千瓦时；居民生活用水调整为0.90元/吨，工商业用水调整为1元/吨；9月26日出台全县新的医疗服务收费标准比市定标准平均下浮10%；调整汽、柴油零售价，90号汽油为2.28元/公升、93号汽油为2.44元/公升、0号柴油为2.30元/公升。

2002年，贯彻省、市关于运用价格杠杆促进扩大内需和结构调整的有关文件精神，落实城乡用电网同价，鼓励农村居民用电，全县城乡同网电价为0.40元/千瓦时。2003—2004年，根据《福建省重要商品和服务价格成本监审实施办法》，完成下汴、紫云等20个小水电站上网电价的成本监审与测算，对县35个发供电企业进行价格审查，形成全县性社会平均发电成本数据，并于2004年10月召开城乡居民生活用电价格调整听证会，居民生活用电价格由0.40元/千瓦时调整为0.45元/千瓦时。同年9月，县物委、财政局、教育局、农民负担监督管理办公室联合发文，规定县中小学、幼儿园相关收费标准。

2005年，多次召开座谈会，征求行业组织和经营者对价格诚信工作的意见和建议，选择巧当嘉超市和惠民百货为重点单位，聘请物价员，完善物价员工作制度，不定期对企事业单位物价员进行培训，增强经营者的内部监督与价格自律意识。在"3·15"消费者权益日和《中华人民共和国价格法》颁布7周年之际，以"规范明码标价，明明白白消费"为主题，倡导和规范明码标价工作。同年，对农资、种子、煤炭的管理实行市场调节价。是年，全县居民消费指数为102.5%，商品价格总水平回升，农产品、建材价格涨幅较大。

第二节 收费管理

1991—1992年，根据中共中央下发《关于坚决制止乱收费、乱罚款和各种摊派的决定》的规定，对全县行政事业性收费项目标准进行年度审验，公布取消22项部门自立收费项目，降低29项收费标准。全县共核发250个单位收费许可证。

1993年，县政府下发《关于加强对行政事业性收费管理的通知》，对全县252个行政事业性收费单位（点）进行年审，共取消各种收费项目75项，其中，涉及个体经济相关收费项目取消4项，暂停收费6项，调低收费标准3项，全年为县个体工商户减轻负担24.2万元；涉农收费取消45项，暂停收费2项，年减轻农民负担约200万元。

1995年，对外商投资企业税外收费进行清理，调查12家企业17家有关收费部门，取消对外商投资企业收费项目5项，取消部门自立收费项目3项，年可减轻外商投资企业负担190多万元。年内，审验收费单位（点）240个，占应审单位（点）的98.9%，其中，合格单位49个，基本合格186个，不合格5个，审验收费项目412项（大项）。

1998年，贯彻财政部、国家发展计划委员会及省政府关于取消部分行政事业性收费通知精神，取消境内31个行政事业性收费，降低6个收费项目标准。在全县推行“一证一书”制度，即收费单位在收费时应出示收费许可证和县收费管理办公室签发的准许收费通知书。1999年，清理整顿取消收费项目18个，暂停收费项目6个。2000年，年审工作与中央、省关于减负政策的落实相结合，与银行代收、财政专户存储、收支两条线管理相结合，完成260个收费单位的年审工作。执行中小学收费“一卡三统一”制度，制止卡外乱收费；推行企业交费登记卡制度，全县发放“企业交费登记卡”“个体工商户、私营企业缴费登记卡”3600份。2001年，对全县个体工商户管理费和集贸市场管理费标准重新测算，制定出新标准，收费新标准比旧标准下降20%。会同县财政、减负办、教育局召开专题会议，核定下发中小学收费标准。对涉及外商投资企业和个私企业各类收费情况及成因等进行调查，形成调研报告上报市物委。

2002年取消涉农收费项目3项，调整收费标准3项，年可减轻农民负担37.3万元；执行省物价局《关于立即停止征收涉及外出和外来务工人员有关收费的通知》，停止相关收费5项，免收涉及下岗职工从事个体经营收费项目7项。2003年，抓好全县9个乡镇88个行政村的涉农收费公示规范工作，对明令取消的涉农收费，督促有关部门做好落实工作，减轻农民负担。2004年，落实取消收费项目6项，降低收费标准2项。

2005年，年审收费单位265个，合格和基本合格单位263个。

第三节　物价监督

1991—1992年，县物价委员会（以下简称物委）开展各种专项价格检查28次，累计查处价格违法案件189件，查出违法金额1.84万元，罚没款上缴财政1.6万元，退还消费者0.24万元。

1993年，结合治理乱收费工作，重点对交通运价、农资价格、粮油收购价及交警系统收费进行专项检查，共检查101个经营（收费）单位，107辆客运车辆，查出违价案件18件，违价金额88.15万元，罚没款上缴财政1.11万元，退还消费者0.49万元。1994—1995年，对群众基本生活必需品和服务价格及农业生产资料、种子等价格进行检查，查出违法案件181件，违法金额10.4万元，实行经济处罚1.82万元，其中退还消费者2.21万元，上缴县财政9.25万元。其间，对商品明码标价执行大检查，促使国营、集体企业明码标价率达98%以上，个体经营者达90%以上。

1996年，对群众关心的农资、粮食、食盐、客运、农村电力等价格及涉及外商投资企业、医疗与中小学校的收费进行重点检查，查出各种收费、价格违法案件14件，违法金额3.16万元，其中，退还消费者0.14万元，没收违法所得3.02万元，罚款2.4万元，上缴财政1.19万元。1997—1998年，查处违法案件27件，违法金额21.18万元。其中退还消费者9.54万元，没收违法所得2.58万元，罚款1.23万元，实行经济制裁13.35万元，上缴县财政3.81万元。

1999—2000年，开展“清费、治乱、减负”工作，对药品价格、医疗服务收费、中小学校收费、公务收费和农资价格等进行检查，全县共查处违法案件39件，查出违法所得84.6万元。其中，退还消费者57.9万元，没收违法所得2.15万元，罚款3.03万元，实行经济制裁88.15万元，上缴县财政0.35万元。

2001—2002年，对涉农收费价格进行检查，推动涉农收费公示制度建设，同时对中小学、农民建房、广电、自来水、工商集贸市场等收费进行检查监督，其间，共查处违法案件14件，违法金额40万元，实行经济制裁42.5万元，其中，退还消费者32.64万元，没收违法所得7.36万元，罚款2.5万元，上缴县财政9.86万元。2003—2004年，重点对防治“非典”药品、医疗收费和农民建房、计生收费、农资价格实行专项检查监督。查处违价案件3件，违法金额13.05万元，实行经济制裁13.35万元，其中，退还消费者9.86万元，没收违法所得3.19万元，罚款0.3万元，上缴县财政3.49万元。

2005年，选择城东社区为价格监督进社区试点，在社区设立价格举报箱，成立社区价格站，聘请义务价格监督员，设价格和收费公示栏、宣传栏，并公布“12358”价格举报电话。对种子、化肥等农业生产资料价格进行专项检查，并检查各项涉农收费，查处各种价格收费违法案件17件，查处违法金额46.86万元，实行经济制裁53.31万元，其中退还消费者43.23万元，没收违法所得6.45万元，上缴县财政10.08万元。

第四节 价格事务服务

1991年，县物委价格服务工作，主要是对市场商品进行采价、预测、分析上报省价格信息中心；组织宣传物价方针、政策；向价格信息刊物介绍明溪主要企业及商品价格信息，为国营、集体企业和个私经营户提供市场物价信息。

1992年，成立价格事务所，价格事务服务步入正轨。

1993年，价格事务所面向社会开展价格咨询、仲裁、资产评估等有偿服务，同时在农资、电力、粮食、石油等经营单位建立固定联系点，提供价格信息服务，帮助企业正确使用定价权；与县广播电台联合举办“物价之窗”节目，宣传物价政策法规。是年，省物委、省高院、省高检、省工商管理局联合通知，明确各级价格事务所是公、检、法涉案物品核价的专门机构。1994年4月，最高人民法院、最高人民检察院、公安部、国家计委又进一步明确各级价格事务所是涉案物品估价的专门机构。县价格事务所业务范围也逐步拓展到案件、经济纠纷物品估价等业务。

1996年，价格事务所受聘12家企事业单位担任价格顾问，年内为公检法机关进行价格鉴定56起。1997—1998年，分别受聘12家事业单位和25家企业担任价格顾问，共受理涉案物品评估68件，案值66万元，接受提价咨询56人次。1999—2002年，共受理涉案物品价格评估114件，案值165.28万元。2003—2004年，受理涉案物品价格评估件409件，案值416万元，出具价格鉴定报告36份，接受价格咨询61人次。

2005年，受理涉案物品价格评估件548件，案值70万元，接受价格咨询56人次。

第五节 机 构

1991年，县物委负责管理全县物价工作，有行政编制3名，事业工勤编制1名。1992年，成立价格事务所。1997年，县物委更名为县物价局，人员编制不变，辖物价检查所和价格事务所，业务由局机关人员兼管。1999年10月，成立价格举报中心。同年12月，增挂“价格认证中心”牌，实行“两块牌子、一套人马”，承担司法部门提供的涉案物品价格评估及机关团体、企事业单位和个体户的价格经济纠纷物品的估价、产品价格成本审核与提供价格信息服务。2001年5月，开通全国统一的价格举报电话12358。是年12月，价格事务所更名为价格认证中心。2002年1月，县物价局并入县发展计划局，保留牌子。

第四章 工商行政管理

第一节 市场管理

一、市场建设

1991—1993年，县工商局投入83.2万元改建和扩建城关日溪市场、夏坊市场、夏阳市场，新建常坪市场、梓口坊市场、城关民生路小商品市场。1994年，工商机关向市场监督管理倾斜，市场建设走多元化建设路子。1995年，枫溪乡政府投资34万元新建枫溪集贸市场，建筑面积480平方米，内设固定摊位78个。1996年，县工商局投资3万余元对城关日溪市场整修和加固，投资12万余元对城关集贸市场进行扩建，并把城关农化路开辟为蔬菜一条街，缓解集贸市场场地小、摊位少、人员拥挤等问题。

1997年后，县工商行政工作不断转变职能，市场实行办管脱钩。2000年11月，举行“明溪县工商行政管理局市场办管脱钩交接仪式”，县工商局将全县城乡共计9个市场、县工商银行贷款债务和市场资产的经营管理等职能移交给县政府。同月，由三明路桥集团公司投资3600万元，建筑面积36500平方米的“明溪综合市场”投入使用，城关日溪市场同时关闭。

2005年，全县有集贸市场11个，建筑面积47105平方米。

二、市场监管

1991年以后，县工商部门根据国家工商局和省工商局关于集贸市场管理基本规范的要求，建立健全各项管理规章制度，规范集市日常监督管理工作，打击违法经营行为，推进创建文明市场活动的开展。当年建立“三员、四定、五包”（专管员、协管员、联络员，定人员、定岗位、定职责、定奖惩，包卫生、包秩序、包任务、包质量、包管理）市场监管目标责任制度并定期考评。全县集市贸易成交总额11064万元，八大类主要农副产品成交量23838吨。

1993年，抓违禁商品上市经营的查处和欺行霸市、强买强卖、骗买骗卖等违法违章行为的打击，共立案查处市场违法违章案件196件，罚没金额1.52万元。

1995年，在全县集贸市场中设立158个国营集体单位和种养专业户直销摊点。同时，加强市场物价监控工作，对猪肉和蔬菜主要品种实行限价销售和差率管理。

1997年，开展“无假冒伪劣商品”和“计量信得过市场”活动，在各市场设立公告栏、商品价格信息栏、投诉监督台、公平秤、假冒伪劣商品识别柜、举报电话、举报箱等，严格实行明码标价、一物一标制度。1999年，立案查处鸡鸭灌填重晶石粉、未检疫上市猪肉、短斤少两、制假售假等市场违法违章案件129件，罚没金额3万余元。

2000年，将工商人员驻场制转为市场巡查制，实行定人、定时、定任务，落实辖区监管责任制。以“一打击、两整顿”为重点清理整顿粮食收购市场，开展专项打假活动，查获假冒伪劣商品价值1万余元，取缔无照生产月饼厂家2户，无证照月饼摊点2个，没收不合格计量器具42件，立案查处市场违法违章案件67件，罚没金额47212元。当年全县集市贸易成交总额21284万元，八大类主要农副产品成交量

25889吨。

2001年，县工商局全面完成与投资开办或代管的商品交易市场的办管脱钩任务，不再开办市场，不再承担集贸市场成交额和成交量的统计，主要职能转为监管社会主义大市场。此后，集贸市场监管重点逐步由对进场经营者的监管向市场开办单位的监管转变，县工商部门在指导督促市场开办单位加强市场内自律制度建设，规范经营行为的同时，针对食品、药品、农资等重点市场、重点商品，组织开展集贸市场专项整治行动。2004年4月15日，市工商局、市电视台到城关工商分局联合拍摄创新监管模式暨“四定带四动”专题片。同年，在城区深入治理“餐桌污染”，强化流通领域食品安全监管。2005年，推行市场监管片长责任制，制定下发《明溪县工商局贯彻省局食品安全监管“十条措施”任务分解表》，在“两节”（中秋、国庆节）期间开展“红盾清浊行动”“食品安全大巡查”“红盾保消费安全”节日市场整治行动，共查获并销毁不合格食品457公斤，深埋病死猪、牛肉400公斤。

第二节　工商企业登记管理

一、注册登记

1991—1994年，以“狠抓发展、强化管理、优质服务”为重点，完善和落实加快发展工商企业措施，从经营范围、经营方式等方面，放宽企业准入条件。其间，全县累计新发展企业381个，其中，“公司十农户”性质的龙头企业公司18个，“工厂十农户”6个，“市场十农户”4个，“能人十农户”13个，积极发展农村特色经济。

1995年起，贯彻《中华人民共和国公司法》《中华人民共和国公司登记管理条例》，严格执行公司登记条件，规范和完善公司管理制度，规范市场主体生产经营活动。

1999—2002年，参与县林业总公司等16家企业的改制工作，参与沙溪水泥厂等6家企业的破产清算工作。开展涉及前置审批登记事项工商企业审查工作，对146户企业发出补办或变更经营范围通知书。

2003年，推进行政审批制度改革，简化程序，降低“门槛”，为市场主体准入营造投资软环境。同年，新登记内资企业39个，注册资金3541万元；新登记外资企业7个，投资总额为416万美元，注册资本340万美元。

2004年起，贯彻省工商局“35条意见”，创新注册登记工作，促使利科、城利等10余家生物技术、资源开发高新企业在明溪生根落户。

2005年，工商企业登记274个，注册资金27891万元。其中：国有企业69个，注册资金7315万元；集体企业94个，注册资金3390万元；股份制企业7个，注册资金50万元；公司104个，注册资金17136万元。外资企业登记25个，注册资金1887万美元，其中合资6个、独资19个。

二、监督管理

1991—1992年，规范企业的经营管理活动，举办法人培训班23期，参加人员覆盖率94.8%。

1993—1994年，对12个党政机关办的21个企业、公司等经济实体进行清理整顿。

1995—1996年，举办《中华人民共和国公司法》和《中华人民共和国公司登记管理条例》培训班5期，参训人员1067人次。

1997—1998年，采取分片集中和深入乡镇年检的方式，现场为676个企业办理年检手续，并结合年检清理一批“三无”企业、挂靠企业。对逾期未办理年检手续的9个企业，予以立案查处，罚没金额1.4万元；开展城区企业亮照经营大检查，要求企业建立一户一卡监督管理台账；对辖区内8家验资机构、资产评估机构和职业介绍所进行重点清理。

1999年，推行“辖区管理制”，引入“巡查制”，采取日常巡查和专项检查相结合方式，加强对市场主体的监管。

2000—2001年，对逾期未年检的18家企业共处以8100元的罚款，并依法吊销未参加2000年度年检的629个企业营业执照。

2002年，完成局域网建设，实现数据资源点对点传输，全年办理数字安全证书330个。

2003年，贯彻国家工商总局《关于对企业实行信用分类监管的意见》，将全县457家企业按评定标准，分成4个等级，即绿牌（守信企业）320个，蓝牌（警示企业）59个，黄牌（失信企业）4个，黑牌（严重失信企业）74个。

2004—2005年，将企业相关的信用信息录入经济户口管理系统，实行企业信用分类监管。

第三节 个体私营业登记管理

一、注册登记

1991—1992年，以发展个体私营经济为重点，从“狠抓发展，强化管理”上开展个体私营经济工作。其间，新登记个私经济1417户，从业人员1982人，注册资金1712万元。1993年，把发展个体私营经济作为“小康工程”的一项重要工作，县政府先后下发《明溪县关于鼓励发展个体私营经济的暂行规定》《明溪县关于加快发展第三产业的实施意见》和《明溪县关于鼓励发展个体私营经济的通告》，放宽登记办理条件，简化办照手续，实行税费优惠等13项具体措施。全年，新登记个私经济1367户，从业人员2072人，注册资金2616万元。1994—1998年，对申办竹木制品加工、宝石加工、矿石场和特种养殖的私营企业，给予办理营业执照并对相关信息进行引导，促进相关行业的发展。1999—2001年，向社会公布《支持个私经济发展承诺》等措施，放手、扶持、鼓励个私经济的发展。其间，新登记个体工商户1261户，从业人员1623人，注册资金1238万元；新登记私营企业46户，从业人员382人，注册资金3325万元。2002年起，实行个体工商户营业执照核发“一审一核”制，办照事务授权下移至各工商所（分局），将受理、审查、核准、发照4个程序压缩为一站式服务，材料齐全的当日就能领到营业执照。2005年，实行个体登记“一人办结制”，按照“一人办结，全程服务，一办到底，终身负责”的原则，直接办理“凡不涉及前置审批的个体工商户设立、变更登记”等。全年，新登记个体工商户449户，注册资金819万元；全县有个体工商户2036户，从业人员2448人，注册资金3712万元。新登记私营企业57户，注册资金8482万元；全县私营企业有205户（含分支机构19户），注册资金23040万元。

二、监督管理

1991—1994年，重点开展对无照经营户的监督检查，进行全县性大检查4次，共清理无照户和补办照449户，清理个私经济挂靠集体企业115户，引导办照168户，停业整顿12户，查处违法违章经营户38户，罚没金额3100元。1995—1996年，采取与个私户签订目标责任书、分发监督管理手册等手段，加强对个体私营企业亮照、标价等方面的规范管理，由各工商所组织人员上门或定点、定时、定人等形式，为个体私营企业验照贴花，个体工商户和私营企业的验照贴花率分别达到96%、95%。1997年，加强证后监督管理，寓管理于服务之中，向个私户发放《收费监督手册》2508本。1998年3—5月，对个体工商户、私营企业进行无照经营大检查，受检户数1180户，共查获无照经营30户，责令补办营业执照90户，取缔23户，罚没金额9000元。1999—2001年，清理前置审批事项，检查个私企业档案1762户，发现其中207户存在缺少前置审批等问题。经过清理整顿，办理变更8户，注销8户，补办前置审批手续34户。2003年起，对“守合同、重信用”以及荣获“三明市知名商标”的个私企业给予年度免检待遇。2005年，县工商行政管理局编辑《工商行政管理法律法规选编——企业家必读》500册赠送给私营业主，让经营者更加了解市场主体准入、市场交易和市场退出的相关规则。

第四节 经济合同监督管理

1991年，鉴证经济合同77份，合同金额106.08万元；检查经济合同318份，合同金额2816.64万元，查出不合格合同14份，合同金额196.73万元。立案查处违法合同9件，合同金额106.14万元，罚款0.6万元。裁决合同争议4件，解决争议金额3.6万元。

1992—1993年，推行合同示范文本，全县使用示范文本的除30家“重合同、守信用”企业外，还扩大到492家企业和个体工商户。期间共鉴证经济合同145份，合同金额639.05万元；检查498份各类经济合同，总金额4031.55万元；仲裁经济合同纠纷案件1件，金额2.5万元；调解合同纠纷案件3件，争议金额1.5万元。

1995年9月1日，《中华人民共和国经济合同仲裁法》正式颁布实施，即日起县工商局经济合同仲裁委员会终止合同仲裁工作。

1997年起，对建筑、加工承揽、中介居间、农资购销、种子生产预约与销售，每份100万元以上的大额购销合同实行强制鉴证；对企业的房屋、厂房及建筑物的抵押进行登记；规定建筑、购销、加工承揽、仓储保管、财产租赁、房屋销售等六大行业必须使用合同示范文本。年内，鉴证合同30份，合同金额2119万元；检查种子、化肥、农药购销合同43份，合同金额145万元；检查劳务、房地产交易合同29份，合同金额96万元；检查购销合同180份，合同金额463万元；检查建筑合同21份，合同金额1515万元；检查加工承揽合同11份，合同金额22万元；为企业办理动产抵押登记23件，抵押物登记总金额4962万元，抵押贷款2086万元。

1998年，对重点行业、重点类型、重点部分的六大类合同实行强制性鉴证。全年鉴证农作物种子购销合同20份，合同金额172万元；中介代理合同21份，合同金额79万元；借款合同10份，金额1345万元；建筑安装合同21份，合同金额27万元；烟草种植定购合同4220份，为县首次开展此类鉴证。同年，合同监管工作介入拍卖市场，对梅列区拍卖中心在县的拍卖行为进行规范监督。

2000年，贯彻全省工商系统合同监管会议精神，加强合同监管，县工商局批准6个工商所同时启用“福建省明溪县工商行政管理局合同鉴证章”。当年鉴证建筑施工合同15份，合同金额3758万元；各乡镇烟草站与烟农签订的合同5306份，合同金额2556万元。检查示范文本合同5455份，合同金额8320万元，发放示范文本1099份；立案查处不按规定使用合同文本案件2件，罚没金额300元；解决合同争议2件，金额30万元；监督履行合同46份，合同金额2410万元。

2002年，县工商局合同管理股撤销，合同监管工作由新设立的行政执法股兼管。年内，检查合同5843份。合同标的5802万元；监督现场拍卖3场，成交金额695万元。

2003年4月，国务院取消合同鉴证等行政审批项目，县工商局终止合同鉴证工作。

2005年，重点对农资、建筑材料、修理、中介、外贸等经营单位及涉农企业的合同订立、履约情况进行检查，检查175户所订立的经营合同共206份，纠正不规范合同7份，解决1起合同纠纷案件；共举办6场拍卖会，拍卖标的金额782万元，拍卖成交确认书171份，成交额310.9万元；对5起建筑工程招投标活动进行现场监标；加强对辖区涉农企业订单合同的监管，订单农业合同备案585份。

第五节 商标广告管理

一、商标管理

1991年，打击制售假冒伪劣商品活动，查处商标侵权案件，组织开展大检查20次，立案查处商标侵权案件2件，罚没金额600元。根据相关标准条件，确定县印刷厂为商标印制定点单位，防止商标印制的违法违章行为发生。

1993年，开展《中华人民共和国商标法》颁布十周年纪念活动，举办3期较大型的企业法人和个体户共206人参加的商标广告法规知识培训班，增强企业商标意识。年内，全县上报国家商标局申请注册商标共12件，为历年最高。

1995—1998年，组织商标标识检查，其中1995年组织检查51次，受检单位（个体）1965家次，没收、销毁假冒伪劣商品及商标标识总价值4.75万元；1997年查获个体户吕某使用冒充注册商标标识的编织袋包装大米销售，共违法销售大米9.23万公斤，没收非法印制编织袋4000个，并处以罚款11262.60元；1998年制止同安、莆田、南安等地水泥磨粉厂冒用县水泥厂“兰圈”商标的侵权行为。

1999年起，培育商标品牌发展，选送县内企业注册商标参加市知名商标认定。当年引导地方特色产品申请注册商标4件，代办商标查询12件，提供商标咨询76人次。2002年，县雪峰宝剑厂商标“闽王”和县万隆食品有限公司商标“三强”被评定为“三明市知名商标”，结束县无知名商标历史。

2003年，组织开展《中华人民共和国商标法》实施二十周年纪念活动，利用多种形式宣传商标法规，引导企业走品牌经营之路，鼓励商标企业争创知名商标。年内，“三老”“兰圈”“FL”“神水”4个商标，被三明市人民政府认定为“三明市知名商标”。同年，依法开展商标印制单位年检换证工作，全县3户商标印制企业有1户办理注销登记，2家通过年检。

2004年，加大商标侵权打击力度，立案查处商标侵权案件16件，案值3.04万元，没收销毁侵权长城红、白葡萄酒，北京“红星牌”二锅头计968瓶及伊利干吃鲜奶片21盒，罚没金额13300元；以“商标提示书”形式纠正2户企业不规范使用商标行为。

2005年，立案查处3件销售假冒“张裕”干红葡萄酒案件，没收假冒“张裕”干红葡萄酒81瓶，罚没金额3932元。办理商标查询9件，商标注册申请8件，商标续展2件，商标使用许可合同备案1件，商标补证1件，商标变更2件，历年累计注册商标64件。

二、广告管理

1991年，审查一次性广告要求证件齐全、程序规范、审理准确，共审理一次性广告登记8件。1993年，清理整顿户外不规范的广告行为，对城区北左路、解放路等主要商业街的156块路牌、灯箱、橱窗、牌匾进行全面清理整顿，补发32个户外广告登记审批手续，办理一次性广告审批37件。

1994年起，加大广告管理力度，并于1997年发布实施《明溪县户外广告管理办法》，进一步规范广告业发展。1997年，全县共有5家广告经营单位，县工商局在城区设置9处“公共广告栏”，共计66平方米。

2002年，全县经核准的广告经营单位有12户，其中，国有企业1户，集体企业4户，个体工商户6户，有限责任公司兼有广告专业的1户，年广告经营额67万元。当年审批一次性广告登记280件，立案查处广告违法违章案件4件，罚没金额4200元。收缴内容不健康的印刷品5800余份，清除户外乱张贴广告

127 件，拆除违规户外广告 22 件，纠正不规范店堂广告 6 件，取缔非法行医 2 个，并与广告经营单位签订《守法经营责任书》。

至 2005 年，共审批一次性广告 2555 件，立案查处广告违法违章案件 111 件，罚没金额 3.57 万元。

第六节 消费者权益保护

一、执法办案

1991 年，从“稳定经济、稳定社会、稳定大局”的大目标出发，注重抓社会危害大、影响大的倒卖重要生产资料、紧俏耐用消费品制售等侵害消费者利益的假冒伪劣商品的大、要案，和扰乱社会经济秩序的走私贩私、投机倒把案件，共立案查处各类违法违章案件 230 件，罚没金额 16.69 万元，其中查处一起香烟走私案件，查获进口香烟 5400 条，价值 14 多万元，是县首次查处的走私案件。

1992 年，贯彻落实国务院及省市有关严厉打击制售假冒伪劣商品行为的通知精神，成立打假治劣领导小组，采取“四个相结合”，即：专项性检查与经常性检查相结合，检查与宣传相结合，打假治劣与防假治劣相结合，评优的奖与惩相结合。全年会同公安、文化、供销等部门开展市场检查 10 次，专项性检查 4 次，依法查处假酒、冒牌电视机等违法案件 6 件，案值 21 万余元；查处市场违法违章案件 272 件，罚没金额 7348 元。

1993—1999 年，加强农资、药品、日用工业品、文化、保健品、粮食等各类市场的监督检查，共立案查处违法违章案件 647 件，主要为香烟走私、制假售假、非法经营农资等案件，查获了走私香烟和营养保健品、日用品、农药、盗版音像制品、书刊等假冒伪劣商品，并捣毁地下制假窝点 17 个。查获物品中香烟达 2653 条，单件案值较大的有 1993 年查获的县五交化公司销售拼装嘉陵 70CC 二轮摩托车 20 辆，案值 10.33 万元。

2000 年，按照省、市工商局开展“万人打假大行动”的统一部署，在全县范围内开展统一专项打假执法行动，共查获食品、化妆品、五金配件，烟花爆竹、酒类、饮料、摩托车配件、装饰装修材料等假冒伪劣商品标的价值 46.5 万元，立案查处违法违章案件 69 件，罚没金额 10 万元。

2001 年起，加大整顿和规范市场经济秩序力度，组织开展各类专项执法行动，并于 2002 年挂牌成立检查大队。至 2005 年，共立案查处各类违法违章案件 731 件，罚没金额 110.14 万元，案件涉及食品、农资、餐饮、广告、医疗、房地产、烟草、木制品等行业，案件种类主要包括无照经营类、食品质量类、违法广告类、公司（法人）登记类、逾期年检类、消费者权益保护类等。其中，2005 年查处的县新大地种子经营部违法销售假种子案件，被国家工商总局列为 2005 度全国十大假劣种子案件。

二、受理投诉

1991—1996 年，受理消费者投诉工作主要由县消费者委员会负责，县工商局 6 个派出机构分别成立消委分会，各工商所长兼任分会会长。其间，全县共受理消费者投诉案件 1201 件，结案率 100%，为消费者挽回经济损失近 40 万元，共收到表扬信 29 封，锦旗 11 面，被消费者誉为“消费者之家”“消费者保护神”。

1997 年，县工商局设立消费者投诉服务台，开通“96315”消费者投诉电话，挂靠公平交易股，两块牌子一套人马。1998 年，县工商局在各工商所、主要商场建立“96315”消费者投诉服务站，并在有条件的行政村成立投诉服务点，全县初步构成台、站、点联动网络。同年 8 月 19 日，“96315”投诉服务台正式与县公安局“110”联动，提高综合执法和服务效能能力。当年“96315”投诉服务台受理消费者投诉案件 82

件，结案 80 件，结案率 97.6%，为消费者挽回经济损失近 30 万元；县消委会受理消费者投诉案件 72 件，结案率 100%，为消费者挽回经济损失 81763 元，收到消费者赠送锦旗 1 面。

1999 年 3 月，工商行政管理系统在全国统一开通“12315”受理消费者申诉举报电话，县“96315”消费者投诉服务台更名为“12315”消费者投诉服务台，设立“12315”专用电话 1 部，配备专用执法车辆 1 台。当年“12315”投诉服务台共受理消费者投诉案件 83 件，其中欺诈行为 4 件，结案 79 件，案值 22.76 万元，为消费者挽回经济损失 2.6 万元。次年，县消委会与新设立的县工商局检查大队合署办公。

2001 年，受理县珩城花园 96 户消费者群体投诉三明路桥集团公司房屋质量一案，为消费者挽回经济损失 110 万元，《福建日报》头版刊登相关维权新闻。2003 年起，组织开展“工商进村点、维权到农家”活动，建立 4 个消费者投诉站，18 个消费者投诉点，发展联络员 56 人。“12315”投诉服务台设立至 2004 年，“12315”投诉服务台与县消委会共受理消费者投诉案件 1044 件，为消费者挽回经济损失 241.24 万元。

2005 年，根据省、市工商局的要求，县“12315”机构、检查办案机构、消费者委员会秘书处“三位一体，有机整合”，通过“12315”受理服务窗口统一对外，受理消费者投诉。县政府转发《明溪县农村工商联络员管理暂行办法》，规范发展农村工商联络员，并建立 10 家行政执法单位组成的以“110”为中心的行政执法协作网络，由 38 家公用服务单位、集贸市场、宾馆饭店、商场超市组成的社会服务网络。年内，受理消费者投诉案件 113 件，结案率 100%，为消费者挽回经济损失 41 万元。

第七节　机　构

1991 年，县工商行政管理局内设人秘股、合同管理股、商标广告管理股、公平交易股、市场监督管理股、个体私营经济监督管理股、企业登记管理股。1995 年 3 月，增设财务装备股。1999 年 6 月，县工商行政管理局人财物管理实行省垂直管理。7 月，增设法制监察室。2002 年 3 月，派出机构由原城关、沙溪、夏阳、胡坊、盖洋、夏坊 6 个工商所撤并为城关、沙溪、盖洋 3 个工商分局和胡坊工商所，局内设部门撤并为办公室、人事教育股、法制股、行政执法股、注册管理股及增设直属机构检查大队，成立“明溪县私营企业协会”。8 月，成立“明溪县工商行政管理学会”。2004 年 4 月，又撤并为城关工商所、沙溪工商所、盖洋工商所。6 月，增设监察室。2005 年 1 月，增设信息技术管理股。12 月，增设财务装备股。同年，局部门有办公室、人事教育股、法制股、行政执法股、财务装备股、信息技术管理股、注册管理股及检查大队。工商职能从侧重于监管集贸市场和个体私营经济，转变为监管现代化的社会主义大市场和各类市场主体的交易行为。

第五章　质量技术监督

第一节　质量监督

一、质量抽检

1997 年开始，为加强对产（商）品质量监督，依据福建省人民政府每年下达的周期检定计划，省、市、县三级质量监督局分别对县内生产、流通领域的建材、食品、低压电器、化工等产（商）品的质量进行定期监督抽检。当年，抽检45批次，仅合格26批次，合格率57.8%，不合格产品主要有建材、食品、化工产品等。此后，随着国家对产品质量的重视和加强管理，县加强各项质量管理要求落实的监督，县产品质量逐年上升。2001—2005年，共抽检324批次，合格为283批次，年平均合格率为87.35%。

1997—2005年明溪县产(商)品质量监督抽检情况

表12-5

年　份	抽检批次	合格批次	合格率%
1997	45	26	57.8
1998	42	28	66.7
1999	48	36	75.0
2000	41	32	78.0
2001	53	43	81.1
2002	65	56	86.1
2003	68	60	88.2
2004	69	61	88.4
2005	69	63	91.3

二、行政执法

1997年，加强完善行政执法职能，重点查处涉及人体健康、人身财产安全的产品质量违法行为，对质量不合格的产（商）品、无生产许可证产品进行监督检查。主要检查有食品、饮料、白酒、调味品、建筑材料、农资、化妆品、眼镜、低压电器、汽车零配件、液化气、汽柴油、棉被等。当年，立案调查4件，现场处罚8件，罚款金额0.8万元。

1998—2005年，单独或联合工商、卫生、公安、烟草、农业等部门开展产品质量监督和整治活动，共查处案件139件，罚款34.6万元，其中立案调查39件、现场处罚93件。

1997—2005年明溪县质量技术监督局办理案件情况

表12-6

年　份	立案案件数(件)	现场处罚件数(件)	罚款金额(万元)
1997	4	8	0.8
1998	6	11	1.3
1999	6	10	1.2
2000	5	14	1.3
2001	7	12	1.2
2002	18	25	5.0
2003	30	8	6.1
2004	35	8	9.2
2005	32	5	9.3

第二节 计量管理

1991 年，县标准计量所已建立度量衡器具的社会公用计量标准，已有检定天平、二等砝码、三等砝码、压力表、血压计的能力。同年，县标准计量所通过福建省标准计量局组织的第二批法定计量检定机构的验收。

1992 年，县标准计量所建立加油机社会公用计量标准。3 月，县链条厂、县电厂、县自来水厂分别建立长度标准、电表计量标准和水表计量标准。同年，通过普查摸底，对全县 28 个主要企事业单位的有关牵涉环保、安全、卫生、贸易结算的强检计量器具 158 台（件）进行登记造册和备案。

1994 年 6 月，经福建省计量局考核批准以上三个标准作为明溪县社会公用计量标准。同年 4 月，授权县电力公司、县自来水厂等 2 家企业的计量检验室开展社会公用计量器具的检定。县自来水厂检定力学类（水表）和县电力公司检定电磁学（电流互感器、电压互感器、单相电能表、三相电能表）。

1995 年，根据《福建省乡镇中心卫生院计量工作达标考核办法》，县各医疗卫生单位按考核标准内容，加强计量人员配备，指定机构负责，建立和完善各项计量管理制度，开展计量器具的周期检定。同年，受福建省技术监督局和福建省卫生厅的委托，县标准计量所和县卫生局在县城区医院和乡镇卫生院开展医疗单位计量达标检查。至 1996 年 12 月，明溪的 2 家医院和 6 家乡镇卫生院，获得“医疗单位计量达标合格单位”。

1997 年 8 月，根据国家技术监督局发出的《关于禁止在公众交易中使用杆秤的通告》，从 9 月 1 日起城区主要农贸市场的固定摊店禁止使用杆秤，1998 年底淘汰率达 85%以上。各乡镇从 1999 年 1 月 1 日起也在公众交易中固定摊点禁止使用杆秤。

1999 年，县计量二级达标企业有 2 家企业：县电力公司和县自来水厂。县计量三级达标企业有 2 家：县无线电二厂和县造纸厂。4 家企业均建立计量器具流转管理制度，从计量器具的配备规划、申购、入库、领用、检定直至报废等各个环节，实行全过程的管理。

2000 年，全县备案强检计量单位有 58 家，备案的强检计量器具 541 台（件）。对城关日溪市场使用的 46 台电子秤进行检测，对不合格的责令停止使用。

2003 年，备案的强检计量器具建立数据库，加强强检计量器具的备案和周期检定，至 12 月底，备案强检计量单位有 98 家，备案的强检计量器具 718 台（件）。

2004 年 3 月，明溪标准计量所强检计量器具的检定工作暂由三明市计量所负责。强检计量器具的管理仍由明溪县质量技术监督局负责。备案强检计量单位有 118 家，备案的强检计量器具 910 台（件）。

2005 年，备案强检计量单位有 121 家，备案的强检计量器具 943 台（件）。

1991—2005 年，县标准计量所和县质量技术监督局主要完成的计量器具检定有：地磅 227 台次，衡器 3.25 万台次，压力表 767（件）次，天平 380 台（件）次，加油机 550 台次，水表 1.3 万台次，电表 1.3 万台次，共没收不合格计量器具 65 台（件）。

第三节 标准化管理

一、工业标准化

1991 年，全县工业企业产品中有 8 种产品采用标准化管理生产，覆盖率为 63%。其中，2 种产品采用国际标准，3 种产品采用国家标准，1 种产品采用行业标准，2 种产品采用企业标准生产。

1994 年，县计量所引导提升产品质量档次，鼓励企业采用国际标准生产。该年对全县的工业企业生产依法开展工业产品执行标准注册登记，注册登记 41 项，其中，国际标准 4 个，国家标准 26 个，行业标准 2 个，企业标准 9 个，无地方标准。

1995 年，县计量所宣传和贯彻 GB/T 19000《质量管理和质量保证》系列标准，组织 12 名商贸企业负责人进行标准化、计量和质量监管培训，促进企业实施科学化、规范化质量管理。

1999 年 4 月 21 日，县人民政府发出《关于成立消灭无标生产领导小组的通知》，消灭无标生产领导小组办公室设在县质量技术监督局。同年，县水泥厂、县瀚仙水泥厂、县沙溪水泥厂、县闽基水泥有限公司等 4 家企业生产的普通硅酸盐水泥产品达到国际硅酸盐水泥标准，福建省质量技术监督局办理采标注册登记。

2000 年 6 月，县“消灭无标生产县”工作通过福建省质量技术监督局的验收，获得“1999 年度福建省消灭无标生产县”称号。同年，县电化厂生产的结晶硅，已达到国际结晶硅产品标准，在福建省质量技术监督局办理了采标注册登记。

2005 年 12 月 31 日止，县累计有 16 家企业制订工业产品企业标准 22 项，办理工业产品执行标准注册登记企业 192 家，产品 223 项，执行工业产品标准覆盖率达 96.2%。采用各项标准中，采用国际标准生产的企业有 7 家，产品 7 项；采用国家标准生产的企业有 118 家，产品 137 项；采用行业标准生产的企业 50 家，产品 59 项；采用企业标准生产的企业 17 家，产品 20 项。

2003—2005 年，企业标准化人员培训共办班 3 期，已培训 62 家 99 人次，应持证 88 人，已持证 69 人，持证率 78.5%。基本实现每一个生产工业产品的企业都有持证的标准化工作人员。

二、农业标准化

1999 年 6 月 30 日，县成立县农业标准化领导小组，开始加大龙头农业企业培育和农产品基地建设力度，通过“龙头+基地”的产业化运作，利用县农业区域优势和山区的生态优势，推行农产品标准化生产技术，实施“无公害食品行动计划”和“食品放心工程”，以三明百事达淀粉有限公司、福建省宏宇牧业发展有限公司等为依托，带动基地发展。

2002 年 2 月，县农业局经济作物站开始选择生产条件较好，管理水平较高的果园，创建 “无公害农产品”生产基地 18.4 公顷，负责帮助县福田寨（亚平）胡柚生态园（8.4 公顷）和县城关建明果园场纽荷尔脐橙园（15 公顷）编报无公害农产品申请材料和制定无公害农产品栽培技术规程，按照无公害农产品标准组织生产，通过基地的示范作用带动农产品质量安全工作的全面开展。上述无公害农产品生产基地分别于 2003 年 12 月和 2004 年 11 月获得国家无公害农产品标志使用权。2005 年，脐橙、胡柚、梨、水蜜桃无公害农产品生产栽培技术规程的编写工作完成。

三、组织机构代码管理

1993 年，开始实施组织机构代码赋码工作，由县标准计量所负责赋码。2000 年起，由福建省代码管理中心实行联网赋码。2005 年 12 月，县党政机关、企事业单位、社会团体及民办非企业单位的赋码单位达 775 家，其中，企业法人 239 家，企业非法人 117 家，个体工商户 78 家，机关法人 107 家，机关非法人 39 家，事业法人单位 239 家，事业非法人单位 49 家，社团法人 16 家，社团非法人 15 家，其他机构 53 家。县标准计量所建立较完整的县机构代码数据库，机构代码开始应用于银行、工商、税务、统计、国有资产登记、党政机构管理、社团管理等领域。

第四节 特种设备管理

2000年6月以前，锅炉、压力容器等特种设备由县劳动局负责管理，管理方式主要为监督制定安全使用和管理措施、例行安全检查等。

2000年7月，锅炉、压力容器等特种设施的安全监察与管理由县劳动局划归县质量技术监督局管理。县质量技术监督局于2002年完成锅炉、压力容器等特种设施的普查工作。此次普查，全县共备案注册登记锅炉50台（其中工业锅炉47台，生活锅炉1台；报废锅炉2台，发证数50台），压力容器54台（其中发证54台），特种设备23台（其中起重机械20台，电梯3台）。

2002年，加强对锅容管特的安全与监察，安排特种设备操作人员的安全生产知识培训和上岗取证培训，不定期多次组织专项检查，确保全县锅容管特安全生产无人员伤亡事故发生。

2003年3月，县质量技术监督局开展在专项整治工作中，对气瓶和压力容器进行登记注册，全县钢瓶登记数达17731瓶，在线的压力容器为54台。检查中，共查出安全隐患12个，发出安全监察意见书7份。对全县17731瓶气瓶进行登记注册，全面使用塑封，规范钢瓶管理，扣留送检超周期使用钢瓶12个，报废处理67个。在线的压力容器54台全部经过检定；捣毁土锅炉2台。

2005年，完成市下达特种设备安全监察、检验及操作人员持证上岗的检查。其中，锅炉内检32台，锅炉运检34台，压力容器7台，电梯3台，起重机械2台，钢瓶3260瓶，操作人员持证上岗率100%。

2002—2005年，共查出安全隐患28条，发出安全监察意见书11份，整改率达100%。4年中未发生重大伤亡事故。

第五节 机　构

1997年2月，县技术监督局成立，县标准计量所划归为县技术监督局下属事业单位。9月，按“三定”方案，县技术监督局为行政内管二级局，内设办公室，行政编制为2人。1999年7月，明溪县技术监督局更名明溪县质量技术监督局。2000年6月原县劳动局承担的锅炉、压力容器、电梯等特种设备安全监察管理职能，划转为县质量技术监督局履行，并进行编制（行政编制1人）、人员划转。7月，县质量技术监督局划转为福建省质量技术监督局垂直管理，经费由省财政核拨。2001年12月，福建省编办、省质量技术监督局、三明市质量技术监督局确定县质量技术监督局为上一级质量技术监督局直属机构，正科级机构，内设办公室、综合管理股、监督稽查股等3个股室，核定行政编制10人，工勤编制1人。2004年1月，三明市质量技术监督局将宁化、清流、建宁、泰宁、明溪、将乐6个县的标准计量所合并成立三明市质量技术监督局计量所北部计量站，负责6个县的计量检定工作。县标准计量所原有4人全部划归三明市质量技术监督局计量所管理。

第六章 审计监督

第一节 政府机构审计

1991—2005 年，县审计局共审计和审计调查项目 749 个，其中行政事业单位审计 332 个、国有企业审计 98 个、财政金融审计 102 个、任期经济责任审计 108 个、专项资金审计 23 个、利用外资审计 17 个、基建审计 23 个和各种审计调查 46 个。发现违纪违规金额 6907 万元，应交财政金额 282 万元，已交财政金额 274 万元，应减少拨款金额 74 万元，应归还原资金渠道 665 万元，共移交案件 3 件，协助查处案件 4 件。

一、财税金融审计

（一）财政审计

1991 年起，县审计局每年安排 30%以上的乡镇财政审计。在 1994 年对夏坊乡、枫溪乡、城关乡、盖洋镇等 4 个乡镇 1993 年度财政决算进行审计时，以审计财政决算的真实性、合法性和合规性为重点，采用延伸审计的方法，对与乡镇财政决算有直接影响的重点乡镇企业和预算外收入较多、经费支出较大的行政事业单位进行延伸审计。审计发现乡镇财政普遍存在财政决算不真实、核算不规范、未按规定使用教育附加费、未按规定发放社会减免款、农业税征收困难等问题。至 2000 年，共审计 35 个项目，查出违纪违规金额 162 万元，追缴入库金额 36 万元，罚款 18 万元，其中 1995 年审计有针对性地抽查部分乡镇企事业单位，审计总金额为 962.29 万元，查出违纪违规金额 8.62 万元，应上缴财政 2.37 万元，处以罚款 0.88 万元。

2001—2005 年，乡镇财政审计不再单独安排而是结合乡镇长的经济责任审计进行。

（二）预算执行情况审计

1995 年，根据《福建省地方预算执行情况审计监督试行办法》规定，由县审计局对本级财政预算执行情况实施审计监督。至 2005 年，先后对 1995—2005 年县本级预算执行和其他财政收支情况进行审计监督，连续 11 年对县财政局、县地税局具体组织本级预算情况进行审计，分别对县计划局、县建设局、县土地局、县环保局、县科委、县教育局等 110 个次县直一级预算科局预算执行情况进行审计，并延伸审计二级预算单位 25 个。1996 年开始由县审计局向县政府提出预算执行情况审计结果报告，经县政府审定后，由县审计局局长代表县政府向县人大常委会作预算执行情况审计工作报告。其中，1996—2000 年的预算执行情况审计工作报告的重点内容以财政、税务部门为主；2001 年起，工作报告的重点内容不再按部门划定，而是转移到各预算部门在预算执行过程中存在问题的披露上。审计共查出违纪违规金额 5720 万元，追缴入库金额 98 万元。

（三）金融、保险审计

1991—1999 年，各年均接受省审计厅委托对县工商银行、县建设银行、县农业银行和县保险公司等金融保险企业进行审计。其中 1997 年对县农业银行 1996 年度资产、负债以及损益的真实性、合法性和效益性进行审计，发现该行存在信贷资产质量差、不良贷款比例高、资产负债结构不够合理、经营效益低等问题；还存在逾期贷款结转不及时、贷款种类与借款期限不符、少计投资收益、挤占成本等现象。对该行存在的违纪问题，做出补缴所得税和签证上缴的审计决定。市审计局《三明审计通讯》第 8 期、省厅《审计简报》第35期分别以《金融企业信贷资产管理有待加强》给予采用和肯定，并引起重视。

2001年，对县财产保险公司1999—2000年度资产负债损益进行审计，摸清资产负债损益情况，发现存在隐瞒保费收入、固定资产不实、损益不实、少做分出保费等问题。

2002—2005年，省审计厅未授权委托县审计局审计中央属的金融、保险企业。

二、任期经济责任审计

1996年1月，县审计局和县纪委、县委组织部、县监察局联合下发《明溪县领导干部离任审计暂行规定》，由县委组织部根据领导干部职务调整任免结果，向县审计局发出《审计立项通知书》，对乡镇和县直部、委、办局及群团单位分管财务工作的行政正职（含主持行政工作的副职）领导干部进行经济责任审计。年内，完成市委组织部委托的县法院院长、县检察院检察长，县长交办的先行工程指挥部分管财务领导和县委组织部交办的公安局长及乡镇长等11项离任审计任务，并进行评价，为县委考核任用干部提供依据。

1997—2003年，县审计局接受组织部委托，共完成84个单位科级领导干部（含乡长、镇长）的经济责任审计项目，查出违纪违规金额799.7万元，查处私设“小金库”10个，发现总资产负债率过高、债权债务数额大、预算指标完成不理想、违规向乡办企业取得乡自筹资金收入等带有普遍性的问题。其间，于2000年、2001年完成县医院等5个单位主要领导的离任经济责任审计。

2004年开始，将原来的以离任审计为主改为任中审计与离任审计相结合，并逐步实现向以任中审计为主转化。当年首次开展任中经济责任审计，接受县委组织部委托的11个经济责任审计项目中有4个属任中审计。

2005年，将同级财政预算执行情况审计和任中经济责任审计结合起来，在安排财政预算执行情况审计的同时，开展对县水务局、县民政局等5个部门主要领导的任中经济责任审计。查出违纪违规金额146.78万元，其中应负直接责任有63.5万元，应负主管责任的83.28万元。

三、行政事业单位审计

1991年，改进行政、事业单位的定期审计，着重安排一些“三有一多”（有资金分配权、有预算外收入、有罚没收入，违纪多）的单位作为当年审计对象。当年共安排31个审计对象，查出违纪违规金额48.76万元，应上缴财政3.4万元。其后，除完成正常审计项目外，还安排一些预算外资金较多，容易出现违纪违规的单位进行审计，并将审计发现问题及时上报反馈。2004年上半年，将6个单位挤占挪用专项资金、偷逃税费、违控购买小汽车、乱发奖金补贴等11个问题，形成呈阅件《关于上半年审计发现主要问题的情况汇报》上报县政府，县长作了批示，及时对6个单位按有关规定严肃处理。

1991—2005年，共对332家次行政事业单位进行审计，查出违纪违规金额3890万元，处理处罚162万元。其中1996年完成27个项目财务收支审计，审计专项资金3805.21万元，查出违纪违规金额198.69万元，其中违纪金额11.07万元，应退还侵占挪用资金19.16万元。

四、企业审计

1991年，结合当年是国有企业第二轮承包经营的头一年的情况，对企业实行分层次审计方法，当年安排3家县大中型工业企业、5家一般工业企业和5家商贸企业进行审计，审计面达到30%。对县水泥厂终结审计中，将原报表体现利润445.47万元，调整为467万元，使企业经营实绩得以正确反映。

1993年，对县化工厂、县造纸厂、县链条厂、县电力公司等4家有代表性企业开展国有企业转换经营机制的审计调查。对县造纸厂经济效益和内部控制制度进行审计时，审计组指出了该厂资金被不合理占用、原材料供应不及时等5个影响经济效益的主要原因，并将此次审计结果形成《关于县造纸厂内部控制制度和经济效益情况的审计报告》的专题报告提交给县政府。县政府及时采取措施，使该厂当年10月产量就达到1992年全年的水平。

1994—1996年，国有企业审计从原来的财务审计扩展为国有企业资产负债和损益的真实性和合法性审计，监督国有资产保值和安全完整。审计中发现被审计的各家企业均存在不同程度的违反财经纪律问题，特别是利润不实、费用应摊未摊、个别企业存在少计少缴各种税费、违控购买专控商品等问题。当发现有关企业外部因素影响企业资产负债和损益及政策界限不清的问题时，不直接进行处理，而是专题向政府反映，形成《农资经营企业行业审计调查报告》和《中外合资合作企业审计调查报告》等。

1997年后，随着审计体系的逐步健全，大部分国有企业的审计转由社会中介组织（审计师、会计师事务所）承担，国家审计只重点选择一些较典型的改制企业、重点亏损企业和对县经济影响较大的企业，审计内容也由单纯的查错查弊，转向以审计企业财务收支真实性、合法性为基础，在财务会计领域打假治乱上。当年，安排医药流通企业审计、全县部分股份合作制运作情况审计调查和工业增加值形成及分配情况审计调查。至2004年，完成对县烟草公司、县新华书店、县种子公司、县林业总公司等企业财务收支情况、资产负债损益情况的审计，并在2003年8月对县种子公司2002年度财务收支进行审计中，发现该公司领导和财务人员合谋贪污公款的违法线索，及时向检察机关移送，使违法人员受到法律应有的惩治。

2005年，开展全县国有企业国有资产保值增值的调查工作，在对全县国有企业资产保值增值现状进行摸底的基础上，重点对县林业总公司、县宏源电业股份有限公司和县商业总公司开展调查，根据调查结果提出完善目标责任管理和考评，建立有效的激励机制；摸清企业家底，进行清产核资；深化国有企业改革，实行规范的公司制管理或实行民营化；加强企业管理，降低成本，提高经济效益等建议，为县委、县政府深化国企改革、促进企业改善经营管理等方面提供了参考意见。

1991—2005年，共对98家国有企业进行审计，查出违纪违规金额1120万元，其中收入不实187万元、成本不实240万元、损益不实328万元、不良资产2650万元。

五、利用外资审计

1992年，开展对县世界银行贷款造林项目资金审计，发现存在配套资金未及时投入使用，造林单位没有开设专户管理项目资金，项目管理支出过大问题，并提出整改意见。

1998年，开展对县世界银行贷款项目审计和外债偿还情况调查。发现县农村卫生人力开发项目存在偿还外债的资金来源存在缺口，偿债措施不到位和偿债总量不足等问题，提出采取措施，筹集资金并作还款部署安排。

2003年，对全县外债项目管理体制进行审计调查，对象包括财政、林业、卫生等有外债项目主管部门和项目执行单位，涉及县政府借用（或担保）外债的有国家造林、农村卫生人力开发和国家结核病控制等3个项目。调查结果显示，截至2002年底，协议总金额657.3万元人民币，累计提款金额756.94万元，累计应偿还本息374.14万元，已全部偿还。发现财政部门为营利性项目垫付本息、项目资金与地方配套资金不到位、不存在独立经费来源等现象，以及项目偿还期限不合理、资金不到位影响项目建设等政府外债管理方式的缺陷和问题。

2004年，对世界银行贷款结核病控制项目进行审计。

2005年，未进行利用外资审计。

六、专项审计和交办事项审计

1991年，受县政府委托，开展对县协作公司等11家撤并公司的审计，查出流通领域公司存在的大量债权债务管理混乱与严重亏损等问题，对县协作公司原经理利用职权，冒报公共经费，侵吞公司资财0.53万元一案，移交检察机关处理。

1992年，对厦门闽明贸易公司和县政府驻厦门办事处进行全面审计，发现存在经营亏损严重（历年审计亏损20.55万元）、资产不实、债权债务未及时清理（应收款117万元、应付款84万元），联营结算不及时，挂账和潜亏大（28 万元）等问题，为县政府对驻外企业如何加强管理，完善承包责任制等提供了决策和管理依据。

1993 年，为加强对建筑地材生产销售市场管理，由县审计局牵头组织县政府办、物价、建设等部门对县建筑地材生产销售市场活动情况进行调查，提出紧密型、半紧密型的生产销售管理方案等一系列建议。

1994—1995 年，完成县委、县政府交办的审计事项 6 项，其中 1995 年 5 项。查出县建筑设计室 1992—1993 年度私设“小金库”问题和县矿管站 1993 年至 1994 年 9 月底存在的擅自购置专控商品，招待费、车辆使用费、邮电费等支出偏大，以及个人负担部分挤入费用支出等问题，提出审计处理意见和建议报告县政府，并为界定县地产开发公司 255 万元贷款责任、制定还贷计划提供依据。

1991—1999 年，县审计局与县林业局联合对全县生产、经营、使用木材单位的“林业金费”进行审计检查，共查出漏缴林业金费 260 多万元，平均每年查出漏缴额达 29 万元，入库 240 多万元，查补入库率达 90%以上。由于联合审计检查成绩显著，1994 年 4 月县审计局获省审计局、省林业厅授予的林业检查先进单位，并派代表到省审计局、省林业厅召开的表彰会上作经验介绍。

2005 年 11 月，根据县政府交办，对县城区建设工程指挥部自 1993 年成立起至 2005 年 10 月 31 日的财务收支进行审计，并向县政府提交审计报告，为县政府处理县城区建设工程指挥部撤销后的遗留事项提供参考数据和意见。

1991—2005 年明溪县审计业务完成情况

表 12-7 单位：项

年份	合 计	其 中							
		行政事业	财政金融	经济责任	基本建设	专项资金	审计调查	企业审计	外资审计
1991	82	31	9	—	2		3	36	1
1992	59	30	8	—	1	1	2	16	1
1993	42	10	9	—	3	3	6	10	1
1994	62	34	9	—	—	3	7	8	1
1995	51	26	6	—	2	5	6	4	2
1996	70	43	8	5	—	2	5	7	—
1997	70	23	6	22	5	2	2	8	2
1998	58	36	7	—	8	2	2	1	2
1999	76	24	8	28	2	3	3	6	2
2000	37	22	7	—	—	—	7	—	1
2001	22	12	7	1	—	—	1	—	1
2002	39	11	6	18	—	1	1	1	1
2003	26	14	3	8	—	1	—	—	—
2004	25	8	2	13	—	—	—	1	1
2005	30	8	7	13	—	—	1	—	1
合计	749	332	102	108	23	23	46	98	17

1991—2005年明溪县审计工作成果情况

表 12-8 单位：万元、篇

年份	违纪违规金额	应上缴财政	以上缴财政	应减少财政补贴	追回侵占挪用资金	应归还资金渠道	综合和专题报告信息			
							数量	采用		
								县	上级局	新闻
1991	268	36	36	4	25	3	24	5	3	2
1992	180	10	8	3	4	—	33	7	7	1
1993	154	7	7	2	8	11	40	9	6	2
1994	374	10	10	5	19	3	36	6	9	3
1995	377	15	15	6	34	21	50	8	4	1
1996	380	20	15	10	49	69	30	6	2	1
1997	56	19	19	2	7	—	40	7	8	3
1998	268	19	18	9	25	143	68	7	23	1
1999	145	16	16	2	63	164	66	3	14	1
2000	629	21	21	5	56	68	31	6	4	1
2001	552	10	10	6	—	4	22	4	2	1
2002	334	21	21	4	220	78	24	5	4	1
2003	1354	22	22	9	—	101	27	3	2	2
2004	1205	26	26	7	62	—	15	4	5	1
2005	631	30	30	—	—	234	25	4	13	—
合计	6907	282	274	74	572	665	531	84	106	21

第二节 社会审计

一、审计、验资、工商年检

1991年1月，全年共安排40家集体企业由企业委托审计事务所审计查证，其出具的审计查证报告，企业财务主管可据以批复决算或作处理。该年度完成业务56项，帮助企业调整账户232项103.71万元，调增利润53.6万元，调减利润23.77万元。同年，审计事务所接受县审计局委托，对5家国营企业实施承包经营终结审计，共查出违纪违规金额6.73万元，未入账资产2.94万元，并通过财务分析提出意见和建议。

1992年，对社会审计工作加强组织管理，执行“大的方面管住管好，小的方面放开搞活”的原则，巩固好老 业务，开拓新业务，开展注册资金验证、经济管理服务咨询、建账建制和会计顾问等新业务，业务收入达到6万元。

1993年，共完成320个审计项目，其中财务收支审计查证20个，企业承包责任审计22项、注册资金验证63个、注册资金年检231个，非国有资产评估、清账、建账各1个，业务增长57%。

1994年，遵照党的十四大提出的“大力发展审计咨询业”精神，抓《中华人民共和国注册会计师法》贯彻落实，全年完成委托业务324个，其中财务收支审计查证25个、验资年检293项，比1993年增长25%。

1996 年，共完成各项业务 359 项。在对 237 家企业的注册资金年检中，核实原注册资金与实有不一致的企业有 173 家，其中核增 54 家 695.44 万元，核减 85 家 891.04 万元，资不抵债或没有注册资金的 34 家，为工商部门考核企业提供依据。

1997 年，把注重队伍建设和提高业务工作质量作为大事来抓，接受行业和县审计局指导和监督。共完成审计项目 299 个，核减虚假注册资金 1962.68 万元，促进提高经济效益 18.09 万元。

1998 年，坚持以“质量求信誉，以信誉求发展”的方针，按照中国注册会计师独立审计准则要求，抓执业质量，同时扩大经营规模，全年共完成 365 个审计项目，取得了较好的经济效益和社会效益。

1999 年，县审计局开展对审计师和会计师事务所的业务质量检查。针对存在问题，限期整改，严格按要求执业。同时按照上级要求，开展事务所的脱钩改制工作。

2000 年 1 月，更名为“明溪县达山会计师事务所”。

二、基建审核

基建审核业务自 1994 年开始。1994—1999 年该项业务由县审计师事务所负责实施，共完成项目开工前审计 11 项，基建项目决算审计 49 个，2000 年 4 月县建设项目审计中心成立后，该业务改由县建设项目审计中心负责实施。

1994—1995 年，共完成项目开工前审计和 30 个竣工决算，审计总金额 9020 万元，净核减 868 万元，其中，县财政大楼核减 49 万元，为国家和单位挽回损失。

1996 年，接受 5 家建设单位委托，对竣工决算进行审计，原决算总额 1020.75 万元，审核后为 952.15 万元，净核减 68.6 万元。其中粮苑大楼工程净核减 38.41 万元。

1997 年，接受委托完成基建项目竣工决算审计 8 个，核减基建投资 165 万元。

1999 年，完成自筹基建项目开工前审计 11 项，投资总额 1275 万元，基建项目决算审计 6 个，审计总金额 729 万元，核减工程造价 65 万元。

2001 年，共完成基建工程竣工决算审计 8 个，审计总金额 1700 多万元，审计核减工程造价 150 万元，核减率近 9%，其中仅县一中科学楼核减达 59 万元。

2002 年后，审计机关与中介性质的单位脱钩，县建设项目审计中心撤销，基本建设项目审计工作没有开展。

第三节 内部审计

1991 年，县内部审计项目计划实行指导计划管理，省、市审计机关不直接下达指令性审计项目。各部门、单位根据各自管理需要和人员的情况，自行安排审计项目。各经济管理部门的上级内部审计机构根据行业的工作需要，组织指导下属内审机构开展一些行业内部项目审计，对本单位及下属单位的财务收支及其经济效益进行内部审计监督。当年有县经委、供销、粮食、商业、税务、教育等单位建立专门的内审机构，配备专兼职审计人员 20 多人，查出原永安转运站重大经济案件 1 件，违纪违规金额达 26.08 万元，并移交县检察机关审理。

1992 年起，先后有人行、农业、卫生、林业等部门建立审计股，专兼职人员达到 30 多人。至 1998 年，全县内审机构共完成审计项目（单位）398 个，共查出损失浪费 57.2 万元，纠正违纪违规金额 4617.94 万元，移送经济案件 2 件。

1999—2005 年，国有企业改革改制，内部审计逐年减少，审计部门未做相关资料收集。

第四节 机 构

一、县审计局

1991年，县审计局内设工交股、商贸股、行政事业股、综合股4个股室。1997年9月，经县政府批准内设人秘股、综合审计股、财政金融固定资产投资审计股、行政事业农林水审计股、工交商外经贸审计股等5个股。2002年7月，根据县“三定”方案，设办公室、财政金融审计股、经济责任审计股、行政事业审计股和经贸审计股5个股室，行政编制11人，机关工勤人员编制1人。2003年2月成立县计算机辅助审计中心，为隶属县审计局的事业机构，编制3人。

二、县审计师事务所

1993年1月，“明溪县审计事务所”更名为“明溪县审计师事务所”，仍属自收自支的事业单位，由县审计局管理。1998年1月与县财政局管理的县会计师事务所合署办公，由县审计局与财政局共同管理。2000年1月按国家有关规定改制为民营中介审计组织，与县审计局脱钩，其社会审计职能归并到改制后的县达山会计师事 务所。

三、县建设项目审计中心

2000年4月经县编委批准成立，属全民事业中介机构，为社会审计的组成部分。中心主任由县审计局局长兼任，审计人员以临时外聘为主。2002年县机构改革定编时撤销。

卷十三　中共明溪县地方组织

1991—2005年，中共明溪县委以经济建设为中心，以改革开放和科技进步为动力，加强党的建设，组织和带领全县各级党组织和广大党员、干部群众，立足本地资源，致力探索具有明溪特色的发展路子，实施“小县大城关”“先行工程”“生态立县、科教兴县”等发展战略，县经济建设和各项社会事业取得长足发展，城乡面貌发生明显变化。

第一章　机　构

第一节　组织结构

一、中共明溪县委

由县党员代表大会选举产生，第一次全委会选举产生书记、副书记和常委。1991—2005年，中共明溪县委3次换届，第六届任期3年，第七、八、九届任期5年，县委书记任职更迭4次，副书记、常委任职更迭多次。

1994年1月12日，中共明溪县委七届一次全委会选举邹运恒、吴俊慰、林起棉、杨颂东、李细求、陈全北、严明清、朱春泉8人为县委常委，邹运恒当选书记，吴俊慰、林起棉、杨颂东当选副书记。

1998年12月2日，中共明溪县委第八届一次全委会选举朱昌贤、王政、朱金芳（挂职）、陈宗标、严明清、颜家斌、杨光林、陈澄、张元江、李群秀10人为县委常委，朱昌贤当选书记，王政、朱金芳（挂职）、陈宗标、严明清当选副书记。

2003年11月28日，中共明溪县委第九届一次全委会选举朱昌贤、王政、王丛（挂职）、厉云、颜虎成、陈文华、蔡建境、陈振宪、吴焰生、陈红为县委常委，朱昌贤当选书记，王政、王丛（挂职）、厉云、颜虎成当选副书记。

1991—2005年中共明溪县委正副书记及常委

表13-1

届　次	职　务	姓　名	性 别	籍　贯	任职时间
第六届 (1990.12—1994.01)	书　记	刘水生	男	江西丰城	1990.12—1993.10
		邹运恒	男	福建连城	1993.10—1994.01

续表 13-1

届　次	职　务	姓　名	性 别	籍　贯	任职时间
第六届 (1990.12—1994.01)	副书记	张阳春	男	江苏武进	1990.12—1993.12
		李玉兔	男	福建南安	1993.10—1994.01
		张满香	女	福建宁化	1990.12—1993.10
		邹运恒	男	福建连城	1993.03—1993.10
		林起棉	男	福建大田	1993.10—1994.01
		杨颂东	男	浙江诸暨	1993.10—1994.01
	常　委	李细求	男	福建泰宁	1990.12—1994.01
		刘　平	男	湖南华容	1991.05—1993.10
		陈荣途	男	福建惠安	1990.12—1993.10
		杨根荣	男	福建将乐	1990.12—1993.10
		陈全北	男	福建明溪	1993.10—1994.01
		严明清	男	福建长汀	1993.10—1994.01
		朱春泉	男	福建闽清	1993.10—1994.01
第七届 (1994.01—1998.12)	书　记	邹运恒	男	福建连城	1994.01—1998.01
		朱昌贤	男	福建永安	1998.09—1998.12
	副书记	吴俊慰	男	福建泉州	1994.01—1996.02
		王　政	男	福建武平	1996.08—1998.12
		李玉兔	男	福建南安	1994.01—1994.02
		林起棉	男	福建大田	1994.01—1998.01
		杨颂东	男	浙江诸暨	1994.01—1996.11
		李细求	男	福建泰宁	1996.10—1998.09
		朱春泉	男	福建闽清	1996.03—1998.09
		陈宗标	男	福建永安	1998.09—1998.12
		严明清	男	福建长汀	1998.09—1998.12
	副书记 (挂职)	王秀珍	女	福建福州	1995.07—1997.07
		朱金芳	男	福建莆田	1997.07—1998.12
	常　委	李细求	男	福建泰宁	1994.01—1996.09
		余　茂	女	福建古田	1996.09—1998.09
		陈　澄	男	广东梅县	1998.09—1998.12
		蔡大明	男	江苏无锡	1994.03—1998.09
		陈全北	男	福建明溪	1994.12—1998.09
		李群秀	女	福建明溪	1998.09—1998.12
		陶丽琴	女	安徽芜湖	1994.12—1997.01
		杨光林	男	福建福州	1997.06—1998.12
		严明清	男	福建长汀	1994.01—1998.09
		朱春泉	男	福建闽清	1994.01—1996.03
		颜家斌	男	湖南常德	1996.07—1998.12

续表 13-1

届　次	职　务	姓　名	性 别	籍　贯	任职时间
第八届(1998.12—2003.11)	书记	朱昌贤	男	福建永安	1998.12—2003.11
	副书记	王　政	男	福建武平	1998.12—2003.11
		陈宗标	男	福建永安	1998.12—2001.11
		陈全北	男	福建明溪	2000.11—2003.11
		严明清	男	福建长汀	1998.12—2001.01
		陈　澄	男	广东梅县	2001.11—2003.11
	副书记(挂职)	朱金芳	男	福建莆田	1998.12—1999.07
		王　从	男	福建福安	2002.09—2003.11
	常　委	厉　云	男	浙江东阳	2001.11—2003.11
		陈　澄	男	广东梅县	1998.12—2001.11
		蒋方鸣	男	福建大田	2001.11—2003.11
		李群秀	女	福建明溪	1998.12—2003.11
		张元江	男	福建宁化	1998.12—2000.02
		颜虎成	男	福建永春	2000.02—2003.11
		杨光林	男	福建福州	1998.12—2000.09
		林应平	男	福建龙岩	2000.09—2001.11
		颜家斌	男	湖南常德	1998.09—1999.07
		温荣华	男	福建沙县	1999.07—2000.05
		戴冠山	男	山东安邱	2000.05—2002.09
		陈永华	男	福建晋江	2002.09—2003.03
		陈振宪	男	河北高邑	2003.03—2003.11
第九届(2003.11—2005.12,届中)	书　记	朱昌贤	男	福建永安	2003.11—2005.02
		王　政	男	福建武平	2005.02—
	副书记	王　政	男	福建武平	2003.11—2005.02
		厉　云	男	浙江东阳	2003.11—
		陈全北	男	福建明溪	2005.04—
		颜虎成	男	福建永春	2003.11—
	副书记(挂职)	王　从	男	福建福安	2003.11—2004.09
	常　委	陈文华	男	福建莆田	2003.11—
		蔡建境	男	福建尤溪	2003.11—2005.03
		施正立	男	福建大田	2005.08—
		陈　红	女	福建长汀	2003.11—
		吴焰生	男	浙江庆元	2003.11—
		陈振宪	男	河北高邑	2003.11—2004.05
		伊方保	男	山东蒙阴	2004.05—

二、中共明溪县纪律检查委员会

由县党员代表大会选举产生，第一次全委会选举产生书记、副书记和常委。1991—2005 年，中共明溪县纪律检查委员会进行3次换届，县纪委书记任职更迭7次，副书记更迭5次。

1991年，全县有宣传系统等11个基层纪委和9个乡镇基层纪委。

1994年1月13日，县纪委召开第七届第一次全委会，出席会议委员12人，选举产生5位新一届纪委常委，陈全北当选书记，刘文华、邹享松当选副书记。

1995年3月在县公安局设立监察室，4月在县检察院设立纪检组，6月在县法院设立纪检组。

1998年11月30日，县纪委召开县纪委第八届第一次全委会，出席会议委员15人，选举产生7位新一届纪委常委，杨光林当选书记，王录当选副书记。

1999年，设立中共明溪县委县直机关纪律检查工作委员会。

2003年4月在县药监局设立纪检组。11月28日，县纪委第九届召开第一次全委会，出席会议委员15人，选举产生7位新一届纪委常委，颜虎成当选书记，周建国、王录当选副书记。

2005年，县纪委下设办公室、纪检监察室、案件审理室、信访室（举报中心）、执法监察室、党风廉政建设室（兼纠风办职责）、宣传教育室7个部门，并在全县9个乡镇中设立基层纪委，以及在县法院、检察院等16个部门派驻纪检组。

三、基层党组织

1991年，全县有城关、雪峰、瀚仙、胡坊、沙溪、夏阳、盖洋、枫溪、夏坊等9个乡（镇）党委，及县直机关、经委、财委、农委、林委、政法委、公安局、人武部等8个县直机关、企事业党委，农业局等12个党总支，336个党支部。

1995年2月，撤销“中共明溪县政法系统委员会”，所属党组织划归县直机关党委。1996年人武部归属部队建制，党委相应划出。1997年，成立林业局党委，撤销林委党委；成立经济局党委，撤销经委党委；成立农业系统党委，撤销农委党委；成立财贸系统党委，撤销财委党委。同年，成立县工商局党总支，隶属县财委党委领导。全县有347个党支部。

1999年3月，撤销中共明溪县直属机关委员会，成立中共明溪县委县直机关工作委员会，为县委派出机构，领导县直机关党的工作。同时，成立宣传系统、卫生系统、教育系统、林业总公司4个党委。12月，成立中共明溪县政法系统委员会。2000年3月，撤销经济局党委、财贸系统党委，成立经济贸易局党委。2002年，撤销 中共明溪县财贸系统委员会、中共明溪县经济局委员会，成立中共明溪县经济贸易局委员会。

2005年，全县共有基层党委19个，其中有9个乡镇党委，1个县直机关党工委，宣传系统、政法系统、农业系统、经济贸易局、公安局、林业局、林业总公司、卫生局、教育局9个系统（部门）党委，有11个党总支，287个党支部。

第二节 工作机构

1991年1月，中共明溪县委设办公室、组织部、宣传部、统战部、政法委员会、县直属机关委员会、党校、档案馆、党史研究室、对台湾工作委员会办公室、政策研究室、机要局、老干部局等工作机构。7月，增设农村工作部。

1996年12月，撤销农村工作部，设立县委农村工作领导小组办公室。

1997年4月，增设精神文明建设办公室。9月，县委办增加承担县委党建工作办公室、全县经济工作协调综合和调研、县委台湾工作办公室的职能，内设综合科、信息科、督查室、秘书科、经济科、党群科、政研室、机要科、保密科，与县委机要局、台办合署办公。县委老干部局归口县委组织部管理。

2002 年 1 月，党政机构改革，县委设工作部门 8 个，分别为纪律检查委员会机关、办公室、组织部、宣传部、统一战线工作部、政法委员会、机构编制委员会办公室、县直机关工作委员会（县委派出机构），其中纪律检查委员会机关与监察局合署办公，政法委员会与社会治安综合治理委员会办公室合署办公，办公室加挂保密委员会办公室、台湾工作办公室牌子，机要局并入办公室，保留牌子，统一战线工作部加挂县政府民族与宗教事务局牌子，机构编制委员会办公室加挂县政府机构编制办公室牌子；部门管理机构 3 个，分别为老干部局由组织部管理，精神文明建设办公室由宣传部管理，信访局由县委办公室、政府办公室管理；议事协调办事机构 1 个，为县委农村工作领导小组办公室。

2005 年，县委工作机构没有变化。

第二章　重要会议与重大决策

第一节　党员代表大会

1994 年 1 月 10—12 日，召开中共明溪县第七次党员代表大会，出席会议代表 174 人。县委书记邹运恒作题为《加快改革和现代化建设步伐，夺取社会主义建设事业更大胜利》工作报告。大会选举产生中共明溪县第七届委员会和县纪律检查委员会，其中，中共明溪县第七届委员会委员 25 人，候补委员 3 人，县纪律检查委员会委员 12 人。

1998 年 12 月 1—2 日，召开中共明溪县第八次党员代表大会，出席会议代表 201 人。县委书记朱昌贤作题为《解放思想，励精图治，为实现跨世纪的宏伟目标而努力奋斗》工作报告。大会选举产生中共明溪县第八届委员会委员 26 人，候补委员 5 人和中共明溪县纪律检查委员会委员 15 人。

2003 年 11 月 27—28 日，召开中共明溪县第九次党员代表大会，出席大会正式代表 209 人，县委书记朱昌贤作题为《与时俱进谋发展，奋发有为创新业，为早日实现明溪的率先崛起而奋斗》工作报告。大会选举产生中共明溪县第九届委员会委员 26 人，候补委员 4 人，中共明溪县纪律检查委员会委员 15 人。

第二节　县委全体（扩大）会议

1991 年 9 月 15 日，召开县委六届二次全体（扩大）会议，传达贯彻党中央关于科技工作的指示和省委五届三次全体（扩大）会议、市委四届五次全体（扩大）会议精神，研究如何进一步把经济建设转移到依靠科技进步和提高劳动者素质的轨道上来，全会通过《关于依靠科技进步振兴明溪的决定》。

1992 年 1 月 27—28 日，召开县委六届三次全体（扩大）会议，全会通过《关于进一步加强农业和农村工作实施措施的决定》、《中共明溪县委六届三次全会关于召开中国共产党明溪县代表会议的决议》。

1992 年 11 月 8—9 日，召开县委六届四次全体（扩大）会议，传达、学习、贯彻党的十四大精神和省委五届七次、市委四届九次全体 (扩大) 会议精神。全会通过《关于学习贯彻党的十四大精神的决议》。

1993 年 11 月 27—28 日，召开县委六届五次全体（扩大）会议，传达贯彻党的十四届三中全会精神，通过《关于贯彻落实〈中共中央关于建立社会主义市场经济体制若干问题决定〉的决议》。

1994 年 1 月 10 日，召开县委六届六次全体（扩大）会议，听取中共明溪县第七次代表大会筹备工作情况汇报，审议中共明溪县第六届委员会在第七次代表大会上的工作报告，审议县第七次党代会的议程安排及其相关事宜。

1994年11月9日，召开县委七届二次全体（扩大）会议，会议传达党的十四届四中全会精神和江泽民总书记重要讲话精神，学习中央全会的《决定》和省委五届九次、市委四届十一次全会精神，修改县委《关于贯彻〈中共中央关于加强党的建设几个重大问题的决定〉和省委〈实施意见〉、市委〈具体措施〉的落实意见》。

1995年8月19日，召开县委七届四次全体（扩大）会议，审议通过《中国共产党明溪县第七届委员会第四次全体会议关于召开中国共产党明溪县代表会议的决议》。

1996年8月10日，县委召开七届六次全体（扩大）会议，学习贯彻江泽民总书记最近一个时期的重要讲话及省委六届二次全体（扩大）会议、市委五届五次全体（扩大）会议精神，会议通过《关于进一步加强党的建设的决议》，讨论修改县委《关于贯彻〈中共福建省委加强党的建设五年规划〉和市委〈实施意见〉的若干意见》。

1996年11月5—7日，县委召开七届七次全体（扩大）会议，传达贯彻党的十四届六中全会精神和省委六届三次全体（扩大）会议、市委五届六次全体（扩大）会议精神，通过《明溪县“九五”期间社会主义精神文明建设规划》。

1997年10月13日，县委召开七届八次全体（扩大）会议，县委书记邹运恒作题为《高举邓小平理论伟大旗帜，全力推进明溪新一轮创业》工作报告，讨论并通过《关于学习贯彻党的十五大精神的决议》。

1998年7月28日，县委召开七届九次全体（扩大）会议，深入学习党的十五大、十五届二中全会精神和江泽民总书记关于加强干部队伍建设的一系列重要讲话。审议通过《中共明溪县委七届九次全体会议决议》《中共明溪县委关于依法治县的决定》。

1998年11月24—25日，县委召开七届十一次全体（扩大）会议，传达贯彻党的十五届三中全会、省委六届九次全体（扩大）会议、市委五届十二次全体（扩大）会议精神。县委书记朱昌贤作题为《深化农村改革，发展农村经济，加快建设文明富裕的社会主义新农村》工作报告。

1998年11月30日，县委召开第七届十二次全体（扩大）会议，听取县委第八次党代会筹备工作情况的汇报，审议通过县委七届委员会、县纪委在县第八次党代会上的工作报告，审议通过县第八次党代会的议程及相关事项的安排。

1999年10月28日，县委召开八届二次全体（扩大）会议。会议听取和讨论县委书记朱昌贤关于《加快实施科教兴县战略，推动明溪更快更好发展》的报告，审议通过《中共明溪县委、明溪县人民政府关于加快实施科教兴县战略的意见》和《中共明溪县第八届委员会第二次全体会议决议》。

1999年12月3日，县委召开八届三次全体（扩大）会议，县委书记朱昌贤作题为《坚定信心，大胆实践，加快我县企业改革和发展》的报告，会议审议通过《中共明溪县委关于加快企业改革与发展的决议》。

2000年8月29日，县委召开八届四次全体（扩大）会议，学习贯彻中央、省委思想政治工作会议和市委五届十五次全体（扩大）会议会议精神，研究和分析县思想政治工作面临的新情况、新问题、新特点，就如何改进新形势下思想政治工作作出部署。通过全会《决议》。

2000年11月24日，县委召开八届五次全体（扩大）会议，会议审议通过《中共明溪县委关于制定国民经济和社会发展第十个五年计划的决议》和《中共明溪县委关于进一步加强党的建设若干问题的决定》，并对加快明溪发展、从严治党问题做出部署。

2001年9月27日，召开县委八届九次全体（扩大）会议，县委书记朱昌贤作题为《全面推进对外开放，加快县域经济发展》工作报告，县长王政传达省委七届三次全会、市委六届五次全会精神，审议通过县委八届九次全会《决议》《中共明溪县委全委会任用乡镇党政正职拟任人选的表决办法（暂行)》，县委委员投票表决乡（镇）党政正职拟任人选。

2001年11月29日，召开县委八届十次全体（扩大）会议，县委书记朱昌贤作题为《深入学习贯彻十六大精神，为全面建设小康社会的目标而努力奋斗》工作报告，县长王政传达市委六届六次全体（扩大）会议的概况和主要精神。通过全会《决议》。

2003年8月29日，召开县委八届十一次全体（扩大）会议，深入学习贯彻中央8号文件和胡锦涛总书记“七一”重要讲话精神，对学习贯彻“三个代表”重要思想、推动县域经济加快发展进行研究部署。县委书记朱昌贤作题为《深入学习贯彻“三个代表”重要思想，全面开创县域经济发展新局面》工作报告。

2004年9月17日，召开县委九届二次全体（扩大）会议，动员全县上下牢固树立和认真落实科学发展观，围绕“建设海峡西岸经济区”发展大局，进一步统一思想，理清思路。县委书记朱昌贤作题为《牢固树立和认真落实科学发展观，推动明溪在全省经济欠发达县份中率先崛起》工作报告。

2005年1月13日，召开县委九届三次全体（扩大）会议，深入分析县党的执政能力建设面临的新形势，研究部署加强党的执政能力建设的各项任务。县委书记朱昌贤作题为《加强党的执政能力建设，推进明溪早日实现率先崛起》工作报告。

2005年8月30日，召开县委九届四次全体（扩大）会议，县委书记王政作题为《以科学发展观为指导，加快构建和谐明溪》工作报告，对构建“和谐明溪”作出部署，提出以发展促进和谐，以协调保障和谐，以公正维护和谐，以稳定保证和谐，以生态助推和谐，以道德素质孕育和谐，以党的先进性引领和谐的总体要求。

2005年11月28—29日，召开县委九届五次全体（扩大）会议，县委书记王政报告一年来县委常委会工作，对“十一五”期间国民经济和社会发展五年规划工作提出要求，县委副书记、县长厉云对县委关于制定“十一五”规划的建议作了说明，审议通过《中共明溪县委关于制定明溪县国民经济和社会发展第十一个五年规划的建议》。

第三节　县委工作会议

1991年2月23—24日，召开全县两个文明建设工作暨表彰会议。县委书记刘水生作《坚持两手抓，共建文明县，努力夺取两个文明建设的更大胜利》报告，会议表彰1990年度两个文明建设先进单位和先进个人。

1991年7月1日，召开中国共产党成立70周年纪念大会暨表彰会，表彰50个先进党小组、50个先进党支部、50名优秀党务工作者、199名优秀共产党员、4个先进纪检组织、7名优秀纪检干部和10名党管武装好书记。

1991年11月4日至5日，召开县委工作会议，作出《关于进一步加强和改善知识分子工作意见》的决定。

1992年1月29日，召开全县两个文明建设表彰会。县长张阳春作题为《统一思想，真抓实干，为夺取今年两个文明建设新胜利而努力》工作报告。

1992年3月27日，召开全县政法工作会议，传达贯彻全国、省、市政法工作会议精神和中央社会治安综合治理第五次全体会议精神，部署1992年全县政法、综治工作任务，制定《明溪县社会治安综合治理“八五”规划（修订稿)》和《明溪县社会治安综合治理委员会工作规则暂行规定》。

1994年2月3日，召开1993年度全县两个文明建设表彰会议，回顾1993年全县两个文明建设工作，表彰两个文明先进单位。

1994 年 6 月 3 日，召开全县副科级以上领导干部会议，动员和部署“先行工程”建设。

1994 年 7 月 23 日，召开全县领导干部大会，回顾、分析、总结上半年的工作，部署下半年任务。县委书记邹运恒在会上作题为《振奋精神，真抓实干，为全面完成全年的各项工作任务而努力》工作报告。

1995 年 3 月 24 日，召开全县反腐败工作会议，学习省纪委五届八次全会精神和省、市政府反腐败工作会议精神，研究部署 1995 年全县反腐败工作。

1995 年 3 月 24 日，召开全县组织工作会议，传达全省组织工作会议精神，部署 1995 年全县组织工作。3 月 25 日，召开全县宣传思想工作会议，传达全国和全省宣传部长会议精神，部署 1995 年全县宣传思想工作。

1996 年 5 月 25 日，召开全县农村奔小康工作会议，县委书记邹运恒作题为《认清形势，铁心拼搏，全力以赴加快奔小康进程》工作报告。

1997 年 2 月 26—27 日，召开县委工作会议，回顾和部署全县党建、农业和农村、工业、第三产业、计划生育、精神文明建设等工作，表彰 1996 年度责任目标完成先进单位，颁发 1997 年度工作目标责任书。县委书记邹运恒作题为《再接再厉，推动我县两个文明建设上新水平》工作报告。

1997 年 7 月 11 日，召开全县经济形势分析会。县委书记邹运恒作题为《认清形势抢机遇，真抓实干创新业，促进明溪经济在新一轮创业中迅速崛起》工作报告；县长王政分析全县经济运行形势，作题为《把握形势，抢抓机遇，推动明溪经济全面发展》工作报告；县委常委、政法委书记陈全北，副县长黄世钧分别就推进农业产业化、加快工业企业改革和扩大开放问题作专题讲话。

1998 年 3 月 7 日，召开全县反腐败工作会议，贯彻落实省纪委六届七次全会、市纪委会议精神和省、市政府反腐败工作会议精神，部署 1998 年全县党风廉政和反腐败工作。

1998 年 6 月 5 日，召开全县个体私营经济工作会议，表彰一批个体私营经济。

1998 年 11 月 13 日，召开第二次社会稳定形势分析会暨信访工作会。县委书记朱昌贤对全县维护社会稳定作出部署。

1999 年 11 月 22 日，召开全县“找差距、摆问题、理思路”活动动员大会，县长王政主持会议，县委书记朱昌贤作动员讲话，对活动分阶段进行作了具体部署，县委副书记严明清就活动的组织体系和指标体系作具体说明。

2000 年 2 月 24 日，召开全县经济工作会议，要求加快经济结构调整，以抓好财政工作、项目工作为重点，力求在农业综合开发和农业产业化、企业改革和发展、内外开放、城镇建设等方面取得突破，进一步优化环境，开拓市场，形成多元化投入机制，推进科技进步，促进国民经济持续快速健康发展和社会全面进步。

2000 年 6 月 7 日，召开全县“三个代表”重要思想教育活动动员大会，对“三个代表”重要思想教育活动进行部署。县委书记朱昌贤指出，要把握“三个代表”重要思想的深刻内涵，充分认识开展“三个代表”重要思想教育活动的重要意义；要严格按照要求精心组织，扎实开展“三个代表”重要思想教育活动。

2000 年 6 月 9 日，召开全县 1999 年度农业综合开发总结表彰暨 2000 年农业综合开发动员大会。县人大主任陈全北在会上总结 1999 年农业综合开发工作和部署 2000 年农业综合开发工作。县委书记朱昌贤在会上作了讲话。

2001 年 3 月 1 日，召开全县经济工作会议，分析明溪面临的形势和新任务，研究部署 2001 年经济工作的总体要求和工作重点。表彰 2000 年度两个文明建设先进乡镇和县直单位、区域经济协调先进单位，并颁发乡镇、县直部门责任书。

2001 年 8 月 22 日至 23 日，召开全县加快县域经济发展工作会议。县委书记朱昌贤提出经济发展奋斗目标是：到 2005 年，全县经济社会综合实力进入全市中等以上水平；未来五年，全县国内生产总值平均年增长 10%以上，地方级一般预算收入年均增长 10%以上，争取在三明铁路沿线繁荣带以外的县份中率先崛起。

2002 年 8 月 22 日，召开加快县域经济发展工作会议，研究部署明溪建设“三明的泉州”，加快县域经济发展工作。

2004 年 8 月 20 日，召开全县林业工作会议，专题研究部署明溪林业改革和发展工作。

2005 年 2 月 2 日，召开全县保持共产党员先进性教育活动动员大会，对县开展保持共产党员先进性教育活动工作进行动员部署。

2005 年 11 月 15 日，召开创建第九届省级文明先进县城动员大会，对创建第九届省级文明先进县城进行动员部署。县委书记王政作专题讲话。

第四节 重大决策

1991 年 9 月，县委出台《关于依靠科技进步振兴明溪经济的决定》，决定每年八月为“科技宣传月”、九月为“义务教育宣传月”，同时作出八个方面具体规定：明确科技和教育发展的目标；加强网络建设，推广农业科技，促进科技兴农；加快工业技术改造和技术引进，促进科技兴工；加强林业科技研究应用，促进科技兴林；加强各级各类教育，提高劳动者素质；多渠道集资，增加科技投入；建立人才激励机制；切实加强和改善党对科技工作的领导。同年，县委、县政府决定将林委等 10 个部门作为简政放权、强化服务的试点单位，规定允许 10 家试点单位的行政干部退职，并付给 1 万元~2 万元的退职金。是年，全县行政、事业单位、群团组织创办 31 家经济实体，分流人员 307 人。

1992 年，县委提出“立足本地资源，着力自我开放，加速外引内联步伐，以开放促开发，走发展山区外向型经济路子”的发展思路。先后出台《关于鼓励发展个体私营经济的暂行规定》《明溪县鼓励外商投资和“三来一补”业务的暂行规定》《明溪县鼓励发展横向经济技术联合的暂行规定》《关于引进人才、引进智力的暂行规定》等一系列优惠政策和措施，并通过开设对外窗口和建立联系点，进一步加强与全国各地的交往和经济合作，合作领域不断扩大，对外贸易逐年增加。至 1994 年，累计出口供货总值 6005.35 万元，批办“三资”企业 15 家，投资总额达 589.3 美元，合同利用外资 335.8 美元，新办内联企业 40 家，累计总投资 8750 万元。同年 10 月，县委实施小县大城关的发展战略，提出“五纵贯五横，新区促旧城，开发河滨路，繁荣明溪城”的总体方案，调整明溪城区布局，实施河滨路改造工程，把河滨路建设成为具有现代气息的江南水乡风格，集商业贸易、旅游生活为一体的新区。至 1995 年河滨路改造工程基本建成。

1993 年初，县委、县政府出台《关于实施“先行工程”加快公路干线建设的决定》。3 月，明溪“先行工程”全线动工，大焦口至瑶奢路段的路基施工任务分解到 9 个乡镇。1994 年，又出台《关于先行工程征地、房屋拆迁补偿、安置标准的规定》，就筹集资金、工程质量、拆迁补偿、安置标准等方面作出具体规定。1996 年 3 月，省道 102 线明溪城关至瑶奢路段长 30.4 公里、宽 9 米的水泥路全线贯通。

1995 年，县委围绕重振明溪工业雄风作出全面部署。是年 3—7 月，开始对全县 58 家国有企业开展清产核资工作，在清查基础上对国有企业经营生产提出指导性意见。1999 年至 2000 年，县委全面深化国有企业改革，出台《中共明溪县委关于加快企业改革与发展的决议》。2000 年 5 月，召开县企业改革与发展工作会议，要求全县各部门要认真学习和借鉴永安市国企改革和县林业总公司改革的经验，加大实施“六个一批”的改革力度，全面推进企业改革和发展。至 2002 年，全县基本完成企业改制，企业共减债去负近 4

亿元。

1996年，根据省委“1997年基本实现小康，2000年全面实现小康”的战略决策，县委提出两年内“百村万户奔小康、2000农户建新房”的奋斗目标。为加快奔小康步伐，县委县政府制定出4个方面23条优惠措施，各乡镇也相应制定一系列优惠措施。县里抽调84家县直单位的183名干部组成的农村奔小康工作队，进驻44个村，帮助村里做好奔小康、建新村工作。同年11月，县委作出《关于深化“说办就办，说到做到”活动，加强党政机关干部思想道德建设的决定》，决定在全县各级党政机关及工作人员中开展此项活动，加强党政机关干部思想道德建设，提高干部队伍素质，推进县精神文明建设上新台阶。是年，组织开展学习孔繁森、李润五、林炳熙、袁庭钰、林元篪等先进事迹，并在全县开展“英模在我心中，我向英模学什么”主题大讨论活动 。

1998年12月，县委提出把明溪城区逐步建设成为经济繁荣、人民富裕、文化发达、功能齐全、环境优美的“新型侨乡”的发展思路。2000—2005年，县委按照“经营城市”的理念，通过盘活土地筹集资金，实现“以地生财，以地养城”。在基本未动用财政资金的情况下，每年筹资1.5亿元以上，先后实施综合市场、绿色家园、城区防洪堤、体育中心等一批重点工程，进行大规模的旧城改造和新区建设，陆续开发雪峰新村、城东新村、溪明小区、岭干小区、红岗新村、绿缘小区、白沙新村、下白莲小区、金家路小区等，城区面积由2.7平方公里拓展至3.64平方公里。

1999年，县委、县政府出台《明溪县开展项目年活动实施方案》，决定在全县开展项目年活动，此后相继印发《关于深化项目年活动的实施意见》《继续深化项目年活动的实施意见》和《关于进一步深化项目年活动的意见》，对深化项目年活动作了具体部署和完善。2000年，全县新办、扩建技改、续建山海协作和内联项目23项，引进区外资金10097万元，新批办外资项目3项，实际利用外资295万美元。2001年6月，南方红豆杉提纯加工抗癌药物紫杉醇获得成功，投入试产。7月，南方红豆杉生物有限公司及天然药用植物研究所正式开业。2002年，全县共有国家级农作物原种场、珍稀树种苗繁育中心、南山现代农业示范园区、紫杉醇提纯、变性淀粉加工等15个项目列入国家和省级计划，争取到上级项目资金支持1074万元。

2000年11月，县委通过《关于制定国民经济和社会发展第十个五年计划的决议》，就“十五”期间全县经济社会发展的总体战略、目标任务、措施作出规划。同年12月，在总结第一、第二阶段试点工作的基础上，县委、县政府正式出台《关于深化集体林经营体制改革的实施方案》，对集体林经营体制改革的目标任务、组织领导、改革类型、改革步骤等4个方面作出具体部署，要求在2000年12月底完成改革面达90%，扫尾工作2001年3月全部完成初步建立起既适应社会主义市场经济发展要求，又体现林业特色的新型集体林经营体制。

2002年，县委提出 “县域经济特色化，特色经济产业化、产业发展规模化”的总体思路，进一步壮大红豆杉生物有限公司、百事达木薯变性淀粉公司、绿色食品、肉牛和林竹加工业等五大龙头企业，推动产业化经营。同年7月，与复旦大学签订校县合作意向书，开创高校与县级单位合作的先河。

2003年，县委提出大力实施“生态立县、科技兴县”战略，同年被列入国家第八批生态示范区建设试点县，君子峰、均峰山被列入省级自然保护区，至2004年先后筹划并着手实施6个方面34个生态保护和建设项目。同年5月，县委、县政府出台《关于建设明溪生态工业园区的决定》，在城关乡上坊村、瀚仙镇王陂村、大焦村地域创办“明溪生态工业园区”，使其成为构筑“四大产业集群”和资源转化的平台，进一步提升招商引资吸引力。2005年，园区首期14公顷土地完成征用，平整用地2.24公顷，落实入园项目5个。

2004年2月27日，县委召开全县农村公路建设工作会议，启动全县农村公路硬化改造工程。至2005

年，全县新铺设农村水泥路面 70 公里，基本实现三年乡村公路全面硬化的目标。

2005 年 3 月，为了使党员先进性教育活动惠及广大群众，县委出台《关于开展“下基层、访群众、办实事、促发展”主题实践活动方案》，决定 3 月 14—20 日，在全县开展“下基层、访群众、办实事、促发展”主题实践活动。各级党组织共慰问困难群众 2260 人（户），慰问钱物价值 55 万余元，帮扶结对 942 对，为基层群众办实事好事 3330 多件，帮助基层落实项目 172 个，资金 987 万元。

第三章 党建工作

第一节 纪检监察

一、党风廉政建设

1991 年，对全县 42 个第二批廉政制度建设试点单位廉政情况进行全面大检查，确定 20 家单位为第三批廉政建设试点单位，全县聘请 262 名县乡村党风监督员，加强基层所站党风廉政建设。

1992 年，认真贯彻执行省、市委提出的“七不准”“八要八不准”“九不准”等规定，通过召开会议、印发材料等形式将有关规定传达到全体党员干部。

1993 年，在机关干部中开展“社会主义市场经济条件下如何加强党风廉政建设”为主题的大讨论。

1994 年，全体处级干部分组召开专题民主生活会议，对照中纪委三次全会提出的党政机关县（处）级以上领导干部廉洁自律“五条规定”的情况进行自查。

1995 年，对全县领导干部廉洁自律情况进行摸底自查，按照学习宣传、对照检查、整改处理、总结验收四个阶段的要求，全县 883 名领导干部（其中处级 32 人）进行自查自纠，整改各类问题 521 条，涉及金额 2.5 万元，756 名领导干部建立“廉洁档案”。建立《领导干部廉政考核制度》，对在职的各级领导干部每年进行一次廉政考核，廉政考核情况存入领导干部廉洁档案和个人档案中。

1996 年，制定和落实《领导干部重大事项报告制度》《国有企业招待费使用情况报告制度》《领导干部收受礼品登记制度》，42 家国有企业上半年支出招待费 49.2 万元，比 1995 年同期减少 3.11 万元；领导干部登记上交礼金 42 人，计人民币 3.58 万元。清理领导干部违规培训驾驶技术和违规购置小汽车，将违规购买进口小汽车一辆转为外事接待用车，另一辆公开拍卖。

1997 年，全面落实中央关于厉行节约、制止奢侈浪费的“八项规定”（严格控制新建办公楼，严格控制各种会议，严格控制各种庆典活动，严禁用公款大吃大喝、挥霍浪费，严格控制用公款安装电话或购买移动电话，严格控制各种检查，严格按规定配置和更换小汽车，严格管理公费出国境）严格控制新建、装修办公楼，严格控制各种会议，当年全县取消和缩减各类会议 28 个，节约资金 6 万余元。全县 209 家基层单位完善接待制度，并将制度公开，接受监督。全县 9 个乡镇、6 个党委、88 家县科级单位（含二级局）、250 个基层所站召开廉洁自律专题民主生活会，631 名党员领导干部对照《准则》进行自查自纠。

1998 年，加强对“八项规定”落实情况的督查，全县取消、缓建办公楼 2 栋，节约资金 370 万元；取消庆典活动 23 次，节约经费 2.4 万元；取消检查、评比、达标活动 25 次，节约经费 3.1 万元，制止公费出国出境团组一批 4 人，节约经费 4.5 万元；全县党政机关接待费开支比上年下降 16%。

1999 年，成立县落实党风廉政建设责任制领导小组及办事机构，制定下发《关于落实党风廉政建设责任制的措施》《党政（人大、政协）领导干部党风廉政建设责任范围和内容分解书》《党风廉政监督员制度》《诫勉谈话制度》《责任追究制度》等相关配套制度以及各项内部管理制度。召开落实党风廉政建设责任制动员大会，签订党风廉政建设责任书1328份。

2000年，纪检监察机关会同有关部门对下级党委、政府落实责任制工作情况开展检查考评；总结推广责任制联系点的经验做法，落实责任制追究有关规定，有3名党员领导干部被追究责任，分别受到党纪、政纪处分。

2001年，对各乡镇、县直各单位领导班子及成员1999年以来落实党风廉政建设责任制情况进行考评。对收受“红包”和领导干部私自驾驶汽车进行专项清理，共有16名科级以上领导干部向组织报告个人重大事项；处级领导干部收入申报率达100%；有5位处级领导上交礼金4900元；对4名科级干部进行离任审计；109名副科级以上领导干部的汽车驾驶证上交纪委统一集中管理，有效制止公车私用。

2002年，开展共筑家庭廉洁责任防线，争当“廉洁干部”和“廉内助”活动。重新修订《党风廉政建设责任书》，从教育责任、监督责任、纠建责任、奖惩责任等方面进行细化。成立年度考评领导小组，对年度干部考核不满意率达三分之一左右的干部，由纪委、组织部门进行诫勉谈话。完成领导干部经济责任审计项目17个（其中处级1个、科级15个、国企领导1个），要求自行纠正金额617万元，查出违纪违规金额151万元。狠刹奢侈享受，铺张浪费歪风，乡镇接待费比2001年同期减少46万元，村级“零接待”制度普遍得到执行。

2003年，开展禁止送收“红包”、反对奢侈浪费工作，要求各级各部门认真开展自查自纠。开展制止开具虚假发票公款报销工作，建立由纪检、经贸、公安、财政、审计、工商、税务等单位组成的专项工作联席会议制度，对18家单位制止开具虚假发票公款报销行为情况进行抽查。

2004年，先后下发《关于进一步加强节日期间廉洁自律工作的通知》《关于进一步规范公务用车管理，严禁公车私用的通知》等系列文件。清理党政领导干部违反规定兼任企业领导职务9人。清理党政机关用公款违规为干部职工购买商业保险1起，收回违规资金1.9万元。查处开具虚假发票公款报销的1名中学校长，给予政纪处分。推行“廉洁自律提醒卡”活动。聘请党风廉政监督员、特邀监察员24人。在全县副处级以上干部中实行领导干部廉洁自律承诺制度。

2005年，先后对元旦、春节等节假日期间的廉洁自律工作进行部署，组织3次督查，2名领导干部上缴礼金0.6万元。查处10名参加赌博活动的党员干部，分别给予党纪处分。在全县开展领导干部参股情况自查自纠工作，查出领导干部参股2人，金额11.5万元，领导干部家属参股1人，金额4万元，分红1.5万元；公职人员购买山场2人，金额86.52万元，并做纠正处理。同时，加强国企廉政建设，印发《2005年国有企业党风廉政建设和反腐败工作意见》，协调县经贸局等有关单位，加强对国有和国有控股企业党风廉政建设和反腐败工作的督查和指导。

二、党风党纪教育

1991年，结合社会主义思想教育、“双德”教育和开展岗位学雷锋、“党纪手册”的再学习和再教育等活动，开展廉政宣传教育。教育活动中，各级党组织共召开学习会1285场次，讨论会867场次，组织全县副科级以上干部1087人参加党纪知识测试，组织150多名党员参加省纪委举办的迎“七一”党纪知识竞赛。

1992—1996年，通过电化教育、举办《中国共产党章程》骨干培训班、上党课、迎“七一”党风廉政“宣传教育月”活动、党纪和政纪知识测试等形式，广泛开展廉政勤政宣传教育，并把理想信念和党的宗旨教育作为廉政教育的重点来抓。

1997年，开展以“讲学习、讲政治、讲正气”为主要内容的党性党风党纪和法规教育。1998年，开展“发扬艰苦奋斗，制止奢侈浪费”、《中华人民共和国行政监察法》为主要内容的党性党风党纪教育和法规教育。县纪委组织《振奋精神，树立信心，深入开展反腐败》《以案例说纪律》两个课题宣讲团，在全县各基层党委巡回宣传。1999年，在县有线台开辟“反腐倡廉之声”专栏，播放电教片80片。2000年，在全县党员干部中开展“三个代表”重要思想学习教育活动，各级领导干部认真对照廉洁自律有关规定，主动检查、纠正在党性党风党纪方面存在的一些突出问题，剖析根源，抓好整改。在全县开展评选表彰第一届“廉内助”活动，构筑家庭拒腐防线。

2001—2003年，加强对科级领导干部的任前培训和“廉洁从政”的专题教育，对新上任的科级干部进行从政行为的“六项规定”及“六个不准”党政纪教育。2004年，组织开展“为民、务实、清廉”主题教育活动，特邀省委党校教授为全县科级以上干部学习两个《条例》作专题报告会。2005年，抓好《建立健全教育、制度、监督并重的惩治和预防腐败体系实施纲要》的学习、宣传和贯彻，召开《实施纲要》座谈会、学习会318场次。组织36名县处级领导干部、464名科级干部和4500多名一般党员干部参加两个《纲要》知识答题。

三、违纪案件查处

1991—1993年，突出查处党员干部贪污受贿、以权谋私、执法犯法、挪用公款、失职渎职、腐化堕落和违反计划生育政策等违纪违法行为案件113件，挽回经济损失44万元。其中：大要案7件，经济案件33件，开除党籍12人，留党察看23人，撤职6人，严重警告19人，警告15人。

1994—1998年，重点查处党员干部贪污受贿、严重违反财经纪律等案件，继续把党政机关、司法部门、行政执法部门和经济管理部门作为重点，查处案件107件，挽回经济损失31.54万元，其中大要案27件，经济案件46件；开除党籍31人，留党察看6人，撤职3人，严重警告15人，警告27人；开除公职1人，行政撤职5人，开除留用察看1人，降级3人，记大过4人，记过4人，警告5人。

1999年，进一步强化查办案件工作领导责任制，由一名纪委副书记分管办案工作，建立纪委常委分片挂包办案工作责任制度，采取蹲点协查、分片联办、抽人跟班办案，指导基层纪委办案，从而推动案件查处工作的顺利开展。至2003年，共查处各类案件133件，挽回经济损失68.13万元，其中大要案25件，经济案件42件；开除党籍6人，留党察看4人，严重警告18人，警告35人，党内除名2人。政纪处分中开除公职1人，行政撤职1人，记大过1人，记过4人，警告9人。

2004年，建立和落实纪委常委和机关各室分片挂包办案工作责任制度，继续坚持重点查办“三机关一部门”、科级以上领导干部的违纪违法案件，严肃查处侵害群众利益的案件。继续坚持查办案件与建章立制相结合，采取发纪律检查建议书、监察建议书等方式，帮助发案单位查找薄弱环节，建立完善规章制度，堵塞漏洞。当年共查处各类案件28件，挽回经济损失30万元，其中大要案7件，经济案件12件，党政纪处分27人，其中党纪处分25人。为11名受到失实举报的党员干部澄清是非。

2005年，全县纪检监察机关共查处各类案件28件，挽回经济损失3.6万余元，其中违反廉洁自律规定5件，破坏社会主义经济秩序9件，大要案4件，“三机关一部门”（党政机关、司法机关、行政机关和经济管理部门）案件5件，自办案件11件。已审结28件，审结率为100%。党政纪处分29人（党纪25人政纪4人），其中，开除党籍6人。

四、执法监察

1991—1993年，对林价政策执行情况、出入境政策落实情况、农资专营、农转非、招工、招干、招生工作情况和农业专项经费使用、农副产品收购、救灾款发放使用、土地开发利用、计生罚没款收支情况等开展专项执法监察，对在出入境政策落实上犯有违纪违法行为的原县公安局政保科副科长薛xx等3人给予立案查处；取消12类涉农负担、43项农村达标升级活动和37项集资、基金、收费项目，调低7项收费标准，每年减轻农民负担203万元。

1994—1996 年，先后开展先行工程、农业专项资金、粮食价格、招生、农资供应价格、国有企业改革、山林砍伐承包和《中华人民共和国统计法》《中华人民共和国会计法》《中华人民共和国土地法》等执行情况的专项执法监察，对 6 家重点企业进行挂牌保护，禁止乱摊派、乱集资 20 余起。

1997 年，重点对建筑市场、土地开发利用和土地出让金收支情况进行专项执法监察，会同县建设局等有关部门对全县建筑工程进行质量安全大检查，查出无证设计、无证施工工程 7 项，无报建手续项目 13 项，建筑工程质量隐患 12 处。1998 年，加强对招生工作的执法监察，对 20 名中考监考老师因工作马虎造成试卷装订差错等行为进行通报批评，并给予停止监考资格一至二年的处理。1999 年，重点开展对非公有制经济政策落实情况的专项监察，成立非公有制经济投诉中心。

2000—2003 年，先后对国债和社保资金管理使用情况、明溪至建宁公路改造工程、县城关中学教学楼等 47 项工作开展专项执法监察，对县委、县政府有关扶持个私经济优惠政策贯彻落实情况进行专项督查，制止和纠正违规行为 96 起，提出监察建议 21 条，通报批评单位 12 个，协助建章立制 18 个，为国家和企业避免和挽回经济损失 460 多万元。

2004 年，加强对党政机关和党员干部贯彻执行法律、法规、决定、命令等情况的监督检查，开展专项执法监察 8 项，制止和纠正违规行为 4 起，提出监察建议 2 条，为国家节约资金 24 万元，增加收入 51 万元。2005 年，对《中华人民共和国行政许可法》贯彻执行情况开展执法监察，对行政审批项目和规范性文件进行清理，废止规范性文件 65 件，修改 6 件。参与钢明矿业有限公司“4·10”事故等 4 起重大事故的调查，督促有关部门加强安全生产，健全完善规章制度。

五、机关效能建设

2000 年 5 月 25 日，成立明溪县机关效能建设领导小组与效能建设办公室，相继印发《明溪县县级政府部门审批审核改革实施方案》《明溪县机关效能建设诫勉教育、效能告诫暂行规定》《明溪县机关效能建设绩效考评办法》。实施岗位责任制、政务公示制、服务承诺制、限时办结制、首问责任制、否定报备制、失职追究制等 7 项制度。开展“三减（简）一提高”工作评议活动和“我为效能建设进忠言”活动。至 2005 年，先后制定下发《关于进一步加强机关效能建设工作的实施意见》《明溪县机关工作人员效能告诫实施细则》《机关效能建设十项制度》及《效能建设有关工作职责》等文件。其间，效能投诉中心共受理企业和群众投诉件 333 件，办结率 100%。

第二节　组织工作

一、党员发展

1991 年，加强对入党积极分子的培养、考察和培训，重视发展生产一线党员。全县有党员 4427 人，发展新党员 152 人，其中生产一线 69 人，女党员 24 人，知识分子 65 人。

1995 年，指导基层党委制定《农村党员发展工作三年规划》，抓好“推优”工作。1996 年，建立发展党员工作责任制，把发展党员工作重点放在农村、企业生产第一线。1992—1996 年，共发展党员 842 人，其中生产一线 477 人，35 岁以下 652 人，女党员 176 人。

1997 年，制定《明溪县 1997 年发展党员工作规划》，组织开展实施《发展党员工作细则》情况检查和调研。1999 年，组织对 1995 年 1 月至 1998 年 12 月这三年的发展党员工作进行自查、互查，针对存在的问题，逐一制定整改措施，加以解决。1997—1999 年，是全县发展党员的高峰期，3 年共发展新党员 721 人，平均每年发展党员 240 人。新党员中，生产一线 381 人，35 岁以下 551 人，女党员 177 人。

2000—2004 年，把发展党员的重点转到完善结构、保证质量上来，推行发展党员预告制、公示制，严把党员“入口关”。其间，共发展党员 781 人，其中女党员占 26.2%，35 岁以下占 83.8%，经“推优”发展的占 90%以上。

2005 年，将发展党员工作指导性计划数分解到 20 个基层党委，对全县 435 名入党积极分子实行“三级管理”，对工作情况实行每季通报、半年督查、年终检查制度，共发展党员 131 名，年终全县有党员 6073 人。

二、党员管理

1991 年，完善党员目标管理，与“创争”工作、“民评”工作、民主生活会、开展“六户”活动、县委中心工作相结合，全县 100%的党支部和 98.13%的党员实行目标管理。全县基层党校有 12 所，全年共举办各类党员培训班 117 期，受训党员 8129 人次，机关、企业、农村党员的培训面分别达到 98%、97.5%、97%。

1992—1994 年，完善以县委党校为龙头、以乡镇（系统）党校为主体、以党员活动室为支点的党员教育网络，通过举办党员培训班、播放电教片组织、讲座等形式，提高党员综合素质。1995 年，开展“双带双创”活动，全县农村有 878 名党员参加这项活动，共带动 941 名农户；试行“流动党员活动证”工作，实行流动证管理的党员有 39 人，发证 25 本；基层党委制定《农村党员发展工作三年规划》，“推优”工作扩大到妇女、民兵等组织。1996 年，全县党员参加“双学”活动和大讨论，党员 4231 人次参加县、乡两级知识竞赛，3506 名党员参加省级知识竞赛。1997 年，开展以“三讲”为主要内容的党性党风教育。1998 年，制定下发《关于加强对下岗党员教育管理的意见》，使下岗党员不脱离党组织的教育管理监督。1999 年，拍摄党员电教片《走进陈武》《朱玉富和他的绿色农庄》《先富书记》在市、县电视台播出。

2000—2003 年，在全县党员干部中开展“三个代表”重要思想教育活动，邀请省、市专家到县开设“三个代表”重要思想学习辅导、城市规划与建设、电脑网络等专题讲座，从留成的党费中拿出 25000 元慰问下岗职工党员困难户 92 人次。组织拍摄《路通洪家山》《村支书黎四保》和《洪小玉挂村》等党员电教片，在市电视台“党的建设”栏目和县有线电视台“学教活动”专栏中播出。2004 年，制定《明溪县处置不合格党员工作暂行办法》，进一步规范党员管理工作。各级党组织开展形式多样的向谷文昌、郑培民、郑忠华同志学习活动，累计举办报告会、演讲会、书画展、图片展等 128 场。2005 年，实施《明溪县城区党员分类管理暂行办法》和《明溪县乡镇党员分类管理办法》，建立 937 名流动党员档案（含 265 名出国出境）。按照《明溪县处置不合格党员工作暂行办法》，4 名不符合党员条件的预备党员被除名，有 28 名党员受到党纪处分。

三、干部任用

1991 年，严格按照干部“四化”方针和干部任免程序，共考察干部 176 人次，办理科局级干部任免手续 114 人次，并建立健全新任免的科局级干部考察档案。调整 13 名年纪大的科局级领导干部任调研员，办理离退休干部手续 10 人。1992 年，对股级干部实行宏观控制和微观管理相结合，全县任免股级干部 126 人，其中县委组织部直接任免 39 人。1993—1995 年，把政绩作为评价干部和决定升降任免的重要依据，在改革开放和现代化建设实践中选拔政绩突出的干部。1999 年，推行干部竞争上岗试点工作，对县检察院、林业局、林业总公司内设机构正副职 32 个职位实行竞争上岗。首次面向全市（全县）公开选拔部分副科级领导干部，共有 218 名符合条件的干部报名参加农业局副局长、副乡镇长等 6 个职位的选拔。2000—2004 年，坚持“以发展快慢论英雄，以抓落实论本事，以作风虚实论本质，以工作实绩用干部”的用人导向，做好领导干部缺额调整配备工作，纠正 2 个基层党委 2 起违规任用干部的做法。2005 年，完善民主推荐、考察预告、差额考核、任前公示、试用期和全委会票决等制度，调整配备科级干部 93 人次，对 12 名科级领导干部进行任期经济责任审计和离任经济审计。

四、干部管理

1991年，对干审和“文化大革命”中犯有严重错误人员进行政审教育工作，共政审出境7人，对4名“文化大革命”中犯有严重错误人员掌握动态，做好教育工作。制定《关于进一步加强和改善知识分子工作的意见》。1993年，实行干部交流制度，全县科级干部中从机关、企事业单位交流到乡镇的12人，乡镇与乡镇交流的22人，乡镇到机关的16人。1996年，安排70名优秀机关青年干部到农村挂职锻炼。1997年，下发《关于加强股级干部宏观管理的意见》，规范股级干部的管理办法，明确股级干部的任免程序、任免权限和报备手续。健全领导干部个人事项报告制度及领导干部个人收入申报制度，对32名处级领导干部收入申报进行监督，对离任33名科级干部进行离任审计。1998年，组织开展首届“明溪县十佳人民公仆”评选、表彰活动。同年，县委下发《关于鼓励党政群机关、事业单位人员从事第一、二、三产业的若干规定》和《关于清退临时用工的若干规定》，鼓励机关、事业单位工作人员投身经济建设主战场。2000年，下发《关于进一步加强领导干部教育管理监督工作的意见》和《明溪县领导干部诫勉暂行规定》，对领导干部“工作圈”“生活圈”“社交圈”实行监督管理。制定《领导干部个人向县委推荐干部责任制暂行规定》《关于试行我县科级领导干部任前公示的暂行规定》。同年，对新提拔任职的委任制副科级领导干部实行为期一年的试用期制度。2001年，对全县科级领导班子和科级干部进行民主测评、民主测验和严格考核，对3名科级干部进行诫勉谈话。2004年，组织26名科级干部参加全市后备干部政治理论水平任职资格考试，及格率92%。2005年，组织16人参加全省公开选拔厅级领导干部考试，7人参加2005年全市后备干部政治理论水平任职资格考试，吸收4名选调生到县工作。

五、干部培训

1991年，制定《1991—1995年县委党校培训领导干部规划》和《1991—1995年县委党校培训工作计划》。1992年，增加现代自然科学常识、国内国际经济发展概况和经济管理等方面培训内容，举办副科级干部、县管后备干部、村级后备干部、青年干部，以及工会、共青团、妇联干部培训班8期，参训921人。1993年，坚持以需求为导向，提高培训教育的针对性和时效性，重点提高广大干部解决实际工作中的“热点”、难点问题。1995年，对全县青年干部进行外国语培训，有950人参加初级或中级英语培训班学习，864人参加全省组织的统一考试。1996年，县委下发《明溪县干部教育培训五年（1996—2000年）规划》。1998—1999年，以邓小平理论作为培训干部的主要内容。2000—2004年，把组织学习“三个代表”重要思想作为干部培训的主要内容。2005年，分三批开展党的先进性教育活动，组建普通党员演讲团，在全县巡回宣讲14场，近千名党员受到教育。

六、老干部工作

1991年，县委老干部局为正科级单位，隶属县委组织部，管理老干部活动中心和老年学校。同年，全县符合离职休养的干部有115人，按照离休干部“基本政治待遇不变，生活待遇略为从优”的原则开展各项工作。每月20日为离休干部政治理论学习日，各单位成立离休干部党支部或党小组，定期或不定期组织老干部开展活动。县委每年至少召开两次以上老干部通报会，向老干部通报全县两个文明建设情况，组织老干部1—2次参观县城区建设或乡镇工农业生产情况。1993年，建立全县离休干部信息库，对离休干部的基本情况、安置地、身体状况进行登记造册，并组织离休干部进行健康体检。1994年，建立走访慰问、联系老干部制度，县委成立老干部工作领导小组，每年研究两次以上老干部工作。1995年，县委、县政府把解决企业离休干部生活待遇作为为民办10件实事之一。1997—1999年，连续3年开展全县老干部工作检查，督促有关部门抓好离休干部离休费和医药费（简称“两费”）的落实。1999年，制定《明溪县企业离休干部“两费”保障机制暂行办法》和《明溪县落实（福建省老干部工作领导责任制）实施办法》。对破产、停产、半停产6个月以上的企业离休干部的离休费、医药费实行“集中收缴，统一支付”的管理办法，由企业主管局负责统筹和支付。2001年，省财政拨出专项补助金，县财政出部分资金，一次性解决县2000年底以前所拖欠离休干部“两费”问题。2002年，县委下发《关于加强对老干部的管理和服务落实好老干部政治、生活待遇的通知》，并督促相关部门清欠离休干部“两费”3.25万元。2003—2005年，继续落实老干部政治、生活待遇，举办《台海局势问题》《树立和正确认识科学发展观》《纪念红军长征胜利70周年》等专题讲座，开展文艺联欢等有益老干部身心健康的娱乐活动；对已纳入“两费”保障机制的离休干部生活待遇落实情况进行跟踪检查，对新出现的困难企事业单位离休干部的“两费”提请财政纳入保障机制。2005年，全县有离休干部61人，平均年龄77.6岁；“5·12”退休干部有32人。

第三节 宣传工作

一、理论教育

1991年，重点开展纪念中国共产党成立70周年和党在农村的基本方针与政策的宣传教育，在全县广泛开展“忆传统，讲党性，学先进，作奉献”主题教育活动。县委举办为期3天的中共十四大文件学习宣传骨干培训班，114人参加培训学习。1992年，县委通过《关于学习贯彻中共十四大精神的决议》，按有利于发展社会主义的生产力、增强社会主义国家的综合国力、提高人民的生活水平的要求进一步解放思想，加快全县改革开放步伐。9月，县委举办加快明溪发展步伐学习研讨班，154人参加学习。1993年，在全县党员中开展学习贯彻中共十四大新党章和社会主义市场经济理论活动，明确我国经济体制改革的目标是建立社会主义市场经济体制。3月，举办全县科级领导干部培训班，学习邓小平理论、党的十四大精神，135人参加培训学习。1993—1995年，全县开展党员、干部通读《邓小平文选》第三卷活动，举办学习研讨班78期，党员干部的学习面达98%以上。组织干部下基层宣讲邓小平理论，撰写学习心得和调研文章等活动。

1995年，学习贯彻江泽民关于台湾问题的重要讲话精神，推进“一国两制，和平统一”的进程。1996年11月，县委发出《关于深入“说办就办，说到做到”活动，加强党政机关干部思想道德建设的决定》。组织开展学习孔繁森、李润五、林炳熙、袁庭钰、林元篪等先进事迹，开展“英模在我心中，我向英模学什么”主题大讨论活动。1997年，重点学习中共十五大精神、《讲学习、讲政治、讲正气》、《邓小平经济理论纲要》、中共中央《关于加强社会主义精神文明建设若干重要问题的决议》。1998年，县委召开常委（扩大）会议，学习领会市委《关于开展向紫云村党支部学习的通知》精神，围绕“全市学紫云，紫云怎么办，明溪怎么办”这一问题，进行认真讨论研究。1999年，干部理论学习的重点是邓小平理论、“三讲”教育、经济形势、党风廉政建设、十五届四中全会精神等，探索加强党的建设的新路子。

2000年，围绕解决“四信”（对马克思主义的信仰、对社会主义的信念、对改革开放和现代化建设的信心、对党和政府的信任）问题，开展“三基”（党的基本理论、基本路线、基本纲领）教育。2001年，举办6期学习“三个代表”重要思想领导干部培训班，519名领导干部接受培训。2003年，县委举办3期党员科级干部学习中共十六大精神理论培训班和1期“三个代表”重要思想理论骨干培训班，组织宣讲团深入全县各基层单位、学校巡回宣讲23场次。2004年，县委举办3期科级干部“三个代表”重要思想轮训班，培训骨干360人次；举办为期12天的科级干部培训班，先后邀请复旦大学7位专家、学者到县作专题辅导报告，全县各级干部参加学习活动达3000多人次。2005年，干部理论学习的重点是加强党的执政能力建设、构建社会主义和谐社会、十六届五中全会精神、海峡两岸经济区建设纲要（试行）等内容和《中共中央关于在全党开展以实践“三个代表”重要思想为主要内容的保持共产党先进性教育活动意见》。

二、舆论宣传

1991年3月，县委从县直机关抽调一批工作队下乡开展农村社会主义思想教育宣传活动，用党的基本路线教育、引导农民。1992年，从县、乡机关抽调134名干部进驻30个村和113个基层站所，开展第二期农村社教工作。1993年3月，组织开展“纪念毛泽东等老一辈无产阶级革命家为雷锋题词30周年”活动。9月，全县各级党政机关开展纪念毛泽东100周年诞辰活动，召开理论研讨会、举办报告会、文艺晚会等活动，缅怀领袖，进一步在实践中坚持和发展毛泽东思想。1994年5月，县委宣传部、县人武部联合开展《中华人民共和国兵役法》颁布10周年纪念活动。9月，县委宣传部、县委文明办等6个部门联合组织开展为期1个月的“爱我明溪，美我城区，爱护一花一草一木”活动。

1995年，组织开展纪念抗日战争暨世界反法西斯战争胜利50周年系列活动。1997年，加大党的十五大和农村奔小康宣传力度，组织记者开展“新一轮创业”采风活动，组织“奔向小康”文艺小分队下乡巡回演出。组织开展迎接香港回归祖国和“一国两制”宣传教育活动。1998年，开展纪念党的十一届三中全会召开20周年系列宣传活动，举行纪念大会暨文艺晚会，在县有线电视台开办“辉煌二十年”电视专栏。实施“春风计划”，全县9个乡镇均成立“宣教中心”。1999年，举办庆祝中华人民共和国成立50周年和澳门回归祖国系列宣传活动。

2000年，开展“致富思源，富而思进”宣传教育活动。2001年，县委下发《中共明溪县委关于中国共产党成立80周年纪念活动的通知》，从6月中旬至7月中旬开展19项全县性纪念活动。2001年，组织江泽民“七一”重要讲话宣传团到全县各基层党委、单位进行宣讲，共举办32次场宣讲报告会，受教育1万多人次。2002年，县委宣传部、县委文明办牵头组织开展16场“喜迎十六大”社区广场文化活动。县委宣传部、县广电局举办“庆‘七一’，迎‘十六大’”两个文明建设成就系列展播。2003年，抓好防治“非典”社会宣传工作，全县各级各部门共出黑板报1160期、宣传栏220期，发出宣传画900多张、宣传材料3万多份（册）。2004年，组织开展纪念邓小平同志100周年诞辰和庆祝新中国成立55周年系列活动。2005年，组织开展纪念抗日战争暨世界反法西斯战争胜利60周年和长征胜利70周年系列宣传活动；组织开展“保持先进性，为党增光辉”巡回演讲活动和学习张仁和同志先进事迹活动。

三、新闻报道

1991年，县委报道组有专职干部2人，上级新闻单位在县内设有三明日报明溪记者站。全县各部门均配备1—2名兼职通讯员，各乡（镇）配备专（兼）职通讯员3—5名；每年县委办、县委宣传部、县委报道组对全县通讯员进行新闻报道培训两次；通讯报道内容主要反映改革开放后县内经济建设巨大变化。同年，通讯《明溪县依靠科技兴林见成效》在人民广播电台播出。1994年，《明溪复明》在《福建日报》上刊登。1995年后，通讯报道内容多反映科学兴县、内陆侨乡、明溪品牌，被采用的稿件猛增。1999年，《明溪县山民闯欧洲》在香港《大公报》上刊登；2000年，《客家古邑明溪县全面进军现代农业》在菲律宾《世界日报》上刊登；2004年《真抓实干，上下联动—福建省明溪县落实项目战略见闻》在《人民日报》上刊登，《闽明溪县招才引智出高招》在《澳门日报》上刊登。报道组的新闻报道，自1996—2005年，被海内外报刊采用的新闻消息、通讯、图片等总数达1000篇（幅）以上。其中影响较大的有1996年通讯《青山深处见情怀》在《人民日报》上发表；1998年通讯《旅欧明溪人》获省新闻奖三等奖；2000年通讯《明溪有支银发轻骑兵》获“中国城市党报”三等奖，通讯《关注三峡移民生活》获省新闻奖三等奖；2002年通讯《回报》获全国农民报好新闻二等奖；2005年通讯《八闽千姿：客家古邑千山万岭飘药香》在中国新闻社《中国新闻》上发表。

1991—2005年，全县每年在《三明日报》《福建日报》《人民日报》《中新社》、香港《大公报》《澳门日报》、美国《侨报》、泰国《亚洲日报》、菲律宾《世界日报》等国内外报刊以及其他新闻媒体发表作品2000篇以上，在市级以上评奖中获奖作品有82件。

第四节 统战工作

一、统战宣传

1991年6月，结合庆祝建党70周年，召开党外人士座谈会，14位党外各界人士受邀参加会议，会议宣传党的统战政策，各界人士在颂扬党的光辉业绩同时，对教育、农业等各项事业发展提出意见和建议。1992年11月起，落实统战政策，给起义人员叶礼湑等4人每月生活补助费20元。1995年，县里16位党政领导与32位党外代表人士建立联系交友。同年，全县共召开党外人士座谈会、通报会、协商会8场，318人次参加，提出意见建议75条，51条被有关部门采纳。1996年，为县投诚起义人员冯莲峰落实政策，每月发给115元生活补助费。1997年6月，政协三胞委员会、侨办和侨联联合举办侨、港、澳属“迎回归、庆七一”座谈会。1998年11月，县委召开全县各界人士征求意见座谈会，与会人员就中共明溪县第八次代表大会《报告》提出9条修改意见。2001年2月，县政协办、统战部、侨联、工商银行联合举办回乡省亲旅欧人士代表庆元宵晚会。2002年2月，召开明溪县旅外乡亲返乡人士迎新春座谈会暨明溪情况通报会。2002年8月，县委统战部、县政协港澳台侨委联合召开各界人士抨击陈水扁分裂祖国台湾座谈会。2003年7月，《一个旅欧新侨乡的形成、影响、问题与对策》的调研报告在全国性刊物《华侨华人历史研究》发表。2004年9月，召开纪念中国人民政治协商会议成立55周年暨迎国庆庆中秋座谈会，县政协、县委统战部领导及各界人士36人参加。2005年4月和11月，召开各界人士通报会，旅外返乡人士代表项目恳谈会，向各界人士通报县政府主要工作、全县经济和各项事业的发展情况，推介县重点项目，宣传优惠政策，听取各界代表人士的意见和建议。

二、侨联工作

1991年，全县有归侨、侨眷50余人。1991—1997年，侨联中心工作是贯彻落实《福建省实施〈中华人民共和国归侨侨眷权益保护法〉办法》，维护归侨侨眷合法权益，做好服务工作，解决他们生产生活上困难和问题，引导和扶持归侨侨眷兴办经济实体。其间，侨联联系有关部门在生产资料、技术、资金贷款等方面帮助归侨侨眷发展生产，如引导和帮助侨眷徐某陆续引进海外亲属资金300余万元创办“明溪望城亭综合养殖场”“天亚大酒家”，胡坊村印尼归侨陈某开垦荒山3.5公顷种植果树，台属蔡某引进台资25万元创办明溪兴明副食品有限公司等。1998年后，随着前期出国人员在国外打下坚实基础，明溪兴起出国经商、务工潮。侨联做好服务同时，深入调查研究，撰写《明溪县出国人员、新华侨基本状况、存在问题及建议》《明溪县新移民工作的调查》等专题研究文章，为县领导决策提供参考。1999—2002年，县政府先后出台《关于印发旅欧一条街（新村）建设有关优惠政策》《关于进一步加强公民因私出国管理和服务工作的暂行规定》《关于进一步做好公民出国服务工作的若干意见》等文件，为出国人员提供优惠政策和服务，全县有4个乡镇成立侨联会，28个村（居）设立侨联小组，各级侨联组织围绕加强群众工作、参政议政、维护侨益、海外联谊四项职能开展工作。2004年，成立明溪县海外联谊会、明溪县客家联谊会，建立明溪在海外的社团、华侨和新移民档案，建立旅欧人士等重点联系户档案，完善联系网络，拓宽与海内外明溪籍华人华侨及代表人士的联系渠道。2005年，全县已办理出国护照18648本，实际在外8643人，约占全县总人口的8%，侨眷约4万人，明溪成为福建的“旅欧第一县”，出国人员当年汇回的外汇达3600万美元。明溪新华侨在省外投资有6家，省内投资有42家，其中回明溪投资35家，投资总额6100万元，分别参与农业综合开发、城镇建设、生态旅游、娱乐业、水电开发等项目，促进县域经济的发展。

三、少数民族工作

1991年，全县有回族、藏族、苗族、彝族、壮族、布依族、侗族、瑶族、土家族、畲族、黎族、土族、高山族、仫佬族等14个少数民族，为散居，以雪峰镇和枫溪乡最多，人口771人。其中，回族460人，畲族218人，藏族5人，苗族45人，彝族7人，壮族4人，布依族2人，土家族11人，黎族4人，侗族、瑶族、高山族、土族、仫佬族各1人。少数民族事务由民政局管理。1997年4月，明溪县民族宗教事务局成立，少数民族工作由县民政局转至县民族宗教事务局。1999年，县、乡两级换届，担任科级领导职务的少数民族干部有4人，推荐为市人大代表、市政协委员各1人，县人大代表、县政协委员各2人。2000年4月25日，邀请县农业局高级农艺师陈德宝等4人为官坊村少数民族村民举办香菇反季节覆土栽培培训班；5月8日，组织县医院3位医师为少数民族村民义诊。2003年5月28日，组织10名医疗卫生、农业科技等方面的专家进入少数民族聚居地枫溪乡开展防治"非典"和果树、茶叶、养殖业、农业施肥及病虫害防治技术等宣传及咨询，提供义诊。同年，全县少数民族干部14人，其中担任科级领导职务3人、副科级3人，县人大代表中少数民族代表2人，县政协委员中少数民族委员1人。2004年，争取上级补助资金1万元支持少数民族"村官"坊村发展经济，邀请部分三明市党外知识分子、专家到村开展科技、文化、卫生三下乡活动，为乡村经济发展提供科技咨询服务。2005年3月18日，县政府批复认定枫溪乡官坊村为少数民族村。全县有少数民族11个（回族、畲族、苗族、怒族、侗族、布依族、瑶族、土家族、水族、彝族、土族），人口650人，回族少数民族村1个，即枫溪乡官坊村。

四、宗教事务管理工作

1991年，随着宗教信仰自由政策的进一步落实，宗教组织和信教群众的权益得到依法保护，宗教管理工作更加规范。同年，县政府确定1名副县长分管宗教工作，并指定县政府办公室1名干部具体负责全县宗教事务管理。1992年，设立明溪县宗教事务办公室，为股级机构，隶属县委统战部领导。1993年成立明溪县宗教活动场所登记管理工作领导小组，下设办公室，开展登记工作。至1994年3月，完成聚龙古寺等9个寺庙、教堂首批登记工作；8月30日，召开了宗教"三自"经验交流会。1995年，组织宗教界人士学习江泽民总书记对台讲话、中共十四届五中全会精神、《爱国主义教育实施纲要》和宗教法律法规，开展抗日战争胜利50周年和世界反法西斯战争胜利50周年纪念活动，进行爱国爱教教育。1996年3月，县委统战部、县政府办下发《关于在全县宗教界开展爱国爱教爱乡活动的意见》。并对滥建庙宇和露天佛像、迎神等封建迷信活动进行专项治理。1997年3月，明溪县宗教事务领导小组成立，并召开宗教工作有关部门联席会议，就加强宗教事务管理，解决宗教工作中存在问题等事项进行研究，并形成会议纪要，由县委办、政府办批转执行。1999年起，宗教界开展争创先进爱国宗教团体、文明宗教活动场所和争当爱国爱教积极分子活动，每两年评比表彰1次。2002年4月，根据省、市精神，各地民族与宗教事务局归口政府系列，因明溪属于三类县，民族与宗教事务局设在统战部。同年，县宗教界为夏坊"6·16"洪灾受灾群众献爱心共捐款6200元。2003年，县宗教界为抗击"非典"捐款4300元。2004年4月9日，召开全县宗教工作座谈会暨专项治理乱滥建寺庙工作会议，部署全县专项治理乱滥建寺庙工作。2005年4月，在夫人庙举行全县宗教界学习贯彻《宗教事务条例》培训班，全县各宗教团体、宗教活动场所负责人和部份教职人员共85人参加培训。同年，县宗教界为印尼海啸灾区捐款3600元。

五、党外干部、知识分子工作

1991—2005年，按照"政治上关心、生活上照顾"的要求，建立党外干部培养选拔工作机制，对党外干部、知识分子摸底登记，建立档案。建立县党政领导与党外知识分子联系制度，党政领导同党外人士交友，听取党外人士的意见和建议，关心支持党外人士的工作和生活，为党外人士排忧解难。根据党外人士的特长和实际表现，通过各种渠道选拔推荐进入重要岗位，使党外人士的实职和政治安排达到规定的比例。

2005 年，全县党外干部、知识分子有 1867 人，其中，党外处级干部有 3 人，党外科级干部 21 人，县人大非党代表 13 人，县政协非党委员 47 人。建立 46 人的党外后备干部队伍，实行动态管理，定期走访考察。

第五节 精神文明建设

一、公民道德建设

（一）文明市民教育

1991 年起，围绕“助人为乐、见义勇为、诚实守信、敬业奉献、孝老爱亲”展开市民道德教育。2 月 10 日，开办三明市文明市民业余学校明溪分校，全县 9 个乡镇和城区 7 个“六联六建”片区以及县总工会、团县委、县妇联（依托雪峰镇妇联）各组织 1 个教学班。全县共征订《文明市民读本》教材 4000 册，城区举办培训班 112 期，5130 人参加系统学习，经考试全部获得结业证书。1993 年，全社会开展评选文明市民活动。6 月，全县有 10 人被评为三明市首批文明市民，有 50 人被评为“明溪县文明公民”。1994 年，开展“爱我明溪一山一水一路，爱我明溪一花一草一木”为主题的“双爱”活动。1995 年，县评出 10 名文明好公民。1996 年 6 月，在全县开展遵守“九不”规范，争当文明市民活动（即：不随地吐痰、不乱扔垃圾、不乱扔果皮纸屑、不乱堆杂物、不损坏公物、不破坏绿化、不违反交通规则、不说粗话脏话、不在公共场所吸烟)。同时，修订《明溪县文明公民公约》《明溪县文明公民标准》。1997 年 9 月，举行“讲文明、树新风”大型踩街宣传活动。在县有线台、广播电台开展“讲文明、树新风”专题报道和“社会公德每日一话题”专题节目，每晚 7 点 30 分新闻节目后播出。1998 年，通过重新修订完善《明溪县文明公约》、编撰《明溪县公民道德行为规范》、中小学校开设道德规范教育课、县有线电视台开辟“文明市民电视教育学校”专栏、制作文明市民教育宣传牌等活动，对全体市民进行社会公德教育。1999 年 4—6 月，在全县开展“六看六评”（即看人，评人的精神风貌；看市，评市场发展变化和文明繁荣；看房，评城区建设发展步伐和现状；看路，评道路建设和管理是否文明有序；看树，评县城绿化美化情况；看文化，评县城文物保护和文化品位提高）活动，下发相关内容民意测验表到各片区中，让群众回顾、思考和评价县精神文明发展状况。2000 年，在全县组织开展以“在家庭当个好成员，在单位当个好职工，在社会当个好公民”为主要内容的争做文明公民活动，活动以培养“四有”公民为根本任务，着重在提高广大公民思想道德文化素质上做文章。2002 年 7 月，县委下发《中共明溪县委关于贯彻〈公民道德建设实施纲要〉的意见》。11 月开始，县委宣传部、文明办举办 3 期学习宣传骨干培训班，全县 300 多名乡镇精神文明建设分管领导和文明办骨干，省、市级文明单位分管领导和文明创建工作骨干接受培训。2003 年 6 月，县精神文明建设指导委员会表彰 2001—2002 年度明溪县“十佳”文明市民。2005 年，在全县组织开展“自觉遵守社会公德、积极争当文明公民”活动。

（二）文明行业教育

1991—1993 年，明溪县党政机关和各行各业以“优质服务”为主题开展职业道德教育，各单位普遍组织员工学习“社会公德、职业道德 200 问”，开展职业道德、职业规范、职业纪律教育，进行服务技能培训，不定期开展服务技能比赛，提高职工服务素质和服务水平。1995 年，开展以“五优”（优秀岗位、优质服务、优良秩序、优美环境、优化管理）为内容的竞赛活动，提高“六职”（职业理想、职业道德、职业纪律、职业技能、职业规范、职业责任）水平，在窗口行业推行使用“文明用语”，禁用否定、质问、嘲讽等不文明、不礼貌语言。1997 年，开展“三讲”“两说”活动，促进政德建设，设立意见箱和公布投诉电话，转变机关作风，推进党政机关事业单位政务公开，提高服务质量。1999 年，结合“机关作风整顿月”

活动，制定下发《关于在全县各级党政机关中开展“三讲两说一创一评”活动的通知》，对全县各级干部进行一次全面系统的政德教育。7月，在县灯光球场组织由各党委组队参加的“政德知识”竞赛。2002—2004年，制定下发《关于在全县开展以“道德立身、诚信立业、文明做人”为重点文明行业创建活动的工作意见》，在生产和流通领域、服务行业、中介组织、科教文化战线、行政管理和执法部门开展“道德立身、诚信立业、文明做人”为主题的诚信建设。2005年，在全县政府系统开展建设“学习型机关”活动，开展“局长（主任）论坛日”活动及建立“集中学习日”制度等。

（三）家庭美德教育

1991年，围绕“尊老爱幼、男女平等、夫妻和睦、勤俭持家、邻里团结”开展家庭美德教育，全县表彰129户“五好家庭”，新评“五好家庭”1870户，全县“五好家庭”16386户。1993年全县表彰“五好家庭”246户，全县有“五好家庭”18295户。1994年，把创建文明户作为创文明县城的重要内容，对往年评上 “五好家庭”的进行张榜公布，全县新评出文明户3352户。1995年，全县开展家庭文化建设活动174场次，有10876人参加活动，表彰“美好家庭”108户，“美的居室、美的阳台”48户。1996年，以夏阳乡新坊村村民吴伦英事迹为榜样，要求全县人民学习吴伦英47年如一日照顾瘫痪丈夫的精神，促进家庭美德建设。1997年4月，县委宣传部等18家单位联合发出《关于深入持续开展“五好文明家庭”创建活动的联合通知》，在全县开展争创50户“五好文明家庭”和10户标兵户活动。当年全县有“五好文明家庭”户18607户，占全县总户数的66.7%。1999—2004年，家庭美德教育以继续实施美德在发展活动为载体，在城镇开展“五好家庭”创评活动，全县以“法律科技知识进家庭”开展形式多样的法律科普知识“双学双比”活动。其间，县妇联还多次组织创评“美在楼院，乐在家中”等家庭文明建设活动。2005年，实施美德在农家活动，引导农村家庭创建“学习型家庭”和“五好文明家庭”活动，促进社会主义新农村小康建设。当年全县有“五好文明家庭”23215户，占全县总户数的70%。

二、文明创建活动

（一）创建文明县城

创建文明县城活动始于1984年，年初中共三明市委、市人民政府向各县（市区）下发创建文明县城活动责任书，半年组织一次初评，年终进行总评，并命名表彰，1994年起改为一年初评，两年总评表彰一次。1991年，明溪县城被中共三明市委、市政府评为文明县城；1993年被省委、省政府授予创建文明（先进）县城竞赛活动先进县城；2002年被评为省级文明先进县城；2003年8月被省委、省政府授予第八届（2000—2002年度）创建文明县城活动先进县城。在全市创建文明县城竞赛评比中，县委、县政府把创建文明县城摆上议事日程，加大城区五项管理，加强县城功能配套建设，提高县城文化品位，相继组建城市管理队伍，出台城区管理规定，加强市民教育、规范交通秩序，增设公共卫生设施，开展“三优”活动，做到点（创建文明单位）、线（创建三优街）、面（共建文明片区）全面推进。每年对照省、市创建文明县城竞赛活动内容与达标标准，分解到相关部门，明确创建任务和验收标准，分兵把口、各司其职、落实责任、实行齐抓共管。硬件建设和软件建设，年年都有新项目，年年都有新发展。

（二）创建文明单位

县创建文明单位活动最初以治理“脏、乱、差”为主要内容，而后逐渐扩大到思想道德建设、文化教育建设、环境卫生建设、社会治安治理和计划生育管理、基层党组织建设以及经济、业务工作业绩等多项内容。文明单位的类型包括文明机关、文明企业、文明商店、文明学校、文明村镇、文明片区等。1991年，创建省级文明单位3个，市级文明单位26个，县级文明单位117个。1994年2月，县委、县政府根据《福建省文明单位建设管理办法》，下文公布1993年度被取消的14个县级文明单位名单。同年，全县有167个单位（含乡镇、村）被省、市、县评为文明单位，其中省级4个、市级41个。1995年起，改变文明单位复查考核办法，实行两年一届的届期制，期满后重新申报。1996 年，文明学校开始单列命名。2000 年起，在文明单位创建工作中，注重发挥文明单位在精神文明建设中的示范和带动作用。9 月，在省市级文明单位中全面启动“城乡结对、共促发展”活动，全县 32 个省市级文明单位分别落实挂包结对 32 个村，旨在把城区省、市级文明单位的优势带到农村，促进农村经济发展，提高村民素质、抓好移风易俗、建好文化阵地，创建文明村、文明户。2003 年，制定《明溪县城区绿化暂行管理规定》《明溪县城区建设暂行管理规定》，创建文明县城走向规范化。2004—2005 年，先后制定《明溪县创建文明乡镇竞赛活动实施意见及考评细则》，推动文明村镇建设，把提高农民的道德素质，作为农村精神文明建设的核心内容和中心环节贯穿全过程，创新道德教育形式，宣传《公民道德建设实施纲要》，完善文明公约，规范道德行为。1995—2005 年，省委、省政府 5 次命名明溪县省级文明单位 31 个，文明学校 4 个；市委、市政府 5 次命名明溪县市级文明单位个 149 个，文明学校 13 个，文明片区（社区、小区）6 个；县委、县政府 11 次命名和表彰文明单位和精神文明建设先进个人。

（三）创建文明窗口

1991 年，文明窗口建设以创建“三优示范街”为平台，以街促城，按照“优质服务、优美环境、优良秩序”的要求，主要以树立“五风”（助人为乐新风、好学上进新风、廉洁勤政新风、互相谦让新风、尊老爱幼新风）活动为出发点，对沿街各单位、商店登记造册，分别制定“三优”要求，要求做到“门前三包、门内达标”，沿街各商店、营业场所制定《服务规范》《柜台纪律》《服务公约》，建立“便民服务台(柜)”，备有针线、笔、常用药品等物品，设立意见箱、意见簿、公布投诉电话。要求服务员、营业员着装整齐，胸配工号做到微笑服务，礼貌待客，服务热情周到，百问不厌、百拿不烦，实行货物“三包”（包换、包退、包修），做到来有迎声，去有送声。要求店内整洁卫生，不乱堆放货物，商品摆放整齐有序，讲求艺术性。各窗口单位普遍推行和健全服务工作的全面质量管理制度。实行个人奖金与服务质量，经济效益双挂钩。1994 年 3 月，下发《关于开展第三届“十杯”竞赛，深化“岗位学雷锋，行业十争当，满意在明溪”活动的意见》《关于深化三优街创建活动，开展十大窗口百日竞赛的意见》，提出竞赛活动的目标、内容、重点、方式及评比表彰具体事项。在三优街十大服务窗口开展以优质服务为主要内容的百日竞赛，评出 18 家文明窗口单位。1997 年，在创建文明行业中，以抓文明窗口示范行业，确定商贸、税务、工商、公安、卫生、邮电、金融、电力、建设、交通等 10 个直接关系人民群众生产和生活行业，各建设一个示范文明窗口。1998 年，以“共创满意窗口、同享社会温馨”活动为主题，推进 100 家优质服务文明窗口示范点建设。1999 年，文明窗口创建注重“求深、求精、求实”，把满意服务向基层站所延伸。2000 年，文明窗口创建行业扩大到 32 个行业，计生系统也纳入创建行业。2002 年，开展“全民礼貌月”20 周年纪念活动，行业窗口基本实行 AB 岗工作制，全县多数部门单位实行一条龙服务。2005 年，成立明溪县政务服务中心，推行“一窗式受理、一站式服务、一次性告知、公开承诺、限时办结”管理体制，实行重点项目代办制，全面开放式办公。

三、文明共建活动

（一）区域共建

区域共建始于 2003 年，是年 4 月 8 日与泉州丰泽区本着“友好合作、结对共建、取长补短、互利双赢、共同发展”的原则，签订《明溪县、丰泽区结对共建友好县区协议书》，开展结对共建，加快原中央苏区县精神文明建设步伐。双方建立“区县共建领导小组联席会议制度”“部门结对共建工作制度”等 6 项结对共建工作机制。结合县经济和社会事业发展情况，每年确定一个结对项目，多方筹措资金，认真抓落实。同年，由两区县共同筹资 85 万元兴建的宣传大屏幕于当年 7 月份投入使用，县选派 8 名年轻干部和 6 名教师到丰泽区街道办事处、学校跟班学习。2004 年，区县双方共同签署申办期 5 年的《关于加强友好共建推进经济协议书》，实现区县精神文明建设结对共建向全面共同发展，结对共建项目——县医院病房楼和县青少年校外活动中心，丰泽区分别无偿投入50万元和20万元。同时本着“优势互补、资源共享、互惠互利、共同发展”的原则，在丰泽区专场招商会上，共签订项目23个，总投资达4.02亿元人民币，2005年开工建设3个，总投资3190万元，有重大进展项目2个，总投资1380万元。双方共建工作得到省市领导及全市结对共建专题会的肯定，《人民日报》《福建日报》《三明日报》作了专题报道。

（二）片区共建

1992年，共建精神文明发展到生活、工作在同一区的机关、企事业单位和当地居民，以思想工作联做，共育“四有”新人；社会治安联防，共创安定环境；公益事业联办，共建服务设施；群众文化联搞，共同治愚变智；环境建设联建，共创优美环境；经济工作联抓，共图片区繁荣为内容的联谊共建、共兴共荣的群众性活动。至1993年，城乡共建片区达31个，实现县城区域共建全覆盖，各片区都成立共建理事会，设立共建联系点，订立共建章程与方案，开展各具特色的活动。1996年，共建文明片区转入共建文明安全小区新阶段，并与居委会辖区相对应；共建的内容与目标调整为：社会治安稳定、社会风气良好、环境整洁优美、群众生活方便、社区文化活跃。1998—1999年，县城将原来的11个共建片区调整为12个文明安全小区，重新调整小区的挂点领导和协调会班子，下发《明溪县创建文明安全小区实施细则》等系列规范化文件，加大小区“安全、卫生、服务”等工作力度，在居民楼幢配备楼长、安全员、卫生员、道德评议员，同时结合公安系统开展的“满意（不满意）”派出所，把110引进片区。2000年，以“倡导文明新风、共建美好家园”为主题，开展共建文明安全小区活动。当年4月，县委按照“按居划区、一居多区、集中为主、成片为主”的划分方式，县城区调整为14个文明安全小区。2003年，县城共形成23个文明安全小区共建片，覆盖全城区。2005年5月，在共建社区组织开展“无毒社区”创建活动。雪峰镇城东社区、雪峰镇中山社区被市委、市政府授予第四届（2003—2005年度）文明社区（小区）。

（三）军警民共建

1991—2005年，军警民共建为精神文明建设工作要点，县成立有军民共建活动协调小组，各“共建点”相应成立共建活动的领导协调小组，负责对共建活动的组织、领导、协调。军地双方根据就近、就地、互惠互利的原则和形势发展需要，结对共建先进党支部、先进文明单位、文民路、文明学校、结对共育“四有”新人，结对共学“三个代表”重要思想，在共建中充分展示“军民鱼水情”风貌。其间，县地税局和县消防大队作为共建对子，从2000年至2005年，连续两届被授予全省军民共建精神文明建设先进集体。在2002年“5·16”特大洪灾中，驻明部队共派出125名官兵，参加抗洪救灾，转移重灾群众3719人。2002年、2003年，驻明部队和武警官兵投入5000多个劳动日，100多台次车辆，支援县重点工程建设和社会公益事业建设。

第六节 综治 信访

一、社会治安综合治理

1991年3月，成立明溪县社会治安综合治理委员会，县社会治安综合治理按照“属地管理”和“谁主管谁负责”原则，全面推行综治目标管理责任制，由县委、县政府与各乡镇、县直各部门单位党政主要领导签订颁发综治领导责任书，把综治工作实绩纳入各级领导干部考核重要依据，列入领导干部述职报告内容，与晋级晋职、评先表彰相挂钩，行使综治一票否决权。

1992年，制定《明溪县社会治安综合治理“一五”规划》，明确综治工作指导方针、基本任务要求和主要措施。在全县 73 个内保单位开展创建安全单位活动，城区建立 6 个“六联六建”（思想工作联做，共育“四有”新人；社会治安联防，共创安宁环境；科学文化联做，共同提高素质；公益事业联办，共建服务设施；环境设施联建，共建园林片区；经济建设联抓，共图区域繁荣）片区，村（居）健全治保会、调解会，机关企事业单位建立 35 个保卫科、7 个保卫股，配备专兼职保卫干部 305 人，建立 9 个公安派出所，10 个检察室，3 个人民法庭和 9 个司法办，9 个法律服务站，县乡（镇）设 9 支联防队，队员 42 人，75 支巡逻队，专兼职队员 872 人。

1993—1994 年，集中开展农村社会治安整治活动，开展围歼“车匪路霸”“扫黄打非”等行动。共立刑事案件 245 起，破获 207 起，破案率 84.3%，受理治安案件 275 起，查处 266 起，查处率 97.4%，召开“严打”集中宣判大会 6 场，查获 4 起色情流氓案件，缴获淫秽录像片 16 片，非法书刊及出版物 460 本，取缔非法经营点 4 处，停业整顿 8 处。

1995 年，配齐配强乡镇专抓综治工作分管领导，建立健全各级综治机构和加强综治工作各项规章制度。6 月，设立明溪县见义勇为奖励基金，表彰见义勇为先进个人 4 名，表彰综治先进集体 34 个，先进个人 29 名，综治一票否决单位 6 个。同年，明溪县获省综治委“落实《福建省 1991—1995 年社会治安综合治理工作规划》合格县”称号。

1996 年，制定下发《明溪县 1996—2000 年社会治安综合治理规划》《关于开展社会治安综合治理“八个一”示范活动具体实施意见》（一个示范村、一个示范企业、一所示范学校、一个示范机关、一个示范共建片、一个示范公共场所、一个示范植保会、一个示范调解委员会），深化综治工作。同年，开展严打整治，集中收缴非法枪支、严厉打击涉枪犯罪专项行动，全县共立刑事案件 337 起，破获 240 起，破案率 71.2%，受理治安案件 352 起，查处 347 起，查处率 98.6%，召开宣判大会 6 场，摧毁团伙 18 个，抓获成员 76 人，其中流氓恶势力 2 个，抓获成员 11 人，抓获省挂牌逃犯 2 人，收缴非法枪支 792 支，民爆炸药 270 公斤，管制刀具 41 把。

1997 年，召开全县“严打”斗争表彰会，表彰先进集体 16 个，表彰先进个人 40 人，综治一票否决单位 5 家，综治黄牌警告单位 2 家。12 月，成立明溪县见义勇为工作协会，表彰见义勇为先进个人 17 分。盖洋镇桂林村王国强等 3 名同志受省政府见义勇为先进个人表彰。

1998 年，开展社会治安综合治理基层安全创建活动，围绕“育人、治安、办实事”，全县规划创建文明安全小区 11 个，文明安全村 54 个，开展基层创建平安活动。县委建立半年 1 次社会稳定形势分析会议制度，研究部署社会稳定形势，制定维护稳定工作措施。年内，明溪县破获三明市系列麻醉抢劫案，在全市引起较大的反响。

1999 年 2 月，成立明溪县委维护社会稳定工作领导小组，由县委书记担任组长，县委分管副书记，县委常委、政法委书记，县政府分管副县长担任副组长，各有关部门领导为成员，加强对维护社会稳定工作的组织领导。

2000 年，贯彻执行《中央社会治安综合治理委员会关于进一步加强矛盾纠纷排查调处工作的意见》，坚持“预防为主，教育疏导，依法处理，防止激化”和“及时排查，各负其责，工作在前，预防为主”的原则，集中开展矛盾纠纷和信访积案排查调处活动，把矛盾化解在基层，化解在萌芽状态。年内共排查调处各类矛盾纠纷 466 件，调处成功 460 件，调处率 98.7%。

2001 年，在农村全面部署开展“一区两会三包”（一区：民警责任区；两会：治保会、调解会；三包：包学习、包责任、包成效）创建活动，推进基层创安。

2002 年 4 月，组建明溪县城区治安巡逻队，招收队员 20 人，加强城区治安巡逻防范工作。

2004 年 6 月，制定《建设“平安明溪”工作的实施意见》《明溪县处置经济社会紧急情况工作预案》

和《明溪县处置群体性事件工作预案》等具体实施办法，把首批4个乡镇（雪峰、城关、瀚仙、盖洋）的平安建设工作列入县委、县政府为民办实事内容，加大宣传力度，提高平安建设工作的“知晓率、参与率和满意率”。

2005年，围绕“五个明显提高”“五个明显下降”“五个有效遏制”“五个有效防止”，争创全市最稳定、最安全、最和谐的县份之一，开展建设“平安明溪”活动，为构建和谐明溪，加快明溪发展，实现“率先崛起”营造良好的社会治安环境。8月，县成功破获“7·30”城区系列飞车抢夺案，抓获犯罪团伙成员2名，并由此带破大田“7·29”系列飞车抢夺案3起、永安飞车抢夺案1起。

据市综治委委托市统计局城调队开展公众安全电话抽样调查显示，明溪县群众对社会治安满意率分别为：2001年95.5%，2002年98.5%，2003年96.5%，2004年96. 9%，均居全市前列。县综治工作1998年、2000年、2001年、2002年、2003年、2004年连续在全市综治考评中评为第三名。2005年6月，县被省综治委、省人事厅授予2001—2004年度“社会治安综合治理先进集体”荣誉称号。

二、信访

1991年，全县信访工作实行“分级负责、归口办理”的原则，信访部门对人民群众来信来访及时接待、登记、转办、督办、查办、落实。有县、乡、村三级信访网络，并建有“县长接待日”制度，规定每个月农历十六墟日为县领导接待日，遇节假日推后一个墟，为农历十九日，接待时间半天。当年，全年共召开县信访工作领导小组会议4次、信访联席会议7次、联合办案3次，及时解决一批重大疑难问题。

1992年，信访工作重点为企业、农村，把问题解决在基层。全年共召开信访联席会议6次、联合办案3次。

1994年，受理群众信访批数和人数分别是上年同期的6倍和17倍。主要反映亏损企业拖欠工资、欠交养老保险金、城市拆迁安置、催交征购粮、先行工程及其他办厂征地补偿等问题。

1996年，全县宣传、学习、贯彻新《信访条例》，向全县各机关单位及乡镇、村发放宣传小册子500册、张贴《条例》150张、发放试卷120份。

1998年，求决类和反映基层干部以权谋利、违法违纪问题的信访件增多，分别占信访总量的53.2%和11.7%。

同年12月，设立县委书记、县长信箱，开通县长信访热线电话。

1999年，由政府成员参加的“县长接待日”制度，改为由县四套班子各抽一名领导参加的“县领导接待日”制度，相关部门分管领导和律师参与领导接待日。该年，集体上访大幅度增加，老访户频繁缠访，信访热难点问题突出，牵涉面广，处理难度大。上访内容主要为非法集资、旧城改造拆迁安置、困难企事业单位职工要求兑现套改工资及拖欠的工资和退休费、企业破产或改制涉及职工切身利益问题等。

2000年，对全县的重大信访问题和信访积案进行为期3个月的排查调处，排查出17件信访积案。2001年，县委办、政府办对排查出来的12件信访热难点问题制定包案责任人。

2002年，开展县级领导到乡镇开展接访活动，加大信访举报和查案办案力度。

2003年，实行信访效能督办制度，每月对县领导接待日接访件办理情况进行督查督办，并将办理情况呈报给当月和下个月接待的县领导。

2004年，建立处理信访突出问题及群体性事件联席会议制度，成立8个专项工作小组（即：土地征用和矿山纠纷问题、城镇房屋拆迁问题、国有企业改制问题、企业军转干部问题、涉法涉诉问题、林业管理与林权纠纷问题、村财村务问题、库区移民问题工作小组）。制定人民群众上访和党政机关受理程序规则、信访工作若干制度实施细则，全县信访工作更加制度化、规范化。

2005年，制定处理信访突出问题及群体性事件联席会议制度，开展《信访条例》的宣传贯彻和培训工作，利用电视、网络、宣传栏、标语、宣传单等多种形式，宣传《信访条例》；召开全县信访工作会议暨《信访条例》培训班，全县200多人参加培训。

1991—2005年，信访总量11347件次，办复率98.6%。其中，来信1812件，来访2432批9536人次，“县长接待日”共接待上访群众1324批3981人。

1991—2005年明溪县信访局受理群众信访情况

表13-2

年份	信访总量（件次）	信（件）	访		县领导接待日		办复率（%）
			批	人	批	人	
1991	534	249	206	285	131	131	98.0
1992	375	131	164	244	99	120	98.9
1993	211	101	78	110	56	79	98.5
1994	619	103	202	516	94	188	97.8
1995	610	162	167	448	75	217	98.3
1996	619	185	211	434	112	213	98.0
1997	464	105	166	359	72	144	96.0
1998	614	224	118	390	59	99	96.5
1999	948	155	180	793	87	268	96.0
2000	1463	102	169	1361	99	465	97.8
2001	1020	95	148	925	69	330	96.3
2002	1471	34	169	1437	109	848	99.2
2003	847	57	167	790	90	356	99.1
2004	744	29	145	715	74	251	99.3
2005	808	80	142	729	98	272	99.2

第七节 党校工作

一、培训干部

1991—2005年，随着党的工作中心的转移，党校干部培训由理论教育转向以时事政治、实用知识和岗位技能知识为重点，突出“理论基础”“世界眼光”“战略思维”和“党性修养”这四个方面的培训内容。在教学过程中，积极推进研究式、互动式、开放式、案例式、体验式教学等方式，党校先后举办党校学历、科级干部、村两委干部、后备干部、工会干部、共青团干部、妇女干部、青年企事业厂长（经理）书记等各类培训班69期，培训党员干部6974人。

1991—2005年中共明溪县委党校培训干部情况

表13-3

培训班名称	期　数	参训人次（人）
科级干部培训班	17	1556
中青年干部培训班	7	613
村支部书记培训班	9	787
村级后备干部培训班	2	106

表 13-3

培训班名称	期　数	参训人次(人)
公务员培训班	5	580
农村社教工作队员培训班	2	89
组织人事干部培训班	1	48
党校学历班	3	124
村主任培训班	6	526
共青团干部培训班	5	1070
妇女干部培训班	5	582
工会干部培训班	3	433
党务工作干部培训班	1	150
企业厂长、经理、书记培训班	2	220
果树栽培技术培训班	1	90
合计	69	6934

二、党校学历培训

1994 年起，县委党校会同全省党校开办中央党校函授大专班，学制 3 年，设经济管理和党政管理 2 个专业，学习课程均为 24 门，其中公共课程学科为马克思主义哲学简明教程、邓小平理论简明教程等 15 门，专业课程均为 9 门（其中党政管理专业课程学科为公共行政学、党的建设简明教程等 9 门；经济管理专业课程学科为工业企业经营管理概论、对外经济管理学等 9 门）。至 2005 年，共招收学员 487 人，毕业学员 422 人。2003 年，增设中央党校函授本科班，设立经济管理和法律 2 个专业，学制两年半，至 2005 年，共招收学员 181 人，其中毕业学员 77 人，在读学员 104 人。

1994—2005 年明溪县委党校函授大专学历教育情况

表 13-4

年　份	专业设置	学习期限	学员数(人)
1994	党政管理、经济管理	1994 年 9 月—1997 年 6 月	90
1995	党政管理、经济管理	1995 年 9 月—1998 年 6 月	56
1996	经济管理	1996 年 9 月—1999 年 6 月	20
1997	经济管理	1997 年 9 月—2000 年 6 月	74
1998	党政管理、经济管理	1998 年 9 月—2001 年 6 月	61
1999	经济管理	1999 年 9 月—2002 年 6 月	24
2000	经济管理	2000 年 6 月—2003 年 6 月	27
2001	经济管理	2001 年 9 月—2004 年 6 月	37
2002	经济管理	2002 年 9 月—2005 年 6 月	45
2003	经济管理	2003 年 9 月—2006 年 6 月	19
2004	经济管理	2004 年 9 月—2007 年 6 月	13
2005	经济管理	2005 年 9 月—2008 年 6 月	21

三、理论研究

1991—2005 年，县委党校教师共撰写论文 205 篇，其中在国家级刊场上发表论文 4 篇，在省、市级刊物上发表或在有关研讨会上交流 63 篇，在县级刊物或在相关研讨会上交流 13 篇。论文研究方向主要涉及政治建设、经济建设、文化建设、社会建设、生态文明建设、党的建设和党校教育等。

四、党校建设

2003 年 7 月，县委决定实施党校迁建工程，将县委党校整体迁至县原田径运动场，利用党校旧址扩建红豆杉公司。2004 年 11 月，县委党校新址建成，整体迁至（雪峰镇青年路 766 号）办公。新校址占地面积 2.4 公顷，总建筑面积 3213.87 平方米，其中教学楼建筑面积 1743.78 平方米。拥有能容纳 150 人的梯形教室 1 间， 80 人的中型教室 1 间，2 间普通教室，同期容纳 300 人左右。拥有食堂 1 幢，图书资料藏书 1.1 万册，报刊资料 2000 多种。

卷十四　政权　政协

根据《中华人民共和国地方各级人民代表大会和地方各级人民政府组织法》《中华人民共和国全国人民代表大会和地方各级人民代表大会选举法》和《福建省县、乡两级人民代表大会代表直接选举实施细则》的有关规定，县、乡（镇）从1991—2005年进行6次县、乡（镇）人大代表换届选举。县十一届、十二届、十三届、十四届人民代表大会共召开17次全体会议，其间举行4次换届，选举产生新一届县人大常委会组成人员，县政府县长、副县长，县法院院长和县检察院检察长。15年间，县人大常委会通过常委会例会、视察检查、人事任免、评议工作、议案和代表意见、建议办理等项工作，依法行使监督权、决定权、任免权。特别是通过对有关法律法规的贯彻实施情况进行执法检查和视察、开展普及法律常识教育和法律咨询活动、加强对司法机关的个案监督、常委会例会审议并做出决定等形式，加大法律监督力度，推进依法治县。1991—2005年，第十一届召开人大常委会会议28次，主任会议64次；第十二届召开人大常委会会议40次，主任会议68次；第十三届召开人大常委会会议48次，主任会议83次；第十四届召开人大常委会会议15次，主任会议32次。

1991—2005年，县人民政府立足明溪实际，紧紧围绕经济建设中心，坚持改革开放，科学制定和完善城区规划，加强城区建设与管理，改善投资环境和生活环境，大力发展经济和各项社会事业，组织实施农业、林业、工业、商贸、土地、财政、企业劳动、计划等管理体制的全面改革，加强社会治安综合治理，维护社会安定，加强勤政廉政建设，改进作风，积极为全县人民办实事，全县国民经济和社会事业持续、稳定、协调发展。1992年，被评为全省义务教育先进县和省级卫生县城。2000年8月，确定为全国六个森林经营工作示范县之一。2003年，被国家环保总局确定为全国生态示范区建设试点县；获省委、省政府第八届“省级文明先进县城”称号。2004年，被评为全省10个发展成绩突出、发展潜力较大的县（市）之一，并被授予县域经济发展特别奖。2005年12月，被命名为“中国红豆杉之乡”。

1991—2005年，明溪县政协坚持共产党领导的多党合作和政治协商制度，高举爱国主义、社会主义旗帜，把握团结和民主两大主题，履行政治协商、民主监督、参政议政职能，充分发挥政协委员的积极性、主动性，广泛联系社会各界人士，围绕县各5年规划的编制和实施、发展非公有制经济、构建特色产业集群、发挥新侨乡优势、推进“平安明溪”建设等重点课题，开展多形式的调研视察、民主监督、协商议政活动，提出许多意见和建议受到县委、县政府的重视和采纳，为党政机关科学决策提供重要参考依据。其间，把提案工作作为政协实施民主监督的有效载体，不断完善提案工作程序，提高提案办理质量，提案在促进县“三个文明”建设方面发挥重要作用；利用新侨乡优势，积极开展海内外联谊活动，宣传明溪的投资环境和优惠政策，广交朋友，增进共识，推进明溪招商引资和项目工作的开展。

第一章　地方人大

第一节　代表选举

1991—2005年，县、乡（镇）共进行6次县人大代表和乡（镇）人大代表的换届选举，其中3次为乡（镇）单独选举。第十二、十三、十四届县人大代表任期为5年，乡（镇）人大代表任期为3年。县、乡（镇）人大代表换届选举在县人大常委会领导下进行。每次换届选举前均成立选举委员会，全县9个乡（镇）成立相应工作机构，主持选举工作。选举前，换届选举委员会在全县各个选区广泛宣传有关法律、法规，增强选民选举意识。选举委员会科学划分选区，合理分配代表名额。选民名单在选举日前30天公布，并发放“选民证”；代表初步候选人名单在选举日前20天公布；正式代表候选人在选举日前5天公布。正式代表通过无记名投票差额选举产生。

1993年12月22日，为县人大代表统一选举日，全县划分为129个选区，参加投票的选民72587人，占选民总数98%，选举产生县十二届人大代表178名。代表中，中共党员代表109人，非党代表69人；妇女代表39人；工人代表19人，农民代表95人，干部代表48人，军人代表2人，知识分子代表14人。

1996年11月，乡（镇）人大代表换届选举，参加投票选举72893人，占选民总数98.4%，选举产生乡（镇）人大代表450人。其中，中共党员代表274人，非党代表176人；妇女代表106人；农民代表299人，干部代表105人，工人代表26人，少数民族代表1人，其他界别19人。

1998年12月8日，县人大代表统一选举，98个选区参加投票选民76287人，参选率97.9%，选举产生县第十三届人大代表大会代表150名。代表中，中共党员代表89人，非党代表61人；妇女代表41人；工人代表9人，农民代表71人，干部代表68人，知识分子代表65人，军人、少数民族（回族）、个私业者各1人。其中，第十二届人大代表连任29人。

1999年11月，乡（镇）人大代表换届选举，全县参加投票选举73735人，参选率达97.8%，选举产生乡（镇）人大代表450名。代表中，中共党员代表271人，非党代表179人；妇女代表108人；工人代表18人，农民代表319人，干部代表94人，知识分子代表14人，个私业者代表5人，少数民族代表3人。其中，第十三届人大代表连任123人。

2002年11月，乡（镇）人大代表换届选举，全县参加投票选举选民76647人，参选率96.3%。选举产生乡（镇）人大代表450名。其中，中共党员代表277人，非党代表173人；妇女代表109人；农、牧、渔业生产人员302人，各类技术人员25人，商业、服务业人员17人，运输和其他从业人员11人，国家机关、党群组织、企业事业单位工作人员95人。其中第十四届人大代表连任138人。

2003年11月19日，为县人大代表统一选举日。全县96个选区，参加投票选举的选民76518人，占选民总数的94%，选出县第十四届人民代表大会代表152人。代表中：党员代表91人，非党代表61人；妇女代表43人；工人代表9人，农民代表73人，知识分子代表7人，干部代表62人，军人代表、少数民族代表各1人，非公有制企业代表4人，侨属代表3人；第十三届人大代表连任32人。

第二节 代表大会

1991年1月至2005年12月，县第十一届人民代表大会召开3次会议，县第十二届、十三届人民代表大会分别召开6次会议，县第十四届人民代表大会召开2次会议。

一、县第十一届人民代表大会

第一次会议于1991年1月16—18日召开，出席会议代表177人。会议听取和审议县政府、计划、财政、县人大常委会、县法院、县检察院等6个工作报告；选举县第十一届人大常委会主任1人、副主任4人，委员14人；选举县人民政府县长1人、副县长5人；选举县人民法院院长1人、县人民检察院检察长1人。

第二次会议于1992年4月7—9日召开，出席会议代表150人。会议审查和批准《明溪县国民经济社会发展十年规划和“八五”计划纲要》；听取和审议县政府、计划、财政、县人大常委会、县法院、县检察院等6个工作报告。

第三次会议于1993年2月3—4日召开，出席会议代表176人。会议听取和审议县政府、计划、财政、县人大常委会、县法院、县检察院等6个工作报告；选举三明市第八届人民代表大会代表20人。

二、县第十二届人民代表大会

第一次会议于1994年1月16—19日召开，出席会议代表177人。会议听取和审议县政府、计划、财政、县人大常委会、县法院、县检察院等6个工作报告。会议选举县第十二届人大常委会主任1人、副主任4人，委员14人，补选三明市八届人大代表2人；选举县人民政府县长1人、副县长5人；选举县人民法院院长1人、县人民检察院检察长1人。

第二次会议于1995年5月3—5日召开，出席会议代表163人。会议听取和审议县政府、计划、财政、县人大常委会、县法院、县检察院等6个工作报告。

第三次会议于1996年3月26—29日召开，出席会议代表158人。会议审查和批准《明溪县国民经济和社会发展“九五”计划和2010年远景目标纲要》，听取和审议县政府、计划、财政、县人大常委会、县法院、县检察院等6个工作报告。会议选举李赵记为县第十二届人大常委会主任。县人大常委会提请会议备案的有《关于接受邹运恒辞去县第十二届人大常委会主任职务请求的决定》。

第四次会议于1997年3月15—17日召开，出席会议代表156人。会议听取和审议县政府、计划、财政、县人大常委会、县法院、县检察院等6个工作报告。会议补选王政为县人民政府县长，张建设为县人民法院院长，曹金泉为县人民检察院检察长，傅子华为县第十二届人大常委会委员。县人大常委会提请会议备案的有《关于接受吴俊慰辞去县人民政府县长职务请求的决定》《关于接受孙爱军辞去县人民法院院长职务请求的决定》《关于接受林起棉辞去县第十二届人大常委会委员职务请求的决定》《关于接受李群秀辞去县第十二届人大常委会委员职务请求的决定》《关于接受戴玲玲辞去县第十二届人大常委会委员职务请求的决定》《关于接受邓德荣、张祖可辞去县第十二届人大常委会委员职务请求的决定》。

第五次会议于1997年11月26—27日召开，出席会议代表157人。会议选举出席三明市第九届人民代表大会代表12名。

第六次会议于1998年3月4—6日召开，出席会议代表156人。会议听取和审议县政府、计划、财政、县人大常委会、县法院、县检察院等6个工作报告。县人大常委会提请会议备案的有《关于接受李金涨辞去县第十二届人大常委会副主任职务请求的决定》。

三、县第十三届人民代表大会

第一次会议于1999年1月6—9日召开，出席会议代表148人。会议听取和审议县政府、计划、财政、县人大常委会、县法院、县检察院等6个工作报告。选举县第十三届人民代表大会常务委员会主任1人，副主任4人；选举县人民政府县长1人，副县长5人；选举县人民法院院长1人，县人民检察院检察长1人；选举县第十三届人民代表大会常务委员会委员10人；补选三明市第九届人民代表大会代表2人。

第二次会议于2000年1月30日至2月1日召开，出席会议代表139人。会议听取和审议县政府、计划、财政、县人大常委会、县法院、县检察院等6个工作报告。县人大常委会提请会议备案的有《关于接受杨根荣辞去县第十三届人大常委会副主任职务请求的决定》。

第三次会议于2001年3月20—22日召开，出席会议代表140人。会议审查和批准《明溪县国民经济和社会发展第十个五年计划纲要》，听取和审议县政府、计划、财政、县人大常委会、县法院、县检察院等6个工作报告。会议补选县第十三届人大常委会副主任1人，常委会委员2人；补选县人民法院院长1人。县人大常委会提请本次会议备案的有《关于接受游为贵辞去十三届人大常委会委员职务请求的决定》《关于接受张建设辞去县法院院长职务请求的决定》。

第四次会议于2002年1月16—18日召开，出席会议代表135人。会议听取和审议县政府、计划、财政、县人大常委会、县法院、县检察院等6个工作报告。会议补选县第十三届人大常委会副主任1人，县政府副县长1人，县检察院检察长1人。县人大常委会提请此次会议备案的有《关于接受沈克予辞去十三届人大常委会副主任职务请求的决定》《关于接受曹金泉辞去县人民检察院检察长职务请求的决定》。

第五次会议于2002年10月28—29日召开，出席会议代表133人。会议以差额选举方式选出县出席三明市第十届人民代表大会代表17人。县人大常委会提请本次会议备案的有《关于接受郭伟辞去县人大常委会委员职务请求的决定》。

第六次会议于2003年1月21—22日召开，出席会议代表121人。会议听取和审议县政府、计划、财政、县人大常委会、县法院、县检察院等6个工作报告。

四、县第十四届人民代表大会

第一次会议于2003年12月29日至2004年1月1日召开，出席会议代表150人。会议听取和审议县政府、计划、财政、县人大常委会、县法院、县检察院等6个工作报告。选举县第十四届人民代表大会常务委员会主任1人，副主任4人；选举县人民政府县长1人，副县长7人；选举县人民法院院长1人，县人民检察院检察长1人；选举县第十四届人民代表大会常务委员会委员12人；补选三明市第十届人民代表大会代表1人。县人大常委会提请会议备案的有《关于接受孙扬腾辞去县第十三届人大常委会副主任职务请求的决定》、《关于接受陈文盛辞去县人民检察院检察长职务请求的决定》。

第二次会议于2005年3月8—10日召开，出席会议代表139名。会议听取和审议县政府、计划、财政、县人大常委会、县法院、县检察院等6个工作报告。会议补选厉云为县人民政府县长。县人大常委会提请会议备案的有《关于接受王政辞去明溪县人民政府县长职务请求的决定》。

第三节　县人大常委会

一、工作机构

县人大常委会由县人民代表大会选出主任、副主任、委员若干人组成，与每届县人大代表任期相同，县第十一届人大常委会任期为3年，第十二、十三、十四届任期为5年。

1991年，县人大常委会设有办公室和人事、农村、财政经济、科教文卫、法制等5个工作委员会。1994年3月，人事工作委员会更名为人事任免代表联络工作委员会。2003年3月，通过“华侨台胞工作委员会”工作职责，没有常设机构，其职能由农村工作委员会负责；4月，增设“城镇建设环境保护工作委员会”。2005年9月，成立明溪县人大常委会信访工作办公室，并设立信访工作领导小组。

1991—2005年明溪县人大常委会主任、副主任任职情况

表14-1

届　次	职　务	姓　名	性 别	任职时间
第十一届	主　任	周章四	男	1991年1月—1994年1月
	副主任	曾春生	男	1991年1月—1994年1月
	副主任	郑青莲	女	1991年1月—1994年1月
	副主任	沈克予	男	1991年1月—1994年1月
	副主任	翁东风	女	1991年1月—1994年1月
第十二届	主　任	邹运恒	男	1994年1月—1996年3月
	主　任	李赵记	男	1996年3月—1999年1月
	副主任	李赵记	男	1994年1月—1996年3月
	副主任	陈奋志	男	1994年1月—1999年1月
	副主任	沈克予	男	1994年1月—1999年1月
	副主任	李金涨	男	1994年1月—1998年2月
第十三届	主　任	陈全北	男	1999年1月—2003年12月
	副主任	黄世钧	男	1999年1月—2003年12月
	副主任	沈克予	男	1999年1月—2001年11月
	副主任	杨根荣	男	1999年1月—1999年5月
	副主任	曾富福	男	1999年1月—2003年12月
	副主任	叶力生	男	2001年3月—2003年12月
	副主任	孙扬腾	男	2002年1月—2003年12月
第十四届	主　任	陈全北	男	2003年12月—
	副主任	叶力生	男	2003年12月—
	副主任	魏景纹	女	2003年12月—
	副主任	施茂隆	男	2003年12月—
	副主任	潘健康	男	2003年12月—

二、主要工作

（一）审议决定重大事项

1991—2005年，共做出决议、决定100余项。主要有：

第十一届人大常委会　1991年，通过《关于明溪县标的决定》《关于明溪县1991年国民经济和社会发展计划的决议》《关于明溪县1990年财政决算和1991年财政预算的决议》《关于在全县继续深入开展法制宣传教育的决定》；1993年，通过《关于减轻农民负担工作情况的决议》。

第十二届人大常委会　1994年，通过《关于明溪县公路“先行工程”建设情况的决议》；1995年，通过《关于农业生产计划、措施和备耕春耕生产的决议》；1996年，通过《关于精神文明建设工作的决议》；1997年，通过《关于全县企业改革改制工作情况的决议》；1998年，通过《明溪县人大常委会关于加强和县人民政府、县人民法院、县人民检察院的联系制度的决定》。

第十三届人大常委会 1999年，通过《关于依法治县的决议》；2000年，通过《关于“中华人民共和国城市规划法”贯彻执行情况的决议》；2001年，通过《关于开展“严打”整治，加强社会治安综合治理的决议》；2002年，通过《关于防治非典型肺炎工作情况的决议》；2003年，通过《关于县政府生态县建设情况的决议》。

第十四届人大常委会 2004年，通过《关于“福建省明溪县国家生态示范区建设总体规划”的决议》、《关于城乡低保工作情况的决议》，审议县政府关于《明溪县域城镇总体规划体系》编制情况报告，提出进一步修改的意见和建议；2005年，通过《关于“福建省明溪县县域城镇体系规划”的决议》。

（二）干部任免

第十一届人大常委会任命县人民政府组成人员53人次，其中副县长、代理县长7人次；免职13人次，其中副县长3人次；接受县长、代理县长辞职2人次；撤职1人次。任命审判机关工作人员21人次，免职12人次。任命检察机关工作人员8人次，免职4人次。任命人大机关工作人员12人次，免职11人次；接受委员辞职2人次。

第十二届人大常委会 任命政府组成人员81人次，其中副县长、代理县长7人次；免职28人次，其中副县长4人次；接受县长、代理县长辞职2人次。任命审判机关工作人员37人次，免职13人次。任命检察机关工作 人员15人次，免职2人次。任命人大机关工作人员2人次，免职3人次；接受辞职8人次。暂停执行代表职务1人次。

第十三届人大常委会 任命政府组成人员63人次，其中副县长6人次；免职24人次，其中副县长2人次。任命审判机关工作人员27人次，免职23人次。任命检察机关工作人员20人次，免职7人次。任命人大机关工作人员12人次，免职9人次。接受委员辞职6人次，其中副主任3人次。接受人大代表辞职6人次。

第十四届人大常委会 任命政府组成人员29人次，其中代理县长、副县长4人次；免职4人次。任命审判机关工作人员19人次，免职6人次。任命检察机关工作人员3人次，免职2人次。任命人大机关工作人员1人次。

（三）行使监督权

听取和审议工作报告 听取和审议“一府两院”及有关部门的工作报告，是县人大常委会行使法律监督和工作监督的主要形式。1991—2005年，共听取各项工作汇报和报告602项。其中，县政府385项，法院、检察院34项，人大常委会机关183项。各届听取和审议主要议题有：对贯彻实施《中华人民共和国宪法》《中华人民共和国环保法》等法律、法规方面的工作报告、汇报，对县标方案、国民经济安排与执行、财政预算安排与执行、农业生产计划执行情况、法院审判工作、检察院检察工作等方面工作的报告、汇报，对补选三明市人大代表、表彰先进代表小组和优秀人大代表等主任会议及本机关各工作机构提出的各项建议和汇报。对各项汇报和报告，通过审议肯定成绩、指出问题，提出措施和意见。

执法检查、视察、调查 县人大常委会根据明溪工作的需要和上级的要求，组织部分委员、人大代表深入乡镇和有关部门开展执法检查、工作视察和调查研究；围绕常委会需要审议的问题，开展会前的调查研究，并配合省、市人大做好各种专项调研和执法检查工作，确保有关法律法规在明溪得到较好的贯彻实施。1991—2005年，先后就城市建设与管理、环境保护、教育改革、企业改制、农业生产与改革、医疗卫生、计划生育、社会治安综合治理、法律法规贯彻与落实等专题，进行调查视察273次，写出调查视察报告、纪要、建议284份，督促县政府、法院、检察院和有关部门落实和改进工作。

受理来信来访 对各类信访件的办理，各届常委会都列入议事日程，作为加强自身建设和拓宽监督渠道来对待。各届常委会有1名副主任分管，配备专职信访干部，并确定固定的（每月29日）领导接待日。按照"分级负责、归口管理"原则，由办公室或各工作委员会分别负责办理或督办，重要信访件由主任会议专题查处或主任、副主任亲自批办、参与调查和督办。1991—2005年，共受理代表和群众来信1274件，接待来访2204人次。

（四）议案督办

县十一届至十四届任期内（1991—2005年）共收到历次代表大会提交的议案、建议和意见1122件(其中十一届242件、十二届343件、十三届297件、十四届240件)。各届人大代表积极建言献策，提出许多有价值的建议。其间，较优秀的议案、建议有《适当放开林业经营政策》《要明确拨交人工林权属问题》《治理县造纸厂污染问题》《关于做好种植业详细区划，促进优势产业协调发展》《关于加强综合市场管理的建议》《 关于调整县城区总体规划及部分小区规划的建议》《关于重建明溪县妇幼保健所综合大楼的建议》《关于解决农村缺医少药的建议》《关于制订盘活资产优惠政策的建议》等。为督促议案、建议的办理工作，常委会组织视察、检查，专门听取和审议县政府关于办理情况报告，向代表发放办理情况征求意见表，代表所提问题得到较好解决。

（五）指导乡镇人大换届

1996年，是宪法、组织法、选举法修改后的第一次乡镇人大单独进行换届选举的一年。10月，县人大常委会会议通过《关于1996年全县乡镇人民代表大会换届选举工作意见》，成立县乡镇换届选举工作领导小组，下设选举办公室。各乡（镇）同时成立选举委员会，下设乡（镇）选举办，各行政村相继成立换届选举工作领导小组，具体负责换届选举的日常工作。11月，完成选举。1997年1月，各乡（镇）分别召开乡（镇）十三届人民代表大会第一次会议，选举产生乡镇人大主席团，各乡镇主席团由5~7人组成，推选主席1人；选举正副乡（镇）长48人。全县9人乡（镇）人大主席均为专职。

1999年11月和2002年11月，乡（镇）分别进行换届选举。县人大常委会认真做好乡级人大换届选举工作，抓好指导和服务，确保乡镇人大换届选举工作顺利进行。

第二章 地方政府

第一节 机 构

一、领导机构

县人民政府设县长、副县长。县长由县人民代表大会选举产生，副县长由县人民代表大会选举产生或县人大常委会任命。1991—2005年，县先后召开第十一、第十二、第十三、第十四届人民代表大会，选举产生县长和副县长。

1991—2005年明溪县人民政府县长、副县长任职情况

表14-2

届　次	姓　名	籍　贯	职　务	任职时间
第十一届人民政府 1991.01—1994.01	张阳春	江苏武进	县　长	1991年01月—1993年10月
	李玉兔	福建南安	代县长	1993年10月—1994年01月
	李赵记	福建南安	副县长	1991年01月—1994年01月
	黄世钧	福建建瓯	副县长	1991年01月—1994年01月
	饶克新	福建龙岩	副县长	1991年01月—1994年01月
	李金涨	福建仙游	副县长	1991年01月—1994年01月
	李恭铟	福建连江	副县长	1991年01月—1994年01月
	李细求	福建泰宁	副县长	1993年10月—1994年01月
	杨根荣	福建将乐	副县长	1993年10月—1994年01月
	曾富福	福建武平	副县长	1993年10月—1994年01月
第十二届人民政府 1994.01—1999.01	吴俊慰	福建泉州	县　长	1994年01月—1996年10月
	王　政	福建武平	代县长	1996年10月—1997年03月
	王　政	福建武平	县　长	1997年03月—1999年01月
	李细求	福建泰宁	副县长	1994年01月—1997年01月
	黄世钧	福建建瓯	副县长	1994年01月—1999年01月
	杨根荣	福建将乐	副县长	1994年01月—1999年01月
	饶克新	福建龙岩	副县长	1994年01月—1999年01月
	曾富福	福建武平	副县长	1994年01月—1999年01月
	熊术立	湖南汉寿	副县长(挂职)	1994年03月—1996年05月
	林永年	福建福州	副县长(挂职)	1995年09月—1997年09月
	厉　云	浙江东阳	副县长	1998年10月—1999年01月
	魏景纹(女)	福建松溪	副县长	1998年10月—1999年01月
第十三届人民政府 1999.01—2003.12	王　政	福建武平	县　长	1999年01月—2003年12月
	陈宗标	福建永安	副县长	1999年01月—2001年12月
	罗水源	福建明溪	副县长	1999年01月—2003年12月
	厉　云	浙江东阳	副县长	1999年01月—2003年12月
	颜虎成	福建永春	副县长	1999年01月—2003年02月
	魏景纹(女)	福建松溪	副县长	1999年01月—2003年12月
	陈文华	福建莆田	副县长	2000年02月—2003年12月
	冯明生	福建明溪	副县长	2002年01月—2003年12月
	韩孟强	福建福清	副县长(挂职)	2003年04月—2003年12月
	陈建民	山东邹城	副县长(挂职)	2003年08月—2003年12月
	李　辉	福建漳平	副县长	2003年11月—2003年12月
	张金华(女)	福建尤溪	副县长	2003年11月—2003年12月

续表 14—2

届 次	姓 名	籍 贯	职 务	任职时间
第十四届人民政府 2003.12—2005.12	王 政	福建武平	县 长	2005年03月—
	厉 云	浙江东阳	代县长	2003年12月—
	厉 云	浙江东阳	县长	2003年12月—
	陈文华	福建莆田	副县长	2003年12月—
	罗水源	福建明溪	副县长	2003年12月—
	王汉英	福建明溪	副县长	2003年12月—
	韩孟强	福建福清	副县长(挂职)	2003年12月—
	陈建民	山东邹城	副县长(挂职)	2003年12月—
	李 辉	福建漳平	副县长副县长	2003年12月—
	张金华(女)	福建尤溪	副县长	2003年12月—
	林建荣	福建仙游	副县长(挂职)	2003年12月—
	冯 煦	江苏南通	副县长(挂职)	2005年01月—

二、工作机构

1991年，县政府设工作机构43个，分别为：县政府办公室、经济体制改革委员会、计划委员会、林业委员会、精神文明建设委员会、财贸委员会、经济委员会、农业委员会、计划生育委员会、科学技术委员会、对外经济贸易委员会、人事局、物资局、第二轻工业局、交通局、水利电力局、农牧渔业局、粮食局、商业局、财政局、审计局、物价委员会、教育局、文化局、卫生局、侨务办公室、广播电视局、公安局、司法局、民政局、统计局、基建局、土地管理局、劳动局、乡镇企业管理局、监察局、信访局、旅游局、体育运动委员会、档案局、农业机械管理局、经济技术协作办公室、机关事务管理局。

1996年，全县进行机构改革，通过新设、合并、归并，成建制转为经济实体、服务实体，机构设置发生较大变化。县政府设工作机构24个：县政府办公室、计划局、经济局、农业局、公安局、民政局、财政局、人事局、教育局、卫生局、计划生育局、审计局、统计局、工商行政管理局、监察局、交通局、林业局、文化体育局、科学技术局、建设局、司法局、对外经贸局、粮食局、土地管理局。部门管理机构3个：物价局、技术监督局、环境保护局（由县政府办公室管理）。议事协调机构1个：县政府财贸工作领导小组办公室。另外：机构编制委员会办公室、劳动局与人事局合署，一个机构两块牌子；水利水电局、乡镇企业局与农业局合署；集体林区改革试验区领导小组办公室与林业局合署；县政府办公室加挂信访局、侨务办公室、保密局牌子；农业局加挂畜牧水产局牌子；民政局加挂革命老根据地建设委员会办公室牌子。

2002年，再次进行机构改革。县政府设工作机构17个：县政府办公室、发展计划局、经济贸易局、教育局、公安局、监察局（不计机构数）、民政局、司法局、财政局、人事局、国土资源局、城乡规划建设局、交通局、农业局、林业局、卫生局、计划生育局、审计局。管理机构3个：环境保护局、统计局、粮食局（环境保护局、统计局由县政府办公室管理；粮食局由经济贸易局管理）。议事协调机构1个：对外经贸工作领导小组办公室（加挂对外贸易经济合作局牌子）。另外：县监察局与县纪委合署办公；县科学技术局与发展计划局合署；县劳动和社会保障局与人事局合署；水利局与农业局合署；县政府办公室加挂外事侨务办公室、经济体制改革委员会办公室牌子；县发展计划局加挂物价局牌子；县老龄工作委员会办公室设在民政局；县农业局加挂乡镇企业局牌子；国防动员委员会人民防空办公室、经济动员办公室、支前办公室、交通战备办公室分别设在政府办公室、发展计划局、经济贸易局、交通局。

2005 年 4 月县畜牧水产局与农业局分开，单独办公。其他机构不变。

三、乡（镇）人民政府

1991 年，全县设城关、胡坊、夏阳、沙溪、瀚仙、枫溪、夏坊等 7 个乡人民政府和盖洋、雪峰 2 个镇人民政府，辖 88 个村委会和 6 个居委会。乡、镇人民政府工作机构设有办公室、公安、司法、民政、计划生育、土地、农技、林业、乡镇企业等办（所、站）。1995 年 3 月瀚仙乡经市政府批准撤乡建镇，1995 年 7 月胡坊乡经市政府批准撤乡建镇。

1996 年，乡镇机构改革，全县设城关、沙溪、夏阳、枫溪、夏坊 5 个乡人民政府，盖洋、雪峰、瀚仙、胡坊 4 个镇人民政府。乡镇党政工作机构统一设党政、农业、财经、社会事务、乡村建设、计划生育等综合办公室。

2002 年，乡镇再次进行机构改革。全县设城关、沙溪、夏阳、枫溪、夏坊 5 个乡人民政府，盖洋、雪峰、瀚仙、胡坊 4 个镇人民政府，辖 88 个村委会和 7 个居委会。乡镇党政工作机构设党政、农业、社会事务、社会治安综合治理、计划生育等职能办公室。事业单位实行综合设置，设农业服务中心、企业服务中心、村镇规划建设中心、文化服务中心、计划生育服务所。

2005 年，乡镇机构设置不变。

第二节　重要会议

一、县政府全体会议

县政府全体会议由县政府全体成员组成。根据工作需要，可召开扩大会议，各乡镇、县直有关单位、部分企业负责人参加，并邀请县委有关部门、县人大常委会和县政协专门委员会以及群众团体负责人列席。会议由县长或常务副县长主持，议题由县长确定。全体会议原则上每半年召开 1 次，必要时由县长决定临时召开。县政府全体会议的主要任务是：传达贯彻上级党委、政府的重要指示、决定和会议精神，以及县人民代表大会及其常委会的决议、决定；决定和部署县人民政府的重要工作；讨论按照法律法规规定需要由县人民政府全体会议决定的重大事项；通报县内外形势，协调各部门工作；研究县政府工作中的重大问题；讨论其他需要经县人民政府全体会议决定的事项。1991—2005 年，县人民政府全体会议每年召开 2 次，共召开 30 次。

二、县政府常务会议

县政府常务会议由县长、副县长、政府办公室主任组成，县政府办公室副主任和有关部门主要负责人根据需要列席会议。县政府常务会议由县长召集，组成人员超过半数时方能召开。原则上每月召开 1 次（一般每月最后一周的第一个工作日召开），必要时随时召开。邀请县人大常委会 1 名副主任、县政协 1 名副主席、县人武部 1 名负责人列席会议。根据会议内容，还可吸收有关部门主要负责同志列席。县政府常务会议的主要任务是：传达上级党委、政府的重要指示、决定和会议精神，以及县人民代表大会及其常委会的决议、决定，研究提出具体贯彻意见；通报上月工作落实情况，讨论决定下月工作要点；听取县长、副县长、政府办主任和县政府部门负责人有关重要工作情况的汇报；研究需向市政府、县委和县人民代表大会及其常委会请示、汇报的重大事项；讨论县政府向县人民代表大会所作的政府工作报告，审议全县国民经济和社会发展规划、年度计划、财政预决算等；讨论决定县政府发布的政策规定；讨论确定县政府的重大工作决策、重点工作和重点项目的安排；研究各乡镇、县直各部门请示的重要事项；讨论各副县长提出、经县长审定，需经集体研究决定的事项；讨论需由县政府常务会议决定的其他事项。

第十一届人民政府共制发纪要12份。其中，1991年10月30日，会议分别对县地产开发问题、鼓励推销地产（商）品问题、建立农业社会化服务体系问题和加强对外窗口建设问题进行研究；决定成立明溪县地产开发公司；恢复驻榕办和驻厦办，并在条件成熟时设置驻深圳办事处。1993年9月28日，会议就如何认真贯彻省委、省政府有关坚决治理乱收费问题电话会议精神进行认真研究，会议确定成立以县财政局为主，县物委、计委、农委、监察局等部门领导组成专项治理乱收费工作协调小组，具体负责日常工作的综合协调、督促和检查。

第十二届人民政府共制发纪要26份。其中：1994年9月20日，会议决定建立明溪县副食品价格调节基金；1995年3月21日，会议决定撤销县矿产资源管理站，成立矿产资源管理委员会办公室，挂靠县政府办公室，经费实行独立核算；1995年7月10日，会议要求县橡胶厂立即停止生产，并于1995年9月30日前完成搬迁工作；1997年12月22日，会议同意建立城市居民最低生活保障制度，城市居民最低生活保障线为每人每月110元，从1998年1月1日起执行。

第十三届人民政府共制发纪要32份。其中：1999年3月16日，会议要求县组织、人事部门要进一步完善有关政策，鼓励行政、事业单位干部职工参与农业综合开发。

第十四届人民政府共制发纪要13份。其中：2005年7月4日，会议研究县第二届地方志编纂工作，要求扎实做好县第二届地方志书编纂工作；2005年11月30日，会议研究防控高致病性禽流感问题，同意增拨禽流感疫苗配套经费和拨付防控高致病性禽流感工作专项经费，妥善处理防控工作中存在的困难和问题。

三、县长办公会议

县长办公会议由县长召集并主持，副县长、县政府办主任参加，县监察局局长、政府办副主任、县直有关单位负责人列席会议。县长办公会议是处理县政府日常工作的会议，根据需要不定期召开。

1991—1993年，县长办公会议由县长张阳春主持，共制发纪要41份。

1994至1996年10月，县长办公会议由县长吴俊慰主持，共制发纪要86份。

1996年11月至2005年2月，县长办公会议由县长王政主持，共制发纪要219份。

2005年2月至2005年12月，县长办公会议由县长厉云主持，共制发纪要49份。

四、专题会议

1991—2005年，县政府专题会议由县长或副县长按照分工召集并主持，县政府有关部门负责人出席。涉及2名以上副县长分管工作的，可共同召集会议。会议议题由县长或副县长确定。专题会议根据需要随时召开。县政府专题会议的主要任务是：研究协调县政府领导各自分工职责范围内的专门事项，处理日常业务工作；协调解决落实工作过程中遇到的有关问题；其他可由县政府专题会议研究解决的事项。县政府专题会议凡涉及资金、项目、机构编制的，要严格按照规定的审批权限和程序办理。1991—1995年，没有召开县政府专题会议；1996—2005年，共召开157次专题会议。

第三节 施政纪略

一、第十一届人民政府（1991年1月—1994年1月）

第十一届县人民政府立足本地资源，推进改革开放，走发展山区外向型经济的路子，促进国民经济持续、快速、健康发展。农村经济工作以实施“小康工程”为重点，进行农业内部结构调整，发展“两高一优”农业，促进农林牧副渔五业的优化配置，培育商品粮、商品材、水果、茶叶、烤烟、毛竹、药材、松脂、畜牧水产和食用菌等生产基地。国营工业企业试点经营放开、用工放开、价格放开、企业机构设置权放开等改革。水电建设加快，3年间水电设施投资3217.57万元，新建总库容512万立方米的罗翠水库，新建地方水电站1座，完成各类水利水电工程83项。1993年，全县国民生产总值完成50882万元，比1990年增长75.04%；农民人均纯收入1480元，有25%的农户迈进“小康”户行列；全县社会出口供货总值完成2784万元，出口创汇284万美元，引进区外资金3924万元；县财政预算内收入3013.97万元，比1990年增长44.42%；全社会商品零售总额13613万元，比1990年增长64.77%。

二、第十二届人民政府（1994年1月—1999年1月）

第十二届县人民政府继续坚持以经济建设为中心，加强和改善对经济的管理，加大改革力度，扩大外引内联，加快基础设施建设，全县经济综合实力不断增强，经济发展环境逐渐改善。其间，土地承包关系进一步巩固，推广“公司+农户”的经营模式，建立和完善粮食储备制度和最低保护价制度；全县90%的乡及乡以上独立核算工业企业、65%的内贸企业实行改制；政府机构改革分步实施，机关单位住房制度改革全面完成；制定和完善外商投资优惠政策和外资企业扶持政策，设立外商投资管理和服务机构；实施公路先行工程建设，确立“小县大城关”发展战略，新开发河滨路，改造西大路、北大路等，新建县农贸市场，全县乡（镇）驻地实施规划建设；全县企业退休养老保险等各项保障制度逐步健全完善。1998年，全县国内生产总值81743万元，三次产业结构由1993年的51:24:25调整为1998年的39:32:29；县财政预算内收入5398万元，连续5年实现收支滚存平衡；全社会商品零售总额33329万元；农民人均纯收入2840元。5年间，全县乡及乡以上工业企业完成技改项目50项，总投资8277.6万元；实际利用外资1257万美元，引进区外资金4.1亿元；累计出口供货2.3亿元，出口创汇1517万美元；共输出境外劳务2400余人，明溪逐渐成为福建新兴的“内陆侨乡”。

三、第十三届人民政府（1999年1月—2003年12月）

第十三届县人民政府充分发挥资源优势，强化项目带动，不断优化投资环境，扩大对内对外开放，全县经济保持较快发展的势头。其间，农业完成第二轮土地承包工作，试点改革农村土地流转，实行粮食购销市场化，开展农村税费改革减轻农民负担，启动农村特困群众生活保障救助机制，实施农业综合开发，培育发展生物医药、绿色食品、畜牧业、林竹等特色产业；优化工业经济结构，小水泥、小“三板”、小结晶硅等高消耗、低效益、粗放型产业的产值占全县工业经济总量比重不断降低，开发实施红豆杉产业化、木薯变性淀粉产业化、肉牛产业化、国家级珍稀树种种苗繁育中心、国家级农作物原种场等一批大项目，累计向上争取资金3亿多元；通过项目带动，全社会固定资产投资累计完成13.36亿元，比前5年增长77.9%；按照“经营城市”的理念，实施城区防洪堤、过境公路、绿色家园、体育公园等城建项目，进行旧城改造和新区建设，城区面积由1998年1.9平方公里拓展至3.6平方公里；与复旦大学建立起全面县校合作关系，红豆杉博士后科研工作站正式建立；基本实现城镇贫困居民“应保尽保”；全县累计新批办“三资”企业54家，引进外资1768万美元、区外资金4.91亿元，出国务工经商人员6500多人。2003年，全县国内生产总值106316万元；地方级一般预算收入3366万元；农民人均纯收入3572元。

四、第十四人民政府（2003年12月—2005年12月，届中）

2004—2005年，第十四届县人民政府围绕省委、省政府建设海峡西岸经济区的战略部署，确立实施“生态立县、科教兴县”战略。其间，以工业的理念谋划农业，调整优化农业结构，加快特色基地建设，进一步稳定和落实各项支农政策，健全完善农业防灾减灾体系，推进农村税费改革、土地承包经营权流转、加快集体林权制度改革及森林资源流转、林业投融资体制等配套改革；继续培育和壮大生物医药、畜牧业、绿色食品、林竹等4个产业，承办中国红豆杉产业可持续发展国际论坛，利科生物、宏宇牧业等项目建成投产，2005年四大产业集群实现产值占规模以上工业产值达36.1%；编制完成《明溪县域城镇体系规划》，总投资3041.6万元的县城市垃圾无害化处理场动工兴建，体育中心建成投入使用。2005年，全县地区生产总值139586万元，地方级一般预算收入3839万元，农民人均纯收入4218元。

第四节 综合政务

县人民政府办公室是县政府办事机构，主要从事公文处理、信息调研、督促检查、协调事务、经济体制改革、外事侨务、人民防空及办理县政府领导交办的其他工作。1996—2001年，县物价局、技术监督局、环境保护局由县政府办公室管理。同时，县政府办公室还承担原县信访局、侨办、体改委、经研室、支前办、管理局行政管理等职能，并加挂信访局、侨务办公室、保密局牌子。内设综合科、信息科、督查科、机要保密科、行政科、法制科、信访科、体改科、侨务科等9个正股级科室。2002—2005年，县环境保护局、统计局由县政府办公室管理。同时，县政府办公室还承担对外事务和人民防空工作职能，并加挂县外事侨务办公室、经济体制改革委员会办公室牌子。内设综合科、信息科、督查科、机要秘书科、法制科等职能科室。

文字综合 1991—2005年，共制发县政府及县政府办公室各类公文3210件，起草会议纪要1200多份，撰写情况汇报、领导讲话等各类文字材料4000余万字，较好地把握了文稿的政策关、质量关、文种关和文字关。曾多次获全市政府系统文字综合先进单位，先后有30余名同志获全市政府系统文字综合先进工作者。

政务督查 按照《县政府政务督查工作暂行办法》的要求，采取重点督查、跟踪督查、联合督查和专项督查等形式，督促各级各部门对县政府重要决策、重大工作部署、重要文件、会议和批示件、人大代表建议、政协委员提案及县政府领导交办事项的贯彻落实，确保政令畅通。1991—2005年，共编发《督查通报》630期，办理批示件及请示件3240件，承办县人大代表建议735件、政协委员提案316件，办复率均达100%。

政务调研 按照“紧贴中心、服务全局、立足基层、促进落实”的宗旨，围绕县政府工作重点和领导关注的突出问题，进行前瞻性、针对性、专题性、探索性的调查研究。1991—2005年，共完成有较高质量的调研文章300余篇，2005年开办了《政务调研》，为县政府制定政策、调整思路、部署工作提供重要参考依据。

政务信息 按照“快、准、新、深、简”的要求，紧紧围绕县政府中心工作，全方位、多角度、有针对性地搞好政务信息采编和专报工作，为领导决策提供参考。1991—2005年，共编发《明溪政务》600余期，向市政府办报送信息5000多条，被省、市政务信息专刊采用900多条，信息报送每年位居全市前列。

外事侨务 依照法律和有关政策规定，认真审核各有关单位报请县政府审批的外事外件，积极协同上级外事部门为因公出国（境）提供有效服务；认真落实侨务政策，做好为侨服务工作。1991—2005年，共办理因公出国（境）74批135人次，审定出具“三侨”子女身份证明236份，走访慰问侨属225户，发放慰问金32900元，争取华侨捐赠资金270多万元。

法治工作 履行职能，做好行政法律法规的宣传、规范性文件的法律政策审查把关及行政案件的办理。对1984—2004年县政府及本办制发，以及2000—2004年县委、县政府和县委办、县政府办联合制发的规范性文件进行全面清理，共梳理规范性文件224件。做好行政复议案件的办理，1991—2005年共立案受理行政复议案件5起，审结5起。做好全县行政执法证的换证和全省行政执法资格考试的组织报名、培训工作，1991—2005年共换证366本，组织1200多人参加行政执法资格考试。

第三章　政协地方组织

第一节　机　构

一、政协明溪县委员会

县政协第四届委员会（1991 年 1 月至 1994 年 1 月） 由 13 个界别的 77 名委员组成。其中：中共党员 28 人，占 36.36%；民主党派和无党派爱国人士 49 人，占 63.64%；女委员 19 人，占 24.68%。常务委员 16 人，设主席 1 人，副主席 4 人，其中：中共党员 6 人，占 35%；民主党派和无党派爱国人士 10 人，占 65%；女常务委员 2 人，占12.5%。四届一次会议后，又陆续增补委员 6 人。此届政协委员会共召开 3 次全体会议，15 次常委会议，召开主席办公会议 16 次。

县政协第五届委员会（1994 年 1 月至 1998 年 12 月） 由 14 个界别的 77 名委员组成。其中：中共党员 32 人，占 41.56%；民主党派和无党派爱国人士 45 人，占 58.44%；女委员 17 人，占 22.08%。常务委员 17 人，设主席 1 人，副主席 5 人，其中：中共党员 6 人，占 35%；民主党派和无党派爱国人士 11 人，占 65%；女常务委员 3 人，占 17.65%。五届一次会议后，又陆续增补委员 2 人。此届政协委员会共召开 5 次全体会议，31 次常委会议，召开主席办公会议 65 次。

县政协第六届委员会（1999 年 1 月至 2003 年 12 月） 由 13 个界别的 77 名委员组成。其中：中共党员 30 人，占 38.96%；民主党派和无党派爱国人士 47 人，占 61.04%；女委员 17 人，占 22.08%。常务委员 15 人，设主席 1 人，副主席 4 人，其中：中共党员 5 人，占 33%；民主党派和无党派爱国人士 10 人，占 67%；女常务委员 3 人，占 20%。六届一次会议后，又陆续增补委员 14 人；增选副主席 2 人，常务委员 4 人。此届政协委员会共召开 5 次全体会议，28 次常委会议，召开主席会议 61 次。

县政协第七届委员会（2003 年 12 月至 2005 年 12 月，届中） 由 13 个界别的 79 名委员组成。其中：中共党员 31 人，占 39%；民主党派和无党派爱国人士 48 人，占 61%；女委员 17 人，占 22%。常务委员 15 人，其中，中共党员 5 人，占 33%；民主党派和无党派爱国人士 10 人，占 67%；女常务委员 2 人，占 13.33%。至 2005 年，此届政协委员会召开过 2 次全体会议，12 次常委会议，召开主席办公会议 21 次。

1991—2005 年明溪县政协委员构成情况

表 14-3

届　别	第四届	第五届	第六届	第七届
人　数	77	77	77	79
其　中:男性	58	60	60	62
女性	19	17	17	17
党内	28	32	30	31
党外	49	45	47	48
中国共产党	6	5	5	5
民主党派	1	1	—	—

续表 14-3

届　次	第四届	第五届	第六届	第七届
工青妇	9	10	9	9
教育界	9	6	6	6
科技界	6	6	6	7
医药卫生界	6	4	4	4
文体界	3	2	2	2
工商界	2	4	5	8
经济界	—	10	10	10
农林水界	11	9	9	9
归侨侨眷	6	4	4	4
台胞台属	4	4	4	3
宗教界	2	2	2	2
特邀人士	12	10	11	10

1991—2005年明溪县政协委员会主席、副主席任职情况

表 14-4

届　别	职　务	姓　名	任职时间
第四届	主　席	邱兴发	1991年01月—1994年01月
	副主席	谢钦铭	1991年01月—1994年01月
	副主席	刘开泉	1991年01月—1994年01月
	副主席	胡师道	1991年01月—1994年01月
	副主席	李长来	1991年01月—1994年01月
第五届	主　席	周章四	1994年01月—1998年12月
	副主席	翁东风(女)	1994年01月—1998年12月
	副主席	刘开泉	1994年01月—1998年12月
	副主席	胡师道	1994年01月—1998年12月
	副主席	李长来	1994年01月—1998年12月
	副主席	余能健	1994年01月—1998年12月
第六届	主　席	陈奋志	1999年01月—2003年12月
	副主席	翁东风(女)	1999年01月—2002年01月
	副主席	饶克新	1999年01月—2003年12月
	副主席	曾炳灿	1999年01月—2003年12月
	副主席	孙扬腾	1999年01月—2002年01月
	副主席	戴玲玲(女)	2002年01月—2003年12月
	副主席	王汉英	2002年01月—2003年12月
第七届	主　席	陈　澄	2003年12月—
	副主席	李群秀(女)	2003年12月—
	副主席	戴玲玲(女)	2003年12月—
	副主席	游为贵	2003年12月—
	副主席	赖根明	2003年12月—

二、办事机构和专门委员会

1991 年，政协明溪县第四届委员会内设办公室、提案文史办公室，均为正科级单位；专门委员会有学习、提案、文史、文教、医卫体、“三胞”、科技、精神文明建设等 8 个工作委员会。1999 年 6 月增设专委会办公室，为正科级单位。第七届委员会设社会和法制、提案、文史资料、经济、科技、文教卫体、台港澳侨和民族宗教等 7 个专门委员会。至 2005 年，内设机构不变。

第二节 委员会会议

一、第四届委员会

政协明溪县第四届委员会第一次会议于 1991 年 1 月 15—17 日召开，出席会议委员 71 人，列席会议 36 人。会议听取和审议第三届常委会工作报告、第三届提案委员会提案办理情况报告和文史委员会文史工作报告，并做出决议；列席县人大第十一届一次会议，听取县长《政府工作报告》和其他报告。会议选举县政协第四届委员会主席邱兴发，副主席谢钦铭、刘开泉、胡师道、李长来 4 人，常务委员郑天波等 11 人。

第二次会议于 1992 年 4 月 7—9 日召开，出席会议委员 67 人，列席会议 38 人。会议听取和审议常委会工作报告、提案委员会提案办理情况报告，并做出决议；列席县人大第十一届二次会议，听取县长《政府工作报告》和其它报告。会议号召县政协委员积极参政议政，以优异成绩迎接中共十四大的召开。

第三次会议于 1993 年 2 月 2—3 日召开，出席会议委员 69 人，列席会议 45 人。会议听取和审议常委会工作报告、提案委员会提案办理情况报告，并做出决议；列席县人大第十一届三次会议，听取县长《政府工作报告》和其他报告。会议要求政协各（委）组和全体委员要充分发挥才智，参政议政，献计出力，为振兴明溪经济做出贡献。

二、第五届委员会

政协明溪县第五届委员会第一次会议于 1994 年 1 月 16—18 日召开，出席会议委员 67 人，列席会议 52 人。会议听取和审议第四届常委会工作报告、第四届提案委员会提案办理情况报告和文史委员会文史工作报告，并做出决议；列席县人大第十二届一次会议，听取县长《政府工作报告》和其他报告。会议选举县政协第五届委员会主席周章四，副主席翁东风、刘开泉、胡师道、李长来、余能健 5 人，常务委员廖仕章等 11 人。

第二次会议于 1995 年 5 月 2—4 日召开，出席会议委员 67 人，列席会议 61 人。会议听取和审议常委会工作报告、提案委员会提案办理情况报告，并做出决议；列席县人大第十二届二次会议，听取县长《政府工作报告》和其它报告。

第三次会议于 1996 年 3 月 25—28 日召开，出席会议委员 68 人，列席会议 67 人。会议听取和审议常委会工作报告、提案委员会提案办理情况报告，并做出决议；列席县人大第十二届三次会议，听取县长《政府工作报告》和其他报告。

第四次会议于 1997 年 3 月 14—16 日召开，出席会议委员 67 人，列席会议 58 人。会议听取和审议常委会工作报告、提案委员会提案办理情况报告，并做出决议；列席县人大第十二届四次会议，听取县长《政府工作报告》和其他报告。

第五次会议于 1998 年 3 月 3—5 日召开，出席会议委员 72 人，列席会议 70 人。会议听取和审议常委会工作报告、提案委员会提案办理情况报告，并做出决议；列席县人大第十二届五次会议，听取县长《政府工作报告》和其他报告。

三、第六届委员会

政协明溪县第六届委员会第一次会议于1999年1月4—8日召开，出席会议委员77人，列席会议73人。会议听取和审议第五届常委会工作报告、第五届提案委员会提案工作情况报告，并做出决议；列席县人大第十三届一次会议，听取县长《政府工作报告》和其他报告。会议选举县政协第六届委员会主席陈奋志，副主席翁东风、饶克新、曾炳灿、孙扬腾4人，常委叶根轩等16人。

第二次会议于2000年1月30—31日召开，出席会议委员81人，列席会议61人。会议听取和审议常委会工作报告和提案工作情况报告，并做出决议，会议还表彰了一批优秀提案；列席县人大第十三届二次会议，听取县长《政府工作报告》和财政、计划等其他报告。

第三次会议于2001年3月18—21日召开，出席会议委员87人，列席会议60人。会议听取和审议常务委员工作报告和提案工作情况报告，并做出决议；列席县人大第十三届三次会议，听取县长《政府工作报告》和其他报告 。会议增补政协常务委员2名、增补委员6名。

第四次会议于2002年1月14—17日召开，出席会议委员89人，列席会议60人。会议听取和审议常务委员会工作报告和提案工作情况的报告，并做出决议；列席县人大第十三届四次会议，听取县长《政府工作报告》和其他报告。会议补选副主席2人、常务委员2人、增补委员8人。

第五次会议于2003年1月20—21日召开，出席会议委员90人，列席会议70人。会议听取和审议常委会工作报告和提案工作情况的报告，并做出决议；列席县人大第十三届五次会议，听取县长《政府工作报告》和其他报告。

四、第七届委员会

政协明溪县第七届委员会第一次会议于2003年12月27—30日召开，出席会议委员79人，列席会议71人。会议听取和审议第六届常委会工作报告、第六届提案委员会提案工作情况报告，并做出决议；列席县人大第十四届一次会议，听取县长《政府工作报告》和其他报告。会议选举县政协第七届委员会主席陈澄，副主席李群秀、戴玲玲、游为贵、赖根明4人，常委叶东等10人。

第二次会议于2005年3月7—9日召开，出席会议委员76人，列席会议63人。会议听取和审议常委会工作报告和提案工作情况的报告，并做出决议；列席县人大第十四届二次会议，听取县长《政府工作报告》和其他告。

第三节　主要活动

一、参政议政

1991年，政协四届一次会议后，政协委员会每年向县委、县政府提交《关于听取政府部门通报工作情况的安排意见》，每季度组织召开一次常委会，结合县委、县政府的工作重点，邀请2—3个职能部门的领导通报工作情况。其间，共举办全委会议3次，常务委员会议15次，主席会议16次，各工作委例会50次，专题座谈会34次，就县重要事务进行协商讨论，参与县国民经济和社会发展十年规划、第八个五年计划纲要的讨论，听取和讨论政府工作报告、国民经济与社会发展计划、财政预决算等各项报告，共商建设大计；正、副主席参加县委、县政府的重要会议，直接参与县重大事务和群众生活有关工作的研究和实施；共邀请县计委、司法局、财委等33个部门负责人66次通报“八五”计划草案、普法教育、社会治安、控价、“菜篮子”工程等工作情况，委员们结合视察和日常了解的社情民意，对各部门的工作进行实事求是的讨论和评价，并提出建设性意见和建议。

政协五届委员会共举行全委会议5次，常委会会议31次，主席会议65次，各专委会例会48次，专题座谈会41次，就县重要事务进行协商讨论，参与每年政府工作报告、国民经济与社会发展、财政预算等重大事项的协商。常委会围绕县国有企业改革、工业生产、农业生产、建新村奔小康、农科教结合、医疗卫生、社会治安综合治理、下岗职工再就业、精神文明建设等重要问题进行商讨，提出意见和建议。共邀请县政府领导和29个有关职能部门的负责人52次通报工作情况。全县民主评议行风26个重点单位聘请政协委员和政协机关干部为行风监督员，并选派委员参加县“两公开一监督”、财务税收物价检查、清理干部违纪建私房、清理行政乱收费等公务活动。五届三次会议后，政协8个专门委员会与县政府46个有关职能部门开展对口联系，加强“五互”工作，即有关文件材料互送，有关会议互请，有关工作互通，有关问题互帮，有关考察、调查、检查互派。参政议政中较突出的有：1995年11月专门召开常委会和主席扩大会议，对《明溪县国民经济和社会发展“九五”计划和2010年远景目标纲要（第三稿）》进行2次协商讨论，提出25条修改建议和补充意见；1998年6月第28次常委会议，专题讨论关于发展明溪经济的意见建议，提出“加大开发蓝宝石力度，尽快形成经济优势”等7条建议和意见，得到县委、县政府重视和采纳。

政协六届委员会共召开全委会议5次，常委会议28次，主席会议62次，各专委会例会和专题座谈会80余次，就县重要事务进行协商讨论，听取和讨论政府工作报告和计划、预算、法院、检察院等工作报告，就县改革、发展、稳定中的重要问题积极建言献策。共邀请县政府领导和28个有关职能部门的负责人41次通报工作情况。听取社会治安状况、春节市场供应准备情况、林业经营管理体制改革、侨务、新移民、职业教育、农业和农村经济、深化“项目年”活动、重点项目建设进展、城区开发建设、党风廉政建设和反腐败等工作情况通报，委员们对各部门的工作进行实事求是的评议，积极建言献策，提出意见和建议。参政议政较突出的有，常委会从1999年开始关注县出国人员和新侨民工作，深入出国人员较多的乡（镇）、村，以及公安、外经、劳动、侨务等涉外单位和部门开展调查研究，形成专题调研报告3份、视察报告1份、委员提案2份，向县委、县政府提出制定鼓励县公民出国的优惠政策、建立海外乡亲联谊会、实施“华侨二代工程”、加强侨资企业的管理服务等建议意见26条，县委、县政府采纳相关意见建议后，从2000年开始先后出台《关于进一步加强公民出境管理和服务工作的暂行规定》《关于进一步做好公民出国服务工作的若干意见》等优惠政策，要求各有关部门增强服务意识，提高服务质量，规范和完善服务项目及内容。

政协第七届委员会第一次会议期间，听取和讨论政府工作报告和计划、预算、法院、检察院等工作报告，就县重要事务进行协商讨论，建言献策。2004年，先后听取县政府贯彻《中华人民共和国行政许可法》情况通报，听取县纪委全县党风廉政和反腐败工作情况通报，听取县政府提案办理情况通报；组织委员对关系群众切身利益的医疗、教育、水电、燃气、通信等行业进行民主监督。2005年1月，县委召开全县政协工作会议，制定《关于进一步加强新时期人民政协工作的实施意见》，县政府办与县政协办制定《关于加强县政府与县政协工作联系办法的通知》，专门就联席会议制度、听取情况通报制度、对口协商制度与加强工作联系制度，明确工作分工和工作内容。县政协按照履行职能制度化、规范化、程序化的要求，制订《政协明溪县委员会全体会议工作规则》、重新修订《政协明溪县委员会常务委员会工作规则》和《政协明溪县委员会专门委员会工作规则》。同年，召开常委会6次，专题协商讨论县“十一五”发展规划，关于县非公经济发展情况，听取县政府经济和发展情况通报，听取纪检监察部门党风廉政建设和反腐败工作情况通报，听取县政法部门社会治安综合治理及平安明溪建设情况通报，听取县政府委员提案办理情况通报。

二、调研视察

政协四届委员会 1991年8月，对沙溪、夏阳、夏坊、盖洋4个乡镇农村初级卫生保健工作进行调研视察，提出加强医疗设施建设和初保实施等4条意见和建议；12月，对夏阳乡紫云村、沙溪乡梓口坊村翻二番、建新村、奔小康的规划和实施情况进行视察；对枫溪乡两个文明建设进行视察，并提出大力发展茶果、统一规划新村等建议和意见。1992 年 2 月，对贯彻执行中共十三届八中全会精神，加强农业和农村工作、搞活大中型企业、计划生育和卫生工作等情况进行视察，提出深化企业改革等相关意见和建议；5 月，对胡坊乡、夏阳乡的乡镇企业进行走访调查，提出林木深加工、加大资金投入、提高人员素质等建议；12 月，对县酒厂、无线电三厂、再生胶厂、瀚仙乡大焦岗综合林场、县医院、中医院、广播电视局、职中等 10 个单位进行视察，提出 16 条意见和建议。1993 年 5 月，对水口电站、盖洋镇个体工商户发展现状及方向进行视察，提出利用库区发展种植、养殖增加效益，利用盖洋“金三角”位置发展个体经济等意见和建议。

政协五届委员会 围绕县委、县政府工作中心和县政协年度工作要点，精选课题，开展调查、视察活动 47 次，参与调查和视察的委员、机关干部 290 人次。调查视察主要内容有：农业和农村工作、稳定粮食生产、优化农村产业结构、“菜篮子”工程、平抑市场物价、增粮增收、社会治安综合治理、文化市场管理、林业生产、食品卫生和药品管理、国有企业和“三资”企业经营管理、农村奔小康和烤烟生产、教育“两基”、初级卫生保健、精神文明建设、种子工程、国有企业改革、个体私营经济经营环境现状、农业产业化状况、非公有制经济情况等，形成调查报告 39 份，共提出意见和建议 189 条。其中较为突出的有：1994 年 3 月和 9 月，对农村、农业生产情况和“三资”企业情况的调查研究，提出正确引导农民调整农业产业结构、改善投资环境等意见和建议 8 条；1996 年 1 月，对加强社会法制教育、综合治理情况的调研视察，提出加强对流动人口的管理等 5 条意见和建议；1997 年 4 月，对县国有企业情况的调研视察，提出树立市场观念、注重产品质量等 8 条意见和建议；1998 年 3 月，对农业产业化情况的调研视察，提出提高农业科技含量、抓优质米生产等 8 条意见和建议。

政协六届委员会 围绕“强县富民、发展明溪”，先后开展重点项目建设、非公有制经济发展、整顿和规范市场经济秩序、国有集体企业改革改制实效、优化县域经济发展环境等问题进行调研视察；围绕“生态立县、科教兴县”发展战略，开展科技兴农、生态保护、开发生态旅游资源、科技与教育工作、老师队伍建设等情况调查和视察；组织“内陆新侨乡”等专题调研视察，共形成专题调研报告 26 份，视察考察报告 21 份，其中《关于明溪县出国人员、新移民情况的调查报告》《关于我县调整和优化农业内部结构情况的调查报告》等 4 份得到县党政主要领导批示，并在《明溪政研》《情况通报》全文刊发。

政协七届委员会 2004 年开展调研视察活动 9 次，主要有：四大产业集群、六大基地建设和生产情况、扩大就业渠道、健全社会保障体系、出国人员与新华侨情况、教育课程改革情况、发展非公经济、促进县域经济发展、专项治理乱滥建寺庙、重点城区项目建设和城区规划实施情况、中小学校危房改造等情况调研，并形成专题调研报告 11 份。其中，《大力发展非公经济，促进县域经济发展》在全市政协经济、科技委员会工作联席会汇报交流。2005 年，共开展调研视察 11 次，主要有：提升非公有制经济发展水平、宗教现状、食品安全和药品管理、培养科技人才、城镇职工基本医疗保险贯彻落实、台港澳侨投资企业、发展特色规模经济、发展旅游事业对县域经济的拉动作用、“十一五”教育事业发展规划、城乡卫生事业发展规划、干部绩郊考评机制的健全和完善等情况调研视察，形成 11 份专题调研视察报告。

三、提案

政协四届委员会 收到委员提案 90 件，立案 73 件，作为来信来访处理 17 件，提案全部办复。提案中，有关工农业生产 6 件，有关市政建设、邮电、交通、环境保护方面 27 件，有关文化、教育、医药卫生方面 30 件，群众生活等其他方面 10 件。其中：《关于修复瀚仙乡石珩龙湖公路的建议》提案，受到县、乡政府及市、县交通部门的重视，筹集资金 30 万元修复通车；《关于对农村医生加强行政管理和提高教育的建议》提案，县卫生局在举办两期两年制护士班的基础上，加办一期医士班，并举办在岗的乡村医生刊授班，学制两年，按中专水平进行刊授，到1995年使县乡村医生全部达到中专水平；《关于计划生育网络建设“三配套”问题的建议》提案，县政府和计生委要求县、乡（镇）和村级都要投入资金解决急需的配套建设，并对计生服务站、所建设做了具体计划安排，各乡（镇）基本建有场所，配齐人员，增加器具，并能独立开展双查服务等计划生育工作；《关于科技兴农、开发枫溪名、特、优产品的建议》提案，农牧渔业局组织3名农技干部前往枫溪进行专题实地调查、认证，写出《华山茶资源调查》《枫溪乡猕猴桃开发利用调查》两份报告，建议开发千亩千担华山茶生产基地，提高茶叶加工能力和质量，枫溪乡则着手安排相关产业开发，计划两年后逐步形成生产能力。

政协五届委员会　围绕本县改革开放和两个文明建设以及群众关心的问题，共提出提案128件，全部办复。提案中，内容相近合并3件，作为来信来访处理19件，正式立案106件。在正式立案提案中，以主席建议案呈送县主要领导有4件，有关经济建设42件，有关科技文教体25件，有关社会治安、群众生活设施等方面39件。其中：《关于加速毛竹基地建设的建议》提案，县委、县政府高度重视，在四套班子会上提出研究，确定以毛竹扩鞭和发展小径竹及小竹笋加工为主的竹业开发意见，并责成相关部门组织实施，县林业局采取制定建设1.33万公顷毛竹基地规划、从技术上协助各乡（镇）抓好毛竹基地的垦植发展等4点措施予以实施；《关于加强城区消防设施的建议》提案，县政府及时批拨维修资金，公安局消防科于当年8月将4处消防设施修复更换，消除了安全隐患；《关于多方集资建设多功能商品交易市场的建议》提案，县政府召开专题会议召集县财办、工商、基建、规划、计划、劳动等有关部门主要领导就提案事项进行研究，形成规划并立项报省计委批准实施。

政协六届委员会　围绕县委、县政府的工作中心及社会关注的热点、难点问题，共提出提案188件，其中作为来信来访处理或其他方式处理的有8件，内容相近合并5件，正式立案175件，全部办复。提案中，有关经济建设47件，有关科教文卫体52件，有关精神文明建设39件，有关群众生活及其他方面37件。其中：《关于加快我县个体、私营经济发展的建议》的提案，得到县委、县政府的重视和采纳，把发展非公有制经济作为新的经济增长点，先后出台《关于加快非公有制经济发展的若干规定》《关于加快坪埠工业开发区发展的若干规定》，鼓励个体私营经济来明溪投资、发展；《关于加快畜禽品种改良，促进畜牧业发展的建议》的提案，被县政府采纳，把畜牧业作为一大主导产业来培育；《关于改善医疗卫生质量，从优质服务中求效益的建议》提案，使县医院建成微机管理系统、心电工作站，购置手术显微镜、裂隙灯、乳透治疗仪、膀胱镜等，并筹资100万元兴建医技楼；《关于全面、尽快地解决县企业退休职工的医疗保险的建议》提案，县政府拨出近300万元，解决县煤矿、链条厂、水泥厂、造纸厂等破产、拍卖国有企业退休（含内退）职工的医疗保险。

政协七届委员会　第一、第二次会议共收到提案67件，其中，内容相近合并2件，作为委员来信处理1件，正式立案65件。在立案的提案中，有关经济建设17件，有关科教文卫体17件，有关城市规划、建设、管理21件，有关法制建设、社会保障、统战工作和群众生活的10件。其中：《关于继续制定扶持牛肉产业发展优惠政策的建议》提案，使县政府出台《关于扶持肉牛产业发展的若干规定》，明确在发展能繁母牛基地、黄牛品种改良和冷配站建设方面给予扶持和补助；《关于打响“中国红豆杉之乡”品牌，打造明溪“城市名片”的建议》提案，使县林业、公路、交通、广电、文化、邮政、老区、水利、教育、外经、团县委等单位按照各自的职能落实提案内容，多方积极地打造“中国红豆杉之乡”品牌，提升明溪和明溪红豆杉产业的知名度；《关于进一步落实好农村沼气池建设政策的建议》提案，使农村沼气池建设被县政府列为为民办实事项目之一，并促进农户沼气池维护管理和综合利用技术水平的提高。

四、文史资料编辑

1991年12月，《明溪文史资料》第八辑水利专集出版，4.1万字，照片9张，共收录水利建设史料

20篇。

1992年12月，《明溪文史资料》第九辑林业专集出版，11.7万字，照片14张，共收录境内林业建设方面史料37篇。

1993年12月，《明溪文史资料》第十辑邮电专辑出版，9.7万字，照片10张，共收录邮电建设方面史料31篇。

1995年11月，《明溪文史资料》第十一辑出版，6.1万字，照片4张，收录医疗卫生、电视等发展史料23篇。

1996年12月，《明溪文史资料》第十二辑出版，6.1万字，收录农业、手工业、资本主义工商业社会主义改造和农业生产互助组等方面史料24篇。

1997年11月，《明溪文史资料》第十三辑出版，6.2万字，收录无线电发展、铁路修筑、水稻播种育种等方面史料22篇。

1999年9月，《明溪县政协志》成书发行，记载了1980年4月成立县政协筹备工作领导小组至1999年6月30日县政协六届委员会第一次会议以来的政协工作有关情况。内容共5章24节，近10万字，照片11张。

2001年6月，《明溪文史资料》第十四辑编辑出版，共收集各类史料44篇，11万余字，重点突出宝石、淮山等地方特色的产品史料。

2003年12月，《明溪文史资料》第十五辑编辑出版，共收集各类史料37篇近10万字，照片6张。重点突出明溪纯客家县和革命老区等方面的史料。

2005年5月，《珩溪诗词》出版，主要内容为庆祝中华人民共和国成立五十周年、人民政协成立五十周年、迎接澳门回归和庆祝明溪解放五十周年等方面的诗词，分喜庆篇章、回归颂歌、明溪礼赞、纪念情愫、览胜抒怀、感情杂咏6个部分，共收录古诗词爱好者的词诗作品620余篇。

五、海内外联谊

政协四届委员会期间，配合县侨、台部门，组织归侨、侨眷学习《中华人民共和国归侨、侨眷权益保护法》；组织台胞台属学习《台湾问题与中国统一》白皮书，提高“三胞”及眷属的思想认识；近300篇向海外宣传明溪、介绍明溪的宣传稿件被省电台、前线台、中国新闻社采用；接待来县访友、洽谈生意、观光旅游的“三胞”320人次。

政协五届委员会期间，组织学习中共中央有关文件，宣传“和平统一、一国两制”方针，开展理论探讨；加强与港澳台同胞、侨胞的联系，鼓励和支持他们为香港、澳门的顺利回归与保持长期繁荣稳定贡献力量；为政府与“三胞”的招商引资牵线搭桥；召开“迎香港回归”座谈会、组织开展“迎回归”义诊等活动。

政协六届委员会期间，建立海内外联系制度，成立明溪县客家联谊会，并促成意大利、匈牙利、俄罗斯等国的明溪新华侨成立同乡会，加强与海外社团和明溪旅外人员、港澳台人士的联系与沟通。重视新移民、新侨民工作，利用每年春节、元宵等节日部分旅外人员回乡省亲的机会，召开迎春茶话会，介绍家乡建设情况、推介重点项目，宣传投资优惠政策和规定，其间，新华侨回乡投资有33家，投资金额达7490万元。

政协七届委员会期间，加强与新的社会阶层代表人士联系，做好非公有制经济人士的团结、教育和引导工作。为侨服务方面，先后制定出台了《关于进一步加强公民出境管理和服务工作的暂行规定》和《关于进一步做好公民出国服务工作的若干意见》等优惠政策，公安部门设立出国服务中心，劳动、外经部门加强对出国人员出境前的培训教育；侨务侨联部门做好跟踪服务工作，帮助协调解决出国人员与新侨民子女入学、房屋拆迁等问题。

六、评优创先活动

1991—1999 年末对优秀委员、提案进行表彰。

2000 年 1 月，县政协常委会对《关于以农业综合开发为重点，加快农业资源转化增值、促进农业产业化经营的建议》《关于制定保护渔塘溪措施的建议》《对转变政府职能、加强企业内部管理的一些看法和建议》《关于加快我县个体、私营经济发展的建议》《关于解决外来个私经营者后顾之忧的建议》5 个优秀提案进行表彰。

2001 年 3 月，县政协六届委员会第 11 次常委会审议通过，授予吴建平等 9 位同志“县政协先进工作者”称号；评选《关于引进优质农副产品并树立品牌的建议》《关于出台优惠政策扶持边界山林资源开发的建议》《采取措施，促进金融机构对非公有制经济组织资金上的扶助，增加地方财政的收入》《关于成立县办理出国劳务的民间机构的建议》4 件提案为优秀提案；授予县农业局、建设局、财政局等 3 个单位为“提案办理先进单位”称号。

2003 年 1 月，县政协六届委员会第 23 次常委会审议通过，授予叶根轩等 5 位同志“县政协优秀委员”称号；授予郑天波等 6 位同志“县政协先进工作者”称号；评选《关于发展明溪信息教育的几点思路》《关于培育知名品牌，拉动经济发展的建议》《加快农业基础建设配套资金的筹措步伐，完善我县防灾抗灾能力建设功能》《关于全面尽快地解决县企业退休职工医疗保险的建议》《明溪县城市建设缺乏消防栓设施应引起重视》5 件提案为优秀提案。

2005 年 3 月，县政协常委会表彰 2004 年度政协工作成绩显著的专委会 2 个，即提案委员会、经济委员会；表彰优秀政协委员 15 名；表彰优秀提案 2 件，即《关于继续制定扶持肉牛产业发展优惠政策的建议》《关于建设紫云村国家森林公园旅游村的建议》。

卷十五　群团组织

1991 年，全县影响较大的群众团体有 12 个，共有团体会员、团员 18366 人。此后，随着经济、文化发展的需要，群众团体队伍不断壮大。先后成立红十字会、老区促进会、宝玉石协会、客家联谊会 4 个较大群众团体。各群众团体为县经济发展和精神文明建设群策群力。至 2005 年，全县共有影响较大的群众团体 16 个，比 1991 年增长 33.33%，有会员、团员 30217 人，比 1991 年增长 64.53%。

第一章　工　会

第一节　代表大会

明溪县总工会第七次代表大会于 1993 年 11 月 29—30 日召开，出席大会正式代表 190 人，列席代表 10 人。会议审议并通过县总工会第六届委员会主席李鲜程所作的《突出工会维护职能全面开创工会工作新局面》工作报告及审议并通过财务工作报告、经费审查委员会工作报告，选举产生第七届委员会委员 23 名和经费审查委员会委员 5 人及主席 1 人、副主席 1 人。

明溪县总工会第八次代表大会于 1998 年 11 月 3—4 日召开，出席大会正式代表 100 人，列席代表 9 人。会议审议并通过县总工会第七届委员会主席邓德荣所作的《服务大局开拓创新为加快我县经济发展再立新功》工作报告及审议并通过财务工作报告、经费审查委员会工作报告，选举产生第八届委员会委员 21 人和经费审查委员会委员 3 人及主席 1 人、副主席 2 人。

明溪县总工会第九次代表大会于 2003 年 12 月 25—26 日召开，出席大会正式代表 100 人，列席代表 11 人。会议审议并通过县总工会第八届委员会主席傅立人所作的《坚持科学发展，凝聚职工力量》工作报告及审议并通过财务工作报告、经费审查委员会工作报告，选举产生第九届委员会委员 21 名和经费审查委员会委员 5 人及主席 1 人、副主席 2 人。

第二节　主要活动

一、职工教育

（一）思想政治教育

1991 年，县总工会在全县范围内开展“知明溪，爱明溪，建明溪”、创建文明行业、创建文明企业、创建文明班组和争当文明职工等职工素质教育活动。1992年，开展“双基”“三热爱”教育，烽林厂二车间烘干班被省总工会评为省职工思想政治工作先进班组。1993年，开展《中华人民共和国企业法》和《中华人民共和国工会法》等法制教育，把学习贯彻《中华人民共和国工会法》纳入“二五”普法规划，召开纪念《中华人民共和国工会法》颁布一周年座谈会。1995年，开展学习贯彻《爱国主义教育实施纲要》，104个基层工会向河滨公园捐献好树佳花148棵（盆）。1996年，在机关、企事业工会中开展学习李润五、孔繁森、林炳熙、袁庭钰和徐虎先进事迹活动，组织86个企事业工会5085名干部职工参加全国“迎接香港回归祖国”读书教育活动。1998年，组织26个单位200个班组参加“98全国班组职工学习十五大报告”竞答活动。2000年，深入开展“致富思源·富而思进”教育活动，县总工会与基层工会建立思想政治工作联席制度，设立信息站，配专兼职信息员。2001年，以建党80周年为契机，开展党史教育活动，加大劳模先进人物宣传力度，把五月定为“劳模事迹宣传月”，在电视台开设“劳模风采”栏目。2003年，举办全县工会主席岗位培训班及《省实施〈中华人民共和国工会法〉》培训班，开展工会组织为县乡重点项目服务、工会干部挂包联系服务重点项目、百名工会干部走访关心困难职工、劳动模范联系下岗职工等活动，在电视台开设“下岗职工创新业”专访报道，引导和激励下岗失业人员努力实现再就业。2004年，开展“创建学习型组织，争做知识型职工”活动，6月在县电信局隆重举行创争活动启动仪式，组织学习全国金牌工人许振超、李斌和三明金牌工人曾庆炳、陈国斌先进事迹，并召开经验交流会。2005年，组织各基层工会学习《关于坚持走中国特色社会主义工会发展道路的决议》，动员全县职工为构建和谐社会目标任务建功立业。

（二）文化技术教育

1991年，县总工会以县职工业余学校为阵地发展成人教育事业，先后举办“双补”班（初中文化补课、初级技术业务补课）、初（高）中学历班。1992年后，又陆续开办电大函大补习班，中专财会班、各种岗位培训、技术培训、工会干部培训等各种学习班。1995年后，举办中老年迪斯科、青年交谊舞、国际标准舞和围棋、桥牌学习班、中级职称英语考前辅导班等。1991—1998年，县总工会共举办各种学习班、培训班8期，入学人数583人，毕结业人数264人；各种岗位培训、技术培训、工会干部培训10期，培训人数达2万多人次；举办中老年迪斯科、青年交谊舞、国际标准舞和围棋、桥牌学习班8期，学员574人次。1999—2005年，举办工会干部岗位培训班、学习贯彻新修改后的《中华人民共和国工会法》《福建省实施〈工会法〉办法》培训班、工会业务知识培训16期，学习人数达1900多人次；举办技术业务培训123期，参训职工达7823人次。

二、劳动竞赛

1991年，县总工会以“质量品种效益年”活动为中心，组织全县职工开展社会主义劳动竞赛，调动广大职工积极性和创造性超额完成全年各项生产任务；基层工会开展技术练兵，举办51项业务技术表演，参赛人数8819多人次。1992年，全县各级工会响应省政府《关于开展百万职工岗位技术练兵活动意见的通知》精神，掀起岗位技术练兵，双增双节热潮，经委、林委、农委、文明委、邮电、商业、供销、金融、粮食、教育、烽林厂、地质二钻等委、局、厂、矿举办珠算、点钞、叠毛巾、扎酒瓶、材积预算、识别中草药、电缆焊接、盖邮戳、消防、电器内外线作业等98个企业320多名职工岗位技术练兵表演赛，选出13个项目61名优秀选手参加市服务技能赛。1993—1998年，各级工会重视抓好职工的岗位练兵和技术比武活动，围绕以提高企业经济效益为中心“创最佳经济效益，创最优服务质量”竞赛，参加岗位技术练兵和比武的职工达7879多人次，比赛的工种23个，183场次，项目有珠算、点钞、计量、电脑、金工、电工、钳工、客服、美容、盖邮戳、财务会计、机修等。1999年起，组织全县各级工会落实全国总工会、省总工会抓好劳动保护、安全生产的目标，每年开展一届“安康杯”竞赛活动。第一届全县“安康杯”竞赛活动参加企业有 26 个，参赛班组 126 个、职工 2910 人。2001 年，县电力公司电工叶金芳获国家电力部颁发的全国优秀农村电工奖。2005 年，在全县职工中开展“双增双节”“功臣杯”等劳动竞赛，有 4600 多名职工参加岗位练兵，技术比武；开展为县乡重点项目服务活动竞赛，全县共有 36 名工会干部参与挂点服务活动。至 2005 年，县各级工会共开展各种劳动竞赛 332 次，参赛职工达 6 万余人次。

三、职工合理化建议与技术创新

1991 年，全县职工提合理化建议 4727 条，被采纳 1842 条，实施 1730 条，创经济效益 847.91 万元。1992 年，县医院吕锦荣的“口罩法输氧定位装置”获国家专利。1997 年，县邮电局的电话机保护器，县水泥厂的 LQ-4 水泥添加机、现场物料均化管理、改善水泥安定性，县电力公司的王桥变扩容 35 千伏线路技改、磁瓶连接器被市总工会评为优秀成果奖。县烽林厂的延期电雷管导爆管雷管生产线技改、变色塑料管导爆管，县电力公司的电网调度自动化 IES500 系统项目被市总工会评为市优秀合理化建议技术革新、技术攻关先进操作法。1998 年，县邮电局刘阳天的“分线盒连接器”、“磁瓶联接器”获国家专利。2002 年，县总工会成立县经济技术创新工程领导小组，全县开展经济技术创新工程的企事业单位、民营企业有 85 个，参与职工数达 3658 人。2003 年，县天绿药用植物发展有限公司开发出从种植红豆杉枝中制备紫杉醇的方法。至 2005 年，全县职工提合理化建议 13933 条，被采纳 6625 条，实施 2249 条，创造经济效益 2109.41 万元；推行新技术工艺 17 项，105 个企事业单位开展经济技术创新工程，参与创新职工人数达 5465 人。

四、劳动保护

1991 年，县总工会在全县企业开展创建安全生产合格班组活动，百人以上的厂矿企业成立劳动保护监察检查委员会 18 个，创建安全生产班组 61 个。1992 年起，县总工会每年参与安全生产和安全设施检查工作，特别针对煤矿、水泥等企业进行防尘防毒工作检查。1999 年起，县总工会每年通过在企业中开展“安康杯”竞赛，促使企业建立健全安全生产责任制。2003 年，县总工会推行“一法三卡”（事故隐患和职业危害监控法，安全检查提示卡、有毒有害化学物质信息卡、重大危险源（点）警示卡）工作。2005 年，全县有基层劳动保护监察检查委员会 61 个，检查委员 216 人；工会小组劳动保护检查小组 265 个，检查员 265 人；安全生产合格班组 260 个。

五、送温暖活动

1991 年，县各级工会组织主要在节假日对全县企业特困户、退休职工和劳动模范进行慰问。1994 年开始实施“金秋扶困”助学活动。1996 年启动送温暖工程，县财政拨付 5 万元、全县职工和基层工会捐款 5 万元共同建立送温暖基金，基金的利息全部用于慰问特困职工和困难户。1998 年起，县总工会每年开展“结对子、一帮一”活动，各级工会主席、工会干部、在职劳模联系帮扶困难企业和特困职工。2003 年县总工会督促落实下岗职工基本生活保障及低保政策的兑现。至 2005 年，县总工会共扶持贫困学生 177 人，资助金额达 31 万元；全县送温暖基金筹集总额达 51.634 万元，各级工会共慰问职工 661 户，发放慰问金 12.9 万元；163 名基层工会主席扶持 215 名困难职工。

六、职工疗养、休养

县总工会每年均组织部分职工和劳动模范到外地作短期疗养或休养。1991—1992 年组织了 165 名职工到外地疗休养。1993 年后，随着三峡电站的建设，县总工会组织多批次职工前往三峡，参观正在兴建的三峡大坝。1999 年，安排退休劳模走红色之旅，赴革命老区井冈山，缅怀老一辈无产阶级革命家的战斗创业史。2001 年，共组团职工 5 批次，前往港澳、北京、海南、黄山等地参观考察。同时还组织基层工会主席赴外参观学习疗休养。2003 年，组织两批次职工赴北京和海口疗养、修养。2004 年，组织县总工会干部职工往海南学习考察。至 2005 年，县总工会共组织 851 名职工赴外地疗养、休养。

七、职工维权

1991年，县总工会设有信访和法律咨询，帮助上访职工解决纠纷6件和提供法律咨询11次。1992年后，全县各个基层单位先后建立劳动争议调解委员会或小组。1995年后，随着全县企业改革的深入，县总工会参与企业改制，审查改制方案程序是否合法，帮助解决职工提出的合理合法要求。2000—2005年，县总工会针对下岗职工基本生活保障的突出问题进行维权，协助有关职能部门推动低保政策的落实，帮助符合条件的特困职工纳入低保。至2005年，全县共接待职工来信来访和提供法律咨询102件，参与劳动仲裁16起，15个基层单位建立劳动争议调解委员会或小组，帮助79户特困职工纳入低保。

八、参与企业民主管理

1991年，县总工会在全县各类企事业单位中推行建立职代会制度，共有95个单位建立职代会，占应建数的97%。同时，在9个企业单位进行建章立制试点，在31个全民所有制单位和5个集体所有制事业单位开展民主制度建设，并与县政府建立联席会议制度。县各级工会参与讨论研究企业重大决策、生产计划以及涉及职工利益方面的工作，需经职代会通过后才能实行。1999年起，全县各级工会开始实行厂（事）务公开、集体合同签订、职代会民主评议领导干部、业务招待费向职代会报告等制度。2000年，全县有95%以上的企事业单位每年召开两次以上的职工代表大会。2002年，开展区域性行业性集体合同、集体合同中期管理和工资集体协商工作，协调劳动关系。至2005年，全县共有32家企业建立厂务公开制度；32家企业建立平等协商和集体合同制度，占应签约企业的97%；各级工会共有68人次直接参与县政府的住房、企业改制、医疗改革、劳动仲裁、劳动保护、生产安全管理等方面具体事项的制定、检查和落实；所有的企事业单位均建立职代会制度。

九、建设职工之家

1991年，县各级工会开始建设职工之家，开展职工喜闻乐见的各种文体活动。85%以上的基层工会参与，并申报市模范职工之家、先进职工之家、模范职工小家，创建省级模范职工之家、省级模范职工小家。县一中工会、夏阳中学工会、实验小学工会获市先进职工之家称号。1992年，福建烽林机器厂、县工商银行获省模范职工之家称号，县工商银行城关储蓄所工会小组获省模范职工小家称号。1995年后，全县各级工会全部参与建设职工之家，并纳入单位的整体工作规划。2005年，全县共有省模范职工之家6家，省模范职工小家7家，市模范职工之家5家，市先进职工之家8家，市模范职工小家5家。

十、女工工作

1988年，县总工会成立第一届女职工委员会。1991年，县总工会加强维护女职工的合法权益，企业在签订集体合同时，把女工的合法权益和特殊保护内容写进集体合同，制定女工“五期”保护制度，规定女工每两年进行1次妇科病普查。1992年后，各基层工会相继成立女职工组织。同时，每年县各级工会女工委均组织女工参加各种培训，培训的内容主要有《中华人民共和国工会法》《中华人民共和国劳动法》《中华人民共和国妇女权益保护法》《中华人民共和国女职工劳动保护规定》等。2000—2005年，组织全县女职工参加“敬业、成才、奉献”达标活动，开展各种富有女性特色的岗位练兵，技术比试，参与女职工人数达1800多名。至2005年，全县153个基层工会，均建立女工组织，其中，女职工委员会53个；举办各种培训班23次，培训女职工3965人次；41名女职工获得省、市女职工标兵和女工先进工作者称号。

十一、劳模评选与管理

全县劳模评选均要成立县评选劳模领导小组，下设办公室，依托在县总工会。劳模候选人由基层推荐，推荐人数不受限制，经过职工代表大会或职工大会表决同意后，张榜公示7天。公示期后，由评模办公室提交县评模领导小组审议，最后由县委常委会审定上报审批。省级劳模的评选两年1次，市级劳模评选3年1次，省五一劳动奖章评选1年1次。1991年，全县有省级劳模4人，市级劳模10人。1996年，全县开始实行劳动模范补充养老保险，劳模退休后由社保公司发放保险金。未办理劳模补充养老保险的劳模，退休后由单位发放劳模保险金。发给的标准为全国劳模、省劳模每月100元，市级劳模、省五一劳动奖章获得者每月80元。对因企业改制而解体的劳模，未办理补充养老保险的，一次性发给劳模补充养老保险金。其标准为省级劳模1万元，市级劳模、省五一劳动奖章获得者0.8万元。全县共有15名各级劳模办理了补充养老保险。1997年起，退休后仍保持荣誉的省级劳模，每月享受50元荣誉津贴；对年满60周岁仍保持荣誉的省级农民劳模，每月享受40元荣誉津贴。全县共有19名省级劳模享受此待遇。2003年起，退休的省级劳模养老金低于省定劳模标准线的劳模，由省给予补差。全县有7位劳模实行了补差。2004年，县总工会建立困难劳模帮扶基金，全县有24名各级困难劳模得到补助。至2005年，15年间全县共有全国五一劳动奖章获得者1人，省劳动模范13人，省五一劳动奖章获得者11人，市劳动模范74人，发放劳动模范保险金4620元。

第三节　组织机构

一、县总工会

1991年，县总工会有行政编制5名，内设办公室、生产生活部、宣教部，下属单位有工人文化宫、职工业余学校、离退休干部工人活动中心3个事业单位。1997年，内设机构调整为办公室、组织宣传部、经济生活女工部、财务部。

2005年，进行机构改革，内设办公室（加挂组织、宣教部牌子）、经济法律保障部（加挂女工部、技术协作办牌子）、财务部（挂经费审查委员会办公室牌子），行政编制不变，下属单位将职工业余学校与工人文化宫合并为县职工活动中心，离退休干部工人活动中心划归县老年人干部活动中心。

二、基层工会

1991年，全县有经委、农委、林委、文明委、财贸、粮食、商业、供销、教育、水电、金融等11个系统工会，辖基层工会167个，工会会员7823人。

1996年，撤销文明委、林委2个系统工会，组建二轻、建设2个系统工会。1997年，全县基层工会发展至208个，会员8912人，占职工总数的97%。随后，因部分企业改制、破产、拍卖，商业系统、供销社、经委及粮食系统的下属公司、基层社、粮站相继解体，造成基层工会数锐减。

2002年，成立瀚仙镇工会。同时，进行机构改革，撤销商业、供销、财贸、经委、文明委、农委、林委、金融等8个系统工会，将系统工会调整为教育、林业总公司、建设、水电、粮食、二轻6个系统工会。

2005年，全县有系统工会6个，乡（镇）工会9个，基层工会138个（其中独立基层工会93个，非公企业工会45个），工会会员7190人。

第二章　青少年组织

第一节　共青团

一、代表大会

共青团明溪县委第九次代表大会于1993年12月2—3日在县政府小礼堂召开，出席大会代表165名。会议审议并通过第八届委员会所作的《团结带领明溪青年为改革开放和现代化建设奉献青春》工作报告，选举产生第九届委员会委员25名、常务委员7名、书记1名、副书记2名。

共青团明溪县委第十次代表大会于1996年12月9—10日在县政府小礼堂召开，出席大会代表172名。会议审议并通过第九届委员会所作《团结一心，开拓进取，为实现跨世纪宏伟目标奉献青春》的工作报告，选举产生第十届委员会委员29名、常务委员7名、书记1名、副书记2名。

共青团明溪县委第十一次代表大会于1999年12月29—30日在县政府小礼堂召开，出席大会代表110名。会议审议并通过第十届委员会所作的《团结奋进，开拓创新，为推进明溪新世纪发展贡献青春》工作报告，选举产生第十一届委员会委员27名、常务委员7名、书记1名、副书记1名。

共青团明溪县委第十二次代表大会于2002年9月6—7日在县政府小礼堂召开，出席大会代表110名。会议审议并通过第十一届委员会所作的《励精图治求发展，昂首奋进创佳绩，为开创明溪两个文明建设奉献青春》工作报告，选举产生第十二届委员会委员26名、常务委员6名、书记1名、副书记1名。

共青团明溪县委第十三次代表大会于2005年11月29—30日在县宾馆新楼会议室召开，出席大会代表120名。会议审议并通过第十二届委员会所作的《坚定信念永远跟党走，继往开来实现新发展，用火热的青春投入和谐明溪建设大潮》工作报告，选举产生第十三届委员会委员25名、常务委员7名、书记1名、副书记2名。

二、主要活动

（一）政治思想教育

1991年，共青团明溪县委（以下简称团县委）举办“党旗、团旗指引我前进”知识竞赛活动；开展“婚事新办”活动，为100对青年简办婚事，节约资金30多万元。在“五四”、“七一”、国庆等重大节日期间，组织学生参观赖水金烈士墓、红军战地医院、铜铁岭战役遗址等8个爱国主义教育基地，深入开展国情教育、形势政策教育和党史、军史、革命史教育，引导青少年大力弘扬以爱国主义为核心的民族精神。1992—1993年，团县委开展共青团宣传调研、“共青团建设、改革与发展”调研、“希望工程—百万爱心募捐”、“社会主义在我心中”主题宣传教育，以及“社会主义在我心中”“我与改革”“两史一情”“知我明溪、爱我明溪、建我明溪”等一系列活动，举办普法培训班132期，成立“新风促进会”“红白理事会”72个，简办丧喜事158件，节约资金15万元，成立帮教小组102个、联系帮教对象125名。1994—1996年，团县委开展“明溪在我心中”爱国主义教育、“爱我明溪一山一水一路、一花一草一木”专题、组织回乡大中专学生开展社会实践等活动；组建138支青年救灾突击队共修复水坝、水渠78处，修复塌方路面48处，扶苗、洗苗、补苗200公顷；5次组织2400余人次参加义务劳动；农村成立35支帮耕助插服务队，综合包户378户；城区团员青年共为8个老区村、校建8个手拉手书架，捐书1000多册。1997—2000年，团县委在全县青年中开展“认真读书学习，争当跨世纪人才”“知明溪、爱明溪、建明溪”“明溪在我心中”县情教育、“学习李超龄，争当‘四有’青年”“人心献社会，真情暖人心，迎接新世纪，青春献明溪”等活动。

2001—2004年，团县委开展“校园拒绝邪教”万人签名、“共青团城乡互动百千万工程”活动，全县各级团组织共结对9对，市直机关团委与村级团支部共结对2对，县级机关团组织与村级团组织结对6对。2005年，团县委开展以“永远跟党走、作为在海西、实现新跨越、促进新发展”为主题的增强团员意识主题教育活动、“新时期新风采”团员标准大讨论、“我为团旗添光彩”主题团日活动、“青年志愿者助残”、“重温入团宣誓，增强团员意识”活动、“诚信青年”增强团员意识教育系列活动，全面启动实施“心手相牵”亲子营、“雏鹰争章”标准化建设、少先队校园文化社团创新、少先队辅导员人才培养、少先队假日体验等国际项目。

（二）青年人才工程建设

1991年，团县委在全县团组织中试行推荐优秀团员作为党员发展对象的工作；同时继续开展“星火带头人”和“创业致富带头人”活动，举办农业、科技、畜牧及团务知识培训班。全县共培养“星火带头人”和青年致富能手350人，其中省级2人，市级8人，县级156人；“创业致富带头人”678人，其中县级142人，乡（镇）级225人，村级311人；推荐优秀团员作为党员发展对象36名；举办各类培训4期，培训乡（镇）、村团干388人次。1992年，团县委在全县农村团组织中开展推荐村级团支部书记任村委会科技副主任工作。1994年，县委组织部、团县委、县民政局、县科协、县农委联合下发《关于推荐符合条件的村团支部书记担任村“两委”职务的意见》，全县共有56名行政村团支部书记入选村两委。1995年，培养县级星火带头人358名。2000年，培养“创业致富带头人”624人，其中县级105人，乡（镇）级206人，村级313人。

至2005年，全县有“星火带头人”和青年致富能手248人，其中省级2人，市级5人，县级166人；“创业致富带头人”7000余人，在外创业青年达3万余人，回乡创业青年达500余人，其中归国华侨青年创办企业41家；团县委共推荐1273名优秀团员作为党员发展对象；举办共青团干部培训班15期，培训基层团干部510人；举办基层团支部书记培训班15期，培训基层团支部书记1320人。

（三）青少年维权

1992年，团县委根据共青团中央创建优秀“青少年维权岗”活动的要求，贯彻执行中华人民共和国《宪法》《刑法》《未成年人保护法》《预防未成年人犯罪法》等法律法规，依法维护青少年合法权益，在县社会治安综合治理、人民法院、人民检察院、公安、司法、民政、文化、广播电影电视、工商、新闻出版、质量技术监督等系统和行业广泛开展创建优秀“青少年维权岗”活动，共创建优秀“青少年维权岗”42个。至2005年，团县委联合县综治办和公、检、法、司等部门先后评选5批优秀“青少年维权岗”，共为102名青少年维权；全县共有青少年维权岗省级2个、市级21个、县级42个。

（四）青年文明工程建设

1991年，团县委开展“青年志愿者奉献活动”，组建6支青年志愿者队、40多支学雷锋服务队。1996年，组织城区团委上街开展“热心为社会，真情暖人间”为主题的青年志愿者为民便民示范服务活动。以“文明生产，优质服务，争创一流”为主要宗旨，在窗口行业开展“青年红旗岗位”、“青年文明示范岗”竞赛。1999年，开展“人心献社会，真情暖人心，迎接新世纪，青春献明溪”活动，组织12个团委200多名青年志愿者在北左路开展为人民服务一条街大型示范活动，受益群众达1600人次。2000年，组织城区12个团委近30个团支部，100多名青年志愿者开展学雷锋示范活动。2001年起，团县委每年开展青年文明号“真情助困进万家”、“争当信用标兵，全面建设小康社会”青年文明号建设示范月、“青年文明号创新创效”、“青年岗位能手竞赛”等活动。2003年，开展“抗击‘非典’青年文明号与您同行”活动。2005年，开展“青年志愿者助残”活动。至2005年，全县共创建青年文明号省级4个、市级14个、县级20个。

（五）文体活动

1991年，团县委开展“红盾杯”明溪县第五届青年歌手赛和“兰圈情”五四青年联欢晚会暨革命歌曲歌咏赛。1992—1995年，先后举办千名青少年越野赛跑、“苏区团旗红”团庆七十周年大型主题团日、县“五四”青年艺术节、“元宵杯”交谊舞大赛、“工行杯”苏区五县青年歌手赛等活动20场次。1996—2000年，开展迎香港回归第一届全民健身节、创建乡镇“青年科技图书站”等活动13场次。2001—2005年，先后开展“党在我心中”全县少儿书画展、“邮政杯”党团知识竞赛、“新世纪、新农村、新农民”青年农民读书征文活动、“乡村青年文化节”等活动15场次。

三、组织机构

（一）团县委机关

1991年，团县委编制6名，内设组织部、宣传部、青工部、青农部、学少部和办公室6个部门；下设青少年宫1个事业单位，编制5名。1992年，成立团干部岗位职务培训函授中心站。1997年，进行机构调整，将组织部、宣传部、办公室合并为团务部，内设团务部、青工部、青农部、学少部4个部门，编制6名；下设青少年宫1个事业单位，编制5名。2005年，青少年宫事业编制增加至6名，其他没有变动。

（二）基层团组织

1991年，全县共有9个乡（镇）团委，88个村团委，9个乡办企业团委，72个团总支，298个团支部，团员8262人，专职团干28人。2005年，全县有22个基层团委，6个团总支，277个团支部，团员6965人，专职团干13人。

第二节 少年先锋队

一、代表大会

中国少年先锋队明溪县第一次代表大会于1992年6月1日在县政府小礼堂召开，出席大会代表80名，特邀代表10名，会议选举产生中国少年先锋队全县工作委员会委员29名，主任1名、副主任3名。

中国少年先锋队明溪县第二次代表大会于1995年10月13日在县政府小礼堂召开，出席大会代表80名，会议选举产生少工委委员29名，主任1名、副主任1名。

中国少年先锋队明溪县第三次代表大会于1998年11月26日在县政府小礼堂召开，出席大会代表80名，会议选举产生少工委委员29名，主任1名、副主任1名。

中国少年先锋队明溪县第四次代表大会于2001年12月5日在县政府小礼堂召开，出席大会代表100名，会议选举产生少工委委员29名，主任1名、副主任1名。

二、主要活动

1991年，全县中国少年先锋队（以下简称少先队）组织开展“学赖宁—做党的好孩子”主题活动，共有17000多名少先队员参加活动。夏阳学区中心小学少先队大队被团中央、全国少工委评为“全国红旗大队”；实验小学四（五）班被团中央、全国少工委评为“全国学赖宁—做党的好孩子活动”先进中队，2名少先队员获得团中央、全国少工委颁发的“全国学赖宁奖章”。1992—1993年，全县少先队组织开展劳动实践教育、“红领巾读书读报活动”、“学雷锋、学赖宁、树新风”系列教育和红领巾义务送报及“赖宁在我身边”等系列教育活动，成立全县义务送报小队57支。县青少年宫举办夏令营营点29个，专项夏令营4个，聘请112名辅导员，学生入营率达87%。1994年，全县少先队举办“六一”儿童节革命传统教育影片展、“手拉手献爱心互助联谊”“希望工程”等一系列活动，全县少先队员结成对子500对，救助20名贫困儿童重返校园。

1995—1997年，全县少先队组织开展“心中有祖国，心中有他人”“迎接香港回归祖国”“爱我明溪一山一水一路，爱我明溪一花一草一木”、第二届校园文化艺术节等活动。1998年，全县少先队组织开展以“五有”（有组织、有辅导员、有活动、有阵地、有制度）和“十率”（建队率、入队率、配备率、培训率、覆盖率、活跃率、普及率、利用率、健全率、执行率）为主要内容的达标创优活动，全县共有800对少年儿童结成“手拉手”朋友。县西小雏鹰假日小队、枫溪小珩小学雏鹰假日义务送报队、胡坊柏亨小学义务送报小队被全国少工委授予“全国文明雏鹰假日小队”先进集体称号，夏阳小学的陈琳、邓丽娟被全国少工委授予“全国手拉手好少年”先进个人称号。1999—2003年，全县少先队开展“新世纪的呼唤”“雏鹰假日小队”“红领巾假日农庄”“校园拒绝邪教”活动；组织万名少年签名“祝申办奥运成功”活动，成立605支“雏鹰假日小队”。

2004—2005年，全县少先队组织“10·13”建队55周年少先队入队仪式、举办军事夏令营、“纪念抗日战争胜利60周年，红军长征胜利70周年”系列活动和“爱祖国、爱福建、爱三明”手抄小报现场编报竞赛活动。

三、组织机构

1991年，全县中小学校有少先队大队19个，中队308个，小队1232个，队员15012人，辅导员327人。2000年，全县城镇中、小学和学区中心小学的建队率达100%，在校适龄儿童入队率达100%；农村完小建队率达98%以上，入队率达95%以上；各校少先队阵地的普及率和使用率达100%。2005年，全县中小学校有少先队大队19个，中队231个，小队924个，队员11021人，辅导员260人。

第三章 妇女组织

第一节 代表大会

明溪县第七次妇女代表大会于1993年12月4日在县政府小礼堂召开，出席大会正式代表170名，特邀代表16名，列席代表8名。会议审议并通过县妇联六届委员会主席李群秀所作的《以党的十四大精神为指针，努力开创妇女工作新局面》工作报告，选举产生第七届执行委员会委员23名，其中常委9名，主席1名，副主席2名。

明溪县第八次妇女代表大会于1998年11月6日在县政府小礼堂召开，出席大会正式代表146名，特邀代表8名，列席代表8名。会议审议并通过县妇联七届委员会主席曾晓青所作的《高举邓小平理论伟大旗帜，团结全县妇女为实现跨世纪宏伟目标再创业绩》工作报告，选举产生第八届执行委员会委员23名，其中常委7名，主席1名，副主席1名。

明溪县第九次妇女代表大会于2003年12月19日在县宾馆三层会议室召开，出席大会正式代表110名，特邀代表6名。会议审议并通过县妇联八届委员会主席曾晓青所作的《贯彻“三个代表”重要思想，团结动员广大妇女为全面建设小康社会而努力奋斗》工作报告，选举产生第九届执行委员会委员 19 名，其中常委 9 名，主席 1 名，副主席 2 名。

第二节　主要活动

一、妇女干部培养选拔

1991 年，县妇女联合会（以下简称县妇联）做好优秀妇女干部的培养和推荐工作，推进妇女参政议政。全县有副处级女干部 4 名，科级女干部 18 名。1996 年起，乡镇开始配备女领导干部。1997 年，全县各级组织加强妇女干部的培养选拔。村级换届后，全县 88 名村妇代会主任有 82 人进村两委，其中进支委 25 人，进村委 71 人。1998 年，全县 9 个乡（镇）均配备 1 名女领导干部。2003 年，村两委换届后，88 个村妇代会主任都具有初中以上文化程度，其中党员 43 人，团员 13 人，平均年龄 32.7 岁，获农技员职称的有 34 人，参加农函大学习的有 49 人；有 76 名女性进村两委，其中 21 名女性进支委，担任支部副书记 2 名，村主任 4 名，村副主任 4 名，村民小组长 6 名，村民女代表 193 名，占村民代表总数的 7.8%。2005 年，全县有副处级女干部 6 名，科级女干部 53 名，女党员 1044 名。全县有县级人大女代表 43 名，占县人大代表总数的 28.3%；政协女委员 19 名，占县政协委员总数的 24.7%。

二、农村妇女“双学双比”竞赛活动

1989 年，县妇联开始在全县农村妇女中开展学文化、学技术、比成绩、比贡献的“双学双比”活动，动员农村妇女参与经济建设和社会发展，帮助农村妇女提高文化素质、增收致富。1991 年，县农村妇女“双学双比”竞赛活动领导小组下发《关于利用有利时机抓好“三八”绿色工程活动的通知》，组织全县农村妇女开展植树造林，投入农村开发性生产活动。全县共组建耕山队 15 支，造林 2.1 公顷，有 13201 名妇女参加。1992—1999 年，县妇联先后组织开展千名妇女“公司带农户”项目竞赛、“增收杯”“三百”（百户庭院经济、百名种养能手、百名营销女能手）竞赛、“三八绿色工程”、“送技术下乡”妇女实用技术培训、“巾帼扶贫”双百（百户“一助一”结对子、百名重点户技术扶持）等活动。2000—2004 年，开展“十村百户千人”、“开拓市场女能手”、“新千年”农村妇女科技致富八闽行、“捐建一口沼气池，铺就一条致富路”扶贫帮困等活动。2005 年，开展“养殖—沼气—种植”一体化生态庭院经济竞赛，培养 20 户示范户、四大支柱产业种养女能手 223 名。并首次争取到省、市妇联五户联保小额信贷扶贫资金。

至 2005 年，全县共为农村妇女举办各类实用技术培训 368 期，培训妇女 36550 人次，转移女劳动力 9956 人；向省、市妇联争取 6 批小额信贷资金 86.2 万元，承贷农户 440 户，帮助 352 户贫困家庭脱贫；推广农业生产实用新技术 9 项，培养科技示范户 100 户，建立示范村 10 个、妇女科技示范基地 9 个，建立健全妇女科技协会 88 个，夏阳乡紫云村被评为省级“巾帼科技致富村”；17 名妇女接受农广校教育，61 名妇女获得“绿色证书”（农民技术资格证书），评定女农民技术员 23 名、助理农技师 9 名；召开实用新技术进百家活动经验交流会 5 次，420 人参加；2700 多名妇女活跃在流通领域。

三、城镇妇女“巾帼建功”活动

1991 年，县成立“巾帼建功”活动领导小组，在全县城镇女干部、女知识分子、女职工中开展以“学政治、学文化、学科学、学技术、学管理、创优质、创高产、创效益、创最佳服务、创一流水平”为主要内容的“巾帼建功”活动。共开展“服务杯”“成果杯”“效益杯”“公仆杯”“园丁杯”等各种竞赛活动 29 次，780 名城镇妇女参加。1995 年，全县掀起竞赛活动新高潮，县妇联与县经委等 5 个部门联合开展“大干 100 天，开展社会主义劳动竞赛”活动，与商业局联合开展“优质服务杯”知识大奖赛，召开“巾帼

建功”经验交流会，举办“巾帼创业”摄影作品展，展出130幅展示明溪各界妇女风采的照片。1996年起，县“巾帼建功”活动领导小组在全县实施“巾帼创业行动”和“巾帼助困行动”。

1999年，实施“巾帼社区服务工程”，动员广大妇女参与社区建设。2002年，开展百余名“中华巾帼志愿者”奉献社会联合行动，为下岗职工、特困家庭、老年妇女提供服务。2004年，组建农业科技、医疗技术、家教知识、助老帮困等14支 “巾帼志愿者”服务队，共有队员108人。2005年起，在全县“巾帼文明岗”中开展“手牵手、创新业”巾帼文明岗互动联谊活动。

至2005年，全县共举办城镇妇女各种培训班456场，印发宣传资料25456份，受教育妇女达26890人；举办各种技术比武380场，有12360名女职工参加；全县女职工提合理化建议3284条，被采纳1382条，创经济效益145.8万元；有“巾帼文明岗”国家级1个、省级5个、市级12个、县级11个；召开“巾帼建功”先进妇女事迹报告会暨表彰会10次，表彰先进单位20个，先进协调工作者81名，“巾帼建功”奖获得者110名。

四、“五好文明家庭”创建活动

1991年，县妇联在全县范围开展“美在家中”为主题的家庭文化活动。先后在“母亲节”、“六一节”、敬老节举办健身操表演、母子献爱心系列活动、三代同乐文娱晚会、金婚银婚夫妇联欢会、“我爱妈妈”有奖征文赛等。全县共开展以“家”为主题系列活动62场次，有2213户家庭参加，表彰好妈妈115位，好婆媳129位，征集“我爱妈妈”文稿103篇、评奖15篇，表彰129户“五好家庭”，新评“五好家庭”1870户，全县共有“五好家庭”11757户，占总户数55.5%。1992—1996年，开展“献给母亲的礼物”征文赛、家庭文化建设、“美在农家”“年轻妈妈读书评比”等活动。1997年，县妇联与县委宣传部等18个单位联合发出《关于深入持续开展“五好文明家庭”创建活动的联合通知》，由县妇联牵头，成立由18家单位组成的创建活动领导小组，在全县开展争创50户县级“五好文明家庭”和10户标兵户活动。1998—2004年，开展“妇女·家园·环境”宣传教育、“爱心、奉献、情暖万家五好文明家庭奉献月”、法律科普知识宣传教育、实施农村女性素质工程“五进村五入户”（送十六大精神进村，促新思想观念入户；送科学技术进村，促致富本领入户；送先进文化进村，促文明行为入户；送法律法规进村，促维权知识入户；送卫生保健知识进村，促健康意识入户）等活动。2005年，以提高家庭成员思想道德素质为重点，开展“学习新知识、倡导新风尚、树立新形象、争做新女性”系列活动及开展纪念男女平等基本国策十周年活动，举办宣传培训班216期，培训1860人次。

至2005年，全县共有“五好文明家庭”23215户，占全县总户数的70%；培植“美在农家”标兵户110户，确立市级试点村5个，县级试点村9个，乡级试点村88个。

五、维护妇女儿童合法权益

1991年，县妇联与关工委配合做好家教工作，开展普及优生、优育、优教的“三优”知识宣传咨询义诊活动和“春蕾计划”，全县为幼儿捐款46370元。1992年，《中华人民共和国妇女权益保障法》颁布实施后，县妇联组织召开学习《中华人民共和国妇女权益保障法》座谈会123场，6106人参加；举办骨干培训班18期，培训妇女456人。同时，在全县妇女中开展“四自”（自尊、自信、自立、自强）宣传教育，配合公安部门查处打拐、治安案件。1995年，成立县妇女儿童工作委员会，制定委员会工作规划。1999年，成立县妇女法律咨询服务中心，开通妇女法律咨询热线电话。2001年，完成《明溪县儿童纲要发展规划监测统计报告》和《明溪县妇女发展规划监测统计报告》，有3名妇女干部被县法院聘请为特邀陪审员。2002年，制定维护妇女儿童合法权益联席会议制度，由县人大法制委员会、县妇联等15个单位组成成员单位，每年定期召开联席会议一次以上。2004年，县妇联争取到中国儿童基金会东州春蕾小学建校款20万元，投入夏坊中心小学教学楼建设，县第一位“春蕾女童”丁佳敏被福州阳光国际学校录取。2005年，开展

“不让毒品进我家”宣传活动，在乡镇、村、社区创建“无毒家庭”，发放宣传资料挂图1245份。同时，关注弱势妇女儿童，开展家庭暴力维权、“法律援助一日帮”活动，分发宣传材料1000多份，接待咨询600多人次，走访慰问8名贫困母亲，接待来信来访28件。

至2005年，全县共举办法律培训班224期，培训妇女2.5万人次，召开座谈会159次，开展法律咨询活动534次，接受咨询1万余人次，分发宣传材料7万余份，出宣传栏208期，接待来信来访373件，办结率达98%。全县为儿童少年做好事2473件，捐款捐物247.16万元，表彰优秀少年儿童2092名；免费为3014儿童体检；举办大型少儿文艺活动62场；创办125所家长学校，42631名家长参加学习；向社会发放“爱心一助一”倡议书10000份，累计收到省、市、县各界人士捐款10.6万元，帮助193名特困女童重返校园，接受九年义务教育，其中76名女童分别被省、市、县妇联表彰为“十佳春蕾女童”和“优秀春蕾”。

第三节　组织机构

一、县妇女联合会机关

1991年，县妇联机关内设办公室、权益部、儿少部、城乡部、宣教部，编制5名。1993年，增设下属事业单位县妇女儿童活动中心1个，事业编制3名。1997年，进行机构改革，内设部门调整为办公室、儿少部、宣教权益部、城乡工作部4个部室，行政编制5名，下属单位有妇女儿童活动中心、妇联托儿所。2005年，内设部门调整为办公室（加挂组织部、宣教部）、妇女发展部（加挂妇女儿童权益部、县妇女儿童工作委员会办公室）2个部室，行政编制4名。下属事业单位调整为1个县妇女儿童活动中心，撤销妇联托儿所。

二、基层妇女联合会

1991年，全县有乡（镇）妇联9个，妇女委员51名，村（居）妇女代表大会（以下简称妇代会）88个。1991年后，全县相继成立机关妇女委员会。2005年，全县有乡（镇）妇联9个，妇女委员69名，平均年龄32.8岁，最小24岁，本科1人，大专12人，高中专34人；村（居）妇代会95个；机关妇女委员会11个，兼职妇委会主任11人。

第四章　科学技术协会

第一节　代表大会

明溪县科学技术协会（以下简称县科协）第三次代表大会于1997年6月16日召开，出席大会正式代表84名。会议审议并通过县科协主席李添有所作的《总结经验 开拓进取 为科技兴县努力奋斗》工作报告，选举产生第三届委员会委员29名，其中常务委员10名、主席1名、副主席1名，聘请顾问11名。同年，10个县属学会也相应完成换届工作。

第二节 主要活动

一、科普宣传

1991年，县、乡（镇）科协和县属学会利用各种科普宣传工具和手段，广泛宣传科技知识。全县共有科普宣传栏108个，出刊802期；举办科技讲座134次，参加者3105人次；举办科普赶集29次，参加者7163人次；科普广播120次，播稿140篇；播放科技录像138场，观众11322人次；办科普展览24场，观众5257人次；编印科普资料85种，计37908份；开展科技咨询149项，咨询人数达18424人次；办科普夜校85所，学员19562人。县科协编辑的《明溪科普》小报和《科技画廊》全年各出刊6期。县农学会共编印《农情信息》《农业简报》《病虫情报》等188期，31692份。并确立城关乡为科普文明乡，每个乡镇确立1个科普文明村。1992年起，确定每年8月为“科技进步宣传月”。1995年起，每年开展科技宣传周活动，并在县政府大门边建立14米长的永久性科普专栏。1997—1999年，县科协围绕“可持续发展·人口、资源·环境”、“科学技术与跨世纪蓝图”和“创新与科教兴县”等主题，开展科技宣传系列活动。共利用各种科普宣传栏155个，出刊2581期；编印各种技术资料475期，印发6.7万份；举办各种类型科普讲座218场，6300余人次参加听讲，科技下乡和科普赶集112次；科普图片展览17次，1.5万余人次观看；播放科技录像300余场。2000—2003年，科普宣传围绕“崇尚科学文明，反对迷信愚昧”“崇尚科学，反对邪教”“科技创造未来”“依靠科学战胜非典”等主题，多层次开展广泛的群众性宣传活动。2005年，围绕“科学、和谐、发展”的主题，在玠城花园广场组织开展大型广场科普系列活动。全县共出科普宣传栏158期，印发各种科普资料3600份；播放科技录像98场，赠送科技致富书籍2万余册。

至2005年，全县共有科普宣传栏155个，出科普宣传栏1521期，印发各种科普资料4.5万份，播放科技录像206场，赠送科技致富书籍10万余册。

二、科技培训

1991年，县、乡（镇）科协及县属学会配合有关业务部门，根据生产需要，坚持“实际、实用、实效”的原则，开展各项实用技术培训。乡、镇、村共举办技术培训班466期，培训人数达2.28万人次。1994年，采用一事一传与系统培训相结合、集中学习与分片培训相结合、请进来与送出去相结合，对村主干及村农技员、专业户等进行分期分批培训。1996年，县科协与县委组织部联合制定《1996—2000年明溪县农村党员、基层干部实用技术和市场经济知识培训规划》，围绕“两高一优”农业专题，共举办各类实用技术培训班256期，培训人数达2.13万人次，5次组织科技人员外出考察农业实用新技术。1998年，县科协先后3次邀请省、市专家到县指导培训。1999年，县农协会、林协会、水电协学会等组织3支技术培训队伍，深入农村，围绕县重点产业开展技术培训和技术咨询活动。2000年，县科协根据各乡镇不同的农业发展重点，进行毛竹、厚朴、杜仲、珍稀食用菌、生猪育肥法、烟草种植管理烘烤捆扎等技术培训。2003年，对换届后新任的村书记、主任、县驻村工作队员、乡镇分管农业的副乡镇长等进行“村会协作”相关知识的培训学习。

至2005年，县科协共举办各类技术培训班6000余期，培训人数达32万人次。

三、青少年科技教育与普及

1997年，县科协开始开展青少年科技教育与普及工作。县科协联合教育局、环保局、水利电力局在全县开展以“珍惜生命之水”为主题的青少年科技传播系列活动。活动期间，在文化馆影剧院举办“珍惜生命之水”大型科普讲座，有500多名青少年学生参加听讲；举行踩街宣传活动，印发《珍惜生命之水》

《水资源及开发利用》《如何预防水污染》《保护水资源》等宣传材料 1750 份；开办专题科普画廊 1 期，张贴、悬挂大幅标语 12 幅；全县中小学组织开展“三小”活动和生物百项科技活动。县一中的生物兴趣小组开展“一品红光周期诱导”，辅导教师潘明山受到省科协青少年部的表彰。1998 年，县青少年科技辅导员协会与县教育局举办全县中小学生劳技、科技竞赛和特长表演，项目有初中组的照明电路安装、手掷特技滑翔机制作和小学生书法、图画、科技小制作等。1999 年，开展“99 青少年科技传播行动·绿色家园——种世纪之树”活动，城区 2200 多名中小学生参加，举行千人签名活动，并在城郊紫岭坪栽下 3.73 公顷 1300 多株毛竹。

2000 年，在中小学生中开展“保护环境、从我做起”活动，提高学生的环保意识和动手能力。2003 年，实施科学素质工程，开展“环保小卫士”活动、“车模”比赛、“小发明、小制作”比赛。2004 年，在全县各城区学校、各乡镇学校内，围绕“科技创造未来—以人为本、科学发展”主题，举办各类科普报告会、演讲比赛、知识竞赛等活动。由北京大学生命科学院教授林忠平、复旦大学环境资源学院教授陈建民及市科协、市林业局等中国科学院科技专家组成的“科普报告团中央苏区行”到明溪，开展为期 3 天的科普报告活动。2005 年，县科协与福建师大生物工程学院的师生在明溪县开展为期 10 天的“大手拉小手”系列科普活动。县科协向城区中小学、教育局及盖洋镇等赠送有关科普挂图 200 余张。全县各中学、学区（校）制作 18 块版面规格为 120×90 厘米的展板，展示学校教育、教学改革与发展，特别是在科技教育方面的突出成果。

四、农函大函授教育

1991 年，县科协内设中国农函大福建省分校明溪辅导站，开设 10 个专业，共招收 130 名学员。1992 年，辅导站升格为福建省农村致富技术函授大学明溪县分校，9 个乡镇也分别成立农函大辅导站。同时，号召回乡高初中毕业生参加农函大学习，乡、村给予适当学费补贴。1996 年，县科协联合县委组织部、县妇联、县老区办等部门，实行联合办学、社会化办学，全年招生 195 名，超出计划数 25 名。2000 年起，县科协针对农村生源不足的问题，与教育部门合作，将培训重点转向农村中学，利用初二年级的劳技课进行实用技术培训。2005 年，建立“农函大+农研会+示范基地”的模式，城关乡蔬菜研究会先后组织 21 名学员参加蔬菜专业学习，学员们边学习边推广实用技术、引进新品种，学用结合，取得较好经济效益。至 2005 年，农函大明溪分校共招生 4078 名，结业 3666 名。

第三节 组织机构

一、县科协机关

1991 年，县科协机关有编制 4 名。2005 年，县科协内设办公室（挂“咨询工作部”牌子）、普及工作部（加挂学会工作部牌子）2 个职能部室，有行政编制 1 名，机关事业编制 4 名。

二、县级学会

1991 年，全县有县医学会、县数学学会、县会计学会、县林学会、县电子学会、县电机工程学会、县茶叶研究会、县教育研究会、县农业气象研究会、县食用菌研究会、县农业区划研究会、县水利学会、县农学会、县科普创作协会、县建筑协会、县青少年科技辅导员协会、县珠算协会、县盆景花卉协会、县机械工程协会、县档案学会、县标准质量计量学会等 21 个学会组织，共有会员 589 人。同年 4 月，县委、县人民政府在全县开展清理整顿社会团体工作，经审查，保留县电子学会、县电机工程学会、县农学会、县建筑学会、县标准计量质量学会、县水利学会、县机械工程学会、县青少年科技辅导员协会、县林学会、县医学会等10个学（协）会，有会员598人。1997年9月，成立县电力工程学会，有单位会员5个，个人会员42人。2005年，全县共有7个学会（协）会，有会员292人。

三、乡（镇）协会

1991年，全县9个乡镇均建立科普协会，配备科协专职（兼职）干部，共有会员1428人，专兼职干部10名，村科普分会88个，建立科普文明村9个。1995年，会员达1458人，建立科普文明村18个。1998年乡镇科协换届，9个乡镇均成立科委、科协，配齐科技副乡（镇）长和科技专干，88个行政村成立科技小组，配备科技副村主任，发展会员1475人。2005年，共有会员1456人，建立科普文明村10个。

四、厂矿科学技术协会

1991年，全县有福建烽林机器厂科协、福建省第二地质勘探大队职工科协2个厂矿科协，有会员95人。1992年，福建省第二地质勘探大队搬迁至三明市三元区。2005年，全县只有福建烽林机器厂科协1个，有会员69人。

第五章 文学艺术界联合会

第一节 主要活动

明溪县文学艺术界联合会（以下简称县文联）成立以后，经常组织5个协会开展各种文学艺术活动。1991年，美术书法工作者协会会员吴霖生的中国画作品《英雄永存》《村前水塘》入选“三明市首届书画大展”，其中《英雄永存》同时入选参加“福建省首届书画节”；美术书法工作者协会会员毛新华的中国画作品《博》参加“三明市首届书画大展”获二等奖。8月，县文化局编辑出版《中国民间歌谣集成福建卷·明溪分卷》，收集文学工作者协会会员游冬梅、王江海、徐晓红、陈荔明、黄明生等作品10余篇。同年，明溪的舞蹈蓬勃发展，形成以青少年宫舞蹈培训班和文化馆舞蹈培训班为基地的少儿舞蹈教育中心。两个中心创作一大批优秀舞蹈节目，并通过走出去参加比赛等方式，增长舞艺，培养一大批优秀少儿舞蹈爱好者。1992年2月，县文联举办“文艺界人士新春茶话会”，邀请40名文艺界人士参加。7月，音乐舞蹈工作者协会会员郑建明参加在长汀举办的闽赣十四县文化交流会，获“十佳歌手”称号。10月，文化馆舞蹈培训班的音乐舞蹈工作者协会会员刘美珍编排的舞蹈《搏》和少儿节目《捉山鼠》参加全省文艺调演，分别获得“表演二等奖”、“演出二等奖”和“创作二等奖”。同年，摄影工作者协会会员张正森、邹曦举办摄影作品展。1996年，文学工作者协会会员茅瑞云撰写出版报告文学《巫山奇案》。1997年，省曲艺协会会员朱泽创作的话剧小品《没完没完》获福建省征言广文作品“二等奖”。2000年，县文化馆舞蹈培训班被确认为北京舞蹈部中国舞考级中心明溪授课点。从2000年起，明溪的美术书法和舞蹈开始走出国门，其中美术书法工作者协会会员吴霖生辅导的学生林成城的中国画作品《收获季节》参加亚洲书画协会联盟、国际青少年美术作品编委会举办的书画大赛，获“千禧龙杯”金奖；美术书法工作者协会会员黄忠顺现代刻字作品《云雾山中》入选在新加坡举办的第五届国际刻字艺术展。2001年，文学工作者协会会员茅瑞云撰写的《剑啸山城》出版；美术书法工作者协会会员戴建明书法作品获“黄兴杯”全国书法大赛金奖。2002年，县青少年宫舞蹈培训班被确认为福建省中国舞考级培训中心。2003年，文学工作者协会会员郭养清出版《灯下随笔》，李敏权出版诗词集《茶香千里》。12月，县文联协助县委宣传部举办纪念毛泽东诞辰

110周年书法展，展出作品30余幅。2004年1月，县文联协助县委宣传部举办迎新春书画展，展出作品50余幅；青少年宫舞蹈培训班音乐舞蹈工作者协会会员刘梅编排的舞蹈《京韵》参加国际冰雪节全国少儿舞蹈大赛获金奖。8月，县文联与县委宣传部举办纪念邓小平诞辰100周年书画展，展出作品60余幅。12月，美术书法工作者协会会员毛新华参加福建省电视台、三明市电视台联合举办的“民间绝技”表演“蒙眼微雕作品”（唐诗一首）获“民间绝技绝活”称号。2005年，文学工作者协会会员李敏权出版诗词集《梅蕊先萌》，茅瑞云撰写出版的《剑啸山城》获市百花文艺奖三等奖。县文联推荐的县职中的郑建明、县文化馆的杨琳，参加由市文联、三明电视台、《三明侨报》社、宁化县委宣传部主办的“惠泉杯”三明市老区青年歌手大赛，分获一等奖和二等奖；选送的舞蹈《奥运北京》在“小荷风采” 福建省赛区获三等奖；选送的舞蹈《草原小骑兵》《今天我当家》在第二届福建省文艺出新人大赛三明分赛区中分别获得一等奖和二等奖，器乐《闹元宵》获二等奖；选送的舞蹈《我的家在日喀则》《奥运北京》在市教育局主办的全市中小学生舞蹈比赛中获一等奖，《雏鹰展翅》《心愿》获二等奖。

至2005年，县文学工作者协会会员共创作文学作品1000余篇，出版书籍15部；美术书法工作者协会会员共创作各类文艺作品800余幅，其中有9名会员创作的58幅作品在国际、国内举办的各类比赛中获奖；音乐舞蹈工作者协会会员刘美珍、刘梅创作编排的舞蹈共有19个在国际、国内舞蹈比赛中获奖；省曲艺协会会员朱泽创作的8个相声、话剧小品、表演唱，在省、市演出中获奖。

第二节 组织机构

1986年7月，县文联成立，下设文学工作者协会、摄影工作者协会、美术书法工作者协会、音乐舞蹈工作者协会、戏剧曲艺工作者协会，共有会员315人。1991年，县文联5个协会共有会员189人。2000年9月17日，县文联第二次代表大会召开，选举产生第二届委员会委员9名，其中主席1名、副主席1名。2001年后，随着摄影工作者协会和戏剧曲艺工作者协会活动相继减少，会员也相应减少。2005年，5个协会共有会员39人。

第六章 工商业联合会

第一节 代表大会

明溪县工商业联合会第六届会员代表大会于1991年9月21日召开，出席会议会员代表53名。会议审议并通过陈金炉所作的《坚持改革开放 团结工商业 为我县社会主义两个文明建设服务》工作报告，选举产生第六届工商联执行委员会委员11名，其中主任1名，副主任1名。

明溪县工商业联合会第七届会员代表大会于1997年3月17日召开，出席会议会员代表65名。会议审议并通过吴小福所作的《发挥工商联（商会）作用 为社会主义市场经济发展贡献力量》工作报告，选举产生第七届工商联执行委员会委员15名，其中会长1名，副会长1名。

明溪县工商业联合会第八届会员代表大会于2001年11月26日召开，出席会议会员代表66名。会议审议并通过傅立三所作的《与时俱进 开拓创新 为明溪县经济建设和社会发展而努力奋斗》工作报告，选举产生第八届工商联执行委员会委员23名，其中会长1名，副会长1名。

第二节 主要活动

一、服务经济

1991年起，明溪县工商业联合会（以下简称县工商联）每年都多次组织召开座谈会、举办培训班，多次组织县工商联会员、非公有制经济人士学习中共中央的路线、方针、政策及相关的法律法规知识。1992年，县工商联针对个体私营经济发展过程中出现的无证经营、违法经营、“三乱”收费、资金短缺、原材料供应困难等问题，向县政府及县物委提出《关于制止乱收费的几点建议》被采纳。县政府协调工商、物委、卫生等部门，明确个体工商户的收费办法：有文件规定的给予适当减收，没有文件规定的一律取消。1993年起，县工商联积极发挥商会优势，每年组织会员企业参加国内外有一定规模的各类商交会、展（博）览会。1995年，县工商联与省内外100多个市、县开展经济信息交流、咨询活动，促成贸易金额达140万元。1999年，成立“明溪县非公有制经济投诉中心”，帮助个体工商户、私营业主解决纠纷，维护他们的合法权益。2000年，县工商联宣传贯彻县政府下发的《加强非公有制经济发展补充规定》建立“收费一本卡”制度，与个私办、纪委、监察、物价等部门对个私业主反映的情况进行检查，查处乱收费、超标收费15万元，通过调整降低收费，减轻企业负担134.3万元。2002年，县工商联成立永旺担保责任有限公司，为融资困难的会员企业向银行贷款提供担保，解决会员企业的资金困难问题。同时，从2002年起，县工商联协助县有关部门开展“四个一批”（做大扶强一批、巩固提高一批、技术改造一批、创办新办一批）重点私营经济的帮扶工作。

2003年起，县工商联建立党政部门与非公有制经济联系渠道，每年推荐县领导、县直部门与重点个私企业结对子，帮助他们发展生产。同时，与工商、技术监督、劳动、环保、税务等部门建立对口联系制度，不定期召开座谈会，听取个私业主的意见。2005年，对“四个一批”企业及其他重点私营企业在发展保障上实行挂牌保护制度，规定凡进入县重点保护企业检查、收费均要严格实行报批制。同时，建立金融协调会商制度，通过诚信建设，加强辖区银行与中小企业的合作关系，及时解决个私企业融资难的问题。

至2005年，县工商联共召开座谈会28次，举办法律法规培训班15期受训人员600人，开展知识竞赛两次100多人参加；组织68家会员企业参加各种交易会45次，成交总额达2870余万元；受理个体工商户、私营业主来信来访180起，举报电话25个，向县委、县政府提出工作意见和建议5项；全县重点私营企业做大扶强5家、巩固提高4家、技术改造4家、创办新办3家；全县共有38位县领导、38个县直部门帮扶38家重点个私企业；永旺担保责任有限公司共为8家会员企业提供担保，担保金额达368万元。

二、光彩事业

1991年，县民营企业家为捐资助学、助困、救灾等各类社会公益事业捐赠2560元。1992年起，县民营企业家开始每年为希望工程捐款。1997年，县民营企业家为农化桥、希望工程和各项福利事业捐赠13万元。1998年，明溪籍南安乡亲为县公安局110大队赠送面包车1辆。2000年，明溪籍东莞市长安耀华玻璃厂总经理邱侦文捐资10万元，兴建盖洋镇画桥小学侦文楼。同时，从2000年起，县部分民营企业家每年都参与县妇联开展的“春蕾计划”，救助困难女童。2002年，开展结对帮扶，为困难职工服务，全县私营企业安置下岗职工再就业690人。2004年，县工商联与市浙江、温州商会进行结对共建，每年为明溪希望工程和春蕾助学捐资15000元。2005年，县民营企业家资助小学生8人、中学生4人、大学生2人，资助金额共计15200元。

1991—2005年，全县民营企业家共为助学、助困、救灾等各类社会公益事业活动捐款56万元。

三、参政议政

县工商联每年都推荐非公有制经济代表人士担任人大代表和政协委员候选人，参政议政。1991 年，县工商联深入夏阳乡、沙溪乡、瀚仙镇调研乡镇企业，提出建议 5 条。县非公有制经济代表人士担任县人大第十一届人大代表 1 名、县政协第四届政协委员 3 名。1994 年，县非公有制经济代表人士担任县政协第五届政协委员 1 名。1995 年，对全县大中型企业进行调研，提出深化企业改革等相关意见 6 条。1998 年，对“三资”企业经营管理和个体私营经济经营环境进行调研，提出建议 8 条。1999 年，县非公有制经济代表人士担任县政协第六届政协委员 6 人。2000 年，对个体私营经济和外来个私经营者进行调研，提出《关于加快我县个体、私营经济发展的建议》《关于解决外来个私经营者后顾之忧的建议》的提案。2001 年，提出《采取措施，促进金融机构对非公有制经济组织资金上的扶助，增加地方财政的收入》提案。2003 年，县非公有制经济代表人士担任县政协第七届政协委员 9 名。2004 年，对发展非公经济进行调研，提出建议 4 条。2005 年，对提升非公有制经济发展水平、台港澳侨投资企业进行调研，提出建议 3 条。至 2005 年，县工商联提交社会、经济发展提案 11 件，专题报告 7 篇，大部分被县委、县政府采纳。

第三节 组织机构

1991 年 10 月，县工商联升格为正局级机构，有行政编制 3 名，专职人员 3 人，工商会员 98 人；有个体工商户 2227 户，从业人员 3768 人；有私营企业 10 家，从业人员 107 人。2001 年，县工商联行政编制调整为 2 名，增加 1 名工勤编制。2005 年，县工商联有专职人员 3 人，全县有工商会员 97 人；有个体工商户 2016 户，从业人员 2428 人；有私营企业 216 家，从业人员 2085 人。

第七章 残疾人联合会

第一节 代表大会

明溪县残疾人联合会第一次代表大会于 1990 年 3 月 20 日召开，出席大会正式代表 64 名。会议审议并通过县残联所作的《努力开拓残疾人事业促进精神文明建设》工作报告，选举产生第一届主席团成员 35 名，其中理事 7 名、主席 1 名、副主席 4 名。

明溪县残疾人联合会第二次代表大会于 2001 年 6 月 12 日召开，出席大会正式代表 63 名，特邀代表 17 名。会议审议并通过林应平所作的《高举邓小平理论伟大旗帜 积极推进残疾人事业》工作报告，选举产生第二届主席团成员 35 名，其中理事 7 名、主席 1 名、副主席 3 名。

第二节 主要活动

一、康复工作

1990 年，明溪县残疾人联合会（以下简称县残联）成立后，开展白内障复明手术、小儿麻痹症矫治手术和聋儿语训等残疾人3项康复工作，完成白内障复明手术21例，儿麻矫治手术13例。1991年，县残联在县福利院举办第一期聋儿语训班，有6名聋儿参加；同时对进行儿麻矫治手术的残疾人，每人补助200元。1992年，将聋儿语训班从县福利院迁到沙溪乡，并在沙溪中心小学内办聋儿语训提高班。1993年，县残联邀请省眼科和骨科专家来县实施复明手术30例，实施儿麻患者矫治手术13例。同时，出台康复优惠措施，对实施白内障复明手术的残疾人，每人补助50元；对儿麻矫治对象，每例医疗费用超过千元以上的补助500元，医疗费用在千元以下的，每例补助个人负担费用的50%；对家庭语训聋儿，免费赠送语训教材1套；对低视力患者配镜，免费赠送眼镜1副。1994年，县残联康复工作由白内障复明手术、儿麻矫治手术、聋儿语训等三项，新增新婚育龄妇女补碘、低视力配助视器、假肢矫形器安装、聋儿康复训练等七个项目。

1997—1999年，省白内障“复明工程”医疗队、香港“健康快车”、省立医院和福州军区总院眼科专家先后到明溪实施白内障复明工作。2001年，县残联与县防疫站对17例麻风畸残人员，逐一进行普查，登记造册上报，并为14例安装假肢。同时，从2001年起，乡镇陆续建立残疾人社区康复站。2002年，在县医院内建立县级残疾人康复服务指导站。明溪被列入省残联及省慈善总会资助县。2005年，县同三明市第一医院眼科协作，为白内障患者开展复明救助活动，并制定优惠措施，对农村和城镇享受低保对象实施手术每例补助500元，补助金额达1万元。

至2005年，全县共完成白内障复明手术565例，为低视力患者配助视器36例，聋儿家长培训28例，为听力患者配助听器18例，为31名治愈麻风病人赠送辅助用具7例，实施矫治手术10例，系统功能训练14例，向下肢瘫痪的残疾人赠送社会各界和财团法人曹促植基金会捐赠的轮椅18辆、省“百千万”工程赠送的轮椅12辆，向双目失明的盲人赠送盲拐18根，特需人群补碘率达95%以上，建立乡（镇）残疾人社区康复站7个。

二、残疾人就业

1991年，全县有县橡胶厂和瀚仙乡连厝再生胶厂2家福利企业，共接收30名残疾人就业。1992年，县残联创办福利企业明溪县县吉恒化工原料厂，安排25名残疾人就业。1993年，县政府制定《明溪县残疾人事业“八五”计划纲要实施要点》和《明溪县残疾人劳动就业工作“八五”配套实施方案》，在全县推行按1.5%比例安排残疾人就业的试点工作。对198个县直机关、企事业单位开展残疾人就业情况调查摸底，督促165个未达安置残疾人比例的单位，安排残疾人就业，或收取残疾人就业保障金，全县共有86个单位缴纳就业保障金达8.6万元。1995年，县残工委出台《关于残疾人就业保障金征收办法的通知》，并根据省、市的有关规定要求全县机关、团体、企事业单位（包括合资、独资、乡镇企业和私营企业）应按1.6%比例安排残疾人就业。1997年，县政府出台《明溪县按比例安排残疾人就业规定》。同时，县残联与民政、税务等部门对全县11家福利企业进行年检，检查落实对残疾职工的福利待遇，为在福利企业就业的126名残疾人办理养老保险。1999年，县残联与晋江市残联开展山海协作，进行优势互补，晋江市残联免费为明溪培训残疾人和安置就业，晋江市共有4家福利企业招收明溪残疾人15名。

2000年后，因全县产业结构调整，企业改制，企业职工数和残疾人安置数较难确定，残疾人就业保障金征收逐年下滑。2002年，县政府下发《明溪县人民政府关于残疾人就业保障金征收办法的通知》，加大对残疾人就业保障金的征收力度和规范征收管理。同时，选送12名残疾人到外县的福利企业就业。2005年，为解决残疾人寻找工作难和福利企业招收残疾职工难的问题，县残联举办全县首次招聘残疾人用工见面会，共有8家福利企业和118名残疾人参加，有48名残疾人签订用工合同。

至2005年，全县共有11家福利企业，安排195名残疾人到机关企事业和县福利企业就业，输送66名残疾人到外地福利企业就业，帮助162名残疾人自谋职业或个体开业，举办各类培训班52期，培训残疾人

2236 名，征收残疾人就业保障金 199.42 万元。

三、扶贫助残

1990 年，县残联响应省政府办公厅号召，在全县范围内开展“捐赠一元钱，扶残作奉献”的活动，全县完成捐赠任务 36294 元，上交省残联 22865 元。1991 年起，贯彻落实《中华人民共和国残疾人保障法》《中国残疾人事业五年工作纲要》，制定残疾人 12 项优惠政策，从创业、就业、医疗、就读等方面进行扶助。1998 年，全县有贫困残疾人 1768 户 3910 人，纳入城乡最低生活保障的残疾人 1801 名，“五保”供养 109 名，专项补助 353 名，社会扶助 107 名，民政救济 84 人次，脱贫 186 户。1999 年，县残联采取“帮、包、带、扶”结对子和干部包户、单位包户等形式，帮助贫困残疾人脱贫，全县投入扶贫资金 1.6 万元，帮扶贫困残疾人 30 户（每户补助资金最高达 1000 元、最低 300 元）；全县有 30 名干部，与 30 户残疾人结对子。2000 年，县残联制定《扶贫工作实施方案》，成立县残疾人服务社，9 个乡镇设立县残疾人服务分社，具体负责扶贫工作。同时，建立扶贫贷款基金 51 万元（其中中央康复扶贫贷款 30 万元、省财政配套资金 18 万元、市配套资金 3 万元），为县属福利企业县火星化工有限公司提供贷款 42 万元，为农村残疾人贫困户 50 户（每户发放小额贷款 2000~5000 元）提供贷款 9 万元。

至 2005 年，全县纳入城乡最低生活保障的残疾人共有 905 名，“五保”供养 72 名，专项补助 376 名，社会扶助 285 名，民政救济 86 人次，为 3 家福利企业发放扶贫资金贷款 180 万元，为农村残疾人贫困户 42 户提供贷款 18 万元，建立“残疾人扶贫开发基地”4 个，181 名贫困残疾人脱贫。

四、残疾人教育

（一）普通教育

县残联分别于 1996 年、1999 年与县教育局开展两次 7~15 周岁残疾儿童调查摸底。对未入学的残疾儿童少年，根据国家有关义务普及教育的规定，采取随班就读的教育形式。全县在“八五”期间，残疾儿童少年入学率由 20%提高到 60%；“九五”期间，残疾儿童少年入学率提高到 85%；“十五”期间，残疾儿童少年入学率提高到 95%。

（二）特殊教育

从 1990 年开始，县残联每年选送 1~2 名听力残疾的学生到三明市聋哑学校就读。对 3~6 周岁的残疾儿童，选送三明市残疾人康复中心聋儿语训部接受语训。1992 年 9 月，在县西门小学内附设特教班 1 个。至 2005 年，全县共选送 25 名聋哑学生到三明市聋哑学校就读，4 名盲童到三明市聋哑学校盲班就读，8 名聋儿到三明市残疾人康复中心聋儿语训部接受语训。

（三）职业培训

县对成人残疾人采取职业培训的教育方法，通过举办残疾人技术培训班，提高残疾人的劳动技能和素质。从 1990 起，每年都举办 2~6 期的培训班，城镇以培训电脑、电器维修、缝纫等技能项目为主，农村以培训家庭种植业和养殖业项目为主。2000 起，每年都选送 40~70 名残疾人参加“农函大”学习，帮助他们掌握 1~2 门实用技术。至 2005 年，全县共举办成人残疾人培训班 45 期，培训残疾人 2286 名；培训农函大残疾人学员 320 名，获得农业技术员职称 320 名。

（四）残疾人成才获奖

1992 年，残疾人王东丰的独舞《搏》参加省农村文艺会演，获得优秀演员二等奖。1993 年，重新改编和创作的双人舞《搏》作为市残疾人代表队节目参加省残联举办的福建省第四届残疾人艺术会演，获优秀创作奖、表演二等奖。10 月，双人舞《搏》参加全国第二届残疾人艺术会演，表演者王东丰、唐雪琴被大会组委会评为优秀表演奖。1994—2005 年，没有残疾人参加汇演。

1991—1994 年，残疾人运动员王东丰先后获省残运会乒乓球单打金牌 1 枚，乒乓球单打铜牌 1 枚，铅球银牌 1 枚，羽毛球混合双打银牌 1 枚、跳远铜牌 1 枚，全国伤残人运动会乒乓球 TT8 级团体第六名。1995—2005 年，没有残疾人获奖。

五、残疾人情况普查

2004 年 5 月，县残联在全县范围开展残疾人基本状况普查。据普查资料统计显示，全县有各类残疾人 5338 人，占总人口的 4.6%。其中：视力残疾 845 人，占 15.8%；听力语言残疾 1089 人，占 20.4%；智力残疾 810 人，占 15.2%；肢体残疾 1510 人，占 28.3%；精神残疾 322 人，占 6%；综合残疾 762 人，占 14.3%。办理和领取“中华人民共和国残疾人证”的残疾人有 3586 人，占应办证残疾人数的 67.2%，贫特困残疾人 1768 户 1910 人；享受最低生活保障的残疾人 1801 人，其中农村 1041 人，城镇 760 人；参加农村养老保险的残疾人 353 人；在机关、企事业就业的残疾人 115 人，在福利企业就业的残疾人 132 人，个体开业的残疾人 270 人，参加职业培训的残疾人 1627 人，其中农函大学员 360 人。残疾人中：男性 3149 人、占 59%，女性 2189 人、占 41%；0~6 周岁残疾儿童 84 人、占 1.6%，7~16 周岁残疾少年 452 人、占 8.5%，17~40 周岁 1940 人、占 36.3%，41~50 周岁 694 人、占 13%，51~60 周岁以上 1683 人、占 31.5%，61 周岁以上 485 人、占 9.1%；已婚 2486 人，未婚 1897 人，未达婚龄的 955 人；大专以上 56 人，高中毕业 295 人，初中毕业 1286 人，小学毕业 1879 人，文盲 1822 人；农村 4472 人、占 83.8%，城镇 866 人、占 16.2%。

第三节 组织机构

一、县残疾人联合会

1989 年，成立县残联，为副科级事业团体，由县民政局代管，人员编制核定 3 名，下设 1 个办公室。1993 年，成立县残疾人劳动服务管理站，为县残联下属股级事业单位，人员编制 1 名。1997 年，县残联升为正科级，设机关行政编制 1 名，事业编制 2 名。2002 年，县残联从民政局中脱离。2005 年，县残疾人劳动服务管理站更名为县残疾人就业服务指导中心。

二、基层残联

1990—1991 年，全县 9 个乡（镇）先后成立乡（镇）残疾人协会，88 个村民委员会和 7 个居民委员会均成立村（居）残疾人协会，形成从县到乡（镇）至村（居）残联组织工作的完整网络。1993 年，根据《中国残疾人联合会章程》规定，乡（镇）残疾人协会统一更名为残疾人联合会，村（居）委会改称残协小组。2005 年，全县共有乡（镇）残疾人联合会 9 个，残协小组 95 个，残疾人工作者 104 人。

三、残疾人工作协调委员会

1995 年，成立县人民政府残疾人工作协调委员会，协调委员会主任由分管的县委常委、县政府副县长担任，副主任由县政府办公室主任及民政局、财政局、教育局、卫生局、劳动局局长和残联理事长担任，有关部门和团体负责人任委员。协调委员会下设办公室，办公地点设在县残联，由残联理事长兼任办公室主任，日常工作由残联承担。全县 9 个乡（镇）也相应成立乡（镇）人民政府残疾人工作协调委员会，组成人员由乡（镇）分管领导及残联、文化、企业、司法、文明办、团委、妇联、中学、学区、卫生院、派出所等单位负责人组成。

四、残疾人志愿者联络站

2001 年，成立县助残志愿者联络站，由团县委、妇联、工会、残联、民政局、教育局、卫生局、劳动与社会保障局、文体局、公安局、司法局、工商管理局、地税局、国税局等14个残工委成员单位组成，每个单位抽调1名人员担任联络员。全县9个乡镇也相继成立乡镇助残志愿者联络站，每个乡镇助残志愿者联络站联络员不少于50人，村不少于5人。2005年，全县共建立助残志愿者联络站10个，有助残志愿者621人。

第八章 归国华侨联合会

第一节 代表大会

明溪县归国华侨联合会第三次代表大会于1999年6月11日召开，出席大会代表59名。会议审议并通过第二届委员会所作的《团结奋进求真务实，努力开创我县侨联工作新局面》工作报告，选举产生第三届委员会委员15名，其中兼职主席1名、副主席2名，聘请顾问2名、名誉主席3名。

第二节 主要活动

一、联谊引资

（一）联谊

1991年起，明溪县归国华侨联合会（以下简称县侨联）每年利用元旦、春节、中秋等节假日华侨华人返乡探亲的时机，组织新侨代表人士参加全县春节团拜会、出国返乡人员迎春茶话会、旅外乡亲座谈会、华侨华人迎中秋—庆国庆座谈会；并向海外乡亲寄送新年贺卡、发放慰问信、赠送挂历、赠送花篮、走访慰问归侨侨眷。同时，建立每季度同海外社团代表人士通1次电话的“热线联系”、不定期保持与海外侨联顾问联系等制度，并在《欧洲论坛》《欧洲导报》等刊物上向华人华侨介绍明溪县三个文明建设的成绩和全县发展规划。全年共接待来明溪探亲的海外华侨10人。此后逐年增多，平均每年接待来访的华人、华侨30人次。2004年，县侨联采取走出去的方式加强联谊工作。县政协副主席、统战部长戴玲玲参加三明市委代表团，到欧洲考察访问，走访慰问明溪籍华人华侨。2005年，县侨联接待意大利福建华侨华人中西部联谊会会长胡建兵、常务副会长吕理才、吴福春，匈牙利华侨华人社团联合总会会长刘文建、副会长张传联，俄罗斯福建同乡会副会长陈贻福等出国人员、新华侨100余人次。县政协主席陈澄、副主席沙溪侨联主席连禄钦参加三明市代表团，到欧洲考察访问。

至2005年，县侨联共组织召开由华人华侨、归侨侨眷参加的各种座谈会、联欢会67场次，向海外乡亲寄送新年贺卡346张、寄送慰问信1000多份、赠送挂历223份、赠送花篮347个；接待海外社团32批，来访人次800多人次。

（二）引资

1991年起，县侨联以经济建设为中心，在全县开展“五个一”（结交一位知名人士或海外新朋友、牵线搭桥参与引进一个外引内联项目、牵线搭桥参与引进一笔资金、提出一条合理化建议、为私营和三资企业办一件好事实事）活动，每年召开1~2次明溪籍华商投资恳谈会。先后引进马来西亚侨眷徐天凑，菲律宾华侨施纯远，保加利亚华侨林金成，匈牙利华侨林永森、陈良勇、罗忠义、吴汝春、曾绍莹、袁娇云、罗祥禄等30余名华侨华人，在明溪创办望城亭养殖场、天亚大酒家、兴达灯饰有限公司、华利食品有限公司、华明木业有限公司、裕阳人造板有限公司、飞龙娱乐公司、商业大厦、供销大楼、安都日用金属制品公司、云台山生态旅游有限公司、海飚开发有限公司、森宝竹木工艺有限公司、明侨商住楼等一批侨资企业。至2005年，华侨华人共在明溪创办外资企业33家，总投资金额达7490余万元，投资领域涉及农业综合开发、城镇建设、生态旅游、娱乐业、水电开发等项目。

明溪籍的华人华侨、港澳同胞不仅积极参与家乡经济发展，还热心为家乡公益事业慷慨解囊。2000年，香港宝莲寺方丈智慧法师捐资40万元，兴建城关中学逸夫楼，并于2001年9月竣工投入使用。2002年6月16日，夏坊乡遭遇特大洪灾后，匈牙利华侨华人社团联合总会捐款2万元、意大利华侨华人中西部联谊会捐款2万元、香港人士捐款3万元、俄罗斯明溪籍华侨华人捐款10万元，帮助家乡灾区人民重建家园。2003年，意大利华侨吴福春捐赠8000元用于修建盖洋镇葫大公路。至2005年，旅居海外的华侨、华人及港澳同胞累计为家乡的公益事业捐赠金额达58万元。

二、维护侨益参政议政

（一）维护侨益

1991年，县侨联宣传《中华人民共和国归侨侨眷权益保护法》《福建省实施〈中华人民共和国归侨侨眷权益保护法〉办法》和《华侨捐赠兴办公益事业管理条例》。同时从1991年起，在每年的9月份开展侨法宣传月活动。1992年，香港同胞黄玉珍的姐姐从香港探亲回明溪遭遇车祸不幸身亡，县侨联得知后立即与有关单位协商，及时督促解决经济赔偿事宜。1995年，县侨联领导3次深入三资企业走访了解生产发展情况，扶持归侨侨眷发展生产并帮助解决问题2个。从2002年起，县侨联针对出国人员逐年增多，出国人员子女教育面临许多困难的新问题，开始实施“华侨二代”工程。利用县、乡、村三级侨联组织网络，组织各级侨联干部入村（居）入户，协助学校加强家访、密切家校联系，共同做好出国人员子女的学习教育工作。并为出国与亲人团聚的学生开欢送会、赠送影集合影留念，培养即将出国的中小学生的恋乡爱乡之情。2003年，县侨联组织实施《中国侨联关于开展“侨联群众工作年”活动的决定》和《福建省侨联关于开展“侨联群众工作年”活动的意见》，在全县开展侨联群众工作年活动。在绿色家园拆迁建设中，协助县拆迁指挥部按照中央、省归侨侨眷权益保护法和实施办法的规定，落实有关政策，维护归侨侨眷拆迁户的合法权益。

1991—2005年，县侨联共开展有关归侨侨眷保护法和实施办法的宣传、征答、竞赛等活动20次600余人次参加，发放宣传资料1600余份；接待归侨侨眷来访149人次，来信10件，处理率达100%；深入侨资企业走访了解生产发展情况43次，解决问题42件；协助县侨办出具“三侨”子女身份证明318份；为归侨侨眷办实事、好事61件；省侨联领导到明溪慰问归侨侨眷困难户8户，发放慰问金2400元；县政府和县侨联慰问归侨侨眷困难户24户，发放慰问金2400元，发放慰问信300余份。

（二）参政议政

县侨联推荐归侨侨眷参政议政，担任政协委员候选人，反映社情民意。1993年，县归侨侨眷有市人大代表1人、市政协委员1人，县十二届人大代表1人，县五届政协委员8人。1998年，县归侨侨眷有县十三届人大代表1人、县六届政协委员11人。县侨界政协委员提出提案8个，均被采纳。2002年，归侨侨眷政协委员提出提案5个均被采纳，其中陈春禄撰写的《规范宣传广告，美我明溪城关》提案，被评为县级优秀提案。县侨界市政协委员连禄钦提出的《关于出国意大利人员子女享受“三侨”子女待遇问题》提案，得到市委、市政府的采纳，出国意大利人员子女享受“三侨”子女待遇问题得到解决。2003年，县归侨侨眷有县十四届人大代表4人、县七届政协委员10人。县侨界市政协委员连禄钦提出的《出国人员在境外生育子女如何掌握生育政策问题》提案、县侨界政协委员王金堂提出的《关于做好留守孩教育的问题》提案，均得到答复。2004 年，县侨界政协委员提出提案 6 个，均被采纳。2005 年，县侨界政协委员王金堂提出的《加大出国人员新华侨民间资金整合力度为县域经济服务建议》提案，被采纳。

第三节 组织机构和基本侨情

一、组织机构

1991 年，县侨联设兼职主席、副主席各 1 名，有机关事业编制 1 名。1998 年，成立第 1 个乡（镇）侨联——沙溪乡侨联，下设 6 个行政村侨联小组。2001 年后，雪峰镇、胡坊镇、瀚仙镇相继成立侨联。

2005 年，县侨联设兼职主席 1 名、副主席 2 名，有机关事业编制 1 名；有 4 个乡（镇）侨联，28 个行政村侨联小组。

二、基本侨情

20 世纪 80 年代前，明溪籍的华侨华人很少。1989 年，沙溪乡沙溪村的浙江籍菇农胡志明第一个到意大利务工。此后，明溪县出国人员逐年增多，并由沙溪乡扩展到全县各地。1991 年，全县有 552 人办理出国护照，出国人员主要分布在匈牙利、意大利这两个国家。1997 年 4 月，明溪开展侨情普查，全县归侨侨眷、港澳侨眷 2294 人，归侨 54 人，港澳同胞 679 人，海外华侨华人 3807 人，分布在匈牙利、意大利、俄罗斯、保加利亚等 22 个国家。至 2005 年，全县侨眷约 4 万人，办理出国护照 18648 本，出国人员 8643 人，约占全县总人口的 8%，主要集中在欧洲的匈牙利、意大利、俄罗斯 3 个国家，占出国人员总数的 85%。出国人员有 90%获得所在国的居留权，其中 4103 人获得长期或永久居留权，占出国人员总数的 55%；有 60 人加入外国国籍，明溪成为福建省的“旅欧第一县”。其中以沙溪乡出国人员最多，约有 1800 多人，平均每 4 人中就有 1 人出国，全乡共有 1649 人在意大利、荷兰、德国、匈牙利、希腊、俄罗斯和奥地利等国家获得居留权，被誉为“新兴内陆侨乡”。

明溪出国人员来自不同的阶层，既有农民、工人，也有干部、教师、医生，还有待业青年，其中以农民居多，通过旅游、探亲、定居、访友、商务考察等途径跨出国门。经过十多年的努力，出国人员经济实力逐渐壮大，打破 50 年来华人在欧洲大多以餐饮业为生的局面，有的创办贸易公司与购租店面，把大量国产服装、鞋帽等轻工产品打入欧洲市场；有的创办家庭工厂，从事皮革、服装制作。明溪县在匈牙利的出国人员主要以经商为主，至 2005 年，在匈牙利的明溪人已有 80%的人拿到匈牙利居住权，并拥有自己的商店。在意大利的出国人员以打工为主，主要从事皮革、服装、沙发加工行业。明溪出国人员在欧洲创办的智胜公司、东华公司、郑泰公司、友诺公司等企业，都拥有数百万美元的资产。

20 世纪 90 年代初，明溪籍华侨纪洞天、匈牙利华侨华人社团联合总会会长刘文建与匈牙利华侨华人社团联合总会副会长兼秘书长明溪籍华侨张传联等先后在匈牙利创办华文报纸《欧洲导报》《欧洲论坛》，介绍欧洲经济发展、风土人情及国内政治新闻、经济发展动态。1992 年 5 月，明溪籍华侨谢伟麟在匈牙利成立“匈牙利明溪同乡会”，有会员 100 多人。很多明溪籍华侨在“匈牙利福建同乡会”“匈牙利华侨华人社团联合总会”“俄罗斯福建同乡会”“意大利福建华侨华人中西部联谊会”“南非福建同乡会”“巴西巴中工商文化总会”等社团组织中任副会长、秘书长等职，为明溪籍同乡搭建互相帮助的平台，同时在发展同所在国的关系、扩大国际影响、促进经贸交流合作方面发挥作用。

第九章 其他团体

第一节 计划生育协会

一、主要活动

（一）宣传教育

明溪县计划生育协会（以下简称县计生协会）成立后，充分发挥“带头、宣传、服务、监督、交流”的作用，配合县计生局开展形式多样的宣传教育活动。1988—1992 年，县计生协会配合县计生局深入乡、村、户和街头开展计划生育基本国策宣传教育活动，共印发《福建省计划生育条例实施办法》宣传单 2.5 万份，在全县 9 个乡镇建立读报点、宣传栏各 1 个，订阅各种计生报刊 1334 份，书写固定标语 137 条，张贴宣传画 32 幅，建立会员联系户 4500 户，全县育龄群众受教育面达 86%。1993—1999 年，县计生协会围绕《中国计划生育协会章程》《计划生育协会民主参与和民主监督的暂行办法》及计生协会业务知识开展培训。2000 年，县计生协会在“5·29”会员活动日期间，召开以“我为协会添光彩”为主题的会员活动日系列活动，推广乡（镇）、村（居）的典型经验。2001—2005 年，县计生协会先后开展“服务年”、“三送三访一满意”（送科技、送信息、送政策法规，访健康、访生活、访需求），举办集邮展、“关爱女孩”书画展，组织电影放映队、老年文艺宣传队到各乡、村巡回放映、演出，组织全体协会会员开展学法知识竞赛、预防艾滋病知识竞赛，与县计生局、妇联、教育局在中小学生中开展“在社会关爱中成长”的征文活动，开展女性上族谱女性进祠堂，与县计生局联合举办县首届“婚育新风进万家”暨“关爱女孩”卡拉 OK 歌曲比赛等活动。2005 年，协会会员江云妹在全国预防艾滋病知识竞赛中获一等奖，是全省唯一获此殊荣的个人。

至 2005 年，全县各级计生协会共开展各类培训 2586 期、培训人数达 5.8 万人次，印发各种宣传资料 6 万张（册），召开座谈会 623 次，张贴标语 1000 余条，慰问计生困难户 326 户。

（二）组织建设和整顿

1988—1991 年，县计生协会挂靠在县计生局，没有专门人员。1992 年，县计生协会机构逐渐完善，设立办公室，有专兼职人员 3 名，配备专项经费和专车。乡（镇）配备兼职协会工作人员 24 名，建立示范村 18 个，并建立每周定期的例会制度。1993 年，全县 9 个乡（镇）计生协会均配备会长、顾问、副会长、秘书长，并制定工作目标和工作制度。

1994 年，县计生协会下发《关于在全县开展基层计生协会整顿工作的通知》，对全县基层计生协会进行整顿。经过整顿，至年底，全县好的和较好的基层计生协会有 80 个，占行政村总数的 90.9%。同时，加强协会制度建设，制定县计生协会每周一期召开例会的制度；定期举办协会骨干培训会，每个会员联系 3~5 户育龄家庭，会员每月走访联系户 1 次。1996 年，县计生协会重点对乡（镇）、村两级计生协会进行整顿。要求乡（镇）协会会长由人大主席担任，常务副会长和秘书长要有专人负责；村协会会长由村两委主干担任，副会长由有威信的“五老”（老党员、老干部、老模范、老职工、老长辈）担任，秘书长由村管理员担任。全县乡（镇）、村计生协会全部建立和完善会员代表大会制度、理事会制度、学习制度、工作制度、例会制度、会员联系户制度。

1997年，县计生协会下发《关于进一步开展创建合格村计生协会示范村工作的通知》，在全县范围内开展创建合格村计生协会示范村工作。同时，开展计生网络建设活动，下发《关于建立计划生育中心户、协会小组的实施方案》，在全县9个乡（镇）建立计划生育中心户和协会小组，形成县、乡（镇）、村、组完整的协会网络。1999年，县计生领导小组下发《关于认真实施基层计生协会组织整顿方案的通知》和《关于抓紧抓好基层组织整建工作的通知》。通过组织整顿，全县有一类乡（镇）4个，二类乡（镇）5个，一类行政村35个，二类行政村39个，三类行政村14个，一类协会小组275个，二类协会小组345个，三类协会小组161个。2000年后，县计生协会主要对三类行政村和三类协会小组进行整建。2001年，县计生协会根据省委、省政府办公厅转发的《关于进一步开展创建合格村（居）计生协会和争创一流村（居）计生协会活动的决议》文件要求，在全县范围内开展“双创”活动。同时，县计生领导小组下发《关于认真贯彻省委办公厅、省政府〈通知〉进一步开展“双创”的实施意见》，制定从2001年至2005年全县各级计生协会开展“双创”的实施方案。2005年，县计生协会为加强企业和流动人口的计生管理，开始在职工100人以上或女工50人以上的企业组建计生协会。

至2005年，全县一流村（居）计生协会达标25个，合格村（居）计生协会达标51个，两类合计达标76个，达标率为80%；95个行政村(居)中有一类村协会62个，二类村协会26个，三类村协会7个；737个协会小组有一类协会小组478个，二类协会小组203个，三类协会小组56个；有福建烽林机器厂、雪峰竹木制品厂、闽兴水泥有限公司、明信橡塑有限公司4家企业计生协会。

（三）扶贫帮困周转金发放和“幸福工程”

2002年6月，为进一步加大对计划生育贫困户的帮扶力度，市计生委采取无息贷款的方式，拨给县计生协会6万元的扶贫帮困周转金。县计生协会将这笔扶贫周转金贷给38个行政村的49户计生贫困户，其中二女结扎户27户，独生子女户17户，其他计生户5户，平均每户1224.5元，帮助他们发展生产，脱贫致富。至2005年，县计生协会共为191户计生困难户发放扶贫周转金49万元。

2004年3月，县开始启动“幸福工程”，是全省第四批启动“幸福工程”项目的县份之一。成立由县政府分管计生的副县长任组长，县政协副主席、计生协会会长和县计生局局长任副组长，县农办、财政、妇联、民政、农业、烟草、科技7个部门负责人为成员的“幸福工程”项目工作领导小组。至年底，全县共投入帮扶资金10万元（其中省幸福工程组委会配套5万元，县财政配套5万元），在城关乡、瀚仙镇、盖洋镇开展试点，为41户的计生贫困母亲发放帮扶资金10万元，为期两年，惠及人口168人。2005年5月27日，县计生协会在工会广场举行“幸福工程”募捐仪式，呼吁社会各界人士参与“为贫困母亲献爱心”的募捐活动，县领导、部门副科级以上干部、企事业单位共捐款13.7万元，投入“幸福工程”第二轮帮扶资金。

二、组织机构

1988年，成立县计生协会，挂靠在县计划生育局。1992年，县计生协会有专兼职人员3名，聘用顾问3名，下设办公室。1997年，核定县计生协会机关事业编制3名。至2005年，没有变动。

1988年，全县9个乡（镇）计生协会相继成立，发展会员1054人。1990年，全县88个行政村成立村级计生协会。至2005年，全县有9个乡（镇）计生协会，95个村（居）计生协会，4个企业协会，678名计生协会小组长，会员发展至8531人。

第二节 老年体育协会

一、代表大会

明溪县老年体育协会第一届代表大会于1984年12月28日在县政府小礼堂召开，出席大会代表42名。会议审议并通过老体协章程，选举产生第一届委员24名，其中主席1名，副主席6名。

明溪县老年体育协会第二届代表大会于1989年12月28日，在县政府小礼堂召开，出席大会代表50名。会议审议并通过第一届委员会所作的工作报告，选举产生第二届委员8名，其中主席1名，常务副主席1名。

明溪县老年体育协会第三届代表大会于1994年12月28日，在县政府小礼堂召开，出席大会代表75名。会议审议并通过第二届委员会所作的工作报告及修改章程，选举产生第三届委员12名，其中主席1名，常务副主席1名。

明溪县老年体育协会第四届代表大会于1999年12月28日，在老年人活动中心召开，出席大会代表59名。会议审议并通过第三届委员会所作的工作报告，选举产生第四届委员15名，其中主席1名，常务副主席1名。

明溪县老年体育协会第五届代表大会于2005年12月28日，在县政府小礼堂召开，出席大会代表56名。会议审议并通过第四届委员会所作的工作报告，选举产生第五届委员15名，其中主席1名，副主席15名。

二、主要活动

明溪县老年体育协会（以下简称县老体协）根据老年人的活动特点，每年开展重阳节老年人登山、棋牌球类比赛、万步走、文艺晚会、游园等形式多样的文体活动。1991年9月9日，县老体协在老年活动中心举办重阳节明溪县首届老年人运动会，比赛项目有门球、桥牌、象棋、台球、乒乓球、飞镖等6项，全县有300多名老年人参赛。从1992年起，县老体协每季度举办1次“长寿杯”老年人门球邀请赛。1994年，举办第二届老年人运动会，并从1994年起，每4年举办1次老年人运动会。1996年，举办全市老体协专职干部培训班，培训气排球项目，全市共16个单位60多人参加培训。

1998年，县老体协派出代表团40人，参加市第五届老年人运动会。共参加门球、地掷球、气排球、象棋、桥牌、羽毛球、台球、健身操等8个项目的比赛，取得象棋女子第6名，桥牌第5名的好成绩。1999年，举办老年人健身培训，共有70多名老年人骨干参加培训。2000年，在县宾馆举办全市第十七次年会，全市160多名代表参加会议。2002年，举办广场中老年健身操、第三套泰迪球、竹板操、太极拳、健身秧歌舞等培训班，共有130名老年人骨干参加培训。同年，派出代表团36人，参加市第六届老年人运动会共8个项目的比赛，取得柔力球、女子象棋两个第6名的好成绩。2004年，派出4名文艺骨干参加市健身指导总站组织的秧歌培训。

至2005年，县老体协共举办老年人门球邀请赛39次，参加人数达2051人；举办4届老年人运动会，比赛项目有棋牌类、球类、太极剑、健身操等13项，每届有16支代表队参加，500多名老年人参赛；派出11支代表队76名运动员，参加市级以上各种比赛11次；举办各类培训班26期，参加培训的老年人达400多人次。

三、组织机构

县老体协，于1984年12月28日成立，设主席1名、副主席6名，委员24名，设专职人员1名。1994年，成立“夕阳红”文艺宣传队，有队员36名。1999年以后，全县9个乡（镇）、城区6个党委成立老体协。

至2005年，全县有老体协组织116个，9个乡（镇）、6个居委会均建立老体协组织，从事老体协工作的人员26名；有门球队9支、队员72名，地掷球队2支、队员10名，汽排球队3支、队员18名；有门球场4个，地掷球场1个，汽排球场16个，室内活动室和老年人活动中心45个；发展会员4795名，占全县老年人口数的38.5%。

第三节 红十字会

一、主要活动

明溪县红十字会成立后，在每年的“5·8”世界红十字日、“6·14”世界献血日、“10·1”献血法实施日等节日期间，都开展卫生下乡，组织人员义诊，发放宣传单，提供咨询服务，向群众宣传《中华人民共和国红十字会法》《中华人民共和国献血法》《福建省公民献血条例》等法律法规，鼓励更多的人参与红十字会组织。同时，做好红十字“一报一刊”（中国红十字报、博爱）的征订工作，扩大红十字会的社会影响。1998年起，县红十字会每年都组织开展无偿献血活动。是年，就有286人次参加无偿献血，献血量达5.72万毫升。同时，县红十字会开展救灾救助活动。2001年5月24日，红十字会受理台北爱心行善协会会长肖金诗向城关乡、瀚仙镇学区捐赠500套学生校服和大量文具，并向县福利院捐款1800元。2002年8月，县红十字会将市红十字会转来的20床棉被、价值7936元的创伤贴160盒，分发给夏坊乡、盖洋镇、胡坊镇的困难群众，600人受益。同月，台北爱心行善协会会长肖金诗又向夏坊乡中学捐赠135套课桌椅。9月，县红十字会收到国际红十字会捐赠的价值1.4万元的救灾棉被250床，分发给7个乡（镇）250户困难户，800人受益。2003年4月，县红十字会为患白血病的县医院职工许桂红开展送爱心活动，筹集捐款1.05万元；6月，县红十字会在县宾馆、邮政超市、惠民百货分别设置红十字募捐箱，开展红十字救助基金募捐，募捐箱所收捐款全部用于红十字会开展的人道主义社会服务和社会救助活动。

至2005年，县红十字会共发放宣传单1万余份，组织开展义诊30次，为4500人次提供服务，募集社会救助基金款871.9元，全县参加无偿献血人数达2528人次，献血量达51.195万毫升，征订“一报一刊”120份。

二、组织机构

1991年10月25日，县红十字会召开第一届理事会，饶克新任名誉会长，肖炎官任会长，方志勇任副会长，挂靠在县卫生局。2000年6月，县红十字会召开第二届理事会，副县长魏景纹任名誉会长，李金顺任会长，黄星荣任副会长，有常务理事9名，兼职人员1名。2005年，县红十字会有会长1名、副会长1名、常务理事9名，兼职人员1名。

第四节 消费者委员会

一、主要活动

1991年，县消费者委员（以下简称县消委会）主要开展法律法规宣传、受理消费者投诉和组织配合有关部门开展打假治劣等工作。全县共受理消费者投诉案件61件，结案率达100%，为消费者挽回经济损失近1.5万元。1997年，设立消费者投诉服务台，开通“96315”消费者投诉电话。1998年，县消委会在6个分会和主要商场设立“96315”消费者投诉服务站，在部分行政村设立投诉服务点9个，并实现“96315”投诉服务台与县公安局“110”联动，全县初步形成台、站、点联动网络。1999年，工商行政管理系统在全国统一开通“12315”受理消费者申诉举报电话，县消委会将“96315”消费者投诉服务台更名为“12315”消费者投诉服务台，设立“12315”专用电话1部，配备专用执法车辆1台，并将“12315”工作职责、工作程序、工作制度、工作要求等公布于众。

2001年，县消委会受理县珩城花园96户消费者群体投诉三明路桥集团公司的房屋质量纠纷一案，为消费者挽回经济损失110万元，96户消费者送牌匾表示感谢，县有线电视台记者现场跟踪采访，并在县有线电视《明溪新闻》播放。2002年，县消委会与新设立的县工商局检查大队合署办公。2003年，开展“工商进村点、维权到农家”活动，建立4个消费者投诉站和18个消费者投诉点，发展联络员56人，并对相关人员进行业务培训。同时，针对群众反映石油液化气市场混乱、存在严重质量问题的现象，重点对县昌盛液化气有限公司批发销售不合格液化气的行为进行立案调查，责令当事人退还8吨尚未销售不合格的液化气，全额赔偿消费者经济损失，并处以罚金2.2万元。2004年，县消委会组织开展“工商进社区、维权千万家”活动，深入社区入户调查，完成省消委会部署明溪为试点县的十大公共行业调查。2005年，建立由10家行政执法单位组成的以“110”为中心的行政执法协作网络，由38家公用服务单位、集贸市场、宾馆饭店、商场超市组成的社会服务网络，将维权工作拓展社会各个角落、各个领域。

至2005年，县消委会和“12315”消费者投诉服务台共受理消费者投诉案件2881件，调解结案2873件，调解率达99.72%；收到感谢信86封、锦旗16面；接受来访、咨询近2万人次；为消费者挽回经济损失近400万元。

二、组织机构

1991年，县消委会挂靠县工商局，有人员3名。下设城关、夏阳、沙溪、胡坊、盖洋、夏坊6个消费者委员会分会。至2005年，没有变动。

第五节　老区建设促进会

一、主要活动

明溪是原中央苏区21个县之一，有6个老区乡（镇）和3个部份老区乡（镇）。1995年，县老区建设促进会（以下简称老促会）成立后，每年组织老区干部和新闻工作者在《中国老区建设》《红土地》《中国老区报》《福建老区通讯》《福建日报》《三明日报》等报纸杂志上发表文章和刊登照片宣传明溪老区建设。在每年清明节组织中小学生到烈士墓祭奠，缅怀革命先烈；聘请健在的老红军、老游击队员、老地下党员和老促会同志在全县中小学开展老区革命史巡回演讲。同时，开展老区脱贫致富调研工作。利用每年的元旦春节期间走访慰问“五老”（即老地下党员、老游击队员、老接头户、老交通员、老苏区干部）人员，向他们赠送年画和发放慰问金。1995—1998年，县老促会先后帮助县城关乡王桥村协调县广电局架设有线电视光缆进村，支持5000元资金帮助城关乡余坊村石溪自然村解决村民饮用自来水问题，先后为群众办好事实事10件。1999年，为迎接中华人民共和国成立50周年和建党80周年，宣传老区的发展变化，县老促会协助省、市老促会和县老区办拍摄电视专题片《情系红土地》和《风展红旗如画》。

2001年，县老区办在城关乡上坊村306省道旁，建立1座由总书记胡锦涛题词的“发扬革命光荣传统，加快老区建设步伐”的永久性标语牌。2002年，县老促会利用黄仲咸教育基金对10名“五老”后代和老区贫困学生进行补助。同时，从2002起，县老促会每年向县老区基点村干部群众赠送《中国老区建设》和《红土地》杂志。2003年，全省设区市老区办主任会议在明溪召开，县老促会配合县老区办在全县范围内开展“农村农业结构调整、加快老区经济发展”调研，并在大会上作明溪老区实施《小县大城关》《项目带动就业、出境劳务创业》《做大做强红豆杉产业，增强县域经济发展后劲》等专题经验交流，提高明溪老区知名度。同年，争取省慈善总会补助县2名“五老”后代在校大学生，每人补助1000元。同时，从2003年起，县老促会每年与县邮政局联合举办闽赣两省革命老区邮展。

2005年，为纪念红军长征胜利70周年和抗日战争胜利60周年，县老促会建议并协助县旅游局、县报道组向《中国老区建设》的三明红色旅游专版报送反映明溪老区经济发展的稿件8篇照片17幅；投入1.5万元在省道明溪段出境口处建成1座“红豆杉之乡欢迎您”“苏区人民欢送您”宣传牌。同时，县老促会和县老区办倡议全县干部群众为枫溪乡修建公路捐款，共收到捐款347.66万元；支持农村沼气建设工作，会长谢钦铭担任县农村沼气建设领导小组副组长，争取国债资金180万元，县、乡（镇）、部门配套90万元，在全县农村开展沼气池建设，改善农村基础设施状况，全年建成沼气池1100口。

至2005年，全县共有86篇老区宣传稿件被市级以上报纸杂志采用；开展老区革命史巡回演讲42场次，受教育的青少年达2.3万人次；向老区基点村干部群众赠送《中国老区建设》50份和《红土地》杂志96份；补助212名“五老”后代和老区贫困学生，发放助学金10.7万元；支持帮助6个老区村兴办水利、水电、公路、基础教育、自来水、闭路电视等基础设施项目21个，创办老区科技活动中心和老人活动中心2个，发放扶持资金21.5万元；帮助80名老区子弟到晋江市和深圳市务工，选送5名老区子弟到山西老区医学院学习；举办各种实用技术培训21期，培训人员达15000人次；先后接待省老促会会长伍洪祥等省、市老促会领导到县枫溪乡、盖洋镇、城关乡、瀚仙镇等7个乡（镇）16个村及县科技示范园区、规模企业调研，撰写4篇专题调查报告，向各级党委和政府提出21条建议和意见，其中14条被采纳；向县委、县政府报送《关于明溪县老区工作的几条建议》《关于要求确认明溪县老区基点村的报告》等建议意见和调研报告10份。

二、组织机构

1995年，县老区建设促进会第一次大会召开，选举县委副书记林起棉为会长，县人大副主任李赵记为常务副会长。2002年，召开老促会第二次会议。会议通过县老促会章程，选举理事19名、其中会长1名，聘请3位县领导任顾问。

第六节　宝玉石协会

一、主要活动

明溪是全国四大蓝宝石产地之一。明溪蓝宝石为福建省境内发现的稀特矿产资源，分布面积约8公顷。为更好树立“明溪宝玉石”品牌，1997年，县委、县政府组织县科技局、县工商联合会、县矿管办等部门到陕西、山东省对西安蓝田玉、山东省蓝宝石的加工、开发、经营情况进行考察。1998年3月，县宝石厂与县职中联合举办“宝石鉴赏与加工”培训班，县宝玉石协会邀请中国观赏石协会理事、省宝玉石协会理事孙吉全为学员讲授观赏石（奇石）知识。8月，县宝石厂、县德兴宝石厂试开采盖洋镇林地村橄榄丘宝石矿产（试开采0.2公顷）。12月，县宝玉石协会召开第一次全县宝玉石厂家经验交流会。

2000年1月，中国宝玉石协会吸收明溪县宝玉石协会为团体会员。5月，县宝玉石协会组织会员参加福建省开展的“省石”“八闽名石”评选活动。2001年5月，县宝玉石协会组织县宝石厂、县德兴宝石厂等生产厂家赴福州西门藏天园就明溪蓝宝石参加“省石及八闽名石”评选活动进行参评，县长王政在开幕式上作《明溪县蓝宝石开发情况汇报》的报告；17日，省政协主席陈明义接见县委书记朱昌贤和县政协副主席饶克新、曾炳灿等人，并题词“开发蓝宝，振兴明溪”。7月，经“福建省省石推荐委员会”审定，明溪蓝宝石被省国土资源厅、省宝玉石协会授予“八闽名石”知名牌匾。11月，县政协副主席、县宝玉石协会常务副会长饶克新到武汉市参加二十一世纪全国首届珠宝研讨会，并在会上作《明溪蓝宝石储量及开发情况》的报告。12月，中央电视台、省电视台联合到县采录《明溪宝石》。2002年，省长习近平，副省长曹德淦、张家坤，市委书记苍震华，市长叶继革，福州金得利公司董事长林永霖先后到明溪视察、参观宝玉石开发、生产。

2003年，县政府下发《明溪县人民政府关于促进宝石业发展的若干意见》《明溪县人民政府关于印发鼓励发展宝石加工、销售业的若干规定的通知》，制定县境内从事宝石业加工、销售企业的用地优惠、税收优惠和财政补贴、享受国民待遇等措施。是年，为进一步扩大明溪宝玉石品牌的知名度，开通明溪炎黄珠宝网。

至2005年，全县已有10余家从事宝石加工、销售的企业，形成年加工各类宝石30万克拉以上和珠宝饰品镶嵌能力5万枚以上的生产能力，企业年销售总收入超过3000多万元。主要产品除蓝宝石、石榴红宝石、锆石、玛瑙、水晶外，还有煤精、东陵石、木变石、虎睛、菩提珠、镶嵌首饰、玉盒玉器等产品。蓝宝石代表作有“孔雀开屏”“金三角”等。

二、组织机构

1997年10月17日，县宝玉石协会成立，召开首届会员大会，是全国第二个县级宝玉石协会。参加会议的会员100余名，会员主要由从事宝石教学、科研、加工和经营的技术人员、工程师、专家等组成。选举产生会长1名，常务副会长1名，副会长5名，聘请名誉会长1名、副会长1名。2003年3月28日，县宝协开展协会换届工作，福建省宝玉石协会常务副会长、秘书长王乃珠到会祝贺。会议选举产生会长1名，副会长4名，聘请顾问3名。

第七节　客家联谊会

一、主要活动

（一）联谊交流活动

2004年11月6日，县客家联谊会（以下简称县客联会）组织4名会员，参加在江西省赣州市召开的世界客属第19届恳亲大会。12月20日，组织4名会员，参加由福建省炎黄文化研究会、龙岩市政协联合举办的客家文化研讨会。县研究客家文化的学者郭养清、陈秉怡、李云生、林华东、王必金等8人分别撰写《客家郭姓溯源》《闽台客家人的渊源关系》《发扬客家精神是明溪县成为著名内陆侨乡的主要内因》《闽西北客家区域经济发展概述》《闽学鼻祖杨时与“家谱”琐谈》《浅谈明溪客家人的宗教和民间信仰》6篇论文，并在大会上交流。2005年10月12日，县客联会组织2名会员，参加在成都市召开的世界客属第20届恳亲大会，与海内外客家团体和客家源亲建立友好往来关系。此外，会员还配合有关部门宣传明溪旅游风光、人文景观、杨时故里、明溪肉脯干等。

（二）客家文化研究

2004—2005年，县客联会与县政协文史委共同组织县客联会会员和退休老同志对县客家文化的历史与现状进行考察与研究，先后在县文史资料上发表《明溪纯客家县的界定》《明溪客家张氏一族源流及分布》《明溪御帘客家张姓大祖祠》《明溪县客家罗氏宗祠》《明溪客家道教崇拜》《客家“社”日琐谈》《客家崇“六”“九”风俗》《勤劳俭朴的客家妇女》《客家酒俗》等20篇文章。市客联会会员林华东撰写的《明溪客家民系探索》被收入《三明与客家》论文集。县退休老同志陈秉怡撰写的《闽台客家人的渊源关系》在《闽西客家》杂志上发表。

二、组织机构

2004年7月16日，县客联会第一次大会在县宾馆召开。首届客家联谊会单位会员71个，个人会员27名，出席大会代表76名。大会审议通过《明溪县客家联谊会章程》，选举产生第一届理事会。副县长黄世钧任会长，副县长叶力生任常务副会长，县人大副主任罗水源、县统战部长戴玲玲任副会长，并兼任秘书长，理事29人；聘请县委书记朱昌贤、县长王政为名誉会长，聘请原市政协主席蓝德明、市客家联谊会会长张运祥、市客家联谊会常务副会长张寿标、县人大常委会主任陈全北、县政协主席陈澄为顾问。

第八节　关心下一代工作委员会

一、代表大会

县关心下一代工作委员会（以下简称县关工委）第一次代表大会于1994年8月29日召开，县关工委全体委员、县关工委各工作委员会正副主任、报告团正副团长、县直有关部门负责人和部分老同志共75人参加会议。会议审议并通过常务副主任李仁和所作的工作报告和《明溪县关心下一代工作委员会工作条例(试行)》，选举产生第一届委员会委员28名、主席1名、常务副主席1名，聘请名誉主席2名。

县关心下一代工作委员会第二次代表大会于1997年8月8日召开，县委、县人大、县政府领导，各乡镇党委书记、关工委主任，县直机关部、委、办、局正职或主持工作的副职领导共125人参加会议。会议审议并通过第一届委员会所作的工作报告，表彰先进集体13个、先进个人46名、先进单位5个、先进个人4名，选举产生第二届委员会委员35名、主席1名、常务副主席1名，聘请名誉主席2名、顾问6名。

县关心下一代工作委员会第三次代表大会于2000年9月13日召开，县委、县政府领导，各乡镇、县直各系统党委分管领导和关工委主任，县关工委第一届第二届全体委员、顾问和各工作委主任，县直各部门正职或主持工作的副职领导共167人参加会议。会议审议并通过县关工委主任曾春生所作的《高举旗帜作奉献，辛勤耕耘育新苗》工作报告，选举产生第三届委员会委员21名、主席1名、常务副主席1名，聘请名誉主席1名、顾问15名。

县关心下一代工作委员会第四次代表大会于2004年3月26日召开，县四套班子有关领导、县直各党委书记，各乡镇、县直各系统关工委主任和县关工委全体委员、顾问及各工作委主任等165人参加会议。市关工委主任兰德明、县委书记朱昌贤出席会议并作重要讲话。会议审议并通过县关工委主任曾春生所作的《围绕中心，开拓创新，用“三个代表”重要思想统领关心下一代工作》工作报告，选举产生第四届委员会委员9名、主席1名、常务副主席1名，聘请名誉主席1名、顾问15名。

二、主要活动

（一）学校、家庭、社会“三结合”教育

1991年起，全县中小学校先后聘请县关心下一代协会（以下简称县关协）的老同志为校外辅导员，他们经常在学校作爱国主义和法制教育报告、召开各种座谈会故事会、与学生建立“忘年交”等。每年开学初，各基层关协和校外辅导员都会配合学校挨家挨户动员流生返校读书；每年清明节，各基层关协都会配合组织学生祭扫革命烈士墓和纪念碑。同时，县关协还积组织老同志帮教小组配合公安、司法部门对失足、劣迹青少年进行帮教和开展送温暖活动。

1994年起，县青工委老同志深入厂矿、机关事业单位对青年职工进行爱国主义、理想信念教育和爱岗敬业教育，同时，协同厂矿关工小组举办各种技术业务培训班。

1995年5月，全市关工委社教工作经验交流会在明溪召开，县关工委和雪峰镇关工委分别在会上作经验交流。1996年6月，雪峰镇关工委应邀出席全省帮教工作座谈会。2000年起，县关工委配合县教育局、县妇联、团县委、县文明办做好留守孩“二代教育”工程，老同志与“留守孩”挂钩，开展“少尊老，老帮少，一对一”活动。

至2005年，县关工委共成立各级报告团98个，有老同志报告员305名，组织老同志编写和翻印各种报告讲稿、提纲和有关资料3000余份，开展巡回宣讲和举行各种报告会1214场次，受教育青少年达21万人次；全县有152名老同志被109所中小学校聘请为校外辅导员，成立家长学校58所，聘请97位老同志为家教员，举办家教讲座816场，听课家长达9.5万人次，有18位老同志撰写的家教论文在省、市获奖，有12所家长学校被评为市、县优秀家长学校；县关工委老同志帮教小组共对714名失足、劣迹青少年进行法制教育；有20名退休老教师与10名“留守孩”手拉手结对子；深入68家厂矿、11家机关事业单位，开展各种教育1214次，举办技术业务培训班198期，受教育青年职工达22.1万人次，帮助17名下岗青年再就业，开办1所社区农民工子女家长学校。

（二）农村关心下一代工作

1996年7月，县关工委成立农村工作委员会后，开展农村关心下一代工作。9月，全县农村关心下一代工作会议在夏阳乡召开，县关工委制订并下发《行政村如何开展关心下一代工作》，从组织建设、工作内容、工作方法等方面提出具体要求和意见。1998年5月，农业科技报告团成立后，聘请6位高、中级农艺师和兽医师为报告员，经常深入农村开展农业技术培训、现场指导、科技咨询、科技下乡等为农民排忧解难服务活动。并在全县88个行政村建立“一校、一组、一员”（“一校”，即协同教育部门健全各行政村的文化技术学校，作为村关工委对青少年进行“三教育”的重要阵地；“一组”，即每村建立5至10名农村“五老”参加的教育组；“一员”，即校外德育辅导员），开展“三教育”（思想道德教育、法制教育、农业科技教育）、“四帮助”（帮助贫困家庭儿童上学，帮助青年农民脱贫，帮助青年农民科技致富，帮助失足、劣迹青少年改好）活动。2000年11月，全市农村基层组织建设工作座谈会在县召开。2003年3月，农业科技报告团更名为农业科技服务团后，进一步调整充实服务团成员，成员增加到10人。至2005年，共开展农业技术培训136期、培训农民1.1万人，下村现场指导238次，开展科技咨询1044次、科技下乡540次，受益农民达2.9万人。

（三）帮困助学活动

2004年3月，县关工委成立帮困助学基金工作委员会。至2005年，县关工委在全县范围开展“一切为了孩子，每人捐助一元钱”活动，动员社会各界人士为帮助贫困家庭子女上学捐资助学，印发倡议书3000份，收 到捐款44万元。2005年，启动帮困助学基金的利息8060元，资助枫溪、夏坊等边远乡镇贫困学生24名，其中高中生1名、初中生11名、小学生12名。同时还获得省、市关工委助学金2.2万元，资助贫困小学生200名、大学生1名。

（四）创“五好”活动

2005年3月，县关工委根据省、市关工委的部署，制定《明溪县基层关工委创“五好”活动实施方案》和县基层关工委创“五好”活动考评细则评分表，在全县开展基层关工委创“五好”活动（领导班子建设好、骨干队伍发挥好、制度健全执行好、活动经常效果好、探索创新成果好）。8月25日，在夏坊乡召开乡（镇）关工委创“五好”活动汇报交流会，县关工委负责人和9个乡镇关工委主任共23人参加会议。会议期间，组织与会人员参观夏坊乡鳌坑村、夏坊村关工委建设现场和听取创“五好”活动情况的汇报；同时，各乡镇关工委主任在会上汇报交流了创“五好”活动的做法和经验。11月，县关工委对基层关工委创建情况进行年终考评，其中夏坊乡、雪峰镇、枫溪乡、瀚仙镇、胡坊镇、教育系统、林业总公司、政法委、农业系统等 9 个基层关工委受到表彰。

三、组织机构

1990 年 4 月 27 日，县关心下一代协会成立，设主席 1 名、常务副主席 1 名、理事 32 人，聘请名誉主席 1 名、顾问 6 名。下设学校教育组、社会教育组、青工教育组、教学组和报告团。

1991 年后，全县 9 个乡镇相继成立关协，并逐步向学校、村（居）、企事业单位延伸。

1994 年 8 月 14 日，县关协更名为“明溪县关心下一代工作委员会。县关工委设主任 1 名、常务副主任 1 名、理事 48 名，聘请名誉主席 2 名。下设学校教育工作委员会、社会教育工作委员会、青工教育工作委员会、家庭教育工作委员会、敬老工作委员会、基金委员会和报告团。随后，各基层单位相继改称“关工委”。1996 年 7 月，增设农村工作委员会。1998 年，增设农业科技报告团和法制教育报告团。2002 年 9 月，成立县关心下一代工作委员会办公室，为承担行政职能的事业单位，人员参照机关行政单位编制人员管理，挂靠县委老干部局，有事业编制 1 名。2003 年 3 月，青工教育工作委员会更名为社区工作委员会，农业科技报告团更名为农业科技服务团。学校教育工作委挂靠县教育局，家庭教育工作委挂靠县妇联，农村工作和农业科技服务团挂靠县农业局，城区工作委挂靠县文明办，法制教育报告团挂靠县司法局，帮困助学基金委挂靠县民政局。

至 2005 年，全县有关工委组织 205 个，9 个乡（镇）、94 个村（居）、22 所学校、79 个机关企事业单位建立关工委组织，从事关工委工作人员 1935 名，其中离休干部 13 名，退休干部 1922 名。

卷十六　法　治

1991—2005年，县公检法系统坚持“打防并举”的方针，认真落实治安承包责任制和安全保卫责任制，先后开展“禁赌禁娼”“扫黄打丑”“打击拐卖妇女儿童”“围歼车匪路霸”“打抢劫、摧团伙、抓逃犯”“打黑除恶”“治爆缉枪”等专项斗争，依法从重从快惩处严重破坏社会治安的各种犯罪；加强普法宣传教育活动，提高群众法治意识，加强和完善治安防控体系建设；加大对贪污、受贿和滥伐、盗伐林木等经济犯罪案件的打击力度，为明溪的经济建设创造良好的治安环境。

第一章　公　安

第一节　惩治刑事犯罪

一、刑事侦查

1991—1997年，刑侦工作坚持依法严厉打击刑事犯罪活动方针，重点打击流窜犯罪、暴力犯罪、车匪路霸和团伙犯罪。7年共立刑事案件2621起，破获刑事案件1704起，破获率65.1%，其中重大案件侦破545起，摧毁各类犯罪团伙115个，成员407人。1993年3月，县公安局破获胡坊乡瓦口村根竹自然村一家6口灭门杀人案，抓获犯罪嫌疑人肖某并将其绳之以法。

1998年，侦防机制改革，侦审合一，形成以“110”报警服务台为龙头，以巡警、刑警和派出所民警为主体，各警种密切配合，协同作战，强化侦查破案和打击犯罪职能。同年10月底至1999年3月底，全县持续开展以“打击走私、盗窃、抢劫机动车犯罪”为主线的严打整治斗争，共破获盗窃机动车案件13起，抓获涉案人员10人，追缴赃车15辆，查明无牌无证摩托车2850辆。1999年7—9月，全县开展“追逃”专项斗争，集中优势警力，运用“网上追逃”等手段，共抓获各类在逃人员69人，其中省公安厅督捕逃犯1人，市公安局督捕逃犯1人，慑于严打声威投案自首39人。

2000年，开展“打击人贩子，解救被拐妇女儿童”专项斗争。刑侦技术民警深入乡村，采集人员信息、血样58份，解救被拐妇女34人（其中30人原地安置、4人遣送原籍），被拐儿童1名（遣送原籍），有效地震慑了犯罪，摧毁了拐卖人口犯罪的“买方市场”。4月，侦破“4·7”荣昌信息技术有限公司全市首例纵火骗保案。1998—2000年，全县共侦破刑事案件876起，其中侦破重大案件385起。

2001年，开展创建“最佳刑警队”活动，成功破获3起故意杀人案。10月，抓获朱某等7名犯罪嫌疑人，摧毁跨全省20个县市区作案39起的麻醉抢劫团伙。2002年、2003年，县局投入59.6万元强化刑事科学技术装备建设，建立指纹比对远程工作站，添置紫外观察系统、体视显微镜、多波段光源、人员信息采集系统、数码照相系统等一大批刑事技术装备器材。2003年8月，县局通过指纹远程工作站在全市实现首例指纹比对，成功破获一起杀人案件，抓获犯罪嫌疑人。2003年4月24日发生在浙江金华市的杀人案1起，为浙江警方抓获犯罪嫌疑人郑某（男，1973年12月15日生，安徽省太和县人）提供确凿的证据。2003年，首次实行刑侦、派出所打防责任共担机制，全县破获系列挖锁蕊撬防盗门人室盗窃案件及盗窃汽车电瓶等多发性侵财案件21起。

2001—2003年，开展以“打黑除恶、治爆缉枪、打击经济犯罪”为主线的严打整治斗争，先后开展“打现行、破大案”战役、打击“两抢”（抢劫、抢夺）专项斗争、“天网”行动、“犁庭”行动、“扫穴”行动和“追逃”等专项行动。共侦破各类刑事案件617起，大案248起；省、市局挂牌督办案件15起，摧毁各类违法犯罪团伙18个，共抓获各类违法犯罪人员565人，上网在逃人员127人，刑事拘留306人，劳动教养9人，逮捕233人，起诉165件237人，缴获赃款、赃物155万元。

2004年，县公安系统以“攻命案、破大案”，“打侵财、治热点”，“抓练兵、提素质”为工作重点，以开展专项行动和大练兵活动为载体，做强刑侦主业，打造攻坚队伍。年内共破获各类刑事案件263起，其中命案2起，八类严重暴力犯罪案件17起，破案率分别达到100%、72%。通过打击，共抓获犯罪嫌疑人268人，摧毁犯罪团伙12个57人，刑拘94人，逮捕61人，移送起诉77件104人，缴获各类赃款赃物5万余元，抓获逃犯92人，其中外地上网逃犯13人、未上网逃犯12人。10月15日凌晨6时许，县公安局经过26小时连续奋战，安全解救出被从厦门绑架至胡坊镇福西村的台商郭某（男、37岁，台湾省高雄市人），一举抓获涉嫌参与绑架的贵州籍犯罪嫌疑人陆某（男，土家族，24岁）、吴某（男，25岁）及明溪籍余某（男，38岁）。陆某等3人于10月7日在厦门将台湾商人郭某绑架，并向郭家人勒索新台币2500万元（合人民币600多万元），县公安局根据厦门警方提供绑匪将人质转移到明溪境内的线索，立即展开解救行动，于15日凌晨抓获全部犯罪嫌疑人并成功解救出人质。此案成功破获后，公安部及省委发来贺电。

2005年，全县开展打击侵财性犯罪、被盗抢机动车、“两抢一盗”犯罪、“禁毒”专项行动等，共立刑事案件431起，破案311起，破案率达72.16%，其中立重大刑事案件219起，破134起；立八类案件24起，破24起；立经济案件11起，破13起；刑事犯罪直接造成死亡8人，受伤17人。成功破获10年前白某故意杀人、2004年“10·24”卢某故意杀人、“5·26”李某故意伤害致人死亡、系列蒙面持刀抢劫、“7·30”系列飞车抢夺、白天系列撬盗防盗门等一批大案。

1991—2005年明溪县刑事科学技术器材装备情况

表16-1

序号	装备名称	规格型号	单位	数量	单价(万元)	产地	购置时间
1	电动吸引泵	YS160	台	1	0.31	北京	1997.1
2	冰箱	BCD-170A	台	1	0.3	上海	1997.5
3	电热高压消毒器	YSOSG4080	台	1	0.18	辽阳	1997.5
4	电热蒸馏器	5T/1L	台	1	0.12	无锡	1998.5
5	法医勘查箱	无锡	个	2	合计0.28	上海	1998.6
6	分析天平	T6628A	台	1	0.15	上海	1998.6
7	电热水器锅	C86	台	1	0.072	广州	1998.6
8	微量振荡器	W2S-ⅢA	台	1	0.12	无锡	1998.7
9	离心机	LD4-2	台	3	合计0.3	北京	1999.5
10	生物显微镜	—	台	1	0.72	重庆	1999.6

续表 16-1

序号	装备名称	规格型号	单位	数量	单价(万元)	产地	购置时间
11	电动鼓风箱	—	个	1	0.2	湖北	2000.1
12	电动器	BK-1	台	1	0.16	上海	2000.1
13	双目立体显微镜	—	台	1	0.5	上海	2000.1
14	酒精喷灯	—	个	1	0.05	上海	2000.1

二、经济犯罪侦查

2003 年 11 月，县成立公安局经济侦查大队，主要负责掌握全县经济犯罪动态，分析、研究经济犯罪情况，拟定预防、打击对策；负责除上级公安经侦部门管辖外发生在本辖区内的经侦部门管辖的经济犯罪案件的侦查工作；侦查办理上级机关或领导交办的经济犯罪案件；侦查办理县有关部门移送的经济犯罪案件；承办县内、外公安机关联系办理的经济犯罪案件的审核工作；组织、指导、监督全县经济犯罪侦查工作。

2003 年，破获县煤矿偷税案件，查明该公司从 1997 年至 2000 年 4 月间隐瞒销售收入 232.7 万元，偷逃增值税、企业所得税等税款共计 30.15 万元。

2005 年 3 月，破获县昌麟公司偷税案件，查明 2000 年度县昌麟有限公司隐瞒产品销售收入计人民币 53.59 万元，未申报纳税，偷逃增值税税金计人民币 7.79 万元，占其 2000 年度全年应缴增值税税金 22.1 万元的 35.2%；11 月，破获张某职务侵占案件，查明原昌麟公司副总经理张某于 2000 年至 2001 年 12 月间侵占公司财物计 99 万余元；12 月，破获温某抽资出逃案件，查明原县八大干食品有限公司法人代表温某在 2003 年 8 月至 12 月间，骗取各自销店加盟保证金及股东股金等 30 多万元，于 2004 年 7 月在通过验资，取得验资报告后，又将其账户内 50 万元注册资金支取，造成债权人损失 30 多万元。

至 2005 年 12 月，县公安局经侦大队共立经济犯罪案件 21 起，破案 23 起。

第二节 治安管理

一、公共场所与特种行业管理

1991 年，开始执行《福建省特种行业与公共场所管理办法》，在全县范围内开展特种行业和公共场所清理整顿。全县有旅馆业、刻字业、印刷业、旧货业、修理业等特种行业单位 21 家、公共场所 27 家。经清查取缔无证经营 3 家、对不符合管理要求的停业整顿 2 家，对合格的 46 家均建立一店一档管理制度。1992 年，县行业管理委员会成立后，与城区特种行业单位和公共场所签订安全责任状，开展创建“三优三安全”（优秀治保会、优秀治安联防队、优秀治安调解室、安全楼院、安全旅社、安全公共场所）活动。1993—1997 年，相继开展“扫黄打丑”“清理整顿按摩服务场所”“清理整顿公共场所、特种行业”等专项打击清理活动，严厉打击社会黄丑现象，维护良好的社会风气。1998 年后，县公安局加大清理检查力度，从严管理歌舞娱乐、桑拿洗浴按摩、美容美发、旅店、网吧、录像放映等娱乐服务场所，打击违法犯罪活动，消除治安隐患。2001 年，全县公共场所、特种行业 142 家,其中歌舞娱乐 13 家、美容美发 17 家、桑拿按摩 1 家、录像放映 1 家。同年 9 月至 2002 年 8 月，整治歌舞娱乐等场所，行政处罚 6 家，取缔无证经营 2 家，吊销营业执照 1 家，停业整顿 2 家，清退陪侍人员 19 人，拆除桑拿浴推拿间 2 个、包厢 17 个，销毁发廊按摩床 9 张。2002 年，根据国务院取消行政项目审批的有关规定，县公安局取消美容美发、机动车维修、音像销售放映出租等开业审批手续，并不再办理这些行业的“特种行业许可证”。2003 年，全县开展旅馆娱乐服务行业创建治安合格单位活动，治安合格率达95%。2005年，以创建“安全旅馆”活动为契机，加强对特种行业和公共娱乐场所的治安管理，在50个床位以上的2家旅馆安装旅馆业治安信息系统，并在旅店业中开展创“治安合格单位”活动，进一步加强对旅店业的管理。对全县91家特种行业和公共场所开展治安安全检查，发现安全隐患26处，发出整改通知单11份，查处发生在行业场所中的治安案件29起。

1991—2005年，全县举办25期培训班，培训公共场所、特种行业从业人员452人。推行治安承包责任制，把安全责任落实到单位和人员。并建立档案，形成规范管理。先后开展26次安全大检查，清理整顿或专项治理，从中收集或提供违法犯罪线索79条，破获各类刑事案件16起，查处治安案件69起，嫖娼卖淫案件10起，赌博案件36起；抓获各类违法犯罪嫌疑人员256人，其中依法逮捕10人、收教13人、治安拘留29名、治安罚款141人、其他处理63人；查获赃车3部。同时，发现并消除行业、场所安全隐患60处，限期整改30家，警告10家，处罚5家，责令其停业整顿10家，取缔吊销营业执照6家。公共场所和特种行业安全系数大为提高，全县未发生重大治安灾害事故。

2005年，全县特种行业、营业性场所159家，其中桑拿足浴2家，废旧业14家，典当业1家，印刷业2家，刻字业3家，旅馆业16家，机动车修理121家，共有从业人员563人。

二、枪支弹药与民爆物品管理

1991年，县公安局进一步强化枪支弹药、民爆物品管理。全年查处违反民爆管理案件5起2人。1992—1995年，加大非法枪支和管制刀具管理力度，登记各类枪支73支，发放持枪证73本；收缴非法持有枪支（主要为土铳，以下同）3支、管制刀具150把。1996年3月21日，明溪、宁化、清流三县联合在明溪集中销毁非法枪支480支（明溪县收缴的枪支330支）。1996—1999年，相继开展“收缴非法枪支，严厉打击涉枪犯罪”专项行动与“强化爆炸物品管理，严厉打击涉爆犯罪”专项斗争，共收缴各类枪支1273支、子弹3190发、雷管178枚、炸药73.4公斤、管制刀具1780把。2000年，对爆炸物品实行微机管理。2001—2004年，先后开展“治爆缉枪”专项行动和“民爆物品”专项整治。经拉网式逐户排查，共发现安全隐患12处，发出整改通知书12份，收缴各类枪支22支（其中猎枪5支、鸟铳16支、气枪1支），子弹296发，雷管78发、炸药39公斤、导火索50米、爆竹4.8万头。2005年6月，县公安局召开全县剧毒、爆炸等危险化学品使用单位业主、托运人、运输车主、驾驶员、押运员培训会，预防事故和案件的发生。8月20日至11月20日，县公安局开展为期3个月的“危爆物品安全大检查”，共检查民爆储存库18个、民爆物品使用点36个、烟花爆竹销售网点56家。在检查中发现安全隐患8处，发整改通知书8份，停供火工品使用单位2家，收缴雷管16发、炸药12.5公斤、导火线23米，因违反民爆安全管理被治安拘留1人。同年，在管好登记在册36支合法猎枪的同时，加大对社会上各种非法枪支的查控工作，共收缴、查获非法枪支9支，其中猎枪2支、鸟铳7支，因非法持有枪支被判刑2人，被取保候审4人。

三、禁赌禁娼

1991年后，县公安局对赌博、卖淫嫖娼等社会黄丑现象，坚持发现一起查处打击一起。1991—1994年，先后6次开展“查禁打击取缔卖淫嫖娼”统一行动、“查禁传播淫秽物品”专项行动、“查禁赌博”专项活动、“禁赌禁娼”专项行动和“扫黄打丑飓风行动”等专项活动，共查处卖淫嫖娼案件34起125人、传播淫秽物品16起35人及赌博182起971人，分别给予收容教育、拘留、罚款等处罚。1995—2000年，县公安局加强对公共复杂场所管理，相继开展“扫黄禁赌打流氓”“打流氓、刹赌风、捣团伙”“扫黄打丑”“扫黄禁赌”和“扫黄打非”等专项斗争和统一行动，共查处卖淫嫖娼案件53起90人、传播淫秽物品15起25人及赌博294起1520人。2001—2004年，先后实施“禁娼禁赌”“扫黄禁赌”等专项统一行动15次，重点整治打击歌舞娱乐、发廊、洗浴、桑拿按摩等公共复杂场所出现的“黄丑”现象，查处卖淫嫖娼86起98人、传播淫秽物品21起25人及赌博298起1645人。

2005年，县公安局集中力量开展打击赌博违法犯罪专项行动，共出动警力1000余人次，车辆420余辆次，查处各类赌博案件161起，其中“六合彩”赌博10起，其他赌博案件151起，抓获赌博违法犯罪嫌疑人628人，其中提起公诉5人，刑事拘留8人，治安拘留9人，罚款601人，收缴赌博机4台，收缴罚没总价值65.51万余元；发现并受理卖淫、嫖宿暗娼案件14起，查处14起。

四、内保工作

（一）治保会

1991年，县境的9个乡镇88个行政村均成立治保会，治保成员496人，调解民事纠纷296起，为公安提供线索102条，协助破刑事案件12起，协助查处治安案件156起，抓获违法人员98人。1995年，全县有治保成员518人，调解民事纠纷300起，为公安提供线索96条，协助破刑事案件11起，协助查处治安案件119起，抓获违法人员89人。2000年，全县有治保成员519人，调解民事纠纷398起，为公安提供线索156条，协助破刑事案件61起，协助查处治安案件142起，抓获违法人员98人。

2005年，结合创建“平安明溪”活动，治保会充分发挥在维护社会治安中的第一道防线作用。全县88个行政村有治保成员528人，调解民事纠纷371起，为公安提供线索166条，协助破刑事案件90起，协助查处治安案件192起，抓获违法人员79人。

表16-2

1991—2005年明溪县治保会工作情况

年份	行政村(个)	治保成员(人)	调解民事纠纷(起)	提供线索(条)	协助破刑事案(个)	协助查处治安案件(个)	抓获违法人员(人)	规范化达标率
1991	88	496	296	102	12	156	98	40%
1992	88	502	313	90	12	111	69	40%
1993	88	511	323	97	13	123	79	40%
1994	88	511	323	98	10	122	78	40%
1995	88	518	300	96	11	119	89	40%
1996	88	519	333	156	15	110	52	50.6%
1997	88	524	310	178	11	121	85	56%
1998	88	519	320	152	10	117	78	69%
1999	88	519	366	125	45	130	72	69%
2000	88	519	398	156	61	142	98	72%
2001	88	516	378	111	89	152	60	80%
2002	88	516	380	115	46	182	89	80%
2003	88	528	356	156	94	178	80	100%
2004	88	528	361	164	99	181	75	100%
2005	88	528	371	166	90	192	79	100%

（二）联防队

县公安派出所大多建于20世纪80年代初，派出所成立后随即建立联防组织，随着公安机构改革，1998年全县派出所联防队伍全部解散。2002年4月，在县公安治安巡逻队基础上扩充组建县治安巡逻机动大队，人员由原来的12人增加到30人，实行统一食宿、统一作息的封闭式半军事化管理和规范化运作。该巡逻队自成立以来，全力投入安全保卫、承担应急机动任务，担负全县重要会议、重大活动的安全保卫、交通疏导、治安秩序维护等工作任务，参与交通火灾等突发事件的抢险救灾任务。

1991 年，全县联防队接受群众报警求助 96 人次，盘查可疑人员 300 人次，协助破刑事案件 40 件（起），协助查处治安案件 22 件（起）抓获违法人员 55 人。1995 年，全县联防队接受群众报警求助 69 人次，盘查可疑人员 366 人次，协助破刑事案件 75 件（起），协助查处治安案件 33 件（起）抓获违法人员 29 人。2000 年，全县联防队接受群众报警求助 135 人次，盘查可疑人员 356 人次，协助破刑事案件 89 件（起），协助查处治安案件 45 件（起）抓获违法人员 36 人。2005 年，全县联防队接受群众报警求助 233 人次，盘查可疑人员 483 人次，协助破刑事案件 96 件（起），协助查处治安案件 36 件（起），抓获违法人员 77 人。

（三）治安调解室

1991 年，县公安系统重视治安调解建设，全县 9 个公安派出所均设有治安调解室。每个治安调解室都健全治安调解室工作制度，明确治安调解室的人员配置、调解范围和职责、双方当事人的权利义务等。治安调解室的设立，有效地化解了基层矛盾，节省了警力，在构建“和谐明溪”“平安明溪”中发挥重要作用。当年，全县治安调解室处理治安纠纷 255 起。1995 年处理 285 起，2000 年处理 269 起，2005 年处理 310 起。

（四）保卫科（股）

1991 年，县公安局对全县机关、厂矿、企事业单位建立的治安保卫组织进行调整充实，根据不同情况在一些单位建立保卫科（股）或设置专职保卫人员；在县人行、工行、农行、建行、信用联社、邮政储蓄等金融部门设立保卫科，在烽林机器厂等重点企业设立经济民警小分队，全县有内保单位 50 个，保卫人员 253 人。当年全县基层保卫组织提供线索 12 条，协助查处治安案件 5 起，帮教违法犯罪青少年 6 人。1997 年，金融部门建立 110 联网报警系统，安装防弹玻璃和监控设施。机关、厂矿、企事业有保卫组织 50 个 200 人，经济民警小分队 10 支 100 人。全县有内保单位 60 个，保卫人员 300 人，提供线索 8 条，协助查处治安案件 4 起，帮教违法犯罪青少年 7 人。2005 年，全县有内保单位 60 个，保卫人员 269 人，提供线索 28 条，协助查处治安案件 25 起，帮教违法犯罪青少年 2 人。

1991—2005 年，全县治安保卫组织为公安机关提供案件线索 205 条，协查治安案件 164 起，帮教违法犯罪青少年 50 人。

五、出入境管理

1991 年，县公安局政保科根据《中华人民共和国公民出境入境管理法》《中华人民共和国外国人入境管理法》管理县内公民出国留学、经商、务工、旅游、探亲及境外人士到明溪探亲、经商、旅游等事务。随着改革开放的深入，境内外人员交往逐渐频繁。县内公民前往东欧国家经商、务工的出境申请逐年增加。是年，申请出国人数为 552 人、获准前往港澳台 30 人，入境外国人、外籍华人和港澳台人员 9 人。1993 年底，县委、县政府根据县内人员越来越多出国经商、务工这一情况，专题进行调研，研究这一“新鲜”工作，积极争取劳务输出合同指标和提供服务，鼓励公民出国创业。1997 年，成立县公安局出入境管理科，加强出入境管理，当年受理出国申请的有 1292 人，获准前往港澳台为 73 人。1998 年，对外籍来明人员管理工作进行改革，实行“四同”（同部署、同检查、同评比、同考核），把外籍人员管理工作纳入派出所基础工作，当年入境外籍人员 31 人。

2000 年，县政府颁发《明溪县关于进一步加强公民因私出国管理和服务工作的暂行规定》，放宽公民申请护照的条件，在县劳动大厦设立县公民因私出国服务窗口，免费提供境外就业信息咨询服务和推荐境外就业岗位，免费为出国人员进行劳动技术、技能、语言培训，免费核实境外公司的营业执照、资信证明、招聘许可证和聘用合同等有关资料，免费指导受聘人员签订合同、并提供合同样本，进行出入境知识和国际金融贸易知识辅导和为出国人员代办签证代购机票等服务；由明溪国际经济技术合同公司筹资设立担保基金，为申请出国人员提供贷款担保；由人事、劳动部门接受出国人员委托，为其代办在国内的养老、失业保险、代管人事档案等；依照有关规定，为回国人员提供再就业服务。同年受英国“6·19”事件影响，明溪被省委、省政府确立为反偷私渡工作重点县。同年，县公安局出入境管理科被县委、县政府评为“文明单位”，被市公安局评为全市公安出入境管理系统“先进单位”。2002年，县政府下发《明溪县人民政关于进一步做好公民出国服务工作的若干意见》。2003年，贯彻公安部推行的30项便民利民措施和省公安厅7项改革措施，依法、热情为县内公民出国申请服务，全年受理出国申请1619人、前往港澳台380人。2004年12月1日，开始实行凭身份证、户口簿按需申领护照。2005年，受理县内公民出国申请2630人、前往港澳台申请549人，受理境外人员签证、签注19件。年内开展“清理违法违规办理出入境证件”专项活动，发现、查处弄虚作假、骗取出境证件案件14起28人，受理申请发现、抓获网上在逃人员2人，查处外国人非法居留1人，查处组织他人偷越国（边）境案1起，当年县公安局出入境管理科被省公安厅评为省优秀科所队。

第三节 户政管理

一、户籍管理

1991年，全县实行人口分层次管理，做好人口“七项”（常住、暂住、变更更正、出生、死亡、迁入、迁出）变动登记。县公安局城关派出所办理雪峰镇的户口登记工作，各乡（镇）派出所负责办理所在乡（镇）户口登记和居民身份证发放工作。1992年，对进城经商办企业的农业人口实行政策倾斜，有261人办理“自理口粮”城镇户口。农村户口管理经多次清查、整顿于2000年12月全面达到每一户有一本户口簿，每个院落（家庭）有一个门牌号，每个村（居）委会有一本户口底册和设一名专职户口协管员，即实现农村户口管理“一户一牌一簿一册一员”（简称“五个一”）城市化管理目标。1995年，县公安局城关派出所首次使用微机办理户籍业务。1997年，全县户籍管理工作实现微机化。1999年3月，县内将新生婴儿长期执行随母落户的做法，改为“常住人口在登记常住户口和人户一致的原则下，实行随父或随母落户”政策，同时放宽“农转非”政策，为彻底解决长期遗留下来的“半边户”问题提供政策依据。是年，全县共办理非农业人口迁入702人。

2000年11月，经第五次人口普查，查清全县常住人口113454人（其中未落户常住户口1267人），暂住人口4316人，当年解决子女未落户、收抱养子女未落户、持证未落户及夫妻投靠未落户等人员1189人。2002年，全县城乡建立统一的户口登记管理制度，取消农业户口、非农业户口、自理口粮户口及其他类型的户口性质划分，实行户口登记管理一体化，统一登记为居民户口。同时，执行只要有合法固定住所、稳定的职业或有生活来源均可办理落户手续，截至2005年12月，共有符合条件的712户1758人落户城区。2003年8月，县公安局执行公安部关于办理户口的7项便民措施和三明市公安局细化户口办理18项便民利民措施，取消出国、出境、被判刑、被决定劳动教养人员注销户口的规定。

2005年，全县年末总户数3.35万户，人口11.55万人，其中男性5.97万人、女性5.58万人。

二、居民身份证发放

1991年，全县居民身份证发放工作基本结束，转入正常的申领、管理、变更等日常管理，当年申领居民身份证1769张。1996年1月1日，启用新的防伪居民身份证，同年7月1日起，对申报登记的新婴儿以及16周岁以下的公民编写或补编公民身份证件编号。1999年10月，公民身份证号由原来的15位升到18

位，当年申领居民身份证1605张，到期换证1468张。2004年1月1日施行《中华人民共和国身份证法》，全县开展换发第二代身份证的宣传工作，同年全县申领932张，到期换领327张。2005年11月21日，全面开始第二代居民身份证的换发工作，至年底，全县受理换发第二代居民身份证1.25万张。

1991—2005年，全县共申领居民身份证5.6万张，到期换领1.65万张。查处违反户口、居民身份证管理案件2件，其中治安处罚2人，没有发现伪造居民身份证案件。

三、流动人口管理

1991年，根据公安部发布的《关于城镇暂住人口管理的暂行规定》和福建省公安厅制定的《实施细则》，加强流动人口的管理，当年，申报登记暂住人口4583人。1994年，实施《福建省暂住人口管理办法》，在城关及各乡镇建立暂住人口管理站11个，全县各行政村及居委会和内保单位设立申报点95个，聘请暂住人口协管员31人，加强对流动人口管理，全年登记流动人口5125人。1998年，执行公安部《租赁房屋治安管理规定》，对全县租赁房屋进行清查，共有房屋出租户570户1285间，当年发放房屋租赁许可证628户，同时与房屋出租户签订治安管理责任书，对流动人口依照《福建省流动人口治安管理条例》实行发放“暂住证”制度。1999年，登记暂住人口2822人，发放暂住证2709本。2005年4月15日至10月15日，县公安局在全县范围内开展流动人口、出租房屋清理整顿专项行动，共出去警力517人次，清理登记出租房屋518户，签订责任状518户，登记暂住人口656人，破获各类刑事案件5起，抓获各类违法犯罪嫌疑人2人，查处治安案件13起，治安处罚14人。

第四节 监所管理

一、预审

县公安局从成立起就设立预审科。预审工作的范围由拘留、逮捕犯罪嫌疑人开始，经过审讯，搜集证据，直至结束预审进行处理或移送人民检察院起诉为止。

1991年，全县收容170人，逮捕78人，审结移诉91人。1995年，全县收容157人，逮捕56人，审结移诉105人。1997年，县公安局进行侦审合一的改革，撤销预审科，并入刑事技术侦察中队。是年，全县收容81人，逮捕56人，审结移诉56人，深挖查破1起，增捕1人。

二、管理

1991年，县公安局开展打击“牢头狱霸”专项活动，对被监管人员实行面对面的直接管理，禁止利用或变相利用被监管人员管理被监管人员，全县共查处轻微违法行为5起10人。1993年扩建看守所大门、提审室、接见室，增设监区围墙电网，绿化监所周围环境。1993年6月，县公安局看守所被市委授予“先进党组织”荣誉称号。1994年，以“查隐患、防事故、保安全”工作要求开展监所“百日安全竞赛”创建和“文明监室”活动，坚持双人内外值班和24小时巡视制度，发挥“耳目”作用，及时发现和制止争斗事故苗头。同年3月，县公安局看守所被省公安厅授予“省级示范所”荣誉称号，并先后被县绿化委员会和市绿化委员会授予“绿化先进单位”称号。同年起，在押人员伙食费每人每月由39元增加到58元。1995年改造旧监房12间，特设新犯人所过渡监室和未成年人监室,监区内增设办公室、值班室、阅览室和教育室。1997年5月，执行《中华人民共和国看守所条例》规定和公安部《看守所等级评定办法》，坚持管教与预防，整顿监所秩序与建章立制活动相结合原则，狠抓“四个管理”（依法、严格、科学、文明管理），对在押人员做到“四熟知”（知基本情况、知主要案情、知诉讼进程、知思想动态），杜绝监内各种违规行为发生，达到“十无”（无行凶、无暴狱、无闹监、无冲监、无绝食、无自杀、无脱逃、无食物中毒、无非正常死亡、无刑事犯请假外出）要求。同年，县看守所被省公安厅评为“三级看守所”。1998 年 9 月，看守所增加两个外围警戒岗楼。1999 年 1 月，实现从“外守为主，内巡为辅”向“外守为辅，内巡为主”转变，实行 24 小时双人巡视制度，随时掌握狱内动态，及时登记各种变动情况，对新收押人员进行 24 小时跟踪管理，对其健康状况进行定期检查和每月不少于 45 次的谈话教育。同时，开展“管理到位看守所”活动，每半年评选一次，与市公安局每年开展两次的全市看守所大检查同步进行。1999 年起，看守所、驻所检察室和武警中队联系，开展“共建、共管、共保安全”活动，同年被公安部评为“三级看守所”，2000 年 7 月被县委授予”先进党支部”，2001 年 6 月被市委授予“先进基层党组织”。2001 年，实行 24 小时巡视打卡制度，白天每隔 15 分钟打卡一次，晚上每隔 20 分钟打卡一次。同时，对在押人员开展法制、道德、理想、政策、时事和监规等法制教育。2003 年，开展执法大检查和“四防一无”（防止在押人员逃跑、防止在押人员自杀、防止在押人员打死在押人员和重伤在押人员、防止在押人员暴狱冲监、看守民警无违法违纪）活动，同年 7 月，实现看守所信息管理系统网络化，12 月份开始筹建新看守所。2004 年 8 月至 2005 年 6 月，开展“全国监管场所安全管理整顿”活动，打击“牢头狱霸”，确保监所安全。2005 年 3 月至 11 月，开展“全市监所管理整顿和深挖犯罪工作竞赛”活动，活动期间共提供犯罪线索 8 条，破获系列盗窃摩托车案件 13 起，抓获盗窃、销赃犯罪嫌疑人 7 人。

2005 年 12 月 13 日，位于城关乡坪埠村的县看守所、拘留所正式启用，该所总投资 670 万元，占地面积 25000 平方米，建筑面积 4500 平方米。从 1991 年 1 月至 2005 年 12 月，县看守所连续保持 15 年安全无事故。

1999—2005 年明溪县收押人数情况

表 16-3　　单位：人

年份	上一年度案留人数	本年新收押人数	本年处理总人数	本年度处理情况人数															本年度案留人数
				执行死刑	投送监狱	服刑刑满	取保候审	判缓刑出所	判管制出所	转治安处理	不予起诉	撤案处理	不追究刑事责任	外地寄押带走	移交其他单位	监视居住	保外就医	其他	
1999	39	148	135	0	59	57	41	13	5	0	9	2	0	0	0	0	0	6	52
2000	52	134	130	0	57	22	33	1	0	1	3	7	0	0	0	0	0	6	56
2001	56	162	161	2	64	25	40	6	4	3	5	0	0	4	0	0	2	6	57
2002	57	133	160	1	48	26	53	11	5	0	0	2	8	2	4	0	0	0	30
2003	30	147	154	0	45	14	47	8	4	0	0	0	14	11	10	1	0	0	23
2004	23	140	138	0	36	23	48	3	3	0	0	0	8	13	4	0	0	0	25
2005	25	165	139	0	25	19	50	10	1	0	1	3	19	7	3	1	0	0	51

第五节　交通安全管理

一、交通秩序管理

1991 年，全县采取定点检查与机动巡逻、城区道路监控、纠正违章与维护秩序相结合等方式，加强交通秩序管理。1992 年 9 月，县交通人民警察大队更名为县公安局交通警察大队。1997 年，开展创建“畅通工程”和建设“严管街”活动，县综合市场至粮苑路口路段被划为“严管街”。1998年9月，组建公路巡逻民警大队，打击路面违法犯罪活动。1999—2003年，城关王桥至沙溪瑶奢路段开展创建“平安大道”活动，成立路检组，对事故多发路段、危险路段和旅游道路的巡逻监控，开展交通秩序专项整治。经整治，城区道路摩托车驾乘人员戴盔率由整治前的20%提高到90%，遵章率由整治前的35%提高到85%以上。2002年，“严管街”设置隔离栏671.8米、标志牌10块。道路中心线37平方米，人行横道线7条，面积158.16平方米，人行横道路口10个，公园路、日月路等路段划设停车带180米。2002年，新建综合市场停车场及交通安全设施，百货十字路口设置减速带和标志标线。2003年，建立重大交通安全隐患举报有奖制度，对群众举报非客运车辆严重载人、客车超员50%以上、无证或酒后驾驶营运客车、驾驶报废汽车上路、无证醉酒驾驶汽车类机动车、交通肇事逃逸线索及路面路基塌陷、路面结冰、桥梁断裂、隧道里有不明障碍物等重大交通安全隐患的，经查实确认后，大队对举报人予以100—1000元的奖励，并为举报人保密。当年共接举报电话9起，符合奖励条件的5起，共奖励5起，合计人民币1900元。其中500元2起，300元3起。2004年，建立交通安全局际联席会议制度，由政府办、交通、运管、公路、教育、广播电视、交警、安监、效能办、文明办、电力、客运车站等成员单位组成，实行每季度召开一次成员单位联络员会议，每半年召开一次联席会议，统筹研究解决道路交通安全存在问题，协调部署各部门交通安全工作职责任务。2005年，实行公安交警体制改革，公安交警人事编制自2005年1月1日起由原来省控编下放到地方编制管理。同年1月，各乡镇成立交通安全管理委员会，委员会由乡镇分管领导负责组织公安派出所、运管站、农机站开展联合执法，查纠“五小”（轻便摩托车、摩托车、三轮农用机动车、小四轮农用机动车、四轮农用机动车）车辆载客，并做好日常交通安全分工及节假日、墟日交通安全管理。同年，县公安局交警大队组织开展城区摩托车专项整治、城区机动车辆乱停乱放整治、农村“五小”车辆非法载客整治、化学危险品运输专项整治、校园周边交通秩序整治、预防特大交通事故百日竞赛等行动，共出动警力5400人次，查纠各类交通违法行为21740起，暂扣证件24本，滞留车辆871辆。

二、驾驶员管理

1991年，以驾驶技术、职业道德教育、法制教育等作为驾驶员经常性交通安全教育的重点内容，举办违章、肇事驾驶员违章学习班，实行职业道德、安全驾驶再教育、再考核。1996年12月，挂牌成立机动车驾驶员安全教育所。1998年，实行客运车辆安全管理联系户制度，实行交通民警联系客运车辆车主及驾驶员，对客运车辆、车主及驾驶员进行动态跟踪管理。1998年11月，按“运力资源调整，全线利益共享”原则，全县客运个体经营者和营运车辆按线路组成6个客运联合体。2004年5月起，考领小型汽车驾驶证的人员年龄上限由现行60周岁放宽到70周岁，持有小型汽车准驾型人员超过60周岁的，每年审验一次，并进行身体检查，符合条件的，可继续驾驶；现役军人、武警可申请考领地方驾驶证。允许左下肢残疾人申请小型、微型自动挡载客汽车驾驶证；取消驾驶证丢失登报声明和30天后补领的规定，48小时内补发；暂住人员申请考领驾驶证网上核对办理；驾驶证有效期满换证和审验业务，下放到具备联网条件的县级车管所办理。至2005年，全县共有机动车驾驶员26617名。

三、车辆管理

随着县域社会经济快速发展，由1991年全县机动车数量的2857辆增至2005年的21415辆。

1998年2月，设立农用车、摩托车检测站。1996年，车辆检验、核发行驶牌证及车辆的转籍、变更、报废等由人工操作逐步实行自动化、网络化、电脑化管理。1999年起，开展对柴三机、微型农用车违章载客综合治理，至2002年，全县20多辆柴三机全部被切割拆除，柴三机违章载客被取缔。2004年5月起，小型、微型非营运载客汽车从注册登记之日起6年内检验改为两年一次，从注册登记之日起4年内，摩托车的检验由一年一次改为两年一次。凡海关进口的车辆和通过国家汽车生产主管部门审查的国产小型、微型载客汽车，在办理新车注册登记时一律免上检测线；进口车和新公告的国产车等待办理车辆牌证的时间由原来的1个月减少到48小时；所有车辆号牌号码实行电脑公开自动选号，并可选择两次；申请办理车辆转籍，部分登记事项不够规范的由转入地车管所负责更正，不得退档，需核对有关情况的，由两地车管所内部协调；简化车辆注册登记程序；推行“一站式”服务、预约服务、限时服务等便民措施，开办邮寄、速递等业务，方便群众办事。2004年3月，开展“五小”车辆（指二轮摩托车、三轮摩托车、三轮农机车、拖拉机、低速载货汽车）违章载客专项整治统一行动。共出动交警、治安、派出所民警68人次，警车18辆次，检查“五小”各类车辆683辆，查纠各类违章189起。

四、交通事故处理

随着全县机动车及驾驶员数量的逐年大幅增长，全县交通事故总体呈递增态势，一般交通事故由1991年的64起增加至2005年105起，增长64.06%；死亡人数由1991年9人增加至2004年25人，增长178%；2005年交通事故死亡人数有所下降，与2004年相比下降5人。1997年10月，为提高交通事故处置综合反应能力，正式启用“122”交通事故报警服务台。1998年，配备2台交通事故勘查车。2003年，建立道路交通事故紧急抢救机制，与县卫生局、县医院及乡镇卫生院加强合作，“110”“122”报警服务台与“120”急救电话实现信息互通反馈，按“就近前期救治”的原则，形成以城区为中心、30公里为半径的交通事故救护圈，大大降低交通事故死亡率。1991—2005年，全县共发生交通事故1542起，181人死亡、973人受伤、经济损失523.85万元。

1991—2005年明溪县机动车、驾驶员、交通事故情况

表16-4 单位：辆、人、万元

年份	机动车辆							驾驶员			交通事故			
	汽车类				摩托车类	农用车类		汽车类	摩托车类	农用车类	事故起数	损失		
	客车类	货车类	特种车类	专用载货车		拖拉机	农用运输车					死（人）	伤（人）	经济损失（万元）
1991	486	259	3	2	975	1009	127	1011	2074	—	68	8	22	11.08
1992	486	257	3	2	1150	915	140	1112	3000	—	58	13	28	8.75
1993	482	255	3	2	1349	949	157	1975	3375	32	46	5	18	23.55
1994	485	265	3	2	1616	971	190	2542	3499	52	68	9	23	20.96
1995	466	262	3	2	2081	988	182	2651	3754	86	91	7	33	41.86
1996	468	270	3	2	2343	964	180	2955	5366	123	86	13	32	48.57
1997	490	265	3	2	4673	952	175	3230	8263	153	101	8	51	37.03
1998	469	255	6	5	6447	909	179	3362	9357	198	106	11	65	36.7
1999	469	255	6	5	8715	935	182	3070	9523	231	99	17	71	43.98
2000	465	245	5	5	9363	866	199	3122	9758	261	115	11	90	23.78
2001	488	249	5	5	10497	967	204	3539	10288	321	168	10	129	57.58
2002	503	253	5	5	12092	1043	208	3990	11380	374	168	10	110	58.5
2003	541	260	5	5	14570	1021	247	5610	20612	395	188	14	127	69.98
2004	575	312	5	5	16831	1031	246	1011	2074	32	75	25	80	18.69
2005	674	388	5	5	19152	957	234	1112	3000	52	105	20	94	22.83

第六节　消防管理

一、装备

1991年，消防中队有12人，配备水罐车、泡沫车、指挥车各1辆，机动泵浦2台，水带600米，承担明溪灭火救援和防火监督工作。1997年，大队筹措资金90余万元开始建设新办公楼，2000年投入使用。

2002年，县政府拨专项经费30万元购买一辆水罐消防车，配备对讲机、摄像机等消防器材和一批个人防护装备。建立历年消防档案，经省、地消防领导机关验收达“省级标准”，增加市政消火栓及水带，改善城区消防装备设施，提高灭火效能。

2005年底，消防大队有官兵18人，下设一个中队，拥有消防车3辆，指挥车1辆，机动泵浦2台，水带1600米，城区地面设置的消火栓增至56处。

二、火灾预防

1991年，推行综合治理和在城区冬防期间的以防火、防盗为主的打更巡夜制度，并层层签订防火责任状。对城区18个防火重点保卫单位36个目标实行目标管理，统一检查考评。1997年，全年开展5次安全大检查，检查城乡各类厂矿56个，公共场所24家，易燃易爆单位4户，集贸市场2个，居民农户801家，学校6所，发出整改通知书50份，举办消防培训班9期，参训700余人。1998年，印发消防宣传材料3万余份，在街头设立咨询台接待咨询8000余人次。2000年，对全县5家娱乐场所进行全面的消防检查，查出安全隐患30余处，查封1家存在重大火灾隐患歌舞厅；对违反消防安全的3家处以罚款2000元。全年举办消防培训班10期，参训人员1000余人次。

2001年，对辖区唯一存在重大火灾隐患且规模最大、人员最多的综合市场，先后进行5次调查论证。针对该市场无消防审核验收手续、消防自动报警设施损坏、未设防火分区、过负荷用电等隐患问题，多次督促其主管单位研究整改。

2005年，对境内13家加油站进行全面安全检查，发现火灾隐患16处，督促整改得到落实。对网吧、歌舞厅、迪吧、影剧院等公众聚集场所多次进行夜间检查，查出火灾隐患10处，发当场整改通知书10份，复查通知书8份，逐项督促得到落实。

三、房屋火灾

1991年，发生房屋火灾3起，主要为电器设备老化及用火不慎所致，经济损失1.28万元。1992年，起火灾起数升至5起，死2人，伤1人，经济损失5.54万元。1993年，发生火灾2起，为1991—2005年最少年份。1998年发生6起，死2人，伤1人，损失18.3万元，为1991—2005年最多年份。财产损失以2002年16.8万元为最多。

1991—2005年，全县发生房屋火灾50起，死4人，伤4人，财务损失折款49.21万元。

四、抢险救援

2001年，消防大队成立抢险救援特勤小组，购置空呼器、强光灯等特勤器材，进行“急、难、险、恶”等各类突发性事故的抢险救援。2001年，参加社会救援7次，安全救出遇难人员5人，2002年9次4人，2005年8次7人。

1997—2005年，大队共办理92项建筑工程消防设计审核，87项建筑工程竣工消防验收,138项开业前消防安全检查，实施火灾扑救和抢险救援510余起次，出动警力5300余人次，查清火灾事故起火原因48

起,开展公众聚集场所、易燃易爆化学危险场所、消防产品、商业网点、出租屋、木制品加工生产企业等各类消防安全专项治理20余次，检查发现2210处火灾隐患,发出责令限期改正通知书680份，消除火灾隐患2190处,纠正消防违法行为126项，对存在消防违法行为和火灾隐患逾期不整改处停止生产、销售或营业的单位36家，并处罚款共计11.6万元，未发生特大火灾事故和群死群伤火灾事故。

第七节 林业犯罪查处

1991年9月,县公安局林业公安分局与林场派出所在盖洋抓获2起利用宁化木材运输码单盗卖集体木材的案件,数量达750立方米,价值34万元。当年，共查处各类案件195起，收缴木材155立方米。

1993年8月4日至10月7日，林业公安分局开展为期2个月的破大案、抓逃犯的专项行动，出动干警416人次，车辆134辆次，受理各类林业案件36起。其中，刑案3起，逮捕5人，林政案件33起，林政处罚41人，捣毁木材窝点3个，收缴木材186.4立方米，折款3.98万元，林政罚款2.2万元，收缴林木赔偿金和补交金费1.35万元。10月17日至12月17日，开展严厉打击盗砍、滥伐、乱捕、滥猎和切实保护森林资源的专项斗争，查处各类案件61起，其中刑事案件11起，逮捕收审、刑拘10人，治安案件1起，林政案件49起，林政处罚56人，收缴木材215立方米，林政罚款2.98万元，挽回经济损失9.82万元。10月25日，查处瀚仙坪地村民盗伐林木案，涉及4个山场7个团伙22人。

1994年7月1日至10月25日，开展严厉打击毁林犯罪活动专项斗争“夏季战役”，查处各类林业案件86起， 其中刑事案件15起，逮捕21人，林政案件71起，收缴木材182.2立方米，罚款6.51万元，挽回经济损失14.78万元。

1995年7月1日至10月31日，开展专项打击毁林犯罪活动夏季攻势。查处各类森林案件147起，其中刑事案件20起，治安案件3起，林政案件124起，收缴木材430.3立方米，罚款16.53元，挽回经济损失34万元。

1996年1月1日至1月30日，开展“打现行、追逃犯、破大案”和“整治林区治安”的专项斗争，查处各类林业案件104起，刑事案件11起。6月7日，分局组织24名干警，在夏阳乡团石村突击抓获一个盗伐林木39余立方米犯罪团伙，抓获犯罪成员8名。5月13日至9月19日，开展以“打抢劫、摧团伙、追逃犯”为重点的严打斗争，查处各类案件148起，其中林业刑事案件20起，治安案件6起，林政案件122起，收缴木材551.8立方米，为国家挽回经济损失38.87万元，抓获逃犯12人。12月6日至1997年2月，开展“打盗滥、禁猎捕、查火灾”为主要内容的严打整治“冬季行动”。侦破刑事案件6起，查处行政案件73起，收缴木材119立方米，挽回经济损失11.11万元。

1997年3月至6月，开展“春季严打整治行动”。查处各类案件139起，打击处理违法人员188人次，收缴木材569.14立方米，林政罚款13.98万元，为国家挽回经济损失37.18万元。10月20日至1998年2月20日，开展打击破坏森林和野生动物资源违法犯罪的“冬季行动”。查处各类案件104起，其中刑事案件8起，逮捕案犯9人，治安案件1起，拘留1人，行政案件95起，挽回经济损失30.39万元。

1998年8月3日至10月20日，开展以" 破大案、挖团伙、追逃犯”为主要内容的“百日治安整治”行动，查处各类林业案件134起，其中刑事案件9起，林政案件125起，逮捕12人，林政处罚187人次，收缴木材583.6立方米，为国家挽回经济损失43.62万元。11月1日至翌年2月10日，开展“严打破坏森林资源违法犯罪活动”专项斗争。查获各类案件103起，其中刑事案件10起，林业案件93起，逮捕7人，林政处罚201人次，收缴木材385立方米，国家保护野生动物2头，挽回经济损失20.88元。

1999年7月19日至10月5日，开展为期3个月的“追逃”专项斗争，缉捕在逃人员22人，其中抓捕

8人，规劝投案自首14人，“追逃”工作名列全市第一名，获市“追逃”专项斗争先进单位殊荣。

2000年1月13日，开展保护野生动物的“南方二号”行动。出动车辆26辆次，出警85人次，收缴省二级保护动物13只、12公斤，行政罚款8660元。4—10月，开展为期6个月，严厉打击破坏森林和野生动物资源违法犯罪专项斗争。出动警力5000余人次，共查处刑事案件8起，摧毁毁林团伙2个，查处林业行政案件204起，收缴木材855立方米，林业行政罚款21.36万元，挽回经济损失53.49万元。7月19日，侦破一起省、市森林公安局督办的重点案件，抓获毁林犯罪嫌疑人4人。该团伙故意毁坏木材213.92立方米。9—10月，开展“追逃”专项斗争，摸摆排查出在逃对象11名。10月20至11月20日，开展捣毁非法炭窑专项整治行动,共捣毁非法炭窑74个，没收木炭65余吨，林政罚款2.6万元。

2002年5月1日至6月30日，开展打击破坏森林和野生动物资源违法犯罪的“春季行动”。侦破刑事案件7起。其中成功侦破市森林公安局挂牌督办案件1起，查处林业行政案件20起，处理违法人员23人次，收缴木材50余立方米，为国家挽回经济损失7万余元。8月12日至9月30日，开展林区严打整治斗争“保卫绿色行动”。查破刑事案件4起，逮捕5人，林政案件87起，处罚109人次，收缴木材376立方米，为国家挽回经济损失25.6万元。12月16日至26日，开展为期10天的严厉打击破坏鸟类等野生动物资源违法犯罪统一行动暨“候鸟行动”。共查获国家二级保护野生动物苏门羚2只，小灵猫2只，草鹗1只，省级重点保护动物眼镜蛇2条，野猪2只，一般野生动物山麂14只，总重量达235.6公斤。

2003年2月，开展“除夕行动”，查获非法运输车辆5辆，收缴木炭10余吨，木材2.5立方米。4月10日至4月19日，森林分局开展严厉打击破坏野生动物资源违法犯罪集中统一行动暨“春雷行动”。出动警力36人次，清查宾馆、饭店、酒楼、餐馆3家，清理市场3个，收缴猎具500余个。5月20日至8月20日，开展“夏季百日”会战。出动警力330人次，受理林业刑事案件6起，侦破6起，共抓获毁林犯罪嫌疑人18人，其中：批准逮捕7人，刑事拘留13人，移送起诉4起12人，取保候审2起5人，抓获毁林集团4个15人。查处林业行政案件66起，处罚75人次，收缴木材116.5立方米，木材折款5.6万元，林业行政罚款6.7万元，为国家集体挽回经济损失12.3万元。8月18日和28日，在夏阳乡分别查处二起违法收购林木种子案件，收缴地方重点保护珍贵树木“乐东拟单性木兰”种子370公斤。11月1日至12月31日，在全县范围内组织开展打击破坏森林资源违法犯罪专项行动暨“绿剑行动”。出动警力612人次，受理林业刑事案件2起，侦破1起，抓获毁林犯罪嫌疑人1人，查处林业行政案件32起，处罚34人次，收缴木材194.4立方米，林业行政罚款6.26万元，检查林木采伐山场5处，清理木材加工场所4家，为国家集体挽回经济损失10余万元。

2004年2月20日至4月20日，开展“侦破森林火灾案件会战”专项行动。出动警力563人次，受理林业刑事案件10起，侦破8起，查处失火治安案件2起，抓获犯罪嫌疑人7人（其中批准逮捕3人，刑事拘留2人，取保候审4起4人）治安行政拘留2人。查处林业行政案件37起，处罚40人次，收缴木材56.5立方米，木材折款2.6万元，林业行政罚款2.7万元，为国家集体挽回经济损失5.3万元。3月21日至3月31日，开展严厉打击破坏鸟类资源违法犯罪集中统一行动，代号为“候鸟二号行动”。检查市场、墟场集市、饭店、酒楼40余次。2004年11月26日至2005年2月25日，根据上级统一部署，在全县范围内开展严厉打击破坏森林和野生动植物资源违法犯罪，代号为“冬季攻势”。受理查处林业行政案件62起，处罚63人次，收缴木材364.3立方米，木材折款15.6万元，林业行政罚款12.4万元，为国家集体挽回经济损失38万元。

2005年3月16日至6月30日，开展旨在服务林业改革发展稳定、严厉打击破坏生态林国有林犯罪“长剑一号”行动及“打击破坏森林资源专项行动”。侦破林业刑事案件3起（其中重大1起），抓获违法犯罪嫌疑人3名（其中上网逃犯1名），查处林业行政案件80起，处罚94人次，收缴木材346.5立方米，林业行政罚款14.6万元，为国家集体挽回经济损失16.5万元。4月11日，根据对枫溪乡大雅村盗滥伐问题的监控，确定大雅村为整治行动目标村，组织一次为期半个月的专项整治行动，侦破林业刑事案件1起(重大)，抓获毁林犯罪嫌疑人2名，查处林业行政案件1起。

县公安局森林分局辖区辐射全县9个乡（镇）88个行政村。1991—2005年，森林公安坚持一手抓队伍建设，一手抓林区治安稳定，共查处各类林业案件5104起（其中，刑事案件274起，治安案件141起，林政案件4689起），逮捕犯罪嫌疑人348人，林政、治安处罚6796人，为国家和集体挽回经济损失1091.22万元。

第八节 机 构

一、县公安局

1991年，县公安局内设办公室、政工科、法制科、政保科、内保科、治安科、户政科、预审科、消防科，辖刑警队、县交通人民警察大队、车辆管理站、看守所、治安拘留所和9个公安派出所，共有编制112名，其中交通人民警察大队13名。1992年9月，县交通人民警察大队更名为县公安局交通警察大队。1993年5月，增设治安巡逻警察大队。1994年6月，刑警队升格为刑事警察大队。1996年，组建刑事警察大队一、二、三侦察中队、重案侦察中队、经济侦察中队、刑事技术侦察中队和情报信息科，建立110指挥中心。1997年3月，成立县公安局消防大队，同年5月，增设出入境管理科、行政科。1998年4月，县公安局林业公安分局更名为县公安局林业分局，1999年更名为县公安局森林分局。1998年5月，增设警务督察队，内保科并入治安科。1998年，推行侦审合一制，撤销预审科。2002年9月，增设指挥中心、信息通讯科、公共信息网络监察科、经济犯罪侦查大队，政保科、治安科、刑警大队、行政科分别更名国内安全保卫大队、治安大队、刑事侦查大队、装备财务科。2004年，县公安行政编制119名，公安地方事业编制26名，实配127人。

2005年1月，全省公安交警体制调整，由省控编下归地方编制。3月，撤销县城区交通管理中队。同年，公安地方事业编制取消，全县公安行政编制147名，实配134人（其中三级警督54人、二级警督24人、一级警督5人，三级警司5人、二级警司14人、一级警司17人，见习警员7人，工勤人员8人）。县公安局下设政工科、办公室、警务督察队、装备财务科、法制科、出入境管理科、户政科、信息通讯科、公共信息网络安全监察科、指挥中心等10个职能科室，国内安全保卫大队、治安大队、经侦大队、刑事侦查大队、交通警察大队、巡逻警察大队、经济犯罪侦查大队等6个实战大队，看守所和治安拘留所等2个基层单位，下辖城关、城郊、盖洋、夏坊、枫溪、沙溪、夏阳、胡坊、瀚仙等9个派出所。

二、公安森林分局

1991年，县林业公安分局内设秘书股、治安股，编制5名。下设沙溪林业派出所，编制5名；盖洋林业派出所，编制5名。1992年3月，县公安局雪峰林场派出所更名为明溪县公安局雪峰林业派出所（编制在国有林场，业务接受县林业公安分局指导），8月成立县公安局瀚仙林业派出所。1997年6月，林业公安分局升为副科级，改名县公安局林业分局。1999年3月，县公安局林业分局更名为县公安局森林分局，盖洋、沙溪、瀚仙林业派出所随之更名为盖洋、沙溪、瀚仙森林派出所，各森林派出所下设办公室、治安科、刑警队。1999年4月，县公安局雪峰林业派出所更名为县雪峰森林派出所。2005年3月，核定县森林公安派出所专项行政编制20名。

2005年，县公安局森林分局设立办公室、治安科、刑警队、法制科，下属盖洋、沙溪、瀚仙、雪峰4

个森林派出所，专项行政编制 20 名，事业编制人员 11 名。担负着打击破坏森林资源和野生动物资源的违法犯罪活动，受委托查处违反《中华人民共和国森林法》的林政案件，维护全县林区治安稳定的任务。

三、公安消防大队

县公安消防大队前身为县公安局消防科，始建于 1985 年 6 月，隶属于三明地区公安消防科和明溪县公安局双重领导。1997 年 3 月，为适应社会发展和履行消防执法职能需要，成立明溪县公安消防大队，大队编制 5 人。下属一个中队，称明溪县公安消防大队一中队，编制 13 人，并由正连级升格为正营级，属于市公安消防支队和县公安局双重领导。2005 年，消防大队有官兵 18 人。

第二章　检　察

第一节　刑事检察

一、审查批捕

1991 年，审查批捕、起诉工作由刑事检察科负责。1997 年 11 月撤销刑事检察科，成立审查批捕科，2003 年7 月更名为侦查监督科，负责对全县刑事犯罪案件（包括检察院直接受理立案侦查的贪污贿赂、国家工作人员渎职等犯罪案件）犯罪嫌疑人的审查批捕、决定逮捕工作，以及对侦查机关的立案情况、侦查活动进行监督。根据人民检察院刑事诉讼规则的规定，办理审查批捕工作实行“专人阅卷，集中讨论，检察长决定的制度”，办案人员在审查案件后，依照事实和法律提出是否批准逮捕的处理意见，经审查批捕部门负责人审核后，报请检察长或检察委员会决定，对符合逮捕条件的制作《批准逮捕决定书》，连同案件材料送回公安机关执行。对不符合逮捕条件的制作《不批准逮捕决定书》，连同案件材料送回公安机关执行。

1991 年，县检察院共受理公安机关提请审查批捕 87 人，经审查批准逮捕 79 人，不捕 8 人，追捕 3 人。1994 年，县检察院坚持“严打”方针，对杀人、伤害、强奸、重大盗窃等严重危害社会治安的犯罪活动进行重点打击，共受理公安机关提请审查批捕 75 人，经审查批准逮捕 74 人，不捕 1 人。1995 年，县检察院共受理公安机关提请审查批捕 77 人，经审查批准逮捕 62 人，不捕 15 人。1996 年，在“严打”斗争中，县检察院共受理公安机关提请审查批捕 79 件 129 人，经审查批准逮捕 73 件 116 人，不捕 11 人，追捕 2 人。2000 年，县检察院共受理公安机关提请审查批捕 52 件 76 人，经审查批准逮捕 48 件 71 人，不捕 4 件 5 人。

2002 年，通过开展“严打”整治斗争，全县社会治安形势明显好转，全年共受理公安机关提请批捕 64 件 81 人，经审查批准逮捕 64 件 81 人。县检察院认真落实“从重从快”的方针，加强与公安机关的沟通和联系，坚持实体与程序并重严把定性、定罪关，全年立案监督 9 件，追捕犯罪嫌疑人 13 人，向公安机关发出《提供法庭证据通知书》16 份。2003 年，为进一步协调各司法机关的执法工作，县公、检、法 3 家决定定期召开“小三长”联席会议，由 3 家的分管领导及相关执法部门负责人每月召开一次联席会议，互相通报办案情况，共同研究解决刑事执法办案中存在的问题，进一步强化对各种刑事犯罪的打击合力。

2004 年，县检察院坚持“小三长”联席会议和重大案件提前介入工作制度，开展对制售假冒伪劣商品、侵犯知识产权犯罪案件的专项立案监督活动，走访工商、药监、文化、烟草专卖及其他行政执法部门 41 次，查询案件 72 件，并建立行政执法单位向公安机关移送案件报备制度。全年，县检察院共受理公安机关提请批捕37件48人，经审查批准逮捕36件47人，不批捕1件1人。2005年，县检察院共受理公安机关提请批捕52件77人，经审查批准逮捕49件72人，不予批准逮捕3件5人。

二、审查起诉

1991年，县检察院刑事检察科共受理公安机关移送审查起诉50件79人，经审查提起公诉42件70人，免予起诉4件5人，移送市检察院审查起诉4件4人。1993年，县检察院组成专门办案小组配合公安机关开展打击“车匪路霸”专项行动，对“车匪路霸”案件优先审理。全年共受理公安机关移送审查起诉31件39人，经审查提起公诉28件36人，移送市检察院审查起诉3件3人。1996年，县检察院认真贯彻“严打”方针，加强与公安、法院协调配合，依法快捕快诉。全年共受理公安机关移送审查起诉78件118人，经审查提起公诉72件101人，免予起诉1件1人，移送市检察院审查起诉5件16人。

1997年，根据修订后的《中华人民共和国刑事诉讼法》，检察机关的刑事检察工作实行捕诉机构分设，庭审方式也发生重大变化，实行控辩式庭审方式，从而对公诉工作提出更高的要求。为此，县检察院制定了详细的办案制度，坚持“个人负责，集体研究”的原则，对案件实行层层把关，承办人审结后，必须向科里汇报，有不同意见的，再提交检委会研究决定，确保案件质量。同年11月，县检察院撤销刑事检察科，成立审查起诉科。全年共受理公安机关移送审查起诉37件50人，经审查提起公诉36件46人，移送市检察院审查起诉1件4人。

2000年，县检察院开始试行主诉检察官责任制，首批任命2名主诉检察官，同时强化对不诉权的监督，制定并实施《不起诉案件听证制度》，对公诉部门决定不起诉的案件举行公开听证。全年共受理公安机关移送审查起诉57件71人，经审查提起公诉51件66人，移送市检察院审查起诉1件1人，不起诉4件4人，对1起作不起诉的职务犯罪案件在发案单位举行不起诉听证会。

2003年7月，审查起诉科更名为公诉科。结合“强化法律监督，维护公平正义”专题教育活动，通过“四入手一跟踪”（阅卷入手，询问入手，“另案处理”“在逃”人员入手，加强法制宣传入手，做好记录实时跟踪）不断加大诉讼监督力度。全年受理公安机关移送审查起诉58件92人，经审查提起公诉57件91人，移送市检察院审查起诉1件1人，不起诉1件1人，追诉遗罪漏犯29人。2005年，县检察院结合开展未成年人犯罪办案方式改革，加大对未成年犯的教育、感化、挽救力度，对未成年人犯罪案件实行类案专人办理，坚持快审快结，在庭审中充分运用公诉意见和教育词进行法庭教育，同时深入校园开展法制教育，积极深化未成年人预防犯罪工作。全年共受理公安机关移送审查起诉77件112人，经审查提起公诉71件101人，其中移送市检察院审查起诉4件5人，不起诉6件6人。

第二节 反贪污贿赂

1991年，县反贪污贿赂工作均由县检察院反贪污贿赂检察科负责，1997年5月更名为反贪污贿赂局。当年受理各类经济案件线索45件49人，立案侦查32件33人，为国家挽回经济损失40余万元。1995年，县检察院加强企业反贪力度，根据职工反映，查处县铁合金厂原副厂长和业务员在采购原材料中收受贿赂，购进质次价高的原材料等问题，为企业挽回损失20余万元。全年共受理各类经济案件线索19件21人，从中立案侦查14件16人，为国家挽回经济损失31.2万元。

1997年，新修订的《中华人民共和国刑法》颁布后，对检察机关的反贪污贿赂职能作出重大调整，检察院的反贪污贿赂工作主要负责办理国家工作人员利用职务便利，实施的贪污、受贿、挪用公款等行为和国家工作人员、国家机关、国有公司、企业、事业单位、人民团体行贿的行为，业务范围涉及贪污罪、挪用公款罪、受贿罪、单位受贿罪、行贿罪、对单位行贿罪、介绍贿赂罪、单位行贿罪、巨额财产来源不明罪、隐瞒境外存款罪、私分国有资产罪、私分罚没财物罪 12 项罪名。全年，县检察院共受理各类职务犯罪案件线索 17 件 19 人，从中立案侦查 11 件 12 人，通过办案为国家挽回经济损失 40 万元。

2000 年，县检察院在查办职务犯罪的同时，积极推进预防职务犯罪工作，通过对发案单位发检察建议，深入厂矿企业开展调研，组织金融、林业、交通、工业等部门和企业举行预防职务犯罪和服务国企改革发展的研讨会，互相交换看法、总结经验，共同寻找检察机关服务国企、预防犯罪的有效途径。全年受理各类职务犯罪案件线索 25 件，从中立案侦查 5 件 8 人，通过办案为国家挽回经济损失 43 万元。

2001 年，县检察院开展追逃专项工作，通过认真排查、准确判断、迅速行动，在江西南昌市检察机关的协助下，一举抓获在逃 5 年的贪污挪用公款 22 万余元的犯罪嫌疑人黄某，另一在逃犯罪嫌疑人曾某也慑于强大政策压力主动投案自首。

2003 年，县检察院开展整合侦查资源活动，对单位内部的人力、物力、信息、技术、装备资源进行有效整合，提高发现和突破案件的能力，并进一步规范办案行为，制定《关于严禁刑讯逼供非法拘禁的办法》和《关于在办案中不得滥用警械的规定》，确保依法、文明办案。全年立案侦查职务犯罪案件 5 件 5 人。

2004 年，县检察院迁入新建成的侦查技术大楼办公，在办公大楼内设立警务工作区，规定所有的询问、讯问工作均在警务区内进行，在询问证人、讯问犯罪嫌疑人时实行同步录音录像，监督案件的办理过程，保证办案的规范性、安全性。

2005 年，县检察院积极推进查办和预防职务犯罪“一体化”工作机制，每季度与有关部门、单位召开两次预防职务犯罪联席会，通报职务犯罪查办的综合分析情况，针对办案中发现的有关单位招投标活动不规范的问题共发出检察建议 4 份，帮助相关单位进一步建立和完善招投标工作。全年立案侦查职务犯罪案件 4 件 4 人，通过办案为国家集体挽回经济损失 15.2 万元。

第三节　反渎职侵权

1991 年前，对刑讯逼供，诬告陷害，破坏选举，非法拘禁，非法管制、搜查、侵入他人住宅，报复陷害，私自开拆、隐匿、毁弃邮件、电报，侵犯公民通信自由，泄露国家重要机密，玩忽职守，重大责任事故，非法剥夺公民的宗教信仰自由和侵犯少数民族风俗习惯，伪证，徇私舞弊，私放罪犯，重婚等案件由县检察院法纪检察科负责。

1991—1996 年，县检察院受理各类法纪案件线索 50 件 64 人，从中立案侦查 27 件 34 人,起诉 8 件 15 人，对 15 件 15 人免予起诉。

1997 年，贯彻新修订的《中华人民共和国刑法》《中华人民共和国刑诉法》，对法纪检察的案件范围和办案方式作出重大调整，对国家机关工作人员渎职犯罪和国家机关工作人员利用职权实施的非法拘禁、刑讯逼供、报复陷害、非法搜查的侵犯公民人身权利的犯罪以及侵犯公民民主权利的犯罪等案件开展立案侦查，主要涉及滥用职权罪、玩忽职守罪、枉法追诉、裁判罪、徇私舞弊不移交刑事案件罪、违法发放林木采伐许可证罪、非法拘禁罪、非法搜查罪、刑讯逼供罪、暴力取证罪、虐待被监管人罪、报复陷害罪、破坏选举罪等 37 个罪名。

1997—2002 年，县检察院受理各类法纪案件线索 19 件 20 人，从中立案侦查 5 件 5 人，起诉 3 件 3 人。

2003 年 9 月，法纪检察科变更为渎职侵权检察科，2005 年 11 月又变更为反渎职侵权局。

2003 年后，县检察院开展严肃查办国家机关工作人员利用职权侵犯人权犯罪和破坏社会主义市场经济秩序渎职犯罪专项行动，与公安、工商、质监、药监等行政执法部门联系，至 2005 年，对全县 220 余起行政执法案件进行摸查了解，并与有关单位召开联席会议，完善案件线索移送机制。

2003—2005 年受理各类法纪案件线索 18 件 19 人，从中立案侦查 1 件 2 人，起诉 1 件 2 人。

第四节 林业检察

1991 年，县检察院参与林区治安综合治理工作，在毁林现象较为严重的地区设立林检综治联系点，开展法制宣传教育活动，有效维护林区的治安稳定。当年县检察院共受理公安机关提请批捕林业案件 21 人，经审查批准逮捕 20 人，不捕 1 人；受理公安机关移送审查起诉林业案件 13 件 24 人，经审查起诉 13 件 24 人。

1993 年，县检察院积极参与“乱砍滥伐、乱捕滥猎”专项斗争，坚持从重从快、严把质量的原则优先办理专项打击的案件，全年共受理公安机关提请审查批捕林业刑事案件 12 件 23 人，经审查批准逮捕 10 件 21 人，不捕 2 件 2 人；受理公安机关移送审查起诉林业刑事案件 14 件 24 人，经审查提起公诉 13 件 19 人，免诉 1 件 5 人，依法快捕快诉以肖某为首的 13 人团伙重大盗伐林木等一批重特大案件。

1995 年，县检察院积极投入林业专打“夏季攻势”活动，全年共受理公安机关提请审查批捕林业刑事案件 43 人，经审查批准逮捕 41 人，不捕 2 人；受理公安机关移送审查起诉林业刑事案件 22 件 45 人，经审查提起公诉 19 件 39 人，免诉 1 件 2 人。

1996 年，县检察院贯彻林业夏季“严打”部署，加大办案力度，全年共受理公安机关提请审查批捕林业刑事案件 73 人，经审查批准逮捕 70 人，不捕 2 人；受理公安机关移送审查起诉林业刑事案件 34 件 62 人，经审查提起公诉 31 件 58 人，免诉 3 件 4 人。当年刑事案件呈现案件数大幅度上升（全年批捕犯罪嫌疑人高达 70 人，为县检察院林业检察科组建以来办案最多的 1 年）、共同犯罪上升（共批捕共同犯罪 14 件 52 人）、雇请外流工人作案增多（全年被雇请作案的外流工人达 60 余人）、内外勾结作案多（一些承包砍伐任务的包头与木材贩子相勾结，将木材盗出运往外地销赃）等特点。

2000 年，县检察院积极投入“严打”斗争，严厉打击破坏森林和野生动物资源违法专项斗争暨“三号行动”，坚持严把质量、从重从快的原则，办理的批捕案件均在 3 日内办结，起诉案件 15 日内审结。全年受理公安机关提请批捕林业案件 11 件 15 人，经审查批准逮捕 11 件 15 人；受理公安机关移送审查起诉林业案件 13 件 19 人，经审查起诉 15 件 25 人。2003 年，受理公安机关提请审查批捕林业案件 8 件 15 人，经审查批准逮捕 8 件 15 人，追捕 1 人；受理公安机关移送审查起诉林业案件 10 件 19 人，经审查起诉 7 件 12 人，作相对不起诉 3 件 7 人。

2005 年，县检察院立足林业检察工作实际，为广大农业和林业经营者提供法律政策咨询服务，到林区开展矛盾纠纷排查调处工作，结合办案开展法制宣传和林区安全用火宣传，提高群众的法制观念和环保观念，全年受理公安机关提请批捕林业案件 8 件 9 人，经审查批准逮捕 8 件 9 人；受理公安机关移送审查起诉林业案件 16 件 23 人，经审查起诉 16 件 23 人，全县没有发生一起林业失火案件。

第五节 监所检察

1991 年，县检察院驻所检察室联合看守所、武警中队等单位开展打击“牢头狱霸”专项斗争行动，县检察院检察长向在押人员授课两次，加强法制教育。次年，县检察院建立驻所检察工作规则，与看守所等部门制定共建文明看守所公约，全年为在押人员开展法制教育 14 场次，受教育人员 1032 人次。

1993 年，县检察院与法院、县关心下一代协会等单位人员到永安、宁化劳改支队和市劳教所，对正在服刑的明溪籍和在明溪判刑的劳改人员进行回访帮教。同年还回访考察刑满释放人员 58 人，进一步深化帮教活动。

1994 年 7—10 月，县检察院配合县看守所开展“百日安全”活动，清理监管场所存在的安全隐患。协同监管干部联合检察 19 次，发现安全因素 8 起，口头纠正 12 次，收缴绳子、铁钉、香烟等危险品，对 3 名有自杀苗头的在押人员，及时做好思想工作，避免安全事故的发生。1995 年，县检察院开展对保外就医和假释情况的专项检察，共检察保外就医和假释罪犯 8 人，对 2 名失控的在押人员及时向有关部门提出纠正，确保保外就医和假释活动的合法规范。

1997 年，县检察院驻所检察严厉打击在押人员的违法犯罪活动，协助看守所查处在押人员组织越狱脱逃（未遂）1 件 3 人，查处余刑犯为未决犯通风报信 1 件 4 人，打击牢头狱霸 3 人。

2000 年，县检察院驻所检察积极协助看守所建章立制，补充完善“劳动号管理”“提审”“换押”“律师会见”“值班巡视”等工作制度，明确工作职责，促进监管场所的科学规范管理。配合驻所检察认真做好在押人员的思想工作，对在押人员开展队列训练、评比“文明监室”等活动，调动在押人员的改造积极性，改变在押人员的精神面貌，促进监管秩序的稳定。

2003 年，县检察院驻所检察开展“减刑、假释、保外就医”专项检察活动，共检查监外执行罪犯 281 人，发出纠正违法通知书 5 份，检察建议 4 份，纠正脱管 37 人。2004 年，县检察院驻所检察开展创建“双加强、双保障”活动，促进文明监管，健全受理在押人员辩护、上诉、申诉、举报、控告材料的转递处理制度，为在押人员行使合法权利开辟绿色通道。

2005 年，县检察院驻所检察对辖区内监外执行“五种人”执行情况进行专项检察，共检察 141 人次，对已刑满人员按规定解除考验，对 4 名脱管的缓刑人员依法向有关部门发出检察建议，确保监外执行活动的依法开展。

第六节　控告申诉检察

1991 年，县检察院发挥控告申诉检察的窗口作用，全年受理群众来信来访 106 件，受理信访和初查案件 96 件，经查实从中立案 15 件；开展检察长接待日 10 场次，接待群众 85 人次，当场解决群众反映的各种问题 80 件。

1993 年 7 月，县检察院下设的“贪污贿赂举报室”更名为举报中心，与控告申诉检察科合署办公，对举报线索严格按照归口管理的原则，及时分流处理，对不属于本院管辖的及时转有关部门办理。全年受理群众来信来访 80 件，受理举报线索 56 件，开展初查、协查 15 件，深入乡镇开展检察长接待日 25 场次，接待群众 45 人次。

1995 年，县检察院不断完善控告申诉检察工作制度，对各种信访件均由承办人及科长签署意见后交院领导审批，根据领导批示意见进行分流办理，做到件件有着落。当年受理群众来信来访 36 件，受理举报线索 61 件，开展初查 22 件，从中立案查处职务犯罪 16 件，深入乡镇开展检察长接待日 48 场次，接待群众 56 人次。

1998 年，县检察院开通举报专用电话“96100”，并在 5 月和 11 月开展“举报宣传周”活动，通过县有线电视台播放宣传片、举办法制宣传、图片展览、出宣传栏等形式扩大宣传效果，激发群众的举报热情。全年受理群众来信来访 38 件，受理举报线索 70 件，开展初查 19 件，从中立案查处职务犯罪 6 件，深入乡镇开展检察长接待日 48 场次，开展市、县两级检察长接待日 1 场，接待群众 76 人次。2000 年，受理群众来信来访 108 件，受理举报线索 35 件，从中查办职务犯罪案件 6 件，受理民事行政申诉案件 6 件，移送民行检察部门提请抗诉5件，息诉1件，移送林检、批捕部门立案监督4件，开展检察长接待日46场次，接待群众43人次，处理集体访3件、告急访1件。

2001年，县检察院开展创建文明接待室活动，加强控告申诉检察“窗口”建设，严格按照上级院文明接待室评比标准，不断改善接待环境，完善接待制度，提高接待质量，全年受理群众来信来访86件，受理举报线索19件，从中查办职务犯罪案件6件，移送批捕部门立案监督2件，深入乡镇开展检察长接待日50场次，接待群众26人次。

2003年，县检察院开始实行奖励举报人制度，建立举报奖励基金，对查处属实的举报线索给予举报人一定的奖励，当年受理群众来信来访163件，受理举报线索34件，从中查办职务犯罪案件5件，受理刑事申诉4件，民事行政申诉案件3件，开展检察长接待日48场次，接待群众147人次。

2004年，县检察院开始对信访件实现电脑处理，设立电子信箱，开展网上举报和密码举报等方式，不断拓宽举报途径，鼓励群众据实举报，对署名举报的群众做到“百分百接待、百分百受理、百分百答复”。

2005年，县检察院根据高检院统一部署开展集中处理涉检信访问题专项活动，通过完善首办责任制、案件流程管理制、跟踪回访制等工作机制，从源头上预防和减少涉检信访案件的发生。全年受理群众来信来访76件，受理举报线索27件，从中查办职务犯罪案件5件，受理民事行政申诉案件5件，开展检察长接待日48场次，接待群众230人次。

第七节 民事行政检察

1991年7月，县检察院设立民事行政检察科，负责对全县的民事经济审判活动和行政诉讼活动实施法律监督，主要是针对县人民法院已经发生法律效力的、确有错误的民事、行政判决和裁定，按照审判监督程序，向三明市人民检察院提请抗诉，同时对审判人员贪赃枉法、徇私舞弊等职务犯罪行为进行查处。检察院在受理当事 人不服法院已经发生法律效力的民事、行政判决、裁定的申诉、控告后，对符合条件的案件进行立案，办案人员经过对当事人提供的申诉材料及法院民事、行政审判卷宗进行全面审查，并复核有关案件事实后，认为该民事、行政申诉案件符合民事诉讼法和行政诉讼法规定的抗诉条件，应提出提请抗诉意见并制作《案件审查终结报告》，经检察长批准后填写《提请抗诉报告书》向上一级检察院提请抗诉。对不符合抗诉条件的案件，制作《案件审查终结报告》，报请检察长批准终止审查。1991—1996年，县检察院共受理不服法院已经发生法律效力的民事、经济、行政判决、裁定的申诉、控告13件，立案5件，经审查向市检察院提请抗诉3件，经再审获改判1件，当事人息诉5件。

1997年始，县检察院不断完善民事行政案件办案制度，建立由主办人先审查案件，科长、分管领导把关提出审查意见，检委会集体研究的办案制度。1997—1999年，县检察院受理民事行政检察案件24件，立案19件，提请抗诉17件，改判3件。

2000年，县检察院利用检察长接待日、法制宣传专栏和发民行检察工作联系卡等形式，广泛民行检察的受案范围、抗诉条件等，在乡镇司法办、法律服务所建立申诉联系点，及时了解群众的申诉检举情况，并与律师事务所等单位建立律师代理申诉制度，主动走访人大、信访等部门，建立案件网络联系制度，不断扩大案源渠道，推动民事行政检察工作的顺利开展。2000—2005年县检察院受理民事行政检察案件41件，立案32件，提请抗诉8件，建议提请抗诉9件，司法调解7件，再审获改判1件。

第八节 队伍建设

1991 年，县检察院坚持“忠诚、刚正、廉明、勤奋”的明溪检察精神，通过开展“小整训”等活动，对干警进行全面的思想政治、组织纪律教育，提高干警的政治觉悟。1993 年，对科室负责人实行一岗双职，既抓业务又抓干警思想教育，坚持每周的政治学习日制度，同时根据上级院关于开展执法执纪检查的通知精神和中政委关于政法干警“十不准”，开展执法活动和执法纪律的检查整改，增强检察队伍自身的反腐败能力。

1995 年，成立纪检组、监察室，强化党风廉政建设，贯彻执行“七条禁令”和“两个规定”，通过书面自查和召开民主生活会等形式开展“整纪刹风”活动，加强反腐教育。1997 年，组织学习党的十五大精神，贯彻“依法治国”方略，开展以“讲学习、讲政治、讲正气”为内容的“三讲”教育活动，全院干警以整风精神进行对照检查、自我剖析，积极查思想、找差距、纠问题、明目标，自身廉政建设和职业道德建设得到加强。

1998 年，开展为期 9 个月的队伍集中教育整顿活动，认真解决队伍中存在的思想、纪律、作风和组织不纯的问题，通过思想教育、开展执法大讨论、内部自查、邀请座谈、完善制度等形式，进一步统一执法思想，转变执法观念，规范执法行为，提高工作效率。1999 年 3 月，县检察院实行中层领导干部竞争上岗和一般干部岗位双向选择，通过改革使人才资源得到优化配置，中层干部平均年龄下降到 36 岁，大专学历上升为 100%，一些年轻优秀人才脱颖而出走上中层领导岗位，激发队伍的内在活力，调动了干警的工作积极性和创造性。

2000 年，开展抓“三基”“创五好”活动，全院形成“争创人民满意检察院、争当人民满意检察干警”的氛围，检察队伍整体素质得到提高。2003 年，开展“强化法律监督，维护公正正义”专题教育和公正文明执法活动，开展“检察机关如何为全面建设小康社会服务”大讨论，组织全体干警参观县骨干企业和现代农业科技示范园区，增强为明溪经济建设服务的意识，提高为经济建设服务的自觉性。2004 年，实行“七个一”考学制度，努力创建“学习型”检察院，深入抓好全员培训，坚持每月一次的业务专题讲座，每季度一次的业务闭卷测试及庭审观摩、新法辅导、疑案评析等岗位练兵活动，全面提高干警综合素质，业务运行、绩效考评、案件质量考核等长效管理机制得到完善。

2005 年，开展“保持共产党员先进性教育”和“规范执法行为，促进执法公正”专项整改活动，通过加强学习、开门纳谏、党性剖析、自我查摆，对执法思想、执法观念等深层次问题进行整改，使干警的党性修养、先进性意识得到提高，公正、文明、规范执法理念得到增强。

第九节 机 构

1991 年 7 月，县检察院成立民事行政检察科，设置盖洋镇检察室。下设刑事、经济、法纪、监所、控告申诉、办公室、政工科、政策调查研究室等职能科室，并在县税务局、工商局、夏坊乡、沙溪乡、胡坊乡、瀚仙乡成立检察室。1993 年 7 月，贪污贿赂举报室更名为县检察院举报中心，与控告申诉检察科合署办公。1995 年 4 月，县纪委派驻县检察院纪检组。1997 年，根据明委办《关于印发〈明溪县人民检察院机关机构改革方案〉的通知》，内设机构设办公室、审查批捕科、审查起诉科、反贪污贿赂局、法纪检察科、监所检察科、民事行政检察科、控告申诉科（对外增挂“明溪县人民检察院举报中心”“刑事赔偿工作办公室”牌子)、法律政策研究室、林业检察科等10个职能部门和政工科（与县纪委驻检察院纪检组合署办公），原贪污贿赂检察科更名为反贪污贿赂局；人员编制设机关行政编制43名，林业检察编制4名，机关工勤人员事业编制3名；领导职数设检察长1名，副检察长3名，纪检组长（副科级）1名，政工科长(副科级）1名，中层领导职数22名。根据上级关于撤销检察室的要求，于1997年9月至1998年7将所有派驻检察室陆续撤销。1999年3月，将林业检察科收编回县检察院。2003年7月，县委批准县检察院的机构改革方案，根据明委办《关于印发〈明溪县人民检察院职能配置、内设机构和人员编制规定〉的通知》，内设机构设办公室、政治处、反贪污贿赂局、渎职侵权检察科、控告申诉检察科（含举报中心、刑事赔偿办公室)、侦查监督科、公诉科、林业检察科、民事行政检察科、监所检察科、行政装备科、检察技术科等12个职能科室和监察室（与县纪委派驻纪检组合署办公)，另设直属机构为司法警察大队；人员编制设政法专项行政编制39名，省垫编4名，机关工勤人员事业编制3名；领导职数设检察长1名，副检察长3名，纪检组长1名，政治处主任1名，纪检组长、政治处主任由副检察长级干部担任。2004年12月，撤销行政装备科，设立法律政策研究室。2005年11月，撤销渎职侵权检察科，设立反渎职侵权局。

第三章 法 院

第一节 刑事审判

一、刑事案件

1991年，县法院协同公安、检察机关进行反盗窃、围歼“车匪路霸”专项斗争,当年共审结严重危害社会治安的七类案件19件39人，占全年判决案件的35%和45.3%。县法院在抓好“严打”斗争的同时，充分运用法律武器惩腐倡廉，打击经济犯罪，全年共判决经济犯罪案件10件10人。对刑事案件依法贯彻从重从快惩处的方针，强化打击力度。1991—1995年，县法院召开大规模的宣判大会16场，赴劳改场所开展认罪服法教育3次，前往少年犯管教所考察帮教青少年犯1次，针对在审理案件中发现的工作漏洞向有关主管部门和发案单位提出司法建议8件，召开发案单位防范犯罪座谈会9次。

1996年，贯彻“严打”斗争的重大部署，成立“严打”工作领导小组，对顶风作案的重大刑事犯罪进行狠狠打击。如同年5月8日凌晨，安徽省南陵县李某生身着武警制服，以租坐陈某摩托车为名，途中以暴力及威胁方法强行抢走陈某捷达100CC摩托车，价值4335元，被依法从重判处有期徒刑13年。全年共审结经济犯罪案件18件19人，大案要案11件11人，副科以上党员干部4件4人。召开宣判大会6次，旁听群众近万人次。1997年，审结各类刑事案件49件62人，刑事案件比1996年下降68%和75%，但重大恶性案件比例高，共20件25人，占全年的40%。

1998年，审结各类刑事案件101件119人，其中判处3年以上有期徒刑33件37人，重刑率达32.7%。审结案件数和犯罪人数比1997年上升42件39人，上升率为71.2%和48.6%，案件数和犯罪人数自1997年“严打”以来首次达到百件百人。县法院在抓好“严打”的同时，积极参与社会治安综合治理，坚持“打防结合，预防为主”的方针，坚持开展对缓刑人员回访考察，促其改造，使被判缓刑人员全部接受监督改造，没有人重新犯罪。

2001年，深化改革，促进公开审判制度的全面落实，刑事案件尝试普通程序简化审的审判方式改革，个案法庭审理时间从半天缩短到50分钟左右。9月14日，由张九金主审的黄某挪用公款一案，即是适用普通程序简化审理的案件，其判决书选入省高院主编的《刑事裁判文书制作指南》，起到一定示范作用。该案审理中，在指控阶段，直截了当地阐明控辩双方进行证据开示的纪要，并由辩护人征得被告人无异议的意见，说明本案适用的是简化审理。该案涉及的证据，特别是书证种类较多，判决书在罗列证据时，做到繁简结合。认证阶段，针对辩护人提出的辩护意见，进行有理有据的分析、论证、表明哪些不予采纳，哪些采纳。理由部分，客观地阐明其构成挪用公款犯罪的法律依据，并对其酌定从重、从轻的理由进行阐述。全年召开大型宣判大会3场，分别对10件25名被告人集中宣判。

2003年，在深化刑事审判方式改革过程中，积极开展庭前证据展示，对被告人认罪的案件，推行普通程序简化审理，适用简易化审结的案件占刑事案件的68%，实现诉辩均衡，提高当庭宣判率。

2001—2005年，共审结各类刑事案件376件546人，其中判处三年以上有期徒刑的134人，判处三年以下有期徒刑、拘役、管制的412人。

1991—2005年明溪县刑事一审案件情况

表16-5　　　　单位：件、人

年度	结案	判处人犯数	危害公共安全罪		破坏社会主义经济秩序罪		侵犯公民人身权利、民主权利罪			侵犯财产罪				妨害社会管理秩序罪				贪污贿赂罪			其他犯罪
			失火	交通肇事	偷税	虚开票据	杀人	伤害	强奸	抢劫	盗窃	诈骗	敲诈勒索	妨害公务	收销赃物	盗伐林木	容留卖淫	贪污	受贿	挪用	
1991	87	140	0	0	0	0	0	1	4	5	24	4	0	0	0	12	0	2	6	0	29
1992	74	125	0	3	0	0	0	5	6	2	28	4	0	0	0	6	0	3	1	0	16
1993	58	89	0	4	0	0	0	5	4	3	16	0	0	0	0	15	0	2	0	0	9
1994	80	135	0	1	0	0	0	4	3	4	25	2	0	0	0	18	0	4	5	0	14
1995	99	155	0	1	0	0	2	4	5	5	35	4	0	0	0	21	0	1	13	0	8
1996	156	256	0	2	0	0	1	7	10	14	42	12	0	0	0	33	0	2	13	0	20
1997	49	62	0	2	0	0	2	7	2	3	22	0	0	0	0	4	0	0	2	0	5
1998	59	80	0	2	0	0	0	2	4	5	15	3	0	0	0	15	0	0	4	0	9
1999	101	119	0	6	0	0	1	6	8	10	26	2	0	0	0	19	0	1	2	0	20
2000	77	103	2	3	0	2	0	12	3	9	19	2	1	1	9	9	1	1	2	0	1
2001	65	96	1	2	0	0	0	10	4	4	20	0	1	1	5	7	1	0	0	2	7
2002	92	132	2	4	1	1	0	13	3	5	29	4	3	1	7	15	0	2	0	0	2
2003	66	101	2	4	1	2	0	9	1	2	19	3	3	0	4	7	0	2	1	0	6
2004	76	111	8	10	0	0	0	11	1	4	13	1	3	0	2	7	1	2	1	1	11
2005	77	106	0	8	0	0	1	20	3	3	12	2	0	0	1	11	2	0	3	0	11

二、林业案件

1991年10月，最高人民法院、最高人民检察院针对办理盗伐、滥伐林木案件适用法律问题作了解答，规范适用法律中的若干问题。县法院在审理案件中严格掌握法律规定，以打击盗伐、滥伐林木，破坏森林资源为重点，协助林业部门搞好林区治安综合治理，遏制盗伐、滥伐林木现象。

1993年起，针对群众性盗伐滥伐林木犯罪活动猖獗情况，县法院加强打击毁林犯罪活动的专项活动。1994—1995年，县法院共判处盗伐、滥伐等毁林犯罪案件36件，惩处案犯65人。并深入到林区宣传有关法律规定，以案释法，既做到打击犯罪，又利于林区治安的稳定。

1997—2005年，依法打击毁林犯罪活动，惩处毁林犯罪案件112件154人。

三、未成年人犯罪案件

1991年3—4月，县法院邀请县关心下一代协会、团县委等部门的领导，专程到福建省少管所回访考察明溪籍在所服刑的5名少年犯。同年9月，全国人大常委会通过《中华人民共和国未成年人保护法》，进一步推动少年庭工作的开展。1994—1998年，依法判处少年刑事犯罪案件26件33人。

2003年，开展创建市级“优秀青少年维权岗”活动，由少年审判合议庭负责审理未成年刑事案件，制定一套规范的工作制度，并上墙公布，设立青少年维权咨询电话，并与县职业中学建立青少年法制教育基地。在依法严厉打击各种侵害未成年人权益犯罪的同时，做好未成年被告人的“庭前调查、庭审教育、庭后帮教”工作，通过上法制课、编印法制宣传刊物及加强与工会、共青团、妇联、教育等部门联系等方式积极参与社会治安综合治理；对在审理案件中发现的青少年犯罪隐患问题，及时向有关部门、单位提出司法建议和信息，配合有关部门制定未成年人犯罪的防治措施。1999—2005年，依法从轻判处未成年犯罪案件46件60人。其中被依法减轻、从轻判处缓刑11人、管制3人。

四、回访考察

1991年3—4月，会同县有关部门专程前往福建省少管所回访考察明溪籍在所服刑的少年犯。1992年，共回访缓刑人员5人，假释人员2人，劳改释放人员18人。1993年始，县法院进一步规范对判处缓刑、管制、免刑人员的监督、管理。在公安机关的积极协助下加强对被处刑人员的活动进行考察、监管，做到每半年一次对被监管人员进行群众评议；对离开所居住的乡村的被监管人员，由执行机关建立严格的审核批准制度，以防脱管；对监管到期需解除刑罚的，及时向被监管人员本人及其所在单位或居住地的有关群众公开宣布解除监管，促使其能积极参与各项社会活动，建立和谐的社会关系。至2005年，已有被判处缓刑、管制、免刑人员172人，重新回归社会，成为新人。

第二节 民商事审判

一、民事案件

1991年4月，《中华人民共和国民事诉讼法》正式颁布施行后，县法院组织学习、培训，积极探索与社会主义市场经济体制相适应的高效服务的民事审判机制。针对民事案件中离婚、债务、赔偿三类案件比重大的特点，严格执行“民法通则”“民事诉讼法”等法律、法规、政策力度，依法办案，依法调解，保证案件公正审理。1991—1995年，县法院受理民事案件1300件，结案1294件，结案率99.5%。

1996年，县法院在民事审判工作中，全面推行直接开庭，变纠问式为诉辩式庭审方式，强调当事人的举证、质证责任，增强审判透明度。1998年，县法院大力推进以公开审判为重心的审判方式改革，一改过去民事案件在办公室审理、不开庭的做法，强化庭审功能及当事人的举证责任，强化合议庭和独任审判员的职责，试行主审法官授权制，实行对案件全过程的跟踪管理和办案流程制度，当庭宣判、调解率大幅度提高。

2001年，县法院在民事案件审理中，审判人员将调解工作贯穿始终，在查明案件事实、分清是非的基础上，耐心细致地做好疏导教育，清除和化解矛盾，当年审结的326件案件中，调解结案率达43%。依法对经济确有困难的当事人实行减免、缓交诉讼费案件34件，金额24.89万元。

1996—2001年，县法院受理民事案件2012件，结案2000件，结案率达99.4%。

1991—2001年明溪县民事一审案件情况

表16-6 单位:件

年度	收案	结案	未结	婚姻	房屋	继承	债务	赔偿	宅基地	相邻关系	特别程序	其他
1991	212	210	2	89	12	2	77	22	3	0	0	5
1992	210	209	1	120	6	0	59	17	4	0	0	3
1993	329	328	1	123	5	0	166	28	4	0	0	2
1994	273	272	1	96	9	0	135	28	0	4	0	0
1995	276	275	1	65	0	1	177	16	0	2	0	14
1996	256	256	0	84	0	0	142	16	0	0	0	14
1997	281	280	1	89	4	1	155	30	0	0	0	1
1998	370	367	3	131	0	0	185	0	0	0	0	51
1999	458	454	4	132	0	0	218	0	0	0	0	104
2000	321	319	2	92	5	0	189	31	0	1	1	0
2001	326	324	2	87	9	0	178	45	1	3	1	0
合计	4263	4181	82	1495	86	24	1997	303	58	10	2	206

注:2002年后按民商事案件分类表统计

二、经济案件

1991年起，县法院针对县、乡企业被拖欠货款多，导致企业生产经营困难的状况，竭诚为企业服务，千方百计帮助企业排忧解难，促进企业生产发展。1991—1995年，县法院受理经济纠纷案件356件，结案率97.8%，结案标的2023.57万元。

1997年，县法院设立经济纠纷调解中心，对事实清楚的经济纠纷案件，采取“即收、即立、即调、即执行”的方法进行调解。1996—2001年，县法院受理经济纠纷案件921件，结案911件，结案率98.9%，结案标的15625.58万元。

（一）经济合同纠纷案件

20世纪90年代初，随着经济体制改革不断深入，商品经济迅速发展，经济组织之间的经济往来和合作逐步扩大，经济合同纠纷也越来越多。县法院在审理经济案件中，严格依照《中华人民共和国经济合同法》等有关法律法规进行处理。采取“请进来，走出去”的方式，加强同企业的联系，为企业提供法律咨询服务，规范经济合同的签订和履行。1995年，通过走访县供销社、县化工厂等20家企业，受理购销合同纠纷案件25件，争议标的301万元，为企业追回欠款216万元。1991—2001年审结经济合同案件1005件。

（二）企业破产案件

县法院在审理企业破产案件中，坚持优胜劣汰原则，对符合破产条件的企业依法宣告破产，以推动优化组合，促进产业结构调整和资源的合理配置。同时针对企业实际情况，主动与政府、企业取得联系，做好企业职工的安置工作。1999年，瀚仙水泥厂因企业负债比例达1∶7.9，以致企业停产，根据债务人申请，企业主管部门批准，企业申请破产。县法院受理此案后，为使企业生产设备不至于闲置浪费，在不违反法律政策的前提下，进行大胆尝试，即经债权人同意，在企业破产期间将水泥厂整体财产以租赁形式招标出租，原有企业职工改变身份，重新订立劳动合同关系，使企业恢复生产，取得很好的社会效果，受到三明市委、三明市政府的充分肯定。

1999—2001 年，县法院受理 16 件企业破产或改制案件，进一步规范市场行为，维护市场秩序，激活了生产力，盘活企业资产，企业资产变现 1224 万元。

1991—2001 年明溪县经济纠纷一审案件情况

表 16-7 单位：件

年份	收案	结案	未结	购销合同	建筑工程承包合同	货物运输合同	企业内部承包合同	借款合同	其他	诉讼标的(万元)
1991	65	64	1	40	15	0	0	7	2	261.87
1992	63	61	2	29	4	0	7	—	21	338
1993	80	78	2	29	16	0	3	15	15	271
1994	70	68	2	25	15	0	3	21	4	701
1995	78	77	1	22	8	0	0	38	9	451.7
1996	136	135	1	31	2	1	9	81	11	1153.5
1997	250	249	1	65	4	0	4	127	49	1130.5
1998	185	183	2	19	0	0	0	83	81	2459.04
1999	162	160	2	32	4	2	23	70	29	2964.71
2000	130	128	2	49	0	破产案件 7	6	41	23	5352.66
2001	58	56	2	31	0	破产案件 6	0	9	10	2565.17
合计	1542	1492	50	489	90	17	59	501	336	18172.85

三、民商事审判

2002 年，县法院根据《福建省中级、基层人民法院和厦门海事法院机构改革意见》对法院内部机构设置进行调整，经济审判庭改设为民事审判第二庭。最高人民法院对统计表也统一规范口径，原民事、经济统计表进行重新分类。2002—2005 年，县法院共受理民商事案件 1773 件，结案 1699 件，结案率 95.8%，诉讼标的 8091 万元。

（一）婚姻家庭案件

2002—2005 年，县法院审理离婚、抚养、赡养、扶养、解除非法同居及家庭财产分割案件 476 件，结案 458 件。其中离婚案件 412 件，解除非法同居 13 件，抚养关系 25 件，赡养 4 件，收养 1 件，其他 6 件，审理标的126.02 万元。

（二）商事合同纠纷案件

2002—2005 年，县法院依照《中华人民共和国担保法》《中华人民共和国合同法》和金融法规的规定，维护金融债权安全，处理各种商事合同纠纷案件。4 年中，共依法受理各类商事合同纠纷案件 1104 件，审结 1066 件。其中，买卖合同 199 件，供电水合同 15 件，贷款合同 541 件，租赁合同 27 件，建工合同 18 件，承揽合同 8 件，经营合同 30 件，农村承包合同 5 件，劳动争议纠纷 14 件，劳务合同 48 件，其他类合同 151 件，诉讼标的 4956.52 万元。

（三）人身财产损害赔偿案件

2002—2005 年，县法院受理权属、侵权损害赔偿案件 193 件，结案 175 件。其中，企业破产案件 4 件，所有权权利纠纷 45 件，人身损害赔偿 78 件，其他人身权纠纷 25 件，不当得利 8 件，标的 3008.54 万元。

第三节 行政审判

1991 年，随着《行政诉讼法》的贯彻实施，行政机关申请人民法院强制执行的非诉案件，也由行政庭负责审查、执行。1993 年，加强与行政执法机关的联系，行政审判庭先后在土地、交通、公路、稽征、水电、卫生、林委、环保、林业养路段等 9 个行政机关建立行政执法联络室或执行室，定期联络、加强指导。1991—1995 年，行政审判庭受理并审结行政诉讼案件 28 件，年均 5.6 件；受理非诉行政案件 105 件，标的 35.5 万元。

1998 年 7 月，根据最高人民法院和三明市中级人民法院的通知撤销 12 个执法联络室和 2 个执行室。1999 年，积极开展《中华人民共和国行政处罚法》《中华人民共和国行政复议法》《中华人民共和国国家赔偿法》等法律法规的宣传。在审理行政诉讼案件过程中，邀请有关行政执法人员旁听案件审理，以案释法，扩大案件审理的社会效果。对依法维持或撤销的案件，认真向原、被告阐明维持或撤销的理由及法律依据，有力地支持和促进了行政机关依法认真履行职责，提高行政执法水平，推进“依法治县”进程。1996—2000 年，审结行政诉讼案件 28 件，与前 5 年（1991—1995 年）持平；审结非诉行政案件 394 件，比前 5 年（1991—1995 年）审结 105 件增加近 3 倍，审结标的达 112.12 万元。

2005 年，在审理原告与马某华、莆田市涵江对台贸易公司、福建省顺昌文华生物工程研究所不服明溪县人民政府行政复议一案中，县长亲自出庭应诉，旁听群众深受教育，有力促进“依法治县”的民主化进程。2001—2005 年，共审结行政诉讼案件 35 件，非诉行政案件 276 件，标的 74.8 万元。县法院受理的行政诉讼案件都能在当年结案，结案率均为 100%。

第四节 告诉、申诉与立案

一、信访

1991 年 11 月，县法院成立“告诉申诉审判庭”，统一受理人民群众的告诉、申诉，各种纠纷的立案审查及来信、来访接待及处理工作。1991—1995 年，告诉、申诉审判庭共处理群众来信 1389 件，接待群众来访 986 人次。

1998 年，创建“公正、文明窗口单位”，贯彻落实“便民、利民、爱民”原则，完善接待制度，及时做好息访、息诉工作。1996—2000 年，共处理群众来信 2632 件，接待群众来访 1253 人次。

2003 年，撤销告诉申诉审判庭，设立立案审判庭，强化原有的告诉、申诉、立案工作。2001—2005 年，共处理群众来信 1544 件，接待群众来访 1078 人次。

二、审查立案

1991 年，人民群众的告诉、申诉、各种纠纷的立案审查及来信、来访接待及处理工作统一由告诉申诉审判庭受理。1999 年，告诉申诉审判庭开始使用电脑对审判流程进行管理，实行案件立审分离，并对案件流程审限跟踪监督。2000 年 7 月起，在立案中广泛开展司法救济工作，对确实因为生活困难打官司交不起诉讼费的当事人，依法实行诉讼费的减、缓、免交费用。1996—2000 年，审查立案 2885 件。

2003 年，撤销告诉申诉审判庭，设立立案审判庭。将案件的立案审理及开庭时间一次性排期，输入“法院审判流程管理系统”公布于众，增强审判工作的透明度。2001—2005 年，共审查立案 3567 件，减、缓、免交诉讼费用达 92.31 万元。

三、调处简易纠纷

1991 年，县法院和雪峰、夏阳、盖洋人民法庭对于起诉到法院事实清楚，情节简单，权利义务明确，争议不大，经过调解即可解决的民事、经济纠纷和轻微刑事自诉案件，本着自愿、合法原则，在分清是非责任的基础上，依法进行调解，使双方当事人本着互谅互让精神达成和解协议，从而化解社会矛盾，促进社会稳定、和谐。县法院本着“公正与效率”的原则调处简易纠纷。1991—2005 年，县法院共调处简易纠纷 182 件，受理支付令 18 件，公示催告 3 件。

第五节　案件执行

1992 年 12 月，县法院执行庭成立，负责执行本院作为一审发生法律效力、具有给付内容的判决书、裁定书、调解书、民事制裁决定书及刑事判决书、裁定书中的财产部分；负责执行上级法院交办、指定执行的案件及外地法院委托、协助执行的案件等。1995 年，针对执行积案数量居高不下情况，加大执行工作的力度，由院长亲自抓，重点抓好大案的执行，将领导、力量、车辆、时间四集中，突出执行难点，强化执行措施。1993—1995 年，执行案件 696 件，标的 566.39 万元。

1998 年，开展“百日执行大会战”，曝光一批拒不履行法定义务的单位和个人，依照《中华人民共和国出入境管理办法》的规定，对“有未结民事案件”的被执行人，采取在其未履行债务前限制其出境，对拒不履行义务的债务人，依法采取司法拘留及查封扣押其动产和不动产等措施，公开拍卖、变卖等方式清偿债务。全年执行案件 331 件，标的 650 万元。

1999 年，深入开展“执行年”活动。全年受理执行案件 311 件（含旧存 26 件），执结 299 件，使执行积案由 1996 年底的 300 余件下降到 1999 年底的 12 件，呈历史最低水平，执结标的 1262.4 万元，执结率达 96.14%，超额完成市中院下达执结率 85%的硬任务。结合开展对中央 11 号文件精神的宣传，召开执行款兑现大会，兑现执行款 205 万元，为企业单位追回欠款 600 余万元。1996—2000 年，共执行案件 2002 件，执结标的 4478.5 万元。在执行中采取强制司法拘留 68 人次。2001 年，对历年中止案件 47 件恢复执行，并全部执结。2002 年，县法院创新执行方法，推行风险告知等制度。全年，经当事人双方同意变卖执行标的物而执结的案件 11 件，执结标的 900 余万元。

2005 年，规范执行工作，实行执行工作日志、执行合议、执行听证等方式强化执行。加强对拖欠劳动工资、赡养费、抚养费等直接影响贫困家庭基本生活的案件的执行力度。全年执行案件 382 件，执行标的 951.89 万元。

第六节　法院队伍建设

一、思想政治教育

20 世纪 90 年代初，组织干警学习党的十四大会议精神和党中央关于加强廉政建设、纠正行业不正之风的指示精神，从严治院，弘扬廉政、勤政的精神，促使全体干警掌握必要的经济、科技知识，提高队伍的政治素质和业务素质。坚决纠正办“关系案”、“人情案”、吃请受礼等不正之风，大力表彰好人好事，严肃查处违法乱纪行为。

1995 年，把造就一支“政治坚定、业务精通、廉洁奉公、严肃执法”的审判队伍放在工作首位，组织干警认真学习党的十四届四中、五中全会精神；学习孔繁森及法院系统的英雄模范事迹，树立全心全意为人民服务的宗旨；学习《中华人民共和国法官法》，对照中央政法委的“三个绝对禁止”（绝对禁止接受案件当事人请吃喝、送钱物；绝对禁止对告状求助群众采取冷漠、生硬、蛮横、推诿等官老爷态度；绝对禁止政法干警打人、骂人、刑讯逼供等违法乱纪行为）和省政法委的“七条禁令”（严禁接受当事人及其律师的宴请、钱物以及其他任何形式的财务支付；严禁向当事人及其律师借钱、借房，借用交通、通信工具等物品；严禁向当事人及其律师泄露合议庭评议、审判委员会讨论案件的具体情况和其他审判、执行工作秘密；严禁违反回避规定，审理与本案当事人及其律师有亲朋、同学、师生、同事等关系的案件；严禁参加由当事人及其律师出资的各种非公务活动；严禁为当事人推荐、介绍律师和为律师介绍代理、辩护等法律服务业务；严禁私自单独会见当事人及其律师）以及最高人民法院“八个不准”（不准主观臆断、不准徇情枉法、不准贪赃枉法、不准吃请受礼、不准索贿受贿、不准经商牟利、不准欺压群众、不准泄露机密）的规定，从思想、作风、纪律等方面对全院干警进行教育整顿，结合市委提出的开展“说办就办、说到做到”的活动，提高大局意识，做好法院工作。

1996 年，研究制定加强法院精神文明建设的 20 条意见，以司法公正文明为核心，倡导公正无私、依法办案、清正廉洁的职业道德；同时将《福建省人民法院审判活动忌语》及仪表、执法、服务形象的规范标准印发至每位干警手中，要求统一挂牌上岗，统一规范文明用语、文明办案。当年通过考核将 8 名书记员转为助理审判员。1999 年，开展“争创人民满意的好法院，争当人民满意的好法官”活动，全体干警掀起以人民满意为标准，认真学习大田县建设法庭促“双争”活动新高潮，制定《明溪法院竞聘部分中层干部实施方案》，实行竞争上岗。

2000 年，开展“三个代表”重要思想学习教育活动，从思想上解决“为谁掌权、为谁服务”的问题，树立起正确的权力观、地位观和利益观；开展“一教育三整顿”活动，出台《明溪法院关于处置被执行财产的暂行规定》，增强执行过程“阳光操作”的透明度，定期开展审判纪律作风整顿和执法检查活动。

2004 年，遵照最高人民法院制定《关于规范法官和律师相互关系维护司法公正的若干规定》，严格规范法官与律师的关系。要求法官严格执行公开审判制度和回避制度，严格依法办案，遵守职业道德准则，不得私自单方面会见当事人及其律师。要求法官尊重律师依法行使辩护权和代理权，共同维护司法公正。对 30%的中层干部和干警进行岗位轮换和调整，优化中层领导的年龄结构，一批政治素质高、业务能力强年轻法官成为审判第一线的骨干。

2005 年，在开展保持共产党员先进性教育活动和“规范司法行为，促进司法公正”专项整改活动中，通过查摆自身问题和征求意见，对查摆出的 5 个方面 31 个不规范问题认真研究，分析原因，制定整改方案并逐一抓好落实。如针对案件审理和执行不规范问题，审判委员会几经讨论，先后制定《案件流程管理办法》《执行案件流程管理办法》《民商事公告案件管理规定》等制度。同时，与泉州丰泽区法院开展精神文明共建活动，派出审判员到丰泽区法院协助办案，加强与兄弟法院的山海协作，促进了审判工作的交流。

二、业务教育培训

1991 年，按照最高人民法院《1991—1996 年全国法院干部教育培训规划》要求，对全体干部要求坚持边工作、边学习，不断补充和更新新知识，到 1996 年，已毕业的法律大专人数有 34 人，占全院人数的 70%，审判员具有法律大专人数有 25 人，占 81%，正、副院长 100%具有法律大专水平。1996 年，最高人民法院印发《1996—2000 年法院干部教育培训规划》，要求到 2000 年，在职审判人员要全部达到法律大专以上专业知识水平。对已具有法律大专学历、年龄 35 岁以下的审判人员，要有 30%在规划期间内完成大专起点的本科学历教育。2000年，审判人员全部达到法律大专文化程度或相当大专层次的法律（审判）专业证书。有8人参加大专起点的本科学历教育。鼓励全院干警参加各种培训学习，抓好干部教育的同时，严把进人关，坚持“凡进必考”的原则，公开招考，择优录用，不合格的坚决不要，使法院的思想政治水平和执法能力不断提高。

2000年10月，执行最高人民法院《法官培训条例》和《2001—2005年全国法院干部教育培训规划》，要求全体干警不断参加学历教育培训，在5年内将在职法官的学历条件从专科提升到本科，不仅给予时间安排学习，还给予适当的经济补助，积极鼓励干警参加学历教育和培训。按照法官每3年应轮训一次的要求，2000年10月下旬，聘请三明市中院的资深法官授课，开展为期一个月的干部培训，提前完成在2002年前每位干警必须轮训一个月的目标任务。

2002年7月，执行最高人民法院的《关于加强法官队伍职业化建设的若干意见》，加大法官教育培训力度。2003年，结合全市法院岗位练兵活动，组织全院审判员、书记员、法警开展庭审观摩、技能竞赛，通过岗位练兵和竞赛活动，全面提高法官队伍整体素质，营造“比学习、比成果、比奉献”的浓厚氛围。至2005年，县法院法律本科学历人员不仅实现零的突破，而且达到全院干警人数的86.2%，50周岁以下的审判人员法律本科率100%。

第七节 机构与管理

一、机构

1991年，县法院内设办公室，刑事、民事、经济、林业、行政审判庭，政工科及雪峰、夏阳、盖洋人民法庭，在编干警43人（不含林业庭4人），有审判员27人。1992年1月，新设“告诉申诉审判庭”，负责群众来信、来访工作，并分管民事、经济纠纷、刑事自诉案件的审查立案工作。同月撤销雪峰人民法庭，辖区案件归县法院直接受理。1992年7月，设执行庭，负责法院已发生法律效力裁判的执行工作。

1997年12月，按照《明溪县人民法院机关机构改革方案》要求，设立刑事、经济、民事、行政、少年案件、房地产、林业、告诉申诉审判庭，执行庭，司法警察大队，办公室，司法行政科、政工科等12个职能部门及盖洋、夏阳人民法庭等3个派出机构，机关行政编制54名（不含林业审判庭编制4名），机关工勤人员事业编制4名。在职干警47人（不含林业庭3人），有审判员36人。2000年3月，首次颁发法官证书，县人民法院有32名法官领到法官等级证书。

2003年，调整机关内设机构职能，撤销告诉申诉、经济审判庭、夏阳人民法庭，新设立案庭、民事审判第二庭、审判监督庭。按照《明溪县人民法院职能配置、内设机构和人员编制规定》要求，设立办公室，政治处，立案庭，刑事审判庭，少年审判庭，民事审判第一庭，民事审判第二庭，行政审判庭，林业审判庭，审判监督庭，执行局（挂执行庭牌子），司法行政装备管理科、监察室等12个职能部门和监察室；有司法警察大队等1个直属机构；有盖洋人民法庭1个派出机构。政法专项编制53名，事业编制4名。

2005年，设有办公室、政治处、立案庭、刑事审判庭、民事审判第一庭、民事审判第二庭、行政审判庭、林业审判庭、审判监督庭、执行局、司法行政装备管理科等职能部门监察室；有司法警察大队等1个直属机构；盖洋人民法庭1个派出机构。在编干警46人，工勤人员3名；其中法官29人（四级高级法官2人，一级法官8人，二级法官8人，三级法官11人），司法警察7人（二级警督1人、三级警督1人、一级警司1人、二级警司2人、三级警司2人）。

二、管理

（一）干部管理

1995 年 2 月,《中华人民共和国法官法》颁布，遵照该法，由县人民代表大会选举产生县法院院长，副院长、审判委员会委员、庭长、副庭长和审判员由县法院院长提请县人民代表大会常务委员会任免，助理审判员由县法院院长直接任免。同年 6 月，最高人民法院制定《初任审判员、助理审判员考试暂行办法》，县法院组织 12 人参加 12 月 10 日的全国第一次初任审判员、助理审判员统一考试，综合成绩名列全市法院前茅。

1999 年 7 月，中共中央组织部、中共中央政法委员会通知，“地方各级政法部门领导干部的管理，仍实行双重管理、以地方党委为主的管理体制。”“法院党组要积极协助地方党委做好下一级政法部门领导干部的培养、选拔、管理和领导班子的配备工作。”县法院党组认真履行职责，加强工作联系，互相尊重，紧密配合，做好法院干部管理工作。

1999 年 10 月，最高人民法院印发《人民法院五年改革纲要》强化审判组织职责，“实行合议庭负责制，强化合议庭和法官职责，推行法官担任审判长和独任审判员选任制度”。县法院实行部分中层干部竞争上岗和干警双向选择的人事制度改革，拓宽选人用人渠道，为优秀青年干部脱颖而出创造条件和机会，把法院审判管理、人事管理推向规范化、制度化轨道。

2000 年 8 月，最高人民法院在《关于加强人民法院基层建设的若干意见》中规定“完善基层人民法院人员录用和淘汰制度，贯彻“凡进必考”原则，严把进人关。在 2001 年 6 月公布修正的《中华人民共和国法官法》中更明确规定“初任法官采用严格考核的办法，按照德才兼备的标准，从通过国家统一司法考试取得资格，并且具备法官条件的人员中择优提出人选”。2002 年 7 月，最高人民法院下发《关于加强法官队伍职业化建设的若干意见》，规定“严格法官的职业准入。按照法官法规定的条件选任法官，规范法官选任程序，统一法官选任标准，从学历、任职资格等方面提高法官职业准入‘门槛’”。从此一改过去从行政机关、企业等岗位“选调、录用”配备法官的做法，法院补充法官人选必须严格实行“两考一培训”制度，即初任法官必须通过国家统一司法考试，并必须经过高级人民法院组织的统一测试、考核，从通过国家统一司法考试取得任职资格的人员中择优遴选。被录用的人员在被任命法官职务前，必须接受培训，培训合格才能任命为法官。

2003 年 7 月，县法院政工科升格设置为政治处，依照《中华人民共和国法官法》和《人民法院奖惩暂行办法》等规定开展队伍建设活动和法院干部管理工作。

（二）审判工作管理

1991 年,为了强化审判监督管理机制，实行立案与审理分开的原则，县法院于 11 月 15 日设置“告诉申诉审判庭”，由单纯信访工作职能向审查起诉和处理申诉职能扩展。1992 年 12 月，成立执行庭，有效改变以往审判与执行合一的做法，采取阶段性集中执行与日常执行相结合的做法，提高执行效率。1993 年，省高级人民法院经过一阶段的试点后，确定审判方式改革的目标：以公开审判为重心，强化庭审功能，强化当事人举证责任，强化合议庭、独任审判员的职责，变纠问式庭审为辩论式庭审的新审判方式。县法院在审判工作中不断学习、实践，逐步向新审判方式转变。

1994 年,改进民事审判方式，提高审判人员“直接开庭”意识。至 1995 年，受理的民事、经济、行政案件直接开庭率均达到 90%以上。在庭审方式上，全面推行诉辩式庭审方式，强化庭审功能，提高办案效率。做到证据在法庭上调查，是非在法庭上辩明，责任在法庭上分清，让胜诉者赢得堂堂正正，败诉者输得明明白白，旁听者听得清清楚楚，真正使法庭成为最讲理、最公正、最权威的地方。

1997 年，法院受理的案件数量增加，案件类型和诉讼内容更加复杂多样，审判任务也更加繁重。县法院推行诉辩式庭审方式，强化庭审功能，提高办案效率。对事实清楚的经济纠纷案件，采取“即收、即立、即调、即结、即执行”的方法，充分体现快节奏、高效率。案件执行一律由执行庭归口管理，切实落实“审执分离”原则，防止和避免因审执不分，多头执行而导致“执行乱”和“乱执行”。

1998年，强化合议庭和独任审判员的职责，试行主审法官授权制，实行案件全过程的跟踪管理和办案流程制度。实现民事、经济、行政案件庭审从“纠问式”向“诉辩式”庭审方式转变；刑事案件庭审从“讯问式”向“控辩式”庭审方式转变。

1999年10月，实行院长、副院长听审、议审制，除负责本院、审判庭的行政管理事务外，还通过参加合议庭担任审判长审理案件，履行作为一名人民法官的职责。在推行审判长（执行长）和独任审判员选任工作中推选2名审判长和1名执行长。为充分发挥审判委员会作为法院内部最高审判组织的作用，贯彻直接审判原则，逐步做到审判委员会只讨论合议庭提请院长提交的少数重大、疑难、复杂案件的法律适用问题，案件事实的认定由合议庭负责。审判委员会加强对审判工作经验的总结，对带根本性和全局性问题进行研究，作出权威性的指导。全面落实“立审分立、审执分立、审监分立”三个分立原则，维护司法公正。

2000年，贯彻执行最高人民法院《关于对经济确有困难的当事人予以司法救助的规定》对涉及老、弱、病、残、下岗职工及追索劳动报酬等诉讼案件，实行减、免、缓交诉讼费用，使其能够正常诉讼。2001年依法对经济确有困难的当事人实行减、免、缓交诉讼费案件34件，金额24.89万元，体现审判机关对弱势群体的救济职能，维护社会公平与正义。

2002年，围绕“公正与效率”工作主题，把依法打击犯罪、维护社会治安、确保社会稳定作为首要任务，把司法为民的要求落实到审判工作中去。对公诉案件做到当天送达起诉状副本，当天排期开庭，实现案件快立、快审、快结。依法审理民商事案件，促进经济发展、化解商事纠纷、依法规范市场行为、维护市场主体公平竞争。在行政审判中切实保护公民、法人和其他组织的诉权，只要符合受案范围，做到有案必立，有立必审；并依法维护行政管理秩序，促进“依法治县”进程。

2003年，在刑事案件审判中开展庭前证据展示，对被告人认罪的案件，实行普通程序简易化审理，当年适用简易化审结的案件占刑事案件的68%。民商事案件审判中继续加大案件繁简分流力度，对重大、复杂的案件实行庭前证据交换，提高当庭认证率与当庭宣判率。全年适用简易程序审理案件率达83.2%，适用调解结案率达46.2%。

2004年，根据《全省法院案件质量与效率评估考核办法》规定，对审判和执行工作实行量化考核，建立“上诉抗诉率、申诉上访率、改判发回率、案件未结率、审限内结案率、调解撤诉率、执行率、执行到位率、人均结案率、已结案件归档率”为内容的“十率”考核机制，采取每半月“通报一次”、“督办一次”、“评比一次”的做法。认真抓好“十率”工作，从而缩短办案时间，增强审判人员的责任意识，提高审判质量和效率。同时健全案件评查制度，全年评查各类案件200余件，各类裁判文书80余份，组织庭审观摩60余次，提高案件质量和裁判文书制作水平。按照省高级人民法院出台的司法为民28项措施，结合法院工作实际抓落实，在立案窗口完善预约立案、回访等服务措施，免费提供33种诉讼指南资料，10种模拟诉讼文书格式供当事人参考，结合新办公楼结构特点设立导诉人员，引导当事人诉讼。

2005年4月，根据《全国人民代表大会常务委员会关于完善人民陪审员制度的决定》，经县十四届人大常委会第十次会议通过选任10人任明溪县人民法院人民陪审员，并由市中院对即将上岗的人民陪审员进行岗前培训，两次邀请人民陪审员参加庭审观摩活动。2005年，人民陪审员参与审结各类案件18件。

（三）档案管理

1991年1月，县法院成立综合档案室，实行集中统一保管档案。制定《明溪县人民法院档案管理暂行规定》《明溪县法院文书档案立卷归档管理制度》《明溪县法院诉讼档案归档制度》及《明溪县法院文件材料归档和不归档的范围》等规定。根据《机关档案工作业务建设规范》精神，制定《诉讼文书立卷归档办法》《库房管理制度》《档案借阅制度》《档案保密保卫制度》《档案员岗位责任制》等一系列制度。同年被三明市档案局评为“机关档案管理一级单位”。

1992年3月，举办档案工作培训班，各庭、科、室的内勤人员、书记员等14人参加档案收集、管理知识培训。同年，县法院综合档案室被三明市人民政府评为“档案管理省级先进达标单位”。1995年3月，县法院档案管理员黄丽月被三明市人民政府为授予“三明市1991-1994年度先进档案工作者”称号。

1996年，购置12组60个铁质档案柜，调整扩大了库房。按照省高级人民法院制定的《人民法院档案管理办法》《人民法院诉讼文书立卷归档办法》等规定，进一步加大对档案质量规范化、标准化管理的力度，为审判工作和其他工作服务。

1999年，淘汰木质档案柜，购置3组8列档案密集架，为档案管理规范化、标准化创造条件。档案室收集、整理自1951年至1999年度立卷10822卷，其中文书档案366卷，会计档案273卷，诉讼档案10178卷，基建档案3卷，声像档案2卷。有档案库房45平方米，阅档室1间及电脑、复印机等办公设备，切实解决了档案机构、人员、经费、库房等问题。建立健全一系列档案管理制度，对县法院各门类的档案实现集中统一管理。2000年，县法院综合档案室被省档案局评为“省级先进档案室”。2004年6月，进入新址办公，综合档案室、阅档室、办公室扩充近150平方米。

2005年，综合档案室立卷档案16335卷，诉讼档案14596卷，行政文书601卷，法医档案349卷，会计档案786卷，基建档案3卷。

第四章　司法行政

第一节　普法与依法治县

1991—1995年，为“二五”普法规划实施阶段。县委、县人大、县政府先后分别作出有关“二五”普法规划和依法治县的决定、决议、方案等文件。把法制宣传和依法治县工作有机地结合起来。1992年，全县召开纪念“宪法”颁布十周年座谈会和报告会，有各级领导干部450人参加。1993年，县人事局与司法局联合举办一期大中专毕业生岗前法制培训班，有86人参训。1995年，通过三明市考评验收，“二五”普法完成。在整个“二五”普法规划期间，主要组织学习宣传《邓小平论民主法制建设》和《学习〈邓小平论民主法制建设〉讲话》两本书以及宪法、刑法、刑事诉讼法、民法、民事诉讼法、行政诉讼法、国家赔偿法、劳动法、审计法、税法等60多部法律法规。全县共举办普法培训班143期，上法制课21场，法制讲座13场，座谈会9场，法制竞赛5场，报告会2场，购买法律书籍1200册，宣传案例10例，录像宣传97场次，标语1804条，专栏243期，宣传车58辆次，幻灯45场次，宣传提纲450份，开办法制宣传广播讲座40讲，受教育人数占全县总人口数的75%，约8万人。

1996—2000年，“三五”普法以《中华人民共和国宪法》、国家基本法律和社会主义市场经济知识为主要内容，着重抓好社会主义市场经济法律知识的普及。1996年，县委、县人大、县政府分别制定或通过“三五”普法和依法治县工作决定、决议、规划、实施方案等文件，印发各种宣传材料9500份，征订《社会主义市场经济法律法规汇编》2000套册，举办各种类型的法律知识竞赛12场次，受教育人数达8万人以上。1997年9月，召开全县刑释解教人员安置帮教工作会议，审议通过《明溪县刑释解教人员安置帮教工作实施方案》；同年11月，为开展农村社会治安整治工作，在沙溪乡举办一期“两劳”释放劣迹人员法律培训班，沙溪乡“两劳”释放劣迹人员23人参加，县司法局“两劳”科、绿都律师所等有关同志到场指导、授课。全年全县共举办普法培训班62期，受训人员达6500人次，上法制课20场，报告会20场3200人次，举办法制讲座12场，召开座谈会30场1516人次，举办法律知识竞赛15场1280人次，张贴标语1100条，悬挂横幅13条，出法制专栏245期，宣传车、踩街26辆次2452人次，利用电影放幻灯30场次，放映法制录像210场次，编写“严打”典型案例13个，购买刑法书籍521册，征订《学法律、讲道德》书籍17481册，印发《劳动合同管理规定》1500份，印发普法宣传材料2500份。1998年7月，县委召开七届九次全体（扩大）会议，第一次由会议审议通过《中共明溪县委关于依法治县的决定》，是年10月，明溪县人大第二届人民代表大会常务委员会第37次会议，通过《明溪县人民代表大会常务委员会关于依法治县的决议》和县政府《依法治县行政规划》，调整了依法治县领导小组及其办事机构和普法领导小组，县文明办、司法局、烟草局联合编印《村规民约汇编》免费发放全县村民。1999—2000年，开展以《宪法修正案》为重点的普法宣传教育活动，印发《宪法修正案》知识宣传提纲1600份，印发《宪法修正案》百题知识测试试卷3000份，编发《明溪县公民常用法律知识读本》6000册，参加“三五”普法测试3200人，平均成绩98.5分。

2001—2005年，“四五”普法以实现“两个转变，两个提高”为目标，通过以点带面，推进普法依法治理工作，实现由提高全民法律意识向提高全民法律素质的转变，实现由注重依靠行政手段管理向注重运用法律手段管理的转变，全面提高全体公民特别是各级领导干部的法律素质，全面提高社会法治化管理水平。结合开展“平安明溪”“民主法治示范村”创建工作，先后制定实施领导干部、公务员、青少年学生、流动人口、企业经营管理人员学法用法工作意见。2001年，县委、县政府批转《县委宣传部、县司法局关于在全县公民中开展法制宣传教育第四个五年规划》，县依法治县领导小组召开“三五”普法总结表彰暨“四五”普法动员部署大会，表彰30个“三五”普法先进集体、60个先进个人，对“四五”普法工作进行了全面部署；是年12月4日，全县开展首届法律宣传日活动，普法规划把宪法实施日（即12月4日）作为每年的法制宣传日。首届法律宣传日，全县有24个政法、执法部门的300多名干部参加，宣传各部门、系统法律知识，接受群众法律咨询。2002年，县委宣传部、县司法局、县人事局联合制定下发《加强公务员学法用法依法行政培训实施意见》，要求领导干部、公务员集中学法培训每年不少于40学时；是年7月建立县法制宣讲团，有宣讲团员25人，全年举办普法培训24期，受训人员达2232人次，上法制课14场、报告会4场，有2000多人次参加，出法制专栏105期，张贴标语1000条，出动普法宣传车48辆，播放法制宣传录像32场，受教育人数5000多人次。2003年，制定《关于进一步加强青少年学生法制宣传教育的意见》，要求各学校每周均要安排法制教学课。2004—2005年，结合开展创建“平安明溪”，构建和谐社会，开展创建“民主法治示范村”活动，城关乡上坊村、沙溪乡梓口坊村、瀚仙镇石珩村分别被省政府授予第一批、第二批省级“民主法制示范村”；瀚仙镇石珩村、王陂村，沙溪乡沙溪村，胡坊镇胡坊村，盖洋镇杨地村，夏阳乡夏阳村分别被授予第一批、第二批市级“民主法治示范村”。2005年4—5月，分别组织开展全县领导干部、公务员、教师行政许可法测试和全县中小学法律知识测试，共有610名副科级以上领导干部、726名公务员、1203名教师、102名企（事）单位管理人员参加。7月，组织全县610名副科级以上领导干部参加全市领导干部法律知识测试。6—7月，对全县“四五”普法情况进行检查，先后共抽查60多个部门、乡镇、学校、村居、企业。8月，市检查组对县“四五”普法工作进行检查验收，获得好评。“四五”普法期间，全县先后建立青少年法制教育基地、公务员法制培训基地、干部法制教育基地、预防职务犯罪基地等四个基地，建立普法讲师团1支，25人；县级普法联络员1支，47人；各部门、乡镇、村三级普法队伍1000多人；领导干部、公务员、青少年学生普法率达100%，企业经营管理人员普法率达88%，流动人口普法率达75%，农村普法率达85%，受教育人数达8万多人次。

第二节　人民调解

1991年，全县推行“调解主任职责”、“调委会性质和任务”、“调委会工作制度”，使基层调解组织做到“组织、制度、工作、报酬”四落实。全县有调解主任118人，查排信息员517人。调委会一类组织达85%以上，二类组织在15%以下。胡坊镇率先成立“防止民间纠纷激化基金会”，城关乡设立试点推行调委会主任人身保险制度，枫溪乡建立健全乡、村、自然村、农户　四条防止民间纠纷激化的防线，实现连续7年无民转刑，全县75%的村实现“四无”村，即无民转刑案件、无因民间纠纷引起的非正常死亡、无因民间纠纷引起的群体性械斗和上访。全县全年举办培训班31期，共调处各类民间纠纷537件，调解率100%，调解成功率98%，防止民间纠纷激化133件，防止非正常死亡24件17人。1994年，与清流监狱和清流县林畲乡建立边界联防联调。1998年，全县建立三级查排、完善人民调解工作网络。全县公开招聘6名司法助理员充实到乡镇，确保每个乡镇配备1名司法助理员。当年调处各类民间纠纷418件，调解率100%，调处成功率98.6%，防止非正常死亡6件8人，防止民转刑15件25人。

2000年，在全县9个乡镇建立“矛盾纠纷调解中心”，加强矛盾纠纷排查、调处和信息反馈，共组织矛盾纠纷排查27次，排查出各类矛盾纠纷69件，及时有效调处化解51件。各级调解组织受理矛盾纠纷332件，成功调处330件，调解率100%，调解成功率99%，防止非正常死亡1件1人，防止民转刑1件1人，防止群体性械斗1起。2003年，县委办、县政府办联合下发《关于进一步加强新时期人民调解工作的实施意见》，加强规范化调委会建设，全县50%的调委会达到要求，并建立农村稳定形势预测评估制度，加强纠纷预测和评估及调处能力。当年排查出各类民间纠纷245件，成功调处242件，调解率达100%，调解成功率达98.78%，制止群体性械斗2起，防止非正常死亡3起，防止民转刑案件4起，劝阻群体性上访1件8人。2005年，调处各类矛盾纠纷254起，成功调处251起，调解率达100%，调解成功率达98.8%。

1991—2005年明溪县民间纠纷调处情况

表16-8　　单位：件、人

年份	调处件数(间)	调解率(%)	调解成功率(%)	防止民转刑案件(件)	防止非正常死亡案件	
					件	人
1991	537	100	98	4	24	17
1992	255	100	98	4	0	29
1993	85	100	97.6	9	0	6
1994	595	100	96.2	12	4	6
1995	860	100	99	16	10	11
1996	611	100	99.6	5	4	6
1997	453	100	99.5	13	6	11
1998	418	100	99.6	15	6	8
1999	343	100	98	7	1	1
2000	332	100	99	1	1	1
2001	481	100	99	2	0	0
2002	418	100	99	0	0	0

续表 16-8

年份	调处件数(间)	调解率(%)	调解成功率(%)	防止民转刑案件(件)	防止非正常死亡案件	
					件	人
2003	245	100	98.78	4	2	3
2004	286	100	97	0	0	0
2005	254	100	98.8	0	0	0

第三节 法律服务

一、基层法律服务

1991 年，9 个乡镇法律服务站与公证联络站实行两块牌子一套人马。1991—1992 年，全县法律服务站共担任法律顾问 101 家，协办公证 1356 件，民事代理 54 件，其中诉讼代理 23 件，非诉代理 31 件，代写各类法律文书 148 份，法律咨询 2318 人次，为公民和法人避免和挽回经济损失 97 万元。1993 年 5 月，法律服务站和公证联络站合并为法律服务所。全年担任法律顾问 74 家，协办公证 13 件，民事代理 63 件，其中诉讼代理 44 件、非诉讼代理 19 件，代写各类法律文书 125 份，法律咨询 678 人次，避免和挽回经济损失 10.44 万元。1994—1995 年，担任法律顾问 56 家，民事诉讼代理 32 件，非诉讼代理 35 件，协办联络公证 29 件，直接调处经济纠纷 86 件，解答法律咨询 72 人次，为公民和法人避免和挽回经济损失 16.81 万元。1996 年，承担法律顾问 57 家，协办公证 26 件，民事代理 61 件，代写各类法律文书 126 份，解答法律咨询 801 人次，为公民和法人避免和挽回经济损失 122.5 万元。1997 年，承担法律顾问 78 家，协办公证 9 件，民事代理 144 件，其中诉讼代理 77 件，非诉讼代理 67 件，代写各类法律文书 190 份，解答法律咨询 975 人次，为公民和法人避免和挽回经济损失 179.54 万元。1998 年，承担法律顾问 56 家，协办公证 21 件，民事办理 198 件、其中诉讼代理 162 件，非诉讼案件 36 件，调解民间纠纷 424 件，代写各类法律文书 254 份、法律咨询 613 人次、挽回经济损失 100 万元。1999 年，承担法律顾问 26 家，协办公证 19 件，民事代理 36 件，非诉讼代理 44 件，代书 84 份，法律咨询 875 人次，为公民和法人避免和挽回经济损失 171.4 万元。

2000 年 3 月，撤销 9 个乡镇法律服务所，另成立 6 个法律事务所，注册 36 名基层法律服务工作者。当年担任法律顾问 28 家，协办公证 17 件，诉讼代理 72 件，非诉讼代理 23 件，代写各类法律文书 129 份，解答法律咨询 526 人次，为公民、法人避免和挽回经济损失 92 万元。2001 年，担任法律顾问 24 家，协办公证 20 件，诉讼代理 34 件，非诉讼代理 25 件，代写各类法律文书 66 份，解答法律咨询 685 人次，为公民、法人避免和挽回经济损失 57.48 万元。2002 年，全县年检注册法律事务所 6 个，法律工作者 26 人，共承担法律顾问 22 家，协办公证 18 件，民事代理 47 件，其中诉讼代理 21 件，非诉讼代理 26 件，调解民间纠纷 453 件，代写各类法律文书 51 份，解答法律咨询 1956 人次，为公民、法人避免和挽回经济损失 61.8 万元。

2003 年 5 月，撤销 6 个法律事务所，另设立“明溪县法律服务中心”，注册法律工作者 22 人，当年担任法律顾问 15 家，诉讼代理 27 件，非诉讼代理 43 件，协办公证 21 件，代写各类法律文书 72 件，解答法律咨询 1220 人次，为公民、法人避免和挽回经济损失 20 万元。2004 年，共担任法律顾问 14 家，诉讼代理 20 件，非诉讼代理 33 件，协办公证 20 件，代写各类法律文书 52 件，解答法律咨询 1020 人次，为公民、法人避免和挽回经济损失 18 万元。2005 年，共担任法律顾问 13 家，诉讼代理 22 件，非诉讼代理 32 件，协办公证 23 件，代写各类法律文书 50 件，解答法律咨询 1320 人次，为公民、法人避免和挽回经济损失 19 万元。

1991—2005 年明溪县乡(镇)法律事务所业务情况

表 16-9

<table>
<tr><th rowspan="2">年份</th><th rowspan="2">协办公证(件)</th><th colspan="2">民事代理(件)</th><th rowspan="2">代写各类文书(件)</th><th rowspan="2">接访法律咨询(人次)</th><th rowspan="2">为公民和法人挽回经济损失(万元)</th><th rowspan="2">受聘担任法律顾问</th></tr>
<tr><th>诉讼代理</th><th>非诉讼代理</th></tr>
<tr><td>1991</td><td rowspan="2">1356</td><td rowspan="2">23</td><td rowspan="2">31</td><td rowspan="2">148</td><td rowspan="2">2318</td><td rowspan="2">97</td><td rowspan="2">101</td></tr>
<tr><td>1992</td></tr>
<tr><td>1993</td><td>13</td><td>44</td><td>19</td><td>125</td><td>678</td><td>10.44</td><td>74</td></tr>
<tr><td>1994</td><td rowspan="2">29</td><td rowspan="2">32</td><td rowspan="2">35</td><td rowspan="2">123</td><td rowspan="2">72</td><td rowspan="2">16.81</td><td rowspan="2">56</td></tr>
<tr><td>1995</td></tr>
<tr><td>1996</td><td>26</td><td colspan="2">61(合)</td><td>126</td><td>801</td><td>122.5</td><td>57</td></tr>
<tr><td>1997</td><td>9</td><td>77</td><td>67</td><td>190</td><td>975</td><td>179.54</td><td>78</td></tr>
<tr><td>1998</td><td>21</td><td>162</td><td>36</td><td>254</td><td>613</td><td>132.6</td><td>56</td></tr>
<tr><td>1999</td><td>19</td><td>8</td><td>36</td><td>84</td><td>875</td><td>171.4</td><td>26</td></tr>
<tr><td>2000</td><td>17</td><td>72</td><td>23</td><td>129</td><td>526</td><td>92</td><td>28</td></tr>
<tr><td>2001</td><td>20</td><td>34</td><td>25</td><td>66</td><td>685</td><td>57.48</td><td>24</td></tr>
<tr><td>2002</td><td>18</td><td>21</td><td>26</td><td>51</td><td>1956</td><td>61.8</td><td>22</td></tr>
<tr><td>2003</td><td>21</td><td>27</td><td>43</td><td>72</td><td>1220</td><td>20</td><td>15</td></tr>
<tr><td>2004</td><td>15</td><td>23</td><td>33</td><td>67</td><td>1131</td><td>22</td><td>19</td></tr>
<tr><td>2005</td><td>13</td><td>32</td><td>35</td><td>85</td><td>1455</td><td>30</td><td>25</td></tr>
</table>

二、法律援助中心

1999 年，成立县法律援助中心，管理全县法律援助工作。当年受理法律援助案件 12 件，为公民、法人避免和挽回经济损失 55 万元。2000 年，解答法律咨询 2021 人次，代写各类法律文书 26 件，民事代理 36 件，刑事辩护 5 件，非诉讼代理 16 件，为公民、法人避免和挽回经济损失 70 余万元。2001 年，解答法律咨询 1321 人次，代写各类法律文书 40 件，民事代理 30 件，刑事辩护 9 件，非诉讼代理 26 件，为公民、法人避免和挽回经济损失 30 余万元。2002 年，在县总工会、县残联、妇联、团县委建立法律援助工作站，加强法律援助工作。当年解答法律咨询 3331 人次，代写各类法律文书 56 件，民事代理 26 件，刑事辩护 8 件，非诉讼代理 32 件，为公民、法人避免和挽回经济损失 60 余万元。2003 年，解答法律咨询 2321 人次，代写各类法律文书 46 件，民事代理 36 件，刑事辩护 9 件，非诉讼代理 36 件，为公民、法人避免和挽回经济损失 50 余万元。2004 年，接待解答法律咨询 1551 人次，办理各类法律援助案件 61 件，为受援群众挽回经济损失近 40 余万元。2005 年，坚持统一受案、统一审查、统一指派、统一监督的原则，确保法律援助案件规范化运作，全年共受理法律援助案件 61 件，接待来访群众 856 人（次）。

【案例】 2002 年 1 月 11 日，贵州人周某某（残疾）携妻子罗某某到县沙溪乡梓口坊一乌油厂打工。同年 5 月，乌油厂拖欠周某某工资 1700 余元，同月底的一天，周某某与乌油厂老板张某某因拖欠工资一事发生争执，被张某某打伤，沙溪乡公安派出所及时处理此案，并对张某某处以罚款。张某某称要扣周某某 500 元以折抵罚款和损失。6 月 4 日下午，罗某某到县法律援助中心请求法律援助，帮助讨回被拖欠的工资并要求张某某赔偿被打伤所花费的医疗费。县法律援助中心受理后，当即通过电话指派沙溪乡司法办调查该案真实情况，并同时详细解答有关法律问题。沙溪乡司法办人员当日赶往梓口坊张某某乌油厂调查了解情况，并做详细记录。次日，县法律援助中心在沙溪乡司法办配合下，组织双方核对账簿，并主持调解，解决他们之间的纠纷，促使双方和好，有效维护了外来打者周某某的合法权益，促进社会稳定。

三、“148”法律服务专线

1999年，开通“2860148”法律服务专线，方便群众法律咨询。当年接受电话咨询96次，接待来访156人次，受委托办理法律事务33件，解决纠纷38件，移送有关部门处理11件，发宣传材料1568份，上街开展义务法律宣传和咨询25次，为公民、法人避免和挽回经济损失36万元。2000年，接受电话咨询292次，接受来访72人次，受托办理法律事务127件，其中律师所承办23件，公证处承办18件，基层法律事务所承办42件，提供上门服务16件，提供法律援助7件，解决纠纷42件，移送有关部门处理9件，为公民、法人避免和挽回经济损失52万元。2001年，接受电话咨询1139次，接待来访587人次，受托办理法律事务59件，其中律师所承办4件，公证处承办8件，基层法律事务所承办47件，提供上门服务128件，提供法律援助9件，解决纠纷196件，向党政领导提供信息36条，防止群体性械斗4起17人，防止民转刑2件10人，为公民、法人避免和挽回经济损失37.39万元。2002年，接受电话咨询947次，接待来访724人次，受托办理法律事务40件，其中公证处承办2件、律师所承办4件，基层法律服务所承办34件，提供上门服务145件，提供法律援助13件，解决纠纷233件，向党政领导提供信息45条，为公民、法人避免和挽回经济损失88.11万元。2003年，法律服务专线号码改为“12348”，当年接受电话咨询584次，接待来访533人次，受托办理法律事务41件，其中律师所承办1件，基层法律服务所承办40件，提供上门服务50次，提供法律援助3件，解决纠纷156件，向党政领导提供信息7条，为公民、法人避免和挽回经济损失50万元。2004年，接待解答法律咨询1051人次，办理各类法律事务和案件71件，为群众挽回经济损失近30余万元。2005年，接待来访群众1056人（次），受理法律事务和案件51件，为群众挽回经济损失近80余万元。

第四节 安置帮教

1991年，县成立刑满释放、解除劳教人员安置帮教领导小组并开展帮教工作。至1992年，成立帮教小组241个，帮教对象981个。1993年设立劳改劳教管理科，对全县帮教工作进行管理和指导。各乡镇、村依托司法办和村调解组织成立帮教领导小组和帮教小组，对刑满释放解除劳教人员和劣迹青少年及时进行帮教。1993—1997年，成立帮教小组240个，对988名劣迹青少年及刑满释放和解除劳教人员进行帮教。1998年开始，着重对三年内刑满释放和解教人员进行摸底排查和帮教。1998—2000年，全县成立帮教小组167个，帮教人员715人，通过帮教引导扶持自谋职业47人，返乡务农79人。2001年，全县开展刑满释放和解除劳教人员排查，经排查1998年以来，全县有刑满释放人员248人，解除劳教人员52人。当年帮教306名，明显好转的156人，未再发生劣迹行为的138人，帮教有效率达95.1%，回农村安置198人，自谋职业108人，重新违法犯罪12人，重新违法犯罪率控制在4%以下。2002年，继续做好刑释解教人员调查摸底工作，进行动态管理，全县共有帮教对象226名，帮教人员472人，1999—2001年三年刑释解教人员224人（其中刑释190人、解教34人），重新犯罪8人，重新犯罪率3.57%。2003年，开展全县“两劳”回归人员排查，经查全县共有帮教对象348名，其中刑满释放人员300人，解除劳教人员48人，重新违法犯罪15人，重新违法犯罪率始终控制在4%的目标以下，当年有“两劳”回归人员42人。2004年，安置刑释解教人员124名，帮教有效率达96%，重新违法犯罪率控制在4%的目标以下。2005年，开展走访帮教和排查清理工作，建立和完善各种帮教制度，强化工作措施，树立各种勤劳致富的典型户，做到不失控，不脱管，底子清，去向明。全县在管刑释解教人员278人，其中本年度新接收刑释解教人员31人，重新违法犯罪5人，重新违法犯罪率1.8%。

安置工作以回原住地安置为主，鼓励其自谋职业。原籍为农村的，回农村安置；自谋职业的，给予提供帮助，1991—2005年，全县安置率均达99%。2005年5月，在城关乡上坊村果林场创建明溪县第一个“两劳”安置帮教过渡基地。同年过渡安置17人。

第五节　律师事务

1991年，全县有律师7人，其中专职律师5人。全年由律师担任法律顾问121家，办理刑事辩护36件，民事代理35件，经济代理11件，行政案件3件，非诉讼案件41件，代写各类法律文书215份，法律咨询4100余人。1994年5月，县内首家合伙制律师事务所（明溪县大地律师事务所）成立。1994年，全县律师事务所共担任法律顾问146家，办理刑事辩护38件，民事代理86件，经济代理57件，非诉代理67件，代写各类法律文书150份，法律见证21份，为顾问单位及时查排34次，参与企事业单位决策56起，解答法律咨询2478人次，为公民和法人避免和挽回经济损失348.38万元。1995年11月，明溪县大地律师事务所改称三明大地律师事务所，明溪县律师事务所改称三明绿都律师事务所。全年两所共担任法律顾问87家，办理刑事辩护29件，民事代理67件，经济代理121件，非诉讼代理63件，行政诉讼代理11件，代书171份，法律咨询310人次，为公民、法人避免和挽回经济损失913.67万元。2000年，三明绿都律师事务所与三明大地律师事务所合并为福建归化律师事务所。全县有律师6人，其中专职律师4人。全年，担任法律顾问97家，办理刑事辩护111件，民事办理397件，经济代理296件，行政案件56件，非诉代理195件，代写各类法律文书1825份，提供法律咨询5176人次，为公民、法人避免和挽回经济损失1000多万元。2002年，担任法律顾问49家，承办各类案件158件，其中刑事辩护28件、民事办理81件、经济代理33件、行政案件4件、非诉讼案件12件，代写各类法律文书136份、解答法律咨询1360人次，为公民、法人避免和挽回经济损失348多万元。2005年，全县有律师7人，其中专职律师5人。担任单位常年法律顾问39家，办理各类案件170件，为公民、法人避免和挽回经济损失583多万元。

1991—2005年明溪县律师事务所业务情况

表16-10

年份	受聘担任法律顾问（家）	承接各类案件(件)					代写各类文书（件）	接访法律咨询（人次）	为公民和法人挽回经济损失（万元）	收费（万元）
		刑事辩护	民事代理	经济代理	行政案件	非诉讼案件				
1991	121	36	35	11	3	41	215	4100	103	2.51
1992	30	29	27	34	2	8	78	357	130	5.12
1993	24	10	31	19	1	4	27	180	30	1.86
1994	146	38	86	57	0	67	150	2478	348.38	12.36
1995	87	29	67	121	11	63	171	310	613.67	14.26
1996	101	56	65	113	17	396	298	1960	6988.9	15.13
1997	105	30	48	63	8	164	1253	1954	786	19.65
1998	107	35	70	75	0	242	829	2799	3064.6	27.14
1999	67	46	100	64	1	51	276	1605	1440	26.82
2000	97	111	397	296	56	195	1825	5176	1000	27.35
2001	46	25	85	31	19	14	151	674	201	22.63

续表 16-10

年份	受聘担任法律顾问(家)	承接各类案件(件)					代写各类文书(件)	接访法律咨询(人次)	为公民和法人挽回经济损失(万元)	收费(万元)
		刑事辩护	民事代理	经济代理	行政案件	非诉讼案件				
2002	49	28	81	33	4	15	136	1360	348	36.94
2003	52	14	69	22	1	5	132	132	553	27.3
2004	41	21	95	20	0	7	127	709	579	32.48
2005	39	31	125	6	1	7	105	298	583	38.12

第六节　公　证

1991 年，办理各类公证 646 件，其中国内公证 368 件、涉外公证 278 件。1992 年，办理各类公证 1632 件，其中国内公证 1514 件、涉外公证 106 件、涉台 12 件，提出司法建议 11 件，被采纳 4 件，拒绝公证 3 件，制止不法经济活动 3 件，咨询 1128 人次，避免和挽回经济损失 18 万元，收费 2.63 万元。1993 年，办理各类公证 414 件，其中国内公证 222 件、涉外 157 件、涉台 18 件、涉港澳 17 件，提出司法建议 16 件，被采纳 16 件，制止不法经济活动 1 件，避免和挽回经济损失 26 万元，收费 2.29 万元。1994 年，办理各类公证 315 件，其中国内公证 169 件、涉外 122 件、涉台 24 件，担任常年公证法律顾问 21 家，为顾问单位修改或草拟各类合同 94 份，避免和挽回经济损失 45 万元，收费 2.36 万元。1995 年，办理各类公证 613 件，其中国内公证 130 件，涉外公证 454 件，拒绝公证 6 件，公证咨询 81 人次，为公民、法人避免和挽回经济损失 2.1 万元。1996 年，办理各类公证 861 件，其中国内公证 91 件、涉外公证 743 件、涉港澳公证 11 件、涉台公证 16 件。1997 年，办理各类公证 712 件，其中国内公证 94 件、涉外公证 616 件、涉台公证 2 件，制止不法经济活动 68 件，收费 5.91 万元。1998 年，办理各类公证 2030 件，国内公证 122 件、涉外公证 1886 件、涉港澳公证 2 件、涉台公证 20 件。1999 年，办理各类公证 1741 件，其中国内公证 113 件、涉外公证 1608 件、涉港澳公证 6 件、涉台公证 14 件。2000 年，办理各类公证 1560 件，其中国内公证 118 件、涉外公证 1420 件、涉港澳公证 4 件、涉台公证 18 件。2001 年，办理各类公证 1484 件，其中国内公证 45 件、涉外公证 1424 件、涉港澳公证 15 件。2002 年，办理各类公证 5869 件，其中国内公证 54 件、涉外公证 5778 件、涉港澳公证 10 件、涉台公证 27 件，提出司法建议 8 件，被采纳 4 件，拒绝公证 38 件，制止不法经济活动 21 件，咨询 2851 人次。2003 年，办理各类公证 1012 件，其中国内公证 78 件、涉外公证 909 件、涉港澳台公证 25 件。2004 年，办理各类公证 1802 件。2005 年，办证 3782 件，其中涉外公证 3667 件，国内公证 115 件。

1991—2005 年明溪县公证处业务情况

表 16-11

年份	办理公证总数(件)	国内公证	涉外公证	涉港澳台公证	接访法律咨询(人次)	为公民和法人挽回经济损失(万元)
1991	646	368	278	—	879	—
1992	1632	1514	106	12	1128	18
1993	414	222	157	35	1204	26
1994	315	168	122	24	922	45

续表 16-11

年份	办理公证总数(件)	国内公证	涉外公证	涉港澳台公证	接访法律咨询(人次)	为公民和法人挽回经济损失(万元)
1995	613	130	454	29	817	2.1
1996	861	91	743	27	987	5.56
1997	712	94	616	2	1216	—
1998	2030	122	1886	22	1634	—
1999	1741	113	1608	20	1865	—
2000	1560	118	1420	22	1987	—
2001	1484	45	1424	15	2246	—
2002	5869	54	5578	37	2851	48
2003	1012	78	909	25	1105	—
2004	2102	94	1965	43	1876	—
2005	3804	91	3680	33	2005	—

第七节 机 构

1991 年,县司法局下设办公室、基层股、律师事务所、公证处，另辖 9 个乡（镇）司法办，行政编制 30 人，其中局机关 21 人。1993 年 5 月，法律服务站和公证联络站一并改为法律服务所并增设劳改劳教管理科。1994 年 5 月，成立明溪县首个合伙制律师事务所—明溪县大地律师事务所，1995 年 11 月改称三明大地律师事务所，2000 年三明绿都律师事务所与三明大地律师事务所合并为福建归化律师事务所。

1996 年，县司法局增设政工科，1999 年 4 月开通“148”法律服务专线，建立“148”协调指挥中心，同年 5 月成立“明溪县法律援助中心”，挂靠县司法局，人员编制在局机关人员编制中调剂。2002 年机构改革，“两劳”科与基层科合并，政工科与办公室合并。2003 年，枫溪乡、夏坊乡、雪峰镇、沙溪乡设立司法办，盖洋镇、胡坊镇、夏阳乡、瀚仙镇、城关乡设立司法所。2004 年 8 月，9 个乡（镇）司法所（办）收归司法局管理，为县司法局的派出机构，司法助理员定编 13 人，局机关编制 12 人，设办公室、基层科、宣教科及“148”协调指挥中心、明溪县法律援助中心两个挂靠机构，另辖福建归化律师事务所和明溪县公证处。

卷十七　民政　武装

1991年以后，县民政工作以“以民为本、为民解困、为民服务”为宗旨。在全县逐步建立标准有别、多层次的社会保障体系。在特大暴雨等自然灾害面前，成功地组织生产自救，使灾民衣食住等生活获得保障，灾区生产迅速得到恢复。城乡弱势群体最低生活保障，农村五保户供养进一步落实，供养标准成倍提高，全县9个乡镇都建立敬老院。优抚安置工作适应新形势，农村义务兵家属优待标准逐年提高；推行“征兵、优待、安置”三结合的做法,做好退役军人安置工作。利用省、市拨给老区专项建设经费，扶持重点老区村和革命基点村的路、水、电、学校等公益事业，发展种植、养殖、加工等开发性生产项目。基层政权和基层群众自治组织建设不断加强，行政区划、地名、勘界、婚姻登记、社团、老龄、儿童收养、殡葬等专项社会事务管理逐步走上制度化、法治化和规范化的轨道。

15年间，县人民武装工作积极参加明溪经济建设大局，不断加强兵役工作，提高全民国防意识。广大民兵和驻军部队在完成战备执勤、训练任务的同时，广泛开展拥政爱民，“学雷锋、树新风”活动，主动承担地方重点工程建设和抢险救灾任务，在全县两个文明建设中发挥积极作用。多次被省、市评为征兵工作先进单位。

第一章　民　政

第一节　基层自治组织建设

一、村委会换届选举

贯彻《中华人民共和国村民委员会组织法》，县内各村委会每3年换届1次，由村民代表选举新一届村民委员会成员。1991年8—9月，全县88个建制村均按规定进行村委会换届选举。县委、县政府成立基层政权建设领导小组，小组下设办公室，办公地点在县民政局，负责村委会选举日常工作。

1994年7—8月，村委会依法换届，全县登记选民58100人，参加投票选民57533人，一次性选举成功的有78个村，二次选举成功的有10个村。全县共选出村民代表2407人，村委会成员424人，村主任88人，其中女性任村委会成员64人。

1997年5—6月，全县村委会换届选举更加民主、规范，县乡成立村委会换届指导组，各乡镇制定周密的村委会换届实施方案和日程安排表。开设选举试点，进行竞选演说，设“秘密划票室”以保障选民能真实表达自己的意愿。此次选举，共登记选民59139人，实行差额、无记名、选民直接投票的方式，一次性选举村主任、副主任，共选出村委会主任 88 人、副主任 117 人（其中女性 15 人）、委员 190 人（其中女性 65 人）、村委会成员 395 人，选出村民代表 2257 人。

2000 年 8—9 月，贯彻 1998 年 11 月修订的《中华人民共和国村民委员会组织法》，村委会换届选举工作进一步规范，开始进行离任审计，限制流动票箱，设立中心投票站。全县共有村民选民 62279 人，参加投票选举的选民 54972 人，参选率高达 88%，一次性选举成功的村有 73 个，二次选举成功的村有 15 个。通过预选和正式投票选举，全县共选出村委会成员 318 人，村主任 88 人，其中女主任 1 人（盖洋镇葫芦形村陈芳云，为明溪县村委会换届选举首位女村委会主任），副主任 79 人、委员 151 人，村委成员中女成员 68 人。

2003 年 5—6 月，村委会换届工作更加重视对村民代表的选举，有的村采用户代表投票方式选举村民代表。严格限制流动票箱的使用，只限于老、弱、病、残行动不便的选民，并且事前要张榜公布，不再使用委托投票方式。全县共登记选民 63631 人，参加投票选举选民 50800 人，参选率高达 95%，选出村民代表 2495 人，通过预选和正式投票选举，共选出村委会成员 320 人（女成员 74 人），选出村主任 88 人，副主任 68 人，村委委员 164 人，其中女主任 4 人。该届村委会成员中女村干共有 74 人，占村委会成员总数的 23%，党员 151 人，占村委会成员总数的 47%。

二、居委会换届选举

1991—1996 年，县内居民委员会成员由相应的乡镇指派，未通过选举产生。

2000 年 8 月，7 个社区首次进行换届选举，改变社区居民委员会成员由政府指派的方式。本次换届选举登记选民数 14475 人（雪峰镇社区选民 13600 人，盖洋镇社区选民 875 人），选举产生社区居民（含单位）代表 208 人（雪峰镇社区代表 183 人，盖洋镇社区代表 25 人），选举产生社区居民委员会主任 7 人，选举产生副主任 6 人，委员 20 人。

2003 年 8 月，7 个社区依法进行第二次换届选举，登记选民 13329 人，选出居民代表 299 名，社区单位代表 180 人；社区成员代表大会选出主席 7 人、副主席 12 人、秘书 7 人，选出议事监督委员会主任 7 人、副主任 7 人、委员 49 人，选举产生社区居委会主任 7 人、委员 27 人。同年，县政府成立县社区建设工作领导小组，领导小组下设办公室，办公地点在县民政局，负责协调社区建设的有关日常事务。2005 年，通过省财政转移支付，解决了社区居委会每年的办公经费。

第二节 拥军优抚安置

一、拥军

（一）支持部队基础设施建设

1991 年，县各级各部门支持部队基础设施建设资金 243.7 万元。主要用于兴建营房 210 平方米；铺设 3.6 公里的水泥路 1 条；建供水工程和供电工程各两项；增加变压器 1 台。

1992—2004 年，支持部队建设资金 824.5 万元，主要用于兴建营房 7420 平方米，铺设水泥道路 9.3 公里；建设供水工程 6 项，铺设管道 14.4 公里；建设供电工程 6 项，铺设线路 25.2 公里，新增变压器 6 台；兴建武器库两幢面积 1325 平方米。

2005 年，支持部队基础设施建设资金 118.5 万元，建营房 900 平方米，武器库一幢 286 平方米；供水工程 1 项，管道 2.6 公里；供电工程 1 项，线路 3.2 公里，新增变压器 1 台。

至 2005 年，县各级各部门支持部队基础设施建设资金累计为 1186.7 万元。

（二）支持部队训练（执勤）设施建设

1991年，支持部队训练（执勤）设施建设资金27.7万元，建岗楼1座，添置训练器材10套，建打靶场1处。

1992年，支持部队训练（执勤）设施建设资金60.2万元，用于部队添置车1辆，添置训练器材38套，建训练基地1400平方米；1993年，支持资金15.5万元，添置部队训练器材90套；1995年，支持资金10.6万元，部队添置汽车1辆，添置训练器材120套；1996年，支持资金4.8万元，部队添置车1辆；1997年，支持资金7.62万元，部队添置训练器材45套；1999年，支持资金2.5万元，添置训练器材15套；2003年，支持资金4.8万元，部队添置训练器材65套；2004年，支持资金5.4万元，添置训练器材36套。

2005年，支持部队训练（执勤）设施建设资金48万元，建训练基地2600平方米。

至2005年，县各级各部门支持部队训练（执勤）设施建设资金累计为204.2万元。

（三）支持部队文化建设

1991年，赠送部队书籍285册、文体器材7套、电视机1台、VCD播放机1套，折资2.24万元。

1992—2004年，赠送部队书籍2745册，建卡拉OK室7个、球场4个、学习室191平方米，送书桌书柜135套、文体器材14套、电脑10台、电视与VCD8台，折资45.51万元。

2005年，赠送部队书籍500册，建学习室35平方米，折资3.3万元。

至2005年，县各级各部门支持部队文化设施建设累计为51.05万元。

（四）支持部队其他建设

1991年，支持部队52.4万元，用于培训军地两用人才38人次及改善部队伙食、医疗补助等。

1992—2004年，支持部队864.6万元，用于建指挥、办公系统2个，培训军地两用人才377人次，添置抢险救生衣20套，以及伙食、医疗执勤等补助。

2005年，县政府支持部队建指挥、办公系统1个以及伙食、医疗补助等资金73.5万元。

至2005年，政府各级各部门支持部队其他项目建设资金累计为990.5万元。

二、抚恤

（一）定期抚恤 对重点优抚对象中的烈士家属、因公牺牲军人家属、病故军人家属（简称“三属”，下同）、失散红军、带病回乡军人和伤残军人，实行定期抚恤。

1.“三属”的定期抚恤

1991年，县有烈士家属12人，因公牺牲军人家属2人，病故军人家属3人。县政府按月定期发给抚恤金，烈士家属、因公牺牲军人家属每人每月抚恤金45元，病故军人家属每人每月40元，年发放“三属”抚恤金9000元。1994年，“三属”定期抚恤标准提高，烈士家属和因公牺牲军人家属月平均提至60元，病故军人家属月平均提至55元。，当年共发放“三属”定期抚恤1.42万元。1995年，对“三属”的抚恤每人每月再增25元。1996—2004年，每年均调整“三属”的抚恤标准。2004年，定期抚恤金标准是烈士家属每人每月305元，因公牺牲军人家属每人每月300元，病故军人家属每人每月285元。2005年，烈士家属21人，因公牺牲军人家属5人，病故军人家属5人，年发放“三属”定期抚恤金11.2万元。至2005年，共发放“三属”定期抚恤金76.53万元。

1991—2005年明溪县“三属”定期抚恤情况

表17-1

年份	烈士家属			因公牺牲军人家属			病故军人家属			合计(元)
	月平均标准(元)	人数(人)	年发放金额(元)	月平均标准(元)	人数(人)	年发放金额(元)	月平均标准(元)	人数(人)	年发放金额(元)	
1991	45	12	6480	45	2	1080	40	3	1440	9000
1992	45	12	6480	45	2	1080	40	3	1440	9000
1993	45	12	6480	45	3	1620	40	3	1440	9540
1994	60	14	10080	60	3	2160	55	3	1980	14220
1995	85	15	15300	85	3	3060	80	3	2880	21240
1996	85	15	15300	85	4	4080	80	3	2880	22260
1997	105	16	20160	105	4	5040	100	3	3600	28800
1998	130	16	24960	130	4	6240	125	4	6000	37200
1999	145	17	29580	145	4	7210	140	4	6720	43510
2000	145	21	36540	145	5	8700	140	5	8400	53640
2001	230	21	57960	230	5	13800	225	5	13500	85260
2002	280	21	70560	280	5	16800	275	5	16500	103860
2003	280	21	70560	280	5	18000	275	5	16500	103860
2004	305	21	76860	300	5	18000	285	5	17100	111960
2005	305	21	76860	300	5	18000	285	5	17100	111960

2.失散红军、带病回乡军人的定期抚恤

1991年，全县失散红军5人，县政府按月发放抚恤金每人每月73元，年发放抚恤金4380元。1993—1994年为每人每月83元，1995年每人每月120元，至1999年增至每人每月193元；年发放抚恤金由1992年6132元增加至1999年的16212元。2000—2005年，失散红军人数为11人，2000年的抚恤金标准增至每人每月213元，2005年每人每月380元。2005年，发放定期抚恤金10.03万元。

1991年，全县带病回乡军人3人，每人每月抚恤金25元，年发放额900元。之后，带病回乡军人人数有所增加，抚恤金标准也逐年提高。至2005年，带病回乡军人人数为11人，每人每月抚恤金为46元，年发放抚恤金6072元。

至2005年，县政府共发放失散红军、带病回乡军人定期抚恤金累计10.64万元。

3.伤残军人的定期抚恤

1991年，县伤残军人有二等甲级伤残、二等乙级伤残、三等甲级伤残、三等乙级伤残4类，共有32人。其中二等甲级伤残军人4人、二等乙级伤残军人4人、三等甲级伤残军人11人、三等乙级伤残军人13人，伤残军人抚恤（保健）金由县政府按年定期发放，当年共发放9886元。1994—2005年，伤残军人抚恤（保健）金标准不断提高，至2005年，仅二等甲级伤残军人因战在乡每人年抚恤（保健）金已达5600元。至2005年，共发放伤残军人抚恤（保健）金39.67万元。

1991—2005年明溪县伤残军人定期抚恤情况(一)

表17-2 单位:元

年份	二等甲级伤残军人									二等乙级伤残军人							合计
	因战在乡		因战在职		因公在乡		因病在乡		累计发放额	因战在职		因公在乡		因病在乡		累计发放额	
	年标准	人数	年标准	人数	年标准	人数	年标准	人数		年标准	人数	年标准	人数	年标准	人数		
1991	920	1	170	1	830	1	760	1	2680	150	2	590	1	554	1	1444	4124
1992	920	1	170	1	830	1	760	1	2680	150	2	590	1	554	1	1352	4124
1993	920	1	170	1	830	1	760	1	2680	150	2	590	1	554	1	1352	4124
1994	1180	1	216	1	950	1	890	1	3236	180	2	660	1	640	1	1660	4896
1995	1250	1	288	1	1150	1	1070	1	3698	231	2	780	1	740	1	1982	5680
1996	1430	1	380	1	1320	1	1230	1	4360	300	2	880	1	840	1	2320	6680
1997	1430	1	380	1	1320	1	1230	1	4360	300	2	880	1	840	1	2320	6680
1998	1550	1	380	1	1440	1	1350	1	4720	300	2	1000	1	960	1	2650	7280
1999	2120	1	455	1	2010	1	1920	1	6505	360	2	1240	1	1200	1	3160	9665
2000	2480	1	515	1	2370	1	2280	1	7645	420	2	1680	1	1560	1	4080	11725
2001	2900	1	600	1	2790	1	2700	1	8990	500	2	1860	1	1820	1	4240	13230
2002	3330	1	690	1	3220	1	3130	1	10370	580	2	2150	1	2110	1	5420	15970
2003	3880	1	810	1	3770	1	3680	1	12140	680	2	2520	1	2480	1	5000	17140
2004	3880	1	810	1	3770	1	3680	1	12140	680	2	2520	1	2480	1	5000	17140
2005	5600	1	5040	1	4200	1	4560	1	19400	4480	2	4200	1	3600	1	16760	36160

1991—2005年明溪县伤残军人定期抚恤情况(二)

表17-3 单位:元

年份	三等甲级伤残军人									三等乙级伤残军人							合计
	因战在乡		因战在职		因公在乡		因病在乡		累计发放额	因战在职		因公在乡		因病在乡		累计发放额	
	年标准	人数	年标准	人数	年标准	人数	年标准	人数		年标准	人数	年标准	人数	年标准	人数		
1991	446	3	140	3	400	2	120	3	2828	96	3	342	7	84	3	2934	5762
1992	446	3	140	3	430	2	120	3	2828	96	3	342	7	84	3	2934	5762
1993	446	3	140	3	430	2	120	3	2828	96	3	342	7	84	3	2934	5762
1994	485	3	160	3	470	2	140	3	3295	108	3	385	7	96	3	3307	6602
1995	535	3	174	3	516	2	160	3	4360	132	3	436	7	122	3	4444	8083
1996	628	3	220	3	608	2	200	3	3639	170	3	526	7	160	3	4672	9032
1997	628	3	220	3	608	2	200	3	4360	170	3	526	7	160	3	4672	9032
1998	748	3	220	3	728	2	200	3	4960	170	3	646	7	160	3	5512	10472

续表 17-3

年份	三等甲级伤残军人									三等乙级伤残军人							合计
	因战在乡		因战在职		因公在乡		因病在乡		累计发放额	因战在职		因公在乡		因病在乡		累计发放额	
	年标准	人数	年标准	人数	年标准	人数	年标准	人数		年标准	人数	年标准	人数	年标准	人数		
1999	900	3	260	3	880	2	240	3	6680	2054	3	780	7	225	3	7800	14480
2000	1050	3	320	3	1030	2	300	3	8050	265	3	930	7	155	3	8070	16120
2001	1180	3	380	3	1160	2	360	3	8440	320	3	1050	7	310	3	9240	17680
2002	1360	3	440	3	1340	2	420	3	9340	370	3	1210	7	360	3	10660	20000
2003	1560	3	510	3	1540	2	490	3	10760	430	3	1390	7	420	3	12280	23040
2004	1560	3	510	3	1540	2	490	3	10760	430	3	1390	7	420	3	12280	23040
2005	3360	3	3360	3	3000	2	3000	3	35160	2240	3	1920	7	1920	3	22210	57370

（二）定期补助

对重点优抚对象中的老复员军人（特指实行义务兵役制之前的复员军人，即 1954 年 10 月 31 日以前入伍的复员军人）实行定期补助。

1991 年，全县老复员军人 102 人，县政府每人每月发给 25 元定期补助，年发放定期补助款 3.06 万元。

1995 年，定补标准增至每人每月 45 元，1997 年增至 65 元，1998 年增至 83 元，2000 年增至 95 元，2001 年增至 130 元，2002 年增至 150 元。

2005 年，定补标准增至每人每月 200 元，全县老复员军人 407 人，年发放定补款 97.68 万元。至 2005 年，共发放老复员军人定期补助金 556.34 万元。

（三）临时补助

县政府对全县优抚对象因突发性因素，如自然灾害、年老体弱或疾病等，造成生活、住房、医疗等方面困难的，给予部分资金和物资补助，帮助他们渡过难关。1991 年，因灾、因病等临时补助 157 人合计补助金额 3.16 万元。1992 年 7 月，发生特大洪涝灾害及龙卷风、冰雹袭击，全县有 8600 多农户受害，当年发放临时生活补助 136 人 6.3 万元，粮食补助 162 人次 4050 公斤，衣被 158 人次 341 件，住房补助 41 户 8.5 万元。2002 年 6 月，出现连续暴雨，为 1968 年以来降雨量最大的一次，全县成灾人口 3.41 万人，发放临时生活补助 246 人 15.6 万元，粮食补助 205 人次 5125 公斤，衣被 207 人次 738 件，住房补助 48 户 13.5 万元。至 2005 年，因灾、因病等临时补助总人数为 4360 人次，生活补助资金 48.5 万元，粮食 26685 公斤，衣被 2939 套（床），住房补助资金 59.3 万元，医疗补助资金 20 万元。

1991—2005 明溪县优抚对象临时补助情况

表 17-4　　单位：万元

年份	临时补助总人数	生活补助										住房补助		医疗补助		金额合计
		资金		物资			衣被					户数	金额	人数	金额	
				粮食			衣服(套)		被子(床)							
		人次	金额	人次	公斤	金额	人次	件数	人次	床数	金额					
1991	157	43	1.4	72	1800	0.3	42	85	36	36	0.4	5	1	17	0.5	3.16
1992	406	136	6.3	162	4050	0.8	107	290	51	51	0.5	41	8.5	29	1.3	16.9
1993	182	57	1.75	41	1025	0.2	36	72	34	35	0.4	26	5.2	18	0.9	8.05

续表 17-4

年份	临时补助总人数	生活补助										住房补助		医疗补助		金额合计
		资金		物资			衣被					户数	金额	人数	金额	
		人次	金额	粮食			衣服(套)		被子(床)							
				人次	公斤	金额	人次	件数	人次	床数	金额					
1994	174	39	1.2	28	700	0.2	41	80	29	30	0.3	15	2.5	22	1.2	5
1995	255	68	2.05	59	875	0.2	48	96	23	25	0.3	18	0.45	39	1.6	4.24
1996	232	53	1.65	48	1200	0.2	53	106	26	26	0.3	10	3.2	42	1.3	6.37
1997	237	68	1.63	52	1300	0.3	48	100	31	35	0.4	13	1.5	21	0.6	3.76
1998	247	41	1.23	77	1925	0.4	76	125	18	21	0.2	9	1.25	26	0.8	3.65
1999	377	138	2.85	109	2525	0.6	108	260	28	29	0.3	82	5.5	48	3.6	12.5
2000	283	66	1.98	45	1125	0.3	39	82	16	18	0.2	54	5.25	19	0.5	7.68
2001	307	59	1.25	93	2325	0.6	46	92	29	30	0.3	33	3.3	36	1.8	3.66
2002	671	246	15.6	205	5125	1.2	162	680	45	58	0.6	48	13.5	37	1.4	63
2003	361	85	4.3	107	535	0.1	54	120	28	30	0.3	36	3.6	43	2.6	10.6
2004	254	75	3.2	51	1275	0.4	58	120	34	35	0.4	12	2.5	26	1.3	4.9
2005	217	65	2.1	36	900	0.3	66	140	32	32	0.4	10	2	18	0.9	5.25
合计	4360	1239	48.5	1185	26685	5.8	9.84	2448	460	491	5	412	59.3	441	20	107

2005 年，全县优抚对象共有 3900 人，其中重点优抚对象 490 人（烈士遗属 21 人，因公牺牲军人遗属 5 人，病故军人遗属 5 人，失散红军 9 人，残疾军人 32 人，带病回乡军人 11 人，老复员军人 407 人），县福利院入院 18 人。

三、优待

（一）群众优待

1991 年，落实省民政厅“五个一”活动，在全县农村开展帮助优抚对象户种 1 亩果、林、茶，养殖 1 亩水产，饲养 1 群禽畜，掌握 1 门技艺，有 1 个劳力进乡镇企业的“五个一”群众优待活动。至 1995 年，县乡村共投入 158.5 万元，群众投工投劳 9.5 万个工日，全县优抚对象 67.3%以上实现了“五个一”中的三项，95.3%的优抚对象脱贫。

1996 年，全县在优抚对象中开展“一帮一”和“多包一”群众优待活动，群众优待的重心向最困难的群体转移，注重解决重点优抚对象的生活难、住房难、医疗难问题。当年，共发放资金和物资共 28.5 万元，1997 年 33.8 万元，1998 年 42.6 万元。1999—2002 年，开展“爱心献功臣行动”，全县人民群众为功臣（基金）捐款 54 万元，县、乡、村和县直部门共筹资 162 万元为 82 户困难的重点优抚对象新建、改建住房，实行重点优抚对象医疗优惠措施，解决重点优抚对象的住房医疗难问题。2003—2005 年，巩固“爱心献功臣行动”成果，县、乡、村三级和群众共投入帮扶资金和物资 125 万元，使优抚对象的生活水平基本达到全县人民人均生活水准。

（二）义务兵家属优待

1991 年，城乡义务兵家属优待金由县乡财政、群众、干部职工各出一部分进行筹集。农村义务兵家属优待金按每年 650 元标准发放，全县年发放 156 人 10.14 万元；城镇义务兵家属优待金按每年 180 元发放，全县年发放 41 人 7380 元。1995 年，农村义务兵家属优待金发放标准提高到每年 1188 元，全县年共发放

189 人 22.45 万元；城镇义务兵家属优待金标准提高到每年 360 元，全县年共发放 36 人 1.29 万元。1998 年，农村义务兵家属优待金发放标准提高到每年 1800 元，全县年共发放 130 人 23.4 万元；城镇义务兵家属优待金标准提高到每年 850 元，全县年共发放 22 人 1.87 万元。此后 4 年，明溪县城乡义务兵家属优待金发放标准未变。2003 年，农村义务兵家属优待金列入财政预算，同时把发放标准提高到每年 2100 元，全县年共发放 77 人 16.17 万元；城镇义务兵家属优待金仍从在职干部职工中筹集，仍实行全县统筹发放，同时把标准提高到每年 1100 元，全县年共发放 19 人 1.76 万元。2005 年，农村义务兵家属优待金发放标准提高到每年 2700 元，全县年共发放 83 人 22.41 万元；城镇义务兵家属优待金标准提高到每年 1400 元，全县年共发放 15 人 2.1 万元。

（三）老区“五老”人员优待

1991 年，明溪有“五老”（老地下党员、老游击队员、老交通员、老接头户、老苏区乡干部）人员 68 人，属老弱病残的孤寡无依靠的“五老”人员，由县民政部门从社会救济经费中给予晚年生活定补，每月补助标准 10~15 元，当年补助 0.99 万元。“五老”人员在县辖区内的公共医院和乡镇卫生院就医，凭“医院优惠卡”可免交挂号费、注射费，以及 50%的住院床位费、手术费、护理费。

1995 年 7 月 1 日起，对尚未享受定补的“五老”人员，全部享受定补待遇，定补标准为每个“五老”人员每月 30 元，至“五老”人员逝世止。

1996 年 7 月 1 日起，对“五老”人员无依无靠的每月定补 100 元，有依无靠的每月定补 80 元，有依有靠的每月定补 50 元。此后，1997 年 7 月、1999 年 7 月、2001 年 1 月、2002 年 1 月、2004 年 7 月分别提高定补标准。

1999 年 1 月 1 日起，对“五老”人员遗孀实行定期定额补助，标准为每人每月 30 元。7 月起，“五老”人员去世后，除发给当月的定补经费外，加发 6 个月的定补额作为丧葬补助费。

2005 年，“五老”人员补助标准调整为无依无靠的每月定补 255 元，有依无靠的每月 210 元，有依有靠的每月 165 元。当年补助“五老”人员 22 人 6.79 万元。同年，对农村健在的“五老”人员实行每人每年发给医疗补助费 400 元。9 月起，对“五老”人员遗孀的定补标准由原来每人每月 30 元提高到 100 元。

至 2005 年，共给予“五老”人员晚年生活补助 48.77 万元。

表 17-5

1991—2005 年明溪县城乡义务兵家属优待金发放情况

年份	农村义务兵家属优待金			城镇义务兵家属优待金			合计(元)
	年标准(元)	人数(人)	发放额(元)	年标准(元)	人数(人)	发放额(元)	
1991	650	156	101400	180	41	7380	108780
1992	760	169	128400	240	48	11520	139920
1993	850	131	111350	240	38	8640	119990
1994	980	153	149940	300	39	11700	161640
1995	1188	189	224532	360	36	12960	237492
1996	1520	145	181250	480	28	13440	194690
1997	1710	159	271890	720	21	151200	287010
1998	1800	130	234000	850	22	18700	252700
1999	1800	107	192600	850	17	14450	207050
2000	1800	132	237600	850	24	20400	258000
2001	1800	107	192600	850	16	13600	206200
2002	1800	86	154800	850	16	17600	172400

续表 17-5

年份	农村义务兵家属优待金			城镇义务兵家属优待金			合计(元)
	年标准(元)	人数(人)	发放额(元)	年标准(元)	人数(人)	发放额(元)	
2003	2100	77	161700	1100	19	20900	182600
2004	2380	78	185640	1100	21	23100	247200
2005	2700	83	224100	1400	15	21000	245100

四、退伍安置

（一）城镇退役士兵安置

1991—1993 年，县复退军人安置按照“从哪里来，回哪里去”的原则，农业户口的回乡安置，城镇户口的由地方政府分配工作或复学、复工、复职，期间安置 38 名城镇户口退伍军人。1994 年，退伍义务兵实行全员劳动合同制的办法安置，共安置 9 人。1995—2000 年，试行不分所有制性质和组织形式的安置办法，全县 69 名城镇退伍义务兵，安置在党政机关 14 人，事业单位 17 人，国有企业 21 人，集体企业 6 人、非公有制企业 11 人。2001 年以后，实行以“自谋职业为主，政府安排就业为辅”的安置办法，对城镇退役士兵自谋职业一次性经济补偿金标准作了明确规定，即转业士官 2.5 万元、进藏转业士官 4 万元、进藏退伍士兵每服役一年 0.4 万元、退役义务兵每服役一年 0.3 万元。2001—2004 年，城镇退役士兵共 48 人，共发放城镇退役士兵一次性经济补偿金 21.1 万元。2005 年 9 月 26 日，修订《明溪县城镇退役士兵安置暂行规定》，对实行自谋职业安置的城镇退伍士兵一次性经济补偿金的标准作调整，即城镇退役士兵服役义务期(两年及以上）退出现役，每人 8000 元，超过义务期每多服役一年，增加 1000 元；三级士官，每人 20000 元，超过三级每多服役一年，增加 1000 元；对在上级规定的属艰苦地区服役的退役士兵（士官），除按上述标准外，每一年另补 1000 元。2005 年，城镇退役士兵 8 人，发放城镇退役士兵一次性经济补偿金 12.1 万元。

（二）农村退役士兵安置

1991 年，按照中央军委开展“优秀退伍军人建功立业，成才报国”活动的要求和民政部《培养和开发使用军地两用人才发展规划》的部署，县安置农村退役士兵 43 人。1998 年，农村退役士兵 76 人，为退役较多年份；2003 年，农村退役士兵 32 人，为退役较少年份。至 2005 年，全县农村退伍军人共 718 人，培养和选拔军地两用人才 500 多人，有近 170 人担任乡村基层干部，其中任乡镇干部 40 多人，任村（组）干部 120 多人，进城务工经商 200 多人，从事种养业并成为专业大户 200 多人。

五、移民安置

2001 年 7 月，县政府根据国务院的安置要求，将三峡库区重庆市奉节县康乐镇移民 14 户 71 人安置在城关乡王桥村。按照国务院关于安置移民承包的耕地、自留山、宅基地不低于当地农民平均水平和耕地要相对集中便于耕作管理的要求，县向雪峰镇城西村第一组购买水田 2.88 公顷，向城关乡王桥村第三组购水田 1.2 公顷，合计水田 4.08 公顷。在住房周围规划 2.4 公顷旱地作为移民的菜地，确保三峡移民的耕地不低于当地农民的平均水平。同时购买城关中学的原 4 幢教师宿舍楼，作为移民的住房。县移民办返还给移民每人 2000 元，兑现移民补助费人均 6245 元。入住前 1 个星期免费提供大米、蔬菜，1 年内补贴每人每月 28 元购粮款，免费为移民安装闭路电视和程控电话，免征移民购房应缴的契税，移民子女就近入学，2 年内杂费全免，并免费为移民培训农业、林业经济果木栽培和畜牧水产养殖等技术与技能。2002 年 9 月，县政府增设“三峡移民安置办公室”，负责解决库区移民的生产生活的困难与问题。2004 年，三峡库区移民居住的原城关中学教师宿舍楼，出现部分墙体不同程度的裂缝。当年 6 月，县移民办请三明市危房鉴定中心的有关专家对楼房进行鉴定，认为达不到抗震6度的标准，需要拆除重建。县政府退还移民购房款，建房享受国家、省、市规定的优惠待遇。县政府负责“三通一平”基础设施；建设部门负责统一规划设计、质量监督、检查验收。在拆建期间，移民的周转房租金和搬迁费用由县政府承担。移民建房有关税费全免。县政府补助移民建房款每人5082.6元。其中有10户移民在拆除旧楼的原址上合建5幢建筑面积共2000平方米的钢筋砖木结构的双层新房，于2005年春节前搬进新居。有2户在城西村鱼池旁建造3层新楼，还有2户在城关阳光新城购置商品房。

第三节 救灾救济

一、救灾

明溪地处闽西北山区，受山区特有的地理气候影响，气象性灾害比较频繁，其中以暴雨、龙卷风、冰雹、强台风为最多。

1991年，县下拨34万元救灾专款，用于枫溪、夏坊遭受冰雹灾害后烟叶、果树、水稻等农作物的救助。

1996年，全县各乡镇受强台风袭击，受灾人口2000人，农田受灾400公顷，经济损失205万元。枫溪乡、盖洋镇受冰雹、龙卷风袭击，农田受灾228公顷，经济损失220万元。灾情发生后，县、乡政府组织干部职工、武警官兵等帮助抗灾救灾，发动村民生产自救，拨出36万元专款救助灾民。

1997年，自然灾害频发。4月，沙溪、城关、夏阳、胡坊、盖洋、夏坊、枫溪7个乡镇不同程度受狂风、冰雹袭击；6—8月县大部乡镇受特大暴雨连续侵袭，房屋倒塌1119间，盖洋镇林地村发生山体滑坡死亡3人，农作物受灾不计其数；11月，城关乡、盖洋镇及其他乡镇局部发生冰雹、暴雨。县委、县政府组织抗灾救灾，拨出专款30万元安置灾民，重建家园。

1998年，枫溪、夏坊、胡坊、夏阳、盖洋等乡镇遭受低温冻害、暴雨灾害，农作物受灾严重，房屋倒塌66间，县发放救灾款32万元，帮助受灾严重的群众渡过难关。

1999年5月、7月、12月，全县部分乡镇发生暴雨、龙卷风、霜冻灾害，县拨款35万元救灾。2001年，全县部分乡镇发生冰雹、暴雨、龙卷风灾害，县拨款44万元救灾。

2002年6月16日，全县各乡镇均受特大暴雨袭击，房屋倒塌2829间，重损3221间，直接经济损失1.73亿元。夏坊乡夏坊村受灾最严重，县委、县政府紧急动员，组织干部职工、武警官兵、基干民兵等1500多人赶赴重灾区，帮助抢险救灾；县民政部门组织抗灾应急队伍，在抗灾第一线昼夜值班，调用各类抢险机动车辆64辆、防汛冲锋舟2艘、救生衣200件、海事卫星电话1部投入抗洪救灾。县政府拨出救济款199万元，发放社会各界捐赠的资金50.48万元、钢筋30吨、水泥200吨、粮食4000斤、棉被300床、尿素50吨、衣物3万件。

2003年5月，全县特大暴雨，各乡镇均有不同程度受灾，房屋倒塌175间，重损343间，直接经济损失9948万元。县政府采取应急措施，组织各类抢险机动车22辆、防汛冲锋舟2艘、救生衣200件等进行抗灾，下拨救灾专款92万元。

2004年2月、7月、8月，县部分乡镇发生雪灾、暴雨袭击、旱灾等灾情，县下拨救灾专款82万元。

2005年，全县普降暴雨，部分乡镇受灾，县下拨救灾专款201.5万元。

二、救济

(一) 春夏荒和冬令救济

县政府对在春夏之交粮荒和冬令生活困难的农户实施季节性的社会救济。1991 年，春夏荒和冬令救济人数 2164 人，救济物资（粮、棉、油）价值 6 万元；1994 年社会救济人数 2996 人，救济物资价值 12 万元；2002 年社会救济人数 5364 人，救济物资价值 20 万元；2005 年社会救济人数 6981 人，救济物资价值 19 万元。

(二) 困难户救济

1991 年，县政府对城镇困难户实施临时救济，拨出救济款 1.2 万元，救济困难户 536 人次。1998 年后，县政府拨付临时困难户救济款均超 2 万元以上，当年拨付 2.1 万元，救济困难户 518 人次。2005 年，下拨救灾款 2.6 万元，救济困难户 543 人次。

至 2005 年，县政府共拨出救济款 28.8 万元。

1991—2005 年度救灾救济款项情况

表 17-6　　单位:万元

年 份	救灾救济款		困难户临时救济款
	金额	物质(粮、棉、油)	
1991	40	6	1.2
1992	38	8	1.3
1993	24	3	1.2
1994	62	12	1.6
1995	36	6	1.8
1996	28	4	1.5
1997	32	5	1.5
1998	45	6	2.1
1999	34	4	2.2
2000	35	3	2.1
2001	44	6	2.4
2002	149	20	2.6
2003	77	4	2.3
2004	77	7	2.4
2005	165	19	2.6

三、城乡最低生活保障

(一) 城市居民最低生活保障

1998 年，贯彻《国务院关于在全国建立城市居民最低生活保障制度的通知》精神，开始对城市居民人均收入低、生活困难的居民实行低保制度，从 1998 年 1 月 1 日起，城市居民最低保障标准为户月人均 110 元，低于人均生活保障标准的城市居民，可按县政府制定的《明溪县城市居民最低生活保障暂行规定》申请补助。1999 年 7 月1 日，根据《福建省民政厅关于认真做好提高城镇居民最低生活保障线工作的通知》，将城市低保标准提高 30%，即月人均 143 元。当年有 77 户 186 人享受城市居民最低生活保障，全年发放低保金 7.93 万元。随着制度的健全和低保工作的有效开展，2005 年享受低保人数增至 672 户 1487 人，当年发放低保金 13.9 万元。

表 17-7

1998—2005年明溪县城市居民低保情况

年份	城市低保			
	户数(户)	人数(人)	全年累计发放款数(万元)	占城镇人口比例(%)
1998	52	119	6.53	0.5
1999	77	186	7.93	0.8
2000	90	211	11.6	0.9
2001	131	346	15.35	1.4
2002	451	1322	32.11	5.3
2003	691	1539	64.9	6.3
2004	668	1465	59.03	6
2005	672	1487	13.9	6

（二）农村居民最低生活保障

2003年，开始实施农村最低生活保障，县政府下发《关于开展农村特困群众生活保障救助的通知》，规定人月均补助标准70元，县、乡镇两级实际负担人月均补助49元（县级负担35元，乡镇负担14元）。自然灾害，重大疾病等原因需再救济的可增加临时救济。当年农村低保发放214户247人，占农业人员比例为0.2%，发放保障款7.26万元。

2004年1月，贯彻《福建省人民政府关于全面建立和实施农村居民最低生活保障制度的通知》，对农村居民实行最低生活保障制度，农村居民人均最低生活保障标准为年人均1000元。当年农村低保发放1653户4133人，占农业人员比例为4.6%，发放保障款133.27万元。

2005年，农村低保发放1862户4443人，占农业人员比例为4.9%，发放保障款182.01万元。

四、社会募捐

1991年，县委、县政府组织开展“助残一元捐”活动，参加捐助活动1526人，收到捐款1526元。1992年和1994年，受暴雨袭击，县部分乡镇受灾严重，为了帮助灾区人民度过困难和恢复生产，县委、县政府组织开展募捐活动，共募得善款13.23万元。1998年，长江流域发生特大洪涝灾害，全国上下齐聚力量全力抗洪救灾，县委、县政府组织开展救助灾区的募捐活动，全县人民心系灾区，共捐助47.83万元。2002年6月，全县普降暴雨，夏坊乡受灾尤其严重，县委、县政府组织救灾同时，号召全县人民踊跃捐款捐物支援灾区重建和恢复生产、生活，共收到捐款50.41万元。2003和2005年，分别组织“扶贫济困一日捐”“印尼海啸捐款”活动，收到捐款8.49万元和37.21万元。至2005年，各次社会募捐活动，累计募捐得到善款158.15万元。

表 17-8

1991—2005年明溪县民政局接收捐款情况

年度	项目名称	捐款人数(人)	捐款金额(元)
1991	助残一元捐	1526	1526.00
1992	水灾捐款	5276	56823.23
1994	水灾捐款	5143	75462.59
1998	“98”抗洪捐款	5384	478330.62
2002	夏坊“6·16”水灾	5627	504117.68
2003	扶贫济困一日捐	1518	84869.00

续表 17-8

年度	项目名称	捐款人数(人)	捐款金额(元)
2004	零星捐款	7	8335.00
2005	印尼海啸捐款	5361	372078.40

第四节 社会福利

一、孤寡老人供养

1991年，县福利院（光荣院、福利院、敬老院三院合一）集中供养孤寡老人27人，主要为城镇无家可归、无依无靠、无生活来源的孤寡老人和农村无依无靠的烈军属、五老复员退伍军人及社会弃婴、孤儿和雪峰、城关、瀚仙3个乡镇的农村五保户等，县政府拨给院民生活费为每人每月35元，零用钱每人每月6~10元。1992年后，随着物价和生活水平的上升，县政府拨付的院民生活费和零用钱也作相应调整。至2005年，供养人数为18人，其中光荣院5人、福利院7人、敬老院6人，院民生活费增加为每人每月150元，零用钱增至每人每月30~60元，口粮每人每月12公斤，全院共配备专职服务人员7人。

二、农村五保户供养

农村五保户供养形式分为集中供养和分散供养，农村五保对象可以自行选择。1991年，全县共有9家敬老院，集中供养五保户60户60人，分散98家农户供养103人。至2002年，集中与分散供养人数略有增减，但变化不大。2003年，集中供养五保户减为46户46人，分散供养增至181户214人。2005年，集中供养五保户47户47人，分散供养五保户412户423人。政府发给集中在敬老院供养的五保老人每人每月生活补助130元，分散供养的五保老人每人每月生活补助110元。同年，县政府还分别拨付修缮资金5万元、6万元、4万元、5万元给盖洋镇、夏坊乡、夏阳乡、枫溪乡敬老院，解决建院多年房屋破损无法修缮的资金问题，改善五保老人的生活条件。

三、福利企业及残疾人安置

县民政局对生活困难的残疾人进行救济的同时鼓励指导乡镇创办福利企业，解决有一定劳动能力的残疾人就业，帮助他们脱离贫困。

1991年，全县福利企业6家，分别为连厝再生橡胶厂、沙溪活性炭厂、县民政福利印刷厂、县联营福利纸厂、夏坊夏洋纸厂、夏坊工艺厂等。共有职工172人，其中安置残疾人52人，残疾人比例为30.23%。

1993年，全县福利企业达14家，新增明溪县橡胶厂等8家福利企业，全县福利企业职工总数329人，其中残疾人职工112人，占职工比例的34.04%。1994—2003年，福利企业个数虽有变化，但残疾人就业人数一直保持在72人以上。

2004—2005年，福利企业减至4家，分别为明溪县火星化工有限公司、明溪县腾达纺织有限公司、明溪县吉恒化工原料厂、三明市圣华助济有限公司。职工总数109人，残疾人职工46人，占42.2%。

四、福利彩票

1991—2005年期间，县福利彩票开设的形式均为即开型彩票，彩票发行额度由省福利彩票中心逐年下发，福票福利公益金按6%返还县里，福彩公益金主要用于资助社会福利公益事业。彩票发行规模比较大的年份是1996年、2000年，1996年福利彩票发行200万元，为社区服务中心建设募资12万元；2000年，彩票发行 350 万元，县福利院募资 21 万元。其他年份均为零星发行，2003—2005 年的福利彩票都是由网络发行。至 2005 年，共募得福彩公益金 41.11 万元。

第五节　老区扶持

一、老区状况

明溪是省重点老区县，在第二次国内革命战争时期，属中央苏区 21 县之一。1991 年，全县共有 6 个老区乡镇，3 个老区分布乡镇，68 个老区建制村（居），老区人口 9.28 万，老区总人口占全县总人口 83%。全县共认定“五老”人员 262 人，其中：老游击队员 141 人，老地下党员 10 人，老交通员 22 人，苏区干部 53 人，老接头户 36 人，1991 年健在的有 68 人。2005 年，明溪老区乡镇有枫溪乡、夏坊乡、盖洋镇、城关乡、雪峰镇、夏阳乡等 6 个乡镇，老区分布乡镇有沙溪乡、瀚仙镇、胡坊镇 3 个乡镇，老区人口 10.11 万人，健在的“五老”人员 22 人。

二、老区扶建

1991—1995 年，省、市拨给县老区扶建资金 89.4 万元，主要用于革命基点村、重点老区村路、电、水、广播电视建设。1996—2000 年，省、市拨给老区扶建资金 146.3 万元，主要用于扶建老区村发展种植业、养殖业、加工业，修建村级小学、修复水利工程等项目建设。2001—2005 年，省、市拨给老区扶建资金 201.5 万元，主要用于老区村路、桥、饮水和农田水利设施的改造。至 2005 年，省、市共拨给县老区扶建资金 437.2 万元，扶建项目主要有，垦复竹林 13.3 公顷，新建和改造果园 172 公顷、茶园 13.3 公顷，发展养羊 800 头，水产养殖 1.7 公顷，投入扶建资金 56.4 万元；乡镇企业方面，扶持乡镇企业 6 个，机械设备 1 台，投入扶持资金 14.3 万元；新建乡村道路 51.7 公里，改造乡村道路 154.4 公里，新建桥梁 9 座 145 米，改建桥梁 12 座 260 米，输电线路 76.3 公里，新建农田水利 13 处，维修农田水利设施 2 处，新建饮水工程 66 处，续建饮水工程 16 处，投入扶建资金 302.7 万元；新建学校 7 所，扩建学校 26 所，改建乡卫生院 1 所，建村级电视差转台 16 个，科技培训 41 期，参加人数达 3650 人次，投入扶建资金 63.1 万元。

第六节　民政事务

一、婚姻登记

1991，婚姻登记工作由县民政局或乡镇民政所办理公民婚姻登记手续，当年结婚登记 796 对。1994 年 2 月，贯彻国务院《婚姻登记管理条例》，实行婚姻登记婚前医疗检查制度。1996 年，开展《中华人民共和国婚姻法》《婚姻登记管理条例》宣传教育，补办结婚登记，制止未婚生育。当年办理结婚登记 1113 对。2003 年 8 月，贯彻国务院新颁布的《婚姻登记管理条例》，婚姻登记取消由结婚双方单位或村（居）民委员会出具证明的做法，结婚改由当事人作无配偶及与对方没有禁止结婚的亲属关系的签字声明，对婚前医疗检查不作强制性规定。2004 年 1 月 1 日起，全县婚姻登记集中在县民政局办理，县涉港、澳结婚登记工作收归市民政部门办理。至 2005 年，共办理结婚登记 12269 对，补发结婚登记 638 对，离婚登记 849 对，补发离婚登记 7 对，涉港、澳结婚登记 25 对。

表 17-9

1991—2005 年明溪县婚姻登记情况

单位：对

年份	结婚登记	补发结婚登记	离婚登记	补发离婚登记	涉港澳结婚登记
1991	796	0	32	0	0
1992	790	0	30	0	0
1993	788	0	38	0	0
1994	806	0	31	0	2
1995	873	0	43	0	1
1996	1113	7	50	0	7
1997	897	2	49	0	3
1998	799	13	38	0	1
1999	868	45	46	0	3
2000	830	16	66	0	5
2001	631	40	63	0	1
2002	774	115	59	0	2
2003	793	40	104	0	0
2004	898	176	127	5	0
2005	968	226	123	3	0

二、社团管理

1991 年，县登记成立的社会团体共有 58 个。

1997 年，全县开展清理整顿社会团体，对全县各类社会团体进行清理，撤销、合并、更名部分社团，核准登记部分社团，1997 年登记的社团数为 58 个。1999 年，按照 1998 年 10 月国务院发出的《社会团体登记管理条例》要求，对社会团体进行重新登记，重新登记 12 个社会团体。2000 年，继续开展重新登记，共有 16 个社会团体重新登记，注销 27 个不符合规定的社会团体，登记的社会团体共有 26 个。

2001 年，全县开展民办非企业单位复查登记。经复查，全县无符合登记范围的民办非企业单位。2001 年，登记的社会团体数为 26 个。2002 年，新批准登记成立社团 2 个，全县社会团体数为 28 个。5 月，县内第一家民办非企业单位“明溪县璞真老人安养中心”批准成立。2003 年，新批准登记成立社团 2 个，全县社会团体数为 30 个，民办非企业单位数为 1 个。2004 年，新批社团数 6 个，注销社团数 2 个，全县社会团体数 34 个。新批准登记成立民办非企业单位 1 个，全县民办非企业单位 2 个。

2005 年，新批准登记成立社会团体 1 个，全县社会团体数为 35 个，民办非企业单位为 2 个。

三、地名及勘界管理

（一）地名普查及命名和地名标志设置

1991 年，在 1978—1981 年地名普查的基础上，按照《福建省地名普查和资料更新工作实施细则》，对全县所有的地名进行补充调查和更新，全县共计补查地名 1212 条，其中行政区划和居民点 846 条，企事业单位、人工建筑 233 条，自然地理实体名称 107 条，革命纪念地、名胜古迹 26 条，明溪城区图描绘 10 份。

1994 年 12 月，根据雪峰镇政府的要求，县地名委员会完成城区路桥命名的审核工作，县政府下文批准：横跨渔塘溪两岸，介于县老年活动中心与县劳动服务公司之间的大桥命名为“北门桥”；县五交化公司门口至县福利院的道路命名为“公园路”；以渔塘溪为界，溪北岸的道路命名为“河滨北路”，溪南岸的道路命名为“河滨南路”。1996 年，胡坊镇政府将胡坊镇“三优街”新街（古月桥至石板桥地段）命名为

"古月街"。

1996—1997 年，整理地名档案 9 册，完成全县地名标志设置，其中乡镇名称标志 9 块，直属单位、村委会名称标志 88 块，自然村名称标志 766 块，街路牌 17 块。

2005 年，编制完成《明溪县地名标志设置工作实施方案》，报县政府组织实施，县地名管理工作开始走上规范化、标准化、科学化之路。

（二）勘界

1996 年，成立 "明溪县行政区域界线勘定领导小组"，下设办公室（简称"勘界办"），挂靠县民政局，处理相关勘界事务。同年，三明市勘界工作领导小组组织永安市、明溪县开始县际界线勘定试点，县勘界办和永安市勘界办进行勘界试点，历时 5 年，于 2001 年完成明溪—永安行政区划界线勘定。

1997 年，县级勘界全面铺开，至 2001 年底，9 条县际界线（明溪—三元、明溪—梅列、明溪—沙县、明溪—将乐、明溪—泰宁、明溪—建宁、明溪—宁化、明溪—清流、明溪—永安）447.83 公里及 9 个三交点（明溪—三元—梅列、明溪—三元—永安、明溪—建宁—宁化、明溪—宁化—清流、明溪—清流—永安）完成图上勘定。

2001 年，县级勘界进入扫尾阶段，转入乡级界线勘定。至 2004 年 4 月，基本完成全县 12 条乡际界线(雪峰—城关、城关—瀚仙、城关—胡坊、城关—盖洋、沙溪—瀚仙、沙溪—胡坊、沙溪—夏阳、夏阳—瀚仙、枫溪—夏坊、夏坊—盖洋、瀚仙—盖洋、瀚仙—胡坊）188.66 公里及 4 个乡际三交点（沙溪—夏阳—瀚仙、沙溪—瀚仙—胡坊、胡坊—瀚仙—城关、瀚仙—盖洋—城关）图上定界工作。至 12 月底，完成《文书、技术成果卷》12 套及《协议书附图》12 套。

2002 年，完成全县 9 条县际界线内业整理，完成《文书成果卷》9 套 27 册、《技术成果卷》9 套 27 册、《协议书附图》9 套 27 份。

2004 年，县际界线勘定基本完成，勘界职能逐步由原来以行政区域界线勘定为主转化为以行政区域界线管理为主。当年，明溪县牵头完成明溪—永安、明溪—宁化、明溪—清流 3 条县际界线的年检，配合兄弟县市完成明溪—沙县、明溪—梅列、明溪—三元 3 条县际界线的年检。

四、老龄事务

1991 年，县老龄工作委员会负责指导乡镇、县直 16 个老龄委、94 个老年协会，开展老有所养、老有所医、老有所为、老有所学、老有所保等活动，倡导兴办老年福利事业，为社会 60 岁以上老年人服务，并于每年 9 月老年节组织开展老年人活动。当年，全县 60 岁以上老年人有 8052 人，占全县总人口的 6.95%，此后，老年人以每年平均 0.39%的速度递增。

1996 年，贯彻《福建省老年人保护条例》，推行实施《家庭赡养协议书》办法，组织家庭签订《家庭赡养协议书》，强化、巩固家庭养老功能，维护老年人合法权益。

1998 年 9 月，县政府规定"在全县范围内对农村 60 周岁以上的老年人，除交公粮和定购粮外，按人口摊收的教育附加费、公路基金、优抚款、公积金、公益金、公共事业费一律不予摊收"。同时，对年满 70 周岁以上的老年人发放"敬老优待证"，实行社会敬老优待。

2002 年 5 月，县退休教师聂某投入 100 多万元，在县雪峰镇金家路 1 号创办了首家集食、宿、乐、学、医、健身、休闲为一体的非营利性璞真老人安养中心。中心占地面积 2066.2 平方米，大楼建筑面积 1213.15 平方米，内有大小房间 38 间；内设阅览室、电视室、麻将室、乒乓球室、会议室、歌舞厅、健身室，室外设有路径健身场所；当年收养入住老人 18 人，食住由安养中心免费提供。2003 年，收养入住老人 26 人，中心开始实行收费，收费标准每人每月 170~200 元。2004 年，收养入住老人 29 人，每人每月收费 210~240 元。2005 年，收养入住老人 33 人，每人每月收费 255~280 元。

2005 年，县 60 岁以上老年人增至 14973 人，占全县总人口数的 12.96%。

五、殡葬管理

1991—1997 年，明溪有步骤地推行遗体火化，改革土葬，破除封建迷信的丧葬习俗，提倡节俭、文明办丧事，葬礼虽有从简，但遗体用棺木土葬的习俗仍然存在。

1998 年 5 月，成立明溪县殡仪服务站，未设殡仪馆。7 月，明溪被列入省第一批火葬区规划，共有雪峰镇、城关乡、瀚仙镇、沙溪乡 4 个省道公路沿线乡镇列入，但未实行强制火化，以自愿为主，火化率为 31%。同年，结合建设省道、县道及开发区等，开展迁坟，对公路沿线、库区、风景区、开发区等地的坟墓进行深埋或迁移，不留坟头。

2003 年 6 月，召开全县殡葬改革工作会议，向各乡镇颁发殡葬管理工作责任书。7 月 20 日零时起，除个别偏远不通车辆的村庄外，实行全境火化。8 月，县第一处公墓在沙溪乡碧州村建成，占地 0.1 公顷，建成可使用墓穴 39 个，其余暂为平台。同年，全县陆续有 18 个村建有 19 处公益性公墓或骨灰楼，其中公墓 18 处，骨灰楼 1 座；并在“三沿两区”设立禁坟牌 26 块，对公路沿线及库区、风景区、开发区等禁坟区进行巡察，共制止新建坟 27 起 27 座。

2004 年，遗体火化率 85.65%，火葬区内火化率为 100%。2005 年，遗体火化率达 90.61%，火葬区内火化率为 100%。同年，全县有 65 个村建有 63 处公益性公墓或骨灰楼，其中公墓 56 处、骨灰楼 7 座。县级公墓选定城关乡坪埠村翠松坪山场为县级陵园建设用地。

六、公民收养子女登记

1991 年，县贯彻《中华人民共和国收养法》，县民政局负责对符合法定要求的儿童收养给予办理收养登记手续，保护合法的收养关系，规范公民的收养行为。1994 年，开始有收养登记，1 男 2 女分别被 3 个家庭收养。2005 年，收养登记为 14 件，4 男 10 女分别被 14 个家庭收养。1994-2005 年，全县共办理儿童收养登记 122 件，其中男童 13 人，女童 109 人。

第二章 武 装

第一节 兵 役

一、兵役制度改革

根据《中华人民共和国兵役法》的规定，实行义务兵役制度为主体的义务兵和志愿兵相结合，民兵预备役相结合的兵役制度。1997 年，中国人民解放军服现役开始进入义务兵与志愿兵相结合的阶段，超期服现役的义务兵服现役满 5 年，根据军队建设需要和本人自愿，经团级以上单位批准转为志愿兵。1999 年，实行新的兵役法，义务兵服役期限由三年改为两年，义务兵服役期满，根据部队建设需要可改选为士官，实行分期服役制度，即从改选士官之日起，初级士官每 3 年、中级士官每 4 年、高级士官每 6 年签服役合同一次，一般不超过 30 年，年龄不超过 55 岁。

二、征兵

1991 年，县人武部兼同级人民政府的兵役机关，具体负责本区域的征兵工作。兵役登记和征兵期间，县政府成立以县长任组长、县人武部部长、政委和分管副县长为副组长的征兵领导小组，设征兵办公室，各乡镇及有征兵任务的机关、企事业单位设立兵役登记站和征兵办公室。县征兵办与各乡镇及有征兵任务的机关、企事业单位签订征兵工作目标管理责任状，制定体检、政审人员目标管理职责和奖惩办法。县政府制订对义务兵和家属的相关优扶政策并组织宣传发动工作，落实现役军人优待政策和做好适龄青年及家长的思想政治工作。当年，全县完成义务兵征集任务 46 人。

1997 年，县政府制定《进藏新兵特殊优待办法》，当年征集首批西藏服役新兵。1991—2005 年，征兵体制没有变化，完成义务兵征集，其间，无跑兵、无退兵、无换兵，兵员质量稳定，连续 26 年无责任退兵。

三、预备役人员登记

1991 年后，民兵预备役登记在民兵整组时进行，每年一次，分别为地方专业对口技术人员预备役、退伍军人预备役和转业军官预备役 3 种。凡符合预备役条件的地方对口专业技术人员，年满 18~28 岁的公民编入一类预备役，28~35 岁的公民编入二类预备役。

退伍军人回乡报到时，由县人武部军事科按本人的专业进行预备役登记，并且在每年民兵整组期间，进行退伍军人预备役登记核对。

转业军官安置后，由县人武部进行军官预备役登记，1988 年恢复军衔后，其服预备役军衔按现役军衔等级确定登记。2005 年 11 月，县人武部授 9 名地方人员预备役军官衔。

第二节　国防教育

1991 年，县委、县政府继续把国防教育工作纳入目标管理，作为各级领导政绩考核内容之一。国防教育领导小组通过广播、电视宣传、开辟宣传栏广泛宣传国防知识与法规；把国防教育纳入干部培训计划，由县人武部领导讲国防课并结合各种会议、讲座加强对干部国防教育工作；结合村委会换届选举、民兵整组、兵役登记、征兵及民兵军训和政治教育时间安排国防教育，观看国防教育影片并请老干部、老红军讲革命传统；为村民活动中心和县、乡领导征订《中国民兵》《东海民兵》《国防报》等刊物，举办国防知识竞赛，利用节假日、墟日上街进行国防教育并发放宣传材料；每年新学年开学前组织初、高中新生军训，进行队列、兵器及国防知识学习教育。1998 年，明溪县政府被三明市政府评为国防教育先进县。1999 年暑期，县人武部举办军事夏令营，有 135 名青少年参加；每年县委召开 1~2 次议军会，听取军事、兵役等相关法规的介绍，研究民兵、兵役、征兵、民兵武器装备管理等工作及其人武部、县武警中队、县消防大队的正规化建设问题。1991—2005 年，县人武部共开展学生军训 126 期 4.56 万人次；组织县领导班子、县直机关、乡镇领导过军事活动日 200 多场次、参加人员 1.6 万人次；每年由县人大牵头组织一次有县委宣传部、人大法制委、县政府法制科、县人武部政工科参加的国防教育检查。

第三节　人民防空

1991 年，县人民防空工作由县人武部兼管。1996 年，县政府办公室设人民防空办，由政府办 1 名副主任兼任人防办主任。当年 6 月 10 日晚 8 时，县组织以防空、防暴、防盗为背景，组织民兵应急分队守护重要目标为对象，联动县公安、消防、武警部队进行演练。

2003 年 12 月，人民防空办公室改设在县直机关人武部，主任由县政府办公室 1 名副主任兼任，县人武部军事科 1 名参谋和县直机关人武部部长兼任副主任，并明确人防工作归国防动员委员会领导，重新修订县防空袭行动方案。

2005年1月，县长办公会议专题研究人防工程归口管理问题，县人防办组织进行清查，收回被群众占用的人防工程，并制定管理办法。

第四节 拥政爱民

一、军民共建活动

1991年，县人武部、驻军与驻地单位广泛开展围绕创建精神文明县城、单位为中心的军民共建活动，县人武部组织开展中学新生军训与青少年军事夏令营；县武警中队、县消防大队为驻地群众做好事，到敬老院慰问老人，帮助打扫卫生、宣传消防知识及消防法规；县消防大队官兵参加义务植树、冲洗街道等创建精神文明活动，此后每年均开展类似活动。当年，县人武部组织举办2期民兵营长、专武干部、民兵干部扶贫帮困、走致富路培训班，聘请农业、养殖、农产品加工等方面的专业技术人员上课辅导，组织发动民兵参加粮、牧、渔、矿、果、竹、药材等项目的开发。至1996年，县人武部共举办养殖、种植、山地承包、商务经营等各类专业技术培训班28期，参训民兵达1400余人次，组织104名民兵参加外地组织的专业培训。

1998—2005年，县人武部带领专武干部和民兵开展“军民共学雷锋，共建社会主义精神文明、共同继承和发扬古田会议精神”活动，开展联困活动，帮助40名贫困学生重返校园，县消防大队资助10名贫困学生完成学业，县人武部筹集资金13万元扶持困难户发展生产。

二、抗险救灾

1994年4—6月，县内发生3次特大风灾和洪涝灾害，县人武部、驻军把抢险救灾工作作为一项重要的政治任务来抓。县武警中队全体战士不顾安危，奋力抢救国有财产与遇难群众，并积极参加灾后重建工作，被三明市政府授予抢险救灾先进单位。1998年，城关大坪、余坊、狮窠村遭受冰雹袭击，县人武部购买5000多元救灾物资，投入救灾。2001年，县消防大队成立抢险救援特勤小组，购置特勤器材，与县公安110联网报警，进行急、难、险、恶等各类突发性事故的抢险救援。2001—2003年，参加社会救援24次，安全救出遇难人员16人。

2002年6月，夏坊乡遭百年不遇洪灾，县人武部领导带领民兵230余人，县武警中队15名官兵在中队长带领下参加抗洪救灾，救出遇难群众24人及大量财产，县武警中队被福建省政府授予抗洪先进集体。

1991—2005年，县人武部带领民兵、预备役人员1.63万人次参加急、难、险、重的任务修复水毁公路10公里。

三、维护社会治安

县人武部与驻军积极配合驻地政府维护社会秩序的稳定，按照政府的部署，配合打击各类破坏社会治安的犯罪活动。县消防大队、武警中队每年都组织官兵在节假日客流高峰期到各汽车站协助维持秩序，协助检查易燃易爆危险品。1993年3月、11月，县人武部组织民兵协助公安部门围捕胡坊乡瓦口村特大杀人凶手与盖洋大陂村发生的抢劫杀人案凶手。1994年12月，协助围捕夏阳乡持刀抢劫流窜犯6名，严厉地打击刑事犯罪活动。2005年，县人武部组织民兵成立县、乡镇、村三级民兵社会治安联防队，配合公安部门做好社会治安的维护工作。

第五节 民 兵

一、组织建设

1991年，全县共有民兵组织96个，其中88个建制村均建立民兵营，县直机关、部分企事业单位及福建烽林机器厂等8个单位建立民兵组织。1994年，贯彻《关于调整“八五”期间全市基干民兵组训任务的通知》精神，抽调县城周边乡镇基干民兵组建县民兵应急分队，各乡（镇）由原来的小分队改编为民兵应急小分队。1995—1999年，县造纸厂、水泥厂、福田寨伐木场等14个厂（场）的民兵组织取消，原设在县经委、林委的武装机构撤销，其所辖基干民兵和地方专业对口技术人员归县直机关人武部管理。2000年，根据总参谋部、总政治部《关于深化民兵工作调整改革的意见》的“按照减少数量、合理布局、突出重点、分类建设”原则，对基干民兵组织进行调整，以设人武部的乡镇、机关、企事业单位编基干民兵营（连），行政村和生产车间设班（排），对基干民兵较少的，采取相邻几个行政村合编基干民兵班。2004年，民兵组织的调整，主要是向质量型、高科技发展，基干民兵分专业编组；民兵应急分队以城关为主，在省道沿线的乡镇基干民兵中抽编。是年，全县88个行政村，有16个村只设普通民兵。2005年，增设国防动员专业保障分队9个；各专业分队县设连，乡镇、机关、企事业单位设班（排），人员从基干民兵中和地方对口专业中选编。同年12月，组建预备役部队有线通信连，预备役士兵从基层基干民兵中选编，并组建县级100名，乡镇级30名，村级10名的民兵联防队，配合公安部门维护社会治安。2005年，县人武部被省政府、省军区评为2004年民兵整组先进单位。至2005年底，全县有民兵营（连）96个。

二、政治教育

1991年，民兵的政治教育以上课为主，刊授教育为辅，对全体民兵进行党的基本路线、法律知识、人民战争思想、民兵性质任务及革命传统教育，利用《中国民兵》《东海民兵》《国防报》等刊物对民兵进行刊授教育。1996年，按照《参训民兵政治教育纲目》规定，在全县民兵，特别是基干民兵、预备役人员及新入伍的民兵，重点是民兵干部、民兵应急分队及各专业技术分队人员中进行国防、爱国主义形势战备教育，掌握应急行动方案，并组织民兵开展学雷锋做好事活动，开展科技培训走共同脱贫致富活动与争创文明活动。至2005年，有48个单位受到上级表彰，1.33万户民兵被评为文明户、五好家庭和卫生户，1346名民兵成为农业生产技术带头人，3346人次受到各级党委、政府和军事机关表彰。

三、军事训练

1991年后，县人武部、县消防大队、县武警中队继续抽调人员组成教学组，每年对城区初、高中新生进行队列、兵器常识、国防教育等内容的军事训练，乡镇初、高中新生由所在乡镇人武部组织，至2005年共举办126期，训练学生45600名。同年，继续实行《福建省基干民兵规范化训练实施细则》，民兵军事训练分民兵干部训练、基干民兵与应急分队训练和民兵专业分队训练，由县人武部组织，集中在县民兵训练基地统一进行。民兵营（连）长的训练以新任营（连）长为主，接受连、排战术等技能训练与民兵工作常识学习。1992年，基干民兵120人参加省军区与三明军分区考核，成绩优良。1994年，县人武部、专武干部、民兵干部参加省军区军事训练考核，获得好成绩。1998年，民兵应急分队接受省军区升级训练考核，均得优良成绩。

1996年起，三明军分区每年对民兵营（连）长集训与基干民兵军事训练工作进行考核验收，至2005年均为合格，其中优秀率达50%以上。专业分队训练对象为当年确定参加军训人员经训练考核合格的人员，储备在基干民兵专业技术分队中。1996—2005年，参训人员合格率达100%，专业对口率达30%。

1999 年，县人武部筹集 140 万元新建国防中心大楼，2004 年筹集 40 万元建成作战指挥自动化中心，配置可视电话会议系统、办公自动化系统。2005 年，县人武部筹资 80 万元新建民兵预备役训练中心。

第六节 机 构

一、县人民武装委员会

1991 年，县人民武装委员会由县委、县政府、县人武部和组成，县长任主任委员，县人武部部长、政委、县政府副县长任副主任委员。1991—2005 年，每年不定期召开县委议军会和武装委员会工作会议 2~3 次；听取县人武部关于全县民兵、兵役、预备役工作和基层建设情况汇报；先后研究解决县人武部办公楼建设、县民兵武器装备库和县民兵训练基地建设；武警县中队、消防大队搬迁等问题，开展党管武装好书记、武委会好主任等评比活动。1996 年，县国防动员委员会与县人民武装委员会实行一个机构两块牌子，合署办公。

二、国防动员委员会

1996 年 1 月，成立明溪县国防动员委员会，由县党、政、军、群等 13 个部门负责人组成，县委书记任第一主任，县长任主任，县人武部部长任常务副主任、县政府分管武装工作副县长任副主任，下设综合、人民武装动员等 9 个办公室。

2003 年 12 月，县国防动员委员会下设综合办公室、人民武装动员、政治动员、经济动员、人民防空、交通战备、科技动员、信息动员与支前动员办公室等 9 个办公室。对全县人口、工业、农业、通信、信息、科技文化、教育、卫生、城建、商贸、物资等领域的国防动员资源进行登记统计，为未来战争服务。至 2005 年，共进行 10 次 8 个大类、14 个重点内容、84 个项目、3.4 万组数字的调查核对、统计、填报、立库工作。

三、县人民武装部

1991 年，县人武部设部长、政治委员各 1 名，下设军事科、政工科、办公室和民兵武器装备库，共有干部编制 15 名，职工 6 名。1996 年 4 月，人武部收归中国人民解放军建制，隶属三明军分区，称中国人民解放军福建省明溪县人民武装部，收归后由原副处级升为正团级，仍实行地方政府与三明军分区双重领导，设部长、政委各 1 名，副部长兼军事科长，下设军事、政工、后勤 3 个科室为正营级单位，军官编制 11 人，地方编制（职工）9 人。2004 年，精减编制，机构不变，军队编制 7 人（其中增编士官 1 人），地方编制（职工）9 人。

四、基层人民武装部

1991 年，县内 9 个乡镇和县直机关均设置人民武装部，各配部长 1 人，干事 1~2 人，福建烽林机器厂在保卫科设立民兵组织，由保卫科干部兼任武装干部。同年 3 月，成立县经委、林委、烽林厂人民武装部，部长由本单位分管领导兼任，设兼职武装干部 1 人。1998 年 4 月，县林委、经委随着委改局，人武部撤销，其民兵、兵役和预备役工作转县直机关武装部管理。2005 年，全县 9 个乡镇和县直机关及福建烽林机器厂共 11 个基层人民武装部，有部长 11 人，副部长 5 人，干部 2 人。

卷十八　人事　劳动和社会保障

1991年，明溪县在全县范围内推行以劳动合同制为中心的用工制度改革，企业推行全员劳动合同制，实行工资总额和经济效益挂钩浮动为主的工资制度。按照“公开、平等、竞争、择优”的原则，对新进入行政机关的工作人员，实行考试、考核、择优录用。1993年起，按“德、能、勤、绩”要求，对机关事业单位工作人员实行年度全面考核。并先后建立党政机关人员岗位责任制、部门目标管理责任制，开展人才交流、职称评审、编制管理等工作。1997年，党政群机关推行国家公务员制，对行政机关、行使行政职能的事业单位工人进行分流转干。2000年，县严格干部调配、录聘工作，执行机关事业单位增人计划卡使用管理制度。事业单位推行人员聘用制。2002年，深化县、乡党政群机构改革，精简机构编制。干部工人调配、任免、考核、奖惩、培训、职称评聘和离退休（职）人员安置等制度进一步健全。2005年，县全面推行录用干部公开选聘或招用制度，大中专毕业生就业实行“双向选择”；实行公开选拔、任前公示和竞争上岗，推进干部能上能下；企业劳动用工及劳动报酬、职工失业、工伤、养老保险等逐步走上市场化和社会化轨道。

第一章　人　事

第一节　干部队伍

一、队伍构成

全县干部主要来自按计划统配的大中专毕业生、从农村五大主干中录聘用的干部和从职业中专中聘用的干部、军队转业干部、民办转公办及招考国家公务员、事业单位工作人员。

（一）毕业分配

1991年，分配回县大中专毕业生有81人，主要是按专业对口安排到教育、卫生、农业等相应的部门。1997年，分配回县大中专毕业生有98人。

1998年后，县内毕业生全面推向人才市场，毕业后先到人才服务中心报到，由人才服务中心推荐，主要是通过人才市场就业。1998—2005年，全县有38名本科生回县内安排工作，其他的均在外地就业。

2003年，县委、县政府下发《关于进一步做好我县人才工作的意见》，对编制预留10%后仍有空编（学校、医院、中医院则按实际需要审核接收）的财政核拨和财政拨补的事业单位经县编办审核后，可按以下办法接收非师范类毕业生：对明溪县籍大学本科毕业生（不含成人教育毕业生）和引进紧缺专业本科以上的外县籍毕业生，由人事局指令性分配就业，财政给予追加工资基金；对已满编的事业单位，但因事业发展急需相关专业的本科生，经县编委研究批准，指令性给予带编分配；指令性分配的本科毕业生任何单位不得拒绝接收（2003 年回县报到分配的有 3 名，2004 年回县报到分配的有 7 名，2005 年回县报到分配的有 6 名）；各中学可接收急需的全国重点大学非师范类本科生。紧缺急需本科毕业生的专业范围由人事局针对县人才需求情况，提出具体意见，提交编委会研究审定，原则上一年一定。2005 年，县一中对教学一线的紧缺专业在湖北师院、湖南、南昌等师院招聘了 12 名本科毕业生。

（二）录聘用干部

1991 年，贯彻《关于国家行政机关补充工作人员实行考试办法的通知》等文件精神，按照“公开、平等、竞争、择优”的原则，对新进入行政机关的工作人员，实行考试、考核、择优录用，全年考入行政机关补充人员 15 人。从优秀工人中吸收录用干部 19 人，从村主干中招聘 9 人。

1994 年，执行省人事局《关于从农村选拔干部的通知》，省委组织部、省人事局《关于整顿“以工代干”问题的通知》精神，在乡镇实行干部选聘、招聘制，从各行政村基层五大主干（村支部正副书记、正副大队长、民兵营长、团支部书记及妇女主任）、1979 年底前在国家机关企事业单位工作的、符合“以工代干”转干的人员，闲散科技人员及“五大”（电大、夜大、职大、函大、业大）毕业生和取得大中专毕业证书的自学考试人员中选拔聘用干部，为乡镇机关和全民事业单位选聘干部 8 人。从公安、林派、法院、工商、乡镇农业五站、乡镇林业站等录用干部 13 人，聘用干部 20 人。1995 年，在参加全省文化统考和考核的基础上，为财政系统、乡镇文化站、广播电视站及村主干聘用干部 23 人。

1997 年，推行国家公务员制度，对行政机关、行使行政职级的事业单位工人进行分流转干。全县全年共录（聘）用干部 42 人。1998 年，对全县历年来的聘用干部进行重新登记造册，共办理 113 人聘干合同的鉴证和聘用证书。

2000 年始，严格干部调配、录聘工作，执行机关事业单位增人计划卡使用管理制度，对新增人员，逆向流动人员，进行严格的管理和控制，实行一人一卡。全县全年共清理借用人员、清退临时自聘人员 409 人。办理 13 名职业中专毕业生到企业的聘干手续。

2001—2005 年，严格按照国家公务员制度及相关录聘用制度执行，做好公务员及事业单位补充工作人员每年两次的考录工作，2002 年全县录用国家公务员 7 人，2005 年录用 16 人。

（三）军队转业干部安置

按照省、市人事部门的安排，1991—2005 年，全县共接收安置军转干部 12 人。

（四）民办教师转公办教师

1991—1997 年，全县有 66 名民办教师转为公办教师，列入干部管理，1998 年后县内不再任用民办教师。

（五）录用国家公务员和事业单位工作人员

1993 年 10 月始施行《国家公务员暂行条例》，1997 年起通过考试录用国家公务员。2003 年，县下发《关于县属事业单位补充工作人员实行考试考核公开招聘有关问题的通知》，规范事业单位工作人员录用。1997—2005 年，全县共通过考试录用国家公务员 42 人。2003—2005 年，全县共公开招聘事业单位工作人员 12 人。

二、公务员队伍状况

（一）人员构成

1993 年，全县公务员总数为 865 人，其中女性为 102 人；1997 年，全县公务员总数为 532 人，其中女性为 63 人；2003 年，全县公务员总数为 471 人，其中女性为 53 人。

2005 年 4 月，按照《中华人民共和国公务员法》规定，全县公务员的范围于 2006 年 1 月 1 日扩大到党群、行政、人大、政协、检察、审判机关（工勤人员除外）的工作人员。是年，全县公务员总数为 451 人。

（二）文化程度

1993 年，全县大专以上文化程度的公务员 261 人，中专文化程度的公务员 361 人，高中及以下文化程度的公务员 295 人。2000 年，大专以上文化程度的公务员 236 人，中专文化程度的公务员 164 人，高中及以下文化程度的公务员 130 人。2005 年，大专以上文化程度的公务员 304 人，中专文化程度的公务员 57 人，高中及以下文化程度的公务员 90 人。

（三）年龄结构

1993 年，全县 35 岁以下的公务员 426 人， 36~45 岁的公务员 178 人， 46~54 岁的公务员 219 人，55 岁以上的公务员 94 人。

2000 年，全县 35 岁以下的公务员 173 人，36~45 岁的公务员 174 人，46~54 岁的公务员 123 人，55 岁以上的公务员 60 人。2003 年，国家公务员总数为 471 人，35 岁以下的公务员 109 人，36~45 岁的公务员 185 人，46~54 岁的公务员 111 人，55 岁以上的公务员 66 人。

2005 年，国家公务员总数为 451 人，35 岁以下的公务员 110 人，36~45 岁的公务员 54 人，46~54 岁的公务员 176 人，55 岁以上的公务员 111 人。

第二节　干部管理

一、在职干部管理

（一）干部调配

1991 年，全县人员县内调动有 50 人，调出县外 30 人，从县外调入 6 人；1995 年县内调动 77 人，调出县外 7 人，从县外调入 2 人。

1997 年，县委组织部、县人事局下发《明溪县党政群机关、事业单位工作人员调配管理工作暂行办法》，当年县内调出 127 人，调出县外 7 人，从县外调入 1 人。1998 年，县人事局、劳动局下发《关于理顺政府机关、事业单位工人和企业单位干部管理体制的通知》，依文件精神和原则，鼓励支持干部从城镇调往农村、从机关调往基层、从行政事业单位调往企业和三资企业中去，当年，县内调动有 6 人，调出县外 15 人。2000 年，全县人员县内调动有 9 人，调出县外 5 人，从县外调入 4 人。2005 年，全县人员县内调动 11 人，调出县外 6 人，从县外调入 3 人。

（二）干部任免

1991 年，任免工作走上法制化、规范化轨道。从当年起，根据《中华人民共和国地方各级人民代表大会和各级人民政府组织法》文件规定，依法任免干部。正股级干部，分别由县委组织部、县直机关党工委、各委口党委任免；县人事局承办县政府委托提请县人大审议政府成员部门领导的任免和政府口科级领导的任免。当年全县考察干部 176 人次，办理科局级干部任免手续 114 人次。1994 年，全县考察干部 196 人次，办理科局级干部任免手续 168 人次，其中提拔 35 人。1997 年，全县办理科局级干部任免手续 374 人次，其中提拔 112 人。1998 年，县建立 300 名县管后备干部队伍档案，办理科局级干部任免手续 56 人次。1999 年，全县办理科局级干部任免手续 296 人次。2005 年，全县办理科局级干部任免手续 167 人次。

（三）人才交流

1997年11月，原县人才交流服务中心更名为“县人才服务中心”，为县人事局的下属事业单位。服务中心成立后，对全县不同类型的人才进行分类登记，建立人才信息库，及时发布人才供求信息，向社会各界推荐各类大中专毕业生。

1998年后，实行面向各类企事业单位推行人事代理制。人事代理制的主要内容是：由县人才中心为用人单位和个人承办政府人事部门授权的有关人事管理业务，如就业咨询、人才培训、档案管理、招聘人才等。至2005年，共办理人事代理档案868人、职称评定11人、人事委托21人。

二、专业技术人员管理

（一）职称评聘

1991年，办理专业技术职务聘任仍实行条块结合，以块为主的管理体制。当年，全县评出高级专业技术人员1人，中级335人，初级519人。

1993年，对企事业单位专业技术职务实行专业技术职务聘任制。1994年5月，调整县职称改革领导小组，各基层主管部门也都组建职称改革领导小组和初级专业技术职务评审委员会。县职改办对全县事业单位的职位职数进行全面的清理，重新核定57个事业单位的专业技术聘任情况。全年，评出高级专业技术人员4人，中级42人，初级515人。

1998年初，在县农业局试行专业技术职务评聘分开试点，继而在卫生、教育等专业技术系列试行评聘分开制度。增大聘用透明度、加大竞聘上岗力度，打破专业技术职务聘用终身制的弊端。全年评出高级专业技术人员13人，中级66人，初级498人。

2002年，全县评出高级专业技术人员17人，中级316人，初级154人。2005年，全县评出各级各类专业技术人员273人，其中高级专业技术人员13人，中级168人，初级92人；当年底，全县在职干部职工有各类专业技术人员2691人，其中高级89人，中级964人，初级1638人。

县职改领导小组在业务上承担全县专业技术干部、职工专业技术职务评定和聘任工作，组织报考参加全国、全省的经济专业、会计专业、审计专业、统计专业、卫生专业、职称外语等系列的资格考试工作。至2005年，全县共评审或推荐评审出各级各类专业技术人员6868人次，其中高级职称143人次，中级职称1918人次，初级职务4797人次。

（二）继续教育

1991年，贯彻三明市《关于实行专业人员继续教育证书制度有关问题的通知》精神，规定企事业单位已受聘的高、中级专业技术人员，每年参加脱产学习时间不得少于80学时，初级专业技术人员不得少于50学时，并将继续教育情况作为任职考核的重要内容和评聘、晋升专业技术职务的必备条件之一。根据有关规定，县人事部门与各主管部门协同开办培训班，对专业技术人员进行再教育。当年开办培训班3期，培训人员1700人次。

1996年，实行《福建省专业技术人员继续教育条例》，规定高中级专业技术人员每年参加脱产学习时间不少于72学时、初级专业技术人员不得少于42学时；专业知识课程由业务主管部门负责，公共必修课课程由人事部门负责。年举办培训班5期，培训人员2600人次。

2000年，举办《创造力开发》《加入WTO与中国行政管理改革》《全国专业技术人员计算机应用能力培训》《现代科学技术干部读本》等公共必修课培训班。至2005年，共举办培训班67期，培训人员达6331人次。

2005年，把专业技术人员计算机应用能力列为职称评聘的重要条件，并举办相关专业的技术培训班，全年有231名专业技术人员通过计算机应用能力考试，取得合格证书。

（三）专家管理

1991 年以来，明溪县按照“不求所有、但求所用”的思路，积极创造良好的人才引进机制，坚持和完善刚性引进和柔性引进相结合的办法，给高、新、尖人才创造良好工作的条件，引进、培养一批人才。1996 年，县政协原副主席余能健被三明市政府批准为享受政府津贴专家。

2003 年，县政府下发《关于进一步做好我县人才工作的意见》，规定专家引智方面的一系列政策，建立人才保障机制。年初，县委、县政府与复旦大学签订校县合作协议，为县校合作奠定基础。12 月，经国家人事部批准，福建南方生物技术股份有限公司设立博士后科研工作站。当年底，县召开表彰大会，对复旦大学教授陈家宽等一批对明溪经济做出突出贡献人员进行奖励。

2004 年，复旦大学在南方生物技术股份有限公司博士后科研工作站设立博士后科研流动工作站。2005 年 6 月，博士王昌伟进驻该工作站，县政府按有关政策给予优惠待遇。

2001—2005 年，县南方生物技术股份有限公司从高校引进专家、教授、学者 26 批次 406 人次。

三、离退休、退职干部管理

（一）离休干部管理

1991 年，全县有离休干部 115 人，县内安置 94 人，易地安置 21 人。1994 年，将企业离休干部和部分事业单位离休干部的工资以行政单位标准套改。2005 年，全县有离休干部 55 人，其中，行政单位 32 人，事业单位 12 人，企业单位 11 人，县内安置 39 人，易地安置 16 人。

（二）退休干部管理

1991 年 8 月，成立县退休干部协会，退休干部工作做到自我管理，自我教育，自我服务的“三自”，做好退休干部学习、文娱活动、慰问探视、发挥余热等工作。是年，全县有退休干部 90 人，退休干部总数达 391 人。1994 年 12 月，县退休干部社会化管理工作经省人事局验收成为全省第三批合格单位。1995 年，全县退休干部有 51 人，总数达 562 人。2000 年，全县退休干部 60 人，总数达 819 人。2005 年，全县退休干部 56 人，总数达 1080 人。

（三）退职干部管理

1991—2005 年，全县行政事业单位共有 99 名专业技术人员和管理人员辞职，6 人退职，75 人辞退（含自动离职）。

第三节 干部培训

1991 年，贯彻省政府《关于认真做好国家行政机关工作人员公共必修课培训工作的通知》精神，规定国家行政机关男 50 周岁以下，女 45 周岁以下，科级（含科级）以下工作人员，都必须学习《行政管理学》《法学基础与行政法》《公务员行为规范》《公务员应用文写作》《社会调查与研究方法》等 5 门课程，要求参加学习达到 280 学时。当年始开办培训班，至 1994 年底，全县共有 765 名干部参加培训，占应培训干部对象的 96.8%。

1995 年 6 月，三明市委组织部、市人事局下发《关于做好我市各级党政机关工作人员过渡培训工作的通知》。规定，凡列入党的工作者、国家公务员过渡的人员、年龄在 50 周岁以下在职干部都必须参加培训，培训内容是《新编国家公务员制度教程》和《宏观经济管理》两门课程，学习时间达 80 学时。1996—1997 年，全县共举办 4 期公务员过渡培训班，有 783 人参加，参训率达 99.5%；公务员过渡工作完成后，全县共举办 9 期公务员培训班（进行任前培训、任职培训和开展专业业务、更新知识培训），参训人员达 1445

人次。

2002年5月，省政府通过《福建省国家公务员培训规定》；省人事厅下发《关于在全省国家公务员中开展世界贸易组织知识培训》，要求学习《加入世界贸易组织与中国行政管理改革》《中国知识产权法规汇编》和《公务员依法行政读本》。学习时间必须达到40学时，用3年时间完成培训工作。县人事局从2002年至2004年5月举办6期公务员依法行政培训班，共有655人参加，并进行考试，考试及格率达98.2%。2004年6—12月，举办7期《中华人民共和国行政许可法》培训班，有851人参加培训。

2005年，全县组织247位专业技术人员参加全国计算机应用能力考试，发放合格证书231份；举办4期《现代科技知识》培训班，有504名机关事业单位工勤人员参加。

第四节 考核 奖惩 仲裁

一、考核

1994年起，实行机关工作人员年度考核制度，对干部的德、能、勤、绩、廉五个方面进行全面考核，重点考核工作实绩。考核分为平时考核和年度考核，平时考核作为年度考核的基础。年度考核结果分为优秀、称职（合格）、基本称职（基本合格）、不称职（不合格）4个等次。一般工作人员优秀指标的比例按12%分配，考核称职以上的发给年终一次性奖金，考核不称职的不得晋升职务工资档次及取消当年年终一次性奖金。当年，全县考核优秀的有373人，称职的2705人，不称职的3人；1997年考核为优秀的有380人，称职的2715人，不称职的3人。

2001年1月，县下发《关于进行2000年乡镇和县直单位工作考评的通知》，对各乡镇和县直各单位上年度工作进行考评，有人违纪，单位优秀指标降低为10%，违纪人员定为不称职（不合格）。分别评出一等奖1名、二等奖2名、三等奖3名，并规定按考评等次对单位年度考核优秀等次比例在12%的基础上分别增加8%、6%、4%。年终考核结果作为工作人员奖惩、培训、辞退以及调整职务、级别和工资的依据。2000年考核为优秀的有361人，称职的2645人，不称职2人。2003年考核为优秀的有342人，称职的2442人，不称职的4人。2005年考核为优秀的有343人，称职的2513人，基本称职的2人，不称职的2人。

二、奖惩

（一）奖励

1991年，全县获得省劳模4人，市劳模10人。1993年，国务院颁发《国家公务员暂行条例》，奖励分为嘉奖、记三等功、二等功、一等功、授予荣誉称号5种。行政奖励以精神鼓励和物质奖励相结合。1995年，全县获得省劳模2人，市劳模8人，省“五一劳动奖章”1人。1998年，全县获得全国“五一劳动奖章”1人，市劳模7人，省“五一劳动奖章”1人。2000年，全县获得省劳模1人，市劳模1人。2005年，全县获得省劳模1人，市劳模1人，省“五一劳动奖章”1人。

1991—2000年，获得省、市劳模者，给予上调2级工资奖励。2001—2005年，劳模获得者由省、市政府直接奖励。

（二）惩戒

1993年，国务院颁发《国家公务员暂行条例》，惩戒分为警告、记过、记大过、降级、撤职、开除6种。同年，全县干部受处分的有4人。1995年，全县干部受处分有13人。1997年，全县干部受处分有17人。2000年，全县干部受处分有8人。2005年，全县干部受处分有6人。

三、仲裁

2004 年 12 月，县成立人事争议仲裁委员会。

2005 年 1 月，召开县人事争议仲裁委员会第一次会议，制定《明溪县人事争议仲裁委员会仲裁规则(试行)》《明溪县人事争议仲裁委员会组织规则（试行)》《明溪县人事争议仲裁委员会仲裁庭规则（试行)》和《明溪县人事争议仲裁委员会仲裁员管理办法（试行)》等 4 个规则、办法，于 3 月 1 日正式对外受理业务。当年受理办结 1 件因辞退补偿金纠纷的案件。

第二章　机构编制

第一节　机构改革

一、党政群机构改革

1991—2005 年，全县县级党政机构进行了两次较大改革，分别是 1996 年和 2002 年。

1996 年，县级按照中央、省、市关于党政机构改革的工作部署，精简机构。全县党政机构共设 29 个，其中县委机构有纪律检查委员会（监察局与其合署)、县委办、组织部、宣传部、统战部、政法委等 6 个，政府机构有政府办（挂信访局、侨办、保密局牌子)、计划局、经济局、农业局（水利局、乡镇企业局与其合署)、公安局、民政局（挂老区办牌子)、财政局、人事局（编办、劳动局与其合署)、教育局、卫生局、计划生育局、审计局、统计局、工商行政管理局、交通局、建设局、监察局（不计机构数)、林业局、文化体育局、司法局、科学技术局、粮食局、对外经济贸易局、土地管理局等 23 个，精减 48.2%；核定行政编制 450 名，精减 29.1%。1999 年工商系统实行垂直管理，2000 年质量技术监督也实行垂直管理，两个部门的行政人员全部上划相应上级部门管理。2001 年，成立药品监督管理局，实行垂直管理。

2002 年 1 月，县对党政机构进行改革，县委设县委纪律检查委员会、县委办公室、县委组织部、县委宣传部、县委统一战线工作部、县委政法委员会等 8 个工作部门，设文明办（为宣传部管理机构)、老干局(为组织部管理机构)、信访局（为县委办、政府办管理机构）等 3 个部门管理机构，设县委农村工作领导小组办公室等 1 个议事协调办事机构；县政府设办公室、发展计划局、经济贸易局、教育局、公安局、监察局（不计机构数)、民政局、司法局、财政局、人事局、国土资源局、城乡规划建设局、交通局、农业局、林业局、卫生局、计划生育局、审计局等 17 个工作部门，设科学技术局（与发展计划局合署)、劳动和社会保障局（与人事局合署)、水利局（与农业局合署）等 3 个合署办公机构，设环境保护局、统计局(为政府办公室部门管理机构)、信访局（为政府办管理机构）等 3 个部门管理机构，设外经贸工作领导小组办公室等 1 个议事协调办事机构，县政府工作部门比原工作部门 24 个精减 22.7%。县委部门内设机构 39 个,比原内设机构 47 个精减 17.02%；县政府内设机构 107 个,比原内设机构 139 个精减 23.74%。全县 9 个乡镇机构统一设置,党政机构设置党政办、农村经济办、社会事务办、综治办、计生办等 5 个机构，精减 16.7%。

2005 年，县党政机构设置与 2002 年改革后相同。

二、事业机构改革

1991 年全县事业机构数为 291 个，2002 年增加到 374 个。2002 年，全县乡镇事业机构进行全面调整，将原农技站、兽医站、水利工作站、农机站、经管站合并为乡镇农业服务中心，文化站更名为文化服务中心，企业站更名为企业服务中心，村建站更名为村镇规划建设服务中心，保留计生服务所。各乡镇管理的事业单位由原9个精减为5个。

2003年6月，根据省、市有关县直事业单位机构改革精神，开展县直事业单位机构改革，对全县县直事业单位机构进行重新调整。归并、合并事业单位18个：将党史研究室与地方志编纂委员会办公室合并，实行一个机构两块牌子；将职工业余学校与工人文化宫合并，组建明溪县职工活动中心；将退休干部活动中心并入老干部活动中心；将农机化校并入农机管理中心，保留牌子；将农业机械推广站并入农机管理中心；将地产开发公司与土地交易所合并，组建土地整理中心；将房产交易所并入房管所，保留房产交易所牌子；将农广校并入农业技术推广站，保留牌子；将真菌站并入经作站；将红十字会并入卫生协会，保留牌子；将卫生进修学校并入卫生协会，保留牌子；将考试工作站与自考办合并，组建教育招生考试中心，并保留各自牌子；将少体校、体育场地管理站合并，组建明溪县体育活动中心，保留各自牌子。更名的事业单位8个：矿产资源管理委员会办公室更名为矿产资源管理站；园林管理处更名为园林管理站；城市建设管理站更名为建筑业管理站；村镇建设管理站更名为村镇规划建设管理站；城乡规划办更名为城市规划管理办公室；公路工程管理站更名为交通工程管理站；水电工作站更名为水利工作站；玉虚洞管理处更名为玉虚洞管理站。转变经费形式的事业单位3个，转为企业的事业单位7个，划转隶属管理的事业单位1个：将城市建设管理站、村镇规划管理站原自收自支经费形式转为财政拨补；劳动服务中心原自收自支经费形式转为财政拨补；将新华书店、县招待所、建筑规划设计院、电影发行放映公司、粮油议价公司、外贸公司、兽医门诊部等改制为企业；将林业公路段划入林业总公司管理。撤销的事业单位18个：撤销机关托儿所、干部档案室、工农业余教育、财政四员、农村救灾基金会、科技开发中心、地产事务所、土地评估所、城乡土管站、地材市场管理站、乡镇企业管理站、水电勘察设计室、日月溪水库管理站、罗翠水库管理站、物资招待所、影剧院、良种场、来料加工办公室。全县新核定事业机构161个，减少机构34个，精减17.4%。

2005年，县事业单位机构设置与2003年改革后相同。

第二节 编制管理

一、行政编制管理

1991年前，全县党政群机关的总编制由省编委下达，专项编制由省编委会同有关部门共同商定分配方案，逐级下达，专项使用；垂直部门编制由中央业务主管部门核定，地方负责监督执行。当年，全县行政编制县直机关为629名，乡镇330名，政法系统机关221名，共1180名。

行政编制的管理为动态管理，它根据各个时期的不同工作任务情况进行增加或减少。从1991—2005年间，省、市核定明溪县行政编制有多次调整，特别是1997年和2002年的机构改革，调整幅度较大。1997年，省编委核定全县行政编制1053名，其中县直机关450名，乡镇345名，政法系统机关258名。2002年，省编委核定全县行政编制828名，其中县直机关322名，乡镇251名，政法系统机关254名。2005年，保持不变。

二、事业编制管理

根据国家计划和事业单位的不同性质和特点，县事业单位编制管理采取制定编制定员、规定各类人员比例，控制机构设置和编制定额的办法进行管理。编制按经费开支分为财政拨款、财政补助、自收自支三种类型。

1991年，全县核定事业编制2963名，实有人数2830人。1998年，县编委下发“关于机关事业单位实行核编制度的通知”，文件规定机关事业单位人员的增减，必须持经县编委办公室核定的《机构编制核编证》到有关部门办理户籍、工资、工资发放等手续。1999年，全县事业编制3518名，实有人数3370人。2002年，县加强乡镇机构改革，全县乡镇事业单位编制由原481名精减为385名，精减率为20%。2003年6月县直事业单位机构改革时，县直事业单位的编制进行重新调整和定编。全县县直事业单位编制由原来的1417名精减为1261名，精减率为11%。全县事业编制3056名，实有人数3038人。2005年，全县事业编制2826名，实有人数2834人。

第三节　事业单位法人登记

1997年，县编委依据《福建省事业单位登记管理暂行规定实施细则》文件精神，对全县事业单位进行全面调查摸底，了解各事业单位的机构、编制人员、单位负责人以及资产情况、认定其是属于法人事业单位还是非法人事业单位。当年底，完成全县事业单位登记工作。对登记的法人单位和非法人单位发放了证书。同时按实施细则规定，每年对事业法人单位进行年检，对机构变动，法人变动等情况都进行办理变更手续。

1998年10月，县贯彻执行国务院颁布《事业单位登记管理暂行条例》，对事业单位进行规范管理。2000年7月，中编办、最高人民法院、公安部、财政部、人事部、中国人民银行等15个部门联合下发《关于“事业单位法人证书”使用问题的通知》文件。县加强对事业单位的管理，明确规定对未取得《事业单位法人证书》的单位不得以事业单位法人名义开展活动。

2001年9月，县编委对全县事业单位进行登记，不再进行事业单位非法人登记。至2005年底，全县已登记的法人事业单位123个。

第三章　劳动和社会保障

第一节　劳动就业

一、跨地区就业

1991年，县内有部分劳动力向经济较发达的厦门、广东等地流动。之后由于汽车修理厂、链条厂、水泥厂等企业衰退，失业劳动力增多，劳动力向外流动加大。1999年，跨地区就业人数2357人，其中劳动部门输出1075人。2000年，跨地区就业增至3860人，其中劳动部门输出人数1167人。2001年后，随着县域经济好转，跨地区就业人数减少。2003年，跨地区就业人数2166人，其中劳动部门输出1678人。2005年，跨地区就业人数3550人，其中劳动部门输出312人。

二、出国劳务

20世纪90年代初，随着改革开放不断深入，对外经济交往更加密切，出国劳务成为解决劳动力就业的又一个重要途径。2000年，县政府印发《明溪县关于进一步加强公民因私出国劳务优惠政策》，调动劳动力出国劳务的积极性，县乡各级政府采取互助合作等措施，帮助留家人员解决生产、生活困难问题。县劳动部门采取“民间与公派”两条腿走路的方法，通过民间渠道进行对外劳务合作，推进劳务出国就业。县劳动部门提供职业技能，培训劳务人员的劳动技术，使零星劳务输出发展为批量输出，从提供一般的初级劳务发展到输出熟练技术劳务、专业技术劳务。至2005年底，全县办理出国护照18648本，已出国劳务人员7200人，占全县总人口的6.2%，分布在俄罗斯、匈牙利、意大利、荷兰等30多个国家和地区。

三、创办微型企业

2003年，县劳动部门采取以培训促进创业，以创业带动就业的新模式，探索创业验证培训成效，不断提高劳动者的综合素质和就业能力，开展“帮一人创业，带一群人就业”的“1+1”群创业培训班，先后有174人参加学习，经创业培训合格158人，先后有36人开办酒家、食杂店和宝石、金银首饰加工店等微型企业，带动328人就业。

四、农业综合开发就业

1999年，县政府为了加强农业基础设施和生态建设，提高农业综合生产能力，保证国家粮食安全，在全县各乡镇进行农业综合开发。当年建立果园22公顷，新增就业人员53人。2003年，县劳动部门派出工作组深入乡村进行农业综合开发指导、扶持、帮助专业户工作，当年新建果园80公顷，新增就业人员180人，新投资养牛场6个，新增存栏肉牛101头，就业人员67人，新增红豆杉基地3个213.33公顷，就业人员1879人。2005年，全县新建果园40公顷，新投资养牛场2个，新增存栏肉牛1500多头，新增千亩红豆杉基地1个，新增就业人员264人。

五、扶持就业

2000年后，县委、县政府加大对下岗、失业人员扶持就业力度。2002年，全县有企业下岗、失业人员2375人，其中“4050”对象336人。为加大对“4050”人员再就业援助，县下发《关于进一步做好下岗失业人员再就业工作的若干意见》。由县委常委挂包县一中教师中下岗的家属子女，由县副处级以上领导挂包22对下岗职工，由县副科级以上领导挂包187名下岗特困职工的就业安排，当年解决下岗特困职工20人就业。2003年，按照部门负责、责任到人、挂包帮扶、一包到底，直至援助对象脱困或退休为止的要求，制定帮扶的管理办法和督查措施，在全县范围内动员全县县直机关单位参与第四轮“一帮一”再就业援助行动，实现130人再就业。

2005年，以“帮你再就业，我们共同努力”为主题开展“2005年再就业援助月”活动，通过开发一批居民家庭的保安、保洁、家庭护理等适合大龄就业困难人员就业的岗位，采取结对帮扶和民营企业牵手援助特困下岗失业人员方法，共帮助20名大龄下岗失业人员、12名特困家庭成员就业。

第二节 职业技能培训与鉴定

一、职业技能培训

（一）技校培训

1995年春，县劳动就业技术训练中心与省建材工业技术学校联合举办技校培训班，由中心负责招生、管理、就业；省技校负责指导、监督、发证工作。当年9月首批45名学生参加水泥工艺专业培训，学制两年。1996年该中心又与三明市技工学校联合开办电工专业，学制两年半，招收学生38名。1998年7月，县劳动服务公司、职业介绍所、县劳动就业技术训练中心合并为县劳动服务中心，继续负责培训事宜。

2001年后，县劳动服务中心继续与三明市技工学校联合办班，重点开办电工电子、电子工艺、机械制造与维修等专业，同时还开展中、短期职业技能培训。为确保培训质量，县劳动服务中心逐步完善办学点的基本设施设备，并聘请一批兼职教师队伍（其中高级职称2人，中级职称8人，其他职称4人）共同完成整个教学、管理组织工作。办学点依托三明市技工学校力量，聘请兼职信息员、定点培训等多种就业渠道解决就业。

1995—2005年，县劳动部门与三明市技工学校等联合举办12期培训班，培训600名初、中级技术人才，先后被安排到厦门厦新、宏美、宏发、DDK、柯达、安费诺、省东南汽车制造厂等大中型企业。

（二）在职培训

1991年，县开办旨在提高在职工人综合素质的技能培训班，当年开办锅炉复审3期205人、锅炉取证班75人、安全系统工程73人、电工复审2期183人、安全防火48人、统计3期224人。1993年，继续开办1期6个县49人参加的锅炉司炉人员培训班和5期439人电工培训。

1997—2000年，县根据工业生产需要，开办各种培训班，有235人参加中级电工培训培训，有85人参加高级电工培训，86人参加矿山爆破技术培训，80人参加伐木工油锯培训。2000—2003年，全县有143人参加电子装配技术培训，20人参加焊工培训，30人参加钳工培训。2004—2005年，全县有35人参加钳工培训，25人参加焊工培训。

（三）岗前培训

1991年，贯彻"先培训后上岗，先培训后就业，先培训后招工的原则"，开展岗前培训，全年开办6期702人就业前公共课培训、1期40人电动平车培训班和2期160人大中专生岗前培训班。1993年，开办3期274人就业前培训班，6期196人针织毛衣实用技术培训班，2期205人家教、家电培训班，1期93人服装班，3期250人农村进城劳动力转业训练班，2期150人大中专生岗前培训班。

随着国有企业转制，下岗失业人员增多，重新就业人数加大，县劳动部门进行岗前培训力度也逐步加强。2000年，开办了8期177人电脑培训班，1期50人电工培训班，3期138人烹饪培训班，1期20人美容美发培训班，1期65人塑料培训班，7期151人电动平车培训班。2003年，开办6期150人电脑培训班，1期52人电工培训班，1期50人烹饪培训班，2期50人美容美发培训班，3期155人塑料纺织培训班，4期150人岗前培训班。2004年，开办8期225人电脑培训班，2期75人电工培训班，2期72人烹饪培训班，2期40人美容美发培训班，3期60人金银首饰加工培训班，2期75人法律法规培训班，1期40人电动平车培训班。

2005年，组织再就业培训610人，培训后再就业491人。

二、技能鉴定

1995年5月，经市劳动局批准，县劳动就业技术培训中心成立"明溪县职业技能鉴定站"，为县内首家职业技能鉴定机构，鉴定工种为初、中级电工、车工和钳工。当年聘请5名电工专业的考评员对34名申报中级维修中级电工考试考核技术工人进行鉴定。

1996—2005年，县职业技能鉴定站鉴定6个工种954人，其中电工专业341人，松香工56人，造板工104人，电子装接工359人，摩托车维修工60人，中式烹调师34人等。

第三节 劳动监察与仲裁

一、劳动监察

1991年，县内企业主管机关和企事业单位，按照有关规定配备安全干部，在经济承包责任制和目标管理责任制中，把具体安全内容和实施细则列入指标，作为重点指标考核，严格实行安全指标否决权制度。每季度坚持组织一次安全检查活动，做到有会议记录，有隐患整顿措施；推广应用现代事故分析法、安全检查法、电化教育、事件分析法等八项安全系统工程管理项目。1993 年，县劳动局增设劳动监察室，11 月选送 7 名工作人员参加三明市第一期劳动监察员培训班学习，取得劳动监察资格。其中 1 名被县劳动局聘为专职劳动监察员，6 名被聘为兼职劳动监察员，聘期 3 年。1994 年，劳动保障监察工作确立日常巡视检查、群众举报专查、劳动保障年检、专项检查等监察执法方式，形成“职能统一，制度统一，程序统一”的工作体制。

1994—2005 年，县劳动监察实施劳动保障监察用人单位 1038 户次，涉及各类员工 55515 人次；受检单位 810 户次，企业用工年检合格率达 95%以上；开展专项执法检查 21 次；接访举报投诉处理 69 件，结案 69 件；督促企业与劳动者补签劳动合同 7839 份，补缴基本养老保险费 99.8 万元，补缴失业保险费 0.54 万元，补缴女职工生育保险费 0.35 万元，清退员工“入厂押金”73.26 万元，清偿员工一次性经济补偿金 0.49 万元，清欠农民工工资 33.6 万元。

二、劳动争议仲裁

（一）劳动合同鉴证

县仲裁办自 1990 年起对全县各类企业的劳动合同进行依法裁定。

1991 年鉴定各类劳动合同 863 份，1992 年鉴定 913 份，1993 年鉴定 964 份。之后，鉴定合同数逐年增加，1998 年鉴定 3663 份，2000 年鉴定 4312 份，2005 年达到 6412 件。

1991—2005 年，全县共鉴证各类劳动合同（含续订合同）53853 份。

（二）劳动争议处理

1995 年，《中华人民共和国劳动法》颁布实施后，县成立劳动争议仲裁委员会，开始受理劳动争议仲裁案件。

1995—2005 年，县劳动争议仲裁委员会共受理劳动争议案件 178 件，结案 178 件，案外调解 283 件。其中，履行劳动合同而引发的争议 52 件，因开除、除名、辞退而引发的争议 41 件，因工伤等其他原因而引发的争议 78 件。

第四节 劳动社会保障

一、养老保险

（一） 机关事业社会养老保险

1993 年 6 月，县人事局下设机关事业社会保险公司，负责机关事业单位社会养老保险业务。凡纳入县人事局工资基金管理的机关事业单位（含差额补贴、自收自支、企业化管理的事业单位）的全部工作人员均实行强制性的离退休保险社会统筹。财政拨款的机关事业单位，按单位全部工作人员工资总额的 20%缴纳（其中财政、单位负担 18%，个人负担 2%）；自收自支、企业化管理的事业单位，按单位全部工作人员工资总额的 25%缴纳（其中单位负担 23%，个人负担 2%）。当年全县参保 4058 人，离退休 519 人，基金收入 171.46 万元，基金支出 109.96 万元。1996 年，全县参保 4479 人，离退休 646 人，基金收入 496 万元，基金支出 436.56 万元。

2001 年 4 月，机关事业社会保险公司移交县劳动和社会保障局，负责全县机关事业单位的养老保险工作。同年全县参保 4416 人，离退休 944 人，基金收入 1012.98 万元，基金支出 1101.14 万元。

2004 年制定《关于明溪县机关事业单位工作人员养老保险有关问题的实施意见》（主要为有关养老保险的条款）。全年全县参保 4058 人，离退休 1148 人，基金收入 1861 万元，基金支出 1875 万元。

2005 年，全县参保 4007 人，离退休 1229 人，基金收入 1720.37 万元，基金支出 1859.21 万元。

（二）企业养老保险

1991 年，国营企业职工养老保险业务由县社会劳动保险公司管理，全民集体企业职工养老保险仍由中国人民保险公司明溪支公司管理。1992 年 7 月，国有企业的全民固定职工实行个人缴费，个人缴费的费率为 2%。当年全县办理养老保险 4846 人，离退休 667 人，收缴养老金 211.79 万元，支出 127.06 万元。1994 年 1 月，个人缴费的费率调整为 4%，企业缴费的费率为 21%；职工个人缴费比例每两年提高一个百分点，直至 8%；企业缴费每两年降低一个百分点，直至 18%。同年全县办理养老保险 4171 人，离退休 749 人，收缴养老金 298.56 万元，支出 164.15 万元。

1996 年 1 月 1 日起，全县集体企业职工养老保险由中国人民保险公司明溪支公司移交县社会劳动保险公司统一管理，同时建立企业职工养老保险个人账户，并把缴费基数调整为 8%。当年全县办理养老保险 5454 人，离退休 1226 人，收缴养老金 629.31 万元，支出 384.1 万元。1998 年，职工本人缴费基数调整为 11%。当年全县办理养老保险 5210 人，离退休 1393 人，收缴养老金 566.21 万元，支出 553.77 万元。

2000 年，全县办理养老保险 4245 人，离退休 1640 人，收缴养老金 793.29 万元，支出 779.17 万元。2005 年，全县办理养老保险 5554 人，离退休 2317 人，收缴养老金 899 万元，支出 1632 万元。

（三）农村养老保险

1992 年 7 月，县民政局下设农村养老保险事业管理处，负责全县年龄 20~60 周岁的农村居民（含农民、村干部、乡镇企业职工、民办幼师、乡村医务人员、农村籍义务兵、计划生育对象、个体经营者、个体运输户和应聘在乡、镇企业工作的大、中专毕业生、科技人员、技术工人及其他专业人员等）社会养老保险业务。该保险以保障老年人的基本生活为宗旨，采取政府引导与农民自愿相结合，实行以个人缴纳为主，集体补助为辅，国家予以政策扶持的方法建立个人养老保险基金账户，个人缴纳和集体补助的保险费，分别记在个人名下，其权益属于保险对象所有。当年全县参保人员 1677 人，收缴保费 19.16 万元，积累基金 18.52 万元。

1995 年，全县参保人员 1246 人，收缴保费 57.3 万元，积累基金 110.2 万元；退保人员 108 人，退保金额 4.12 万，均达历年之最。

2002 年 6 月，县农村养老保险划转县劳动和社会保障局管理，更名为县农村养老保险公司，负责全县农村养老保险业务。同年全县参保人员 132 人，收缴保费 13.79 万元，积累基金 344.18 万元；退保人员 4 人，退保金额 0.48 万元。2005 年，全县参保人员 96 人，收缴保费 41.1 万元，积累基金 455.8 万元。

1992—2005 年明溪县农村养老保险金缴纳情况

表 18-1

年份	参保人数(人)	收缴保费(元)	积累基金(元)	领取方式	领取人数(人)	领取金额(元)	一次性给付		退保人数(人)	退保金额(元)
							人数(人)	金额(元)		
1992	1677	191552.47	185282.13	—	—	—	—	—	—	—
1993	987	190727	399486.33	—	—	—	—	—	3	396.99
1994	386	83940.5	526289.56	—	—	—	—	—	8	6964.24
1995	1246	572986.3	1102012.48	—	—	—	—	—	108	41247.3
1996	1134	500367.5	1770512.68	—	—	—	—	—	7	2293.91
1997	984	504798.7	2445939.07	—	—	—	—	—	28	4529.41

续表 18-1

年份	参保人数(人)	收缴保费(元)	积累基金(元)	领取方式	领取人数(人)	领取金额(元)	一次性给付		退保人数(人)	退保金额(元)
							人数(人)	金额(元)		
1998	438	137553.23	2690668.04	—	—	—	21	1961.94	87	28332.81
1999	215	133530.6	2942871.34	按季	3	141.63	2	2305.3	8	3492.9
2000	102	57864.5	3033322.86	按季	3	1114.57	9	1835.1	11	11122.9
2001	97	114552.7	3208455.24	按季	2	2705.2	7	4382.9	6	8433.7
2002	132	137924.4	3441864.71	按季	2	3881.4	3	1219.9	4	4776.8
2003	81	157925.7	3673029.44	—	—	6973.5	6	4886.9	8	6584.6
2004	99	315319.62	4060057.83	按季	2	5962.7	—	—	2	2222.7
2005	96	410999	4558086.43	按季	6	8299.8	7	4838.2	—	—

二、失业保险

1991 年，县实行在国有企业的破产企业职工、濒临破产企业精减职工、违纪辞退的职工和终止解除合同的职工中建立失业保险制度。失业基金按企业工资总额的 1.5%（企业缴纳 1%，个人缴纳 0.5%）提取缴纳。当年全县失业保险参保 6441 人，收入 9.58 万元，支出 2.73 万元。

1993 年，按照国务院颁布的《国有企业职工待业保险制度规定》，将保险对象扩大到撤销和解散企业的职工、停产整顿企业精减职工、企业辞退和除名的职工。当年全县失业保险参保 6577 人，收入 21.47 万元，支出 21.47 万元。

1997 年 10 月，贯彻省人大常委会颁布的《福建省企业职工失业保险条例》，将失业职工保险进行制度化。1998 年 7 月 1 日后，县实行失业保险基金按企业工资总额的 3%（企业缴纳 2%，个人缴纳 1%）征缴，全县年失业参保 5119 人，收入 57.25 万元，支出 57.25 万元。1999 年 8 月，县劳动服务公司、县职业介绍所、县技术培训中心合并成立县劳动服务中心，负责全县职工失业保险等工作。同年 12 月，将失业保险范围扩大到国有企业、城镇集体企业、外商投资企业、城镇私营企业以及其他城镇企业及有关人员，全县年失业参保 5096 人，收入 66.38 万元，支出 66.38 万元。

2000 年，县国有企业改制进入高峰，下岗失业人员增加，失业保险费率提高，全县参保人员减少。当年全县参保人数为 3458 人，收入 241.71 万元，支出 241.71 万元。 2005 年，全县失业保险参保 4896 人，收入 283.38 万元，支出 292.21 万元。

1991—2005 年明溪县失业保险金收支情况

表 18-2

年份	失业保险参保人数(人)	收入(万元)	支出(万元)	失业人数(人)
1991	6,441	6.58	2.73	4
1992	5439	11.85	10.2	6
1993	6577	21.47	21.47	186
1994	7201	33.13	33.13	192
1995	7568	35	35	521
1996	7518	33	33	713
1997	5700	66.05	66.05	1189
1998	5119	57.25	57.25	132
1999	5096	66.38	66.38	68

续表 18-2

年份	失业保险参保人数(人)	收入(万元)	支出(万元)	失业人数(人)
2000	3458	241.71	241.71	1455
2001	2831	306.69	306.69	1767
2002	6475	261.26	256.3	1714
2003	5925	181.8	133.63	481
2004	4890	205.27	158.05	483
2005	4896	283.38	292.21	354

三、工伤保险

1992 年，全县工伤保险参保 4223 人，统筹基金 2.65 万元。1993 年 7 月，全县工伤保险实行市级统筹。当年全县参保 4213 人，收缴基金 12.07 万元，支付 2.1 万元。1996 年，全县工伤保险参保 5454 人，统筹基金 21.97 万元，支付保险金 10.78 万元。2000 年，全县工伤保险参保 3181 人，统筹基金 18.51 万元，支付保险金 11.77 万元。

2004 年 8 月，工伤保险实行县级统筹。当年全县参保 4907 人，统筹基金 39 万元，支付保险金 20 万元。2005 年，全县参保 5321 人，统筹基金 42 万元，支付保险金 22 万元。

四、生育保险

1995 年 9 月，全县实行女职工生育保险，保险对象包括统筹区域内的国有企业、股份制企业、城镇集体企业、私营企业全部女职工，外商投资企业及中方女职工，属县级统筹。生育保险基金由企业缴纳，职工个人不缴纳，费率为工资总额的 1%。当年全县参保职工 4342 人，统筹基金 4.69 万元。1996 年参保达 5454 人，缴纳基金 13.5 万元，支出 8.43 万元。

1997 年 7 月，女职工生育保险实行市级统筹，费率统一按工资总额的 0.7%征收。全县参保 5304 人，统筹生育金 18.14 万元，支出 15.91 万元。2000 年，全县参保 3181 人，统筹生育金 15.56 万元，支付 13.14 万元。2005 年，全县参保 2641 人，统筹生育金 20 万元，支付 27 万元。

五、医疗保险

（一）基金筹集

2000 年 12 月，成立明溪县医疗保险管理中心，负责全县医疗保险定点医疗机构、定点零售药店和参保登记、费用支付等日常管理工作。该基金纳入财政专户管理，实行收支两条线，专款专用，实行统账结合的管理方式，统筹基金由用人单位缴纳医疗保险费扣除划入个人账户后的剩余部分、统筹基金利息、滞纳金组成；个人账户由职工个人缴纳的医疗保险费、用人单位缴纳医疗保险费中按比例划入个人账户的部分、个人账户余额利息组成。统筹基金和个人账户按照各自支付范围，分别核算，不得相互挤占。参保者的个人账户由医保中心根据 40 岁以下（含 40 岁）按职工本人工资总额的 0.8%、41~50 岁按 1.8%、51 岁至法定退休年龄按 2.3%、70 岁以下按 5.3%、71 岁以上按 5.8%等各年龄段的不同比例给予划入（划入的账户金额低于 35 元的按 35 元划），离休人员和二级以上革命伤残军人不设个人账户，其门诊和住院费用按照有关规定给予实报实销。

2001 年 1 月，启动行政机关、事业单位、国有企业、集体企业、外商投资企业、民办非企业单位和社会团体的在职职工和退休人员的基本医疗保险。参加基本医疗保险由用人单位统一到县医疗保险管理中心办理参保登记手续后，以用人单位的在职职工工资总额为基数，以 8%的比例按月向县医疗保险管理中心缴纳，职工退休后个人不再缴纳基本医疗保险费；改制、破产、撤销、解散和名存实亡的企业退休人员，由其主管部门办理参保登记手续后，以参保时本县上年度社会平均工资为基数，按 8%的比例，一次性缴纳 10 年的医疗保险基金；因企业改制、破产、撤销、解散和其他原因解除劳动关系人员，辞职、辞退和自谋职业的人员，由本人办理参保登记手续后，以明溪县上年度社会平均工资为基数，按 8%的比例，一次性缴纳当年的医疗保险基金。当年，全县办理医疗保险职工有 5899 人，退休 1495 人，基金征缴基数 5680.69 万元，基金征缴数 454.45 万元。

2003 年 1 月，启动下岗失业人员多种形式的医疗保险，有能力的可按现有在职职工全额缴纳的基本医疗保险，也可以不建立个人账户的统筹医疗保险，或只缴纳商业补充医疗保险金的大额医疗保险。当年，全县办理医疗保险职工有 7399 人，退休 2793 人，基金征缴基数 9855.21 万元，基金征缴数 788.42 万元。

2004 年，全县办理医疗保险职工有 7722 人，退休 3136 人，基金征缴基数 12327.5 万元，基金征缴数 986.2 万元。2005 年，全县办理医疗保险职工有 11230 人，退休 3443 人，基金征缴基数 13957 万元，基金征缴数 1116.56 万元。

（二）基金管理

1.门诊费用管理和支付

2000 年 12 月，医疗保险基金成立后，参保人员在县内定点医疗机构就诊时，在基本医疗保险药品、诊疗目录内的医药费用，凭本人有效医疗保险 IC 卡在个人账户限额内支付，基本医疗保险药品、诊疗目录外和超出个人账户限额的医药费用，由个人现金支付。异地安置人员以安置地医疗机构和零售药店有效票据，费用由个人垫付后，在基本医疗保险药品、诊疗目录内的医药费用，凭本人有效医疗保险 IC 卡在个人账户限额内支付。在定点零售药店购买的非处方药和医生开具的外购处方药品的费用，由个人账户限额内核销。

2001 年，全县参加医疗保险人员门诊 29648 人次，费用 86.32 万元，次均费用 29.12 元，人均费用 116.74 元。2003 年，全县参加医疗保险人员门诊 76879 人次，费用 26.79 万元，次均费用 34.85 元，人均费用 264.39 元。2005 年，全县参加医疗保险人员门诊 52026 人次，费用 360.37 万元，次均费用 69.27 元。

2.住院费用

参保人员凭本人有效医疗保险 IC 卡，在县内定点医疗机构住院的，在基本医疗保险药品、诊疗目录内的医疗费用，在统筹基金支付起付标准以上，最高支付限额（3 万元）以下部分，按照分段累计的办法，个人按比例负担少部分，主要由统筹基金支付，起付标准以下和个人按比例负担部分，由个人账户支付，个人账户不足支付的由本人现金支付；超最高支付限额的医药费用，进入商业补充医疗保险结算。

2001 年，全县参保对象住院 301 人次，费用 160.9 万元，统筹基金支付 111.24 万元，次均总费用 5345.55 元，次均统筹支付 3696.8 元。2003 年，全县参保对象住院 961 人次，费用 543.33 万元，统筹基金支付 374.36 万元，次均总费用 5653.79 元，次均统筹支付 3895.53 元。2005 年，全县参保对象住院 1259 人次，费用 740.9 万元，统筹基金支付 510.16 万元，次均总费用 5884.87 元，次均统筹支付 4052.1 元。

3.门诊特殊病种、特殊治疗项目管理和费用支付

门诊特殊病种、特殊治疗项目分甲、乙两类，甲类有恶性肿瘤化学治疗和放射治疗、重症尿毒症透析、结核病规范治疗、精神分裂症治疗、危重病的抢救。乙类有高血压病、糖尿病、再生障碍性贫血、性心功能衰竭、系统性红斑狼疮、胆管硬化、金森氏综合征、日光性皮炎。门诊特殊病种、特殊治疗项目的医疗费用在统筹基金支付起付标准以上，甲类个人自负 20%，乙类个人自负 30%。

2001 年，全县参保对象门诊特殊病种诊疗 154 人，费用 18.77 万元，统筹基金支付 11.48 万元，次均总费用 1218.64 元，人均统筹支付 745.59 元。2005 年，全县参保对象门诊特殊病种诊疗 1206 人，费用 130.23 万元，统筹基金支付 75.07 万元，次均总费用 1079.86 元，人均统筹支付 622.47 元。

4.异地安置管理

退休后，安置在县外和在县外从事灵活就业人员一年以上及县驻外机构办事人员，可在居住所在地选择1~3所非营利性的医疗保险定点医疗机构，报县医疗保险管理中心审批登记备案后，其住院和门诊特殊病种的医疗费用按规定给予报销；个人户账户支付的费用，在个人户账户限额内给予报销。

5.医疗保险定点机构

2001年3月，县人民政府下发《明溪县城镇职工基本医疗保险实施细则》等文件，县城镇职工医疗保险从2001年1月1日正式实施。并确定县医院、县中医院、雪峰镇卫生院、瀚仙镇卫生院、胡坊镇卫生院、沙溪乡卫生院、夏阳乡中心卫生院、盖洋镇中心卫生院、枫溪乡卫生院等为县医疗保险定点医疗机构，确定国营济仁药店、健康药店、康复药店等为定点零售药店。定点机构与医疗保险管理中心建立计算机信息网络管理系统进行规范化管理。

2003年10月，大众药店、明峰药店、民泰药店3家个体药店，被批准为县医疗保险定点零售药店。2005年，全县定点医疗机构有县医院、县中医院、雪峰镇卫生院、瀚仙镇卫生院、胡坊镇卫生院、沙溪乡卫生院、夏阳乡中心卫生院、盖洋镇中心卫生院、枫溪乡卫生院，定点零售药店有济仁药店、健康药店、康复药店、中心药店国营药店和大众药店、明峰药店、民泰药店等个体药店。

（三）补充医疗保险

1.企业职工补充医疗保险

2005年5月，县启动企业职工补充医疗保险。国有企业、集体企业和其他企业可根据企业的财力，在启动基本医疗保险的基础上，以本单位在职职工工资总额的4%提取企业补充医疗保险基金，基金用于本企业职工在医疗保险管理目录内，超过个人账户支付的门诊费用、统筹基金支付起付标准、住院自负比例、商业补充医疗保险自负部分可按一定比例给予补助。当年，县内有福建烽林机器厂、中国人民银行明溪支行、中国工商银行明溪支行、建设银行明溪分行建立企业补充医疗保险。

2.商业补充医疗保险

2002年1月，县启动城镇职工商业补充医疗保险。以县医疗保险管理中心为投保人，为全县所有参加基本医疗保险的参保人，集体向商业保险公司投保。其保险费由县医疗保险管理中心从参保人员个人账户中年提取24元，其余部分从统筹基金支付。参保人员在一个年度内发生的超过基本医疗保险统筹基金最高支付限额以上的医疗费用，由商业保险公司按分段累计计算赔付的办法给予赔付，商业保险公司最高赔付额为15万元。2002年，全县向平安保险投保8990人，投保基金28.4万元，赔付8人次，赔付金额16.17万元，投保人数年均赔付额17.99元。

2004年，全县向人寿保险投保10548人，投保基金37.97万元，赔付36人次，赔付金额47.68万元，投保人数年均赔付额47.05元，最高单病例赔付9.59万元。2005年，全县向人寿保险投保8500人，投保基金47.6万元，赔付34人次，赔付金额46.21万元，投保人数年均赔付额54.36元，最高单个病例赔付5.6万元。

3.医疗保险救助

2003年1月，县直属行政机关、事业单位和省、市属行政机关、事业单位的在职人员中每人每月捐助人民币10元为医疗保险救助基金，正式启动失业人员医疗保险救助。以失业人员中女性40周岁、男性50周岁以上的大龄就业困难人员为救助对象，他们在参加基本医疗保险和统筹医疗保险时，以当年应缴纳医保基金总额为标准，参加基本医疗保险的给予40%、统筹医疗保险的给予30%的补助，享受在职人员的基本医疗保险待遇。2003年，全县筹集基金44.09万元，救助129人，救助金额3.03万元。2005年，全县筹集基金40.36万元，救助543人，救助金额21.86万元。

第五节 劳动力管理

一、用工管理

（一）招工管理

1991年，国有企业招工计划指标仍由劳动部门审批下达，不能自主招工。集体所有制企业招收集体所有制工人指标不再由劳动部门下达，由企业自行决定，但须按招工政策经劳动部门办理招工手续，且只能从城镇待业人员中招收。原在集体所有制企业的工人不得调入全民所有制单位企业。但对工人的管理权进行下放，企业厂长（经理）有权辞退违法违纪职工。国有合同制工人凡合同期未满一律不准流动。当年，全县全民所有制职工新增90人，集体所有制职工新增28人。

1992年起，改革职工调动工作手续，允许企业与职工“双向选择”，同体制职工可自由流动，集体工也可进入全民企业，但应补交养老保险基金。企业职工调动只要企业同意，不再由劳动部门办理审批和调动手续。企业可在全省范围内招用城镇待业人员，不再受行政区域限制，也不再由劳动部门审批，同时在优化组合中的下岗职工可分情况实行厂内待业、厂内退休、留职停薪、转业培训等安置办法。在招工时，劳动部门只对招工政策进行监督管理。当年，全县全民所有制职工新增269人，集体所有制职工新增320人。1995年，县成立外来劳力管理站，对外来劳力和农村进城务工人员进行登记。

2005年，县劳动部门检查用工单位810家，并对企业用工情况进行调查，受理员工劳动纠纷，纠正企业违法用工。

（二）合同制管理

1991年，县内所有企业（含“三资”企业）实行劳动合同管理，不论固定工还是合同工一律与企业签订劳动合同。对未进入岗位又不愿签订劳动合同的职工，企业可按自动离职处理，劳动部门只对所签合同进行鉴证，鉴证内容为：审查劳动合同主体的合法性、审查劳动合同关系的真实性、审查劳动合同内容的合法性、审查劳动合同条款的准确性。1994年，各企业内部不再区分干部、工人、固定工、临时工的界线，通过考核，择优上岗，签订劳动合同，后统称为“企业职工”。1995年，县内开展国有企业签订集体劳动合同试点。

1991—2005年，全县共鉴证各类劳动合同（含续订合同）53853份。

（三）劳务派遣管理

2000年前，县内劳务均为民间自发。

2004年2月，县劳动部门成立县劳务派遣有限公司，购置电动平车等设备，建立劳务派遣培训基地，做到有针对性的定向培训与短期班相结合的办法，开设电动平车、烹饪、家政服务、酒店服务、客房服务、电器修理、美容美发、电工、电子技术、计算机等培训班，将“就业、培训、保障、维权”融为一体，以促进下岗失业人员再就业、城镇新增劳动力就业、大中专毕业生就业以及农村劳动力转移就业为重点，形成“县内规范派遣、县外有序流动、境外劳务输出”三条通道，拓宽就业和再就业渠道。至2005年12月，全县开展劳务派遣13家1203人，开展劳务派遣培训870人，经过培训派遣实现就业576人。

二、劳动工资

（一）机关事业单位工资

1.工资改革

1994年，全县机关事业单位实行工改，机关实行职级工资制，工资总额由职务工资、级别工资、基础工资和工龄工资4个部分组成；事业单位实行职务工资加津贴；同时根据经费来源不同分为全额拨款、差额拨款和自收自支3种类型，工资构成中分为固定部分和活的部分，全额拨款单位活的部分为30%、差额单位为40%，自收自支单位为40~45%。工人实行技术等级工资和岗位津贴工资。当年完成4634人的工改工资审批工作，其中完成机关单位65个1389人，人均月增资129.83元；事业单位172个2695人，人均月增资134.69元；离退休人员套改工资550人，人均月增资142.59元。增资时间从1993年10月1日起执行。工改后机关、事业单位工作人员晋升工资在严格考核的基础上，实行正常升级。凡考核称职、合格的，每两年晋升1个工资档次；机关工作人员连续考核3年优秀、5年称职晋升1个级别工资。

2.工资调整

1992年1月，按照国务院文件规定，国家机关、事业单位在职正式工作人员的工龄工资标准由现行的每工作1年0.5元调整为1元。

1997年，根据省人事厅文件规定，机关行政人员基础工资标准由每月90元提高到110元；事业单位人员按行政比例提高职务工资标准，人均月增资21.36元。

1999年，根据省政府文件规定，机关行政人员基础工资标准由每人每月110元提高到180元，级别工资由15级55元至1级470元提高到15级85元至1级720元；事业单位人员按行政比例提高职务工资标准，人均月增资119.57元。2000年事业单位离休人员和1950年5月12日前参加革命工作的人员工资按机关工改，全县审批离休人员5人，“5·12”人员14人。

2001年，根据省政府文件规定，机关行政人员基础工资标准由每人每180元提高到230元，级别工资由15级85元至1级720元提高到15级115元至1级1166元；事业单位人员按行政比例提高职务工资标准，全县共调整5354人，同时机关行政人员职务工资标准由最低50元至最高480元提高到100元至850元；事业单位按行政比例提高职务工资标准。全县共调整5317人，人均月增资90元。

2003年，根据省政府文件规定，机关行政人员职务工资标准由最低110元至最高850元提高到130元至1150元；事业单位人员按行政比例提高职务工资标准。全县共调整5182人，人均月增资21.17元。

（二）企业工资

1991年，县内推行企业工资总额同经济效益挂钩及《企业工资基金手册》制度，并对重点骨干企业实行倾斜政策。全年列入工效挂钩企业23家2551人，工资基数437.51万元；县水泥厂工效挂钩调整两个基数，工资基数从原定61.48万元调增为66.11万元，将其吨水泥工资提高了1.49元，吨水泥工资含量达10.5元；电力公司职工工资浮动升级转为固定升级；提高县煤矿等4家国有企业的工资标准。次年部分企业改进工资总额同经济效益挂钩办法，全县实行工挂企业职工2540人；与实现税利挂钩的企业20家，工资总额基数396.23万元；与实物量挂钩的企业4家，工资总额基数176.65万元；县电力公司、水泥厂、化工厂等3家企业申请开展内部分配的岗位技能工资制。

1993年，继续推荐使用《企业工资基金手册》，全县使用基金手册企业达89家，职工人数5890名。改进企业工资总额同经济效益挂钩办法，工挂企业18家，职工2611名，其中实行工资同税利基数挂钩的有14家，职工1615名，挂钩工资总额基数481.68万元；实现工资同实物销售量挂钩的有4家，工资总额基数为312.71万元。对不具备工挂条件的25家国有企业1210人采取工资总额包干办法，核定工资总额306.34万元。县化工厂当年底推行单位技能工资制。全县4057名在职职工每月共增发工龄、职务津贴

19.08万元，人均增资47.02元；离退休人员每月共增发工龄、生活补贴3.04万元，人均月增资50.2元。1994年始，县实行企业最低工资标准，规定企业用工每月不能低于170元（之后，依据人民生活费用水平、职工平均工资水平、经济发展水平的变化进行不断调整）。部分国有企业亦实行以实现税利为主的工效挂钩浮动办法。20家国有企业、2814名职工实行了工挂，挂钩面、职工数分别达到61%和80.5%。核定工资总额1109.2万元。

1995年，全县有89家企业实行《工资总额使用手册》制度，工资总额实行工效挂钩和包干等办法进行管理，有20家国有企业2775人继续与实现税利或与实物挂钩，工挂企业面达61%，职工人数达80%，核定工资基数1969.27万元；不具备挂钩条件的12家国有企业621人实行工资总额包干办法，全年核定包干工资总额334.39万元；29户集体企业1726名职工，实行人均成本工资或计件工资管理办法，共核定人均成本工资499.6万元；1家国有企业75名职工实行“两低于”（即工资总额增长速度应低于经济效益增长速度,平均工资增长速度应低于劳动生产率增长速度）办法，由企业自主确定工资总额，核定初始工资总额基数35.4万元。此外把5家“三资”企业391名职工的工资也纳入正常管理。全面实行最低工资保障制度。指导5家企业982名职工试行岗位技能工资制。确定8家国有企业（占国有企业数的25%）作为实行经营者年薪制的试点单位。

1998年，县对企业工资实行宏观调控，指导企业在10月做好调资工作，并公布最低工资标准线为190元/月。

2001年，县劳动部门指导企业做好职工工资升级工作，全县有1085人调升工资，月增资额约2.5万元。完善国企工挂和实行工资总额使用包干的企业决定企业工资水平的办法。对县国企实行工挂，对16户国企实行工资总额包干使用的办法。当年县内最低工资标准线调为235元/月。

2003年，做好经济效益较好的国有企业工效挂钩工资的核定工作；对县属企业16家460名职工的工资进行调升。2005年，县内最低工资标准调至320元/月。

（三）福利

1.行政事业单位福利

福利费　1991—2000年，机关、事业单位干部职工福利费按每人每月2.4元提取，主要用于干部职工个人及其家庭生活困难补助和托儿所、公共食堂等集体福利事业设施建设。2001年，三明市人事局、财政局下发《关于提高集体福利事业费的通知》，规定从2001年4月1日起，福利费标准按每人每月10元提取。至2005年明溪县尚未执行。

节日假　1995年5月，按《国务院关于职工工作时间的规定》，国家机关事业单位实行统一的工作时间，职工每日工作8小时，每周工作40小时，星期六和星期日为周双休日。1999年9月至2005年，实行《全国年节及纪念日放假办法》规定，元旦1天，“五一”“十一”、春节各3天；“三八”妇女节、“五四”青年节等纪念日放假半天。

探亲假　已婚干部职工探望县外工作或居住的配偶，每年给一方探亲假1次30天；未婚干部职工探望县外工作或居住父母的，每年给探亲假1次20天，两年1次的给假期45天；往返路途的日期另追加，车船费给予报销。已婚干部职工探望县外工作或居住父母的，每4年给假1次20天，往返路途时间另给追加。

婚丧假　对双方符合晚婚条件的，给假15天。干部、职工父母、配偶、子女及自己供养的祖父母、弟妹死亡的，可享受丧假3天（均不含路途时间）。

产假　对正常生育的产妇给产假90天，对晚婚晚育生第一个孩子且领取独生子女证的，产假延长为135天至180天。

事假 机关、事业单位工作人员的事假尚无统一的规定，县内企业一般实行一年事假不超过 8 天。

年休假 职工工作年限不满 10 年的正式工作人员年休假 6 天，满 10 年至 20 年的休假 10 天，满 21 年以上的休假 15 天。

病假 1991 年，执行《关于国家机关工作人员病假期间生活待遇的规定》，工作人员病假在 2 个月以内的，发给原工资；病假超过 2 个月的，从第 3 个月起，工作年限不满 10 年的，发本人标准工资 70%，满 10 年以上发本人标准工资的 80%。工作人员当月病、事假累计达到或超过 15 天的，停发岗位津贴、职务津贴和考勤奖。

2.企业福利

住房 1991—1993 年，县内大部分企业职工都由企业安排住房，租金低廉，单身职工住集体宿舍或分配小单元。职工居住条件主要由企业经济基础和生产效益而定。1993 年，企事业单位按国家规定取消福利分房，将配套完整的住房全部折价出售给职工，不成套的住房用出租的方式提供给职工居住。

医疗 1991—2001 年，国有企业职工患病可在单位指定的医疗点、医院就诊，门诊医药费可报销 80%，挂号费自理，住院费除床位费可报销 85%；退休职工门诊医药费报销 90%，住院费报销 92.5%；离休职工医疗费在规定范围内实报实销。

2002 年 1 月起，实行医疗保险制度，按医保制度规定办理诊疗报销。

探亲假 国有企业已婚正式职工每年可探望分居的配偶 1 次 30 天，每 4 年可探视父母 1 次 20 天，未婚干部职工探望县外工作或居住父母的，每年给探亲假 1 次 20 天，车船费在本人月标准工资 30%以内的，由本人自理，超过部分由所在单位负担。

困难补助 1991 年，县总工会及单位工会对特别困难的职工家庭给予适当的临时困难补助，当年全县补助 21000 元。2005 年，县总工会及单位工会对特别困难的职工家庭的临时困难补助为 53000 元。15 年间共计补助 15 万元。

三、安全生产管理

1991 年，县安全生产管理部门按照国家有关法律对矿产生产部门建立和完善安全管理制度，加强矿山安全管理。当年举办各类安全生产培训班 2 期，受训 69 人次，印发安全生产宣传资料 300 份。1995 年，举办学习培训班 4 期，受训 189 人次，发放宣传材料 1200 份；检查工矿企业 12 家，查出安全隐患 7 处，发出劳动监察指令书 3 份、整改通知书 16 份，签订安全生产责任状 29 份。

2001 年，贯彻《国务院关于特大安全事故行政责任追究的规定》和《省政府关于重大安全事故行政责任追究的规定》，组织县有关部门开展安全生产大检查 12 次，对民爆物品、烟花爆竹、道路交通、煤矿、非煤矿山、建筑、危险化学品、公众聚集场所、渡口渡船、锅炉、压力容器、学校、旅游景点等进行专项整治。检查单位 846 个，查出安全隐患 1045 处，发出整改通知书 476 份，责令停产单位 8 个；签订安全生产责任书 120 份，追究处理事故责任人 3 人。

2004—2005 年，开展安全生产大检查和专项整治活动，检查 1253 个单位，查出事故隐患 961 条，整改事故隐患 913 条，整改率 95%；被责令停产、停业整顿单位 13 个，取缔无证经营户 3 个。举办电工、锯台工、钳工、焊工和矿山企业负责人、安全员、煤矿绞车司机、爆破作业和煤矿井下作业人员等培训班 67 期，培训 3758 人次。

卷十九　教育　科技

1991年，明溪县继续把教育放在优先发展的战略地位，坚持“三教”（基础教育、职业教育、成人教育）统筹的方针，走“农、科、教”结合路子，不断加大教育投入，深化教育改革，改善办学条件，优化师资队伍，全面提高基础教育、职业教育和成人教育水平。当年义务教育“六项督导”（教育管理、事业发展、队伍建设、教育经费、校舍设备、德育工作）以优秀水平通过省级验收。1992年，明溪县被评为全省“实施义务教育工作先进县”。1994年，全县9个乡（镇）全部实施九年义务教育，人口覆盖率100%，并通过省级“实验教学普及县”验收。1996年6月，全县基本普及九年义务教育和基本扫除青壮年文盲工作的“两基”通过省政府评估验收，并于1997年被国家教育委员会表彰。2002年，明溪县第一中学通过省二级达标学校验收，2004年学校高考成绩创历史最好水平，考生本科第一批万人上线率居全市第一名。至2005年，全县共投入教育资金29663.53万元，其中投入3835.8万元新建校舍51017平方米；全县拥有普通高中2所（其中省二级达标学校1所），职业高中1所，初级中学9所，小学57所，幼儿园47所；有中学专任教师596人，小学专任教师780人，幼儿园专任教师195人。学前教育形成以国家办园为主，个人办园为辅的格局。职业技术教育在优化调整中发展，成人教育向多形式、多层次、多元化发展，所有乡镇均建立起农村乡镇中心成人学校。教育教学手段进入现代化进程，开展“校校通”和“远教工程”，中心小学以上学校接入高速光纤上网，城镇中小学普及计算机教育和计算机辅助教学。

1991年后，明溪科技工作以实施“生态立县、科教兴县”战略为重点，增加科技经费投入，鼓励科技创新，开展县校合作，建立健全科技信息网络，各项科技事业不断发展。1995年，全县科技进步对经济发展的贡献率达40%。至2005年，全县共投入科技经费998.7万元，实施各级科技计划项目157个，其中国家级科技项目5个，省级科技项目16个，市级科技项目27个，县级科技计划项目109个；获国家专利25项；拥有省级科技示范乡（镇）5个，县级示范村16个，示范户90户；建有植物组培中心、企业技术中心、复旦大学科学技术转移中心等公共研发机构3个；拥有专业科技人员4200名。

第一章　教　育

第一节　教育体制改革

1991年，县实行教育管理体制改革，县政府根据中共中央和国务院颁发的《关于普及小学教育若干问题的决定》和福建省政府颁发的《福建省普及初等义务教育暂行条例》，结合县教育实际，对普通教育、职业教育、幼儿教育和成人教育实行由县、乡（镇）、村三级办学，县乡（镇）两级管理。各类学校人事实行县乡（镇）共管，教育部门在人事任免、人员调动方面征求乡（镇）意见；教育经费县乡（镇）分管，县教育局根据年初预算经费拨给各乡（镇）实行包干使用，乡（镇）将国家和县（市）拨给的教育经费安排拨给学校使用，乡财政收入及征收教育费附加和筹集资金主要用以提高民办教师待遇和改善学校的办学条件；教育教学业务费由县主管，对教研、进修、干训等均由县教育局或所属县进修学校业务部门负责。县政府制定《明溪县乡（镇）教育领导小组管理工作规则》，各乡（镇）成立由分管领导任组长,中学、学区校长任副组长,财政、司法、妇联、团委等部门领导任组长的教育领导小组，配备教育干事，具体负责乡镇教育行政工作，各村成立相应的教育领导小组。县教育局下达《明溪县中小学全面质量目标管理暂行办法》，建立教育目标管理责任制度，县教育局和乡镇分别与县委、县政府签订教育工作责任书，各学区、中小学校长与县教育局长签订目标责任书，责任目标层层分解到学校、学校内部的各处室，从制度上保证教育工作的落实。1992 年，县政府成立明溪县农科教协调小组，由分管副县长任组长，由县直各有关部、委、办、局、校（职业学校）的正职领导组成，加强农科教的统筹工作，加快全面实施义务教育、职业技术教育、成人教育的发展和改革步伐，推进农村教育的综合改革。同年，全县乡（镇）相应成立教育领导小组，行政村成立教育管理小组。1994 年 7 月，县教育局制定《关于进一步完善中、小学，幼儿园校（园）长负责制、加强教职工队伍管理的若干意见》，实行校（园）长负责制、加强教职工法纪、考勤管理、年度考核、培训和进修、稳定教师队伍、对民办和代课教师的管理作出若干规定。

1995 年秋季起，改革初中招生办法，取消初中招生考试，以乡（镇）为单位，由乡（镇）政府向应届小学毕业生发入学通知书，变过去由学校录取为政府通知适龄人口依法接受义务教育。在城区，实行划片招生，免试就近入学，实现义务教育阶段的平等教育。1996 年 9 月起，基础教育主要实行以县为主的教育管理体制，各学校设立教导处、总务处。1999 年 1 月 18 日，县教育局制定《明溪县中学工作目标管理方案》《明溪县小学工作目标管理方案》《明溪县中小学教学工作目标管理方案》《明溪县中小学德育工作目标管理方案》《明溪县中小学劳动劳技教育目标管理方案》《明溪县中小学体卫工作目标管理方案》《明溪县中小学艺术教育目标管理方案》《明溪县中小学仪器、科技教育目标管理方案（试行）》8 个文件，1999 学年度开始试行。5 月，县教育局下发《明溪县教育局关于全县中小学推行校务公开制度的通知》，开始实行校务公开制度，县第一中学、县实验小学为试点单位。11 月，下发《关于在全县中小学全面推进校务公开工作的意见》，在全县中小学全面推进校务公开工作。同月，为推进职业技术教育改革，县成立职业技术教育领导小组，由县人大科教文卫委牵头，县教育局、县司法局等 8 个部门联合下发《关于宣传和贯彻实施，〈职业教育法〉的通知》。县政府把发展职业教育列入“九五”规划和 2010 年远景目标规划，规定教育行政部门和其他有关部门在发展职业技术教育中的责任，提出“未升学的初、高中毕业生要普遍接受不同年限的职业技术教育，城乡新增劳动力要得到必要的职业技术培训”。普教、职教、成教互相沟通，把农村教育的办学方向转移到主要为当地培养人才和提高劳动者素质的轨道上来，使农村绝大多数新增劳动力接受不同程度的技术教育和培训。小学三年级以上每周设劳技课 1 节，纳入教学计划，列入课程表，增加乡土教材，在普通中学开设劳动技术教育课。各农村中学都使用省职教处编印的《农村实用技术（南方版）》作为基本的教材，城区中学可自编教材，有花卉和淡水养殖等。农村中学配备劳技课专兼职教师队伍。乡（镇）农技站、兽医站、林业站配合中学根据教学内容担任相应的教学工作。学校除劳技课教学外，尽可能地创造条件，开展课外小制作小科技活动，让学生参加力所能及的校办厂场的劳动和社会实践活动。对初中、高中应届毕业生则进行为期 1~2 周的实用技术培训，凡未参加培训的一律不发给毕业证书。2004 年，县教育局下发《关于进一步做好进城务工就业农民子女接受义务教育工作的实施意见》，规定以流入地政府管理为主，保障进城务工就业农民子女接受义务教育。指定城关学区所属学校、城关中学为进城务工就业农民子女就读学校，进城务工就业农民子女接受教育的收费标准与当地学生一视同仁，保障进城务工就业农民子女接受义务教育的权益。

2005年秋季起，要求全县所有年满6.5周岁的儿童入学接受规定年限的义务教育。11月，县教育局下发《关于认真做好中小学（幼儿园）教职工聘用工作的通知》，实行中小学人事制度改革，首次实行教育系统内的事业单位人员、中小学（幼儿园）在编的教职工聘用制。按需设岗，公开招聘、平等竞争、择优聘用，由学校法人代表与职工签订聘用合同，确定聘用关系。聘用期限为3年，初次参加工作的大中专毕业生，试用期为1年，中学、学区（校、园）校级领导、局基层事业单位负责人按干部管理权限聘用；未在岗人员（含请长假、因病仍在治疗和修养中人员等）不签订聘用合同；聘用的管理考核，校长由县教育局考核，其他人员由校长负责组织实施。全年,明溪县适龄儿童入学率99.98%、初中毛入学率96.04%、三类残疾少儿入学率98.67%、小学生年辍学率0%、初中生年辍学率2.92%、15周岁完成率99.35%、17周岁完成率93.78%、15周岁文盲率0%，均达到省定标准，其中适龄儿童入学率等6项指标达到“双高普九”标准。

第二节 学前教育

一、园（班）设置

1991年，全县3~6周岁适龄幼儿总数6526人，有独立幼儿园（班）93所，共计137个班，在园幼儿3160人，入园率51.1%。1995年，县教育局分期分批对全县各类幼儿园进行登记注册，上报省、市教委备案。1996年10月，对全县幼儿园（班）进行复查、抽查，对已接受复查的1所省标准园、1所示范园、8所合格园、11个合格班和66个符合注册条件的幼儿班核发等级证书。1996年后，开始实施国家教委《幼儿园工作规程》，制定各级各类幼儿园（班）评估标准，开展创省级标准园、市级农村示范园和农村合格幼儿园活动，同时建立县、乡、园三级教研网络。1998年，幼儿教育沿着办园主体多元化的方向发展，公办与民办并举。2000年，再次对全县幼儿园（班）进行注册登记复查换证，全县69个园（班）全部按规定登记注册。2005年，全县3~6周岁适龄幼儿总数3179人，有独立幼儿园（班）47所（其中民办30所），共计101个班，在园幼儿2371人（其中民办747人）。大部分乡镇已基本普及学前一年教育，全县学前一年幼儿入园率达96.4%。

表19-1

1991—2005年明溪县幼儿园基本情况

单位:个、人

年 份	园数(独立班)	班 数	在园幼儿数
1991	93	137	3160
1992	99	146	3397
1993	89	143	3805
1994	94	153	4057
1995	90	131	4037
1996	94	147	3619
1997	107	149	2672
1998	92	126	1832
1999	75	107	1865
2000	69	107	1977

续表 19-1

年 份	园数(独立班)	班 数	在园幼儿数
2001	71	97	1945
2002	54	87	1825
2003	47	92	2168
2004	45	94	2643
2005	47	101	2371

二、学制、课程、教材

（一）学制

1991—2005 年，县实验幼儿园、各中心幼儿园招收 3~6 岁幼儿，学制 3 年，一般按年龄分班，小班为 3~4 周岁，中班为 4~5 周岁，大班为 5~6 周岁。村级幼儿班均为学前班，多接收 5~6 岁幼儿，学制 1 年。民办园学制 3 年（分小班、中班、大班），招收 3~5 岁幼儿，全部日托，教材、授课方式与公办园相同。

（二）课程

1991 年，幼儿园按省教委颁发的规定标准设置课程，有语言、计算、体育、音乐、美工和常识。各学区中心幼儿园以实验幼儿园为样板，课程设置正规化，包括幼儿生活、卫生习惯（一巾一杯）、体育卫生活动、思想品德、语言、常识等全国统编教材。贯彻“教养并重”的方针。每园有教养日记和效果记录，有每天 2 小时的室外活动、各种类型的游戏安排和幼儿化的环境布置。1993 年，大班使用学前班教材，仍以分科教学、集中教学为主。1994 年，授课方式是分科与主题活动结合，活动形式是小组、集体相结合。2002—2005 年，授课方式是领域、主题相结合，活动形式是区域、小组、集体相结合。幼儿园上课，根据幼儿年龄特点，采用直观的、游戏的形式，以增进幼儿对学习的兴趣；大班则随着心理发展水平的提高，上课中游戏的因素逐渐减少，为入小学学习作好准备。课程时间随着幼儿的年龄而递增，小班每节 10~15 分钟，中班每节 20~25 分钟，大班每节 25~30 分钟。幼儿园不考试、不留家庭作业。

（三）教材

1991—1993 年，全县幼儿园使用全国通用教材。1994 年，县实验幼儿园、各中心幼儿园开始使用省编教材。2002—2005 年，全县把幼儿教育分为健康、语言、社会、科学、艺术等五大领域，以游戏活动为主，分为创造性游戏、智力游戏、娱乐游戏等类。

三、保教

1991 年，全县幼儿教育继续贯彻、实施《幼儿园管理条例》《幼儿园教育指导纲要（试行）》和《幼儿园工作规程》，建立幼儿卫生保健及一日生活常规的制度。每个幼儿备有“一巾一杯”，中心幼儿园实行流水洗手和建立“三卡”（体检、晨检、预防接种卡），培养良好的卫生习惯。

1996 年起，根据国家教委颁布的《幼儿园工作规程》，各园开展单科教学研究、单元教学实验、愉快教育研究等多种形式的幼儿教学实验和研究。1997 年 5 月，开展幼儿园青年教师创优评优活动，之后每两年开展 1 次。2000 年，在“以幼儿发展为本”新理念的指导下，开展以主题探究和领域教学相互融合的课程模式。在教养、教育方面，把幼儿作为发展和创造生活内涵的主体加以尊重，以幼儿生活为轴心，以幼儿特点为切入点，以游戏、活动为主要形式，促进幼儿情感、态度、能力、知识、技能等方面的全面发展，形成合作探究式的师生互动关系和有利于幼儿成长的良好的学习和心理环境。

2005 年，全县各类幼儿园办学条件逐步完善，通过评估，有 1 所市级优质园、4 所市级农村示范园、26 个幼儿园（班）通过县级注册园和合格幼儿园（班）验收。

附：明溪县实验幼儿园

明溪县实验幼儿园创建于1986年，全国著名作曲家吕骥为幼儿园题写园名。全园占地面积5765平方米，建筑面积2705平方米，园内建有滑坡、戏水池、情景屋、大型多功能滑梯等幼儿娱乐设施，拥有2台电脑、5台彩电、10架钢琴、24架电子琴等教学设备。2005年，全园有大中小9个班，在园幼儿352人，教职工46人。其中有70%教职工达到教育专业大专学历，高级教师5人，一级教师19人。1991—2005年，县实验幼儿园先后获得省先进幼儿园、省先进教工之家、省绿化红旗单位、市文明学校、市家长学校先进单位、市绿色学校、市爱国卫生红旗单位、市优质园等称号。2004年，县实验幼儿园通过省标准园复查评估。

第三节 小学教育

一、学校设置

1991年，全县7~12岁适龄儿童11065人，有完全小学（以下简称完小）95所，初级小学97所，共计707个班，在校学生11806人。当年毕业生总数1743人，升学率为90.99%。同年9月，县西门小学创办1个特教班，当年招生7人。

1996年，全县开展以“撤并完小联村办学，撤并教学点减少学校数量，强化学校管理，整顿清退代课教师”为内容的小学布局调整工作。1997年，根据《福建省人民政府关于分离国有企业办学校、医院职能的通知》，县教育部门开始接管企业办学校。2002年9月，自然村初级小学全部撤并到完全小学。同年，朱南坑小学等4所完全小学和西门小学特教班停办，西门小学特教班自开办到结束先后招收53名智障儿童就学，其中有30人修满小学课程。此后，完全小学每年有部分停办，部分转为初级小学。2004年9月，全县4所国有企业所办学校全部与企业厂矿分离，归入教育系统办学，结束企业厂矿办学的历史。

2005年，全县6~12周岁适龄儿童6347人，共有10个学区（校）、25所完小、32所初级小学，共计315个班，在校生6530人，年保留率为100%，毕业率与升学率均为100%。

1991—2005年明溪县小学普及教育情况

表19-2

年份	校数		班级数(个)	学生人数(人)	适龄儿童(7~12岁)(人)	入学率(%)	毕业生人数(人)
	完小(所)	初小(所)					
1991	95	97	707	11806	11065	99.96	1743
1992	94	94	706	12069	114450	99.90	1777
1993	93	94	704	12791	11995	99.98	1769
1994	92	94	705	13271	12518	99.74	1915
1995	92	85	697	14621	14327	99.82	1987
1996	92	78	673	15270	15081	99.80	2196
1997	92	75	666	15509	15797	99.76	2292
1998	90	44	626	14967	15541	99.81	2275
1999	90	18	580	13598	12994	99.78	2411
2000	89	15	561	11705	11186	99.81	2566
2001	89	3	508	10541	9996	99.88	2373
2002	89	0	455	8915	8375	99.87	2558

续表 19-2

年份	校数		班级数(个)	学生人数(人)	适龄儿童(7~12岁)(人)	入学率(%)	毕业生人数(人)
	完小(所)	初小(所)					
2003	76	0	410	7472	6869	99.84	2575
2004	35	30	348	6781	6469	99.88	1975
2005	25	32	315	6530	6347	99.98	1293

二、学制、课程、教材

1991 年，县小学教育实行六年制初等义务教育，开设思想品德、语文、数学、自然、地理、历史、体育、音乐、美术、劳动等课程，每周在校活动总课时 28 节。除思想品德、劳动课教材采用省编教材外，其他统一使用部颁教材。法制教育作为政治思想品德课的重要内容，列入教学计划，历史、地理、自然常识的教学得到重视，注重学生的全面发展。西门小学特教班开设语文、数学、自然、体育、音乐、美术、游戏等课程，使用 1~8 册特教教材。

1993 年秋季，开始使用部编九年制义务教育教材。1995 年 9 月起，贯彻实施省教委《全日制小学课程（教学）计划》，规定小学校历全年 52 周，其中上课 34 周，学校传统活动 1 周，社会实践活动 1 周，期末复习考试 2 周，机动 1 周，假期 13 周 （其中寒暑假 12 周，节日假 1 周），实行 5 天工作制。全日制六年制小学课程安排为国家课程分学科类课程和活动类课程，学科类课程开设思想品德、语文、数学、社会、自然、体育、音乐、美术、劳动等学科，活动类课程设置早会（每天 10 分钟）、班队活动、体育活动、科技文体活动等；地方课程开设地方乡土教育课。周课时总量为一年级 27 节、二年级 28 节、三至六年级 30 节，西门小学从五年级开始增设英语课。1997 年 9 月，实验小学从五年级开始增设英语课；11 月，实验小学、西门小学在中、高年级增设电脑课。之后，城关中心小学、胡坊中心小学、沙溪中心小学、梓口坊小学、枫溪中心小学相继开设电脑课。2000 年 9 月，实验小学、西门小学停开英语课。

2001 年秋季，全县各小学开始执行省厅重新制定的《福建省全日制小学课程计划》。全日制六年制小学课程安排为国家安排课程分学科类课程和活动类课程，学科类课程开设思想品德、语文、数学、社会、自然、英语、信息技术、体育与健康、音乐、美术、劳动 11 门学科，活动类课程设置早会、班会活动、社会教育活动、科学技术活动、文学艺术活动、体育卫生活动和学校传统活动等；地方课程开设地方乡土教育课，周课时总量为一年级 27 节、二年级 28 节、三至六年级 30 节。2002 年秋季开始，全县小学执行《九年义务教育小学思想品德课课程标准（修订)》，城区学校以及全县农村各乡（镇）中心小学和有条件的完小从三年级开始开设英语课程。2003 年秋季起，实验小学和西门小学及瀚仙学区率先进入课改实验，使用一年级课改教材。2004 年秋季起，全县小学一年级全部进入课改，使用课改教材。2005 年 9 月，小学一年级招生年龄提前至 6 周半。

三、教学

1991 年，全县各小学重点抓好备课、上课、布置和修改作业，辅导等教学常规工作，教师按单元备课，作业全批全改，制定辅导差生的措施等。1992 年，全县小学积极推广“愉快教育”和“三园”（学园、花园、乐园）办学模式，学校体育、音乐、美术科按课程计划开设，积极开展兴趣小组活动，减轻小学生过重课业负担。1998 年 1 月 19 日，全县举办首届劳技科技竞赛及特长表演，项目有毛笔书法、图画、用塑料带编篮子、科技小制作和单人舞表演等。1999 年，全县各小学均开展小学科技制作活动，并举办小学生科技小制作、小发明作品比赛和城区小学生 计算机比赛。2000—2002 年，小学语文开展“指导—自主学习”教学研究，小学数学开展“主体意识教学结构模式研究”。从 2002 年开始，根据课程计划，对各学科进行全面监测和抽查，集中评卷，完善非毕业班教学质量的监控。2003 年秋季，实验小学、西门小学、瀚仙学区 3 所学校为县首批课改实验校（从一年级开始实施）。2004 年，县教育局制定颁发《明溪县小学教学常规管理基本要求（试行)》，规范各校的教学常规管理工作，同时，明溪县全面进入基础教育课程改革实验。同年，小学语文课题“多元交叉式作文教学研究”、小学数学课题“数学教学中探究—交流的研究”被确立为第二期市级重点课题，瀚仙学区教研教改课题“新课程与学习方式的研究”被确立为市级课题。2005 年，全县小学毕业班质量检查，参加考试的学生 1375 人，语文平均分为 86.1，及格率为 98.1%，优秀率为 85.6%；数学平均分为 89.6，及格率为 97.5%，优秀率为 87.1%，双科及格率为 96.4%，总分 120 以上人数为 1350 人。

四、品德教育

1991 年起，全县小学建立每周一唱国歌、升国旗制度，开展“学赖宁、学十佳”主题活动，加强爱国主义教育和日常行为规范教育。1992 年，开展“五讲四美三热爱”、做“四有（有理想、有道德、有文化、有纪律)”新人和学雷锋、孔繁森等英雄模范人物活动。1993 年，开展城乡“手拉手”互助互学活动——“手拉手情系贫困小伙伴”、“手拉手”红领巾助残和“手拉手”读书交友等系列活动。1995 年，开展“五自”学习实践活动，增强学生自学、自理、自律、自护、自强意识，得到生存技能、劳动技能的训练活动。1996—1999 年，开展“迎接香港回归”读书活动、“启明星”科技活动和“爱我明溪一山一水一路，爱我明溪一花一草一木”等活动。2000 年，开展争创文明校园活动，要求每个学生从小事做起，从自己做起，学校的校风、学风明显变化。2001 年，开展“新世纪我能行”体验教育活动。2003 年，开展“预防道路交通意外伤害，快快乐乐出门，平平安安回家”为主题的中国少年儿童平安行动。2004 年，开展“同在一片蓝天下，手拉手共同成长”加强和改进未成年人思想道德建设主题活动。2005 年，开展“纪念红军长征胜利 70 周年”系列活动和“爱祖国、爱福建、爱三明”系列活动。

附：明溪县实验小学

明溪县实验小学创建于 1907 年，是一所有着百年办学历史和文化积淀的学校。2005 年，学校占地面积 11274.3 平方米，校舍面积 6055.4 平方米，生均校舍面积 3.47 平方米。学校共有 144 台计算机，23 套多媒体教学设备，一体打印机 9 台，21 寸彩电 35 台，校内安装闭路电视，并实现宽带上网。配有专用自然实验室，美术室、音乐室、舞蹈室、少先队活动室、德育室、劳技室、图书馆（藏书 32442 册)、师生阅览室。教师办公室实现无纸化办公，内设有电脑、电话、空调、饮水机等，各项设施设备齐全。校内绿化美化好，德育气氛浓厚。一条长 90 米的文化走廊，一座高达 7.5 米的不锈钢雕塑——“进取”，一支由 90 人组成的学生鼓号队和腰鼓队，两条长达 30 米的宣传栏。一个 960 平方米的室内体育馆和一条 60 米跑道，3 个篮球场，3 个排球场，12 张乒乓球桌，综合爬杆活动场地，还有 1.93 公顷的学农劳动基地。全校有 32 个教学班（其中附属幼儿园 2 个班)，学生 1869 人；在编教师 92 人，其中在岗 86 人，专任教师 85 人，全部具备教师资格，学历达标率 100%；中高职称 1 人，小学高级教师 61 人，已聘 52 人，本科学历 12 人，大专学历 60 人，党员教师 18 人。1991—2005 年，县实验小学连续三届被评为 省“文明学校”和第九届市“文明学校”，先后被授予省“示范小学”“绿色学校”“模范教工之家”“五无学校”；省“素质教育先进学校”“德育特色学校”“创建交通安全活动先进单位”“法制教育先进单位”“艺术教育先进集体”“先进基层教育工会”等荣誉称号；学校少先大队曾两次获得“全国红旗大队”称号。

第四节 初中教育

一、学校设置

1991年，全县13~15岁少年数4635人，有初中12所，97个班，在校生3981人。1993年9月福田寨中学停办，1994年9月烽林厂中学停办。1995年8月，创办城关中学，明溪职业中学停办初中部。1997年9月，城关中学实现独立办学，初一、初二两个年段在新校址（王桥）正式上课，2000年9月又迁回河滨北路。2002年，县第一中学初中部停止招生。2003年8月，增设培英中学（民办），大陂初级中学撤并到盖洋中学。同年9月，全县有初中在校学生7132人，达到历史最高水平。2004年，县第一中学停办初中部。2005年，全县13~15岁少年数5806人，有初中校9所，119个班，在校学生5576人。

表19-3

1991—2005年明溪县初中普及教育情况

年份	校数(所)	班级数(个)	学生数(人)	适龄少年数(13–15岁)(人)	入学率(%)	毕业生人数(人)
1991	12	97	3981	4635	87.97	794
1992	12	106	4272	4798	89.04	797
1993	11	104	4258	4470	95.62	917
1994	10	108	4442	4425	94.14	997
1995	10	114	5029	5568	94.63	1220
1996	10	126	5801	6291	96.80	1432
1997	10	138	6168	6684	94.84	1138
1998	10	140	6288	6704	95.62	1562
1999	10	140	6417	6322	97.69	1454
2000	10	140	6283	6865	95.09	1666
2001	10	142	6836	7069	95.77	1711
2002	10	148	7071	6619	95.98	1855
2003	10	142	7132	7367	96.81	2006
2004	9	137	6773	6836	96.09	1957
2005	9	119	5576	5806	96.04	2045

二、学制、课程、教材

1991—2005年，全县初中均为三年制。1991年，初中设语文、数学、外语、政治、物理、化学、历史、地理、生物、生理卫生、体育、音乐、美术、劳动技术等课程。初一每周必修课32课时，课外活动7课时，初二、初三每周必修课33课时，课外活动6课时。

1994年9月，开始对学生实施职业技术教育，全县农村中学逐步推行初二后分流教学，夏阳中学、胡坊中学和县职业中学各举办1个初二后分流班。分流班可免修英语，并可根据所开劳技课的项目，选择免修物理或化学，所腾出的课时用于加强劳动技术教育。1995年9月，全县中学实行5天工作制，初一、初二每周必修课30课时，课外活动4课时，地方安排课程1课时，初三每周必修课29课时，课外活动6课时。

1996年秋，开始使用省教委试用教材，劳动技术课每年安排两周，组织学生进行职业技术教育。1997年，省教委对中学课程结构和内容进行重大改革，将课程计划中的“课外活动”改为科技文艺课和体育卫生课，一起并入“活动类课程”；引入“地方课程”，形成现行国家课程和地方课程模式。初中每个年级都安排晨会（每天10分钟），学科类课程每周30课时，活动类课程每周3课时，地方安排课程每周1课时，每周总量34课时。从初一开始，不开设生理卫生课。青春期教育，初中主要结合体育（卫生保健部分）和生物（生理卫生部分）进行，其任课教师由学校根据实际情况确定。环保教育、国防、交通等教育渗透在相关学科和活动中进行，所有这些方面的教育均不单独设课，也不进行考核。同年，全县中学对课程设置进行调整，开设计算机课，每周1节，教学计算机基本操作技能。

三、教学

1991年，全县初中执行市教委中教十条教学常规，中考报考1179人（其中往届生207人），总平均分达375分，综合比率50.41%，及格率82.3%。1992年9月，分别在夏阳中学、枫溪中学召开“认真处理语文自读课文，切实提高学生阅读能力”“提高初中生数学的运算能力”“研讨课堂教学设问，提高课堂教学效果”等语文、数学、物理学科研讨活动。1994年9月，全县农村中学逐步推行分流教学，初二学生开始接受职业技术教育。同时，在教学上注重学生主体地位的确立，注重学生个性的发挥，注重学生学会学习、学会创造的本领。1995年起，在全县中学开展“教坛新秀”评选活动。1996年9月，全面开展实施素质教育改革试验。同年11月，举办第12届全县中、小学生田径运动会，先后有26人次打破14项县纪录，以后每两年举办1次。1997—1999年，在全县范围内开展“分层次实验教学”的研究。1999年，开展作文、英语能力和计算机竞赛，提高学生写作、表达和实际操作能力。2000—2005年，在夏阳中学、沙溪中学、胡坊中学、城关中学、盖洋中学等校分别开展“初中语文案例作文教学研究”“初中数学探究性学习研究”“语文实践活动研究”“科学探究”“程序问题教学法”与“情景—识记—交际教学法在英语教学中的运用”学科研究和专题研究。其中“情景—识记—交际教学法在英语教学中的运用”课题被市立为第一期市级重点课题。2003年5月，在城关中学召开课题研讨会，课题模式得到进一步推广。2004年4月，县教育局制定颁发《明溪县中学教学常规管理基本要求（试行）》，规范各校的教学常规管理工作。当年开始，初中历史科列入初中升学考试项目，体育测试考核、地理、生物结业考试、实验操作考查、操行评定等5项作为取得一、二级达标校录取资格的考查项目。2005年，中考报考1921人（往届生2人），综合比率55.54%，及格率67.31%，总平均分为496.86分。

四、品德教育

1991年，全县初中建立每周一唱国歌、升国旗制度，并聘请县关工委的2位老同志为校外辅导员到各个学校做爱国主义和法制教育报告及召开座谈会、故事会。1992年，开展“爱党、爱国、爱军”国防教育，清明节组织学生清扫烈士墓，祭奠革命先烈。1994年，开展“百花园文化体育艺术”活动，组织学生观看爱国主义影片，开展读书读报及各类游戏、歌舞、书画等文化体育艺术活动。1995年，开展“五自”学习实践活动，增强学生自学、自理、自律、自护、自强意识，提高生存技能和劳动技能。1997年，开展“实践‘五爱（爱祖国、爱人民、爱劳动、爱科学、爱社会主义）’要求，争做‘四有’新人”主题教育活动，在春节、五一、五四等重要节日对学生进行革命传统教育、爱国主义教育，结合当前国际国内形势，对学生进行爱祖国、爱人民、爱社会主义教育。1998年，开展“讲文明、树新风”活动。2002年，开展“养成道德好习惯”活动。2004年，开展“同在一片蓝天下，手拉手共同成长”加强和改进未成年人思想道德建设主题活动。2005年，组建青少年志愿者服务队，开展学雷锋做好事，文明督导等活动。

附：明溪县城关中学

明溪县城关中学创建于1995年8月，位于城区河滨公园北路。校园占地面积9528平方米，建筑面积

8093平方米。2005年，有教学班33个，学生1615人，教职工114人，其中高级教师5人，一级教师60人，是全县城区唯一一所承担九年义务教育的初级中学。“十五”期间，县委、县政府先后投资600万元，兴建了教学楼、综合楼和学生宿舍楼，同时投入60万元配备和完善了理化生实验室和计算机网络教室，极大改善了办学条件，为提高教育教学质量奠定了基础。学校以德治校、依法治校、艰苦创校、质量兴校，教育教学质量稳步提高。中考升高中人数由创办时的13人提高到2005年的327人。2000—2005年，校内学生在数学、英语、物理、化学等学科的竞赛中，共获国家一等奖1人次，国家二等奖5人次，国家三等奖9人次，省级三等奖以上7人次，市级三等奖以上76人次。2005年，学校被授予三明市平安校园先进单位和明溪县优秀教工之家等称号。

第五节　高中教育

一、学校设置

1991年，全县普通高中学校有2所（明溪县第一中学和明溪县第二中学），分布在明溪城区和盖洋镇，有高中21个班，在校生817人，毕业生198人。1994年县第二中学高中部停招高一新生，1996年停办高中部。1999年起，县第二中学恢复招生，委托县职业中学办班。2001年8月，县第二中学因师资、生源等问题，不再设高中部，并更名为“明溪县盖洋中学”。同时，县职业中学保留原机构级别，增挂“明溪县第二中学”牌子，继续招收高中学生。

至2005年，全县2所普通高中有40个班，在校生2132人，毕业生572人。

表19-4

1991—2005年明溪县普通高中在校生、毕业生情况

学年	校数(所)	班级数(个)	在校生数(人)	应届毕业生数(人)	报考人数(人)	上本科人数(人)	上专科人数(人)	上中专人数(人)	上线总人数(人)
1991	2	21	817	198	402	56	69	125	250
1992	2	19	856	226	405	35	67	22	124
1993	2	17	772	277	353	66	70	14	150
1994	2	14	643	269	309	40	98	20	158
1995	2	14	613	198	289	49	75	4	128
1996	1	12	598	197	288	73	84	6	163
1997	1	12	604	193	268	89	93	7	189
1998	1	12	636	190	235	89	71	1	161
1999	2	15	827	190	217	105	37	13	155
2000	2	22	1096	202	245	121	70	5	196
2001	2	28	1406	233	298	131	97	10	238
2002	2	34	1600	336	405	140	164	—	304
2003	2	32	1651	442	594	239	316	—	555
2004	2	37	1899	397	515	358	134	—	492
2005	2	40	2132	572	715	419	261	—	680

二、学制、课程、教材

1991—2005年，全县高中均为3年制，使用人民教育出版社出版的教材。1991年，全年教学时间40

周，高中上课36周，复习考试4周。高中三年级第二学期复习考试为7周，上课周数相应减少。高一、高二开设政治、语文、数学、外语、物理、化学、历史、地理、生物、体育、劳动技术课程；高三文科开设政治、语文、数学、外语、历史、地理、体育、劳动技术课程；高三理科设政治、语文、数学、外语、物理、化学、生物、体育、劳动技术课程；另外还安排选修课3—4课时，课外活动4—5课时，把选修课和活动课的教学纳入教学计划，非毕业班年段至少开设2门选修课，周课时总数39节。

1995年，实行每周5日工作制，高一、高二每学期上课32周，劳动技术教育4周，复习考试4周，高一上学期安排人口教育12课时。高三年级一学年上课24周，劳动技术教育4周，复习考试4周，第二学期总复习8周。高中课外活动课时从原来的每周4—5课时减为3—4课时，政治每周减少1课时，语文、数学、外语等课程在不同年级也进行调整，劳动技术课不在课表中体现，高中各年级每周的活动总量调整为35课时。

1997年，根据国家教委有关规定，课程分为学科类课程、活动类课程和选修课3类。学科类课程有思想政治、语文、数学、外语、物理、化学、历史、地理、生物、体育等课程。活动类课程包括校会、班会、社会实践、体育锻炼、科技文体活动等。选修课学校根据实际情况统筹安排。

1999年9月起，县第一中学将每节课由45分钟调整为40分钟，周一至周五上午上5节课，下午上4节课，各年级每周的活动总量调整为45课时，解决课时不足的问题。2000年，全县高中将计算机信息技术课程列为必修内容，周学科课时和周课时总量不变。

2001年秋季，全县高中从一年级起全面实施普通高中新课程方案，课程设置分必修课与选修课。必修课设有思想政治、语文、数学、外语、物理、化学、历史、地理、生物、信息技术、体育与健康、艺术以及综合实践活动。选修课则根据学生兴趣要求和发展需要开设课程。高一、高二每学期上课35周，复习考试3周，社会实践和劳动技术教育2周。高三上课26周，复习考试12周，社会实践和劳动技术教育2周。

三、教学

1991年，全县贯彻国家教委《关于实施（现行普通高中教学计划的调整意见）和普通高中毕业会考制度的意见》。县第一中学、县第二中学根据学校和学生的实际开好各年段的选修课，并把课外活动和社会实践活动纳入课程，使学生在全面打好基础的前提下，发挥兴趣和特长，增强适应社会生产和生活的能力。明溪一中制定《活动课要求》《学年活动课计划》，加强对选修课和活动课的管理，组织各科竞赛组、学习指导组（提高组）、写作组、动植物标本组、天文观测小组、美音鉴赏组、田径队等。同年秋季入学的高一学生开始实行会考制度，每年6月，高一进行地理科会考，高二进行历史、英语、生物、物理、化学5科会考，高三进行政治、语文、数学3科会考，会考不及格的学生在每年10月份进行补考，会考各科及格的学生发给高中毕业证书。同年3—6月，开设评优课，开课人数占年青教师总数的85.3%。1993年秋，高三年段对必修课与选修课的不同要求、会考与高考的衔接、考试形式，从6科和7科制过渡到“3+2”形式的异同等问题，进行研究和探讨。1997年，贯彻省教委《关于调整和改革我省普通高中毕业会考制度的通知》，从1998年秋季起对入学的高一学生，在高一时参加地理会考，高二参加政治、物理、化学、生物、历史5科会考，高三由各校组织语文、数学、外语3科毕业考试。2000年开始，高一又增加信息技术课的会考，包括文化考试和上机考试2个部分。2001年秋，县第一中学成立“研究性学习”课程指导管理小组和“研究性学习课”专题指导小组，开设数学“指导—自主学习法”教研课题探讨等27个研究课题。2002年，县第一中学成立“综合科目考试教研课题组”进行专题教研，并进行英语“会话能力培养”的教研课题探讨。2004年，县第一中学开展“人人上一节公开课”的教研活动，教师运用多媒体进行教学。

四、品德教育

1991年，全县高中建立每周一唱国歌、升国旗制度。同时，以校园文化为载体，通过开办党的知识、新中国成立以来中国取得的辉煌成就等专题宣传栏来开展爱国主义教育活动。1992—1995年，以“学会做人”作为学生德、智、体、美、劳全面发展，提高综合素质的前提和基础，要求学生认真学习领会《学生手册》中的中学生日常行为规范和文明礼仪等方面的常识及要求并落实在行动上，实现知与行的统一。1996—2000年，把法制教育及遵守社会公德教育作为思想道德育的重要内容予以强化。通过召开法制主题班会、组织学生参观法制教育图片展、观看社会公德录像等活动，对学生进行《中华人民共和国未成年人保护法》《中华人民共和国预防未成年人犯罪法》、禁毒及反对邪教的宣传，增强学生自觉遵守社会公德及守法的意识。2001年，实行赏识教育，设置学生交互激励卡，每周开展“心理活动日”，每月开展主题教育活动，并加强与家长的联系，青年教师以镇为单位进行家访。2002—2003年，开展文明班级、文明寝室创建活动，举办星级寝室建设成果展示，开展班会设计比赛，进行个性化班级建设展示与评比活动。同时，成立“校园之声”广播站，设立佳音妙曲、校园直通车、文艺风景线、法制经纬、安全防线、绿色环保等播音栏目，每周一至周五下午放学后播出。2004—2005年，开展“每月一主题”系列教育活动，先后开展的主题有“迈好新生活第一步”文明礼仪、行为规范教育月，“爱我中华”弘扬民族精神教育月，“与法同行”法制宣传教育月，“青春风采”校园文化建设月，“崇尚科学、反对邪教”、“珍爱生命，拒绝毒品”宣传教育月，“爱我家乡”社区服务，社会实践活动月，“安全系我心”安全防范教育月，“学会做人”公民道德建设教育月，“绿色上网”建设健康网络文化、网络文明教育月，“塑造美好心灵”心理健康教育月等。同时加强国防、消防教育，开展社会实践活动，开展为期一周的“迈好新生活第一步”新生行为规范及军事技能训练活动，组织高二年段全体学生到县消防大队进行社会实践活动。

附：明溪县第一中学

明溪县第一中学创办于1927年，原名为归化县培英中学，1931—2005年，依次更名为明溪县初级中学、三明二中、明溪县第一中学，1980年被确认为福建省首批重点中学，2002年被确定为福建省二级达标中学。校园占地面积34428平方米，建筑面积27273平方米。2005年，共有教学班40个，在校学生2100人，教职工146人，其中中学高级教师34人，中学一级教师65人，中级以上教师占教职工的70%。校内配备计算机210台，多媒体综合电化教室38间，学校图书馆藏书65000多册，生均30册以上，其中各类工具书556种，各种期刊、报纸130多种。物理、化学、生物实验室及实验器材按省颁一类标准配置，拥有天文台、多媒体、语音室等先进教学设施。学校开通校园宽带网，多数教师都能使用计算机辅助教学。2002年以来，学校高考成绩连续四年名列全市前列。2005年高考本科上线率居全市第三位，高中会考各科优良率达80%以上。学校的校风、教风、学风良好，学生操行评定合格率100%，连续四年违法犯罪率为零。1991—2005年，学校先后获得省级文明学校、省未成年人保护先进集体、市文明学校、市实施素质教育先进学校、市中小学德育特色学校、市交通安全教育先进学校、市先进教工之家及县文明学校、党建先进单位、校务公开示范学校等荣誉称号。

第六节 中等职业技术教育

一、学校设置

1991年，明溪县职业中学设有初中12个班、学生610人，职高9个班、学生360人，当年毕业生320人。1995年9月停办初中部。1997年11月，被省教委批准为全国计算机等级考试考点，成为县全国计算机等级考试培训中心。2005年，设有两年制、三年制的职高班共23个班，有学生890人，当年毕业264人。

二、学制、课程、教材

1991 年，县职业中学初中班的学制为三年制。职高班的学制为两年制，1991 年设有幼师、种植、财会、电器、美术、财务等专业；1993 年开设幼教、财会、林业、建筑、家电维修 5 个专业；1995 年开设幼教、机电装备与数控技术、电子电工电器、工艺美术、公关文秘 5 个专业；1998 年开办国防班；2000 年开办电子电工班和烹调班。2001 年 7 月，在高考外语科目考试中增加听力测试的内容。同年 9 月，开始实行“3+X”（既 3 门公共课程加上文科综合或理科综合）考试科目设置方案。2004 年，实行教育教学、专业技能、实习就业“三位一体”的教学体制，开设幼教、计算机应用、电子商务、电子电工、工艺美术等专业。2005 年，开设两年制的专业有电子技术，三年制的专业有计算机及应用、幼儿教育、综合课程、高职单招等 4 个专业。

至 2005 年，县职业中学各个专业的课程除专业课外，均开设政治、语文、数学、英语、体育、美术、信息技术等课程。两年制的周活动总量为 35 节。三年制的第三年为顶岗实习，周活动总量为 35 节。教材均使用省颁中等职业学校教材。

三、教学

1991 年起，县职业中学开始对办学方向进行改革尝试，先后与华中师范大学联合开办现代远程教育，与厦门华天涉外职业学院联合开办五年制国家学历文凭考试教育大专班——“2+3”五年制专业，与福建轻工业学校和福建新华技术学校开展“1+2”专业联合办学。学校每年都举办田径运动会和校园文化艺术节。1992 年，学校开展实验室教学，培养学生的动手能力。2000 年，开办综合课程实验班。2001 年，开展分层次教学、说课月等教研活动，建立高级教师指导中级教师、初级教师，中级教师指导初级教师之间的“师徒关系”。2003 年，开展课改专题教研。2004 年，实行“推门听课制”，所有课堂一律开放，学校领导、教师无须事先打招呼，可以随时进入课堂听课。经学校批准，校外领导、学生家长、教师也可以进入课堂听课。

至 2005 年，县职业中学共培养毕业生 2621 人，平均就业率达 95%以上。2002 级高职班，共有 34 人参加高职高考，上线 18 人，上线率为 53%；2005 年电子信息类考生，最低分高出高考切线 151 分，政法类考生最低分高出高考切线 152 分；美术类考生最低分高出高考切线 221 分。

四、品德教育

1991 年起，县职业中学建立每周一唱国歌、升国旗制度。同时，加强学生文明礼仪教育，对全校学生发出做一个文明学生的倡议书，在文明班评比中，加大学生仪容仪表所占的比重，制定班级礼貌用语，开展“文明修身，外树形象”系列活动。1992—1995 年，开展特殊生的转化工作。对这个群体，年段长、班主任与科任教师配合以班级为单位进行分析归类，分解定位，定出帮教转化计划，建立档案，并做好过程记录，跟踪考查总结工作，尽最大可能分化这个群体，缩小落后面。1996—1999 年，实行师生导师制，开展爱国主义教育，唱红歌，革命宣传文艺会演。2000—2002 年，开展心理健康教育工作，突出身心健康的教育观、心理尊重的学生观、终身教育的思想观等观点的教育，设立心理咨询室，把心理健康教育与思想品德教育结合起来，发挥心理健康教育的德育效应。2003—2005 年，开展道德和专业思想教育，培养学生良好的职业道德观念、刻苦钻研技术的求知精神。

附：明溪县职业中学

明溪县职业中学创办于 1981 年 9 月，前身为明溪县第二中学，1993 年 9 月起增设职业高中部，成为中等职业技术教育学校，1995 年 9 月停办初中部，1997 年 11 月，被省教委批准为全国计算机等级考试考点，成为明溪县全国计算机等级考试培训中心。1998 年获市职业中学幼教专业技能比赛团体第三名；1999 年获市职业技术教育先进集体称号；2002 届高职班，共有 34 人参加高职高考，上线 18 人，上线率为 53%；

2004年获市计算机应用能力比赛团体第一名；2005年电子信息类考生，最低分高出高考切线151分，政法类考生最低分高出高考切线152分；美术类考生最低分高出高考切线221分。2005年，校内开设幼教、计算机应用、电子商务、电子电工、工艺美术等专业，设有两年制、三年制共23个班，有学生890人，专任教师55名。1991—2005年，县职业中学共培养毕业生2621人，有2281人分别被明溪县各行各业及福州、厦门等地录（聘）用，平均就业率达95%以上。

第七节 成人教育

一、农村扫盲工作

1990年全国第四次人口普查，全县青壮年（15~40周岁）56198人，其中全文盲、半文盲5495人，非文盲率为90.22 %。为贯彻国务院颁发的《扫除文盲工作条例》，县政府下发《明溪县人民政府关于继续开展扫除文盲工作的通知》，县教育局制定《扫盲规划》《扫盲后巩固提高规划》，进行定人、分期、分批扫盲。扫盲学习课本为《识字课本》，扫盲后巩固班学习课本为《庭院农业》，脱盲后学习农村成人初等文化技术教育教材《实用语文》《实用数学》。扫盲教师基本上由各村小学或幼儿教师担任。县政府每年组织扫盲工作检查和脱盲验收考试。1995年，再次掀起扫盲高潮。成立以县长为组长，各有关部门和乡（镇）主要负责人为成员的县“两基”工作领导小组，各乡（镇）也相应成立“两基”工作领导小组及其办公室，及时部署、指导、协调“两基”工作。县五套班子领导每人挂钩1个乡（镇），负责指导和督促各乡（镇）搞好“两基”工作。1991—1995年，经县统考，全县脱盲3007人，剩余文盲1430人，非文盲率达98.76%，脱盲后进巩固提高班学习人数2971人，结业2936人，巩固率达98.82%。

1996年，把扫盲列入各级领导任期目标责任制，实行县与乡、乡与村、村与学员，以及教育局与学区、学区与教师、教师与学员，建立双线扫盲承包责任制，强化扫盲工作。各乡镇、厂矿均制定扫盲工作制度、乡规民约，给每个扫盲对象发放脱盲入学通知书，动员扫盲学员进入扫盲巩固提高班学习。各乡（镇）定期每星期召开1次“两基”工作汇报会，下乡工作队队长负责与村干部一起抓好组织动员入学及入学巩固工作，村干部轮流到课堂值班，保证学员按时到课。各村扫盲教师根据脱盲要求编写复习资料，每个星期组织学习3个晚上以上，每个晚上学习2个小时。扫盲领导小组成员及时督察指导，解决存在问题。同年6月，经省政府“两基”评估验收组评估验收，全县非文盲率为97.36%，巩固人数1016人，巩固率为95.9%，当年15周岁人口文盲率在0.8%以下，达到高标准扫除青壮年文盲标准，通过“两基”评估验收。1997年2月4日，国家教育委员会表彰明溪县为“实现普及九年义务教育和扫除青壮年文盲”先进县。“两基”验收后，继续抓好扫盲和扫盲后的巩固提高工作，至2005年，共扫盲944人，非文盲率为99.15%，青壮年剩余文盲为486人。

二、农村业余技术教育

全县9个乡（镇）和88个行政村均办有文化技术学校。1991年起，乡（镇）和行政村文技校结合农村实际，本着“实际、实用、实效”的办学原则，灵活多样开展以“短、平、快”为重点的农村实用技术培训以及政治、科学文化教育，全县每年举办培训300多期，培训人数达8000余人次。实用技术培训的内容有食用菌、茶果技术、家禽饲养、水稻制种、药材种植、养鱼技术、烤烟种植、再生稻种植等。技术课主要由乡（镇）的技术员担任，培训对象为青壮年农民。1996年6月18日，经省“两基”评估验收组认定，9所乡（镇）文技校初步达“八有”（有健全的学校领导班子；有专职和兼职教师，专职教师3人以上；有独立的校舍，建筑面积200平方米以上；有电化教学设备；有可供学习实验用的校办厂场；有固定的办学经费来源；有符合当地经济和社会发展的办学规划；有学校管理制度和档案资料）标准。2004年，贯彻

《三明市加快农村劳动力转移工作实施方案》，开展劳动力转移培训，培训主要内容有竹胶板加工、细木工板加工、木地板加工、缝纫技术培训等实用技能。至2005年，全县文技校共有教学基地592.74公顷，彩电97台，VCD机97台，照相机6台，投影仪1台，图书2840册；举办培训班1800多期，培训人数达1.5万人次。

三、学历教育

（一）福建广播电视大学明溪工作站

1991年起，先后开办的中专学历有行政与文秘、金融、财务3个专业；大专学历有法律、小学教育、会计等9个专业。主要利用网上教学平台进行教学，辅以必要的面授辅导。2003年，与江南大学联合办学招收网络本科生，学制为3年，开设法学、国际经济贸易2个专业，当年在校生525人，达历史最高人数。2005年，经福建广播电视大学批准，开办"开放教育"本科班，开设法学和公共事业管理（教育管理）2个专业，学制为3年。至2005年，共培养中专毕业生120人，大专毕业生285人，本科毕业生100人。当年校内有"双肩挑"（承当管理与教学职责）教师4人，在册兼职教师40人，相对固定的兼职教师19人，均为中学教师、司法、会计方面的高级职称人员，每个专业配有专业责任教师1名，每门课程配有课程责任教师1名。

（二）县教师进修学校

1995年，开办小学教师专科自学考试专业，助学教师由本校6位教师与县第一中学2位教师担任，以集中办班形式进行辅导，学员考试合格后，由福建省教育学院发放小学教师专科自考毕业证书。至2005年，共有3600人参加小学教师专科自学考试，毕业260人。

（三）中共明溪县委党校

1994年起，开设中央党校函授大专班，设经济管理和党政管理两个专业。2003年，增设中央党校函授本科班，设经济管理和法律两个专业。至2005年，中央党校函授大专班共有毕业学员422人，当年中央党校函授本科班在校生181人。

四、自学考试

1991年至1999年上半年，由于参加自学考试的人数和科目较少，县内考生全部并入外县参加考试。自学考试报名点设在县自学考试办公室，县进修学校、卫生局、农业局、林业局等部门设委托报名点。1999年，全县参加自学报考的考生数达302人，报考达713科次，具备设置考点的基本条件，9月21日经省高等教育自学考试指导委员会批复同意，在县内设自学考试点。同年，开办本科自学考试。开考的专业，中专有统计与会计核算、护理、公安等6个专业；大专有法律、律师、汉语言文学、英语等28个专业；本科有法律、律师、汉语言文学、英语等12个专业。2002年停止中专自学考试。至2005年，全县通过自学考试毕业中专27人、大专785人、本科106人。

2000年和2004年，县自学考试办公室被省教育厅和省高等教育自学考试指导委员会评为"先进集体"。2005年，自学考试办公室有人员2名，拥有计算机、电子摄像头、光电阅读器、刻录机、打印机等整套完善的报名设备。

第八节　教师队伍

一、构成

1991年，全县有中小学、幼儿教职工1410人，其中中学教师公办321人，民办75人，教师合格率为

35.3%（大专以上学历）；小学教师公办702人，民办140人，教师合格率为62.31%；幼儿园教师公办104人，代课68人。1994年9月，中学不再聘用代课教师。1997年，全县从民办教师中择优录用66人为专任教师。1998年9月，清退全部代课教师，全县共清退代课教师及临时工325人。1998年后，先后接收煤矿小学、氨厂小学、福田寨采育场小学、箭竹坪采育场小学符合任教资格的教师14人。至2005年，全县共录用本科毕业生84人，大专毕业生320人，中专毕业生416人，教职工在数量与素质上有很大提高。全县有幼儿教职工195人（含民办），小学教职工780人，中学教职工596人；幼儿园、小学、初中、高中专任教师的学历达标率分别为97%、97.8%、99.41%、62.2%；小学教师专科化率37.83%，初中教师本科化率15.63%；在职幼儿高级教师18人，小学高级教师444人，中学高级教师55人。

二、待遇

（一）政治待遇

1991年，张航生等2位教师当选明溪县第十一届人大代表，黄说等8位教师担任明溪县第四届政协委员。1993年，教师方留忠当选三明市第八届人大代表，教师林义和担任三明市第五届政协委员。1994年，汤小琴等2位教师当选明溪县第十二届人大代表，林紫霞等6位教师担任明溪县第五届政协委员。1997年，教师蔡前兵担任三明市第六届政协委员。1998年，教师吴春生当选福建省第九届人大代表。1999年，刘秀英等2位教师当选明溪县第十三届人大代表，章日生等6位教师担任明溪县第六届政协委员。2002年，教师吴春生担任三明市第七届政协委员。2003年，林峰等3位教师当选明溪县第十四届人大代表，黄轩云等6位教师担任明溪县第七届政协委员。

（二）经济待遇

1991年，全县普通中学、全日制中等专业学校班主任津贴每月提高到13元，小学提高到10元，每班学生超过45人的再增加2元，公办教师担任班主任的由县财政负担，民办教师担任班主任的由教育事业费附加中解决。当年全县中学民办教师人均月工资123.95元，最高达155.5元；小学民办教师人均月工资116.55元，最高达143.45元。1994—1995年，教职工工资由乡（镇）管理。1996年3月开始，全县教师工资收回县统筹，由县财政按月拨款，解决拖欠工资的问题。2000年10月起，教育局及城区学校工资实现国库统发。2001年5月，乡（镇）学校工资实现国库统发。2005年，教职工工资由“职务（岗位）工资、津贴、教龄津贴、岗位津贴、职务津贴、地区津贴、考勤奖”等组成，人均月工资1365.16元。

1991年起，向教师每人每年发放夏季降温费72.5元，每年为高级教师免费体检1次，20年以上教龄的教师医疗费全部由县财政负担。1996年5月3日，改革教师公费医疗管理，组建教师公费医疗基金会，建立以个人账户为基本结算单位的公费医疗保障制度，保证教师的看病就医。2000年，实行职工基本医疗保险，单位负担7%，个人负担2%。

1997年10月起，实行住房公积金制度，单位负担5%，个人负担5%。2004年，住房公积金比例调整为单位负担6%，个人负担6%。教师住房条件得到不断改善。至2005年，全县新建教师宿舍面积达4027.54平方米。

（三）表彰

每年，教育部门组织对教育教学工作成绩显著或有突出贡献的在聘教师给予奖励，奖励以精神鼓励与物资鼓励相结合的原则。1993年9月，西门小学教师薛真真被国家教委、人事部授予全国优秀教师称号。1998年9月，县第一中学教师吴春生被教育部授予优秀教师称号。1998年11月，县实验小学教师刘琳被全国少儿“双有”主题教育活动组委会授予全国少年儿童“心中有祖国，心中有他人”主题教育活动先进工作者称号。2001年7月，县西门小学教师王彩萍被全国少儿“双有”主题教育活动组委会授予优秀组织工作者称号；2002年11月，被全国少儿“双有”主题教育活动组委会授予先进个人称号。2003年9月，县实验小学教师揭莲珠被中国少年先锋队全国工作委员会授予全国优秀少先队中队辅导员称号。除国家、省、市开展对教师的评选表彰工作外，教育局每年以县委、县政府的名义表彰100名优秀教育工作者。各校（园）每年以乡、镇、学校级的名义表彰优秀教育工作者。1991—2005年，受国家级表彰5人，省级表彰76人，市级表彰207人，县委县政府表彰1482人次。

三、培训

1991年，贯彻全国中小学教师继续教育工作精神，全方位开展中小学、幼儿园教师培训工作，通过举办各类专业技术培训、骨干教师培训和校长培训等，提高教师素质。同年起，分期分批对全县校（园）长进行岗位和提高培训。1991—1995年，举办4期小学教师专业合格辅导培训班，参训教师160余人。1997年起，适应信息技术发展需要，举办信息技术培训，当年对全体教师进行“五项基本功”（口语、毛笔字、粉笔字、钢笔字、简笔画）培训。2002年6—7月，举办10期普通话培训班，参训教师760人。2003—2004年，举办幼儿教师新教材和中小学语文、数学等科目新教材培训班共10期，参训教师280余人。至2005年，全县共举办各类教师培训班200多期，培训教师达5000余人次。其间，举办4期小学语、数骨干培训班，参训骨干教师150名，选派中小学骨干教师参加国家级培训2人、省级培训5人、市级培训121人；举办6期完全小学校长岗位培训与提高培训班，参训人员400余名；125位中、小学校（园）长参加省、市级任职资格培训、提高培训和骨干校长培训；举办信息技术培训49期，1937名教师通过相应等级考试。

四、资格认定

1996年起开始实施教师资格制度，1997年实行中小学校长持证上岗制度，2000年全面实施持证上岗。至2005年，全县共有635名教师取得教师资格，占总数的96.43%，其中幼儿园121人，小学622人，初中343人，高中171人。

五、考核

每学年度结束后，县教育局成立中小学幼儿园教职工年度考核领导小组，对中小学、幼儿园公办教职工的德、能、勤、绩、廉进行全面考核，考核等级分为“优秀”“合格”“基本合格”“不合格”4个等次。优秀比率占各级职务的15%，不同层次的专业技术人员和其他系列人员的优秀率均不互相挤占。各中学、学区（校）、县实幼的正职或主持工作的副职领导由县教育局教师年度考核领导小组考核（副科级以上干部由县委组织部考核）；完小校长、中学、学区（校）副职和处室负责人由中学、学区（校）考核，确定等次，报县教育局审定；其余人员中学以校，小学以学区为单位进行考核，报县教育局备案。学校（园）年度考核工作是在学校党组织的领导下进行，由考核小组根据市、县有关文件规定具体组织、指导、监督。学校结合目标管理，制定出对教师素质要求、岗位责任要求的量化评估细则，并经教代会通过后组织实施。考核结果作为晋职、晋级、提资、续聘、低聘、奖惩的主要依据。1991—2005年，全县教师受国家级表彰7人，省级表彰76人，市级表彰207人，县委、县政府表彰1482人次；开除违法违纪教师7人，开除留用查看1年9人，行政记过处分2人。

六、专业技术职务评聘

1991年，全县教师职称实行评聘结合，县教育局根据县人事局核定的各校中、高级教师职称职数下达中、高级教师推荐数到学校（园），学校依据标准和要求按推荐数择优推荐。中学高级教师、一级教师，小学（幼儿园）高级教师由县教育局组织评委择优推荐到市级，由市评审机构组织评审；中小学（幼儿园）教师初级职称经县人事局同意由教育局组织评委评审，评审通过后报县人事局核准。全县有全县共有2名中学高级教师，33名中学一级教师，126名初级教师；全县共有32名小学高级教师，484名初级教师。2002年，全县聘任29名中学高级教师，聘任86名中学一级教师，聘任1名小中高教师，聘任125名小学（幼儿园）高级教师。2003年，县中、高级教师职称实行评聘分开，申报中、高级教师职称不受职数限制，凡符合申报条件的教师均可申报相应的职称，经择优推荐评审通过后取得相应职称资格，根据学校剩余职数竞聘上岗。2005 年，全县共聘任 54 名中学高级教师、137 名中学一级教师、1 名小中高教师、224 名小学（幼儿园）高级教师、240 名中学初级教师、405 名小学初级教师、83 名幼儿园初级教师。

第九节 教育管理与教育督导

一、机构

1991 年，县教育局下设人秘股、教育工会、计财股、自考办、普通教育督导室、成教股、中教股、初教股、电大工作站、教仪站、勤工俭学管理站，共有人员 23 人。1992 年，新增政教股、考试工作站。1997 年，核定机关行政编制 9 人，事业编制 18 人，中教股、初教股合并为普教股，政教股更名为宣教股。2002 年，成教股和职教股合并为职成股。2004 年 8 月，普通教育督导室更名为县人民政府教育督导室。2005 年，县教育局下设人秘股、计财股、宣教股、教育工会、教仪站、职成股、普教股、电大工作站、考试工作站、自考办、勤工俭学管理站，有行政编制 12 人，事业编制 18 人，共有人员 34 人。

二、经费

（一）教育经费

1991—2005 年，全县教育经费的主要来源为财政拨款、学杂费、教育税费、社会及个人捐资、税费改革转移支付资金、上级补助资金、金融贷款。每年的教育经费由县财政直接拨付给学校，教育经费的使用接受财政审计的监督。

1991—2005 年明溪县教育经费投入情况

表 19-5

年份	省市（万元）	县财政			乡（镇）（万元）	社会集资（万元）
		全县总支出（万元）	其中拨给教育经费（万元）	占总支出（%）		
1991	6	2210.5	432.97	19.59	122.23	19.41
1992	9.6	2616.6	475.4	18.17	41.83	2.01
1993	10	2815	603	21.42	69.55	57.29
1994	27	3767	957.9	25.43	48.63	76.41
1995	15	4488	1004.3	22.38	265.22	101.16
1996	9	5026	1338.5	26.63	190.42	300.71
1997	31	5389	1496	27.76	99.52	72.1
1998	85.6	6005	1646.71	27.42	131.93	32.3
1999	50.8	6443	1889.26	29.32	124.24	11.4
2000	102.22	6790	1994.05	29.37	7.79	27.8
2001	224.56	7880	2453.06	31.13	33.72	28.4
2002	560.53	8483	2786.81	32.85	14.47	29.9
2003	616.26	9671	3042.17	31.46	7.84	3
2004	615.66	10166	3452.35	33.96	10	9.1
2005	443.75	12403	3692.22	29.77	—	10.7

（二）城乡农村教育事业费附加

1991年，城市教育事业费附加按增值税、营业税、消费税的1%征收，由县税务局代征。农村教育事业费附加征收主要对象是乡镇企业、交通运输业、建筑企业、林业、个体工商户、各项特产、农业户等，由乡镇财政所代征，计征率为人均纯收入的1.5%。教育事业费附加专款专用，单独核算。当年，全县共征收城乡教育事业费附加102万元，其中城市教育费附加20.8万元，农村教育费附加81.2万元。1992年城市教育事业费附加提高到2%，1994年又提高到3%。2003年，实行税改费，取消农村教育事业费附加的征收。至2005年，全县城乡教育事业费附加共征收2955.02万元，其中城市教育费附加680.27万元，农村教育费附加2274.75万元。

（三）城镇教育建设配套费

1991年7月，开征城镇教育建设配套费，从1991年1月1日起执行。征收范围为在县城规划区内进行房屋建设的单位和集体，每平方米征收8元；个人房屋建设每平方米征收3元。1992年，城镇教育建设配套费征收标准分别调整为10元和8元。征收的城镇教育配套费全部用于城镇中小学和教育部门办的幼儿园校舍建设。1998年，停征城镇教育建设配套费，至此全县共征收254万元。

（四）社会捐赠

1991—2005年，全县共接收社会集资、捐资办学总额781.69万元，其中港、台爱国同胞捐赠222.25万元，主要用于全县中小学工程建设及改善中小学办学条件。

1991—2005年明溪县社会人士捐赠办学情况

表19-6

年份	学校	建设项目	捐赠人	捐赠金额(万元)
1994	枫溪中心小学	教学楼	应善良福利基金会(沈炳麟)	9.9
1997	夏坊龙坑小学	教学楼	应善良福利基金会(沈炳麟)	11.4
2000	盖洋画桥小学	教学楼	邱侦文	10
2000	城关中学	教学楼	香港宝莲禅寺	40
2002	坪埠中心小学	教学楼	邵逸夫	15
2003	夏阳中心小学	教学楼	应善良福利基金会(沈炳麟)	23
2003	城关中学	教学楼	邵逸夫	84.95
2004	夏坊中学	教学楼	俄罗斯旅居华侨	8
2004	夏坊中心小学	教学楼	日本东洲“春蕾”项目建设项目	20

（五）学生收费

1991年，学校对接受义务教育的学生免收学费，只收杂费，对非义务教育阶段学生收取学杂费，对户口不在本县的学生按规定收取借读费，当年全县学杂费收入31万元。1995年9月1日开始，在全县范围内实行学生收费登记制度，中小学、幼儿园使用县教育局、县物价委员会监制的收费登记册，每生1册，凡向学生收取的一切费用，逐项填写在登记册内。1996年秋季起，高中招生试行选优和缴费入学试验，每生缴费1800元，当年全县学杂费收入131.9万元。2005年秋季开始，全县在农村义务教育阶段执行免除享受最低生活保障待遇家庭的子女杂费、教科书费；农村义务教育阶段“两免一补“助学资金由省、市、县三级财政共同负担；当年秋季共为200名初中学生和212名小学生免除杂费35656元、教科书费26358元，全年全县学杂费收入837.6万元。1991—2005年，全县学杂费收入共计3738.9万元。

（六）勤工俭学

1991年，根据县政府《关于全面建立农村中小学学农基地的通知》精神，县、乡（镇）、教育局和各中小学校成立勤工俭学管理机构，在全县中小学全面开展勤工俭学活动。当年，全县中小学校按照“一校一地”要求，共建立中小学劳动基地116个，土地面积达155.13公顷，并于5月通过省教委验收；全县勤工俭学工农业总收入33万元，其中投入教育18万元，生均收入20.35元。1992年后，县职业中学家用电器维修中心、县教育印刷厂、教育招待所和胡坊学区活性炭厂等一批校办企业创办，勤工俭学工农业总产值逐年上升。1995年，《中华人民共和国教育法》正式颁布实施，全县各乡镇政府按规定给学校划拨一定数量的土地、山林，帮助学校发展勤工俭学，全县勤工俭学工农业总产值达720万元，至1996年达到800万元巅峰，全县勤工俭学总收入86万元，投入教育27万元，生均收入39.57元。1997年起，由于市场竞争激烈，全县校办企业效益下滑，各校办企业相继从学校剥离，加上全县拆点并校力度加大，村级完小勤工俭学基地也相继丧失，勤工俭学工农业收入逐年下降。至2005年，全县勤工俭学工作全面萎缩，仅有县文蕾服装厂挂靠县西门小学。当年全县勤工俭学总产值82万元，总收入26万元，投入教育17万元，生均收入17.19元。

（七）财务管理

1991—1995年，全县乡镇中小学预算经费实行乡管，乡镇中小学教师工资由县财政拨给乡镇财政所，乡镇财政所再拨给各中学、学区。1996年，乡镇中小学预算经费收归县管，由县财政局拨给县教育局，县教育局直接拨给各乡镇中学、学区，并进一步完善教育工作者经费的拨款、核销渠道。1999年，县财政局将城区7所学校列为一级预算单位，实行经费直拨。2004年10月起，全县中小学校预算经费由县财政局直拨。

三、校园建设

1991年，全县共筹措经费195.02万元改善中小学办学设施、设备，其中新建中小学校舍3258平方米。1993年5月，县获得“实验教学普及县”称号。1994—1996年迎接省“两基”验收，全县共投入400多万元，扩大校园面积8.77万平方米，新建校舍面积22353平方米，维修校舍面积31357平方米，新建体育场地3处，新添课桌椅3280套、图书99900册、价值35.65万元的电教仪器。2000年，县第一中学自筹资金541万元，新建科学楼5381.43平方米。2001年5月，开始全面实施危房改造和布局调整工作，当年鉴定危房40405平方米。2003年，县第一中学新建学生公寓、教学楼各1幢，共5413.86平方米，造价438.8万元。2003年3月至2004年12月，投入资金186.6万元，新建和改造实验室9间、仪器室14间，并购置一批教学仪器。2004年，新建青少年活动中心1幢，面积3350平方米，造价300万元。同年12月，实施“校校通”工程，建成教育城域网，全县中学和中心小学都安装宽带网，配置1间以上多媒体教室。

至2005年，全县共投入校舍维护建设资金3766.62万元，其中投入1831.2万元完成中小学危房改造项目24个，建筑面积27150.8平方米；投入资金631.7万元完成布局调整项目10个。共投入教学设备购置经费1433.95万元，其中购置仪器设备1276.88万元，购买图书157.07万元。是年，全县幼儿园占地面积21131平方米，园舍总建筑面积12712平方米，其中民办幼儿园占地1880平方米，园舍总建筑面积1452平方米；图书5930册，其中民办幼儿园750册；教学用录像、录音带548盘。全县中小学校园占地面积33.3万平方米，校舍面积12.11万平方米，学生宿舍面积约1.5万平方米，田径场6个，各类专用教室281间，拥有图书23.45万册。

四、学籍管理

1991年，执行全省统一的学籍管理和成绩考核办法。学籍管理分入学、成绩考核、升级、留级、跳级、休学、复学、转学、借读、退学、结业、奖励、处分等15项。学籍卡由学校填写建档，教育局每年检查督办。县普通初中按招生计划招收小学毕业生，小学毕业生经过升学考试由初中录取入学。1994年9月，全县实施九年义务教育后，小学生原则上就近升入初中学习，初中取消留级制度，有病不能坚持上学的学生可申请休学，经县教育局批准后可休学1年。高中学生学年成绩不及格的学科经补考仍有3科或语、数、体育3科中的2科不及格的应予留级，毕业班一律不留级。全县初、高中毕业证书均须县教育局验印后生效。此规定至2005年。

五、教育督导

1991年，县普通教育督导室成立，按照国家教委和省教委要求，以6项督导（教育管理、事业发展、队伍建设、教育经费、校舍设备、德育工作）为主要内容开展教育督导工作。11月，明溪通过省政府“六项督导”的评估验收，评估结果达到优级水平。1992年起，县督导室主要围绕基本普及九年义务教育、基本扫除青壮年文盲为主要内容开展教育督导工作。1994年，明溪通过省级教学普及县评估验收。1996年，县教育“两基”工作通过省政府评估验收。1997年后，督导室不断对“两基”工作进行跟踪核查，并定期通报跟踪核查情况，巩固“两基”成果。1998年后，督导室以《福建省中小学实施素质教育工作督导评估指导方案》和《三明市中小学素质教育督导评估实施办法》及《三明市中小学实施素质教育工作督导评估细则》为依据，组织实施全县中小学实施素质教育工作督导评估，每3年进行1轮对全县中小学综合督导评估。2001年，县教育“两基”工作通过省级复查验收。2003年，明溪一中、实验小学、西门小学、沙溪中心小学、胡坊中心小学获市“实施素质教育工作先进校”。2004年，通过省级实验教学普及县复查验收。2005年，全县九年义务教育入学率达98.01%。

第二章　科　技

第一节　科技普及

一、科技宣传

1991年，明溪的科普宣传工作在县科学技术局、县科学技术协会的组织和协调下，主要依托各专业技术学会、协会和县政府各业务主管部门，利用广播电视、宣传车、宣传栏、墙报、录像、简报等载体开展广泛、持续的科普宣传工作。县科协和县农学会每年编辑《明溪科普》《科技画廊》《农情信息》《农业简报》《病虫情报》等刊物，发至全县各个乡（镇）及农户手中。县委宣传部每年组织文化、科技、卫生“三下乡”活动，通过开展现场技术咨询、文艺演出等活动，宣传科普知识。1995年起，县每年举办1次科技宣传周活动，各成员单位以“科技兴县”“人口、资源、环境”“创新与科教兴县”等主题开展宣传活动。组织科技人员深入乡（镇）、厂矿、学校和社区，利用农村集市举办科普挂图展览、组织科技新书下乡、向农民赠送各种科普书籍资料、提供科技咨询等活动。1996年，继续贯彻省、市《关于贯彻中共中央、国务院〈关于加强科普工作的若干意见〉的实施意见》，出刊各种科技资料124期，1.8万份；举办各类型科技讲座154场，1.32万人次参加；举办科普展览4次，2500人次观看。2000年，市科协、市文明办共同组织的“破除迷信、崇尚科学”大型图片巡回展出在明溪县展出，接待参观群众约1.1万人次。2003年，落实国家科技部《关于围绕“依靠科学战胜非典”进一步加强当前科普工作和办好2003年科技活动周的紧急通知》，全面开展抗击“非典”的科普宣传工作。2004—2005年，成立由60名中级以上职称的科技工作者参加的县科普志愿者服务团，开展科技下乡活动，利用农村集市每月到1个乡（镇）为农民送科普知识、现场指导科技服务。

二、科技示范

（一）星火计划实施

1991年，实施高产栽培示范、法国巴巴厘番鸭引种、日本大耳兔引种、美国肉鸽引种、引进新型包装捆扎机、柴油乳化机、开办食用菌综合试验场、引种西番莲等星火计划项目8个。其中，县科技开发中心与大富村3位农民合作开发十八大坑生态果园优质芦柑初果750公斤、杨梅初果200公斤、油柰1000公斤、防护林带2万余株、生猪出栏100头，达到经济效益、社会效益、生态效益同步发展。食用菌试验场开发出香菇、木耳、竹荪、金针菇、凤尾菇、平菇等6个新品种。1992年，实施明盛电子有限公司开发切诺基车座钟、县太阳能新科技产品安全风帽、建立名优特果苗圃等星火项目14项。其中县科委专利产品试验厂开发的多功能电器监护器，年产1万套，产值48万元。1993年，实施星火项目8项。1998年，实施星火项目15项。2000年，实施星火项目5项，其中种植杂交水稻10.4万公顷、旱育秧2666.67公顷、抛秧2000公顷、再生稻1533.33公顷、早稻优质稻333.33公顷。2004—2005年，实施南方红豆杉短周期药用林速生丰产栽培示范、木薯变性淀粉生产新工艺技熟化与示范国家级星火计划项目2项。实施省级星火项目沙溪沿岸星火产业带“一县一业”天然药物产业和8个市级星火项目。至2005年，全县共实施星火项目77项，投入资金8160万元，获得直接经济效益10800多万元。

（二）科技示范乡（镇）建设

1991年，全县有省级科技示范乡（镇）1个（城关乡），县级科技示范村2个，科技示范户12户。1992年后，瀚仙镇、夏阳乡、胡坊镇 、夏坊乡陆续开展科技示范乡镇建设。1995年，瀚仙镇、夏阳乡通过验收；2000年，胡坊镇 、夏坊乡通过验收。至2000年，全县有省级科技示范乡（镇）5个，县级科技示范村16个，科技示范户90户。2000年后，科技示范乡镇评比活动停止开展。

第二节　科技成果研究与推广

一、工业科技

1991年，全县企业实施技改项目18项，完成技改投资479.92万元。完成投产7项，燃料公司蜂窝煤生产设施配套、造纸厂供水系统改造、水泥厂水泥屋面翻修及雨篷、火柴厂新增火柴生产线、医械厂轴承环生产线、制材厂防雨制品生产线、无线电三厂可变电容加工生产线。全县新产品批准立项7项，开发7项，鉴定1项。全年推广运用杉木优良家系、大溪峰电站发电机励磁微机控制新技术2项。1992年，开发新产品12项，省级立项8项，鉴定1项。12项新产品有县装饰板厂模压家具、县胶合板厂装饰的胶合板、瀚仙电子器材厂T3282电动机监视保护器、鑫发宝石加工厂产蓝宝石、鸿飞大理石厂无机花岗岩装饰板等。实施技术改造，技术引进项目24项。1993年，全县开发新产品9个，其中报省立项8个，组织推广实施新技术新设备项目5个。技改项目有县煤矿矿山双回路供电工程及面进深部采煤巷道改造、链条厂玻璃纤维生产线、电化厂人造木炭生产线、电化厂活性炭生产线等4项技术项目；审批工业物资供售公司电话机生产线、造纸厂治理污染技改项目等2项。其中县装饰板厂开发的热固树脂木屑模质板材获“1993年福建省优秀新产品”三等奖，县电化厂“结晶硅矿热炉新型电极把持器”项目被三明市经委列入1993年度科技开发计划。1994年，实施技改项目35项，投产技改项目27项。开发完成新产品9项，增收节支效益达550万元。其中，兴明副食品公司的肉脯干和三得力食品联合开发公司的莲藕汁饮料获“1994年福建省农村名优特最畅销产品”金奖，莲藕汁饮料还获得“1994年国际食品博览会”金奖。1995年，实施技改项目11个，完成投资1752万元。

1996年，实施技改项目11个，完成投资2310万元。开发工业新产品6项，通过省级鉴定1项，推广应用“四新”（新技术、新工艺、新材料、新设备）技术项目7项，其中微电子技术应用项目4项；技术开发累计投入370万元。工商银行明溪县支行、县邮电局引进现代化技术设备，全系统实施微机联网管理，通存通取。1997—1999年，实施技改项目21项。其中县水电总公司城关—梓口坊—夏坊输变电改造、县电力公司城关二期配电网络改造、县造纸厂塑编袋二期技改生产线、县化工厂清水笋生产线、县无线电二厂全电脑电话生产线、县无线电三厂摩托车喷涂线、县装饰板厂模压家具生产线等7项已投产。2000年,实施技改项目10项。分别是华龙公司塑编复合袋第四期扩改，完成投资672万元；县林业总公司大平木业园艺居室木制品、指接板改造、木材综合利用三项技改，完成投资770万元；县水电总公司宏明电化厂矿热炉改造，投资160万元；县电力公司电网调度自动化系统结转项目，投资120万元，7月份通过验收，农网改造项目完成投资2500万元；县水泥厂完成单线环保治理工程；县链条厂改制后，引进三明市建明链条有限公司并于当年11月上旬组织人员、投入资金进行技改恢复生产；县无线电二厂彩电声表面波滤波器已小批量生产，产品在福日、厦华、上海等厂家试用；医械厂污水处理小型工程在福建烽林机器厂通过鉴定验收。

2001年，实施技改项目11项，完成投资2098万元。其中南方红豆杉紫杉醇提纯加工项目完成投资1286万元，完成厂区的整体规划，50%含量的紫杉醇提纯车间的建设和90%生产车间和1%生产车间的改造，建成5000平方米苗木繁育大棚。2002—2003年，实施技改项目9项。主要有紫杉醇提纯加工项目、木薯变性淀粉项目、瑞海木业高档防火装饰板生产线、万隆食品果蔬浓缩液及饮料、淮山饼干生产线。

2004—2005年，实施技改项目15项，其中实施500万元以上的重点技改项目5个。南方红豆杉紫杉醇提纯完成投资3936万元、百事达木薯变性淀粉完成投资545万元、佰盛服饰有限公司服装加工项目完成投资910万元、瑞海木业完成投资580万元、兰圈水泥综合改造完成投资560万元。开发厚朴酚提取、金属硅粉、三尖杉双碱等新产品5个。

二、农业科技

1991年，实施省科委下达的“科技兴农集团承包以粮为主区域综合开发利用研究”项目的6个子项。其中，实施粮食高产综合技术开发，沙溪乡瑶奢村亩产粮食1016.2公斤，第一个实现吨粮村；实施中稻再生稻示范片，种植面积813.33公顷，再生成功率91.8%，再生稻亩产141.81公斤，亩增产6.81公斤；实施水稻施用生物钾肥新技术示范应用，设置验证试验田12个，面积882.73公顷，简比试验31个，平均亩产增20公斤；在沙溪乡瑶奢村、梓口坊村实施水稻病虫草鼠综合防治应用研究，面积171公顷，平均亩产增110.5公斤；实施雄性罗非鱼高产养殖技术和推广。县农科所引进水稻新品种、组合140个，其中早稻91个，晚稻49个，繁育水稻常规良种44723公斤，新组合杂优种子3330公斤。从江西、浙江、上海等地引进10个优良果树品种，建立1公顷良种果树母本园，培育优质果苗12万株。全县粮食在大灾之年实现增产，总产量达84120吨，比1990年增长3.76%，其中集团承包增产粮食1319.7吨，占增产数的41.7%。县农业部门开展中低产田改良增产规范技术获农业部丰收一等奖。成立明溪县食用菌试验场。1992年，继续推广集团承包试验示范的病虫掠防、应用地力计量施肥、土壤识别与优化施肥、生物钾肥、根外喷肥、草栽食用菌等12个项目。1993年，发展“两高一优”农业，实施“中稻再生稻、粮食烟叶生高产高效、粮经双丰收”工程，这3项高成农业共2406.67公顷，其中粮食耕地亩产603.5公斤，亩产值491. 85元，亩纯入185元。推广应用6项，其中“巴巴厘大番鸭三元杂交肉用鸭推广”获省农业系统二等奖；“利用山地优势、发展油柰生产”获省科技厅推广三等奖。1994年，县农技站推广常规水稻良种“601”获省农业厅颁发的农牧业技术推广一等奖，县经作站推广的市山地幼龄果园套种绿肥配套技术获农业部丰收二等奖。1995年，完成市科委下达的国家“八五”科技攻关协作项目短周期工业原料材栽培模式研究、五倍子引种及丰产技术研究，并通过鉴定。推广水稻旱育秧高产栽培技术，完成推广面积667公顷，其中早季134公顷，晚季533公顷，获得大面积增产。推广猕猴桃高产栽培技术，推广种植87公顷。

1996—1997年，推广应用三明市春大豆优良品种及高产配套技术。1998年，县经作站与市茶叶站在县雪峰农场建立全市第一个茶树病虫灯光测报站。县土肥站推广中微肥在水稻、柑橘、烤烟上的应用，获农业部丰收二等奖；县农业专家张诚组织农业技术人员开展的黄花梨高接授粉花枝技术获省农业厅农业技术推广一等奖。推广杂交稻及良种更换1.07公顷，旱育秧4333公顷；抛秧1867公顷，再生稻种植成功800公顷。1999年，推广淮山深加工、鲁梅克斯牧草种植示范、茶树菇大棚种植技术、水稻新品种溪选早1号，引种美国红提、加州黑李、青花梨1公顷。其中水稻新品种溪选早1号通过省级成果鉴定。2000年，推广农业新技术6项。其中，壮秧肥100公顷、间套种2333公顷、病虫综合防治4333公顷、科学施肥1.07万公顷、专用肥2667公顷、紫云英267公顷。引进新技术3项。其中两薯脱毒53公顷、种子包衣剂55公顷。引进新品种15项，其中粮食7项，果树8项。

2001年,推广茶树菇高产优质栽培技术、黄花梨高接授粉花枝技术，并分获农业部丰收二等奖、三等奖，推广面积2667公顷。2002—2004年，推广以“改种、改土、合理密植、科学施肥和精耕细作”为中心的五改技术。2005年，县农技站研究的优质早熟梨引种配套技术获省科学技术奖三等奖，推广面积200公顷。

至2005年，全县共组织推广农业新技术、新成果221项，农村适用技术126项，实施科研项目23项，完成科研成果鉴定7项，全县农作物良种覆盖率达96%以上。

三、林业科技

1991年，开展科研项目14项，推广项目12项。引种广西优良种源桐棉松。其中马尾松用林速生丰产技术研究，取得阶段性成果，获县科技进步一等奖。1992年，推广和应用马尾松选优和定向培育无性繁殖等7个项目。县林委开展国家“八五”科技重点攻关项目《短周期工业用材优化栽培模式研究》。县林业高级工程师余能健主持的马尾松用材适应技术研究体系项目达国家先进水平，获林业部科技进步一等奖、国家科技进步三等奖。1993年，开展松梢害虫、广西马尾松优良种源引种推广、线芽毒蛾等研究。马尾松扦插与造林技术研究项目列入国家重点科技成果推广计划。1994年，县林委与福建林学院共同进行的线芽毒蛾和线芽毒蛾质型多角体病毒的研究获省政府科技进步三等奖。

1995—1996年，实施科技推广、科研项目14项，引进速生丰产树种，示范推广良种繁育、早园竹。其中县林业科技推广中心进行的马尾松切根育苗技术研究，获省政府科技进步三等奖，在全省大面积推广。1997—1998年，推广红豆杉、三尖杉繁育栽培系列技术研究、竹种资源开发利用、广西马尾松优良种源引种推广研究4项，其中县林业局进行的广西马尾松优良种源引种推广研究，获省政府科技进步三等奖。1999—2000年，实施科研项目5项，推广小径竹高产栽培技术。

2001—2002年，县林业局与福建农林大学、省速生丰产用材林基地办公室进行的野生茶秆竹林培育技术研究，获省政府科技进步三等奖。2003年，县天绿药用植物发展有限公司和市林木种苗站进行的南方红豆杉苗木生理生态和繁殖技术研究，获省科技进步二等奖，在全省大面积推广。

至2005年，全县共推广林业新技术30多项，获得省部级科技进步奖11项。

四、医药卫生科技

1991年，县医院进行鼻止血气囊的临床应用研究及改造，县防疫站实行综合防治基本消灭疟疾研究。1992年后，县医药卫生部门先后开展急性病、学龄前儿童生长发育、利巴韦林治疗病毒性肠炎疗效分析、防止交叉感染、控制碘缺乏病等课题研究，取得丰硕成果。1995年，县医药卫生系统开展多发病、常见病、传染病、地方病等的防治研究。

至2005年，全县医疗卫生部门共发表科技论文165篇，其中在全国性医学专业杂志上发表科技论文35篇，省级医学杂志及期刊上发表科技论文130篇，实施新技术、新疗法79项。

第三节 科研协作与服务

一、技术协作

1992年11月，《全国马尾松用材林速生丰产适应技术培训研讨班》在明溪举办，共有8个省92位林业专家教授、科技人员参加交流。1993年，县三得力食品联合开发公司与福建农学院合作，生产以莲藕为原料的饮料。县林业总公司与福建省林学院合资创办福建省绿神保健饮料公司，开发成功黑米莲子露、银耳果乳、红菇健身口服液等新型保健饮料投放市场。至1995年，全县企业与南京大学、福州大学、福建农学院、福建省林学院等院校合作科技项目共有31项。1999年，县链条厂、县水泥厂、无线电二厂、化工厂等18家企业与清华大学、省农科院、省林学院等大专院校合作，引进科研项目和先进技术32项。2002年，全县有10家企业分别与上海复旦大学、福建农林大学、福建师范大学、福建农科院等高等院校、科研院所建立合作关系。其中县南方红豆杉生态建设有限责任公司与上海复旦大学天然药物研究中心合作的南方红豆杉产业化建设项目，生产出50%纯度的紫杉醇产品。2000年5月，县政府组织各企业参加全省“五新”项目推介洽谈会，共签约“五新”项目6项，申请扶持资金730万元。其中，县水电总公司与复旦大学联合开发的紫杉醇提纯加工项目，总投资1775万元；县水泥厂开发生产CD-88水泥分散剂项目，总投资240万元；县雪峰宝剑厂开发不锈铁健身宝剑，总投资150万元；三明科源粉业有限公司开发矿物粉体功能化复合材料，总投资220万元；三明市建明链条有限公司开发的生产高强度齿形链，总投资300万元。2004年，与中国药科大学、南京林业大学、福州大学和中科院江苏植物研究所在生态建设、中药材、食品开发、林产、矿产加工等方面进行合作。上海复旦大学与县南方红豆杉生态建设有限责任公司合作共同建立博士后工作站，并在县科技局设立技术转移中心工作站。

至2005年，全县共有35家规模以上企业分别与16所高校、科研院所开展实质性项目合作，已开发项目67项。

二、科技服务

（一）科技信息咨询

1991年，县科技情报所编印明溪信息8期，提供适用科技信息125条，科技报刊阅览室对外开放，接待咨询、借阅资料520人次。1992年，编印各种技术资料354期9420份，开展科技咨询服务22450人次。1993年，编写各类科技信息、简报208期，印发资料9216份，赠送科技刊物1332份；开展科技咨询150项，咨询1.1万人次。1995年，县科技情报所建立微机室，加入省科技信息研究海峡科技经济信息网络系统，有网员6家，实现大容量科技经济信息的远程联机。全年提供各类信息536条，检索咨询服务30项。1998年，县科技情报所租用新华社2个科技信息库，并加入国际互联网。2002年，建立明溪科技网，将县委、县政府确定的重点经济项目，特别是科技型项目，分期分批登入，并将明溪科技网与三明市政府网和三明市科技在线联网。2005年，建立复旦明溪技术市场网，并与复旦大学科技网实现链接，为企业的技术创新搭建平台。

（二）实用技术培训

1991年9月，设立福建省农村致富技术函授大学明溪分校（以下简称县农函大），依托县科技局、科协、教育局等部门和各乡（镇）先后举办果树、中草药、畜牧、养鱼、蔬菜、花卉等实用技术培训253期，培训人数达 1226 人。1992 年 3 月，创办福建省农业广播电视学校明溪分校（以下简称县农广校），开设农学、农经、牧医、林业、财会、机电 6 个专业，招生 80 人，毕（结）业 72 人。年内举办无公害茶叶栽培、无公害蔬菜栽培、水稻抛秧技术、烟叶种植与开烤、肉牛养殖加工、木薯种植、红豆杉人工栽培、中药材种植、毛竹低产改造等各类技术培训班 161 期，培训人数达 1352 人。1996 年，县农函大分校获省农函大颁发的先进集体荣誉称号。至 2005 年，全县共举办各类实用技术培训班 6126 期，培训的人数达 32 万人次；其中两所学校共举办普及性培训班 90 期，培训 7500 人次，参加县农函大学习 1650 人，县农广校学习 774 人，有 502 人获得农民技术职称和取得绿色证书。

（三）科技气象服务

1991 年，县气象局每天早、中、晚通过电台发布天气预报。遇到重要天气变化、灾害性天气如台风、暴雨、冷空气、寒潮等即将降临，随时增加发布次数。开展气象决策服务，对领导机关和主管领导，定期通过信函、电话汇报，汇报气象信息，碰到重要天气变化时，作书面汇报和说明，供县领导指挥生产或指导工作时参考。1992 年，开始在明溪有线电视台上发布天气预报。1993 年起，根据农业生产的特点和需要，县气象局开发农业气候产量预报系统，包括早、晚稻气候产量预报；农业病虫害气象条件预报，包括稻飞虱，稻瘟病等发病的气候条件及发病趋势预报。另外定期和不定期的编发农业气象月报和情报。开发森林火险气象条件预报系统，每天发布森林火险等级预报，预报等级分Ⅰ级、Ⅱ级、Ⅲ级、Ⅳ级、Ⅴ级 5 个级别。1995 年，开通天气预报自动答询台 12121 气象答询台，发布各类气象信息，开展天气咨询服务。成立县防雷避雷监测所，负责县境内所有建筑物防雷、避雷装置的检测工作，并为全县各单位提供避雷装置检测、设计、施工服务。2003 年，县气象局开展人工增雨作业。作业点设在瀚仙镇大焦岗，采用 37 双联高炮发射人工增雨炮弹。全年共作业 6 次，发射炮弹 500 发，形成降雨 260 毫米，初步缓解县境内的旱情。2004 年，为增强人工增雨作业的机动性和作业半径，克服高炮降雨只能定点作业的缺点，县气象局购置火箭发射架、车辆、增雨火箭弹、通讯工具等设备。至 2005 年，共作业 22 次，发射人工增雨火箭弹 30 枚，形成降水量 256.5 毫米。

（四）防震减灾

2005 年，制定《明溪县地震系统应急预案》《明溪县科技局地震应急工作实施细则》，建立地震无人值守测绘台。

第四节　科研成果

一、评审与奖励

1991 年，县科学技术进步奖评审委员会领导小组负责全县科技进步奖项目的评审工作，分别在 1991 年和 1996 年开展评审工作。1996 年后，评审工作停止开展。2003 年，为鼓励科技工作者在科研领域积极奉献，县人民政府制定《明溪县专利奖励暂行办法》，对凡取得国内外专利的单位和个人，县科技局负责指导，帮助其申请省、市科技厅（局）资助，县政府予以配套资金奖励。

二、获奖成果

1991 年，全县评出县科技进步奖 9 项，优秀论文 13 篇。1994 年，福建林学院与县林委共同完成的线茸毒蛾和线茸毒蛾质型多角体病毒的研究项目获省科技进步三等奖。1996 年，全县评出县科技进步奖 16 项，优秀论 文 18 篇。至 1996 年，县共评出科技进步奖 25 项，其中一等奖 7 项、二等奖 7 项、三等奖 10 项、四等奖 1 项；优秀论文 31 篇，其中一等奖 3 篇、二等奖 4 篇、三等奖 8 篇、四等奖 16 篇。1996 年后，县科技进步奖评审活动停止开展。至2005年，全县共获省、市科技进步奖13项，其中获省二等奖1项、三等奖4项，获市二等奖1项、三等奖7项。

表19-7

若干年份明溪县获省科技进步奖项目情况

获奖时间	获奖项目名称	完成单位	主要完成人员	授奖单位	等级
1994	线茸毒蛾和线茸毒蛾质型多角体病毒的研究	福建林学院、明溪县林委	吴志远、余能健、苏国联、游为贵、林志鹏	福建省政府	三等奖
1996	马尾松切根育苗的研究	明溪县林业科技推广中心	余能健、黄道明、潘健康、游为贵、林志鹏	福建省政府	三等奖
1998	广西马尾松优良种源引种推广研究	明溪县林业局	余能健、黄奕炳、潘健康、游为贵、黄道明	福建省政府	三等奖
2001	野生茶秆竹林培育技术研究	福建省速生丰产用材林基地办公室、明溪县林业局、福建农林大学	李建民、赖根明、陈东阳、郑长龙、肖书平	福建省政府	三等奖
2003	南方红豆杉苗木生理生态和繁殖技术研究	三明市林木种苗站、明溪县天绿药用植物发展有限公司	傅瑞树、赖根明、朱建华、郑福明、林志鹏	福建省政府	二等奖

三、专利申请

1992年起，明溪县开始申请国家专利，当年获国家专利1项。此后逐年增加，至2005年，全县共获国家专利25项，其中发明专利6项、实用新型专利16项、外观设计3项。

表19-8

1991—2005年间明溪县获国家专利情况

获得时间	专利号	名称	类型	专利拥有人
1992	CN91209436.2	口罩法输氧定位装置	实用型	吕锦荣
1993	CN92101473.2	环形缸旋转活塞内燃机	发明	陈鹏兴
	CN92240454.2	发动机油箱除渣器	实用型	刘阳天
1994	CN93303811.9	太阳能风凉安全帽	外观	黄庆林
	CN93218220.8	多功能太阳能风凉安全帽	实用型	黄庆林
	CN93222750.3	一种适用于标准化考试的活动铅笔	实用型	黄天洲
	CN93201680.4	多功能手钳	实用型	刘阳天
1995	CN93117203.9	从松根油中提取，合成树脂	发明	林元锋
	CN94220728.9	自动对位单列向心球滚动轴承及其轴承座	实用型	饶建明
	CN94206016.4	电话机保护器	实用型	刘阳天
1996	CN95100850.1	冷拔机摆动模座	发明	黄爱忠
1998	CN96247765.6	分线盒连接器	实用型	刘阳天
	CN96201052.9	磁瓶联接器	实用型	刘阳天

续表 19-8

获得时间	专利号	名称	类型	专利拥有人
1999	CN97235178.7	拖把拧水器	实用型	阮九根
	CN97240253.5	电脑木线雕刻机	实用型	傅腾腾
2000	CN00119282.5	风力灭蚊蝇器	发明	李武明
2001	CN00229591.1	竹木地板砖	实用型	李大任
	CN00325117.9	教学仪器	外观	邹文生
2002	CN01240213.3	卫生间冲便高压水箱	实用型	曹文
	CN01221847.2	密码输入器防护罩	实用型	冯永明、丁辉
	CN01249851.3	一次性输液器空气净化管	实用型	江古生
	CN01356338.6	包装袋(肉脯干)	外观	揭世谦
2003	CN01113713.4	一种防治烟草花叶病的药品及其制备、使用方法	发明	李鹏飞
	CN02229280.2	直接脱粒式收谷机	实用型	曹文
	CN01131862.7	一种从种植红豆杉叶枝中制备紫杉醇的方法	发明	陈建民、詹华杏、陈建军、杨继东、陈友土

第五节 管 理

一、机构

（一）行政管理机构

1.县科学技术局

1991 年，县科学技术委员会有行政编制 4 名。1997 年，更名为县科学技术局，内设办公室、科技管理股，有行政编制 4 名，事业编制工勤人员 1 名。2002 年，进行机构改革，县科学技术局与县发展计划局合署办公，原管理职能、内设机构、行政编制不变。至 2005 年，没有变动。

2.乡（镇）科学技术委员会

1991 年，全县有 9 个乡（镇）科学技术委员会，均配备 1 名科技助理员，由科技副乡（镇）长兼任科委主任。至 2005 年，没有变动。

（二）科技事业、企业机构

1991 年，全县有农业科学研究所、科技情报研究所、林业科技推广中心、科技开发中心等 4 个科技事业机构。农业科学研究所隶属县农办，有事业编制 4 名，工勤编制 6 名。科技情报研究所、林业科技推广中心、科技开发中心隶属县科学技术局，共有事业编制 11 名。2000 年，成立生产力促进中心，属县科技局下辖企业。2001 年，成立天然药物研究所（民营科技企业），从事人工种植南方红豆杉提取紫杉醇。2004 年，成立县地震办公室（县科学技术局加挂县地震办公室牌子）。2005 年，科技开发中心撤销。2005 年，全县共有科技事业机构 4 个、企业机构 2 个，共有从事科学技术研究人员 25 名。

（三）科技组织网络与信息网

1991年，县进一步完善科技机构组织网络，县、乡（镇）均成立科技领导小组，各乡镇配备1名科技副乡（镇）长，各行政村配备1名科技副主任，县、乡（镇）、村均设立科技服务机构。县属企业均配备技术副厂长（副经理），设立技术科。当年，全县有乡镇农业农技推广机构25个、各类专业协会20个、研究会30个；建立茶果、食用菌、畜牧等技术服务中心9个，村服务小组88个；建立科技先导型企业2家，农业科技网基本形成。2005年6月，建立复旦大学技术转移中心明溪信息网站，初步完成县科技信息网络建设。至2005年底，全县共有乡镇农业农技推广机构9个，各类专业协会20个，研究会30个，技术服务中心9个，村服务小组88个，科技先导型企业3家。

二、队伍

1991年，全县有各类科技人员2053人，其中高级技术人员3人，中级技术人员33人。1998年，全县各类科技人员增至2781人，获得高级职称39人，中级职称420人。2005年，全县科技人员总数达到4200人，获得高级职称152人，中级职称610人。

三、经费

（一）科技三项费用

1991年，县科技三项费用共投入22万元，其中国家项目科技经费8万元、省项目经费3万元、县项目经费11万元。2003年，随着省、市立项的增多，县科技三项费用大幅增加达到106万元。2005年达到最高249万元。1991—2005年，全县科技三项费用共投入783.3万元，其中国家项目科技经费113万元、省科技项目经费382万元、市级科技项目经费128.8万元、县级科技经费159.5万元。

1991—2005年明溪县科技三项费用情况

表19-9 单位：万元

年份	国家项目经费	省项目经费	市项目经费	县项目经费	合计
1991	8	3	—	11	22
1992	10	—	—	11	21
1993	—	10	1	12	23
1994	10	—	1	12	23
1995	15	—	1	31	47
1996	—	5	5.5	10.5	21
1997	—	15	2	16	33
1998	—	32	2	10	44
1999	—	—	3	10	13
2000	—	10	7	6	23
2001	—	10	8	6	24
2002	—	—	11.3	6	17.3
2003	—	89	11	6	106
2004	70	28	13	6	117
2005	—	180	63	6	249
合计	113	382	128.8	159.5	783.3

（二）科技事业费

县科技事业费每年由县财政拨款，专项用于编制人员的工资、福利、办公费及添置必要的科技器材设备等。1991 年，全县科学事业费投入 6.6 万元。此后逐年增加，2000 年最高，达到 21.5 万元。2005 年，全县科学事业费 20.1 万元。至 2005 年，全县科学事业费共投入 189.4 万元。

（三）科普专项经费

1991 年，县科普专项经费 8000 元，人均 0.07 元。此后逐年增加，2003 年，县级科普专项经费增至 2.3 万元，达到全县人均 0.2 元的标准。2005 年，县科普专项经费 2.5 万，人均 0.25 元。1991—2005 年，全县科普专项经费共投入 26 万元。

卷二十　文化　体育

1991—2005年，明溪不断加大对文化体育方面的投入，财政对文体事业的资金投入总量达到1.5亿元，全县文化体育事业蓬勃发展。基础设施建设逐步完善，县图书馆、老干部活动中心、体育中心、全民健身路等项目相继建成并投入使用。艺术创作累结硕果，对外文化交流实现新突破。15年间，全县累计创作各类艺术作品2575件，国画《梅花》《收获季节》，刻字《中国心》，舞蹈《京韵》等一批艺术精品走出国门，多次在国际上展出和获奖。组织开展"文化春节"、广场文化、文化下乡、艺术精品创作演出等系列活动，群众文化生活质量不断改善。15年间，全县开展各类文化活动1000余场次，同时，每年不间断开展政策法规宣传、集中开展"扫黄打非"和文化市场专项整治行动，文化市场出现繁荣发展、规范管理的良好局面。15年间，全县发展文化娱乐、艺术演出、新闻出版、印刷与图书、音像与文物等各类经营场所118家，从业人员2000多人；广播电视实现"村村通"；新编《明溪县志》出版发行，续修工作开始启动；档案工作实现信息化管理；不断完善全民健身网络体系，群众体育与竞技体育协调发展，全县经常参加体育活动的人口超过总人口的三分之一。

第一章　文　化

第一节　群众文化

一、文化设施

1991年，全县有文化馆1个，建筑面积2500平方米，内设音乐室、舞蹈室、美术室、书法室、业余艺校、影剧院等。工人文化宫1个，建筑面积1250平方米，内设阅览室、音乐室、电子游艺室、电视录像厅、棋艺室、舞厅、乒乓球室、职工业余学校等。青少年宫1个，建筑面积1113平方米，内设舞厅、展览厅、教室、图书室、音乐室、排练厅等。县图书馆1个，面积1500平方米，书库5层，可容纳图书资料20多万册。内设报刊阅览室、少儿阅览室、图书外借室、图书资料室、地方文献资料室、采编辅导室、春草书社等组室，是全县唯一的综合性公共图书馆。县博物馆1个，面积500平方米。有乡镇文化中心（站）9个，总面积约5000平方米。乡镇文化中心（站）普遍设有图书报刊、棋类、球类（桌球、乒乓球）、录像、电视、电影、展览、摄影、舞蹈等活动场地。全县有录像播放厅17家，每个乡镇均有放映厅。城区还有舞厅茶座4家。

1993年，县老干部活动中心建成，占地444平方米，建筑面积1500平方米。内设办公室、会议室、健身室、乒乓球室、阅览室、台球室、棋牌室、麻将室、书画室、舞厅、老年学校教室。1994 年，全县台球室和游戏机室迅速兴起，共有 60 家，其中乡村占 42 家；营业性歌舞厅、卡拉 OK 厅增至 27 家，其中乡村占 14 家。而后，随着 VCD 影碟机的普及，出租影碟片的个体工商店逐年增多，录像放映市场逐年萎缩。

1995 年，县图书馆获福建省文化厅年度图书馆服务宣传周活动“宣传效果奖”。1997—1998 年，被文化部评为国家三级馆。1996 年，台球热降温，经营户大量减少。2002 年，网吧开始兴起，并逐年增多。2003 年，全县农村录像放映厅基本消失，城区放映厅也仅有 1 家。2005 年，随着电视的普及和群众娱乐的多样化，县电影市场逐步弱化，县影剧院拆除做其他用途。

至 2005 年，全县共有县文化馆（宫）3 个，总面积 4863 平方米，乡（镇、街道）文化站机构 9 个，总面积 5000 平方米；有公共图书馆 1 个，图书总藏量 4.6 万册；有博物馆 1 个，省级文物保护单位 1 处，县级文物保护单位 14 处；有文化经营户 118 户，其中音像制品经营户 41 家，网吧 15 家，歌舞娱乐场所（含 KTV）17 家，台球 8 家，电子游戏场所 8 家，书刊出租、零售 14 家，打字、复印、印刷企业 15 家。

二、文化活动

（一）文化交流

1991 年，县文学艺术联合会和文化馆文艺工作者 15 人参加安徽省泾县社会群众文化交流，5 个舞蹈、独唱、书法表演、乐器演奏等节目参加交流活动。1992 年，县组织歌手参加闽赣 14 县文化交流；宁永清撰写的《建设县级期刊资源协作网络的构想》论文，在省图书馆学术年会上交流。1995 年 5 月，县举办苏区五县（明溪、宁化、清流、建宁、泰宁）庆祝五四运动 76 周年“工行杯”歌手赛。同年 10 月，首届宁（宁化）、清（清流）、归（明溪）翰墨联谊会在明溪成立，定期进行书法艺术交流。2000 年后，林成城、黄忠顺、连炳开等创作的一批艺术作品走出国门，先后参加新加坡、法国、韩国等国举办的艺术展。2001 年，黄少敏撰写的《知识经济时代，图书馆事业的可持续发展》论文，在省图书馆学会 2001 年学术年会上交流。2004 年 7 月，县客家联谊会成立后，每年派人参加世界客属恳亲会、炎黄文化研讨会。至 2005 年，全县组织人员参加各级各类文化交流达 56 次。

（二）大型演出活动

1991 年，县委宣传部、县文化局联合举办迎春晚会、农村文艺会演、纪念中国共产党成立 70 周年系列活动晚会等。1992—1996 年，县宣传部、文化局、总工会、文联、团县委等部门相继举办元宵节舞龙表演、“五一”卡拉 OK 晚会、红五月“主力军心声”音乐舞蹈晚会、“国土杯”歌手赛、纪念毛泽东同志诞辰 100 周年“红太阳颂”文艺晚会、城区文明片区文艺晚会等大型文化活动。1997—1999 年，县委、县政府及各乡镇和各部门开展庆祝香港、澳门回归各种文化活动。2000—2005 年，县宣传部、文化部、老干局部、文明委（办）等部门先后举办元宵彩车焰火晚会、“春之声”元旦晚会、老年节文艺晚会、明溪县—丰泽区结对共建“山海情”文艺晚会等。

至 2005 年，全县共举办各种大型文化活动 77 次，参与单位达 106 个，节目均由县文艺工作者自行创作编排，展现明溪地方民俗文化特色。

（三）群众艺术培训

1991 年，全县群众艺术培训基地青少年文化宫、文化馆、老年大学等开办书画、音乐、舞蹈等各类群众艺术培训班 22 期，培训人数约 300 人次。1992—1999 年，除青少年文化宫、文化馆、老年大学开办艺术培训外，县文联各协会相继开办书法、摄影、音乐等培训班，共举办各类艺术培训班 62 期，培训人数达 1602 人次。2000 年，县文化馆被确认为北京舞蹈部中国考级中心明溪授课点。2002 年，县青少年文化宫被确认为福建省中国舞考级培训中心，吴霖生被文化部文化艺术人才中心全国小明星艺术人才选拔赛组委会评为艺术教育园丁奖，刘美珍被福建省电台、省舞协授予优秀指导老师称号。至 2005 年，全县共举办各类艺术培训班116期，培训人数达2998人次。

（四）实施“芳草计划”

1990年，为繁荣和发展全县社会文化，县成立“芳草计划”领导小组，在县文化馆、县影剧院、盖洋镇文化中心、胡坊乡文化中心、夏坊乡文化中心、城关乡文化中心、福田寨伐木场、烽林机器厂、县无线电二厂等9个县首批试点单位实施“芳草计划”。同年，盖洋镇文化站被文化部授予“全国先进文化站”称号，是全县第一个进入全国先进行列的文化站。1991年4月，在全市“实施‘芳草计划’”考评中，县文化馆荣获“一级文化馆”称号。随后，全县所有乡镇文化中心相继开展创合格或创先进文化中心的活动。1995年，盖洋镇文化站、胡坊镇文化站被省评为“百强文化”站。1996年，“芳草计划”项目完成。

第二节 文艺创作

一、文学

1991年，县文学创作主要以个人创作为主，创作形式以散文、随笔、杂谈居多。1995年后，茅瑞云、李敏权、郭养清先后撰写报告文学《巫山奇案》，诗词《茶香千里》《灯下随笔》进行内部交流。1997年，省曲艺协会会员朱泽创作的话剧小品《没完没了》获福建省征言广文作品“二等奖”，在2000年10月9日的《福建日报》上刊登。至2005年，全县共有9名艺术工作者先后创作的47部文学作品在各种期刊、书籍上发表或获得省级以上奖项，其中林希柱创作的系列诗歌先后被内地《华夏吟友》《陕西诗词》《中华诗词名录》《当代诗词撷英》《中华诗词佳作选》《全国诗社诗友作品选》以及台湾《承璜爱乡集、续集》等刊载或收入，仅在中国文联出版公司发行的期刊《华夏吟友》上就发表诗歌16首，并入选《当代诗词家大辞典》《中华诗人大辞典》等辞书。

二、艺术

（一）音乐

1991年，全县有业余音乐骨干20多人，音乐工作者协会会员70名。县南音小乐队和城区小乐队经常利用节假日进行练习和演出，创作歌曲8首、器乐曲6首。1992年，举办县首届“国土杯”歌手赛。同年，歌手郑建明参加闽赣14县文化交流，获得“十佳”歌手称号。1995年，南音小乐队和城区小乐队解散。2000年后，县音乐工作者协会会员黄希潭和曾南斌辅导的学生在市中小学二胡、电子琴、爵士鼓比赛中多次获得一等奖。至2005年，全县共举行7次青年、少儿歌手大赛活动，每次参赛歌手达30~40人。

（二）舞蹈

1991年，全县舞蹈创作活动活跃。学校、厂矿、乡镇均有舞蹈创作兴趣小组，每年都编排节目参加全县文艺会演。县文化馆有专职舞蹈干部1人，负责全县群众舞蹈辅导工作。1992年后，县文化馆和青少年宫舞蹈指导教师刘美珍、刘梅编排的舞蹈多次参加全国、省、市文艺会演，多次获奖。至2005年，全县共有5个舞蹈获得省级以上奖项，参加市级以上的文艺会演达1000多次。

（三）书画

1991—2005年，全县每年均举办大型书画展2~3期。1991年，全县有书画骨干20人，创作作品60件，入选省、市书画展3件。2000年后，明溪的书画作品开始走出国门，多次在国际上展出和获奖。这期间，较有影响的作者有陈德容、连炳开、吴霖生、毛新华、林成城、黄忠顺等。2002年，陈德容被授予中国书画家协会会员、研究员称号，同年被中华慈善总会授予“华夏慈善书画艺术家”称号，2004年被世界教科文卫组织授予专家成员称号，2005年被编入《中国书画名家传世大辞典》。同年，连炳开的《梅花图》

被法国巴黎中国文化中心收藏，同时他个人被授予“中欧文化特使”称号。2005 年，全县有书画骨干 60 人，创作作品 85 件。至 2005 年，全县共举办书画展 26 期，展出作品 1300 幅；参加省级以上展出 7 人，作品 40 幅。

（四）摄影

1991—2005 年，县每年均举办摄影展 2~3 期。1991 年，全县有摄影创作兴趣小组 1 个、成员 12 人，每星期开展学习与交流活动。1992 年，张正森、邹曦共同举办个人摄影作品展 1 期。2005 年，全县有摄影工作者协会 1 个、成员 15 人及业余摄影爱好者 150 多人。至 2005 年，全县共举办摄影展 42 期，展出作品 105 帧；有 3 人的作品参加省级以上展出，作品 7 帧。

三、民间文艺

1991 年起，随着经济的发展，改革开放的推进，明溪的民间文艺越来越多得到人们的重视。民间文学家创作出了一批具有浓郁明溪地方特色的故事、谚语、歌谣、舞蹈、小品等。民间文艺除了剪纸、竹编等传统工艺之外，也出现不少新的民间工艺品，如根雕、石雕、宝剑、宝石等。9 月，县文化局组织全县民间文艺家参与收集整理《中国民间文学三套集成·福建明溪县分卷》，全县共收集整理出版了故事、谚语、歌谣 3 卷，其中故事 172 篇、谚语 1850 条、歌谣 340 首，总字数 60 万字。

1992 年，毛新华的根艺《赤龙》获省第三届卫士之光佳作奖。刘美珍编排的舞蹈《捉山鼠》获省文艺调演演出二等奖、创作二等奖。1997 年，朱泽创作的小品《没完没了》获省征言广文作品二等奖。

2004 年，毛新华的微雕《中国共产党章程》获纪念邓小平同志诞辰 100 周年全国首届微型艺术文化展金奖；微雕《高举邓小平理论伟大旗帜把建设中国特色社会主义事业推向二十一世纪》获纪念邓小平同志诞辰 100 周年全国首届微型艺术文化展银奖；蒙眼微雕作品《唐诗一百首》在省电视台、市电视台联合举办的“民间绝技”表演获“民间绝技绝活”称号。

1991—2005 年明溪县主要文艺创作情况

表 20-1

年份	作者	作品名称	发表、展出、获奖情况
1991	吴霖生	国画《英雄永存》	入选福建省首届书画节
	林希柱	诗《贺兴泰诗社承璜大楼落成》	入选台湾出版发行的《承璜爱乡集》
1992	毛新华	根艺《赤龙》	福建省第三届卫士之光佳作奖
	刘美珍	舞蹈《捉山鼠》	省文艺调演演出二等奖、创作二等奖
	宁永清	论文《建设县级期刊资源协作网络的构想》	入选中央编译出版社发行的《中国图书情报工作文库》第一卷
1993	朱　泽	小品《烟状元招婿》	参加全省会演
	刘美珍	舞蹈《搏》	全国第三届残疾人文艺汇演优秀表演奖
1994	陈德荣	隶书、硬书作品各 1 件	在由中国书法家协会、湖南省书法协会联办的《毛泽东书法艺术研究暨 94 中国书坛群英会》上展出
	吴霖生	国画《山里有个种花人》	入选省第二届艺术节画展
1995	林希柱	诗《纪念抗日战争胜利五十周年》	入选甘肃人民出版社发行的《中国当代诗词选》

续表 20-1

年份	作者	作品名称	发表、展出、获奖情况
1995	陈德荣	书法作品 1 幅	在香港首届艺苑杯书画展上，代表中国书画家精品展出(展出地点有中国香港、澳门、台湾等地区和日本、新加坡、韩国、加拿大、泰国等国家)，并被国际现代书画印家沙龙永久珍藏
1996	吴霖生	书法作品 1 幅	入选“1996 省科技工作者书法、美术、摄影展”
1997	林希柱	诗《欢庆百年盛事喜赋》	入选长江文艺出版社发行的《迎香港回归诗联佳作选》
		诗《南疆北国任遨游》	入选同济大学出版社发行的《中华当代咏鹤诗词选》
	陈德荣	隶书	入选由中国国际交流出版社发行的《中国当代诗书画精英大典》
	朱泽	小品《情系青山》	省林业系统“怀系八闽”演出创作奖
		小品《没完没了》	省征言广文作品二等奖
1998	黄明生	杂文《不要让悔恨的眼泪流在你的脸上》	在《中国税务》杂志 1998 年第 4 期发表
	林希柱	诗《一九九八年长江抗洪赞》	入选陕西诗词学会出版的《陕西诗词》
	戴建明	书法	省首届“旅游杯”全国书法篆刻大赛优秀奖
1999	戴建明	书法	入选省政协书画大展并入编《福建省各级政协书画大观》
2000	林成城	国画《收获季节》	在亚洲书画协会联盟、国际青少年美术编委会举办的书画大赛中获“千禧杯”金奖
	黄忠顺	刻字《云雾山中》	入选在新加坡举办的第五届国际刻字艺术展
	陈德荣	隶书	入选由中国画报出版社发行的《中华瀚墨名家作品博览》
2001	戴建明	书法	“黄兴杯”全国书法大赛金奖
			首届“交警杯”全国书法大赛优秀作品奖
			入选“苏东坡诞辰 900 周年全国书画大展”并被苏东坡博物馆永久收藏
			首届中国书法艺术“华表奖”大赛银奖
	毛新华	寿山石雕《天东八音》	第三届省寿山石艺术家作品展铜奖
	陈德荣	书法《海纳百川》	中国书画家协会“庆祝建党 80 周年全国书画大赛”铜奖
		书法	入选由中华国际出版社发行的《世纪丰碑——庆祝建党 80 周年全国书画大赛作品集》
	黄忠顺	刻字《书须存恩》	入选“省首届刻字艺术作品展”
	林成城	国画《毛泽东词意画》	文化部全国小明星艺术品人才选拔赛二等奖
	林希柱	诗《庆祝中国共产党成立八十周年》	《三明日报》刊登
2002	戴建明	篆刻作品	入选全国印社北京邀请展
		书法	入选“炎帝魂”中国书画作品大展
			首届小精品中国书画创作大奖赛银奖
			首届大运河文化武夷“花园杯”中国书画大赛优秀奖，作品被北京通州区博物馆收藏

续表 20-1

年份	作者	作品名称	发表、展出、获奖情况
2003	黄忠顺	刻字《乐在山水间》	入选全国第四届刻字艺术作品展
		刻字《开拓》	入选省第二届刻字艺术作品展
	刘　梅	舞蹈《辣娃娃》	省舞蹈家协会、省电视台联办的《酷酷小童星》第三轮总决赛获第一名
	陈德荣	书法	入选中国画报出版社发行的《走向世界的中国》、 入选中国环境科学出版社发行的《中国世纪专家》
			在国家博物馆、人民革命军事博物馆展出
			入选中国现代经济出版社发行的《纪念毛泽东诞辰110周年艺术精品集》
	林希柱	诗《纪念毛泽东同志诞辰110周年》	入选《纪念毛泽东同志诞辰110周年中华书画艺术展》
2004	戴建明	书法	“静思园杯”中国书法家作品大赛三等奖
			首届中国书法篆刻大奖银奖
			“清江杯”全国书法大赛银奖
			全国“白鹭杯”书法大赛铜奖
			欧阳询奖全国书法大赛铜奖
			“三清山杯”中国书画名家大展优秀奖
			第三届中国书画艺术“华表奖”精品奖
	黄忠顺	刻字《中国心》	入选全国第五届刻字艺术作品展暨
	吴霖生	刻字《左右为难》	第八届国际刻字交流展
	毛新华	微雕《中国共产党章程》	纪念邓小平同志诞辰100周年全国首届微型艺术文化展金奖
		微雕《高举邓小平理论伟大旗帜把建设中国特色社会主义事业推向二十一世纪》	纪念邓小平同志诞辰100周年 全国首届微型艺术文化展银奖
		蒙眼微雕作品《唐诗一百首》	省电视台、三明市电视台联合举办的“民间绝技”表演获“民间绝技绝活”称号
	连炳开	国画《梅花》	“纪念邓小平同志诞辰100周年”中华书画艺术展二等奖，并入选《共和国书画艺术年鉴》
	黄泽洪	歌唱比赛	福建省首届文艺出新人大赛“二优”奖
	林希柱	诗《飞船载人上天喜赋》	入选作家出版社发行的《首届神舟杯诗词大赛作品集》
	陈德荣	行书《鹰击长空》	被世界教科文卫组织收藏
	刘　梅	舞蹈《看花灯》	全国第十届推新人大赛”优秀奖
		舞蹈《京韵》	“国际冰雪节全国少儿舞蹈大赛”金奖
2005	林希柱	诗《纪念谭嗣同诞辰140周年》	入选中国文联出版公司发行的《华夏吟友》

续表 20-1

年份	作者	作品名称	发表、展出、获奖情况
2005	连炳开	国画《铁骨生春》	全国老少学校艺术展一等奖，并载入《全国老少文学精品选》画册
		国画《中韩友谊山高水长，劲松参郁万年长》	《人民画报》举办的“中国书法美术大展”优秀奖，载入《今日中国书法美术摄影精品集画册》，并于2005年3月和5月分别在韩国和北京军事博物馆展出
		国画《梅花》	法国巴黎举办的“中国文化艺术交流展”优秀作品奖
	陈德荣	书法	入选由文化艺术出版社发行的《中国书画名家传艺大辞典》

第三节 广播 电视 电影

一、广播

（一）设施

1991年，全县共有广播专线235.5杆/公里，64个行政村通广播，33个行政村设有广播室，入户喇叭7165只，喇叭入户率43%。1993年，在十公芜的林业瞭望塔架设1台100瓦发射机，以102.7频率接发信号，覆盖所有行政村。同时，胡坊、夏坊、夏阳、盖洋等乡镇也陆续建起调频转播台，乡镇通过接收调频信号，然后通过线路转播。由于调频广播省去大量架设线路和维护线路的开支，有线广播线路开始逐年萎缩、荒废。2000年，有线广播停止传输。2005年，成立县广播音频工作站，广播采编播实现数字化。

（二）节目

1991年，县人民广播电台设有编播组，负责采写编辑广播稿件。全县有27个单位成立广播通讯报道组，有通讯员110人。每天播出的节目有10分钟的《明溪新闻》（周日为《一周要闻》）和《对农村广播》《法制园地》《三明各地新闻联播》《卫生与健康》《七彩年华》《时代之声》专题以及听众点播文艺节目《您喜爱的歌》。专题节目全部采用主持人播出的形式。在新闻中，办有其他临时性专题栏目。每天播音3次，共7小时。1994年改为全天候播音。2000年后，由于电视节目越来越丰富，广播被边缘化，听众锐减，城区调频喇叭越来越少。2005年，全县有102个单位成立通讯报道组，有通讯员226人。县广播站除每天播出《明溪新闻》外，其余时间转播中央电视台综合频道、福建电视台综合频道和市电台新闻节目及其他节目。

二、电视

（一）网络

1.无线电视

1991年，县城区设有电视微波站1个，设在五谷仙山顶，发射功率50千瓦，全县有7个乡镇能接收到无线电视信号。1997年9月，城区五谷仙机房搬迁至十公芜机房并进行改造，提升节目的传播质量。1998年后，因有线电视的开通，无线电视迅速萎缩，只有夏坊乡、枫溪乡个别偏僻的行政村还在接收无线电视信号。2000年，基本消失。

2.有线电视

1991年，全县有卫星电视地面接收站1座，城东、城西2个行政村开通有线电视，有用户300户。1992年10月1日，城区正式开通有线电视。1994年，胡坊、夏阳、沙溪乡（镇）建立有线电视网络。1995年，夏坊、枫溪、瀚仙等乡镇也相继建起有线电视网。1996年，全县实施“百乡千村广播电视覆盖工程”；夏阳、胡坊、沙溪、夏坊乡（镇）进行微波电视联网试验并取得成功，城关乡2个行政村实现与城区联网。1998年，实施“村村通广播电视”工程，用户增至4994户。瀚仙镇岩里村与县有线电视网实现联网。2001年，福建烽林机械厂实现与城区光纤联网。2002年，投入资金900万元，开始进行城区有线电视网络升级改造，开通28个光接点，建设城区地下管道14公里，架设和地埋光缆约30公里，沿途经过二级网行政村和自然村实现光纤联网。2003年，投资50多万元，建成标准化广播电视播出中心机房并更新前端设备，改善广播电视播出质量。2005年，投入450万元，将城区有线电视信号下传至所有乡镇和41个行政村，新增有线电视联网终端5000户；同时，投资30多万元，新添置2部索尼DV数字摄像机、2台非线性编辑机，使非线性编辑系统达到3套，电视节目全部采用非线性编辑制作，实现电视采、编、播数字化。至2005年，全县有线电视光缆用户达1.15万户，7个乡（镇）架设光缆杆路。

（二）节目

1991年，全县播出的无线电视节目有中央一套和福建一套，有线电视节目有中央一套和二套、教育频道、云贵台、福建一套和二套、三明台及自办2套等9套。自办节目主要播放通过交流和自购的电视剧，期间少量播出自采自编的电视新闻和广告。1993年，明溪广播电视台被批准为全国第一批县级有线电视台，开始每周播出一组《明溪新闻》，后改为两组（每周二、四播出），周日播出《一周要闻》。1998年，增加到一周三组《明溪新闻》，为每周一、三、五播出，每组时间约10~15分钟，逢县里有重要新闻当天播出，最长达到30分钟。1999年10月1日，省广电局取消各县自办频道，《明溪新闻》及当地广告改在省公共频道规定的时段插播。2000年，无线电视节目停止转播。2001年，开办《科教兴农》节目，每期30分钟，每周一首播、周三重播。2002年，县广播电视台制作的反映明溪县“6·16”抗洪抢险的新闻《武警战士舍身救困》在中央电视台《新闻联播》节目中播出，实现县广播电视台建台以来明溪新闻上中央电视台《新闻联播》零的突破。2004年，开办《大众文化》节目，播出各地交流的文艺节目，每周二首播、周六重播。县广播电视局被中国电视艺术家协会全国农村电视委员会授予全国“千县工程”先进单位称号。2005年，全县城乡联网有线电视共传输33套电视节目，其中中央电视台14套、福建省电视台8套、三明电视台2套、省外卫视节目9套；县广播电视台先后在《明溪新闻》中开辟《在建设海峡西岸经济区中率先崛起》《抓项目、增实力、添后劲》《建设平安明溪、促进改革发展》《创建省级卫生县城、促进经济社会发展》《创建省级文明先进县城、推进明溪又快又好发展》等专题栏目20余个；共制作《山海协作情》《山城绽放文明花》《福建宝石城——明溪》《明溪在崛起》《福建君子峰自然保护区》《南方红豆杉资源培育与开发》《明溪奋进曲》《创建之路》《明溪洪灾》等专题节目40多个。

三、电影

1991年，县电影发行放映公司有人员9名，影剧院有人员30名。全县有电影放映队18支，人员25名，其中个体电影放映队6支、人员6名。全年放映电影1526场，观看人数达32.4万人次，票房收入12.43万元。1993年后，随着电视的普及，县电影市场逐渐萎缩，放映收入逐年减少，乡镇放映队基本解散。1997年，将电影、戏剧承包给个人经营。1998年，引进外资600万元，将县影剧院大楼改造为全县规模最大、功能最全、档次最高的综合性文体娱乐场所祥盛娱乐城。1999年后，由于明溪人口少，消费水平低，加上管理混乱，娱乐城陷于瘫痪状态。2000年，县影剧院、县电影公司将祥盛娱乐城盘回，承包经营。2001年，县影剧院、县电影公司购买2台16毫米放映机，组建2支农村电影放映队，深入城区、乡镇、中小学实施“校园电影”放映工作。全年共组织电影放映400多场次，接待电影观众12万余人次，放映收入达15万元以上，取得较好的社会效益和经济效益。2002年后，县影剧院靠爱国主义教育影片包场放映维持运转，农村电影院基本停止放映。2005年，机构改革，撤销县影剧院。当年，全县影剧院放映电影只有80场，观看人数1.6万人次，票房收入2.4万元。

第四节　图书　档案

一、图书

（一）发行

1991年，全县有城乡图书发行网点22个，其中供销系统7个、个体书摊（书店）15个，发行图书、报纸、期刊、电子出版物及提供电子计算机的配件信息服务等。新华书店主管中小学和幼儿园教材、教辅，一般图书及音像、电子出版物。当年，全县发行图书64.7万册，销售金额64万元，实现利润2万元。1996年，全县图书发行量达到116万册，是发行量最多的年份。此后，图书发行量开始逐年下降，逐渐亏损。2001年，图书发行量只有80万册、由于图书价格上涨，销售金额仍保持在340—400万元之间，亏损16万元，是亏损最多的年份。2005年，全县城乡图书发行网点14个（其中个体书摊书店13个），发行图书57万册，销售金额348万元，亏损4万元。同年，县新华书店收归福建新华发行集团。

（二）藏书

1991年，县图书馆藏书4.2万册，可供阅览的报刊368种3021册，其中社会科学、自然科学和文学艺术类图书各占三分之一。藏书主要收集福建省、三明市、明溪县的地方历史文献、革命文献以及各种工具书；报纸以福建省和全国综合性及科技、医学、信息方面的报纸为主，其他专业性强的报纸较少；杂志以普及性和生产、科研、文教事业所需的为主。全县还有机关图书室9个、藏书3万册，企事业单位图书室8个、藏书5.05万册，乡（镇）文化站9个、藏书0.92万册。县图书管理员每年对县机关、企事业单位和乡（镇）文化站进行图书管理业务指导，帮助分类、编目著录，健全业务规范管理制度，指导藏书建设和读者服务工作，提高图书室的业务管理水平和服务质量，使基层图书室工作达到标准化、规范化。1995年县图书馆藏书4.5万册；2000年县图书馆藏书4.7万册；2005年县图书馆藏书达5.2万册、报纸50种、杂志265种、合订本4500千册，还有部分电子光盘、VCD读物。

（三）阅览

1991年，县图书馆对书刊验收、登记、分类、编目、加工、入库、流通等业务流程实行规范化管理，设有公务目录、读者目录，方便读者检索。馆内设有期刊阅览室、少儿阅览室、外借室、地方文献资料室、报刊图书数据室；开展预约借书、代查数据、送书上门、解答读者咨询等系列便民服务；开设读者服务台，免费提供纸笔，方便读者摘录数据；设立读者意见簿。图书借阅实行全开架借阅方式，对外开放时间为每周6天42小时，全年开馆300天左右。少儿阅览室每年在节假日期间，举办“讲故事比赛”“向你介绍一本好书”“红领巾读书读报”等活动，成为学生的“第二课堂”，得到家长和老师的好评。全年全县发出借书证1065本，借阅图书2.94万册次，接待读者4.32万人次。1995年起，先后在县武警中队、县一中、乡（镇）文化站建立图书流通点，定期轮换图书。1996年后，开展“知识扶贫”送书下乡活动。先后编印《淡水鱼养殖》《柑橘栽培技术》《淮山的种植技术》等技术资料送给农民。2000年后，因互联网电子信息的发展普及，图书馆的读者逐年减少。2005年，图书馆发出借书证652本，借阅图书1万册次，接待读者2.3万人次。

二、档案

（一）档案馆建设

1991年，县档案馆只有4间办公室，面积63平方米，库房位于县委大楼二层2间办公室，面积33平方米，档案保管条件简陋。1992年6月，县财政拨款30万元、省档案局补助7万元在县政府大院西侧新建档案馆综合楼。1993年9月10日竣工，1994年4月8日正式投入使用。县档案馆综合楼共四层，砖混结构，占地面积688平方米，建筑面积1517.34平方米，其中库房建筑面积705平方米。2005年，县档案馆综合楼有铁皮箱82组、立式空调机1台、计算机1台、消毒冰柜1台。

（二）档案管理

1991年，县档案馆根据《中华人民共和国档案法》《福建省档案条例》及有关档案规章和业务的规范要求，开展县级各机关、团体等单位保存满8~10年的永久、长期档案接收整理工作。同时，对馆藏破损、脱落、虫蛀、霉变等档案，进行人工裱糊修复抢救，经杀虫消毒后重新入库；对全县基层档案室进行档案立卷情况、档案安全保管状况、档案室建设等进行执法检查。全年共收集、保存档案56个全宗，19039卷，接收档案630册，裱糊抢救110卷5500页，开展档案执法检查126次，进行业务指导63次。全县有机关档案室82个，企业档案室20个，其中市级先进档案室10个、省级先进档案室11个，基层档案室保存档案15000卷。

1996年，县档案馆制定《明溪县档案馆档案鉴定制度》，成立档案鉴定小组，对馆藏档案和接收进馆前档案的保管期限进行鉴定，确定档案的保存价值。至2005年，县档案馆共收集、保存档案69个全宗29190卷（其中有民国18年至39年的国民党明溪县党部、三青团县分团、县政府、自动解放委员会、司法处、警察局、参议会、群众团体、政训等单位10个全宗6023卷；新中国成立后档案59个全宗23167卷），馆藏资料6778册。全县有机关档案室85个、企业档案室14个，33个基层档案室达省级先进标准，基层档案室保存档案22000卷。档案种类基本上为文书档案。

1991—2005年，县档案馆共接收县委、县政府、胡坊镇、瀚仙镇、劳动局、财政局等46个单位10981卷永久、长期保存档案进馆；裱糊抢救档案962卷30913页，其中民国破损档案520卷20800页，新中国成立后档案442卷10113页；开展执法检查419次，进行档案业务指导1029次，

（三）开放与利用

1991年，县档案馆设有全宗78个单位，并根据不同保管年限编制全宗名册1册、案卷目录98册、文件级目录213册。并设有统计台帐，设立档案资料收进移出登记簿、案卷目录登记簿、借用档案登记簿和立档情况登记簿。全年共提供档案、资料759卷次，接待查阅230人次。1996年，县档案馆制定《明溪县档案馆开放档案办法》，向社会开放除需保密或控制使用的馆藏档案10414卷，并编有开放档案目录供利用者自行检索。1999年起，县档案馆开始进行档案目录计算机录入试点工作，共录入档案目录23000条。至2005年，完成计算机录入档案目录132312条，并开始开展档案信息化建设工作。其间，县档案馆共编制档案全引目录272册、案卷目录73册、专题目录50册，共计395册检索工具，查档利用者可自行翻阅检索工具查找所需文件资料目录，同时县档案馆设有专门股室和人员负责档案资料的查阅利用服务工作。接待档案利用者4077人次，提供档案资料8438卷（册），其中编史修志4683卷（册）、落实政策304卷（册）、证实工龄1085卷（册）、平息纠纷180卷（册）、其他2186卷（册）。馆藏档案为全县编史修志、干部职工家属农转非、知青返城、老同志落实政策待遇、个人因私出国公证、职工退休及养老、解决山林权纠纷等事项提供有效凭证服务。

第五节 史志编纂

一、党史编纂

1991年，党史工作的重点由普遍征集党史资料转为重点征集和专题研究为主，并适时组织开展党史宣传教育和纪念活动。同年，完成5万余字的《明溪土地改革运动专辑》；为《三明老区革命斗争故事选》和《明溪老区革命故事集》编写革命斗争故事20个；编写完成《中共党史专题讲座辅导资料》3篇；完成《中国共产党所肩负的光荣历史使命》《中国共产党的七十年是光辉伟大的七十年》党史论文2篇。1992年，为《中共福建党史人物传略》《福建革命烈士传》《福建革命任务词典》提供有关明溪部分资料。1993年1月，编辑出版《明溪革命故事》，共收集整理明溪苏区时期革命历史故事40个。

1995年6月，编辑出版《中共明溪地方史》，分十章记述土地革命时期归化（明溪）地方党组织创立和发展、归化苏区的建立和活动、中央红军主力在归化的战斗及明溪的和平解放等历史，并附录了相关历史时期革命大事记、党史人物简介、革命烈士英名录等史料。1996年，编写“明溪县国民经济调整”和“明溪县新时期城市改革（1984—1994）”等党史专题研究资料，供市委党史研究室统一汇集出版；参与明溪组织史（续编本）的编写。

1997—1998年，完成县《国民经济调整》《农业合作化》《文化大革命》《大跃进和人民公社化》《拨乱反正》《新时期农村变革》等6篇专题研究稿，均被《三明市社会主义时期党史专题研究》收录；《重话明溪和平解放》《学美岭，创五好的先进典型紫云村》等文章被《三明党史》期刊史事纵览和党的建设专栏载入。1999年，完成市下达的《明溪社会主义市场经济体制》等8个党史专题写作。

2000年，征集6幅书画作品参加全省纪念党史工作20周年书画作品展览。6月，完成“县工业发展历程”和“县精神文明建设发展史”两个新时期党史专题编写。2002年，党史研究室被列入县委党建工作领导小组成员单位，加强了党史部门工作力度。同年，征集收编明溪党史人物20人，汇编在《三明党史人物》中出版；采写县开展项目年活动的专题资料，收录在《三明项目年活动》一书。

2003年7月，编辑出版《中共明溪党史大事记（1921—2002年)》，分7个历史阶段，以时间为顺序，记述明溪新中国成立前和新中国成立后至2002年的社会主义革命、建设和改革开放的重要历史事件，全书20余万字。同年，为市委党史研究室编写《“三反”、“五反”运动》明溪专题资料，为《福建省革命烈士传》提供明溪烈士资料；撰写专题纪念文章《毛泽东的经济理论和实践》，纪念毛泽东诞辰110周年。2004年，与县广电局共同拍摄《红军第二次革命战争时期在明溪留下的标语》，9月在市电视台播出；完成《划入中央苏区版图的归化（明溪）县》《邓小平新时期的统一战线理论和实践》等专题调研文章；开展纪念邓小平诞辰100周年纪念活动，承办《总设计师的足迹——邓小平》图片展和撰写《邓小平新时期的统一战线理论和实践》等文章参与县委的理论研讨。

2005年，编辑出版革命历史专集《红色归化——苏维埃时期的明溪》，专集分历史图片、文献资料、回忆资料、人物传、专题研究等部分，反映第二次国内革命战争时期明溪的光荣革命历史；完成《红土地文化调研》《抗战时期中国人口伤亡和财产损失（明溪部分)》《彭生香烈士传略》《新中国成立初期毛泽东对领导经济建设的探索》等调研文稿，其中，《彭生香烈士传略》《新中国成立初期毛泽东对领导经济建设的探索》，分别在同年的《三明党史》第二期和第六期上发表。

二、方志编纂

（一）新编《明溪县志》

1984 年 12 月 3 日，成立县地方志编纂委员会，开始编纂明溪新志。编纂经过宣传发动、征集资料、撰写初稿、总纂送审等四个阶段，历经十载，五易其稿，始成新志。由方志出版社出版，于 1997 年 12 月公开发行。该志所记述的事物，上限不限，力求追溯发端，下限到 1990 年。大事记、概述、政党、人大、政府、政协等卷下限延伸到 1996 年。该志翔实记述明溪自然风貌、社会变迁、政治风云、经济生活、风土民情，突出明溪老区、山区、粮区、林区、名胜古迹等地方特色。它是中华人民共和国成立后，第一部比较全面、系统、科学记述明溪历史和现状的"百科全书"，是了解、研究明溪历史的重要文献。全书除概述、大事记、附录外，共设 34 卷，160 万字。彩照 76 幅、地图 4 幅。该书由原中国人民解放军代总参谋长、全国政协副主席杨成武题写书名。

（二）续修新编《明溪县志》

2004 年 3 月，成立县第二轮地方志编纂委员会领导小组，6 月 25 日召开全县动员大会，开始全面启动新一轮修志工作。

（三）《柏亨村志》

2004 年冬开始，县胡坊中学退休教师陈聚棕主动为家乡撰写村志，历经一年多，完成《柏亨村志》编纂工作。全书除概述、大事记外，共设 14 章 10 万多字，彩照 14 幅、村地图 1 幅，是全县第一部村志。

（四）专业分志

从 1991 年起，县各单位在为县志书提供资料的同时，也积极编纂专业分志。1992 年，《明溪县侨务志》《明溪县电力志》《明溪县统战志》出版。1994 年，《明溪县交通志》出版。1998 年，《明溪县人大志》《明溪县土地志》出版。1999 年，《明溪县政协志》出版。2002 年后，随着第一轮新方志修志工作的结束，全县各专分业的编纂也告一段落。从 1991—2002 年，全县共出版专业分志 7 部，均以内部刊号的形式出版。

（五）旧志点校

正德《归化县志》 1985 年，由县方志办工作人员陈秉怡、蔡必忠、李映秋、冯炳南、杨建平以福建师范大学图书馆所藏的正德《归化县志》手抄本为蓝本，对照北京市图书馆复印木刻孤本进行分段、标点、校勘和注释，明正德《归化县志》于 1986 年 7 月正式印刷（福建省福州康山中学印刷厂印刷）内部发行。

民国版《明溪县志》 1986 年，由县方志办工作人员李凌云负责对民国版《明溪县志》进行初始点校，后由县志办主任张长河和副主任陈秉怡进行校勘。2002 年秋，县方志办主任黄夏莺偕同温国彪、罗兴东对该书进行校注，点校工作得以完成并送省地方志编纂委员会终审出版。

第六节 文 物

一、文物保护单位

1991 年，全县有县级文物保护单位 12 处。1999 年，县人民政府又宣布 3 个县级文物保护单位。2001 年，省人民政府批准南山遗址为第五批省级文物保护单位。至 2005 年，全县文物保护单位共有 15 处，其中省级文物保护单位 1 处、县级文物保护单位 14 处。

1991—2005 年明溪县文物保护单位情况

表 20-2

级别	名称	公布时间	朝代	类别	坐落地点	保护范围	保护单位
省级	南山遗址	2001 年	旧石器晚期至新石器晚期和青铜时代	古文化遗址	城关乡上坊村	东西 100 米，南北 150 米	上坊村
县级	德星坊	1987 年	宋	古建筑	瀚仙镇龙湖村	东西 100 米，南北 150 米	龙湖村
县级	滴水岩摩崖石刻	1987 年	明至清	石刻	城关乡坪埠村	东西南北共 14 万平方米	县旅游局
县级	罗汉庵	1987 年	宋	古建筑	城关乡余坊村罗汉自然村	围墙外 1 米以内	余坊村
县级	玉皇楼	1987 年	清(2002 年被洪水冲毁)	古建筑	夏坊乡夏坊村	东西 19 米，南北 22 米	夏坊村
县级	萧登仕尚书墓	1987 年	宋	古墓葬	夏阳乡下坂村福田寨	东西 30 米，南北 15 米	夏阳乡
县级	陈仁墓	1987 年	明	古墓葬	城关乡坪埠村	东西 15 米，南北 20 米	坪埠村
县级	曾景文墓	1987 年	宋	古墓葬	盖洋镇衢地村	东西 25 米，南北 20 米	衢地村
县级	戴连发烈士墓	1987 年	1951 年	革命纪念物	夏阳乡御帘村	东西 10 米，南北 8 米	御帘村
县级	红军墓	1987 年	1982 年	革命纪念物	枫溪乡	东西 13 米，南北 13 米	枫溪乡
县级	白沙桥	1987 年	明(1996 年因岭文路改建进行重建)	古建筑	雪峰镇	东西 100 米，南北 150 米	县交通局
县级	观音桥	1987 年	清	古建筑	雪峰镇	东西 11 米，南北 11 米	县交通局
县级	万春桥	1999 年	明	古建筑	城关乡坪埠村	东西 30 米，南北 10 米	县交通局
县级	陈氏民居捷报墙	1999 年	清	古建筑	雪峰镇青年路 16 号	捷报墙 30 平方米	雪峰镇
县级	紫云岩画	1999 年	商至周	石刻	夏阳乡紫云村	东西 5 米，南北 5 米	紫云村

二、文物陈列展览

1991 年，县博物馆收藏的文物有 261 件，其中有商周条纹陶拍、宋青白釉褐彩花卉直口罐等二级品文物 7 件，太平天国侍王李世贤部用的石臼、红军第一次运动会纪念章等三级品文物 164 件，一般文物 51 件，5 幅巨型红军壁画等革命文物 39 件。在县文化馆影剧院二楼前厅设有文物展览室，展览室展出的文物主要有距今2万年~3万年以上的华南动物群化石、南山遗址出土的90余件文物；宋代理学家杨时（号龟山）的出生地瀚仙镇龙湖村史料；1934年驻县红军画的5幅红军壁画、1931年红四军第一次运动会颁发的银质奖章以及红军纸币、借谷证、公债券和红军、赤卫队用过的武器等革命文物；太平天国侍王李世贤军队曾经用过的石臼。展览室全年免费开放，每年均有中小学生、入伍新兵、文物爱好者前来参观。至2005年，接待参观人数约16万人次。

三、文物调查

1996年，市、县博物馆人员到夏阳乡紫云村实地勘察紫云岩画。1998年，省文物处处长郑国珍到明溪实地勘察德星坊、滴水岩摩崖岩石刻、南山遗址、坪埠万春桥、雪峰陈氏民居捷报墙，并提出对县级文物保护单位夏坊乡玉皇楼的抢救保护措施和方案。2000年，在剪刀墘华南动物群化石遗址又发掘出动物群化石大牙化石1枚、小牙化石3枚、大骨化石和肋骨化石若干。同年，经省文管会文物专家组鉴定和确定县博物馆馆藏革命文物二级文物6件、三级文物12件。至2005年，县博物馆共收藏文物261件，其中有商周条纹陶拍、宋青白釉褐彩花卉直口罐等二级品文物7件，太平天国侍王李世贤部用的石臼、红军第一次运动会纪念章等三级品文物164件，一般文物51件，5幅巨型红军壁画等革命文物39件。

四、文物管理

1991年，全县12处县级文物保护单位均竖立石刻保护标志，并确定保护责任人及保护范围。1996年，为在城乡建设中加强文物保护工作，县文物管理委员会、县基建局、县物价委员会、县公安局、县土地管理局、县文化局联合下发《关于在城乡建设中加强文物保护管理工作的通知》；同时，制定修复杨龟山故里的计划和实施方案。1999年，对新确定的3个县级文物保护单位竖立石刻保护标志，确定保护责任人及保护范围。2000年，对万春桥进行维修。至2005年，全县15处文物保护单位均竖立石刻保护标志，设立专人保护。

第七节 管 理

一、机构

（一）县文化局（文化体育局）

1991年，县文化局下设文化馆、博物馆、图书馆、影剧院、电影公司等。1997年，与县体育运动委员会合并， 更名为县文化体育局，内设办公室、文化股、体育股。2004年，成立文化稽查队。2005年，有行政编制5名、事业编制23名、工勤编制1名，内设办公室、文化股、体育股，下设文化馆、博物馆、图书馆、影剧院、电影公司、少体校等机构。

（二）县广播电视事业局

1991年，县广播电视局有正式干部职工30名，内设县人民广播电台、电视转播台、音像管理站，下设9个乡（镇）广播电视站。1993年，成立县有线电视台、县广播电视服务有限公司、三明电视台驻明溪记者站、县电视新闻制作中心。同年，乡（镇）广播站更名为乡（镇）广播电视站。1994年，县广播电视服务有限公司注销。1997年，县广播电视局更名为县广播电视事业局。1998年，县人民广播电台、县有线电视台合并，组建成县广播电视台，隶属县广播电视事业局，实行局、台合一体制。2004年，音像管理站撤销，职能划归县文化体育局。乡（镇）广播电视站由县广播电视事业局实行垂直管理。2005年，县广播电视事业局（含县广播电视台、电视转播台），内设办公室、新闻中心、网络中心，有行政编制3名，事业编制46名，下设9个乡镇广播电视站。

（三）县档案局（馆）

1991年，县档案局和县档案馆合署办公，有行政编制2名，事业编制8名。1996年，党政机构改革县档案局并入县档案馆，合并后的县档案局（馆）挂局、馆两块牌子。2005年，县档案局（馆）内设办公室、监督指导股、保管利用股3个职能股室，编制结构为管理人员1名、专业人员7名、工人1名。

（四）县委党史研究室、县地方志编纂委员会

1991年，县委党研究室有事业编制3名，县地方志编纂委员会有事业编制6名。2005年5月，机构改革，县委党研究室和县地方志编纂委员会实行一个机构，两块牌子，保留现有机构规格、性质类型、经费形式，核定事业编制4名。11月，县委党史研究室列入参照国家公务员制度管理，核定事业编制2名。至年底，县委党史研究室共有事业编制2名，县地方志编纂委员会有事业编制2名。

二、文化市场管理

1989年，县广播电视局成立音像管理站，负责全县音像制品的批发、零售、出租、放映市场审批和管理及音像制品审批鉴定。1991年，县文化局每月对全县城乡文化市场进行检查，并征收文化系统年度检查合格证0.1元/证、录像带邮寄证明3.5元/百张、录像带邮寄封签0.1元/张、文化系统录像节目放映登记簿5元/本、文艺演出管理费内演出（文化系统场所）总收入的1%、文化经营许可证10元/证、计划外演出（非文化系统场所）总收入的5%等6项行政事业性收费项目。全年与县公安、工商、广播电视等有关部门联合对全县文化市场进行3次清理整顿，收缴非法音像制品25盒（片）、书刊126本（册），关闭管理不善的录像厅、书店各1家。1993年，停止征收上述6项行政事业性收费。1999年，实行文化经营许可制度，要求“三厅二室”（歌厅、舞厅、卡拉OK厅、老年活动室、文化活动室）全部悬挂禁止未成年人入内活动标志和扫黄打非举报牌。2002年，停止审批新的电子游戏经营场所，并要求原已审批的电子游戏场所不得增添或者更新电子游戏设备，打击、取缔“黑网吧”。2004年，音像管理站撤销，县文化体育局成立文化稽查队，负责全县文化市场管理。

至2005年，共开展文化市场检查389次，没收非法出版物5679本（册）、非法音像制品5208盒（片），收缴具有赌博功能的电子游戏机11台，取缔舞厅、书刊租赁点、音像销售、激光播放点、非法经营有奖游戏店17家，停业整顿65家，处理群众信访件47件。

第二章 体 育

第一节 群众体育

一、传统体育

（一）舞龙

每逢春节、元宵等节日城乡都有舞龙活动，这种活动取龙腾飞吉祥、驱邪灭秽之意，由来已久。1991年，城关、瀚仙、夏阳、枫溪、盖洋等乡镇在春节期间开展舞龙灯活动。龙灯由头、身、尾组成，另有一个龙珠。除了布龙（每节龙身皆由布连接），还有纸龙、稻草龙等。龙身节数不一，一般为7节，最长的9节，每节由一人擎舞。舞龙的动作有跑、跳、滚、翻、缠等，舞时龙头、龙尾是关键环节，前有一人擎龙

珠，引龙俯仰翻转。此外还有一种板龙（又称桥灯），亦有龙珠、龙头、龙尾。龙身由几十节灯连接组成（每户为一节，每节有花灯3~4盏，置于1米多长的木板上）。舞时头家将龙头抬出，各家各户相继连接龙身，抬灯者必须身强力壮。板龙可以游行，但不可翻转舞动。其中城关坪埠的板龙最为壮观，长达百米。1995年元宵节，瀚仙镇龙湖村的彩龙代表明溪县参加在三明广场举行的全市舞龙表演。2000—2005年，县每年元宵节都组织大型踩街活动，全县有4条彩龙、2条板龙参加表演。

（二）胡坊镇茶花灯

胡坊镇每年元宵节都举办茶花灯巡游表演。茶花灯的主要制作材料有毛竹、纸张、带叶子的茶树干、蜡烛等。首先，将竹片扎成三层底大顶小的圆圈，每层都悬挂着形似茶花盛开的小灯笼，然后用铁丝固定在翠绿的树叶间。灯笼内里装上煤油灯，外表裱糊精致的剪纸工艺，并画上独具匠心的图案，还可粘贴“国泰民安、风调雨顺”的对联。灯笼少则4个，多则12个，意寓“四季发财、五谷丰登、六畜兴旺”，寄托百姓对美好生活的企盼。1991年，胡坊镇有茶花灯50盏。茶花灯最早的灯源是煤油灯，灯油易燃尽，后来又改为蜡烛。1995年，改用电池和电瓶充电，并设置可调节的灯柄，灯柄可上下伸缩，既可固定也可转动，巡游时可擎可抬，异常灵活。2002年，胡坊镇100盏茶花灯参加全县元宵节民俗表演，获得一等奖。2005年，胡坊镇茶花灯增至300盏，户均1盏。

（三）武术

传统武术 1991年，县武术队有学员26名，拳种以南拳、少林拳为主。1994年，少林寺武僧释行道（俗名黄明强，少林寺武僧一级气功师，福建省一级硬气功教练）与3位师兄弟在明溪创办秋水武术馆，开设少林武术专业班、护体气功初、中、高级班等，有学员54名。释行道还被县公安局聘为武术教练。1996年，因习武人数日渐减少，县武术队、秋水武术馆停办。

太极拳剑 1991年，明溪每天清晨都有为数众多的人在公园与广场等地练习太极拳剑。1993年后，县老年大学每年开办两期太极拳剑班，每期学员有20~30名。1994年，县老年大学学员参加市第四届老年人体育运动会，太极拳剑获得铜奖。1998年，参加市第五届老年人体育运动会，太极拳剑获得铜奖。2002年，参加市第六届老年人体育运动会，太极拳剑获得优秀组织奖。2005年，县老年大学有2个太极拳剑培训班，有学员90多名。

二、职工体育

1991年，全县较大的部门和企业都建有乒乓球室、棋牌室、篮球场、羽毛球场、健身房等活动场所。县职工经常开展的体育项目有篮球、排球、游泳、气排球、乒乓球、象棋、围棋、羽毛球、台球、自行车、田径、拔河、登山等。每年在节假日期间，县政府机关、企事业单位都会联合举办或单独举办20余次的体育比赛，参加人数约2000人次。其中较大型的体育比赛有县文化体育局主办的元旦中国象棋比赛、“新春杯”乒乓球邀请赛、“农税杯”乒乓球邀请赛等；县政府主办的县直机关运动会；县委宣传部主办的大年初一体育游园活动、篮球比赛等。1995年起，参加健身的干部、职工越来越多，每天清晨和傍晚在县灯光球场、学校、田径场、河滨路、五谷仙山等地都可以看到锻炼的人群。周末许多职工到大岭头等高山进行登山锻炼。夏季有万余人次到游泳池游泳。县公安局、交通局、水务局、县一中、烽林厂、机关等单位的男子篮球队常年活跃在各个球场。2000年起，全县举办的职工体育活动和比赛更加频繁，每年举办规模较大的比赛达到30~40次，参加人数超过3500人。2002年，县税务局获省全民健身先进单位荣誉称号。2003年，县男子篮球队与来访的省女子篮球队进行一场友谊赛，吸引近千人观看。2005年春节，县政府举办春节大型体育系列比赛，项目有拔河、环城跑、回乡大学生与县代表队篮球赛，约有1500人参加比赛。

三、农民体育

1991年，全县9个乡（镇）均设有农村文化活动中心，乡（镇）所在地建有篮球场和排球场，作为农民开展文体活动的阵地。活动中心设置乒乓球室、台球室、棋牌室，开展军棋、围棋、象棋、扑克、乒乓球、羽毛球、篮球等体育活动。每逢节假日，则组织群众开展拔河、登山、篮球等体育比赛。2002 年，全国开展全民健身活动，雪峰镇被评为“省先进体育乡镇 ”。2004 年，县委宣传部与县文体局共同举办“贺岁同乐”乡镇男子篮球赛，参赛人数约 120 多人，瀚仙镇获得冠军。至 2005 年，全县共举行各种类型的农民体育活动和比赛 400 余次，参加人数 5000 多人次。

四、学校体育

（一）幼儿体育

1991 年，全县幼儿园均有安排体育活动，活动内容主要有体操、走、跑、钻、攀爬、投掷、游戏等。幼儿园内备有秋千、滑梯、木马、跷跷板、小自行车、皮球等体育活动器材。县实验幼儿园，每周开设体育课 1 节，每日保证两小时的活动时间，每年开展 1 次小型运动会，项目有夹弹珠、跑步、小兔跳、穿衣服等比赛。至 2005 年，每年的“六一”儿童节，县妇联均举办城区幼儿运动会，乡（镇）幼儿园也相应开展小型多样的幼儿体育活动。

（二）小学体育

1991 年，全县有小学专职体育教师 14 人，兼职 15 人。各小学均开展《国家体育锻炼标准施行办法》的达标项目训练。每年举办 1 次田径运动会。1992 年起，先后在全县各小学中推广第三套少年儿童广播操和 1 套眼保健操。2005 年，全县小学生参加达标项目测试的人数占应测人数的 100%，达标率达 93%以上。各中心小学都配有专职的体育教师，各完小有兼职的体育老师。专职小学体育教师共有 18 人，其中体育本科学历的有 2 人，体育专科学历的有 8 人，体育中专和中师毕业的有 6 人。

（三）中学体育

全县各中学，每周安排 2 节体育课，每天坚持两操（早操、课间操）和下午 1 节活动课，保证每个学生都有1 个小时以上的活动时间。1991 年起，各中学按《体育教学大纲》的要求配备专职的体育教师和相应的体育器材，执行《中学生体育合格标准》，实施《国家体育锻炼标准施行办法》，开展“达标”测试活动。全县中学生参测人数达 100%，达标率达 93%以上。同时，每年各中学还举办校运会。2005 年，全县中学有专职体育教师 27 人，其中本科学历 8 人，专科学历 17 人。

至 2005 年，县第一中学共举办 15 届校运会，城关中学举办 8 届运动会，胡坊中学举办 15 届校运会、盖洋中学举办 15 届校运会。

五、全民健身

1991 年，明溪先后举办“邮电杯乒乓球赛”“地税杯女子篮球赛”“体育游园”等群众健身活动，参加人数 2000 多人。全县常年参加体育锻炼的人数约占总人口的 20%。1996 年，福建省颁布《福建省贯彻〈全民健身计划纲要〉实施意见》。为贯彻《中华人民共和国体育法》、全民健身计划、为奥运争光计划，县政府成立明溪县全民健身领导小组。在工矿、农村、机关、学校等开展一系列活动，健身活动普遍展开。6 月 10—22 日，举办明溪县全国全民健身宣传周活动，全县有 1000 多人参与。1997 年，举行明溪县首届全民健身节活动，开展大型体育活动 8 项，全县有 3000 多人参与。1998 年，把实施“全民健身计划纲要”列入目标任务，推动全民健身活动的广泛开展，全县参加体育锻炼人数达 30%。1999 年，明溪举办第二次全民健身节活动，参加人数达 5000 多人。2000—2005 年，以传统十大节日为契机，在全县开展生动活泼，形式多样的群众体育活动。先后举办全民健身节、城乡青年健身节、环城跑、千人登山比赛、乒乓球赛、篮球赛等。全县共举办单项体育比赛 26 次，举办全民健身活动 16 次，共 6 万人参与。全县经常参加体育活动的人口上升为 40%。

第二节 竞技体育

一、人才培养

1991 年，县业余少年体校设田径（9 人）、举重（10 人）、武术（10 人）、排球（20 人）4 个训练班，有专职教练 3 人、兼职教练 3 人。学员每天坚持上课、集训，全年训练日不少于 250 天，每周不少于 6 次，每次不少于两小时。1994 年，黄元祥被国家体育总局授予举重国家级运动健将。1999 年，武术队停办，增加篮球队（20 人）。2003 年，增加拳击队（15 人）、跆拳道（10 人）2 个训练班。2005 年，县业余少年体校设田径队（14 人）、举重队（12 人）、排球队（12 人）、拳击队（18 人）、跆拳道（8 人）、篮球队（20 人），有专职教练 5 人、兼职教练 4 人。

至 2005 年，共向全国各类体校、体育中专、院校输送学员 60 名，向省体工队输送运动员 6 名。

二、体育赛事

（一）县级体育比赛

全县中小学生田径运动会每两年举行 1 次。1991 年，举行第 10 届县中小学生田径运动会，全县有 14 所中学、10 所小学共 200 余名运动员参加。比赛项目有短跑、长跑、跳高、跳远、铅球、铁饼、垒球、标枪、三级跳远等。至 2005 年，共举办全县中小学生田径运动会 7 次，参加人数达 2000 余人次。

（二）参加市级以上体育比赛

1991 年，县组织代表队参加全省和全国举重比赛，获得冠军 1 次，亚军 2 次，季军 1 次的好成绩。2003 年起，市体育局在县开设拳击和少儿男子排球 2 个市级训练点，代表三明市参加省赛。2004 年，拳击队在省拳击锦标赛上获团体第 4 名；排球队参加省少儿排球锦标赛，获团体第 4 名，2005 年获团体第 5 名。

至 2005 年，县共组队参加市级以上体育比赛 30 次，共获单项冠军 130 次，亚军 70 次，季军 50 次。举重项目获团体冠军 4 次，团体亚军 3 次，团体第四名 1 次。中学男子篮球共获亚军 1 次，第四名 1 次，第五名 3 次。中学女子篮球共获冠军 1 次，亚军 1 次，第三名 2 次，第四名 1 次。小学女子篮球共获冠军 1 次，亚军 2 次。游泳项目共获团体第四名 1 次，团体第五名 1 次，单项共获冠军 9 次，亚军 18 次，季军 16 次。田径项目共获团体第三名 1 次，团体第四名 1 次，单项共获冠军 28 次，亚军 43 次，季军 35 次。

2005 年明溪县男子田径纪录保持情况

表 20-3

项目	成绩	创造者	单位	时间	所参赛事名称
100 米	11″7	曾文曦	县职业中学	2005.10	市中小学生田径运动会
200 米	24″3	郑　欣	县第一中学	2003.10	市中小学生田径运动会
400 米	55″9	黄苏杰	县职业中学	2003.10	市中小学生田径运动会
800 米	2′10″4	冯　伟	县第一中学	1999.10	市中小学生田径运动会
1500 米	4′40″	黄苏杰	县第一中学	2001.10	市中小学生田径运动会
3000 米	10′16″6	周志明	枫溪中学	1976.10	三明地区中小学生运动会
110 米栏（栏距 9.14 米）	16″4	李　斌	县第一中学	1999.10	市第二届运动会田径比赛
4×100 米接力	48″6	叶晓 郑州 冯伟 王健	县代表队	1999.10	市第二届运动会田径比赛

续表 20-3

项目	成绩	创造者	单位	时间	所参赛事名称
跳高	1.78 米	李犇	县第一中学	1977.11	省第七届田径运动会
跳远	6.07 米	叶晓	县第一中学	2001.10	市中小学生田径运动会
铁饼(1.5 公斤)	30.96 米	刘晓毅	县第一中学	1991.10	三明地区中小学生运动会
标枪(700 克)	45.60 米	梁蔡荣	县第一中学	1977.10	省田径锦标赛
三级跳远	12.69 米	梁蔡荣	县第一中学	1977.10	省田径锦标赛
铅球(5 公斤)	11.92 米	苏冬平	沙溪中学	2004.11	县中小学生田径运动会
铅球(6 公斤)	9.80 米	刘晓毅	县第一中学	1996.10	县中小学生田径运动会

2005 年明溪县女子田径纪录保持情况

表 20—4

项目	成绩	创造者	单位	时间	所参赛事名称
100 米	12″8	陈丽丽	县第一中学	1974.11	省第六届运动会
200 米	29″	刘　定	县第一中学	1998.11	县中小学生田径运动会
400 米	1′0″8	刘　定	县第一中学	1998.11	县中小学生田径运动会
800 米	2′28″3	刘　定	县第一中学	1996.10	县中小学生田径运动会
1500 米	5′24″4	刘　定	县第一中学	1996.10	县中小学生田径运动会
110 米栏(栏距 9.14 米)	16″6	叶　叙	县第一中学	1988.10	市中小学生田径运动会
4×100 米接力	53″6	叶　叙 李　梅 董　海 黄秀发	县代表队	1988.10	市首届运动会田径比赛
跳高	1.40 米	叶　叙	县第一中学	1988.10	市首届运动会田径比赛
跳远	5.20 米	叶　叙	县第一中学	1988.10	市首届运动会田径比赛
铁饼(1 公斤)	25.92 米	李琼霞	县第一中学	1979.11	三明地区中小学生运动会
标枪(600 克)	28.74 米	廖文荣	县第一中学	1976.10	三明地区中小学生运动会
铅球(4 公斤)	8.29 米	谢　荣	县第一中学	2005.10	市中小学生田径运动会

1991—2005 年明溪县参加省级以上竞赛成绩情况

表 20-5

时间	比赛名称	获奖者	比赛项目	组别	名次	比赛地点
1991.7	省举重比赛	黄元祥	44 公斤	—	冠军	同安
1991.7	省举重比赛	陈宜亮	52 公斤	—	季军	同安
1991.7	省举重比赛	叶有亮	56 公斤	—	亚军	同安
1991.8	全国举重分龄赛	黄元祥	44 公斤	—	亚军	长春
1992.7	省举重比赛	黄元祥	44 公斤	—	冠军	漳浦

续表 20-5

时间	比赛名称	获奖者	比赛项目	组别	名次	比赛地点
1992.7	省举重比赛	陈宜亮	56 公斤	—	季军	漳蒲
1992.7	省举重比赛	叶有亮	56 公斤	—	季军	漳蒲
1992.8	全国举重分龄赛	黄元祥	44 公斤	—	亚军	湛江
1993.7	省举重比赛	黄元祥	48 公斤	—	冠军	福州
1994.12	省举重比赛	郑小娇	48 公斤	—	季军	惠安
1994.7	省举重比赛	黄元祥	48 公斤	—	冠军	福州
1995.7	省举重比赛	杨效忠	46 公斤	—	季军	泉州
1997.7	省举重比赛	王　意	44 公斤	—	季军	龙岩
1997.7	省举重比赛	孙菊花	44 公斤	—	季军	龙岩
1998.7	省举重比赛	孙菊花	48 公斤	—	季军	邵武
2002.11	省十二届运动会	王　帅	排球	男乙	亚军	福州
2002.7	省女子举重赛	陈金妹	44 公斤	—	亚军	邵武
2003.7	省女子举重赛	陈金妹	48 公斤	—	冠军	三明
2003.7	省举重比赛	吴雄斌	44 公斤	—	季军	三明
2003.8	省锦标赛	黄崇旺	拳击 50 公斤	甲组	季军	宁德
2003.8	省锦标赛	黄聪海	拳击 48 公斤	乙组	亚军	宁德
2004.7	省女子举重赛	陈金妹	52 公斤	—	亚军	三明
2004.7	省少年拳击锦标赛	黄双彬	60 公斤	甲组	冠军	永安
2004.7	省少年拳击锦标赛	叶建明	54 公斤	乙组	亚军	永安
2004.7	省少年拳击锦标赛	陈昌杉	52 公斤	乙组	亚军	永安
2004.7	省少年拳击锦标赛	黄崇旺	54 公斤	甲组	季军	永安
2004.7	省少年拳击锦标赛	罗宇杰	48 公斤	甲组	季军	永安
2004.7	省少年拳击锦标赛	聂思哲	52 公斤	甲组	季军	永安
2004.7	省少年拳击锦标赛	连玉铭	57 公斤	甲组	季军	永安
2004.7	省少年拳击锦标赛	张　程	46 公斤	乙组	季军	永安
2004.7	省田径锦标赛	胡　慧	铅球	儿童组	冠军	泉州
2004.7	省举重比赛	吴雄斌	48 公斤	—	亚军	三明
2005.7	省女子举重赛	陈金妹	52 公斤	—	亚军	三明
2005.7	省锦标赛	官厚庄	拳击 44 公斤	乙组	冠军	泉州
2005.7	省举重比赛	吴雄斌	48 公斤	—	冠军	三明
2005.7	省举重比赛	余俊锋	44 公斤	—	亚军	三明

第三节 体育彩票

1995年6月，经福建省体育彩票管理中心批准，明溪在雪峰镇设立2个体育彩票投注发行站，开始销售电脑型体育彩票。销售彩票类型有46选5（每两天发行1期），至年底销售金额达10万元。1997年，增加销售56选5（每两天发行1期），停止销售46选5。1998年，在雪峰镇新增1个体育彩票投注发行站。同时，增加销售42选5（每天发行1期）、36选7（每3天发行1期），停止销售56选5，年销售金额增至100万元。

2000年，增加销售22选5（每天发行1期）、31选7（每星期发行4期），停止销售42选5。2001年，在雪峰 镇和胡坊镇各增设1个体育彩票投注发行站，年销售金额500万元。2002年，在夏阳乡、盖洋镇各增设1个体育彩票投注发行站，年销售金额820万元。2003年后，随着福利彩票和其他彩票的发行，全县体育彩票销售金额逐年下降。2005年，全县共有7个体育彩票投注发行站，销售彩票类型有36选7、22选5、31选7，年销售金额350万元。

第四节 体育设施

1991年，县城区有标准游泳池1座、400米跑道的田径运动场1个、综合训练房2座、门球场1个。全县有篮球场67个、羽毛球场15个、排球场14个、体育馆（室）15个、旱冰场8个。较大的企事业单位、中小学、9个乡镇都建有篮球场、羽毛球场和乒乓球室。盖洋中学、沙溪中学、胡坊中学还建有250米的田径场。同年底，县游泳池因池底渗、漏水，停止使用。1996年，县投资120万元，兴建新游泳池，1997年投入使用。新游泳池长50米，宽22.5米，出发台水深1.2米，终点水深1.8米，共设8个泳道。2002年，投资3100多万元，兴建县体育中心，2004年投入使用。中心占地总面积5.5万平方米，拥有标准田径场、体育馆、健身房、举重房、乒乓球馆、训练房、网球场、灯光球场等场馆设施，是闽西北最大的县级体育中心。2005年，全县新建7条健身路径，县法院新建室内羽毛球场。

至2005年，县城区共有400米塑胶跑道的田径场1个，1000多位看台的标准篮球场1个，室内综合训练馆2个，8道标准游泳池1个，田径素质训练房1个，举重训练房1个，4道60米的风雨跑道1个，健身路径7条。全县有篮球场79个，排球场80个，羽毛球场78个，乒乓球室85个（台），200米跑道10个，台球桌11台，棋牌活动室215间，还有休闲、私人室内小游泳池3个。全县体育设施用地总面积达9.6万平方米，人均占有面积0.82平方米。

卷二十一　医药卫生

1991—2005 年，县医药卫生工作，围绕“贯彻预防为主，依靠科技进步，动员全社会参与，中西医并重，为人民健康服务”的卫生工作方针，深化医药卫生改革，全面推进医药卫生事业健康发展。通过加强卫生人才培养，卫生队伍整体素质得到提高。2005 年，全县卫生专业技术人员高级职称 13 人，比 1991 年增加了 10 人，中级职称 76 人，比 1991 年增加 37 人。通过认真组织实施“农村卫生三项建设”（乡镇卫生院、县防疫站和县妇幼保健院改造建设），卫生基础设施建设得到完善，陆续动工兴建县医院医技楼、县医院病房楼、县医院传染病房改扩建、县防疫站化验楼和办公楼、县妇幼保健所办公楼，以及夏坊卫生院门诊楼、盖洋卫生院病房楼、夏阳卫生院门诊综合楼等工程项目，医疗卫生业务用房由 1991 年的 6791.5 平方米，增加到 1995 年的 8504.7 平方米，2005 年达 13942.7 平方米。同时，对乡镇卫生院的产儿科和预防接种门诊进行了规范化建设，盖洋、夏阳、胡坊等卫生院添置心电图、B 超、X 光机等设备，县医院添置 CT、彩超、电子胃镜、全自动生化分析仪等大型先进医疗设备，县中医院、妇幼保健所、防疫站也分别添置业务所需的专业设备，医疗卫生服务能力得到提升；通过强化疾病预防控制工作，各种危害人民群众身体健康的传染性疾病得到有效控制，经省、市卫生主管部门考核，1993 年达到基本消灭麻风病标准，1997 年达到基本消灭血丝虫病和疟疾标准，1998 年达到基本消除碘缺乏病标准；通过广泛开展爱国卫生运动，城乡环境卫生和公民的健康意识得到提升，1992 年通过省级考核，明溪县被省爱卫会授予省级“卫生县城”称号，胡坊镇、夏坊乡获省爱卫会颁发的“卫生乡镇”荣誉称号。1996 年和 2000 年又分别通过省级“卫生县城”的复核考评。

第一章　机构队伍

第一节　管理机构

一、县卫生局

1991 年，县卫生局有行政编制 6 人，事业编制 6 人，实有在职人员 12 人。1999 年 9 月，成立卫生局党委。2002 年 9 月，县实行机构改革，卫生局行政定编 6 人，事业定编 5 人，下设 4 个股室：办公室、医政股、爱卫办（并入县卫生局成为其下属一个股室）、疾病控制与卫生监督股，有人员 10 人。2005 年，县卫生局下设办公室、医政股、爱卫办、疾病控制与卫生监督股，行政定编 6 人，事业定编 7 人，实有人数 12 人。

农村卫生工作者协会（简称卫协会）1987 年 6 月 20 日成立，定编 3 人；红十字会 1991 年 2 月 9 日成立，定编 1 人。卫协会和红十字会人员编制均纳入卫生局事业编制统一管理。

二、县药品监督管理局

2001 年 10 月，根据省、市人民政府有关文件精神将县卫生行政部门原有的药政、药检职能归并，筹建县药品监督管理局。当月组建县药品监督管理局筹建组。2001 年 11 月，县药品监督管理局正式挂牌成立，内设综合、药品监管、稽查 3 个股，核定行政编制 12 名、机关工勤人员事业编制 1 名。2005 年，有工作人员 12 人。

三、县爱国卫生运动委员会办公室（简称爱卫办）

1991 年，县爱卫办核定编制 2 人，在职 2 人。1998 年，核定编制 2 人，实际在职 4 人。1999 年，核定编制 2 人，实际在职 3 人。2002 年，爱卫办并入县卫生局成为其一个股室，编制不再独立核定。

第二节 医疗机构

一、县医院

县医院是一家集医疗、康复、保健、教学和急诊救护为一体的县级综合性医院。1991 年，县医院下设外科、内科、小儿科、妇产科、五官科等 20 个科室，有职工 163 人。其中卫生专业技术人员 118 人，包括副主任医师 2 人、主治医师 14 人、医师 11 人、医士 3 人、主管护师 3 人、护师 11 人、护士 40 人，其他专业中级 5 人、师级 8 人、士级 13 人，无职称 8 人。1995 年，通过省、市“爱婴医院”和“计量合格单位”验收，1997 年 4 月被省卫生厅确定为“二级乙等”医院。1998 年，与福建医学院附属第一医院结为协作医院。2001 年，开工兴建五层框架结构的医技楼，2003 年建成使用，建筑面积 2457 平方米。2004 年，开工兴建六层框架结构的病房楼，建筑面积 6424 平方米。

2005 年，县医院设有办公室、政工科、医务科、护理部、财务科、总务科、信息科、门诊部、预防保健科、院感科 10 个职能科室，药剂科、检验科、放射科、心电图室、胃镜室、B 超室、彩超室、供应室 8 个医技科室，内科、外科、妇产科、儿科、中医科、急诊科、麻醉科、手术室、感染科 9 个临床科室。有 CT、彩超机等价值 600 万元的医疗设备。有病床数 130 张，编制 166 个，实有职工数 158 人，其中卫生专业技术人员 131 人，包括主任医师 3 人、副主任医师 7 人、主治医师 16 人、医师 14 人、医士 2 人，主管护师 10 人、护师 47 人、护士 9 人，其他专业副高 1 人、中级 5 人、师级 11 人、士级 6 人。

二、县中医院

县中医院是一家以中医治疗为主的县级专科医院。1991 年 10 月，完成县中医院住院部改造工程并投入使用（调整县妇幼保健所业务用房作为县中医院住院部），设有病床 50 张，编制 70 个，在职人员 45 人，其中卫生专业技术人员 38 人，包括副主任医师 1 人、主治医师 4 人、医师 4 人、医士 3 人，护师 1 人、护士 3 人，其他专业师级 1 人、士级 4 人，无职称 17 人。

1999 年 6 月 16 日，撤销城关卫生院并入县中医院。1999 年 11 月通过省市等级医院评审，2000 年 4 月省卫生厅正式下文批准为“二级乙等”中医院。

2005 年，中医院设有医务科、护理部、总务科、办公室 4 个职能科室，门诊部、住院部、药剂科、预防保健科 4 个业务科室，并在院外设有 2 个门诊部。共有职工 65 人，其中卫生专业技术人员 51 人，包括副主任医师 2 人、主治医师 7 人、医师 5 人、医士 1 人，主管护师 5 人、护师 7 人、护士 8 人，其他专业中级 6 人、师级 7 人、士级 3 人。

三、乡（镇）卫生院

1991 年，全县 9 个乡镇分别设有一家政府创办的乡镇卫生院。全县乡（镇）卫生院共有在编人员 114 人，其中卫生专业技术人员 104 人，包括主治医师 5 人、医师 15 人、医士 8 人，护士 20 人，其他卫生技术人员 21 人，无职称 35 人。1999 年 6 月，城关乡卫生院并入县中医院，其他 8 个乡镇卫生院保留原设置。

2005 年，全县有 8 个乡镇卫生院，盖洋、夏阳、胡坊、夏坊卫生院科室设置较为齐全，设有内科、外科、妇产科、儿科、中医科、检验科、放射科、口腔科、药剂科、预防保健科、住院部等业务科室。枫溪、雪峰、瀚仙、沙溪卫生院仅设药剂科、预防保健科、门诊部、住院部等业务科室，门诊病人就诊不分科别在门诊部选择医生就诊。全县 8 个乡镇卫生院，共有在编人员 63 人，其中卫生专业技术人员 59 人，包括主治医师 13 人、医师 21 人、医士 7 人，主管护师 1 人、护师 4 人、护士 6 人，其他卫生技术人员 7 人。

四、村卫生所

1991 年，全县有村卫生所 88 个，乡村医生 78 人。1995 年，有 87 所，乡村医生 89 人。2000 年，有 78 所，乡村医生 84 人。2005 年，有 84 所，乡村医生 112 人。

五、厂矿、学校医疗所

1991 年，全县厂矿和中学有医疗所（室）24 个，从业人员 39 人。

2001 年，城镇职工基本医疗保险制度建立以后，企事业单位为本单位职工服务而设立的医务室逐步停办。2002 年，烽林厂医务室撤并到瀚仙镇卫生院，烽林厂医务室的服务职能由瀚仙镇卫生院承担。

2005 年，全县中、小学只有县一中、县职业中学、城关中学、盖洋中学和县实验幼儿园各设有 1 个医务室，并各配备有 1 名校医。

六、个体诊所

1991 年，全县有个体诊所 7 家，从业人员 7 人。

根据国务院 1994 年《医疗机构管理条例》、省政府 1995 年《福建省医疗机构管理办法》，医疗机构管理逐步规范，不符合条件的个体诊所大多转行申办药店或从事其他职业。

2005 年，全县有个体诊所 2 家，从业人员 4 人。

第三节 预防保健机构

一、县卫生防疫站

1991 年，县卫生防疫站内设办公室和卫生、防疫、检验、食品、宣教科等 8 个科室，定编 35 人，实有干部职工 36 人，其中卫生专业技术人员 26 人。1997 年增设总务科，2001 年增设质控室、结防科，有干部职工 35 人。2004 年 4 月，建筑面积 735 平方米的县卫生防疫站办公楼建成投入使用。

2005 年，内设办公室、总务科、质控室、卫生科、防疫科、结防科、检验科，定编 35 人，实有干部职工 32 人，其中卫生专业技术人员 24 人。

二、县妇幼保健所

1991 年，县妇幼保健所内设办公室、妇保科、儿保科、财务科、所长室、健康教育科、信息管理科、注射室、药房、计划生育指导室等科室，编制 12 人，实有干部职工 12 人，其中卫生专业技术人员 10 人。1995 年，增加 B 超室。1999 年，增设乳透室，并通过县政府协调把原县劳动服务公司办公楼划拨给妇幼保健所，作为县妇幼保健所办公大楼。

2005 年，内设办公室、妇保科、儿保科、财务科、婚前保健科、健康教育科、信息管理科、化验室、注射室、药房、计划生育指导室、B 超室、乳透室等行政管理和业务科室，配备妇科治疗仪、红外线乳腺仪、B 超、尿液分析仪、半自动生化仪、血液分析仪、电脑验光机等医疗设备，编制 12 人，实有干部职工 10 人，其中卫生专业技术人员 9 人。

第四节　教学机构

1988 年 8 月，开办明溪县卫生进修学校，定编管理人员 3 人。招收的学员为明溪及邻近县的初、高中毕业生。教师由县医院、县中医院和县防疫站的专业技术骨干兼任。采用中专教材，主要学习内、外、妇、儿科及药剂、护理、卫生保健等科目。学员脱产全日制学习两年或三年。

1988 年 9 月，开办第一期护士班，招收学员 51 人，1990 年 7 月结业。1990 年 9 月、1992 年 9 月和 1994 年 9 月各开办一期两年制乡村医生班，共招收学员 163 人。1996 年 9 月、1999 年 9 月各开办一期三年制乡村医生班，共招收学员 111 人。学员结业后，护士班学员安排在县、乡医疗卫生单位工作；乡村医生班大多回各自乡镇村卫生所担任乡村医生或自谋职业。

2000 年后，县卫生进修学校停止招生，仅承担对县域内在岗乡村医生的短期培训和组织乡村医生参加医学继续教育等工作。

第二章　公共卫生

第一节　爱国卫生运动

1991 年，县调整爱卫会机构，组成由分管卫生的副县长担任组长，县人武部、公安局、文明委、计委、农委、林委、机关党委等部门领导担任成员的县爱卫会，各乡镇也相应成立爱卫会，各村、居委会、厂矿、企事业单位有一位领导负责爱国卫生运动工作。同年，县政府颁发《关于市容卫生管理的规定（试行）》，并投资 65 万元建成盖洋镇水厂；瀚仙镇、沙溪乡自来水普及率达 80%以上，城区达 100%；胡坊镇、夏阳乡、沙溪乡开展改厕工作，全县共建双瓮式厕所 350 个，其中水冲式公厕 3 座。1992 年经省考核，明溪县达省级卫生县城标准，被省爱卫会授予“省级卫生县城”；胡坊镇、夏坊乡达卫生乡镇标准，被省爱卫会授予“省级卫生乡镇”称号。1994 年，明溪县被省爱卫会授予“福建省农村改水先进县”称号。1995 年，全县累计投入改水资金 218.93 万元，其中国家补助 53.2 万元，集体投入 120.9 万元，群众集资 84.83 万元。村集中式供水点（站）175 个，农村改水受益人口 76803 人，其中自来水受益人口 63065 人。

1996 年，县爱卫会、基建局、土地局三家联合下发《关于加强农村新建房配套卫生厕所实施意见的通知》，对改厕在用地、办理手续、收费等方面给予适当的优惠政策。同年 10 月，通过“省级卫生县城”复查验收。1998 年，全县改厕累计资金 178.55 万元，其中国家投入 3.2 万元，集体 43.85 万元，群众集资 131.5 万元，改厕 903 户，其中三格式 824 户，沼气式 53 户，其他 26 户。2000 年，全县改水总投资 234.53 万元，改水新增受益人口 12251 人，有 6 个乡镇 34 个行政村水质得到改善；新建无害化厕所 530 个，其中农村 386 个，城区 144 个。同年 5 月，再次通过“省级卫生县城”复查验收。

2005 年，县召开爱卫会成员会议，专题研究爱国卫生月和卫生日（县直机关干部每月参加一次环境卫生整治）活动，广泛开展健康教育，积极稳步推进“省级卫生县城”的巩固和发展，实施卫生县城的长效管理机制。全县改水受益人口达 90799 人，改厕达 15383 户，其中卫生厕户 12691 户，沼气式 2692 户。全县共刊出各种卫生宣传知道栏 220 期，发放《中华人民共和国传染病防治法》《中华人民共和国食品卫生法》、预防非典型肺炎、预防禽流感、肠道传染病、计划免疫等宣传材料 8000 多份；组织发动机关、企事业单位党员干部 100 多人、群众近万人参加环境卫生整治，清运垃圾 600 多吨。

第二节　卫生监督

一、食品卫生

1991 年，全县有食品生产经营单位 946 家，从业人员 1650 人。年检查食品卫生经营单位 2125 家次，体检 1650 人，检出“五病”（肝炎、肺结核、痢疾、传染病、皮肤病）人员 97 人，全部调离食品卫生工作岗位，行政处罚 51 起，销毁变质食品 285 公斤，停业整顿 4 家，食品监测 214 份，餐具消毒效果考核 235 份，合格 184 份。

贯彻 1995 年颁布《中华人民共和国食品卫生法》，卫生行政部门主管食品卫生监督管理工作，有关部门在各自的职责范围内负责食品卫生管理工作。1997 年，全县组织进行 4 次卫生大检查，对检查中发现过期变质不合格食品 514 公斤予以销毁，并对 3 家违反《中华人民共和国食品卫生法》的生产单位给予 1500 元罚款。全年抽检饮食行业餐具 1169 份，合格 922 份；对食品批发、加工等行业食品抽检 353 份，合格 294 份。

1998 年机构改革之后，食品卫生监管由各相关部门按职能分段监管。2002 年，开始对部分食品（即米、面、油、酱油、醋等五类食品 QS 制度）实施市场准入制度。2003 年机构改革，药品监督管理局更改为食品药品监督管理局。2004 年 9 月，贯彻颁布的《国务院关于进一步加强食品安全工作的决定》，对有关部门的职责分工加以调整和明确，卫生部门负责食品流通环节和餐饮业、食堂等消费环节的卫生许可和卫生监管。2005 年，结合整顿和规范市场经济秩序及“餐桌污染”治理，年日常卫生监督 1251 家次，审办食品卫生许可证 673 家，从业人员健康体检培训 1192 人，举办 9 期食品生产经营单位负责人参加的卫生知识、法律知识培训班，对体检检出的 45 名“五病”人员均予以调离处理。开展各类食品监测 247 份，合格 205 份，开展餐具消毒检测 1020 份，合格 812 份。

二、娱乐服务场所卫生

1991 年，全县歌舞厅、旅店、美容美发等公共场所 154 家，从业人员 318 人。县防疫部门设专职监督员 1 人、兼职监督员 3 人，乡镇设助理监督员共 8 人。对公共场所服务人员体检 305 人，培训 305 人；监督检查 211 家次，限期整改 13 家；监测 95 家 730 次，合格 538 次；检查出“五病”人员 26 人，全部做调离处理。

1997 年，对娱乐服务公共场所经营单位换发卫生许可证 94 家，从业人员预防性健康体检、培训 278 人，办证、体检、培训率达 100%。加强娱乐服务公共场所卫生监测工作，对歌舞厅、旅店业检测 79 宗 427 项次、合格 378 项；对理发业监测 37 家 108 项次，合格 102 项次。

2005 年，共年审办证 95 家；举办 3 期 95 人次的娱乐服务场所经营单位负责人卫生知识培训班；从业人员体检培训 178 人，检出“五病”人员 17 人均予调离处理；监测公共场所 89 家 1749 项次，合格 1712 项次。

三、学校卫生

1991年，县举办1期17人参加的保健老师培训班，并对城区1976人、乡镇4225名中小学生进行体检；对职中、王桥小学作头虱普查823人，查出59人，均进行治疗；对职中、王桥小学及夏阳、地美、杏村等5个中小学1557名学生进行地甲病普查，并按查出情况进行预防性服碘丸532人；对各中小学食堂工作人员进行健康体检。

1997年，继续贯彻执行《学校卫生工作条例》，规范学校卫生管理。3—5月，对城区4所中小学学生4146人进行健康体检，并对体检结果进行评估，发现视力低下1175人，营养不良881人，肥胖51人，龋齿589人，贫血921人，沙眼687人，同时开展学生常见病治疗和预防工作，进行集体驱蛔虫4161人次。

2005年，县下发《关于进一步加强学校卫生防疫工作的紧急通知》，完成城区4所中小学校学生预防性健康体检3649人，并结合体检开展学生常见病的调查与防治工作，及时进行健康分析、评价，并制作反馈卡给每一位参检学生；积极开展学校食品卫生监督工作，规范学校食堂卫生管理制度，杜绝食物中毒事件发生，对辖区内19所学校食堂、豆奶房严格按照食品量化分级管理要求进行专项监督检查，同时对学校周边的26户饮食、食杂摊点进行专项整治，做出行政处罚12家，没收销毁“四无”（无厂名、厂址、无生产日期、无保质期）食品31.25公斤，对1000多名学生进行食品卫生、传染病防治知识教育。

第三节　创建农村初级卫生保健

1989年3月，县政府批转县卫生局关于《明溪县实现“2000年人人享有初级卫生保健”规划的请示》报告， 同年6月成立县初级卫生保健委员会，由分管文教卫生的副县长担任主任委员，县卫生局局长、县教育局局长担任副主任委员，由县相关科局级主要领导担任委员，并制定《明溪县实现“2000年人人享有初级卫生保健”规划和实施方案》。各乡镇相应成立初级卫生保健领导机构。县初级卫生保健委员会下设办公室（以下简称初保办），办公地点设在卫生局，办公室人员由卫生系统抽调，健康教育、卫生防疫、妇幼保健、爱国卫生项目由相关单位的技术人员协助完成。主要职责是制定全县初级卫生保健概略规划、实施方案、年度计划；建立初级卫生保健考核制度，对乡镇进行半年中评，年终综合评价；检查督促各项指标的落实；指导初级卫生保健技术指标的质量评估；收集县、乡、村资料，及时归档；做好迎接考核、审评准备工作。7月，召开全县动员大会，确定雪峰镇、胡坊乡为首批试点乡镇，要求在1990年达到初级卫生保健标准；沙溪乡、城关乡、夏坊乡1993年达到初级卫生保健标准；夏阳乡、瀚仙乡、盖洋镇、枫溪乡1996年达到初级卫生保健标准。根据指标和任务要求，把责任、任务分解到相关部门，负责实施。会后，雪峰镇、胡坊乡全面开展工作，其他乡镇分别开始试点村普及。

1990年3月，县制定《明溪县初级卫生保健规划纲要》，把县初级卫生保健工作分为试点阶段（1989—1990年）、全面普及阶段（1991—1993年）、全面发展阶段（1994—1996）、巩固提高阶段（1997—1998年）四个阶段实施，争取提前两年全县实现人人享有卫生保健的目标。11月，县下发《加强农村初级卫生保健工作意见》的通知，根据《中国农村实现“2000年人人享有卫生保健”普及阶段目标审评记录》的评价标准、评价依据及办法，把相关指标、任务逐条分解到有关部门，列入年度考核。从此，每年初保办按评价标准和每年的工作进展情况，全面实施年初计划、半年中评，年终考核总结。深入基层，现场指导，促进各项措施落实。经过全县各部门的密切配合，齐抓共管，通力协作，广大群众的积极参与和全县卫生系统工作人员的不懈努力，县乡把初级卫生保健作为为民办实事的重要工作任务，纳入党政领导议事日程和政府任期责任目标，列入当地国民经济和社会发展规划。同年12月，为加大县初级卫生保健工作力度，县调整初级卫生保健委员会组成人员，由县长担任主任委员，副县长担任副主任委员，各乡镇也加强初级卫生保健工作。

1996年3月，省初级卫生保健评审团对县初级卫生保健普及阶段规划目标进行考评验收，确认达到基本合格的标准，并授予奖牌。

2000年1月，省卫生厅、省计划委员会、省农业厅、省爱国卫生委员会、省环境保护局共同牵头组成专家审评团对县初级卫生保健工作进行评审。通过听汇报、查资料、现场考察、调查询问、考试考核等方法，对县初级卫生保健工作做出客观的评价。评审组按照省定规划目标和部颁标准，经过复核审评后确认县的初级卫生保健工作已达到合格标准。

第四节 创建卫生城镇

1991年，县继续开展创建省级卫生县城活动，4月，全县组织爱国卫生月活动，组织全体干部职工清除垃圾、淤泥、灭“四害”（鼠、蚊、蝇、蟑）等活动。翌年3月，县成立创建省级卫生县城指挥部，县长任总指挥，下设办公室负责具体创建工作。同年11月，经省爱国卫生运动委员会考核验收，明溪县城获“省级卫生县城”称号。

1993年，县推进创建卫生城镇工作，在农村推广自来水改建工程，同年获国家“农村改水先进县”称号。胡坊、夏坊、盖洋3个乡（镇）先后获得“省级卫生乡镇”荣誉称号，胡坊镇洋地村达到“省级卫生村”标准。

1997年6月，全县开展以重点突击整治卫生死角，抓好灭“四害”，强化卫生管理和食品卫生管理等创建国家卫生城活动。城区清除污泥2.1万立方米，投放消毒杀菌药品1.1吨，城区公厕改成水冲式三级化粪池16个。同年，经市爱卫会检查验收，获“灭鼠先进城区”的称号。2003年，经市爱卫会复查持续保持“灭鼠先进城区”的称号，并获得“灭蚊先进城区”的称号。

2004年，县对照《福建省卫生县城标准》，制定工作方案，进一步动员和协调社会各方面力量，加快城市基础设施建设，强化健康教育，开展占道市场、违章搭建等整治活动和除害灭病活动，巩固省级卫生县城、乡镇成果。县完成复核申请工作，2005年通过省级卫生县城的复核验收，再次获得“省级卫生县城”称号。

第三章 医疗技术与业务

第一节 中 医

一、中医人员

1991年，全县卫生系统有中医药人员41人。其中，副主任中医师1人，主治中医师6人，中医师6人，中药师7人，中医士4人，中药士11人，无职称人员6人。

2005年，全县卫生系统有中医药人员29人。其中，主任中医师1人，副主任中医师2人，主治中医师8人，中医师6人，中医士1人，主管中药师4人，中药师6人，中药士1人。

二、中医治疗技术

1991年，县中医院理疗科应用传统的推拿按摩、针灸疗法结合中频、艾灸、穴位注射、脱水疗法、熏蒸疗法等当代的治疗手法治疗颈椎病、眩晕、肩周炎、腰椎间盘突出、骨质增生、失眠、面神经痉挛、周围性神经麻痹等疾病，取得很好的效果。1999年，该院设立痔疮科，采取内治、外治、手术等疗法治疗内痔、外痔、混合痔、肛裂、肛周脓肿、肛瘘、息肉、肛管直肠异物、特发性溃疡性结肠炎、肛乳头炎、尖锐湿疣、肛门狭窄、肛门皮肤病、肛门神经性皮炎、肛窦炎等20多种疾病。

2003年，县中医院率先开展“小针刀”治疗顽固性疼痛。2005年，县中医院开展“三伏灸”等极具中医特色疗法治疗哮喘、慢性支气管炎、过敏性鼻炎、胃及十二指肠溃疡、慢性腹泻、风湿性关节炎等疾病。

第二节　西　医

一、西医人员

1991年，全县卫生系统有西医类卫生技术人员256人，其中副主任医师3人、主治医师25人、医师30人、医士17人，主管护师3人、护师13人、护士68人，其他专业中级7人、师级8人、士级21人、无职称人员61人。

1998年，县医院林小真获主任医师职称，为县内主任医师职称最早获得者。

2005年，全县卫生系统有西医类卫生技术人员245人，其中主任医师2人、副主任医师7人、主治医师40人、医师44人、医士11人，主管护师17人、护师59人、护士23人，其他专业副高1人、中级7人、师级19人、士级15人。

二、西医治疗技术

(一) 诊断技术

1991年，县医疗诊断主要有黑白B超检查、纤维胃镜检查、心电图检查、X光机常规拍片和半自动常规化验检查。1996年添置1台日本F-820型血球计数仪，是医院检验科引进的第一台自动化仪器。1999年，县医院添置1台美国迈瑞全自动生化分析仪、1台日本奥林巴斯电子胃镜检查仪、1台国产动态心电图机、1台国产500MA万东X光机等医疗设备。2003年，县医院添置1台日本东软2800型螺旋CT机、1台意大利彩色多普勒超声诊断仪、1台血细胞分析仪，进一步提高了县内医学检查整体水平。

(二) 治疗技术

1991年，县内医疗开展了心血管、消化、神经、呼吸等专科治疗，可进行胃癌根治术全胃切除术。1992年开展左、右半结肠切除术、低位直肠癌切除术。1994年，开展药物流产终止早期妊娠。1995年，开展肾癌行根治性患肾切除术。1998年，开展人工股骨头置换术。1999年，将全能麻醉机、心电监护仪、吸入麻醉用于手术病人。

2000年开展新式剖宫产术。2002年开展心脏起搏器植入术及深静脉穿刺术。2004年，开展神经内科锥颅术新技术治疗，胫骨、股骨骨折行切开复位+绞锁钉内固定术。2005年，开展盆腔癌根治术、无痛人流、无痛胃镜和深静脉穿刺置管术。

1991—2005 年明溪县卫生系统在职人员结构情况

表 21-1　　　　单位：人

年份	在编人员总数	卫技人员总数	技术职务					专业							乡村医生
			高级		中级	初级		临床医生		护理人员	药学人员		检验人员	医技及其他	
			正	副		师	士	西医	中医		西药	中药			
1991	373	297	0	4	39	66	121	75	23	84	16	18	10	71	78
1992	376	299	0	4	41	58	109	72	23	77	15	18	9	85	75
1993	375	301	0	4	41	65	101	78	24	62	16	14	11	96	86
1994	373	302	0	7	40	84	99	91	25	110	12	12	13	39	89
1995	397	323	0	8	55	89	129	68	14	61	15	9	9	34	89
1996	405	324	0	6	48	89	125	112	23	99	13	21	14	42	89
1997	422	342	0	5	55	124	99	124	27	107	14	18	13	39	95
1998	405	332	0	9	61	134	101	136	22	99	14	17	15	29	97
1999	403	338	0	12	59	144	97	145	21	106	15	14	16	21	101
2000	396	325	1	8	56	142	95	121	27	115	13	15	17	17	84
2001	372	310	0	8	66	135	76	117	18	107	10	18	17	23	109
2002	361	293	0	9	70	138	71	109	19	96	17	16	16	20	76
2003	347	279	0	10	72	135	62	102	18	97	13	12	16	21	86
2004	336	276	2	9	78	130	57	108	16	95	14	12	18	13	76
2005	331	274	3	10	76	134	51	105	17	99	13	11	16	13	112

注：1.本表仅统计卫生系统医疗卫生单位(县医院、中医院、防疫站、妇幼保健所、乡镇卫生院)人员，人员总数不含乡村医生；

2.技术职务栏目与专业栏目人员不符，是因为无职称人员在专业栏目中仍给予相应分类。

第三节　中西医结合

20 世纪 90 年代，县中医院咳喘专科采用中西医结合的多种方法治疗呼吸系统疾病，如哮喘、慢性阻塞性肺病、支气管肺炎、肺气肿、肺心病及顽固性久咳。2003 年，该专科积极引进现代医学理念和技术，如肺功能检测仪、雾化治疗仪等检查设备，大大提高哮喘病人的康复率。在支气管哮喘及慢性阻塞性肺病的治疗方面，对急性期病人采取中、西医综合治疗，对缓解期病人予以中医中药辨证施治，扶正固本，并采用穴位贴敷方法进行“冬病夏治”“冬季调治”等预防康复治疗，减少病人反复发作的次数。

2004 年，县中医院开设糖尿病专科，开展糖耐量实验、糖化血红蛋白、胰岛素、C-肽、血 B2 微球蛋白、尿酮体、尿微量白蛋白等在糖尿病的诊断、分型及治疗上与国内先进水平接轨的专科检测技术，对糖尿病及并发症进行早期诊断、分型和全方位评估，应用中医经典理论辨证施治，以中药内服、外用、针灸、穴位注射、中药熏洗等中医特色疗法治疗糖尿病和糖尿病肾病、周围神经病变、糖尿病足、糖尿病微血管病变、糖尿病视神经病变等慢性并发症取得显著疗效，积累了较丰富的临床经验，成功救治糖尿病酮症酸中毒、高渗性昏迷等急性并发症患者。

第四节 医疗业务

一、门诊、住院

20世纪90年代，医疗服务市场多元化及社会群众的消费能力、消费观念的变化，公立医院门诊人次呈现逐年下降趋势。1991年，全县公立医院门诊26.2万人次，住院8034人次，抢救危重病人389人次。1995年，全县公立医院门诊19.12万人次，住院8200人次，抢救危重病人651人次。2000年，全县公立医院门诊15.03万人次，住院7257人次，抢救危重病人547人次。2005年，全县公立医院门诊17.74万人次，住院10166人次，抢救危重病人263人次。

二、巡回医疗

1991年后，明溪县每年都组织安排县、乡医疗机构到乡村开展巡回医疗和“卫生下乡”活动。2003年，县卫生局下发《关于开展2003年卫生下乡工作活动的通知》，建立巡回医疗服务制度，之后每年都制定县直医疗卫生单位对乡镇卫生院开展结对子和“一帮一”帮扶活动，在技术、设施、资金等方面对卫生院的发展给予帮扶。

三、村卫生所医疗业务

1991年，全县村级卫生所有88所，诊病12.99万人次。90年代后期，出国和外出务工人员增多，农村常住人口大量减少，村卫生所就诊人数逐年下降。1995年，全县村级卫生所有87所，诊病人数12.28万人次。2000年，全县村级卫生所有78所，诊病人数8.33万人次。2005年，全县村级卫生有84所，诊病人数7.1万人次。

第四章 疾病防治

第一节 传染病

一、疟疾

1991—1997年，全县连续7年疟疾发病率控制在1/10万以下，达到“基本消灭疟疾县”要求。1998—2005年，未新发现疟疾病人。

二、丝虫病

1991年后，明溪未新发现丝虫病阳性患者。1997年9月，经考核达到消灭丝虫病标准县的要求。

三、麻疹、流脑、乙脑、白喉、百日咳、肝炎

1991年，全县麻疹、流脑、乙脑、白喉、百日咳、肝炎等法定管理的传染病年报告发病312例，发病率为280.27/10万。1995年，全县法定传染病年报告发病79例，发病率68.85/10万。2000年，全县法定传染病年报告发病96例，发病率83.08/10万，为该期间最低水平。

1991—2000年，麻疹、流脑、乙脑、白喉、百日咳、肝炎等法定管理传染病报告发病率逐年下降。

2001年后，传染病报告网络建设全面加强，建立县乡传染病报告直报系统，全县法定传染病报告发病率呈逐年上升趋势。2005年，全县法定传染病年报告发病285例，发病率255.79/10万。

四、结核病

1991年，全县肺结核病年报告发病人数19例，痰涂片阳性人数4例。1996年，报告发病人数21例，痰涂片阳性人数6例。

1998年，加入“卫生部加强与促进结核病控制”项目，县防疫站成立了结防科，开设结核病专科门诊。全县年报告发病人数24例，痰涂片阳性人数10例。2001年，启动“福建省结核病控制”项目，实行肺结核病归口管理，落实“收、减、免”政策，结核病治疗由之前的各级医疗机构负责并报告疫情，县防疫站只负责疫情收集和资料管理并向上级主管部门报告疫情转为全县肺结核病门诊病人一律转县防疫站结防科治疗，住院病人一律转定点医院（县医院）治疗。当年，全县年报告发病人数72例，痰涂片阳性人数7例，均实行抗结核药免费治疗。

2002年7月，县启动“世界银行贷款/英国政府赠款中国结核病控制项目”。对发现有咳嗽、咳痰两周以上或有咯血症状者免费检查，对发现痰菌涂阳或重症涂阴的病人给予免费治疗（免费治疗是对符合条件者提供6—8个月的免费抗结核药品治疗和管理）。省、市、县、乡各级结核病防治督导人员定期和不定期对下一级结核病防治工作进行督导检查。全县年报告发病人数62例，痰涂片阳性人数25例。

2005年，全县年报告发病人数69例，痰涂片阳性人数48例。

五、麻风病

1991年，全县有麻风病现症病人7人，1993年明溪经省卫生厅考核验收达到基本消灭麻风病标准。1996年，全县新发现1例麻风病现症病人。2000年，新发现2例现症病人。2001—2005年，未发现麻风病现症病人。

六、性病

20世纪90年代，性病主要在县城区发现，多以淋病为主。病人大部分在公立医院门诊就诊发现，治疗多在当地医院或个体诊所治疗。

1991年，全县报告性病9例，其中淋病8例，尖锐疣湿1例。1996年，报告性病31例，均为淋病。1997年，县防疫站配合公安部门对发廊等服务行业从业人员约100人进行大检查，有9例淋病可疑患者。2004年，报告首例HIV感染者病例，属于输入性病例。2005年，全县报告性病60例，其中梅毒20例，淋病23例，非淋菌性尿道炎5例，尖锐疣湿10例，生殖器疱疹2例。

七、霍乱

1998年9月7日，夏阳乡旦上村黄地组出现1例霍乱病人，经三明市第一医院诊断为小Ⅲ级霍乱。疫情发生后，县医疗部门高度重视，及时采取防控措施，没有发生二代病人。该疫情是明溪县在1991—2005年期间发现的唯一一例甲类传染病疫情。

八、非典型肺炎（SARS）

2003年，非典型肺炎（SARS，以下简称非典）在国内部分地区爆发。县政府高度重视，积极布置防控措施，成立“非典”工作协调小组，制定防治非典工作预案、非典型肺炎疫源地消毒方案、非典型肺炎流行病学调查方案，组建流行病学调查组、疫情报告组、疫源消杀组、环境消杀组、健康教育宣传组和后勤保障组等工作小组；对非典型肺炎疫情实行日报告和“零报告”制度，对从疫区返乡人员实行定点跟踪监测，在各级各类医疗机构设立发热或呼吸道专科门诊，在主要公共场所设立留观室；加强对公共场所的卫生监督和环境消杀工作，重点对学校、车站、餐饮、旅店、歌舞厅等公共场所的卫生监督力度并督促指导开展环境卫生消杀工作；加强卫生人员专业知识培训和模拟实战演练；运用宣传单、墙报、小册子、咨询电话、广播电视等多种方式向广大群众宣传“非典”知识。2004—2005年，县政府继续把“非典”作为重大传染病进行防控，到2005年底全县无“非典”疫情发生。

第二节 地方病

1991年，县委、县政府高度重视碘缺乏病防治工作，卫生、发改、财政、教育、工商、盐业、残联等部门密切配合，全县采取以食盐加碘为主的综合防治碘缺乏病的措施，统一部署在全县范围内供应碘盐，并开展大规模宣教工作，宣传碘缺乏病危害性、食盐加碘重要性和碘盐的保存使用方法。工商、供销等部门互相配合，理顺碘盐供应渠道，查处非碘盐，对特殊人群（新婚育龄妇女、孕妇、乳母、儿童等）给予辅服碘剂。经广大卫生工作者的长期努力和全社会的共同支持，碘缺乏病防治工作取得显著成效。同年，全县抽样调查患病率为1.89％。经省市专家组考核验收达到基本控制碘缺乏病标准。

1998年，省级考评组在明溪调查8~10岁儿童115人，甲肿率3.64%，尿碘中位数为324.69微克/升；碘盐中位数为55.5毫克/千克，碘盐合格率97.69%；KAB问卷平均得分95.6分，根据考评结果，考评组认为明溪县已实现消除碘缺乏病，顺利通过省级“消除碘缺乏病”阶段评估达标验收。

1995—2005年，经儿童尿碘和用户碘盐监测显示，尿碘中位数均为157.7微克/升以上，碘盐合格率从55.12%逐步上升到96.18%。根据“碘缺乏病流行病学调查方案”和“碘盐监测方案”要求对全县的病情和现状调查显示，全县8~10岁儿童的甲状腺肿大率逐年下降、碘营养状况控制在较理想水平，各项技术指标均达到消除碘缺乏病标准。

第三节 职业病

1991—2005年，县内企事业单位存在的主要职业危害有一氧化碳、氟及化合物、甲苯、二硝基苯、酚、汽油、铅等化学性，以及粉尘、噪声、高温等物理性、职业性危害因素。因监测能力有限，县防疫部门只对接触有毒、有害因素人员进行体检和对企事业厂矿部分危害因素进行监测。

1991年，全县有尘、毒物危害厂矿58家，进行尘毒监测15家111个点，合格52个点，合格率46.8%；噪声监测65个点，合格27个点，合格率41.5%；毒物监测8个点，合格8个，合格率100%。全县职业危害岗位人员体检22人，合格21人，体检合格率95.45%。

1996年，全县尘毒物危厂矿37家，开展尘毒监测7家54个点，合格39个点，合格率72.2%；噪声、高温监测16家71个点，合格66个点，合格率92.9%；毒物监测4家10个点，合格10个点，合格率100%。

2005年，全县共有尘毒物危厂矿61家，开展监测40家55个点，合格46个点，合格率83.64%。全县职业危害岗位人员体检116人，体检合格率100%。

附：抗灾防疫

2002年6月16日，夏坊乡遭遇百年不遇的特大洪灾，结合灾区疫情工作实际，县及时制定夏坊乡“6·16”灾后卫生防病工作方案，实行24小时值班和灾情每日一报制度，重点抓好霍乱、伤寒、甲型肝炎、钩端螺旋体病、疟疾、乙型脑炎等重要传染病的预防，加强疫情监测和报告；救灾防病期间对重要传染病和食物中毒实行疫情每日报告和“零”报告制度；组织钩端螺旋体疫苗，免费为灾区群众开展预防接种，共接种钩端疫苗1540人份；对供群众生活饮用的24口水井进行每日消毒，确保饮水卫生安全；对乡所在地的 3 个临时集中餐点，陆续恢复开业的餐饮店和中学食堂加强监管，免费发放灭菌消毒剂进行餐具消毒；对被洪水淹没、浸泡过的食品，予以就地销毁，做好防病灭病等救灾工作，实现“大灾无大疫”的工作目标。

第五章　预防保健

第一节　计划免疫

一、预防用生物制品（疫苗）接种

20 世纪 90 年代，预防用生物制品（疫苗）分为两类管理，列入国家计划免疫的疫苗为一类疫苗，包括卡介苗、脊髓灰质炎疫苗、百白破疫苗、麻疹疫苗、乙肝疫苗、乙脑疫苗、流脑疫苗、百白破疫苗等，实行免费接种；其他的疫苗为二类疫苗，包括甲肝疫苗、风疹、腮腺炎、流感嗜血杆菌疫苗、麻风、三联疫苗、水痘疫苗、肺炎疫苗、流感疫苗、轮状病毒、A+C 流脑等，实行有偿接种。一类疫苗的品种根据传染病防控的需要由国家和省级确定。

1991 年，全县卡介苗应种 3305 人，接种 3047 人；脊髓灰质炎疫苗应种 4511 人，接种 4259 人；百白破三联应种 4687 人，接种 4413 人；麻疹疫苗应种 3851 人，接种 3520 人；乙脑疫苗应种 6877 人，接种 6096 人；流脑疫苗应种 3718 人，接种 3537 人。

1996 年，全县卡介苗应种 4076 人，接种 3886 人；脊髓灰质炎疫苗应种 2749 人，接种 2671 人；百白破三联应种 2423 人，接种 2296 人；麻疹疫苗应种 4027 人，接种 3798 人；乙脑疫苗应种 4386 人，接种 4030 人；流脑疫苗应种 5158 人，接种 4788 人。

2000 年，全县卡介苗应种 979 人，接种 974 人；脊髓灰质炎疫苗应种 968 人，接种 956 人；百白破三联应种 967 人，接种 953 人；麻疹疫苗应种 961 人，接种 931 人；乙脑疫苗应种 943 人，接种 785 人；流脑疫苗应种 962 人，接种 880 人。

2005 年，全县卡介苗应种 981 人，接种 968 人；脊髓灰质炎疫苗应种 908 人，接种 901 人；百白破三联应种 863 人，接种 851 人；麻疹疫苗应种 970 人，接种 953 人；乙脑疫苗应种 974 人，接种 960 人；流脑疫苗应种 874 人，接种 862 人。

二、冷链设备

1991 年，县防疫部门用于疫苗存储和运输的冷链设备较简陋，只有冰箱 20 台，速冻器 6 台，冷包 135 个，冰排 1040 块。此后，逐年增加冷链设备的配置，至 2005 年，县防疫部门冷链设备有制冰机 4 台、普通单冷冰箱 6 台、冰排 700 个、双开普通冰箱 6 台、保冷箱 7 个、疫苗运输车 1 辆。

第二节　妇女保健

一、妇科病普查与普治

县妇科病普查与普治工作主要通过卫生、计生、妇联、工会等部门联合组织开展及卫生、计生部门依照本行业工作部署组织开展相应的妇科病普查与普治。1991 年，全县普查 1035 人，患病 606 人，治疗 587 人。1996 年，全县普查 570 人，患病 222 人，治疗 122 人。2000 年，全县普查 4384 人，患病 1220 人，治疗 904 人。2005 年，全县普查 410 人，患病 308 人，治疗 94 人。从历年普查情况看，全县妇科病患病率较高，均采取了必要的积极措施进行治疗。

二、婚前医学检查

1991 年，全县婚前医学检查 118 人，检出患病 4 人。1995 年，检查 173 人，检出患病 4 人。2000 年，检查 774 人，检出患病 115 人。2003 年，检查 1196 人，检出患病 132 人。

2003 年 10 月，新的《中华人民共和国婚姻登记条例》颁布实施后，婚前医学检查不作为婚姻登记的前置条件，婚前检查人数急剧减少，2004 年婚检人数全县仅 8 人，2005 年全县婚检仅 6 人。

三、孕产妇保健

为提高母婴安全和出生人口素质，全县医疗保健机构均按职责建立孕产妇进行系统管理工作制度，孕产妇系统管理率逐年增加。

1991 年，全县产妇 1314 人，活产数 1298 人，新法接生 1287 人，住院分娩 808 人，孕产妇系统管理 835 人。1995 年，全县产妇 939 人，活产数 840 人，新法接生 939 人，住院分娩 758 人，孕产妇系统管理 874 人。2000 年，全县产妇 991 人，活产数 992 人，科学接生 987 人，住院分娩 878 人，孕产妇系统管理 877 人。2005 年，全县产妇 927 人，活产数 929 人，科学接生 917 人，住院分娩 913 人，孕产妇系统管理 646 人。

四、科学接生

县新法接生培训、指导工作由县医院、中医院、妇幼所和各乡镇卫生院按各自职责依照卫生主管部门的工作部署组织实施。1991 年，全县有接生员 201 人，年培训 181 人。1995 年，有 198 人，培训 145 人。1999 年 7 月，新法接生改为科学接生，开展接生服务的单位有县医院、盖洋中心卫生院、胡坊卫生院、夏阳中心卫生院、夏坊卫生院、枫溪卫生院，全县只在盖洋保留 1 名新法接生员。至此，新法接生员培训工作也停止。2005 年，全县已没有发证的接生员。

第三节　儿童保健

一、母乳喂养

为保护、促进和支持母乳喂养，明溪从 1995 年开展以母乳喂养为主题的宣传教育活动，并在医疗卫生单位中开展了创建“爱婴医院”活动，同年县医院通过省、市“爱婴医院”评审，之后乡镇卫生院也相继通过“爱婴医院”评审。根据每年“爱婴医院”质量考评显示，全县母乳喂养支持率均达 95%以上，纯母乳喂养率均达 80%左右。

二、儿童健康体检

1991—2005 年，全县婴幼儿的健康体检按属地管理原则，做好儿童保健相关工作。县城区由县妇幼所负责，各乡镇由本乡镇卫生院负责，每年对幼托机构 0~6 岁的儿童进行一次健康体检。

1991 年，全县 0~6 岁幼儿 14537 人，11 所托幼园所全部进行幼儿体检，体检幼儿 6825 人，检出患病幼儿 484 人，实行矫治 2192 人。1995 年，全县 0~6 岁幼儿 10926 人，57 所托幼园所全部进行幼儿体检，体检幼儿 9914 人，检出患病幼儿 212 人，实行矫治 792 人。2000 年，全县 0~6 岁幼儿 7932 人，27 所托幼园所全部进行幼儿体检，体检幼儿 7339 人，检出患病幼儿 940 人，实行矫治 896 人。2005 年，全县 0~6 岁幼儿 6889 人，25 所托幼园所 23 所进行幼儿体检，体检幼儿 5863 人，检出患病幼儿 1177 人，实行矫治 1135 人。

第六章 医药与器械

第一节 中 药

一、中草药资源

1996 年之前，全县中草药资源有 9 类 328 种，后未进行资源调查。

二、中药种植

20 世纪 90 年代，全县推广厚朴、杜仲、红豆杉、金线莲等中药材种植，并逐渐形成规模产业。林业部门培植，供给种苗，负责技术指导等服务，全县大部分乡镇农民都有种植。厚朴种植较大的乡镇是胡坊镇，1999 年该镇引导农户广泛种植厚朴，给予一定资金和政策扶持，2000 年镇与三明市医药公司订立预购合同，对农户所种厚朴采取“保护价”措施，到期全部收购该镇所有的厚朴，至 2005 年该镇种植厚朴达万亩以上。

三、中药材收购

1991 年，部分临床常用中草药材的收购使用，由医药公司和医疗机构零散少量收购。收购的品种主要有白果、淮山、厚朴、金线莲、野砂仁、茯苓、车前草、金银花、鱼腥草等。医疗机构收购的药材只在单位内使用。2000 年以后，县医药公司和医疗机构基本停止中草药材的收购。

2000—2005 年，红豆杉药用产业已形成一定规模，全县人工种植的红豆杉药用植物，由县南方红豆杉有限公司收购、加工、提取药用产品。

第二节 西 药

一、西药使用

1991—1999 年，全县西药使用品种平均为 2445 种，年平均销售 453.14 万元。2000—2005 年，使用品种平均为 3023 种，年平均销售量 685.67 万元。

二、医疗机构内部制剂室

县医疗机构内部设有制剂室的单位有县医院和盖洋中心卫生院。按药品生产经营许可的有关规定，盖洋中心卫生院制剂室于 1996 年停产，县医院制剂室于 2001 年停产。停产前，县医院制剂品种达 102 种，年产值 15 万元。

第三节 医疗器械

1991 年，全县主要医疗设备有 200MAX 光机、Ⅰ型 B 超仪、高频电刀、白内障冷冻机、电动洗胃机、空气式麻醉机、半自动生化仪、纤维胃镜等，总价值 111.48 万元。

2005 年，全县主要医疗设备有 CT 机、500MAX 光机、全自动生化分析仪、电子胃镜、岛津 SDU-450 型 B 超等，拥有专业设备总价值 763.3 万元，其中县级医疗机构 688.17 万元，乡镇卫生院 75.13 万元。

第七章 管 理

第一节 医政管理

一、医疗机构设置

1991 年，全县有各类医疗机构 133 个，其中县直单位 5 个（县医院、县中医院、县防疫站、县妇幼保健站、县卫生进修学校），乡镇卫生院 9 个，村级医疗点 88 个，厂矿学校医疗室 24 个，个体诊所 7 个。

1992 年后，厂矿医疗室相继停办。1999 年 6 月，城关乡卫生院与县中医院合并。2002 年，烽林厂卫生所撤销，至此没有厂矿医疗室。

2005 年，全县卫生医疗机构共 107 个，其中有二级乙等综合医院（县医院）1 个，二级乙等中医院（县中医院）1 个。其他医疗机构 3 个，即县防疫站、妇幼保健所、卫生进修学校；乡镇卫生院 8 个，村级卫生所 84 个，学校医疗室（一中、职中、城中、盖洋中学、实幼）5 个，个体开业诊所 2 个，公立医院院外门诊部 3 个。

二、医疗机构管理

1991 年，实行工作目标责任制管理，县卫生局与院（站、所、校）签订目标管理责任书，年终进行考评表彰。

1993 年，乡镇卫生院实行财政分级管理改革以后，乡镇卫生院经费下放到乡镇财政管理。

1994 年，开始部署县、乡医疗机构开展“等级医院评审”工作，提升医疗机构内部管理和服务水平。

2002 年，在瀚仙镇和胡坊镇开展乡村卫生一体化管理试点。村级卫生所相关的工作由乡镇卫生院实行统一管理，即统一规章制度、统一技术培训、统一购药渠道、统一收费标准、统一考核评比。同年，全县推行分配制度改革，打破“大锅饭”，实行浮动工资制，把原档案工资分为固定工资和绩效工资两部分，按岗位、任务、绩效定报酬，建立自主、灵活的分配机制。2003 年，乡镇卫生院经费管理收回县管。

2005 年，在县级医疗单位中开展“医院管理年”活动，制定《明溪县 2005 年医院管理年活动考评办法》，建立健全医疗机构内部管理机制，规范服务行为。同年，县直医疗单位实行全员聘任制。

三、执业准入制

1993 年 3 月，《中华人民共和国护士管理办法》颁布实施，1994 年，县执行护士执证制度。1998 年 6

月，《中华人民共和国执业医师法》颁布，县医疗卫生单位专业技术人员实行执业准入制度。2002 年，按《执业医师法》和《护士管理办法》，对全县 146 名执业医师注册登记和 101 名护士进行再次注册登记。同年实行卫生专业技术职务评聘分开。

2004 年，全县组织 87 名乡村医生考试，有 65 名医生考试合格。同年，全县对医疗机构进行专项检查 3 次，检查医疗机构 162 个次，查处非法行医案 6 个次，取缔非法医疗机构 3 个次，停业整顿医疗机构 6 家，查处违规义诊 6 人次，立案 4 起，结案 4 起，罚款 1.15 万元，没收并销毁价值 400 余元的用于非法行医的药品和医疗器械。

2005 年，全县卫生系统拥有执业医师 96 人，其中县直单位 62 人，乡镇 34 人；助理执业医师 10 人，其中县直单位 3 人，乡镇 7 人；注册护士 99 人，其中县直单位 88 人，乡镇 11 人。

四、医疗质量管理

1991 年后，各医疗单位坚持以质量求生存求发展，加强医疗质量管理。各医疗单位均建立医疗质量管理机构，做好病历书写，开展“三级查房”（主任医师、主治医师、住院医师查房），实行疑难病会诊和急诊、首诊负责制和实行院长质量查房，加强危重病人护理，落实医护工作责任制，强化医务人员“三基”（基本技能、基本知识、基本操作）训练等，规范诊疗技术和操作规程，制定防范措施。县卫生局每年将医疗质量管理作为年度对各医疗单位检查评比的主要内容。

2002 年，《医疗事故处理条例》颁布实施后，医疗安全作为医疗质量管理的一项重要内容，县卫生局每年与各医疗单位签订医疗安全责任书，强化各医疗单位医疗质量管理意识。

2005 年，县卫生局下发关于《创建“医德医风示范医院”活动方案》加强医院医德医风建设，提高医务人员的服务态度和服务水平。对社会发放 260 份医德医风问卷调查，综合满意率达 97.2%。

第二节 药政管理

一、药品质量监管

（一）药品监督执法

2001 年，县药品监督管理局（以下简称县药监局）成立之前，药品监督执法由县卫生局负责，依照《中华人民共和国药品管理法》的有关规定，对辖区内的医疗机构和药品经营企业药品采购、使用、质量进行定期和不定期监督检查。县药监局成立之后，药品监督执法职能划归县药监局。同年，全县共开展两次药品质量大检查，检查药品 40120 次，查处不合格药品 113 种次，价值 13530 元。

2002 年，县药监局对全县药品经营和使用单位组织开展 5 次药品、医疗器械质量专项监督检查，1 次历时 41 天的农村药品市场大检查。全年共出动执法人员 476 人次，检查被监管单位 740 家次，检查药品、医疗器械 4.54 万种次，查处假劣药品、医疗器械 790 种次，货值 4.33 万元；立案查处违法案件 36 件，案值 5161 元，罚款 1.18 万元。抽检药品 68 种次，不合格药品 6 种次，药品抽验合格率为 91.2%。

2003 年，全县组织以农村为重点，实施药品放心工程，对全县各级各类医疗机构用药及制剂、急救药品、特殊药品、计生用品和一次性无菌医疗器械组织开展监督检查。全年共出动执法人员 500 余人次，检查药品经营和使用单位 490 个次，查处不合格药品 853 种；立案查处非法经营和使用药品案件 90 件，案值 4.2 万元，罚款 7.86 万元。从 2003 年 4 月下旬开始，县药监局以“非典”防治药品、医疗器械为重点开展监督执法工作，保证全县“非典”防治药品、医疗器械的产品质量和市场稳定。

2005 年，县药监局组织与公安等部门联合开展打击制售假劣药械违法犯罪活动、饮片生产经营秩序、医疗器械说明书和包装标识、各类药品医疗器械展示活动4个专项整治。配合三明市药检所开展全县药品质量监督性抽验和评价性抽验。全年共出动执法人员363人次，检查药品经营和使用单位343个次，检查药品、医疗器械3.35万种次，查处不合格药品、医疗器械81种，货值1.89万元，立案查处违法经营和使用药品、医疗器械案件38件，罚没款5.67万元。全县共抽验药品63批次，完成药品快速检验120批次，检出不合格药品3批次，药品合格率为98.4%。

（二）药品监督网络建设

县药监局从2003年开始着手构建农村三级药品监督网，在县、乡（镇）、村分别聘请来自县、乡人大、党委、政府、纪检监察、新闻媒体和监管单位的12名特邀监督员、12名联络员和8名信息员对药品进行监督。至2005年，监督网络进一步充实完善，全县共聘任县级药品监督员12人、乡（镇）级药品协管员14人、村级药品信息员70人，监督网覆盖率乡（镇）达100%、行政村达80%。

二、药品市场监管

（一）药品经营和使用管理

1.药品供应网络建设

1991—2000年，全县药品供应以国营药品经营企业供应为主。全县只设有1个国营医药公司（明溪县医药公司），负责对县、乡、村医疗机构临床用药批发供应。县医药公司还在县城区和盖洋镇、夏阳乡设有若干个零售药店。

2002年，依照《福建省零售药店暂行规定》和《福建省核发“药品经营许可证”（零售）验收标准》审批设置药品零售企业，全县受理申请17家，其中城区5家、乡（镇）12家，审批开办个体零售药店13家。

2003年，制定《明溪县农村药品供应网络建设试点工作意见》，引导、鼓励符合条件的人员在乡（镇）村新办药店，设置非处方药销售点。全年新办药店23家，全县药店总数达36家，其中城区17家、乡（镇）19家。全县9个乡（镇）除瀚仙镇外都设有药店，覆盖率89%。11月，成立明溪县农村药品配送中心，将全县9个乡（镇）划分为3个供应区：东片（夏阳、胡坊、沙溪）、中片（雪峰、城关、瀚仙）和西片（盖洋、枫溪、夏坊），每个供应区设1名专职营销员负责该片区药品的配送、收单、送货等工作。

2005年，县药品经营以规模化为目标，发展药品超市，延伸服务网点。全县共申办零售药店5家、药品超市2家，实现了医药超市零的突破。同年8月，县药品配送中心撤销，重组设立明溪县恒发医药股份有限公司，并取得“药品经营许可证”（批发）。全县有药品批发企业1家、零售企业37家（其中城区20家、乡镇17家），县、乡镇药品配送率达100%，行政村药品配送率达95%。

2.药品经营质量管理规范认证

2002年，按照“统筹规划、分步实施”的原则，帮助、指导药品批发企业和药品零售连锁企业做好《药品经营质量管理规范（GSP）》认证前的准备工作。2003年，在全县零售药店中开展争创“药品质量诚信店”活动，全县有济仁、中心、万春堂、民泰、明峰、大众、诚信、春天、恒康、光明等10家零售药店被三明市药监局授予“药品质量诚信店”称号，占药店总数的27.78%。同年4月，三明四海医药连锁明溪门店康复药店、健康药店和中心药店等3家药店通过国家级GSP认证验收，济仁药店、千里光药店开始认证试点。

2004年，城区实施药品零售企业GSP认证，同年10月，城区11家药品零售企业（便民、万春堂、民泰、荣华、芳草、康乐、大众、明峰、诚信、济仁、千里光）在全市率先通过GSP认证。2005年，开展县以下药品零售企业GSP认证工作，县帮促、指导企业实施软硬件改造，当年全县有14家县以下药品零售企业通过GSP认证。

3.医疗机构药房药库管理

2004年，县药监局开始在县中医院、夏坊卫生院实施医疗机构药房药库改造试点。2005年9月28日，县政府召开专题会议，部署全县医疗机构药房药库规范化建设工作，各乡（镇）政府分管领导、县直有关部门领导、全县各医疗卫生机构负责人参加了会议，会议通报全县医疗卫生机构药事管理工作中存在的主要问题，全面部署医疗机构开展规范化建设工作的具体时间和要求。县医院、中医院、夏坊卫生院分别投入10万元、3万元、1万元用于药房药库的硬件改造，其他医疗机构也投入部分资金，用于药房药库的规范化建设。

（二）药品流通管理

1.药品采购管理

1991—2000年，全县各医疗机构采取与药品经营企业议价的方式采购所需的药品。

自2001年药品监督管理机构组建开始，县药监局要求全县各级各类医疗机构必须按照《中华人民共和国药品管理法》和《药品管理法实施条例》的规定，从合法、正规的渠道采购药品和医疗器械，并建立药品、医疗器械质量验收登记制度，发放由市药品监督管理局统一制作的验收记录本，医疗机构对所采购的全部药品、医疗器械进行逐一验收登记备查。

2002年，国务院纠风办等6部委共同颁布的《医疗机构药品集中招标采购监督管理办法》出台后，县医疗机构统一参加全省药品集中招标采购。

2.药品分类管理

从2002年开始，在全县药品经营单位中全面推行药品分类管理，将药品零售企业所经营的药品按照国家公布的处方药和非处方药药品品种，分为处方药（RX）和非处方药（OTC）进行管理。要求药品零售企业的处方药与非处方药必须按照国家有关规定进行销售，实行分柜摆放，并粘贴有统一规范的专有标识。通过严格处方药的管理，规范非处方药的管理，促进药品的合理使用，保证公众用药安全。

（三）特殊药品管理

2001年11月起，县加强对乡（镇）卫生院以上医疗机构的毒性药品、麻醉药品、精神药品和放射性药品等特殊药品日常监管，实行特殊药品“五专”管理（专人负责、专柜加锁、专用账册、专用处方、专册登记），并定期、不定期开展专项检查和突击检查，全县特殊药品管理做到安全、规范、有序。

（四）药品从业人员教育培训

1991—2001年，全县药品从业人员业务培训纳入卫生专业技术人员年度培训计划组织培训，每年均组织多次培训。

2002—2005年，全县先后举办3期药品从业人员岗位资格证书培训班，培训药品从业人员202人，通过脱产培训考试，学员全部取得市药监局颁发的药品从业人员岗位资格证书。2003年9月，福建医药学校委托县药监局举办药学专业成人中专函授班，在县设立教学点，设药剂、中药两个专业，学制三年，当年招收学员85人，其中中药专业42人、药剂专业43人。2005年，在读学员75人，其中中药专业38人、药剂专业37人。

第三节 经费管理

一、经费预算

1991年，县医疗卫生单位的经费预算分全额预算和差额预算两类。县防疫站、妇幼保健所为全额预算，县医院、中医院和乡镇卫生院为差额预算。1993年，实行财政分级管理改革，乡镇卫生院经费下放到乡镇财政管理，2003年收回县管。乡镇卫生院经费下放到乡镇财政管理期间，由于预算经费不到位，导致乡镇卫生院整体经营运转出现严重问题。

二、医疗单位运营

1991—2000年，全县医疗卫生单位的运营处在不良状态，大多数单位出现赤字。2001年以后，各医疗单位运营趋于平稳，2005年县医院的运营方步入良性发展轨道。

1991—2005年明溪县卫生系统经济状况

表21-2 单位：万元

年份	总收入	业务收入	财政补助	总支出
1991	346.3	305.5	40.8	373.3
1992	440	357	83	495
1993	493.7	435	58.7	527.2
1994	448.1	372.47	75.63	508.01
1995	689.98	562.42	127.56	776.92
1996	739.59	596.15	143.44	729.02
1997	872.26	749.97	122.29	1023.72
1998	1088.32	968.05	120.27	1166.27
1999	1271.47	1025.16	246.31	1285.1
2000	1240.84	1025.06	215.78	1418.37
2001	1527.14	1287.35	239.79	1554.55
2002	1853.02	1582.19	270.83	1784.79
2003	2097.76	1790.81	306.95	2114.62
2004	2590.41	2153.69	436.72	2511.9
2005	2647.5	2283.99	363.51	2387.23

三、农村卫生人力开发项目（卫Ⅳ项目）

1991年，县卫生系统接受世界银行贷款用于农村卫生人力开发项目，项目执行周期6年。该项目是世界银行为中国提供的第四批卫生贷款，它包括人力规划、培训、使用和管理三个有机结合的整体。贷款主要用于农村卫生人力培训，改善农村卫生设备和卫生人力培训。全县累计获得世界银行贷款131.59万元，用于还贷37.08万元，实际利用贷款94.51万元。项目执行期间，县财政配套资金18.77万元。为县乡（镇）卫生院增加医疗设备计116件，价值51.33万元；卫校增加教学设备4.97万元；县医院增加医疗设备1.13万元；县妇幼所增加医疗设备7.41万元；项目办公设备增加6.08万元，总计设备价值70.92万元。为优化在职卫技人员的学历结构，乡卫生院受项目资助参加岗前医疗大专学习有2人；以函授自考参加大专学习13人；脱产参加中专班学习1人；参加乡村医生系统化医学理论学习22人，历时3年达到中专水平；资助盖洋、胡坊2个卫生院通过“一级甲等”卫生院等级评审。

第四节 医疗急诊与救治

1991年，县医院、县中医院及乡镇卫生院均设有急诊科室。

1994年11月，县急救中心（以下简称120）在县医院创立。1997年，加强县急救中心建设，设立急诊抢救室、 治疗室、清创室、注射室、观察室、医生、护士值班室和办公室，配备心电图机、心电监护仪、除颤器、洗胃机、呼吸机等抢救设备，开通专线“120”电话，实行 24 小时应诊，并实行挂号、划价、收费一条龙服务，开辟生命绿色通道。1999 年，加强急诊的规范化建设，配备“120”急救车，开通“生命绿色通道”，县“120”加入“110”社会服务联动行列。

2000 年，县急救中心配合“110”联动，加强“生命绿色通道”建设，调整充实急诊抢救小组，设立观察床位，向社会公布紧急联络电话、警铃信号，提供 24 小时急诊应急服务。2004 年，为有效提高紧急救援能力和传染病救治能力，县医院对传染病区进行改造扩建、设置床位 12 张，改建面积 769 平方米。

2005 年，县“110”、卫生、电力、交通等施救工作实行联动，建立起快捷的应对突发公共事件和日常救护工作机制，社会有各种医疗救护需求的情况，只要拨打 110 便可及时得到医疗救护。

第五节 医疗保障

一、公费医疗

（一）公费医疗对象

1991—2005 年，公费医疗只针对机关企事业单位工作人员患病发生的医疗费用按规定给予报销。城镇居民和农村农民不享受公费医疗待遇，患病发生的医疗费用自理。

（二）公费医疗资金

2001 年 12 月成立明溪县医疗保险中心之前，机关企事业单位人员公费医疗报销资金按财政预算渠道解决；医保中心成立之后，由单位和个人按比例缴纳筹集医疗保险基金，基金设个人门诊账户和住院统筹账户，参保对象患病发生的门诊或住院医疗费用，分别从个人门诊账户和住院统筹账户中支付。

（三）公费医疗管理

1993 年前，公费医疗由县卫生局管理，公费医疗办设岗 1 人，负责对机关事务管理局在册人员的医疗费用核销。1993 年起，公费医疗划入财政局统一管理，公费医疗办设岗 2 人。2001 年 12 月，成立医疗保险中心之后，公费医疗办划入医疗保险中心，医保中心设岗 5 人，负责对全县参保对象的医疗费用核销。

（四）公费医疗的执行

1991 年，全县公费医疗人数 3997 人支出 80.3 万元，1992 年公费医疗人数 4032 人支出 92.1 万元。

1991—2001 年，公费医疗实行定额管理由单位包干统一使用，节余留用，超支不补的原则，个人患病发生的医疗费用报销按“工龄定额”报支医疗费。2002 年后，由医疗保险中心负责对全县参保对象的医疗费用核销。

二、农村合作医疗

为缓解农村农民看病医疗费用负担问题，1999 年 5 月县政府下发《批转县卫生局关于农村合作医疗保健制度实施细则和实施方案的通知》，部署全县开展农村合作医疗工作。筹资渠道采取国家、集体、个人共同投入的原则，县 3 元、乡镇 4 元、村 3 元、个人 20 元的标准筹集，筹集资金使用以乡镇为单位统筹。医疗费用补偿方式，采取补大又补小（大指住院、小指门诊）、补小不补大、补大不补小等多种形式，由各乡镇、村自行选择确定工作实施方案。同年在夏坊乡的黄地村、盖洋镇的葫芦形村、胡坊镇的福西村开展试点工作，由于筹资总量小抗风险能力低和补偿水平低，农村农民的参与性不高，该项工作在试点一两年后逐步自然终止。国家在总结全国各地实施农村合作医疗保健制度的有关情况后，2005 年在全国范围启动新型农村合作医疗试点工作，明溪未被列入试点县份。

卷二十二　民俗　宗教　语言

明溪先民主要为中原南迁的汉族，他们与当地的土著及先期到达的部分畲族居民杂居，相互融合。民俗中既继承和保留了中原的文化习俗，又受当地居民习俗的影响，形成了浓厚的以‘忠孝’为中心的道德观念，人们崇尚安分守己、纯朴正直、讲礼仪、守信用、艰苦奋斗、开拓进取、尊老爱幼、热情好客的客家民俗。中华人民共和国成立后，人民当家做主，平等相处，以礼待人，破除陋习，树立新风，给传统的习俗注入一股清新健康的活力。“文化大革命”期间，传统的旧习俗受到冲击。改革开放后，人民的生活和思想观念发生较大变化，一些传统的好习俗得到恢复，又呈现讲科学、讲文明、献爱心、讲贡献的社会主义道德的新习俗。20 世纪 90 年代，随着明溪新侨乡的兴起，不仅对明溪的经济社会产生巨大的影响，西方文明理念的传入使明溪居民的生活习俗和思想观念也悄然发生变化。

县内主要宗教有佛教、道教、基督教。“文化大革命”期间，大多数寺庙、教堂受到破坏或改作他用，多数信徒停止活动。改革开放以后，宗教政策得到落实，宗教信徒逐渐增多，寺庙、教堂修建之风再兴。明溪是客家民系形成的摇篮县，儒家、佛教、道教的信仰相互融合，又与当地的土著“好巫尚鬼”的原始宗教互为取舍，出现“菩萨与神仙齐餐，祖先与鬼神共祭”现象，形成独特的客家宗教信仰，佛教、道教民俗化，宗教信徒多数为居士、俗家道士。2005 年底，全县有寺庙 83 座，基督教活动场所 13 个，寺庙、教堂多数为 20 世纪 80—90 年代修复或重建的。

第一章　民　俗

第一节　礼仪习俗

一、婚嫁

（一）议婚

男女双方由介绍人介绍相识或自由恋爱，经过同意，即可进行议婚。双方父母约定时间互相了解家庭、人品等情况，俗称“看家风”。

（二）订婚

男女双方及父母都同意后，男方择吉日与女方订婚，俗称“定亲”。由媒人提着“礼桶”、带着部分聘金、布料、两包白糖以及男方的“生月”至女方订婚（旧时称纳征）。有的乡村加带糯米（糯米意赞誉女方清白）。女方收到聘金后，交“聘单”（聘金金额）一张、并回给男方布一块、冰糖两包，有的乡村加回黄豆若干（意在赞誉男方是珍珠婿郎），订婚时男方还要给女方定情物，如金戒子、金项链等物。男女双方都会设宴请至亲。也有城镇男女订婚仪式在酒家举行，双方父母均参加，由父母向亲人宣布订婚之事，男女青年互赠订婚情物，将关系确定下来。订婚之后，双方都以姻亲往来。

（三）登记

男女双方确订婚期后，到所在地方政府婚姻登记处，办理结婚手续。1995 年 6 月起，领取结婚证要求进行强制婚检，2003 年 10 月后将强制婚检改为自愿婚检。

（四）送日子单

男方将结婚的日子提前一个月以上时间，用红帖写好告知女方父母，取得女方的同意。由此，女方就开始筹办妆奁。1991 年开始，明溪多数青年结婚日期选在“五一”劳动节、“十一”国庆节、“元旦”等节假日。

（五）婚礼

20 世纪 90 年代，婚礼的形式呈多样化，有家庭婚礼、旅游婚礼、婚嫁合一婚礼、双喜宴婚礼等。新人领取结婚证后，一般拍婚纱照，制作成影集或悬挂的影框。进入 21 世纪，逐渐兴请婚庆公司操办婚礼，在酒店办婚宴，由司礼主持婚礼，婚俗删繁就简。拍结婚照成为时尚，且形式新颖，除制作成影集外，有的制作成精美的挂历或台历，有的制成数字影像光盘，作为永恒纪念。

1.家庭婚礼

迎娶前一日早晨，男方将未付完的聘金、食物等送去女方，俗称“去酒”。迎娶日，男方发花车、鼓号队迎新娘，新娘车装饰鲜花等饰品。迎亲队为 6 人或 9 人，谓“亲家郎”，其中一人挑“押轿鸡”，为男方全权代表，随带小公鸡、小母鸡各一只，谓“公婆鸡”；酒两壶（一壶鸡血酒、一壶红酒）、喜炮、喜烛，并备十多个红包（小礼）及现金若干。新娘出嫁时，要淋浴、化妆、告祖、辞父母等，沐浴后应在房间内，不得出门，一直等到上轿或上车。出房间时，不能踩地，要踩在米筛上（两块米筛更换），并由母舅抱上轿（或上车）。有些女方父母会准备一个“子孙袋”，内装色布 6~12 种、线团 12 个、尺子一把、剪刀等放在箱内带至男方，新娘穿的新衣多处扣上针，谓“新人针”，新娘衣前后及两个袖子要缝上一块“银圆”，新娘出门多在子时或卯时（晚上），意为越走越亮，象征走向光明。车至男家，鞭炮齐鸣，新娘由“双全”（有丈夫、儿子）妇女撑红伞扶下轿或下车，跨过“火盆”（意是烧去一切不吉利的东西，日后凡事都会越来越红火），进入大厅，举行拜堂仪式。 此时洞房内摆上酒席，选上命好或有名望的人（人数连新人一对 12 人，闰年 13 人）陪同新人喝“合欢酒”，又称“交杯酒”，新人床上摆着“五子”，即红枣（早生贵子）、瓜子（多子多孙）、莲子（连生贵子）、龙眼（龙子龙孙）、嘉应子（加生贵子），让男孩、女孩抢着吃，意是“早生贵子”。宴请时，一般女方“亲家郎 ”吃到一半左右就离开，离开时，男方要付女方亲家郎钱（女方也有给男方接亲的亲家郎钱，一般男方给女方亲家郎的钱是女方给男方亲家郎钱的两倍），并送至大门口。宴席毕，闹洞房。

2.旅游婚礼

青年男女领取结婚证后，不请客，不办酒席，到外地旅游度蜜月。

3.婚嫁合一婚礼

男女青年领取结婚证后，由双方父母商定，在酒家合办喜宴而举行婚礼。此类婚礼，多为独生子女间结婚，不讲彩礼，不受传统习俗束缚，程序简单。喜宴开始前，新郎新娘站在大厅门口，迎接双方的宾客，结婚典礼就在宴厅举行，宴厅正中，贴上一个双“喜”字。仪式由司仪主持，一拜高堂、二拜父母、三夫妻相拜后，夫妻互喝交杯酒，双方父母讲话等。席间，新郎新娘、双方父母分别到各桌敬酒。宴毕，新郎新娘、双方父母都站在宴厅门口，欢送宾客，鸣炮。晚上新郎新娘好友再闹洞房。

4.双喜宴婚礼

自1991年起，一些出外打工的男女青年，在外恋爱成家，因工作、事业关系未回家举办婚礼，生了小孩后将结婚酒和诞辰酒一起举办。

二、增口

生小孩俗称坐月子。亲朋好友、邻里送红糖、小母鸡、线面等为产妇滋补身体，表示贺意。娘家则携带小孩被褥、服装、小母鸡、鸡蛋等前来探望祝贺，有些还送小孩银制长命锁、手镯等物。婴儿降生一个月，叫满月，亲朋相邻均前来祝贺看望，主人则设宴酬谢。婴儿出生至周岁，有些父母会用相机、摄像机记录下婴儿成长，制成精美影集或光盘，永志乳年。

三、庆生

自1991年起，庆生更为人们所重视。生日与做寿，亲朋邻里都会送喜钱或礼物前来祝贺，主人设宴酬谢。10岁起，每逢10年均为小庆，宴请一般仅限少数内亲和挚友。60岁以上为大庆，称“上寿”，以后每隔10年一次，寿庆是晚辈为长辈举办的庆祝活动。寿庆又称做寿、贺寿等。做生日的人如果父母健在，就是60岁以上也不能称做寿，因“尊亲在，不能言老”，只称“做生日”。

传统寿庆，大厅正中挂一个大“寿”字或“寿星图”，摆香案、点寿烛、挂寿联、寿幛、铺排陈设（寿桃寿果），张灯结彩，布置一新。寿庆前晚“暖寿”，寿星着新装端坐正中，晚辈依次向寿星祝寿，晚辈三鞠躬、平辈一鞠躬。寿星发给每个拜寿者红包，谓 “拜寿礼”，参加庆寿之人一般不穿全黑全白服装。寿宴上必有长寿面，宴席开始先给寿星敬酒，后宾客共饮。宴席毕，主人送一个小蛋糕和一个红包（拜寿礼）作为回礼。

四、丧葬

明溪民间有人去世，邻里乡亲都会前往帮忙，有谚“人死饭甑开，不请自己来”。1998年7月部分乡镇开始实行火葬，2003年7月全县强制实行火葬，死者逝后次日火化，丧葬也趋向简单，从速从快，但整个治丧过程，大体沿袭旧习：有报丧、祭奠、出殡、送葬等程序，兼有做“道场”“烧灵屋”“唱夜歌”，以及“披麻戴孝”“下跪下拜”等习俗。城里居民或公职人员丧事较简，去世后由单位发讣告。亲属戴黑纱，友人、同事送花圈、吊丧钱，向死者致哀、瞻仰遗容，向遗体告别。

病人弥留之际，家中亲人必须在场。明溪人十分重视“送终”，以尽孝道，若临终时子孙不在身边被视为终生遗憾。病人临终之前，要给喝鸡汤或其他汤汁，俗称“送终汤”，并将病人移至厅中竹床或木板上，男靠左，女靠右。病人未断气之前，若身上没有钱，要放一些钱在身上，去世后将其身上的钱分发给每一个子孙，谓“人手尾钱，富贵万年”。死者寿衣一般由女儿先备好，寿衣为5件、7件、9件（逢单），不用皮衣、皮鞋，不钉纽扣，只用飘带。衣料也不用缎子，因为“缎 子”与“断子”谐音。老人去世后，由长子为其楷面，俗称“开光”，这是子孙最后一次瞻仰遗容，并大哭表示最后诀别。死者旁设香案、点长明灯、焚香供斋饭直至出葬前，孝子孝孙在灵堂日夜轮流护守，俗称“守灵”，一直到送葬。2003年，乡镇开始建设公益性公墓或骨灰楼，丧葬习俗也悄然改变，不再请风水先生寻找墓地，直接葬于公墓或把骨灰存放在骨灰楼。

第二节 生活习俗

一、衣饰

20世纪90年代起，明溪居民衣饰渐趋新潮，衣服品种繁多，成年男性以西装、夹克衣、T恤衫为主；

穿鞋春秋季以布鞋、胶皮鞋为主，夏季穿凉鞋、皮凉鞋，冬季布鞋、布棉鞋。进入21世纪，人们服装多样化、个性化、高档化，穿着讲究，西服、皮衣、T恤衫、夹克衫、牛仔裤、羽绒服和保暖衣等成为日常服装。女青年穿戴更为入时，夏天流行各色各样衫裙、休闲服、筒袜等，冬天有毛衣、各式大衣等。穿鞋主要以皮鞋、旅游鞋、时装鞋为主，人们注重鞋的品牌和质量，首选舒适、轻便、美观。青年男女发饰也显多样化，并喜染发。

二、饮食

明溪人主食以大米为主，间以面食调剂。早餐稀饭，中晚餐干饭的居多，也有不少人早餐食用牛奶、豆浆、面包等食品。部分城镇居民早上在小食店用餐，或买回家食用。城乡家庭一般都用电饭锅、电饭煲煮饭。淮山是明溪人特有的主要蔬菜之一，家常蔬菜还有白菜、芥菜、包菜、黄瓜、空心菜等；随着人们生活水平的提高，荤腥和海味逐渐增多，猪、鸡、鸭、鱼肉，蛋、海蛎、蛏干、鱿鱼、海带，以及香菇、蘑菇、金针菇等成为家常菜，苦菜、苦笋、嫩蕨杆等野菜成为美食。酒、水果成为多数家庭常年必备的食品。进入21世纪，随着出国往返人员的逐年增加，西方饮食文化逐渐影响明溪居民，咖啡、牛排进入部分居民饮食中。

三、居住

1991年起，随着行政事业单位及企业集资房和商品房的建设，城镇居民普遍居住在功能较齐全的套房内，也有部分城镇居民自建房屋，自建房屋3~5层不等，均为钢筋混凝土结构。进入21世纪，县商品房开发渐入高潮，出现“绿色家园”“阳光新城”“明珠御苑”等成片开发、功能齐全、管理规范、环境怡人的居住小区，区内商品房7~8层，面积80~150平方米不等。且随着新华侨的经济实力不断增强，欧式建筑遍布城乡各地，多数农村住房建设统一规划，一般为2至3层钢筋混凝土结构。多数住户按自己的审美观点，对内部进行装修，地面铺瓷砖、大理石、木地板等，墙面用水泥漆，大厅、房间装有各式吊顶、吸顶灯，壁橱和墙连为一体。

四、出行

1991年起，县内摩托车逐渐普及，成为人们出行的主要工具。至1995年，农村住户每百户拥有摩托车27辆，城市住户每百户拥有摩托车32辆。进入21世纪，出租车开始出现，部分家庭购轿车、客货两用车。出远门乘汽车转火车或飞机到达全国各地及海外，出行十分方便，外出旅游度假成为新风尚。

五、娱乐

1991年后，随着电视机的普及，电影被冷落，多数人都在家看电视、录像。青年喜欢到娱乐场所唱歌、跳舞、唱卡拉OK等。城镇老年人喜欢到老年活动中心去打羽毛球、乒乓球、扑克、麻将、下象棋、唱歌、跳舞等娱乐活动。进入21世纪，麻将成为许多人的娱乐项目；老年人则组成文艺宣传队，常配合形势或佳节组织文艺演出；养花、养鱼、养鸟、钓鱼、种树、种草、舞剑、打拳、练习书法、绘画是中老年人主要娱乐项目。

第二节 节岁习俗

一、传统节日

除夕 农历十二月最后一天，俗称“过年”“卅暝”。农历十二月下旬，家家户户忙于擦窗洗门、洗桌椅、打扫庭院、洗被洗帐，里里外外焕然一新；备年货，做年糕、炸糯米团、炸豆腐、炒米花、炒糖豆等传统的食品，为春节待客用；出嫁女儿要给娘家送年，出门在外的儿孙及亲人都要在“过年”前，返回

家与亲人一起团聚 。除夕之日，各家各户张贴对联、厅堂设供奉祖宗神位，中午或晚上摆祭品、点烛、燃放鞭炮、奉祭列祖列宗，告知已过年，祭祀毕，全家团聚，欢享一年中最丰盛的家宴，俗称“年夜饭”。旧时家宴有长辈吃鸡臀肉（俗称鸡屁股）、年幼者吃鸡腿的习俗。在县城，还有些家庭到酒店吃“年夜饭”。除夕这一晚，一家人在大厅围坐在一起喝茶、吃茶点、聊天，或观看“春节联欢晚会”；长辈给小孩红包，名为“压岁钱”，并交代小孩新年伊始，不能乱说话、不能打架、多说吉利的话；当晚大厅和房间亮灯直到早晨，名为守岁。家庭主妇忙于煮饭留下春节食用，其意年年有余、灶内留火种（用硬木炭生火闷着，第二天一点就着）以示“烟火不断”。子时一到，家家点烛、燃放鞭炮，迎接新年。

春节 农历正月初一谓“春节”。早晨一起床，幼辈向长辈叩头拜年，人们穿新衣，放鞭炮，一见面说“新年好”“新年发财”“新春快乐”等吉利之语；早餐多数人吃斋，且必须有糍粑或糯米做的汤圆、年糕，糍粑寓意齐心、年糕指高升之意；也有家庭早晨每人先吃一碗线面和两个蛋，寓意新年平安吉利。新年第一天不扫地、不洗衣被、不做针线等活。这天开始，人们或拜年或郊游，电话、手机普及后，人们利用电话、手机相互问好、拜年或发短信贺年，拜年活动一直延续至正月十五。

元宵 农历正月十五为元宵节，又称“赏灯节”。明溪县城每逢元宵夜晚，临街各式各样的灯笼、霓虹灯、节日灯、广告灯相互辉映，形成一片灯的海洋。节日期间，县政府组织举办彩车踏街欢庆活动或燃放焰火，县文化馆等单位组织开展龙灯比赛、猜谜语等活动庆祝元宵。各乡镇各村自行举办舞狮、舞龙灯、迎桥灯、花灯等活动。元宵节是明溪传统节日中最热闹、最隆重的节日之一。

立春 明溪人十分重视“立春”，迎春祭神习俗余风犹存。立春日，城乡多数家庭早早摆设香案、摆列供果和清茶，在香案前沿写上“迎春接福”“春到福堂”“春福满堂”等红色纸条，再摆上一棵青菜或大门上插上“青树枝”。时辰一到，各家点上烛，燃放鞭炮 ，俗称“接春”。接春后各家设便宴，主吃五种青菜：芹菜、葱、大蒜、菠菜、菜心，芹菜意为勤劳节俭、葱意为聪明、大蒜意为划算（会计划安排）、菠菜（明溪人的土语叫菠菱菜）意为能干、菜心意为高升。

清明节 “清明节”为扫墓日。明溪多数人在此日扫墓。此日人们随带墓葬纸、“三牲”（鸡一只、猪肉一块、鱼一条）、米果和酒等供品，在祖宗神位前祭祀。如要扫几个墓，就从远祖墓到近祖墓、先男后女依次祭祀。若是祭大祖墓，主祭人还应办“祭墓酒”招待族人，一般家庭扫墓返回后也会设便宴亲人聚一聚。旧时扫墓都是男丁参加，1991年后，女性也有参与。每年“清明节”这一天，明溪中、小学校都会组织中小学生扫烈士墓。如城区各中小学校组织学生祭扫城关赖水金烈士墓，并敬献花圈 ，同时进行革命传统教育。

端午节 农历五月初五，俗称“端午节”，又称“端阳节”。明溪人在“端午节”来临之际，多数人家都忙于包粽子、叶糕，女婿要给岳父家送礼、亲友之间互送粽子，谓之“送节”。“端午节”之日，居民门上悬挂艾叶、菖蒲；有的写上“艾叶如旗招百福，菖蒲似剑斩千邪”的对联。各家各户又用艾叶菖蒲结扎成一束放进锅里煮水洗澡，谓之可以除病避疫；室内喷雄黄酒、黑苍术，谓之可以驱蛇、杀蚊虫；设家祭，祭祀列祖列宗。午餐备酒肴 ，全家人共饮，菜肴除必有粽子外，有些还备田螺一盘，谓之吃后不长疔疮。在农村，村民都会在“端午节”期间上山采草药，洗净晒干备用，传说这期间采的草药药效更好。

中元节 农历七月十五日为“中元节”，又称“七月半”。这一天，明溪人的大厅堂多数摆设着供品、焚香点烛，祭祀祖先。将金银纸、纸币装入纸箱并贴上写有祖先姓名的封条，放在家门口焚化，其意是让去世的祖先有钱用。20世纪90年代后，纸制品的种类比过去更多，有小车、空调、电视、电话、纸币(有人民币、美元 欧元）等。黄昏在家门口路边焚烧纸币、烧野香给孤魂野鬼用，以防孤魂野鬼混入。此俗中华人民共和国成立后已废除，改革开放后又逐渐恢复，农村更为普遍。

中秋节 农历八月十五日为“中秋节”，又称“团圆节”，一般出外的亲人都会赶回家团聚。“中秋节”期间，亲朋好友互送月饼，家宴必有“月饼”和“汤圆”。夜晚，老一辈妇女先在厅堂祭祀祖宗，然后在庭院摆上月饼、水果、清茶祭祀月神。之后，一家人围坐在一起喝茶、吃月饼，边吃边谈边赏月。

重阳节 农历九月初九为“重阳节”。旧时有登高，饮茶饮酒的习俗。1988 年后，“重阳节”又称“老人节”。每逢“重阳节”，县老龄委均组织庆祝老年节活动，有文艺晚会、登山等多种形式。县各单位对离退休干部、职工进行慰问，同时开展形式多样的尊老活动。

冬至 明溪人有在“冬至”日进补的习俗，或食用鸡汤“田七”，或食用鹿茸、人参，吃红烧狗肉及羊肉也成时尚。明溪人还有在“冬至”日蒸糯米酒的习俗，酒可存放更久、味更好；部分居民也有在“冬至”日扫墓的。

二、节假日

元旦 公历 1 月 1 日为元旦，也称“公历新年”。城镇机关、团体、企事业单位大多插彩旗、挂彩灯，门前张贴“庆祝元旦”等字幅，公职人员放假一天。进入 20 世纪 90 年代，渐兴寄贺年卡、发电子邮件或手机短信互相祝福之风，贺年卡是其中主要形式。

妇女节 公历 3 月 8 日为国际劳动妇女节，又称“三八节”和“三八妇女节”。机关单位组织文体活动，妇女放假半天。

植树节 公历 3 月 12 日为植树节，是中国为激发人们爱林、造林的热情，促进国土绿化，保护人类赖以生存的生态环境，通过立法确定的节日。该日，全国各地政府、机关、学校、公司响应造林的号召，集中举行植树节仪式，从事植树活动。

国际劳动节 公历 5 月 1 日为国际劳动节，又称五一国际劳动节、劳动节，是世界上大多数国家的劳动节。节前，各级政府、企事业单位组织各种形式的庆祝活动，举办各种文体比赛，召开劳动模范、先进人物表彰大会。节日期间放假 3 天，其中 5 月 1 日为法定假日，其他 2 天或公休或调休。

青年节 公历 5 月 4 日为青年节，源于中国 1919 年反帝爱国的“五四运动”。青年节期间，举行丰富多彩的纪念活动，青年们集中进行各种社会志愿和社会实践活动。这天各级团组织多举行入团仪式，组织报告会、演讲会，对团员、青年进行革命传统教育和爱国主义教育。

国际儿童节 公历 6 月 1 日为国际儿童节，是为了保障世界各国儿童的生存权、保健权和受教育权，抚养权，改善儿童的生活，反对虐杀儿童和毒害儿童而设立的节日。节日期间，学校组织儿童加入少年先锋队，组织丰富多彩的文体活动。共青团、妇联等部门到中小学、幼儿园走访慰问，有的对困难儿童进行捐助。

中国共产党诞生纪念日 公历 7 月 1 日为中国共产党建立诞生纪念日。各级党组织举行新党员入党仪式，组织党员学习党的基本知识，召开民主生活会，回顾党的历史，进行爱党爱国教育。同时，开展表彰活动，对工作中涌现出来的先进基层党组织、优秀共产党员和先进单位进行表彰；开展走访慰问活动，慰问优秀党员、老党员、生活贫困党员活动，送去党的温暖和组织的关怀。

建军节 公历 8 月 1 日为中国人民解放军建军节。节日期间组织庆祝活动，党政机关、民政部门开展拥军优属活动。

教师节 公历 9 月 10 为教师节。或召开大会表彰优秀老师，或组织各种活动庆祝老师节，提高广大教师从事教育事业的积极性。

国庆节 公历 10 月 1 日为中华人民共和国国庆日。这一天，国家机关、企事业单位升国旗、插彩旗、挂彩灯，举行庆祝活动。20 世纪 90 年代始，机关、事业单位放假 7 天，其中 3 天为法定休假时间，4 天为调休，节日期间外出旅游成为人们拓展视野和休闲的方式。

1978年后，随着对外开放的扩大，以及各种媒体、商家的影响，外来节日开始流行。主要有：公历2月14日情人节，公历5月第二个星期日母亲节，公历6月第三个星期日父亲节，公历12月25日圣诞节。

第四节 其他信俗

一、民间信仰

明溪民间信仰显多样性，信仰神祇可分为自然神、家族神、英雄神和宗教神，分别源自对大自然的崇拜，对祖先的敬仰和对英雄的敬畏。随着宗教政策的落实，20世纪90年代，县内重建许多神庙。至2005年，有各种神庙63座（不含各乡村的小型土地庙、民主庙、社公庙），建设规模大的达数千平方米，小的仅数十平方米，县内最著名神庙为夫人庙，香火旺盛。

民间信仰佛道不分，许多民间信仰场所，有本地的地方神，也有佛教菩萨和道教的各路神仙，信众大多数信佛信道信鬼神，又崇拜先贤先哲。民间崇拜者，凡遇“神庙”，不分教别，不论祀奉什么神祇，都行焚香求祷。每逢初一、十五，神佛的生日、出家日、升天日等，善男信女皆自发举行各种形式的纪念、祭典活动，活动时间有的一二天、有的三五天。人数几十至几百上千人不等，参加活动的主要是老年人和妇女。活动的主要内容为烧香拜佛、念经，也有演戏、游神等，除集体活动外，也有以家庭为单位择日进行的祈福消灾活动。

县内纪念、祭典惠利夫人的“六月会”活动最为隆重。农历六月十一为惠利夫人诞辰日，从该月初一起，理事、福首开始为庆典准备，初五夫人神像着新袍，修饰一新。初九、初十、初十一每晚敲锣打鼓、诵经，夫人出巡受祀，隆重异常。初十二办生日宴会，百姓家家户户来庙祀拜并勺沐浴过的香汤回家喝饮，以求平安。神像巡游回庙后再演戏酬神，外地来接火种（香火）的也络绎不绝，活动持续一周。活动经数百年俗习，已成为明溪地方文化特色。

二、宗族习俗

写家谱 明溪多数姓氏都有写家谱的习俗。它以“尊祖敬宗”“敦睦亲族 ”“承前启后”为宗旨，记述血脉源流和人伦昭穆的宗族发展史。内容有：谱名、谱序、凡例、谱论、遗像、恩荣录、先世考、世系图、世系列记、传记、名贤传、学辈篇、祠堂、五服图、领字号等几十项，各个姓氏的内容大同小异，但写法提法也有差异。一般30年、50年或70年写一次，特殊情况也有百余年写一次的。旧谱一般只记男不记女。20世纪90年代后，新续修的家（族）谱男女都入编，谱写完后还要举行祭谱、发谱、游谱等仪式。

祭祀祠堂 明溪较大的姓氏均有祠堂。20世纪90年代，祭祀祠堂的习俗逐渐恢复。祭祀由主祭人主持（按房头轮流负责），兼设监察人、陪祭人等，一般一年一次。祭祀时间各姓氏不一样，多数在“清明节”或农历八月。祭品用全猪全羊、鱼、米果和鲜果等十几种。

扫墓 扫墓一般一年一次，携带“三牲”（一只鸡、一块猪肉、一条鱼）、素菜或鲜果、鞭炮、烛、香、酒、纸钱等祭品。多数人扫墓都在“清明节”和农历八月，也有一年扫两次的，第二次的时间是在重阳或冬至。扫祖墓从大至小依次进行。

第二章　宗　教

第一节　佛　教

佛教于唐代中叶传入明溪，佛教徒多为曹洞宗的传人。随着宗教政策的落实，1991 年重建明岐禅寺（原滴水岩寺）、福慧寺、观音庙，1992 年重建福音寺，1995 年重建聚灵寺。1995 年 12 月，选举产生第二届县佛教协会理事会，会长释广勇，理事 11 人。1998 年 12 月，选举产生第三届理事会，会长为释明智，理事 13 人，常务理事 5 人，并推选彭秋金为出席省佛教协会第七次代表大会代表。2005 年 9 月，选举产生第四届理事会，会长释明智，理事 9 人。当年，全县有佛教寺庙 20 个，已登记发证的有 15 个，住寺僧尼 62 人。县佛教协会设在福慧寺。

每逢宗教节日，僧尼和居士都要举行佛事活动。尤其四月初八释迦牟尼诞辰日、七月十五盂兰盆会、二月十九观音诞辰等法会及佛像开光大典，仪式特别隆重，庄严肃穆。居士多在家中设立佛堂，除念经礼佛外，经常自发组织宗教礼仪活动，县内女信徒念弥陀之风尤盛。

县内较知名寺庙为枫溪“聚龙寺”，该寺始建于唐开元九年（721 年），历代均有修缮。民国 17—27 年，极盛之时，住寺僧众达 180 多人。“文化大革命”期间被毁，全寺僧侣被迫还俗。1984 年秋原址重建，占地面积 4700 多平方米，建成大雄宝殿、观音殿、藏经阁、厨房、卧室等 50 余间，建筑面积 2295 平方米。2005 年，有住寺僧众 16 人。

1991—2005 年明溪县注册登记佛教寺庙情况

表 22-1

寺庙名称	地　址	始建时间	重建时间	建筑面积（平方米）	占地面积（平方米）
福慧寺	雪峰镇西大路	明末清初	1991 年	550	310
观音庙	雪峰镇北右巷	清光绪九年(1883 年)	1991 年	387	220
甘泉寺	雪峰镇紫岭路	1992 年	—	400	700
明岐禅寺	雪峰镇中山路	1991 年	—	2000	3000
觉圣寺	瀚仙镇洋龙村	元大德元年(1297 年)	①明成化十七年 ②清咸丰八年 ③光绪二十九年 ④1980 年	3300	10000
莲花寺	瀚仙镇花园村	清光绪十四年(1889 年)	1978 年	200	460
狮峰寺	瀚仙镇石珩村	明永乐十四年(1417 年)	1994 年	680	1360
均峰寺	夏阳乡紫云村	宋嘉定十年(1217 年)	1985 年	400	250
青云寺	夏阳乡地美村	南宋祥兴二年(1279 年)	——	150	150
永兴寺	夏阳乡夏阳村	明景泰四年(1454 年)	1988 年	300	350
德兴寺	夏坊乡岩坑村	民国元年(1912 年)	1983 年	240	300

续表 22-1

寺庙名称	地　址	始建时间	重建时间	建筑面积（平方米）	占地面积（平方米）
华宝山寺	夏坊乡鳌坑村	北宋淳化二年(991 年)	1985 年	140	400
聚龙寺	枫溪乡瓦子坪	唐开元九年(721 年)	1984 年	2295	4700
聚灵寺	盖洋镇湖上村	宋朝末年	1995 年	800	1000
月峰寺	城关乡余坊村罗汉自然村	北宋大观元年(1107)	1981 年	2600	4000
隆兴殿	胡坊镇瓦口村	明永乐三年(1406)	1994 年	520	600
福民庙	胡坊镇胡坊村	1984	—	300	350

第二节　道　教

道教于北宋初传入明溪，盛于宋、明、清，至今有 1000 多年历史。境内道教属正一道闾山派、普庵派。道教闾山派（做红头师时）与民间女神崇拜相融合，普庵派与佛教的瑜珈教相融合，祀奉民间俗神，诵经做法事。境内道教无严格的教规、教义，多为亦民亦道，不斋戒，不出家。以父子相承、师徒相承流传。其活动范围和规模远不及佛教，以做道场、打醮、符篆等神道为主，从中获取钱财。乡民每逢斋节或神诞日，集资请道士在村头或集镇打醮（如平安醮），设坛摆供、焚香、化符、念咒、诵经，以祭告神灵，祈求消灾赐福、全村人寿年丰；亲人亡故，请道士在家或祖祠做“功德”“超度亡灵”，20 世纪 90 年代后较为盛行。

境内道观供奉诸神主要有：全国、全省范围内有影响的信仰人物，如炎帝、妈祖；当地传说中对人民、对国家有贡献的历史人物，如惠利夫人；本宗族的祖先，如张饶肖公。2005 年，全县道教民间信仰活动场所有 63 个，其中 27 个有专人看守。各道观（庙）均有固定的节日，每年由管理者组织举办 3~5 次活动。活动规模大小不一，几十至上百、上千人不等，活动时间一般为 1~2 天，参加活动多数为老年人和妇女。

1991—2005 年明溪县注册登记道教与民间信仰场所情况

表 22-2

寺庙名称	供奉主神	地　址	始建时间	重建时间	建筑面积（平方米）	占地面积（平方米）
显应庙	惠利夫人	雪峰镇中山路	南宁绍兴年间（1131—1162）	1984	3000	10000
五谷仙庙	五谷仙	城关乡王桥村	明成化十年	1978	400	500
九仙观	九仙公	城关乡上坊村	雍正五年(1727)	2002	600	700
玉兴书院	林先生	城关乡坪埠村	1992	—	1000	1100
封脸夫人庙	封脸夫人	城关乡大富村	乾隆五年(1740)	1994	360	420
龟山庵	东岳圣帝	瀚仙镇龙湖村	宋熙宁年间（1068—1077）	1984	460	570
东岳宫	东岳圣帝	瀚仙镇小眉溪村	北宋大观年间（1107—1110）	1997	350	460
天华庵	张饶肖公	瀚仙镇石珩村	明崇祯七年(1634)	—	400	470

续表 22-2

寺庙名称	供奉主神	地　址	始建时间	重建时间	建筑面积(平方米)	占地面积(平方米)
日峰寺	罗汉公	胡坊镇肖家山村牛福岭自然村	明崇祯元年(1628)	1993	480	610
妈祖庙	妈祖	沙溪乡沙溪村	嘉庆六年(1801)	1987	1172	2100
天后宫	妈祖	沙溪乡沙溪村	嘉庆六年(1801)	1983	645	760

第三节　基督教

基督教于清光绪三十二年（1906 年）传入明溪。1993 年 5 月 18 日，县基督教协会成立，何基发为会长，有教徒 23 人。1995 年，胡坊福音堂建成，全县有教徒 1000 余人。1997 年 4 月，县基督教举行“迎接香港回归祖国，维护世界和平”祈祷礼拜活动。6 月举办了“香港回归祖国”感恩礼拜和晚会。12 月，召开第二次基督教协会代表大会，同时成立明溪县基督教“三自”（自传、自治、自养）委员会，选举项传生为协会和“三自”委员会会长，副会长 2 人。1999 年 8 月，位于河滨北路基督教福音堂（原名东门教堂，因县城规划建设需要搬迁重建）竣工投入使用，占地 391 平方米。2003 年 6 月 27 日，县基督教召开第三次代表大会，选举蔡明华为协会和“三自”委员会会长，副会长 2 人。2005 年 8 月，经三明市基督教协会同意，设立明溪基督教堂，堂会长老为项传生、杨荔鸿。

基督教“两会”坚持“三自”原则，走爱国、爱乡、爱教的道路，在三个文明（政治、经济、精神）建设中发挥作用。1995—2000 年，基督教“两会”先后开展“纪念抗战胜利 50 周年”“祈祷世界和平周”“香港回归祖国”“澳门回归祖国”等祈福和感恩活动。

2005 年，全县基督教活动场所 13 个，其中教堂 3 个，为雪峰镇福音堂、胡坊教堂和梓口坊福音堂，家庭聚会点 10 个，共有教徒 1500 余人。

第四节　宗教管理

一、事务管理

1991 年，县政府由一名副县长分管宗教工作，并有一名县政府办公室干部具体负责全县宗教事务管理。1992 年，设立明溪县宗教事务办公室，隶属县统战部领导。1993 年，明溪成立宗教活动场所登记领导小组，对全县宗教活动场所进行摸底调查。1994 年 3 月，完成聚龙古寺等 9 个寺庙、教堂首批登记工作。1996 年 3 月，县委统战部、县政府办下发《关于在全县宗教界开展爱国爱教爱乡活动的意见》，并对滥建庙宇、露天佛像、迎神等封建迷信活动进行专项治理；5 月，县公安部门开展取缔地下宗教势力和“呼喊派”邪教组织活动，对 40 名集会教徒依法进行登记，并进行爱国、爱教、守法教育，拘留 2 名有违法行为的骨干分子，收缴各类经书、自印诗歌集 40 册。1997 年 3 月，增挂“明溪县民族宗教局”牌子，成立明溪县宗教事务领导小组，召开宗教工作有关部门联席会议，就加强宗教事务管理，解决宗教工作中存在问题等事项进行研究。同年，县委、县政府将宗教工作列入各乡（镇）村党的建设、精神文明建设和社会治安综合治理考核内容。2002 年 4 月，根据省、市精神，各地民族与宗教事务局归口政府系列，明溪属于三类县，民族与宗教事务局归口县委统战部管理。5 月，召开全县宗教工作会议，部署专项治理乱滥建寺庙工作，要求各级党委政府认真学习贯彻全国全省宗教工作座谈会精神，重视做好宗教工作。2004 年，贯彻省民族与宗教事务厅《关于加强我省宗教活动场所财务管理的通知》，要求各宗教团体、各宗教活动场所，健全财务规章制度，加强财务管理。2005 年 5 月，县政协组织台港澳侨和民族宗教委委员对宗教工作进行视察，召开县乡宗教干部、宗教团体、宗教活动场所负责人、教职人员、信教群众等不同层次的座谈会，察看 6 个有代表性的宗教活动场所，针对宗教领域的重点、热点和难点问题，提出建议。

二、学习管理

1994 年，召开宗教“三自”经验交流会。1995 年，县委统战部组织宗教人士学习江泽民总书记对台讲话、中共十四届五中全会精神、《爱国主义教育实施纲要》和党的各项宗教政策、法律法规、佛法、佛义等内容，提高宗教人士的自身素质。2002 年 5 月 17 日，召开全县宗教工作会议，传达市宗教工作会议精神，并部署宗教工作。2005 年 4 月 13 日，在夫人庙举行全县宗教界人士学习贯彻《宗教事务条例》培训班，引导宗教活动与社会主义社会相适应，抵制邪教的渗入，共有 85 人参加了培训。训后，各寺庙基本制定了各项规章制度，佛教协会和神职人员建立定期考核和培训制度。

从 1999 年起，宗教界开展了创爱国爱乡爱教团体文明活动场所和争当爱国爱乡爱教积极分子活动，随后每两年举行一次。2002 年宗教界为夏坊“6·16”洪灾献爱心捐款 620 元；2003 年为抗击“非典”捐款 4300 元；2005 年为印尼海啸灾区捐款 3600 元。

三、财务管理

1991—2003 年，各寺庙财务均依据各自情况进行管理，无统一财务管理制度。2004 年，认真贯彻落实福建省民族与宗教事务厅《关于加强我省宗教活动场所财务管理的通知》精神，各寺庙均建立财务管理制度，对宗教活动场所进行定期监督检查落实，民主管理财务，账目公开，定期公布，接受信徒监督。

第三章 语 言

第一节 方 言

一、音系

（一）*声母*（19 个）

p	波八比布	pʻ	坡排皮步	m	摸买米卖	f	夫怀挥费	v	歪为魏
t	多打低都	tʻ	托他体土					l	勒拉里奴
ts	资遮祭	tsʻ	车七次			s	私赊西事		
ʧ	支志	ʧʻ	痴翅	ŋ	雅你吴	ʃ	诗世		
k	哥该基姑	kʻ	柯楷气哭			χ	希哈	o	阿衣无

说明：1.明溪话语音，以雪峰话语音为代表。

2.本书用国际音标记音。为便于阅读，特把这些音标和汉语拼音列表对照。

国际音标：p pʻ m f v t tʻ n l ts tsʻ s ʧ ʧʻ ʃ k kʻ ŋ χ o

汉语拼音：b p m f v d t n l z c s zh ch sh g k ng h ywo

国际音标：a ia ua o ɤ e ue I i u y au iau iu ay ɛŋ ieŋ ueŋ aŋ ɤŋ iɤŋ oŋ ioŋ aiŋ uo ŋ

汉语拼音：ɑ iɑ uɑ o e ê ue –i i u ü ɑi iɑo iou aü eng ieng ueng ɑng eng ing ong iong ɑing ng

3.明溪话的ʧ、ʧʻ、ʃ是舌叶音，发音时舌叶平放，和普通话的tʂ（zh）、tʂʻ(ch)、ʂ（sh）发音时舌叶向上翘起不同。

4.o 表示零声母。

5.ʧ、ʧʻ、ʃ只与l韵相拼，不与其他韵母相拼。

(二)韵母(30 个)

I	丝次知十	i	眉欺日四	u	图所不握	y	吠猪书掘
ɤ	波多石郭	iɤ	布茄芋药				
o	把花家泼						
e	批菜别舌						
a	爸呆介瞎	ia	爹写拆屐	ue	杯堆坐块		
ø	吹鱼儿雪			aŋ	夸怪刮外		
au	包到校鸟	iau	标条小要				
ay	谋透狗贸	iu	油抽局足				
aŋ	般问硬万	iaŋ	平郑晴名				
ɛŋ	宾兵春君	ieŋ	边川劝分	uaŋ	关顽钻梗		
oŋ	帮壮向甘	ioŋ	央放强影	ueŋ	昆滚困棍		
ɤŋ	东虫梦双	iɤŋ	松穷用共				
aiŋ	崩根钉硬						
ŋ	晤			uo	盘喘欢伞		

注:字下加“=”即文读音,字下加“-”即白读音。

(三)声调

明溪话的声调有 6 个：

声调编号	①	②	③	④	⑤	⑥
调类	阴平	阴平	上声	阴去	阳去	入声
调值	33	21	31	24	54	5
例字	天高尊开婚	排平寒文梅	比古口好五	盖唱送尺八	大饭漏社滑	竹哭桃名影

二、内部差异

明溪话有闽方言、赣方言和闽西客方言的特色，具有一定的复杂性和特殊性。通常所说的明溪话，指的是雪峰话。雪峰镇是县政府驻地，是全县政治、经济、文化、交通的中心，雪峰话在县内通行广，使用人口达 8 万人以上，占全县总人口的 74%。雪峰话和城关、瀚仙话基本相通，和沙溪、胡坊、盖洋话也较接近，6 个乡镇的人均能听懂雪峰话，其他 3 个乡的人听懂雪峰话则有一定困难。

根据明溪方言内部的差异，大体可分为 3 片。雪峰片，包括雪峰镇、城关乡、瀚仙乡、沙溪乡、盖洋乡；枫溪片，包括枫溪乡、夏坊乡；夏阳片，含夏阳乡全境。各片内部也还有一定差异，如雪峰片的雪峰话和盖洋话、胡坊话也还有一些不同。

（一）声调差异

雪峰片　6个声调见本志第一章第一节第三目。

夏阳片　7个声调

声调编号	①	②	③	④	⑤	⑥	⑦
调类	阴平	阴平	上声	阴去	阴去	阴入	阳入
调值	33	22	31	35	53	21	5
例字	三山金高	零河全平	九水胆海	四半免告	二豆市厚	一塔北国	卷十月族

枫溪片　6个声调

声调编号	①	②	③	④	⑤	⑥
调类	阴平	阴平	上声	阴去	阳去	入声
调值	33	22	31	11	42	5
例字	三山金高	零河全平	九水胆海	四半免告	二豆市厚	一塔北国

（二）声母韵母差异

夏阳话比雪峰话声母方面少了ʧ、ʧʻ、ʃ和v，多了z。如：汁ʧi⑥、齿ʧi⑥、时si②雪峰话读ʧ−、ʧʻ−、ʃ−；禾ue②、话uo⑤护雪峰话读v；二zi⑤、日zi⑦、肉zy⑦，雪蜂话读ŋ−或零声母。韵母方面，夏阳话把雪峰话的不少鼻音韵尾字读为元音韵（鼻韵尾脱落）。如：正tsa④、惊kia①、鼎$_{\text{铁锅}}$tia③、精美tsia①、山sua①、肝xua①饭pʻua⑤，这些字雪峰话都带−ŋ韵尾。

枫溪话和雪峰话相比，在声母方面ʧ、ʧʻ、ʃ比雪峰话多。如鼠，ʃu③　社ʃa⑤　十　ʃi⑤　直ʧʻi⑤　肠ʧoŋ②，猪ʧɤ①炙$_{\text{晒}}$ʧa⑥正ʧiŋ④，在雪峰话这些字不读ʧ−　ʧ　ʻ−、ʃ−。在韵母方面，枫溪话没有撮口符y和y的韵头。如：鼠ʃu③雨iu③女ŋiɤ③　舅　kʻau①　牛ŋau②，这些字在雪峰都读撮口呼；没有鼻化韵，把雪峰话的鼻化韵读成鼻尾韵。如：山saŋ①光koŋ①肝kuaŋ①半paŋ②；i韵字很少（只见于ʧ、ʧʻ、声母之后），不少雪峰话读I韵的字在枫溪话读ɤ或iɤ。如：资tsɤ①紫tsɤ⑤　十，ʃiɤ⑤　思si①。

（三）夏阳话、枫溪话和雪峰话词汇比较

普通话	夏阳话	雪峰话	枫溪话
房子	厝tsʻɤ④	厝tsʻɤ⑤	屋vu⑥
楼梯	楼梯lø② tʻue①	楼规lay② kue①	楼规laukuɑ①
笠	笠se⑦	笠sa⑤	笠嫲lie⑥ mɑ②
稻谷	粟tsʻy	谷ku②	谷ku⑥
田	塍tsʻɛ⑥	塍tsʻaiŋ⑥	田tʻieŋ②
瓷	垌xue②	瓷si②	瓷tsʻɤ②
铁锅	鼎tia⑥	鼎tiɑŋ②	锅头ko① tʻɑu②
苍蝇	蚊mue⑥	蚊子mɛŋ⑥ tse②	胡蝇fu② iŋ②
儿子	囝kēi③	囝kieŋ⑥	子tse④
女儿	娘囝ioŋ② kei③	俺囝oŋ① kieŋ②	女ŋiɤ④
客人	人客iē② kʻo⑥	客kʻo	客kʻa

普通话	夏 阳 话	雪 峰 话	枫 溪 话
鼻子	鼻 pʻi④	鼻窟 pʻi④ ku⑥	鼻窟 pʻi⑤ kʻue⑥
耳朵	耳子 iē③ tsʻe③	耳窟 ŋɛŋ⑥ ku⑥	耳朵 ŋi③ tau④
嘴巴	嘴 tsue⑥	嘴 tsue③	嘴管 tsi④ kuaŋ④
口水	㘓 lua③	㘓 luō②	口㘓 kʻau④ laŋ
舌头	喙舌 tsʻy④ se⑦	舌 se⑤	舌头 ʃɤ⑥ tʻau①
头发	头毛 tø② mɤ	头毛 tʻay② mau⑥	脑毛 lau④ mau②
脚	骹 kʻo	骹 kʻau①	脚 kiɤ⑥
哭	啼 tʻi⑥	啼 tʻi⑥	吼 o④
穿(衣)	颂 soŋ⑤	颂 vaŋ⑤ ŋe⑤	着 tso⑤
脱(衣)	褪 tʻua	褪 tʻuō	脱 tʻua@
睡	目睡 mu⑦ tsʻue④	目睡 mu⑤ sø⑤	歇 xie⑥
怕	惊 kia①	惊 kiaŋ①	吓 xa⑥
高	环 kʻua②	颃 vaŋ②　高 kau①	高 kau①
淡(不咸)	饏 tsʻiaŋ⑥	饏 tsʻiaŋ③	淡 tʻaŋ①
肥、胖	肥 pʻui②	肥 pʻi②	壮 tsoŋ②
干	燥 tsʻo⑥	燥 tsʻau②	干 kaŋ①
热闹	闹热 lɤ⑤ ŋe⑤	闹热 lau⑤ ŋe⑤	漾 ioŋ⑤
找	扫 so④	扫 sau④	寻 tsʻiŋ②
干活	做活 tsɤ④ xo⑥	做事 tsɤ④ si⑤	做事 tso② se③
走路	行埓 xoŋ② tiɤ⑤	行路 xaŋ② lu⑤	行路 xaŋ② lu⑤
捕鱼	□鱼 tø ② y②	拿鱼 lo⑤ ŋø②	搦鱼 ŋie⑤ ŋɤ②
猪	豨 kʻui⑥	猪 ty①	猪 ʧɤ①
蛋	卵 sua③	卵 suō③	蛋 tʻaŋ⑤
火柴	洋火 ioŋ② xue⑥	洋火 ioŋ② fue③	火药 fo④ io⑤
开水	滚水 kuō③ sy⑥	抛心水 pʻau① sɛŋ① sue②	开水 kʻua① fi④
脖子	头颈 tʻø⑤ tsēi③	颈 kiaŋ②	颈骨 kiaŋ④ ku⑥
指甲	手甲 tsʻu③ ko⑥	手指甲 tsʻiu② ʃi⑤ ko③	手指甲 ʃɤ④ ʧi④ ka⑥
竹竿(晒衣用)	竹笐 ty⑥ xoŋ①	竹笐 tiu⑥ xoŋ⑤	竹篙 ʧu⑥ kau①
锅盖	鼎片 tiaŋ⑥ pʻei④	鼎片 tiaŋ③ pʻeiŋ④	锅片 ko① pʻieŋ②
眼睛	目珠 mu⑦ tsy①	目珠 mu⑤ tsy①	眼 ŋaŋ④
脚跟	骹脏 kʻo① tsoŋ①	骹脏肚 kʻau① tsaŋ① tu⑥	脚跟 kiɤ⑥ kɛŋ①
下棋	动棋 tʻaŋ⑤ kʻi②	动棋 tʻɤ⑤ kʻi②	走棋 tsau④ kʻi②
忘记	落坡 lo② pʻo⑥	岁抛 lɤ② pʻau①	逖掉 tʻoŋ⑤ tʻiau⑤
下午	昼了 tu④ lo⑥	昼了 tu④ lau③	下昼 xa⑤ tʃu⑥
晚上	暗方 oŋ④ xua①	暗头 oŋ④ tʻay⑥	夜里 ia⑤ li⑤
前天	前冥 tsʻei④ maŋ②	前冥 tsʻaŋ② maŋ②	前日 tsʻieŋ② ŋi⑥
中间	中央心 toŋ① oŋ① sei①	当当心 toŋ① toŋ① sɛŋ①	中间 tsɤŋ① kaŋ①
里面	底头 ti⑥ tʻø②	内底 lue⑤ te②	里面 li① miŋ⑤

普通话	夏 阳 话	雪 峰 话	枫 溪 话
外边	前头 tsʻēi⑥ tʻø⑥	前底 tsʻieŋ⑥ te②	外面 ŋɑ③ mieŋ⑤
旁边	边舷 pēi① χεŋ②	边场 pieŋ① tʻioŋ②	旁边 pʻoŋ② pieŋ①
厨房	灶前 tsu④ tsʻēi②	灶间 tsu④ kaŋ①	灶下 tso② xɑ⑤
柚	□tsʻø①	柑 koŋ①	柚子 iu⑤ tse④
橘子	柑子 koŋ① tsi⑥	朱柑 tsy① koŋ①	柑子 koŋ① tse④
辣椒	辣椒 lo⑦ tsiɤ①	椒 tsiau①	茄椒 kɤ② tsiau①
丝瓜	蛮瓜 mεŋ② ko①	蛮瓜 maŋ② ko①	错瓜 tsʻo② kuɑ①
男人	丈夫萨 tʻioŋ① pʻu⑥ so②	男子萨 laŋ② tsi② so②	男子萨 laŋ② tsɤ④ sɑ②
女人	阿娘萨 o① ioŋ② so②	阿娘萨 oŋ① ioŋ② so②	妇娘萨 pu① ŋioŋ② sɑ②
小孩儿	团子 kēi③ tsi⑥	赛萨 sɑ④ so②	子哩萨 tse④ li⑤ sɑ②
父亲	老子 lɤ⑥ tsi⑥	老的 lau⑥ ti② 爹 tiɑ①	爷 iɑ②
母亲	姐 tsiɑ⑥	婆 me④	娘 ŋioŋ②
妻子	阿娘 o① ioŋ②	阿娘 oŋ① ioŋ② 老婆 lau② pʻɤ②	老婆 laŋ④ pʻo②
脸	面 mēi④	面嘴 mieŋ④ tsue②	面嘴 mieŋ⑤ tsi④
出嫁	做新人 tsɤ④ sei① ie②	做新人 tsɤ④ sεŋ① ŋεŋ②	出嫁 ʧi⑥ kɑ②
害喜	病妹 pʻoŋ⑤ mue④	病团 pʻiaŋ⑤ kieŋ⑥	病子 pʻiaŋ⑤ tse④
小产	落妹 lɤ⑦ mue④	损身 sεŋ② sεŋ①	损身 sεŋ② ʃiŋ①
回家	去厝底 kʻɤ④ tsʻɤ④ ti⑥	去归 kʻɤ④ kue①	转屋下 tsieŋ④ vu⑥ xɑ①
跌倒	跋倒 pʻo⑤ tɤ⑥	短倒 tuō② tau②	塌倒 taŋ⑤ tau④
猪油	豨膫 kʻui⑥ liɤ②	猪膫 ty① lau②	猪油 tʃɤ① iau②
吻	鼻 pʻi④	鼻 pʻi④	亲嘴 tsieŋ① tsi④
拧(干)	咒燥 tsiu④ tsʻo②	咒 tsiu④	束 su⑥
生气	急 ke⑥	急 ke②	气 kʻi②
坏	歹 tɑ①	坏 fue~	坏 fɑ⑤
口渴	喙燥 tsʻy④ tsʻo⑥	舌燥 sø⑤ tsʻɑu②	口嘈 kau④ tsau①

三、明溪方音与普通话语音比较

(一)声母主要的对应关系

		步	别	拌
明溪方音	pʻ	pʻu⑤	pʻe⑤	pʻuō④
普通话语音(下同)	p	pu④	pie④	paŋ④
		地	读	动
	tʻ	tʻi⑤	tʻu⑤	tʻrŋ⑤
	t	ti④	tu④	tuŋ④

	在	贼	脏	纂		
tsʻ	tsʻai⑤	tsʻe⑤	tsʻoŋ⑤	tsʻuō⑤		
ts	tsai④	tsei②	tsaŋ④	tsuaŋ③		
	治	侄				
tsʻ	tsʻi⑤	tsʻi⑤				
ts	tsi④	tsi②				
	聚	静	绝			
tsʻ	tsʻy⑤	tsʻεŋ⑤	tsʻe⑤			
tɕ	tɕy④	tɕiŋ④	tɕye③			
	健	局				
kʻ	kʻieŋ⑤	kʻiu⑤				
tɕ	tɕaŋ④	tɕy②				
	槐	火	花	胡	还	
f	fa③	fue③	fo①	fu③	faŋ③	
x	xuai②	xuo③	xua①	xu②	xuaŋ②	
	泥	农	努	内	奶	
l	la③	lɤŋ②	lu②	lue④	la②	
n	ni②	nɤŋ②	nu②	ne④	na②	
	聂镊	逆	你拟	娘	凝	粘
ŋ	ŋe⑥	ŋe④	ŋi④	ŋioŋ②	ŋεŋ②	ŋieŋ②
n	nie④	ni④	ni③	niaŋ②	niŋ②	niaŋ②
	倪	疟	尿	牛	扭	
i	i②	iɤ⑤	iau⑥	iy②	iu③	
n	ni②	niɤ④	niao④	niu②	niu③	
		倪	疟	尿	牛	扭
ts	tsʻs	tsi①	tsi②	tsʻi②	tsʻi③	si③
tʂ	tʂʻʂ	tʂi①	tʂi②	tʂʻi②	tʂʻi③	ʂʻi③

(二)韵母主要的对印关系

明溪音	普通话音	例字
a	ai	□排买胎灾开海矮爱
	ie	街界鞋贴截
	ɤ	遮车赊塞射(明溪拼 ts tsʻ s)
	i	泥洗笠
	a	拉扎塔啊
	ia	涯夹瞎狭
ia	ie	爹写谢爷夜籴
	ɤ	拆惹畲(普通话拼 tʂ tʂʻ ʂ ʐ)

明溪音	普通话音例字	
ua	uai	乖快怪拐
	ua	跨垮刮
e	ɤ	得责舌设格克核扼
	ie	别灭铁碟列洁聂协
	i	批鸡溪契蚁逆急
	ʃ	纸失湿匙(普通话拼 tʂ tʂʻ ʂ)
ue	ei	杯倍每内泪雷
	uei	回堆退嘴水规亏垂
	uo	拖火坐螺我
o	a	爬马茶沙拿答法发
	ia	家牙下亚甲压(普通话拼 tɕ tɕʻ ɕ)
	ua	花蛙寡划抓瓜
ɤ	o	波摩破膜驳泊
	uo	多罗左锁果扩霍握
	ɤ	哥个科饿和恶壳合
iɤ	ye	瘸略却疟约削雀
	uo	着绰弱沃(tʂ tʂʻ ʂ o)
ø	ye	绝雪越缺月决
	y	鱼锯圩
i	ei	碑飞肥眉废
	uei	毁威会伟未回
	i	比皮米低啼七席急
I	I	资次此字师司(普通话拼 ts tsʻ s)
	ʃ	知志质汁识持十施(普通话拼 tʂ tʂʻ ʂ)
u	u	普母木夫土组谷五
y	y	虚需居区女于屈域
y	u	苎主除书处殊妇舞
au	au	宝炮到劳少高号
	iau	交较咬孝效搅(普通话拼 tɕ tɕʻ ɕ)
iau	iau	表妙挑了小巧晓要
ay	ou	谋斗头走钩口后瓯
iu	iou	丢流酒锈球九休油
	ou	抽臭手寿熟术(tʂ tʂʻ ʂ)
	u	属俗竹叔促粟(普通话拼 tʂ tʂʻ ʂ)
	y	绿续菊曲育玉(普通话拼 tɕ tɕʻ ɕ o)
aŋ	an	班慢凡淡灿敢汉
	ian	年肩监颜陷

明溪音	普通话音	例字
aŋ	ɤŋ	彭成坑
	uan	还幻患万
	aŋ	邦方庄夯
iaŋ	in	饼病命领井醒惊赢
uaŋ	uan	钻关贯顽
ɛŋ	ɤn	本盆门分真晨任
	in	品民林尽心金因银
	un	吞盾轮春损顺温混
	yn	军群训逊云运巡
	ɤŋ	冷正声盛仍称烹籐
	iŋ	兵丁令清兴敬英映
ieŋ	an	詹战扇善蝉陕染饭
	ian	边棉天练千谦险
	uan	转川传砖串软船完
	yan	泉旋羡宣捲拳园院
ueŋ	uen	昆坤滚棍綑困
oŋ	an	帮忙唐厂长商行
	uan	荒王窗壮霜床
ioŋ	iaŋ	良将姜羊枪箱强样
	aŋ	放纺帐张长丈让
	uaŋ	匡框望网
ɤŋ	uŋ	红桶脓肿公空重
	ɤŋ	冯蜂丰蓬蒙凤
	uaŋ	翁瓮
iɤŋ	uŋ	龙松颂宫共蓉荣塚
	yuŋ	穷兄雄涌用庸(普通话拼 tɕ tɕ' ɕ o)
uō	an	盘瞒寒安难单山肝
	uan	换欢弯端团暖示官
	uaŋ	光广况
aiŋ	ɤŋ	崩朋盟灯生曾省恒
	iŋ	钉亭零腥
	ɤŋ	根肯很恩

第二节 推广普通话

1991 年，县语言文字和推广普通话工作由县教育局负责。1993 年 3 月 19 日，县人民政府成立以副县长饶克新为组长的语言文字工作领导小组，并下发《明溪县人民政府关于加强语言文字工作的通知》，提出加强语言文字工作的意见和措施。

1998 年 10 月，县语言文字工作领导小组下发《关于开展全国普通话宣传周活动有关事项的通知》，在全县开展推广普通话宣传周活动。宣传周期间，组织推广普通话宣传队，深入城区主要大街小巷、服务窗口开展宣传咨询活动。各级各类学校在宣传周期间悬挂统一标语、口号、宣传画，并充分利用学校墙报、班级板报、校广播等进行宣传。1999 年 8 月，开展“推广普通话，迎接新世纪”演讲比赛。

2000 年 11 月 1—4 日，县教育局举办第一期普通话骨干培训班，培训教师 526 名。2003 年 7 月 15—22 日，市语委办在明溪组织普通话水平测试，283 名教师参加测试。2003—2005 年，分别开展全国第六、七、八届推广普通话宣传周活动，全县共张贴标语 232 条、宣传画 274 张，出墙报 1389 期，举办演讲比赛 346 期。

附：新词新语举隅

改革开放新时代，变化日新月异，新事物、新概念层出不穷，明溪方言词汇亦受影响，新词新语不断涌现。较为常见的新词新语如：

政治法律类：体制改革 法治社会 “三讲”教育 “三个代表”重要思想 科学发展观 小康社会 和谐社会 荣辱观 一国两制 反腐倡廉 希望工程 形象工程 人口普查 普法教育 扫黄打丑 网络犯罪 灰色收入 举报信 关系网 双规 知识产权 房改 打白条 公证处 公证 特困户 转换机制精英 追星族 作秀 弱势群体 下岗职工 社区 效能建设 政治文明 科教兴国 可持续发展 西部大开发

经济商贸类：国内生产总值（GDP） 宏观调控 扶贫工程 菜篮子工程 送温暖 工程 脱贫致富 证券 股票 电子银行 电子商务 期货 债券 国库券 国债 外汇 基金 保险 WTO 商贸易 超市 传销 炒股 买断 炒鱿鱼 下岗 信用卡 浮动工资 劳务市场 劳务输出 开发区 开发商 皮包公司 按揭 连锁店 免检 特价 医保 社会统筹 失业保险 福利彩票 体育彩票 足球彩票 六合彩 彩民 彩迷 标分 连锁经营 国有 民营 民营经济 非公经济 打假 扶贫 脱贫 小康 市场经济 公关 招标 招商引资 知识经济 飙升 下海 创收 加盟 行货 三角债 网络经济 网络银行 不正当竞争 假日经济 三资企业 外资企业 合资企业 AA 制 特区 埋单 首付 大款 走私 星级服务 知识产权 产业升级 购物卡 租赁行 亮点 特惠价 会员卡 专业户 万元户 黑马 蛇头 博客 物业 蜗居 生态 网购 淘宝 拍卖 住房公积金 涨停板 跌停板 欧元 纳税人 经济全球化

教科文卫体类：文化视野 文化品位 文化内涵 海归派 托福 网大 网校 卡通 考级 素质教育 普九 双高 老人节 夕阳工程 博导 考研 专业对口 枪手 流生 加盟 传媒 特困生 博士后 网络小说 网络文学 网络音乐 盗版 智商 情商 CT DNA QQ U 盘 艾滋病 化疗 非典 减肥 非处方药 心脏搭桥 移植 核磁共振 申奥 形象大使 禽流感 疯牛病 保龄球 生物技术 基因 基因工程 克隆 网民 粉丝 留守儿童 结对帮扶 春蕾计划 春蕾女童 黑哨 氧巴 亚健康 脑死亡 安乐死 街舞 健身路径 奥赛 春招 素质教育

房产、家居用品类：房地产 建筑商 商品房 期房 现房 商住楼 写字楼 楼盘 开盘 小区 物业 危房 VCD DVD CD 彩电 吊顶 装修 防盗门 防盗网 经济适用房 安置房 摄像机 集资建房 空调 矿泉水 饮水机 取

款机 喷泉 微波炉 消毒柜 液化气 保鲜膜 家政 热水器 铝合金 塑钢窗 私家车 背投 环绕音响 节能灯 一体化 钢砖 整体橱柜 干洗 洗手间 等离子彩电 液晶彩电

信息通信类：传真 电子邮件 电脑 数码相机 信息 因特网 多媒体 扫描 软盘 硬盘 音响 短信 短消息 BP机 大哥大 手机 宽带 数字化 移动电话 程控电话 小灵通 IC卡 IP电话 充值 充值卡 鼠标 菜单 影碟 虚拟空间 网聊 聊天室 硬件 软件 计算机病毒 千年虫 远程登录 网名 网站 上网 网络 网址 网页 网虫 网迷 网恋 网速 网坛 下载 上传 网购 偷菜 网络电话 蓝牙 漫游 视频点播

饮食服务类：快餐 麦当劳 肯德基 汉堡包 可乐 自助餐 药膳 水煮活鱼 料理 养老院 大排档 干红 干白 社区服务 中介服务 保健品 鸡精 形象设计 美容 美发 焗油 飘染 干洗 发廊 香波

农业类：减负 三农 扶贫 抛秧 大棚菜 生态农业 绿色食品 反季节蔬菜 无公害产品 螺旋藻 瘦肉型猪 瘦肉精 饲料鸡 山地鸡 脐橙 榴莲 山竹

交通运输类：的士 面的 出租车 立交桥 天桥 高速公路 高速铁路 特快车 大巴 中巴 小巴 农用车 环岛 电动车 提速 收费站 车辆通行费 物流中心

休闲娱乐类：KTV 卡拉OK 休闲屋 大礼拜 小礼拜 双休日 黄金周 网吧 氧吧 漂流 娱乐城 健身 呼啦圈 大牌 大腕 发烧友 侃大山 桑拿浴 蹦极 蹦迪 度假村 电子游戏 休闲旅游 自驾游 三陪 动作片 警匪片 武侠片 足浴 时尚 派对 流行歌曲 动漫 哈日 韩流 旗舰店

职业类：农民工 蓝领 白领 灰领 空姐 歌星 明星 巡警 联防队 调研员 主任科员 钟点工 保安 保洁员 网管 收银员

婚恋家庭类：小康家庭 独生子女 第三者 早恋 外遇 婚外恋 代沟 二女户 计生户 包二奶 小秘 泡妞

称谓类：帅哥 铁哥 靓妹 美眉 老爸 老妈 老姐 老哥 的哥 的姐 偶

动作性状类：酷 帅 牛 爽 火暴 爆满 生猛 抢手 作秀 搞掂 一刀切 整合 评估 曝光 退二线 零距离 热点 另类 接轨 出线 克隆

人　物

人物传收录在明溪历史上对社会有较大贡献、较大影响的部分明溪籍或曾在明溪工作、生活的外籍已故人物。人物表收录一批获省部级以上表彰的先进个人，行政副处、职称副高、学位硕士以上名表。他们为社会进步、经济发展、文化繁荣、家乡兴旺、人民生活改善做出贡献，给后人留下宝贵的精神遗产，也鞭策后人奋发向上。

人物传

杨秀金

杨秀金　(1920—2003)，广东大埔县白候乡通义第村人。民国9年（1920年）3月出生在贫苦农民家庭，汉族，初识字。从小被卖为童养媳，后几经辗转被拐卖到明溪县盖洋镇葫芦形村。

中华人民共和国成立后，1950年杨秀金带头参加农民协会，1951年任盖洋区杨地村妇女主任，与土改工作队不分昼夜发动群众搞土地改革和普选。1953年加入中国共产党。

杨秀金不是脱产干部，但以党的事业、集体利益为重，放弃许多个人利益，服从工作需要，听从组织安排。1959年，人民公社大抓发展养猪事业时，她担任洋地大队养猪场场长，从饲养母猪、小猪、菜猪到防病治病、养猪场卫生等，亲自带头做好。1961年，选任盖洋公社温庄大队（杨地与温庄合并）妇女主任。同年，发展种植业，她组建妇女耕山队，发动妇女开发“万宝山”种桃、李、梨等各种果树，成为当时全县妇女学习的榜样。

由于积极发动妇女带头搞农业生产，1964年3月被选为先进代表，出席全省农业先进单位和先进生产者代表大会，省政府授予她“农业社会主义建设标兵”荣誉称号。1964年3月19日《福建日报》全文登载她的发言，并发表题为《李双双式的好干部——杨秀金》文章。省委、省政府号召广大基层干部群众向杨秀金同志学习，做一个杨秀金式的好干部、好社员。

至1973年，杨秀金任村妇女主任23年。其间，她事事带头先行，带头下田学会犁田、插秧等农活，参加县组织的犁田、插秧表演，成为妇女劳动榜样；在全村积极推广化肥使用、串灌改轮灌和单季稻改双季稻等科学种田生产改革；她是村里新法接生员，不论白天黑夜随叫随到，无偿给产妇接生，得到群众的信赖；村里邻居家孩子生病去求神，就向其宣传科学道理，帮助寻找医生为孩子治好病，以此破除封建迷信；当生产队需要资金时，又带头把全年分红款拿出并发动群众集资，为生产队募集到足够的农资款，这种无私的精神受到普遍赞扬。她处处维护集体利益，对各种不良行为敢于批评、揭露。一个社员占生产队 2 分地做晒谷坪，挖池塘。她说服其归还生产队。一个不务正业的社员，夜里偷割生产队谷子，她查出后，对其严厉批评教育，责令其退回所偷的谷子。一个劣迹的饲养员偷喂猪的大米，她设法找到证据，对其严厉批评教育，使其认错，归还养猪场 180 斤大米。杨秀金对危害集体利益的人和事进行斗争的事例不胜枚举。她常说："是共产党解救了我们受苦受难的妇女姐妹，我亲身感受到共产党亲，社会主义好，我跟着党走的信念永远不动摇。"

1974 年，她调任盖洋公社林场场长，组织 93 名妇女姐妹在盖洋村周家的后山建起"盖洋娘子军林场"。时年已过半百的杨秀金，带领妇女在山上搭盖草棚，安营扎寨，开垦荒山 15 公顷，种植茶叶和柑橘。并在山顶建蓄水塔，果园开拖拉机路，建成盖洋镇最早的茶果基地。杨秀金在这里一干就是 10 个春秋。1980 年，她当选为明溪县首届政协委员。

杨秀金离开盖洋林场回到村里已是 60 多岁，但她始终不忘党的事业和关心青年的成长，她连续培养 3 位女青年担任村妇女主任，经常和年轻妇女干部谈心，探索工作方法，女青年工作中遇到难题就给予撑腰，支持她们工作，由于她关心村里青年的工作和事业，1991 年杨秀金被授予"三明市老有所为先进个人"。

几十年来，杨秀金积极做好农村各项工作，发动群众搞好生产提高生活水平，所作所为得到村民的尊重。她先后荣获"全国三八红旗手""福建省三八红旗手""三明市优秀共产党员""明溪县优秀共产党员""福建省老有所为先进个人""县五好家庭"等荣誉称号。2003 年 3 月，因病逝世，享年 84 岁。

贾元兹

贾元兹　(1925—2004)，山东省邹平县焦桥乡义和村人，民国 14 年（1925 年）3 月出生，汉族，高中文化。民国 36 年 7 月参加革命工作，民国 37 年 8 月加入中国共产党。

民国 36 年 7 月，贾元兹在解放区山东省高青县四区参加革命工作，在当地粮站任保管员、出纳员，从事粮食收购，支援解放战争，为建立新民主主义的新中国服务。民国 38 年 3 月，参加"长江支队"随军南下福建。

中华人民共和国成立后，1950 年 2 月调任永安专署粮食局秘书股长。1953 年 10 月，调任三元县粮食局局长。1956 年 7 月，任三明县副县长。走上领导岗位后，贾元兹忠于党和人民的事业，全心全意为人民服务，积极组织和带领全县人民奋发图强，艰苦创业，为改变三明县的落后面貌，发展社会主义经济，提高人民生活水平做出积极贡献。

1959 年 6 月，调任三明专署手工业管理局局长。1964 年 7 月，任宁化县县长。贾元兹有很强的革命事业心，工作目标明确，领导到位，作风民主，团结同志。组织和带领宁化干群贯彻落实全国人民代表大会号召："要努力把我国逐步建设成为一个具有现代农业，现代工业，现代国防和现代科学技术的社会主义强国。"工业生产开展比、学、赶、帮、超运动，学解放军，学大庆，掀起工业生产高潮。在任期间，宁化县的社会主义建设仍然在曲折中继续发展，并取得一定成绩，工业、农业、交通、文教、卫生等事业有较大发展。1963—1965 年，宁化县工农业总产值年均递增 16%，农业总产值年均递增 14%，工业总产值年均递增 26%。

1970 年 4 月，下放明溪县盖洋公社任党委书记、革委会主任。1971 年 12 月至 1977 年 12 月，调任明溪县委副书记、县革委会主任。在"文化大革命"中，贾元兹不因"文革"初期受到冲击，不计较个人的得失安危，坚守工作岗位。坚持组织和带领全县干部群众抓工农业生产，大力发展明溪工业生产，特别是二轻工业的发展。亲自与省市有关部门联系，组织企业干部到北京遵化、上海、杭州等地参观、考察、学习，大胆启用优秀人才、实干家，为二轻工业的发展提供组织保证。经常深入企业抓工作落实，从出主意、项目的可行性研究、资金筹集、产品的试产、产品的质量、产品的销售以及企业的管理等方面亲自过问和参与。1972—1977年，明溪创办、升级了木器厂、工艺厂、标准件厂、医械厂、无线电一厂、二厂、三厂等企业，解决就业人员1000多人。1977年，全县工业企业52家，比1971年增加27家；工业总产值6504万元，是1971年的7.42倍。二轻工业企业发展到11个，是1971年的1.83倍；职工1105人，是1971年的7.37倍；工业总产值1098.4万元，是1971年的361.3倍。同时，带动社队、部门兴办企业。这时期是明溪二轻工业最兴旺、最辉煌的黄金时期，在三明地区各县中名列前茅。

贾元兹为人忠厚，严格要求自己，坚持原则，遵守准则，廉洁奉公，一身清廉，对家属、子女、下级要求严格，勇于批评和自我批评，对工作、对干部勇于负责任。同时，关心群众的生产生活，如江青反革命集团搞“割资本主义尾巴”运动时，对残疾人林某的自留地，贾主任说：“一个没有腿的农民开点地，种点蔬菜怎么不行，我很同情支持。”“割资本主义尾巴”运动中，明溪老百姓受伤害较轻。

1978年2月，调任三明地区行政公署副专员。1983年2月，任三明市政协副主席。1985年3月离休。在任副专员管理工业期间，努力把三中全会以来的各项方针政策全面地贯彻到分管的具体工作和干部职工中去，坚定不移地抓经济工作，研究解决工业生产建设中存在的问题，千方百计完成工业生产任务。在任政协副主席期间，对经济工作深入基层调研，对城市经济体制改革积极建言献策。直到离休，仍然工作勤勤恳恳，恪尽职守。

2004年5月，因脑溢血医治无效逝世，享年80岁。

吴炎春

吴炎春（1932—1991），福建省明溪县盖洋镇温庄村人，民国21年（1932年）5月出生，汉族，初中文化。

新中国成立后，吴炎春于1951年2月参加革命工作，加入明溪县征粮工作组，支援剿匪反霸，镇压反革命。1952年6月，调任县供销社任文书、业务科副科长。1953年2月加入中国共产党。

1955年5月，任县委审干办干事、县委组织部秘书干事。1959年2月，调任三明市委组织部干部科副科长。1963年6月，任三明地委组织部干部科副科长。1964年8月，任明溪县胡坊公社党委书记。1965年10月至1968年5月，任明溪县组织部副部长、部长。在任期间，认真贯彻执行党的干部政策，不搞任人唯亲，深入基层，认真听取群众对每个干部“德才”及工作、生活作风的反映，实事求是评价干部素质。

1968年6月，任明溪县革委会政工组副组长。1970年5月，任城关公社党委书记，革委会主任（1972年10月兼任团县委书记）。1973年3月至1977年11月，任明溪县委常委、县委副书记、县革委会副主任。1977年12月至1983年7月，任明溪县委代理书记、县革委会主任、县委书记等职。“文化大革命中”，坚守工作岗位，坚持民主集中制，团结同志，组织和带领全社、全县干部群众抓生产与工作。坚决拥护党粉碎林彪、江青反革命集团。“文革”后，拥护党的十一届三中全会以来的路线、方针、政策。带领全县干部群众积极参加关于真理标准问题的大讨论，解放思想，把党的工作重点转移到社会主义现代化建设上来，努力把三中全会以来的各项方针政策认真全面地贯彻落实到具体工作和干部群众中去。对上级布置的任务总是坚定不移地贯彻实施，千方百计完成任务。他主政期间，明溪县委落实干部政策工作较好，对干部、地下党、右派、起义投诚人员，一一进行了实事求是的落实，重新安排了一批老干部工作。根据干部队伍“四化”的方针，大胆选拔一批中青年干部到各级领导岗位。又如在贯彻中共中央《关于进一步加强和完善农业生产责任制的几个问题》的通知过程中，深入调查研究，总结包产到户的经验，积极推行生产责任制，调动群众积极性，促进农业增产增收。其间，县工业蓬勃发展，新增骨干企业有化肥厂、水泥厂、结晶硅厂、胶合板厂、林产化工厂、水电站等。至 1983 年，全县工业门类发展到 16 个，比 1977 年增加 4 个；独立核算的工业企业有 79 个，同比增加 27 个；总产值 4637 万元，同比增加 1602 万元；利税 726.09 万元，同比增加 310 万元。全县实行林业生产“三定”（个人、集体、国有）体制，在全国首创“林业股东制”，实行林业采伐审批制，工程造林 3141.7 公顷，森林覆盖率从 1978 年 64%上升到 73.77%，居全省之冠。

吴炎春以身作则，艰苦朴素，从不搞特殊化。如在城关公社（雪峰）任书记期间，每天早上和公社干部一起拾猪粪、牛粪积肥支援农业生产。对自己要求严格，大公无私，不搞不正之风。对家属、子女，对下级要求严格，有勇于批评和自我批评精神。同时，关心群众生活，在了解到地处高山的枫溪雷打石自然村村民碾米要挑谷子到山下加工，来回十几华里很是辛苦时，立即决定拨给雷打石村民一台 12 匹马力柴油机，建大米加工点，为村民解决吃饭问题。同他接触过的干部群众都反映说：吴炎春平易近人，没有官架子，为人心不贪，手不长，嘴不馋，坚持原则，清正廉洁，是党的好领导干部。

1983 年 7 月，吴炎春调任三明市中级人民法院院长、党组书记。1985 年 10 月，任三明市政法委员会书记。在新的领导岗位，他顾全大局，团结同志，作风民主。其间，在全市建立院长接待日制度，方便群众法律咨询；以“十法一例”为主要内容，在全市开展普法教育活动，提高干部群众的法制观念；带领政法队伍认真贯彻执行中共中央《关于打击刑事犯罪活动的决定》，按照“从重从快，一网打尽”的方针，在全市统一行动，集中打击严重危害社会治安的犯罪分子，维护了全市社会治安的稳定；组织公检法密切配合，妥善处理重大疑难案件，病重住院期间仍亲自过问重大案件。

1991 年 11 月，因病医治无效逝世，享年 60 岁。

人 物 表

1991—2005年明溪县籍在外已知任党政副处级、部队副团级及以上职务人员

表1

姓名	籍贯	性别	出生年份	职务	曾任职单位
马永鑫	胡坊	男	1964	部长	福州市马尾区武装部
方　晖	雪峰	女	1970	副主任	清华大学土木工程管理学院办公室
王天明	胡坊	男	1962	副主任	福建省外事办
王　宁	雪峰	男	1960	系主任	中山大学社会管理学系
王巧萍	雪峰	女	1958	党委书记	厦门大学漳州校区
王守华	雪峰	男	1967	副总经理	兴业银行福州分行
王守清	雪峰	男	1963	系主任	清华大学土木水利学院管理系
王　庆	雪峰	男	1959	区长、书记	三明市三元区
王怀生	胡坊	男	1974	组长	福建省民族宗教厅纪检组
王明永	城关	男	1966	正处级调研员	福建省外经贸厅计划财计处
王跃斌	—	男	1954	院长	龙岩市水利设计院、福建省官澜水利
王跃斌	—	男	1954	董事长	堪浏设计有限公司
冯明生	胡坊	男	1966	副秘书长	三明市政府
冯明生	胡坊	男	1966	局长	三明市劳动保障局
冯秋明	胡坊	男	1968	副政委	中国人民解放军73326部队
叶玉琪	—			主任	中国地质研究室
叶向荣	盖洋	男	1964	局长、主任	泉州市建设局、市建委招标办
叶俊忠	胡坊	男	1968	中校主任	福建省军区技术情报局政治处
叶春念	夏阳	男	1961	厂长	九三八四厂
叶贻明	盖洋	男		主任	福建省委组织部后勤处办公室
宁永鑫	胡坊	男	1967	处长	福建省武警总队保卫处
刘裕明	雪峰	男	1956	系主任、党总支书记	中央民族大学生命与环境学院
孙　洲	—	男	1954	行长	厦门市华夏银行
孙爱军	雪峰	男	1947	院长	清流县、将乐县人民法院
江兴禄	城关	男	1956	市委书记	中共永安市委、三明市委常委
吴小军	雪峰	男	1958	党委书记、局长	三明市梅列区公安分局
吴小明	雪峰	男	1959	行长、党委书记	中国农业银行三明市分行

续表 1-1

姓名	籍贯	性别	出生年月	职务	曾任职单位
吴水仁	胡坊	男		处长	福建省军区后勤部运输处
吴建国	盖洋	男	1957	区委书记、县委书记	中共梅列区委、中共尤溪县委
吴建雄	雪峰	男	1959	总经理	福建省建一公司
吴　明	—	男	1957	政委	梅列区公安局
吴　明	—	男	1957	支队长	三明市公安局技侦支队、禁毒支队
吴朝军	夏阳	男	1958	董事长	九寨沟机场
张木根	雪峰	男	1971	主任	中国人民解放军九二医院介入科
张建平	—	男		副专员	国家电监局福建专员办
张建明	—	男	1962	行长	宁德市工商银行
张柏清	夏阳	男	1949	局长	宁德市邮电局
张爱兰	—	女		副处长	公安部机械装备部计划处
张　敏	—	女	1955	处长	福建省侨办
李发荣	夏阳	男	1949	所长	福建省劳动厅劳动人事研究所
李　利	雪峰	男	1971	主任	国家林业局全国绿化委员会评审办公室
李　坚	地质队	男	1954	司令员	南平军分区
李凌军	盖洋	男	1958	局长	福建省劳教局
杨人沂	—	男		副总队长	福建省交警总队
杨根荣	瀚仙	男	1948	正处级调研员	厦门市同安区
杨德文	—	男	1973	主任	山西省朔州市公安局
苏成春	盖洋	男	1946	副关长	厦门海关
连水金	盖洋	男	1963	副院长	福大化工学院
陈建明	—	男	1960	支队长	三明市公安局经侦支队
陈毅锋	雪峰	男	1963	处长	中科院武汉生物研究所
周　平	胡坊	男	1957	政委、主任	云霄县武装部、漳州市经贸委
林卫国	—	男	1968	主任	中国足球协会竞赛部
林开展	盖洋	男	1948	党委书记	厦门大学艺术系
林春溪	瀚仙	男	1955	主任	三明市协作办
林美芳	城关	男	1955	专员	国务院银监会
林　滨	雪峰	女	1967	系主任	中山大学社会管理学系
罗　宁	—	男	1964	副总经理	中国林木种子公司
罗永全	城关	男		政委	漳州市军分区干休所
罗建平	城关	男	1962	检察长	清流县检察院

续表 1-2

姓 名	籍 贯	性 别	出生年月	职 务	曾任职单位
郑发钟	—	男	1962	支队长	莆田高速交管支队
郑发根	城关	男	1962	支队长	莆田市消防支队
郑庆龙	瀚仙	男	1968	副团长	福建省公安厅警卫局
侯建军	—	男	1956	局长、支队长	永安市公安局、三明市公安局
姜传阳	盖洋	男	1967	处长	中国人民解放军 31 军审计处(厦门)
钟凤鸣	雪峰	男	1962	局长、大校(正师级)	中央军委总参谋部
钟必涵	雪峰	男	1963	政委	沙县公安局
柴卫星	雪峰	男	1958	副主任	三明市外经委
高建华	81 厂	男	1953	参谋长	上海武警支队
梁宣养	瀚仙	男	1966	政委	建宁县人民武装部
黄旭明	—	男	1960	院长	福建师范大学信息技术学院
黄有台	沙溪	男	1958	副主任	建宁县人大
黄裕文	城关	男	1963	主任	南平市纪委派驻司法局检察室
黄裕文	城关	男	1963	副书记、纪检书记	南平市司法局党总支
曾 华	盖洋	女	1968	主任	中国人民解放军南京军区福州总医院感染控制科
游向彪	雪峰	男	1942	处长	中铁 16 局集团公司
鲁向东	—	男	1960	副总经理	中国移动集团公司
赖国祥	瀚仙	男	1964	副主任	南京军区福州总医院呼吸内科
廖立藩	—			院长	河北省保定地区法院
廖善朋	盖洋	男	1961	部长、副书记	中共宁化县委组织部、中共清流县委
戴维国	—	男	1954	党委书记	中南大学外国语学院

1991—2005年明溪县籍受省部级及以上领导机关表彰先进人物

表2

姓 名	籍 贯	性 别	任职单位	奖　项	颁奖单位	获奖时间
张仙禄	明溪	明溪	夏阳乡学区	夏阳乡学区	国家教委、人事部、教工委	1989
刘水生	江西丰城	男	中共明溪县委	优秀共产党员	省委	1991
汤型秋	明溪	男	明溪县环卫站	福建省劳动模范	福建省政府	1994
				全国“五一劳动奖章”	全国总工会	1998
林瑞云	仙游	男	夏阳乡紫云村	福建省劳动模范	福建省政府	1991
叶文墨	南安	男	盖洋镇湾内村	福建省劳动模范	福建省政府	1991
余能健	永泰	男	明溪县林业局	全国造林绿化劳动模范	全国绿化委员会、林业部、人事部	1991
				马尾松用材料速丰产适用技术研究科技进步一等奖	林业部	1991
				国务院特殊津贴	国务院	1993
				马尾松扦插育苗造林技术科技进步三等奖	林业部	1994
				“线茸毒蛾和线茸毒蛾质型多角体病毒的研究”获科技进步三等奖	福建省政府	1994
				全国农业科技推广先进工作者	国家科委、林业部、人事部	1995
				“马尾松切根育苗的研究”获三等奖	福建省政府	1996
				“广西马尾松优良种源引种推广研究”获科技进步三等奖	福建省政府	1998
				有突出贡献农业科技工作者	福建省政府	1998
赖超群	永安	女	明溪县粮食局	福建省劳动模范	福建省政府	1991
杨元彩	仙游	男	瀚仙镇王陂村	福建省劳动模范	福建省政府	1994
蔡仲涵	明溪	男	雪峰镇城西村	福建省劳动模范	福建省政府	1997
刘阳天	明溪	男	明溪县电信局	福建省劳动模范	福建省政府	1997
苏国联	南安	男	明溪县文明办	福建省劳动模范	福建省政府	1998
黎四保	江西南城	男	胡坊镇胡坊村	福建省劳动模范	福建省政府	2003
雷祖全	莆田	男	明溪县文明办	精神文明建设先进工作者	福建省委、福建省政府	1998

续表 2-1

姓名	籍贯	性别	任职单位	奖项	颁奖单位	获奖时间
雷祖全	莆田	男	明溪县文明办	1998—1999 年度省精神文明先进工作者	福建省委、福建省政府	2000
连庆党	仙游	男	明溪县人事局	全国人事系统先进工作者	人事部	2005
张　诚	浙江奉化	男	明溪县农业局	三明市山地幼龄果园套种绿化配套技术与推广项目获丰收二等奖	农业部	1994
				黄花梨高接授粉花枝新技术推广项目获丰收三等奖	农业部	2001
刘明福	明溪	男	明溪县农业局	三明市山地幼龄果园套种绿化配套技术与推广项目获丰收二等奖	农业部	1994
				黄花梨高接授粉花枝新技术推广项目获丰收三等奖	农业部	2001
杨火发	连城	男	明溪县农业局	中微肥在水稻、柑橘、烤烟上的应用推广项目获丰收二等奖	农业部	1998
潘楚成	南安	男	明溪县农业局	茶薪菇高产优质栽培技术推广项目获丰收二等奖	农业部	2001
张连根	明溪	男	明溪县农业局	茶薪菇高产优质栽培技术推广项目获丰收二等奖	农业部	2001
叶根轩	明溪	女	明溪县农业局	福建省无公害生态茶因建设项目获丰收二等奖	农业部	2002
陈基福	仙游	男	城关乡兽医站	农业技术推广先进个人	农业部	2005
赖细香	宁化	女	夏坊乡中溪村	葆春怀孝心敬老知心奖	全国敬老爱老组委会	2005
陈友士	南安	男	明溪县水务局	全国归侨侨眷先进个人	国务院侨务办公室、全国侨联	2004
陈贵春	明溪	男	明溪县水务局	千里江堤建设先进工作者	福建省政府	2002
薛真真		女	西门小学教师	全国优秀教师	国家教委、人事部	1993
王文明	明溪	男	明溪县教育局	中华扫盲奖、锡山奖	国家教委	1996
晏德友	明溪	男	明溪县教育局	普查先进个人	全国基本单位普查办公室	1997
吴春生	明溪	男	明溪县一中	优秀教师	教育部	1998
				省先进工作者	福建省政府	2000
刘　琳	—	女	明溪县实验小学	国少年儿童“心中有祖国，心中有他人”主题教育活动先进工作者	全国少儿“双有”主题教育活动组委会	1998

续人物表2

姓名	籍贯	性别	任职单位	奖　项	颁奖单位	获奖时间
王彩萍	明溪	女	明溪县西门小学	优秀组织工作者	全国少儿“双有”主题教育活动组委会	2001
				先进个人	全国少儿“双有”主题教育活动组委会	2002
温荣春	明溪	男	明溪县防疫站	全国农村卫生保健工作先进个人	卫生部	1998
揭莲珠	明溪	女	明溪县实验小学	全国优秀少先队中队辅导员	中国少年先锋队全国工作委员会	2003
汤正尧	明溪	男	夏坊乡政府	省精神文明建设先进工作者	福建省委、福建省政府	1993
罗梅香	江西	女	明溪县文明委	省精神文明建设先进工作者	福建省委、福建省政府	1993
陈孟标	浙江	男	夏坊乡党委	优秀共产党员	福建省委	1993
邱锦荣	龙岩	男	县直机关党委	优秀共产党员	福建省委	1996
丁福兰	明溪	女	枫溪乡官坊村	农村优秀党支部书记	福建省委	1994
杨和立	仙游	男	瀚仙镇武装部	“先行工程”建设先进工作者	福建省委、福建省政府	1995
朱春泉	闽清	男	明溪县委	省六届精神文明先进工作者	福建省委、福建省政府	1996
黄草堂	南安	男	明溪县文明办	省六届精神文明先进工作者	福建省委、福建省政府	1996
杨长松	明溪	男	夏阳乡紫云村	省农村基层组织建设工作优秀个人	福建省委	1998
邓建勇	明溪	男	明溪县水务局	优秀驻村工作队员	福建省委	1995
邱锦华	明溪	男	夏阳乡党委	优秀党委工作者	福建省委	2001
张育治		男	明溪县电信局	精神文明建设先进工作者	福建省委、福建省政府	1998
洪小玉	福清	女	盖洋镇政府	优秀共产党员	福建省委	2001
陈奋志	南安	男	明溪县政协	精神文明建设先进工作者	福建省委、福建省政府	2001
林纪明	三明	男	明溪县人民银行	精神文明建设先进工作者	福建省委、福建省政府	2001
洪小玉	福清	女	盖洋镇政府	农村学习实践“三个代表”基层干部标兵	福建省委	2002
陈聚棕	明溪	男	胡坊中学	全国第四届文明“五好家庭”	全国“五号”文明家庭创建活动协调小组	2003
叶忠明	明溪	男	瀚仙镇党委	优秀党务工作者	福建省委	2003
聂建兴	明溪	男	盖洋镇政府	社会治安综合治理先进个人	福建省委、福建省政府	2003
王　政	武平	男	明溪县政府	武委会好主任	福建省委、福建省政府、福建省军区	2003
林从銮	平潭	男	明溪县公证处	全国公证质量先进个人	司法部	1993

续表 2-3

姓 名	籍 贯	性 别	任职单位	奖 项	颁奖单位	获奖时间
汤思新	明溪	男	明溪县公安局	颁发居民身份证工作先进个人	公安部	1991
李文芳	莆田	男	明溪县公安局	社会治安综合治理先进个人	福建省委、福建省政府	1997
魏俊溪	明溪	男	明溪县公安局	先进工作者	福建省政府	2003
王土根	明溪	男	明溪县交通局	治理“三乱”先进工作者	福建省政府	2005
范木生	明溪	男	夏坊乡计生办	省“计生”先进工作者	福建省政府	1994
				省“计生”先进工作者	福建省政府	1996
王 英	宁化	女	夏坊乡计生办	省“计生”先进工作者	福建省政府	1999
吴志远		男	明溪县林委	“线茸毒蛾和线茸毒蛾质型多角体病毒的研究”获科技进步三等奖	福建省政府	1994
苏国联		男	明溪县林委	“线茸毒蛾和线茸毒蛾质型多角体病毒的研究”获科技进步三等奖	福建省政府	1994
游为贵		男	明溪县林委	“线茸毒蛾和线茸毒蛾质型多角体病毒的研究”获科技进步三等奖	福建省政府	1994
				“马尾松切根育苗的研究”获三等奖	福建省政府	1996
				“广西马尾松优良种源引种推广研究”获科技进步三等奖	福建省政府	1998
林志鹏		男	明溪县林委	“线茸毒蛾和线茸毒蛾质型多角体病毒的研究”获科技进步三等奖	福建省政府	1994
				“马尾松切根育苗的研究”获三等奖	福建省政府	1996
黄道明		男	明溪县林业局	“马尾松切根育苗的研究”获三等奖	福建省政府	1996
				“广西马尾松优良种源引种推广研究”获科技进步三等奖	福建省政府	1998
潘健康	南安	男	明溪县林业局	“马尾松切根育苗的研究”获三等奖	福建省政府	1996
				“广西马尾松优良种源引种推广研究”获科技进步三等奖	福建省政府	1998

续表 2-4

姓 名	籍 贯	性 别	任职单位	奖　项	颁奖单位	获奖时间
黄奕炳		男	明溪县林业局	“广西马尾松优良种源引种推广研究”获科技进步三等奖	福建省政府	1998
李建民		男	明溪县林业局	“野生茶杆竹林培育技术研究”或科技进步三等奖	福建省政府	2001
赖根明	明溪	男	明溪县林业局	“野生茶杆竹林培育技术研究”或科技进步三等奖	福建省政府	2001
陈东阳		男	明溪县林业局	“野生茶杆竹林培育技术研究”或科技进步三等奖	福建省政府	2001
郑长龙	福清	男	明溪县林业局	“野生茶杆竹林培育技术研究”或科技进步三等奖	福建省政府	2001
肖书平	明溪	男	明溪县林业局	“野生茶杆竹林培育技术研究”或科技进步三等奖	福建省政府	2001
付瑞树		男	明溪县天缘药用植物发展有限公司	“南方红豆杉苗木生理生态和繁殖技术研究”获科技进步二等奖	福建省政府	2003
赖根明	明溪	男	明溪县天缘药用植物发展有限公司	“南方红豆杉苗木生理生态和繁殖技术研究”获科技进步二等奖	福建省政府	2003
朱建华		男	明溪县天缘药用植物发展有限公司	“南方红豆杉苗木生理生态和繁殖技术研究”获科技进步二等奖	福建省政府	2003
郑福明		男	明溪县天缘药用植物发展有限公司	“南方红豆杉苗木生理生态和繁殖技术研究”获科技进步二等奖	福建省政府	2003
林志鹏		男	明溪县天缘药用植物发展有限公司	“南方红豆杉苗木生理生态和繁殖技术研究”获科技进步二等奖	福建省政府	2003

1991—2005年明溪县籍已知在外获得硕士及以上学位人员

表3

姓名	籍贯	性别	出生年份	任职单位	学位名称	授予学位院校	授予时间
周 菲	雪峰	女	1981	英国爱荷华州立大学就读	硕士	英国利兹大学	2004
林敏华	雪峰	女	1964	上海大学	硕士	复旦大学	2004
陈 坚	雪峰	男	1963	美国犹他州乔治亚州交通部	硕士	南京大学	1988
陈 坚	雪峰	男	1963	美国犹他州乔治亚州交通部	博士	美国犹他大学	1996
赖 铮	瀚仙	男	1966	厦门理工学院	硕士、博士	厦门大学	2002 2007
黄维佳	雪峰	男	1964	加拿大多伦多	硕士	华东化工学院	1989
揭 斐	雪峰	男	1968	美国雅培公司	博士	美国艾奥瓦州立大学	2004
揭 力	雪峰	男	1974	中银万国融资(香港)有限公司	硕士	新加坡国立大学	2004
罗忠宝	沙溪	男	1979	福建信农发展股份有限公司	硕士	福建农林大学	2005
黄文财	瀚仙	男	1976	厦门大学物理系	博士	中国科学技术大学	2002
王明永	城关	男	1966	福建省外经贸厅	硕士	厦门大学	1994
晏意隆	城关	男	1969	美国加州大学	博士	香港大学	2000
王 颐	胡坊	女	1980	上海杰恩邦德公司(美国)	硕士	重庆大学	2005
余心蕾	古田	女	1980	中国知识产权局	硕士	中国人民大学法学院	2005
徐剑军	夏阳	男	1977	清华紫光	博士	清华大学	2005
吴小明	雪峰	男	1959	农行三明市分行	硕士	美国北弗吉尼亚大学	2003
陈毅锋	城关	男	1963	中科院武汉生物研究所	博士(博士生导师)	中国科学院	1999
游秋梅	雪峰	女	1962	集美大学生化系	硕士	浙江大学	2004
王 宁	雪峰	男	1960	中山大学	博士	英国谢菲尔德大学	1997
王守清	雪峰	男	1963	清华大学	博士	香港理工大学	1995
					博士后	新加坡南洋理工大学	1996—1998
王淑芳	雪峰	女	1970	厦门大学法律系	硕士	厦门大学	2005
林 滨	雪峰	女	1963	中山大学社会学系	硕士	厦门大学	1989
					博士	中山大学	2005
叶增平	城关	男	1977	福建省建筑科学研究院	硕士	东北大学	2003

续表 3-1

姓名	籍贯	性别	出生年份	任职单位	学位名称	授予学位院校	授予时间
江啸千	雪峰	男	1963	美国志信公司	理学硕士	美国佐治亚大学	1989
					工商管理硕士	美国华盛顿城市大学	2001
江孝东	雪峰	男	1968	加拿大多伦多市保险公司	工商管理硕士	美国北艾奥瓦大学	1998
					信息管理硕士	美国伊利诺伊大学	2004
叶俊能	胡坊	男	1975	宁波地铁指挥部	工学硕士	浙江大学	2005
邓伟平	胡坊	男		IBNM 国际商用电器有限公司	硕士	北京邮电大学	2005
王怀云		男		莆田 95 医院	硕士	第二军医大学	
聂国新	胡坊	男	1965	三明一中	硕士	福建师大	2002
廖益昌	胡坊	男	1964	三明钢铁厂安溪分厂	硕士	厦门大学	2001
钟凤鸣	雪峰	男	1962	中央军委总参谋部	硕士	中国人民解放军沈阳外语学院	1989
赖秀华	雪峰	女	1976	武夷学院	硕士	福州大学	2001
周明发	夏坊	男	1980	上海华为公司	博士	合肥工业大学	2005
谢振卿	夏坊	男	1983	北京市教育厅	硕士	清华大学	2005
李富生	城关	男	1976	美国北卡罗纳大学	博士	美国北卡罗纳大学	2005
邱生荣	盖洋	男	1982	福建农林大学	硕士	福建农林大学	2005
张炜银	枫溪	男	1975	中国林科院森防所	理学博士后	中国林科院	2004
翁德志	夏阳	男		第一军医大学	博士	第一军医大学	2005
张国林	夏阳	男		华中农大	硕士	华中农大	2005
邓　伟	夏阳	男	1982	清华大学	硕士	清华大学	2005
邓谷雨	夏阳	男		北京大学	硕士	北京大学	2005
程天明	雪峰	男	1964	南方医科大学附属南方医院	博士	第一军医大学（现南方医科大学）	2005
叶明华	南安	女	1978	华东师范大学	硕士	华东师范大学	2004

1991—2005年明溪县任副高级及以上专业技术职称人员

表4

姓名	性别	出生年份	籍贯	所在单位	专业技术职称	确认时间
陈禄声	男	1926	将乐	明溪一中	中学高级教师	1988
林义和	男	1936	泉州	明溪一中	中学高级教师	1988
陈水德	男	1938	泉州	明溪一中	中学高级教师	1988
刘家声	男	1942	龙岩	明溪一中	中学高级教师	1988
陈月美	女	1938	龙岩	明溪一中	中学高级教师	1992
方留忠	男	1941	福州	明溪一中	中学高级教师	1992
侯荣显	男	1944	厦门	明溪一中	中学高级教师	1992
章日生	男	1944	福州	明溪一中	中学高级教师	1992
林雄超	男	1942	莆田	明溪一中	中学高级教师	1994
姜祖金	男	1953	明溪	明溪一中	中学高级教师	1995
方嘉钦	男	1946	福州	明溪一中	中学高级教师	1995
邓观怡	男	1952	明溪	明溪一中	中学高级教师	1995
林金梅	男	1955	仙游	明溪一中	中学高级教师	1996
杨承福	男	1956	明溪	明溪一中	中学高级教师	1996
黄友生	男	1948	明溪	明溪一中	中学高级教师	1997
吴西全	男	1937	明溪	明溪一中	中学高级教师	1997
吴春生	男	1959	明溪	明溪一中	中学高级教师	1998
李仁榕	男	1961	明溪	明溪一中	中学高级教师	1998
潘启斌	男	1949	福州	明溪一中	中学高级教师	1999
陈海鸥	女	1956	莆田	明溪一中	中学高级教师	1999
张航生	男	1960	明溪	明溪一中	中学高级教师	1999
陈聚峰	男	1963	明溪	明溪一中	中学高级教师	1999
谢永生	男	1960	浙江	明溪一中	中学高级教师	1999
冯福荣	男	1960	明溪	明溪一中	中学高级教师	2000
张天高	男	1961	明溪	明溪一中	中学高级教师	2000
王远升	男	1955	明溪	明溪一中	中学高级教师	2001
张碧琳	女	1950	福州	明溪一中	中学高级教师	2001
刘长勋	男	1946	厦门	明溪一中	中学高级教师	2002
杨冬云	女	1962	山东	明溪一中	中学高级教师	2002

续表 4-1

姓 名	性 别	出生年份	籍 贯	所在单位	专业技术职称	确认时间
林　峰	女	1964	尤溪	明溪一中	中学高级教师	2002
陈宝柱	男	1953	长汀	明溪一中	中学高级教师	2002
罗隆生	男	1964	明溪	明溪一中	中学高级教师	2002
张红智	男	1962	明溪	明溪一中	中学高级教师	2003
罗志坚	男	1962	明溪	明溪一中	中学高级教师	2003
曾亮英	男	1959	明溪	明溪一中	中学高级教师	2004
陈福明	男	1963	明溪	明溪一中	中学高级教师	2004
林跃庆	男	1963	惠安	明溪一中	中学高级教师	2004
吴凤清	女	1961	长汀	明溪一中	中学高级教师	2004
胡彩莲	女	1964	长汀	明溪一中	中学高级教师	2004
陈永明	男	1964	莆田	明溪一中	中学高级教师	2004
李锦钦	男	1964	明溪	明溪一中	中学高级教师	2004
张美榕	女	1964	明溪	明溪一中	中学高级教师	2004
吕清龙	男	1965	明溪	明溪一中	中学高级教师	2004
冯森平	男	1965	明溪	明溪一中	中学高级教师	2004
吴胜兴	男	1964	明溪	明溪一中	中学高级教师	2005
王榕怀	男	1964	福州	明溪一中	中学高级教师	2005
曾红东	女	1967	明溪	明溪一中	中学高级教师	2005
叶礼豪	男	1941	明溪	明溪县进修学校	中学高级教师	1995
邱振铎	男	1935	龙岩	明溪县进修学校	小中高	1997
刘明德	男	1940	江西	明溪县进修学校	中学高级教师	1997
李书传	男	1939	明溪	明溪县进修学校	中学高级教师	1999
张举明	男	1956	明溪	明溪县进修学校	中学高级教师	1999
曾宜夏	男	1946	平和	明溪县进修学校	中学高级教师	2000
吴章信	男	1942	将乐	明溪县进修学校	中学高级教师	2001
邓远光	男	1955	明溪	明溪县进修学校	中学高级教师	2002
余盛荣	男	1939	明溪	明溪县职业中学	中学高级教师	1994
陈纯浩	男	1959	明溪	明溪县职业中学	中学高级教师	1998
林　强	男	1963	福州	明溪县职业中学	中学高级教师	2002
刘集思	男	1962	广东	明溪县职业中学	中学高级教师	2003
吴正斌	男	1964	尤溪	明溪县职业中学	中学高级教师	2004
谢世春	男	1964	明溪	城关中学	中学高级教师	2000

续表 4-2

姓 名	性 别	出生年份	籍 贯	所在单位	专业技术职称	确认时间
罗桂有	男	1965	明溪	城关中学	中学高级教师	2000
曾承忠	男	1964	明溪	城关中学	中学高级教师	2002
邓根荣	男	1962	明溪	城关中学	中学高级教师	2003
余惠专	女	1948	漳州	城关中学	中学高级教师	2004
孙福文	男	1963	明溪	城关中学	中学高级教师	2005
赵元健	男	1935	上海	盖洋中学	中学高级教师	1992
陈宝璋	男	1955	长汀	盖洋中学	中学高级教师	2002
李东兴	男	1965	明溪	盖洋中学	中学高级教师	2004
陈铁山	男	1941	仙游	夏阳中学	中学高级教师	1995
叶庆镁	女	1955	仙游	夏阳中学	中学高级教师	2005
凌文德	男	1947	莆田	瀚仙中学	中学高级教师	1999
朱斌玉	男	1955	仙游	瀚仙中学	中学高级教师	2002
蓝玉发	男	1957	上杭	瀚仙中学	中学高级教师	2004
李用明	男	1946	明溪	胡坊中学	中学高级教师	2001
马善群	男	1945	宁化	沙溪中学	中学高级教师	2001
林 海	男	1955	仙游	沙溪中学	中学高级教师	2004
杨育林	男	1950	广东	夏坊中学	中学高级教师	2002
郑茂修	男	1947	福州	明溪县实验小学	小中高	1999
李云生	男	1940	明溪	明溪县委党校	高级讲师	1991
张其书	男	1949	仙游	明溪县委党校	高级讲师	2000
黄夏莺	女	1956	明溪	明溪县委党校	高级讲师	2000
陈燧炳	男	1935	莆田	明溪县农业局	高级农艺师	1987
杨火发	男	1940	连城	明溪县农业局	高级农艺师	1995
叶根轩	女	1959	明溪	明溪县农业局	高级农艺师	1997
刘明福	男	1951	明溪	明溪县农业局	高级农艺师	1998
游通焰	男	1944	长乐	明溪县农业局	高级农艺师	1999
陈德宝	男	1941	福清	明溪县农业局	高级农艺师	1999
张乙珍	女	1963	闽侯	明溪县农业局	高级农艺师	2001
张 诚	男	1959	浙江	明溪县农业局	高级农艺师(教授级)	2005
余能健	男	1937	永泰	明溪县林业局	高级工程师(教授级)	1992
潘健康	男	1960	南安	明溪县林业局	高级工程师	1996
廖涵宗	男	1943	明溪	明溪县林业局	高级工程师	1997

续表 4-3

姓 名	性 别	出生年份	籍 贯	所在单位	专业技术职称	确认时间
李　平	女	1966	仙游	明溪县林业局	高级工程师	2000
陈清平	男	1963	永定	明溪县林业局	高级工程师	2001
林志鹏	男	1968	南安	明溪县林业局	高级工程师	2002
陈顺和	男	1964	莆田	明溪县林业局	高级工程师	2003
黄敬绥	男	1963	闽清	明溪县林业局	高级工程师	2003
欧建德	男	1970	仙游	明溪县林业局	高级工程师	2003
邹秀华	女	1968	莆田	明溪县林业局	高级工程师	2003
肖书平	男	1966	福州	明溪县林业局	高级工程师	2003
李文建	男	1967	明溪	明溪县林业局	高级工程师	2005
张金发	男	1965	明溪	明溪国有林场	高级工程师	2003
罗　宁	男	1966	永定	明溪国有林场	高级工程师	2005
张俊钦	男	1962	沙县	明溪国有林场	高级工程师	2005
陈美兰	女	1967	武平	明溪县审计局	高级审计师	2002
李长来	男	1936	南安	明溪县建设局	高级工程师	1992
黄鸿铨	男	1936	明溪	明溪县医院	副主任医师	1987
林小贞	女	1943	福州	明溪县医院	主任医师	1998
吕锦荣	男	1964	福州	明溪县医院	副主任医师	2000
赖瑞祥	男	1948	明溪	明溪县医院	主任中医师	2002
陈书宁	男	1962	南安	明溪县医院	主任医师	2004
黄建国	男	1963	南安	明溪县医院	主任医师	2004
王秀萍	女	1970	明溪	明溪县医院	副主任医师	2004
江吉生	男	1959	连城	明溪县医院	副主任医师	2004
刘志刚	男	1965	南安	明溪县医院	副主任医师	2005
张清浪	男	1968	宁化	明溪县医院	副主任药师	2005
曾和平	男	1954	明溪	明溪县医院	副主任医师	2005
陈玉凤	女	1969	尤溪	明溪县医院	副主任医师	2005
吴秀月	女	1949	晋江	明溪县医院	副主任护师	1998
徐瑞萱	男	1939	德化	明溪县中医院	主任中医师	1988
魏英跃	男	1963	沙县	明溪县中医院	副主任医师	1999
罗爱群	女	1953	连城	明溪县中医院	副主任中医师	1999
余思武	男	1949	明溪	明溪县中医院	副主任中医师	1999

1991—2005年明溪县籍在外已知任副高级及以上专业技术职称人员

表5

姓 名	籍 贯	性别	出生年份	任职单位	技术职称	确认时间
叶 波	胡坊	男	1963	顺昌卫生监督所	副主任医师	2004
林敏华	雪峰	女	1964	上海大学	副教授	1998
揭文静	雪峰	男	1941	三明钢铁厂	高级工程师	1995
赖 铮	瀚仙	男	1966	厦门理工学院	副教授	2003
聂国钦	胡坊	男	1950	厦门星鲨制药有限公司	高级工程师	1994
罗昌根	城关	男	1954	厦门市集美医院	主任医师	2000
聂贤武	胡坊	男	1966	厦门第一医院	主任医师	2003
黄梅波	雪峰	男	1968	厦门大学经济管理学院	教授	2005
揭自荣	雪峰	男	1963	三明市数字 三明建设办公室	高级工程师	2005
王巧萍	雪峰	女	1958	厦门大学漳州学区	教授	1999
郑淑辉	雪峰	男	1947	武汉钢铁厂	高级工程师	1995
温国雄	城关	男	1960	工业机械部第三勘察设计院	研究员	1996
张石丰	夏阳	男	1936	广州中山医院	主任医师	1985
张石珍	夏阳	男	1940	广州人民医院	主任医师	1989
李发荣	夏阳	男	1945	福建省劳动人事厅劳动人事研究所	高级工程师	1981
张 亮	雪峰	男	1975	国家人类基因组南方研究中心	高级研究员	2003
吴小明	雪峰	男	1959	农业银行三明市分行	高级经济师、博士生导师	1996
陈毅锋	城关	男	1963	中科院武汉生物研究室	研究员	1999
游秋梅	雪峰	女	1962	集美大学	副教授	2004
游向彪	雪峰	男	1942	中铁十六局集团公司	高级政工师	1992
王 宁	雪峰	男	1960	广州中山大学社会学系	教授“博士生导师”	2003
王守清	雪峰	男	1963	清华大学土木系	教授“博士生导师”	2005
林 滨	雪峰	女	1963	中山大学社会科学系	副教授	2005
刘裕明	雪峰	男	1956	中央民族大学	教授“博士生导师”	2004
王清泉	雪峰	男	1948	中国财保三明分公司	高级经济师	1994
戴维国	雪峰	男	1954	中南大学外国语学院	副教授	1993
黄旭明	雪峰	男	1960	福建师大信息技术学院	副教授	1997
林群勋	雪峰	男	1960	厦门大学	副教授	1996
黄炳金	雪峰	男	1962	厦门英才中学	高级教师	1998

续表 5-1

姓 名	籍 贯	性别	出生年份	任职单位	技术职称	确认时间
黄旺生	盖洋	男	1954	福建农林大	副教授	1994
邱建斌	盖洋	男	1967	福建师范大学	副教授	2002
吴声钟	盖洋	男	1946	北京大学	副教授	1981
陈谷雨	夏阳	男		广州橡胶公司	高级工程师	1991
张象元	夏阳	男		中科院水资源所	高级工程师	2000
李发荣	夏阳	男	1949	福建省劳动人事厅劳动人事研究所	高级工程师	1981
张瑞清	胡坊	男	1962	福州水口电站	高级工程师	1999
张木根	雪峰	男	1971	中国人民解放军第九十二医院介入科	副主任医师	2005
张耿斌	夏坊	男	1983	广州市电网公司	高级工程师	2005
钟文德	雪峰	男		新加坡南洋理工大学	教授、博士生导师	2003
程天明	雪峰	男	1964	南方医科大学附属南方医院消化内科(原第一军医大学)	副主任医师、副教授	1998
连水金	盖洋	男	1963	福州大学化工学院	教授	2003
吴建雄	雪峰	男	1959	省建一公司	高级工程师	2001
林婷嫻		女	1968	厦门第三中学	高级教师	2004
丁　立		男	1960	福建省立医院	主任医师	2004
张夏敏	雪峰	男	1963	福建省卫生计生委	高级讲师	2005
彭亦男		男	1962	厦门外国语学校	高级教师	2003

专　记

海西新侨乡的历程

（一）

明溪县位于福建省西部偏北，明成化六年（1470 年）建县，是一个纯客家山区小县，也是宋代著名理学家、闽学鼻祖杨时（号龟山先生）的诞生地，同时也是原中央苏区二十一县之一，1930 年 1 月毛泽东经过明溪时写下了《如梦令·元旦》的优美诗句。全县土地面积 1730 平方公里。2005 年，有 4 个镇 5 个乡、88 个行政村 7 个居民委员会，总人口 11.6 万人，其中农业人口占 80%。20 世纪 90 年代，在改革开放大潮中，明溪人通过旅游、商务考察、劳务、探亲、访友、定居等途径走出国门，开创了一条与在家乡创业发展同步的境外就业发展的成功之路，使默默无闻的山区小县，成为福建“旅欧第一县”“海西新侨乡”。

由于地理上的原因，明溪不是一个传统意义上的侨乡。历史有记载最早的出国者是清康熙年间的陈启韬（1661—1742 年），16 岁随亲人到广东经营大米生意，出海时遇到台风，漂泊到暹罗（泰国）后以自己的博学和聪明才智被暹罗国王选为驸马，并封为宰相。在这之后的 200 多年里明溪出国的人微乎其微。近代至改革开放前，明溪海外移民基本处于空白状态。1925—1988 年，明溪有归国华侨 80 人，基本是从闽南等地的老侨乡移居明溪的省内移民，归侨大多都属东南亚一带，其中马来西亚归侨就占 40%以上。

1978 年改革开放后，明溪人的思想开始活跃，纷纷寻找适合自己的发展道路。一个偶然的机遇，沙溪乡沙溪村村民胡志明回祖籍浙江温州文成探亲，那里是欧洲华侨的重点侨乡，多数人都有侨居欧洲的亲缘关系，改革开放后再度兴起移民欧洲的热潮。1989 年，受文成家乡移民潮影响，胡志明在家乡亲友的帮助下出国到了意大利，进了一家温州老乡开办的皮革厂打工。第二年，意大利对入境无证移民实施大赦，胡志明在意大利有了合法的居留权，每月收入换算成人民币有 4000~5000 千元，一年下来的收入在当时的普通人来说是一笔巨款。1990 年，胡志明刚站稳脚跟，就牵引沙溪村 16 位亲属和朋友去了意大利，他们到达意大利后都赶上意大利政府大赦，拿到合法的居留身份，开始在意大利的打工生涯。

这些沙溪人在意大利顺利落脚并开始往家中汇钱，在意大利干一个月，超过在家乡干一年，在意大利干一年，就能在家乡盖一幢楼，诸如此类的信息在明溪迅速传播。一时间，全县上上下下，从机关、工厂、学校到农村，茶余饭后人们纷纷扬扬都在谈论着出国话题，平静的山城开始涌动起一股出国奔东欧“淘金”的热潮。全县机关、学校、工厂、农村等社会各界中有出国欲望的部分干部、教师、工人、小商人和普通农民，陆陆续续找人办理出国护照。恰逢审批公民因私出国的市、县公安部门，依照《中华人民共和国出入境管理法》，放宽、简化了公民出国探亲、旅游的审批手续，只要有国外的探亲或旅游邀请信件并符合申请条件，可在一个月内取得出国护照。于是，县公安局出入境管理部门接待室每天门庭若市，挤满出国申请人员。出国的经纪人也应运而生，有的包办签证、有的专卖材料或包办护照，甚至有自制国外邀请信件等等。1991 年，申请办理护照有近 1000 人，领到护照的有 552 人，其中有普通农民、个体户、企业职工，也有行政事业单位的干部职工，他们通过停薪留职、辞职、请假等方式，前往国外谋求发展。

这批拥有出国护照的人员，多数选择前往乌干达这个容易获得签证的国家，然后乘坐国际列车中途转道匈牙利的布达佩斯再伺机进入意大利、法国等欧洲国家。乌干达地处非洲，贫穷落后，在医疗、物资上得到中国政府的援助，获得探亲、旅游签证容易，而匈牙利 1992 年以前和中国是互为免签国。乘国际列车前往乌干达必须途经东欧、西欧十几个国家，能获得合法的过境签证，且俄罗斯、乌克兰、匈牙利、波兰、南斯拉夫、捷克和斯洛伐克、罗马尼亚、德国、意大利、法国等国家都在这条线上。随着出国人员的增多，申请签证的国家也由原来只有乌干达，逐步发展到加纳、坦桑尼亚、肯尼亚、赤道几内亚、尼日利亚、刚果、卢旺达、罗马尼亚、南斯拉夫等国家。

原本出国闯荡的人，大凡都是想到意大利、法国寻找机遇，因这两个国家在欧洲是比较富裕的国家，但入境困难。而匈牙利是以农牧为主的国家，社会稳定，治安较好，马扎尔民族热情善良，文明素质较高，布达佩斯又是以旅游业为主的城市，出国人员在匈牙利都能暂时安顿下来。在匈牙利早期几乎没有华人在这里生存、发展，多数华人都是 20 世纪 80 年代末、90 年代初来的北京商人，以批发国货和练摊为主，因此在匈牙利几乎无工可打。于是，到达匈牙利的一些出国人员按预定计划在付出一笔不小的代价后到达意大利、法国等欧洲国家开始打工挣钱，而不愿付出这笔额外资金的出国人员，开始尝试着各种营生在匈牙利生存下来。90 年代初匈牙利正处在物资匮乏的阶段，而轻工产品市场更是相对空白，这给暂时留下的出国人员提供了不可多得的商机，大多数人开始学着先期到达的北京商人，几个人合伙凑上 7000~10000 美元存入当地银行，再找律师事务所出具有关文件，向法院申请注册开办一个公司，取得合法居住证，而后又将银行的存款取出，用有限的资金向在匈牙利经商的北京商人批发国内生产的服装、鞋帽等轻工产品，开始在匈牙利各地艰苦的练摊生涯。

1992 年，匈牙利取消了与中国免签证优惠，并开始驱逐非法居留的中国人，前往该国及周边国家变得困难，明溪的出国热也随之降温，当年仅办理出国护照一百余本，1993 年办理 194 本。此时出国在外的人员有 1000 余人，高中以上学历占多数，文化程度较高，后期以农民和城镇居民为主。明溪客家人的许多宗祠族谱中都记载着这么一条祖训："钱财苦中生，家业勤中立"，客家人在迁徙中铸就了吃苦耐劳、坚毅果敢、百折不挠、积极进取的精神，在这批出国人员中得到很好的诠释，他们克服了语言、文化、生活习俗等等不利因素，在异国他乡顽强的生存下来，并都有了合法的居留身份。几番努力，都有了自己的守城之"堡"和谋生之道，在匈牙利的练摊客，有了资金积累后，纷纷添置车辆等设施，有些租赁店铺，开起零售店、超市或批发公司，成了地道的商人；在意大利、法国等国的出国者，多数有了安稳的工作。

随着前期出国人员在国外扎根，一笔笔的外汇从国外源源不断的寄回家乡，同时他们也利用所在国的政策，合法牵引着亲属、朋友前往国外，一起赚钱。1994 年后，通过亲帮亲、邻帮邻、朋友带朋友，加上民间中介人（民间中介人有过出国经验，不仅深谙出入境的政策、法规，而且路子广、人情熟，且能以各种关系获取入境国的签证）的作用，从沙溪村到相邻的梓口坊村、永溪村、六合村，从沙溪乡到城关、胡坊、夏阳、瀚仙等乡镇，出国热在明溪再次升温，人们纷纷寻找在国外的亲朋好友，搭上路子，或委托民间中介，出国谋求发展。在匈牙利、俄罗斯经商的明溪人逐年增多，又因意大利对入境无证移民频繁的实施大赦，意大利成了出国人员务工的首选国，逐年增多的出国人员中多数前往意大利。面对出国热，明溪县委、县政府因势利导，出台各种优惠政策，解决出国人员的后顾之忧，鼓励人们出国谋发展。在民间搭台和政府的推动下，出国的"雪球"越滚越大，与明溪交界的三明市三元区及永安、清流、宁化、将乐等地也开始出现小股的出国潮。1995 年，县公安局办理出国护照 479 本，到了 2000 年办理护照达 2553 本，是 1995 年 5.33 倍。其间，出国人员多数还是前往意大利和匈牙利，但逐渐地在俄罗斯、南非、保加利亚、波兰、奥地利、德国、新加坡等国也有了明溪人足迹，其中前往俄罗斯经商的明溪人较多。90年代初期，苏联解体后，俄罗斯也是轻工产品极度匮乏的国家，1996年有明溪人来到俄罗斯尝试经商，而后一批批明溪人来到俄罗斯，从露天练摊开始，到拥有自己的集装箱乃至尝试自己发货、拥有仓库，至2009年俄罗斯政府打击走私，开始“灰色清关”前，在俄罗斯的明溪人已达1200多人，是出国人员中较集中的国家之一。许多出国人员拥有合法身份和稳定收入后，逐渐把妻子、儿女也迁居出去，而事业有成者更是在侨居国购买别墅和房产，定居国外。至2010年，全县已办理出国护照36000多本，实际在外13000多人，老归侨43人，侨眷5万余人，出国人员分布在欧洲、美洲、亚洲、非洲、大洋洲等56个国家和地区 ，85%的人集中在欧洲的匈牙利、意大利、俄罗斯等国，其中意大利8300多人，匈牙利3000多人。他们中90%获得身份，获得长期或永久居留权有6000多人，占总数60%，获得外国国籍的有近100人。保加利亚、奥地利、法国、德国、荷兰、新加坡、澳大利亚、南非、巴西、阿联酋也是出国明溪人相对集中的国家，明溪已成为福建的“旅欧第一县”。

在海外经商，机会和风险并存。2009年6月29日，俄罗斯政府以整顿走私货为名，宣布关闭欧洲最大的零售批发市场——切尔基佐沃市场（国人称“一只蚂蚁市场”）。这次打击“灰色清关”行动给在俄华商带来沉重打击，其中也包括了1200多名明溪籍在俄华商，造成他们直接经济损失20余亿元人民币，其中：货物损失约合人民币6亿元，造成资产损失约14亿元。明溪乡亲近千人带着伤痛无奈返乡。

明溪出国人员来自不同的阶层，他们中既有农民、工人，也有干部、教师、医生，还有待业青年，他们团结互助，共同发展。经过二十余年的艰苦创业，一部分人经济实力逐渐壮大，不少人拥有数百万美元以上的公司、超市和商店，政治地位和社会地位也不断提高。这些新华侨华人打破了以往华人在欧洲大多以餐饮业为主的局面，购租店面，创办贸易公司，把大量国产服装、鞋帽等轻工产品打入欧洲市场；有的办起了家庭工厂，从事皮革、服装制作，有的从事酒吧、餐饮、中介、旅游等服务行业。明溪在匈牙利、俄罗斯、南非的出国人员，主要以经商为主，有80%的人拿到匈牙利、俄罗斯等合法居留身份并拥有自己的商店或超市，目前在匈牙利经商的明溪人有3000多人，“四虎市场”“欧洲广场”“中国商城”“亚洲中心”等地，都有从事贸易生意的明溪商人，明溪人还在匈牙利全境开设了不少零售商店。在意大利的出国人员主要以打工为主，但明溪人在意大利创办具有一定规模的企业也有100余家，主要从事皮革、服装、沙发加工。在大力发展经济的同时，明溪出国人员还十分注重与当地政界和商界交往，积极参与组织社团活动，政治地位和社会地位不断提高。2007年匈牙利明溪商会成立，商会拥有会员近2000人，是匈牙利华人社区拥有会员最多的侨团组织。侨团组织在帮助和维护乡亲的利益、解决困难和解决纠纷中，起着积极作用。如：匈牙利商会成立之初，一位明溪乡亲车祸遇难，商会组织募捐40多万人民币帮助遇难者家属渡过难关，并以商会名义，妥善处理死者生前所欠债务；一位明溪乡亲突发心脏病死亡，商会在第一时间协助料理后事，帮助国内亲属签证到匈牙利探视，并募捐500万元福林（约合20万元人民币）；意大利的乡亲联谊会是侨居他乡明溪人的家，1998年一位明溪人突发疾病死亡，联谊会成员成了他的亲人，大家踊跃捐资折合人民币15万余元，并向当地政府申请免费墓地，举行了祭奠仪式，让逝者入土为安。

明溪出国人员牵头成立了“旅匈福建同乡会”，为三明市与匈牙利布达佩斯十三区建立友好城市关系起到积极作用。2010年10月，匈牙利西部的一个铝厂有毒废水泄漏造成灾害，商会利用周末开展募捐活动，所募善款在匈牙利政府统计中，明溪商会募捐数额最多，匈牙利电视一台、二台相继报道。明溪人在匈牙利办的华文报纸《欧洲导报》在当地也有一定影响力。在侨团组织领导人中，有不少明溪人，匈牙利华侨华人社团联合总会副会长张传联，中匈经济贸易促进会副会长曾绍莹，意大利华侨华人社团联谊总会副会长曹国明，意大利福建华侨华人中西部联谊会副会长吕理才和吴福春，俄罗斯福建同乡会副会长陈怡福和副秘书长杨发喜、巫锡桃、杨小华，南非福建同乡会秘书长罗朝相， 阿联酋福建商会常务副会长冯寅翔，巴西巴中贸易促进会会长王奠兴，美国华商会会长邓龙均是明溪人。

（二）

面对不断升温的出国热，明溪县委、县政府因势利导，积极鼓励和引导干部群众特别是下岗职工和农村富余劳动力解放思想，开阔眼界，消除顾虑，跨出国门谋求发展。1995 年 4 月，引进三明国际经济技术合作公司在明溪成立分公司，拓宽对外劳务渠道，公派出国与民间出国相结合，加快境外劳务输出步伐。1996 年起，加强对出国劳务的服务，积极开展出国人员出国前教育培训，开设境外劳务市场需求量较大的烹调、电动平车、电工、电脑、纺织、美容美发等多个专业培训班，辅以介绍意大利、匈牙利、俄罗斯、南斯拉夫等国基本情况及风土人情，并教授英语、俄语和匈牙利语为主的简单对话用语，经考试合格者发给劳动部门颁发的职业资格证书，使出国人员了解国外基本情况，掌握基本语言知识和业务技能，帮助他们在国外尽快站稳脚跟。

2000 年以后，县委、县政府把加快劳务输出，推进新移民工作作为明溪经济发展的特色产业来抓，先后出台《明溪县关于进一步加强公民因私出国劳务优惠政策》《关于进一步加强公民出境管理和服务工作的暂行规定》和《关于进一步做好公民出国服务的若干意见》，对农民出国者，保留其责任田；对国有、集体企业出国者，其劳动关系转入县劳动服务公司统一管理；对机关事业工作人员出国者，三年内保留原身份职级，人事、劳动部门接受委托代办国内养老、失业保险，代管人事档案。协调国有商业银行和农村信用社实行信贷倾斜政策，允许出国人员采取抵押贷款、联保贷款、信誉贷款等办法，多渠道筹集出国资金。发动社会力量关心和支持出国人员，帮助解决出国人员的家属就业、子女入学入托、社会医疗保障和协调解决婚姻、计生等历史遗留问题，使创业者可以在外安心工作。进一步规范和完善服务条款，公安部门设立出国服务中心，实行一个窗口、一条龙、一站式，全方位服务，并不定期地深入到出国（境）人员较多的乡镇开展现场办公，上门服务，为群众提供咨询、受理、审核、发照“一条龙”服务；劳动、外经部门加强对出国人员出境前的培训教育，提高他们业务技能和专业技术，掌握前往国的简单用语和风土人情、知识，增强出国谋生发展的本领。侨务部门做好跟踪服务工作，落实国家有关侨务的法律、法规，维护出国人员、归侨、侨眷的合法权益，帮助协调解决新华侨子女入学、身份认定、婚姻、房屋拆迁等问题，并于 2004 年 1 月成立明溪县海外乡亲联谊会，在出国人员较多的沙溪乡、雪峰镇、胡坊镇、瀚仙镇等乡镇成立侨联会，加强同海外的联系，同时关注并妥善解决热点难点问题，如 2000 年提出并实施“侨乡二代教育”工程，解决“留守孩”的教育突出问题。至 2015 年，全县 9 个乡镇均成立侨联组织，是全省第一个实现侨联组织的全覆盖的县份。

县委、县政府在全力坚持“走出去”同时，与“请进来”并重，加强同出国人员联络，激发他们爱国爱乡之情，通过春节团拜会、恳谈会、走访慰问及寄发慰问信等形式，向他们介绍县政府主要工作、全县经济和各项事业的发展情况，推介县重点项目，宣传优惠政策，做好侨资回归参与家乡经济建设工作，擦亮“侨乡”品牌，把侨乡优势转化为新时期发展的优势。同时，通过《欧洲导报》和《欧洲论坛》等境外媒体宣传有关国家改革开放政策、家乡投资环境及优惠政策，充分发挥其窗口作用，以浓浓真情呼唤“回归”。

（三）

延续近二十年的出国潮，已在经济、社会、文化等多重层面上，对位于内陆、山区的明溪产生了积极的影响。不断增加的新华侨和源源不断汇回的外汇，有力推动了明溪经济建设和社会进步，成为明溪扩大对外开放、加快经济发展步伐、增强经济发展后劲的重要力量。

出国劳务收入成为明溪经济的一个重要来源。明溪出国人员中三分之二以上系独立迁移，即其配偶、子女或父母兄弟都在家乡，因此，其在外收入中寄回家乡用于赡养家庭或改善家庭生活的比例很高。2000—2005年，沙溪乡出国人员每年汇回约500万元欧元，人均寄回资金至少3万元人民币。2005年至2010年，全县平均每年汇回外汇3000万美元以上。全县农民人均纯收入中，对外劳务收入占10%以上，部分出国人员较多的乡镇，农民人均纯收入中，对外劳务收入已占30%以上。明溪城区建设的“红岗新村”“雪峰新村”“阳光新城”“白莲新村”“万乘华府”等房地产项目，其中80%的兴建资金是来源于外汇资金，多数出国人员都盖了新房或买了商品房，置购大屏幕彩电、电脑等新家电，许多事业有成者都拥有了豪华住宅和高级轿车。还有不少人在上海、深圳、厦门、福州、三明等地购置房产，部分出国人员在广东、上海等地办公司、企业。

出国热推动明溪经济的进一步发展。由于地处内陆山区，缺乏开展对外经贸往来的地缘优势，而十多年来陆续走出山门的新移民，为明溪开拓了新的渠道。随着大量新移民穿梭于国内外带来各种信息，新移民对本地的情况熟悉，有些事业有成的新移民有了直接回明溪设点办厂，将产品与国外明溪人的销售网络对接的意愿，并加以实施，推动明溪地方经济再上新台阶。如明溪籍旅欧侨商创办安都日用品有限公司，生产圣诞灯，产品全部出口匈牙利、德国等欧洲国家；侨居瓦努阿图共和国的王姓女士投资创办珍珍服饰有限公司，其产品主要出口到瓦努阿图共和国及南美洲国家。还有许多新移民陆续回乡投资参与城镇建设、农业综合开发等经济发展项目，有力地推动明溪经济的发展。

同时，出国还促使明溪人的开放意识、创业意识和文明素质有很大提高。随着走出山门的城乡居民越来越多，国内外大量信息多渠道、全方位交流传播，迅速拓宽了人们的视野，增强了人们开放意识和创业意识，“重商主义”愈趋浓厚，出国人员把财富带回家乡的同时，也把依法纳税、遵守公共秩序、乐善好施等国外文明理念带回家乡。许多事业有成的出国人员资助贫困学生上大学，捐资修筑家乡路、桥等公益事业，2002年，明溪“6·16”洪灾，海外乡亲踊跃捐款近20万元；汶川地震，匈牙利明溪商会组织乡亲捐款40多万元，意大利明溪联谊会领导成员积极组织捐款，成员每人自己捐款1万元欧元；美国华商会会长、美国龙胜行集团暨中国城超市集团董事长兼总裁邓龙（1990年赴美，1995年创立美国龙胜行集团，2003年8月获《世界华商》杂志评选为世界杰出华商400强，2004年当选美国华商会会长，2005年获“亚太最具创造力之华商领袖” 殊荣）在母校永安职专设立邓龙奖学金，每年提取3万元利息，奖励品学兼优的学生，出资捐建的永安洪田中心小学“邓龙楼”，占地150平方米、建筑面积450平方米；事业有成的曾春根乐于公益事业，每年捐资1万元资助贫困大学生完成学业，资助盖洋学区困难学生学习用品2万多元，汶川地震捐资9万元。在热心的出国人员带动下，捐资助学、捐赠公益事业、优待老人、文明用语等在全县蔚然成风。农村居民生活改善后，其文明素质也发生了变化，家庭卫生条件和绿化水平不断提高，逐步改变了脏、乱、差的落后面貌。在明溪出国人员新建住宅里，从高档的卫生间用具，大片的落地窗的设计，到楼房内外典雅色彩布局，无不令人感叹在短短数年内人们从卫生意识到审美观念的巨大变化。国外子女出钱让留在家乡的长辈前往国内、国外旅游度假，已成为明溪的新风尚。侨乡侨村出现了许多新人新事，许多村委会聘请出国返乡探亲人员当工作顾问，按新思维、新理念办事，提高了办事效率。出国人员较多的沙溪乡梓口坊村，在出国人员的言传身教下，村民们主动缴纳各项税费，重视语言美，以粗言秽语为耻，在新农村建设中，请了省村镇建设发展中心设计新村蓝图，规划新房124幢，户均建筑面积为348平方米，多数采用独门独户的欧式建筑模式，绿化率高达41.7%，村民审美观念发生了质的变化，梓口坊村先后被评为省级明星村和市级小康示范村，成了明溪乡村的一个缩影。

补 遗

第二次国内革命战争时期归化(明溪)中央苏区

一、归化的国民革命运动

（一）五四运动在归化的反响

1919 年，北京爆发“五四”反帝、反封建爱国运动，拉开了中国新民主主义革命的序幕。5 月中旬，“五四”运动的消息传到归化，县城青年学生、市民和各界人士群情激奋。此时，县立高等第一小学的师生，联合社会各界人士，声援北京学生的爱国斗争。6 月，归化县高等第一小学高年段学生吴详谦等人，发动全校 100 多名师生举行罢课、示威活动。

1925 年 6 月 25 日，县城区商人、市民、学生联合组织在县府广场举行声讨帝国主义罪行大会，宣传中共中央发表的《为反抗帝国主义野蛮残暴的大屠杀告全国民众书》，又一次举行了大规模的示威游行。

（二）北伐军入归化

1926 年 7 月，在中国共产党的影响、推动和组织下，国民革命军在广东正式出师北伐，东路军总指挥何应钦率部向福建进军。北伐军进入归化，受到各界群众的欢迎。各阶层群众、学生上街游行，热烈欢迎北伐军的到来。12 月底，归化县公署解体，县知事袁世墉潜逃将乐。此时，国民党福建省党部筹备处（主任委员丁超武）派左派人员到归化，筹建归化县党务筹备处。筹备处成员有胡灼如、蔡威、罗宗伊 3 人。接着成立了县农会、工会、商会等群众团体。

蒋介石在上海发动“四一二”政变后，闽西发生了“五七”清党。通缉共产党和国民党左派人士。县党务筹备处被捣毁，一些群众团体被解散、禁止活动。喧啸一时的国民革命运动有如昙花一现，很快又销声匿迹了。

（三）归化农民运动的兴起

归化属汀州管辖，所以归化县的农民运动是随着闽西革命斗争的发展而掀起的。1926 年冬，北伐军入闽，一批共产党员随之回到闽西开展革命运动。1927 年 3 月 23 日，在上杭县开办了“汀属八县社会运动人员养成所”。第一期从上杭、长汀、武平、永定、连城、宁化、清流、归化等 8 个县吸收共产党员、共青团员和青年积极分子 160 人参加学习训练，其中归化县有张隆友、罗福钦等 20 人参加了学习。1927 年 7 月，社会运动人员养成所学员在城区成立“归化县农民协会筹备处”，由城东赖水金、城北傅荣华、南门张隆友、范水珠等委员组成。县农协会组织进步青年对城乡人民的生活状况进行调查。认为各姓宗祠、庙堂占田不少，群众迷信思想颇重，便开展了声势浩大的无神论宣传活动，通过捣庙宇，拆神牌，毁菩萨，向广大群众宣传神灵是不存在的，只有人民才能自己救自己。县农民筹备会还组织青年在县城开展了禁赌、禁嫖、禁抽鸦片，以及反抗征收苛捐杂税活动。

县农会除组织农民起来进行“二五”减租、统一度量衡斗争行动外，还组织会员开展生产合作运动，如在城区创办合作社，组织城区农民开垦荒地3.34公顷。归化城乡“二五”减租和取消苛捐杂税得到了部分实现。以上情况证实，当时归化县劳苦大众开始起来革命斗争了，初步显示了归化人民的革命力量。归化农民运动的兴起，也正如毛泽东在《湖南农民运动考察报告》中指出的那样，它把几千年的封建地主阶级的特权，打个落花流水，造成了一个空前的农村大革命。

二、归化地方党组织的发展

（一）新思想新文化在归化的传播

1928年，邱文澜、黄孔嘉、黄孔慈、伍琨、叶正芳、杨学培等在省立七中初、高中部读书的归化籍学生，组织同乡会，经常阅读《拓荒者》《创造》等进步书刊，创办《珩声》刊物（用县异称珩溪取名），抨击旧社会的黑暗，报道闽西群众斗争，宣传进步思想。《珩声》源源不断地寄回归化，散发到人民大众中传阅，激发民众关心乡梓，对传播进步思想起了很大作用。共产党员王仰颜、黄亚光见学生们学习和工作积极热情，敢与黑暗势力作斗争，在学校遂介绍黄孔嘉、邱文澜、黄凯、黄谟等人加入共产党组织。邱文澜入党后，利用假期回家乡，宣传革命形势，启发农民觉悟，秘密进行党的活动。

同年，在长汀乡村师范初师、普师班读书的张国华、杨芳、曾兆兴、刘蔓云等10多位归化籍学生，积极参加由共产党创办的“文学研究会”，不断从《中国青年》《响导》等刊物中吸取新文化新思想。此时，经共产党员黄亚光、黄履忠、阙宝兴等介绍，又有张国飞、叶鸿飞、杨芳、曾兆兴等人先后加入共青团和共产党组织。邱文澜、张国华、杨芳、蔡福钦等人在省立七中和新桥乡村师范毕业后，毅然投身革命，参加了入闽的红军队伍。后来，有几位同志曾在红军和创建地方党组织中成为一名优秀的革命领导干部。

（二）归化县党组织的创建和发展

1928年，罗明接受福建省委的委派在闽西各地传达和贯彻中央“六大”会议精神，使闽西党组织统一了认识，坚定了革命的信心。1929年3月8日，中共福建省委在《关于闽西政治经济状况与今后工作方针的决定》中指出，闽西偏北的“连城、清流、归化等县尚未开始党的组织”，“我们党在目前的任务，首先要恢复党与群众的组织，同时发展这一新的区域”。4月20日，中共福建省委在《闽西最近情况及省委对闽西斗争估量与指示》又提出“闽西的工作应以上杭为中心，尽可能地向新的区域发展，如连城、宁化、清流、归化等县”。根据省委的指示，派邱文澜回归化开展党的工作。

邱文澜回到归化后，在家乡盖洋、县城雪峰等地，通过亲友、同学关系，结交知己，进行革命活动，宣传革命形势，启发农民觉悟，组织秘密工农会，积极进行建党工作。根据上级党组织的指示和已有的工作方法，“党的发展以学校青年为中心，农民组织以乡村小学为中心”。首先，以归化县城新民小学为阵地，组织学生会；其次，在城西夫人庙办起“同福社”等团体。以禁赌戒烟为名，聚集青年师生和贫苦民众，指导他们学习进步书刊，宣传革命道理，采取秘密或公开合法的形式，发展工农会会员，在工农会基础上，秘密发展共产党员，同年建立归化第一个共产党组织——中共归化城市小组。直属中共汀州（长汀）县委领导，后改隶中共宁清归工委领导。

归化党的工作，起初是党团与群众组织混合在一起，因而关系极不正确，工作分划不清楚，基础也较弱，且组织不健全。为纠正以上党务工作的缺点，1929年冬，在中共闽西特委的关心下，及时地从闽西红四军部队中选派了一个归化籍的同志，加强归化党务工作。

1930年初，毛泽东率领红四军二纵指战员路过归化境内，坚定了归化县人民的斗争信心，进一步点燃革命的熊熊烈火。这时，随红四军入归的归化籍青年和在外地求学的部分党员陆续回县。3月18日，闽西第一次工农兵代表大会在龙岩召开，选举了闽西苏维埃政府。规划清流和宁化等各县党组织，各选派3名秘密工农兵代表出席大会。在闽西工农兵代表大会精神鼓舞下，为进一步汇集一切斗争力量，促进革命高潮的到来，紧密地依靠“县行动委员会”，建立“中共归化县城市特别支部”，邱文澜任书记。

1931年7月上旬，工农红军首次解放归化，省委派出肖恒太等为首的红军工作团随驻归化县城，在红军的帮助下，归化县11月成立“中共福建省归化县工作委员会”。肖恒太任书记。县委设组织、宣传和妇女等部，下设东南、西北、华枫、鳌龙、雪峰城市5个区委、中心支部。

为加强宁化、清流、归化地区党的领导，同年9月，中共闽粤赣省委领导人刘晓、张鼎丞等亲临宁清归视察，同时指派王兴旺、吴富莲、郑国勋、王昭沛等20人组成的工作团到宁化，以宁化南部的曹坊为中心区，抓紧闽西偏北部一带区域的中心城市（如曹坊、南城堡、禾口、淮土、李田、雪峰等），以及水陆交通要道的乡村进行党的工作，发展组织，建立了“中共宁清归工委”，王兴旺任工委书记，领导宁化、清流和归化3个县党的工作。随着宁清归苏区的形成和宁清归地方武装的发展壮大，中共中央局十分关注这一新胜利区域，指出“要用一切力量来发展和巩固苏区。在战略上重要的区域，如闽之建宁、泰宁、宁化、连城、归化、清流等县，集中在这些县中创造有力的中心县委，以领导其他县委”。为迎接3月中旬，中共闽粤赣苏区党的第二次全省大会的召开，2月间，中共归化县委和少共归化县委正式成立，并相继建立雪峰城市和东南、西北区委、中心支部及部分乡村支部。此时，为加强对宁化、清流、归化党的集中统一领导，强化闽西北部各县的政治、军事、经济力量。1932年初春，中共闽粤赣省委决定以宁化为中心县，成立“中共宁清归中心县委”亦称中共宁化中心县委，书记霍步青、组织部部长郑国勋，宣传部部长廖有銮；少共中心县委书记高一致、罗启明。从此，在中央局、省委、中心县委和县委领导下，归化苏区历史揭开了新的一页。

1933年7月初，东方军入闽西北，部队第一时间收复归化城，解放归化全县。为粉碎敌人第五次“围剿”，巩固苏维埃政权，东方军立即留下部队工作团，福建省苏维埃责成内务部派出巡视员在归化县指导地方政权建设和进行土地革命工作。这时，归化县委贯彻省委《关于做好苏区各项工作给各级党委的指示》有关“发展党与改造党的工作方针”要求，较注意质量地在各个斗争中发展党的组织，注意从城乡的工人、雇农、苦力及纸业、烟工和妇女、青年中发展忠实、活泼、勇敢和坚决的积极分子入党；大胆地吸收当地干部，引进工农群众中的积极分子参加政府和群众团体组织工作。归化县委贯彻中共闽粤赣省委《给各级党委的指示》，利用1933年12月5日广暴纪念节和年底的活动周，在全县区乡党组织中连续举行2个“征收党员活动周”，执行省委的工作计划“在年底前，全省发展党员数一万名，其中归化县、清流县800名，宁化1000名，……”这时，归化县党的建设进入一个新的发展时期。在县委领导下，全苏区的苏维埃选举工作、土地分配工作、扩大红军工作进行得轰轰烈烈。党组织在领导人民反对敌人发动的“围剿”，保卫苏区的斗争中，发挥了核心作用。

1934年4月，国民党军进攻归化城，妄图突入中央苏区内地。这时，中革军委电令归化警备区“医院、兵站全部于早四时离开归化城，分区武装要配合七军团节节抗退，使七军团在敌侧后方打击和消灭敌人”。战区和县委负责人接到电报时已四时半，战事紧张，即令地方部队将伤病抬运后方，因此未能配合七军团作战，敌人也乘虚而入，占据县城3天，后经十二军和独立七团配合七军团与敌人激战，再次夺回归化城。这期间，上级处分了战区领导。县委书记黄火星，整顿了县委工作班子。

紧接着5月间，归化苏区由福建省苏维埃政府划归闽赣省苏维埃政府管辖。在战争紧张中，党组织领导苏区连续多次开展了党、团和扩大红军等突击运动，按省委的部署要求，归化县委指导鳌龙、华枫和雪峰城市等区委及各支部，认真地进行了夏季突击发展党团运动，仅2个月，归化全县发展党员150名，发展团员200名。全县设立5个区党委，重点乡村和行业工会及游击队都建立了党支部。

归化的党组织，是在红军工作团帮助建立地方政权和群众团体组织的同时，领导乡村农民。城市工人在打土豪分田地，与国民党反动派作坚决的斗争中巩固和发展起来的。

党的组织建设。土地革命时期，由于战争环境，归化苏区常处于敌我争夺失复的拉锯式状态中，党的一切建设工作都是为了斗争的需要，党的组织工作是秘密的。发展党员的对象和条件，主要是通过党员在各项革命斗争中，去征收受压迫，受剥削，苦大仇深，对党的事业忠诚，斗争坚决，工作积极，有牺牲精神，群众中有威信的积极分子。发展党员的办法是个人的吸收，一般采取口头申请，党员介绍，由党支部委员会审查，经过地方党员大会通过，报上级党组织批准。党的组织建设曾强调阶级成分，勇敢精神，党员中工人、雇农成分占40%，半无产阶级的贫农占60%，培养发展的妇女党员少。这也是闽西苏区党组织的普遍现象。县区党组织的发展工作，都是在上级党委统一发出指令后，以红色五月为集中的突击力量时期，自上而下抓紧发展党员。

党的思想建设。支部活动，按照上级党委宣传部门下发的《理论学习讨论题》，开会讨论工作，讲政治和党的决议与策略，以及马克思、列宁主义的基本知识；办训练班，对党员进行思想教育和纪律教育；组织列宁小组，读党报党刊，如《斗争》《红色中华》等，提高党员对时势和党的各项工作的认识，指导党员进行实际工作。

党的作风建设。各支部建立支书和组织、宣传、妇女委员，各委员会明确分工，进行日常的工作。党内生活实行民主集中制原则，以《怎样做好一个共产党员》为主要内容，进行自我对照。要求每个党员必须遵守党的纪律；牺牲个人；勇敢参加战斗；对党忠诚；随时随地宣传群众、组织群众；努力做好党的一切工作；严守秘密；按时出席会议活动和缴纳党费；勤学革命理论；打破宗族观念和家庭观念；打破地方观念和雇用观念；打破领袖观念和迷信观念；不贪污腐化；能明了政治；接受组织批评；永不叛党。强调党员干部参加生产劳动，关心群众生活，为群众办实事。强调党员讨论党内重大问题时，做到“知无不言，言无不尽”，少数服从多数。强调和培养党员开展批评与自我批评的作风。

通过上述行之有效的措施和办法，苏区党风端正，社会风气好。在当时极端艰苦的环境中，党员干部能自带饭包去工作，能奋不顾身地保护群众利益，领导群众完成党的中心任务。党组织不断得到巩固和发展，成为领导革命和生产的核心。

土地革命时期，归化县委主要领导人都是省委指派来的。1934年春夏，为加强对归化县党的工作和县苏维埃政府工作，省委又先后指派肖来芙、温含珍任县委书记。在此后一段时间内，因第五次反“围剿”，地方战事频繁。党组织坚持发动群众，配合闽赣省军区第一作战分区作战。为坚决彻底肃清县边境的地主武装和巩固苏区，6月，县委印发扩红宣传，“紧急动员起来，武装上前线！”各级党支部、苏维埃机关的党员带头参加红军，上前线作战。并动员群众筹集粮食1000余担，支援红军。县委还认真贯彻闽赣战地委员会《给各级共青团与少先队的指示信》，指导发展团和少队工作。中央主力红军退出苏区后，县委根据游击战争的需要，组建县游击队，坚持在农村组织群众进行游击斗争。归化党的工作，当时，由于存在着依赖红军来做工作的思想，加上地处苏区的边沿，在主力红军一撤离县境后，敌强我弱，实力悬殊，11月初，敌人占据县城，并对苏区进行残酷的“清剿”，县游击队和机关工作团人员撤退到县北山区游击，与敌人一直周旋到闽赣两省交界的山地。当时，在与上级党组织失去联系后，处于盲目行动，最后被敌人包围，除少数人突围外，大部分壮烈牺牲。

三、归化苏区的建立

（一）红军首次入归化

1929年1月，中国工农红军第四军在毛泽东、朱德等同志率领下，离开井冈山，向赣南、闽西进军。在打开赣南的革命局面后，3月11日首次入闽，14日攻占汀州。7月21日，中共闽西第一次代表大会召开后，闽西党组织决定“扩大游击区域到闽西偏北的连城、清流、宁化和归化等地”。12月，红四军第九次代表大会（即古田会议）之后，为粉碎国民党第二次三省“会剿”，红四军重新部署了争取江西，同时兼及闽西、浙西的斗争，决定从闽西回师赣南。

1930年1月3日，朱德率领红四军第1、3、4纵队，从古田先行出发，北击连城，顺利向清流、宁化县挺进；7日毛泽东指挥红四军第2纵队，完成阻击敌刘和鼎部，掩护主力出击江西任务后，按预定计划，向连城、清流、归化县挺进。16日上午，红四军第2纵队进入归化县的西部地区。这次行军，红军是选择走雪后泥泞溜滑的山路，队伍由清流县林畲到归化县盖洋的盖竹洋和张地，后直抵红松岭的夜光凹和林家山。午后红军分成两路继续挺进：一部分队伍经土楼、村内，另一部分队伍经王思坑、大坑、画桥、桂林。两路队伍汇集葫芦形，后经张良、雷西，出盖洋，转宁化县去江西东韶。红军部队所到之处，纪律严明，秋毫无犯，不拿群众一针一线，买卖公平，说话和气，积极宣传群众，号召群众武装起来闹革命。当时，就有部分青年自动跟随红军去。当年，毛泽东在崇山峻岭、密林峡谷的羊肠小路行军途中，触景生情，吟咏气壮山河的光辉辞章《如梦令·元旦》。

红四军路过宁、清、归区域，沿路传播革命火种，推动了宁、清、归革命斗争的发展，从而使闽西红色苏区的版图巩固和扩大到闽西偏北部的宁清归一带。1930年2月6日，闽西苏维埃政府筹备处召开会议，颁布《闽西工农兵代表大会苏维埃代表选举条例》，根据“总纲”规定，归化、清流和宁化各县党组织都选派3名秘密工农会代表，出席了3月18日在龙岩召开的闽西第一次工农兵代表大会，大会一致选举邓子恢为主席，热烈祝贺全闽西人民自己的红色政权。中华苏维埃闽西工农民主政府的成立和福建工农红军的组建，标志着归化和清流、宁化等县在内的闽西革命根据地正式形成。

（二）红军在归化筹款工作

1931年1月，第一次反“围剿”胜利后，红一方面军为防国民党军组织更大规模的“围剿”，决定在江西和福建的边界区域，加紧发动群众，筹集经费，开辟新区，创造战场。2月，谭震林、罗炳辉率领红十二军两个团，再度占领宁化，同时分兵直入清流，并来到归化县西北部盖洋、枫溪和夏坊等地，追击地方刀匪，扩大红色区域。6月20—22日，总前委又先后召开总前委扩大会议、常委会和第九次会议。研究有关军需方面工作，要求会后红军主力部队向闽西北移动，迅速分散筹集110万元。当时，红四军13师（师长粟裕，政委高自立）进入归化县的胡坊、冯厝、柏亨、福西、下汴、余坊、岩前和沙溪等地，发动群众，开展了“不完粮，不完土豪的债”抗租抗高利贷的斗争。7月初，红四军第10师（师长王良、政委李赐凡）、第12师（师长萧克、政委张赤南）、第11师（师长曾士峨、政委罗瑞卿）、第13师（师长粟裕、政委高自立）和红十二军（军长罗炳辉）等部队陆续挺进归化城。国民党归化保卫团无力抵抗，归化县首次解放。

红一军团的红四军在归化城乡筹款工作取得了很大的进展。在红军的帮助下，7月5日建立了归化县临时红色政权——“中华苏维埃共和国归化县工农革命委员会”，蔡福钦任主席。县贫农团、农会、工会以及城乡革命委员会、贫农团和赤卫队等群众团体相继建立和发展，全县普遍开展打土豪运动，归化的部分地区还分了田，而且在归化城乡发展游击队和赤少队，吸收一大批青年参加红军。

红军开辟归化新区期间，6—9日，红一方面军大部队陆续进驻归化城。这时，毛泽东、朱德等同志亲临归化，视察指导新区域的革命工作。毛泽东住在归化城北郊鱼塘溪畔的“四贤祠”，朱德住在城东郊坪埠谢厝湾村吴家大厝靠水井边的右厢房。毛泽东在归化视察期间，除指挥部队外，十分重视地方工作。为了解归化县情和乡风民俗，他一到归化，当晚就向县民众教育馆借阅了《归化县志》，并深入群众中询问归化肉脯干制作和价格情况，还在四贤祠召开贫苦工人、农民代表座谈会。第二天，毛泽东、朱德在坪埠村口柿子树下草坪召开群众大会。期间，毛泽东还进行了有关归化造纸业、商业政策的调查工作。红军在城乡张贴布告，刷写标语，向广大贫苦民众宣传建立自己政权，深入进行土地革命的必要。

为粉碎国民党军队对苏区发动的第三次“围剿”，红军主力于7月中旬撤离归化，回师赣南。9月间，在取得了第三次反“围剿”胜利之后，红一方面军一部又进入宁清归，再次收复各县县城。闽西与闽西北区域的打通，从此，赣南、闽西两块苏区连成一片，并使中央革命根据地的发展达到20余个县的范围。

与此同时，省委派出工作团到宁清归，配合红军加强宁清归苏区党和政权的建设。9月底，中共福建省宁清归工委的成立，标志着宁清归苏区正式形成。1931年11月7日至20日，全国苏区工农兵代表600余人，在瑞金召开第一次全国工农兵代表大会，正式成立中华苏维埃共和国临时中央政府。从此，归化县列入中央苏区版图，成为中央苏区21个组成县之一。

（三）县苏维埃政权建设

归化县苏维埃政权，是在工农红军进入归化后，在红军部队的支持和帮助下建立和发展起来的。

1931年7月初，红一方面军第一军团第四军和第十二军部队，击溃在归化城和县东南、县东北及西北区各乡反动保卫团。建立各乡革命委员会、赤卫队，如龟山、坪埠、王桥、胡坊、夏阳、旦上、地美、溪口、画盖、华枫、小珩、鳌龙、李沂、苎畲等乡和雪峰城市革命委员会。在红军的帮助下，5日，建立归化红色政权——“中华苏维埃共和国归化县工农革命委员会”。先后担任主席的有蔡福钦、赖水金。

由于受国民党的造谣煽动，所以红军初进归化时，许多群众对红军不了解，给发动组织群众造成了一定的困难，使革命工作的开展受到一定的影响。红军进驻归化后，通过宣传十大纲领，共产党的政策和红军宗旨，红军执行铁的纪律，对群众利益秋毫无犯，拿出自带的粮食和打土豪没收来的衣物送给群众，使群众逐渐消除恐惧心理，山区群众感到红军是穷人自己的队伍，都纷纷回到家里，亲近自己的队伍。经过再三深入的宣传发动，斗争气氛日益高涨，大批积极分子首先组织贫农团、赤卫队，为红军带路，替红军送消息，有的配合红军查抄了当地土豪劣绅的家产。其间，在上庙坪、夏阳圩上、胡坊老街、画桥老圩小街等处开大会，斗争土豪劣绅，焚烧田契，然后分发粮食和衣物，凡到会参加的群众都分到了猪肉若干斤，或衣服、装饰品，或用具和农具等。9月，红军主力一撤离归化，刚刚萌芽的部分红色乡村政权，又遭到国民党军队的破坏。

1932年6月，红十二军34师35团攻占归化城，在城西惠利桥附近设团部，团长曹金率领部队在境内扫除地主武装。8月，独立7师在归化县进行游击活动，多次打败卢兴邦和马鸿兴的骚扰，归化县委配合红军部队进一步恢复了城乡的红色政权，开展了区乡的分田工作。

1933年初，王明等“左”倾机会主义者在福建苏区开展反“罗明路线”斗争，认为宁清归的党和苏维埃政权不是执行党的“进攻路线”，而是执行“罗明路线”的工作方式和方法，个别领导人在敌人进攻时“实行退却，逃跑主义”等等，各县党政军领导干部受到严厉的斗争和打击，有的被调走，有的被撤职。错误的党内斗争结果削弱了苏区各级政权的革命力量，对于反对国民党正在进行的第四次“围剿”的斗争也产生了极为不利的影响。3月间，敌人占领归化城和县东南部分区域，归化县政权机关被迫隐蔽，移到县西北部农村活动。

1933年7月，东方军进入闽西北，在宁清归苏区作战，在围攻宁化县泉上土堡的同时，首先克复归化县，从而解放了归化、清流全县和宁化东北大片土地。8月初，福建省苏维埃第四次执委扩大会议召开后，立即抽调了省工作团200多人深入宁清归等县苏区，在“一切为了战争”的口号下，归化苏区人民配合主力红军和中央及省工作团，迅速地解决土地问题和劳动法令，加强农民协会、工会、赤少队和妇女会等群众组织，发展地方武装，紧张地进行全县的选民登记工作和县乡各级选举运动。10月底，归化全县已有县东南、县西北、华枫、鳌龙和雪峰5个区、城市苏维埃政府，130多个乡、村苏维埃政府或革委会。在符合中华苏维埃组织法规定的基础上，1933年冬，在县城北门张家大厝召开归化县第一次工农兵代表大会，选举县苏维埃代表会执行委员13人，成立归化县苏维埃政府，1934年1月6日，省苏维埃政府授匾牌和印章，“中华苏维埃共和国归化县工农兵政府”正式对外办公。县苏主席叶鸿辉，副主席张国华。县苏政府设秘书、土地、军事、财政、粮食、裁判、文化、交通、工农检察等部和政治保卫局、邮政分局等。最基层的红色政权，乡苏维埃政府也设立了各种经常与临时的委员会，如扩大红军委员会、分田委员会等等。这时，县领导还出席了第二次全国工农兵代表大会。

归化县第一次工农兵代表大会的召开和县苏维埃政府的成立，标志着归化革命斗争进入了全盛时期。在省委、中心县委和县委、县红色政权的领导下，打土豪、分田地，扩大红军和支前工作，经济建设和文化教育，保卫红色政权工作等的全面开展，都做出了出色的成绩。

县第一次工农兵代表大会期间，县苏执委会向全县人民提出了建立健全各级苏维埃组织，加强军事政治训练，巩固红色区域，注意解决社会经济问题，发展生产和文化教育等项战斗任务。通过《政治任务决议案》《政权问题决议案》等。县执委会制定《苏维埃的组织和工作》，规定苏维埃的职权：一是制定一切法令，二是监督和检阅苏维埃政府的工作，三是选举执行委员会及撤换县苏维埃政府不称职的办事人员。另外，对党与苏维埃关系问题，明确规定党是苏维埃政府的领导者，防止出现苏维埃政府不接受党的领导的倾向。

县苏维埃政府建立健全内部工作机构，设立土地部、财政部、劳动部、军事部、工农检察部、裁判部、国民经济部、文化教育部、粮食部、内务部、交通部等工作机构。此外，为了加强镇反与社会治安和肃反工作，设立由国家政治保卫局垂直领导的国家政治保卫局福建省归化县保卫分局。

在政权建设中，领导干部带头清廉，苏维埃政府工作人员廉洁奉公，不领薪俸，每月伙食费不超过 4.5 元，零用钱 2 元，政府领导干部都能坚持党的原则，忠于革命，诚恳地为战争服务，为人民办事。在苏维埃政府的领导下，苏区稳定时期，生产发展，群众负担得到减轻，从而有力地推进革命战争的胜利。

（四）群众团体的建设

归化苏区开创后，归化人民在中国共产党的领导下，先后建立工会、农民协会、贫农团、共青团、儿童团、妇女解放委员会、反帝拥苏大同盟、互济会等群众团体。

1.农民协会

归化的农民协会经历土地革命初期三起三落。到红四军入归化前后，又蓬勃发展起来。1933 年，全县各乡村都普遍建立农民协会，而且成为乡间的行政机关。它的组织成员是雇农、贫农和中农。党通过农民协会组织领导农民，配合红军打土豪分田地，向富农豪绅筹粮筹款。1931 年夏，县乡各级苏维埃政权就是以农协为基础建立的。农村苏维埃政权建立后，进一步贯彻依靠贫雇农，联合中农，消灭封建阶级的斗争路线。贫雇农成为农民协会的骨干，各乡成立贫农团，由 3~5 人的委员组成，是农村苏维埃政权最可靠的柱石。贫农团的主要工作是：讨论地主豪绅的土地、房屋、农具和富农多余的土地及耕牛，农具、房屋等财产的没收与分配问题；讨论农业、林业生产运动；讨论救济灾荒、群众卫生防疫、优待慰劳红军及帮助红军家属耕田；讨论苏维埃选举运动；讨论扩大红军、赤卫队、少先队、儿童团和运输队的伕子等问题。所以，贫农团建立后，农村党组织未公开的党员就以贫农团委员的身份进行活动，有力地促进农村土地革命的发展。

2.工会

工会组织，当时不如农会的规模大。主要原因是归化没有现代化工业基础，大多是手工业作坊。归化幼年党组织在白色恐怖时，未能及时地对秘密的工会组织转为公开组织，也未能及时地吸收先进分子入党，因“忽视城市工人斗争的领导”，所以，出现工人斗争长期消沉下去的现象。1931 年和 1933 年，在红军配合下，县委和苏维埃政权发动城区工人重新组织工会、扩大工会。当时，城内有铁器、竹木、棕棉，理发、缝纫、纸业、泥水、店员学徒等基层秘密工会。秘密总工会一个，人数约 300 人。归化工运以城区的铁器、竹木和理发业为最佳。县委经常到工人中间宣传党的主张、任务及现阶段斗争的纲领，阐述红军游击战争、建立苏维埃、土地革命与工人的切身关系，提出工人斗争的口号，领导工人进行各种政治和经济斗争。1934 年 4 月，城区全体工人在总工会领导和红军配合下，向老板开展斗争，要求实行 8 小时工作制，增加工资，争取实现劳动法。大部分造纸作坊恢复生产，工人失业问题得到解决，并且有更多的时间参加革命活动。工会会员积极参加生产和经济建设，为巩固和发展革命根据地的经济而斗争，最突出的贡献是团结教育工人，扩大红军，创建地方武装，积极支援前线，参军参战保卫苏区。第五次反“围剿”时，工会会员以理发、缝纫为掩护，坚持秘密情报工作，袭击地方民团。工人组织纠察队，维护城区社会治安，协助苏维埃政府镇压反革命，维护工人利益，向店老板斗争；为地方培养输送革命骨干，巩固和加强工人阶级在革命生产中的领导地位。在归化工人运动史留下了光辉的一页。

3.共青团（少共）

1928 年，归化进步青年在闽西等地刻苦学习，接受新思想新文化，团结广大青年学生投入革命，组织读书会，同乡会，创办《珩声》等进步刊物，成为青年运动的先锋。积极发展共青团员，建立团的组织，使归化成为三明地区最早建立共青团组织的县份之一。1932 年春，按照少共省委的要求，成立少共归化县委，书记傅自强。后由肖来荚、邹启常、张兆堂担任。少共福建省委曾于 1933 年春派出伍洪祥等人到宁清归各县检查指导共青团工作。归化县在共青团（少共）宁清归中心县委领导下，全县区、乡团的组织和青年工作有了较大的加强和发展。各级团组织设立宣传、组织、少先队、儿童局、部或委员，各级党委、军事部门的领导亲自兼任团（少共）书记，具体指导团的工作。少共县委下辖雪峰城市，县东南，西北及华枫、鳌龙等区委，建立了全县乡村、机关、工商（店员）、武装等 35 个团支部，团员 500 多人。

在五次反“围剿”的紧急状态中，归化县广大青少年，服从时局和战争需要，一批批地甚至整个团支部参加红军，上前线去，英勇地保卫苏区；在生产建设中成为完成党的各项中心任务的先锋模范。

1934 年 5 月，在扩红运动中，由于一批批、甚至整个团支部的团员加入红军上前线后，归化团的工作正常开展的支部仅有 5 个，团的发展工作缓慢。6 月 30 日，闽赣战委《给各级团与少队同志的一封信》指出“及时地吸收最广大的青年工人、雇农、贫农、革命的中农分子加入共产青年团。分配各县的突击数字：归化 200 人，清流 300 人，泰宁 200 人，建宁 200 人，均口 150 人，高田 200 人，澎湃 350 人，泉上 400 人，宁化 900 人，省机关 50 人，全省 3000 人。限于 8 月 15 日前完成任务”。1934 年夏，为加强苏区团的建设，根据省委《共青团的几点意见》，少共归化县委抓紧雪峰城市中心支部和各区乡团的工作，掀起发展团员的工作高潮，积极开办了短期流动训练班，组织新团员学习《青年团员读本》，乡村支部建立游戏场，组织演新剧、做游戏、唱山歌等竞赛活动，使团员队伍成为一支武装组织，又是宣传队组织。雪峰城市中心团支部成了全县的团模范中心支部。

4.妇女解放委员会

妇女解放委员会是苏区广大妇女群众的革命组织。第五次反“围剿”时，归化处在中央苏区的对敌斗争前沿，广大男青壮年参加红军上前线去，妇女担负着生产工作和支前工作。各级党和苏维埃政府能把妇女工作放在重要的地位。县委设立妇女部，团委设立青妇部，县苏维埃政府建立妇委会。区建立女工农妇代表会。归化县妇委会主席，先后由吴小文、邱惠莲、严凤文等担任，她们都是当地人，是带头“剪掉髻子当红军”的妇女运动领头人。在党和苏维埃政府领导下，归化苏区妇女积极参加工会，农协会、贫农团、赤少队；参加苏维埃政府工作。红军部队几度进入归化，城乡妇女冲破旧封建旧礼教的束缚。积极参加社会活动，组织慰劳队、募捐队、宣传队、洗衣队、看护队、帮耕队、组织妇女入夜校学文化，鼓励丈夫、兄弟、儿子参加红军，给红军编草鞋，缝洗衣服，送茶水，送菜、送盐，掩护红军、游击队伤病员等，做了大量的支前工作和拥军优属工作，在生产战线上发挥作用。经过革命斗争洗礼，妇女的政治觉悟和工作水平不亚于男人，涌现出一大批妇运优秀分子和县、乡妇女领导干部。

归化苏区的广大工、青、妇群众，在县委领导下，积极投入土地革命斗争，成为党的有力助手，为苏区人民的自由、解放，做出了卓越的贡献。

（五）地方武装的建设

武装斗争是中国革命的主要形式，进行武装斗争，必须建立无产阶级领导的军队。“扩大人民武装的路线是由乡赤卫队、区赤卫队、县赤卫总队，地方红军直至正规红军这样一套办法”。红四军领导人的军事建设思想，对闽西，尤其是对归化和宁清归革命斗争的开展和坚持，起了很大的指导作用。

红军入归化时，各乡相继成立农民武装，配合红军消灭民团和大刀会。归化县工农革命委员会一建立，县党组织就把扩大红军，加强武装建设，武装苏区工农群众，粉碎国民党的“围剿”，作为党的中心工作和经常的战斗任务。1931 年 7 月，红军在归化地区筹款工作，各乡村相继成立赤卫队和县游击队。此后，县委以县游击队为基干，并从各区乡中抽调一部分武装，成立县赤卫总队。1932—1933 年，在宁清归军分区指导下，整编组建归化独立营，后改称独立团。1933 年苏区中央局号召：“为了争取革命战争的胜利，所有工农劳苦群众武装起来，加入赤卫军少先队”，“创造一百万铁的红军”。县成立少先队、儿童团组织，进一步充实县独立团到 300 人，扩大游击队。并对军事组织的编制及任务作了明确的规定。

游击队按军分区要求从各县赤卫队中选出自愿参加者经过军事训练后，组成县区乡常备游击队。游击队的编制、训练、政治委员制度及其党团组织均与红军相同，可随时随地应征到前方作战。

赤卫队是不脱离生产的区乡群众性的军事组织，凡是年龄 18~40 岁的男女公民都有加入赤卫队的义务。城市以工人为主，单独成立工人模范排；县级机关工作人员、区乡工作人员全体加入赤卫队；青壮年党员加入模范营。赤卫队在配合红军作战中，起到了一定的作用，他们最熟悉地形，主动当向导、巡查、侦察等活动，最能掌握和运用突然袭击的时机和办法，机智勇敢地为反抗敌人的“围剿”，成为红军不可缺少的助手。

儿童团。由 12~16 岁的少年儿童参加。村为小队，乡为中队，区为大队。其任务是组织儿童学文化、学军事，为苏维埃政府站岗放哨、盘查行人，送信、宣教鼓动、组织慰劳队、抓土豪等。县设儿童局、部。

少先队。是 16~25 岁的青年男女组成的基干武装队伍。县和区设队部，在苏维埃军事部统一指挥下，组织军事训练和担负军事任务，如侦察、肃反。同时开展“礼拜六”代耕义务劳动，战时与赤卫队合编成赤少队投入战斗。

县苏维埃政府设军事委员会，负责任命赤卫负责人，指挥地方红军赤卫队、少先队的行动，计划扩军与训练工作以及筹备军需枪械。在敌人进攻归化苏区前沿时，归化赤少队、儿童团为保苏区，保卫人民的生命财产安全做出了积极的贡献。

四、土地革命与经济、文教卫生事业

（一）归化苏区的土地革命

土地革命是苏区的各项工作中最早进行的一项工作。对于农业人口占绝大多数的归化，同样只有实行彻底的土地革命，改变封建的生产关系，打碎封建统治的经济基础，才能解放农村生产力，激发农民的革命热情，支援革命战争，巩固和发展农村革命根据地。因此，归化在建立苏维埃政权过程中，首先实行打土豪分田地的工作。

1931 年 7 月，红一方面军在归化建立红色游击区，就进行了打土豪分田地工作。红军总结闽西土地革命的成绩和群众首创精神，根据总前委毛泽东的指示，红军以宣传《十大政纲》和闽西《土地问题决议案》为主，县革委会配合红军组织各级农会，成立分田委员会，发动群众打土豪，宣布不还债不交租，没收土豪浮财，分给贫苦群众，焚烧田契借据，还把没收土豪、地主和富农的土地，分配给没有土地和缺少土地的农民。

1933年初，为实现革命在数省胜利的新局面，苏区中央局作了《关于在粉碎敌人四次“围剿”的决战前面党的紧急任务》指示，“立刻加强对新发展区域的领导，特别是在战略上重要的地区，如闽之建宁、泰宁、宁化、连城、归化、清流等县，集中在这些县中创造有力的中心县委，以领导其他县委，这首先是在肃清残余地主武装，解决土地问题，实现劳动法，建立苏维埃政权”。7月，东方军赤化全县，帮助创建县苏维埃政府，全县进行土地分配。在中共归化县委领导下，认真贯彻土地革命路线，归化苏区的土地改革得到进一步开展。其做法大致是：第一步，建立领导机构。在县、区、乡各级苏维埃政权设立“没收委员会”和“土地分配委员会”，负责领导、监督各区乡分田工作，受理群众意见，掌握土改政策，指导全面工作。第二步，宣传发动群众。县苏维埃政府举办骨干训练班，集中各区、乡苏维埃政府副主席、内务部长、农会主席、妇女主任和文书，参加学习《十大政纲》和《土改指南》，达到统一认识、统一要求；农村召开群众大会，以乡为单位，以农协会为阵地，以贫农团为主力，宣传党的土地政策，没收地主的浮财，如衣服、谷子、生猪和农具等，分发给群众，当众烧毁田契，迅速把群众发动起来。第三步，清查田亩。以乡村为单位进行土地登记，开群众大会，众人口报，接着由土地委员会成员查看田地，核实人口；划分成分，凡是以地收租放债不劳动者叫地主，地种不完出租叫富农，没田种叫贫雇农。张榜公布；宣布分田结果，制定分田方案，按各户所得田亩，在群众大会上通过。第四步，土地分配，标明田块。在每丘田头插上竹签或木牌，写明该田收获几担，归某乡某人耕种，同时，由苏维埃政府发给“耕田证”。

归化县委、县苏维埃政府在红军的帮助下，以及区、乡苏维埃政府干部的努力下，有华枫、鳌龙、雪峰等区在半个月至20天时间内，就完成了分配土地工作。广大农民分得了土地，新垦荒地，免纳土地税五年。农民土地所有权得到保证。农民革命热情空前高涨，早季生产比上年增加一成多。农副产品也增多。农民生活安定，盗匪绝迹，夜不闭户，这是农村土地革命的成果。但在土地改革运动中，还有部分乡村群众没有充分发动起来，个别偏僻小乡村表面上已经分了田地，部分农民对分到的田不敢收割；有的农民暗地里还向地主交租；有的豪绅地主利用村势力，宗族关系隐瞒土地；个别地主子女亲属混进苏维埃或农会，以政治欺骗或武力威胁农民，破坏土地改革运动。

（二）归化苏区的经济

“革命战争的激烈发展，要求苏区各县动员群众，立即开展经济战线上的运动，进行各种必要和可能的经济建设事业”。为把苏区建设成巩固的革命根据地，归化苏维埃政权建立后，首要的任务是打破国民党对苏区的军事“围剿”和经济封锁。归化是中央苏区的东大门，在第四、第五次反“围剿”战争中，红军主力部队驻扎在这里，归化人民一方面承担起红军军需物资的供给、调运，另一方面，加紧苏区经济建设，促进归化的经济发展。

1932年10月开始至1934年夏，归化苏区局势相对稳定，促使归化经济的发展达到鼎盛时期。归化苏区的经济来源主要有以下三个方面：

一是没收土豪劣绅的浮财。第三次反“围剿”胜利后，红四军和独立师在归化建立筹款、扩红工作区，成立筹款委员会，在城镇也设立相应机构，采取没收和募捐的形式进行筹款，发动贫苦农民打土豪，分浮财斗争，归化和永安两县半月按时完成了筹款40万元计划。

二是战利物资的缴获。1931年7月，红军第一次解放归化，缴获国民党十几驮光洋和可供红军全年需求的西药、布匹以及大量的食盐。红军利用缴来的布匹，创办了西廓村红军被服厂；1933年归化地方武装配合红军攻打沙县，缴获卢兴邦的兵工厂设备和大批的粮食。

三是发展经济，拓宽财源。随着革命形势的发展，为巩固后方，支援红军前线的战争，发展苏区经济的工作，越来越迫切。1932年7月，中华苏维埃中央执行委员会第14号训令指出：“为使苏区经济发展，各级苏维埃政府注意生产事业的提倡和计划，并把它看作是巩固和发展苏区的中心任务之一，这对于战争在经济方面的动员有极重要的关系和作用。为防止和抵制商人的投机和垄断，尤其抵抗敌人的经济封锁与反革命在苏区内部的捣乱，各级苏维埃政府应更特别帮助劳动群众的合作社，尤其是消费合作社的组织与发展。”1933年8月20日，毛泽东在中央苏维埃经济工作会议上作《粉碎敌人第五次“围剿”与苏维埃经济建设任务》报告，强调指出，“革命战争正在发展，要求进一步动员群众，立即开展经济战线上的运动，进行各项必要的和可能的经济建设事业。”“要求把发行公债，发展合作社，调剂粮食，发展生产，发展贸易等工作，经常地放在议事日程上面去讨论，去督促、去检查。”

归化县各级党组织和苏维埃政府认真贯彻了中央关于发展经济的指示。政府增设了粮食调剂局等机构，指导群众，迅速开展了发展经济的运动。为保证红军给养及战争经费，县苏维埃政府还规定：（一）统一财政收入，坚持节省开支。凡军财机关打土豪罚款，统一由政府入库，规定供给和开支标准，建立财政预结算制度。（二）充分利用苏区，白区商人的作用。苏区内保护贸易自由，对于苏区原有的商人，采取保护和优待政策。鼓励商人想尽一切办法，如改装成担柴火的人或冒充某民团的来买，通过敌人的关卡，到白区去采购物资，同时把苏区的农副产品巧妙地推销出去。准许外来经商，进行赶圩。对于从白区来做生意的，在不违反苏维埃法令，不破坏革命，不垄断商品的原则下，允许自由营业，不没收或强迫收购他们的产品。（三）废除一切苛捐杂税，政府只征收农业土地税。当时税率是：上田每亩收于谷一斗，中田收八升，下田收五升。（四）积极组织各种合作社，发展农业生产。根据中央政府《合作社暂行组织条例》规定，县苏维埃政府在各方面，如免税运输，经济，房屋等帮助，组织县信用合作社、粮食合作社，耕牛合作社和消费合作社。信用合作社，发动群众资金入股，春入秋还，调剂解决生产资金困难，从而便利工农群众经济周转和借贷，抵制私人的高利贷剥削。粮食合作社，以没收地主的粮食为补充，同时动员社员存粮于社，由合作社统一调剂，解决战争中军队和群众粮食困难。耕牛合作社，县苏政府为解决牛荒，通令军队及各级组织捉土豪，对宰耕牛的行为进行处罚；发动群众集股到白区买耕牛；加强对耕牛的保护使用和管理。由政府来调剂耕牛和一些大型农具的余缺。消费合作社，组织供应农民生活日用品，收购农民土特产品和家庭副业产品，从而方便工农群众贱价购买日常必需物资，抵制投机商人的操纵。

为了巩固和发展苏区经济，1932年中央政府颁布《关于合作社暂行组织条例》；1933年中央国民经济部制定《粮食合作社简章》《消费合作社简章》。福建省成立消费合作总社，指导各县、市大力发展合作社商业。合作社商业以消费合作社与粮食合作社为主，另外还有购买合作社和贩卖合作社等。

1933年冬，在敌人的第五次“围剿”中，县日用必需品奇缺昂贵，迁驻归化的福建第三军分区为了使工农群众和红军指战员吃便宜的油盐、谷米，穿便宜的布和买便宜的东西，帮助县苏维埃政府在县城和华枫、鳌坑试行成立了消费合作社，他们首先发动红军指战员节省伙食钱集资入股，发动群众踊跃参加合作社，交现款一元为一股，无现款者可用银器、物品折价入股。合作社在敌人严密经济封锁的情况下，与当地群众私小商人相互配合，克服重重困难，到永安，将乐等地采购盐、洋油和布匹等日用品供应人民群众。此外，还设立农具购买合作社、石灰贩卖合作社、竹器、纸业贩卖合作社。

苏区时期，归化军民还努力发展地方经济，主要是石灰生产、木材生产、铁农具和纸业生产、竹器编制加工。军工生产，如创办西廓村被服厂，缝制军衣、绑腿，子弹袋和干粮袋等。在城西李家大厝创设红色饭店和兵站，接待苏区往来部队，维护周边30里内运输线。

发展金融事业。在金融战线上，苏维政府内务部，在红军的支持下，采取一系列措施，摧毁反动金融体系，废除高利贷，设立城东郊银行，发行中央苏区货币、辅币，取缔伪钞杂币；同时承办工商业户存款等业务。促进苏区市场贸易、金融畅通。地方财政收入还有租金和公债。苏区于1932年6月、10月先后发行两期“革命战争短期公债”，1933年7月、9月又发行“经济建设公债”。苏区部队和苏维埃机关、邮电等单位，各级组织层层开会，进行发动掀起热烈的购买活动，使发行公债按期完成任务。

县苏区根据省苏维埃规定，执行行政预算标准，县 140 元、区 60 元、乡 10 元，县区机关工作人员伙食费低于红军部队，乡以下人员自行解决。坚持节俭方针，统一财政的预决算、会计、审计制度，严格财经纪律，同时，开展了反对贪污浪费和节省经费竞赛运动.为更有效地节减政府的财政开支，苏区各级机关普遍裁减编制、精减人员进行工作。在极端困难的条件下，由于各级苏维埃政府的努力和苏区人民的支持，苏区在财政经济战线的各项工作都做出了巨大的成绩，基本上保证了革命战争的供给，减少了不必要的经济损失。

（三）归化苏区的文教卫生事业

苏区的文教卫生事业，在中央和省苏维埃政府领导下，随着县红色政权的巩固逐步发展起来，对旧制度进行一定的改革，创造了新型的苏维埃社会发展事业。

为适应土地革命斗争需要，县苏维埃政府努力开展社会教育。遵照上级苏维埃政府文化部有关文化问题的规定，县、区、乡设立文化教育部、文化委员，村有文化小组，群团组织有文化干事。县成立文化委员会，实行全民义务教育，发展社会教育。在苏区开展扫盲运动及形式多样的短期学习班和夜校，如工农夜校，成年补习班、识字班、问字所和读报团及其干部训练班等。由于党和苏维埃政府的重视，苏区的扫盲运动取得了一定的成果，不识字的仅占 20%。根据各个革命斗争阶段的需要，县除选派一定的干部到省苏维埃政府、军分区参加训练，学习政治、军事外，还以一定的时间，集中区乡各级干部训练学习。促使县乡土地分配，征集粮食、扩红工作的顺利进行。

在学校教育方面也有很大的发展，尤其是小学教育。全国苏维埃第二次大会后，县创办高级小学一所，招收男女学生读书，除膳费外一律免费。各区乡普遍开办初级劳动学校，对 6 至 14 岁儿童采取强迫入学校读书，贯彻“以共产主义的精神来教育广大劳苦民众，使文化教育为革命战争与阶级斗争服务，教育与劳动相联系，教育与政治相结合” 的施教方针。当时，课本是省苏维埃政府出版《共产儿童课本》《列宁小学教科书》《苏维埃公民》和《农业常识》等，并加授共产主义问答，唱革命歌曲，学校的社会活动有校内外出墙报栏、黑板报，宣传红军反“围剿”，地方打土豪分田地，扩大红军和支前工作。组织少队拥军优属，站岗放哨，检举揭发坏人坏事等。

教育事业的开展，促进了文化艺术的进步。苏区的机关、部队、学校、农村都普遍建立了俱乐部和列宁室。并组织有业余宣传队、歌咏队等。吸收苏区广大群众参加活动。正如 1933 年省苏维埃第四次执委会指出的，各俱乐部工农剧社的建立，宣传鼓动工作的加强，使苏区各县文化事业进入了一个崭新的阶段。县城北廓叶家大厝设县苏保卫局，创办列宁室，正厅是马克思、列宁的像，厅两侧墙上绘制纪念“五一”，彻底粉碎敌人五次“围剿”巨幅漫画，庄严肃穆。县苏维埃政府和驻军，经常对苏区军民进行政治形势，战事胜利宣传祝捷，军事知识训练，还有文体活动，形式多样。苏区军民创作演出的山歌舞蹈《送郎当红军》《妇女解放歌》，活报剧《粉碎敌人的乌龟壳》《打沙县》《反对开小差》《追债》等等，反映苏区军民的斗争生活，文艺的革命活动，起到团结人民，教育人民打击敌人的作用。

随着苏区各项建设事业的发展和人民群众文化水平的提高，苏区人民十分关心革命战争，关心国家大事，阅读红色刊物的人更多了。在全县发行的报刊，有中央和省各机关出版的《红色中华》《斗争》《红星》《青年实话》《苏区工人》《红色闽赣》《福建战线》等 10 多种。

医疗卫生方面。苏维埃政权建立后，党和各级苏维埃政府，在战事繁忙，经费困难的情况下，十分重视人民群众的身体健康。为了加强这方面的工作领导，县、区设有卫生委员会，乡、村设有卫生小组，负责监督苏区开展群众性的卫生防疫运动。如结合农事季节，发动群众清扫垃圾，铲草皮烧土灰积肥。拾狗粪进肥料所等。还经常开展乡与乡、村与村的清洁卫生比赛。还通过宣传演唱卫生运动，号召“人人讲卫生，户户爱清洁”养成新风俗。

苏区的卫生医疗工作方针是以卫生防疫为主，医疗为辅。在开展群众性卫生防疫运动的同时，加强必要医疗机构的建设。1933 年夏，红军先后把医院办在祠堂和老百姓家。如在雪峰城关和王桥、坪埠，枫溪、鳌坑等区乡，设立红军医院，一面承担军队中的治病、治伤工作，还以“救死扶伤”为宗旨，免费为地方群众治病。在苏区，还开展卫生防疫运动，每周大扫除一次，要求厅堂睡觉的地方不要放灰粪，公共场地、水沟轮流扫除、疏通。

总之，归化苏区文化、教育、卫生事业的发展和群众卫生防疫运动的不断开展，为提高人民群众的文化修养、身体素质，促进苏区工农业生产的发展和革命战争的胜利起了积极的作用。

五、中央红军第五次反“围剿”与保卫归化

（一）东方军入闽作战与归化的解放

国民党不甘心四次“围剿”的失败，于 1933 年 4 月调集 50 万兵力，100 余架飞机，兵分 4 路向中央苏区发动大规模的第五次“围剿”。

1933 年初，国民党十九路军 60 师侵占了龙岩、连城一线。3 月中旬，敌 78 师从永安入连城，师长区寿年，辖两旅 6 团。该师侵入闽西后，立即分兵，把守各重点县镇，准备往长汀直驱，对中央苏区构成严重威胁。为粉碎十九路军对中央苏区的军事进攻，狠狠打击侵入连城等地的十九路军前锋部队，进一步巩固和扩大中央苏区，当时，临时中央将红一方面军主力分成两部分作战。留红一军团在江西抚河沿岸牵制北线敌人，待红三军团为主的东方军入闽作战取得进展后再北上，一起进攻南昌，以图在两个战略方面上同时获胜，争取实现革命在江西和邻近省区的首先胜利。

1933 年 7 月 1 日，根据中央局和中革军委作战方针和作战计划，以红军第三军团为主，包括红五军团 13 师，红七军团 20 师、21 师和第 19 师，（缺三军团的第 6 师）组成东方军。第三军团总指挥彭德怀兼东方军司令员，第三军团政治委员滕代远兼东方军政治委员（后杨尚昆接任三军团政委）。由红十九军改编的第 34 师闽赣军区和福建军区宁清归军分区及各县独立师、团、营，统归东方军指挥。东方军由江西广昌地区东进，7 月 5 日到达宁化以西地区。彭德怀、滕代远分析福建敌人兵力，共 7 个师 1 个旅，占据漳、泉、龙、延、榕的形势，从实际出发，决定先易后难，攻击位于闽西北延平、建阳、将乐地区的十九路军第 56 师和位于闽西永定、漳州地区的 40 师和位于归化、清流、宁化的新编第 2 师等敌人。以宁化东北重镇泉上为攻击点，部署东方军首先围困泉上土堡，同时以一部分兵力切断敌人在泉上与清流、永安、连城的联系，用“围点打援”的战术，截击敌人的增援部队。东方军团为消灭闽西北部敌人，在收到朱德、周恩来发来“首袭泉上”的电令后，立即下发了作战部署（战字第 16 号命令）：“泉上，归化共卢兴邦部一团，泉上 2 个营及一团部，归化约一个营，清流共 2 团”，“东方军以迅速占取清流、归化，消灭卢兴邦及其增援队伍之目的。诸兵团明 (9) 日动作：第五师（师长寻淮洲，政委乐少华，政治部主任黄克诚）主力继续围攻泉上土围之敌，努力进行坑道作业，其十三团（团长李天佑，后黄镇；政委毛贲虎，后余均、王光汉）以袭取归化前进，并于 9 日以迅雷手段夺取归化城，及消灭归化守敌第七团之全部。归化得手后，该团即对沙县、将乐严密警戒，并努力收集资料，向将、沙、延挺进。”

东方军在 7 月 7 日围困泉上时，敌卢兴邦部急派 156 旅旅长张兴隆和 309 团团长卢胜斌，率 1 个团的兵力从清流北面增援过来。7 月 9 日，红四师在张锡龙师长、彭雪枫政委的指挥下，从延祥到石狮岭一带利用有利地势，伏击全歼增援泉上的敌人。9 日，红 5 师第 13 团在团长李天佑，政委毛贲虎率领下，乘胜东进，经归化盖洋，直插归化城，击溃归化城守敌第 307 团 2 营，收复归化城。解放归化全县地域。此时，红 4 师也乘胜占领清流嵩溪镇。独立 7 师也同时向清流东北部的田背等地进击包抄敌人。接着，彭德怀和滕代远又进一步部署红四师向清流嵩口一带急进。10 日，红 5 师第 13 团抽出一营的兵力留守归化，作为骨干，领导归化东北游击队进剿边境的敌人，着手县、乡政权建设，从而巩固归化苏区。14 日，红 4 军第 10

团，11团以及独立7师占领清流城，清流全县解放。19日在滕代远和寻淮洲、乐少华的指挥下，红5师15团和红19团的部队用土硝炸开土堡围墙，攻克泉上镇，全歼卢兴邦部第307团和其他地主武装。24日，中革军委命令东方军主力迅速南下，又以朋口为攻击目标。29日，取得朋口战役大捷。30日，区寿年尚存的部队惊慌失措，放弃连城撤往永安，东方军立即追歼逃往小陶一带的十九路军。

在东方军连续收复了宁化、清流、归化、连城、新泉等苏区后，中革军委认为第一阶段任务已经完成，又于8月10日前后，命令东方军从连城北上，拟夺取将乐、顺昌、延平等地。东方军在宁清归地区作战期间，彭、滕及时地将清流、归化一带的情况向中央局及红一方面军的领导报告，并建议派人来归化和清流苏区恢复工作。

周恩来、朱德根据彭德怀向中央局及红一方面军领导的报告。7月20日，致电项英，指出“东方军占领清流、归化多日，350公里内犹无巩固的革命政权，请令福建省委、省苏和省军区速派工作团去开展工作”。同月22日，中华苏维埃共和国中央政府举行第46次人民委员会，当即作出决定，责成有关部门和福建省苏维埃政府，先后派出200多名工作团到清流、归化、泉上、连城等地恢复工作，从而加快新区边区革命的发展。归化、清流、泉上等县普遍建设各级苏维埃政权。

1934年1月初，红三军团和红七军团执行中革军委命令，由彭德怀和杨尚昆统一指挥，从广昌出发，第二次入闽西北，经宁化安远、泉上，归化盖洋、雪峰和夏阳，折入沙县，首先解放富口，夏茂，直逼沙县城。1月25日攻取沙县，全歼守敌52师的两个团和直属队，俘敌1300余人，缴获步枪1800余支（挺）、炮8门，弹药20多万发，战利品无数，以及沙县、尤溪两个兵工厂的设备。

沙县解放之后，2月2日，红军回师归化县城。2月9日，红6师攻将乐县城。在东方军的直接进攻和胜利影响下，恢复和开拓了纵横闽西、闽中、闽北数百里的苏区，发展革命根据地，消灭敌军大批有生力量，促进十九路军与共产党接触，双方达成协议，联合反蒋，从而大大地提高福建群众对支援战争的热情。

（二）归化苏区在第五次反“围剿”中的斗争

归化处于汀州福建省苏政府北端，是中央苏区的东方屏障，第五次反“围剿”的前沿。保卫归化，也就是“保卫汀州，保卫福建省苏维埃政府”。1933年冬，宁清归军分区指挥机关进驻归化城，分区和县委及时举行会议，决定武装保护秋收，并充分利用一切有利时机打击敌人的薄弱环节，保卫新生红色政权。为了防范敌人混入苏区，进行反革命活动。归化县各区、乡普遍加强赤少队组织，执行赤色戒严，强化岗哨，盘查往来可疑分子。此外，还组织“听事队”，专门打探坏人的言论和行踪，及时向保卫局递送情报。县游击队配合红军独立七师和保卫队，打击刀团匪、看守罪犯，做好苏区安全保卫工作。

1934年初，闽北与中央苏区的联系被切断，红军在闽西北接连与敌人展开血战，形势日趋紧张。县委和县苏维埃政府根据战地委员会的部署抓紧整编赤少队，组织县独立营，扩大红军，上前线游击，牵制敌东路的进攻。各区乡赤卫队、少先队，在县委“武装保卫归化，为巩固归化苏维埃政权而斗争”的号召下，召开誓师大会，组织群众帮助红军构筑工事，挖战壕，伐木头、削竹钉、收集材料做掩体用具。1月25日，红三军团攻打沙县敌卢兴邦部获胜，俘获敌人枪甚多，并缴获敌兵工厂等。此时，宁清归军分区和县委，奉命肃清边区反动武装，保障兵站安全，动员组织赤卫队、民工支前，挑运战利品，以及押送俘虏等任务。归化接到命令后，在夏阳区，仅二三天内就动员300多名民工，徒步去沙县，帮助红军搬运战利品到苏区内地。2月初，保卫队一个班押送俘虏和罪犯去汀州，过县边境，遇刀匪埋伏，在地方武装援助下，击溃刀匪进犯。3月初，大批民团童子兵从归化南郊大山来袭城，归化保卫队和赤少队机警地关闭城门，迅速跃入城墙工事，居高临下击溃刀匪，毙匪首曹荣新等人。3月3日，将、建、泰等邻县民团1000余人由龙西山来犯归化常扬乡苏维埃政府，画盖、常扬等区乡游击队、赤卫队和少先队，异常勇敢，时而化整为零，或毁道路，或埋竹钉，处处设阻，狠狠地打击敌人，缴获步枪3支，子弹10排，梭標10多支，活捉团匪排长2人，匪兵3人，土豪20多人。3月23日，国民党第10师李默庵部从将乐进攻归化城，妄图从将乐、归化一线突入中央苏区腹地。为打退该敌，宁清归军分区司令员黄火星指挥军分区所属的独立7团（团长李集斌）及县游击队，配合红7团，于3月23—26日先后在归化县东北边界的铜铁岭一线截击敌军。经过两次激战，击溃敌人，敌伤亡350多人，缴获了大批武器弹药。4月7日，在罗炳辉指挥下，独立7团和红34师进击归化城，击溃从永安进犯归化城的敌卢兴邦部，又一次夺回归化城。接着独立7团和地方武装，奉命向外发展，向归化南面的永安地域进攻，攻占永安通往清流、归化的要冲安砂镇，并向永安城逼近，全歼敌卢兴邦部一个团，取得第五次反“围剿”在东线的胜利。

1934年5月，中央苏区北线战局十分危急，地域日益缩小。敌军在东路部署了第4纵队，构筑起连城至宁化的封锁线，向苏区步步推进。此时，归化和宁化、清流、泉上、彭湃5个县由福建省苏维埃政府划给闽赣省苏维埃政府管辖。这时，为适应反“围剿”战争的需要，根据中革军委5月17日令，泉上和清流、归化县及其东面地域为闽赣省军区第一作战分区，宁化、彭湃县由闽赣省直接指挥。闽赣第一作战分区指挥部设于归化城，分区政委温含珍兼归化县委书记。为粉碎敌人的进攻，5月中旬，县委及时组织赤少队和县游击队，活动于县南胡坊莲花山，阻击从永安进犯归化县境的敌52师一个团。不久，县委根据中共闽赣战委会的紧急部署，又进一步“加强突击骨干力量工作”，发展党团员，还加强鳌龙、华枫和雪峰等城乡的党、团领导机构。健全区乡少队武装，做到每个队员有一支標标或鸟枪等武器，抓紧军训，担任交通警戒，集中军需品，帮助红军做勤务，并在上级一声号令下，一致上前线。8—9月间，按照中央局的指示和闽赣战委的要求，归化县和宁清归苏区一样，加紧各项工作部署，促使全县区与区、乡与乡之间开展“武装起来发展游击战争，消灭刀团匪，保卫秋收”，突击武装力量，加紧收集粮食、筹集资财和募集布草鞋，“每人节约三升米”捐助红军竞赛活动。

1934年，泰宁失守后，原泰宁县委组成的工作团于7月31日进入归化县鳌坑，以归化为依托，配合归化鳌龙苏区军民坚持游击战争。不久，在夏坊与地方民团展开了战斗。10月，闽赣军区对所属地方武装进行了整编，归化军分区直属队和各县独立团、营，统编为闽赣17团、18团，归化县还组建基干游击队，积极主动出击参战。苏区人民配合红军17团、18团在宁、清、归一线阻击敌52师，从而减缓了敌人对宁清归苏区的进剿。

“大跃进”和“人民公社化运动”在明溪

根据国务院1956年7月9日的决定，明溪与三元两个县合并，称为三明县。1961年11月，原明溪县行政区域又从三明市分出，恢复县建置称三明县，1964年复称明溪县。大跃进年代，原明溪县区域先后划设上游、盖洋、夏阳、枫溪、鳌坑、沙溪、胡坊、雪峰等人民公社。

一、大跃进的兴起

1958年初，省、地党代表大会后，县委召开四级干部扩大会，传达会议精神。接着在全县党员干部中进行整风教育，以深刻学习领会《全国农业发展纲要四十条》和省委关于实现全省工农业“大跃进”特别广播讲话——《大胆跃进、迅速跃进、坚持跃进、全面跃进》，在全县农村中发动群众大鸣大放大辩论，结合“双反双比”（即反浪费、反暮气；比指标、比干劲），着手改进农村工作和作风，克服“右倾保守思想”。县委不点名批评一些人，说“谁要是对大跃进认识不足，也就是对现在这个阶段的革命任务认识不清，那就是走什么路的问题”。党员干部经过整风，扫除官气、暮气，深入农村，组织群众，鼓足干劲。从征服自然入手，改变农村面貌。为使省委的跃进计划——“苦战三年，全省提前五年超‘纲要’”得以实现，洋龙、岩里、盖洋、夏阳、夏坊等纷纷召开乡人民代表大会，制定农业生产跃进计划，并普遍围绕“八字宪法”（水、肥、土、种、密、保、工、管），采取措施，保证农业增产增收。

初春，各乡村为实现县委提出“力争在一年内成为粮食亩产超纲要的县”，采取了以下主要措施：第一兴修山塘水圳，扩大原有水田面积；第二选用良种，多种高产作物；第三突击积肥，增施土粪肥；第四推广深翻土，适当密植等其他方面的增产技术措施。雪峰区水利委员会以老农为骨干，组织群众上山下田，摸旱情，找水源，逐一规划。采用“见坑修山塘，有洼筑围塘”和“兴修与改旧结合”的办法修山塘、修水圳。仅两个月，就修建工字坝一座修补五里圳一条，兴建坪埠谢厝弯5千瓦水电站一座。盖洋、枫溪、夏阳和沙溪等社，贯彻以农家肥为主、化肥为辅的方针，以平时养猪积肥和突击积肥相结合的方法，组织千军万马，向山林原野要肥，烧芦苇灰、苦竹灰、笼箕灰、山土灰，挖塘泥、掘土肥。春夏时节，明溪县农村社队，响应县委号召，第二次发动全民性的采青运动，社、队都建立采青指挥所，组织一万人采青，掺入猪、牛、人粪和石灰倒入塘窟进行沤肥、堆肥，共得肥245万担，改良土壤1.2万亩。

1958年6—7月间，各乡贯彻县三级干部会议精神，宣传党的八届二中全会通过的社会主义建设时期总路线。通过大小会议，摆事实，讲道理，组织参观，展开讨论等，使农村群众明确“总路线是照耀一切工作的灯塔”，是“指引全国走向胜利的旗帜”，全党动员，全民动手，“以二万五千里长征的信心和决心，以夜战马超的精神，建设社会主义”。在搞好政治鼓动的同时，加强领导，继续整顿农村组织。采用领导干部包片，亲自动手作示范，抓住两头带中间，开展检查评比，现场观摩，总结推广经验，开展劳动竞赛、“双反双比”、插红旗，拔“白旗”，彻底反掉“右倾保守”，争先进赶先进，以期在农村造成一种全党全民更加奋发的局面，把生产推向跃进高潮。

随着全国各地报刊的公开宣扬唯意志论，鼓噪“只要发挥人的主观能动性，就能够产生呼风唤雨的神奇力量”，“人有多大胆，地有多大产”，批判“粮食增产有限论”。7月23日《人民日报》公布：“今年夏收粮食全国总产1010亿斤，超过去年夏收粮食总产量413亿斤，增长69%，……。”农村各级干部居然相信这些荒诞的数字，高指标、浮夸风立即在农村泛滥成灾。

1958年8月召开全县“紧急跃进会”，并接连下发“紧急指示”，“保证全县粮食亩产1500斤，力争

1000 公斤，人均粮食 2250 公斤，产值 450 元；苦战七昼夜，消灭 400 公斤以下的灰旗田、白旗田，每亩下肥 1000 担，土化肥 250 公斤；扩大卫星田 10000 亩，每亩 2500 公斤以上；每个社再并丘 50 亩以上。同时要求每个社创造 3 亩的 5 万、10 万、20 万的大卫星田”。号召农村“用热火朝天，原子爆炸的威力”，争第一，创粮食高产指标。

在高指标和浮夸风及反“右倾保守”的压力下，农村各社队被搞得坐立不安。枫溪社竟 4 次修正计划，从原来制订亩产 1000 公斤，力争 1250 公斤，修改为保产 5900 公斤、6000 公斤，粮食比 1957 年拟增长 165%；提出苦干一年，使山垅梯田出现亩产 2203 公斤。雪峰、盖洋、胡坊、夏阳、沙溪、鳌坑等社队也纷纷表态，接受上级的规划，实现全社粮食“双千斤”的计划指标。鳌坑社竟提出要有 95%劳力出勤，“早出晚归，农田当战场，月亮当太阳”，放射出“卫星”田、“丰产”片来，实现万斤水稻 93.4 亩，7500 公斤水稻 3.6 亩、1.5 万公斤以上水稻 8 亩。上游社提出“争丰收劲上加劲，强中加强，热劲奔放冲九天，永不自满，不夺红旗不罢休”，以十分指标，十二分措施，二十四分干劲，放射卫星田 70 亩，亩产 5000 公斤，丰产田 300 亩，亩产 2500 公斤，做到排排有“卫星”，班班有“丰产”。这些“卫星”产量人民不难算出，这几乎是一亩田挖地一尺的重量。一些干部群众进行抵制过。枫溪社小珩新民队队长说：“这么高的指标从来没有听说过。”如此一句老实话，却成了运动中拔“白旗”的典型。

由于经济建设指标越抬越高，农业上的瞎指挥、“浮夸风”严重地发展起来。在“千车万担肥下田，大军围剿低产田”的口号下，于 7 月 27 日召开各农业社社长会议，提出全社生产人造尿 6.2 万担、塘泥 5.4 万担。8 月 10 日即向县委汇报全社搞土化肥 46 万公斤，农田下肥 87 万担、人造尿 2147 担、塘泥每亩平均 767 担肥。在大搞“试验田”、“高产田”高潮中，竟提出大搞试验田 1299 亩，实现亩产 5000 公斤稻 338 亩。枫溪社发动 426 个团员青年组成 17 个小组大搞试验田 63.76 亩；254 个妇女搞试验田 121 亩；3 个火箭队、卫星队搞“卫星田”30 亩。鳌坑社 322 个团员青年搞试验田 23 亩；243 个妇女组织刘胡兰、花木兰、穆桂英、巾帼英雄等 8 个突击队搞试验田 320 亩。胡坊社妇女 363 人搞试验田 129 亩。

农业生产“浮夸风”另一表现形式是强迫命令，搞“移苗并丘”。农村搞卫星田在方法上是“抓两头”，一头是把 20%的落后田来个大并丘；一头是把丰产片中合并几亩，从中创造大“卫星”。县、社组织检查组下农村，到田头地角跟踪督促。凡已并丘的田块插红旗，未并丘的插白旗，并限制在半个月内突击完成并丘。社员们只好仿效外地的做法。“九老七童齐上阵”，掀起众人并丘移苗运动。男男女女、老老少少，排成长队，把远处早已开花，开始孕穗，甚至饱粒的稻丛，连根带土挖起后，一株株一丛丛传递过来，往指定的大田里集中填塞。9 月下旬，鳌坑片移苗的有 24 亩，补苗密植 1030 亩。上游社（含胡坊、雪峰）计移苗并丘 174.08 亩。秋收时节，农业“卫星”上天。生产队把其他田里的地瓜挖起来，集中到一块地里去，叫上面来验收，惊人地爆出亩产 5500 公斤的地瓜“卫星”；新建大队上报水稻 22 亩，产量 8825 公斤，亩产 440 公斤；华山大队放出水稻亩收干谷 1214 公斤大“卫星”；官坊大队不甘落后，也放出 10 亩水稻收干谷 5 万公斤以上的“卫星”。一时全县农村大卫星满天，记录不断翻新，真是“人有多大胆，地有多大产”。挂点盖洋的副县长如实汇报，该大队亩产比原计划少收 1.5 公斤，估计全社将会减产。结果因这一句话，在县三级干部大会上被点名批评，还差点被撤掉职务。

1959 年在继续跃进中，春节前展开一场“深翻土”、“亩下千担肥”的群众运动。农村到处是农民披星戴月，踏霜破冰，深翻冬土，为实现“亩肥三千担，亩产二千斤”的目标，要求每人每天积肥一千担。社员们把猪圈、牛栏肥清光了，房间地面表土刮净了，森林叶土、塘泥挑尽了，还不够任务。温庄的干部说“没办法了，看见别人已几百担肥，我们也不甘落后，反正不好统计，就上报 50 万担，多加 10 万担”。为了应付上面，有的生产队在地段的水源高处用树枝杂草拦住，投入几挑牛猪粪、烟囱土，以流出的水计算担数；有的生产队是折洗旧房顶的瓦片，掺茶叶水，以洗三片瓦计算一担肥；有的在一个池塘里投进几担青草、树叶等，以池塘容积，估算积了几百担几千担肥。

所谓“大跃进”引起不少干部、群众的不满，说老实话的人却挨批受整。仅盖洋社，由于抵制、顶风等，遭受到被关押、吊打等处罚者达 147 人。

二、农村人民公社化运动

农业上的“浮夸风”，助长生产关系上急于过渡思想的发展。1958 年 8 月下旬，《关于在农村建立农村人民公社问题的决议》公布后，全县掀起大办人民公社的热潮，各乡、社纷纷成立办社指导小组，下设政治鼓动、政策研究和生产推动等组，采用大字报、黑板报、幻灯、漫画等宣传手段，向群众宣传“人民公社的十大优越性”。一时间，农民处处张贴醒目标语“超鼓山，赶城门，办公社，搞生产”“万众一条心，一起入公社”“苦战 15 天，实现全区公社化”；雪峰区将原有 15 个乡、镇，45 个农业社组建成一个大社，名为三明县上游人民公社，参加公社的有 4666 户、18060 人。9 月 17 日，夏阳区召开三级扩干会，贯彻省、地、县会议精神，提出大干第三季度，克服个人主义思想，将原来的新民、新生等 32 个小社合并为一个大社。接着又有沙溪、盖洋乡实现人民公社化。原合作社的集体财产和社员的全部自留地及私有房屋、牲畜、林木等，统归公社所有，生产大队管理生产、进行经济核算，由公社实行“三统”，即统一计划、统一收入、统一分配，造成“共产风”在农村盛行。人民公社实行“三化”（组织军事化、生活集体化、行动战斗化）、“五大调动”（即干部、劳力、土地、粮食、物资调动）。如夏阳区还在原 32 个农业社合并大社的基础上，组织成 1 个团 2 个营，8 个连 29 个排的生产队伍。在保证钢铁和粮食生产同时升账的情况下，搞平均主义，无偿调拨劳动力。如盖洋公社被抽调劳力 600 多人去搞三钢建设；上游公社有 13 个队计 2136 人被外调到三明台江、岩前、一钢、二钢和三钢等地烧瓦、建铁厂；上游公社的工商户、干部和教师学生等非农业人员被调 650 人，组成 6 个连，远征余坊、冯厝、柏亨等地支援秋种；全区被调劳力 2250 人，组成 20 个连，到各地突击翻土整畦，搞秋种，大刮“一平二调”之风。人民公社推行“供给制”，在公社尚无积累，物质条件不具备，社员觉悟不高的情况下，公社试行社员疾病治疗、理发、儿童教育、看戏等部分公共福利事业的半费和免费。上游社还一度实行“吃饭菜不要钱”。上游社胡坊、福西、奋发等 10 个托儿所，63 个儿童免费入托，毛巾、肥皂等全部供给。这种平均主义的分配制度，其结果是干好干坏、干多干少一个样，导致农民的生产积极性急剧下降。在全面推行供给制的同时，公社大办“全民食堂”。人民公社建立之初，县委试图兴办农忙型公共食堂，但随着时间的推移，大办公共食堂之风盛行，据枫溪、鳌坑、盖洋、雪峰、胡坊 5 个社统计，共办公共食堂 337 个，其中盖洋社 119 个。直到 1959 年春，中央发出党内紧急指示信后，办公共食堂等一些错误做法才得到逐步纠正。

三、大炼钢铁运动

1958 年 8 月开始向钢铁进军，全县也掀起了大炼钢铁热潮。盖洋、上游（含雪峰、胡坊）、沙溪和夏阳等人民公社，遵照县委的指示精神，在保证粮食生产丰收的情况下，集中 3000 多个劳力，服从调动，支援三明第一、第三钢铁厂和三明第二钢铁厂（设明溪石珩沙坊村）的建设，以及到台江烧瓦、到岩前烧石灰等等。这时，社队还贯彻县关于大闹技术革新，创造车子化会议精神，全民大办运输，制造了部分木或胶木结合人力车、兽力车等工具。上游公社雪峰大队还出人出力拆毁南山狮岩塔，将砖挑运到岭干和西门建炼铁高炉，根据上级层层下达的钢铁生产指标和组织“大兵团作战”的指示精神，县、社党政领导分头落实，职责到人，“党委书记抓钢铁生产，行政领导抓粮食生产”。提出“乡乡办铁厂，社社建高炉，实现每户 1 吨铁”等口号。以社队为单位组织建炉组、筑窑组、造风箱（动力）组、挖矿组、烧炭组、运输材料组和炼铁（技术）组等。社队采取群众运动的方式，集中人力、集中时间挑灯夜战，大搞小高炉、土高炉。为实现建土高炉 159 座和出百吨铁的硬任务，商店关门，赶圩取消，学校停课，机关停止办公，全力以赴集中 70%人口投入炼铁的战斗，并开展了“争第一、夺红旗”竞赛。枫溪（含鳌坑、枫溪）社在官坊村设铁厂，建设指挥部，抽调784个劳力，机关干部职工、学生1025人，建土高炉19座，其中青年炉3座、小学炉1座；组织370多人到小珩、华山、茶新等山头筑炭窟67个，仅20天伐木、烧炭70450公斤；170多人在华山捞、运铁沙58500公斤；还有编土箕、竹篓、做风箱等。在“干起来、比起来，人人争上英雄台”的比赛中，有什么掌灯夜战的“穆桂英队”、日走40多公里挑运的“远征军”、大显奇才17小时装窑、烧火、出炭的“罗成队”等等。县在雪峰大队岭干召开炼钢现场会，当岭干1号炉、3号炉、6号炉于10月7日炼出铁水，中旬全境炼铁数量仅3080公斤，下旬就提出“放钢铁卫星”口号，县西北某公社仅20来天，15座土高炉就上报产铁7538公斤，日产最高1000多公斤。大炼钢铁中，各社队挨家挨户向群众收废铁，甚至把门栓、铁桶、铁刀、铸铁钟、铁锅……碎成铁片集起熔成铁块，导致逐家逐户灶头断了炊烟，一个村庄几十人、近百人在“全民食堂”吃饭。大面积山林被乱砍滥伐，造成山野光秃、水土流失等严重后果。

“大跃进”和“人民公社化运动”的失误，挫伤了人民群众的积极性，给生产和建设带来严重的损失，这些历史教训应引以为鉴。

“文化大革命”在明溪

一、“文化大革命”前夕明溪县的形势

“文化大革命”前夕，明溪县根据中央和省、市委的部署，在全县城乡开展了以“四清”（清政治、经济、组织、思想）为主要内容的社会主义教育运动。城乡“社教”运动对于纠正干部不正之风和集体经济经营管理等方面的问题，起了一定的作用。但是，运动中由于受“以阶级斗争为纲”错误方针的影响，片面强调两条路线的斗争，混淆两类不同性质的矛盾，提出“农村被蜕化变质分子把持领导权”，运动重点是“整党内那些走资本主义道路的当权派”，在揭露所谓的“阶级斗争对象”中，打击了许多干部和群众，一些社、队在搞活农村经济、发展生产中采取的切合实际的措施，反而被斥为“资本主义倾向”而加以制止，甚至受到不应有的批判。

全县经济战线经过3年的调整，步入恢复发展期。为适应农业发展和山区建设需要，筹建和新办了一批企业。农业开始实行加大资金投放、基本核算单位下放、减免农业税和提高农产品收购价等政策，调动了农民生产积极性，粮食生产逐步回升，农林牧副渔多种经营也有较大发展。商业购销业务逐步增大，市场逐渐繁荣，物资供应充足，物价稳定，文教卫生等事业也有较大发展。

随着“左”的思想进一步发展，“阶级斗争”的弦越绷越紧，发展到一切工作都要围绕“阶级斗争”。1965年，县委传达地委工作会议精神，把抓“阶级斗争”和“两条道路斗争”作为硬任务，突出抓城乡盲流人口流窜、黑包头、投机倒把和宗教迷信等。在意识形态领域，《评新编历史剧〈海瑞罢官〉》发表后，掀起批判浪潮，清除“黑线”影响，明溪城乡已面临“山雨欲来风满楼”的形势。

二、“文化大革命”的发生

（一）运动的部署与开展

1966年4月底，县委按地委宣传部通知，在文教系统中组织党员干部学习《解放军报》社论和《部队文艺工作座谈会纪要》，接着，全县干部群众先后学习《人民日报》和《解放军报》发表的社论《当好冷静的促进派》《永远突出政治》《高举毛泽东思想伟大旗帜，积极参加社会主义文化大革命》和《千万不要忘记阶级斗争》等文章。县直机关实行半天学习、半天工作制。

中共中央“五一六”通知下发后，地委于5月22—29日召开全区宣传部长和地专机关17级以上党员干部会议进行传达，并部署“文化大革命”。6月4日，县委召开全县宣传委员、县直机关党员科（局）长会议，学习《中共中央通知》传达地委宣传会议精神，部署“文化大革命”。6月开始，明溪城区与全省各地一样，在学术、教育、文化和新闻界中举行声讨会、批判会。中旬，县委召开紧急电话会议后，农村纷纷开展破“四旧”、立“四新”活动。6月27日，县委书记参加省委扩大会议回县后，28日向县委常委作了传达，并充实了县委“文化大革命”领导小组，设立县“文化大革命”办公室。29日，召开县直机关全体干部大会，同时下发《关于开展文化大革命的通知》，并派县委工作组进驻明溪中学。明溪中学全校投入运动的师生达457人，写大字报1800多篇。矛头直指学校领导和骨干教师以及县部门领导，在全县城乡引起强烈震动。7月底，根据省、地委指示，县委把派往中学的工作组撤回后，形势急转直下，社会出现严重的混乱局面。

6—7月间，全县7个公社发动民兵、干部4000多人，横扫80多个寺庙，烧毁菩萨1100多尊，集训僧

尼180多人，拆除神匾牌2000多块，搜缴各种经书、契约、证件和迷信器具无数。农村中的大部分门楼、牌坊、古戏台和祠堂匾额及线装书籍等统统被视为“封、资、修”，而遭清除，甚至砸毁、焚烧。此期间，有夏坊、邓家等一些古地名也被更改。以“红卫”“红光”“红湖”等取而代之。在所谓破“四旧”的幌子下，少数人从中发了横财，到一些人家中把许多不属于“四旧”的东西如黄金、银圆、铜器等抄走。此外，一些有文物价值的古寺庙和风景名胜，如枫溪乡聚龙寺、龙湖村“杨时故里”古建筑物和玉虚洞石刻碑林也被拆毁了，造成无可挽回的损失。

（二）学校停课闹革命

6月1—2日，《人民日报》发表社论《横扫一切牛鬼蛇神》和聂元梓攻击北大党委和北京市委的大字报后，在中央文革小组的煽动下，很快掀起“斗黑帮”的浪潮。6月初，明溪中学学生受三明一中、二中的停课影响，紧跟着停课写大字报，攻击校党支部，攻击教师。因为意见、观点不一致，学生之间争论剧烈，校内秩序混乱，还出现了揪斗老师的现象。同时，邻校之间开始互相串联，打乱正常的教学秩序。学校动乱，波及社会。机关干部、工厂工人、商店职工、城镇居民对学生的“造反”行动有的反对、有的支持，也开始发生意见分歧。

8月上旬，中共八届十一中全会通过的《关于无产阶级文化大革命的决定》（即《十六条》）和毛泽东《炮打司令部》的大字报先后公布。于是，从上到下“派工作组犯了方向路线错误”在劫难逃。一时间，县城街头贴出“向资产阶级反动路线猛烈开火”的大幅标语。8月中旬，明溪中学出现“红卫兵”组织。不久，红卫兵从校内延伸到社会。红卫兵和学校的师生到城区机关单位串联，揪斗所谓“当权的走资派”、“反动学术权威”和封、资、修“八大头”。红卫兵组织开始狂热起来。8月29日，部分红卫兵与法院机关人员共20多人，到城区首次发起抄家行为，此后，扩展到城关、盖洋、枫溪等公社，全县农村368户干部、群众被抄家。仅枫溪就有46户，机关3户，大队主干12户，群众16户；另被打为“八大头”的16户，迷信分子4户，副业单干4户，买卖婚姻6户。有19户被抄走人民币300多元、银圆137枚、银毫21枚、房屋6座、金银首饰品14件，计1455.5元。由于红卫兵采取了抄家、戴高帽游街、体罚干部群众等过火行动，造成明溪县局势一片混乱，这种践踏民主与法制的行为，严重破坏社会秩序，引起群众的强烈不满和不同程度的抵制。

9月中旬，《洪乐急电》传单传播到明溪后，城区张贴“向旧世界宣战好得很”、“××是黑司令”等大幅标语。此时“红卫兵”串联再掀高潮。9月下旬，经批准，明溪选派25名“红卫兵”和师生上访省教育厅，月底转赴北京参加国庆活动，接受毛主席检阅。10月，一场所谓的“革命大串联”开始后，接上级的指示，明溪县“文革”办公室于10月中旬在本县农业大楼设立“明溪县红卫兵串联接待站”，省道公路沿线的公社也相应设立接待站，随时接待持有介绍信前来老区重走长征路、过县境的一批批外地“红卫兵”串联队伍。此时，明溪“红卫兵”组织普遍诞生，并一批批擅自离开单位，出去大串联。

12月9日，中央发出《关于抓革命、促生产》的十条规定，指出工人群众有建立革命组织的权利。“可以在业余时间，在本市革命串联，交流‘文化大革命’经验”，“学生可以有计划地到厂矿……工人也可以派代表到本市学校进行革命串联”。12月15日，中央《关于农村无产阶级文化大革命的指示》下发到县，规定“把四清运动纳入文化大革命中去”、“农村文化大革命，也要采用大鸣、大放、大字报、大辩论，实行大民主”。这时，明溪县赴清流的“四清”试点工作队和下村工作组只好撤回。明溪城区机关单位纷纷出现“红旗”、“红星”、“从头越”等各种名称的‘造反’战斗队。24日，明溪各造反派联合100多人到三明参加批判地委负责人。回县后，造反派认为明溪“运动尚处于低潮”，就到各单位煽风点火，揪斗县、社两级党政领导和机关部门负责人，运动愈演愈烈，城乡层层罢官，工厂、农村、单位和学校里凡是带“长”字的如主任、组长、队长、班主任、甚至连会计和出纳都难以幸免。在“凡是牛鬼蛇神都要横扫”

的口号下，各级党政机关受到冲击，逐步瘫痪，党的组织生活陷于停顿，生产指挥系统瘫痪，经济工作处于无政府状态，工人、农民参与到造反中去，工农业生产急剧下降。

三、全面夺权，动乱升级

（一）“一三〇”夺权运动

1967年1月，在上海“一月夺权”风暴的影响下，各地掀起一股夺权逆流。“自下而上地夺权”的消息不断传到明溪县，1月29日晚，县人委机关“兵团”、“战斗队”和县委机关“战团”等“造反派”组织，纷纷登台表演，筹划“一三〇”统一夺权行动。翌日凌晨，县委、县人委机关等单位造反派闻讯后，以“一三〇行动指挥部”名义，纠集县直、城区各种造反派几百人，在县影剧院开会，宣布“一三〇行动指挥部”成立。会后，县人委“兵团”和“一三〇行动指挥部”近百号人窜入县委机关，进占县委书记办公室，局势剑拔弩张，逼县委代理书记、县长交出县委、县人委两枚公章。接着，又进入县人委机关，夺走各单位公章。从此，中共明溪县委、县人委和机关陷于瘫痪。其间，各公社、厂矿、企事业单位的造反派也相继夺了本单位的权。随着夺权运动的发展，有的地方也把生产队长的权夺走。大批领导干部被打成“走资派”，遭受审查、批判，批斗的方法也比以往任何运动更惨酷，打倒之声不绝于耳，游街示众司空见惯，挂黑牌、戴高帽，任意打骂，百般凌辱。

在“实现无产阶级革命派大联合”“要搞革命大联合”的口号下，4—6月间，明溪“大联合”风靡一时。政治倾向各异的造反派，各取所需，选择符合自己观点的一派，实现工厂、班组、车间和事业单位的小“联合”，力争由自己一派为核心来“大联合”，来掌权。随着局势的恶化，造反派寸步不让，派仗剧烈。大字报、大辩论迭连不断，派性冲突不断升级，武斗一触即发。广大干部则处于“很不理解、很不认真、很不得力”的状态。

（二）“三支两军”

1967年1月23日，中央文革发出《关于人民解放军积极支持革命左派的决定》，3月中旬，中国人民解放军明溪县人武部奉命派出指战员介入明溪地方，执行“三支两军”任务。13日，成立县人武部生产领导小组，代替处于瘫痪的县党、政领导机关的职能。24日，全县各公社人武部生产领导小组也普遍成立，代行公社党委和管委会职权，指挥农村的春耕生产，宣传中央给农村的《公开信》，对稳定当时局势起了积极作用，但是也带来了消极的后果。其积极作用：一是有暂时的领导、指挥中枢；二是解放部分领导干部，当时共解放县委、县人委领导和科级干部20多人；三是社会混乱现象有所制止，学生回校复课、军训，工人边生产，边“闹革命”；四是“军管”，控制公、检、司法机关和邮电、新闻系统等，严防“阶级敌人”破坏。加强无产阶级专政，使社会相对稳定，没有发生大的械斗。总之，减少了运动给明溪国民经济造成的损失。但是，面对群众组织林立、观点各异，“支左”人员一时认识不一致，存在亲疏之分，酿成一派群众组织和“支左”人员之间的冲突，大联合进展迟缓。直到1968年5月7日，县人武部、县领导干部和两大派组织代表5人在北京参加大联合学习时，才达成联合协议。“支农”“支工”人员因对地方工作不熟悉，使地方工农业生产和各项工作延缓进行，引起群众的不满。1975年“三支两军”任务结束。

（三）动乱的升级

1967年至1968年是“文化大革命”最为混乱时期。1967年7月22日，江青提出“文攻武卫”和7月下旬林彪提出“砸烂总政阎王殿”口号。煽动武斗，报纸发出“揪军内一小撮走资派”，群众组织同“支左”部队发生冲突。全国武斗之风蔓延后，明溪县动乱也步步升级，发生了冲入公安机关及武斗流血事件，极大地威胁人民群众的生命财产安全，给社会带来严重的混乱局面。

1.冲击公安机关

1967年6月底，明溪县群众组织在一些别有用心的造反派头头的插手挑拨下，发展为互相敌对的两大派。7月4日，“联总司”召开勤务组成员会，会上要求公安局按3个条件为“千钧棒”和“新归化战团”组织彻底平反。当天晚上6时，“千钧棒”造反派纠集了同观点的愤怒人员冲入公安局休息厅辩论。到晚上11时，“红六二”、县委机关“战团”及“联总司”、农场“千钧棒”和供销、医药、森工、机械等造反派组织200余人挤满在公安局大院、休息厅静坐示威。这一行动持续两天两夜。后经“军管”人员和县人武部领导干部出面劝解，这次“静坐绝食”斗争才平息。

2.武斗

1967年8月下旬，三明市造反派组织“六二四”为实现一派掌权，与驻军发生冲突。抢夺武器弹药，拉开武斗序幕。明溪各造反派受其影响，先后设立“武卫队”，筹措武斗器械。8月底，明溪县“革联”到三明参观后，从三明省建一公司处偷运600枚手榴弹和几十把钢矛回到明溪县。事后，引起对立派的注视和追踪。9月初，县人武部领导宣传执行中央“九五命令”，动员各派交出枪支弹药。到9月29日，当“革联”成员押着武器往县人武部缴交，路经东门坡时，“联总司”成员上前围攻，对峙状态严峻。县人武部领导带县中队战士赶赴现场，制止事态发展。最后于11时在县人武部操场顺利举行收缴武器仪式。

12月12日，棉布农场造反派组织“千钧棒”，在城区强占县招待所（现人武部旧楼），在楼顶制高点堆沙袋，构筑工事，架高音喇叭，扬言要困死县人委造反派，要切断水电的供应.血洗“一三〇”。占据高楼3天中，还不时向周围放冷枪。

1968年6月，明溪县革委会成立后，三明二中“红五五”组织文艺宣传队来明溪演出。6月2日晚，恰逢明溪“红六二”成立周年纪念演出，明中“苏区”和搬运站造反派30多人，全副武装冲击电影院，阻止演出活动，会场一时骚乱。在棍棒挥舞下，受重伤者10多人，个别“红六二”成员被抓、被关押。从此以后，明溪两大派没有再发生大规模武斗。

四、革命委员会的成立和“斗、批、改”的实施

（一）明溪县革命委员会的成立

1968年3月，在“支左”部队的帮助敦促下，明溪县两大派群众组织开始协商大联合。5月7日，两大派组织代表在北京参加大联合学习班，达成联合协议的电报传回县里。8日，县两大派群众组织的成员集中在县人武部学习，取得共识之后，正式签订了大联合协议等书面材料。5月24日，报经省、地军(分)区党委和省革命委员会批准。明溪县革命委员会成立。由军队、干部、群众代表“三结合”组成的县革委会为党政合一的机构，取代原明溪县委、县人委会的职能，统揽全县党、政、军、财、文等一切权力。明溪县革命委员会是三明地区第一个成立的县级革委会。28日，明溪县隆重召开庆祝明溪县革命委员会成立大会，举行大型游行庆祝活动。当日，县革委会发了《给毛泽东主席致敬电》和《告全县革命人民书》。同日，盖洋公社两大派实行大联合，并成立盖洋公社革委会。

至6月23日止，全县有5个社镇、5个大队成立革委会，有7个社镇实现机关大联合，有47个大队和3个农场实现归口大联合，25个县直单位实现了归口大联合。到7月，明溪县革委会党的核心领导小组成立，实行党的“一元化”领导。8月30日，县工交的邮电、森工、手联社等16个单位实现归口大联合，成立了“县工代会”。9月6日，县商业的百货、食杂、市管会等10个单位实现大联合，成立“县商业大联委”。10月31日，明溪全县城乡“一片红”，各级成立“革委会”，恢复党支部93个、党总支1个。1968年12月12日，县两大派组织，根据县革委会党的核心领导小组的决议，撤销各总部，平掉其山头，人员一律回原单位抓革命、促生产。

（二）“斗、批、改”运动

1969年2月，根据省、地革委会指示，明溪县革委会在盖洋公社集中全县各级领导、干部200多人，举办毛泽东思想学习班。3月下旬，县革委会成立“斗、批、改”办公室。在“全面落实党的八届十二中

全会提出的各项战斗任务誓师大会”后，一个以清队、整建党为主要内容的斗、批、改运动在全县铺开。以“党组织应是无产阶级先进分子所组成，应能领导无产阶级和革命群众对阶级敌人进行战斗的朝气蓬勃的先锋队组织”为指针，以北京“六厂两校”为榜样，依照从思想整顿入手，经过开门整党、“革命大批判”、建立新支部、落实党的政策、“吐故纳新”等程序进行整建党。5月，县革委会党的核心小组先是进行整建党试点，随后分批对原有192个支部进行开门整党，全县“清队”中，批斗563人，看守管制123人，有3人逃跑，批斗中因思想不通而自杀的有26人。同年9月底召开县第二次党代会，出席会议代表321人，列席代表151人。10月4日选举产生中共明溪县第二届委员会委员15人，县委常委7人。同年10月，夏阳和沙溪、夏坊等公社建立党委。1972年2月，整建党工作结束，全县8个公社党委、171个基层党支部建立，98%的党员恢复了组织生活。此次整建党，由于是在“左”的指导方针下及党员之间、党员与党组织之间的关系大都处于很不正常的状态进行的，因而“左”的思想和理论造成党员思想上的极大混乱，使党的建设偏离了正确轨道。但是各级党组织的建立及大多数党员组织生活的恢复，对于稳定局势，推进工农业生产和各项工作还是起了一定的作用。

1970年2月，在整建党的基础上，在全县范围内又部署开展“一打三反”（即打击现行反革命、反贪污盗窃、反投机倒把、反铺张浪费）运动。下旬，县革委会成立“一打三反”领导小组。各社队和县直单位利用学习班和政治夜校，对广大干部群众进行思想和政治路线教育。至6月间，全县检举揭发了“反革命集团案”5起、流氓盗窃集团案2起、“投机倒把案”360多起，揪斗“五类分子”480人。运动中，全县共立案201件。由于“左”倾指导思想的影响，扩大了打击面，致使一批群众遭到无辜伤害。

自1968年城区303名知识青年到农村插队劳动，到1977年知识青年上山下乡（包括接收外地知识青年）达1430人。70年代初开始通过招工、招干等渠道安置。到1979年选调安置工作结束。广大知青到农村，经受了锻炼，为开发、建设山区做出了贡献。然而，大批知青下乡，使国家花费了大量安置经费，增加了地方财政和当地农民及青年家长的负担，另一方面知青荒废了所学的知识，造成人才断层，给国家建设造成了不可挽回的损失。1969年11月,省、地、县600名干部下放农村，接受“再教育”，增加了对农村工作的了解，同农民建立感情，努力为农村办好事，在加强农村基层领导力量和搞好大队班子建设、巩固集体经济等方面起了一定的作用。但是，干部下放农村未能达到精简机构，提高效率的目的，同样也使许多干部经受了艰苦磨难，造成了多方面的损失。

五、纠正“左”倾错误及其受挫

1971年“九一三”事件发生后，在毛泽东的支持下，周恩来主持党中央日常工作，全国先后开展“批陈整风”和“批林整风”运动。1975年由邓小平主持党中央工作，领导全国对各方面工作进行整顿。全县广大干部和群众努力纠正“左”倾错误，使各方面的工作出现转机。1971年春，全县分三批召开22级以上党员领导干部会议，传达中央文件，开展“批陈整风”，县委着重结合思想和工作作风方面存在的“十多十少”进行整顿。1971年9月，林彪反革命集团覆灭后，县委根据“先党内，后党外”的原则，从同年12月起，把中央批发的《粉碎林陈反党集团反革命政变阴谋斗争》等三批材料传达到群众。1972年7月，在全县开展“批林整风”运动，揭发批判林彪集团的罪行，清查与林彪集团阴谋活动有关的人和事。同年10月，全县农村贯彻“抓大批，促大干，学大寨，赶昔阳”运动，全县掀起一场以改造山垅低产田为中心的农田基本建设热潮，并结合以开展党的基本路线和“三要三不要的基本原则”，反对资产阶级思想腐蚀，纠正不正之风为主要内容的教育，进行“两整一办”（即整顿党、团，整顿民兵组织，大办农村政治夜校），进一步把“批林整风”运动推向深入。这次运动，使广大干部群众认清了林彪一伙的反革命面目，纠正了部分“左”倾错误，增强了干部队伍的团结。1973年，在全县工矿企业中开展“工业学大庆”和“抓大事，促大干”运动，把以节支降耗提高效率为中心的工业企业整顿推向了高潮。1974年2月初，县委成立

“批林批孔”领导小组和办公室，宣传“评法批儒”。教育系统批判“智育第一”，宣扬“黄帅日记”和“张铁生交白卷”等，使学校的教学秩序再度陷入混乱。

1975年，县委根据省、地委的部署精神，对各方面的工作进行整顿。10月，县委在干部队伍中开展了反对资产阶级派性的斗争。在农村调整和充实领导班子，进一步贯彻落实党在农村的经济政策，部分调整了生产队的规模，划给农民小部分自留地，允许农民适当经营家庭副业。在工矿企业单位，许多被实践证明是正确的，而被错误地指责为“管、卡、压”的规章制度，开始得到恢复和健全。经过整顿，形势逐步朝着好的方向进展。

1975年下半年到1976年6月，根据上级的指示，开展追查所谓的“反动诗词”和“反革命”案件，制造了一些冤案。遵照省、地委的指示，在全县又开展了传达中发（75）23号、24号、26号文件，发动干部、职工批判“三项指示为纲”、“唯生产力论”，纠“左”工作被迫中断，社会再度出现混乱现象，生产秩序遭到破坏。但这时县委和广大干部群众已厌倦社会动乱，不愿意卷入所谓“反击”运动。

六、欢庆胜利

1976年1月8日，党和国家的重要领导人周恩来逝世。明溪人民和全国各族人民一样，对失去这位领导人心情极度痛苦，纷纷进行各种悼念活动。在为周恩来治丧期间。江青反革命集团却发出种种禁令，竭力阻挠和诬蔑群众性的悼念活动，激起广大干部和群众的愤怒。3月下旬以后，传入明溪县的各种悼念周总理的诗词，虽被严密查禁，但人们总是在暗地里传抄，表示对周总理的怀念、崇敬，对江青反革命集团的抗议、抵制。1976年7月6日，党和国家的重要领导人朱德逝世。9月9日，党和国家的主要领导人毛泽东逝世。18日，县党政机关和企事业单位，各社、队干部群众分别举行隆重悼念活动。在不到一年的时间里，三位党和国家的杰出领导人相继逝世，广大人民都沉浸在巨大的悲痛之中。10月6日，华国锋、叶剑英、李先念等代表中央政治局，执行党和人民的意志，采取果断措施，对江青、张春桥、王洪文、姚文元及其在京的帮派骨干实行审查。10月14日，党中央公布粉碎江青反革命集团的消息，人们奔走相告，兴高采烈。10月23日，县城区党政军民隆重集会，听取党中央打招呼会议精神和中央（76）16号文件的传达。26日，城区军民集队走上街头游行，庆祝粉碎江青反革命集团的伟大胜利。一致拥护党中央的决定。此后，县委抓紧组织学习贯彻中央（76）16号、20号文件，办学习班，培训理论宣讲骨干，成立清查工作领导小组和专案小组，清查江青反革命集团的帮派体系，以及与他们篡党夺权阴谋活动有牵连的人和事，掀起揭、批、查“四人帮”的三个战役。江青反革命集团的粉碎，标志着持续10年内乱的“文化大革命”以人民的胜利而告终，明溪人民同全国一样，从此步入新的历史发展时期。

附　录

重要文件选编

明溪县人民政府关于实施“先行工程”加快公路干线建设的决定

明政〔1993〕综 022 号

各乡镇人民政府、县直各单位：

公路交通是国民经济的重要基础设施。省道福五线明溪至荆西路段已被列为省市“先行工程”的配套项目。为了切实抓好我县境内路段的改建工作，根据省政府闽政（1992）综 388 号文件和市政府明政（1992）综 261 号文件精神，结合我县实际，特作出如下决定：

一、建设目标

到本世纪末，省道福五线明溪城关至荆西方向县境内共 35 公里公路全部达到二级以上公路标准。此项目定名为“先行工程”。规划、勘测、设计、立项等前期工作由县“先行工程领导小组”具体负责。

二、多渠道筹集“先行工程”建设资金

解决公路建设资金的出路在于充分发挥多种集资渠道的作用，在于发动企事业单位、干部、职工、群众投资投劳，同时鼓励外商独资、分资、合股搞公路建设。在认真贯彻落实省政府（1992）综 388 号文件的精神，收好收足省规定的建设资金外，结合明溪实际，再制定如下措施。

1.争取国内外金融机构贷款。县财政每年安排 50 万元，作为县公路建设基金，用于公路建设的贴息资金。

2.争取集体、个人捐资，发动群众投工投劳。

（1）发动机关企事业单位的广大干部、职工、群众及海外侨胞、港、澳、台胞捐资。每个机关企事业单位捐资 1~10 万元以上（也可以用“三材”），此项费用可摊入成本。每个干部、职工一次性捐资的最低限额为：副处级以上 200 元，副科级以上 100 元，普通干部、职工 50 元。离退休人员、在外工作的明溪籍和热心明溪建设的干部群众、港、澳、台同胞、海外侨胞及其他群众捐资以自愿为原则。以上捐资由县财政部门代收。对个人捐资 2000 元以上者，单位捐资 10 万元以上者，由县政府在城区醒目地方树碑颂扬。

（2）农村每个劳动力每年提供 15 个义务工用于公路建设。允许以资代劳，每工日按 10 元计算，交缴公路建设基金，由县财政局负责征收。

3.对各类车辆征收建勤费（包括按规定减免养路费的车辆）。营业性客车和非营业性客货机动车辆（含行政事业单位公务车辆）每月每吨征收 20 元，由公路部门代征；柴三机、正三轮摩托车每辆车征收 200

元，中型拖拉机每吨位年征收 100 元，由交通部门代征；摩托车（边三轮、两轮）80cc 以上每辆年征收 300 元，80cc（含 80 cc）每辆年征收 200 元，人力三轮车每辆年征收 100 元，自行车每部年征收 5 元，由交警部门每年年检时审核把关，凡未按规定交纳车辆建勤费的，一律予以补收。

4.公路设点收费。经省政府批建设置的公路收费点，按照“谁贷款修路，谁设点收费，谁还本付息”的原则征收公路建设基金。

5.对工商个体户（缴车辆建勤费的个体运输户除外），征收公路建设附加费。从 1993 年至 2000 年八年间，每年每户收取 300~600 元，由工商部门代收。

6.对旅店征收公路建设附加费。凡在我县范围内的旅店业，从 1993 年至 2000 年间，每个床位每天征收住宿费的 10%，由税务部门代征。

7.以上收费一律使用省、市、县财政统一印制发票。上述资金由各有关部门代征后，均应统一存入县财政局设立的“公路建设基金”专户存储，县交通局负责收支管理，县财政、审计部门负责监督使用，确保专款专用。

8.负责基金征收的单位均应按本规定精神制定出征集的具体实施细则，公安、交通部门要定期或不定期上路检查，以确保基金征集工作的顺利进行。

三、有关政策

1.降低征地、拆迁费用。公路改造建设工程征地、拆迁工作，由沿线乡镇政府负责，要求广泛发动群众，做好思想工作，妥善解决征地拆迁问题。

公路建设征用的土地，应尽量降低补偿费，水田（果园、菜地、鱼塘）补偿费每亩 2000~3000 元；幼中林地补偿费每亩 200~800 元，旱地补偿费每亩 400~600 元，非耕地不予补偿。农户原责任田被征用后，由所在乡镇和村委会统一调整。

公路改建工程需要拆迁的国家、集体单位和个人的水利、电力、通讯、广播和建筑物等设施，按《中华人民共和国公路管理条例》的规定，在一九八八年一月一日以后，在公路两侧预留用地内（省道 15 米）新建的永久性建筑物和其他设施，均应无偿清理拆除，其余给予适当补偿。

2.减少非直接工程费用，降低工程造价。凡属公路建设的有关税费、管理费、手续费等给予减免。所需砂、石、土等一概无偿开采，免收资源费和其他费用。

3.鼓励工程技术人员发挥科技优势，优化工程设计，使用新技术、新工艺、新材料，降低工程造价。对有重大贡献的科技人员按规定给予奖励。

各乡镇、各有关部门必须全力支持“先行工程”，抓紧做好“先行工程”的规划、设计、筹资等各项准备工作，确保本决定从一九九三年一月一日起全面实施。

明溪县人民政府

一九九三年三月十日

明溪县人民政府关于加快发展个体私营经济的暂行规定

明政〔1998〕3号

各乡（镇）人民政府，县直各单位：

为促进个体私营经济等非公有制经济快速健康发展，推动明溪经济在新一轮创业中迅速崛起，特作如下规定。

1.从1998年6月起，对个体工商户、私营企业调低以下收费标准：

（1）暂住人口管理费、私营企业法人年度检验费、卫生监督监测费和审查费、卫生许可证年检费按现行收费标准统一减半征收；城市占道费按现行收费标准的1/3征收。

（2）就业调节费、水资源费、文化市场管理费按现行收费标准统一下调20%，生产性企业下调50%。

（3）投入资本验资费、年终决算审查费按收费最低限统一下调20%，生产性企业下调50%。

2.由物价部门重新审定收费项目和收费标准，统一核发《收费许可证》，公开收费依据和标准；对合法、合理的收费统一开具《收费准许通知书》，规范收费行为。从1998年6月份开始，向个体工商户、私营企业收费，须持有物价部门制发的“一证一书”，使用财政部门统一的票据。个体工商户、私营企业有权拒绝一切无证收费。县政府成立收费管理办公室，设立收费投诉电话，以加强收费监督管理。

3.除税务发票保证金外，一切行政事业单位不得以任何理由收取个体工商户和私营企业的押金或保证金。

4.由县物价、土地、建设、工商部门对个体工商户经营场所的租金，按地段重新分类核定标准。未经县收费管理办公室批准，任何单位不能自行调整租金，不能单方面擅自调整按约缴交租金的业主。

5.由地税、国税、工商对全县个体工商户的营业额进行重新核定，统一计税计费基数。

6.对个体工商户、私营企业名称核准、工商注册登记等除法律、法规或上级政府有明文规定外，全部放开放活，不作限制。对经营范围的核定，按大行业或大类、中类等形式核准。个体工商户的注册资金不限；生产性企业注册资金一时不足的，可先发执照，开业后限期补齐。

7.私营企业可承包、收购、兼并国有、集体企业。对有偿兼并亏损企业的，可以采取分期付款方式，在五年内分期偿付，但第一年的付款金额应不低于总金额的三分之一。私营企业购买、兼并国有、集体企业的，享受国有、集体企业的同等政策待遇。

8.私营企业在承担科研任务、接受委托科研项目、申请科研成果鉴定和奖励、科技贷款和技术改造项目贷款、高新技术企业认定、知识产权保护等方面，享有与国有科研单位同等待遇。

9.私营企业发展生产经营所需的生产、生活用地，可享受下列优惠：

（1）经批准可以享受三资企业在使用土地方面的优惠政策，自批准用地之日起，前三年免交土地使用税，第四年到第五年减半交纳土地使用税。

（2）通过与国有、集体企业嫁接改造形成的私营企业，使用原行政划拨的土地以出让方式取得土地使用权的，出让金的确定可以按标定地价的10%~15%计收，并减收土地使用税；以租赁方式取得土地使用权的，按标定地价的 15%计收场地使用费，并逐年交纳；以土地作价入股方式取得土地使用权的，入股的地价按标定地价 10%~15%计算，作为国家股或国有法人股本的折股依据。

（3）在不违反《公路法》的情况下，允许在城镇规划区外利用交通主干道两旁的非耕地进行简易搭盖，开办经营性和无污染性的生产性私营企业，并免收土地使用税。

10.私营企业因生产经营需要，须招调技术人才（含应届大中专毕业生）的，可以直接向人事劳动部门申报。有关人员经批准调入后，其人事档案挂靠在县人才服务中心，同时与企业签订劳动合同，按合同期限交纳养老保险金，并计算连续工龄。个体工商户、私营企业安置国有、集体企业下岗职工，享受有关安置国有企业下岗职工的优惠政策。

11.在个体工商户、私营企业工作的专业技术人员，符合专业技术职务任职资格条件、需申请专业技术职务任职资格的，由各级工商联（商会）按国有、集体企业同等人员的现行标准办理，并纳入各级政府人事（职改）部门统一管理。

12.凡在本县城关开办生产经营性企业，一次性固定资产投资达 20 万元以上的业主，经工商、公安部门确认，按有关规定给予办理 1 名城镇户口，免交城市增容费，子女就近安排就学；固定资产投资额每增加 20 万元，可增加一名城镇落户指标，免收城市增容费。外省、市、县城乡居民来明申办个体工商业、私营企业，可以享受内联企业的优惠政策。

13.个体工商户、私营企业年实际纳税额（含中央、地方税收）连续三年在 10 万元以上，给予一次性办理 2 名本县城镇户口，免收城市增容费；以 10 万元为基数，每超过 10 万元可再办理 1 名本县城镇户口，免收城市增容费。上述办理城镇户口的对象应是业主直系亲属或在本县劳动部门办理用工手续且在本企业连续工作满 3 年的骨干员工，由业主凭纳税票据写出申请报告，并经县国税、地税局共同签署意见，交公安等有关部门按规定 办理。

14.由财政部门设立专项奖励基金，对纳税贡献突出的个体工商户、私营企业及其业主予以重奖。从 1998 年起，对个体工商户、私营企业实际纳税额（含中央、地方税收）5 万元~10 万元（含 10 万元），按纳税额的 1%予以奖励；10 万元~20 万元（含 20 万元），按 1.2%予以奖励；20 万元以上的，按 1.5%予以奖励，奖励金由同级财政支付。同时，每年在个体工商户、私营企业中开展先进典型的评选活动，并通过各种宣传媒介进行广泛宣传，提高个体工商户、私营企业的社会地位。

15.对投资农业综合开发的，收益头两年免收农业特产税，第三年减半收取农业特产税；对农业产品生产或以批发、零售等方式经营种子、种苗、化肥、农药的，免征增值税；对投资副食品生产、基础设施建设的个体工商户、私营企业所实现的所得税，按规定能免则免，由税务部门办理；不能免的由地方财政从上交实得财力中予以返回 50%，具体由财政部门办理。

16.新办的从事交通运输业、公共事业、旅游业、商业、对外贸易业、仓储业、居民服务业、饮食业、教育文化卫生事业独立核算的个体工商户、私营企业，经报税务主管机关批准，自开业之日起，免征企业所得税一年。

17.对新开办的生产性个私企业，头两年免收一切行政事业性收费。

18.个体工商、私营企业安置国有、集体企业下岗人员（含城镇待业人员）超过企业从业人员总数 60%以上的，由主管税务机关审查核实，比照劳动就业服务企业免征企业所得税三年。免税期满后，企业当年新安置下岗人员（含城镇待业人员）占企业原从业人员总数 30%以上的，由税务主管机关审查核实，减半征收企业所得税两年。

19.私营企业经省科委认定为高新技术企业的，从获利年度起，两年免征所得税，第三年至第五年按 15%税率减半征收所得税。

20.对符合一般纳税人条件的私营企业执行与国有、集体企业同等的税赋；对不具备一般纳税人条件的，报经税务部门批准，可到国税部门代开增值税发票。

21.经过银行评估并取得优秀信用等级的私营企业，以其房产、地产、有价证券等作为抵押的，在同等条件下优先办理贷款。

22.各商业银行要积极开展私营企业商业票据业务，鼓励私营企业在银行贴现和再贴现，银行要在融资、结算等方面提供优质服务。

23.对私营企业的技术改造贷款和生产性新建、扩建项目贷款，在还本付息期间，经核准可采取加速折旧的办法，提高固定资产折旧率，新增折旧资金可全额用于还贷。具体办法由地税部门制定。

24.除政法、财税部门的依法检查外，其他行政事业单位未经县发展民营经济领导小组批准，不能擅自进入个私经济开展任何检查活动；坚决制止向个体工商户、私营企业乱收费、乱罚款、乱摊派和各种强迫赞助；坚决制止到个私企业吃、拿、卡、要的腐败行为。

25.各行政事业单位要坚决执行本规定，对有关税、费该调则调，该减则减，该免则免，该退则退；要转变作风，优化服务，共同营造个体私营经济健康发展的宽松环境。对违反本规定的收费、罚款、摊派、检查等行为，个私经济业主有权拒绝，并进行投诉举报。经查实，调整违法当事人的工作岗位；情节严重的，撤销其行政职务或开除公职。

26.本规定自颁布之日起实行。解释权归县政府办公室。

明溪县人民政府

一九九八年六月三日

明溪县人民政府关于印发《明溪县深化企业改革若干问题规定（试行）》的通知

明政〔1999〕4号

各乡（镇）人民政府，县直有关单位：

《明溪县深化企业改革若干问题规定（试行）》已经县政府办公会议研究通过，现印发给你们，请认真抓好实施。

明溪县人民政府
一九九九年五月五日

明溪县深化企业改革若干问题规定（试行）

为了进一步放开搞活我县国有小型企业，加快企业改革步伐，建立现代企业制度，根据国家有关政策，结合我县实际情况，对深化企业改革作如下规定。

一、目标、原则和任务

（一）深化企业改革要坚持以邓小平同志建设有中国特色的社会主义理论为指导，以“三个有利于”为标准，以党和国家有关法律法规为依据，以推行股份制和股份合作制为主要形式，通过对企业进行改制、改组、改造，进一步转换国有企业经营机制，使之真正成为自主经营、自负盈亏、自我发展、自我约束的法人实体和市场竞争主体，逐步建立起适应市场经济要求，产权清晰、责权明确、政企分开、管理科学的现代企业制度。

（二）实施国有小型企业改革的基本原则是：

1.适应建立社会主义市场经济体制的要求，以建立现代企业制度为目的，以明晰产权为突破口，坚持改革、改组、改造和加强管理并举，全面实现企业产权制度创新。

2.盘活国有资产存量、优化资源配置，提高国有资产经营效益，实现国有资产的保值增值。

3.在组织实施改制过程中，企业及主管部门要充分尊重债权金融机构的意见，切实维护债权人的合法权益。

4.坚持国家、集体、个人三者利益相结合，既不让国有资产损失，又充分考虑企业实际情况及职工利益。

5.坚持公开、公平、自愿、等价有偿原则。

二、深化企业改革的主要形式

（三）股份制改造。

1.股份合作制。对一般的小型企业通过吸收职工入股，或向企业内部职工出售产权，改制为股份合作制企业。

2.公司制。对产品有市场、经营管理比较好的小型国有企业，可按照《公司法》规定，主要以有限责任公司形式进行改制。

3.通过固定资产租赁，流动资产股份化的形式组建股份制企业。企业的厂房、设备等固定资产实行租赁，新投资以入股形式作为增量资金，组建新的股份制企业。对实行分立的企业，要按所得有效资产的比例，同比承担金融部门债务，做到“债随物走”，不得只承接资产，不负担债务。

（四）联合兼并。按产品关联度选一批小型企业与大公司、大集团协作配套，通过优势企业购买劣势企业、优势企业出资对劣势企业控股、劣势企业以资产拆股向优势企业参股等多种形式带动小企业发展；鼓励优势企业跨地区、跨行业、跨所有制对小型企业收购兼并，或将国有企业无偿转给优势国有企业。

（五）风险承包租赁。企业全部或部分资产可由法人或自然人（包括内部职工）风险抵押承包经营或租赁经营。

（六）拍卖出售。以盘活国有资产、解决债务、人员“包袱”为目的的企业将整体或部分资产进行产权转让，公开向社会竞价拍卖或协议出售。

（七）嫁接改造。鼓励小型企业引资嫁接改造，嫁接的方式可以是整体嫁接，也可以是部分嫁接；合资比例不限。

（八）依法破产。对长期亏损，资不抵债、扭亏无望的企业依法实施破产，建立正常的优胜劣汰机制。

（九）划小单位、分块搞活。对一些内部车间、分厂的生产经营状况有明显差异的企业，采取化整为零的办法，根据不同的情况分开采取租、售、股等措施，达到分块搞活，整体提高的目的。

（十）有利于放开搞活国有小型企业的其它改革形式。

三、资产管理

（十一）资产评估。深化企业改革，涉及产权变动的应依法进行资产评估。资产评估要严格按照国务院91号令颁布的《国有资产评估管理办法》和国家国资局颁布的《国有资产评估管理办法实施细则》规定的评估程序、评估办法、评估要求进行评估。

（十二）有关资产的处置。

1.对企业需要报废的资产和需要削价处理的产品（物品）由财政、审计、税务、金融、企业主管部门、评估机构和有关工程技术人进行现场验证、共同鉴定。

2.呆账、坏账的处理。经财政、税务、金融、国资部门及驻企业改制工作组按国家相关政策审核，确认的呆、坏账从净资产中扣除，但企业仍应设置明细账，并有继续追回款项的义务。

3.待摊费用的处理。根据权责发生原则，对不具有递延性质的费用予以核减，从净资产中扣除。

4.对企业应付工资以及未交税金、未付利润等，评估时参照会计制度和有关规定，作为负债处理。

5.企业原承担的债务全部由改制后企业承接。企业的债权扣除呆账、坏账外，全部保留。

（十三）资产的剥离。

1.闲置的生产性资产剥离，列为托管资产。企业改制后因生产规模的扩大需要重新启用的，经评估后出售或租赁。

2.职工宿舍剥离，纳入房改范围。对土地使用权、非生产经营性资产从总资产中剥离，列为托管资产。对企业改制后，需要使用的非经营性资产，可出售或收取国有资产占用费。

3.离退休职工在企业列支的费用、各种人员安置费，从净资产中一次性扣留给企业，由企业统筹支付。

离退休职工在企业列支的山区补贴，书报费等各项津贴，按实核定，计算到70周岁，（现已满79周岁的职工、按每人五年计算）一次性扣留给企业；离退休职工医疗费用按每个人8000元，一次性扣留给企业，由企业统筹支付。

工伤、患职业病丧失劳动能力的职工，经劳动能力签订后，由本人申请，经批准可以提前退休。

因病或非因工致残，由医院证明并经县级劳动鉴定委员会确认完全丧失劳动能力的，经地（市）级劳动保障部门审批，男职工年满50周岁，女职工年满45周岁，可以办理退休。职工退休费用由企业支付，退休费发放标准由社会保险经办机构核定，待达到法定退休年龄，改由社会保险经办机构支付。

离法定退休年龄不到五年，且不参加本企业改制，经本人申请，企业领导批准，可以退出工作岗位休养。职工退岗休养期间，由企业按国家规定发给生活费计算至退休年龄止，各种补贴按标准计算至70周岁，一次性扣留给企业；医疗费用按每人8000元核定，一次性扣留给企业。抚恤家属的抚恤费，按劳动部门规定，子女计算到18周岁，职工家属计算到70周岁，一次性扣留给企业。

以上各项费用70周岁以前的不予收回，70周岁以后的由改制后企业负担。实行医疗保险统筹后，企业应按医疗保险的有关规定上缴医疗保险统筹金。

（十四）加强剥离、托管资产的监督管理。对改制中剥离、托管的各类资产及确认的呆账、坏账，企业要设立账户，明确责任，加强管理；财政、国资部门要加强监督管理，制定相关管理办法，定期进行检查、监督，严防资产流失，对呆、坏账要督促企业积极清收，并及时收缴清收款入库。

四、资产出售、收缴管理

（十五）进行股份合作制改造的企业，经县政府的批准，可将不大于50%的国有净资产配股给内部职工，职工用不低于配股资产等额的资金增资入股。配股部分职工只有分红权，不享有所有权。职工出资形成的股权不能退股。

（十六）改制为股份合作制的企业，一般只设内部职工股，但也可根据企业实际情况保留部分国有股和其他法人股。经营管理者应持大股，中层领导认购数应为职工平均数的2倍以上，厂级领导认购数应为职工平均数的5倍以上。

（十七）企业没有依据规定按时上缴产权出售资金的，一概不得分红。

（十八）股份合作制企业职工认股，一般一次性交清现款，特殊情况经批准允许分期付款，但第一次交款不得少于60%，其余部分在半年内最迟在一年内付清，并按银行同期贷款利率计息。

（十九）产权出售回收资金管理。县建立国有企业改革发展基金，实行专户专账管理。基金来源主要是国有企业产权变动收入、资产收益、政府拨款等。基金主要用于国有资本的再投入、扶持国有骨干企业、国有企业改革的成本、急需的短期周转资金、自救项目补助、富余人员的再就业培训和偿还欠款等。

五、劳动、分配管理

（二十）股份制企业招聘职工，应坚持先城镇后农村和“面向社会、公开招收，全面考核、择优录用”的原则，根据《福建省劳动力市场条例》，通过劳动力市场，自主确定招聘的时间、条件、数量和对象。

（二十一）股份制企业有接收国家统一分配的志愿兵、城镇退伍军人、转业干部及随迁家属安置任务的义务。

（二十二）根据股份合作制企业实行劳动合作与资本合作相结合的性质，凡不愿认购企业股份的员工，不得担任企业经营管理工作。

（二十三）股份制企业一律实行劳动合同制。根据《福建省劳动合同管理规定》办理签约与鉴证。

（二十四）股份制企业对违纪职工的除名处理，应遵照劳动法规，按规定程序办理并报劳动行政部门备案。

（二十五）股份制企业工资总额的提取，按照“工资总额增长幅度低于本企业经济效益增长幅度，职工平均实际收入增长幅度低于本企业劳动生产率增长幅度”的原则。

（二十六）企业可根据自己的特点，采取岗位技能工资、计件工资、包干工资等各种分配形式，按照劳动技能、劳动强度、劳动贡献确定职工工资收入。确保职工最低工资收入，合理确定企业高级管理人员的工资收入水平。董事长、总经理的工资收入，应根据企业效益情况，经股东大会和董事会讨论决定。

（二十七）内部职工持股一年后股份可在企业内部流动、转让。职工流动，其股份可以保留，可以按章程规定转让给他人，也可以由企业收购。流出职工保留的股份，与其他股东享有同等权力，承担相应义务。

六、妥善安置职工

（二十八）国有小型企业实施战略性改革改组，要正确处理好改革、发展与稳定的关系，妥善分流安置企业职工，保障企业职工的基本生活和合法权益，维护社会稳定。

（二十九）股份制企业要继续深化劳动制度改革，进一步优化劳动组合，压缩非生产人员。应根据以产定员的原则，减员增效。企业富余职工可通过多种形式实行内部分流。凡转向社会待业的，其个人档案、社会保险，再就业等由劳动就业服务机构和社会劳动保险机构统一管理。

（三十）国有小型企业产权变动，涉及离退休职工费用和富余人员安置费用的，要结合实际，多渠道多形式地解决。企业在改制、兼并时，可拿出部分专项资金，用以解决离退休职工的社会保障问题。

（三十一）对企业开办劳服企业或第三产业分流人员，及企业待业职工、富余职工组织起来再就业和自谋职业的，有关优惠政策按省政府 1995 年 24 令、闽政办〔1995〕213 号、闽政办〔1997〕25 号、明政〔1997〕171 号等文件执行。

七、配套政策

（三十二）银行及非银行金融机构对改制企业要继续给予大力支持。改制企业承担的原企业的贷款债务，改制时按有关规定重新办理贷款手续。

（三十三）改制企业原来为其他企业借款的担保，由原借款企业、改制企业和银行三方共同协商解决担保责任。经银行认可后，可由原借款企业用资产或土地使用权办理贷款抵押手续，否则由改制后企业继续履行担保责任。

（三十四）率先进行改制的国有企业，国有股红利三年内视企业情况可暂借企业使用或用于增加国有资本金。

（三十五）对资不抵债企业及资产剥离后为负值的企业实行扶持，原有债务经协商可由改制后企业负担，但不转为股权，由企业做出还款计划，逐年还款。视资不抵债额大小，改制后企业所得税增量部分由财政返还补亏，但时间最长不超过 5 年。

（三十六）对企业实施改革改组改造过程中的有关收费实行减免办法，按国计价费（1998）1077 号和闽价（1998）费字 364 号文件执行。

（三十七）鼓励优势企业厂长（经理）兼任困难企业法人代表，实行“两厂一长”或“多厂一长”。对成绩显著者，按税后利润或扭亏幅度予以一次性奖励。

（三十八）集体所有制企业、乡镇企业的改革，可参照本规定（试行）执行。各级、各部门在实施过程中遇到问题，可径直与县企业改革领导小组联系。

（三十九）本规定（试行）由县人民政府负责解释。

明溪县人民政府印发《明溪县关于进一步加强公民因私出国管理和服务工作的暂行规定》的通知

明政〔2000〕15号

各乡（镇）人民政府、县直各单位：

《明溪县关于进一步加强公民因私出国管理和服务工作的暂行规定》经县长办公会议研究通过，现印发给你们，请认真遵照执行。

明溪县人民政府

二〇〇〇年六月二日

明溪县关于进一步加强公民因私出国管理和服务工作的暂行规定

为进一步加强对我县公民因私申请出国的管理和服务工作，促进我县经济更快更好地发展，按照“加强领导、理顺关系，积极引导、大胆探索、规范管理、多办实事”的要求，根据省公安厅闽公境（2000）60号文件精神，结合我县实际，特制定本暂行规定。

一、凡符合下列条件的我县公民均可申请办理因私出国护照：

1.县、乡（镇）党政群机关、事业单位科级以下（含科级）工作人员，中、小学教师均可按明委发（1999）23号文件第三条、第五条第二项（即本人申请，可采取辞职或请长假等形式给予审批。科级干部经县委研究同意后由组织部办理审批手续，一般干部职工报主管部门审核后，属党群机关、事业单位的由县委组织部审批；属政府机关、事业单位的由县人事局审批）规定办理有关出国手续。

2.下岗职工持有县劳动部门颁发的“下岗职工基本生活保障证”“下岗职工再就业优惠证”和“失业证”三证之一，并持国外亲朋好友邀请的邀请函，即可办理因私出国出境申请。

3.申请出国人员持有境外公司工作合同、聘书及境外亲属邀请材料的，可直接办理出国手续。

4.所在企业上年度或当年度纳税金额１０万元以上且工商营业执照上有登记的企业管理人员，持境外商务邀请信及外方公司营业执照复印件，可办理因私出国商务申请。

二、设立明溪县公民因私出国服务窗口，为我县公民因私出国提供如下服务：

1.免费提供境外就业信息咨询服务；

2.免费推荐境外就业岗位；

3.免费核实境外公司的营业执照、资信证明、境外法人所在国家地区移民部门（或劳工部门）批准的招聘外籍人员许可证及聘用合同等有关资料；

4.免费指导受聘人员签订合同，并提供合同样本；

5.免费为因私申请出国人员进行劳动技术、技能、语言培训；

6.协助办理有关的职业技能鉴定、技术等级证书手续；介绍拟往国家或地区的法律、风土人情，进行出入境知识和国际金融贸易知识辅导；

7.为出国人员代办签证和代购机票等服务。

服务窗口办公地点设置在县劳动大厦。

三、应境外旁系亲属邀请因私申请办理出国护照的，按省公安厅规定免去境外经济担保和认证材料。

四、因私申请出国资金不足的，可以消费信贷等多种形式向金融部门申请贷款。

五、由明溪国际经济技术合作公司筹资设立担保基金，为申请人提供贷款担保。

六、由人事、劳动部门接受出国人员委托，为其代办在国内的养老、失业保险、代管人事档案等。

七、凡因私申请办理出国护照的，县公安局外事科 5 个工作日内完成材料审核，并上报审批，20 个工作日内领取护照。

八、收取出国出境人员时限押金每人 1600 元，6 个月内回国的，按规定办理押金退还手续。夫妻关系、未满 16 周岁的少年儿童、年满 60 岁的男性公民和 55 周岁女性公民，因私申请出国的，免交押金。

九、依照有关规定，为回国人员提供再就业服务。

十、本暂行规定自发文之日起执行。

明溪县人民政府关于促进宝石业发展的若干意见

明政文〔2003〕40号

各乡（镇）人民政府，县直有关单位：

我县是全国四大蓝宝石产地之一，也是全省唯一探明开采的蓝宝石产地。近年来，我县宝石业得到了一定的发展，但开采能力小、加工水平低、技术相对落后和采、选、加工、销售各个环节联结不紧密等问题仍然比较突出，还跟不上经济和社会发展步伐。为充分利用我县宝石资源，做大做强宝石业，促进县域经济发展，现制定如下发展意见：

一、发展宝石业的指导思想

要按照“上规模、上档次、可持续、有效益”的原则，科学规划、合理利用，加快宝石资源的开发；在提高宝石综合加工能力的同时，逐步实现宝石产品由初级加工向精深加工转变，由传统加工工艺向采用先进、科学技术转变；推进宝石开采、选矿、加工、销售经营一体化和加工制品优质化；加大招商引资，大力发展来料加工，培育宝石交易市场，树立明溪宝石品牌，做大做强宝石产业。

二、发展宝石业的目标

力争经过3年努力，完成总投资1000万元，建设具有一定规模的宝石开采、选矿、加工、镶嵌一体化企业若干家，组建检测中心、培训中心，发展来料加工，培育建设宝石专业交易市场，打响明溪宝石品牌，形成年开采、加工、镶嵌、改色宝石20万克拉的生产能力，实现年销售收入2500万元，利税800万元，带动城镇居民1000人劳动就业，把我县建成集宝石开采、加工、镶嵌、交易于一体的全国闻名的宝石城。具体工作目标为：

（一）2003年工作目标：

1.3月份以前完成扶持宝石开发优惠政策的制定，完成县宝玉石协会的换届工作。

2.加大宣传力度，提高明溪宝石知名度，4月份在互联网上设立宣传明溪宝玉石的专门网站。

3.坚持“走出去、请进来”战略，积极参加各种招商活动，加强同省宝协、中国宝玉石协会的联系，力争实现引进资金500万元，对盖洋林地宝石矿区进行开采，年内建成集开采、选矿、加工一体化企业1家，达到日处理原矿60立方米以上的采矿能力，实现年加工宝石10万克拉以上、产值1000万元、利税200万元的目标。

4.加快宝石专业市场建设，力争年底建成有一定规模的宝石专业批发市场。

（二）2004年工作目标：

1.加大宝石开发力度，加工规模力争达到15万克拉以上，实现产值1800万元以上、利税500万元，形成年开采宝石砂矿1.8万立方米的规模，新办开采、选矿、加工企业1家。

2.依托县宝玉石协会，选派人员参加宝石鉴定、检测培训，在县宝玉石协会成立宝玉石检测中心，为企业提供宝石测检服务。

3.加强同省、市旅游部门联系，争取大金湖、玉华洞的旅游线路向我县延伸，开发明溪宝石观光旅游项目，以旅游发展促进宝石知名度的提高。

（三）2005年工作目标：

1.形成年加工能力20万克拉以上、销售收入2500万元、利税800万元、带动1000人就业的规模，达到年开采宝石砂矿3.6万立方米的生产能力。

2.进一步加大对明溪宝石的宣传力度，力争9月份举办第一届宝石节，以宝石为主导，带动其它项目，开展招商活动。

3.以县职业中学为依托，开展宝石加工培训，为企业提供熟练的技术人员。

三、发展宝石业的工作措施

（一）统一规划，合理开采

合理利用现有宝石资源，搞好资源保护，采取相应的措施，对尚未开采的矿区实行封闭政策，严禁滥采乱挖破坏资源，同时聘请地质专家学者根据地质资料对开采矿区进行科学统一规划，实行分期分批有计划的开采。

（二）积极引导，做大做强现有宝石加工企业

1.提升企业档次。合理引导现有20余家宝石加工企业加大投资力度，扩大生产规模，改进生产方式，加快技术改造和设备更新，引进先进工艺技术，提高产品科技含量，增强产品的市场竞争力。

2.培育龙头企业。重点扶强做大县珠宝厂，积极帮助协调资金，鼓励其在做好现有的基础上进一步加大投资力度，扩大生产规模，建成集宝石开采、选矿、加工为一体的现代宝石加工生产企业，把它培育成为现有宝石加工业的龙头企业，带动其他企业发展。

（三）加大招商引资力度，加快宝石业发展

1.加大“引进来”工作力度。积极参加各种形式的招商活动，实行网上招商、代理招商等形式，加强与上海、北京、广州、福州等大中城市珠宝商联系，广泛推介明溪宝石加工项目，引进具有较大规模、较高档次的宝石加工企业到我县投资开发办厂，或吸引资金参与我县现有宝石加工企业技改扩建。

2.大力实施“走出去”的发展战略。积极组织明溪宝石产品参加各种珠宝交易会、推介会和展销会，举办宝石巡回展，鼓励他们到国内大中城市设立经营网点或设立宝石专柜，进一步提高明溪宝石的市场占有率，并充分利用当地的资源、劳动力、政策优势，搞好引资工作。同时，积极组织宝石加工企业和县有关部门到区外招商、办展，介绍明溪宝石资源、推销明溪宝石产品，不断拓展宝石外销渠道，树立明溪宝石品牌。

（四）积极筹划，加快培育宝石市场

充分利用明溪是全国四大蓝宝石产地之一、“宝石之乡”的优势，大力发展来料加工，做好宝石开发、加工、鉴定、交易一系列的配套服务工作，培育较大规模的宝石交易市场，力争建成宝石专业市场。逐步引导宝玉石厂（商）家集中经营，实行统一规格、统一品牌、统一商标、统一质量、统一包装，打响明溪宝石品牌。同时，加快宾馆、道路等城市基础设施建设，加快其它项目发展，在条件成熟时，以明溪宝石为主导，举办一定规模的宝石节，带动以宝石为主的明溪名优特产品的发展。

（五）加大宣传力度，不断提高宝石的知名度

1.加强社会舆论宣传。以明溪蓝宝石被评为“八闽名石”为契机，充分利用各种宣传阵地和宣传媒体，广泛宣传明溪宝石的品位、价值和宝石业发展的目标、措施等，不断丰富宝石文化内涵，为我县宝石业发展创造良好的社会氛围。

2.加快宝石旅游项目开发。积极筹建明溪宝石馆，聘请专家进行艺术形象设计，加快对明溪宝石的历史、宝石标本和宝石开发加工、交易过程中形成的独具特色的人文、历史文化进行系统的整合包装，开发以古火山口旅游、宝石选购和开采加工观光为主的宝石旅游项目，以此向县内外游人、客商展示我县宝石的悠久历史和璀璨文化，带动宝石消费，提高明溪宝石的知名度。

（六）加强宝石的质量监督，培育专业技术人才

建立宝玉石检测中心和培训中心，选派人员参加省宝协举办的宝石鉴定和检测培训班，提高对宝石质量的监管水平 。积极组织宝石加工经营户外出学习、引进国内同行业先进技术和经验，并加强与中国地质大学等科研院所的联系和合作，引进宝石改色等先进技术，提高加工和鉴定水平。及时调整充实县宝玉石协会成员，选齐配强人员，充分发挥宝玉石协会的行业管理、监督的职能作用，促进宝石业有序、健康发展。

四、营造良好的发展环境，以优惠的政策促进宝石业发展

要进一步精减行政审批事项，简化办事程序和手续，提高服务效率，在用地、税收、户籍、办证等方面要按照有关规定落实优惠政策，努力创造吸引境内外客商前来投资的宽松发展环境。对投资额在50万元以上的项目或所有外引内联项目，各有关乡（镇）或各主管部门、引进部门要按照项目属地的原则，无偿代办有关证照及规费收缴手续。各审批部门要按照精简的原则确定申报材料、附件，简化审批手续，缩短审批时间，在依照法定程序办理的前提下，环境、建设、国土、消防、卫生等相关手续的审批尽量同步进行或穿插进行。

五、切实加强对发展宝石业的组织领导

各有关乡（镇）人民政府要统一思想、提高认识，把发展宝石业作为繁荣农村经济的重点，合理规划、统筹安排，将其纳入本地经济社会发展计划，摆上重要议事日程，明确目标任务，细化责任，抓好工作落实，确保本乡（镇）发展宝石业工作取得实质性成效。县国土资源、外经贸、财政、计划、科技、环保、工商、税务、金融、工商联等有关部门（单位）要各司其职，通力协作，转变作风，改善服务，共同推动宝石业持续、快速、健康发展。

明溪县人民政府

二〇〇三年三月二十六日

中共明溪县委、明溪县人民政府关于建设明溪生态工业园区的决定

明委发〔2003〕11号

各乡（镇）党委、人民政府，县直各单位：

为进一步扩大对外开放，积极推进工业化进程，加快我县经济结构调整步伐，不断提高产业层次，促进全县经济更快更好地发展，经研究，决定在城关乡上坊村、瀚仙镇王陂村、大焦村地域创办“明溪生态工业园区”（以下简称工业园区），现就工业园区建设工作的有关事项决定如下：

一、进一步统一思想，提高认识，形成合力

建设工业园区，是拓展县域经济发展空间、扩大对外开放的客观需要，是发展县域特色产业、培育县域经济新增长点、优化产业结构的重要载体，是提升县域工业整体水平、加速工业化进程的有效途径，是城市化发展的必然要求。明溪要实现“率先崛起”，关键在加快新型工业化步伐，大力发展“专、精、特、新”生态效益型工业企业。通过建立工业园区有利于土地、公共设施等要素的合理配置和充分利用，有利于制订比较优惠的政策和提供更好的服务，从而产生集聚效应和辐射效应。全县各级各部门要充分认识建设工业园区的战略意义，采取切实有效的措施，加大力度支持工业园区的建设和发展，努力把工业园区建成我县经济发展的带动区、体制和技术创新试验区、城市发展的新区。

二、工业园区的运作方式和开发原则

工业园区按照“政府主导、市场运作、多元投资、封闭运行、统一规划、分步实施、按需开发、滚动发展”的方式运作。成立工业园区管理委员会（以下简称工业园区管委会）对工业园区进行统一领导、统一协调、统一规划、统一管理、统一服务。组建工业园区建设投资有限责任公司对工业园区资产（土地、厂房等）进行市场化运作，按照“谁投资，谁受益”的原则，鼓励各类经济主体以各种方式参与、实施工业园区基础设施建设。在一定时期内，工业园区企业税收县级留成部分按一定比例返还工业园区，用于工业园区的建设和发展，兑现相关优惠规定。现有待盘活的国有工业企业存量土地及其他资产，作为工业园区建设资金平衡的配套手段。

工业园区开发要坚持基础设施高标准规划、分阶段实施；入园项目高起点要求。分层次到位的原则。要积极引进上规模、上档次、上水平、科技含量高、环境污染小、发展前景好、资源消耗低、带动能力强的资金、技术、劳动密集型相结合的工业企业。

三、切实落实工业园区管委会的职权

按照封闭运行的方式，工业园区实行“一站式办公、一条龙服务、一体式监督管理”。工业园区管委会的主要职责是：①贯彻国家、省、市、县的有关政策、法规、规定，制订并实施具体的管理办法；②编制工业园区发展规划，经批准后组织实施；③接受有关部门的委托，帮助园区内企业办理财税、工商、规划建设、国土、环保等事宜；④根据工业园区发展方向，负责招商引资，招才引智；⑤审定入园企业，培育区内重点

企业；⑥建立完善的统计制度、信息系统和园区发展所需要的支撑服务体系；⑦对园区内企业单位进行监督管理；⑧县政府授予的其他职权。

县各有关部门对工业园区区域范围内的各项行政职能，通过向下委托、向上代理的形式，确保工业园区管委会职权落实到位。同时要加强对工业园区管委会行政管理的指导和监督，以及相关人员的业务培训。工业园区区域范围内的一切新建、扩建和改建项目必须符合工业园区规划，经工业园区管委会同意方可办理有关审批手续。

四、各方支持，优化服务，切实加大对工业园区的扶持力度

建设工业园区是我县加快经济发展的重大举措，需要各级各部门的大力支持和配合。计划、外经贸、财政、金融、国土、规划建设、工商、环保、林业、安监、技监、劳动保障、税务、公安、消防等部门要认真落实工业园区所涉及的有关优惠政策规定，努力提供优质服务，提高办事效率。电力、通信、水利等部门要积极筹措资金，搞好工业园区内公用电网、通信网络、供水管网等基础设施建设。宣传、广电等部门要加大对工业园区的宣传力度，为工业园区建设营造良好的舆论氛围。有关乡镇要在支持配合工业园区建设的同时，做好村民的思想教育工作。工业园区管委会和建设投资有限责任公司要克服困难，认真履行职责，切实增强工作的紧迫感和责任感，明确分工，落实责任，强化考核，加大招商引资力度，加快企业进园落户步伐，充分发挥工业园区的经济集聚、示范、带动作用。

中共明溪县委
明溪县人民政府
2003 年 5 月 6 日

明溪县人民政府关于印发明溪县深化集体林权制度改革实施方案和规范集体林权转让承包实施细则的通知

明政文〔2003〕118号

各乡（镇）人民政府，县直有关单位：

《明溪县深化集体林权制度改革实施方案》和《明溪县规范集体林权转让承包实施细则》已经县长办公会议研究通过，现印发给你们，请结合各自实际，认真抓好贯彻落实。

明溪县人民政府

二〇〇三年十二月五日

明溪县深化集体林权制度改革实施方案

为认真贯彻落实中共中央、国务院《关于加快林业发展的决定》（中发〔2003〕9号）和《福建省人民政府关于推进集体林权制度改革的意见》（闽政〔2003〕8号）精神，结合我县实际，特制定明溪县深化集体林权制度改革实施方案如下：

一、指导思想

坚持以邓小平理论和“三个代表”重要思想为指导，在集体林经营体制改革的基础上，按照“积极探索、试点先行、规范运作、依法办事、稳中求进”的思路，进一步明晰集体林木所有权和林地使用权，放活经营权，落实处置权，确保收益权，依法维护林业经营者的合法权益，最大限度地调动广大林农以及社会各方面经营林业的积极性，解放和发展林业生产力，繁荣林区经济，增加林农收入，促进林业可持续发展。

二、总体目标

以乡（镇）为单位，自2003年7月1日起，至2005年6月底，各乡（镇）在全面完成各村集体林经营体制改革“回头看”和试点工作的基础上，分三批完成深化集体林权改革任务，实现“山有其主、主有其权、权有其责、责有其利”的目标，建立经营主体多元化，权、责、利相统一的集体林经营管理新机制。具体分年度目标为：第一批至2003年底，完成全县面积数的40%；第二批至2004年底，完成全县面积数的95%；第三批至2005年上半年，完成扫尾工作。

三、改革范围

深化集体林权制度改革的范围主要是林木所有权和林地使用权尚未明晰的集体商品林及县人民政府规划的宜林地。重点是对那些问题较多，程序不合法，尤其是未经村民会议或村民代表大会讨论通过、且群众反映强烈的各类合同，必须通过双方协商或法律程序签订补充协议，直至解除合同、重新发包。特别是对那些仍掌握在村集体组织手中，而且经营管理不善的山林，必须进一步转换经营形式，把林木所有权和经营权、林地使用权直接落实到户、到联合体或其他经营实体。

四、实施步骤

（一）组织领导

按照“县直接领导、乡（镇）组织、村具体操作、部门搞好服务”的工作机制，成立县深化集体林权制度改革领导小组，制定实施方案，组织实施和协调工作开展。同时，抽调县直机关干部组建集体林权制度改革工作队，由领导小组成员挂帅，并设立县集体林权制度改革进度督查和业务指导组，分片包干负责全县集体林权制度改革的业务政策指导和进度质量检查。各乡（镇）也要相应成立领导小组，配齐工作小组成员，组织作业村开展集体林权制度改革的深化工作。

（二）宣传发动

充分利用广播、有线电视等宣传媒体，召开县、乡、村、村民小组各级宣传动员大会，以会代训。分发宣传材料，向林农群众大张旗鼓地宣传深化集体林权制度改革的目的意义、原则方法和政策规定，全面发动林农群众关心改革、支持改革和参与改革，真正让各级干部知道、让老百姓知情，齐心协力，扎实推进，把好事办好。

（三）落实改革

1.开展集体林经营体制改革“回头看”。要求各乡（镇）以村为单位全面完成“回头看”，为深化集体林权制度改革摸清家底，打好基础。主要完成三项工作：一是看改革的实际运作效果，重点是广大林农群众对集体林经营体制改革的具体反映，各种形式的合同执行情况，林农造林育林护林的典型，改革后出现的新情况、新问题；二是看执行法律和把握政策的程度，重点是改革程序是否合法，大多数村民是否依法享有本村集体的林地使用权和林木经营权，有否随意中止或更改经营合同，改革期间集体林木折价转让的收入和承包经营后集体林地使用费收入、林木经营分成的收益使用管理是否规范；三是看业务技术工作质量，重点是改革所形成的技术资料与林权登记发（换）证工作所需资料是否衔接，不同经营类型的产权定性是否准确，各种合同是否规范，村、林业站、乡镇政府和县林业局的改革档案是否齐全。在此基础上，对各种改革形式进行认真的分析对比，总结经验，查找不足，按照有利于森林资源总量增长和质量提高，有利于林农增加收入，有利于提高森林的经济、生态和社会效益的总要求，制定形成符合本乡（镇）、村实际的深化集体林权制度改革的具体方案，经村民会议或村民代表大会讨论通过后付诸实施。

2.搞好集体林权制度改革试点工作。要求各乡（镇）根据省市精神，结合我县实际，在“回头看”的同时，每乡选择1—2个试点村，认真组织搞好集体林权制度改革深化工作，为我县全面开展深化集体林权制度改革工作探索路子，积累经验。

3.实施深化集体林权制度改革。要求各乡（镇）在2003年底完成40%的深化改革工作。首先，要在“回头看”的基础上，对在历次改革中所确定的经营形式，只要符合有关法律、法规和政策、程序合法且大多数群众满意的，不得随意变更，以安定人心，取信于民。坚决防止借深化集体林权制度改革之机，对已经明确林木所有权和经营权、林地使用权，并经实践证明行之有效的改革形式进行调整。其次，对那些问题较多，程序不合法，尤其是未经村民会议或村民代表会议讨论通过且群众反映强烈向各类合同，必须通过双方协商或法律程序签订补充协议，直至解除合同、重新发包。第三，对那些仍掌握在村集体组织手中，而且经营管理不善的山林，必须严格按照《中华人民共和国土地承包法》和《福建省森林资源转让条例》等有关法律法规规定，采取承包、租赁、合作和转让等多种形式，进一步把林木所有权和经营权、林地使用权直接落实到户、到联合体或其他经营实体。

4.登记发（换）林权证。要求在2003年底完成40%的林权登记发（换）证工作。即对已明晰权属的自留山，按照“谁造谁有”政策营造的林木、实行家庭承包经营的竹林和经济林、生态公益林及国有、外资、民营企事业单位和个人依据合同租赁集体林地营造的林木应予以确认，以及对新一轮改革中一经明晰的山林，及时予以确权登记，发（换）全国统一式样的林权证，以维护林业经营者的合法权益。

（四）检查监督

县集体林权制度改革进度督查和业务指导组要不定期深入乡（镇）、村，对照省、市要求，加强检查监督，严把作业质量。同时，要督促各乡（镇）做好月报、季报和年报的分类统计整理和汇总上报，做好改革成果（特别是有关文件、会议纪要、承包或招投标转让方案、公示材料、合同协议）的归类建档和保存工作，确保改革成效。

五、改革要求

1.做好改革模式的选择。进一步深化集体林权制度改革必须坚持“耕者有其山、权利平等”的原则，重点是将现有集体林地使用权、林木所有权和经营管理权落实到户、到联合体或其他经营实体，实行以家庭承包经营为主的形式。切实防止在改革中违背大多数村民的意愿，剥夺大多数村民依法承包经营集体山林的权利。通过实物分配或货币分配，应使全村80%以上的农户拥有集体山林的经营权和收益权。

2.稳定和落实自留山政策。林业“三定”时划定的自留山，应保持稳定。在具体工作中，不要大面积地重划自留山，随意扩大自留山面积。凡是已划分自留山，且实际经营状况良好的，经现场调查核实和确认，依法登记发放林权证，并按有关规定落实好自留山政策。对林业三定时没有划定自留山的，经村民会议（村民代表会议）讨论通过，可以不重新划分。

3.落实“谁造谁有”政策。我县现有的大部分经济林和部分用材林，基本上是根据“谁造谁有”政策营造起来的。对已签订合同，由村民自己投资造林的，必须按“谁造谁有”政策认定村民个人的林地使用权、林木所有权、经营权和收益权。对村民与村集体未曾签订任何合同或协议，而已经投资和造林的，原则上应尊重历史认定所造林木的所有权，经现场调查核实后，补签林地承包合同，登记发放林权证。

4.规范林木林地流转。以稳定为前提，本着尊重历史的原则，加以妥善处理。对依照当时的法律法规签订的林木林地转让合同，应保持稳定，不要轻易推翻；对已签订合同有不同意见的，特别是多数群众反映强烈、要求合理的，应通过当事双方协商，按照法律法规规定的程序，对合同的部分条款加以补充完善；对转让程序明显不合法，严重侵犯村民利益，群众强烈上访举报的，应通过司法程序予以解决。

5.完善承包合同管理。通过广泛宣传，使广大干部群众明白这次改革是林业“三定”以来历次改革的深化和完善，不是推倒重来，必须保持政策的稳定性和连续性。要讲法律、讲政策，尽职尽责、依法依规调处山林纠纷和仲裁承包合同争议。对明确权属的承包合同，给予完善稳定。

六、配套措施

1.落实保障林业经营者权益的配套政策。要认真贯彻执行《福建省森林条例》《福建省人民政府关于印发福建省加快人工用材林发展的若干规定的通知》和《三明市人民政府关于深化集体林木流通体制改革的意见》，全面落实木材自主经营、产销直接见面的措施，切实放开搞活商品林经营，落实林业经营者对商品林的处置权。全面贯彻执行《三明市人民政府关于全市统一规范木材生产经营税费计征价格及征收项目和标准的通知》，深化林业税费改革，减轻木材生产经营的税费负担，确保林业经营者的收益权。

2.深化商品林林政管理制度改革。要在《森林法》的框架下，针对集体林权制度改革后出现的新情况新问题，按照分类经营、分类管理的原则，在管严、管好生态公益林的同时，积极探索，大胆实践，放开放活商品林经营。要简化商品林伐区调查设计，放宽林木采伐和中幼林抚育间伐的技术规定。要简化商品林的林木采伐审批和木材运输手续的办理程序，方便林业经营者的合法经营。

要按照企业的诚信等级，分别采取核准制、申报制的林政资源管理方式，扶持骨干木材经营加工企业的发展。同时，要引导乡村修订完善村规民约，充分发挥村民自治的作用，切实增强林农依法依规管林、护林的自觉性。

3.建立规范有序的林木所有权和林地使用权流转机制。要在明晰集体林权的基础上，坚持“依法、自愿、有偿、规范”的原则，按照既积极又稳妥的要求，把林地流转工作逐步引向深入。要尽快建立一套适应社会主义市场经济的森林资源评估、转让的程序和办法，规范森林资源流转。要建立健全林地流转中介服务组织，为林地流转的供求信息发布、组织协调鉴证、跟踪服务和纠纷调解等起到桥梁和纽带作用。

4.做好林地承包及承包合同管理的组织落实工作。县林业局和各乡（镇）林业站要按照《农村土地承包法》的有关规定，切实负起责任，明确林地承包及承包合同管理的内部职能部门，做到组织和人员落实，职责分工明确，执法主体具体，依法规范林地承包行为，调解或仲裁承包过程中发生的各种纠纷，维护林区的社会稳定。

5.建立健全林业社会化服务体系。要进一步加快林业行业协会等中介组织的建设步伐，合理界定中介组织职能，规范中介组织的行为。采伐设计、木材检量和森林资源资产评估等林业服务机构要逐步转为社会中介组织，与林业主管部门脱钩，确保客观、公正地履行职责。要认真贯彻落实《三明市人民政府关于鼓励农业技术部门和农业技术人员进入农村经济建设主战场的意见》，组织和鼓励林业技术人员深入生产第一线，广泛开展“村会协作”，培训林业实用技术，大力普及推广科学育林的知识和技术，不断提高林业的集约经营水平。

明溪县规范集体林权转让承包实施细则

为进一步保护和发展我县林业资源，实现林业可持续发展，根据中共中央、国务院《关于加快林业发展的决定》（中发〔2003〕9号）、《中华人民共和国农村土地承包法》、《中华人民共和国村民委员会组织法》和《福建省森林资源转让条例》的有关规定，按照《明溪县深化集体林权制度改革实施方案》的部署要求，特制定明溪县规范农村集体林权转让承包实施细则（以下简称细则）如下：

一、规范对象

本细则规范对象为明溪县农村集体森林资源的转让、承包行为。实施转让或承包经营的集体森林资源必须是没有争议且权属清楚的用材林、经济林或薪炭林以及宜林荒山荒地。凡山林权属不清或有争议的、属于名胜古迹和革命纪念地的、属于自然保护区或自然保护小区（点）内的和其他禁止采伐的集体森林资源不得实施转让和承包经营。

二、规范程序

（一）集体林地林木承包经营的程序

1.集体林权单位制定承包方案，依法召开村民会议或村民代表会议讨论，承包方案必须经村民会议三分之二成员或三分之二以上村民代表同意。

2.将承包方案报当地乡（镇）政府和县林业局审核。

3.组织实施承包：

（1）公示承包方案；

（2）公开承包竞标；

（3）公示承包结果；

（4）签订承包合同。

4.林权申请。由承包方向县林业局书面提出林权申请，县林业局审核后报县人民政府发换林权证。

（二）集体森林资源转让程序

第一，村集体经济组织必须依法召开村民会议或村民代表会议通过森林资源转让事宜。

第二，转让申请：

1.由林权单位向当地乡（镇）政府提出转让报告，当地乡（镇）政府审核后向县林业局提出转让书面申请；

2.林业局接到书面申请之日起10日内给予是否可以转让的答复；

第三，进行森林资源评估或公开评议转让价格；

第四，制定并通过转让方案：

1.林权单位制定转让方案；

2.召开村民会议或村民代表讨论，转让方案必须经村民会议三分之二成员或三分之二以上村民代表的同意；

3.将转让方案报林业部门审核；

第五，组织实施转让：

（1）提前一个月发出公开转让公告；

（2）依据方案实施拍卖、招标或协议转让；

（3）公示转让结果；

（4）签订转让合同；

第六、林权申请：由受让方向县林业局书面提出林权申请，林业局审核后报县人民政府发放林权证。

三、组织领导

1.明溪县深化集体林权制度改革领导小组，负责指导全县集体林权制度改革的组织实施工作，县林业局监督规范全县农村集体森林资源转让、承包行为。

2.各乡（镇）深化集体林权制度改革领导小组，负责组织实施本辖区内集体林权制度改革的深化工作，监督规范辖区内的集体森林资源转让、承包行为。

四、森林资源转让及承包的管理

（一）转让或承包经营的森林资源必须具备以下条件：

1.持有有效的林权证；

2.持有林业主管部门同意转让的文件；

3.转让合资、合作经营的森林资源必须征得合资、合作各方的同意。

（二）转让森林资源的审批权限

1.转让面积在100公顷以下的，由县林业局审批；

2.转让面积在100公顷以上（含100公顷）500公顷以下的，由市林业局审批；

3.转让面积在500公顷以上（含500公顷）的，由省林业厅审批。

（三）森林资源转让、承包经营的期限为30至50年，一般按有林地30年，荒山荒地50年。

（四）转让、承包经营的资金使用和管理

在改革过程中，村集体收取的林木转让费、林地使用费等，应将一部分资金分配给村民，一部分用于林业再生产；收取的风险抵押金应严格管理，合同期满后，如无违约行为，必须返还给交款人，不得挪为他用。各村要结合村务公开活动，规范资金管理和使用，严禁平调挪用，分光吃光，防止短期行为。

（五）奖惩

1.对乡、村集体能严格按照细则实施转让或承包集体森林资源的有关人员，由县政府给予表彰奖励。

2.对乡、村集体违反细则规定，弄虚作假、营私舞弊的，其转让或承包行为无效，对主要负责人和直接责任人由有关部门给予行政处分；构成犯罪的，依法追究刑事责任。

五、相关问题

（一）对以往森林资源转让承包行为的界定。

1.对本细则下发前发生的集体森林资源转让、承包行为，符合有关法律法规政策规定、执行良好，且大多数群众认可的，给予稳定，可申报确权发证。

2.对那些问题较多，程序不够规范，群众意见较多的，必须通过双方协商或按照法律程序签订补充协议后，可申报确权发证。

3.对那些暗箱操作，严重侵犯集体和群众利益，群众反映强烈的，必须通过司法程序予以解决。

（二）对以往森林资源转让承包行为确权发证的规定。

凡属上述界定为可申报确权发证的以往森林资源转让、承包行为的，当事人应在本细则下发后两个月内，向县林业部门提供相关合同协议等有效凭据和书面申请，方予登记发（换）全国统一式样林权证。逾期不申报的，视同自动放弃确权。

（三）对涉及以往森林资源转让承包行为的林木采伐审批规定。

1.自行文之日起，暂停涉及以往森林资源转让承包行为有异议的林木采伐审批；

2.自 2004 年起，对涉及以往森林资源转让承包行为的林木采伐审批需凭新发（换）的全国统一式样林权证，方可受理采伐申请。

3.对逾期不报、恶意欺瞒、假借集体名义申请采伐的，一经发现查实，林业部门不予办理采伐审批，正在采伐的应予收缴采伐许可证中止采伐。

（四）对今后森林资源转让承包行为的规定。

自行文之后我县发生的一切集体林权转让、承包必须严格按照本细则规定执行。若有违反本细则规定的，视为无效，林业部门可不予确权发证和不予办理林木采伐审批手续。

六、执行时间

以上细则，自行文之日起执行。

中共明溪县委 明溪县人民政府
印发《关于培育发展产业集群的若干意见》的通知

明委发〔2005〕13 号

各乡（镇）党委、人民政府，县直各单位：

经研究，现将《关于培育发展产业集群的若干意见》印发给你们，请认真抓好贯彻落实。

中共明溪县委

明溪县人民政府

2005 年 1 0 月 14 日

关于培育发展产业集群的若干意见

大力培育发展产业集群，构筑优势明显的产业体系，是我县主动融入海峡西岸经济区建设，推进县域经济跨越式发展的一项重大战略措施。全县各级各部门要以邓小平理论和“三个代表”重要思想为指导，牢固树立和认真落实科学发展观，大力实施“生态立县、科教兴县”战略，全力构建“闽西北药都”、高校科研院所产学研基地、生态经济区，着力培育生物医药、畜牧业、绿色食品、林竹四个产业集群，为明溪在全省经济欠发达县份中率先崛起提供强有力的产业支撑。

一、统一思想认识

1. 培育发展产业集群是县域经济建设的客观要求和现实选择。现阶段我县经济总量偏小，结构性矛盾突出，工业化、城市化程度低，而工业经济内部又存在着大企业缺乏、小企业不多、产业特征不明显、资源利用不合理等问题。要解决这些问题，必须充分发挥比较优势、要素禀赋，培育发展产业集群，不断培育出一批有较强影响力和较强核心竞争力的骨干企业，引领带动产业的发展，提高产业集中度，加快产业技术创新；提升产业竞争力，加速工业化进程，创造区域品牌，增强经济实力，走新型工业化推动县域经济发展的道路。

2.培育发展产业集群是实施项目带动战略的有效途径。实施项目带动战略是一项实现经济社会全面发展的系统工程。加快产业集聚，培育发展产业集群，可以促进各种生产要素的优化配置，实现产权的流转顺畅，使有限的资源向优势项目、优势企业、优势产业集聚，带动与之配套的基础设施、服务性项目建设，使各类项目实现有机整合、共生共荣，增强经济发展后劲。

二、明确目标任务

3. 主要目标。主动与全省和全市产业集群规划布局、中心城市发展相衔接，承接中心城市辐射，充分挖掘我县的比较优势，加强与周边地区，包括长江三角洲、珠江三角洲的经济协作，走独具明溪特色的产业集群发展道路。到2010年，生物医药、畜牧业、绿色食品、林竹四个产业集群产业产值达到25亿元以上，增加值占全县GDP55%以上，规模工业产值占全县规模工业总产值70%以上，把四个产业集群培育成为参与国内竞争、对县域经济发展和促进城乡居民收入起带动作用的地方性产业集群。

4. 基本思路。生物医药产业要以天然药物有效活性成分提取利用为核心，天然药物驯化种植为基础，重点培育南方生物公司、利科生物公司、牡丹香化公司等龙头企业，延伸产业链，做大产业群，形成基地、生产、科研、市场一体化的产业体系，建设“闽西北药都”，到2010年生物医药产业集群产值达10亿元以上。畜牧业要加快宏宇牧业公司肉牛屠宰加工项目建设，促进和带动以肉牛养殖为主的畜禽养殖基地建设，发展屠宰剩余物的开发利用企业，形成年养殖加工肉牛10万头以上，在全省有一定影响力和辐射能力的畜牧业生产基地，到2010年畜牧业产业集群产值达5亿元以上。绿色食品产业要抓住农业产业转移的机遇，加大招商引资和外引内联力度，支持百事达淀粉公司、超大食品公司等食品企业的发展，加快绿色食品种植基地建设，推动全行业开展绿色食品标志认证，建设全省有一定知名度的绿色食品生产加工基地，到2010年绿色食品产业集群产值达5亿元以上。林竹产业要充分发挥我县为全国南方重点集体林区的比较优势，深化林权制度等林业经营管理体制改革，加大资源培育力度，加快适度规模林竹加工龙头项目的前期工作，推进资源保护和利用的统筹协调，着力发展有规模、有档次、资源消耗低的林竹加工企业，形成有特色的集约化、规模化、科技化、生态型林竹加工生产基地，到2010年林竹产业集群产值达5亿元以上。

三、培育龙头企业

5. 抓关键性企业的生成。要以培育龙头企业为发展产业集群的抓手，通对实施项目带动战略，建立项目生成实施机制，进一步加强产业集群缺失项目调研，切实抓好产业集群重点项目的前期工作，着力培育南方生物公司、宏宇牧业公司、百事达淀粉公司、利科生物公司等重点企业，力争四个产业都能新引入若干个与南方生物公司等几家企业类似，具有较强衍生能力或具有一定示范性的关键企业，努力使它们成为产业集群的核心。

6. 抓关键性企业的衍生。要深化产业集群价值链研究，直接或间接创造有利于集群形成的环境和利益机制，通过关键性企业的衍生、裂变、创新和被模仿，通过产业内部分工的精细化，延伸和拓展产业链。包括生物医药产业的天然产物人工驯化培育、有效生物活性成分的提取、靶向药物等制剂开发、附产品的开发利用、有机溶剂生产供应、“三废”开发利用、药用植物专用化肥生产等；畜牧产业的屠宰加工剩余物开发利用、饲料生产供应、粪便利用等；林竹产业的苗木工程、造林工程、加工业低端配套和终端产品生产、三剩物利用等；绿色食品产业的有机链形成、新品种研究推广、专业化营销网络建立等。

四、发展种养基地

7. 做好定向种养基地的基础性工作。要加快天然生物资源，特别是药用植物资源的详查工作，从种类数量和内在品质上摸清我县生物资源的家底，通过合作渠道广泛收集周边地区，乃至全省的生物资源情况，为生物医药产业定向种植基地建设夯实基础。要建立保障能力强的信息网络，及时掌握国内外天然产物驯化利用、肉牛养殖加工、林竹生产、绿色食品生产的动态和趋势，把握种植养殖基地的发展导向。要合理制定药用植物、绿色食品、牧草、林竹以及烟叶、粮食等作物的用地区划，做到既最大限度地满足产业定向种植养殖基地建设的需要，又最大限度地提高农地、林地的利用率；既保障产业定向种植养殖基地发展，又保护农户选择不同种植品种、种植模式的自主性。技术层面上研究和推广各类作物的速生丰产技术，研究推广各类作物的间种、套种技术；在机制层面上，要通过土地使用权流转和集体林经营体制改革，逐步建立科学规范的土地流转和林权流转办法，节约定向种植养殖基地建设用地，集约化、规模化建设定向种植养殖基地，确保基地用地科学合理。

8.做好定向种植养殖基地建设工作。要树立产业内部专业化分工的理念，突破狭隘的行政区域的观念，建立产业内部专业化分工的利益机制，引导农户与企业，社会资金和企业资金，乡镇与县上，县内与县外根据各自的优势和特点，有效地参与产业内部分工，通过“公司+基地+农户”“公司+专业合作社+农户”“公司+农户”“公司+专业合作社”“县抓龙头、乡镇抓基地”和“县内建龙头、县外办基地”等运行模式，最大限度调动方方面面的积极性，扎实稳步发展生物医药、畜牧业、绿色食品、林竹产业定向种植养殖基地。

五、建设创新体系

9. 建立科技创新与产业集群互动发展的有效机制。巩固和扩展县校合作成果，把复旦大学、中国药科大学、南京林业大学、福建农林大学、中科院专业研究所等相关大学与研究机构作为我县产业发展的知识和技术源头，通过科研成果转化及教育、培训等方式，有效地促进行业中知识、信息、技术等要素的扩散，为产业集群实现激进的技术创新提供有力的支持；要围绕产业集群发展在产品与技术、成本与质量等方面对科技创新的强烈需求，加快产业技术创新体系的建设，建立产业的技术创新中心，引导产业根据需求广泛全面地加强与大学、研究机构的联系，建立利益共享、风险共担的结盟机制。通过经济与科技互动，促进我县产业集群的形成和发展。

10.建立技术创新平台。一方面，要以县校合作为基础，通过产学研结合，构建依托高等院校、科研院所的全社会公共研发平台，把明溪建成高校和科研院所产学研基地。另一方面，要借助南方生物公司博士后科研工作站，围绕发展四个产业集群，选择技术攻关课题，组织行业关键技术、工艺的研究开发，运用财政贴息、税收返还等政策手段，引导产业集群的核心企业逐步增加研究开发投入，带动产业集群中企业技术创新能力的提高，构建产业集群技术创新平台，力争每个产业、每个龙头企业都能建立博士后科研工作分站，鼓励有条件的企业，申报新的博士后科研工作站，与高校科研院所合作进行技术研究。

11.建立科技创新信息网络。要充分运用省“6·18”项目成果交易平台，主动接受科技项目信息辐射，有效对接一批科研新成果、解决一批技术性难题、引进一批科技型项目。加速我县四个产业集群的形成发展，四个产业都应建立及时传递科技创新信息的沟通渠道，利用科技创新成果提高企业竞争优势。

六、统筹发展园区

12.以全面协调可持续发展为方向搞好园区规划。要以产业集群发展规划为前提，做到产业集群发展规划与工业园区规划、农业园区规划、自然保护区规划相互衔接，相辅相成。同步委托复旦大学为我县研究编制闽西北药都规划、生态工业园区规划、南山国家级农业园区规划和君子峰均峰山自然保护区规划，并在实践过程中不断修编调整，满足全面、协调、统筹发展的需要。

13. 用产业集群和循环经济的理念加快园区建设。以城区产业集聚区组团为方向，加快以十里埠组团为重点的生态工业园建设；以产业集群定向种植养殖基地种子种苗繁育中心、种植养殖技术培训推广中心和新品种新技术孵化中心为主要目标，不断提升南山国家级农业园区的档次和水平；以建设生态环境及生态经济天然保护屏障、植物种子种源基因库和生物多样性保护网络为重点，在完善省级自然保护区建设项目的基础上，全力推动国家级自然保护区的申报工作，主动融入国家野生动植物保护及自然保护区建设工程。

14. 探索和建立适应市场经济规律的园区建设运行机制。工业园区要以项目为生命线，以项目带动建设、促进建设，按照“政府规划，政策扶持，多渠道投入，市场化运作”的原则，确定建设、招商、管理等各个环节的运作主体，沿循低生产成本、低交易成本、低政策成本、体制优势、整体协调优势的方向，构建工业园区综合功能体系。农业园区要实行投资业主制、运行公司制、科技承包制、联结农户合同制的运行机制，增强科研、示范、辐射和带动作用。自然保护区要按照国家有关自然保护区的法律法规，开展基础设施建设、物种保护、科学研究、资源开发等工作，实现生态、社会、经济三大效益的统筹协调。

七、共创区域品牌

15.明确区域品牌定位。区域品牌是一个区域的对外形象，更是一个区域获得市场、技术、资金、人才等资源的一个重要因素。着力打造“国家级生态示范区”“中国南方红豆杉之乡”“闽西北药都”“高校科研院所产学研基地”四块区域品牌，使之成为明溪的金字招牌，迅速提升明溪在省内、国内，乃至在国外的知名度和影响力，促进产业集聚，促进经济社会全面协调发展。要围绕区域品牌的定位，制定具体的品牌战略实施方案，进一步明确工作目标，确定工作重点，制定工作措施，落实工作责任，确保任务目标的完成。

16. 建立区域品牌与企业品牌相互辉映互相促进的品牌创建工作机制。要把南方生物公司塑造成“闽西北药都”的标志性品牌，“中国南方红豆杉之乡”的代表性品牌，带动生物医药产业的发展，促进“闽西北药都”的形成。要加快实施生态示范区建设规划确定的相关项目，推进君子峰均峰山国家级自然保护区的申报工作，加快建设国家级生态示范区步伐。要不断提升县校合作、县院合作档次和水平，巩固壮大现有产学研项目，持续扩展实施更多的产学研项目，围绕培育发展四个产业集群，打造一批叫得响、过得硬的企业品牌。同时，还要加强产业的跟踪管理、企业品牌的监督服务、市民的品牌意识教育等工作，全力维护区域品牌的良好形象。

八、创新人才机制

17. 加快人才队伍扩充提高。构建政府咨询人才体系，聘请与我县经济社会密切相关领域的国内知名专家（其中与四个产业集群相关领域的专家要占一定比例），组成“明溪县政府顾问专家小组”，负责全县经济社会发展；主要是产业集群发展的咨询服务工作。要争取每年度都有 1 名以上专家教授到我县挂职担任县级领导，定期、不定期组织专家开展产业或企业诊断、产品市场调研、技术攻关和项目评估论证工作。建立健全人才柔性引进机制。充分发挥博士后科研工作站的作用，吸引集聚技术专家群体。鼓励各类人才以候鸟式、客座、技术合作、领办创办企业等各种灵活的方式，参与或服务明溪产业发展。进一步提升和优化对高级人才的优惠政策，对优秀人才的户籍管理、档案管理、住房、子女入学入托等方面实行特殊待遇。县财政筹资建立人才奖励基金，重奖为产业发展做出突出贡献的各类人才。

18.培养培训一支植根性强的人才队伍。要采取多种形式营造企业家成长的氛围；使企业家在经济上得实惠，社会上有地位、政治上有荣誉；要创造条件，高标准宽领域地开展企业经营管理者的培训，不断提高企业经营管理者参与市场竞争的能力；要探索人才长效服务的激励和制约机制，让一批企业家、高层次人才植根明溪，造就一支懂经营、善管理的企业家队伍。要加强产业集群技术技能人才需求预测，制订高技能人才培养规划；办好现有职业教育，引导县内职业学校根据我县产业发展需要，开设相关专业，为产业发展储备人才；通过政府牵线，鼓励企业与省内外大专院校建立人才培训合作关系，定向培养技术性、应用性、专业性的高素质技术人才，培训一支符合产业发展需要、综合技能较强的技术工人队伍。

九、培植文化载体

19.加强产业集群文化制度建设。要把产业集群文化建设作为增强产业发展植根性的重要工作来抓。要培植诚信文化。加强“诚信企业”建设，夯实企业之间、产业与外部经济之间交易与合作的道德基础。建立企业信用考评制度，加快全县企业信用信息系统建设，建立和完善企业信用评估和管理体系以及企业信用信息依法披露制度。由金融部门负责金融信用企业评选，工商管理部门负责重合同守信用企业评选，财税部门负责纳税先进单位评选，表彰先进，鞭策后进。要培植协作文化。采取俱乐部、联谊会和协会等形式，加强企业内部交流，扩大集群内、区域间企业的交流，加速信息、知识等扩散转移，促进企业在专业化分工和社会化生产中降低成本、提高竞争力，形成“团队”精神和“竞合”关系。要培植创新文化。构建集群内学习型合作网络，培育学习与合作竞争的集群创新文化，以提高集体学习能力和创新能力，形成与时俱进、奋发有为的创新氛围，通过观念创新、制度创新，形成产业集群内部协同创新的技术创新模式。

20.营造适应产业集群生长植根的土壤。要注重人文环境建设，不断提高产业的文化聚合力。要培植人本文化。创新思想观念，打造良好的文化、学习、生活、法治、政策环境，改变粗俗落后的生活习俗，培养文明进步、健康活泼的语言、行为、交往习惯，树立诚信、回报、关爱的风尚。建立多层次、多样性的员工激励机制，充分尊重人才、尊重员工，开展优秀职工、优秀企业管理人员评选活动，充分调动人的积极性和创造性。要培植企业文化。鼓励企业投建阅览室、篮球场、健身房、棋牌室等文化体育设施，倡导企业开展多种多样的文化体育活动，丰富职工业余生活，形成有凝聚力、有创造性的企业文化和职工团队。

十、转变政府职能

21. 加强产业集群发展的规划引导。要充分认识产业集群对于促进明溪经济发展的重要作用，按照资源禀赋特点、产业发展现状、产业链形成规律，制定和发布四个产业集群的发展规划，并用产业集群的理念引导产业发展。要不断研究和探索产业发展的投融资机制，破解“钱从哪里来”的难题。注重国家产业政策和财政扶持性资金的引导作用，注重发挥市场在资源配置中的基础性作用，通过营造投资、创业和发展的良好环境吸引投资资金；通过引入市场机制推动资源向资本转化，开拓多元化投资渠道；探索以项目聚集资金，以资本链带动产业链的路子，选准项目筹措资金；探索资本营运扩张发展的途径，将优良资产与优势项目“捆绑”，指导企业通过海内外证券市场上市融资。

22.研究扶持产业集群发展的政策措施。要本着先予后取的原则，集中人力、物力和财力重点扶持四个产业集群的形成发展。财税方面，重点扶持关键性企业的发展壮大，税收地方实得增量部分可按一定比例给予返还。生产要素方面，重点向四个产业集群的龙头企业、重点项目倾斜。资金支持方面，申报山海协作基金、产学研基金、技改贴息、前期经费、新产品开发基金等，主要安排四个产业集群中成长性较好的重点项目。用地支持方面，四个产业集群项目用地优先列入土地利用总体规划预审，优先报批、优先供地，并在用地成本上给予优惠。

23. 努力强化政府服务功能。要建设服务型政府，积极为投资者提供“保姆式”服务，进一步减少和规范行政审批，严格控制行政收费，防止变相收费，提高服务质量和效率，降低产业发展的行政成本。工商、财政、税务、质监、劳动保障、药监、林业等政府监管部门要进一步转变观念，从注重管理逐步走向加强服务。建立行政效能社会监督机制。每年组织企业代表、乡镇代表、社会各界人士对职能部门管理、服务工作进行民主评议活动，评议结果向社会公布。

24.建立和完善社会服务体系。要加强金融服务，采取政府、企业和社会中介机构出资入股、市场化运作的方式，做大县永旺担保责任有限公司，扩大担保规模。鼓励、引导金融部门增加对产业集群发展的资金支持。积极探索县农村信用联合社改革，制定扶持鼓励政策措施，做大做强农信社，提高农信社对产业集群发展信贷资金支持的能力。要建立完善各行业协会，规范政府与行业协会的关系，按照自我管理、自我教育、自我服务的原则，使行会在理顺集群企业关系，发挥中介服务功能，降低企业制度成本、管理成本、交易成本和公共成本，协调企业共同行动，加强企业行为的规范自律，防止无序恶性竞争，积极为政府公共政策制定出谋献策等方面发挥重要作用，有效推动集群经济的发展。

25. 加快基础设施建设。要加快建立和完善城乡一体的现代化交通网络体系，加大电力、信息、公用设施、生态环境等的建设力度，为产业集群的形成发展提供一流的载体。近几年内，要重点抓好三泉高速公路明溪连接线的筹建，明溪至永安公路的改建，明溪至将乐公路的改建，并基本完成乡村公路等级化改造任务；要加快城网改造，新建一座 110 千伏变电站和一座 35 千伏开关站，优化我县电网网架结构，提高供电能力和质量；要强化政府网站建设，建立起统一的县级信息资源库和信息共享平台，积极创造条件建立主要产业集群的专业网站，鼓励有条件的企业建立企业网站，为产业集群的形成发展提供政策咨询、技术咨询、人才流动、创业指导、市场行情等信息服务。

26.创新工作机制。要加强对产业集群培育发展工作的统一领导，分别成立四个产业集群培育发展工作班子和办事机构，由县几套班子领导任组长，调配专门人员组建四个产业集群发展办公室（或相应机构）行使规划引导、经济调节、市场监管、区域协调和公共服务职能，负责制定产业发展规划，策划产业集群缺失项目，开展产业链招商，引导生产要素流向，研究产业集群发展工作，协调各方关系，沟通产业信息，总结推广经验，开展对外宣传等具体工作。同时，要建立发展产业集群绩效考核体系，增强各方加快发展产业集群的责任感和紧迫感，抓好各项措施的落实。

《明溪县志》勘误

表 1

页	行数	原文	更正
序一	5 行	泉甘上沃	泉甘土沃
序一	9 行	万历、嘉靖、清康熙	万历、清康熙
政区图		吾峰农场	雪峰农场
		南蔡	南礤
		十二坞	十工坞
		丁火衕	丁火同
		洪家山	冯家山
1	倒 5	63 处,75 台,……1.4580 万千瓦	61 处,74 台,……1.4415 万千瓦
3	倒 5	粮食总产	水稻总产
4	2	1957 年的水平	1958 年的水平
4	6	建立健全	健全
4	10	8.7 万吨、1.55 万吨	8.4 万吨、1.52 万吨
5	1	1964 年	1964 年后
5	10	308.5 美元,增长 6.5%	308.5 美元。
9	14	郡守余荣在龙池团	龙池团
13	2	崇祯十七年(1644 年)	崇祯末年
13	14	顺治七年(1650 年)	顺治八年(1651 年)
13	22	顺治十一年(1654 年)	康熙十一年(1672 年)
16	倒 1	11 月 10 日正午	10 月 10 日正午
24	倒 5	所到之地鸡犬不留,	所到之地,
27	11	第一个元宵节	第二个元宵节
30	10	3 月 24 日开工	12 月开工
31	10	雪峰镇农科所	县农科所
31	17	7 月	9 月下旬
31	15	1960 年夏,纠正	1961 年 6 月纠正

续表 1-1

页	行数	原文	更正
31	21	“高产卫星”。当年粮食大减	“高产卫星”。
32	倒 11	是年,盖洋……	整条删
35	倒 9	11 月	9~11 月
36	8~9	县下达……均停产	整条删
37	17~18	1 月 27 日……1000 吨	整条删
37	19	2 月 8 日……21 名	整条删
38	倒 3	11 月 7 日……水稻种	整条删
44	倒 3	3 月 16 日……22 架手表	整条删
45	倒 6	3 月……打下基础	整条删
52	倒 8	2002 年 9 月 9 日	9 月
132	倒 1	11326	11785
133	2	出生 1742 人	出生 1604 人
133	2	出生率 17.30‰	出生率 16.03‰
133	3	自然增长率 11.3‰	自然增长率 10.75‰
133	3	出生率 2043 人,出生率 19.6‰	出生率 2244 人,出生率 21.82‰
133	3	自然增长率 13.93‰	自然增长率 16.4‰
133	4	自然增长率 15.51‰	自然增长率 15.01‰
133	1	2247 例	1247 例
133	17	1196 人领取避孕药品 1196 人	1196 人领取避孕药品
160	表 6	3622	3808
161	表 8	3544	5455
194	倒 12	三	二
194	倒 6	四	三
197	8	1964 年	1974 年
205	9	现金分配:合作社、人民公社	一、现金分配合作社、人民公社
252	4	2274.79 亩	1200 亩
290	倒 7	总产值 4922.54 元	总产值 492254 元
294	表 3	1975	1970
294	表 4	1989	1975
295	表 10	1983	1973
306	倒 10	这年,根据	1971 年,贯彻
317	倒 13	合并筹	改

续表 1-2

页	行数	原文	更正
321	倒 7	产值 480 元	删除
455	表	实际入库率%	实际入库量(万元)
498	倒 4	120 万吨	129 万吨
510	倒 1	0.2 克/升	0.2 毫克/升
666	倒 9	被擒处死。	被擒,后病死狱中。
666	倒 13	民国 29 年 4 月 27 日	民国 29 年 8 月 30 日
673	16	清朝	明朝
826	4	宋末元初	北宋末年
852	倒 9	1957 年	1956 年
853	表	其中卫生系统	删除
854	13	1965 年	1968 年以后
855	表	药店营业调查表	药店调查表
858	17	各学校成立卫生队	成立卫生队
861	6~7	体检 1911 人。	删除
886	倒 11	129481 万元	129481 元
886	倒 4	为解放……4 倍	删除
888	表 1	120335	1203355
971	17	至正二十六年(1366 年)陈有定	陈有定
973	8	县令赖永正……倡义救国	删除
978	15	清嘉庆九年(1804 年)	清嘉庆二十一年(1816 年)
978	15	福建省某总督	闽浙总督
979	5	远见足识	远见卓识
980	倒 3	六和丸	六和茶
980	21	全省运动会,他率 4 名	闽粤两省运动会,他率 5 名
981	2	民国 22 年	民国 31 年
981	21	清贫自负	清贫自守
988	倒 2	张全龙	张金龙
1002	4	1950 年 2 月	1956 年 2 月
1006	16	福建省立福州中学	厦门大学
1007	9	党史办公室(1980~1986)	党史办公室
1007	13	人民政府(1958.6~1959.2)	人民政府
1020	倒 18	1950 年在夏阳	1951 年在夏阳
1020	倒 11	1951 年 5 月在永安	1950 年 4 月在永安

索　引

说　明

一、本索引分为主题索引和表格索引。主题索引按内容分析法确定主题条目，按条目首字的汉语拼音字母顺序排列，首字相同时，则按第二字，以此类推。表格索引按其所在页码顺序排列。

二、乡（镇）概况、补遗以二级目的主题词为条目；概述、大事记、附录只以标题为条目。

三、条目后的数字为其所在页码；条目名称相同者并列，标出先后页码，并括注区别。

主题索引

A

B

C

D

E

F

G

H

J

K

L

M

N

P

Q

X

Y

Z

表格索引

后　记

继 1997 年编纂出版新中国建立以来第一部《明溪县志》后，2003 年 4 月中共福建省委办公厅、省人民政府办公厅下发关于开展第二轮修志的通知，县方志委即开始着手筹备明溪第二轮修志，重点总结第一轮修志工作经验，查找差距，以及研究编写二轮修志方案、篇目等。

明溪县委、县政府重视续志编修工作，按照修志工作“一纳入、五到位”的要求，于 2004 年 3 月成立县地方志编纂工作领导小组，由县长担任组长，县委专职副书记任常务副组长，分管副县长和方志委主任任副组长，成员单位由县属 82 个承编单位组成，并下发了《关于明溪县第二届地方志书编纂工作的意见》通知，明确了第二轮修志工作的指导思想、目标任务、质量要求、组织领导和方法步骤，同时对相关部门和乡镇下达 59 部分志和 9 部乡镇志编纂任务。6 月，召开县第二届地方志书编纂工作领导小组成员第一次全体大会暨《明溪县志》续修动员大会，市方志委副主任陈盛美到会指导，领导小组常务副组长、县委副书记王丛作动员讲话，要求各承编单位加强领导，密切配合，精心组织，全力以赴，以高度的政治责任感和历史使命感来抓好续志工作，建立“部门编纂，县志办指导，主编（主笔）负责”的修志机制和确保人员、经费、责任“三到位”的保障制度。动员会后，召集全县修志工作者进行一次修志知识培训，邀请了市方志委两位地方志专家到会授课，提高基层修志人员业务素质。8 月，县委、县政府向各承编单位下发了续志篇目征求意见稿，各承编单位结合县情根据本单位的实际情况提出了修改意见。

2005 年 6 月，召开县长办公会议专题研究地方志工作，确定修志经费列入财政预算，同意聘请 4 位退休老同志参与修志工作，并为县志办增添电脑、打印机等办公设备。10 月，针对一些承编单位领导不够重视、修志工作落实不到位、分志稿质量偏低等问题，组织召开了全县各分志主笔人员参加的分志编纂工作进度通报暨培训会，会议通报了各分志编纂进度，结合实践对志书的“横排竖写”等专业性较强的理论知识予以阐释，探讨和解决了分志编纂工作中存在的突出问题，并搜集有关佳志范例打印后提供给各单位学习、参考，力求志稿的最初来源就能保证较高质量。当年，政府办开展全县性修志专项督查 2 次，专项通报 2 次，季通报 1 次，其中 2 次专项通报县长均作了批示；同时，县政府分管修志副县长经常过问修志工作进展情况，及时协调解决修志工作中的矛盾和问题。县志办人员则是采取“走下去，迎上来”方式，动态把握，分散指导，按计划下到各承编单位，发现问题，及时指导。对各承编单位报送志稿，采取设主审全面评改，副审辅助，其他人员通阅，然后召开评审会集中意见，最后由主审整理撰写审稿意见进行反馈的方式，并要求在反馈时必须做到对分志主笔人员问题分析到位、志书知识指导到位和修改意见落实到位的“三到位”，确保志稿质量。2006年8月，县政府发出“关于进一步做好《明溪县志（1991—2005年）》分志修改工作的通知”，督促各承编单位加强分志编纂工作，严格按县志办提出的修改意见，进行分志稿的修改和完善。

2009年1月，各分志编纂基本完成，转入县志总纂。2011年，因原主编工作调整，根据县政府的要求，由县志办一名副科级干部继任主编，负责县志总纂工作。2012年7月，总纂稿完成，送市方志委审阅。9月底，市方志委审阅完毕反馈修改意见。10月，进入修改，并着手准备省、市、县三级志稿评审会。2013年7月17—20日，召开《明溪县志（1991—2005)》志稿省、市、县三级评审会，省、市方志委有关领导和专家，兄弟县（市、区）方志系统同仁共50余人参加评稿，评审会分政治、经济、社会三个组分别对志稿进行评议，与会人员充分发扬学术民主，畅所欲言，实事求是，既充分肯定了志稿的成功之处，又对有关问题进行了积极的研讨、探索，提出许多极其宝贵的意见。评稿会后，落实主编负责制、总纂“一支笔”统稿的要求，在综合各方意见的基础上，认真分析，择善而从，对志稿进一步修改完善。2015年2月，修改完善后的志稿经县志审稿领导小组全体成员审核，送市方志委终审。与此同时，县方志委发出“关于做好《明溪县志（1991—2005)》稿审查核实工作的通知”，要求各承编单位对终审稿记述的重大史实、数据及保密情况等进行最后核实，确保志稿不出现重大错误及涉密问题。

续修《明溪县志》的顺利完成，主要得益于四个方面：一是各级领导对地方志工作的高度重视。县委、县政府始终坚持“党委领导、政府主持”的修志工作体制，为修志工作有序开展提供硬件和软件的支持，主要领导亲自过问，分管领导积极协调；各承编单位重视修志工作，在人员、经费等方面给予保障。二是省、市业务部门的精心指导。省、市方志委领导对明溪地方志工作长期给予关心关注，多次深入明溪调研指导，极大鼓舞和鞭策了明溪的地方志工作队伍。三是编辑队伍的忘我奉献。所有编纂人员兢兢业业，勤于钻研，不计报酬，在条件比较艰苦的情况下无怨无悔地开展志稿编纂和审改工作。四是社会各界人士的大力支持，如：唐毅峰、黄秋荣等同志提供大量珍贵照片，退休教师曾祥琼不辞辛苦提供明溪出国人员资料等等。

续修志书是一个新课题，由于专业知识、编纂水平有限，加之改革开放年代机构更迭，事业纷繁，部分篇目资料缺乏，书中疏漏错讹和不当之处在所难免，诚请广大读者批评指正。

值此县志出版问世之际，谨向关心支持《明溪县志》编纂、出版的各级领导各位专家及社会各界人士致以衷心感谢！

编　者

2015年10月